FRIEDRICH NIETZSCHE

ERSTER BAND

WERKE IN DREI BÄNDEN

CARL HANSER VERLAG MÜNCHEN

Herausgegeben von Karl Schlechta

ISBN 3-446-10819-X

ISBN 3-446-10817-3 (1-3)

42. Tausend 1994

© 1954 Carl Hanser Verlag München Wien

Druck und Bindung: Passavia Passau

Printed in Germany

INHALTSÜBERSICHT

Die Geburt der Tragödie. 7

Unzeitgemäße Betrachtungen 135

Menschliches, Allzumenschliches 435

Morgenröte 1010

Inhaltsverzeichnis 1281

DIE GEBURT DER TRAGÖDIE
oder
GRIECHENTUM UND PESSIMISMUS

VERSUCH EINER SELBSTKRITIK

1

Was auch diesem fragwürdigen Buche zugrunde liegen mag: es muß eine Frage ersten Ranges und Reizes gewesen sein, noch dazu eine tief persönliche Frage – Zeugnis dafür ist die Zeit, in der es entstand, *trotz* der es entstand, die aufregende Zeit des deutsch-französischen Krieges von 1870/71. Während die Donner der Schlacht von Wörth über Europa weggingen, saß der Grübler und Rätselfreund, dem die Vaterschaft dieses Buches zuteil ward, irgendwo in einem Winkel der Alpen, sehr vergrübelt und verrätselt, folglich sehr bekümmert und unbekümmert zugleich, und schrieb seine Gedanken über die *Griechen* nieder, – den Kern des wunderlichen und schlecht zugänglichen Buches, dem diese späte Vorrede (oder Nachrede) gewidmet sein soll. Einige Wochen darauf: und er befand sich selbst unter den Mauern von Metz, immer noch nicht losgekommen von den Fragezeichen, die er zur vorgeblichen »Heiterkeit« der Griechen und der griechischen Kunst gesetzt hatte; bis er endlich, in jenem Monat tiefster Spannung, als man in Versailles über den Frieden beriet, auch mit sich zum Frieden kam und, langsam von einer aus dem Felde heimgebrachten Krankheit genesend, die »Geburt der Tragödie aus dem Geiste der *Musik*« letztgültig bei sich feststellte. – Aus der Musik? Musik und Tragödie? Griechen und Tragödien-Musik? Griechen und das Kunstwerk des Pessimismus? Die wohlgeratenste, schönste, bestbeneidete, zum Leben verführendste Art der bisherigen Menschen, die Griechen – wie? gerade sie hatten die Tragödie *nötig*? Mehr noch – die Kunst? Wozu – griechische Kunst?...

Man errät, an welche Stelle hiermit das große Fragezeichen vom Werte des Daseins gesetzt war. Ist Pessimismus *notwendig* das Zeichen des Niedergangs, Verfalls, des Mißratenseins, der ermüdeten und geschwächten Instinkte? – wie er es bei den Indern war, wie er es, allem Anschein nach, bei uns, den »modernen« Menschen und Europäern ist? Gibt es einen Pessimismus der *Stärke*? Eine intellektuelle Vorneigung für das Harte, Schauerliche, Böse, Problematische des Daseins aus Wohlsein, aus überströmender Gesundheit, aus *Fülle* des Daseins? Gibt es vielleicht ein Leiden an der Überfülle selbst? Eine versucherische Tapferkeit des schärfsten Blicks, die nach dem Furchtbaren *verlangt*, als nach dem Feinde, dem würdigen Feinde, an dem sie ihre Kraft erproben kann? an dem sie lernen will, was »das Fürchten« ist? Was bedeutet, gerade bei den Griechen der besten, stärksten, tapfersten Zeit, der *tragische* Mythus? Und das ungeheure Phänomen des Dionysischen? Was, aus ihm geboren, die Tragödie? – Und wiederum: das, woran die Tragödie starb, der Sokratismus der Moral, die Dialektik, Genügsamkeit und Heiterkeit des theoretischen Menschen – wie? könnte nicht gerade dieser Sokratismus ein Zeichen des Niedergangs, der Ermüdung, Erkrankung, der anarchisch sich lösenden Instinkte sein? Und die »griechische Heiterkeit« des späteren Griechentums nur eine Abendröte? Der epikurische Wille *gegen* den Pessimismus nur eine Vorsicht des Leidenden? Und die Wissenschaft selbst, unsere Wissenschaft – ja, was bedeutet überhaupt, als Symptom des Lebens angesehn, alle Wissenschaft? Wozu, schlimmer noch, *woher* – alle Wissenschaft? Wie? Ist Wissenschaftlichkeit vielleicht nur eine Furcht und Ausflucht vor dem Pessimismus? Eine feine Notwehr gegen – die *Wahrheit*? Und, moralisch geredet, etwas wie Feig- und Falschheit? Unmoralisch geredet, eine Schlauheit? O Sokrates, Sokrates, war das vielleicht *dein* Geheimnis? O geheimnisvoller Ironiker, war dies vielleicht deine – Ironie? – –

2

Was ich damals zu fassen bekam, etwas Furchtbares und Gefährliches, ein Problem mit Hörnern, nicht notwendig gerade ein Stier, jedenfalls ein *neues* Problem: heute würde ich sagen, daß es das *Problem der Wissenschaft* selbst war – Wissenschaft zum ersten Male als problematisch, als fragwürdig gefaßt. Aber das Buch, in dem mein jugendlicher Mut und Argwohn sich damals ausließ – was für ein *unmögliches* Buch mußte aus einer so jugendwidrigen Aufgabe erwachsen! Aufgebaut aus lauter vorzeitigen übergrünen Selbsterlebnissen, welche alle hart an der Schwelle des Mitteilbaren lagen, hingestellt auf den Boden der *Kunst* – denn das Problem der Wissenschaft kann nicht auf dem Boden der Wissenschaft erkannt werden –, ein Buch vielleicht für

Künstler mit dem Nebenhange analytischer und retrospektiver Fähigkeiten (das heißt für eine Ausnahme-Art von Künstlern, nach denen man suchen muß und nicht einmal suchen möchte...), voller psychologischer Neuerungen und Artisten-Heimlichkeiten, mit einer Artisten-Metaphysik im Hintergrunde, ein Jugendwerk voller Jugendmut und Jugend-Schwermut, unabhängig, trotzig-selbständig auch noch, wo es sich einer Autorität und eignen Verehrung zu beugen scheint, kurz ein Erstlingswerk auch in jedem schlimmen Sinne des Wortes, trotz seines greisenhaften Problems, mit jedem Fehler der Jugend behaftet, vor allem mit ihrem »Viel zu lang«, ihrem »Sturm und Drang«: andererseits, in Hinsicht auf den Erfolg, den es hatte (insonderheit bei dem großen Künstler, an den es sich wie zu einem Zwiegespräch wendete, bei Richard Wagner) ein *bewiesenes* Buch, ich meine ein solches, das jedenfalls »den Besten seiner Zeit« genuggetan hat. Daraufhin sollte es schon mit einiger Rücksicht und Schweigsamkeit behandelt werden; trotzdem will ich nicht gänzlich unterdrücken, wie unangenehm es mir jetzt erscheint, wie fremd es jetzt nach sechzehn Jahren vor mir steht, – vor einem älteren, hundertmal verwöhnteren, aber keineswegs kälter gewordenen Auge, das auch jener Aufgabe selbst nicht fremder wurde, an welche sich jenes verwegene Buch zum ersten Male herangewagt hat – *die Wissenschaft unter der Optik des Künstlers zu sehen, die Kunst aber unter der des Lebens...*

3

Nochmals gesagt, heute ist es mir ein unmögliches Buch, – ich heiße es schlecht geschrieben, schwerfällig, peinlich, bilderwütig und bilderwirrig, gefühlsam, hier und da verzuckert bis zum Femininischen, ungleich im Tempo, ohne Willen zur logischen Sauberkeit, sehr überzeugt und deshalb des Beweisens sich überhebend, mißtrauisch selbst gegen die *Schicklichkeit* des Beweisens, als Buch für Eingeweihte, als »Musik« für solche, die auf Musik getauft, die auf gemeinsame und seltne Kunst-Erfahrungen hin von Anfang der Dinge an verbunden sind, als Erkennungszeichen für Blutsverwandte *in artibus*, – ein hochmütiges und schwärmerisches Buch, das sich gegen das *profanum vulgus* der »Gebildeten« von vornherein noch mehr als gegen das »Volk« abschließt, welches aber, wie seine Wirkung bewies und beweist, sich gut genug auch darauf verstehen muß, sich seine Mitschwärmer zu suchen und sie auf neue Schleichwege und Tanzplätze zu locken. Hier redete jedenfalls – das gestand man sich mit Neugierde ebenso als mit Abneigung ein – eine *fremde* Stimme, der Jünger eines noch »unbekannten Gottes«, der sich einstweilen unter die Kapuze des Gelehrten, unter die Schwere und dialektische Unlustigkeit des Deutschen, selbst unter die schlechten Manieren des Wagnerianers versteckt hat; hier war ein Geist mit fremden, noch namenlosen Bedürfnissen, ein Gedächtnis strotzend von Fragen, Erfahrungen, Verborgenheiten, welchen der Name Dionysos wie ein Fragezeichen mehr beigeschrieben war; hier sprach – so sagte man sich mit Argwohn – etwas wie eine mystische und beinahe mänadische Seele, die mit Mühsal und willkürlich, fast unschlüssig darüber, ob sie sich mitteilen oder verbergen wolle, gleichsam in einer fremden Zunge stammelt. Sie hätte *singen* sollen, diese »neue Seele« – und nicht reden! Wie schade, daß ich, was ich damals zu sagen hatte, es nicht als Dichter zu sagen wagte: ich hätte es vielleicht gekonnt! Oder mindestens als Philologe: – bleibt doch auch heute noch für den Philologen auf diesem Gebiete beinahe alles zu entdecken und auszugraben! Vor allem das Problem, *daß* hier ein Problem vorliegt, – und daß die Griechen, so lange wir keine Antwort auf die Frage »was ist dionysisch?« haben, nach wie vor gänzlich unerkannt und unvorstellbar sind...

4

Ja, was ist dionysisch? – In diesem Buche steht eine Antwort darauf, – ein »Wissender« redet da, der Eingeweihte und Jünger seines Gottes. Vielleicht würde ich jetzt vorsichtiger und weniger beredt von einer so schweren psychologischen Frage reden, wie sie der Ursprung der Tragödie bei den Griechen ist. Eine Grundfrage ist das Verhältnis des Griechen zum Schmerz, sein Grad von Sensibilität, – blieb dies Verhältnis sich gleich? oder drehte es sich um? – jene Frage, ob wirklich sein immer stärkeres *Verlangen nach Schönheit*, nach Festen, Lustbarkeiten, neuen Kulten aus Mangel, aus Entbehrung, aus Melancholie, aus Schmerz erwachsen ist? Gesetzt nämlich, gerade dies wäre wahr – und Perikles (oder Thukydides) gibt es uns in der großen Leichenrede zu verstehen –: woher müßte dann das entgegengesetzte Verlangen, das der Zeit nach früher hervortrat, stammen, das *Verlangen nach dem Häß-*

lichen, der gute strenge Wille des älteren Hellenen zum Pessimismus, zum tragischen Mythus, zum Bilde alles Furchtbaren, Bösen, Rätselhaften, Vernichtenden, Verhängnisvollen auf dem Grunde des Daseins, – woher müßte dann die Tragödie stammen? Vielleicht aus der *Lust*, aus der Kraft, aus überströmender Gesundheit, aus übergroßer Fülle? Und welche Bedeutung hat dann, physiologisch gefragt, jener Wahnsinn, aus dem die tragische wie die komische Kunst erwuchs, der dionysische Wahnsinn? Wie? Ist Wahnsinn vielleicht nicht notwendig das Symptom der Entartung, des Niedergangs, der überspäten Kultur? Gibt es vielleicht – eine Frage für Irrenärzte – Neurosen der *Gesundheit*? der Volks-Jugend und -Jugendlichkeit? Worauf weist jene Synthesis von Gott und Bock im Satyr? Aus welchem Selbsterlebnis, auf welchen Drang hin mußte sich der Grieche den dionysischen Schwärmer und Urmenschen als Satyr denken? Und was den Ursprung des tragischen Chors betrifft: gab es in jenen Jahrhunderten, wo der griechische Leib blühte, die griechische Seele von Leben überschäumte, vielleicht endemische Entzückungen? Visionen und Halluzinationen, welche sich ganzen Gemeinden, ganzen Kultversammlungen mitteilten? Wie? wenn die Griechen, gerade im Reichtum ihrer Jugend, den Willen *zum* Tragischen hatten und Pessimisten waren? wenn es gerade der Wahnsinn war, um ein Wort Platos zu gebrauchen, der die *größten* Segnungen über Hellas gebracht hat? Und wenn, andererseits und umgekehrt, die Griechen gerade in den Zeiten ihrer Auflösung und Schwäche immer optimistischer, oberflächlicher, schauspielerischer, auch nach Logik und Logisierung der Welt brünstiger, also zugleich »heiterer« und »wissenschaftlicher« wurden? Wie? könnte vielleicht, allen »modernen Ideen« und Vorurteilen des demokratischen Geschmacks zum Trotz, der Sieg des *Optimismus*, die vorherrschend gewordene *Vernünftigkeit*, der praktische und theoretische *Utilitarismus*, gleich der Demokratie selbst, mit der er gleichzeitig ist, – ein Symptom der absinkenden Kraft, des nahenden Alters, der physiologischen Ermüdung sein? Und gerade *nicht* – der Pessimismus? War Epikur ein Optimist – gerade als *Leidender*? – – Man sieht, es ist ein ganzes Bündel schwerer Fragen, mit dem sich dieses Buch belastet hat, – fügen wir seine schwerste Frage noch hinzu! Was bedeutet, unter der Optik des *Lebens* gesehn, – die Moral?...

5

Bereits im Vorwort an Richard Wagner wird die Kunst – und *nicht* die Moral – als die eigentlich *metaphysische* Tätigkeit des Menschen hingestellt; im Buche selbst kehrt der anzügliche Satz mehrfach wieder, daß nur als ästhetisches Phänomen das Dasein der Welt *gerechtfertigt* ist. In der Tat, das ganze Buch kennt nur einen Künstler-Sinn und -Hintersinn hinter allem Geschehen, – einen »Gott«, wenn man will, aber gewiß nur einen gänzlich unbedenklichen und unmoralischen Künstler-Gott, der im Bauen wie im Zerstören, im Guten wie im Schlimmen, seiner gleichen Lust und Selbstherrlichkeit innewerden will, der sich, Welten schaffend, von der *Not* der Fülle und *Überfülle*, vom *Leiden* der in ihm gedrängten Gegensätze löst. Die Welt, in jedem Augenblick die *erreichte* Erlösung Gottes, als die ewig wechselnde, ewig neue Vision des Leidendsten, Gegensätzlichsten, Widerspruchreichsten, der nur im *Scheine* sich zu erlösen weiß: diese ganze Artisten-Metaphysik mag man willkürlich, müßig, phantastisch nennen –, das Wesentliche daran ist, daß sie bereits einen Geist verrät, der sich einmal auf jede Gefahr hin gegen die *moralische* Ausdeutung und Bedeutsamkeit des Daseins zur Wehre setzen wird. Hier kündigt sich, vielleicht zum ersten Male, ein Pessimismus »jenseits von Gut und Böse« an, hier kommt jene »Perversität der Gesinnung« zu Wort und Formel, gegen welche Schopenhauer nicht müde geworden ist, im voraus seine zornigsten Flüche und Donnerkeile zu schleudern, – eine Philosophie, welche es wagt, die Moral selbst in die Welt der Erscheinung zu setzen, herabzusetzen und nicht nur unter die »Erscheinungen« (im Sinne des idealistischen *terminus technicus*), sondern unter die »Täuschungen«, als Schein, Wahn, Irrtum, Ausdeutung, Zurechtmachung, Kunst. Vielleicht läßt sich die Tiefe dieses *widermoralischen* Hanges am besten aus dem behutsamen und feindseligen Schweigen ermessen, mit dem in dem ganzen Buche das Christentum behandelt ist, – das Christentum als die ausschweifendste Durchfigurierung des moralischen Themas, welche die Menschheit bisher anzuhören bekommen hat. In Wahrheit, es gibt zu der rein ästhetischen Weltauslegung und Welt-Rechtfertigung, wie sie in diesem Buche gelehrt wird, keinen größeren Gegensatz als die christliche Lehre, welche *nur* moralisch ist und sein will und mit ihren absoluten Maßen, zum Beispiel schon mit ihrer Wahrhaftigkeit Gottes, die Kunst, *jede* Kunst ins Reich der *Lüge* verweist, – das heißt verneint, verdammt, verurteilt. Hinter einer derartigen Denk- und Wertungsweise, welche kunstfeindlich sein muß, solange sie irgendwie echt ist, empfand ich von jeher auch das *Lebensfeindliche*, den ingrimmigen rachsüchtigen Widerwillen gegen das Leben selbst: denn alles Leben ruht auf Schein, Kunst, Täuschung, Optik, Notwendigkeit des Perspektivischen und des Irrtums. Christentum war von Anfang an, wesentlich und gründlich, Ekel und Überdruß des Lebens am Leben, welcher sich unter dem Glauben an ein »anderes« oder »besseres« Leben nur verkleidete, nur versteckte, nur aufputzte. Der Haß auf die »Welt«, der Fluch auf die Affekte, die Furcht vor der Schönheit und Sinnlichkeit, ein Jenseits, erfunden, um das Diesseits besser zu verleumden, im Grunde ein Verlangen ins Nichts, ans Ende, ins Ausruhen, hin zum »Sabbat der Sabbate« – dies alles dünkte mich, ebenso wie der unbedingte Wille des Christentums, *nur* moralische Werte gelten zu lassen, immer wie die gefährlichste und unheimlichste Form aller möglichen Formen eines »Willens zum Untergang«, zum mindesten ein Zeichen tiefster Erkrankung, Müdigkeit, Mißmutigkeit, Erschöpfung, Verarmung an Leben, – denn vor der Moral (insonderheit christlichen, das heißt unbedingten Moral) *muß* das Leben beständig und unvermeidlich Unrecht bekommen, weil Leben etwas essentiell Unmoralisches *ist*, – *muß* endlich das Leben, erdrückt unter dem Gewichte der Verachtung und des ewigen Neins, als begehrens-unwürdig, als unwert an sich empfunden werden. Moral selbst – wie? sollte Moral nicht ein »Wille zur Verneinung des Lebens«, ein heimlicher Instinkt der Vernichtung, ein Verfalls-, Verkleinerungs-, Verleumdungsprinzip, ein Anfang vom Ende sein? Und, folglich, die Gefahr der Gefahren? ... *Gegen* die Moral also kehrte sich damals, mit diesem fragwürdigen Buche, mein Instinkt, als ein fürsprechender Instinkt des Lebens, und erfand sich eine grundsätzliche Gegenlehre und Gegenwertung des Lebens, eine rein artistische, eine *antichristliche*. Wie sie nennen? Als Philologe und Mensch der Worte taufte ich sie, nicht ohne einige Freiheit – denn wer wüßte den rechten Namen des Antichrist? – auf den Namen eines griechischen Gottes: ich hieß sie die *dionysische*. –

6

Man versteht, an welche Aufgabe ich bereits mit diesem Buche zu rühren wagte?... Wie sehr bedauere ich es jetzt, daß ich damals noch nicht den Mut (oder die Unbescheidenheit?) hatte, um mir in jedem Betrachte für so eigne Anschauungen und Wagnisse auch eine *eigne Sprache* zu erlauben, – daß ich mühselig mit Schopenhauerischen und Kantischen Formeln fremde und neue Wertschätzungen auszudrücken suchte, welche dem Geiste Kantens und Schopenhauers, ebenso wie ihrem Geschmacke, von Grund aus entgegen gingen! Wie dachte doch Schopenhauer über die Tragödie? »Was allem Tragischen den eigentümlichen Schwung zur Erhebung gibt« – sagt er, Welt als Wille und Vorstellung II, 495 – »ist das Aufgehen der Erkenntnis, daß die Welt, das Leben kein rechtes Genügen geben könne, mithin unsrer Anhänglichkeit *nicht wert sei*: darin besteht der tragische Geist –, er leitet demnach zur *Resignation* hin.« O wie anders redete Dionysos zu mir! O wie ferne war mir damals gerade dieser ganze Resignationismus! – Aber es gibt etwas viel Schlimmeres an dem Buche, das ich jetzt noch mehr bedauere, als mit Schopenhauerischen Formeln dionysische Ahnungen verdunkelt und verdorben zu haben: daß ich mir nämlich überhaupt das grandiose *griechische Problem*, wie mir es aufgegangen war, durch Einmischung der modernsten Dinge *verdarb*! Daß ich Hoffnungen anknüpfte, wo nichts zu hoffen war, wo alles allzudeutlich auf ein Ende hinwies! Daß ich, auf Grund der deutschen letzten Musik, vom »deutschen Wesen« zu fabeln begann, wie als ob es eben im Begriff sei, sich selbst zu entdecken und wiederzufinden – und das zu einer Zeit, wo der deutsche Geist, der nicht vor langem noch den Willen zur Herrschaft über Europa, die Kraft zur Führung Europas gehabt hatte, eben letztwillig und endgültig *abdankte* und, unter dem pomphaften Vorwande einer Reichs-Begründung, seinen Übergang zur Vermittelmäßigung, zur Demokratie und den »modernen Ideen« machte! In der Tat, inzwischen lernte ich hoffnungslos und schonungslos genug von diesem »deutschen Wesen« denken, insgleichen von der jetzigen *deutschen Musik*, als welche Romantik durch und durch ist und die ungriechischeste aller möglichen Kunstformen: überdies aber eine Nervenverderberin ersten Ranges, doppelt gefährlich bei einem Volke, das den Trunk liebt und die Unklarheit als Tugend ehrt, nämlich in ihrer doppelten Eigenschaft als berauschendes und zugleich *benebelndes* Narkotikum. – Abseits freilich von allen übereilten Hoffnungen und fehlerhaften Nutzanwendungen auf Gegenwärtigstes, mit denen ich mir damals mein erstes Buch verdarb, bleibt das große dionysische Fragezeichen, wie es darin gesetzt ist, auch in betreff der Musik, fort und fort bestehn: wie müßte eine Musik beschaffen sein, welche nicht mehr romantischen Ursprungs wäre, gleich der deutschen, – sondern *dionysischen*?...

7

– Aber, mein Herr, was in aller Welt ist Romantik, wenn nicht *Ihr* Buch Romantik ist? Läßt sich der tiefe Haß gegen »Jetztzeit«, »Wirklichkeit« und »moderne Ideen« weiter treiben, als es in Ihrer Artisten-Metaphysik geschehen ist? – welche lieber noch an das Nichts, lieber noch an den Teufel als an das »Jetzt« glaubt? Brummt nicht ein Grundbaß von Zorn und Vernichtungslust unter aller Ihrer kontrapunktischen Stimmen-Kunst und Ohren-Verführerei hinweg, eine wütende Entschlossenheit gegen alles, was »jetzt« ist, ein Wille, welcher nicht gar zu ferne vom praktischen Nihilismus ist und zu sagen scheint »lieber mag nichts wahr sein, als daß *ihr* Recht hättet, als daß *eure* Wahrheit Recht behielte!« Hören Sie selbst, mein Herr Pessimist und Kunstvergöttlicher, mit aufgeschlossnerem Ohre eine einzige ausgewählte Stelle Ihres Buches an, jene nicht unberedte Drachentöter-Stelle, welche für junge Ohren und Herzen verfänglich-rattenfängerisch klingen mag: wie? ist das nicht das echte rechte Romantiker-Bekenntnis von 1830, unter der Maske des Pessimismus von 1850? hinter dem auch schon das übliche Romantiker-Finale präludiert, – Bruch, Zusammenbruch, Rückkehr und Niedersturz vor einem alten Glauben, vor *dem* alten Gotte... Wie? ist Ihr Pessimisten-Buch nicht selbst ein Stück Antigriechentum und Romantik, selbst etwas »ebenso Berauschendes als Benebelndes«, ein Narkotikum jedenfalls, ein Stück Musik sogar, *deutscher* Musik? Aber man höre:

»Denken wir uns eine heranwachsende Generation mit dieser Unerschrockenheit des Blicks, mit diesem heroischen Zug ins Ungeheure, denken wir uns den kühnen Schritt dieser Drachentöter, die stolze Verwegenheit, mit der sie allen den Schwächlichkeitsdoktrinen des Optimismus den Rücken kehren, um im Ganzen und Vollen ‚resolut zu leben': *sollte es nicht nötig sein, daß der tragische Mensch dieser Kultur, bei seiner Selbsterziehung zum Ernst und zum Schrecken, eine neue Kunst, die Kunst des metaphysischen Trostes*, die Tragödie als die ihm zugehörige Helena begehren und mit Faust ausrufen muß:

> Und sollt' ich nicht, sehnsüchtigster Gewalt,
> Ins Leben ziehn die einzigste Gestalt?«

»Sollte es nicht *nötig* sein?« ... Nein, dreimal nein! ihr jungen Romantiker: es sollte *nicht* nötig sein! Aber es ist sehr wahrscheinlich, daß es so *endet*, daß *ihr* so endet, nämlich »getröstet«, wie geschrieben steht, trotz aller Selbsterziehung zum Ernst und zum Schrecken, »metaphysisch getröstet«, kurz wie Romantiker enden, *christlich*... Nein! Ihr sollet vorerst die Kunst des *diesseitigen* Trostes lernen, – ihr sollet *lachen* lernen, meine jungen Freunde, wenn anders ihr durchaus Pessimisten bleiben wollt; vielleicht daß ihr daraufhin, als Lachende, irgendwann einmal alle metaphysische Trösterei zum Teufel schickt – und die Metaphysik voran! Oder, um es in der Sprache jenes dionysischen Unholds zu sagen, der *Zarathustra* heißt:

»Erhebt eure Herzen, meine Brüder, hoch, höher! Und vergeßt mir auch die Beine nicht! Erhebt auch eure Beine, ihr guten Tänzer, und besser noch: ihr steht auch auf dem Kopf!

Diese Krone des Lachenden, diese Rosenkranz-Krone: ich selber setzte mir diese Krone auf, ich selber sprach heilig mein Gelächter. Keinen anderen fand ich heute stark genug dazu.

Zarathustra der Tänzer, Zarathustra der Leichte, der mit den Flügeln winkt, ein Flugbereiter, allen Vögeln zuwinkend, bereit und fertig, ein Selig-Leichtfertiger: –

Zarathustra der Wahrsager, Zarathustra der Wahrlacher, kein Ungeduldiger, kein Unbedingter, einer, der Sprünge und Seitensprünge liebt: ich selber setzte mir diese Krone auf!

Diese Krone des Lachenden, diese Rosenkranz-Krone: euch, meinen Brüdern, werfe ich diese Krone zu! Das Lachen sprach ich heilig: ihr höheren Menschen, *lernt* mir – lachen!«

Also sprach Zarathustra, vierter Teil

DIE GEBURT DER TRAGÖDIE
AUS DEM GEISTE DER MUSIK

Vorwort an Richard Wagner

Um mir alle die möglichen Bedenklichkeiten, Aufregungen und Mißverständnisse ferne zu halten, zu denen die in dieser Schrift vereinigten Gedanken bei dem eigentümlichen Charakter unserer ästhetischen Öffentlichkeit Anlaß geben werden, und um auch die Einleitungsworte zu derselben mit der gleichen beschaulichen Wonne schreiben zu können, deren Zeichen sie selbst, als das Petrefakt guter und erhebender Stunden, auf jedem Blatte trägt, vergegenwärtige ich mir den Augenblick, in dem Sie, mein hochverehrter Freund, diese Schrift empfangen werden: wie Sie, vielleicht nach einer abendlichen Wanderung im Winterschnee, den entfesselten Prometheus auf dem Titelblatte betrachten, meinen Namen lesen und sofort überzeugt sind, daß, mag in dieser Schrift stehen, was da wolle, der Verfasser etwas Ernstes und Eindringliches zu sagen hat, ebenfalls daß er, bei allem, was er sich erdachte, mit Ihnen wie mit einem Gegenwärtigen verkehrte und nur etwas dieser Gegenwart Entsprechendes niederschreiben durfte. Sie werden dabei sich erinnern, daß ich zu gleicher Zeit, als Ihre herrliche Festschrift über Beethoven entstand, das heißt in den Schrecken und Erhabenheiten des eben ausgebrochenen Krieges, mich zu diesen Gedanken sammelte. Doch würden diejenigen irren, welche etwa bei dieser Sammlung an den Gegensatz von patriotischer Erregung und ästhetischer Schwelgerei, von tapferem Ernst und heiterem Spiel denken sollten: denen möchte vielmehr, bei einem wirklichen Lesen dieser Schrift, zu ihrem Erstaunen deutlich werden, mit welchem ernsthaft deutschen Problem wir zu tun haben, das von uns recht eigentlich in die Mitte deutscher Hoffnungen, als Wirbel und Wendepunkt, hingestellt wird. Vielleicht aber wird es für eben dieselben überhaupt anstößig sein, ein ästhetisches Problem so ernst genommen zu sehn, falls sie nämlich in der Kunst nicht mehr als ein lustiges Nebenbei, als ein auch wohl zu missendes Schellengeklingel zum »Ernst des Daseins« zu erkennen imstande sind: als ob niemand wüßte, was es bei dieser

Gegenüberstellung mit einem solchen »Ernste des Daseins« auf sich habe. Diesen Ernsthaften diene zur Belehrung, daß ich von der Kunst als der höchsten Aufgabe und der eigentlich metaphysischen Tätigkeit dieses Lebens im Sinne des Mannes überzeugt bin, dem ich hier, als meinem erhabenen Vorkämpfer auf dieser Bahn, diese Schrift gewidmet haben will.

Basel, Ende des Jahres 1871

I

Wir werden viel für die ästhetische Wissenschaft gewonnen haben, wenn wir nicht nur zur logischen Einsicht, sondern zur unmittelbaren Sicherheit der Anschauung gekommen sind, daß die Fortentwickelung der Kunst an die Duplizität des *Apollinischen* und des *Dionysischen* gebunden ist: in ähnlicher Weise, wie die Generation von der Zweiheit der Geschlechter, bei fortwährendem Kampfe und nur periodisch eintretender Versöhnung, abhängt. Diese Namen entlehnen wir von den Griechen, welche die tiefsinnigen Geheimlehren ihrer Kunstanschauung zwar nicht in Begriffen, aber in den eindringlich deutlichen Gestalten ihrer Götterwelt dem Einsichtigen vernehmbar machen. An ihre beiden Kunstgottheiten, Apollo und Dionysus, knüpft sich unsere Erkenntnis, daß in der griechischen Welt ein ungeheurer Gegensatz, nach Ursprung und Zielen, zwischen der Kunst des Bildners, der apollinischen, und der unbildlichen Kunst der Musik, als der des Dionysus, besteht: beide so verschiedne Triebe gehen nebeneinander her, zumeist im offnen Zwiespalt miteinander und sich gegenseitig zu immer neuen kräftigeren Geburten reizend, um in ihnen den Kampf jenes Gegensatzes zu perpetuieren, den das gemeinsame Wort »Kunst« nur scheinbar überbrückt; bis sie endlich, durch einen metaphysischen Wunderakt des hellenischen »Willens«, miteinander gepaart erscheinen und in dieser Paarung zuletzt das ebenso dionysische als apollinische Kunstwerk der attischen Tragödie erzeugen.

Um uns jene beiden Triebe näherzubringen, denken wir sie uns zunächst als die getrennten Kunstwelten des *Traumes* und des *Rausches*; zwischen welchen physiologischen Erscheinungen ein entsprechender Gegensatz wie zwischen dem Apollinischen und dem Dionysischen zu bemerken ist. Im Traume traten zuerst, nach der Vorstellung des Lukretius, die herrlichen Göttergestalten vor die Seelen der Menschen, im Traume sah der große Bildner den entzückenden Gliederbau übermenschlicher Wesen, und der hellenische Dichter, um die Geheimnisse der poetischen Zeugung befragt, würde ebenfalls an den Traum erinnert und eine ähnliche Belehrung gegeben haben, wie sie Hans Sachs in den Meistersingern gibt:

> Mein Freund, das grad ist Dichters Werk,
> daß er sein Träumen deut' und merk'.
> Glaubt mir, des Menschen wahrster Wahn
> wird ihm im Traume aufgetan:
> all Dichtkunst und Poeterei
> ist nichts als Wahrtraum-Deuterei.

Der schöne Schein der Traumwelten, in deren Erzeugung jeder Mensch voller Künstler ist, ist die Voraussetzung aller bildenden Kunst, ja auch, wie wir sehen werden, einer wichtigen Hälfte der Poesie. Wir genießen im unmittelbaren Verständnisse der Gestalt, alle Formen sprechen zu uns, es gibt nichts Gleichgültiges und Unnötiges. Bei dem höchsten Leben dieser Traumwirklichkeit haben wir doch noch die durchschimmernde Empfindung ihres *Scheins*: wenigstens ist dies meine Erfahrung, für deren Häufigkeit, ja Normalität, ich manches Zeugnis und die Aussprüche der Dichter beizubringen hätte. Der philosophische Mensch hat sogar das Vorgefühl, daß auch unter dieser Wirklichkeit, in der wir leben und sind, eine zweite ganz andre verborgen liege, daß also auch sie ein Schein sei; und Schopenhauer bezeichnet geradezu die Gabe, daß einem zuzeiten die Menschen und alle Dinge als bloße Phantome oder Traumbilder vorkommen, als das Kennzeichen philosophischer Befähigung. Wie nun der Philosoph zur Wirklichkeit des Daseins, so verhält sich der künstlerisch erregbare Mensch zur Wirklichkeit des Traumes; er sieht genau und gern zu: denn aus diesen Bildern deutet er sich das Leben, an diesen Vorgängen übt er sich für das Leben. Nicht etwa nur die angenehmen und freundlichen Bilder sind es, die er mit jener Allverständlichkeit an sich erfährt: auch das Ernste, Trübe, Traurige, Finstere, die plötzlichen Hemmungen, die Neckereien des Zufalls, die bänglichen Erwartungen, kurz die ganze »göttliche Komödie« des Lebens, mit dem *Inferno*, zieht an ihm vorbei, nicht nur wie ein Schattenspiel – denn er lebt und leidet mit in diesen Szenen – und doch auch nicht ohne jene flüchtige Empfindung des Scheins; und vielleicht erinnert sich mancher, gleich mir, in den Gefährlichkeiten und Schrecken des Traumes sich mitunter ermutigend und mit Erfolg zugerufen zu haben: »Es ist ein Traum! Ich will ihn weiter träumen!« Wie man mir auch von Personen erzählt hat, die die Kausalität eines und desselben Traumes über drei und mehr aufeinanderfolgende Nächte hin fortzusetzen imstande waren: Tatsachen, welche deutlich Zeugnis dafür abgeben, daß unser innerstes Wesen, der gemeinsame Untergrund von uns allen, mit tiefer Lust und freudiger Notwendigkeit den Traum an sich erfährt.

Diese freudige Notwendigkeit der Traumerfahrung ist gleichfalls von den Griechen in ihrem Apollo ausgedrückt worden: Apollo, als der Gott aller bildnerischen Kräfte, ist zugleich der wahrsagende Gott. Er, der seiner Wurzel nach der »Scheinende«, die Lichtgottheit ist, beherrscht auch den schönen Schein der inneren Phantasie-Welt. Die höhere Wahrheit, die Vollkommenheit dieser Zustände im Gegensatz zu der lückenhaft verständlichen Tageswirklichkeit, sodann das tiefe Bewußtsein von der in Schlaf und Traum heilenden und helfenden Natur ist zugleich das symbolische Analogon der wahrsagenden Fähigkeit und überhaupt der Künste, durch die das Leben möglich und lebenswert gemacht wird. Aber auch jene zarte Linie, die das Traumbild nicht überschreiten darf, um nicht pathologisch zu wirken, widrigenfalls der Schein als plumpe Wirklichkeit uns betrügen würde – darf nicht im Bilde des Apollo fehlen: jene maßvolle Begrenzung, jene Freiheit von den wilderen Regungen, jene weisheitsvolle Ruhe des Bildnergottes. Sein Auge muß »sonnenhaft«, gemäß seinem Ursprunge, sein; auch wenn es zürnt und unmutig blickt, liegt die Weihe des schönen Scheines auf ihm. Und so möchte von Apollo in einem exzentrischen Sinne das gelten, was Schopenhauer von dem im Schleier der Maja befangenen Menschen sagt, Welt als Wille und Vorstellung 1, S. 416: »Wie auf dem tobenden Meere, das, nach allen Seiten unbegrenzt, heulend Wellenberge erhebt und senkt, auf einem Kahn ein Schiffer sitzt, dem schwachen Fahrzeug vertrauend; so sitzt, mitten in einer Welt von Qualen, ruhig der einzelne Mensch, gestützt und vertrauend auf das *principium individuationis*.« Ja es wäre von Apollo zu sagen, daß in ihm das unerschütterte Vertrauen auf jenes *principium* und das ruhige Dasitzen des in ihm Befangenen seinen erhabensten Ausdruck bekommen habe, und man möchte selbst Apollo als das herrliche Götterbild des *principii individuationis* bezeichnen, aus dessen Gebärden und Blicken die ganze Lust und Weisheit des »Scheines« samt seiner Schönheit, zu uns spräche.

An derselben Stelle hat uns Schopenhauer das ungeheure *Grausen* geschildert, welches den Menschen ergreift, wenn er plötzlich an den Erkenntnisformen der Erscheinung irre wird, indem der Satz vom Grunde, in irgendeiner seiner Gestaltungen, eine Ausnahme zu erleiden scheint. Wenn wir zu diesem Grausen die wonnevolle Verzückung hinzunehmen, die bei demselben Zerbrechen des *principii individuationis* aus dem innersten Grunde des Menschen, ja der Natur emporsteigt, so tun wir einen Blick in das Wesen des *Dionysischen*, das uns am nächsten noch durch die Analogie des *Rausches* gebracht wird. Entweder durch den Einfluß des narkotischen Getränkes, von dem alle ursprünglichen Menschen und Völker in Hymnen sprechen, oder bei dem gewaltigen, die ganze Natur lustvoll durchdringenden Nahen des Frühlings erwachen jene dionysischen Regungen, in deren Steigerung das Subjektive zu völliger Selbstvergessenheit hinschwindet. Auch im deutschen Mittelalter wälzten sich unter der gleichen dionysischen Gewalt immer wachsende Scharen, singend und tanzend, von Ort zu Ort: in diesen Sankt-Johann- und Sankt-Veittänzern erkennen wir die bacchischen Chöre der Griechen wieder, mit ihrer Vorgeschichte in Kleinasien, bis hin zu Babylon und den orgiastischen Sakäen. Es gibt Menschen, die, aus Mangel an Erfahrung oder aus Stumpfsinn, sich von solchen Erscheinungen wie von »Volkskrankheiten«, spöttisch oder bedauernd im Gefühl der eigenen Gesundheit abwenden: die Armen ahnen freilich nicht, wie leichenfarbig und gespenstisch eben diese ihre »Gesundheit« sich ausnimmt, wenn an ihnen das glühende Leben dionysischer Schwärmer vorüberbraust.

Unter dem Zauber des Dionysischen schließt sich nicht nur der Bund zwischen Mensch und Mensch wieder zusammen: auch die entfremdete, feindliche oder unterjochte Natur feiert wieder ihr Versöhnungsfest mit ihrem verlorenen Sohne, dem Menschen. Freiwillig beut die Erde ihre Gaben, und friedfertig nahen die Raubtiere der Felsen und der Wüste. Mit Blumen und Kränzen ist der Wagen des Dionysus überschüttet: unter seinem Joche schreiten Panther und Tiger. Man verwandele das Beethovensche Jubellied der »Freude« in ein

Gemälde und bleibe mit seiner Einbildungskraft nicht zurück, wenn die Millionen schauervoll in den Staub sinken: so kann man sich dem Dionysischen nähern. Jetzt ist der Sklave freier Mann, jetzt zerbrechen alle die starren, feindseligen Abgrenzungen, die Not, Willkür oder »freche Mode« zwischen den Menschen festgesetzt haben. Jetzt, bei dem Evangelium der Weltenharmonie, fühlt sich jeder mit seinem Nächsten nicht nur vereinigt, versöhnt, verschmolzen, sondern eins, als ob der Schleier der Maja zerrissen wäre und nur noch in Fetzen vor dem geheimnisvollen Ur-Einen herumflattere. Singend und tanzend äußert sich der Mensch als Mitglied einer höheren Gemeinsamkeit: er hat das Gehen und das Sprechen verlernt und ist auf dem Wege, tanzend in die Lüfte emporzufliegen. Aus seinen Gebärden spricht die Verzauberung. Wie jetzt die Tiere reden, und die Erde Milch und Honig gibt, so tönt auch aus ihm etwas Übernatürliches: als Gott fühlt er sich, er selbst wandelt jetzt so verzückt und erhoben, wie er die Götter im Traume wandeln sah. Der Mensch ist nicht mehr Künstler, er ist Kunstwerk geworden: die Kunstgewalt der ganzen Natur, zur höchsten Wonnebefriedigung des Ur-Einen, offenbart sich hier unter den Schauern des Rausches. Der edelste Ton, der kostbarste Marmor wird hier geknetet und behauen, der Mensch, und zu den Meißelschlägen des dionysischen Weltenkünstlers tönt der eleusinische Mysterienruf: »Ihr stürzt nieder, Millionen? Ahnest du den Schöpfer, Welt?« –

2

Wir haben bis jetzt das Apollinische und seinen Gegensatz, das Dionysische, als künstlerische Mächte betrachtet, die aus der Natur selbst, *ohne Vermittlung des menschlichen Künstlers*, hervorbrechen, und in denen sich ihre Kunsttriebe zunächst und auf direktem Wege befriedigen: einmal als die Bilderwelt des Traumes, deren Vollkommenheit ohne jeden Zusammenhang mit der intellektuellen Höhe oder künstlerischen Bildung des einzelnen ist, andererseits als rauschvolle Wirklichkeit, die wiederum des einzelnen nicht achtet, sondern sogar das Individuum zu vernichten und durch eine mystische Einheitsempfindung zu erlösen sucht. Diesen unmittelbaren Kunstzuständen der Natur gegenüber ist jeder Künstler »Nachahmer«, und zwar entweder apollinischer Traumkünstler oder dionysischer Rauschkünstler oder endlich – wie beispielsweise in der griechischen Tragödie – zugleich Rausch- und Traumkünstler: als welchen wir uns etwa zu denken haben, wie er, in der dionysischen Trunkenheit und mystischen Selbstentäußerung, einsam und abseits von den schwärmenden Chören niedersinkt und wie sich ihm nun, durch apollinische Traumeinwirkung, sein eigener Zustand, d. h. seine Einheit mit dem innersten Grunde der Welt *in einem gleichnisartigen Traumbilde* offenbart.

Nach diesen allgemeinen Voraussetzungen und Gegenüberstellungen nahen wir uns jetzt den *Griechen*, um zu erkennen, in welchem Grade und bis zu welcher Höhe jene *Kunsttriebe der Natur* in ihnen entwickelt gewesen sind: wodurch wir in den Stand gesetzt werden, das Verhältnis des griechischen Künstlers zu seinen Urbildern, oder, nach dem aristotelischen Ausdrucke, »die Nachahmung der Natur« tiefer zu verstehn und zu würdigen. Von den *Träumen* der Griechen ist trotz aller Traumliteratur derselben und zahlreichen Traumanekdoten nur vermutungsweise, aber doch mit ziemlicher Sicherheit zu sprechen: bei der unglaublich bestimmten und sicheren plastischen Befähigung ihres Auges, samt ihrer hellen und aufrichtigen Farbenlust, wird man sich nicht entbrechen können, zur Beschämung aller Spätergeborenen, auch für ihre Träume eine logische Kausalität der Linien und Umrisse, Farben und Gruppen, eine ihren besten Reliefs ähnelnde Folge der Szenen vorauszusetzen, deren Vollkommenheit uns, wenn eine Vergleichung möglich wäre, gewiß berechtigen würde, die träumenden Griechen als Homere und Homer als einen träumenden Griechen zu bezeichnen: in einem tieferen Sinne, als wenn der moderne Mensch sich hinsichtlich seines Traumes mit Shakespeare zu vergleichen wagt.

Dagegen brauchen wir nicht nur vermutungsweise zu sprechen, wenn die ungeheure Kluft aufgedeckt werden soll, welche die *dionysischen Griechen* von den dionysischen Barbaren trennt. Aus allen Enden der alten Welt – um die neuere hier beiseite zu lassen –, von Rom bis Babylon können wir die Existenz dionysischer Feste nachweisen, deren Typus sich, bestenfalls, zu dem Typus der griechischen verhält wie der bärtige Satyr, dem der Bock Namen und Attribute verlieh, zu Dionysus selbst. Fast überall lag das Zentrum dieser Feste in einer überschwänglichen geschlechtlichen Zuchtlosigkeit, deren Wellen

über jedes Familientum und dessen ehrwürdige Satzungen hinweg,
fluteten; gerade die wildesten Bestien der Natur wurden hier entfesselt,
bis zu jener abscheulichen Mischung von Wollust und Grausamkeit,
die mir immer als der eigentliche »Hexentrank« erschienen ist. Gegen
die fieberhaften Regungen jener Feste, deren Kenntnis auf allen Land,
und Seewegen zu den Griechen drang, waren sie, scheint es, eine Zeit
lang völlig gesichert und geschützt durch die hier in seinem ganzen
Stolz sich aufrichtende Gestalt des Apollo, der das Medusenhaupt
keiner gefährlicheren Macht entgegenhalten konnte als dieser fratzen,
haft ungeschlachten dionysischen. Es ist die dorische Kunst, in der sich
jene majestätisch-ablehnende Haltung des Apollo verewigt hat. Be,
denklicher und sogar unmöglich wurde dieser Widerstand, als end,
lich aus der tiefsten Wurzel des Hellenischen heraus sich ähnliche
Triebe Bahn brachen: jetzt beschränkte sich das Wirken des delphi,
schen Gottes darauf, dem gewaltigen Gegner durch eine zur rechten
Zeit abgeschlossene Versöhnung die vernichtenden Waffen aus der
Hand zu nehmen. Diese Versöhnung ist der wichtigste Moment in
der Geschichte des griechischen Kultus: wohin man blickt, sind die
Umwälzungen dieses Ereignisses sichtbar. Es war die Versöhnung
zweier Gegner, mit scharfer Bestimmung ihrer von jetzt ab einzuhal,
tenden Grenzlinien und mit periodischer Übersendung von Ehren,
geschenken; im Grunde war die Kluft nicht überbrückt. Sehen wir
aber, wie sich unter dem Drucke jenes Friedensschlusses die dionysische
Macht offenbarte, so erkennen wir jetzt, im Vergleiche mit jenen
babylonischen Sakäen und ihrem Rückschritte des Menschen zum
Tiger und Affen, in den dionysischen Orgien der Griechen die Be,
deutung von Welterlösungsfesten und Verklärungstagen. Erst bei
ihnen erreicht die Natur ihren künstlerischen Jubel, erst bei ihnen
wird die Zerreißung des *principii individuationis* ein künstlerisches Phä,
nomen. Jener scheußliche Hexentrank aus Wollust und Grausamkeit
war hier ohne Kraft: nur die wundersame Mischung und Doppelheit
in den Affekten der dionysischen Schwärmer errinnert an ihn – wie
Heilmittel an tödliche Gifte erinnern –, jene Erscheinung, daß Schmer,
zen Lust erwecken, daß der Jubel der Brust qualvolle Töne entreißt.
Aus der höchsten Freude tönt der Schrei des Entsetzens oder der seh,
nende Klagelaut über einen unersetzlichen Verlust. In jenen griechi,

schen Festen bricht gleichsam ein sentimentalischer Zug der Natur hervor, als ob sie über ihre Zerstückelung in Individuen zu seufzen habe. Der Gesang und die Gebärdensprache solcher zwiefach gestimmter Schwärmer war für die homerisch-griechische Welt etwas Neues und Unerhörtes: und insbesondere erregte ihr die dionysische *Musik* Schrecken und Grausen. Wenn die Musik scheinbar bereits als eine apollinische Kunst bekannt war, so war sie dies doch nur, genau genommen, als Wellenschlag des Rhythmus, dessen bildnerische Kraft zur Darstellung apollinischer Zustände entwickelt wurde. Die Musik des Apollo war dorische Architektonik in Tönen, aber in nur angedeuteten Tönen, wie sie der Kithara zu eigen sind. Behutsam ist gerade das Element, als unapollinisch, ferngehalten, das den Charakter der dionysischen Musik und damit der Musik überhaupt ausmacht, die erschütternde Gewalt des Tones, der einheitliche Strom des Melos und die durchaus unvergleichliche Welt der Harmonie. Im dionysischen Dithyrambus wird der Mensch zur höchsten Steigerung aller seiner symbolischen Fähigkeiten gereizt; etwas Nieempfundenes drängt sich zur Äußerung, die Vernichtung des Schleiers der Maja, das Einssein als Genius der Gattung, ja der Natur. Jetzt soll sich das Wesen der Natur symbolisch ausdrücken; eine neue Welt der Symbole ist nötig, einmal die ganze leibliche Symbolik, nicht nur die Symbolik des Mundes, des Gesichts, des Wortes, sondern die volle, alle Glieder rhythmisch bewegende Tanzgebärde. Sodann wachsen die anderen symbolischen Kräfte, die der Musik, in Rhythmik, Dynamik und Harmonie plötzlich ungestüm. Um diese Gesamtentfesselung aller symbolischen Kräfte zu fassen, muß der Mensch bereits auf jener Höhe der Selbstentäußerung angelangt sein, die in jenen Kräften sich symbolisch aussprechen will: der dithyrambische Dionysusdiener wird somit nur von seinesgleichen verstanden! Mit welchem Erstaunen mußte der apollinische Grieche auf ihn blicken! Mit einem Erstaunen, das um so größer war, als sich ihm das Grausen beimischte, daß ihm jenes alles doch eigentlich so fremd nicht sei, ja, daß sein apollinisches Bewußtsein nur wie ein Schleier diese dionysische Welt vor ihm verdecke.

3

Um dies zu begreifen, müssen wir jenes kunstvolle Gebäude der *apollinischen Kultur* gleichsam Stein um Stein abtragen, bis wir die Fundamente erblicken, auf die es begründet ist. Hier gewahren wir nun zuerst die herrlichen *olympischen* Göttergestalten, die auf den Giebeln dieses Gebäudes stehen, und deren Taten, in weithin leuchtenden Reliefs dargestellt, seine Friese zieren. Wenn unter ihnen auch Apollo steht, als eine einzelne Gottheit neben anderen und ohne den Anspruch einer ersten Stellung, so dürfen wir uns dadurch nicht beirren lassen. Derselbe Trieb, der sich in Apollo versinnlichte, hat überhaupt jene ganze olympische Welt geboren, und in diesem Sinne darf uns Apollo als Vater derselben gelten. Welches war das ungeheure Bedürfnis, aus dem eine so leuchtende Gesellschaft olympischer Wesen entsprang?

Wer, mit einer anderen Religion im Herzen, an diese Olympier herantritt und nun nach sittlicher Höhe, ja Heiligkeit, nach unleiblicher Vergeistigung, nach erbarmungsvollen Liebesblicken bei ihnen sucht, der wird unmutig und enttäuscht ihnen bald den Rücken kehren müssen. Hier erinnert nichts an Askese, Geistigkeit und Pflicht: hier redet nur ein üppiges, ja triumphierendes Dasein zu uns, in dem alles Vorhandene vergöttlicht ist, gleichviel ob es gut oder böse ist. Und so mag der Beschauer recht betroffen vor diesem phantastischen Überschwang des Lebens stehn, um sich zu fragen, mit welchem Zaubertrank im Leibe diese übermütigen Menschen das Leben genossen haben mögen, daß, wohin sie sehen, Helena, das »in süßer Sinnlichkeit schwebende« Idealbild ihrer eigenen Existenz, ihnen entgegenlacht. Diesem bereits rückwärts gewandten Beschauer müssen wir aber zurufen: Geh nicht von dannen, sondern höre erst, was die griechische Volksweisheit von diesem selben Leben aussagt, das sich hier mit so unerklärlicher Heiterkeit vor dir ausbreitet. Es geht die alte Sage, daß König Midas lange Zeit nach dem weisen *Silen*, dem Begleiter des Dionysus, im Walde gejagt habe, ohne ihn zu fangen. Als er ihm endlich in die Hände gefallen ist, fragt der König, was für den Menschen das Allerbeste und Allervorzüglichste sei. Starr und unbeweglich schweigt der Dämon; bis er, durch den König gezwungen, endlich unter gellem Lachen in diese Worte ausbricht: »Elendes Eintagsgeschlecht, des Zufalls Kinder und der Mühsal, was zwingst du mich dir zu sagen, was nicht zu hören für dich das Ersprießlichste ist? Das Allerbeste ist für dich gänzlich unerreichbar: nicht geboren zu sein, nicht zu *sein, nichts* zu sein. Das Zweitbeste aber ist für dich – bald zu sterben.«

Wie verhält sich zu dieser Volksweisheit die olympische Götterwelt? Wie die entzückungsreiche Vision des gefolterten Märtyrers zu seinen Peinigungen.

Jetzt öffnet sich uns gleichsam der olympische Zauberberg und zeigt uns seine Wurzeln. Der Grieche kannte und empfand die Schrecken und Entsetzlichkeiten des Daseins: um überhaupt leben zu können, mußte er vor sie hin die glänzende Traumgeburt der Olympischen stellen. Jenes ungeheure Mißtrauen gegen die titanischen Mächte der Natur, jene über allen Erkenntnissen erbarmungslos thronende Moira, jener Geier des großen Menschenfreundes Prometheus, jenes Schreckenslos des weisen Ödipus, jener Geschlechtsfluch der Atriden, der Orest zum Muttermorde zwingt, kurz jene ganze Philosophie des Waldgottes, samt ihren mythischen Exempeln, an der die schwermütigen Etrurier zugrunde gegangen sind – wurde von den Griechen durch jene künstlerische *Mittelwelt* der Olympier fortwährend von neuem überwunden, jedenfalls verhüllt und dem Anblick entzogen. Um leben zu können, mußten die Griechen diese Götter, aus tiefster Nötigung, schaffen: welchen Hergang wir uns wohl so vorzustellen haben, daß aus der ursprünglichen titanischen Götterordnung des Schreckens durch jenen apollinischen Schönheitstrieb in langsamen Übergängen die olympische Götterordnung der Freude entwickelt wurde: wie Rosen aus dornigem Gebüsch hervorbrechen. Wie anders hätte jenes so reizbar empfindende, so ungestüm begehrende, zum *Leiden* so einzig befähigte Volk das Dasein ertragen können, wenn ihm nicht dasselbe, von einer höheren Glorie umflossen, in seinen Göttern gezeigt worden wäre. Derselbe Trieb, der die Kunst ins Leben ruft, als die zum Weiterleben verführende Ergänzung und Vollendung des Daseins, ließ auch die olympische Welt entstehen, in der sich der hellenische »Wille« einen verklärenden Spiegel vorhielt. So rechtfertigen die Götter das Menschenleben, indem sie es selbst leben – die allein genügende Theodicee! Das Dasein unter dem hellen Sonnenscheine solcher Götter wird als das an sich Erstrebenswerte empfunden, und der eigentliche *Schmerz* der homerischen Menschen bezieht sich auf das Abscheiden aus ihm, vor allem auf das baldige Abscheiden: so daß man jetzt von ihnen, mit Umkehrung der silenischen Weisheit, sagen könnte, »das Allerschlimmste sei für sie, bald zu sterben, das Zweitschlimmste, überhaupt einmal zu sterben«. Wenn die Klage einmal ertönt, so klingt sie wieder vom kurzlebenden Achilles, von dem blättergleichen Wechsel und Wandel des Menschengeschlechts, von dem Untergang der Heroenzeit. Es ist des größten Helden nicht unwürdig, sich nach dem Weiterleben zu sehnen, sei es selbst als Tagelöhner. So ungestüm verlangt, auf der apollinischen Stufe, der »Wille« nach diesem Dasein, so eins fühlt sich der homerische Mensch mit ihm, daß selbst die Klage zu seinem Preisliede wird.

Hier muß nun ausgesprochen werden, daß diese von den neueren Menschen so sehnsüchtig angeschaute Harmonie, ja Einheit des Menschen mit der Natur, für die Schiller das Kunstwort «naiv» in Geltung gebracht hat, keinesfalls ein so einfacher, sich von selbst ergebender, gleichsam unvermeidlicher Zustand ist, dem wir an der Pforte jeder Kultur, als einem Paradies der Menschheit begegnen *müßten*: dies konnte nur eine Zeit glauben, die den Emil Rousseaus sich auch als Künstler zu denken suchte und in Homer einen solchen am Herzen der Natur erzogenen Künstler Emil gefunden zu haben wähnte. Wo uns das »Naive« in der Kunst begegnet, haben wir die höchste Wirkung der apollinischen Kultur zu erkennen: welche immer erst ein Titanenreich zu stürzen und Ungetüme zu töten hat und durch kräftige Wahnvorspiegelungen und lustvolle Illusionen über eine schreckliche Tiefe der Weltbetrachtung und reizbarste Leidensfähigkeit Sieger geworden sein muß. Aber wie selten wird das Naive, jenes völlige Verschlungensein in der Schönheit des Scheines, erreicht! Wie unaussprechbar erhaben ist deshalb *Homer*, der sich als einzelner zu jener apollinischen Volkskultur verhält wie der einzelne Traumkünstler zur Traumbefähigung des Volks und der Natur überhaupt. Die homerische »Naivität« ist nur als der vollkommene Sieg der apollinischen Illusion zu begreifen: es ist dies eine solche Illusion, wie sie die Natur, zur Erreichung ihrer Absichten, so häufig verwendet. Das wahre Ziel wird durch ein Wahnbild verdeckt: nach diesem strecken wir die Hände aus, und jenes erreicht die Natur durch unsre Täuschung. In den Griechen wollte der »Wille« sich selbst, in der Verklärung des Genius und der Kunstwelt, anschauen; um sich zu verherrlichen, mußten seine Geschöpfe sich selbst als verherrlichenswert empfinden, sie mußten sich in einer höheren Sphäre wiedersehn, ohne daß diese vollendete Welt der Anschauung als Imperativ oder als Vorwurf wirkte. Dies ist die Sphäre der Schönheit, in der sie ihre Spiegelbilder, die Olympischen, sahen. Mit dieser Schönheitsspiegelung kämpfte der hellenische »Wille« gegen das dem künstlerischen korrelative Talent zum Leiden und zur Weisheit des Leidens: und als Denkmal seines Sieges steht Homer vor uns, der naive Künstler.

4

Über diesen naiven Künstler gibt uns die Traumanalogie einige Belehrung. Wenn wir uns den Träumenden vergegenwärtigen, wie er, mitten in der Illusion der Traumwelt und ohne sie zu stören, sich zuruft: »es ist ein Traum, ich will ihn weiter träumen«, wenn wir hieraus auf eine tiefe innere Lust des Traumanschauens zu schließen haben, wenn wir andererseits, um überhaupt mit dieser inneren Lust am Schauen träumen zu können, den Tag und seine schreckliche Zudringlichkeit völlig vergessen haben müssen: so dürfen wir uns alle diese Erscheinungen etwa in folgender Weise, unter der Leitung des traumdeutenden Apollo, interpretieren. So gewiß von den beiden Hälften des Lebens, der wachen und der träumenden Hälfte, uns die erstere als die ungleich bevorzugtere, wichtigere, würdigere, lebenswertere, ja allein gelebte dünkt: so möchte ich doch, bei allem Anscheine einer Paradoxie, für jenen geheimnisvollen Grund unseres Wesens, dessen Erscheinung wir sind, gerade die entgegengesetzte Wertschätzung des Traumes behaupten. Je mehr ich nämlich in der Natur jene allgewaltigen Kunsttriebe und in ihnen eine inbrünstige Sehnsucht zum Schein, zum Erlöstwerden durch den Schein gewahr werde, um so mehr fühle ich mich zu der metaphysischen Annahme gedrängt, daß das Wahrhaft-Seiende und Ur-Eine, als das Ewig-Leidende und Widerspruchsvolle, zugleich die entzückende Vision, den lustvollen Schein zu seiner steten Erlösung braucht: welchen Schein wir, völlig in ihm befangen und aus ihm bestehend, als das Wahrhaft-Nichtseiende,

d. h. als ein fortwährendes Werden in Zeit, Raum und Kausalität, mit anderen Worten, als empirische Realität zu empfinden genötigt sind. Sehen wir also einmal von unsrer eignen »Realität« für einen Augenblick ab, fassen wir unser empirisches Dasein, wie das der Welt überhaupt, als eine in jedem Moment erzeugte Vorstellung des Ur-Einen, so muß uns jetzt der Traum als der *Schein des Scheins*, somit als eine noch höhere Befriedigung der Urbegierde nach dem Schein hin gelten. Aus diesem selben Grunde hat der innerste Kern der Natur jene unbeschreibliche Lust an dem naiven Künstler und dem naiven Kunstwerke, das gleichfalls nur »Schein des Scheins« ist. *Raffael*, selbst einer jener unsterblichen »Naiven«, hat uns in einem gleichnisartigen Gemälde jenes Depotenzieren des Scheins zum Schein, den Urprozeß des naiven Künstlers und zugleich der apollinischen Kultur, dargestellt. In seiner *Transfiguration* zeigt uns die untere Hälfte, mit dem besessenen Knaben, den verzweifelnden Trägern, den ratlos geängstigten Jüngern, die Widerspiegelung des ewigen Urschmerzes, des einzigen Grundes der Welt: der »Schein« ist hier Widerschein des ewigen Widerspruchs, des Vaters der Dinge. Aus diesem Schein steigt nun, wie ein ambrosischer Duft, eine visionsgleiche neue Scheinwelt empor, von der jene im ersten Schein Befangenen nichts sehen – ein leuchtendes Schweben in reinster Wonne und schmerzlosem, aus weiten Augen strahlenden Anschauen. Hier haben wir, in höchster Kunstsymbolik, jene apollinische Schönheitswelt und ihren Untergrund, die schreckliche Weisheit des Silen, vor unseren Blicken und begreifen, durch Intuition, ihre gegenseitige Notwendigkeit. Apollo aber tritt uns wiederum als die Vergöttlichung des *principii individuationis* entgegen, in dem allein das ewig erreichte Ziel des Ur-Einen, seine Erlösung durch den Schein, sich vollzieht: er zeigt uns mit erhabenen Gebärden, wie die ganze Welt der Qual nötig ist, damit durch sie der einzelne zur Erzeugung der erlösenden Vision gedrängt werde und dann, ins Anschauen derselben versunken, ruhig auf seinem schwankenden Kahne, inmitten des Meeres, sitze.

Diese Vergöttlichung der Individuation kennt, wenn sie überhaupt imperativisch und Vorschriften gebend gedacht wird, nur *ein* Gesetz, das Individuum, d. h. die Einhaltung der Grenzen des Individuums, das *Maß* im hellenischen Sinne. Apollo, als ethische Gottheit, fordert

von den Seinigen das Maß und, um es einhalten zu können, Selbsterkenntnis. Und so läuft neben der ästhetischen Notwendigkeit der
Schönheit die Forderung des »Erkenne dich selbst« und des »Nicht zu
viel!« her, während Selbstüberhebung und Übermaß als die eigentlich
feindseligen Dämonen der nicht-apollinischen Sphäre, daher als
Eigenschaften der vor-apollinischen Zeit, des Titanenzeitalters, und
der außer-apollinischen Welt, d. h. der Barbarenwelt, erachtet wurden.
Wegen seiner titanenhaften Liebe zu den Menschen mußte Prometheus
von den Geiern zerrissen werden, seiner übermäßigen Weisheit halber,
die das Rätsel der Sphinx löste, mußte Ödipus in einen verwirrenden
Strudel von Untaten stürzen: so interpretierte der delphische Gott die
griechische Vergangenheit.

»Titanenhaft« und »barbarisch« dünkte dem apollinischen Griechen auch die Wirkung, die das *Dionysische* erregte: ohne dabei sich
verhehlen zu können, daß er selbst doch zugleich auch innerlich mit
jenen gestürzten Titanen und Heroen verwandt sei. Ja er mußte noch
mehr empfinden: sein ganzes Dasein, mit aller Schönheit und Mäßigung, ruhte auf einem verhüllten Untergrunde des Leidens und der
Erkenntnis, der ihm wieder durch jenes Dionysische aufgedeckt wurde.
Und siehe! Apollo konnte nicht ohne Dionysus leben! Das »Titanische«
und das »Barbarische« war zuletzt eine eben solche Notwendigkeit wie
das Apollinische! Und nun denken wir uns, wie in diese auf den
Schein und die Mäßigung gebaute und künstlich gedämmte Welt der
ekstatische Ton der Dionysusfeier in immer lockenderen Zauberwei-
sen hineinklang, wie in diesen das ganze *Übermaß* der Natur in Lust,
Leid und Erkenntnis, bis zum durchdringenden Schrei, laut wurde:
denken wir uns, was diesem dämonischen Volksgesange gegenüber
der psalmodierende Künstler des Apollo, mit den gespensterhaften
Harfenklange, bedeuten konnte! Die Musen der Künste des »Scheins«
verblaßten vor einer Kunst, die in ihrem Rausche die Wahrheit sprach,
die Weisheit des Silen rief Wehe! Wehe! aus gegen die heiteren Olympier. Das Individuum, mit allen seinen Grenzen und Maßen, ging
hier in der Selbstvergessenheit der dionysischen Zustände unter und
vergaß die apollinischen Satzungen. Das *Übermaß* enthüllte sich als
Wahrheit, der Widerspruch, die aus Schmerzen geborene Wonne
sprach von sich aus dem Herzen der Natur heraus. Und so war, über-

all dort, wo das Dionysische durchdrang, das Apollinische aufgehoben und vernichtet. Aber ebenso gewiß ist, daß dort, wo der erste Ansturm ausgehalten wurde, das Ansehen und die Majestät des delphischen Gottes starrer und drohender als je sich äußerte. Ich vermag nämlich den *dorischen* Staat und die dorische Kunst mir nur als ein fortgesetztes Kriegslager des Apollinischen zu erklären: nur in einem unausgesetzten Widerstreben gegen das titanisch-barbarische Wesen des Dionysischen konnte eine so trotzig-spröde, mit Bollwerken umschlossene Kunst, eine so kriegsgemäße und herbe Erziehung, ein so grausames und rücksichtsloses Staatswesen von längerer Dauer sein.

Bis zu diesem Punkte ist des weiteren ausgeführt worden, was ich am Eingange dieser Abhandlung bemerkte: wie das Dionysische und das Apollinische, in immer neuen aufeinanderfolgenden Geburten, und sich gegenseitig steigernd, das hellenische Wesen beherrscht haben: wie aus dem »erzenen« Zeitalter, mit seinen Titanenkämpfen und seiner herben Volksphilosophie, sich unter dem Walten des apollinischen Schönheitstriebes die homerische Welt entwickelt, wie diese »naive« Herrlichkeit wieder von dem einbrechenden Strome des Dionysischen verschlungen wird, und wie dieser neuen Macht gegenüber sich das Apollinische zur starren Majestät der dorischen Kunst und Weltbetrachtung erhebt. Wenn auf diese Weise die ältere hellenische Geschichte, im Kampf jener zwei feindseligen Prinzipien, in vier große Kunststufen zerfällt: so sind wir jetzt gedrängt, weiter nach dem letzten Plane dieses Werdens und Treibens zu fragen, falls uns nicht etwa die letzterreichte Periode, die der dorischen Kunst, als die Spitze und Absicht jener Kunsttriebe gelten sollte: und hier bietet sich unseren Blicken das erhabene und hochgepriesene Kunstwerk der *attischen Tragödie* und des dramatischen Dithyrambus, als das gemeinsame Ziel beider Triebe, deren geheimnisvolles Ehebündnis, nach langem vorhergehenden Kampfe, sich in einem solchen Kinde – das zugleich Antigone und Kassandra ist – verherrlicht hat.

5

Wir nahen uns jetzt dem eigentlichen Ziele unsrer Untersuchung, die auf die Erkenntnis des dionysisch-apollinischen Genius und seines

Kunstwerkes, wenigstens auf das ahnungsvolle Verständnis jenes Einleitungsmysteriums gerichtet ist. Hier fragen wir nun zunächst, wo jener neue Keim sich zuerst in der hellenischen Welt bemerkbar macht, der sich nachher bis zur Tragödie und zum dramatischen Dithyrambus entwickelt. Hierüber gibt uns das Altertum selbst bildlich Aufschluß, wenn es als die Urväter und Fackelträger der griechischen Dichtung *Homer* und *Archilochus* auf Bildwerken, Gemmen usw. nebeneinander stellt, in der sicheren Empfindung, daß nur diese beiden gleich völlig originalen Naturen, von denen aus ein Feuerstrom auf die gesamte griechische Nachwelt fortfließe, zu erachten seien. Homer, der in sich versunkene greise Träumer, der Typus des apollinischen, naiven Künstlers, sieht nun staunend den leidenschaftlichen Kopf des wild durchs Dasein getriebenen kriegerischen Musendieners Archilochus: und die neuere Ästhetik wußte nur deutend hinzuzufügen, daß hier dem »objektiven« Künstler der erste »subjektive« entgegengestellt sei. Uns ist mit dieser Deutung wenig gedient, weil wir den subjektiven Künstler nur als schlechten Künstler kennen und in jeder Art und Höhe der Kunst vor allem und zuerst Besiegung des Subjektiven, Erlösung vom »Ich« und Stillschweigen jedes individuellen Willens und Gelüstens fordern, ja ohne Objektivität, ohne reines interesseloses Anschauen nie an die geringste wahrhaft künstlerische Erzeugung glauben können. Darum muß unsre Ästhetik erst jenes Problem lösen, wie der »Lyriker« als Künstler möglich ist: er, der, nach der Erfahrung aller Zeiten, immer »ich« sagt und die ganze chromatische Tonleiter seiner Leidenschaften und Begehrungen vor uns absingt. Gerade dieser Archilochus erschreckt uns, neben Homer, durch den Schrei seines Hasses und Hohnes, durch die trunknen Ausbrüche seiner Begierde; ist er, der erste subjektiv genannte Künstler, nicht damit der eigentliche Nichtkünstler? Woher aber dann die Verehrung, die ihm, dem Dichter, gerade auch das delphische Orakel, der Herd der »objektiven« Kunst, in sehr merkwürdigen Aussprüchen erwiesen hat?

Über den Prozeß seines Dichtens hat uns *Schiller* durch eine ihm selbst unerklärliche, doch nicht bedenklich scheinende psychologische Beobachtung Licht gebracht; er gesteht nämlich, als den vorbereitenden Zustand vor dem Aktus des Dichtens nicht etwa eine Reihe von

Bildern, mit geordneter Kausalität der Gedanken, vor sich und in sich gehabt zu haben, sondern vielmehr eine *musikalische Stimmung* (»Die Empfindung ist bei mir anfangs ohne bestimmten und klaren Gegenstand; dieser bildet sich erst später. Eine gewisse musikalische Gemütsstimmung geht vorher, und auf diese folgt bei mir erst die poetische Idee«). Nehmen wir jetzt das wichtigste Phänomen der ganzen antiken Lyrik hinzu, die überall als natürlich geltende Vereinigung, ja Identität *des Lyrikers* mit *dem Musiker* – der gegenüber unsre neuere Lyrik wie ein Götterbild ohne Kopf erscheint –, so können wir jetzt, auf Grund unsrer früher dargestellten ästhetischen Metaphysik, uns in folgender Weise den Lyriker erklären. Er ist zuerst, als dionysischer Künstler, gänzlich mit dem Ur-Einen, seinem Schmerz und Widerspruch, eins geworden und produziert das Abbild dieses Ur-Einen als Musik, wenn anders diese mit Recht eine Wiederholung der Welt und ein zweiter Abguß derselben genannt worden ist; jetzt aber wird diese Musik ihm wieder, wie in einem *gleichnisartigen Traumbilde*, unter der apollinischen Traumeinwirkung sichtbar. Jener bild- und begrifflose Widerschein des Urschmerzes in der Musik, mit seiner Erlösung im Scheine, erzeugt jetzt eine zweite Spiegelung, als einzelnes Gleichnis oder Exempel. Seine Subjektivität hat der Künstler bereits in dem dionysischen Prozeß aufgegeben: das Bild, das ihm jetzt seine Einheit mit dem Herzen der Welt zeigt, ist eine Traumszene, die jenen Urwiderspruch und Urschmerz, samt der Urlust des Scheines, versinnlicht. Das »Ich« des Lyrikers tönt also aus dem Abgrunde des Seins: seine »Subjektivität« im Sinne der neueren Ästhetiker ist eine Einbildung. Wenn Archilochus, der erste Lyriker der Griechen, seine rasende Liebe und zugleich seine Verachtung den Töchtern des Lykambes kundgibt, so ist es nicht seine Leidenschaft, die vor uns in orgiastischem Taumel tanzt: wir sehen Dionysus und die Mänaden, wir sehen den berauschten Schwärmer Archilochus zum Schlafe niedergesunken – wie ihn uns Euripides in den Bacchen beschreibt, den Schlaf auf hoher Alpentrift, in der Mittagssonne –: und jetzt tritt Apollo an ihn heran und berührt ihn mit dem Lorbeer. Die dionysisch-musikalische Verzauberung des Schläfers sprüht jetzt gleichsam Bilderfunken um sich, lyrische Gedichte, die in ihrer höchsten Entfaltung Tragödien und dramatische Dithyramben heißen.

Der Plastiker und zugleich der ihm verwandte Epiker ist in das reine Anschauen der Bilder versunken. Der dionysische Musiker ist ohne jedes Bild völlig nur selbst Urschmerz und Urwiederklang desselben. Der lyrische Genius fühlt aus dem mystischen Selbstentäußerungs- und Einheitszustande eine Bilder- und Gleichniswelt hervorwachsen, die eine ganz andere Färbung, Kausalität und Schnelligkeit hat als jene Welt des Plastikers und Epikers. Während der letztgenannte in diesen Bildern und nur in ihnen mit freudigem Behagen lebt und nicht müde wird, sie bis auf die kleinsten Züge hin liebevoll anzuschauen, während selbst das Bild des zürnenden Achilles für ihn nur ein Bild ist, dessen zürnenden Ausdruck er mit jener Traumlust am Scheine genießt – so daß er, durch diesen Spiegel des Scheines, gegen das Eins- werden und Zusammenschmelzen mit seinen Gedanken geschützt ist –, so sind dagegen die Bilder des Lyrikers nichts als *er* selbst und gleich- sam nur verschiedene Objektivationen von ihm, weshalb er als be- wegender Mittelpunkt jener Welt »ich« sagen darf: nur ist diese Ich- heit nicht dieselbe, wie die des wachen, empirisch-realen Menschen, sondern die einzige überhaupt wahrhaft seiende und ewige, im Grunde der Dinge ruhende Ichheit, durch deren Abbilder der lyrische Genius bis auf den Grund der Dinge hindurchsieht. Nun denken wir uns einmal, wie er unter diesen Abbildern auch *sich selbst* als Nichtgenius erblickt, d. h. sein »Subjekt«, das ganze Gewühl subjektiver, auf ein bestimmtes, ihm real dünkendes Ding gerichteter Leidenschaften und Willensregungen; wenn es jetzt scheint, als ob der lyrische Genius und der mit ihm verbundene Nichtgenius eins wäre und als ob der erstere von sich selbst jenes Wörtchen »ich« spräche, so wird uns jetzt dieser Schein nicht mehr verführen können, wie er allerdings diejenigen ver- führt hat, die den Lyriker als den subjektiven Dichter bezeichnet haben. In Wahrheit ist Archilochus, der leidenschaftlich entbrannte, liebende und hassende Mensch, nur eine Vision des Genius, der bereits nicht mehr Archilochus, sondern Weltgenius ist und der seinen Urschmerz in jenem Gleichnisse vom Menschen Archilochus symbolisch aus- spricht: während jener subjektiv wollende und begehrende Mensch Archilochus überhaupt nie und nimmer Dichter sein kann. Es ist aber gar nicht nötig, daß der Lyriker gerade nur das Phänomen des Menschen Archilochus vor sich sieht als Wiederschein des ewigen

Seins; und die Tragödie beweist, wie weit sich die Visionswelt des Lyrikers von jenem allerdings zunächst stehenden Phänomen entfernen kann.

Schopenhauer, der sich die Schwierigkeit, die der Lyriker für die philosophische Kunstbetrachtung macht, nicht verhehlt hat, glaubt einen Ausweg gefunden zu haben, den ich nicht mit ihm gehen kann, während ihm allein, in seiner tiefsinnigen Metaphysik der Musik, das Mittel in die Hand gegeben war, mit dem jene Schwierigkeit entscheidend beseitigt werden konnte: wie ich dies, in seinem Geiste und zu seiner Ehre, hier getan zu haben glaube. Dagegen bezeichnet er als das eigentümliche Wesen des Liedes folgendes (Welt als Wille und Vorstellung I, S. 295): »Es ist das Subjekt des Willens, d. h. das eigene Wollen, was das Bewußtsein des Singenden füllt, oft als ein entbundenes, befriedigtes Wollen (Freude), wohl noch öfter aber als ein gehemmtes (Trauer), immer als Affekt, Leidenschaft, bewegter Gemütszustand. Neben diesem jedoch und zugleich damit wird durch den Anblick der umgebenden Natur der Singende sich seiner bewußt als Subjekts des reinen, willenlosen Erkennens, dessen unerschütterliche selige Ruhe nunmehr in Kontrast tritt mit dem Drange des immer beschränkten, immer noch dürftigen Wollens: die Empfindung dieses Kontrastes, dieses Wechselspieles ist eigentlich, was sich im Ganzen des Liedes ausspricht und was überhaupt den lyrischen Zustand ausmacht. In diesem tritt gleichsam das reine Erkennen zu uns heran, um uns vom Wollen und seinem Drange zu erlösen: wir folgen; doch nur auf Augenblicke: immer von neuem entreißt das Wollen, die Erinnerung an unsere persönlichen Zwecke, uns der ruhigen Beschauung; aber auch immer wieder entlockt uns dem Wollen die nächste schöne Umgebung, in welcher sich die reine willenlose Erkenntnis uns darbietet. Darum geht im Liede und der lyrischen Stimmung das Wollen (das persönliche Interesse des Zwecks) und das reine Anschauen der sich darbietenden Umgebung wundersam gemischt durcheinander: es werden Beziehungen zwischen beiden gesucht und imaginiert; die subjektive Stimmung, die Affektion des Willens, teilt der angeschauten Umgebung und diese wiederum jener ihre Farbe im Reflex mit: von diesem ganzen so gemischten und geteilten Gemütszustande ist das echte Lied der Abdruck.«

Wer vermöchte in dieser Schilderung zu verkennen, daß hier die Lyrik als eine unvollkommen erreichte, gleichsam im Sprunge und selten zum Ziel kommende Kunst charakterisiert wird, ja als eine Halbkunst, deren *Wesen* darin bestehen solle, daß das Wollen und das reine Anschauen, d. h. der unästhetische und der ästhetische Zustand, wundersam durcheinandergemischt seien? Wir behaupten vielmehr, daß der ganze Gegensatz, nach dem wie nach einem Wertmesser auch noch Schopenhauer die Künste einteilt, der des Subjektiven und des Objektiven, überhaupt in der Ästhetik ungehörig ist, da das Subjekt, das wollende und seine egoistischen Zwecke fördernde Individuum nur als Gegner, nicht als Ursprung der Kunst gedacht werden kann. Insofern aber das Subjekt Künstler ist, ist es bereits von seinem individuellen Willen erlöst und gleichsam Medium geworden, durch das hindurch das eine wahrhaft seiende Subjekt seine Erlösung im Scheine feiert. Denn dies muß uns vor allem, zu unserer Erniedrigung *und Erhöhung*, deutlich sein, daß die ganze Kunstkomödie durchaus nicht für uns, etwa unsrer Besserung und Bildung wegen, aufgeführt wird, ja daß wir ebensowenig die eigentlichen Schöpfer jener Kunstwelt sind: wohl aber dürfen wir von uns selbst annehmen, daß wir für den wahren Schöpfer derselben schon Bilder und künstlerische Projektionen sind und in der Bedeutung von Kunstwerken unsre höchste Würde haben – denn nur als *ästhetisches Phänomen* ist das Dasein und die Welt ewig *gerechtfertigt:* – während freilich unser Bewußtsein über diese unsre Bedeutung kaum ein andres ist, als es die auf Leinwand gemalten Krieger von der auf ihr dargestellten Schlacht haben. Somit ist unser ganzes Kunstwissen im Grunde ein völlig illusorisches, weil wir als Wissende mit jenem Wesen nicht eins und identisch sind, das sich, als einziger Schöpfer und Zuschauer jener Kunstkomödie, einen ewigen Genuß bereitet. Nur soweit der Genius im Aktus der künstlerischen Zeugung mit jenem Urkünstler der Welt verschmilzt, weiß er etwas über das ewige Wesen der Kunst; denn in jenem Zustande ist er, wunderbarerweise, dem unheimlichen Bild des Märchens gleich, das die Augen drehn und sich selber anschaun kann; jetzt ist er zugleich Subjekt und Objekt, zugleich Dichter, Schauspieler und Zuschauer.

6

In betreff des Archilochus hat die gelehrte Forschung entdeckt, daß er das *Volkslied* in die Literatur eingeführt habe, und daß ihm, dieser Tat halber, jene einzige Stellung neben Homer in der allgemeinen Schätzung der Griechen zukomme. Was aber ist das Volkslied im Gegensatz zu dem völlig apollinischen Epos? Was anders als das *perpetuum vestigium* einer Vereinigung des Apollinischen und des Dionysischen; seine ungeheure, über alle Völker sich erstreckende und in immer neuen Geburten sich steigernde Verbreitung ist uns ein Zeugnis dafür, wie stark jener künstlerische Doppeltrieb der Natur ist: der in analoger Weise seine Spuren im Volkslied hinterläßt, wie die orgiastischen Bewegungen eines Volkes sich in seiner Musik verewigen. Ja es müßte auch historisch nachweisbar sein, wie jede an Volksliedern reich produktive Periode zugleich auf das stärkste durch dionysische Strömungen erregt worden ist, welche wir immer als Untergrund und Voraussetzung des Volksliedes zu betrachten haben.

Das Volkslied aber gilt uns zuallernächst als musikalischer Weltspiegel, als ursprüngliche Melodie, die sich jetzt eine parallele Traumerscheinung sucht und diese in der Dichtung ausspricht. *Die Melodie ist also das Erste und Allgemeine*, das deshalb auch mehrere Objektivationen, in mehreren Texten, an sich erleiden kann. Sie ist auch das bei weitem Wichtigere und Notwendigere in der naiven Schätzung des Volkes. Die Melodie gebiert die Dichtung aus sich, und zwar immer wieder von neuem; nichts andres will uns *die Strophenform des Volksliedes* sagen: welches Phänomen ich immer mit Erstaunen betrachtet habe, bis ich endlich diese Erklärung fand. Wer eine Sammlung von Volksliedern, z. B. des Knaben Wunderhorn, auf diese Theorie hin ansieht, der wird unzählige Beispiele finden, wie die fortwährend gebärende Melodie Bilderfunken um sich aussprüht, die in ihrer Buntheit, ihrem jähen Wechsel, ja ihrem tollen Sichüberstürzen eine dem epischen Scheine und seinem ruhigen Fortströmen wildfremde Kraft offenbaren. Vom Standpunkte des Epos ist diese ungleiche und unregelmäßige Bilderwelt der Lyrik einfach zu verurteilen: und dies haben gewiß die feierlichen epischen Rhapsoden der apollinischen Feste im Zeitalter des Terpander getan.

In der Dichtung des Volksliedes sehen wir also die Sprache auf das stärkste angespannt, *die Musik nachzuahmen*: deshalb beginnt mit Archilochus eine neue Welt der Poesie, die der homerischen in ihrem tiefsten Grunde widerspricht. Hiermit haben wir das einzig mögliche Verhältnis zwischen Poesie und Musik, Wort und Ton bezeichnet: das Wort, das Bild, der Begriff sucht einen der Musik analogen Ausdruck und erleidet jetzt die Gewalt der Musik an sich. In diesem Sinne dürfen wir in der Sprachgeschichte des griechischen Volkes zwei Hauptströmungen unterscheiden, je nachdem die Sprache die Erscheinungs- und Bilderwelt oder die Musikwelt nachahmte. Man denke nur einmal tiefer über die sprachliche Differenz der Farbe, des syntaktischen Baus, des Wortmaterials bei Homer und Pindar nach, um die Bedeutung dieses Gegensatzes zu begreifen; ja es wird einem dabei handgreiflich deutlich, daß zwischen Homer und Pindar die *orgiastischen Flötenweisen des Olympus* erklungen sein müssen, die noch im Zeitalter des Aristoteles, inmitten einer unendlich entwickelteren Musik, zu trunkner Begeisterung hinrissen und gewiß in ihrer ursprünglichen Wirkung alle dichterischen Ausdrucksmittel der gleichzeitigen Menschen zur Nachahmung aufgereizt haben. Ich erinnere hier an ein bekanntes, unserer Ästhetik nur anstößig dünkendes Phänomen unserer Tage. Wir erleben es immer wieder, wie eine Beethovensche Symphonie die einzelnen Zuhörer zu einer Bilderrede nötigt, sei es auch, daß eine Zusammenstellung der verschiedenen, durch ein Tonstück erzeugten Bilderwelten sich recht phantastisch bunt, ja widersprechend ausnimmt: an solchen Zusammenstellungen ihren armen Witz zu üben und das doch wahrlich erklärenswerte Phänomen zu übersehen, ist recht in der Art jener Ästhetik. Ja selbst wenn der Tondichter in Bildern über eine Komposition geredet hat, etwa wenn er eine Symphonie als pastorale und einen Satz als »Szene am Bach«, einen anderen als »lustiges Zusammensein der Landleute« bezeichnet, so sind das ebenfalls nur gleichnisartige, aus der Musik geborne Vorstellungen – und nicht etwa die nachgeahmten Gegenstände der Musik – Vorstellungen, die über den *dionysischen* Inhalt der Musik uns nach keiner Seite hin belehren können, ja die keinen ausschließlichen Wert neben andern Bildern haben. Diesen Prozeß einer Entladung der Musik in Bildern haben wir uns nun auf eine jugendfrische, sprachlich schöpferische Volksmenge zu übertragen, um zur Ahnung zu kommen, wie das strophische Volkslied entsteht, und wie das ganze Sprachvermögen durch das neue Prinzip der Nachahmung der Musik aufgeregt wird.

Dürfen wir also die lyrische Dichtung als die nachahmende Effulguration der Musik in Bildern und Begriffen betrachten, so können wir jetzt fragen: »als was *erscheint* die Musik im Spiegel der Bildlichkeit und der Begriffe?« *Sie erscheint als Wille*, das Wort im Schopenhauerischen Sinne genommen, d. h. als Gegensatz der ästhetischen, rein beschaulichen willenlosen Stimmung. Hier unterscheide man nun so scharf als möglich den Begriff des Wesens von dem der Erscheinung: denn die Musik kann, ihrem Wesen nach, unmöglich Wille sein, weil sie als solcher gänzlich aus dem Bereich der Kunst zu bannen wäre – denn der Wille ist das an sich Unästhetische –; aber sie erscheint als Wille. Denn um ihre Erscheinung in Bildern auszudrücken, braucht der Lyriker alle Regungen der Leidenschaft, vom Flüstern der Neigung bis zum Grollen des Wahnsinns; unter dem Triebe, in apollinischen Gleichnissen von der Musik zu reden, versteht er die ganze Natur und sich in ihr nur als das ewig Wollende, Begehrende, Sehnende. Insofern er aber die Musik in Bildern deutet, ruht er selbst in der stillen Meeresruhe der apollinischen Betrachtung, so sehr auch alles, was er durch das Medium der Musik anschaut, um ihn herum in drängender und treibender Bewegung ist. Ja wenn er sich selbst durch dasselbe Medium erblickt, so zeigt sich ihm sein eignes Bild im Zustande des unbefriedigten Gefühls: sein eignes Wollen, Sehnen, Stöhnen, Jauchzen ist ihm ein Gleichnis, mit dem er die Musik sich deutet. Dies ist das Phänomen des Lyrikers: als apollinischer Genius interpretiert er die Musik durch das Bild des Willens, während er selbst, völlig losgelöst von der Gier des Willens, reines ungetrübtes Sonnenauge ist.

Diese ganze Erörterung hält daran fest, daß die Lyrik ebenso abhängig ist vom Geiste der Musik, als die Musik selbst, in ihrer völligen Unumschränktheit, das Bild und den Begriff nicht *braucht*, sondern ihn nur neben sich *erträgt*. Die Dichtung des Lyrikers kann nichts aussagen, was nicht in der ungeheuersten Allgemeinheit und Allgültigkeit bereits in der Musik lag, die ihn zur Bilderrede nötigte. Der Weltsymbolik der Musik ist eben deshalb mit der Sprache auf keine Weise erschöpfend beizukommen, weil sie sich auf den Urwiderspruch und

Urschmerz im Herzen des Ur-Einen symbolisch bezieht, somit eine Sphäre symbolisiert, die über alle Erscheinung und vor aller Erscheinung ist. Ihr gegenüber ist vielmehr jede Erscheinung nur Gleichnis: daher kann die *Sprache*, als Organ und Symbol der Erscheinungen, nie und nirgends das tiefste Innere der Musik nach außen kehren, sondern bleibt immer, sobald sie sich auf Nachahmung der Musik einläßt, nur in einer äußerlichen Berührung mit der Musik, während deren tiefster Sinn, durch alle lyrische Beredsamkeit, uns auch keinen Schritt näher gebracht werden kann.

7

Alle die bisher erörterten Kunstprinzipien müssen wir jetzt zu Hilfe nehmen, um uns in dem Labyrinth zurechtzufinden, als welches wir *den Ursprung der griechischen Tragödie* bezeichnen müssen. Ich denke nichts Ungereimtes zu behaupten, wenn ich sage, daß das Problem dieses Ursprungs bis jetzt noch nicht einmal ernsthaft aufgestellt, geschweige denn gelöst ist, so oft auch die zerflatternden Fetzen der antiken Überlieferung schon kombinatorisch aneinandergenäht und wieder auseinandergerissen sind. Diese Überlieferung sagt uns mit voller Entschiedenheit, *daß die Tragödie aus dem tragischen Chore entstanden ist* und ursprünglich nur Chor und nichts als Chor war: woher wir die Verpflichtung nehmen, diesem tragischen Chore als dem eigentlichen Urdrama ins Herz zu sehen, ohne uns an den geläufigen Kunstredensarten – daß er der idealische Zuschauer sei oder das Volk gegenüber der fürstlichen Region der Szene zu vertreten habe – irgendwie genügen zu lassen. Jener zuletzt erwähnte, für manchen Politiker erhaben klingende Erläuterungsgedanke – als ob das unwandelbare Sittengesetz von den demokratischen Athenern in dem Volkschore dargestellt sei, der über die leidenschaftlichen Ausschreitungen und Ausschweifungen der Könige hinaus immer Recht behalte – mag noch so sehr durch ein Wort des Aristoteles nahegelegt sein: auf die ursprüngliche Formation der Tragödie ist er ohne Einfluß, da von jenen rein religiösen Ursprüngen der ganze Gegensatz von Volk und Fürst, überhaupt jegliche politisch-soziale Sphäre ausgeschlossen ist; aber wir möchten es auch in Hinsicht auf die uns bekannte klassische Form des Chors bei Äschylus und Sophokles für Blasphemie erachten, hier von der Ahnung einer »konstitutionellen Volksvertretung« zu reden, vor welcher Blasphemie andere nicht zurückgeschrocken sind. Eine konstitutionelle Volksvertretung kennen die antiken Staatsverfassungen *in praxi* nicht und haben sie hoffentlich auch in ihrer Tragödie nicht einmal »geahnt«.

Viel berühmter als diese politische Erklärung des Chors ist der Gedanke A. W. Schlegels, der uns den Chor gewissermaßen als den Inbegriff und Extrakt der Zuschauermenge, als den »idealischen Zuschauer« zu betrachten anempfiehlt. Diese Ansicht, zusammengehalten mit jener historischen Überlieferung, daß ursprünglich die Tragödie nur Chor war, erweist sich als das, was sie ist, als eine rohe, unwissenschaftliche, doch glänzende Behauptung, die ihren Glanz aber nur durch ihre konzentrierte Form des Ausdrucks, durch die echt germanische Voreingenommenheit für alles, was »idealisch« genannt wird, und durch unser momentanes Erstauntsein erhalten hat. Wir sind nämlich erstaunt, sobald wir das uns gut bekannte Theaterpublikum mit jenem Chore vergleichen und uns fragen, ob es wohl möglich sei, aus diesem Publikum je etwas dem tragischen Chore Analoges herauszuidealisieren. Wir leugnen dies im stillen und wundern uns jetzt ebenso über die Kühnheit der Schlegelschen Behauptung wie über die total verschiedene Natur des griechischen Publikums. Wir hatten nämlich doch immer gemeint, daß der rechte Zuschauer, er sei wer er wolle, sich immer bewußt bleiben müsse, ein Kunstwerk vor sich zu haben, nicht eine empirische Realität: während der tragische Chor der Griechen in den Gestalten der Bühne leibhafte Existenzen zu erkennen genötigt ist. Der Okeanidenchor glaubt wirklich den Titan Prometheus vor sich zu sehen und hält sich selbst für ebenso real wie den Gott der Szene. Und das sollte die höchste und reinste Art des Zuschauers sein, gleich den Okeaniden den Prometheus für leiblich vorhanden und real zu halten? Und es wäre das Zeichen des idealischen Zuschauers, auf die Bühne zu laufen und den Gott von seinen Martern zu befreien? Wir hatten an ein ästhetisches Publikum geglaubt und den einzelnen Zuschauer um so befähigter gehalten, je mehr er imstande war, das Kunstwerk als Kunst, d. h. ästhetisch zu nehmen; und jetzt deutete uns der Schlegelsche Ausdruck an, daß der vollkommne idealische Zuschauer die Welt der Szene gar nicht ästhetisch, sondern leibhaft empirisch auf sich wirken lasse. O über diese Griechen! seufzten wir;

sie werfen uns unsre Ästhetik um! Daran aber gewöhnt, wiederholten wir den Schlegelschen Spruch, so oft der Chor zur Sprache kam.

Aber jene so ausdrückliche Überlieferung redet hier gegen Schlegel: der Chor an sich, ohne Bühne, also die primitive Gestalt der Tragödie und jener Chor idealischer Zuschauer vertragen sich nicht miteinander. Was wäre das für eine Kunstgattung, die aus dem Begriff des Zuschauers herausgezogen wäre, als deren eigentliche Form der »Zuschauer an sich« zu gelten hätte. Der Zuschauer ohne Schauspiel ist ein widersinniger Begriff. Wir fürchten, daß die Geburt der Tragödie weder aus der Hochachtung vor der sittlichen Intelligenz der Masse, noch aus dem Begriff des schauspiellosen Zuschauers zu erklären sei, und halten dies Problem für zu tief, um von so flachen Betrachtungsarten auch nur berührt zu werden.

Eine unendlich wertvollere Einsicht über die Bedeutung des Chors hatte bereits Schiller in der berühmten Vorrede zur Braut von Messina verraten, der den Chor als eine lebendige Mauer betrachtete, die die Tragödie um sich herum zieht, um sich von der wirklichen Welt rein abzuschließen und sich ihren idealen Boden und ihre poetische Freiheit zu bewahren.

Schiller kämpft mit dieser seiner Hauptwaffe gegen den gemeinen Begriff des Natürlichen, gegen die bei der dramatischen Poesie gemeinhin geheischte Illusion. Während der Tag selbst auf dem Theater nur ein künstlicher, die Architektur nur eine symbolische sei und die metrische Sprache einen idealen Charakter trage, herrsche immer noch der Irrtum im ganzen: es sei nicht genug, daß man *das* nur als eine poetische Freiheit dulde, was doch das Wesen aller Poesie sei. Die Einführung des Chores sei der entscheidende Schritt, mit dem jedem Naturalismus in der Kunst offen und ehrlich der Krieg erklärt werde. – Eine solche Betrachtungsart ist es, scheint mir, für die unser sich überlegen wähnendes Zeitalter das wegwerfende Schlagwort »Pseudoidealismus« gebraucht. Ich fürchte, wir sind dagegen mit unserer jetzigen Verehrung des Natürlichen und Wirklichen am Gegenpol alles Idealismus angelangt, nämlich in der Region der Wachsfigurenkabinette. Auch in ihnen gibt es eine Kunst, wie bei gewissen beliebten Romanen der Gegenwart: nur quäle man uns nicht mit dem Anspruch, daß mit dieser Kunst der Schiller-Goethesche »Pseudoidealismus« überwunden sei.

Freilich ist es ein »idealer« Boden, auf dem, nach der richtigen Einsicht Schillers, der griechische Satyrchor, der Chor der ursprünglichen Tragödie, zu wandeln pflegt, ein Boden, hoch emporgehoben über die wirkliche Wandelbahn der Sterblichen. Der Grieche hat sich für diesen Chor die Schwebegerüste eines fingierten *Naturzustandes* gezimmert und auf sie hin fingierte *Naturwesen* gestellt. Die Tragödie ist auf diesem Fundamente emporgewachsen und freilich schon deshalb von Anbeginn an einem peinlichen Abkonterfeien der Wirklichkeit enthoben gewesen. Dabei ist es doch keine willkürlich zwischen Himmel und Erde hineinphantasierte Welt; vielmehr eine Welt von gleicher Realität und Glaubwürdigkeit, wie sie der Olymp samt seinen Insassen für den gläubigen Hellenen besaß. Der Satyr als der dionysische Choreut lebt in einer religiös zugestandenen Wirklichkeit unter der Sanktion des Mythus und des Kultus. Daß mit ihm die Tragödie beginnt, daß aus ihm die dionysische Weisheit der Tragödie spricht, ist ein hier uns ebenso befremdendes Phänomen, wie überhaupt die Entstehung der Tragödie aus dem Chore. Vielleicht gewinnen wir einen Ausgangspunkt der Betrachtung, wenn ich die Behauptung hinstelle, daß sich der Satyr, das fingierte Naturwesen, zu dem Kulturmenschen in gleicher Weise verhält, wie die dionysische Musik zur Zivilisation. Von letzterer sagt Richard Wagner, daß sie von der Musik aufgehoben werde wie der Lampenschein vom Tageslicht. In gleicher Weise, glaube ich, fühlte sich der griechische Kulturmensch im Angesicht des Satyrchors aufgehoben: und dies ist die nächste Wirkung der dionysischen Tragödie, daß der Staat und die Gesellschaft, überhaupt die Klüfte zwischen Mensch und Mensch einem übermächtigen Einheitsgefühle weichen, welches an das Herz der Natur zurückführt. Der metaphysische Trost – mit welchem, wie ich schon hier andeute, uns jede wahre Tragödie entläßt – daß das Leben im Grunde der Dinge, trotz allem Wechsel der Erscheinungen unzerstörbar mächtig und lustvoll sei, dieser Trost erscheint in leibhafter Deutlichkeit als Satyrchor, als Chor von Naturwesen, die gleichsam hinter aller Zivilisation unvertilgbar leben und trotz allem Wechsel der Generationen und der Völkergeschichte ewig dieselben bleiben.

Mit diesem Chore tröstet sich der tiefsinnige und zum zartesten und schwersten Leiden einzig befähigte Hellene, der mit schneidigem Blicke mitten in das furchtbare Vernichtungstreiben der sogenannten Weltgeschichte, ebenso wie in die Grausamkeit der Natur geschaut hat und in Gefahr ist, sich nach einer buddhistischen Verneinung des Willens zu sehnen. Ihn rettet die Kunst, und durch die Kunst rettet ihn sich – das Leben.

Die Verzückung des dionysischen Zustandes mit seiner Vernichtung der gewöhnlichen Schranken und Grenzen des Daseins enthält nämlich während seiner Dauer ein *lethargisches* Element, in das sich alles persönlich in der Vergangenheit Erlebte eintaucht. So scheidet sich durch diese Kluft der Vergessenheit die Welt der alltäglichen und der dionysischen Wirklichkeit voneinander ab. Sobald aber jene alltägliche Wirklichkeit wieder ins Bewußtsein tritt, wird sie mit Ekel als solche empfunden; eine asketische, willenverneinende Stimmung ist die Frucht jener Zustände. In diesem Sinne hat der dionysische Mensch Ähnlichkeit mit Hamlet: beide haben einmal einen wahren Blick in das Wesen der Dinge getan, sie haben *erkannt*, und es ekelt sie zu handeln; denn ihre Handlung kann nichts am ewigen Wesen der Dinge ändern, sie empfinden es als lächerlich oder schmachvoll, daß ihnen zugemutet wird, die Welt, die aus den Fugen ist, wieder einzurichten. Die Erkenntnis tötet das Handeln, zum Handeln gehört das Umschleiertsein durch die Illusion – das ist die Hamletlehre, nicht jene wohlfeile Weisheit von Hans dem Träumer, der aus zu viel Reflexion, gleichsam aus einem Überschuß von Möglichkeiten, nicht zum Handeln kommt; nicht das Reflektieren, nein! – die wahre Erkenntnis, der Einblick in die grauenhafte Wahrheit überwiegt jedes zum Handeln antreibende Motiv, bei Hamlet sowohl als bei dem dionysischen Menschen. Jetzt verfängt kein Trost mehr, die Sehnsucht geht über eine Welt nach dem Tode, über die Götter selbst hinaus, das Dasein wird, samt seiner gleißenden Wiederspiegelung in den Göttern oder in einem unsterblichen Jenseits, verneint. In der Bewußtheit der einmal geschauten Wahrheit sieht jetzt der Mensch überall nur das Entsetzliche oder Absurde des Seins, jetzt versteht er das Symbolische im Schicksal der Ophelia, jetzt erkennt er die Weisheit des Waldgottes Silen: es ekelt ihn.

Hier, in dieser höchsten Gefahr des Willens, naht sich, als rettende, heilkundige Zauberin, die *Kunst*: sie allein vermag jene Ekelgedanken über das Entsetzliche oder Absurde des Daseins in Vorstellungen umzubiegen, mit denen sich leben läßt: diese sind das *Erhabene* als die künstlerische Bändigung des Entsetzlichen und das *Komische* als die künstlerische Entladung vom Ekel des Absurden. Der Satyrchor des Dithyrambus ist die rettende Tat der griechischen Kunst; an der Mittelwelt dieser dionysischen Begleiter erschöpften sich jene vorhin beschriebenen Anwandlungen.

8

Der Satyr wie der idyllische Schäfer unserer neueren Zeit sind beide Ausgeburten einer auf das Ursprüngliche und Natürliche gerichteten Sehnsucht; aber mit welchem festen unerschrocknen Griffe faßte der Grieche nach seinem Waldmenschen, wie verschämt und weichlich tändelt der moderne Mensch mit dem Schmeichelbild eines zärtlichen, flötenden, weichgearteten Hirten! Die Natur, an der noch keine Erkenntnis gearbeitet, in der die Riegel der Kultur noch unerbrochen sind – das sah der Grieche in seinem Satyr, der ihm deshalb noch nicht mit dem Affen zusammenfiel. Im Gegenteil: es war das Urbild des Menschen, der Ausdruck seiner höchsten und stärksten Regungen, als begeisterter Schwärmer, den die Nähe des Gottes entzückt, als mitleidender Genosse, in dem sich das Leiden des Gottes wiederholt, als Weisheitsverkünder aus der tiefsten Brust der Natur heraus, als Sinnbild der geschlechtlichen Allgewalt der Natur, die der Grieche gewöhnt ist mit ehrfürchtigem Staunen zu betrachten. Der Satyr war etwas Erhabenes und Göttliches: so mußte er besonders dem schmerzlich gebrochnen Blick des dionysischen Menschen dünken. Ihn hätte der geputzte, erlogene Schäfer beleidigt: auf den unverhüllten und unverkümmert großartigen Schriftzügen der Natur weilte sein Auge in erhabener Befriedigung; hier war die Illusion der Kultur von dem Urbilde des Menschen weggewischt, hier enthüllte sich der wahre Mensch, der bärtige Satyr, der zu seinem Gotte aufjubelt. Vor ihm schrumpfte der Kulturmensch zur lügenhaften Karikatur zusammen. Auch für diese Anfänge der tragischen Kunst hat Schiller Recht: der Chor ist eine lebendige Mauer gegen die anstürmende Wirklichkeit, weil er – der Satyrchor – das Dasein wahrhaftiger, wirklicher, vollständiger abbildet als der gemeinhin sich als einzige Realität achtende Kulturmensch. Die Sphäre der Poesie liegt nicht außerhalb der Welt, als eine phantastische Unmöglichkeit eines Dichterhirns: sie will das gerade Gegenteil sein, der ungeschminkte Ausdruck der Wahrheit, und muß eben deshalb den lügenhaften Aufputz jener vermeinten Wirklichkeit des Kulturmenschen von sich werfen. Der Kontrast dieser eigentlichen Naturwahrheit und der sich als einzige Realität gebärdenden Kulturlüge ist ein ähnlicher wie zwischen dem ewigen Kern der Dinge, dem Ding an sich, und der gesamten Erscheinungswelt: und wie die Tragödie mit ihrem metaphysischen Troste auf das ewige Leben jenes Daseinskernes, bei dem fortwährenden Untergange der Erscheinungen, hinweist, so spricht bereits die Symbolik des Satyrchors in einem Gleichnis jenes Urverhältnis zwischen Ding an sich und Erscheinung aus. Jener idyllische Schäfer des modernen Menschen ist nur ein Konterfei der ihm als Natur geltenden Summe von Bildungsillusionen; der dionysische Grieche will die Wahrheit und die Natur in ihrer höchsten Kraft – er sieht sich zum Satyr verzaubert.

Unter solchen Stimmungen und Erkenntnissen jubelt die schwärmende Schar der Dionysusdiener: deren Macht sie selbst vor ihren eignen Augen verwandelt, so daß sie sich als wiederhergestellte Naturgenien, als Satyrn, zu erblicken wähnen. Die spätere Konstitution des Tragödienchors ist die künstlerische Nachahmung jenes natürlichen Phänomens; bei der nun allerdings eine Scheidung von dionysischen Zuschauern und dionysischen Verzauberten nötig wurde. Nur muß man sich immer gegenwärtig halten, daß das Publikum der attischen Tragödie sich selbst in dem Chore der Orchestra wiederfand, daß es im Grunde keinen Gegensatz von Publikum und Chor gab: denn alles ist nur ein großer erhabener Chor von tanzenden und singenden Satyrn oder von solchen, welche sich durch diese Satyrn repräsentieren lassen. Das Schlegelsche Wort muß sich uns hier in einem tieferen Sinne erschließen. Der Chor ist der »idealische Zuschauer«, insofern er der einzige *Schauer* ist, der Schauer der Visionswelt der Szene. Ein Publikum von Zuschauern, wie wir es kennen, war den Griechen unbekannt: in ihren Theatern war es jedem, bei dem in konzentrischen Bogen sich erhebenden Terrassenbau des Zuschauerraumes, möglich, die gesamte Kulturwelt um sich herum ganz eigentlich zu *übersehen* und in gesättigtem Hinschauen selbst Choreut sich zu wähnen. Nach dieser Einsicht dürfen wir den Chor, auf seiner primitiven Stufe in der Urtragödie, eine Selbstspiegelung des dionysischen Menschen nennen: welches Phänomen am deutlichsten durch den Prozeß des Schauspielers zu machen ist, der, bei wahrhafter Begabung, sein von ihm darzustellendes Rollenbild zum Greifen wahrnehmbar vor seinen Augen schweben sieht. Der Satyrchor ist zu allererst eine Vision der dionysischen Masse, wie wiederum die Welt der Bühne eine Vision dieses Satyrchors ist: die Kraft dieser Vision ist stark genug, um gegen den Eindruck der »Realität«, gegen die rings auf den Sitzreihen gelagerten Bildungsmenschen den Blick stumpf und unempfindlich zu machen. Die Form des griechischen Theaters erinnert an ein einsames Gebirgstal: die Architektur der Szene erscheint wie ein leuchtendes Wolkenbild, welches die im Gebirge herumschwärmenden Bacchen von der Höhe aus erblicken, als die herrliche Umrahmung, in deren Mitte ihnen das Bild des Dionysus offenbar wird.

Jene künstlerische Urerscheinung, die wir hier zur Erklärung des Tragödienchors zur Sprache bringen, ist, bei unserer gelehrtenhaften Anschauung über die elementaren künstlerischen Prozesse, fast anstößig; während nichts ausgemachter sein kann, als daß der Dichter nur dadurch Dichter ist, daß er von Gestalten sich umringt sieht, die vor ihm leben und handeln, und in deren innerstes Wesen er hineinblickt. Durch eine eigentümliche Schwäche der modernen Begabung sind wir geneigt, uns das ästhetische Urphänomen zu kompliziert und abstrakt vorzustellen. Die Metapher ist für den echten Dichter nicht eine rhetorische Figur, sondern ein stellvertretendes Bild, das ihm wirklich, an Stelle eines Begriffes, vorschwebt. Der Charakter ist für ihn nicht etwas aus zusammengesuchten Einzelzügen komponiertes Ganzes, sondern eine vor seinen Augen aufdringlich lebendige Person, die von der gleichen Vision des Malers sich nur durch das fortwährende Weiterleben und Weiterhandeln unterscheidet. Wodurch schildert Homer so viel anschaulicher als alle Dichter? Weil er um so viel mehr anschaut. Wir reden über Poesie so abstrakt, weil wir alle schlechte Dichter zu sein pflegen. Im Grunde ist das ästhetische Phänomen einfach; man habe nur die Fähigkeit, fortwährend ein lebendiges Spiel zu sehen und immerfort von Geisterscharen umringt zu leben, so ist man Dichter; man fühle nur den Trieb, sich selbst zu verwandeln und aus anderen Leibern und Seelen herauszureden, so ist man Dramatiker.

Die dionysische Erregung ist imstande, einer ganzen Masse diese künstlerische Begabung mitzuteilen, sich von einer solchen Geisterschar umringt zu sehen, mit der sie sich innerlich eins weiß. Dieser Prozeß des Tragödienchors ist das *dramatische* Urphänomen: sich selbst vor sich verwandelt zu sehen und jetzt zu handeln, als ob man wirklich in einen andern Leib, in einen andern Charakter eingegangen wäre. Dieser Prozeß steht an dem Anfang der Entwicklung des Dramas. Hier ist etwas anderes als der Rhapsode, der mit seinen Bildern nicht verschmilzt, sondern sie, dem Maler ähnlich, mit betrachtendem Auge außer sich sieht; hier ist bereits ein Aufgeben des Individuums durch Einkehr in eine fremde Natur. Und zwar tritt dieses Phänomen epidemisch auf: eine ganze Schar fühlt sich in dieser Weise verzaubert. Der Dithyramb ist deshalb wesentlich von jedem anderen Chorgesange unterschieden. Die Jungfrauen, die, mit Lorbeerzweigen in der Hand, feierlich zum Tempel des Apollo ziehn und dabei ein Prozessionslied singen, bleiben, wer sie sind, und behalten ihren bürgerlichen Namen: der dithyrambische Chor ist ein Chor von Verwandelten, bei denen ihre bürgerliche Vergangenheit, ihre soziale Stellung völlig vergessen ist: sie sind die zeitlosen, außerhalb aller Gesellschaftssphären lebenden Diener ihres Gottes geworden. Alle andere Chorlyrik der Hellenen ist nur eine ungeheure Steigerung des apollinischen Einzelsängers; während im Dithyramb eine Gemeinde von unbewußten Schauspielern vor uns steht, die sich selbst untereinander als verwandelt ansehen.

Die Verzauberung ist die Voraussetzung aller dramatischen Kunst. In dieser Verzauberung sieht sich der dionysische Schwärmer als Satyr *und als Satyr wiederum schaut er den Gott*, d. h. er sieht in seiner Verwandlung eine neue Vision außer sich, als apollinische Vollendung seines Zustandes. Mit dieser neuen Vision ist das Drama vollständig.

Nach dieser Erkenntnis haben wir die griechische Tragödie als den dionysischen Chor zu verstehen, der sich immer von neuem wieder in einer apollinischen Bilderwelt entladet. Jene Chorpartien, mit denen die Tragödie durchflochten ist, sind also gewissermaßen der Mutterschoß des ganzen sogenannten Dialogs, d. h. der gesamten Bühnenwelt, des eigentlichen Dramas. In mehreren aufeinanderfolgenden Entladungen strahlt dieser Urgrund der Tragödie jene Vision des Dramas aus: die durchaus Traumerscheinung und insofern epischer Natur ist, andrerseits aber, als Objektivation eines dionysischen Zustandes, nicht die apollinische Erlösung im Scheine, sondern im Gegenteil das Zerbrechen des Individuums und sein Einswerden mit dem Ursein darstellt. Somit ist das Drama die apollinische Versinnlichung dionysischer Erkenntnisse und Wirkungen und dadurch wie durch eine ungeheure Kluft vom Epos abgeschieden.

Der *Chor* der griechischen Tragödie, das Symbol der gesamten dionysisch erregten Masse, findet an dieser unserer Auffassung seine volle Erklärung. Während wir, mit der Gewöhnung an die Stellung eines Chors auf der modernen Bühne, zumal eines Opernchors, gar nicht begreifen konnten, wie jener tragische Chor der Griechen älter, ursprünglicher, ja wichtiger sein sollte, als die eigentliche »Aktion« – wie dies doch so deutlich überliefert war –, während wir wiederum mit jener überlieferten hohen Wichtigkeit und Ursprünglichkeit nicht reimen konnten, warum er doch nur aus niedrigen dienenden Wesen, ja zuerst nur aus bocksartigen Satyrn zusammengesetzt worden sei, während uns die Orchestra vor der Szene immer ein Rätsel blieb, sind wir jetzt zu der Einsicht gekommen, daß die Szene samt der Aktion im Grunde und ursprünglich nur als *Vision* gedacht wurde, daß die einzige »Realität« eben der Chor ist, der die Vision aus sich erzeugt und von ihr mit der ganzen Symbolik des Tanzes, des Tones und des Wortes redet. Dieser Chor schaut in seiner Vision seinen Herrn und Meister Dionysus und ist darum ewig der *dienende* Chor: er sieht, wie dieser, der Gott, leidet und sich verherrlicht, und *handelt* deshalb selbst nicht. Bei dieser, dem Gotte gegenüber durchaus dienenden Stellung ist er doch der höchste, nämlich dionysische Ausdruck der *Natur* und redet darum, wie diese, in der Begeisterung Orakel- und Weisheitssprüche: als der *mitleidende* ist er zugleich der *weise*, aus dem Herzen der Welt die Wahrheit verkündende. So entsteht denn jene phantastische und so anstößig scheinende Figur des weisen und begeisterten Satyrs, der zugleich »der tumbe Mensch« im Gegensatz zum Gotte ist: Abbild der Natur und ihrer stärksten Triebe, ja Symbol derselben und zugleich Verkünder ihrer Weisheit und Kunst: Musiker, Dichter, Tänzer, Geisterseher in *einer* Person.

Dionysus, der eigentliche Bühnenheld und Mittelpunkt der Vision, ist gemäß dieser Erkenntnis und gemäß der Überlieferung, zuerst, in der allerältesten Periode der Tragödie, nicht wahrhaft vorhanden, sondern wird nur als vorhanden vorgestellt: d. h. ursprünglich ist die Tragödie nur »Chor« und nicht »Drama«. Später wird nun der Versuch gemacht, den Gott als einen realen zu zeigen und die Visionsgestalt samt der verklärenden Umrahmung als jedem Auge sichtbar darzustellen: damit beginnt das »Drama« im engeren Sinne. Jetzt bekommt der dithyrambische Chor die Aufgabe, die Stimmung der Zuhörer bis zu dem Grade dionysisch anzuregen, daß sie, wenn der tragische Held auf der Bühne erscheint, nicht etwa den unförmlich maskierten Menschen sehen, sondern eine gleichsam aus ihrer eignen Verzückung geborene Visionsgestalt. Denken wir uns Admet mit tiefem Sinnen seiner jüngst abgeschiedenen Gattin Alcestis gedenkend und ganz im geistigen Anschauen derselben sich verzehrend – wie ihm nun plötzlich ein ähnlich gestaltetes, ähnlich schreitendes Frauenbild in Verhüllung entgegengeführt wird: denken wir uns seine plötzliche zitternde Unruhe, sein stürmisches Vergleichen, seine instinktive Überzeugung – so haben wir ein Analogon zu der Empfindung, mit der der dionysisch erregte Zuschauer den Gott auf der Bühne heranschreiten sah, mit dessen Leiden er bereits eins geworden ist. Unwillkürlich übertrug er das ganze magisch vor seiner Seele zitternde Bild des Gottes auf jene maskierte Gestalt und löste ihre Realität gleichsam in eine geisterhafte Unwirklichkeit auf. Dies ist der apollinische Traumeszustand, in dem die Welt des Tages sich verschleiert und eine neue Welt, deutlicher, verständlicher, ergreifender als jene und doch schattengleicher, in fortwährendem Wechsel sich unserem Auge neu gebiert. Demgemäß erkennen wir in der Tragödie einen durchgreifenden Stilgegensatz: Sprache, Farbe, Beweglichkeit, Dynamik der Rede treten in der dionysischen Lyrik des Chors und andrerseits in der apollinischen Traumwelt der Szene als völlig gesonderte Sphären des Ausdrucks auseinander. Die apollinischen Erscheinungen, in denen sich Dionysus objektiviert, sind nicht mehr »ein ewiges Meer, ein wechselnd Weben, ein glühend Leben«, wie es die Musik des Chors ist, nicht mehr jene nur empfundenen, nicht zum Bilde verdichteten Kräfte, in denen der begeisterte Dionysusdiener die Nähe des Gottes spürt: jetzt spricht, von der Szene aus, die Deutlichkeit und Festigkeit der epischen Gestaltung zu ihm, jetzt redet Dionysus nicht mehr durch Kräfte, sondern als epischer Held, fast mit der Sprache Homers.

9

Alles, was im apollinischen Teile der griechischen Tragödie, im Dialoge, auf die Oberfläche kommt, sieht einfach, durchsichtig, schön aus. In diesem Sinne ist der Dialog ein Abbild des Hellenen, dessen Natur sich im Tanze offenbart, weil im Tanze die größte Kraft nur potenziell ist, aber sich in der Geschmeidigkeit und Üppigkeit der Bewegung verrät. So überrascht uns die Sprache der sophokleischen Helden durch ihre apollinische Bestimmtheit und Helligkeit, so daß wir sofort bis in den innersten Grund ihres Wesens zu blicken wähnen, mit einigem Erstaunen, daß der Weg bis zu diesem Grunde so kurz ist. Sehen wir aber einmal von dem auf die Oberfläche kommenden und sichtbar werdenden Charakter des Helden ab – der im Grunde nichts mehr ist als das auf eine dunkle Wand geworfene Lichtbild, d. h. Erscheinung durch und durch –, dringen wir vielmehr in den Mythus ein, der in diesen hellen Spiegelungen sich projiziert, so erleben wir plötzlich ein Phänomen, das ein umgekehrtes Verhältnis zu einem bekannten optischen hat. Wenn wir bei einem kräftigen Versuch, die Sonne ins Auge zu fassen, uns geblendet abwenden, so haben wir dunkle farbige Flecken gleichsam als Heilmittel vor den Augen: umgekehrt sind jene Lichtbildererscheinungen des sophokleischen Helden, kurz das Apollinische der Maske, notwendige Erzeugungen eines Blickes ins Innere und Schreckliche der Natur, gleichsam leuchtende Flecken zur Heilung des von grausiger Nacht versehrten Blickes. Nur in diesem Sinne dürfen wir glauben, den ernsthaften und bedeutenden Begriff der »griechischen Heiterkeit« richtig zu fassen; während wir allerdings den falsch verstandenen Begriff dieser Heiterkeit im Zustande ungefährdeten Behagens auf allen Wegen und Stegen der Gegenwart antreffen.

Die leidvollste Gestalt der griechischen Bühne, der unglückselige *Ödipus*, ist von Sophokles als der edle Mensch verstanden worden, der zum Irrtum und zum Elend trotz seiner Weisheit bestimmt ist, der

aber am Ende durch sein ungeheures Leiden eine magische segens-
reiche Kraft um sich ausübt, die noch über sein Verscheiden hinaus
wirksam ist. Der edle Mensch sündigt nicht, will uns der tiefsinnige
Dichter sagen: durch sein Handeln mag jedes Gesetz, jede natürliche
Ordnung, ja die sittliche Welt zugrunde gehen, eben durch dieses
Handeln wird ein höherer magischer Kreis von Wirkungen gezogen,
die eine neue Welt auf den Ruinen der umgestürzten alten gründen.
Das will uns der Dichter, insofern er zugleich religiöser Denker ist,
sagen: als Dichter zeigt er uns zuerst einen wunderbar geschürzten
Prozeßknoten, den der Richter langsam, Glied für Glied, zu seinem
eigenen Verderben löst; die echt hellenische Freude an dieser dialektischen Lösung ist so groß, daß hierdurch ein Zug von überlegener
Heiterkeit über das ganze Werk kommt, der den schauderhaften Voraussetzungen jenes Prozesses überall die Spitze abbricht. Im »Ödipus
auf Kolonos« treffen wir diese selbe Heiterkeit, aber in eine unendliche
Verklärung emporgehoben; dem vom Übermaße des Elends betrof-
fenen Greise gegenüber, der allem, was ihn betrifft, rein als *Leidender*
preisgegeben ist – steht die überirdische Heiterkeit, die aus göttlicher
Sphäre herniederkommt und uns andeutet, daß der Held in seinem
rein passiven Verhalten seine höchste Aktivität erlangt, die weit über
sein Leben hinausgreift, wahrend sein bewußtes Dichten und Trachten im früheren Leben ihn nur zur Passivität geführt hat. So wird der
für das sterbliche Auge unauflöslich verschlungene Prozeßknoten der
Ödipusfabel langsam entwirrt – und die tiefste menschliche Freude
überkommt uns bei diesem göttlichen Gegenstück der Dialektik.
Wenn wir mit dieser Erklärung dem Dichter gerecht geworden sind,
so kann doch immer noch gefragt werden, ob damit der Inhalt des
Mythus erschöpft ist: und hier zeigt sich, daß die ganze Auffassung
des Dichters nichts ist als eben jenes Lichtbild, welches uns, nach
einem Blick in den Abgrund, die heilende Natur vorhält. Ödipus der
Mörder seines Vaters, der Gatte seiner Mutter, Ödipus der Rätsellöser
der Sphinx! Was sagt uns die geheimnisvolle Dreiheit dieser Schick-
salstaten? Es gibt einen uralten, besonders persischen Volksglauben,
daß ein weiser Magier nur aus Inzest geboren werden könne: was wir
uns, im Hinblick auf den rätsellösenden und seine Mutter freienden
Ödipus, sofort so zu interpretieren haben, daß dort, wo durch weis-

sagende und magische Kräfte der Bann von Gegenwart und Zukunft, das starre Gesetz der Individuation und überhaupt der eigentliche Zauber der Natur gebrochen ist, eine ungeheure Naturwidrigkeit – wie dort der Inzest – als Ursache vorausgegangen sein muß; denn wie könnte man die Natur zum Preisgeben ihrer Geheimnisse zwingen, wenn nicht dadurch, daß man ihr siegreich widerstrebt, d. h. durch das Unnatürliche? Diese Erkenntnis sehe ich in jener entsetzlichen Dreiheit der Ödipusschicksale ausgeprägt: derselbe, der das Rätsel der Natur – jener doppelgearteten Sphinx – löst, muß auch als Mörder des Vaters und Gatte der Mutter die heiligsten Naturordnungen zerbrechen. Ja der Mythus scheint uns zuraunen zu wollen, daß die Weisheit und gerade die dionysische Weisheit ein naturwidriger Greuel sei, daß der, welcher durch sein Wissen die Natur in den Abgrund der Vernichtung stürzt, auch an sich selbst die Auflösung der Natur zu erfahren habe. »Die Spitze der Weisheit kehrt sich gegen den Weisen; Weisheit ist ein Verbrechen an der Natur«: solche schreckliche Sätze ruft uns der Mythus zu: der hellenische Dichter aber berührt wie ein Sonnenstrahl die erhabene und furchtbare Memnonssäule des Mythus, so daß er plötzlich zu tönen beginnt – in sophokleischen Melodien!

Der Glorie der Passivität stelle ich jetzt die Glorie der Aktivität gegenüber, welche den *Prometheus* des Äschylus umleuchtet. Was uns hier der Denker Äschylus zu sagen hatte, was er aber als Dichter durch sein gleichnisartiges Bild uns nur ahnen läßt, das hat uns der jugendliche Goethe in den verwegenen Worten seines Prometheus zu enthüllen gewußt:

> »Hier sitz ich, forme Menschen
> Nach meinem Bilde,
> Ein Geschlecht, das mir gleich sei,
> Zu leiden, zu weinen,
> Zu genießen und zu freuen sich,
> Und dein nicht zu achten,
> Wie ich!«

Der Mensch, ins Titanische sich steigernd, erkämpft sich selbst seine Kultur und zwingt die Götter, sich mit ihm zu verbinden, weil er in seiner selbsteignen Weisheit die Existenz und die Schranken derselben in seiner Hand hat. Das Wunderbarste an jenem Prometheusgedicht, das seinem Grundgedanken nach der eigentliche Hymnus der Unfrömmigkeit ist, ist aber der tiefe äschyleische Zug nach *Gerechtigkeit*: das unermeßliche Leid des kühnen »Einzelnen« auf der einen Seite, und die göttliche Not, ja Ahnung einer Götterdämmerung auf der andern, die zur Versöhnung, zum metaphysischen Einssein zwingende Macht jener beiden Leidenswelten – dies alles erinnert auf das stärkste an den Mittelpunkt und Hauptsatz der äschyleischen Weltbetrachtung, die über Göttern und Menschen die Moira als ewige Gerechtigkeit thronen sieht. Bei der erstaunlichen Kühnheit, mit der Äschylus die olympische Welt auf seine Gerechtigkeitswagschalen stellt, müssen wir uns vergegenwärtigen, daß der tiefsinnige Grieche einen unverrückbar festen Untergrund des metaphysischen Denkens in seinen Mysterien hatte, und daß sich an den Olympiern alle seine skeptischen Anwandlungen entladen konnten. Der griechische Künstler insbesondere empfand im Hinblick auf die Gottheiten ein dunkles Gefühl wechselseitiger Abhängigkeit: und gerade im Prometheus des Äschylus ist dieses Gefühl symbolisiert. Der titanische Künstler fand in sich den trotzigen Glauben, Menschen schaffen und olympische Götter wenigstens vernichten zu können: und dies durch seine höhere Weisheit, die er freilich durch ewiges Leiden zu büßen gezwungen war. Das herrliche »Können« des großen Genius, das selbst mit ewigem Leide zu gering bezahlt ist, der herbe Stolz des *Künstlers* – das ist Inhalt und Seele der äschyleischen Dichtung, während Sophokles in seinem Ödipus das Siegeslied des *Heiligen* präludierend anstimmt. Aber auch mit jener Deutung, die Äschylus dem Mythus gegeben hat, ist dessen erstaunliche Schreckenstiefe nicht ausgemessen: vielmehr ist die Werdelust des Künstlers, die jedem Unheil trotzende Heiterkeit des künstlerischen Schaffens nur ein lichtes Wolken- und Himmelsbild, das sich auf einem schwarzen See der Traurigkeit spiegelt. Die Prometheussage ist ein ursprüngliches Eigentum der gesamten arischen Völkergemeinde und ein Dokument für deren Begabung zum Tiefsinnig-Tragischen, ja es möchte nicht ohne Wahrscheinlichkeit sein, daß diesem Mythus für das arische Wesen eben dieselbe charakteristische Bedeutung innewohnt, die der Sündenfallmythus für das semitische hat, und daß zwischen beiden Mythen ein Verwandtschaftsgrad existiert, wie zwischen Bruder und Schwester. Die Voraussetzung jenes

Prometheusmythus ist der überschwängliche Wert, den eine naive Menschheit dem *Feuer* beilegt als dem wahren Palladium jeder aufsteigenden Kultur: daß aber der Mensch frei über das Feuer waltet und es nicht nur durch ein Geschenk vom Himmel, als zündenden Blitzstrahl oder wärmenden Sonnenbrand, empfängt, erschien jenen beschaulichen Ur-Menschen als ein Frevel, als ein Raub an der göttlichen Natur. Und so stellt gleich das erste philosophische Problem einen peinlichen unlösbaren Widerspruch zwischen Mensch und Gott hin und rückt ihn wie einen Felsblock an die Pforte jeder Kultur. Das Beste und Höchste, dessen die Menschheit teilhaftig werden kann, erringt sie durch einen Frevel und muß nun wieder seine Folgen dahinnehmen, nämlich die ganze Flut von Leiden und von Kümmernissen, mit denen die beleidigten Himmlischen das edel emporstrebende Menschengeschlecht heimsuchen – müssen: ein herber Gedanke, der durch die *Würde*, die er dem Frevel erteilt, seltsam gegen den semitischen Sündenfallmythus absticht, in welchem die Neugierde, die lügnerische Vorspiegelung, die Verführbarkeit, die Lüsternheit, kurz eine Reihe vornehmlich weiblicher Affektionen als der Ursprung des Übels angesehen wurde. Das, was die arische Vorstellung auszeichnet, ist die erhabene Ansicht von der *aktiven Sünde* als der eigentlich prometheischen Tugend: womit zugleich der ethische Untergrund der pessimistischen Tragödie gefunden ist, als die *Rechtfertigung* des menschlichen Übels, und zwar sowohl der menschlichen Schuld als des dadurch verwirkten Leidens. Das Unheil im Wesen der Dinge – das der beschauliche Arier nicht geneigt ist wegzudeuten –, der Widerspruch im Herzen der Welt offenbart sich ihm als ein Durcheinander verschiedener Welten, z. B. einer göttlichen und einer menschlichen, von denen jede als Individuum im Recht ist, aber als einzelne neben einer anderen für ihre Individuation zu leiden hat. Bei dem heroischen Drange des einzelnen ins Allgemeine, bei dem Versuche, über den Bann der Individuation hinauszuschreiten und das eine Weltwesen selbst sein zu wollen, erleidet er an sich den in den Dingen verborgenen Urwiderspruch, d. h. er frevelt und leidet. So wird von den Ariern der Frevel als Mann, von den Semiten die Sünde als Weib verstanden, so wie auch der Urfrevel vom Manne, die Ursünde vom Weibe begangen wird. Übrigens sagt der Hexenchor:

»Wir nehmen das nicht so genau:
Mit tausend Schritten machts die Frau;
Doch wie sie auch sich eilen kann,
Mit einem Sprunge machts der Mann.«

Wer jenen innersten Kern der Prometheussage versteht – nämlich die dem titanisch strebenden Individuum gebotene Notwendigkeit des Frevels –, der muß auch zugleich das Unapollinische dieser pessimistischen Vorstellung empfinden; denn Apollo will die Einzelwesen gerade dadurch zur Ruhe bringen, daß er Grenzlinien zwischen ihnen zieht und daß er immer wieder an diese als an die heiligsten Weltgesetze mit seinen Forderungen der Selbsterkenntnis und des Maßes erinnert. Damit aber bei dieser apollinischen Tendenz die Form nicht zu ägyptischer Steifigkeit und Kälte erstarre, damit nicht unter dem Bemühen, der einzelnen Welle ihre Bahn und ihr Bereich vorzuschreiben, die Bewegung des ganzen Sees ersterbe, zerstörte von Zeit zu Zeit wieder die hohe Flut des Dionysischen alle jene kleinen Zirkel, in die der einseitig apollinische »Wille« das Hellenentum zu bannen suchte. Jene plötzlich anschwellende Flut des Dionysischen nimmt dann die einzelnen kleinen Wellenberge der Individuen auf ihren Rücken, wie der Bruder des Prometheus, der Titan Atlas, die Erde. Dieser titanische Drang, gleichsam der Atlas aller einzelnen zu werden und sie mit breitem Rücken höher und höher, weiter und weiter zu tragen, ist das Gemeinsame zwischen dem Prometheischen und dem Dionysischen. Der äschyleische Prometheus ist in diesem Betracht eine dionysische Maske, während in jenem vorhin erwähnten tiefen Zuge nach Gerechtigkeit Äschylus seine väterliche Abstammung von Apollo, dem Gotte der Individuation und der Gerechtigkeitsgrenzen, dem Einsichtigen verrät. Und so möchte das Doppelwesen des äschyleischen Prometheus, seine zugleich dionysische und apollinische Natur in begrifflicher Formel so ausgedrückt werden können: »Alles Vorhandene ist gerecht und ungerecht und in beidem gleich berechtigt.«

Das ist deine Welt! Das heißt eine Welt! –

10

Es ist eine unanfechtbare Überlieferung, daß die griechische Tragödie in ihrer ältesten Gestalt nur die Leiden des Dionysus zum Gegenstand hatte, und daß der längere Zeit hindurch einzig vorhandene Bühnenheld eben Dionysus war. Aber mit der gleichen Sicherheit darf behauptet werden, daß niemals bis auf Euripides Dionysus aufgehört hat, der tragische Held zu sein, sondern daß alle die berühmten Figuren der griechischen Bühne, Prometheus, Ödipus usw. nur Masken jenes ursprünglichen Helden Dionysus sind. Daß hinter allen diesen Masken eine Gottheit steckt, das ist der eine wesentliche Grund für die so oft angestaunte typische »Idealität« jener berühmten Figuren. Es hat ich weiß nicht wer behauptet, daß alle Individuen als Individuen komisch und damit untragisch seien: woraus zu entnehmen wäre, daß die Griechen überhaupt Individuen auf der tragischen Bühne nicht ertragen *konnten*. In der Tat scheinen sie so empfunden zu haben: wie überhaupt jene platonische Unterscheidung und Wertabschätzung der »Idee« im Gegensatze zum »Idol«, zum Abbild, tief im hellenischen Wesen begründet liegt. Um uns aber der Terminologie Platos zu bedienen, so wäre von den tragischen Gestalten der hellenischen Bühne etwa so zu reden: der eine wahrhaft reale Dionysus erscheint in einer Vielheit der Gestalten, in der Maske eines kämpfenden Helden und gleichsam in das Netz des Einzelwillens verstrickt. So wie jetzt der erscheinende Gott redet und handelt, ähnelt er einem irrenden strebenden leidenden Individuum: und daß er überhaupt mit dieser epischen Bestimmtheit und Deutlichkeit *erscheint*, ist die Wirkung des Traumdeuters Apollo, der dem Chore seinen dionysischen Zustand durch jene gleichnisartige Erscheinung deutet. In Wahrheit aber ist jener Held der leidende Dionysus der Mysterien, jener die Leiden der Individuation an sich erfahrende Gott, von dem wundervolle Mythen erzählen, wie er als Knabe von den Titanen zerstückelt worden sei und nun in diesem Zustande als Zagreus verehrt werde: wobei angedeutet wird, daß diese Zerstückelung, das eigentlich dionysische *Leiden*, gleich einer Umwandlung in Luft, Wasser, Erde und Feuer sei, daß wir also den Zustand der Individuation als den Quell und Urgrund alles Leidens, als etwas an sich Verwerfliches, zu betrachten hätten. Aus dem Lächeln dieses Dionysus sind die olympischen Götter, aus seinen Tränen die Menschen entstanden. In jener Existenz als zerstückelter Gott hat Dionysus die Doppelnatur eines grausamen verwilderten Dämons und eines milden sanftmütigen Herrschers. Die Hoffnung der Epopten ging aber auf eine Wiedergeburt des Dionysus, die wir jetzt als das Ende der Individuation ahnungsvoll zu begreifen haben: diesem kommenden dritten Dionysus erscholl der brausende Jubelgesang der Epopten. Und nur in dieser Hoffnung gibt es einen Strahl von Freude auf dem Antlitze der zerrissenen, in Individuen zertrümmerten Welt: wie es der Mythus durch die in ewige Trauer versenkte Demeter verbildlicht, welche zum ersten Male wieder sich *freut*, als man ihr sagt, sie könne den Dionysus *noch einmal* gebären. In den angeführten Anschauungen haben wir bereits alle Bestandteile einer tiefsinnigen und pessimistischen Weltbetrachtung und zugleich damit *die Mysterienlehre der Tragödie* zusammen: die Grunderkenntnis von der Einheit alles Vorhandenen, die Betrachtung der Individuation als des Urgrundes des Übels, die Kunst als die freudige Hoffnung, daß der Bann der Individuation zu zerbrechen sei, als die Ahnung einer wiederhergestellten Einheit. –

Es ist früher angedeutet worden, daß das homerische Epos die Dichtung der olympischen Kultur ist, mit der sie ihr eignes Siegeslied über die Schrecken des Titanenkampfes gesungen hat. Jetzt, unter dem übermächtigen Einflusse der tragischen Dichtung, werden die homerischen Mythen von neuem umgeboren und zeigen in dieser Metempsychose, daß inzwischen auch die olympische Kultur von einer noch tieferen Weltbetrachtung besiegt worden ist. Der trotzige Titan Prometheus hat es seinem olympischen Peiniger angekündigt, daß einst seiner Herrschaft die höchste Gefahr drohe, falls er nicht zur rechten Zeit sich mit ihm verbinden werde. In Äschylus erkennen wir das Bündnis des erschreckten, vor seinem Ende bangenden Zeus mit dem Titanen. So wird das frühere Titanenzeitalter nachträglich wieder aus dem Tartarus ans Licht geholt. Die Philosophie der wilden und nackten Natur schaut die vorübertanzenden Mythen der homerischen Welt mit der unverhüllten Miene der Wahrheit an: sie erbleichen, sie zittern vor dem blitzartigen Auge dieser Göttin – bis sie die mächtige Faust des dionysischen Künstlers in den Dienst der neuen Gottheit zwingt.

Die dionysische Wahrheit übernimmt das gesamte Bereich des Mythus als Symbolik *ihrer* Erkenntnisse und spricht diese teils in dem öffentlichen Kultus der Tragödie, teils in den geheimen Begehungen dramatischer Mysterienfeste, aber immer unter der alten mythischen Hülle aus. Welche Kraft war dies, die den Prometheus von seinen Geiern befreite und den Mythus zum Vehikel dionysischer Weisheit umwandelte? Dies ist die heraklesmäßige Kraft der Musik: als welche, in der Tragödie zu ihrer höchsten Erscheinung gekommen, den Mythus mit neuer tiefsinnigster Bedeutsamkeit zu interpretieren weiß; wie wir dies als das mächtigste Vermögen der Musik früher schon zu charakterisieren hatten. Denn es ist das Los jedes Mythus, allmählich in die Enge einer angeblich historischen Wirklichkeit hineinzukriechen und von irgendeiner späteren Zeit als einmaliges Faktum mit historischen Ansprüchen behandelt zu werden: und die Griechen waren bereits völlig auf dem Wege, ihren ganzen mythischen Jugendtraum mit Scharfsinn und Willkür in eine historisch-pragmatische *Jugendgeschichte* umzustempeln. Denn dies ist die Art, wie Religionen abzusterben pflegen: wenn nämlich die mythischen Voraussetzungen einer Religion unter den strengen, verstandesmäßigen Augen eines rechtgläubigen Dogmatismus als eine fertige Summe von historischen Ereignissen systematisiert werden und man anfängt, ängstlich die Glaubwürdigkeit der Mythen zu verteidigen, aber gegen jedes natürliche Weiterleben und Weiterwuchern derselben sich zu sträuben, wenn also das Gefühl für den Mythus abstirbt und an seine Stelle der Anspruch der Religion auf historische Grundlagen tritt. Diesen absterbenden Mythus ergriff jetzt der neugeborne Genius der dionysischen Musik: und in seiner Hand blühte er noch einmal, mit Farben, wie er sie noch nie gezeigt, mit einem Duft, der eine sehnsüchtige Ahnung einer metaphysischen Welt erregte. Nach diesem letzten Aufglänzen fällt er zusammen, seine Blätter werden welk, und bald haschen die spöttischen Luciane des Altertums nach den von allen Winden fortgetragenen, entfärbten und verwüsteten Blumen. Durch die Tragödie kommt der Mythus zu seinem tiefsten Inhalt, seiner ausdrucksvollsten Form; noch einmal erhebt er sich, wie ein verwundeter Held, und der ganze Überschuß von Kraft, samt der weisheitsvollen Ruhe des Sterbenden, brennt in seinem Auge mit letztem, mächtigem Leuchten.

Was wolltest du, frevelnder Euripides, als du diesen Sterbenden noch einmal zu deinem Frondienste zu zwingen suchtest? Er starb unter deinen gewaltsamen Händen: und jetzt brauchtest du einen nachgemachten, maskierten Mythus, der sich wie der Affe des Herakles mit dem alten Prunke nur noch aufzuputzen wußte. Und wie dir der Mythus starb, so starb dir auch der Genius der Musik: mochtest du auch mit gierigem Zugreifen alle Gärten der Musik plündern, auch so brachtest du es nur zu einer nachgemachten maskierten Musik. Und weil du Dionysus verlassen, so verließ dich auch Apollo; jage alle Leidenschaften von ihrem Lager auf und banne sie in deinen Kreis, spitze und feile dir für die Reden deiner Helden eine sophistische Dialektik zurecht – auch deine Helden haben nur nachgeahmte maskierte Leidenschaften und sprechen nur nachgeahmte maskierte Reden.

11

Die griechische Tragödie ist anders zugrunde gegangen als sämtliche ältere schwesterliche Kunstgattungen: sie starb durch Selbstmord, infolge eines unlösbaren Konfliktes, also tragisch, während jene alle in hohem Alter des schönsten und ruhigsten Todes verblichen sind. Wenn es nämlich einem glücklichen Naturzustande gemäß ist, mit schöner Nachkommenschaft und ohne Krampf vom Leben zu scheiden, so zeigt uns das Ende jener älteren Kunstgattungen einen solchen glücklichen Naturzustand: sie tauchen langsam unter, und vor ihren ersterbenden Blicken steht schon ihr schönerer Nachwuchs und reckt mit mutiger Gebärde ungeduldig das Haupt. Mit dem Tode der griechischen Tragödie dagegen entstand eine ungeheure, überall tief empfundene Leere; wie einmal griechische Schiffer zu Zeiten des Tiberius an einem einsamen Eiland den erschütternden Schrei hörten »der große Pan ist tot«: so klang es jetzt wie ein schmerzlicher Klageton durch die hellenische Welt: »die Tragödie ist tot! Die Poesie selbst ist mit ihr verlorengegangen! Fort, fort mit euch verkümmerten, abgemagerten Epigonen! Fort in den Hades, damit ihr euch dort an den Brosamen der vormaligen Meister einmal sattessen könnt!«

Als aber nun doch noch eine neue Kunstgattung aufblühte, die in der Tragödie ihre Vorgängerin und Meisterin verehrte, da war mit

Schrecken wahrzunehmen, daß sie allerdings die Züge ihrer Mutter trage, aber dieselben, die jene in ihrem langen Todeskampfe gezeigt hatte. Diesen Todeskampf der Tragödie kämpfte *Euripides*; jene spätere Kunstgattung ist als *neuere attische Komödie* bekannt. In ihr lebte die entartete Gestalt der Tragödie fort, zum Denkmale ihres überaus mühseligen und gewaltsamen Hinscheidens.

Bei diesem Zusammenhange ist die leidenschaftliche Zuneigung begreiflich, welche die Dichter der neueren Komödie zu Euripides empfanden; so daß der Wunsch des Philemon nicht weiter befremdet, der sich sogleich aufhängen lassen mochte, nur um den Euripides in der Unterwelt aufsuchen zu können: wenn er nur überhaupt überzeugt sein dürfte, daß der Verstorbene auch jetzt noch bei Verstande sei. Will man aber in aller Kürze und ohne den Anspruch, damit etwas Erschöpfendes zu sagen, dasjenige bezeichnen, was Euripides mit Menander und Philemon gemein hat und was für jene so aufregend vorbildlich wirkte: so genügt es zu sagen, daß *der Zuschauer* von Euripides auf die Bühne gebracht worden ist. Wer erkannt hat, aus welchem Stoffe die prometheischen Tragiker vor Euripides ihre Helden formten und wie ferne ihnen die Absicht lag, die treue Maske der Wirklichkeit auf die Bühne zu bringen, der wird auch über die gänzlich abweichende Tendenz des Euripides im klaren sein. Der Mensch des alltäglichen Lebens drang durch ihn aus den Zuschauerräumen auf die Szene, der Spiegel, in dem früher nur die großen und kühnen Züge zum Ausdruck kamen, zeigte jetzt jene peinliche Treue, die auch die mißlungenen Linien der Natur gewissenhaft wiedergibt. Odysseus, der typische Hellene der älteren Kunst, sank jetzt unter den Händen der neueren Dichter zur Figur des Graeculus herab, der von jetzt ab als gutmütig-verschmitzter Haussklave im Mittelpunkte des dramatischen Interesses steht. Was Euripides sich in den aristophanischen »Fröschen« zum Verdienst anrechnet, daß er die tragische Kunst durch seine Hausmittel von ihrer pomphaften Beleibtheit befreit habe, das ist vor allem an seinen tragischen Helden zu spüren. Im wesentlichen sah und hörte jetzt der Zuschauer seinen Doppelgänger auf der euripideischen Bühne und freute sich, daß jener so gut zu reden verstehe. Bei dieser Freude blieb es aber nicht: man lernte selbst bei Euripides sprechen, und dessen rühmt er sich selbst im Wettkampfe mit Äschylus: wie durch ihn jetzt das Volk kunstmäßig und mit den schlausten Sophistikationen zu beobachten, zu verhandeln und Folgerungen zu ziehen gelernt habe. Durch diesen Umschwung der öffentlichen Sprache hat er überhaupt die neuere Komödie möglich gemacht. Denn von jetzt ab war es kein Geheimnis mehr, wie und mit welchen Sentenzen die Alltäglichkeit sich auf der Bühne vertreten könne. Die bürgerliche Mittelmäßigkeit, auf die Euripides alle seine politischen Hoffnungen aufbaute, kam jetzt zu Wort, nachdem bis dahin in der Tragödie der Halbgott, in der Komödie der betrunkene Satyr oder der Halbmensch den Sprachcharakter bestimmt hatten. Und so hebt der aristophanische Euripides zu seinem Preise hervor, wie er das allgemeine, allbekannte, alltägliche Leben und Treiben dargestellt habe, über das ein jeder zu urteilen befähigt sei. Wenn jetzt die ganze Masse philosophiere, mit unerhörter Klugheit Land und Gut verwalte und ihre Prozesse führe, so sei dies sein Verdienst und der Erfolg der von ihm dem Volke eingeimpften Weisheit.

An eine derartig zubereitete und aufgeklärte Masse durfte sich jetzt die neuere Komödie wenden, für die Euripides gewissermaßen der Chorlehrer geworden ist; nur daß diesmal der Chor der Zuschauer eingeübt werden mußte. Sobald dieser in der euripideischen Tonart zu singen geübt war, erhob sich jene schachspielartige Gattung des Schauspiels, die neuere Komödie, mit ihrem fortwährenden Triumphe der Schlauheit und Verschlagenheit. Euripides aber – der Chorlehrer – wurde unaufhörlich gepriesen: ja man würde sich getötet haben, um noch mehr von ihm zu lernen, wenn man nicht gewußt hätte, daß die tragischen Dichter eben so tot seien wie die Tragödie. Mit ihr aber hatte der Hellene den Glauben an seine Unsterblichkeit aufgegeben, nicht nur den Glauben an eine ideale Vergangenheit, sondern auch den Glauben an eine ideale Zukunft. Das Wort aus der bekannten Grabschrift »als Greis leichtsinnig und grillig« gilt auch vom greisen Hellenentume. Der Augenblick, der Witz, der Leichtsinn, die Laune sind seine höchsten Gottheiten; der fünfte Stand, der des Sklaven, kommt, wenigstens der Gesinnung nach, jetzt zur Herrschaft: und wenn jetzt überhaupt noch von »griechischer Heiterkeit« die Rede sein darf, so ist es die Heiterkeit des Sklaven, der nichts Schweres zu verantworten, nichts Großes zu erstreben, nichts Vergangenes oder Zukünftiges höher zu schätzen weiß als das Gegenwärtige. Dieser Schein der »griechischen Heiterkeit« war es, der die tiefsinnigen und furchtbaren Naturen der vier ersten Jahrhunderte des Christentums so empörte: ihnen erschien diese weibische Flucht vor dem Ernst und dem Schrecken, dieses feige Sichgenügenlassen am bequemen Genuß – nicht nur verächtlich, sondern als die eigentlich antichristliche Gesinnung. Und ihrem Einfluß ist es zuzuschreiben, daß die durch Jahrhunderte fortlebende Anschauung des griechischen Altertums mit fast unüberwindlicher Zähigkeit jene blaßrote Heiterkeitsfarbe festhielt – als ob es nie ein sechstes Jahrhundert mit seiner Geburt der Tragödie, seinen Mysterien, seinen Pythagoras und Heraklit gegeben hätte, ja als ob die Kunstwerke der großen Zeit gar nicht vorhanden wären, die doch – jedes für sich – aus dem Boden einer solchen greisenhaften und sklavenmäßigen Daseinslust und Heiterkeit gar nicht zu erklären sind und auf eine völlig andere Weltbetrachtung als ihren Existenzgrund hinweisen.

Wenn zuletzt behauptet wurde, daß Euripides den Zuschauer auf die Bühne gebracht habe, um zugleich damit den Zuschauer zum Urteil über das Drama erst wahrhaft zu befähigen, so entsteht der Schein, als ob die ältere tragische Kunst aus einem Mißverhältnis zum Zuschauer nicht herausgekommen sei: und man möchte versucht sein, die radikale Tendenz des Euripides, ein entsprechendes Verhältnis zwischen Kunstwerk und Publikum zu erzielen, als einen Fortschritt über Sophokles hinaus zu preisen. Nun aber ist »Publikum« nur ein Wort und durchaus keine gleichartige und in sich verharrende Größe. Woher soll dem Künstler die Verpflichtung kommen, sich einer Kraft zu akkomodieren, die ihre Stärke nur in der Zahl hat? Und wenn er sich, seiner Begabung und seinen Absichten nach, über jeden einzelnen dieser Zuschauer erhaben fühlt, wie dürfte er vor dem gemeinsamen Ausdruck aller dieser ihm untergeordneten Kapazitäten mehr Achtung empfinden als vor dem relativ am höchsten begabten einzelnen Zuschauer? In Wahrheit hat kein griechischer Künstler mit größerer Verwegenheit und Selbstgenügsamkeit sein Publikum durch ein langes Leben hindurch behandelt als gerade Euripides: er, der selbst da noch, als die Masse sich ihm zu Füßen warf, in erhabenem Trotze seiner eigenen Tendenz öffentlich ins Gesicht schlug, derselben Tendenz, mit der er über die Masse gesiegt hatte. Wenn dieser Genius die geringste Ehrfurcht vor dem Pandämonium des Publikums gehabt hätte, so wäre er unter den Keulenschlägen seiner Mißerfolge längst vor der Mitte seiner Laufbahn zusammengebrochen. Wir sehen bei dieser Erwägung, daß unser Ausdruck, Euripides habe den Zuschauer auf die Bühne gebracht, um den Zuschauer wahrhaft urteilsfähig zu machen, nur ein provisorischer war, und daß wir nach einem tieferen Verständnis seiner Tendenz zu suchen haben. Umgekehrt ist es ja allerseits bekannt, wie Äschylus und Sophokles zeit ihres Lebens, ja weit über dasselbe hinaus, im Vollbesitze der Volksgunst standen, wie also bei diesen Vorgängern des Euripides keineswegs von einem Mißverhältnis zwischen Kunstwerk und Publikum die Rede sein kann. Was trieb den reichbegabten und unablässig zum Schaffen gedrängten Künstler so gewaltsam von dem Wege ab, über dem die Sonne der größten Dichternamen und der unbewölkte Himmel der Volksgunst leuchteten? Welche sonderbare Rücksicht auf den Zuschauer führte ihn dem Zuschauer entgegen? Wie konnte er aus zu hoher Achtung vor seinem Publikum – sein Publikum mißachten?

Euripides fühlte sich – das ist die Lösung des eben dargestellten Rätsels – als Dichter wohl über die Masse, nicht aber über zwei seiner Zuschauer erhaben: die Masse brachte er auf die Bühne, jene beiden Zuschauer verehrte er als die allein urteilsfähigen Richter und Meister aller seiner Kunst: ihren Weisungen und Mahnungen folgend, übertrug er die ganze Welt von Empfindungen, Leidenschaften und Erfahrungen, die bis jetzt auf den Zuschauerbänken als unsichtbarer Chor zu jeder Festvorstellung sich einstellten, in die Seelen seiner Bühnenhelden, ihren Forderungen gab er nach, als er für diese neuen Charaktere auch das neue Wort und den neuen Ton suchte, in ihren Stimmen allein hörte er die gültigen Richtersprüche seines Schaffens ebenso wie die siegverheißende Ermutigung, wenn er von der Justiz des Publikums sich wieder einmal verurteilt sah.

Von diesen beiden Zuschauern ist der eine – Euripides selbst, Euripides *als Denker*, nicht als Dichter. Von ihm könnte man sagen, daß die außerordentliche Fülle seines kritischen Talentes, ähnlich wie bei Lessing, einen produktiv künstlerischen Nebentrieb wenn nicht erzeugt, so doch fortwährend befruchtet habe. Mit dieser Begabung, mit aller Helligkeit und Behendigkeit seines kritischen Denkens hatte

Euripides im Theater gesessen und sich angestrengt, an den Meisterwerken seiner großen Vorgänger wie an dunkelgewordenen Gemälden Zug um Zug, Linie um Linie wiederzuerkennen. Und hier nun war ihm begegnet, was dem in die tieferen Geheimnisse der äschyleischen Tragödie Eingeweihten nicht unerwartet sein darf: er gewahrte etwas Inkommensurables in jedem Zug und in jeder Linie, eine gewisse täuschende Bestimmtheit und zugleich eine rätselhafte Tiefe, ja Unendlichkeit des Hintergrundes. Die klarste Figur hatte immer noch einen Kometenschweif an sich, der ins Ungewisse, Unaufhellbare zu deuten schien. Dasselbe Zwielicht lag über dem Bau des Dramas, zumal über der Bedeutung des Chors. Und wie zweifelhaft blieb ihm die Lösung der ethischen Probleme! Wie fragwürdig die Behandlung der Mythen! Wie ungleichmäßig die Verteilung von Glück und Unglück! Selbst in der Sprache der älteren Tragödie war ihm vieles anstößig, mindestens rätselhaft; besonders fand er zu viel Pomp für einfache Verhältnisse, zu viel Tropen und Ungeheuerlichkeiten für die Schlichtheit der Charaktere. So saß er, unruhig grübelnd, im Theater, und er, der Zuschauer, gestand sich, daß er seine großen Vorgänger nicht verstehe. Galt ihm aber der Verstand als die eigentliche Wurzel alles Genießens und Schaffens, so mußte er fragen und um sich schauen, ob denn niemand so denke wie er und sich gleichfalls jene Inkommensurabilität eingestehe. Aber die vielen und mit ihnen die besten einzelnen hatten nur ein mißtrauisches Lächeln für ihn; erklären aber konnte ihm keiner, warum seinen Bedenken und Einwendungen gegenüber die großen Meister doch im Rechte seien. Und in diesem qualvollen Zustande fand er *den anderen Zuschauer*, der die Tragödie nicht begriff und deshalb nicht achtete. Mit diesem im Bunde durfte er es wagen, aus seiner Vereinsamung heraus den ungeheuren Kampf gegen die Kunstwerke des Äschylus und Sophokles zu beginnen – nicht mit Streitschriften, sondern als dramatischer Dichter, der *seine* Vorstellung von der Tragödie der überlieferten entgegenstellt. –

12

Bevor wir diesen anderen Zuschauer bei Namen nennen, verharren wir hier einen Augenblick, um uns jenen früher geschilderten Eindruck des Zwiespältigen und Inkommensurablen im Wesen der äschyleischen Tragödie selbst ins Gedächtnis zurückzurufen. Denken wir an unsere eigene Befremdung dem *Chore* und dem *tragischen Helden* jener Tragödie gegenüber, die wir beide mit unseren Gewohnheiten ebensowenig wie mit der Überlieferung zu reimen wußten – bis wir jene Doppelheit selbst als Ursprung und Wesen der griechischen Tragödie wiederfanden, als den Ausdruck zweier ineinandergewobenen Kunsttriebe, *des Apollinischen und des Dionysischen*.

Jenes ursprüngliche und allmächtige dionysische Element aus der Tragödie auszuscheiden und sie rein und neu auf undionysischer Kunst, Sitte und Weltbetrachtung aufzubauen – dies ist die jetzt in heller Beleuchtung sich uns enthüllende Tendenz des Euripides.

Euripides selbst hat am Abend seines Lebens die Frage nach dem Wert und der Bedeutung dieser Tendenz in einem Mythus seinen Zeitgenossen auf das nachdrücklichste vorgelegt. Darf überhaupt das Dionysische bestehn? Ist es nicht mit Gewalt aus dem hellenischen Boden auszurotten? Gewiß, sagt uns der Dichter, wenn es nur möglich wäre: aber der Gott Dionysus ist zu mächtig: der verständigste Gegner – wie Pentheus in den »Bacchen« – wird unvermutet von ihm bezaubert und läuft nachher mit dieser Verzauberung in sein Verhängnis. Das Urteil der beiden Greise Kadmus und Tiresias scheint auch das Urteil des greisen Dichters zu sein: das Nachdenken der klügsten einzelnen werfe jene alten Volkstraditionen, jene sich ewig fortpflanzende Verehrung des Dionysus nicht um, ja es gezieme sich, solchen wunderbaren Kräften gegenüber, mindestens eine diplomatisch vorsichtige Teilnahme zu zeigen: wobei es aber immer noch möglich sei, daß der Gott an einer so lauen Beteiligung Anstoß nehme und den Diplomaten – wie hier den Kadmus – schließlich in einen Drachen verwandle. Dies sagt uns der Dichter, der mit heroischer Kraft ein langes Leben hindurch dem Dionysus widerstanden hat – um am Ende desselben mit einer Glorifikation seines Gegners und einem Selbstmorde seine Laufbahn zu schließen, einem Schwindelndem gleich, der, um nur dem entsetzlichen, nicht mehr erträglichen Wirbel zu entgehen, sich vom Turme herunterstürzt. Jene Tragödie ist ein Protest gegen die Ausführbarkeit seiner Tendenz; ach, und sie war bereits ausgeführt! Das Wunderbare war geschehn: als der Dichter widerrief, hatte bereits seine Tendenz gesiegt. Dionysus war bereits von der tragischen Bühne verscheucht und zwar durch eine aus Euripides redende dämonische Macht. Auch Euripides war in gewissem Sinne nur Maske: die Gottheit, die aus ihm redete, war nicht Dionysus, auch nicht Apollo, sondern ein ganz neugeborner Dämon, genannt *Sokrates*. Dies ist der neue Gegensatz: das Dionysische und das Sokratische, und das Kunstwerk der griechischen Tragödie ging an ihm zugrunde. Mag nun auch Euripides uns durch seinen Widerruf zu trösten suchen, es gelingt ihm nicht: der herrlichste Tempel liegt in Trümmern; was nützt uns die Wehklage des Zerstörers und sein Geständnis, daß es der schönste aller Tempel gewesen sei? Und selbst daß Euripides zur Strafe von den Kunstrichtern aller Zeiten in einen Drachen verwandelt worden ist – wen möchte diese erbärmliche Kompensation befriedigen?

Nähern wir uns jetzt jener *sokratischen* Tendenz, mit der Euripides die äschyleische Tragödie bekämpfte und besiegte.

Welches Ziel – so müssen wir uns jetzt fragen – konnte die euripideische Absicht, das Drama allein auf das Undionysische zu gründen, in der höchsten Idealität ihrer Durchführung überhaupt haben? Welche Form des Dramas blieb noch übrig, wenn es nicht aus dem Geburtsschoße der Musik, in jenem geheimnisvollen Zwielicht des Dionysischen geboren werden sollte? Allein *das dramatisierte Epos*: in welchem apollinischen Kunstgebiete nun freilich die *tragische* Wirkung unerreichbar ist. Es kommt hierbei nicht auf den Inhalt der dargestellten Ereignisse an; ja ich möchte behaupten, daß es Goethe in seiner projektierten »Nausikaa« unmöglich gewesen sein würde, den Selbstmord jenes idyllischen Wesens – der den fünften Akt ausfüllen sollte – tragisch ergreifend zu machen; so ungemein ist die Gewalt des Episch-Apollinischen, daß es die schreckensvollsten Dinge mit jener Lust am Scheine und der Erlösung durch den Schein vor unseren Augen verzaubert. Der Dichter des dramatischen Epos kann ebensowenig wie der epische Rhapsode mit seinen Bildern völlig verschmelzen: er ist immer noch ruhig unbewegte, aus weiten Augen blickende Anschauung, die die Bilder *vor* sich sieht. Der Schauspieler in seinem dramatisierten Epos bleibt im tiefsten Grunde immer noch Rhapsode; die Weihe des inneren Träumens liegt auf allen seinen Aktionen, so daß er niemals ganz Schauspieler ist.

Wie verhält sich nun diesem Ideal des apollinischen Dramas gegenüber das euripideische Stück? Wie zu dem feierlichen Rhapsoden der alten Zeit jener jüngere, der sein Wesen im platonischen »Jon« also beschreibt: »Wenn ich etwas Trauriges sage, füllen sich meine Augen mit Tränen; ist aber das, was ich sage, schrecklich und entsetzlich, dann stehen die Haare meines Hauptes vor Schauder zu Berge, und mein Herz klopft.« Hier merken wir nichts mehr von jenem epischen Verlorensein im Scheine, von der affektlosen Kühle des wahren Schauspielers, der, gerade in seiner höchsten Tätigkeit, ganz Schein und Lust am Scheine ist. Euripides ist der Schauspieler mit dem klopfenden Herzen, mit den zu Berge stehenden Haaren; als sokratischer Denker entwirft er den Plan, als leidenschaftlicher Schauspieler führt er ihn aus. Reiner Künstler ist er weder im Entwerfen noch im Ausführen. So ist das euripideische Drama ein zugleich kühles und feuriges Ding, zum Erstarren und zum Verbrennen gleich befähigt; es ist ihm unmöglich, die apollinische Wirkung des Epos zu erreichen, während es andererseits sich von den dionysischen Elementen möglichst gelöst hat und jetzt, um überhaupt zu wirken, neue Erregungsmittel braucht, die nun nicht mehr innerhalb der beiden einzigen Kunsttriebe, des apollinischen und des dionysischen, liegen können. Diese Erregungsmittel sind kühle paradoxe *Gedanken* – an Stelle der apollinischen Anschauungen – und feurige *Affekte* – an Stelle der dionysischen Entzückungen – und zwar höchst realistisch nachgemachte, keineswegs in den Äther der Kunst getauchte Gedanken und Affekte.

Haben wir demnach so viel erkannt, daß es Euripides überhaupt nicht gelungen ist, das Drama allein auf das Apollinische zu gründen, daß sich vielmehr seine undionysische Tendenz in eine naturalistische und unkünstlerische verirrt hat, so werden wir jetzt dem Wesen des *ästhetischen Sokratismus* schon näher treten dürfen, dessen oberstes Gesetz ungefähr so lautet: »Alles muß verständig sein, um schön zu sein«; als Parallelsatz zu dem sokratischen »nur der Wissende ist tugendhaft«. Mit diesem Kanon in der Hand maß Euripides alles einzelne und rektifizierte es gemäß diesem Prinzip: die Sprache, die Charaktere, den dramaturgischen Aufbau, die Chormusik. Was wir im Vergleich mit der sophokleischen Tragödie so häufig dem Euripides als dichterischen Mangel und Rückschritt anzurechnen pflegen, das ist zumeist das Produkt jenes eindringenden kritischen Prozesses, jener verwegenen Verständigkeit. Der euripideische *Prolog* diene uns als Beispiel für die Produktivität jener rationalistischen Methode. Nichts kann unserer Bühnentechnik widerstrebender sein als der Prolog im Drama des Euripides. Daß eine einzelne auftretende Person am Eingange des Stückes erzählt, wer sie sei, was der Handlung vorangehe, was bis jetzt geschehen, ja was im Verlaufe des Stückes geschehen werde, das würde ein moderner Theaterdichter als ein mutwilliges und nicht zu verzeihendes Verzichtleisten auf den Effekt der Spannung bezeichnen. Man weiß ja alles, was geschehen wird; wer wird abwarten wollen, daß dies wirklich geschieht? – da ja hier keinesfalls das aufregende Verhältnis eines wahrsagenden Traumes zu einer später eintretenden Wirklichkeit stattfindet. Ganz anders reflektierte Euripides. Die Wirkung der Tragödie beruhte niemals auf der epischen Spannung, auf der anreizenden Ungewißheit, was sich jetzt und nachher ereignen werde: vielmehr auf jenen großen rhetorisch-lyrischen Szenen, in denen die Leidenschaft und die Dialektik des Haupthelden zu einem breiten und mächtigen Strome anschwoll. Zum Pathos, nicht zur Handlung bereitete alles vor: und was nicht zum Pathos vorbereitete, das galt als verwerflich. Das aber, was die genußvolle Hingabe an solche Szenen am stärksten erschwert, ist ein dem Zuhörer fehlendes Glied, eine Lücke im Gewebe der Vorgeschichte; solange der Zuhörer noch ausrechnen muß, was diese und jene Person bedeute, was dieser und jener Konflikt der Neigungen und Absichten für Voraussetzungen habe, ist seine volle Versenkung in das Leiden und Tun der Hauptpersonen, ist das atemlose Mitleiden und Mitfürchten noch nicht möglich. Die äschyleisch-sophokleische Tragödie verwandte die geistreichsten Kunstmittel, um dem Zuschauer in den ersten Szenen gewissermaßen zufällig alle jene zum Verständnis notwendigen Fäden in die Hand zu geben: ein Zug, in dem sich jene edle Künstlerschaft bewährt, die das *notwendige* Formelle gleichsam maskiert und als Zufälliges erscheinen läßt. Immerhin aber glaubte Euripides zu bemerken, daß während jener ersten Szenen der Zuschauer in eigentümlicher Unruhe sei, um das Rechenexempel der Vorgeschichte auszurechnen, so daß die dichterischen Schönheiten und das Pathos der Exposition für ihn verlorenginge. Deshalb stellte er den Prolog noch vor die Exposition und legte ihn einer Person in den Mund, der man Vertrauen schenken durfte: eine Gottheit mußte häufig den Verlauf der Tragödie dem Publikum gewissermaßen garantieren und jeden Zweifel an der Realität des Mythus nehmen: in ähnlicher Weise, wie Descartes die Realität der empirischen Welt nur durch die Appellation an die Wahrhaftigkeit Gottes und seine Unfähigkeit zur Lüge zu beweisen vermochte. Dieselbe göttliche Wahrhaftigkeit braucht Euripides noch einmal am Schlusse seines Dramas, um die Zukunft seiner Helden dem Publikum sicherzustellen: dies ist die Aufgabe des berüchtigten *deus ex machina*. Zwischen der epischen Vorschau und Hinausschau liegt die dramatisch-lyrische Gegenwart, das eigentliche »Drama«.

So ist Euripides vor allem als Dichter der Widerhall seiner bewußten Erkenntnisse; und gerade dies verleiht ihm eine so denkwürdige Stellung in der Geschichte der griechischen Kunst. Ihm muß im Hinblick auf sein kritisch-produktives Schaffen oft zumute gewesen sein, als sollte er den Anfang der Schrift des Anaxagoras für das Drama lebendig machen, deren erste Worte lauten: »im Anfang war alles beisammen: da kam der Verstand und schuf Ordnung«. Und wenn Anaxagoras mit seinem »Nus« unter den Philosophen wie der erste Nüchterne unter lauter Trunkenen erschien, so mag auch Euripides sein Verhältnis zu den anderen Dichtern der Tragödie unter einem ähnlichen Bilde begriffen haben. Solange der einzige Ordner und Walter des Alls, der Nus, noch vom künstlerischen Schaffen ausgeschlossen war, war noch alles in einem chaotischen Urbrei beisammen; so mußte Euripides urteilen, so mußte er die »trunkenen« Dichter als der erste »Nüchterne« verurteilen. Das, was Sophokles von Äschylus gesagt hat, er tue das Rechte, obschon unbewußt, war gewiß nicht im Sinne des Euripides gesagt: der nur soviel hätte gelten lassen, daß Äschylus, *weil* er unbewußt schaffe, das Unrechte schaffe. Auch der göttliche Plato redet vom schöpferischen Vermögen des Dichters, insofern dies nicht die bewußte Einsicht ist, zu allermeist nur ironisch und stellt es der Begabung des Wahrsagers und Traumdeuters gleich; sei doch der Dichter nicht eher fähig zu dichten, als bis er bewußtlos geworden sei, und kein Verstand mehr in ihm wohne. Euripides unternahm es, wie es auch Plato unternommen hat, das Gegenstück des »unverständigen« Dichters der Welt zu zeigen, sein ästhetischer Grundsatz »alles muß bewußt sein, um schön zu sein«, ist, wie ich sagte, der Parallelsatz zu dem sokratischen »alles muß bewußt sein, um gut zu sein«. Demgemäß darf uns Euripides als der Dichter des ästhetischen Sokratismus gelten. Sokrates aber war jener *zweite Zuschauer*, der die ältere Tragödie nicht begriff und deshalb nicht achtete; mit ihm im Bunde wagte Euripides, der Herold eines neuen Kunstschaffens zu sein. Wenn an diesem die ältere Tragödie zugrunde ging, so ist also der ästhetische Sokratismus das mörderische Prinzip: insofern aber der Kampf gegen das Dionysische der älteren Kunst gerichtet war, erkennen wir in Sokrates den Gegner des Dionysus, den neuen Orpheus, der sich gegen Dionysus erhebt und, obschon bestimmt, von den Mänaden des athenischen Gerichtshofes zerrissen zu werden, doch den übermächtigen Gott selbst zur Flucht nötigt: welcher, wie damals, als er vor dem Edonerkönig Lykurg floh, sich in die Tiefen des Meeres rettete, nämlich in die mystischen Fluten eines die ganze Welt allmählich überziehenden Geheimkultus.

13

Daß Sokrates eine enge Beziehung der Tendenz zu Euripides habe, entging dem gleichzeitigen Altertume nicht; und der beredteste Ausdruck für diesen glücklichen Spürsinn ist jene in Athen umlaufende Sage, Sokrates pflege dem Euripides im Dichten zu helfen. Beide Namen wurden von den Anhängern der »guten alten Zeit« in einem Atem genannt, wenn es galt, die Volksverführer der Gegenwart aufzuzählen: von deren Einflusse es herrühre, daß die alte marathonische vierschrötige Tüchtigkeit an Leib und Seele immer mehr einer zweifelhaften Aufklärung, bei fortschreitender Verkümmerung der leiblichen und seelischen Kräfte, zum Opfer falle. In dieser Tonart, halb mit Entrüstung, halb mit Verachtung, pflegt die aristophanische Komödie von jenen Männern zu reden, zum Schrecken der Neueren, welche zwar Euripides gerne preisgeben, aber sich nicht genug darüber wundern können, daß Sokrates als der erste und oberste *Sophist*, als der Spiegel und Inbegriff aller sophistischen Bestrebungen bei Aristophanes erscheine: wobei es einzig einen Trost gewährt, den Aristophanes selbst als einen liederlich lügenhaften Alcibiades der Poesie an den

Pranger zu stellen. Ohne an dieser Stelle die tiefen Instinkte des Aristophanes gegen solche Angriffe in Schutz zu nehmen, fahre ich fort, die enge Zusammengehörigkeit des Sokrates und des Euripides aus der antiken Empfindung heraus zu erweisen; in welchem Sinne namentlich daran zu erinnern ist, daß Sokrates als Gegner der tragischen Kunst sich des Besuchs der Tragödie enthielt und nur, wenn ein neues Stück des Euripides aufgeführt wurde, sich unter den Zuschauern einstellte. Am berühmtesten ist aber die nahe Zusammenstellung beider Namen in dem delphischen Orakelspruche, welcher Sokrates als den Weisesten unter den Menschen bezeichnete, zugleich aber das Urteil abgab, daß dem Euripides der zweite Preis im Wettkampfe der Weisheit gebühre.

Als der dritte in dieser Stufenleiter war Sophokles genannt; er, der sich gegen Äschylus rühmen durfte, er tue das Rechte, und zwar, weil er *wisse*, was das Rechte sei. Offenbar ist gerade der Grad der Helligkeit dieses *Wissens* dasjenige, was jene drei Männer gemeinsam als die drei »Wissenden« ihrer Zeit auszeichnet.

Das schärfste Wort aber für jene neue und unerhörte Hochschätzung des Wissens und der Einsicht sprach Sokrates, als er sich als den Einzigen vorfand, der sich eingestehe, *nichts zu wissen*; während er, auf seiner kritischen Wanderung durch Athen, bei den größten Staatsmännern, Rednern, Dichtern und Künstlern vorsprechend, überall die Einbildung des Wissens antraf. Mit Staunen erkannte er, daß alle jene Berühmtheiten selbst über ihren Beruf ohne richtige und sichere Einsicht seien und denselben nur aus Instinkt trieben. »Nur aus Instinkt«: mit diesem Ausdruck berühren wir Herz und Mittelpunkt der sokratischen Tendenz. Mit ihm verurteilt der Sokratismus ebenso die bestehende Kunst wie die bestehende Ethik: wohin er seine prüfenden Blicke richtet, sieht er den Mangel der Einsicht und die Macht des Wahns und schließt aus diesem Mangel auf die innerliche Verkehrtheit und Verwerflichkeit des Vorhandenen. Von diesem einen Punkte aus glaubte Sokrates das Dasein korrigieren zu müssen: er, der Einzelne, tritt mit der Miene der Nichtachtung und der Überlegenheit, als der Vorläufer einer ganz anders gearteten Kultur, Kunst und Moral, in eine Welt hinein, deren Zipfel mit Ehrfurcht zu erhaschen wir uns zum größten Glücke rechnen würden.

Dies ist die ungeheure Bedenklichkeit, die uns jedesmal, angesichts des Sokrates, ergreift und die uns immer und immer wieder anreizt, Sinn und Absicht dieser fragwürdigsten Erscheinung des Altertums zu erkennen. Wer ist das, der es wagen darf, als ein Einzelner das griechische Wesen zu verneinen, das als Homer, Pindar und Äschylus, als Phidias, als Perikles, als Pythia und Dionysus, als der tiefste Abgrund und die höchste Höhe unserer staunenden Anbetung gewiß ist? Welche dämonische Kraft ist es, die diesen Zaubertrank in den Staub zu schütten sich erkühnen darf? Welcher Halbgott ist es, dem der Geisterchor der Edelsten der Menschheit zurufen muß: »Weh! Weh! Du hast sie zerstört, die schöne Welt, mit mächtiger Faust; sie stürzt, sie zerfällt!«

Einen Schlüssel zu dem Wesen des Sokrates bietet uns jene wunderbare Erscheinung, die als »Dämonion des Sokrates« bezeichnet wird. In besonderen Lagen, in denen sein ungeheurer Verstand ins Schwanken geriet, gewann er einen festen Anhalt durch eine in solchen Momenten sich äußernde göttliche Stimme. Diese Stimme *mahnt*, wenn sie kommt, immer *ab*. Die instinktive Weisheit zeigt sich bei dieser gänzlich abnormen Natur nur, um dem bewußten Erkennen hier und da *hindernd* entgegenzutreten. Während doch bei allen produktiven Menschen der Instinkt gerade die schöpferisch-affirmative Kraft ist, und das Bewußtsein kritisch und abmahnend sich gebärdet: wird bei Sokrates der Instinkt zum Kritiker, das Bewußtsein zum Schöpfer – eine wahre Monstrosität *per defectum*! Und zwar nehmen wir hier einen monströsen *defectus* jeder mystischen Anlage wahr, so daß Sokrates als der spezifische *Nicht-Mystiker* zu bezeichnen wäre, in dem die logische Natur durch eine Superfötation ebenso exzessiv entwickelt ist wie im Mystiker jene instinktive Weisheit. Andrerseits aber war es jenem in Sokrates erscheinenden logischen Triebe völlig versagt, sich gegen sich selbst zu kehren; in diesem fessellosen Dahinströmen zeigt er eine Naturgewalt, wie wir sie nur bei den allergrößten instinktiven Kräften zu unsrer schaudervollen Überraschung antreffen. Wer nur einen Hauch von jener göttlichen Naivität und Sicherheit der sokratischen Lebensrichtung aus den platonischen Schriften gespürt hat, der fühlt auch, wie das ungeheure Triebrad des logischen Sokratismus gleichsam *hinter* Sokrates in Bewegung ist, und wie dies durch Sokrates wie durch einen Schatten hindurch angeschaut werden muß. Daß er aber selbst von diesem Verhältnis eine Ahnung hatte, das drückt sich in dem würdevollen Ernste aus, mit dem er seine göttliche Berufung überall und noch vor seinen Richtern geltend machte. Ihn darin zu widerlegen war im Grunde ebenso unmöglich als seinen die Instinkte auflösenden Einfluß gutzuheißen. Bei diesem unlösbaren Konflikte war, als er einmal vor das Forum des griechischen Staates gezogen war, nur eine einzige Form der Verurteilung geboten, die Verbannung; als etwas durchaus Rätselhaftes, Unrubrizierbares, Unaufklärbares hätte man ihn über die Grenze weisen dürfen, ohne daß irgendeine Nachwelt im Recht gewesen wäre, die Athener einer schmählichen Tat zu zeihen. Daß aber der Tod und nicht nur die Verbannung über ihn ausgesprochen wurde, das scheint Sokrates selbst, mit völliger Klarheit und ohne den natürlichen Schauder vor dem Tode, durchgesetzt zu haben: er ging in den Tod, mit jener Ruhe, mit der er nach Platos Schilderung als der letzte der Zecher im frühen Tagesgrauen das Symposion verläßt, um einen neuen Tag zu beginnen; indes hinter ihm, auf den Bänken und auf der Erde, die verschlafenen Tischgenossen zurückbleiben, um von Sokrates, dem wahrhaften Erotiker, zu träumen. *Der sterbende Sokrates* wurde das neue, noch nie sonst geschaute Ideal der edlen griechischen Jugend: vor allen hat sich der typische hellenische Jüngling, Plato, mit aller inbrünstigen Hingebung seiner Schwärmerseele vor diesem Bilde niedergeworfen.

14

Denken wir uns jetzt das eine große Zyklopenauge des Sokrates auf die Tragödie gewandt, jenes Auge, in dem nie der holde Wahnsinn künstlerischer Begeisterung geglüht hat – denken wir uns, wie es jenem Auge versagt war, in die dionysischen Abgründe mit Wohlgefallen zu schauen – was eigentlich mußte es in der »erhabenen und hochgepriesenen« tragischen Kunst, wie sie Plato nennt, erblicken? Etwas recht Unvernünftiges, mit Ursachen, die ohne Wirkungen, und mit Wirkungen, die ohne Ursachen zu sein schienen; dazu das ganze so bunt und mannigfaltig, daß es einer besonnenen Gemütsart widerstreben müsse, für reizbare und empfindliche Seelen aber ein gefährlicher Zunder sei. Wir wissen, welche einzige Gattung der Dichtkunst von ihm begriffen wurde, die *äsopische Fabel*: und dies geschah gewiß mit jener lächelnden Anbequemung, mit welcher der ehrliche gute Gellert in der Fabel von der Biene und der Henne das Lob der Poesie singt:

>»Du siehst an mir, wozu sie nützt,
>Dem, der nicht viel Verstand besitzt,
>Die Wahrheit durch ein Bild zu sagen.«

Nun aber schien Sokrates die tragische Kunst nicht einmal »die Wahrheit zu sagen«: abgesehen davon, daß sie sich an den wendet, der »nicht viel Verstand besitzt«, also nicht an den Philosophen: ein zweifacher Grund, von ihr fernzubleiben. Wie Plato, rechnete er sie zu den schmeichlerischen Künsten, die nur das Angenehme, nicht das Nützliche darstellen, und verlangte deshalb bei seinen Jüngern Enthaltsamkeit und strenge Absonderung von solchen unphilosophischen Reizungen; mit solchem Erfolge, daß der jugendliche Tragödiendichter Plato zuallererst seine Dichtungen verbrannte, um Schüler des Sokrates werden zu können. Wo aber unbesiegbare Anlagen gegen die sokratischen Maximen ankämpften, war die Kraft derselben, samt der Wucht jenes ungeheuren Charakters, immer noch groß genug, um die Poesie selbst in neue und bis dahin unbekannte Stellungen zu drängen.

Ein Beispiel dafür ist der eben genannte Plato: er, der in der Verurteilung der Tragödie und der Kunst überhaupt gewiß nicht hinter dem naiven Zynismus seines Meisters zurückgeblieben ist, hat doch aus voller künstlerischer Notwendigkeit eine Kunstform schaffen müssen, die gerade mit den vorhandenen und von ihm abgewiesenen Kunstformen innerlich verwandt ist. Der Hauptvorwurf, den Plato der älteren Kunst zu machen hatte – daß sie Nachahmung eines Scheinbildes sei, also noch einer niedrigeren Sphäre, als die empirische Welt ist, angehöre –, durfte vor allem nicht gegen das neue Kunstwerk gerichtet werden: und so sehen wir denn Plato bestrebt, über die Wirklichkeit hinauszugehn und die jener Pseudo-Wirklichkeit zugrunde liegende Idee darzustellen. Damit aber war der Denker Plato auf einem Umwege ebendahin gelangt, wo er als Dichter stets heimisch gewesen war, und von wo aus Sophokles und die ganze ältere Kunst feierlich gegen jenen Vorwurf protestierten. Wenn die Tragödie alle früheren Kunstgattungen in sich aufgesaugt hatte, so darf dasselbe wiederum in einem exzentrischen Sinne vom platonischen Dialoge gelten, der, durch Mischung aller vorhandenen Stile und Formen erzeugt, zwischen Erzählung, Lyrik, Drama, zwischen Prosa und Poesie in der Mitte schwebt und damit auch das strenge ältere Gesetz der einheitlichen sprachlichen Form durchbrochen hat; auf welchem Wege die *zynischen* Schriftsteller noch weiter gegangen sind, die in der größten Buntscheckigkeit des Stils, im Hin- und Herschwanken zwischen prosaischen und metrischen Formen, auch das literarische Bild des »rasenden Sokrates«, den sie im Leben darzustellen pflegten, erreicht haben. Der platonische Dialog war gleichsam der Kahn, auf dem sich die schiffbrüchige ältere Poesie samt allen ihren Kindern rettete: auf einem engen Raum zusammengedrängt und dem einen Steuermann Sokrates ängstlich untertänig, fuhren sie jetzt in eine neue Welt hinein, die an dem phantastischen Bilde dieses Aufzugs sich nie satt sehen konnte. Wirklich hat für die ganze Nachwelt Plato das Vorbild einer neuen Kunstform gegeben, das Vorbild des *Romans*: der als die unendlich gesteigerte äsopische Fabel zu bezeichnen ist, in der die Poesie in einer ähnlichen Rangordnung zur dialektischen Philosophie lebt, wie viele Jahrhunderte hindurch dieselbe Philosophie zur Theologie: nämlich als *ancilla*. Dies war die neue Stellung der Poesie, in die sie Plato unter dem Drucke des dämonischen Sokrates drängte.

Hier überwächst der *philosophische Gedanke* die Kunst und zwingt sie zu einem engen Sich-Anklammern an den Stamm der Dialektik. In dem logischen Schematismus hat sich die *apollinische* Tendenz verpuppt: wie wir bei Euripides etwas Entsprechendes und außerdem eine Übersetzung des *Dionysischen* in den naturalistischen Affekt wahrzunehmen hatten. Sokrates, der dialektische Held im platonischen Drama, erinnert uns an die verwandte Natur des euripideischen Helden, der durch Grund und Gegengrund seine Handlungen verteidigen muß und dadurch so oft in Gefahr gerät, unser tragisches Mitleiden einzubüßen: denn wer vermöchte das *optimistische* Element im Wesen der Dialektik zu verkennen, das in jedem Schlusse sein Jubelfest feiert und allein in kühler Helle und Bewußtheit atmen kann: das optimistische Element, das, einmal in die Tragödie eingedrungen, ihre dionysischen Regionen allmählich überwuchern und sie notwendig zur

Selbstvernichtung treiben muß – bis zum Todessprunge ins bürgerliche Schauspiel. Man vergegenwärtige sich nur die Konsequenzen der sokratischen Sätze: »Tugend ist Wissen; es wird nur gesündigt aus Unwissenheit; der Tugendhafte ist der Glückliche«; in diesen drei Grundformen des Optimismus liegt der Tod der Tragödie. Denn jetzt muß der tugendhafte Held Dialektiker sein, jetzt muß zwischen Tugend und Wissen, Glaube und Moral ein notwendiger sichtbarer Verband sein, jetzt ist die transzendentale Gerechtigkeitslösung des Äschylus zu dem flachen und frechen Prinzip der »poetischen Gerechtigkeit« mit seinem üblichen *deus ex machina* erniedrigt.

Wie erscheint dieser neuen sokratisch-optimistischen Bühnenwelt gegenüber jetzt der *Chor* und überhaupt der ganze musikalisch-dionysische Untergrund der Tragödie? Als etwas Zufälliges, als eine auch wohl zu missende Reminiszenz an den Ursprung der Tragödie; während wir doch eingesehen haben, daß der Chor nur als *Ursache* der Tragödie und des Tragischen überhaupt verstanden werden kann. Schon bei Sophokles zeigt sich jene Verlegenheit in betreff des Chors – ein wichtiges Zeichen, daß schon bei ihm der dionysische Boden der Tragödie zu zerbröckeln beginnt. Er wagt es nicht mehr, dem Chor den Hauptanteil der Wirkung anzuvertrauen, sondern schränkt sein Bereich dermaßen ein, daß er jetzt fast den Schauspielern koordiniert erscheint, gleich als ob er aus der Orchestra in die Szene hineingehoben würde: womit freilich sein Wesen völlig zerstört ist, mag auch Aristoteles gerade dieser Auffassung des Chors seine Beistimmung geben. Jene Verrückung der Chorposition, welche Sophokles jedenfalls durch seine Praxis und, der Überlieferung nach, sogar durch eine Schrift anempfohlen hat, ist der erste Schritt zur *Vernichtung* des Chors, deren Phasen in Euripides, Agathon und der neueren Komödie mit erschreckender Schnelligkeit aufeinanderfolgen. Die optimistische Dialektik treibt mit der Geißel ihrer Syllogismen die *Musik* aus der Tragödie: d. h. sie zerstört das Wesen der Tragödie, welches sich einzig als eine Manifestation und Verbildlichung dionysischer Zustände, als sichtbare Symbolisierung der Musik, als die Traumwelt eines dionysischen Rausches interpretieren läßt.

Haben wir also sogar eine schon vor Sokrates wirkende antidionysische Tendenz anzunehmen, die nur in ihm einen unerhört großartigen Ausdruck gewinnt: so müssen wir nicht vor der Frage zurückschrecken, wohin denn eine solche Erscheinung wie die des Sokrates deute: die wir doch nicht imstande sind, angesichts der platonischen Dialoge, als eine nur auflösende negative Macht zu begreifen. Und so gewiß die allernächste Wirkung des sokratischen Triebes auf eine Zersetzung der dionysischen Tragödie ausging, so zwingt uns eine tiefsinnige Lebenserfahrung des Sokrates selbst zu der Frage, ob denn zwischen dem Sokratismus und der Kunst *notwendig* nur ein antipodisches Verhältnis bestehe und ob die Geburt eines »künstlerischen Sokrates« überhaupt etwas in sich Widerspruchsvolles sei.

Jener despotische Logiker hatte nämlich hier und da der Kunst gegenüber das Gefühl einer Lücke, einer Leere, eines halben Vorwurfs, einer vielleicht versäumten Pflicht. Öfters kam ihm, wie er im Gefängnis seinen Freunden erzählt, ein und dieselbe Traumerscheinung, die immer dasselbe sagte: »Sokrates, treibe Musik!« Er beruhigt sich bis zu seinen letzten Tagen mit der Meinung, sein Philosophieren sei die höchste Musenkunst, und glaubt nicht recht, daß eine Gottheit ihn an jene »gemeine, populäre Musik« erinnern werde. Endlich im Gefängnis versteht er sich, um sein Gewissen gänzlich zu entlasten, auch dazu, jene von ihm gering geachtete Musik zu treiben. Und in dieser Gesinnung dichtet er ein Proömium auf Apollo und bringt einige äsopische Fabeln in Verse. Das war etwas der dämonischen warnenden Stimme Ähnliches, was ihn zu diesen Übungen drängte, es war seine apollinische Einsicht, daß er wie ein Barbarenkönig ein edles Götterbild nicht verstehe und in der Gefahr sei, sich an seiner Gottheit zu versündigen – durch sein Nichtverstehn. Jenes Wort der sokratischen Traumerscheinung ist das einzige Zeichen einer Bedenklichkeit über die Grenzen der logischen Natur: vielleicht – so mußte er sich fragen – ist das mir Nichtverständliche doch nicht auch sofort das Unverständige? Vielleicht gibt es ein Reich der Weisheit, aus dem der Logiker verbannt ist? Vielleicht ist die Kunst sogar ein notwendiges Korrelativum und Supplement der Wissenschaft?

15

Im Sinne dieser letzten ahnungsvollen Fragen muß nun ausgesprochen werden, wie der Einfluß des Sokrates, bis auf diesen Moment hin, ja in alle Zukunft hinaus, sich, gleich einem in der Abendsonne immer größer werdenden Schatten, über die Nachwelt hin ausgebreitet hat, wie derselbe zur Neuschaffung der *Kunst* – und zwar der Kunst im bereits metaphysischen, weitesten und tiefsten Sinne – immer wieder nötigt und, bei seiner eignen Unendlichkeit, auch deren Unendlichkeit verbürgt.

Bevor dies erkannt werden konnte, bevor die innerste Abhängigkeit jeder Kunst von den Griechen, den Griechen von Homer bis auf Sokrates, überzeugend dargetan war, mußte es uns mit diesen Griechen ergehen wie den Athenern mit Sokrates. Fast jede Zeit und Bildungsstufe hat einmal sich mit tiefem Mißmute von den Griechen zu befreien gesucht, weil angesichts derselben alles Selbstgeleistete, scheinbar völlig Originelle und recht aufrichtig Bewunderte plötzlich Farbe und Leben zu verlieren schien und zur mißlungenen Kopie, ja zur Karikatur zusammenschrumpfte. Und so bricht immer von neuem einmal der herzliche Ingrimm gegen jenes anmaßliche Völkchen hervor, das sich erkühnte, alles Nichteinheimische für alle Zeiten als »barbarisch« zu bezeichnen: wer sind jene, fragt man sich, die, obschon sie nur einen ephemeren historischen Glanz, nur lächerlich engbegrenzte Institutionen, nur eine zweifelhafte Tüchtigkeit der Sitte aufzuweisen haben und sogar mit häßlichen Lastern gekennzeichnet sind, doch die Würde und Sonderstellung unter den Völkern in Anspruch nehmen, die dem Genius unter der Masse zukommt? Leider war man nicht so glücklich, den Schierlingsbecher zu finden, mit dem ein solches Wesen einfach abgetan werden konnte: denn alles Gift, das Neid, Verleumdung und Ingrimm in sich erzeugten, reichte nicht hin, jene selbstgenugsame Herrlichkeit zu vernichten. Und so schämt und fürchtet man sich vor den Griechen; es sei denn, daß einer die Wahrheit über alles achte und so sich auch diese Wahrheit einzugestehen wage, daß die Griechen unsere und jegliche Kultur als Wagenlenker in den Händen haben, daß aber fast immer Wagen und Pferde von zu geringem Stoffe und der Glorie ihrer Führer unangemessen sind, die dann es für einen Scherz erachten, ein solches Gespann in den Abgrund zu jagen: über den sie selbst, mit dem Sprunge des Achilles, hinwegsetzen.

Um die Würde einer solchen Führerstellung auch für Sokrates zu erweisen, genügt es, in ihm den Typus einer vor ihm unerhörten Daseinsform zu erkennen, den Typus des *theoretischen Menschen*, über dessen Bedeutung und Ziel zur Einsicht zu kommen, unsere nächste Aufgabe ist. Auch der theoretische Mensch hat ein unendliches Vergnügen am Vorhandenen, wie der Künstler, und ist wie jener vor der praktischen Ethik des Pessimismus und vor seinen nur im Finsteren leuchtenden Lynkeusaugen durch jenes Genügen geschützt. Wenn nämlich der Künstler bei jeder Enthüllung der Wahrheit immer nur mit verzückten Blicken an dem hängen bleibt, was auch jetzt, nach der Enthüllung, noch Hülle bleibt, genießt und befriedigt sich der theoretische Mensch an der abgeworfenen Hülle und hat sein höchstes Lustziel in dem Prozeß einer immer glücklichen, durch eigene Kraft gelingenden Enthüllung. Es gäbe keine Wissenschaft, wenn ihr nur um jene *eine* nackte Göttin und um nichts anderes zu tun wäre. Denn dann müßte es ihren Jüngern zumute sein, wie solchen, die ein Loch gerade durch die Erde graben wollten: von denen ein jeder einsieht, daß er, bei größter und lebenslänglicher Anstrengung, nur ein ganz kleines Stück der ungeheuren Tiefe zu durchgraben imstande sei, welches vor seinen Augen durch die Arbeit des nächsten wieder überschüttet wird, so daß ein dritter wohl daran zu tun scheint, wenn er auf eigne Faust eine neue Stelle für seine Bohrversuche wählt. Wenn jetzt nun einer zur Überzeugung beweist, daß auf diesem direkten Wege das Antipodenziel nicht zu erreichen sei, wer wird noch in den alten Tiefen weiterarbeiten wollen, es sei denn, daß er sich nicht inzwischen genügen lasse, edles Gestein zu finden oder Naturgesetze zu entdecken. Darum hat Lessing, der ehrlichste theoretische Mensch, es auszusprechen gewagt, daß ihm mehr am Suchen der Wahrheit als an ihr selbst gelegen sei: womit das Grundgeheimnis der Wissenschaft, zum Erstaunen, ja Ärger der Wissenschaftlichen, aufgedeckt worden ist. Nun steht freilich neben dieser vereinzelten Erkenntnis, als einem Exzeß der Ehrlichkeit, wenn nicht des Übermutes, eine tiefsinnige *Wahnvorstellung*, welche zuerst in der Person des Sokrates zur Welt kam, – jener unerschütterliche Glaube, daß das Denken, an dem Leitfaden der Kausalität, bis in die tiefsten Abgründe des Seins reiche, und daß das Denken das Sein nicht nur zu erkennen, sondern sogar zu *korrigieren* imstande sei. Dieser erhabene metaphysische Wahn ist als Instinkt der Wissenschaft beigegeben und führt sie immer und immer wieder zu ihren Grenzen, an denen sie in *Kunst* umschlagen muß: *auf welche es eigentlich, bei diesem Mechanismus, abgesehen ist.*

Schauen wir jetzt, mit der Fackel dieses Gedankens, auf Sokrates hin: so erscheint er uns als der erste, der an der Hand jenes Instinktes der Wissenschaft nicht nur leben, sondern – was bei weitem mehr ist – auch sterben konnte; und deshalb ist das Bild des *sterbenden Sokrates* als des durch Wissen und Gründe der Todesfurcht enthobenen Menschen das Wappenschild, das über dem Eingangstor der Wissenschaft einen jeden an deren Bestimmung erinnert, nämlich das Dasein als begreiflich und damit als gerechtfertigt erscheinen zu machen: wozu freilich, wenn die Gründe nicht reichen, schließlich auch der *Mythus* dienen muß, den ich sogar als notwendige Konsequenz, ja als Absicht der Wissenschaft soeben bezeichnete.

Wer sich einmal anschaulich macht, wie nach Sokrates, dem Mystagogen der Wissenschaft, eine Philosophenschule nach der anderen wie Welle auf Welle sich ablöst, wie eine nie geahnte Universalität der Wissensgier in dem weitesten Bereich der gebildeten Welt und als eigentliche Aufgabe für jeden höher Befähigten die Wissenschaft auf die hohe See führte, von der sie niemals seitdem wieder völlig vertrieben werden konnte, wie durch diese Universalität erst ein gemeinsames Netz des Gedankens über den gesamten Erdball, ja mit Ausblicken über die Gesetzlichkeit eines ganzen Sonnensystems, gespannt wurde; wer dies alles, samt der erstaunlich hohen Wissenspyramide der Gegenwart, sich vergegenwärtigt, der kann sich nicht entbrechen, in Sokrates den einen Wendepunkt und Wirbel der sogenannten Weltgeschichte zu sehen. Denn dächte man sich einmal diese ganze unbezifferbare Summe von Kraft, die für jene Welttendenz verbraucht worden ist, *nicht* im Dienste des Erkennens, sondern auf die praktischen, d. h. egoistischen Ziele der Individuen und Völker verwendet, so wäre wahrscheinlich in allgemeinen Vernichtungskämpfen und fortdauernden Völkerwanderungen die instinktive Lust zum Leben so abgeschwächt, daß, bei der Gewohnheit des Selbstmordes, der einzelne vielleicht den letzten Rest von Pflichtgefühl empfinden müßte, wenn er, wie der Bewohner der Fidschi-Inseln, als Sohn seine Eltern, als Freund seinen Freund erdrosselt: ein praktischer Pessimismus, der selbst eine grausenhafte Ethik des Völkermordes aus Mitleid erzeugen könnte – der übrigens überall in der Welt vorhanden ist und vorhanden war, wo nicht die Kunst in irgendwelchen Formen, besonders als Religion und Wissenschaft, zum Heilmittel und zur Abwehr jenes Pesthauchs erschienen ist.

Angesichts dieses praktischen Pessimismus ist Sokrates das Urbild des theoretischen Optimisten, der in dem bezeichneten Glauben an die Ergründlichkeit der Natur der Dinge dem Wissen und der Erkenntnis die Kraft einer Universalmedizin beilegt und im Irrtum das Übel an sich begreift. In jene Gründe einzudringen und die wahre Erkenntnis vom Schein und vom Irrtum zu sondern, dünkte dem sokratischen Menschen der edelste, selbst der einzige wahrhaft menschliche Beruf zu sein: so wie jener Mechanismus der Begriffe, Urteile und Schlüsse von Sokrates ab als höchste Betätigung und bewunderungswürdigste Gabe der Natur über alle anderen Fähigkeiten geschätzt wurde. Selbst die erhabensten sittlichen Taten, die Regungen des Mitleids, der Aufopferung, des Heroismus und jene schwer zu erringende Meeresstille der Seele, die der apollinische Grieche Sophrosyne nannte, wurden von Sokrates und seinen gleichgesinnten Nachfolgern bis auf die Gegenwart hin aus der Dialektik des Wissens abgeleitet und demgemäß als lehrbar bezeichnet. Wer die Lust einer sokratischen Erkenntnis an sich erfahren hat und spürt, wie diese, in immer weiteren Ringen, die ganze Welt der Erscheinungen zu umfassen sucht, der wird von da an keinen Stachel, der zum Dasein drängen könnte, heftiger empfinden als die Begierde, jene Eroberung zu vollenden und das Netz undurchdringbar fest zu spinnen. Einem so Gestimmten erscheint dann der platonische Sokrates als der Lehrer einer ganz neuen Form der »griechischen Heiterkeit« und Daseinsseligkeit, welche sich in Handlungen zu entladen sucht und diese Entladungen zumeist in mäeutischen und erziehenden Einwirkungen auf edle Jünglinge, zum Zweck der endlichen Erzeugung des Genius, finden wird.

Nun aber eilt die Wissenschaft, von ihrem kräftigen Wahne angespornt, unaufhaltsam bis zu ihren Grenzen, an denen ihr im Wesen der Logik verborgener Optimismus scheitert. Denn die Peripherie des Kreises der Wissenschaft hat unendlich viele Punkte, und während noch gar nicht abzusehen ist, wie jemals der Kreis völlig ausgemessen werden könnte, so trifft doch der edle und begabte Mensch, noch vor der Mitte seines Daseins und unvermeidlich, auf solche Grenzpunkte der Peripherie, wo er in das Unaufhellbare starrt. Wenn er hier zu seinem Schrecken sieht, wie die Logik sich an diesen Grenzen um sich selbst ringelt und endlich sich in den Schwanz beißt – da bricht die neue Form der Erkenntnis durch, *die tragische Erkenntnis*, die, um nur ertragen zu werden, als Schutz und Heilmittel die Kunst braucht.

Schauen wir, mit gestärkten und an den Griechen erlabten Augen, auf die höchsten Sphären derjenigen Welt, die uns umflutet, so gewahren wir die in Sokrates vorbildlich erscheinende Gier der unersättlichen optimistischen Erkenntnis in tragische Resignation und Kunstbedürftigkeit umgeschlagen: während allerdings dieselbe Gier, auf ihren niederen Stufen, sich kunstfeindlich äußern und vornehmlich die dionysisch-tragische Kunst innerlich verabscheuen muß, wie dies an der Bekämpfung der äschyleischen Tragödie durch den Sokratismus beispielsweise dargestellt wurde.

Hier nun klopfen wir, bewegten Gemütes, an die Pforten der Gegenwart und Zukunft: wird jenes »Umschlagen« zu immer neuen Konfigurationen des Genius und gerade des *musiktreibenden Sokrates* führen? Wird das über das Dasein gebreitete Netz der Kunst, sei es auch unter dem Namen der Religion oder der Wissenschaft, immer fester und zarter geflochten werden, oder ist ihm bestimmt, unter dem ruhelos barbarischen Treiben und Wirbeln, das sich jetzt »die Gegenwart« nennt, in Fetzen zu reißen? – Besorgt, doch nicht trostlos stehen wir eine kleine Weile beiseite, als die Beschaulichen, denen es erlaubt ist, Zeugen jener ungeheuren Kämpfe und Übergänge zu sein. Ach! Es ist der Zauber dieser Kämpfe, daß, wer sie schaut, sie auch kämpfen muß!

16

An diesem ausgeführten historischen Beispiel haben wir klarzumachen gesucht, wie die Tragödie an dem Entschwinden des Geistes der Musik ebenso gewiß zugrunde geht, wie sie aus diesem Geiste allein geboren werden kann. Das Ungewöhnliche dieser Behauptung zu mildern und andererseits den Ursprung dieser unserer Erkenntnis aufzuzeigen, müssen wir uns jetzt freien Blicks den analogen Erscheinungen der Gegenwart gegenüberstellen; wir müssen mitten hinein in jene Kämpfe treten, welche, wie ich eben sagte, zwischen der unersättlichen optimistischen Erkenntnis und der tragischen Kunstbedürftigkeit in den höchsten Sphären unserer jetzigen Welt gekämpft werden. Ich will hierbei von allen den anderen gegnerischen Trieben absehen, die zu jeder Zeit der Kunst und gerade der Tragödie entgegenarbeiten und die auch in der Gegenwart in dem Maße siegesgewiß um sich greifen, daß von den theatralischen Künsten z. B. allein die Posse und das Ballett in einem einigermaßen üppigen Wuchern ihre vielleicht nicht für jedermann wohlriechenden Blüten treiben. Ich will nur von der *erlauchtesten Gegnerschaft* der tragischen Weltbetrachtung reden und meine damit die in ihrem tiefsten Wesen optimistische Wissenschaft, mit ihrem Ahnherrn Sokrates an der Spitze. Alsbald sollen auch die Mächte bei Namen genannt werden, welche mir *eine Wiedergeburt der Tragödie* – und welche andere selige Hoffnungen für das deutsche Wesen! – zu verbürgen scheinen.

Bevor wir uns mitten in jene Kämpfe hineinstürzen, hüllen wir uns in die Rüstung unserer bisher eroberten Erkenntnisse. Im Gegensatz zu allen denen, welche beflissen sind, die Künste aus einem einzigen Prinzip, als dem notwendigen Lebensquell jedes Kunstwerks, abzuleiten, halte ich den Blick auf jene beiden künstlerischen Gottheiten der Griechen, Apollo und Dionysus, geheftet und erkenne in ihnen die lebendigen und anschaulichen Repräsentanten *zweier* in ihrem tiefsten Wesen und ihren höchsten Zielen verschiedenen Kunstwelten. Apollo steht vor mir als der verklärende Genius des *principii individuationis*, durch den allein die Erlösung im Scheine wahrhaft zu erlangen ist: während unter dem mystischen Jubelruf des Dionysus der Bann der Individuation zersprengt wird und der Weg zu den Müttern des Seins, zu dem innersten Kern der Dinge offenliegt. Dieser ungeheure Gegensatz, der sich zwischen der plastischen Kunst als der apollinischen und der Musik als der dionysischen Kunst klaffend auftut, ist einem einzigen der großen Denker in dem Maße offenbar geworden, daß er, selbst ohne jene Anleitung der hellenischen Göttersymbolik, der Musik einen verschiedenen Charakter und Ursprung vor allen anderen Künsten zuerkannte, weil sie nicht, wie jene alle, Abbild der Erscheinung, sondern unmittelbar Abbild des Willens selbst sei und also zu *allem Physischen der Welt das Metaphysische*, zu aller Erscheinung das Ding an sich darstelle. (Schopenhauer, Welt als Wille und Vorstellung I, S. 310.) Auf diese wichtigste Erkenntnis aller Ästhetik, mit der, in einem ernsteren Sinne genommen, die Ästhetik erst beginnt, hat Richard Wagner, zur Bekräftigung ihrer ewigen Wahrheit seinen Stempel gedrückt, wenn er im »Beethoven« feststellt, daß die Musik nach ganz anderen ästhetischen Prinzipien als alle bildenden Künste und überhaupt nicht nach der Kategorie der Schönheit zu bemessen sei: obgleich eine irrige Ästhetik, an der Hand einer mißleiteten und entarteten Kunst, von jenem in der bildnerischen Welt geltenden Begriff der Schönheit aus sich gewöhnt habe, von der Musik eine ähnliche Wirkung wie von den Werken der bildenden Kunst zu fordern, nämlich die Erregung *des Gefallens an schönen Formen*. Nach der Erkenntnis jenes ungeheuren Gegensatzes fühlte ich eine starke Nötigung, mich dem Wesen der griechischen Tragödie und damit der tiefsten Offenbarung des hellenischen Genius zu nahen: denn erst jetzt glaubte ich des Zaubers mächtig zu sein, über die Phraseologie unserer üblichen Ästhetik hinaus, das Urproblem der Tragödie mir leibhaft vor die Seele stellen zu können: wodurch mir ein so befremdlich eigentümlicher Blick in das Hellenische vergönnt war, daß es mir scheinen mußte, als ob unsre so stolz sich gebärdende klassisch-hellenische Wissenschaft in der Hauptsache bis jetzt nur an Schattenspielen und Äußerlichkeiten sich zu weiden gewußt habe.

Jenes Urproblem möchten wir vielleicht mit dieser Frage berühren: welche ästhetische Wirkung entsteht, wenn jene an sich getrennten Kunstmächte des Apollinischen und des Dionysischen nebeneinander in Tätigkeit geraten? Oder in kürzerer Form: wie verhält sich die Musik zu Bild und Begriff? – Schopenhauer, dem Richard Wagner gerade für diesen Punkt eine nicht zu überbietende Deutlichkeit und Durchsichtigkeit der Darstellung nachrühmt, äußert sich hierüber am ausführlichsten in der folgenden Stelle, die ich hier in ihrer ganzen Länge wiedergeben werde. Welt als Wille und Vorstellung I, S. 309: »Diesem allen zufolge können wir die erscheinende Welt, oder die Natur, und die Musik als zwei verschiedene Ausdrücke derselben Sache ansehen, welche selbst daher das allein Vermittelnde der Analogie beider ist, dessen Erkenntnis erfordert wird, um jene Analogie einzusehen. Die Musik ist demnach, wenn als Ausdruck der Welt angesehen, eine im höchsten Grad allgemeine Sprache, die sich sogar zur Allgemeinheit der Begriffe ungefähr verhält wie diese zu den einzelnen Dingen. Ihre Allgemeinheit ist aber keineswegs jene leere Allgemeinheit der Abstraktion, sondern ganz anderer Art, und ist verbunden mit durchgängiger deutlicher Bestimmtheit. Sie gleicht hierin den geometrischen Figuren und den Zahlen, welche als die allgemeinen Formen aller möglichen Objekte der Erfahrung und auf alle *a priori* anwendbar, doch nicht abstrakt, sondern anschaulich und durchgängig bestimmt sind. Alle möglichen Bestrebungen, Erregungen und Äußerungen des Willens, alle jene Vorgänge im Innern des Menschen, welche die Vernunft in den weiten negativen Begriff Gefühl wirft, sind durch die unendlich vielen möglichen Melodien auszudrücken, aber immer in der Allgemeinheit bloßer Form, ohne den Stoff, immer nur nach dem An-sich, nicht nach der Erscheinung, gleichsam die innerste Seele derselben, ohne Körper. Aus diesem innigen Verhältnis, welches die Musik zum wahren Wesen aller Dinge hat, ist auch dies zu erklären, daß, wenn zu irgendeiner Szene, Handlung, Vorgang, Umgebung eine passende Musik ertönt, diese uns den geheimsten Sinn derselben aufzuschließen scheint und als der richtigste und deutlichste Kommentar dazu auftritt: ingleichen, daß es dem, der sich dem Eindruck einer Symphonie ganz hingibt, ist, als sähe er alle möglichen Vorgänge des Lebens und der Welt an sich vorüberziehen: dennoch kann er, wenn er sich besinnt, keine Ähnlichkeit angeben zwischen jenem Tonspiel und den Dingen, die ihm vorschwebten. Denn die Musik ist, wie gesagt, darin von allen anderen Künsten verschieden, daß sie nicht Abbild der Erscheinung, oder richtiger, der adäquaten Objektität des Willens, sondern unmittelbar Abbild des Willens selbst ist und also zu allem Physischen der Welt das Metaphysische, zu aller Erscheinung das Ding an sich darstellt. Man könnte demnach die Welt ebensowohl verkörperte Musik, als verkörperten Willen nennen: daraus also ist es erklärlich, warum Musik jedes Gemälde, ja jede Szene des wirklichen Lebens und der Welt, sogleich in erhöhter Bedeutsamkeit hervortreten läßt; freilich um so mehr, je analoger ihre Melodie dem innern Geiste der gegebenen Erscheinung ist. Hierauf beruht es, daß man ein Gedicht als Gesang, oder eine anschauliche Darstellung als Pantomime, oder beides als Oper der Musik unterlegen kann. Solche einzelne Bilder des Menschenlebens, der allgemeinen Sprache der Musik untergelegt, sind nie mit durchgängiger Notwendigkeit ihr verbunden oder entsprechend; sondern sie stehen zu ihr nur im Verhältnis eines beliebigen Beispiels zu einem allgemeinen Begriff: sie stellen in der Bestimmtheit der Wirklichkeit dasjenige dar, was die Musik in der Allgemeinheit bloßer Form aussagt. Denn die Melodien sind gewissermaßen, gleich den allgemeinen Begriffen, ein Abstraktum der Wirklichkeit. Diese nämlich, also die Welt der einzelnen Dinge, liefert das Anschauliche, das Besondere und Individuelle, den einzelnen Fall, sowohl zur Allgemeinheit der Begriffe, als zur Allgemeinheit der Melodien, welche beide Allgemeinheiten einander aber in gewisser Hinsicht entgegengesetzt sind; indem die Begriffe nur die allererst aus der Anschauung abstrahierten Formen, gleichsam die abgezogene äußere Schale der Dinge enthalten, also ganz eigentlich Abstrakta sind; die Musik hingegen den innersten aller Gestaltung vorhergängigen Kern, oder das Herz der Dinge gibt. Dies Verhältnis ließe sich recht gut in der Sprache der Scholastiker ausdrücken, indem man sagte: die Begriffe sind die *universalia post rem*, die Musik aber gibt die *universalia ante rem*, und die Wirklichkeit die *universalia in re*. – Daß aber überhaupt eine Beziehung zwischen einer Komposition und einer anschaulichen Darstellung möglich ist, beruht, wie gesagt, darauf, daß beide nur ganz verschiedene Ausdrücke des selben innern Wesens der Welt sind. Wann nun im einzelnen Fall eine solche Beziehung wirklich vorhanden ist, also der Komponist die Willensregungen, welche den Kern einer Begebenheit ausmachen, in der allgemeinen Sprache der Musik auszusprechen gewußt hat: dann ist die Melodie des Liedes, die Melodie der Oper ausdrucksvoll. Die vom Komponisten aufgefundene Analogie zwischen jenen beiden muß aber aus der unmittelbaren Erkenntnis des Wesens der Welt, seiner Vernunft unbewußt, hervorgegangen und darf nicht, mit bewußter Absichtlichkeit, durch Begriffe vermittelte Nachahmung sein: sonst spricht die Musik nicht das innere Wesen, den Willen selbst aus; sondern ahmt nur seine Erscheinung ungenügend nach; wie dies alle eigentlich nachbildende Musik tut.« –

Wir verstehen also, nach der Lehre Schopenhauers, die Musik als die Sprache des Willens unmittelbar und fühlen unsere Phantasie angeregt, jene zu uns redende, unsichtbare und doch so lebhaft bewegte Geisterwelt zu gestalten und sie in einem analogen Beispiel uns zu verkörpern. Andrerseits kommt Bild und Begriff, unter der Einwirkung einer wahrhaft entsprechenden Musik, zu einer erhöhten Bedeutsamkeit. Zweierlei Wirkungen pflegt also die dionysische Kunst auf das apollinische Kunstvermögen auszuüben: die Musik reizt zum *gleichnisartigen Anschauen* der dionysischen Allgemeinheit, die Musik läßt sodann das gleichnisartige Bild *in höchster Bedeutsamkeit* hervortreten. Aus diesen an sich verständlichen und keiner tieferen Beobachtung unzugänglichen Tatsachen erschließe ich die Befähigung der Musik, *den Mythus*, d. h. das bedeutsamste Exempel zu gebären und gerade den *tragischen* Mythus: den Mythus, der von der dionysischen Erkenntnis in Gleichnissen redet. An dem Phänomen des Lyrikers habe ich dargestellt, wie die Musik im Lyriker darnach ringt, in apollinischen Bildern über ihr Wesen sich kund zu geben: denken wir uns jetzt, daß die Musik in ihrer höchsten Steigerung auch zu einer höchsten Verbildlichung zu kommen suchen muß, so müssen wir für möglich halten, daß sie auch den symbolischen Ausdruck für ihre eigentliche dionysische Weisheit zu finden wisse; und wo anders werden wir diesen Ausdruck zu suchen haben, wenn nicht in der Tragödie und überhaupt im Begriff *des Tragischen*?

Aus dem Wesen der Kunst, wie sie gemeinhin nach der einzigen Kategorie des Scheines und der Schönheit begriffen wird, ist das Tragische in ehrlicher Weise gar nicht abzuleiten; erst aus dem Geiste der Musik heraus verstehen wir eine Freude an der Vernichtung des Individuums. Denn an den einzelnen Beispielen einer solchen Vernichtung wird uns nur das ewige Phänomen der dionysischen Kunst deutlich gemacht, die den Willen in seiner Allmacht gleichsam hinter dem *principio individuationis*, das ewige Leben jenseits aller Erscheinung und trotz aller Vernichtung zum Ausdruck bringt. Die metaphysische Freude am Tragischen ist eine Übersetzung der instinktiv unbewußten dionysischen Weisheit in die Sprache des Bildes: der Held, die höchste Willenserscheinung, wird zu unserer Lust verneint, weil er doch nur Erscheinung ist, und das ewige Leben des Willens durch seine Vernichtung nicht berührt wird. »Wir glauben an das ewige Leben«, so ruft die Tragödie; während die Musik die unmittelbare

Idee dieses Lebens ist. Ein ganz verschiedenes Ziel hat die Kunst des Plastikers: hier überwindet Apollo das Leiden des Individuums durch die leuchtende Verherrlichung der *Ewigkeit der Erscheinung*, hier siegt die Schönheit über das dem Leben inhärierende Leiden, der Schmerz wird in einem gewissen Sinne aus den Zügen der Natur hinweggelogen. In der dionysischen Kunst und in deren tragischer Symbolik redet uns dieselbe Natur mit ihrer wahren, unverstellten Stimme an: »Seid wie ich bin! Unter dem unaufhörlichen Wechsel der Erscheinungen die ewig schöpferische, ewig zum Dasein zwingende, an diesem Erscheinungswechsel sich ewig befriedigende Urmutter!«

17

Auch die dionysische Kunst will uns von der ewigen Lust des Daseins überzeugen: nur sollen wir diese Lust nicht in den Erscheinungen, sondern hinter den Erscheinungen suchen. Wir sollen erkennen, wie alles, was entsteht, zum leidvollen Untergange bereit sein muß, wir werden gezwungen, in die Schrecken der Individualexistenz hineinzublicken – und sollen doch nicht erstarren: ein metaphysischer Trost reißt uns momentan aus dem Getriebe der Wandelgestalten heraus. Wir sind wirklich in kurzen Augenblicken das Urwesen selbst und fühlen dessen unbändige Daseinsgier und Daseinslust; der Kampf, die Qual, die Vernichtung der Erscheinungen dünkt uns jetzt wie notwendig, bei dem Übermaß von unzähligen, sich ins Leben drängenden und stoßenden Daseinsformen, bei der überschwänglichen Fruchtbarkeit des Weltwillens; wir werden von dem wütenden Stachel dieser Qualen in demselben Augenblicke durchbohrt, wo wir gleichsam mit der unermeßlichen Urlust am Dasein eins geworden sind und wo wir die Unzerstörbarkeit und Ewigkeit dieser Lust in dionysischer Entzückung ahnen. Trotz Furcht und Mitleid sind wir die Glücklich-Lebendigen, nicht als Individuen, sondern als das *eine* Lebendige, mit dessen Zeugungslust wir verschmolzen sind.

Die Entstehungsgeschichte der griechischen Tragödie sagt uns jetzt mit lichtvoller Bestimmtheit, wie das tragische Kunstwerk der Griechen wirklich aus dem Geiste der Musik herausgeboren ist: durch welchen Gedanken wir zum ersten Male dem ursprünglichen und so erstaunlichen Sinne des Chors gerecht geworden zu sein glauben. Zugleich aber müssen wir zugeben, daß die vorhin aufgestellte Bedeutung des tragischen Mythus den griechischen Dichtern, geschweige den griechischen Philosophen, niemals in begrifflicher Deutlichkeit durchsichtig geworden ist; ihre Helden sprechen gewissermaßen oberflächlicher, als sie handeln; der Mythus findet in dem gesprochnen Wort durchaus nicht seine adäquate Objektivation. Das Gefüge der Szenen und die anschaulichen Bilder offenbaren eine tiefere Weisheit, als der Dichter selbst in Worte und Begriffe fassen kann: wie das gleiche auch bei Shakespeare beobachtet wird, dessen Hamlet z. B. in einem ähnlichen Sinne oberflächlicher redet, als er handelt, so daß nicht aus den Worten heraus, sondern aus dem vertieften Anschauen und Überschauen des Ganzen jene früher erwähnte Hamletlehre zu entnehmen ist. In betreff der griechischen Tragödie, die uns freilich nur als Wortdrama entgegentritt, habe ich sogar angedeutet, daß jene Inkongruenz zwischen Mythus und Wort uns leicht verführen könnte, sie für flacher und bedeutungsloser zu halten, als sie ist, und demnach auch eine oberflächlichere Wirkung für sie vorauszusetzen, als sie nach den Zeugnissen der Alten gehabt haben muß: denn wie leicht vergißt man, daß, was dem Wortdichter nicht gelungen war, die höchste Vergeistigung und Idealität des Mythus zu erreichen, ihm als schöpferischer Musiker in jedem Augenblick gelingen konnte! Wir freilich müssen uns die Übermacht der musikalischen Wirkung fast auf gelehrtem Wege rekonstruieren, um etwas von jenem unvergleichlichen Troste zu empfangen, der der wahren Tragödie zu eigen sein muß. Selbst diese musikalische Übermacht aber würden wir nur, wenn wir Griechen wären, als solche empfunden haben: während wir in der ganzen Entfaltung der griechischen Musik – der uns bekannten und vertrauten, so unendlich reicheren gegenüber – nur das in schüchternem Kraftgefühle angestimmte Jünglingslied des musikalischen Genius zu hören glauben. Die Griechen sind, wie die ägyptischen Priester sagen, die ewigen Kinder, und auch in der tragischen Kunst nur die Kinder, welche nicht wissen, welches erhabene Spielzeug unter ihren Händen entstanden ist und – zertrümmert wird.

Jenes Ringen des Geistes der Musik nach bildlicher und mythischer Offenbarung, welches von den Anfängen der Lyrik bis zur attischen

Tragödie sich steigert, bricht plötzlich, nach eben erst errungener üppiger Entfaltung, ab und verschwindet gleichsam von der Oberfläche der hellenischen Kunst: während die aus diesem Ringen geborene dionysische Weltbetrachtung in den Mysterien weiterlebt und in den wunderbarsten Metamorphosen und Entartungen nicht aufhört, ernstere Naturen an sich zu ziehen. Ob sie nicht aus ihrer mystischen Tiefe einst wieder als Kunst emporsteigen wird?

Hier beschäftigt uns die Frage, ob die Macht, an deren Entgegenwirken die Tragödie sich brach, für alle Zeit genug Stärke hat, um das künstlerische Wiedererwachen der Tragödie und der tragischen Weltbetrachtung zu verhindern. Wenn die alte Tragödie durch den dialektischen Trieb zum Wissen und zum Optimismus der Wissenschaft aus ihrem Gleise gedrängt wurde, so wäre aus dieser Tatsache auf einen ewigen Kampf zwischen *der theoretischen* und *der tragischen Weltbetrachtung* zu schließen; und erst nachdem der Geist der Wissenschaft bis an seine Grenze geführt ist, und sein Anspruch auf universale Gültigkeit durch den Nachweis jener Grenzen vernichtet ist, dürfte auf eine Wiedergeburt der Tragödie zu hoffen sein: für welche Kulturform wir das Symbol *des musiktreibenden Sokrates*, in dem früher erörterten Sinne, hinzustellen hätten. Bei dieser Gegenüberstellung verstehe ich unter dem Geiste der Wissenschaft jenen zuerst in der Person des Sokrates ans Licht gekommenen Glauben an die Ergründlichkeit der Natur und an die Universalheilkraft des Wissens.

Wer sich an die nächsten Folgen dieses rastlos vorwärtsdringenden Geistes der Wissenschaft erinnert, wird sich sofort vergegenwärtigen, wie durch ihn der *Mythus* vernichtet wurde und wie durch diese Vernichtung die Poesie aus ihrem natürlichen idealen Boden als eine nunmehr heimatlose, verdrängt war. Haben wir mit Recht der Musik die Kraft zugesprochen, den Mythus wieder aus sich gebären zu können, so werden wir den Geist der Wissenschaft auch auf der Bahn zu suchen haben, wo er dieser mythenschaffenden Kraft der Musik feindlich entgegentritt. Dies geschieht in der Entfaltung des *neueren attischen Dithyrambus*, dessen Musik nicht mehr das innere Wesen, den Willen selbst aussprach, sondern nur die Erscheinung ungenügend, in einer durch Begriffe vermittelten Nachahmung wiedergab: von welcher innerlich entarteten Musik sich die wahrhaft musikalischen Naturen mit demselben Widerwillen abwandten, den sie vor der kunstmörderischen Tendenz des Sokrates hatten. Der sicher zugreifende Instinkt des Aristophanes hat gewiß das Rechte erfaßt, wenn er Sokrates selbst, die Tragödie des Euripides und die Musik der neueren Dithyrambiker in dem gleichen Gefühle des Hasses zusammenfaßte und in allen drei Phänomenen die Merkmale einer degenerierten Kultur witterte. Durch jenen neueren Dithyrambus ist die Musik in frevelhafter Weise zum imitatorischen Konterfei der Erscheinung z. B. einer Schlacht, eines Seesturmes gemacht und damit allerdings ihrer mythenschaffenden Kraft gänzlich beraubt worden. Denn wenn sie unsere Ergötzung nur dadurch zu erregen sucht, daß sie uns zwingt, äußerliche Analogien zwischen einem Vorgange des Lebens und der Natur und gewissen rhythmischen Figuren und charakteristischen Klängen der Musik zu suchen, wenn sich unser Verstand an der Erkenntnis dieser Analogien befriedigen soll, so sind wir in eine Stimmung herabgezogen, in der eine Empfängnis des Mythischen unmöglich ist; denn der Mythus will als ein einziges Exempel einer ins Unendliche hinein starrenden Allgemeinheit und Wahrheit anschaulich empfunden werden. Die wahrhaft dionysische Musik tritt uns als ein solcher allgemeiner Spiegel des Weltwillens gegenüber: jenes anschauliche Ereignis, das sich in diesem Spiegel bricht, erweitert sich sofort für unser Gefühl zum Abbilde einer ewigen Wahrheit. Umgekehrt wird ein solches anschauliches Ereignis durch die Tonmalerei des neueren Dithyrambus sofort jedes mythischen Charakters entkleidet; jetzt ist die Musik zum dürftigen Abbilde der Erscheinung geworden und darum unendlich ärmer als die Erscheinung selbst: durch welche Armut sie für unsere Empfindung die Erscheinung selbst noch herabzieht, so daß jetzt z. B. eine derartig musikalisch imitierte Schlacht sich in Marschlärm, Signalklängen usw. erschöpft, und unsere Phantasie gerade bei diesen Oberflächlichkeiten festgehalten wird. Die Tonmalerei ist also in jeder Beziehung das Gegenstück zu der mythenschaffenden Kraft der wahren Musik: durch sie wird die Erscheinung noch ärmer, als sie ist, während durch die dionysische Musik die einzelne Erscheinung sich zum Weltbilde bereichert und erweitert. Es war ein mächtiger Sieg des undionysischen Geistes, als er, in der Entfaltung des neueren Dithyrambus, die Musik sich selbst entfremdet und sie zur Sklavin der Erscheinung herabgedrückt hatte. Euripides, der in einem höheren Sinne eine durchaus unmusikalische Natur genannt werden muß, ist aus eben diesem Grunde leidenschaftlicher Anhänger der neueren dithyrambischen Musik und verwendet mit der Freigebigkeit eines Räubers alle ihre Effektstücke und Manieren.

Nach einer anderen Seite sehen wir die Kraft dieses undionysischen, gegen den Mythus gerichteten Geistes in Tätigkeit, wenn wir unsere Blicke auf das Überhandnehmen der *Charakterdarstellung* und des psychologischen Raffinements in der Tragödie von Sophokles ab richten. Der Charakter soll sich nicht mehr zum ewigen Typus erweitern lassen, sondern im Gegenteil so durch künstliche Nebenzüge und Schattierungen, durch feinste Bestimmtheit aller Linien individuell wirken, daß der Zuschauer überhaupt nicht mehr den Mythus, sondern die mächtige Naturwahrheit und die Imitationskraft des Künstlers empfindet. Auch hier gewahren wir den Sieg der Erscheinung über das Allgemeine und die Lust an dem einzelnen gleichsam anatomischen Präparat, wir atmen bereits die Luft einer theoretischen Welt, welcher die wissenschaftliche Erkenntnis höher gilt als die künstlerische Wiederspiegelung einer Weltregel. Die Bewegung auf der Linie des Charakteristischen geht schnell weiter: während noch Sophokles ganze Charaktere malt und zu ihrer raffinierten Entfaltung den Mythus ins Joch spannt, malt Euripides bereits nur noch große einzelne Charakterzüge, die sich in heftigen Leidenschaften zu äußern wissen; in der neuern attischen Komödie gibt es nur noch Masken mit *einem* Ausdruck, leichtsinnige Alte, geprellte Kuppler, verschmitzte Sklaven in unermüdlicher Wiederholung. Wohin ist jetzt der mythenbildende Geist der Musik? Was jetzt noch von Musik übrig ist, das ist entweder Aufregungs- oder Erinnerungsmusik, d. h. entweder ein Stimulanzmittel für stumpfe und verbrauchte Nerven oder Tonmalerei. Für die erstere kommt es auf den untergelegten Text kaum noch an: schon bei Euripides geht es, wenn seine Helden oder Chöre erst zu singen anfangen, recht liederlich zu; wohin mag es bei seinen frechen Nachfolgern gekommen sein?

Am allerdeutlichsten aber offenbart sich der neue undionysische Geist in den *Schlüssen* der neueren Dramen. In der alten Tragödie war der metaphysische Trost am Ende zu spüren gewesen, ohne den die

Lust an der Tragödie überhaupt nicht zu erklären ist: am reinsten tönt vielleicht im Ödipus auf Kolonos der versöhnende Klang aus einer anderen Welt. Jetzt, als der Genius der Musik aus der Tragödie entflohen war, ist, im strengen Sinne, die Tragödie tot: denn woher sollte man jetzt jenen metaphysischen Trost schöpfen können? Man suchte daher nach einer irdischen Lösung der tragischen Dissonanz; der Held, nachdem er durch das Schicksal hinreichend gemartert war, erntete in einer stattlichen Heirat, in göttlichen Ehrenbezeugungen einen wohlverdienten Lohn. Der Held war zum Gladiator geworden, dem man, nachdem er tüchtig geschunden und mit Wunden überdeckt war, gelegentlich die Freiheit schenkte. Der *deus ex machina* ist an Stelle des metaphysischen Trostes getreten. Ich will nicht sagen, daß die tragische Weltbetrachtung überall und völlig durch den andrängenden Geist des Undionysischen zerstört wurde: wir wissen nur, daß sie sich aus der Kunst gleichsam in die Unterwelt, in einer Entartung zum Geheimkult, flüchten mußte. Aber auf dem weitesten Gebiete der Oberfläche des hellenischen Wesens wütete der verzehrende Hauch jenes Geistes, welcher sich in jener Form der »griechischen Heiterkeit« kundgibt, von der bereits früher, als von einer greisenhaft unproduktiven Daseinslust, die Rede war; diese Heiterkeit ist ein Gegenstück zu der herrlichen »Naivität« der älteren Griechen, wie sie, nach der gegebenen Charakteristik, zu fassen ist als die aus einem düsteren Abgrunde hervorwachsende Blüte der apollinischen Kultur, als der Sieg, den der hellenische Wille durch seine Schönheitsspiegelung über das Leiden und die Weisheit des Leidens davonträgt. Die edelste Form jener anderen Form der »griechischen Heiterkeit«, der alexandrinischen, ist die Heiterkeit des *theoretischen Menschen*: sie zeigt dieselben charakteristischen Merkmale, die ich soeben aus dem Geiste des Undionysischen ableitete, – daß sie die dionysische Weisheit und Kunst bekämpft, daß sie den Mythus aufzulösen trachtet, daß sie an Stelle eines metaphysischen Trostes eine irdische Konsonanz, ja einen eigenen *deus ex machina* setzt, nämlich den Gott der Maschinen und Schmelztiegel, d. h. die im Dienste des höheren Egoismus erkannten und verwendeten Kräfte der Naturgeister, daß sie an eine Korrektur der Welt durch das Wissen, an ein durch die Wissenschaft geleitetes Leben glaubt und auch wirklich imstande ist, den einzelnen Menschen in einen allerengsten Kreis von lösbaren Aufgaben zu bannen, innerhalb dessen er heiter zum Leben sagt: »Ich will dich: du bist wert erkannt zu werden.«

18

Es ist ein ewiges Phänomen: immer findet der gierige Wille ein Mittel, durch eine über die Dinge gebreitete Illusion seine Geschöpfe im Leben festzuhalten und zum Weiterleben zu zwingen. Diesen fesselt die sokratische Lust des Erkennens und der Wahn, durch dasselbe die ewige Wunde des Daseins heilen zu können, jenen umstrickt der vor seinen Augen wehende verführerische Schönheitsschleier der Kunst, jenen wiederum der metaphysische Trost, daß unter dem Wirbel der Erscheinungen das ewige Leben unzerstörbar weiterfließt: um von den gemeineren und fast noch kräftigeren Illusionen, die der Wille in jedem Augenblick bereithält, zu schweigen. Jene drei Illusionsstufen sind überhaupt nur für die edler ausgestatteten Naturen, von denen die Last und Schwere des Daseins überhaupt mit tieferer Unlust empfunden wird, und die durch ausgesuchte Reizmittel über diese Unlust hinwegzutäuschen sind. Aus diesen Reizmitteln besteht alles, was wir Kultur nennen: je nach der Proportion der Mischungen haben wir eine vorzugsweise *sokratische* oder *künstlerische* oder *tragische* Kultur; oder wenn man historische Exemplifikationen erlauben will: es gibt entweder eine alexandrinische oder eine hellenische oder eine buddhaistische Kultur.

Unsere ganze moderne Welt ist in dem Netz der alexandrinischen Kultur befangen und kennt als Ideal den mit höchsten Erkenntniskräften ausgerüsteten, im Dienste der Wissenschaft arbeitenden *theoretischen Menschen*, dessen Urbild und Stammvater Sokrates ist. Alle unsere Erziehungsmittel haben ursprünglich dieses Ideal im Auge: jede andere Existenz hat sich mühsam nebenbei emporzuringen, als erlaubte, nicht als beabsichtigte Existenz. In einem fast erschreckenden Sinne ist hier eine lange Zeit der Gebildete allein in der Form des Gelehrten gefunden worden; selbst unsere dichterischen Künste haben sich aus gelehrten Imitationen entwickeln müssen, und in dem Haupteffekt des Reimes erkennen wir noch die Entstehung unserer poetischen Form aus künstlichen Experimenten mit einer nicht heimischen, recht eigentlich gelehrten Sprache. Wie unverständlich müßte einem echten

Griechen der an sich verständliche moderne Kulturmensch *Faust* erscheinen, der durch alle Fakultäten unbefriedigt stürmende, aus Wis-
senstrieb der Magie und dem Teufel ergebene Faust, den wir nur zur
Vergleichung neben Sokrates zu stellen haben, um zu erkennen, daß
der moderne Mensch die Grenzen jener sokratischen Erkenntnislust zu
ahnen beginnt und aus dem weiten wüsten Wissensmeere nach einer
Küste verlangt. Wenn Goethe einmal zu Eckermann, mit Bezug auf
Napoleon, äußert: »Ja mein Guter, es gibt auch eine Produktivität der
Taten«, so hat er, in anmutig naiver Weise, daran erinnert, daß der
nicht theoretische Mensch für den modernen Menschen etwas Unglaubwürdiges und Staunenerregendes ist, so daß es wieder der Weisheit eines Goethe bedarf, um auch eine so befremdende Existenzform
begreiflich, ja verzeihlich zu finden.

Und nun soll man sich nicht verbergen, was im Schoße dieser
sokratischen Kultur verborgen liegt! Der unumschränkt sich wäh-
nende Optimismus! Nun soll man nicht erschrecken, wenn die
Früchte dieses Optimismus reifen, wenn die von einer derartigen Kultur bis in die niedrigsten Schichten hinein durchsäuerte Gesellschaft
allmählich unter üppigen Wallungen und Begehrungen erzittert, wenn
der Glaube an das Erdenglück aller, wenn der Glaube an die Möglichkeit einer solchen allgemeinen Wissenskultur allmählich in die
drohende Forderung eines solchen alexandrinischen Erdenglückes,
in die Beschwörung eines euripideischen *deus ex machina* umschlägt!
Man soll es merken: die alexandrinische Kultur braucht einen Sklavenstand, um auf die Dauer existieren zu können: aber sie leugnet, in
ihrer optimistischen Betrachtung des Daseins, die Notwendigkeit eines
solchen Standes und geht deshalb, wenn der Effekt ihrer schönen Ver-
führungs- und Beruhigungsworte von der »Würde des Menschen« und
der »Würde der Arbeit« verbraucht ist, allmählich einer grauenvollen
Vernichtung entgegen. Es gibt nichts Furchtbareres als einen barbarischen Sklavenstand, der seine Existenz als ein Unrecht zu betrachten
gelernt hat und sich anschickt, nicht nur für sich, sondern für alle
Generationen Rache zu nehmen. Wer wagt es, solchen drohenden Stürmen entgegen, sicheren Mutes an unsere blassen und ermüdeten Religionen zu appellieren, die selbst in ihren Fundamenten zu Gelehrten-
religionen entartet sind: so daß der Mythus, die notwendige Voraus-

setzung jeder Religion, bereits überall gelähmt ist, und selbst auf diesem Bereich jener optimistische Geist zur Herrschaft gekommen ist, den wir als den Vernichtungskeim unserer Gesellschaft eben bezeichnet haben. Während das im Schoße der theoretischen Kultur schlummernde Unheil allmählich den modernen Menschen zu ängstigen beginnt, und er, unruhig, aus dem Schatze seiner Erfahrungen nach Mitteln greift, um die Gefahr abzuwenden, ohne selbst an diese Mittel recht zu glauben; während er also seine eigenen Konsequenzen zu ahnen beginnt: haben große allgemein angelegte Naturen, mit einer unglaublichen Besonnenheit, das Rüstzeug der Wissenschaft selbst zu benützen gewußt, um die Grenzen und die Bedingtheit des Erkennens überhaupt darzulegen und damit den Anspruch der Wissenschaft auf universale Geltung und universale Zwecke entscheidend zu leugnen: bei welchem Nachweise zum ersten Male jene Wahnvorstellung als solche erkannt wurde, welche, an der Hand der Kausalität, sich anmaßt, das innerste Wesen der Dinge ergründen zu können. Der ungeheuren Tapferkeit und Weisheit *Kants* und *Schopenhauers* ist der schwerste Sieg gelungen, der Sieg über den im Wesen der Logik verborgen liegenden Optimismus, der wiederum der Untergrund unserer Kultur ist. Wenn dieser an die Erkennbarkeit und Ergründlichkeit aller Welträtsel, gestützt auf die ihm unbedenklichen *aeternae veritates*, geglaubt und Raum, Zeit und Kausalität als gänzlich unbedingte Gesetze von allgemeinster Gültigkeit behandelt hatte, offenbarte Kant, wie diese eigentlich nur dazu dienten, die bloße Erscheinung, das Werk der Maja, zur einzigen und höchsten Realität zu erheben und sie an die Stelle des innersten und wahren Wesens der Dinge zu setzen und die wirkliche Erkenntnis von diesem dadurch unmöglich zu machen, d. h., nach einem Schopenhauerschen Ausspruche, den Träumer noch fester einzuschläfern (W. a. W. u. V. I, S. 498). Mit dieser Erkenntnis ist eine Kultur eingeleitet, welche ich als eine tragische zu bezeichnen wage: deren wichtigstes Merkmal ist, daß an die Stelle der Wissenschaft als höchstes Ziel die Weisheit gerückt wird, die sich, ungetäuscht durch die verführerischen Ablenkungen der Wissenschaften, mit unbewegtem Blicke dem Gesamtbilde der Welt zuwendet und in diesem das ewige Leiden mit sympathischer Liebesempfindung als das eigne Leiden zu ergreifen sucht. Denken wir uns eine heranwachsende Generation mit dieser Unerschrockenheit des Blicks, mit diesem heroischen Zug ins Ungeheure, denken wir uns den kühnen Schritt dieser Drachentöter, die stolze Verwegenheit, mit der sie allen den Schwächlichkeitsdoktrinen jenes Optimismus den Rücken kehren, um im Ganzen und Vollen »resolut zu leben«: sollte es nicht nötig sein, daß der tragische Mensch dieser Kultur, bei seiner Selbsterziehung zum Ernst und zum Schrecken, eine neue Kunst, die Kunst des metaphysischen Trostes, die Tragödie als die ihm zugehörige Helena begehren und mit Faust ausrufen muß:

> Und sollt ich nicht, sehnsüchtigster Gewalt,
> Ins Leben ziehn die einzigste Gestalt?

Nachdem aber die sokratische Kultur von zwei Seiten aus erschüttert ist und das Szepter ihrer Unfehlbarkeit nur noch mit zitternden Händen zu halten vermag, einmal aus Furcht vor ihren eigenen Konsequenzen, die sie nachgerade zu ahnen beginnt, sodann weil sie selbst von der ewigen Gültigkeit ihres Fundamentes nicht mehr mit dem früheren naiven Zutrauen überzeugt ist: so ist es ein trauriges Schauspiel, wie sich der Tanz ihres Denkens sehnsüchtig immer auf neue Gestalten stürzt, um sie zu umarmen, und sie dann plötzlich wieder, wie Mephistopheles die verführerischen Lamien, schaudernd fahren läßt. Das ist ja das Merkmal jenes »Bruches«, von dem jedermann als von dem Urleiden der modernen Kultur zu reden pflegt, daß der theoretische Mensch vor seinen Konsequenzen erschrickt und unbefriedigt es nicht mehr wagt, sich dem furchtbaren Eisstrome des Daseins anzuvertrauen: ängstlich läuft er am Ufer auf und ab. Er will nichts mehr ganz haben, ganz auch mit aller der natürlichen Grausamkeit der Dinge. Soweit hat ihn das optimistische Betrachten verzärtelt. Dazu fühlt er, wie eine Kultur, die auf dem Prinzip der Wissenschaft aufgebaut ist, zugrunde gehen muß, wenn sie anfängt, *unlogisch* zu werden, d. h. vor ihren Konsequenzen zurückzufliehen. Unsere Kunst offenbart diese allgemeine Not: umsonst, daß man sich an alle großen produktiven Perioden und Naturen imitatorisch anlehnt, umsonst, daß man die ganze »Weltliteratur« zum Troste des modernen Menschen um ihn versammelt und ihn mitten unter die Kunststile und Künstler aller Zeiten hinstellt, damit er ihnen, wie Adam den Tieren, einen Namen gebe: er bleibt doch der ewig Hungernde, der »Kritiker« ohne Lust und Kraft, der alexandrinische Mensch, der im Grunde Bibliothekar und Korrektor ist und an Bücherstaub und Druckfehlern elend erblindet.

19

Man kann den innersten Gehalt dieser sokratischen Kultur nicht schärfer bezeichnen, als wenn man sie *die Kultur der Oper* nennt: denn auf diesem Gebiete hat sich die Kultur mit eigener Naivität über ihr Wollen und Erkennen ausgesprochen, zu unserer Verwunderung, wenn wir die Genesis der Oper und die Tatsache der Opernentwicklung mit den ewigen Wahrheiten des Apollinischen und des Dionysischen zusammenhalten. Ich erinnere zunächst an die Entstehung des *stilo rappresentativo* und des Rezitativs. Ist es glaublich, daß diese gänzlich veräußerlichte, der Andacht unfähige Musik der Oper von einer Zeit mit schwärmerischer Gunst, gleichsam als die Wiedergeburt aller wahren Musik, empfangen und gehegt werden konnte, aus der sich soeben die unaussprechbar erhabene und heilige Musik Palestrinas erhoben hatte? Und wer möchte andrerseits nur die zerstreuungssüchtige Üppigkeit jener Florentiner Kreise und die Eitelkeit ihrer dramatischen Sänger für die so ungestüm sich verbreitende Lust an der Oper verantwortlich machen? Daß in derselben Zeit, ja in demselben Volke neben dem Gewölbebau Palestrinascher Harmonien, an dem das gesamte christliche Mittelalter gebaut hatte, jene Leidenschaft für eine halbmusikalische Sprechart erwachte, vermag ich mir nur aus einer im Wesen des Rezitativs mitwirkenden *außerkünstlerischen Tendenz* zu erklären.

Dem Zuhörer, der das Wort unter dem Gesange deutlich vernehmen will, entspricht der Sänger dadurch, daß er mehr spricht als singt und daß er den pathetischen Wortausdruck in diesem Halbgesange verschärft: durch diese Verschärfung des Pathos erleichtert er das Verständnis des Wortes und überwindet jene übrig gebliebene Hälfte der Musik. Die eigentliche Gefahr, die ihm jetzt droht, ist die, daß er der Musik einmal zur Unzeit das Übergewicht erteilt, wodurch sofort Pathos der Rede und Deutlichkeit des Wortes zugrunde gehen müßte:

während er andrerseits immer den Trieb zu musikalischer Entladung und zu virtuosenhafter Präsentation seiner Stimme fühlt. Hier kommt ihm der »Dichter« zu Hilfe, der ihm genug Gelegenheit zu lyrischen Interjektionen, Wort- und Sentenzenwiederholungen usw. zu bieten weiß: an welchen Stellen der Sänger jetzt in dem rein musikalischen Elemente, ohne Rücksicht auf das Wort, ausruhen kann. Dieser Wechsel affektvoll eindringlicher, doch nur halb gesungener Rede und ganz gesungener Interjektion, der im Wesen des *stilo rappresentativo* liegt, dies rasch wechselnde Bemühen, bald auf den Begriff und die Vorstellung, bald auf den musikalischen Grund des Zuhörers zu wirken, ist etwas so gänzlich Unnatürliches und den Kunsttrieben des Dionysischen und des Apollinischen in gleicher Weise so innerlich Widersprechendes, daß man auf einen Ursprung des Rezitativs zu schließen hat, der außerhalb aller künstlerischen Instinkte liegt. Das Rezitativ ist nach dieser Schilderung zu definieren als die Vermischung des epischen und des lyrischen Vortrags und zwar keinesfalls die innerlich beständige Mischung, die bei so gänzlich disparaten Dingen nicht erreicht werden konnte, sondern die äußerlichste mosaikartige Konglutination, wie etwas derartiges im Bereich der Natur und der Erfahrung gänzlich vorbildlos ist. *Dies war aber nicht die Meinung jener Erfinder des Rezitativs*: vielmehr glauben sie selbst und mit ihnen ihr Zeitalter, daß durch jenen *stilo rappresentativo* das Geheimnis der antiken Musik gelöst sei, aus dem sich allein die ungeheure Wirkung eines Orpheus, Amphion, ja auch der griechischen Tragödie erklären lasse. Der neue Stil galt als die Wiedererweckung der wirkungsvollsten Musik, der altgriechischen: ja man durfte sich, bei der allgemeinen und ganz volkstümlichen Auffassung der homerischen Welt *als der Urwelt*, dem Traume überlassen, jetzt wieder in die paradiesischen Anfänge der Menschheit hinabgestiegen zu sein, in der notwendig auch die Musik jene unübertroffne Reinheit, Macht und Unschuld gehabt haben müßte, von der die Dichter in ihren Schäferspielen so rührend zu erzählen wußten. Hier sehen wir in das innerlichste Werden dieser recht eigentlich modernen Kunstgattung, der Oper: ein mächtiges Bedürfnis erzwingt sich hier eine Kunst, aber ein Bedürfnis unästhetischer Art: die Sehnsucht zum Idyll, der Glaube an eine urvorzeitliche Existenz des künstlerischen und guten Menschen. Das

Rezitativ galt als die wiederentdeckte Sprache jenes Urmenschen; die Oper als das wiederaufgefundene Land jenes idyllisch oder heroisch guten Wesens, das zugleich in allen seinen Handlungen einem natürlichen Kunsttriebe folgt, das bei allem, was es zu sagen hat, wenigstens etwas singt, um, bei der leisesten Gefühlserregung, sofort mit voller Stimme zu singen. Es ist für uns jetzt gleichgültig, daß mit diesem neugeschaffenen Bilde des paradiesischen Künstlers die damaligen Humanisten gegen die alte kirchliche Vorstellung vom an sich verderbten und verlornen Menschen ankämpften: so daß die Oper als das Oppositionsdogma vom guten Menschen zu verstehen ist, mit dem aber zugleich ein Trostmittel gegen jenen Pessimismus gefunden war, zu dem gerade die Ernstgesinnten jener Zeit, bei der grauenhaften Unsicherheit aller Zustände, am stärksten gereizt waren. Genug, wenn wir erkannt haben, wie der eigentliche Zauber und damit die Genesis dieser neuen Kunstform in der Befriedigung eines gänzlich unästhetischen Bedürfnisses liegt, in der optimistischen Verherrlichung des Menschen an sich, in der Auffassung des Urmenschen als des von Natur guten und künstlerischen Menschen: welches Prinzip der Oper sich allmählich in eine drohende und entsetzliche *Forderung* umgewandelt hat, die wir, im Angesicht der sozialistischen Bewegungen der Gegenwart, nicht mehr überhören können. Der »gute Urmensch« will seine Rechte: welche paradiesischen Aussichten!

Ich stelle daneben noch eine ebenso deutliche Bestätigung meiner Ansicht, daß die Oper auf den gleichen Prinzipien mit unserer alexandrinischen Kultur aufgebaut ist. Die Oper ist die Geburt des theoretischen Menschen, des kritischen Laien, nicht des Künstlers: eine der befremdlichsten Tatsachen in der Geschichte aller Künste. Es war die Forderung recht eigentlich unmusikalischer Zuhörer, daß man vor allem das Wort verstehen müsse: so daß eine Wiedergeburt der Tonkunst nur zu erwarten sei, wenn man irgendeine Gesangsweise entdecken werde, bei welcher das Textwort über den Kontrapunkt wie der Herr über den Diener herrsche. Denn die Worte seien um so viel edler als das begleitende harmonische System, um wieviel die Seele edler als der Körper sei. Mit der laienhaft unmusikalischen Rohheit dieser Ansichten wurde in den Anfängen der Oper die Verbindung von Musik, Bild und Wort behandelt; im Sinne dieser Ästhetik kam es auch in den vornehmen Laienkreisen von Florenz, durch hier patronisierte Dichter und Sänger, zu den ersten Experimenten. Der kunstohnmächtige Mensch erzeugt sich eine Art von Kunst, gerade dadurch, daß er der unkünstlerische Mensch an sich ist. Weil er die dionysische Tiefe der Musik nicht ahnt, verwandelt er sich den Musikgenuß zur verstandesmäßigen Wort- und Tonrhetorik der Leidenschaft im *stilo rappresentativo* und zur Wollust der Gesangeskünste; weil er keine Vision zu schauen vermag, zwingt er den Maschinisten und Dekorationskünstler in seinen Dienst; weil er das wahre Wesen des Künstlers nicht zu erfassen weiß, zaubert er vor sich den »künstlerischen Urmenschen« nach seinem Geschmack hin, d. h. den Menschen, der in der Leidenschaft singt und Verse spricht. Er träumt sich in eine Zeit hinein, in der die Leidenschaft ausreicht, um Gesänge und Dichtungen zu erzeugen: als ob je der Affekt imstande gewesen sei, etwas Künstlerisches zu schaffen. Die Voraussetzung der Oper ist ein falscher Glaube über den künstlerischen Prozeß, und zwar jener idyllische Glaube, daß eigentlich jeder empfindende Mensch Künstler sei. Im Sinne dieses Glaubens ist die Oper der Ausdruck des Laientums in der Kunst, das seine Gesetze mit dem heitern Optimismus des theoretischen Menschen diktiert.

Sollten wir wünschen, die beiden eben geschilderten, bei der Entstehung der Oper wirksamen Vorstellungen unter einen Begriff zu vereinigen, so würde uns nur übrig bleiben, von einer *idyllischen Tendenz der Oper* zu sprechen: wobei wir uns allein der Ausdrucksweise und Erklärung Schillers zu bedienen hätten. Entweder, sagt dieser, ist die Natur und das Ideal ein Gegenstand der Trauer, wenn jene als verloren, dieses als unerreicht dargestellt wird. Oder beide sind ein Gegenstand der Freude, indem sie als wirklich vorgestellt werden. Das erste gibt die Elegie in engerer, das andere die Idylle in weitester Bedeutung. Hier ist nun sofort auf das gemeinsame Merkmal jener beiden Vorstellungen in der Operngenesis aufmerksam zu machen, daß in ihnen das Ideal nicht als unerreicht, die Natur nicht als verloren empfunden wird. Es gab nach dieser Empfindung eine Urzeit des Menschen, in der er am Herzen der Natur lag und bei dieser Natürlichkeit zugleich das Ideal der Menschheit, in einer paradiesischen Güte und Künstlerschaft, erreicht hatte: von welchem vollkommnen Urmenschen wir alle abstammen sollten, ja dessen getreues Ebenbild wir noch wären: nur müßten wir einiges von uns werfen, um uns selbst wieder als diesen Urmenschen zu erkennen, vermöge einer freiwilligen Entäußerung von überflüssiger Gelehrsamkeit, von überreicher Kultur. Der Bildungsmensch der Renaissance ließ sich durch seine opernhafte Imitation der griechischen Tragödie zu einem solchen Zusammenklang von Natur und Ideal, zu einer idyllischen Wirklichkeit zurückgeleiten, er benutzte diese Tragödie, wie Dante den Virgil benutzte, um bis an die Pforten des Paradieses geführt zu werden: während er von hier aus selbständig noch weiter schritt und von einer Imitation der höchsten griechischen Kunstform zu einer »Wiederbringung aller Dinge«, zu einer Nachbildung der ursprünglichen Kunstwelt des Menschen überging. Welche zuversichtliche Gutmütigkeit dieser verwegenen Bestrebungen, mitten im Schoße der theoretischen Kultur! – einzig nur aus dem tröstenden Glauben zu erklären, daß »der Mensch an sich« der ewig tugendhafte Opernheld, der ewig flötende oder singende Schäfer sei, der sich endlich immer als solchen wiederfinden müsse, falls er sich selbst irgendwann einmal wirklich auf einige Zeit verloren habe, einzig die Frucht jenes Optimismus, der aus der Tiefe der sokratischen Weltbetrachtung hier wie eine süßlich verführerische Duftsäule emporsteigt.

Es liegt also auf den Zügen der Oper keinesfalls jener elegische Schmerz eines ewigen Verlustes, vielmehr die Heiterkeit des ewigen Wiederfindens, die bequeme Lust an einer idyllischen Wirklichkeit, die man wenigstens sich als wirklich in jedem Augenblicke vorstellen kann: wobei man vielleicht einmal ahnt, daß diese vermeinte Wirklichkeit nichts als ein phantastisch läppisches Getändel ist, dem jeder, der es an dem furchtbaren Ernst der wahren Natur zu messen und mit den eigentlichen Urszenen der Menschheitsanfänge zu vergleichen vermöchte, mit Ekel zurufen müßte: Weg mit dem Phantom! Trotzdem würde man sich täuschen, wenn man glaubte, ein solches tändelndes Wesen, wie die Oper ist, einfach durch einen kräftigen Anruf, wie ein Gespenst, verscheuchen zu können. Wer die Oper vernichten will, muß den Kampf gegen jene alexandrinische Heiterkeit aufnehmen, die sich in ihr so naiv über ihre Lieblingsvorstellung ausspricht, ja deren eigentliche Kunstform sie ist. Was ist aber für die Kunst selbst von dem Wirken einer Kunstform zu erwarten, deren Ursprünge überhaupt nicht im ästhetischen Bereiche liegen, die sich vielmehr aus einer halb moralischen Sphäre auf das künstlerische Gebiet hinübergestohlen hat und über diese hybride Entstehung nur hier und da einmal hinwegzutäuschen vermochte? Von welchen Säften nährt sich dieses parasitische Opernwesen, wenn nicht von denen der wahren Kunst? Wird nicht zu mutmaßen sein, daß, unter seinen idyllischen Verführungen, unter seinen alexandrinischen Schmeichelkünsten, die höchste und wahrhaftig ernst zu nennende Aufgabe der Kunst – das Auge vom Blick ins Grauen der Nacht zu erlösen und das Subjekt durch den heilenden Balsam des Scheins aus dem Krampfe der Willensregungen zu retten – zu einer leeren und zerstreuenden Ergötzlichkeitstendenz entarten werde? Was wird aus den ewigen Wahrheiten des Dionysischen und des Apollinischen, bei einer solchen Stilvermischung, wie ich sie am Wesen des *stilo rappresentativo* dargelegt habe? wo die Musik als Diener, das Textwort als Herr betrachtet, die Musik mit dem Körper, das Textwort mit der Seele verglichen wird? wo das höchste Ziel bestenfalls auf eine umschreibende Tonmalerei gerichtet sein wird, ähnlich wie ehedem im neuen attischen Dithyrambus? wo der Musik ihre wahre Würde, dionysischer Weltspiegel zu sein, völlig entfremdet ist, so daß ihr nur übrig bleibt, als Sklavin der Erscheinung, das Formenwesen der Erscheinung nachzuahmen und in dem Spiele der Linien und Proportionen eine äußerliche Ergötzung zu erregen. Einer strengen Betrachtung fällt dieser verhängnisvolle Einfluß der Oper auf die Musik geradezu mit der gesamten modernen Musikentwicklung zusammen; dem in der Genesis der Oper und im Wesen der durch sie repräsentierten Kultur lauernden Optimismus ist es in beängstigender Schnelligkeit gelungen, die Musik ihrer dionysischen Weltbestimmung zu entkleiden und ihr einen formenspielerischen, vergnüglichen Charakter aufzuprägen: mit welcher Veränderung nur etwa die Metamorphose des äschyleischen Menschen in den alexandrinischen Heiterkeitsmenschen verglichen werden dürfte.

Wenn wir aber mit Recht in der hiermit angedeuteten Exemplifikation das Entschwinden des dionysischen Geistes mit einer höchstauffälligen, aber bisher unerklärten Umwandlung und Degeneration des griechischen Menschen in Zusammenhang gebracht haben – welche

Hoffnungen müssen in uns aufleben, wenn uns die allersichersten Auspizien *den umgekehrten Prozeß, das allmähliche Erwachen des dionysischen Geistes* in unserer gegenwärtigen Welt, verbürgen! Es ist nicht möglich, daß die göttliche Kraft des Herakles ewig im üppigen Frondienste der Omphale erschlafft. Aus dem dionysischen Grunde des deutschen Geistes ist eine Macht emporgestiegen, die mit den Urbedingungen der sokratischen Kultur nichts gemein hat und aus ihnen weder zu erklären noch zu entschuldigen ist, vielmehr von dieser Kultur als das Schrecklich-Unerklärliche, als das Übermächtig-Feindselige empfunden wird, *die deutsche Musik*, wie wir sie vornehmlich in ihrem mächtigen Sonnenlaufe von Bach zu Beethoven, von Beethoven zu Wagner zu verstehen haben. Was vermag die erkenntnislüsterne Sokratik unserer Tage günstigenfalls mit diesem aus unerschöpflichen Tiefen emporsteigenden Dämon zu beginnen? Weder von dem Zacken- und Arabeskenwerk der Opernmelodie aus, noch mit Hilfe des arithmetischen Rechenbretts der Fuge und der kontrapunktischen Dialektik will sich die Formel finden lassen, in deren dreimal gewaltigem Licht man jenen Dämon sich unterwürfig zu machen und zum Reden zu zwingen vermöchte. Welches Schauspiel, wenn jetzt unsere Ästhetiker, mit dem Fangnetz einer ihnen eignen »Schönheit«, nach dem vor ihnen mit unbegreiflichem Leben sich tummelnden Musikgenius schlagen und haschen, unter Bewegungen, die nach der ewigen Schönheit ebensowenig als nach dem Erhabenen beurteilt werden wollen. Man mag sich nur diese Musikgönner einmal leibhaft und in der Nähe besehen, wenn sie so unermüdlich Schönheit! Schönheit! rufen, ob sie sich dabei wie die im Schoße des Schönen gebildeten und verwöhnten Lieblingskinder der Natur ausnehmen oder ob sie nicht vielmehr für die eigne Rohheit eine lügnerisch verhüllende Form, für die eigne empfindungsarme Nüchternheit einen ästhetischen Vorwand suchen: wobei ich z. B. an Otto Jahn denke. Vor der deutschen Musik aber mag sich der Lügner und Heuchler in acht nehmen: denn gerade sie ist, inmitten aller unserer Kultur, der einzig reine, lautere und läuternde Feuergeist, von dem aus und zu dem hin, wie in der Lehre des großen Heraklit von Ephesus, sich alle Dinge in doppelter Kreisbahn bewegen: alles, was wir jetzt Kultur, Bildung, Zivilisation nennen, wird einmal vor dem untrüglichen Richter Dionysus erscheinen müssen.

Erinnern wir uns sodann, wie dem aus gleichen Quellen strömenden Geiste *der deutschen Philosophie*, durch Kant und Schopenhauer, es ermöglicht war, die zufriedne Daseinslust der wissenschaftlichen Sokratik, durch den Nachweis ihrer Grenzen, zu vernichten, wie durch diesen Nachweis eine unendlich tiefere und ernstere Betrachtung der ethischen Fragen und der Kunst eingeleitet wurde, die wir geradezu als die in Begriffe gefaßte *dionysische Weisheit* bezeichnen können: wohin weist uns das Mysterium dieser Einheit zwischen der deutschen Musik und der deutschen Philosophie, wenn nicht auf eine neue Daseinsform, über deren Inhalt wir uns nur aus hellenischen Analogien ahnend unterrichten können? Denn diesen unausmeßbaren Wert behält für uns, die wir an der Grenzscheide zweier verschiedener Daseinsformen stehen, das hellenische Vorbild, daß in ihm auch alle jene Übergänge und Kämpfe zu einer klassisch-belehrenden Form ausgeprägt sind: nur daß wir gleichsam in *umgekehrter* Ordnung die großen Hauptepochen des hellenischen Wesens analogisch durcherleben und zum Beispiel jetzt aus dem alexandrinischen Zeitalter rückwärts zur Periode der Tragödie zu schreiten scheinen. Dabei lebt in uns die Empfindung, als ob die Geburt eines tragischen Zeitalters für den deutschen Geist nur eine Rückkehr zu sich selbst, ein seliges Sichwiederfinden zu bedeuten habe, nachdem für eine lange Zeit ungeheure von außen her eindringende Mächte den in hilfloser Barbarei der Form Dahinlebenden zu einer Knechtschaft unter ihrer Form gezwungen hatten. Jetzt endlich darf er, nach seiner Heimkehr zum Urquell seines Wesens, vor allen Völkern kühn und frei, ohne das Gängelband einer romanischen Zivilisation, einherzuschreiten wagen: wenn er nur von einem Volke unentwegt zu lernen versteht, von dem überhaupt lernen zu können schon ein hoher Ruhm und eine auszeichnende Seltenheit ist, von den Griechen. Und wann brauchten wir diese allerhöchsten Lehrmeister mehr als jetzt, wo wir *die Wiedergeburt der Tragödie* erleben und in Gefahr sind, weder zu wissen, woher sie kommt, noch uns deuten zu können, wohin sie will?

20

Es möchte einmal, unter den Augen eines unbestochenen Richters, abgewogen werden, in welcher Zeit und in welchen Männern bisher der deutsche Geist von den Griechen zu lernen am kräftigsten gerungen hat; und wenn wir mit Zuversicht annehmen, daß dem edelsten Bildungskampfe Goethes, Schillers und Winckelmanns dieses einzige Lob zugesprochen werden müßte, so wäre jedenfalls hinzuzufügen, daß seit jener Zeit und den nächsten Einwirkungen jenes Kampfes das Streben, auf einer gleichen Bahn zur Bildung und zu den Griechen zu kommen, in unbegreiflicher Weise schwächer und schwächer geworden ist. Sollten wir, um nicht ganz an dem deutschen Geist verzweifeln zu müssen, nicht daraus den Schluß ziehen dürfen, daß in irgendwelchem Hauptpunkte es auch jenen Kämpfern nicht gelungen sein möchte, in den Kern des hellenischen Wesens einzudringen und einen dauernden Liebesbund zwischen der deutschen und der griechischen Kultur herzustellen? – so daß vielleicht ein unbewußtes Erkennen jenes Mangels auch in den ernsteren Naturen den verzagten Zweifel erregte, ob sie, nach solchen Vorgängern, auf diesem Bildungswege noch weiter wie jene und überhaupt zum Ziele kommen würden. Deshalb sehen wir seit jener Zeit das Urteil über den Wert der Griechen für die Bildung in der bedenklichsten Weise entarten; der Ausdruck mitleidiger Überlegenheit ist in den verschiedensten Feldlagern des Geistes und des Ungeistes zu hören; anderwärts tändelt eine gänzlich wirkungslose Schönrednerei mit der »griechischen Harmonie«, der »griechischen Schönheit«, der »griechischen Heiterkeit«. Und gerade in den Kreisen, deren Würde es sein könnte, aus dem griechischen Strombett unermüdet, zum Heile deutscher Bildung, zu schöpfen, in den Kreisen der Lehrer an den höheren Bildungsanstalten, hat man am besten gelernt, sich mit den Griechen zeitig und in bequemer Weise abzufinden, nicht selten bis zu einem skeptischen Preisgeben des hellenischen Ideals und bis zu einer gänzlichen Verkehrung der wahren Absicht aller Altertumsstudien. Wer überhaupt in jenen Kreisen sich nicht völlig in dem Bemühen, ein zuverlässiger Korrektor von alten Texten oder ein naturhistorischer Sprachmikroskopiker zu sein, erschöpft hat, der sucht vielleicht auch das griechische Altertum, neben anderen Altertümern, sich »historisch« anzueignen, aber jedenfalls nach der Methode und mit den überlegenen Mienen unserer jetzigen gebildeten Geschichtsschreibung. Wenn demnach die eigentliche Bildungskraft der höheren Lehranstalten wohl noch niemals niedriger und schwächlicher gewesen ist wie in der Gegenwart, wenn der »Journalist«, der papierne Sklave des Tages, in jeder Rücksicht auf Bildung den Sieg über den höheren Lehrer davongetragen hat, und letzterem nur noch die bereits oft erlebte Metamorphose übrigbleibt, sich jetzt nun auch in der Sprechweise des Journalisten, mit der »leichten Eleganz« dieser Sphäre, als heiterer gebildeter Schmetterling zu bewegen – in welcher peinlichen Verwirrung müssen die derartig Gebildeten einer solchen Gegenwart jenes Phänomen anstarren, das nur etwa aus dem tiefsten Grunde des bisher unbegriffnen hellenischen Genius analogisch zu begreifen wäre, das Wiedererwachen des dionysischen Geistes und die Wiedergeburt der Tragödie? Es gibt keine andere Kunstperiode, in der sich die sogenannte Bildung und die eigentliche Kunst so befremdet und abgeneigt gegenübergestanden hätten, als wir das in der Gegenwart mit Augen sehn. Wir verstehen es, warum eine so schwächliche Bildung die wahre Kunst haßt; denn sie fürchtet durch sie ihren Untergang. Aber sollte nicht eine ganze Art der Kultur, nämlich jene sokratisch-alexandrinische, sich ausgelebt haben, nachdem sie in eine so zierlich-schmächtige Spitze, wie die gegenwärtige Bildung ist, auslaufen konnte! Wenn es solchen Helden, wie Schiller und Goethe, nicht gelingen durfte, jene verzauberte Pforte zu erbrechen, die in den hellenischen Zauberberg führt, wenn es bei ihrem mutigsten Ringen nicht weiter gekommen ist als bis zu jenem sehnsüchtigen Blick, den die Goethesche Iphigenie vom barbarischen Tauris aus nach der Heimat über das Meer hin sendet, was bliebe den Epigonen solcher Helden zu hoffen, wenn sich ihnen nicht plötzlich, an einer ganz anderen, von allen Bemühungen der bisherigen Kultur unberührten Seite die Pforte von selbst auftäte – unter dem mystischen Klange der wiedererweckten Tragödienmusik.

Möge uns niemand unsern Glauben an eine noch bevorstehende Wiedergeburt des hellenischen Altertums zu verkümmern suchen; denn in ihm finden wir allein unsere Hoffnung für eine Erneuerung und Läuterung des deutschen Geistes durch den Feuerzauber der Musik. Was wüßten wir sonst zu nennen, was in der Verödung und Ermattung der jetzigen Kultur irgendwelche tröstliche Erwartung für die Zukunft erwecken könnte? Vergebens spähen wir nach einer einzigen kräftig geästeten Wurzel, nach einem Fleck fruchtbaren und gesunden Erdbodens: überall Staub, Sand, Erstarrung, Verschmachten. Da möchte sich ein trostlos Vereinsamter kein besseres Symbol wählen können, als den Ritter mit Tod und Teufel, wie ihn uns Dürer gezeichnet hat, den geharnischten Ritter mit dem erzenen, harten Blicke, der seinen Schreckensweg, unbeirrt durch seine grausen Gefährten, und doch hoffnungslos, allein mit Roß und Hund zu nehmen weiß. Ein solcher Dürerscher Ritter war unser Schopenhauer: ihm fehlte jede Hoffnung, aber er wollte die Wahrheit. Es gibt nicht seinesgleichen. –

Aber wie verändert sich plötzlich jene eben so düster geschilderte Wildnis unserer ermüdeten Kultur, wenn sie der dionysische Zauber berührt! Ein Sturmwind packt alles Abgelebte, Morsche, Zerbrochne, Verkümmerte, hüllt es wirbelnd in eine rote Staubwolke und trägt es wie ein Geier in die Lüfte. Verwirrt suchen unsere Blicke nach dem Entschwundenen: denn was sie sehen, ist wie aus einer Versenkung ans goldne Licht gestiegen, so voll und grün, so üppig lebendig, so sehnsuchtsvoll unermeßlich. Die Tragödie sitzt inmitten dieses Überflusses an Leben, Leid und Lust, in erhabener Entzückung, sie horcht einem fernen schwermütigen Gesange – er erzählt von den Müttern des Seins, deren Namen lauten: Wahn, Wille, Wehe. – Ja, meine Freunde, glaubt mit mir an das dionysische Leben und an die Wiedergeburt der Tragödie. Die Zeit des sokratischen Menschen ist vorüber: kränzt euch mit Epheu, nehmt den Thyrsusstab zur Hand und wundert euch nicht, wenn Tiger und Panther sich schmeichelnd zu euren Knien niederlegen. Jetzt wagt es nur, tragische Menschen zu sein: denn ihr sollt erlöst werden. Ihr sollt den dionysischen Festzug von Indien nach Griechenland geleiten! Rüstet euch zu hartem Streite, aber glaubt an die Wunder eures Gottes!

21

Von diesen exhortativen Tönen in die Stimmung zurückgleitend, die dem Beschaulichen geziemt, wiederhole ich, daß nur von den Griechen gelernt werden kann, was ein solches wundergleiches plötzliches Aufwachen der Tragödie für den innersten Lebensgrund eines Volkes zu bedeuten hat. Es ist das Volk der tragischen Mysterien, das die Perserschlachten schlägt: und wiederum braucht das Volk, das jene Kriege geführt hat, die Tragödie als notwendigen Genesungstrank. Wer würde gerade bei diesem Volke, nachdem es durch mehrere Generationen von den stärksten Zuckungen des dionysischen Dämon bis ins Innerste erregt wurde, noch einen so gleichmäßig kräftigen Erguß des einfachsten politischen Gefühls, der natürlichsten Heimatsinstinkte, der ursprünglichen männlichen Kampflust vermuten? Ist es doch bei jedem bedeutenden Umsichgreifen dionysischer Erregungen immer zu spüren, wie die dionysische Lösung von den Fesseln des Individuums sich am allerersten in einer bis zur Gleichgültigkeit, ja Feindseligkeit gesteigerten Beeinträchtigung der politischen Instinkte fühlbar macht, so gewiß andererseits der staatenbildende Apollo auch der Genius des *principii individuationis* ist, und Staat und Heimatsinn nicht ohne Bejahung der individuellen Persönlichkeit leben können. Von dem Orgiasmus aus führt für ein Volk nur ein Weg, der Weg zum indischen Buddhaismus, der, um überhaupt mit seiner Sehnsucht ins Nichts ertragen zu werden, jener seltnen ekstatischen Zustände mit ihrer Erhebung über Raum, Zeit und Individuum bedarf: wie diese wiederum eine Philosophie fordern, die es lehrt, die unbeschreibliche Unlust der Zwischenzustände durch eine Vorstellung zu überwinden. Ebenso notwendig gerät ein Volk, von der unbedingten Geltung der politischen Triebe aus, in eine Bahn äußerster Verweltlichung, deren großartigster, aber auch erschrecklichster Ausdruck das römische *imperium* ist.

Zwischen Indien und Rom hingestellt und zu verführerischer Wahl gedrängt, ist es den Griechen gelungen, in klassischer Reinheit eine dritte Form hinzuzuerfinden, freilich nicht zu langem eigenen Gebrauche aber eben darum für die Unsterblichkeit. Denn daß die Lieblinge der Götter früh sterben, gilt in allen Dingen, aber ebenso gewiß, daß sie mit den Göttern dann ewig leben. Man verlange doch von dem Alleredelsten nicht, daß es die haltbare Zähigkeit des Leders habe; die derbe Dauerhaftigkeit, wie sie z. B. dem römischen Nationaltriebe zu eigen war, gehört wahrscheinlich nicht zu den notwendigen Prädikaten der Vollkommenheit. Wenn wir aber fragen, mit welchem Heilmittel es den Griechen ermöglicht war, in ihrer großen Zeit, bei der außerordentlichen Stärke ihrer dionysischen und politischen Triebe, weder durch ein ekstatisches Brüten, noch durch ein verzehrendes Haschen nach Weltmacht und Weltehre sich zu erschöpfen, sondern jene herrliche Mischung zu erreichen, wie sie ein edler, zugleich befeuernder und beschaulich stimmender Wein hat, so müssen wir der ungeheuren, das ganze Volksleben erregenden, reinigenden und entladenden Gewalt der *Tragödie* eingedenk sein; deren höchsten Wert wir erst ahnen werden, wenn sie uns, wie bei den Griechen, als Inbegriff aller prophylaktischen Heilkräfte, als die zwischen den stärksten und an sich verhängnisvollsten Eigenschaften des Volkes waltende Mittlerin entgegentritt.

Die Tragödie saugt den höchsten Musikorgiasmus in sich hinein, so daß sie geradezu die Musik, bei den Griechen wie bei uns, zur Vollendung bringt, stellt dann aber den tragischen Mythus und den tragischen Helden daneben, der dann, einem mächtigen Titanen gleich, die ganze dionysische Welt auf seinen Rücken nimmt und uns davon entlastet: während sie andrerseits durch denselben tragischen Mythus, in der Person des tragischen Helden, von dem gierigen Drange nach diesem Dasein zu erlösen weiß und mit mahnender Hand an ein anderes Sein und an eine höhere Lust erinnert, zu welcher der kämpfende Held durch seinen Untergang, nicht durch seine Siege, sich ahnungsvoll vorbereitet. Die Tragödie stellt zwischen die universale Geltung ihrer Musik und den dionysisch empfänglichen Zuhörer ein erhabenes Gleichnis, den Mythus, und erweckt bei jenem den Schein, als ob die Musik nur ein höchstes Darstellungsmittel zur Belebung der plastischen Welt des Mythus sei. Dieser edlen Täuschung vertrauend darf sie jetzt ihre Glieder zum dithyrambischen Tanze bewegen und sich unbedenklich einem orgiastischen Gefühle der Freiheit hingeben, in welchem sie als Musik an sich, ohne jene Täuschung, nicht zu schwelgen wagen dürfte. Der Mythus schützt uns vor der Musik, wie er ihr andrerseits erst die höchste Freiheit gibt. Dafür verleiht die Musik, als Gegengeschenk, dem tragischen Mythus eine so eindringliche und überzeugende metaphysische Bedeutsamkeit, wie sie Wort und Bild, ohne jene einzige Hilfe, nie zu erreichen vermögen; und insbesondere überkommt durch sie den tragischen Zuschauer gerade jenes sichere Vorgefühl einer höchsten Lust, zu der der Weg durch Untergang und Verneinung führt, so daß er zu hören meint, als ob der innerste Abgrund der Dinge zu ihm vernehmlich spräche.

Habe ich dieser schwierigen Vorstellung mit den letzten Sätzen vielleicht nur einen vorläufigen, für wenige sofort verständlichen Ausdruck zu geben vermocht, so darf ich gerade an dieser Stelle nicht ablassen, meine Freunde zu einem nochmaligen Versuche anzureizen und sie zu bitten, an einem einzelnen Beispiele unsrer gemeinsamen Erfahrung sich für die Erkenntnis des allgemeinen Satzes vorzubereiten. Bei diesem Beispiele darf ich mich nicht auf jene beziehn, welche die Bilder der szenischen Vorgänge, die Worte und Affekte der handelnden Personen benutzen, um sich mit dieser Hilfe der Musikempfindung anzunähern; denn diese alle reden nicht Musik als Muttersprache und kommen auch, trotz jener Hilfe, nicht weiter als in die Vorhallen der Musikperzeption, ohne je deren innerste Heiligtümer berühren zu dürfen; manche von diesen, wie Gervinus, gelangen auf diesem Wege nicht einmal in die Vorhallen. Sondern nur an diejenigen habe ich mich zu wenden, die unmittelbar verwandt mit der Musik, in ihr gleichsam ihren Mutterschoß haben und mit den Dingen fast nur durch unbewußte Musikrelationen in Verbindung stehen. An diese echten Musiker richte ich die Frage, ob sie sich einen Menschen denken können, der den dritten Akt von »Tristan und Isolde« ohne alle Beihilfe von Wort und Bild, rein als ungeheuren symphonischen Satz zu perzipieren imstande wäre, ohne unter einem krampfartigen Ausspannen aller Seelenflügel zu veratmen? Ein Mensch, der wie hier das Ohr gleichsam an die Herzkammer des Weltwillens gelegt hat, der das rasende Begehren zum Dasein als donnernden Strom oder als zartesten zerstäubten Bach von hier aus in alle Adern der Welt sich ergießen fühlt, er sollte nicht jählings zerbrechen? Er sollte es ertragen, in der elenden gläsernen Hülle des menschlichen Individuums, den Widerklang zahlloser Lust- und Weherufe aus dem »weiten Raum der Weltennacht« zu vernehmen, ohne bei diesem Hirtenreigen der Metaphysik sich seiner Urheimat unaufhaltsam zuzuflüchten. Wenn aber doch ein solches Werk als Ganzes perzipiert werden kann, ohne Verneinung der Individualexistenz, wenn eine solche Schöpfung geschaffen werden konnte, ohne ihren Schöpfer zu zerschmettern – woher nehmen wir die Lösung eines solchen Widerspruches?

Hier drängt sich zwischen unsre höchste Musikerregung und jene Musik der tragische Mythus und der tragische Held, im Grunde nur als Gleichnis der alleruniversalsten Tatsachen, von denen allein die Musik auf direktem Wege reden kann. Als Gleichnis würde nun aber der Mythus, wenn wir als rein dionysische Wesen empfänden, gänzlich wirkungslos und unbeachtet neben uns stehen bleiben und uns keinen Augenblick abwendig davon machen, unser Ohr dem Widerklang der *universalia ante rem* zu bieten. Hier bricht jedoch die *apollinische* Kraft, auf Wiederherstellung des fast zersprengten Individuums gerichtet, mit dem Heilbalsam einer wonnevollen Täuschung hervor: plötzlich glauben wir nur noch Tristan zu sehen, wie er bewegungslos und dumpf sich fragt: »die alte Weise; was weckt sie mich?« Und was uns früher wie ein hohles Seufzen aus dem Mittelpunkte des Seins anmutete, das will uns jetzt nur sagen, wie »öd und leer das Meer«. Und wo wir atemlos zu erlöschen wähnten, im krampfartigen Sichausrecken aller Gefühle, und nur ein weniges uns mit dieser Existenz zusammenknüpfte, hören und sehen wir jetzt nur den zum Tode verwundeten und doch nicht sterbenden Helden, mit seinem verzweiflungsvollen Rufe: »Sehnen! Sehnen! Im Sterben mich zu sehnen, vor Sehnsucht nicht zu sterben!« Und wenn früher der Jubel des Horns nach solchem Übermaß und solcher Überzahl verzehrender Qualen fast wie der Qualen höchste uns das Herz zerschnitt, so steht jetzt zwischen uns und diesem »Jubel an sich« der jauchzende Kurwenal, dem Schiffe, das Isolden trägt, zugewandt. So gewaltig auch das Mitleiden in uns hineingreift, in einem gewissen Sinne rettet uns doch das Mitleiden vor dem Urleiden der Welt, wie das Gleichnisbild des Mythus uns vor dem unmittelbaren Anschauen der höchsten Weltidee, wie der Gedanke und das Wort uns vor dem ungedämmten Ergusse des unbewußten Willens rettet. Durch jene herrliche apollinische Täuschung dünkt es uns, als ob uns selbst das Tonreich wie eine plastische Welt gegenüberträte, als ob auch in ihr nur Tristans und Isoldens Schicksal, wie in einem allerzartesten und ausdrucksfähigsten Stoffe, geformt und bildnerisch ausgeprägt worden sei.

So entreißt uns das Apollinische der dionysischen Allgemeinheit und entzückt uns für die Individuen; an diese fesselt es unsre Mitleidserregung, durch diese befriedigt es den nach großen und erhabenen Formen lechzenden Schönheitssinn; es führt an uns Lebensbilder vorbei und reizt uns zu gedankenhaftem Erfassen des in ihnen enthaltenen

Lebenskernes. Mit der ungeheuren Wucht des Bildes, des Begriffs, der ethischen Lehre, der sympathischen Erregung reißt das Apollinische den Menschen aus seiner orgiastischen Selbstvernichtung empor und täuscht ihn über die Allgemeinheit des dionysischen Vorganges hinweg zu dem Wahne, daß er ein einzelnes Weltbild, z. B. Tristan und Isolde, sehe und es *durch die Musik* nur noch besser und innerlicher *sehen* solle. Was vermag nicht der heilkundige Zauber des Apollo, wenn er selbst in uns die Täuschung aufregen kann, als ob wirklich das Dionysische, im Dienste des Apollinischen, dessen Wirkungen zu steigern vermöchte, ja als ob die Musik sogar wesentlich Darstellungskunst für einen apollinischen Inhalt sei?

Bei jener prästabilierten Harmonie, die zwischen dem vollendeten Drama und seiner Musik waltet, erreicht das Drama einen höchsten, für das Wortdrama sonst unzugänglichen Grad von Schaubarkeit. Wie alle lebendigen Gestalten der Szene in den selbständig bewegten Melodienlinien sich zur Deutlichkeit der geschwungenen Linie vor uns vereinfachen, ertönt uns das Nebeneinander dieser Linien in dem mit dem bewegten Vorgange auf zarteste Weise sympathisierenden Harmonienwechsel: durch welchen uns die Relationen der Dinge in sinnlich wahrnehmbarer, keinesfalls abstrakter Weise, unmittelbar vernehmbar werden, wie wir gleichfalls durch ihn erkennen, daß erst in diesen Relationen das Wesen eines Charakters und einer Melodienlinie sich rein offenbare. Und während uns so die Musik zwingt, mehr und innerlicher als sonst zu sehen und den Vorgang der Szene wie ein zartes Gespinst vor uns auszubreiten, ist für unser vergeistigtes, ins Innere blickende Auge die Welt der Bühne ebenso unendlich erweitert als von innen heraus erleuchtet. Was vermöchte der Wortdichter Analoges zu bieten, der mit einem viel vollkommneren Mechanismus, auf indirektem Wege, vom Wort und vom Begriff aus, jene innerliche Erweiterung der schaubaren Bühnenwelt und ihre innere Erleuchtung zu erreichen sich abmüht? Nimmt nun zwar auch die musikalische Tragödie das Wort hinzu, so kann sie doch zugleich den Untergrund und die Geburtsstätte des Wortes danebenstellen und uns das Werden des Wortes, von innen heraus, verdeutlichen.

Aber von diesem geschilderten Vorgang wäre doch ebenso bestimmt zu sagen, daß er nur ein herrlicher Schein, nämlich jene vorhin erwähnte apollinische *Täuschung* sei, durch deren Wirkung wir von dem dionysischen Andrange und Übermaße entlastet werden sollen. Im Grunde ist ja das Verhältnis der Musik zum Drama gerade das umgekehrte: die Musik ist die eigentliche Idee der Welt, das Drama nur ein Abglanz dieser Idee, ein vereinzeltes Schattenbild derselben. Jene Identität zwischen der Melodienlinie und der lebendigen Gestalt, zwischen der Harmonie und den Charakterrelationen jener Gestalt ist in einem entgegengesetzten Sinne wahr, als es uns, beim Anschaun der musikalischen Tragödie, dünken möchte. Wir mögen die Gestalt uns auf das sichtbarste bewegen, beleben und von innen heraus beleuchten, sie bleibt immer nur die Erscheinung, von der es keine Brücke gibt, die in die wahre Realität, ins Herz der Welt führte. Aus diesem Herzen heraus aber redet die Musik; und zahllose Erscheinungen jener Art dürften an der gleichen Musik vorüberziehn, sie würden nie das Wesen derselben erschöpfen, sondern immer nur ihre veräußerlichten Abbilder sein. Mit dem populären und gänzlich falschen Gegensatz von Seele und Körper ist freilich für das schwierige Verhältnis von Musik und Drama nichts zu erklären und alles zu verwirren; aber die unphilosophische Rohheit jenes Gegensatzes scheint gerade bei unseren Ästhetikern, wer weiß aus welchen Gründen, zu einem gern bekannten Glaubensartikel geworden zu sein, während sie über einen Gegensatz der Erscheinung und des Dinges an sich nichts gelernt haben oder, aus ebenfalls unbekannten Gründen, nichts lernen mochten.

Sollte es sich bei unserer Analysis ergeben haben, daß das Apollinische in der Tragödie durch seine Täuschung völlig den Sieg über das dionysische Urelement der Musik davongetragen und sich diese zu ihren Absichten, nämlich zu einer höchsten Verdeutlichung des Dramas, nutzbar gemacht habe, so wäre freilich eine sehr wichtige Einschränkung hinzuzufügen: in dem allerwesentlichsten Punkte ist jene apollinische Täuschung durchbrochen und vernichtet. Das Drama, das in so innerlich erleuchteter Deutlichkeit aller Bewegungen und Gestalten, mit Hilfe der Musik, sich vor uns ausbreitet, als ob wir das Gewebe am Webstuhl im Auf- und Niederzucken entstehen sehen – erreicht als Ganzes eine Wirkung, die *jenseits aller apollinischen Kunstwirkungen* liegt. In der Gesamtwirkung der Tragödie erlangt das Dionysische wieder das Übergewicht; sie schließt mit einem Klange, der niemals von dem Reiche der apollinischen Kunst her tönen könnte. Und damit erweist sich die apollinische Täuschung als das, was sie ist, als die während der Dauer der Tragödie anhaltende Umschleierung der eigentlichen dionysischen Wirkung: die doch so mächtig ist, am Schluß das apollinische Drama selbst in eine Sphäre zu drängen, wo es mit dionysischer Weisheit zu reden beginnt und wo es sich selbst und seine apollinische Sichtbarkeit verneint. So wäre wirklich das schwierige Verhältnis des Apollinischen und des Dionysischen in der Tragödie durch einen Bruderbund beider Gottheiten zu symbolisieren: Dionysus redet die Sprache des Apollo, Apollo aber schließlich die Sprache Dionysus: womit das höchste Ziel der Tragödie und der Kunst überhaupt erreicht ist.

22

Mag der aufmerksame Freund sich die Wirkung einer wahren musikalischen Tragödie rein und unvermischt, nach seinen Erfahrungen, vergegenwärtigen. Ich denke das Phänomen dieser Wirkung nach beiden Seiten hin so beschrieben zu haben, daß er sich seine eignen Erfahrungen jetzt zu deuten wissen wird. Er wird sich nämlich erinnern, wie er, im Hinblick auf den vor ihm sich bewegenden Mythus, zu einer Art von Allwissenheit sich gesteigert fühlte, als ob jetzt die Sehkraft seiner Augen nicht nur eine Flächenkraft sei, sondern ins Innere zu dringen vermöge, und als ob er die Wallungen des Willens, den Kampf der Motive, den anschwellenden Strom der Leidenschaften, jetzt, mit Hilfe der Musik, gleichsam sinnlich sichtbar, wie eine Fülle lebendig bewegter Linien und Figuren vor sich sehe und damit bis in die zartesten Geheimnisse unbewußter Regungen hinabtauchen könne. Während er so einer höchsten Steigerung seiner auf Sichtbarkeit und Verklärung gerichteten Triebe bewußt wird, fühlt er doch ebenso bestimmt, daß diese lange Reihe apollinischer Kunstwirkungen doch *nicht* jenes beglückte Verharren in willenlosem Anschauen erzeugt, das der Plastiker und der epische Dichter, also die eigentlich apollinischen Künstler, durch ihre Kunstwerke bei ihm hervorbringen: das heißt die in jenem Anschauen erreichte Rechtfertigung der Welt der *individuatio*, als welche die Spitze und der Inbegriff der apollinischen Kunst ist. Er schaut die verklärte Welt der Bühne und verneint sie doch. Er sieht den tragischen Helden vor sich in epischer Deutlichkeit und Schönheit und erfreut sich doch an seiner Vernichtung. Er begreift bis ins Innerste den Vorgang der Szene und flüchtet sich gern ins Unbegreifliche. Er fühlt die Handlungen des Helden als gerechtfertigt und ist doch noch mehr erhoben, wenn diese Handlungen den Urheber vernichten. Er schaudert vor den Leiden, die den Helden treffen werden, und ahnt doch bei ihnen eine höhere, viel übermächtigere Lust. Er schaut mehr und tiefer als je und wünscht sich doch erblindet. Woher werden wir diese wunderbare Selbstentzweiung, dies Umbrechen der apollinischen Spitze, abzuleiten haben, wenn nicht aus dem *dionysischen* Zauber, der, zum Schein die apollinischen Regungen aufs höchste reizend, doch noch diesen Überschwang der apollinischen Kraft in seinen Dienst zu zwingen vermag. *Der tragische Mythus* ist nur zu verstehen als eine Verbildlichung dionysischer Weisheit durch apollinische Kunstmittel; er führt die Welt der Erscheinung an die Grenzen, wo sie sich selbst verneint und wieder in den Schoß der wahren und einzigen Realitäten zurückzuflüchten sucht; wo sie dann, mit Isolden, ihren metaphysischen Schwanengesang also anzustimmen scheint:

> In des Wonnemeeres
> wogendem Schwall,
> in der Duft-Wellen
> tönendem Schall,
> in des Weltatems
> wehendem All –
> ertrinken – versinken –
> unbewußt – höchste Lust!

So vergegenwärtigen wir uns, an den Erfahrungen des wahrhaft ästhetischen Zuhörers, den tragischen Künstler selbst, wie er, gleich einer üppigen Gottheit der *individuatio*, seine Gestalten schafft, in welchem Sinne sein Werk kaum als »Nachahmung der Natur« zu begreifen wäre, – wie dann aber sein ungeheurer dionysischer Trieb diese ganze Welt der Erscheinungen verschlingt, um hinter ihr und durch ihre Vernichtung eine höchste künstlerische Urfreude im Schoße des Ur-Einen ahnen zu lassen. Freilich wissen von dieser Rückkehr zur Ur heimat, von dem Bruderbunde der beiden Kunstgottheiten in der Tragödie und von der sowohl apollinischen als dionysischen Erregung des Zuhörers unsere Ästhetiker nichts zu berichten, während sie nicht müde werden, den Kampf des Helden mit dem Schicksal, den Sieg der sittlichen Weltordnung oder eine durch die Tragödie bewirkte Entladung von Affekten als das eigentlich Tragische zu charakterisieren: welche Unverdrossenheit mich auf den Gedanken bringt, sie möchten überhaupt keine ästhetisch erregbaren Menschen sein und beim Anhören der Tragödie vielleicht nur als moralische Wesen in Betracht kommen. Noch nie, seit Aristoteles, ist eine Erklärung der tragischen Wirkung gegeben worden, aus der auf künstlerische Zustände, auf eine ästhetische Tätigkeit der Zuhörer geschlossen werden dürfte. Bald soll Mitleid und Furchtsamkeit durch die ernsten Vorgänge zu einer erleichternden Entladung gedrängt werden, bald sollen wir uns bei dem Sieg guter und edler Prinzipien, bei der Aufopferung des Helden im Sinne einer sittlichen Weltbetrachtung erhoben und begeistert fühlen; und so gewiß ich glaube, daß für zahlreiche Menschen gerade das, und nur das, die Wirkung der Tragödie ist, so deutlich ergibt sich daraus, daß diese alle, samt ihren interpretierenden Ästhetikern, von der Tragödie als einer höchsten *Kunst* nichts erfahren haben. Jene pathologische Entladung, die Katharsis des Aristoteles, von der die Philologen nicht recht wissen, ob sie unter die medizinischen oder die moralischen Phänomene zu rechnen sei, erinnert an eine merkwürdige Ahnung Goethes. »Ohne ein lebhaftes pathologisches Interesse«, sagt er, »ist es auch mir niemals gelungen, irgendeine tragische Situation zu bearbeiten, und ich habe sie daher lieber vermieden als aufgesucht. Sollte es wohl auch einer von den Vorzügen der Alten gewesen sein, daß das höchste Pathetische auch nur ästhetisches Spiel bei ihnen gewesen wäre, da bei uns die Naturwahrheit mitwirken muß, um ein solches Werk hervorzubringen?« Diese so tiefsinnige letzte Frage dürfen wir jetzt, nach unseren herrlichen Erfahrungen, bejahen, nachdem wir gerade an der musikalischen Tragödie mit Staunen erlebt haben, wie wirklich das höchste Pathetische doch nur ein ästhetisches Spiel sein kann: weshalb wir glauben dürfen, daß erst jetzt das Urphänomen des Tragischen mit einigem Erfolg zu beschreiben ist. Wer jetzt noch nur von jenen stellvertretenden Wirkungen aus außerästhetischen

Sphären zu erzählen hat und über den pathologisch-moralischen Prozeß sich nicht hinausgehoben fühlt, mag nur an seiner ästhetischen Natur verzweifeln: wogegen wir ihm die Interpretation Shakespeares nach der Manier des Gervinus und das fleißige Aufspüren der »poetischen Gerechtigkeit« als unschuldigen Ersatz anempfehlen.

So ist mit der Wiedergeburt der Tragödie auch der *ästhetische Zuhörer* wieder geboren, an dessen Stelle bisher in den Theaterräumen ein seltsames *Quidproquo*, mit halb moralischen und halb gelehrten Ansprüchen, zu sitzen pflegte, der »Kritiker«. In seiner bisherigen Sphäre war alles künstlich und nur mit einem Scheine des Lebens übertüncht. Der darstellende Künstler wußte in der Tat nicht mehr, was er mit einem solchen, kritisch sich gebärdenden Zuhörer zu beginnen habe und spähte daher, samt dem ihn inspirierenden Dramatiker oder Opernkomponisten, unruhig nach den letzten Resten des Lebens in diesem anspruchsvoll öden und zum Genießen unfähigen Wesen. Aus derartigen »Kritikern« bestand aber bisher das Publikum; der Student, der Schulknabe, ja selbst das harmloseste weibliche Geschöpf war wider sein Wissen bereits durch Erziehung und Journale zu einer gleichen Perzeption eines Kunstwerks vorbereitet. Die edleren Naturen unter den Künstlern rechneten bei einem solchen Publikum auf die Erregung moralisch-religiöser Kräfte, und der Anruf der »sittlichen Weltordnung« trat vikarierend ein, wo eigentlich ein gewaltiger Kunstzauber den echten Zuhörer entzücken sollte. Oder es wurde vom Dramatiker eine großartigere, mindestens aufregende Tendenz der politischen und sozialen Gegenwart so deutlich vorgetragen, daß der Zuhörer seine kritische Erschöpfung vergessen und sich ähnlichen Affekten überlassen konnte, wie in patriotischen oder kriegerischen Momenten, oder vor der Rednerbühne des Parlaments, oder bei der Verurteilung des Verbrechens und des Lasters: welche Entfremdung der eigentlichen Kunstabsichten hier und da geradezu zu einem Kultus der Tendenz führen mußte. Doch hier trat ein, was bei allen erkünstelten Künsten von jeher eingetreten ist, eine reißend schnelle Depravation jener Tendenzen, so daß zum Beispiel die Tendenz, das Theater als Veranstaltung zur moralischen Volksbildung zu verwenden, die zu Schillers Zeit ernsthaft genommen wurde, bereits unter die unglaubwürdigen Antiquitäten einer überwundenen Bildung gerechnet wird.

Während der Kritiker in Theater und Konzert, der Journalist in der Schule, die Presse in der Gesellschaft zur Herrschaft gekommen war, entartete die Kunst zu einem Unterhaltungsobjekt der niedrigsten Art, und die ästhetische Kritik wurde als das Bindemittel einer eitlen, zerstreuten, selbstsüchtigen und überdies ärmlich-unoriginalen Geselligkeit benutzt, deren Sinn jene Schopenhauerische Parabel von den Stachelschweinen zu verstehen gibt; so daß zu keiner Zeit so viel über Kunst geschwatzt und so wenig von der Kunst gehalten worden ist. Kann man aber mit einem Menschen noch verkehren, der imstande ist, sich über Beethoven und Shakespeare zu unterhalten? Mag jeder nach seinem Gefühl diese Frage beantworten: er wird mit der Antwort jedenfalls beweisen, was er sich unter »Bildung« vorstellt, vorausgesetzt, daß er die Frage überhaupt zu beantworten sucht und nicht vor Überraschung bereits verstummt ist.

Dagegen dürfte mancher edler und zarter von der Natur Befähigte, ob er gleich in der geschilderten Weise allmählich zum kritischen Barbaren geworden war, von einer ebenso unerwarteten als gänzlich unverständlichen Wirkung zu erzählen haben, die etwa eine glücklich gelungene Lohengrinaufführung auf ihn ausübte: nur daß ihm vielleicht jede Hand fehlte, die ihn mahnend und deutend anfaßte, so daß auch jene unbegreiflich verschiedenartige und durchaus unvergleichliche Empfindung, die ihn damals erschütterte, vereinzelt blieb und wie ein rätselhaftes Gestirn nach kurzem Leuchten erlosch. Damals hatte er geahnt, was der ästhetische Zuhörer ist.

23

Wer recht genau sich selber prüfen will, wie sehr er dem wahren ästhetischen Zuhörer verwandt ist oder zur Gemeinschaft der sokratisch-kritischen Menschen gehört, der mag sich nur aufrichtig nach der Empfindung fragen, mit der er das auf der Bühne dargestellte *Wunder* empfängt: ob er etwa dabei seinen historischen, auf strenge psychologische Kausalität gerichteten Sinn beleidigt fühlt, ob er mit einer wohlwollenden Konzession gleichsam das Wunder als ein der Kindheit verständliches, ihm entfremdetes Phänomen zuläßt, oder ob er irgend etwas anderes dabei erleidet. Daran nämlich wird er messen können, wieweit er überhaupt befähigt ist, den *Mythus,* das zusammengezogene Weltbild, zu verstehen, der, als Abbreviatur der Erscheinung, das Wunder nicht entbehren kann. Das Wahrscheinliche ist aber, daß fast jeder, bei strenger Prüfung, sich so durch den kritisch-historischen Geist unserer Bildung zersetzt fühlt, um nur etwa auf gelehrtem Wege, durch vermittelnde Abstraktionen, sich die einstmalige Existenz des Mythus glaublich zu machen. Ohne Mythus aber geht jede Kultur ihrer gesunden schöpferischen Naturkraft verlustig: erst ein mit Mythen umstellter Horizont schließt eine ganze Kulturbewegung zur Einheit ab. Alle Kräfte der Phantasie und des apollinischen Traumes werden erst durch den Mythus aus ihrem wahllosen Herumschweifen gerettet. Die Bilder des Mythus müssen die unbemerkt allgegenwärtigen dämonischen Wächter sein, unter deren Hut die junge Seele heranwächst, an deren Zeichen der Mann sich sein Leben und seine Kämpfe deutet: und selbst der Staat kennt keine mächtigeren ungeschriebnen Gesetze als das mythische Fundament, das seinen Zusammenhang mit der Religion, sein Herauswachsen aus mythischen Vorstellungen verbürgt.

Man stelle jetzt daneben den abstrakten, ohne Mythen geleiteten Menschen, die abstrakte Erziehung, die abstrakte Sitte, das abstrakte Recht, den abstrakten Staat: man vergegenwärtige sich das regellose, von keinem heimischen Mythus gezügelte Schweifen der künstlerischen Phantasie: man denke sich eine Kultur, die keinen festen und heiligen Ursitz hat, sondern alle Möglichkeiten zu erschöpfen und von allen Kulturen sich kümmerlich zu nähren verurteilt ist – das ist die Gegenwart, als das Resultat jenes auf Vernichtung des Mythus gerichteten Sokratismus. Und nun steht der mythenlose Mensch, ewig hungernd, unter allen Vergangenheiten und sucht grabend und wühlend nach Wurzeln, sei es daß er auch in den entlegensten Altertümern nach ihnen graben müßte. Worauf weist das ungeheure historische Bedürfnis der unbefriedigten modernen Kultur, das Umsichsammeln zahlloser anderer Kulturen, das verzehrende Erkennenwollen, wenn nicht auf den Verlust des Mythus, auf den Verlust der mythischen Heimat, des mythischen Mutterschoßes? Man frage sich, ob das fieberhafte und so unheimliche Sichregen dieser Kultur etwas anderes ist als das gierige Zugreifen und Nach-Nahrung-Haschen des Hungernden –

und wer möchte einer solchen Kultur noch etwas geben wollen, die durch alles, was sie verschlingt, nicht zu sättigen ist, und bei deren Berührung sich die kräftigste, heilsamste Nahrung in »Historie und Kritik« zu verwandeln pflegt?

Man müßte auch an unserem deutschen Wesen schmerzlich verzweifeln, wenn es bereits in gleicher Weise mit seiner Kultur unlösbar verstrickt, ja eins geworden wäre, wie wir das an dem zivilisierten Frankreich zu unserem Entsetzen beobachten können; und das, was lange Zeit der große Vorzug Frankreichs und die Ursache seines ungeheuren Übergewichts war, eben jenes Einssein von Volk und Kultur, dürfte uns, bei diesem Anblick, nötigen, darin das Glück zu preisen, daß diese unsere so fragwürdige Kultur bis jetzt mit dem edlen Kerne unseres Volkscharakters nichts gemein hat. Alle unsere Hoffnungen strecken sich vielmehr sehnsuchtsvoll nach jener Wahrnehmung aus, daß unter diesem unruhig auf und nieder zuckenden Kulturleben und Bildungskrampfe eine herrliche, innerlich gesunde, uralte Kraft verborgen liegt, die freilich nur in ungeheuren Momenten sich gewaltig einmal bewegt und dann wieder einem zukünftigen Erwachen entgegenträumt. Aus diesem Abgrunde ist die deutsche Reformation hervorgewachsen: in deren Choral die Zukunftsweise der deutschen Musik zuerst erklang. So tief, mutig und seelenvoll, so überschwänglich gut und zart tönte dieser Choral Luthers, als der erste dionysische Lockruf, der aus dichtverwachsenem Gebüsch, im Nahen des Frühlings, hervordringt. Ihm antwortete in wetteiferndem Widerhall jener weihevoll übermütige Festzug dionysischer Schwärmer, denen wir die deutsche Musik danken – und denen wir *die Wiedergeburt des deutschen Mythus* danken werden!

Ich weiß, daß ich jetzt den teilnehmend folgenden Freund auf einen hochgelegenen Ort einsamer Betrachtungen führen muß, wo er nur wenige Gefährten haben wird, und rufe ihm ermutigend zu, daß wir uns an unseren leuchtenden Führern, den Griechen, festzuhalten haben. Von ihnen haben wir bis jetzt, zur Reinigung unserer ästhetischen Erkenntnis, jene beiden Götterbilder entlehnt, von denen jedes ein gesondertes Kunstreich für sich beherrscht, und über deren gegenseitige Berührung und Steigerung wir durch die griechische Tragödie zu einer Ahnung kamen. Durch ein merkwürdiges Auseinanderreißen beider künstlerischer Urtriebe mußte uns der Untergang der griechischen Tragödie herbeigeführt erscheinen: mit welchem Vorgange eine Degeneration und Umwandlung des griechischen Volkscharakters im Einklang war, uns zu ernstem Nachdenken auffordernd, wie notwendig und eng die Kunst und das Volk, Mythus und Sitte, Tragödie und Staat, in ihren Fundamenten verwachsen sind. Jener Untergang der Tragödie war zugleich der Untergang des Mythus. Bis dahin waren die Griechen unwillkürlich genötigt, alles Erlebte sofort an ihre Mythen anzuknüpfen, ja es nur durch diese Anknüpfung zu begreifen: wodurch auch die nächste Gegenwart ihnen sofort *sub specie aeterni* und in gewissem Sinne als zeitlos erscheinen mußte. In diesen Strom des Zeitlosen aber tauchte sich ebenso der Staat wie die Kunst, um in ihm vor der Last und der Gier des Augenblicks Ruhe zu finden. Und gerade nur so viel ist ein Volk – wie übrigens auch ein Mensch – wert, als es auf seine Erlebnisse den Stempel des Ewigen zu drücken vermag: denn damit ist es gleichsam entweltlicht und zeigt seine unbewußte innerliche Überzeugung von der Relativität der Zeit und von der wahren, d. h. der metaphysischen Bedeutung des Lebens. Das Gegenteil davon tritt ein, wenn ein Volk anfängt, sich historisch zu begreifen und die mythischen Bollwerke um sich herum zu zertrümmern: womit gewöhnlich eine entschiedene Verweltlichung, ein Bruch mit der unbewußten Metaphysik seines früheren Daseins, in allen ethischen Konsequenzen, verbunden ist. Die griechische Kunst und vornehmlich die griechische Tragödie hielt vor allem die Vernichtung des Mythus auf: man mußte sie mit vernichten, um, losgelöst von dem heimischen Boden, ungezügelt in der Wildnis des Gedankens, der Sitte und der Tat leben zu können. Auch jetzt noch versucht jener metaphysische Trieb sich eine, wenngleich abgeschwächte Form der Verklärung zu schaffen, in dem zum Leben drängenden Sokratismus der Wissenschaft: aber auf den niederen Stufen führte derselbe Trieb nur zu einem fieberhaften Suchen, das sich allmählich in ein Pandämonium überallher zusammengehäufter Mythen und Superstitionen verlor: in dessen Mitte der Hellene dennoch ungestillten Herzens saß, bis er es verstand, mit griechischer Heiterkeit und griechischem Leichtsinn, als Graeculus, jenes Fieber zu maskieren oder in irgendeinem orientalisch dumpfen Aberglauben sich völlig zu betäuben.

Diesem Zustande haben wir uns, seit der Wiedererweckung des alexandrinisch-römischen Altertums im fünfzehnten Jahrhundert, nach einem langen schwer zu beschreibenden Zwischenakte, in der auffälligsten Weise angenähert. Auf den Höhen dieselbe überreiche Wissenslust, dasselbe ungesättigte Finderglück, diese ungeheure Verweltlichung, daneben ein heimatloses Herumschweifen, ein gieriges Sichdrängen an fremde Tische, eine leichtsinnige Vergötterung der Gegenwart oder stumpf betäubte Abkehr, alles *sub specie saeculi*, der »Jetztzeit«: welche gleichen Symptome auf einen gleichen Mangel im Herzen dieser Kultur zu raten geben, auf die Vernichtung des Mythus. Es scheint kaum möglich zu sein, mit dauerndem Erfolge einen fremden Mythus überzupflanzen, ohne den Baum durch dieses Überpflanzen heillos zu beschädigen: welcher vielleicht einmal stark und gesund genug ist, jenes fremde Element mit furchtbarem Kampfe wieder auszuscheiden, für gewöhnlich aber siech und verkümmert oder in krampfhaftem Wuchern sich verzehren muß. Wir halten so viel von dem reinen und kräftigen Kerne des deutschen Wesens, daß wir gerade von ihm jene Ausscheidung gewaltsam eingepflanzter fremder Elemente zu erwarten wagen und es für möglich erachten, daß der deutsche Geist sich auf sich selbst zurückbesinnt. Vielleicht wird mancher meinen, jener Geist müsse seinen Kampf mit der Ausscheidung des Romanischen beginnen: wozu er eine äußerliche Vorbereitung und Ermutigung in der siegreichen Tapferkeit und blutigen Glorie des letzten Krieges erkennen dürfte, die innerliche Nötigung aber in dem Wetteifer suchen muß, der erhabenen Vorkämpfer auf dieser Bahn, Luthers ebensowohl als unserer großen Künstler und Dichter, stets wert zu sein. Aber nie möge er glauben, ähnliche Kämpfe ohne seine Hausgötter, ohne seine mythische Heimat, ohne ein »Wiederbringen« aller deutschen Dinge, kämpfen zu können! Und wenn der Deutsche zagend sich nach einem Führer umblicken sollte, der ihn wieder in die längst verlorne Heimat zurückbringe, deren Wege und Stege er kaum mehr kennt – so mag er nur dem wonnig lockenden Rufe des dionysischen Vogels lauschen, der über ihm sich wiegt und ihm den Weg dahin deuten will.

24

Wir hatten unter den eigentümlichen Kunstwirkungen der musikalischen Tragödie eine apollinische *Täuschung* hervorzuheben, durch die wir vor dem unmittelbaren Einssein mit der dionysischen Musik gerettet werden sollen, während unsre musikalische Erregung sich auf einem apollinischen Gebiete und an einer dazwischengeschobenen sichtbaren Mittelwelt entladen kann. Dabei glaubten wir beobachtet zu haben, wie eben durch diese Entladung jene Mittelwelt des szenischen Vorgangs, überhaupt das Drama, in einem Grade von innen heraus sichtbar und verständlich wurde, der in aller sonstigen apollinischen Kunst unerreichbar ist: so daß wir hier, wo diese gleichsam durch den Geist der Musik beschwingt und emporgetragen war, die höchste Steigerung ihrer Kräfte und somit in jenem Bruderbunde des Apollo und des Dionysus die Spitze ebensowohl der apollinischen als der dionysischen Kunstabsichten anerkennen mußten.

Freilich erreichte das apollinische Lichtbild gerade bei der inneren Beleuchtung durch die Musik nicht die eigentümliche Wirkung der schwächeren Grade apollinischer Kunst; was das Epos oder der beseelte Stein vermögen, das anschauende Auge zu jenem ruhigen Entzücken an der Welt der *individuatio* zu zwingen, das wollte sich hier, trotz einer höheren Beseeltheit und Deutlichkeit, nicht erreichen lassen. Wir schauten das Drama an und drangen mit bohrendem Blick in seine innere bewegte Welt der Motive – und doch war uns, als ob nur ein Gleichnisbild an uns vorüberzöge, dessen tiefsten Sinn wir fast zu erraten glaubten und das wir, wie einen Vorhang, fortzuziehen wünschten, um hinter ihm das Urbild zu erblicken. Die hellste Deutlichkeit des Bildes genügte uns nicht: denn dieses schien ebensowohl etwas zu offenbaren als zu verhüllen; und während es mit seiner gleichnisartigen Offenbarung zum Zerreißen des Schleiers, zur Enthüllung des geheimnisvollen Hintergrundes aufzufordern schien, hielt wiederum gerade jene durchleuchtete Allsichtbarkeit das Auge gebannt und wehrte ihm, tiefer zu dringen.

Wer dies nicht erlebt hat, zugleich schauen zu müssen und zugleich über das Schauen hinaus sich zu sehnen, wird sich schwerlich vorstellen, wie bestimmt und klar diese beiden Prozesse bei der Betrachtung des tragischen Mythus nebeneinander bestehen und nebeneinander empfunden werden: während die wahrhaft ästhetischen Zuschauer mir bestätigen werden, daß unter den eigentümlichen Wirkungen der Tragödie jenes Nebeneinander die merkwürdigste sei. Man übertrage sich nun dieses Phänomen des ästhetischen Zuschauers in einen analogen Prozeß im tragischen Künstler, und man wird die Genesis des *tragischen Mythus* verstanden haben. Er teilt mit der apollinischen Kunstsphäre die volle Lust am Schein und am Schauen und zugleich verneint er diese Lust und hat eine noch höhere Befriedigung an der Vernichtung der sichtbaren Scheinwelt. Der Inhalt des tragischen Mythus ist zunächst ein episches Ereignis mit der Verherrlichung des kämpfenden Helden: woher stammt aber jener an sich rätselhafte Zug, daß das Leiden im Schicksale des Helden, die schmerzlichsten Überwindungen, die qualvollsten Gegensätze der Motive, kurz die Exemplifikation jener Weisheit des Silen, oder, ästhetisch ausgedrückt, das Häßliche und Disharmonische, in so zahllosen Formen, mit solcher Vorliebe immer von neuem dargestellt wird und gerade in dem üppigsten und jugendlichsten Alter eines Volkes, wenn nicht gerade an diesem allen eine höhere Lust perzipiert wird?

Denn daß es im Leben wirklich so tragisch zugeht, würde am wenigsten die Entstehung einer Kunstform erklären; wenn anders die Kunst nicht nur Nachahmung der Naturwirklichkeit, sondern gerade ein metaphysisches Supplement der Naturwirklichkeit ist, zu deren Überwindung neben sie gestellt. Der tragische Mythus, sofern er überhaupt zur Kunst gehört, nimmt auch vollen Anteil an dieser metaphysischen Verklärungsabsicht der Kunst überhaupt: was verklärt er aber, wenn er die Erscheinungswelt unter dem Bilde des leidenden Helden vorführt? Die »Realität« dieser Erscheinungswelt am wenigsten, denn er sagt uns gerade: »Seht hin! Seht genau hin! Dies ist euer Leben! Dies ist der Stundenzeiger an eurer Daseinsuhr!«

Und dieses Leben zeigte der Mythus, um es vor uns damit zu verklären? Wenn aber nicht, worin liegt dann die ästhetische Lust, mit der wir auch jene Bilder an uns vorüberziehen lassen? Ich frage nach der ästhetischen Lust und weiß recht wohl, daß viele dieser Bilder außerdem mitunter noch eine moralische Ergötzung, etwa unter der Form des Mitleidens oder eines sittlichen Triumphes, erzeugen können.

Wer die Wirkung des Tragischen aber allein aus diesen moralischen Quellen ableiten wollte, wie es freilich in der Ästhetik nur allzu lange üblich war, der mag nur nicht glauben, etwas für die Kunst damit getan zu haben: die vor allem Reinheit in ihrem Bereiche verlangen muß. Für die Erklärung des tragischen Mythus ist es gerade die erste Forderung, die ihm eigentümliche Lust in der rein ästhetischen Sphäre zu suchen, ohne in das Gebiet des Mitleids, der Furcht, des Sittlich-Erhabenen überzugreifen. Wie kann das Häßliche und das Disharmonische, der Inhalt des tragischen Mythus, eine ästhetische Lust erregen?

Hier nun wird es nötig, uns mit einem kühnen Anlauf in eine Metaphysik der Kunst hineinzuschwingen, indem ich den früheren Satz wiederhole, daß nur als ein ästhetisches Phänomen das Dasein und die Welt gerechtfertigt erscheint: in welchem Sinne uns gerade der tragische Mythus zu überzeugen hat, daß selbst das Häßliche und Disharmonische ein künstlerisches Spiel ist, welches der Wille, in der ewigen Fülle seiner Lust, mit sich selbst spielt. Dieses schwer zu fassende Urphänomen der dionysischen Kunst wird aber auf direktem Wege einzig verständlich und unmittelbar erfaßt in der wunderbaren Bedeutung der *musikalischen Dissonanz*: wie überhaupt die Musik, neben die Welt hingestellt, allein einen Begriff davon geben kann, was unter der Rechtfertigung der Welt als eines ästhetischen Phänomens zu verstehen ist. Die Lust, die der tragische Mythus erzeugt, hat eine gleiche Heimat, wie die lustvolle Empfindung der Dissonanz in der Musik. Das Dionysische, mit seiner selbst am Schmerz perzipierten Urlust, ist der gemeinsame Geburtsschoß der Musik und des tragischen Mythus.

Sollte sich nicht inzwischen dadurch, daß wir die Musikrelation der Dissonanz zu Hilfe nahmen, jenes schwierige Problem der tragischen Wirkung wesentlich erleichtert haben? Verstehen wir doch jetzt, was es heißen will, in der Tragödie zugleich schauen zu wollen und sich über das Schauen hinaus zu sehnen: welchen Zustand wir in betreff der künstlerisch verwendeten Dissonanz eben so zu charakterisieren hätten, daß wir hören wollen und über das Hören uns zugleich hinaussehnen. Jenes Streben ins Unendliche, der Flügelschlag der Sehnsucht, bei der höchsten Lust an der deutlich perzipierten Wirklichkeit, erinnern daran, daß wir in beiden Zuständen ein dionysisches Phänomen zu erkennen haben, das uns immer von neuem wieder das spielende Aufbauen und Zertrümmern der Individualwelt als den Ausfluß einer Urlust offenbart, in einer ähnlichen Weise, wie wenn von Heraklit dem Dunklen die weltbildende Kraft einem Kinde verglichen wird, das spielend Steine hin und her setzt und Sandhaufen aufbaut und wieder einwirft.

Um also die dionysische Befähigung eines Volkes richtig abzuschätzen, dürften wir nicht nur an die Musik des Volkes, sondern ebenso notwendig an den tragischen Mythus dieses Volkes als den zweiten Zeugen jener Befähigung zu denken haben. Es ist nun, bei dieser engsten Verwandtschaft zwischen Musik und Mythus, in gleicher Weise zu vermuten, daß mit einer Entartung und Depravation des einen eine Verkümmerung der anderen verbunden sein wird: wenn anders in der Schwächung des Mythus überhaupt eine Abschwächung des dionysischen Vermögens zum Ausdruck kommt. Über beides dürfte uns aber ein Blick auf die Entwicklung des deutschen Wesens nicht in Zweifel lassen: in der Oper wie in dem abstrakten Charakter unseres mythenlosen Daseins, in einer zur Ergötzlichkeit herabgesunkenen Kunst wie in einem vom Begriff geleiteten Leben, hatte sich uns jene gleich unkünstlerische, als am Leben zehrende Natur des sokratischen Optimismus enthüllt. Zu unserem Troste aber gab es Anzeichen dafür, daß trotzdem der deutsche Geist in herrlicher Gesundheit, Tiefe und dionysischer Kraft unzerstört, gleich einem zum Schlummer niedergesunknen Ritter, in einem unzugänglichen Abgrunde ruhe und träume: aus welchem Abgrunde zu uns das dionysische Lied emporsteigt, um uns zu verstehen zu geben, daß dieser deutsche Ritter auch jetzt noch seinen uralten dionysischen Mythus in selig-ernsten Visionen träumt. Glaube niemand, daß der deutsche Geist seine mythische Heimat auf ewig verloren habe, wenn er so deutlich noch die Vogelstimmen versteht, die von jener Heimat erzählen. Eines Tages wird er sich wach finden, in aller Morgenfrische eines ungeheuren Schlafes: dann wird er Drachen töten, die tückischen Zwerge vernichten und Brünnhilde erwecken – und Wotans Speer selbst wird seinen Weg nicht hemmen können!

Meine Freunde, ihr, die ihr an die dionysische Musik glaubt, ihr wißt auch, was für uns die Tragödie bedeutet. In ihr haben wir, wiedergeboren aus der Musik, den tragischen Mythus – und in ihm dürft ihr alles hoffen und das Schmerzlichste vergessen! Das Schmerzlichste aber ist für uns alle – die lange Entwürdigung, unter der der deutsche Genius, entfremdet von Haus und Heimat, im Dienst tückischer Zwerge lebte. Ihr versteht das Wort – wie ihr auch, zum Schluß, meine Hoffnungen verstehen werdet.

25

Musik und tragischer Mythus sind in gleicher Weise Ausdruck der dionysischen Befähigung eines Volkes und voneinander untrennbar. Beide entstammen einem Kunstbereiche, das jenseits des Apollinischen liegt; beide verklären eine Region, in deren Lustakkorden die Dissonanz ebenso wie das schreckliche Weltbild reizvoll verklingt; beide spielen mit dem Stachel der Unlust, ihren überaus mächtigen Zauberkünsten vertrauend; beide rechtfertigen durch dieses Spiel die Existenz selbst der »schlechtesten Welt«. Hier zeigt sich das Dionysische, an dem Apollinischen gemessen, als die ewige und ursprüngliche Kunstgewalt, die überhaupt die ganze Welt der Erscheinung ins Dasein ruft: in deren Mitte ein neuer Verklärungsschein nötig wird, um die belebte Welt der Individuation im Leben festzuhalten. Könnten wir uns eine Menschwerdung der Dissonanz denken – und was ist sonst der Mensch? –, so würde diese Dissonanz, um leben zu können, eine herrliche Illusion brauchen, die ihr einen Schönheitsschleier über ihr eignes Wesen decke. Dies ist die wahre Kunstabsicht des Apollo: in dessen Namen wir alle jene zahllosen Illusionen des schönen Scheins zusammenfassen, die in jedem Augenblick das Dasein überhaupt lebenswert machen und zum Erleben des nächsten Augenblicks drängen.

Dabei darf von jenem Fundamente aller Existenz, von dem dionysischen Untergrunde der Welt, genau nur soviel dem menschlichen Individuum ins Bewußtsein treten, als von jener apollinischen Verklärungskraft wieder überwunden werden kann, so daß diese beiden Kunsttriebe ihre Kräfte in strenger wechselseitiger Proportion, nach dem Gesetze ewiger Gerechtigkeit, zu entfalten genötigt sind. Wo sich die dionysischen Mächte so ungestüm erheben, wie wir dies erleben, da muß auch bereits Apollo, in eine Wolke gehüllt, zu uns herniedergestiegen sein; dessen üppigste Schönheitswirkungen wohl eine nächste Generation schauen wird.

Daß diese Wirkung aber nötig sei, dies würde jeder am sichersten, durch Intuition, nachempfinden, wenn er einmal, sei es auch im Traume, in eine althellenische Existenz sich zurückversetzt fühlte: im Wandeln unter hohen ionischen Säulengängen, aufwärtsblickend zu einem Horizont, der durch reine und edle Linien abgeschnitten ist, neben sich Wiederspiegelungen seiner verklärten Gestalt in leuchtendem Marmor, rings um sich feierlich schreitende oder zart bewegte Menschen, mit harmonisch tönenden Lauten und rhythmischer Gebärdensprache – würde er nicht, bei diesem fortwährenden Einströmen der Schönheit, zu Apollo die Hand erhebend ausrufen müssen: »Seliges Volk der Hellenen! Wie groß muß unter euch Dionysus sein, wenn der delische Gott solche Zauber für nötig hält, um euren dithyrambischen Wahnsinn zu heilen!« – Einem so Gestimmten dürfte aber ein greiser Athener, mit dem erhabenen Auge des Äschylus zu ihm aufblickend, entgegnen: »Sage aber auch dies, du wunderlicher Fremdling: wieviel mußte dies Volk leiden, um so schön werden zu können! Jetzt aber folge mir zur Tragödie und opfere mit mir im Tempel beider Gottheiten!«

UNZEITGEMÄSSE BETRACHTUNGEN

Erstes Stück

DAVID STRAUSS
DER BEKENNER UND DER SCHRIFTSTELLER

I

Die öffentliche Meinung in Deutschland scheint es fast zu verbieten, von den schlimmen und gefährlichen Folgen des Krieges, zumal eines siegreich beendeten Krieges zu reden: um so williger werden aber diejenigen Schriftsteller angehört, welche keine wichtigere Meinung als jene öffentliche kennen und deshalb wetteifernd beflissen sind, den Krieg zu preisen und den mächtigen Phänomenen seiner Einwirkung auf Sittlichkeit, Kultur und Kunst jubilierend nachzugehen. Trotzdem sei es gesagt: ein großer Sieg ist eine große Gefahr. Die menschliche Natur erträgt ihn schwerer als eine Niederlage; ja es scheint selbst leichter zu sein, einen solchen Sieg zu erringen, als ihn so zu ertragen, daß daraus keine schwerere Niederlage entsteht. Von allen schlimmen Folgen aber, die der letzte mit Frankreich geführte Krieg hinter sich dreinzieht, ist vielleicht die schlimmste ein weitverbreiteter, ja allgemeiner Irrtum: der Irrtum der öffentlichen Meinung und aller öffentlich Meinenden, daß auch die deutsche Kultur in jenem Kampfe gesiegt habe und deshalb jetzt mit den Kränzen geschmückt werden müsse, die so außerordentlichen Begebnissen und Erfolgen gemäß seien. Dieser Wahn ist höchst verderblich: nicht etwa weil er ein Wahn ist – denn es gibt die heilsamsten und segensreichsten Irrtümer – sondern weil er imstande ist, unseren Sieg in eine völlige Niederlage zu verwandeln: *in die Niederlage, ja Exstirpation des deutschen Geistes zugunsten des »deutschen Reiches«.*

Einmal bliebe immer, selbst angenommen, daß zwei Kulturen miteinander gekämpft hätten, der Maßstab für den Wert der siegenden ein sehr relativer und würde unter Verhältnissen durchaus nicht zu einem Siegesjubel oder zu einer Selbstglorifikation berechtigen. Denn es käme darauf an, zu wissen, was jene unterjochte Kultur wert gewesen wäre: vielleicht sehr wenig: in welchem Falle auch der Sieg, selbst bei pomphaftestem Waffenerfolge, für die siegende Kultur keine Aufforderung zum Triumphe enthielte. Andererseits kann, in unserem Falle, von einem Siege der deutschen Kultur aus den einfachsten Gründen nicht die Rede sein: weil die französische Kultur fortbesteht wie vorher, und wir von ihr abhängen wie vorher. Nicht einmal an dem Waffenerfolge hat sie mitgeholfen. Strenge Kriegszucht, natürliche Tapferkeit und Ausdauer, Überlegenheit der Führer, Einheit und Gehorsam unter den Geführten, kurz Elemente, die nichts mit der Kultur zu tun haben, verhalfen uns zum Siege über Gegner, denen die wichtigsten dieser Elemente fehlten: nur darüber kann man sich wundern, daß das, was sich jetzt in Deutschland »Kultur« nennt, so wenig hemmend zwischen diese militärischen Erfordernisse zu einem großen Erfolge getreten ist, vielleicht nur, weil dieses Kultur sich nennende Etwas es für sich vorteilhafter erachtete, sich diesmal dienstfertig zu erweisen. Läßt man es heranwachsen und fortwuchern, verwöhnt man es durch den schmeichelnden Wahn, daß es siegreich gewesen sei, so hat es die Kraft, den deutschen Geist, wie ich sagte, zu exstirpieren – und wer weiß, ob dann noch etwas mit dem übrig bleibenden deutschen Körper anzufangen ist!

Sollte es möglich sein, jene gleichmütige und zähe Tapferkeit, welche der Deutsche dem pathetischen und plötzlichen Ungestüm des Franzosen entgegenstellte, gegen den inneren Feind, gegen jene höchst zweideutige und jedenfalls unnationale »Gebildetheit« wachzurufen, die jetzt in Deutschland, mit gefährlichem Mißverstande, Kultur genannt wird: so ist nicht alle Hoffnung auf eine wirkliche echte deutsche Bildung, den Gegensatz jener Gebildetheit, verloren: denn an den einsichtigsten und kühnsten Führern und Feldherrn hat es den Deutschen nie gemangelt – nur daß diesen oftmals die Deutschen fehlten. Aber ob es möglich ist, der deutschen Tapferkeit jene neue Richtung zu geben, wird mir immer zweifelhafter und, nach dem Kriege, täglich unwahrscheinlicher; denn ich sehe, wie jedermann überzeugt ist, daß es eines Kampfes und einer solchen Tapferkeit gar nicht mehr bedürfe, daß vielmehr das meiste so schön wie möglich geordnet und jedenfalls alles, was not tut, längst gefunden und getan sei, kurz daß die beste Saat der Kultur überall teils ausgesät sei, teils in frischem Grün und hier und da sogar in üppiger Blüte stehe. Auf diesem Gebiete gibt es nicht nur Zufriedenheit; hier gibt es Glück und Taumel. Ich empfinde diesen Taumel und dieses Glück in dem unvergleichlich zuversichtlichen Benehmen der deutschen Zeitungsschreiber und Roman-, Tragödien-, Lied- und Historienfabrikanten: denn dies ist doch ersichtlich eine zusammengehörige Gesellschaft, die sich verschworen zu haben scheint, sich der Muße- und Verdauungsstunden des modernen Menschen, das heißt seiner »Kulturmomente« zu bemächtigen und ihn in diesen durch bedrucktes Papier zu betäuben. An dieser Gesellschaft ist jetzt, seit dem Kriege, alles Glück, Würde und Selbstbewußtsein: sie fühlt sich, nach solchen »Erfolgen der deutschen Kultur«, nicht nur bestätigt und sanktioniert, sondern beinahe sakrosankt, spricht deshalb feierlicher, liebt die Anrede an das deutsche Volk, gibt nach Klassiker-Art gesammelte Werke heraus und proklamiert auch wirklich in den ihr zu Diensten stehenden Weltblättern einzelne aus ihrer Mitte als die neuen deutschen Klassiker und Musterschriftsteller. Man sollte vielleicht erwarten, daß die Gefahren eines derartigen *Mißbrauchs des Erfolges* von dem besonneneren und belehrteren Teile der deutschen Gebildeten erkannt, oder daß mindestens das Peinliche des gegebenen Schauspieles gefühlt werden müßte: denn was kann peinlicher sein, als zu sehen, daß der Mißgestaltete gespreizt wie ein Hahn vor dem Spiegel steht und mit seinem Bilde bewundernde Blicke austauscht. Aber die gelehrten Stände lassen gern geschehn, was geschieht, und haben selbst genug mit sich zu tun, als daß sie die Sorge für den deutschen Geist noch auf sich nehmen könnten. Dazu sind ihre Mitglieder mit dem höchsten Grade von Sicherheit überzeugt, daß ihre eigene Bildung die reifste und schönste Frucht der Zeit, ja aller Zeiten sei, und verstehn eine Sorge um die allgemeine deutsche Bildung deshalb gar nicht, weil sie bei sich selbst und den zahllosen Ihresgleichen über alle Sorgen dieser Art weit hinaus sind. Dem sorgsameren Betrachter, zumal wenn er Ausländer ist, kann es übrigens nicht entgehen, daß zwischen dem, was jetzt der deutsche Gelehrte seine Bildung nennt, und jener triumphierenden Bildung der neuen deutschen Klassiker ein Gegensatz nur in Hinsicht auf das Quantum des Wissens besteht: überall wo nicht das Wissen, sondern das Können, wo nicht die Kunde, sondern die Kunst in Frage kommt, also überall, wo das Leben von der Art der Bildung Zeugnis ablegen soll, gibt es jetzt nur *eine* deutsche Bildung – und diese sollte über Frankreich gesiegt haben?

Diese Behauptung erscheint so völlig unbegreiflich: gerade in dem umfassenderen Wissen der deutschen Offiziere, in der größeren Belehrtheit der deutschen Mannschaften, in der wissenschaftlicheren Kriegführung ist von allen unbefangenen Richtern und schließlich von den Franzosen selbst der entscheidende Vorzug erkannt worden. In welchem Sinne kann aber noch die deutsche Bildung gesiegt haben wollen, wenn man von ihr die deutsche Belehrtheit sondern wollte? In keinem: denn die moralischen Qualitäten der strengeren Zucht, des ruhigeren Gehorsams haben mit der Bildung nichts zu tun und zeichneten zum Beispiel die mazedonischen Heere den unvergleichlich gebildeteren Griechenheeren gegenüber aus. Es kann nur eine Verwechslung sein, wenn man von dem Siege der deutschen Bildung und Kultur spricht, eine Verwechselung, die darauf beruht, daß in Deutschland der reine Begriff der Kultur verlorengegangen ist.

Kultur ist vor allem Einheit des künstlerischen Stiles in allen Lebensäußerungen eines Volkes. Vieles Wissen und Gelernthaben ist aber weder ein notwendiges Mittel der Kultur, noch ein Zeichen derselben und verträgt sich nötigenfalls auf das beste mit dem Gegensatze der Kultur, der Barbarei, das heißt: der Stillosigkeit oder dem chaotischen Durcheinander aller Stile.

In diesem chaotischen Durcheinander aller Stile lebt aber der Deutsche unserer Tage: und es bleibt ein ernstes Problem, wie es ihm doch möglich sein kann, dies bei aller seiner Belehrtheit nicht zu merken und sich noch dazu seiner gegenwärtigen »Bildung« recht von Herzen zu freuen. Alles sollte ihn doch belehren: ein jeder Blick auf seine Kleidung, seine Zimmer, sein Haus, ein jeder Gang durch die Straßen seiner Städte, eine jede Einkehr in den Magazinen der Kunstmodehändler; inmitten des geselligen Verkehrs sollte er sich des Ursprunges seiner Manieren und Bewegungen, inmitten unserer Kunstanstalten, Konzert-, Theater- und Musenfreuden sich des grotesken Neben- und Übereinander aller möglichen Stile bewußt werden. Die Formen, Farben, Produkte und Kuriositäten aller Zeiten und aller Zonen häuft der Deutsche um sich auf und bringt dadurch jene moderne Jahrmarkts-Buntheit hervor, die seine Gelehrten nun wiederum als das »Moderne an sich« zu betrachten und zu formulieren haben; er selbst bleibt ruhig in diesem Tumult aller Stile sitzen. Mit dieser Art von

»Kultur«, die doch nur eine phlegmatische Gefühllosigkeit für die Kultur ist, kann man aber keine Feinde bezwingen, am wenigsten solche, die, wie die Franzosen, eine wirkliche, produktive Kultur, gleichviel von welchem Werte, haben, und denen wir bisher alles, meistens noch dazu ohne Geschick, nachgemacht haben.

Hätten wir wirklich aufgehört, sie nachzuahmen, so würden wir damit noch nicht über sie gesiegt, sondern uns nur von ihnen befreit haben: erst dann, wenn wir ihnen eine originale deutsche Kultur aufgezwungen hätten, dürfte auch von einem Triumphe der deutschen Kultur die Rede sein. Inzwischen beachten wir, daß wir von Paris nach wie vor in allen Angelegenheiten der Form abhängen – und abhängen müssen: denn bis jetzt gibt es keine deutsche originale Kultur.

Dies sollten wir alle von uns selbst wissen: zudem hat es einer von den wenigen, die ein Recht hatten, es im Tone des Vorwurfs den Deutschen zu sagen, auch öffentlich verraten. »Wir Deutsche sind von gestern« sagte Goethe einmal zu Eckermann, »wir haben zwar seit einem Jahrhundert ganz tüchtig kultiviert, allein es können noch ein paar Jahrhunderte hingehen, ehe bei unseren Landsleuten so viel Geist und höhere Kultur eindringe und allgemein werde, daß man von ihnen wird sagen können, es sei lange her, *daß sie Barbaren gewesen.*«

2

Wenn aber unser öffentliches und privates Leben so ersichtlich nicht mit dem Gepräge einer produktiven und stilvollen Kultur bezeichnet ist, wenn noch dazu unsere großen Künstler diese ungeheure und für ein begabtes Volk tief beschämende Tatsache mit dem ernstesten Nachdruck und mit der Ehrlichkeit, die der Größe zu eigen ist, eingestanden haben und eingestehen, wie ist es dann doch möglich, daß unter den deutschen Gebildeten trotzdem die größte Zufriedenheit herrscht: eine Zufriedenheit, die, seit dem letzten Kriege, sogar fortwährend sich bereit zeigt, in übermütiges Jauchzen auszubrechen und zum Triumphe zu werden. Man lebt jedenfalls in dem Glauben, eine echte Kultur zu haben: der ungeheure Kontrast dieses zufriedenen, ja triumphierenden Glaubens und eines offenkundigen Defektes scheint nur noch den Wenigsten und Seltensten überhaupt bemerkbar zu sein. Denn alles, was mit der öffentlichen Meinung meint, hat sich die Augen verbunden und die Ohren verstopft – jener Kontrast soll nun einmal nicht dasein. Wie ist dies möglich? Welche Kraft ist so mächtig, ein solches »soll nicht« vorzuschreiben? Welche Gattung von Menschen muß in Deutschland zur Herrschaft gekommen sein, um so starke und einfache Gefühle verbieten oder doch ihren Ausdruck verhindern zu können? Diese Macht, diese Gattung von Menschen will ich bei Namen nennen – es sind die *Bildungsphilister*.

Das Wort Philister ist bekanntlich dem Studentenleben entnommen und bezeichnet in seinem weiteren, doch ganz populären Sinne den Gegensatz des Musensohnes, des Künstlers, des echten Kulturmenschen. Der Bildungsphilister aber – dessen Typus zu studieren, dessen Bekenntnisse, wenn er sie macht, anzuhören jetzt zur leidigen Pflicht wird – unterscheidet sich von der allgemeinen Idee der Gattung »Philister« durch einen Aberglauben: er wähnt selber Musensohn und Kulturmensch zu sein; ein unbegreiflicher Wahn, aus dem hervorgeht, daß er gar nicht weiß, was der Philister und was sein Gegensatz ist: weshalb wir uns nicht wundern werden, wenn er meistens es feierlich verschwört, Philister zu sein. Er fühlt sich, bei diesem Mangel jeder Selbsterkenntnis, fest überzeugt, daß seine »Bildung« gerade der satte Ausdruck der rechten deutschen Kultur sei: und da er überall Gebildete seiner Art vorfindet und alle öffentlichen Institutionen, Schul-, Bildungs- und Kunstanstalten gemäß seiner Gebildetheit und nach seinen Bedürfnissen eingerichtet findet, so trägt er auch überallhin das siegreiche Gefühl mit sich herum, der würdige Vertreter der jetzigen deutschen Kultur zu sein, und macht dementsprechend seine Forderungen und Ansprüche. Wenn nun die wahre Kultur jedenfalls Einheit des Stiles voraussetzt, und selbst eine schlechte und entartete Kultur nicht ohne die zur Harmonie *eines* Stiles zusammenlaufende Mannigfaltigkeit gedacht werden darf, so mag wohl die Verwechslung in jenem Wahne des Bildungsphilisters daher rühren, daß er überall das gleichförmige Gepräge seiner selbst wiederfindet und nun aus diesem gleichförmigen Gepräge aller »Gebildeten« auf eine Stileinheit der deutschen Bildung, kurz auf eine Kultur schließt. Er nimmt um sich herum lauter gleiche Bedürfnisse und ähnliche Ansichten wahr; wohin er tritt, umfängt ihn auch sofort das Band einer stillschweigenden

Konvention über viele Dinge, besonders in betreff der Religions- und der Kunstangelegenheiten: diese imponierende Gleichartigkeit, dieses nicht befohlene und doch sofort losbrechende *tutti unisono* verführt ihn zu dem Glauben, daß hier eine Kultur walten möge. Aber die systematische und zur Herrschaft gebrachte Philisterei ist deshalb, weil sie System hat, noch nicht Kultur und nicht einmal schlechte Kultur, sondern immer nur das Gegenstück derselben, nämlich dauerhaft begründete Barbarei. Denn alle jene Einheit des Gepräges, die uns bei jedem Gebildeten der deutschen Gegenwart so gleichmäßig in die Augen fällt, wird Einheit nur durch das bewußte oder unbewußte Ausschließen und Negieren aller künstlerisch produktiven Formen und Forderungen eines wahren Stils. Eine unglückliche Verdrehung muß im Gehirne des gebildeten Philisters vor sich gegangen sein: er hält gerade das, was die Kultur verneint, für die Kultur, und da er konsequent verfährt, so bekommt er endlich eine zusammenhängende Gruppe von solchen Verneinungen, ein System der Nicht-Kultur, der man selbst eine gewisse »Einheit des Stils« zugestehen dürfte, falls es nämlich noch einen Sinn hat, von einer stilisierten Barbarei zu reden. Ist ihm die Entscheidung freigegeben zwischen einer stilgemäßen Handlung und einer entgegengesetzten, so greift er immer nach der letzteren, und weil er immer nach ihr greift, so ist allen seinen Handlungen ein negativ gleichartiges Gepräge aufgedrückt. An diesem gerade erkennt er den Charakter der von ihm patentierten »deutschen Kultur«: an der Nichtübereinstimmung mit diesem Gepräge mißt er das ihm Feindselige und Widerstrebende. Der Bildungsphilister wehrt in solchem Falle nur ab, verneint, sekretiert, verstopft sich die Ohren, sieht nicht hin, er ist ein negatives Wesen, auch in seinem Hasse und seiner Feindschaft. Er haßt aber keinen mehr als den, der ihn als Philister behandelt und ihm sagt, was er ist: das Hindernis aller Kräftigen und Schaffenden, das Labyrinth aller Zweifelnden und Verirrten, der Morast aller Ermatteten, die Fußfessel aller nach hohen Zielen Laufenden, der giftige Nebel aller frischen Keime, die ausdorrende Sandwüste des suchenden und nach neuem Leben lechzenden deutschen Geistes. Denn er *sucht*, dieser deutsche Geist! und ihr haßt ihn deshalb, weil er sucht, und weil er euch nicht glauben will, daß ihr schon gefunden habt, wonach er sucht. Wie ist es nur möglich, daß ein solcher Typus, wie der des Bildungsphilisters, entstehen und, falls er entstand, zu der Macht eines obersten Richters über alle deutschen Kulturprobleme heranwachsen konnte; wie ist dies möglich, nachdem an uns eine Reihe von großen heroischen Gestalten vorübergegangen ist, die in allen ihren Bewegungen, ihrem ganzen Gesichtsausdrucke, ihrer fragenden Stimme, ihrem flammenden Auge nur eins verrieten: *daß sie Suchende waren*, und daß sie eben das inbrünstig und mit ernster Beharrlichkeit suchten, was der Bildungsphilister zu besitzen wähnt: die echte, ursprüngliche deutsche Kultur. Gibt es einen Boden, schienen sie zu fragen, der so rein, so unberührt, von so jungfräulicher Heiligkeit ist, daß auf ihm und auf keinem anderen der deutsche Geist sein Haus baue? So fragend zogen sie durch die Wildnis und das Gestrüpp elender Zeiten und enger Zustände, und als Suchende entschwanden sie unseren Blicken: so daß einer von ihnen, für alle, im hohen Alter sagen konnte: »ich habe es mir ein halbes Jahrhundert lang sauer genug werden lassen und mir keine Erholung gegönnt, sondern immer gestrebt und geforscht und getan, so gut und so viel ich konnte«.

Was urteilt aber unsere Philisterbildung über diese Suchenden? Sie nimmt sie einfach als Findende und scheint zu vergessen, daß jene selbst sich nur als Suchende fühlten. Wir haben ja unsere Kultur, heißt es dann, denn wir haben ja unsere »Klassiker«, das Fundament ist nicht nur da, nein auch der Bau steht schon auf ihm gegründet – wir selbst sind dieser Bau. Dabei greift der Philister an die eigene Stirn.

Um aber unsere Klassiker so falsch beurteilen und so beschimpfend ehren zu können, muß man sie gar nicht mehr kennen: und dies ist die allgemeine Tatsache. Denn sonst müßte man wissen, daß es nur eine Art gibt, sie zu ehren, nämlich dadurch, daß man fortfährt, in ihrem Geiste und mit ihrem Mute zu suchen, und dabei nicht müde wird. Dagegen ihnen das so nachdenkliche Wort »Klassiker« anzuhängen und sich von Zeit zu Zeit einmal an ihren Werken zu »erbauen«, das heißt, sich jenen matten und egoistischen Regungen überlassen, die unsere Konzertsäle und Theaterräume jedem Bezahlenden versprechen; auch wohl Bildsäulen stiften und mit ihrem Namen Feste und Vereine bezeichnen – das alles sind nur klingende Abzahlungen, durch die der Bildungsphilister sich mit ihnen auseinandersetzt, um

im übrigen sie nicht mehr zu kennen, und um vor allem nicht nachfolgen und weiter suchen zu müssen. Denn: es darf nicht mehr gesucht
werden; das ist die Philisterlosung.

Diese Losung hatte einst einen gewissen Sinn: damals als in dem
ersten Jahrzehnt dieses Jahrhunderts in Deutschland ein so mannig-
faches und verwirrendes Suchen, Experimentieren, Zerstören, Verheißen, Ahnen, Hoffen begann und durcheinanderwogte, daß dem
geistigen Mittelstande mit Recht bange um sich selbst werden mußte.
Mit Recht lehnte er damals das Gebräu phantastischer und sprach-
verrenkender Philosophien und schwärmerisch-zweckbewußter Geschichtsbetrachtung, den Karneval aller Götter und Mythen, den die
Romantiker zusammenbrachten, und die im Rausch ersonnenen dichterischen Moden und Tollheiten achselzuckend ab, mit Recht, weil
der Philister nicht einmal zu einer Ausschweifung das Recht hat. Er
benutzte aber die Gelegenheit, mit jener Verschmitztheit geringerer
Naturen, das Suchen überhaupt zu verdächtigen und zum bequemen
Finden aufzufordern. Sein Auge erschloß sich für das Philisterglück:
aus all dem wilden Experimentieren rettete er sich ins Idyllische und
setzte dem unruhig schaffenden Trieb des Künstlers ein gewisses Behagen entgegen, ein Behagen an der eigenen Enge, der eigenen Ungestörtheit, ja an der eigenen Beschränktheit. Sein langgestreckter Finger
wies, ohne jede unnütze Verschämtheit, auf alle verborgenen und
heimlichen Winkel seines Lebens, auf die vielen rührenden und naiven Freuden, welche in der kümmerlichsten Tiefe der unkultivierten
Existenz und gleichsam auf dem Moorgrunde des Philisterdaseins als
bescheidene Blumen aufwuchsen.

Es fanden sich eigene darstellende Talente, welche das Glück, die
Heimlichkeit, die Alltäglichkeit, die bäuerische Gesundheit und alles
Behagen, welches über Kinder-, Gelehrten- und Bauernstuben ausgebreitet ist, mit zierlichem Pinsel nachmalten. Mit solchen Bilderbüchern
der Wirklichkeit in den Händen suchten die Behaglichen nun auch
ein für allemal ein Abkommen mit den bedenklichen Klassikern und
den von ihnen ausgehenden Aufforderungen zum Weitersuchen zu
finden; sie erdachten den Begriff des Epigonen-Zeitalters, nur um
Ruhe zu haben und bei allem unbequemen Neueren sofort mit dem
ablehnenden Verdikt »Epigonenwerk« bereit sein zu können. Eben

diese Behaglichen bemächtigten sich zu demselben Zwecke, um ihre Ruhe zu garantieren, der Geschichte und suchten alle Wissenschaften, von denen etwa noch Störungen der Behaglichkeit zu erwarten waren, in historische Disziplinen umzuwandeln, zumal die Philosophie und die klassische Philologie. Durch das historische Bewußtsein retteten sie sich vor dem Enthusiasmus, – denn nicht mehr diesen sollte die Geschichte erzeugen, wie doch Goethe vermeinen durfte: sondern gerade die Abstumpfung ist jetzt das Ziel dieser unphilosophischen Bewunderer des *nil admirari*, wenn sie alles historisch zu begreifen suchen. Während man vorgab, den Fanatismus und die Intoleranz in jeder Form zu hassen, haßte man im Grunde den dominierenden Genius und die Tyrannis wirklicher Kulturforderungen; und deshalb wandte man alle Kräfte darauf hin, überall dort zu lähmen, abzustumpfen oder aufzulösen, wo etwa frische und mächtige Bewegungen zu erwarten standen. Eine Philosophie, die unter krausen Schnörkeln das Philisterbekenntnis ihres Urhebers koïsch verhüllte, erfand noch dazu eine Formel für die Vergötterung der Alltäglichkeit: sie sprach von der Vernünftigkeit alles Wirklichen und schmeichelte sich damit bei dem Bildungsphilister ein, der auch krause Schnörkeleien liebt, vor allem aber sich allein als wirklich begreift und seine Wirklichkeit als das Maß der Vernunft in der Welt behandelt. Er erlaubte jetzt jedem und sich selbst, etwas nachzudenken, zu forschen, zu ästhetisieren, vor allem zu dichten und zu musizieren, auch Bilder zu machen, sowie ganze Philosophien: nur mußte um Gotteswillen bei uns alles beim alten bleiben, nur durfte um keinen Preis an dem »Vernünftigen« und an dem »Wirklichen«, das heißt an dem Philister gerüttelt werden. Dieser hat es zwar ganz gern, von Zeit zu Zeit sich den anmutigen und verwegenen Ausschreitungen der Kunst und einer skeptischen Historiographie zu überlassen, und schätzt den Reiz solcher Zerstreuungs- und Unterhaltungsobjekte nicht gering; aber er trennt streng den »Ernst des Lebens«, soll heißen den Beruf, das Geschäft, samt Weib und Kind, ab von dem Spaß: und zu letzterem gehört ungefähr alles, was die Kultur betrifft. Daher wehe einer Kunst, die selbst ernst zu machen anfängt und Forderungen stellt, die seinen Erwerb, sein Geschäft und seine Gewohnheiten, das heißt also seinen Philisterernst antasten – von einer solchen Kunst wendet er die Augen ab, als ob er etwas Unzüchtiges sähe, und warnt mit der Miene eines Keuschheitswächters jede schutzbedürftige Tugend, nur ja nicht hinzusehen.

Zeigt er sich so beredt im Abraten, so ist er dankbar gegen den Künstler, der auf ihn hört und sich abraten läßt; ihm gibt er zu verstehen, daß man es mit ihm leichter und lässiger nehmen wolle, und daß man von ihm, dem bewährten Gesinnungsfreunde, gar keine sublimen Meisterwerke fordere, sondern nur zweierlei: entweder Nachahmung der Wirklichkeit bis zum Äffischen, in Idyllen oder sanftmütigen humoristischen Satiren, oder freie Kopien der anerkanntesten und berühmtesten Werke der Klassiker, doch mit verschämten Indulgenzen an den Zeitgeschmack. Wenn er nämlich nur die epigonenhafte Nachahmung oder die ikonische Porträttreue des Gegenwärtigen schätzt, so weiß er, daß die letztere ihn selbst verherrlicht und das Behagen am »Wirklichen« mehrt, die erstere ihm nicht schadet, sogar seinem Ruf als dem eines klassischen Geschmacksrichters förderlich ist, und im übrigen keine neue Mühe macht, weil er sich bereits mit den Klassikern selbst ein für allemal abgefunden hat. Zuletzt erfindet er noch für seine Gewöhnungen, Betrachtungsarten, Ablehnungen und Begünstigungen die allgemein wirksame Formel »Gesundheit« und beseitigt mit der Verdächtigung, krank und überspannt zu sein, jeden unbequemen Störenfried. So redet David Strauß, ein rechter *satisfait* unsrer Bildungszustände und typischer Philister, einmal mit charakteristischer Redewendung von »Arthur Schopenhauers zwar durchweg geistvollem, doch vielfach ungesundem und unersprießlichem Philosophieren«. Es ist nämlich eine fatale Tatsache, daß sich »der Geist« mit besonderer Sympathie auf die »Ungesunden und Unersprießlichen« niederzulassen pflegt, und daß selbst der Philister, wenn er einmal *ehrlich* gegen sich ist, bei den Philosophemen, die seinesgleichen zur Welt und zu Markte bringt, so etwas empfindet von vielfach geistlosem, doch durchweg gesundem und ersprießlichem Philosophieren.

Hier und da werden nämlich die Philister, vorausgesetzt, daß sie unter sich sind, des Weines pflegen und der großen Kriegstaten gedenken, ehrlich, redselig und naiv; dann kommt mancherlei ans Licht, was sonst ängstlich verborgen wird, und gelegentlich plaudert selbst einer die Grundgeheimnisse der ganzen Brüderschaft aus. Einen solchen Moment hat ganz neuerdings einmal ein namhafter Ästhetiker aus der Hegelschen Vernünftigkeits-Schule gehabt. Der Anlaß war freilich ungewöhnlich genug: man feierte im lauten Philisterkreise das Andenken eines wahren und echten Nicht-Philisters, noch dazu eines solchen, der im allerstrengsten Sinne des Wortes an den Philistern zugrunde gegangen ist: das Andenken des herrlichen Hölderlin, und der bekannte Ästhetiker hatte deshalb ein Recht, bei dieser Gelegenheit von den tragischen Seelen zu reden, die an der »Wirklichkeit« zugrunde gehen, das Wort Wirklichkeit nämlich in jenem erwähnten Sinne als Philister-Vernunft verstanden. Aber die »Wirklichkeit« ist eine andere geworden: die Frage mag gestellt werden, ob sich Hölderlin wohl in der gegenwärtigen großen Zeit zurechtfinden würde. »Ich weiß nicht«, sagte Fr. Vischer, »ob seine weiche Seele so viel Rauhes, das an jedem Kriege ist, ob sie soviel des Verdorbenen ausgehalten hätte, das wir nach dem Kriege auf den verschiedensten Gebieten fortschreiten sehen. Vielleicht wäre er wieder in die Trostlosigkeit zurückgesunken. Er war eine der unbewaffneten Seelen, er war der Werther Griechenlands, ein hoffnungslos Verliebter; es war ein Leben voll Weichheit und Sehnsucht, aber auch Kraft und Inhalt war in seinem Willen, und Größe, Fülle und Leben in seinem Stil, der da und dort sogar an Äschylus gemahnt. Nur hatte sein Geist zu wenig vom Harten; es fehlte ihm als Waffe der Humor; *er konnte es nicht ertragen, daß man noch kein Barbar ist, wenn man ein Philister ist.*« Dieses letzte Bekenntnis, nicht die süßliche Beileidsbezeigung des Tischredners geht uns etwas an. Ja, man gibt zu, Philister zu sein, – aber Barbar! Um keinen Preis. Der arme Hölderlin hat leider nicht so fein unterscheiden können. Wenn man freilich bei dem Worte Barbarei an den Gegensatz der Zivilisation und vielleicht gar an Seeräuberei und Menschenfresser denkt, so ist jene Unterscheidung mit Recht gemacht; aber ersichtlich will der Ästhetiker uns sagen: man kann Philister sein und doch Kulturmensch – darin liegt der Humor, der dem armen Hölderlin fehlte, an dessen Mangel er zugrunde ging.

Bei dieser Gelegenheit entfiel dem Redner noch ein zweites Geständnis: »Es ist nicht immer Willenskraft, *sondern Schwachheit*, was *uns* über die von den tragischen Seelen so tiefgefühlte Begierde zum Schönen hinüberbringt« – so ungefähr lautete das Bekenntnis, abgelegt im Namen der versammelten »Wir«, das heißt der »Hinübergebrachten«, der »durch Schwachheit Hinübergebrachten«! Begnügen wir uns mit diesen Geständnissen! Jetzt wissen wir ja zweierlei durch den Mund eines Eingeweihten: einmal, daß diese »Wir« über die Sehnsucht zum Schönen wirklich hinweg-, ja sogar hinübergebracht sind, und zweitens: durch Schwachheit! Eben diese Schwachheit hatte sonst in weniger indiskreten Momenten einen schöneren Namen: es war die berühmte »Gesundheit« der Bildungsphilister. Nach dieser allerneuesten Belehrung möchte es sich aber empfehlen, nicht mehr von ihnen als den »Gesunden« zu reden, sondern von den *Schwächlichen* oder, mit Steigerung, von den *Schwachen*. Wenn diese Schwachen nur nicht die Macht hätten! Was kann es sie angehen, wie man sie nennt! Denn sie sind die Herrschenden, und das ist kein echter Herrscher, der nicht einen Spottnamen vertragen kann. Ja, wenn man nur die Macht hat, lernt man wohl gar über sich selbst zu spotten. Es kam dann nicht viel darauf an, ob man sich eine Blöße gibt: denn was bedeckt nicht der Purpur! was nicht der Triumphmantel! Die Stärke des Bildungsphilisters kommt ans Licht, wenn er seine Schwachheit eingesteht: und je mehr und je zynischer er eingesteht, um so deutlicher verrät sich, wie wichtig er sich nimmt und wie überlegen er sich fühlt. Es ist die Periode der zynischen Philisterbekenntnisse. Wie Friedrich Vischer mit einem Worte, so hat David Strauß mit einem Buche Bekenntnisse gemacht: und zynisch ist jenes Wort und dieses Bekenntnisbuch.

3

Auf doppelte Weise macht David Strauß über jene Philister-Bildung Bekenntnisse, durch das Wort und durch die Tat, nämlich durch *das Wort des Bekenners und die Tat des Schriftstellers*. Sein Buch mit dem Titel »der alte und der neue Glaube« ist einmal durch seinen Inhalt und sodann als Buch und schriftstellerisches Produkt eine ununterbrochene Konfession; und schon darin, daß er sich erlaubt, öffentlich Konfessionen über seinen Glauben zu machen, liegt eine Konfession. – Das Recht, nach seinem vierzigsten Jahre seine Biographie zu schreiben, mag jeder haben, denn auch der Geringste kann etwas erlebt und in größerer Nähe gesehen haben, was dem Denker wertvoll und beachtenswert ist. Aber ein Bekenntnis über seinen Glauben abzulegen, muß als unvergleichlich anspruchsvoller gelten: weil es voraussetzt, daß der Bekennende nicht nur auf das, was er während seines Daseins erlebt oder erforscht oder gesehen hat, Wert legt, sondern sogar auf das, was er geglaubt hat. Nun wird der eigentliche Denker zu allerletzt zu wissen wünschen, was alles solche Straußennaturen als ihren Glauben vertragen, und was sie über Dinge in sich »halbträumerisch zusammengedacht haben« (S. 10), über die nur der zu reden ein Recht hat, der von ihnen aus erster Hand weiß. Wer hätte ein Bedürfnis nach dem Glaubensbekenntnisse eines Ranke oder Mommsen, die übrigens noch ganz andere Gelehrte und Historiker sind, als David Strauß es war: die aber doch, sobald sie uns von ihrem Glauben und nicht von ihren wissenschaftlichen Erkenntnissen unterhalten wollten, in ärgerlicher Weise ihre Schranken überschreiten würden. Dies aber tut Strauß, wenn er von seinem Glauben erzählt. Niemand hat ein Verlangen, darüber etwas zu wissen, als vielleicht einige borniete Widersacher der Straußschen Erkenntnisse, die hinter denselben wahrhaft satanische Glaubenssätze wittern und es wünschen müssen, daß Strauß durch Kundgebung solcher satanischer Hintergedanken seine gelehrten Behauptungen kompromittiere. Vielleicht haben diese groben Burschen sogar bei dem neuen Buche ihre Rechnung gefunden; wir anderen, die wir solche satanische Hintergedanken zu wittern keinen Anlaß hatten, haben auch nichts der Art gefunden und würden sogar, wenn es ein wenig satanischer zuginge, keineswegs unzufrieden sein. Denn so wie Strauß von seinem neuen Glauben redet, redet gewiß kein böser Geist: aber überhaupt kein Geist, am wenigsten ein wirklicher Genius. Sondern so reden allein jene Menschen, welche Strauß als seine »Wir« uns vorstellt, und die uns, wenn sie uns ihren Glauben erzählen, noch mehr langweilen, als wenn sie uns ihre Träume erzählen, mögen sie nun »Gelehrte oder Künstler, Beamte oder Militärs, Gewerbetreibende oder Gutsbesitzer sein und zu Tausenden, und nicht als die Schlechtesten im Lande leben«. Wenn sie nicht die Stillen von der Stadt und vom Lande bleiben wollen, sondern mit Bekenntnissen laut werden, so vermöchte auch der Lärm ihres Unisono nicht über die Armut und Gemeinheit der Melodie,

die sie absingen, zu täuschen. Wie kann es uns günstiger stimmen, zu hören, daß ein Bekenntnis von vielen geteilt wird, wenn es der Art ist, daß wir jeden einzelnen dieser vielen, der sich anschickte, uns dasselbe zu erzählen, nicht ausreden lassen, sondern gähnend unterbrechen würden. Hast du einen solchen Glauben, müßten wir ihn bescheiden, so verrate um Gottes willen nichts davon. Vielleicht haben früher einige Harmlose in David Strauß einen Denker gesucht: jetzt haben sie den Gläubigen gefunden und sind enttäuscht. Hätte er geschwiegen, so wäre er, für diese wenigstens, der Philosoph geblieben, während er es jetzt für keinen ist. Aber es gelüstet ihn auch nicht mehr nach der Ehre des Denkers; er will nur ein neuer Gläubiger sein und ist stolz auf seinen »neuen Glauben«. Ihn schriftlich bekennend vermeint er, den Katechismus »der modernen Ideen« zu schreiben und die breite »Weltstraße der Zukunft« zu bauen. In der Tat, verzagt und verschämt sind unsere Philister nicht mehr, wohl aber zuversichtlich bis zum Zynismus. Es gab eine Zeit, und sie ist freilich fern, in welcher der Philister eben geduldet wurde als etwas, das nicht sprach, und über das man nicht sprach: es gab wieder eine Zeit, in der man ihm die Runzeln streichelte, ihn drollig fand und von ihm sprach. Dadurch wurde er allmählich zum Gecken und begann sich seiner Runzeln und seiner querköpfig-biederen Eigentümlichkeiten recht von Herzen zu erfreuen: nun redete er selbst, etwa in Riehlscher Hausmusik-Manier. »Aber was muß ich sehen! Ist es Schatten? ist's Wirklichkeit? Wie wird mein Pudel lang und breit!« Denn jetzt wälzt er sich bereits wie ein Nilpferd auf der »Weltstraße der Zukunft« hin, und aus dem Knurren und Bellen ist ein stolzer Religionsstifter-Ton geworden. Beliebt Ihnen vielleicht, Herr Magister, die Religion der Zukunft zu gründen? »Die Zeit scheint mir noch nicht gekommen (S. 8). Es fällt mir nicht einmal ein, irgendeine Kirche zerstören zu wollen.« – Aber warum nicht, Herr Magister? Es kommt nur darauf an, daß man's kann. Übrigens, ehrlich gesprochen, Sie glauben selbst daran, daß Sie es können: sehen Sie nur Ihre letzte Seite an. Dort wissen Sie ja, daß Ihre neue Straße »einzig die Weltstraße der Zukunft ist, die nur stellenweise vollends fertiggemacht und hauptsächlich allgemeiner befahren zu werden braucht, um auch bequem und angenehm zu werden«. Leugnen Sie nun nicht länger: der Religionsstifter ist erkannt, die neue, bequeme und angenehme Fahrstraße zum Straußschen Paradies gebaut. Nur mit dem Wagen, in dem Sie uns kutschieren wollen, Sie bescheidener Mann, sind Sie nicht recht zufrieden; Sie sagen uns schließlich: »daß der Wagen, dem sich meine werten Leser mit mir haben anvertrauen müssen, allen Anforderungen entspräche, will ich nicht behaupten« (S. 367): »durchaus fühlt man sich übel zerstoßen«. Ach, Sie wollen etwas Verbindliches hören, Sie galanter Religionsstifter. Aber wir wollen Ihnen etwas Aufrichtiges sagen. Wenn Ihr Leser die 368 Seiten Ihres Religionskatechismus nur so sich verordnet, daß er jeden Tag des Jahres eine Seite liest, also in allerkleinsten Dosen, so glauben wir selbst, daß er sich zuletzt übel befindet: aus Ärger nämlich, daß die Wirkung ausbleibt. Vielmehr herzhaft geschluckt! möglichst viel auf einmal! wie das Rezept bei allen zeitgemäßen Büchern lautet. Dann kann der Trank nichts schaden, dann fühlt sich der Trinker hinterdrein keineswegs übel und ärgerlich, sondern lustig und gut gelaunt, als ob nichts geschehen, keine Religion zerstört, keine Weltstraße gebaut, kein Bekenntnis gemacht wäre – das nenne ich doch eine Wirkung! Arzt und Arzenei und Krankheit, alles vergessen! Und das fröhliche Lachen! Der fortwährende Kitzel zum Lachen! Sie sind zu beneiden, mein Herr, denn Sie haben die angenehmste Religion gegründet, die nämlich, deren Stifter fortwährend dadurch geehrt wird, daß man ihn auslacht.

4

Der Philister als der Stifter der Religion der Zukunft – das ist der neue Glaube in seiner eindrucksvollsten Gestalt; der zum Schwärmer gewordene Philister – das ist das unerhörte Phänomen, das unsere deutsche Gegenwart auszeichnet. Bewahren wir uns aber vorläufig auch in Hinsicht auf diese Schwärmerei einen Grad von Vorsicht: hat doch kein anderer als David Strauß uns eine solche Vorsicht in folgenden weisen Sätzen angeraten, bei denen wir freilich zunächst nicht an Strauß, sondern an den Stifter des Christentums denken sollen, (S. 80) »wir wissen: es hat edle, hat geistvolle Schwärmer gegeben, ein Schwärmer kann anregen, erheben, kann auch historisch sehr nachhaltig wirken; aber zum Lebensführer werden wir ihn nicht wählen wollen. Er wird uns auf Abwege führen, wenn wir seinen Einfluß nicht unter die Kontrolle der Vernunft stellen.« Wir wissen noch mehr, es kann auch geistlose Schwärmer geben, Schwärmer, die nicht anregen, nicht erheben und die sich doch Aussicht machen, als Lebensführer historisch sehr nachhaltig zu wirken und die Zukunft zu beherrschen: um wieviel mehr sind wir aufgefordert, ihre Schwärmerei unter die Kontrolle der Vernunft zu stellen. Lichtenberg meint sogar: »es gibt Schwärmer ohne Fähigkeit, und dann sind sie wirklich gefährliche Leute.« Einstweilen begehren wir, dieser Vernunft-Kontrolle halber, nur eine ehrliche Antwort auf drei Fragen. Erstens: wie denkt sich der Neugläubige seinen Himmel? Zweitens: wie weit reicht der Mut, den ihm der neue Glaube verleiht? und drittens: wie schreibt er seine Bücher? Strauß, der Bekenner, soll uns die erste und zweite Frage, Strauß, der Schriftsteller, die dritte beantworten.

Der Himmel des Neugläubigen muß natürlich ein Himmel auf Erden sein: denn der christliche »Ausblick auf ein unsterbliches, himmlisches Leben ist, samt den anderen Tröstungen für den, der »nur mit einem Fuße« auf dem Straußschen Standpunkt steht, »unrettbar dahingefallen« (S. 364). Es will etwas besagen, wenn sich eine Religion ihren Himmel so oder so ausmalt: und sollte es wahr sein, daß das Christentum keine andere himmlische Beschäftigung kennt als Musizieren und Singen, so mag dies freilich für den Straußschen Philister keine tröstliche Aussicht sein. Es gibt aber in dem Bekenntnisbuche eine paradiesische Seite, die Seite 294: dieses Pergamen laß dir vor allem entrollen, beglückteste Philister! Da steigt der ganze Himmel zu dir nieder. »Wir wollen nur noch andeuten, wie wir es treiben«, sagt Strauß, »schon lange Jahre her getrieben haben. Neben unserem Berufe – denn wir gehören den verschiedensten Berufsarten an, sind keineswegs bloß Gelehrte oder Künstler, sondern Beamte und Militärs, Gewerbetreibende und Gutsbesitzer, und noch einmal, wie schon gesagt, wir sind unserer nicht wenige, sondern viele Tausende und nicht die Schlechtesten in allen Landen – neben unserem Berufe, sage ich, suchen wir uns den Sinn möglichst offen zu erhalten für alle höheren Interessen der Menschheit: wir haben während der letzten Jahre lebendigen Anteil genommen an dem großen nationalen Krieg und der Aufrichtung des deutschen Staates, und wir finden uns durch diese so unerwartete als herrliche Wendung der Geschicke unsrer vielgeprüften Nation im Innersten erhoben. Dem Verständnis dieser Dinge helfen wir durch geschichtliche Studien nach, die jetzt mittelst einer Reihe anziehend und volkstümlich geschriebener Geschichtswerke auch dem Nichtgelehrten leicht gemacht sind; dabei suchen wir unsere Naturkenntnisse zu erweitern, wozu es an gemeinverständlichen Hilfsmitteln gleichfalls nicht fehlt; und endlich finden wir in den Schriften unsrer großen Dichter, bei den Aufführungen der Werke unsrer großen Musiker eine Anregung für Geist und Gemüt, für Phantasie und Humor, die nichts zu wünschen übrig läßt. So leben wir, so wandeln wir beglückt.«

Das ist unser Mann, jauchzt der Philister, der dies liest: denn so leben wir wirklich, so leben wir alle Tage. Und wie schön er die Dinge zu umschreiben weiß! Was kann er zum Beispiel unter den geschichtlichen Studien, mit denen wir dem Verständnisse der politischen Lage nachhelfen, mehr verstehen, als die Zeitungslektüre, was unter dem lebendigen Anteil an der Aufrichtung des deutschen Staates, als unsere täglichen Besuche im Bierhaus? und sollte nicht ein Spaziergang im zoologischen Garten das gemeinte »gemeinverständliche Hilfsmittel« sein, durch das wir unsere Naturkenntnis erweitern? Und zum Schluß – Theater und Konzert, von denen wir »Anregungen für Phantasie und Humor« mit nach Hause bringen, die »nichts zu wünschen übrig lassen« – wie würdig und witzig er das Bedenkliche sagt! Das ist unser Mann; denn sein Himmel ist unser Himmel!

So jauchzt der Philister: und wenn wir nicht so zufrieden sind wie er, so liegt es daran, daß wir noch mehr zu wissen wünschten. Scaliger pflegte zu sagen: »was geht es uns an, ob Montaigne roten oder weißen Wein getrunken hat!« Aber wie würden wir in diesem wichtigeren Falle eine solche ausdrückliche Erklärung schätzen! Wie, wenn wir auch noch erführen, wieviel Pfeifen der Philister täglich nach der Ordnung des neuen Glaubens raucht, und ob ihm die Spenersche oder die National-Zeitung sympathischer bei dem Kaffee ist. Ungestilltes Verlangen unserer Wißbegierde! Nur in einem Punkte werden wir näher unterrichtet, und glücklicherweise betrifft dieser Unterricht den Himmel im Himmel, nämlich jene kleinen ästhetischen Privatzimmerchen, die den großen Dichtern und Musikern geweiht sind, und in denen der Philister sich »erbaut«, in denen sogar, nach seinem

Geständnis, »alle seine Flecken hinweggetilgt und abgewaschen werden« (S. 363); so daß wir jene Privatzimmerchen als kleine Lustrations-Badeanstalten zu betrachten hätten.« Doch das ist nur für flüchtige Augenblicke, es geschieht und gilt nur im Reiche der Phantasie; sobald wir in die rauhe Wirklichkeit und das enge Leben zurückkehren, fällt auch die alte Not von allen Seiten uns an« - so seufzt unser Magister. Benutzen wir aber die flüchtigen Augenblicke, die wir in jenen Zimmerchen weilen dürfen; die Zeit reicht gerade aus, das Idealbild des Philisters, das heißt *den Philister, dem alle Flecken abgewaschen sind* und der jetzt ganz und gar reiner Philistertypus ist, von allen Seiten in Augenschein zu nehmen. In allem Ernste, lehrreich ist das, was sich hier bietet: möge keiner, der überhaupt dem Bekenntnisbuche zum Opfer gefallen ist, diese beiden Zugaben mit den Überschriften »von unseren großen Dichtern« und »von unseren großen Musikern«, ungelesen aus den Händen fallen lassen. Hier spannt sich der Regenbogen des neuen Bundes aus, und wer an ihm nicht seine Freude hat, »dem ist überhaupt nicht zu helfen«, der ist, wie Strauß bei einer anderen Gelegenheit sagt, aber auch hier sagen könnte, »für unseren Standpunkt noch nicht reif«. Wir sind eben im Himmel des Himmels. Der begeisterte Perieget schickt sich an, uns herumzuführen und entschuldigt sich, wenn er aus allzugroßem Vergnügen an alle dem Herrlichen wohl etwas zu viel reden werde. »Sollte ich vielleicht«, sagt er uns, »redseliger werden, als bei dieser Gelegenheit passend gefunden wird, so möge der Leser es mir zu Gute halten; wessen das Herz voll ist, davon geht der Mund über. Nur dessen sei er vorher noch versichert, daß, was er demnächst lesen wird, nicht etwa aus älteren Aufzeichnungen besteht, die ich hier einschalte, sondern daß es für den gegenwärtigen Zweck und für diese Stelle geschrieben ist« (S. 296). Dies Bekenntnis setzt uns einen Augenblick in Erstaunen. Was kann es uns angehen, ob die schönen Kapitelchen neu geschrieben sind! Ja, wenn es aufs Schreiben ankäme! Im Vertrauen, ich wollte, sie wären ein Vierteljahrhundert früher geschrieben, dann wüßte ich doch, warum mir die Gedanken so verblichen vorkommen und warum sie den Geruch moderner Altertümer an sich haben. Aber, daß etwas im Jahre 1872 geschrieben wird, und im Jahre 1872 auch schon moderig riecht, bleibt mir bedenklich. Nehmen wir einmal an, daß jemand bei diesen Kapiteln und ihrem Geruche einschliefe – wovon würde er wohl träumen? Ein Freund hat mir's verraten, denn er hat es erlebt. Er träumte von einem Wachsfigurenkabinett: die Klassiker standen da, aus Wachs und Perlen zierlich nachgemacht. Sie bewegten Arme und Augen, und eine Schraube im Innern knarrte dazu. Etwas Unheimliches sah er da, eine mit Bändchen und vergilbtem Papier behängte unförmliche Figur, der ein Zettel aus dem Munde hing, auf welchem »Lessing« stand; der Freund will näher hinzutreten und gewahrt das Schrecklichste: es ist die homerische Chimära, von vorne Strauß, von hinten Gervinus, in der Mitte Chimära – in *summa* Lessing. Diese Entdeckung erpreßte ihm einen Angstschrei, er erwachte und las nicht weiter. Warum haben Sie doch, Herr Magister, so moderige Kapitelchen geschrieben!

Einiges Neue lernen wir zwar aus ihnen, zum Beispiel, daß man durch Gervinus wisse, wie und warum Goethe kein dramatisches Talent gewesen sei, daß Goethe im zweiten Teile des Faust nur ein allegorisch-schemenhaftes Produkt hervorgebracht habe, daß der Wallenstein ein Macbeth sei, der zugleich Hamlet ist, daß der Straußsche Leser aus den Wanderjahren die Novellen herausklaubt, wie ungezogene Kinder die Rosinen und Mandeln aus einem zähen Kuchenteig, daß ohne das Drastische und Packende auf der Bühne keine volle Wirkung erreicht werde, und daß Schiller aus Kant wie aus einer Kaltwasseranstalt herausgetreten sei. Das ist freilich alles neu und auffallend, aber es gefällt uns nicht, ob es gleich auffällt; und so gewiß es neu ist, so gewiß wird es nie alt werden, weil es nie jung war, sondern als Großonkel-Einfall aus dem Mutterleibe kam. Auf was für Gedanken kommen doch die Seligen neuen Stils in ihrem ästhetischen Himmelreich! Und warum haben sie nicht wenigstens einiges vergessen, wenn es nun einmal so unästhetisch, so irdisch vergänglich ist und noch dazu den Stempel des Albernen so sichtlich trägt, wie zum Beispiel einige Lehrmeinungen des Gervinus! Fast scheint es aber, als ob die bescheidene Größe eines Strauß und die unbescheidene Minimität des Gervinus nur zu gut sich miteinander vertragen wollten: und Heil dann allen jenen Seligen, Heil auch uns Unseligen, wenn dieser unbezweifelte Kunstrichter seinen angelernten Enthusiasmus und seinen Mietpferde-Galopp, von dem mit geziemender Deutlichkeit der ehrliche Grillparzer geredet hat, nun auch wieder weiter lehrt, und bald der ganze Himmel unter dem Hufschlag jenes galoppierenden Enthusiasmus wiederklingt! Dann wird es doch wenigstens etwas lebhafter und lauter zugehen als jetzt, wo uns die schleichende Filzsocken-Begeisterung unseres himmlischen Führers und die lauliche Beredsamkeit seines Mundes auf die Dauer müde und ekel machen. Ich möchte wissen, wie ein Halleluja aus Straußens Munde klänge: ich glaube, man muß genau hinhören, sonst kann man glauben, eine höfliche Entschuldigung oder eine geflüsterte Galanterie zu hören. Ich weiß davon ein belehrendes und abschreckendes Beispiel zu erzählen. Strauß hat es einem seiner Widersacher schwer übelgenommen, daß er von seinen Reverenzen vor Lessing redet – der Unglückliche hatte sich eben verhört –; Strauß freilich behauptet, das müsse ein Stumpfsinniger sein, der seinen einfachen Worten über Lessing in Nr. 90 nicht anfühle, daß sie warm aus dem Herzen kommen. Ich zweifle nun an dieser Wärme durchaus nicht; im Gegenteil hat diese Wärme für Lessing bei Strauß mir immer etwas Verdächtiges gehabt; dieselbe verdächtige Wärme für Lessing finde ich, bis zur Erhitzung gesteigert, bei Gervinus; ja im ganzen ist keiner der großen deutschen Schriftsteller bei den kleinen deutschen Schriftstellern so populär wie Lessing; und doch sollen sie keinen Dank dafür haben: denn was loben sie eigentlich an Lessing? Einmal seine Universalität: er ist Kritiker und Dichter, Archäolog und Philosoph, Dramaturg und Theolog. Sodann »diese Einheit des Schriftstellers und des Menschen, des Kopfes und des Herzens«. Das letztere zeichnet jeden großen Schriftsteller, mitunter selbst den kleinen aus, im Grunde verträgt sich sogar der enge Kopf zum Erschrecken gut mit einem engen Herzen. Und das erstere, jene Universalität, ist an sich gar keine Auszeichnung, zumal sie in dem Falle Lessings nur eine Not war. Vielmehr ist gerade dies das Wunderbare an jenen Lessing-Enthusiasten, daß sie eben für jene verzehrende Not, die ihn durch das Leben und zu dieser »Universalität« trieb, keinen Blick haben, kein Gefühl, daß ein solcher Mensch wie eine Flamme zu geschwind abbrannte, keine Entrüstung dafür, daß die gemeinste Enge und Armseligkeit aller seiner Umgebungen und namentlich seiner gelehrten Zeitgenossen so ein zart erglühendes Wesen trübte, quälte, erstickte, ja daß eben jene gelobte Universalität ein tiefes Mitleid erzeugen sollte. »Bedauert doch«, ruft uns Goethe zu, »den außerordentlichen Menschen, daß er in einer so erbärmlichen Zeit leben, daß er immerfort polemisch wirken mußte.« Wie, ihr, meine guten Philister, dürftet ohne Scham an diesen Lessing denken, der gerade an eurer Stumpfheit, im Kampf mit euren lächerlichen Klötzen und Götzen, unter dem Mißstande eurer Theater, eurer Gelehrten, eurer Theologen zugrunde ging, ohne ein einziges Mal jenen ewigen Flug wagen zu dürfen, zu dem er in die Welt gekommen war? Und was empfindet ihr bei Winckelmanns Angedenken, der, um seinen Blick von euren grotesken Albernheiten zu befreien, bei den Jesuiten um Hilfe betteln ging und dessen schmählicher Übertritt nicht ihn, sondern euch geschändet hat? Ihr dürftet gar Schillers Namen nennen, ohne zu erröten? Seht sein Bild euch an! Das funkelnde Auge, das verächtlich über euch hinwegfliegt, diese tödlich gerötete Wange, das sagt euch nichts? Da hattet ihr so ein herrliches, göttliches Spielzeug, das durch euch zerbrochen wurde. Und nehmt noch Goethes Freundschaft aus diesem verkümmerten, zu Tode gehetzten Leben heraus, an euch hätte es dann gelegen, es noch schneller erlöschen zu machen! Bei keinem Lebenswerk eurer großen Genien habt ihr mitgeholfen, und jetzt wollt ihr ein Dogma daraus machen, daß keinem mehr geholfen werde? Aber bei jedem wart ihr jener »Widerstand der stumpfen Welt«, den Goethe in seinem Epilog zur Glocke bei Namen nennt, für jeden wart ihr die verdrossenen Stumpfsinnigen oder die neidischen Engherzigen oder die boshaften Selbstsüchtigen: trotz euch schufen sie jene ihre Werke, gegen euch wandten sie ihre Angriffe, und Dank euch sanken sie zu früh, in unvollendeter Tagesarbeit, unter Kämpfen gebrochen oder betäubt, dahin. Und euch sollte es jetzt, *tamquam re bene gesta*, erlaubt sein, solche Männer zu loben! und dazu mit Worten, aus denen ersichtlich ist, an wen ihr im Grunde bei diesem Lobe denkt, und die deshalb »so warm aus dem Herzen dringen«, daß einer freilich stumpfsinnig sein muß, um nicht zu merken, wem die Reverenzen eigentlich erwiesen werden. Wahrhaftig, wir brauchen einen Lessing, rief schon Goethe, und wehe allen eitlen Magistern und dem ganzen ästhetischen Himmelreich, wenn erst der junge Tiger, dessen unruhige Kraft überall in schwellenden Muskeln und im Blick des Auges sichtbar wird, auf Raub ausgeht!

5

Wie klug war mein Freund, daß er, durch jene chimärische Spuk,
Gestalt über den Straußschen Lessing und über Strauß aufgeklärt,
nicht mehr weiter lesen mochte. Wir selbst aber haben weiter gelesen
und auch bei dem neugläubigen Türhüter des *musikalischen* Heiligtums
Einlaß begehrt. Der Magister öffnet, geht neben her, erklärt, nennt
Namen – endlich bleiben wir mißtrauisch stehen und sehen ihn an:
sollte es uns nicht ergangen sein, wie es dem armen Freunde im Traume
ergangen ist? Die Musiker, von denen Strauß spricht, scheinen uns, so
lange er davon spricht, falsch benannt zu sein, und wir glauben, daß
von anderen, wenn nicht gar von neckischen Phantomen die Rede sei.
Wenn er zum Beispiel mit jener Wärme, die uns bei seinem Lobe
Lessings verdächtig war, den Namen Haydn in den Mund nimmt und
sich als Epopt und Priester eines Haydnschen Mysterienkultus gebär,
det, dabei aber Haydn mit einer »ehrlichen Suppe«, Beethoven mit
»Konfekt« (und zwar in Hinblick auf die Quartettmusik) vergleicht
(S. 362), so steht für uns nur eins fest: *sein* Konfekt,Beethoven ist nicht
unser Beethoven, und *sein* Suppen,Haydn ist nicht *unser* Haydn. Übri,
gens findet der Magister unsere Orchester zu gut für den Vortrag seines
Haydn und hält dafür, daß nur die bescheidensten Dilettanten jener
Musik gerecht werden könnten – wiederum ein Beweis, daß er von
einem anderen Künstler und von anderen Kunstwerken, vielleicht von
Riehlscher Hausmusik, redet.

Wer mag aber nur jener Straußsche Konfekt,Beethoven sein? Er
soll neun Symphonien gemacht haben, von denen die Pastorale »die
wenigst geistreiche« sei; jedesmal bei der dritten, wie wir erfahren,
drängte es ihn, »über den Strang zu schlagen und ein Abenteuer zu
suchen«, woraus wir fast auf ein Doppelwesen, halb Pferd, halb Rit,
ter, raten dürften. In betreff einer gewissen »Eroika« wird jenem Ken,
tauren ernstlich zugesetzt, daß es ihm nicht gelungen sei auszudrücken,
»ob es sich von Kämpfen auf offenem Felde oder in den Tiefen der
Menschenbrust handele«. In der Pastorale gebe es einen »trefflich
wütenden Sturm«, für den es doch »gar zu unbedeutend« sei, daß er
einen Bauerntanz unterbräche; und so sei durch das »willkürliche
Festbinden an dem untergelegten trivialen Anlaß«, wie die ebenso ge,

wandte als korrekte Wendung lautet, diese Symphonie »die wenigst geistreiche« – es scheint dem klassischen Magister sogar ein derberes Wort vorgeschwebt zu haben, aber er zieht vor, sich hier »mit gebührender Bescheidenheit«, wie er sagt, auszudrücken. Aber nein, damit hat er einmal Unrecht, unser Magister, er ist hier wirklich zu bescheiden. Wer soll uns denn noch über den Konfekt-Beethoven belehren, wenn nicht Strauß selbst, der einzige, der ihn zu kennen scheint? Überdies kommt jetzt sofort ein kräftiges und mit der gebührenden *Unbescheidenheit* gesprochenes Urteil, und zwar gerade über die neunte Symphonie: diese nämlich soll nur bei denen beliebt sein, welchen »das Barocke als das Geniale, das Formlose als das Erhabene gilt« (S. 359). Freilich habe sie ein so strenger Kritikus wie Gervinus willkommen geheißen, nämlich als Bestätigung einer Gervinusschen Doktrin: er, Strauß, sei weit entfernt, in so »problematischen Produkten« *seines* Beethoven Verdienst zu suchen. »Es ist ein Elend,« ruft unser Magister mit zärtlichen Seufzern aus, »daß man sich bei Beethoven den Genuß und die gern gezollte Bewunderung durch solcherlei Einschränkungen verkümmern muß.« Unser Magister ist nämlich ein Liebling der Grazien; und diese haben ihm erzählt, daß sie nur eine Strecke weit mit Beethoven gingen, und daß er sie dann wieder aus dem Gesicht verliere. »Dies ist ein Mangel,« ruft er aus, »aber sollte man glauben, daß es wohl auch als ein Vorzug erscheint?« »Wer die musikalische Idee mühsam und außer Atem daherwälzt, wird die schwerere zu bewegen und der Stärkere zu sein scheinen« (S. 355, 356). Dies ist ein Bekenntnis, und zwar nicht nur über Beethoven, sondern ein Bekenntnis des »klassischen Prosaschreibers« über sich selbst: *ihn*, den berühmten Autor, lassen die Grazien nicht von der Hand: von dem Spiele leichter Scherze – nämlich Straußscher Scherze – bis zu den Höhen des Ernstes – nämlich des Straußschen Ernstes – bleiben sie unbeirrt ihm zur Seite. Er, der klassische Schreibekünstler, schiebt seine Last leicht und spielend, während sie Beethoven außer Atem einherwälzt. Er scheint mit seinem Gewichte nur zu tändeln: dies ist ein Vorzug; aber sollte man glauben, daß es wohl auch als Mangel erscheinen könnte? – Doch höchstens nur bei denen, welchen das Barocke als das Geniale, das Formlose als das Erhabene gilt – nicht wahr, Sie tändelnder Liebling der Grazien?

Wir beneiden niemanden um die Erbauungen, die er sich in der Stille seines Kämmerleins oder in einem zurechtgemachten neuen Himmelreich verschafft; aber von allen möglichen ist doch die Straußsche eine der wunderbarsten; denn er erbaut sich an einem kleinen Opferfeuer, in das er die erhabensten Werke der deutschen Nation gelassen hineinwirft, um mit ihrem Dampfe seine Götzen zu beräuchern. Dächten wir uns einen Augenblick, daß durch einen Zufall die Eroika, die Pastorale und die Neunte in den Besitz unseres Priesters der Grazien geraten wären, und daß es von ihm nun abgehangen hätte, durch Beseitigung so »problematischer Produkte« das Bild des Meisters rein zu halten – wer zweifelt, daß er sie verbrannt hätte? Und so verfahren die Straußen unserer Tage tatsächlich: sie wollen von einem Künstler nur so weit wissen, als er sich für ihren Kammerdienst eignet, und kennen nur den Gegensatz von Beräuchern und Verbrennen. Das sollte ihnen immerhin freistehen: das Wunderliche liegt nur darin, daß die ästhetische öffentliche Meinung so matt, unsicher und verführbar ist, daß sie sich ohne Einspruch ein solches Zur-Schau-Stellen der dürftigsten Philisterei gefallen läßt, ja daß sie gar kein Gefühl für die Komik einer Szene besitzt, in der ein unästhetisches Magisterlein über Beethoven zu Gerichte sitzt. Und was Mozart betrifft, so sollte doch wahrhaftig hier gelten, was Aristoteles von Plato sagt: »ihn auch nur zu loben, ist *den Schlechten* nicht erlaubt«. Hier ist aber jede Scham verlorengegangen, bei dem Publikum sowohl als bei dem Magister; man erlaubt ihm nicht nur, sich öffentlich vor den größten und reinsten Erzeugnissen des germanischen Genius zu bekreuzigen, als ob er etwas Unzüchtiges und Gottloses gesehen hätte, man freut sich auch seiner unumwundenen Konfessionen und Sündenbekenntnisse, besonders da er nicht Sünden bekennt, die er begangen, sondern die große Geister begangen haben sollen. Ach, wenn nur wirklich unser Magister immer Recht hat! denken seine verehrenden Leser doch mitunter in einer Anwandlung zweifelnder Empfindungen; er selbst aber steht da, lächelnd und überzeugt, perorierend, verdammend und segnend, vor sich selber den Hut schwenkend, und wäre jeden Augenblick imstande zu sagen, was die Herzogin Delaforte zu Madame de Staël sagte: »ich muß es gestehen, meine liebe Freundin, ich finde niemanden, der beständig Recht hätte, als mich«.

6

Ein Leichnam ist für den Wurm ein schöner Gedanke, und der Wurm ein schrecklicher für jedes Lebendige. Würmer träumen sich ihr Himmelreich in einem fetten Körper, Philosophieprofessoren im Zerwühlen Schopenhauerscher Eingeweide, und so lange es Nagetiere gibt, gab es auch einen Nagetierhimmel. Damit ist unsere erste Frage: Wie denkt sich der neue Gläubige seinen Himmel? beantwortet. Der Straußsche Philister haust in den Werken unserer großen Dichter und Musiker wie ein Gewürm, welches lebt, indem es zerstört, bewundert, indem es frißt, anbetet, indem es verdaut.

Nun lautet aber unsere zweite Frage: Wie weit reicht der Mut, den die neue Religion ihren Gläubigen verleiht? Auch sie würde bereits beantwortet sein, wenn Mut und Unbescheidenheit eins wären: denn dann würde es Strauß in nichts an einem wahren und gerechten Mamelucken-Mute gebrechen, wenigstens ist die gebührende Bescheidenheit, von der Strauß in jener eben erwähnten Stelle in bezug auf Beethoven spricht, nur eine stilistische, keine moralische Wendung. Strauß partizipiert hinreichend an der Keckheit, zu der jeder siegreiche Held sich berechtigt glaubt; alle Blumen sind nur für ihn, den Sieger, gewachsen, und er lobt die Sonne, daß sie zur rechten Zeit gerade *seine* Fenster bescheint. Selbst das alte und ehrwürdige Universum läßt er mit seinem Lobe nicht unangetastet, als ob es erst durch dieses Lob geweiht werden müßte und sich von jetzt ab allein um die Zentralmonade Strauß schwingen dürfte. Das Universum, weiß er uns zu belehren, sei zwar eine Maschine mit eisernen, gezahnten Rädern, mit schweren Hämmern und Stampfen, »aber es bewegen sich in ihr nicht bloß unbarmherzige Räder, es ergießt sich auch linderndes Öl« (S. 365). Das Universum wird dem bilderwütigen Magister nicht gerade Dank wissen, daß er kein besseres Gleichnis zu seinem Lobe erfinden konnte, wenn es sich auch einmal gefallen lassen sollte, von Strauß gelobt zu werden. Wie nennt man doch das Öl, das an den Hämmern und Stampfen einer Maschine niederträufelt? Und was würde es den Arbeiter trösten, zu wissen, daß dieses Öl sich auf ihn ergießt, während die Maschine seine Glieder faßt? Nehmen wir einmal an, das Bild sei verunglückt, so zieht eine andere Prozedur unsere

Aufmerksamkeit auf sich, durch die Strauß zu ermitteln sucht, wie er eigentlich gegen das Universum gestimmt sei, und bei der ihm die Frage Gretchens auf den Lippen schwebt: »Er liebt mich – liebt mich nicht – liebt mich?« Wenn nun Strauß auch nicht Blumen zerpflückt oder Rockknöpfe abzählt, so ist doch das, was er tut, nicht weniger harmlos, obwohl vielleicht etwas mehr Mut dazu gehört. Strauß will in Erfahrung ziehen, ob sein Gefühl für das »All« gelähmt und abgestorben sei oder nicht, und sticht sich: denn er weiß, daß man ein Glied ohne Schmerz mit der Nadel stechen kann, falls es abgestorben oder gelähmt ist. Eigentlich freilich sticht er sich nicht, sondern wählt eine noch gewalttätigere Prozedur, die er also beschreibt: »Wir schlagen Schopenhauer auf, der dieser unsrer Idee bei jeder Gelegenheit ins Gesicht schlägt« (S. 143). Da nun eine Idee, selbst die schönste Straußen-Idee vom Universum, kein Gesicht hat, sondern nur der, welcher die Idee hat, so besteht die Prozedur aus folgenden einzelnen Aktionen: Strauß schlägt Schopenhauer – allerdings sogar *auf*: worauf Schopenhauer bei dieser Gelegenheit Strauß ins Gesicht schlägt. Jetzt »reagiert« Strauß »religiös«, das heißt, er schlägt wieder auf Schopenhauer los, schimpft, redet von Absurditäten, Blasphemien, Ruchlosigkeiten, urteilt sogar, daß Schopenhauer nicht bei Troste gewesen sei. Resultat der Prügelei: »wir fordern für unser Universum dieselbe Pietät, wie der Fromme alten Stils für seinen Gott« – oder kürzer: »er liebt mich!« Er macht sich das Leben schwer, unser Liebling der Grazien, aber er ist mutig wie ein Mameluck und fürchtet weder den Teufel noch Schopenhauer. Wieviel »linderndes Öl« verbraucht er, wenn solche Prozeduren häufig sein sollten!

Andererseits verstehen wir, welchen Dank Strauß dem kitzelnden, stechenden und schlagenden Schopenhauer schuldet; deshalb sind wir auch durch folgende ausdrückliche Gunstbezeigung gegen ihn nicht weiter überrascht: »In Arthur Schopenhauers Schriften braucht man nur zu blättern, obwohl man übrigens gut tut, nicht bloß darin zu blättern, sondern sie zu studieren«, usw. (S. 141). Wem sagt dies eigentlich der Philisterhäuptling? Er, dem man gerade nachweisen kann, daß er Schopenhauer nie studiert hat, er, von dem Schopenhauer umgekehrt sagen müßte: »das ist ein Autor, der nicht durchblättert, geschweige studiert zu werden verdient«. Offenbar ist ihm

Schopenhauer in die unrechte Kehle gekommen: indem er sich über ihn räuspert, sucht er ihn loszuwerden. Damit aber das Maß naiver Lobreden voll werde, erlaubt sich Strauß noch eine Anempfehlung des alten Kant: er nennt dessen Allgemeine Geschichte und Theorie des Himmels vom Jahre 1755 »eine Schrift, die mir immer nicht weniger bedeutend erschienen ist als seine spätere Vernunftkritik. Ist hier die Tiefe des Einblicks, so ist dort die Weite des Umblicks zu bewundern; haben wir hier den Greis, dem es vor allem um die Sicherheit eines wenn auch beschränkten Erkenntnisbesitzes zu tun ist, so tritt uns dort der Mann mit dem vollen Mute des geistigen Entdeckers und Eroberers entgegen«. Dieses Urteil Straußens über Kant ist mir immer nicht mehr bescheiden als jenes über Schopenhauer erschienen: haben wir hier den Häuptling, dem es vor allem um die Sicherheit im Aussprechen eines wenn auch noch so beschränkten Urteils zu tun ist, so tritt uns dort der berühmte Prosaschreiber entgegen, der mit dem vollen Mute der Ignoranz selbst über Kant seine Lob-Essenzen ausgießt. Gerade die rein unglaubliche Tatsache, daß Strauß von der Kantischen Vernunftkritik für sein Testament der modernen Ideen gar nichts zu gewinnen wußte, und daß er überall nur dem gröblichsten Realismus zu Gefallen redet, gehört mit zu den auffallenden Charakterzügen dieses neuen Evangeliums, das sich übrigens auch nur als das mühsam errungene Resultat fortgesetzter Geschichts- und Natur-Forschung bezeichnet und somit selbst das philosophische Element ableugnet. Für den Philisterhäuptling und seine »Wir« gibt es keine Kantische Philosophie. Er ahnt nichts von der fundamentalen Antinomie des Idealismus und von dem höchst relativen Sinne aller Wissenschaft und Vernunft. Oder: gerade die Vernunft sollte ihm sagen, wie wenig durch die Vernunft über das An-sich der Dinge auszumachen ist. Es ist aber wahr, daß es Leuten in gewissen Lebensaltern unmöglich ist, Kant zu verstehen, besonders wenn man in der Jugend, wie Strauß, den »Riesengeist« Hegel verstanden hat oder verstanden zu haben wähnt, ja daneben sich mit Schleiermacher, »der des Scharfsinns fast allzuviel besaß«, wie Strauß sagt, befassen mußte. Es wird Strauß seltsam klingen, wenn ich ihm sage, daß er auch jetzt noch zu Hegel und Schleiermacher in »schlechthiniger Abhängigkeit« steht, und daß seine Lehre vom Universum, die Betrachtungsart der Dinge *sub specie biennii* und seine Rückenkrümmungen vor den deutschen Zuständen, vor allem aber sein schamloser Philister-Optimismus aus gewissen früheren Jugendeindrücken, Gewohnheiten und Krankheits-Phänomenen zu erklären sei. Wer einmal an der Hegelei und Schleiermacherei erkrankte, wird nie wieder ganz kuriert.

Es gibt eine Stelle in dem Bekenntnisbuche, in der sich jener inkurable Optimismus mit einem wahrhaft feiertagsmäßigen Behagen daherwälzt (S. 142, 143). »Wenn die Welt ein Ding ist,« sagt Strauß, »das besser nicht wäre, ei so ist ja auch das Denken des Philosophen, das ein Stück dieser Welt bildet, ein Denken, das besser nicht dächte. Der pessimistische Philosoph bemerkt nicht, wie er vor allem auch sein eigenes, die Welt für schlecht erklärendes Denken für schlecht erklärt; ist aber ein Denken, das die Welt für schlecht erklärt, ein schlechtes Denken, so ist ja die Welt vielmehr gut. Der Optimismus mag sich in der Regel sein Geschäft zu leicht machen, dagegen sind Schopenhauers Nachweisungen der gewaltigen Rolle, die Schmerz und Übel in der Welt spielen, ganz am Platze; aber jede wahre Philosophie ist notwendig optimistisch, weil sie sonst sich selbst das Recht der Existenz abspricht.« Wenn diese Widerlegung Schopenhauers nicht eben das ist, was Strauß einmal an einer anderen Stelle eine »Widerlegung unter dem lauten Jubel der höheren Räume« nennt, so verstehe ich diese theatralische Wendung, deren er sich einmal gegen einen Widersacher bedient, gar nicht. Der Optimismus hat sich hier einmal mit Absicht sein Geschäft leicht gemacht. Aber gerade das war das Kunststück, so zu tun, als ob es gar nichts wäre, Schopenhauer zu widerlegen, und die Last so spielend fortzuschieben, daß die drei Grazien an dem tändelnden Optimisten jeden Augenblick ihre Freude haben. Eben dies soll durch die Tat gezeigt werden, daß es gar nicht nötig ist, mit einem Pessimisten es ernst zu nehmen: die haltlosesten Sophismen sind gerade recht, um kund zu tun, daß man an eine so »ungesunde und unersprießliche« Philosophie wie die Schopenhauersche keine Gründe, sondern höchstens nur Worte und Scherze verschwenden dürfe. An solchen Stellen begreift man Schopenhauers feierliche Erklärung, daß ihm der Optimismus, wo er nicht etwa das gedankenlose Reden solcher ist, unter deren platten Stirnen nichts als Worte herbergen, nicht bloß als eine absurde, sondern auch als eine *wahrhaft ruchlose Denkungsart* erscheint, als ein bitterer Hohn über die namenlosen Leiden der Menschheit. Wenn der Philister es zum System bringt, wie Strauß, so bringt er es auch zur ruchlosen Denkungsart, das heißt zu einer stumpfsinnigsten Behäbigkeitslehre des »Ich« oder des »Wir« und erregt Indignation.

Wer vermöchte zum Beispiel folgende psychologische Erklärung ohne Entrüstung zu lesen, weil sie recht ersichtlich nur am Stamme jener ruchlosen Behäbigkeitstheorie gewachsen sein kann: »niemals, äußerte Beethoven, wäre er imstande gewesen, einen Text wie Figaro oder Don Juan zu komponieren. *So hatte ihm das Leben nicht gelächelt, daß er es so heiter hätte ansehen, es mit den Schwächen der Menschen so leicht nehmen können*« (S. 361). Um aber das stärkste Beispiel jener ruchlosen Vulgarität der Gesinnung anzuführen: so genüge hier die Andeutung, daß Strauß den ganzen furchtbar ernsten Trieb der Verneinung und die Richtung auf asketische Heiligung in den ersten Jahrhunderten des Christentums sich nicht anders zu erklären weiß, als aus einer vorangegangenen Übersättigung in geschlechtlichen Genüssen aller Art und dadurch erzeugten Ekel und Übelbefinden:

> »Perser nennens *bidamag buden*,
> Deutsche sagen Katzenjammer.«

So zitiert Strauß selbst und schämt sich nicht. Wir aber wenden uns einen Augenblick ab, um unseren Ekel zu überwinden.

7

In der Tat, unser Philisterhäuptling ist tapfer, ja tollkühn in Worten, überall wo er durch eine solche Tapferkeit seine edlen »Wir« zu ergötzen glauben darf. Also die Askese und Selbstverleugnung der alten Einsiedler und Heiligen soll einmal als eine Form des Katzenjammers gelten, Jesus mag als Schwärmer beschrieben werden, der in unserer Zeit kaum dem Irrenhause entgehen würde, die Geschichte von der Auferstehung Jesu mag ein »welthistorischer Humbug« genannt werden – alles das wollen wir uns einmal gefallen lassen, um daran die eigentümliche Art des Mutes zu studieren, dessen Strauß, unser »klassischer Philister«, fähig ist.

Hören wir zunächst sein Bekenntnis: »Es ist freilich ein mißliebiges und undankbares Amt, der Welt gerade das zu sagen, was sie am wenigsten hören mag. Sie wirtschaftet gern aus dem vollen, wie große Herren, nimmt ein und gibt aus, so lange sie etwas auszugeben hat: aber wenn nun einer die Posten zusammenrechnet und ihr sogleich die Bilanz vorlegt, so betrachtet sie den als einen Störenfried. Und eben dazu hat mich von jeher meine Gemüts- und Geistesart getrieben.« Eine solche Gemüts- und Geistesart mag man immerhin mutig nennen, doch bleibt es zweifelhaft, ob dieser Mut ein natürlicher und ursprünglicher oder nicht vielmehr ein angelernter und künstlicher ist; vielleicht hat sich Strauß nur beizeiten daran gewöhnt, der Störenfried von Beruf zu sein, bis er sich so allmählich einen Mut von Beruf anerzogen hat. Damit verträgt sich ganz vortrefflich natürliche Feigheit, wie sie dem Philister zu eigen ist: diese zeigt sich ganz besonders in der Konsequenzlosigkeit jener Sätze, welche auszusprechen Mut kostet; es klingt wie Donner, und die Atmosphäre wird doch nicht gereinigt. Er bringt es nicht zu einer aggressiven Tat, sondern nur zu aggressiven Worten, wählt aber diese so beleidigend als möglich und verbraucht in derben und polternden Ausdrücken alles das, was an Energie und Kraft in ihm sich aufgesammelt hat: nachdem das Wort verklungen ist, ist er feiger als der, welcher nie gesprochen hat. Ja selbst das Schattenbild der Taten, die Ethik, zeigt, daß er ein Held der Worte ist, und daß er jede Gelegenheit vermeidet, bei der es nötig ist, von den Worten zum grimmigen Ernste weiterzugehen. Er verkündet mit bewunderungswürdiger Offenheit, daß er kein Christ mehr ist, will aber keine Zufriedenheit irgend welcher Art stören; ihm scheint es widersprechend, einen Verein zu stiften, um einen Verein zu stürzen – was gar nicht so widersprechend ist. Mit einem gewissen rauhen Wohlbehagen hüllt er sich in das zottige Gewand unserer Affengenealogen und preist Darwin als einen der größten Wohltäter der Menschheit, – aber mit Beschämung sehen wir, daß seine Ethik ganz losgelöst von der Frage: »wie begreifen wir die Welt?« sich aufbaut. Hier war eine Gelegenheit, natürlichen Mut zu zeigen: denn hier hätte er seinen »Wir« den Rücken kehren müssen und kühnlich aus dem *bellum omnium contra omnes* und dem Vorrechte des Stärkeren Moralvorschriften für das Leben ableiten können, die freilich nur in einem innerlich unerschrockenen Sinne, wie in dem des Hobbes, und in einer ganz anderen großartigen Wahrheitsliebe ihren Ursprung haben müßten, als in einer solchen, die immer nur in kräftigen Ausfällen gegen die Pfaffen, das Wunder und den »welthistorischen Humbug« der Auferstehung explodiert. Denn mit einer echten und ernst durchgeführten darwinistischen Ethik hätte man den Philister gegen sich, den man bei allen solchen Ausfällen für sich hat.

»Alles sittliche Handeln«, sagt Strauß, »ist ein Sichbestimmen des einzelnen nach der Idee der Gattung«. Ins Deutliche und Greifbare übertragen heißt das nur: Lebe als Mensch, und nicht als Affe oder Seehund! Dieser Imperativ ist leider nur durchaus unbrauchbar und kraftlos, weil unter dem Begriff Mensch das Mannigfaltigste zusammen im Joche geht, zum Beispiel der Patagonier und der Magister Strauß, und weil niemand wagen wird, mit gleichem Rechte zu sagen: lebe als Patagonier! und: lebe als Magister Strauß! Wollte aber gar jemand sich die Forderung stellen: lebe als Genie, das heißt eben als idealer Ausdruck der Gattung Mensch, und wäre doch zufällig entweder Patagonier oder Magister Strauß, was würden wir dann erst von den Zudringlichkeiten geniesüchtiger Original-Narren zu leiden haben, über deren pilzartiges Aufwachsen in Deutschland schon Lichtenberg klagte, und die mit wildem Geschrei von uns fordern, daß wir die Bekenntnisse ihres allerneuesten Glaubens anhören. Strauß hat noch nicht einmal gelernt, daß nie ein Begriff die Menschen sittlicher und besser machen kann, und daß Moral predigen ebenso leicht als Moral begründen schwer ist; seine Aufgabe wäre vielmehr gewesen, die Phänomene menschlicher Güte, Barmherzigkeit, Liebe und Selbstverneinung, die nun einmal tatsächlich vorhanden sind, aus seinen darwinistischen Voraussetzungen ernsthaft zu erklären und abzuleiten: während er es vorzog, durch einen Sprung ins Imperativische sich vor der Aufgabe der *Erklärung* zu flüchten. Bei diesem Sprunge begegnet es ihm sogar, auch über den Fundamentalsatz Darwins leichten Sinnes hinwegzuhüpfen. »Vergiß«, sagt Strauß, »in keinem Augenblicke, daß du Mensch und kein bloßes Naturwesen bist: in keinem Augenblicke, daß alle anderen gleichfalls Menschen, das heißt bei aller individuellen Verschiedenheit dasselbe wie du, mit den gleichen Bedürfnissen und Ansprüchen wie du, sind – das ist der

Inbegriff aller Moral«. Aber woher erschallt dieser Imperativ? Wie kann ihn der Mensch in sich selbst haben, da er doch, nach Darwin, eben durchaus ein Naturwesen ist und nach ganz anderen Gesetzen sich bis zur Höhe des Menschen entwickelt hat, gerade dadurch, daß er in jedem Augenblick vergaß, daß die anderen gleichartigen Wesen ebenso berechtigt seien, gerade dadurch, daß er sich dabei als den Kräftigeren fühlte und den Untergang der anderen schwächer gearteten Exemplare allmählich herbeiführte. Während Strauß doch annehmen muß, daß nie zwei Wesen völlig gleich waren, und daß an dem Gesetz der individuellen Verschiedenheit die ganze Entwicklung des Menschen von der Tierstufe bis hinauf zur Höhe des Kulturphilisters hängt, so kostet es ihm doch keine Mühe, auch einmal das Umgekehrte zu verkündigen: »benimm dich so, als ob es keine individuellen Verschiedenheiten gebe!« Wo ist da die Morallehre Strauß-Darwin, wo überhaupt der Mut geblieben!

Sofort bekommen wir einen neuen Beleg, an welchen Grenzen jener Mut in sein Gegenteil umschlägt. Denn Strauß fährt fort: »Vergiß in keinem Augenblick, daß du und alles, was du in dir und um dich her wahrnimmst, kein zusammenhangloses Bruchstück, kein wildes Chaos von Atomen und Zufälligkeiten ist, sondern daß alles nach ewigen Gesetzen aus dem einen Urquell alles Lebens, aller Vernunft und alles Guten hervorgeht – das ist der Inbegriff der Religion«. Aus jenem »einen Urquell« fließt aber zugleich aller Untergang, alle Unvernunft, alles Böse, und sein Name heißt bei Strauß das Universum. Wie sollte dies, bei einem solchen widersprechenden und sich selbst aufhebenden Charakter, einer religiösen Verehrung würdig sein und mit dem Namen »Gott« angeredet werden dürfen, wie es eben Strauß S. 365 tut: »unser Gott nimmt uns nicht von außen in seinen Arm (man erwartet hier als Gegensatz ein allerdings sehr wunderliches Von innen in den Arm nehmen!), sondern er eröffnet uns Quellen des Trostes in unserem Innern. Er zeigt uns, daß zwar der Zufall ein unvernünftiger Weltbeherrscher wäre, daß aber die Notwendigkeit, d. h. die Verkettung von Ursachen in der Welt, die Vernunft selber ist« (eine Erschleichung, die nur die »Wir« nicht merken, weil sie in dieser Hegelschen Anbetung des Wirklichen als des Vernünftigen, das heißt in der *Vergötterung des Erfolges*, groß gezogen sind). »Er lehrt uns erkennen, daß eine Ausnahme von dem Vollzug eines einzigen Naturgesetzes verlangen, die Zertrümmerung des All verlangen hieße.« Im Gegenteil, Herr Magister: ein ehrlicher Naturforscher glaubt an die unbedingte Gesetzmäßigkeit der Welt, ohne aber das Geringste über den ethischen oder intellektuellen Wert dieser Gesetze selbst auszusagen: in derartigen Aussagen würde er das höchst anthropomorphische Gebahren einer nicht in den Schranken des Erlaubten sich haltenden Vernunft erkennen. An eben dem Punkte aber, an welchem der ehrliche Naturforscher resigniert, »reagiert« Strauß, um uns mit seinen Federn zu schmücken, »religiös« und verfährt naturwissenschaftlich und wissentlich unehrlich; er nimmt ohne weiteres an, daß alles Geschehene den *höchsten* intellektuellen Wert habe, also absolut vernünftig und zweckvoll geordnet sei, und sodann, daß es eine Offenbarung der ewigen Güte selbst enthalte. Er bedarf also einer vollständigen Kosmodizee und steht jetzt im Nachteil gegen den, dem es nur um eine Theodizee zu tun ist, und der zum Beispiel das ganze Dasein des Menschen als einen Strafakt oder Läuterungs-Zustand auffassen darf. An diesem Punkte und in dieser Verlegenheit macht Strauß sogar einmal eine metaphysische Hypothese, die dürrste und gichtbrüchigste, die es gibt, und im Grunde nur die unfreiwillige Parodie eines Lessingschen Wortes. »Jenes andre Wort Lessings, (so heißt es S. 219): wenn Gott in seiner Rechten alle Wahrheit, und in seiner Linken den einzigen immer regen Trieb darnach, obschon unter der Bedingung beständigen Irrens, ihm zur Wahl vorhielte, würde er demütig Gott in seine Linke fallen und sich deren Inhalt für sich erbitten – dieses Lessingsche Wort hat man von jeher zu den herrlichsten gerechnet, die er uns hinterlassen hat. Man hat darin den genialen Ausdruck seiner rastlosen Forschungs- und Tätigkeitslust gefunden. Auf mich hat das Wort immer deswegen einen so ganz besonderen Eindruck gemacht, weil ich hinter seiner subjektiven Bedeutung noch eine objektive von unendlicher Tragweite anklingen hörte. Denn liegt darin nicht die beste Antwort auf die grobe Schopenhauersche Rede von dem übelberatenen Gott, der nichts Besseres zu tun gewußt, als in diese elende Welt einzugehen? Wenn nämlich der Schöpfer selbst auch der Meinung Lessings gewesen wäre, das Ringen dem ruhigen Besitze vorzuziehen?« Also wahrhaftig ein Gott, der sich das *bestän-*

dige Irren, aber mit dem Streben nach Wahrheit, vorbehält und vielleicht sogar Strauß demütig in die Linke fällt, um ihm zu sagen: nimm du die ganze Wahrheit. Wenn je ein Gott und ein Mensch übelberaten waren, so ist es doch dieser Straußsche Gott, der die Liebhaberei zu irren und zu fehlen hat, und der Straußsche Mensch, der diese Liebhaberei büßen muß – da hört man freilich »eine Bedeutung von unendlicher Tragweite anklingen«, da fließt das lindernde Universal-Öl Straußens, da ahnt man die Vernünftigkeit alles Werdens und aller Naturgesetze! Wirklich? Wäre dann nicht vielmehr unsere Welt, wie das Lichtenberg einmal ausgedrückt hat, das Werk eines untergeordneten Wesens, das die Sache noch nicht recht verstand, also ein Versuch? ein Probestück, an dem noch gearbeitet wird? Strauß selber müßte sich dann doch zugeben, daß unsere Welt eben *nicht* der Schauplatz der Vernunft, sondern des Irrens sei, und daß alle Gesetzmäßigkeit nichts Tröstliches enthalte, weil alle Gesetze von einem irrenden, und zwar aus Vergnügen irrenden Gott gegeben sind. Es ist wahrhaftig ein ergötzliches Schauspiel, Strauß als metaphysischen Baumeister einmal in die Wolken hineinbauen zu sehen. Aber für wen wird dies Schauspiel aufgeführt? Für die edlen und behäbigen »Wir«, damit ihnen nur ja der Humor nicht verdorben werde: vielleicht sind sie inmitten des starren und erbarmungslosen Räderwerks der Weltmaschine in Angst geraten und bitten zitternd ihren Führer um Hilfe. Deshalb läßt Strauß »linderndes Öl« fließen, deshalb führt er einen aus Passion irrenden Gott am Seile herbei, deshalb spielt er einmal die gänzlich befremdende Rolle eines metaphysischen Architekten. Alles dieses tut er, weil jene sich fürchten und er selber sich fürchtet, – und hier gerade ist die Grenze seines Mutes, selbst seinen »Wir« gegenüber. Er wagt es nämlich nicht, ihnen ehrlich zu sagen: von einem helfenden und sich erbarmenden Gott habe ich euch befreit, das »Universum« ist nur ein starres Räderwerk, seht zu, daß seine Räder euch nicht zermalmen! Er wagt es nicht: so muß denn doch die Hexe dran, nämlich die Metaphysik. Dem Philister aber ist selbst eine Straußsche Metaphysik lieber als die christliche, und die Vorstellung eines irrenden Gottes sympathischer als die eines wundertätigen. Denn er selbst, der Philister irrt, aber hat noch nie ein Wunder getan.

Aus eben diesem Grunde ist dem Philister das Genie verhaßt: denn gerade dieses steht mit Recht im Rufe, Wunder zu tun; und höchst belehrend ist es deshalb, zu erkennen, weshalb an einer einzigen Stelle Strauß einmal sich zum kecken Verteidiger des Genies und überhaupt der aristokratischen Natur des Geistes aufwirft. Weshalb doch? Aus Furcht, und zwar vor den Sozialdemokraten. Er verweist auf die Bismarck, Moltke, »deren Größe um so weniger zu verleugnen steht, als sie auf dem Gebiete der handgreiflichen äußeren Tatsachen hervortritt. Da müssen nun doch auch die steifnackigsten und borstigsten unter jenen Gesellen sich bequemen, ein wenig aufwärts zu blicken, um die erhabenen Gestalten wenigstens bis zum Knie in Sicht zu bekommen«. Wollen Sie, Herr Magister, vielleicht den Sozialdemokraten eine Anleitung geben, Fußtritte zu empfangen? Der gute Wille, solche zu erteilen, ist ja überall vorhanden, und daß die Getretenen bei dieser Prozedur die erhabenen Gestalten »bis zum Knie« zu sehen bekommen, dürfen Sie schon verbürgen. »Auch auf dem Gebiete der Kunst und Wissenschaft«, fährt Strauß fort, »wird es nie an bauenden Königen fehlen, die einer Masse von Kärrnern zu tun geben.« Gut – aber wenn nun einmal die Kärrner bauen? Es kommt vor, Herr Metaphysikus, Sie wissen es – dann haben die Könige zu lachen.

In der Tat, diese Vereinigung von Dreistigkeit und Schwäche, tollkühnen Worten und feigem Sich-Anbequemen, dieses feine Abwägen, wie und mit welchen Sätzen man einmal dem Philister imponieren, mit welchen man ihn streicheln kann, dieser Mangel an Charakter und Kraft bei dem Anschein von Kraft und Charakter, dieser Defekt an Weisheit bei aller Affektation der Überlegenheit und Reife der Erfahrung – das alles ist es, was ich an diesem Buche hasse. Wenn ich mir denke, daß junge Männer ein solches Buch ertragen, ja wertschätzen könnten, so würde ich mit Betrübnis meinen Hoffnungen für ihre Zukunft entsagen. Dieses Bekenntnis einer ärmlichen, hoffnungslosen und wahrhaft verächtlichen Philisterei sollte der Ausdruck jener vielen Tausende von »Wir« sein, von denen Strauß redet, und diese »Wir« wären wiederum die Väter der nachfolgenden Generation! Es sind grauenhafte Voraussetzungen für jeden, der dem kommenden Geschlechte zu dem verhelfen möchte, was die Gegenwart nicht hat – zu einer wahrhaft deutschen Kultur. Einem solchen scheint der Boden mit Asche überdeckt, alle Gestirne verdunkelt; jeder abgestorbene Baum, jedes verwüstete Feld ruft ihm zu: Unfruchtbar! Verloren! Hier gibt es keinen Frühling wieder! Ihm muß zu Mute werden, wie dem jungen Goethe zu Mute war, als er in die triste atheistische Halb, nacht des *Système de la nature* hineinblickte: ihm kam das Buch so grau, so kimmerisch, so totenhaft vor, daß er Mühe hatte, seine Gegenwart auszuhalten, daß er davor wie vor einem Gespenste schauderte.

8

Wir sind über den Himmel und den Mut des neuen Gläubigen hinlänglich belehrt, um uns nun auch die letzte Frage stellen zu können: Wie schreibt er seine Bücher? und welcher Art sind seine Religions,Urkunden?

Wer sich diese Frage streng und ohne Vorurteil beantworten kann, für den wird die Tatsache, daß das Straußsche Hand,Orakel des deutschen Philisters in sechs Auflagen begehrt worden ist, zum nachdenklichsten Problem, besonders wenn er gar noch hört, daß es auch in den gelehrten Kreisen und selbst an den deutschen Universitäten als ein solches Hand,Orakel willkommen geheißen worden ist. Studenten sollen es wie einen Kanon für starke Geister begrüßt, und Professoren sollen nicht widersprochen haben: hier und da hat man darin wirklich ein *Religionsbuch für den Gelehrten* finden wollen. Strauß selbst gibt zu verstehen, daß das Bekenntnisbuch nicht *nur* eine Auskunft für den Gelehrten und Gebildeten abgeben möge; aber wir halten uns hier daran, daß es sich zunächst an diese, und zwar vornehmlich an die Gelehrten wendet, um ihnen den Spiegel eines Lebens vorzuhalten, wie sie es selbst leben. Denn dies ist das Kunststück: der Magister stellt sich, als ob er das Ideal einer neuen Weltbetrachtung entwerfe, und nun kommt ihm sein Lob aus jedem Munde zurück, weil jeder meinen kann, gerade er betrachte Welt und Leben so, und gerade an ihm habe Strauß schon erfüllt sehen können, was er erst von der Zukunft fordere. Daraus erklärt sich auch zum Teil der außerordentliche Erfolg jenes Buches: so, wie im Buche steht, leben wir, so wandeln wir beglückt! ruft der Gelehrte ihm entgegen und freut sich, daß andere sich daran freuen. Ob er über einzelne Dinge, zum Beispiel über Darwin oder die

Todesstrafe, zufällig anders denkt als der Magister, hält er selbst für ziemlich gleichgültig, weil er so sicher fühlt, im ganzen seine eigene Luft zu atmen und den Widerklang *seiner* Stimme und *seiner* Bedürfnisse zu hören. So peinlich diese Einmütigkeit jeden wahren Freund deutscher Kultur berühren mag, so unerbittlich streng muß er sich eine solche Tatsache erklären und selbst davor nicht zurückschrecken, seine Erklärung öffentlich abzugeben.

Wir kennen ja alle die unserem Zeitalter eigentümliche Art, die Wissenschaften zu betreiben, wir kennen sie, weil wir sie leben: und eben deshalb stellt sich fast niemand die Frage, was wohl bei einer solchen Beschäftigung mit den Wissenschaften für die Kultur herauskommen könne, selbst vorausgesetzt, daß überall die beste Befähigung und der ehrlichste Wille, für die Kultur zu wirken, vorhanden sei. Es liegt ja im Wesen des wissenschaftlichen Menschen (ganz abgesehen von seiner gegenwärtigen Gestalt) ein rechtes Paradoxon: er benimmt sich wie der stolzeste Müßiggänger des Glücks: als ob das Dasein nicht eine heillose und bedenkliche Sache sei, sondern ein fester, für ewige Dauer garantierter Besitz. Ihm scheint es erlaubt, ein Leben auf Fragen zu verschwenden, deren Beantwortung im Grunde nur dem, der einer Ewigkeit versichert wäre, wichtig sein könnte. Rings umstarren ihn, den Erben weniger Stunden, die schrecklichsten Abstürze, jeder Tritt sollte ihn erinnern: Wozu? Wohin? Woher? Aber seine Seele erglüht bei der Aufgabe, die Staubfäden einer Blume zu zählen oder die Gesteine am Wege zu zerklopfen, und er versenkt in diese Arbeit das ganze, volle Gewicht seiner Teilnahme, Lust, Kraft und Begierde. Dieses Paradoxon, der wissenschaftliche Mensch, ist nun neuerdings in Deutschland in eine Hast geraten, als ob die Wissenschaft eine Fabrik sei, und jede Minuten-Versäumnis eine Strafe nach sich ziehe. Jetzt arbeitet er, so hart wie der vierte Stand, der Sklavenstand, arbeitet, sein Studium ist nicht mehr eine Beschäftigung, sondern eine Not, er sieht weder rechts noch links und geht durch alle Geschäfte und ebenso durch alle Bedenklichkeiten, die das Leben im Schoße trägt, mit jener halben Aufmerksamkeit oder mit jenem widrigen Erholungs-Bedürfnisse hindurch, welches dem erschöpften Arbeiter zu eigen ist.

So steht er nun auch zur Kultur. Er benimmt sich, als ob das Leben für ihn nur *otium* sei, aber *sine dignitate*: und selbst im Traume wirft er sein

Joch nicht ab, wie ein Sklave, der selbst in der Freiheit von seiner Not, seiner Hast und seinen Prügeln träumt. Unsere Gelehrten unterscheiden sich kaum und jedenfalls nicht zu ihren Gunsten von den Ackerbauern, die einen kleinen ererbten Besitz mehren wollen und emsig vom Tag bis in die Nacht hinein bemüht sind, den Acker zu bestellen, den Pflug zu führen und den Ochsen zuzurufen. Nun meint Pascal überhaupt, daß die Menschen so angelegentlich ihre Geschäfte und ihre Wissenschaften betrieben, um nur damit den wichtigsten Fragen zu entfliehen, die jede Einsamkeit, jede wirkliche Muße ihnen aufdringen würde, eben jenen Fragen nach dem Warum, Woher, Wohin. Unseren Gelehrten fällt sogar, wunderlicherweise, die allernächste Frage nicht ein: wozu ihre Arbeit, ihre Hast, ihr schmerzlicher Taumel nütze sei. Doch nicht etwa, um Brot zu verdienen oder Ehrenstellen zu erjagen? Nein, wahrhaftig nicht. Aber doch mühet ihr euch in der Art der Darbenden und Brotbedürftigen, ja ihr reißt die Speisen mit einer Gier und ohne alle Wahl vom Tische der Wissenschaft, als ob ihr am Verhungern wäret. Wenn ihr aber, als wissenschaftliche Menschen, mit der Wissenschaft verfahrt, wie die Arbeiter mit den Aufgaben, die ihnen ihre Bedürftigkeit und Lebensnot stellt, was soll da aus einer Kultur werden, die verurteilt ist, gerade angesichts einer solchen aufgeregten, atemlosen, hin- und herrennenden, ja zappelnden Wissenschaftlichkeit auf die Stunde ihrer Geburt und Erlösung zu warten? Für sie hat ja niemand Zeit – und doch, was soll *überhaupt* die Wissenschaft, wenn sie nicht für die Kultur Zeit hat? So antwortet uns doch wenigstens hier: woher, wohin, wozu alle Wissenschaft, wenn sie nicht zur Kultur führen soll? Nun, dann vielleicht zur Barbarei! Und in dieser Richtung sehen wir den Gelehrtenstand schon erschreckend vorgeschritten, wenn wir uns denken dürften, daß so oberflächliche Bücher, wie das Straußsche, seinem jetzigen Kulturgrade genug täten. Denn gerade in ihm finden wir jenes widrige Erholungs-Bedürfnis und jenes beiläufige, mit halber Aufmerksamkeit hinhörende Sich-Abfinden mit der Philosophie und Kultur und überhaupt mit allem Ernste des Daseins. Man wird an die Gesellschaft der gelehrten Stände erinnert, die auch, wenn das Fachgespräch schweigt, nur von Ermüdung, von Zerstreuungslust um jeden Preis, von einem zerpflückten Gedächtnis und unzusammenhängender Lebenserfahrung Zeugnis ablegt. Wenn man Strauß über die Lebensfragen reden hört, sei es nun über die Probleme der Ehe oder über den Krieg oder die Todesstrafe, so erschreckt er uns durch den Mangel aller wirklichen Erfahrung, alles ursprünglichen Hineinsehens in die Menschen: alles Urteilen ist so büchermäßig uniform, ja im Grunde sogar nur zeitungsgemäß; literarische Reminiszenzen vertreten die Stelle von wirklichen Einfällen und Einsichten, eine affektierte Mäßigung und Altklugheit in der Ausdrucksweise soll uns für den Mangel an Weisheit und an Gereiftheit des Denkens schadlos halten. Wie genau entspricht dies alles dem Geiste der umlärmten Hochsitze deutscher Wissenschaft in den großen Städten! Wie sympathisch muß dieser Geist zu jenem Geiste reden: denn gerade an jenen Stätten ist die Kultur am meisten abhanden gekommen, gerade an ihnen ist selbst das Aufkeimen einer neuen unmöglich gemacht; so lärmend sind die Zurüstungen der hier betriebenen Wissenschaften, so herdenartig werden dort die beliebtesten Disziplinen auf Unkosten der wichtigsten überfallen. Mit welcher Laterne würde man hier nach Menschen suchen müssen, die eines innigen Sich-Versenkens und einer reinen Hingabe an den Genius fähig wären, und die Mut und Kraft genug hätten, Dämonen zu zitieren, die aus unserer Zeit geflohen sind! Äußerlich betrachtet, findet man freilich an jenen Stätten den ganzen Pomp der Kultur, sie gleichen mit ihren imponierenden Apparaten den Zeughäusern mit ihren ungeheuren Geschützen und Kriegswerkzeugen: wir sehen Zurüstungen und eine emsige Betriebsamkeit, als ob der Himmel gestürmt und die Wahrheit aus dem tiefsten Brunnen heraufgeholt werden sollte, und doch kann man im Kriege die größten Maschinen am schlechtesten gebrauchen. Und ebenso läßt die wirkliche Kultur bei ihrem Kampfe jene Stätten beiseite liegen und fühlt mit dem besten Instinkte heraus, daß dort für sie nichts zu hoffen und viel zu fürchten ist. Denn die einzige Form der Kultur, mit der sich das entzündete Auge und das abgestumpfte Denk-Organ des gelehrten Arbeiterstandes abgeben mag, ist eben jene *Philister-Kultur*, deren Evangelium Strauß verkündet hat.

Betrachten wir einen Augenblick die hauptsächlichen Gründe jener Sympathie, die den gelehrten Arbeiterstand und die Philister-Kultur verknüpfen, so finden wir auch den Weg, der uns zu dem als klassisch anerkannten *Schriftsteller* Strauß und damit zu unserem letzten Hauptthema führt.

Jene Kultur hat erstens den Ausdruck der Zufriedenheit im Gesichte und will nichts Wesentliches an dem gegenwärtigen Stande der deutschen Gebildetheit geändert haben; vor allem ist sie ernstlich von der Singularität aller deutschen Erziehungs-Institutionen, namentlich der Gymnasien und Universitäten, überzeugt, hört nicht auf, diese dem Auslande anzuempfehlen, und zweifelt keinen Augenblick daran, daß man durch dieselben das gebildetste und urteilsfähigste Volk der Welt geworden sei. Die Philister-Kultur glaubt an sich und darum auch an die ihr zu Gebote stehenden Methoden und Mittel. Zweitens aber legt sie das höchste Urteil über alle Kultur- und Geschmacks-Fragen in die Hand des Gelehrten und betrachtet sich selbst als das immer anwachsende Kompendium gelehrter Meinungen über Kunst, Literatur und Philosophie; ihre Sorge ist, den Gelehrten zum Aussprechen seiner Meinungen zu nötigen und diese dann vermischt, diluiert oder systematisiert dem deutschen Volke als Heiltrank einzugeben. Was außerhalb dieser Kreise heranwächst, wird so lange mit zweifelnder Halbheit angehört oder nicht angehört, bemerkt oder nicht bemerkt, bis endlich einmal eine Stimme, gleichgültig von wem, wenn er nur recht streng den Gattungs-Charakter des Gelehrten an sich trägt, laut wird, heraus aus jenen Tempelräumen, in denen die traditionelle Geschmacks-Unfehlbarkeit herbergen soll: und von jetzt ab hat die öffentliche Meinung eine Meinung mehr und wiederholt mit hundertfachem Echo die Stimme jenes einzelnen. In Wirklichkeit aber steht es um die ästhetische Unfehlbarkeit, die in diesen Räumen und bei jenen einzelnen herbergen soll, sehr bedenklich, und zwar so bedenklich, daß man so lange von dem Ungeschmack, der Gedankenlosigkeit und ästhetischen Rohheit eines Gelehrten überzeugt sein kann, als er nicht das Gegenteil erwiesen hat. Und nur wenige werden das Gegenteil beweisen können. Denn wie viele werden sich, nachdem sie sich an dem keuchenden und gehetzten Wettlauf der gegenwärtigen Wissenschaft beteiligt haben, überhaupt nur jenen mutigen und ruhenden Blick des kämpfenden Kultur-Menschen erhalten können, wenn sie ihn je besessen haben sollten, jenen Blick, der dieses Wettlaufen selbst als ein barbarisierendes Element verurteilt? Deshalb müssen diese wenigen fürderhin in einem Widerspruche leben: was vermöchten sie also gegen einen uniformen Glauben Unzähliger auszurichten, die allesamt die öffentliche Meinung zu ihrer Schutzpatronin gemacht haben und in diesem Glauben sich gegenseitig stützen und tragen? Was hilft es nun, wenn so ein einzelner sich gegen Strauß erklärt, da doch die vielen sich für ihn entschieden haben, und die von ihnen angeführte Masse sechsmal hintereinander nach dem philiströsen Schlaftrunk des Magisters begehren gelernt hat.

Wenn wir hiermit ohne weiteres angenommen haben, daß das Straußsche Bekenntnisbuch bei der öffentlichen Meinung gesiegt habe und als Sieger willkommen geheißen sei, so würde sein Verfasser uns vielleicht aufmerksam machen, daß die mannigfachen Beurteilungen seines Buches in öffentlichen Blättern einen durchaus nicht einmütigen und am wenigsten einen unbedingt günstigen Charakter tragen, und daß er selbst gegen den bisweilen äußerst feindseligen Ton und die gar zu freche und herausfordernde Manier einiger dieser Zeitungskämpen in einem Nachwort sich habe verwahren müssen. Wie kann es, wird er uns zurufen, eine öffentliche Meinung über mein Buch geben, wenn trotzdem jeder Journalist mich als vogelfrei betrachten und nach Herzenslust schlecht behandeln darf! Dieser Widerspruch ist leicht zu heben, sobald man an dem Straußschen Buche zwei Seiten unterscheidet, eine theologische und eine schriftstellerische: nur mit der letzteren berührt jenes Buch die deutsche Kultur. Durch seine theologische Färbung steht es außerhalb unserer deutschen Kultur und erweckt die Antipathien der verschiedenen theologischen Parteien, ja im Grunde jedes einzelnen Deutschen, insofern dieser ein theologischer Sektierer von Natur ist und seinen kuriosen Privatglauben nur deshalb erfindet, um mit jedem anderen Glauben dissentieren zu können. Aber hört nur einmal alle diese theologischen Sektierer über Strauß reden, sobald von dem *Schriftsteller* Strauß gesprochen werden muß; sofort verklingt der theologische Dissonanzenlärm, und in reinem Einklang ertönt es wie aus dem Munde *einer* Gemeinde: ein *klassischer Schriftsteller* bleibt er doch! Jeder, auch der verbissenste Orthodoxe, sagt dem Schriftsteller das Günstigste ins Gesicht, und sei es auch nur ein Wort über seine fast Lessingsche Dialektik oder über die Freiheit, Schönheit und Gültigkeit seiner ästhetischen Ansichten. Als Buch, so scheint es, entspricht das Straußsche Produkt geradezu dem Ideal eines Buches. Die theologischen Widersacher sind, obwohl sie am lautesten geredet haben, in diesem Falle nur ein kleiner Bruchteil des großen Publikums: und selbst ihnen gegenüber wird Strauß recht haben, wenn er sagt: »Gegen die Tausende meiner Leser sind die paar Dutzende meiner öffentlichen Tadler eine verschwindende Minderheit, und sie werden schwerlich beweisen können, daß sie durchaus die treuen Dolmetscher der ersteren sind. Wenn in einer Sache, wie diese, meistens die Nicht-Einverstandenen das Wort genommen, die Einverstandenen sich mit stiller Zustimmung begnügt haben, so liegt das in der Natur der Verhältnisse, die wir ja alle kennen.« Also abgesehen von dem Ärgernis des theologischen Bekenntnisses, das Strauß hier und da erregt haben mag, über den *Schriftsteller* Strauß herrscht, selbst bei den fanatischen Widersachern, denen seine Stimme wie die Stimme des Tieres aus dem Abgrunde klingt, Einmütigkeit. Und deshalb beweist die Behandlung, die Strauß durch die literarischen Lohndiener der theologischen Parteien erfahren hat, nichts gegen unseren Satz, daß die Philister-Kultur in diesem Buche einen Triumph gefeiert hat.

Es ist zuzugeben, daß der gebildete Philister im Durchschnitt um einen Grad weniger freimütig ist als Strauß, oder wenigstens bei öffentlichen Kundgebungen sich mehr zurückhält: um so erbaulicher ist ihm aber dieser Freimut bei einem anderen; zu Hause und unter seinesgleichen klatscht er sogar lärmend Beifall und nur gerade schriftlich mag er nicht bekennen, wie sehr ihm das alles von Strauß nach dem Herzen gesagt ist. Denn etwas feige ist nun einmal, wie wir bereits wissen, unser Bildungs-Philister, selbst bei den stärksten Sympathien: und gerade daß Strauß um einen Grad weniger feige ist, das macht ihn zum Führer, während es andererseits auch für *seinen* Mut eine sehr bestimmte Grenzlinie gibt. Wenn er *diese* überschritte, wie dies zum Beispiel Schopenhauer fast in jedem Satze tut, dann würde er nicht mehr wie ein Häuptling vor den Philistern herziehen, und man liefe ebenso hurtig davon, als man jetzt hinter ihm drein läuft. Wer dieses, wenn nicht weise, so doch jedenfalls kluge Maßhalten und diese *mediocritas* des Mutes eine aristotelische Tugend nennen wollte, würde freilich im Irrtum sein: denn jener Mut ist nicht die Mitte zwischen zwei Fehlern, sondern zwischen einer Tugend und einem Fehler — und in dieser Mitte, zwischen Tugend und Fehler, liegen *alle* Eigenschaften des Philisters.

9

»Aber ein klassischer Schriftsteller bleibt er doch!« Nun wir werden sehen.

Es wäre jetzt vielleicht erlaubt, sofort von dem Stilisten und Sprachkünstler Strauß zu reden, aber zuvor laßt uns doch einmal in Erwägung ziehen, ob er imstande ist, sein Haus als Schriftsteller zu bauen, und ob er wirklich die Architektur des Buches versteht. Daraus wird sich bestimmen, ob er ein ordentlicher, besonnener und geübter Buchmacher ist; und sollten wir mit Nein antworten müssen, so bliebe ihm immer noch als letztes Refugium seines Ruhmes der Anspruch, ein »klassischer Prosaschreiber« zu sein. Die letzte Fähigkeit ohne die erste würde freilich nicht ausreichen, ihn zum Rang der klassischen Schriftsteller zu erheben: sondern höchstens zu dem der klassischen Improvisatoren oder der Virtuosen des Stils, die aber, bei allem Geschick des Ausdruckes, im ganzen und bei dem eigentlichen Hinstellen des Baus, die unbeholfene Hand und das befangene Auge des Stümpers zeigen. Wir fragen also, ob Strauß die künstlerische Kraft hat, ein Ganzes hinzusetzen, *totum ponere*.

Gewöhnlich läßt sich schon nach dem ersten schriftlichen Entwurf erkennen, ob der Verfasser ein Ganzes geschaut und diesem Geschauten gemäß den allgemeinen Gang und die richtigen Maße gefunden hat. Ist diese wichtigste Aufgabe gelöst und das Gebäude selbst in glücklichen Proportionen aufgerichtet, so bleibt doch noch genug zu tun übrig: wie viel kleinere Fehler sind zu berichtigen, wie viel Lücken auszufüllen, hier und da mußte bisher ein vorläufiger Bretterverschlag oder ein Fehlboden genügen, überall liegt Staub und Schutt, und wohin du blickst, gewahrst du die Spuren der Not und Arbeit; das Haus ist immer noch als Ganzes unwohnlich und unheimlich: alle Wände sind nackt und der Wind saust durch die offenen Fenster. Ob nun die jetzt noch nötige, große und mühsame Arbeit von Strauß getan ist, geht uns so lange nichts an, als wir fragen, ob er das Gebäude selbst in guten Proportionen und überall als Ganzes hingestellt hat. Das Gegenteil hiervon ist bekanntlich, ein Buch aus Stücken zusammenzusetzen, wie dies die Art der Gelehrten ist. Sie vertrauen darauf, daß diese Stücke einen Zusammenhang unter sich haben, und verwechseln hierbei den logischen Zusammenhang und den künstlerischen. Logisch ist nun jedenfalls das Verhältnis der vier Hauptfragen, welche die Abschnitte des Straußschen Buches bezeichnen, nicht: »Sind wir noch Christen? Haben wir noch Religion? Wie begreifen wir die Welt? Wie ordnen wir unser Leben?« und zwar deshalb nicht, weil die dritte Frage nichts mit der zweiten, die vierte nichts mit der dritten und alle drei nichts mit der ersten zu tun haben. Der Naturforscher zum Beispiel, der die dritte Frage aufwirft, zeigt gerade darin seinen unbefleckten Wahrheitssinn, daß er an der zweiten stillschweigend vorübergeht; und daß die Themata des vierten Abschnittes: Ehe, Republik, Todesstrafe, durch die Einmischung darwinistischer Theorien aus dem dritten Abschnitte nur verwirrt und verdunkelt werden würden, scheint Strauß selbst zu begreifen, wenn er tatsächlich auf diese Theorien keine weitere Rücksicht nimmt. Die Frage aber: sind wir noch Christen? verdirbt sofort die Freiheit der philosophischen Betrachtung und färbt sie in unangenehmer Weise theologisch; überdies hat er dabei ganz vergessen, daß der größere Teil der Menschheit auch heute noch buddhistisch und nicht christlich ist. Wie darf man bei dem Worte »alter Glaube« ohne weiteres allein an das Christentum denken! Zeigt sich hierin, daß Strauß nie aufgehört hat, christlicher Theologe zu sein, und deshalb nie gelernt hat, Philosoph zu werden, so überrascht er uns wieder dadurch, daß er nicht zwischen Glauben und Wissen zu unterscheiden vermag und fortwährend seinen sogenannten »neuen Glauben« und die neuere Wissenschaft in einem Atem nennt. Oder sollte neuer Glaube nur eine ironische Akkommodation an den Sprachgebrauch sein? So scheint es fast, wenn wir sehen, daß er hier und da neuen Glauben und neuere Wissenschaft harmlos sich einander vertreten läßt, zum Beispiel auf S. 11, wo er fragt, auf welcher Seite, ob auf der des alten Glaubens oder der neueren Wissenschaft, »der in menschlichen Dingen nicht zu vermeidenden Dunkelheiten und Unzulänglichkeiten mehrere sind«. Zudem will er nach dem Schema der Einleitung die Beweise angeben, auf welche die moderne Weltbetrachtung sich stützt: alle diese Beweise entlehnt er aber aus der Wissenschaft und gebärdet sich auch hier durchaus als ein Wissender, nicht als ein Gläubiger.

Im Grunde ist also die neue Religion nicht ein neuer Glaube, sondern fällt mit der modernen Wissenschaft zusammen, ist also als solche gar nicht Religion. Behauptet nun Strauß, dennoch Religion zu haben, so liegen die Gründe dafür abseits von der neueren Wissenschaft. Nur der kleinste Teil des Straußschen Buches, das heißt wenige zerstreute Seiten überhaupt, betreffen das, was Strauß mit Recht einen Glauben nennen dürfte: nämlich jene Empfindung für das All, für welches Strauß dieselbe Pietät fordert, die der Fromme alten Stils für seinen Gott hat. Auf diesen Seiten geht es wenigstens durchaus nicht wissenschaftlich zu; wenn es aber nur ein wenig kräftiger, natürlicher und derber und überhaupt gläubiger zuginge! Gerade das ist höchst auffallend, durch was für künstliche Prozeduren unser Autor erst zum Gefühl kommt, daß er überhaupt noch einen Glauben und eine Religion hat: durch Stechen und Schlagen, wie wir gesehen haben. Er zieht arm und schwächlich daher, dieser exstimulierte Glaube: uns fröstelt, ihn anzusehen.

Wenn Strauß in dem Schema der Einleitung versprochen hat, eine Vergleichung anzustellen, ob dieser neue Glaube auch dieselben Dienste leiste, wie der Glaube alten Stils den Alt-Gläubigen, so fühlt er zuletzt selbst, daß er zu viel versprochen habe. Denn die letzte Frage, nach dem gleichen Dienste und dem Besser und Schlechter, wird von ihm schließlich ganz nebenbei und mit scheuer Eile auf einem Paar Seiten (S. 366 ff.) abgetan, sogar einmal mit dem Verlegenheitstrumpfe: »wer hier sich nicht selbst zu helfen weiß, dem ist überhaupt nicht zu helfen, der ist für unseren Standpunkt noch nicht reif« (S. 366). Mit welcher Wucht der Überzeugung glaubte dagegen der antike Stoiker an das All und an die Vernünftigkeit des Alls! Und in welchem Lichte, so betrachtet, erscheint gar der Anspruch auf Originalität seines Glaubens, den Strauß macht? Aber, wie gesagt, ob neu oder alt, original oder nachgemacht, das möchte gleichgültig sein, wenn es nur kräftig, gesund und natürlich zuginge. Strauß selbst läßt diesen herausdestillierten Notglauben, so oft es geht, im Stich, um uns und sich mit seinem Wissen schadlos zu halten, und um seine neu erlernten naturwissenschaftlichen Kenntnisse mit ruhigerem Gewissen seinen »Wir« zu präsentieren. So scheu er ist, wenn er vom Glauben redet, so rund und voll wird sein Mund, wenn der größte Wohltäter der allerneuesten Menschheit, Darwin, zitiert wird: dann verlangt er nicht nur Glauben für den neuen Messias, sondern auch für sich, den neuen Apostel; zum Beispiel, wenn er einmal bei dem intrikatesten Thema der Naturwissenschaft mit wahrhaft antikem Stolze verkündet: »man wird mir sagen, ich rede da von Dingen, die ich nicht verstehe. Gut; aber es werden andere kommen, die sie verstehen und die auch mich verstanden haben.« Hiernach scheint es fast, als ob die berühmten »Wir« nicht nur auf den Glauben an das All, sondern auch auf den Glauben an den Naturforscher Strauß verpflichtet werden sollen; in diesem Falle würden wir nur wünschen, daß, um diesen letzteren Glauben sich zum Gefühl zu bringen, nicht eben so peinliche und grausame Prozeduren nötig sind wie in betreff des ersteren. Oder genügt es vielleicht gar, daß hier einmal der Gegenstand des Glaubens und nicht der Gläubige gezwickt und gestochen wird, um die Gläubigen zu jener »religiösen Reaktion« zu bringen, die das Merkmal des »neuen Glaubens« ist? Welches Verdienst würden wir uns dann um die Religiosität jener »Wir« erwerben!

Es ist nämlich sonst fast zu fürchten, daß die modernen Menschen fortkommen werden, ohne sich sonderlich um die religiöse Glaubens-Zutat des Apostels zu kümmern: wie sie tatsächlich ohne den Satz von der Vernünftigkeit des Alls bisher fortgekommen sind. Die ganze moderne Natur- und Geschichts-Forschung hat mit dem Straußschen Glauben an das All nichts zu tun, und daß der moderne Philister diesen Glauben nicht braucht, zeigt gerade die Schilderung seines Lebens, die Strauß in dem Abschnitte »wie ordnen wir unser Leben?« macht. Er ist also im Rechte zu zweifeln, ob der »Wagen«, dem sich seine »werten Leser anvertrauen mußten, allen Anforderungen entspräche«. Er entspricht ihnen gewiß nicht: denn der moderne Mensch kommt schneller vorwärts, wenn er sich nicht in diesen Straußen-Wagen setzt – oder richtiger: er kam schneller vorwärts, längst bevor dieser Straußen-Wagen existierte. Wenn es nun wahr wäre, daß die berühmte »nicht zu übersehende Minderheit«, von der und in deren Namen Strauß spricht, »große Stücke auf Konsequenz hält«, so müßte sie doch mit dem Wagenbauer Strauß ebensowenig zufrieden sein, als wir mit dem Logiker.

Aber geben wir immerhin den Logiker preis: vielleicht hat das ganze Buch, künstlerisch betrachtet, eine gut erfundene Form und entspricht den Gesetzen der Schönheit, wenn es auch einem gut gearbeiteten Gedankenschema nicht entspricht. Und hier erst kommen wir zu der Frage, ob Strauß ein guter Schriftsteller sei, nachdem wir erkannt haben, daß er sich nicht als wissenschaftlicher, streng ordnender und systematisierender Gelehrter benommen hat.

Vielleicht hat er sich nur dies zur Aufgabe gestellt, nicht sowohl von dem »alten Glauben« fortzuscheuchen, als durch ein anmutiges und farbenreiches Gemälde eines in der neuen Weltbetrachtung heimischen Lebens anzulocken. Gerade wenn er an Gelehrte und Gebildete als an seine nächsten Leser dachte, so mußte er wohl aus Erfahrung wissen, daß man diese durch das schwere Geschütz wissenschaftlicher Beweise zwar niederschießen, nie aber zur Übergabe nötigen kann, daß aber eben dieselben um so schneller leichtgeschürzten Verführungs-Künsten erliegen. »Leicht geschürzt«, und zwar »mit Absicht«, nennt aber Strauß sein Buch selbst; als »leicht geschürzt« empfinden und schildern es seine öffentlichen Lobredner, von denen zum Beispiel einer, und zwar ein recht beliebiger, diese Empfindungen folgendermaßen umschreibt: »In anmutigem Ebenmaße schreitet die Rede fort, und gleichsam spielend handhabt sie die Kunst der Beweisführung, wo sie kritisch gegen das Alte sich wendet, wie nicht minder da, wo sie das Neue, das sie bringt, verführerisch zubereitet und anspruchslosem wie verwöhntem Geschmacke präsentiert. Fein erdacht ist die Anordnung eines so mannigfaltigen, ungleichartigen Stoffes, wo alles zu berühren und doch nichts in die Breite zu führen war; zumal die Übergänge, die von der einen Materie zur anderen überleiten, sind kunstreich gefügt, wenn man nicht etwa noch mehr die Geschicklichkeit bewundern will, mit der unbequeme Dinge beiseite geschoben oder verschwiegen sind.« Die Sinne solcher Lobredner sind, wie sich auch hier ergibt, nicht gerade fein hinsichtlich dessen, was einer als Autor *kann*, aber um so feiner für das, was einer *will*. Was aber Strauß will, verrät uns am deutlichsten seine emphatische und nicht ganz harmlose Anempfehlung Voltairescher Grazien, in deren Dienst er gerade jene »leichtgeschürzten« Künste, von denen sein Lobredner spricht, lernen konnte – falls nämlich die Tugend lehrbar ist, und ein Magister je ein Tänzer werden kann.

Wer hat nicht hierüber seine Nebengedanken, wenn er zum Beispiel folgendes Wort Straußens über Voltaire liest (S. 219, Voltaire): »originell ist Voltaire als Philosoph allerdings nicht, sondern in der Hauptsache Verarbeiter englischer Forschungen: dabei erweist er sich aber durchaus als freier Meister des Stoffes, den er mit unvergleichlicher Gewandtheit von allen Seiten zu zeigen, in alle möglichen Beleuchtungen zu stellen versteht und dadurch, ohne streng methodisch zu sein, auch den Forderungen der Gründlichkeit zu genügen weiß«. Alle negativen Züge treffen zu: niemand wird behaupten, daß Strauß als Philosoph originell, oder daß er streng methodisch sei, aber die Frage wäre, ob wir ihn auch als »freien Meister des Stoffes« gelten lassen und ihm die »unvergleichliche Gewandtheit« zugeben. Das Bekenntnis, daß die Schrift »mit Absicht leicht geschürzt« sei, läßt erraten, daß es auf eine unvergleichliche Gewandtheit mindestens abgesehen war.

Nicht einen Tempel, nicht ein Wohnhaus, sondern ein Gartenhaus inmitten aller Gartenkünste hinzustellen, war der Traum unseres Architekten. Ja es scheint fast, daß selbst jene mysteriöse Empfindung für das All hauptsächlich als ästhetisches Effektmittel berechnet war, gleichsam als ein Ausblick auf ein irrationales Element, etwa das Meer, mitten heraus aus dem zierlichsten und rationellsten Terrassenwerk. Der Gang durch die ersten Abschnitte, nämlich durch die theologischen Katakomben mit ihrem Dunkel und ihrer krausen und barocken Ornamentik, war wiederum nur ein ästhetisches Mittel, die Reinlichkeit, Helle und Vernünftigkeit des Abschnittes mit der Überschrift: »wie begreifen wir die Welt?« durch Kontrast zu heben: denn sofort nach jenem Gang im Düsteren und dem Blick in die irrationale Weite treten wir in eine Halle mit Oberlicht; nüchtern und hell empfängt sie uns, mit Himmelskarten und mathematischen Figuren an den Wänden, gefüllt mit wissenschaftlichen Geräten, in den Schränken Skelette, ausgestopfte Affen und anatomische Präparate. Von hier aus aber wandeln wir, erst recht beglückt, mitten hinein in die volle Gemächlichkeit unserer Gartenhaus-Bewohner; wir finden sie bei ihren Frauen und Kindern unter ihren Zeitungen und politischen Alltagsgesprächen, wir hören sie eine Zeitlang reden über Ehe und allgemeines Stimmrecht, Todesstrafe und Arbeiterstreiks, und es scheint uns nicht möglich, den Rosenkranz öffentlicher Meinungen schneller abzubeten. Endlich sollen wir auch noch von dem klassischen Geschmacke der hier Hausenden überzeugt werden: ein kurzer Aufenthalt in der Bibliothek und im Musik-Zimmer gibt uns den erwarteten Aufschluß, daß die besten Bücher auf den Regalen und die berühmtesten Musikstücke auf den Notenpulten liegen; man spielt uns sogar etwas vor, und wenn es Haydnsche Musik sein sollte, so war Haydn jedenfalls nicht Schuld daran, daß es wie Riehlsche Hausmusik klang. Der Hausherr hat inzwischen Gelegenheit gehabt, sich mit Lessing ganz einverstanden zu erklären, mit Goethe auch, jedoch nur bis auf den zweiten Teil des Faust. Zuletzt preist sich unser Gartenhaus-Besitzer selbst und meint, wem es bei ihm nicht gefiele, dem sei nicht zu helfen, der sei für seinen Standpunkt nicht reif, worauf er uns noch seinen Wagen anbietet, jedoch mit der artigen Einschränkung, er wolle nicht behaupten, daß derselbe allen Anforderungen entspräche; auch seien die Steine auf seinen Wegen frisch aufgeschüttet und wir würden übel zerstoßen werden. Darauf empfiehlt sich unser epikureischer Garten-Gott mit der unvergleichlichen Gewandtheit, die er an Voltaire zu rühmen wußte.

Wer könnte auch jetzt noch an dieser unvergleichlichen Gewandtheit zweifeln? Der freie Meister des Stoffs ist erkannt, der leicht geschürzte Gartenkünstler entpuppt; und immer hören wir die Stimme des Klassikers: als Schriftsteller will ich nun einmal kein Philister sein, will nicht! will nicht! Sondern durchaus Voltaire, der deutsche Voltaire! und höchstens noch der französische Lessing!

Wir verraten ein Geheimnis: unser Magister weiß nicht immer, was er lieber sein will, Voltaire oder Lessing, aber um keinen Preis ein Philister, womöglich beides, Lessing *und* Voltaire – auf daß erfüllt werde, was da geschrieben stehet: »er hatte gar keinen Charakter, sondern wenn er einen haben wollte, so mußte er immer erst einen annehmen«.

10

Wenn wir Strauß, den Bekenner, recht verstanden haben, so ist er selbst ein wirklicher Philister mit eingeengter, trockener Seele und mit gelehrten und nüchternen Bedürfnissen; und trotzdem würde niemand mehr erzürnt sein, ein Philister genannt zu werden, als David Strauß, der Schriftsteller. Es würde ihm recht sein, wenn man ihn mutwillig, verwegen, boshaft, tollkühn nennte; sein höchstes Glück wäre aber, mit Lessing oder Voltaire verglichen zu werden, weil diese gewiß keine Philister waren. In der Sucht nach diesem Glück schwankt er öfter, ob er es dem tapferen dialektischen Ungestüm Lessings gleichtun solle, oder ob es ihm besser anstehe, sich als faunischen, freigeisterischen Alten in der Art Voltaires zu gebärden. Beständig macht er, wenn er sich zum Schreiben niedersetzt, ein Gesicht, wie wenn er sich malen lassen wollte, und zwar bald ein Lessingsches, bald ein Voltairesches Gesicht. Wenn wir sein Lob der Voltaireschen Darstellung lesen (S. 217, Voltaire), so scheint er der Gegenwart nachdrücklich ins Gewissen zu reden, weshalb sie nicht längst wisse, was sie an dem modernen Voltaire habe: »auch sind die Vorzüge«, sagt er, »überall dieselben: einfache Natürlichkeit, durchsichtige Klarheit, lebendige Beweglichkeit, gefällige Anmut. Wärme und Nachdruck fehlen, wo sie hingehören, nicht; gegen Schwulst und Affektation kam der Widerwille aus Voltaires innerster Natur; wie andererseits, wenn zuweilen Mutwille oder Leidenschaften seinen Ausdruck ins Gemeine herabzogen, die Schuld nicht am Stilisten, sondern am Menschen in ihm lag.« Strauß scheint demnach recht wohl zu wissen, was es mit der *Simplizität des Stiles* auf sich hat: sie ist immer das Merkmal des Genies gewesen, als welches allein das Vorrecht hat, sich einfach, natürlich und mit Naivität auszusprechen. Es verrät sich also nicht der gemeinste Ehrgeiz, wenn ein Autor eine simple Manier wählt: denn obgleich mancher merkt, für was ein solcher Autor gehalten werden möchte, so ist doch mancher auch so gefällig, ihn ebendafür zu halten. Der geniale Autor verrät sich aber nicht nur in der Schlichtheit und Bestimmtheit des Ausdruckes: seine übergroße Kraft spielt mit dem Stoffe, selbst wenn er gefährlich und schwierig ist. Niemand geht mit steifem Schritte auf unbekanntem und von tausend Abgründen unterbrochenem Wege: aber das Genie läuft behend und mit verwegenen oder zierlichen Sprüngen auf einem solchen Pfade und verhöhnt das sorgfältige und furchtsame Abmessen der Schritte.

Daß die Probleme, an denen Strauß vorüberläuft, ernst und schrecklich sind und als solche von den Weisen aller Jahrtausende behandelt wurden, weiß Strauß selbst, und trotzdem nennt er sein Buch *leicht geschürzt*. Von allen diesen Schrecken, von dem finsteren Ernste des Nachdenkens, in den man sonst bei den Fragen über den Wert des

Daseins und die Pflichten des Menschen von selbst verfällt, ahnt man nichts mehr, wenn der genialische Magister an uns vorübergaukelt, »leicht geschürzt und mit Absicht«, ja leichter geschürzt als sein Rousseau, von dem er uns zu erzählen weiß, daß er sich von unten entblößte und nach oben zu drapierte, während Goethe sich unten drapiert und oben entblößt haben soll. Ganz naive Genies, scheint es, drapieren sich gar nicht, und vielleicht ist das Wort »leicht geschürzt« überhaupt nur ein Euphemismus für nackt. Von der Göttin Wahrheit behaupten ja die Wenigen, die sie gesehen haben, daß sie nackt gewesen sei: und vielleicht ist im Auge solcher, die sie nicht gesehen haben, aber jenen Wenigen glauben, Nacktheit oder Leicht-Geschürztheit schon ein Beweis, mindestens ein Indizium der Wahrheit. Schon der Verdacht ist hier von Vorteil für den Ehrgeiz des Autors: jemand sieht etwas Nacktes – »wie, wenn es die Wahrheit wäre!« sagt er sich und nimmt eine feierlichere Miene an, als ihm sonst gewöhnlich ist. Damit hat aber der Autor schon viel gewonnen, wenn er seine Leser zwingt, ihn feierlicher anzusehen als einen beliebigen fester geschürzten Autor. Es ist der Weg dazu, einmal ein »Klassiker« zu werden: und Strauß erzählt uns selbst, »daß man ihm die ungesuchte Ehre erwiesen habe, ihn als eine Art von klassischem Prosaschreiber anzusehen«, daß er also am Ziele seines Weges angekommen sei. Das Genie Strauß läuft in der Kleidung leicht geschürzter Göttinnen als »Klassiker« auf den Straßen herum, und der Philister Strauß soll durchaus, um uns einer Originalwendung dieses Genies zu bedienen, »in Abgang dekretiert« oder »auf Nimmerwiederkehr hinausgeworfen werden«.

Ach, der Philister kehrt aber trotz aller Abgangs-Dekrete und alles Hinauswerfens doch wieder und oft wieder! Ach das Gesicht, in Voltairesche und Lessingsche Falten gezwängt, schnellt doch von Zeit zu Zeit in seine alten ehrlichen originalen Formen zurück! Ach die Genielarve fällt zu oft herab, und nie war der Blick des Magisters verdrossener, nie waren seine Bewegungen steifer, als wenn er eben den Sprung des Genies nachzuspringen und mit dem Feuerblick des Genies zu blicken versucht hatte. Gerade dadurch, daß er sich in unserer kalten Zone so leicht schürzt, setzt er sich der Gefahr aus, sich öfter und schwerer zu erkälten als ein anderer; daß dies alles dann auch die anderen merken, mag recht peinlich sein, aber es muß ihm, wenn er je Heilung finden will, auch öffentlich folgende Diagnose gestellt werden: Es gab einen Strauß, einen wackeren, strengen und straffgeschürzten Gelehrten, der uns eben so sympathisch war, wie jeder, der in Deutschland mit Ernst und Nachdruck der Wahrheit dient und innerhalb seiner Grenzen zu herrschen versteht; der, welcher jetzt in der öffentlichen Meinung als David Strauß berühmt ist, ist ein anderer geworden: die Theologen mögen es verschuldet haben, daß er dieser andere geworden ist; genug, sein jetziges Spiel mit der Genie-Maske ist uns ebenso verhaßt oder lächerlich, als uns sein früherer Ernst zum Ernste und zur Sympathie zwang. Wenn er uns neuerdings erklärt: »es wäre auch Undank gegen *meinen Genius*, wollte ich mich nicht freuen, daß mir neben der Gabe der schonungslos zersetzenden Kritik zugleich die harmlose Freude am künstlerischen Gestalten verliehen ward«, so mag es ihn überraschen, daß es trotz diesem Selbstzeugnis Menschen gibt, welche das Umgekehrte behaupten; einmal, daß er die Gabe künstlerischen Gestaltens nie gehabt habe, und sodann, daß die von ihm »harmlos« genannte Freude nichts weniger als harmlos sei, sofern sie eine im Grunde kräftig und tief angelegte Gelehrten- und Kritiker-Natur, *das heißt den eigentlichen Straußschen Genius*, allmählich untergraben und zuletzt zerstört hat. In einer Anwandlung von unbegrenzter Ehrlichkeit fügt zwar Strauß selbst hinzu, er habe immer »den Merck in sich getragen, der ihm zurief: solchen Quark mußt du nicht mehr machen, das können die anderen auch!«. Das war die Stimme des echten Straußschen Genius: diese selbst sagt ihm auch, wie viel oder wie wenig sein neuestes, harmlos leicht geschürztes Testament des modernen Philisters wert sei. Das können die anderen auch! Und viele könnten es besser! Und die es am besten könnten, begabtere und reichere Geister als Strauß, würden immer nur – Quark gemacht haben.

Ich glaube, daß man wohl verstanden hat, wie sehr ich den Schriftsteller Strauß schätze: nämlich wie einen Schauspieler, der das naive Genie und den Klassiker spielt. Wenn Lichtenberg einmal sagt: »Die simple Schreibart ist schon deshalb zu empfehlen, weil kein rechtschaffener Mann an seinen Ausdrücken künstelt und klügelt«, so ist deshalb die simple Manier doch noch lange nicht ein Beweis für schriftstellerische Rechtschaffenheit. Ich wünschte, der Schriftsteller Strauß wäre ehrlicher, dann würde er besser schreiben und weniger berühmt sein. Oder – wenn er durchaus Schauspieler sein will – so wünschte ich, er wäre ein guter Schauspieler und machte es dem naiven Genie und dem Klassiker besser nach, wie man klassisch und genial schreibt. Es bleibt nämlich übrig zu sagen, daß Strauß ein schlechter Schauspieler und sogar ein ganz nichtswürdiger Stilist ist.

11

Der Tadel, ein sehr schlechter Schriftsteller zu sein, schwächt sich freilich dadurch ab, daß es in Deutschland sehr schwer ist, ein mäßiger und leidlicher, und ganz erstaunlich unwahrscheinlich, ein guter Schriftsteller zu werden. Es fehlt hier an einem natürlichen Boden, an der künstlerischen Wertschätzung, Behandlung und Ausbildung der mündlichen Rede. Da diese es in allen öffentlichen Äußerungen, wie schon die Worte Salon-Unterhaltung, Predigt, Parlaments-Rede ausdrücken, noch nicht zu einem nationalen Stile, ja noch nicht einmal zum Bedürfnis eines Stils überhaupt gebracht hat, und alles, was spricht, in Deutschland aus dem naivsten Experimentieren mit der Sprache nicht herausgekommen ist, so hat der Schriftsteller keine einheitliche Norm und hat ein gewisses Recht, es auf eigene Faust einmal mit der Sprache aufzunehmen: was dann, in seinen Folgen, jene grenzenlose Dilapidation der deutschen Sprache der »Jetztzeit« hervorbringen muß, die am nachdrücklichsten Schopenhauer geschildert hat. »Wenn dies so fortgeht«, sagt er einmal, »so wird man anno 1900 die deutschen Klassiker nicht mehr recht verstehen, indem man keine andere Sprache mehr kennen wird, als den Lumpen-Jargon der noblen ‚Jetztzeit' – deren Grundcharakter Impotenz ist.« Wirklich lassen sich bereits jetzt deutsche Sprachrichter und Grammatiker in den allerneuesten Zeitschriften dahin vernehmen, daß für unseren Stil unsere Klassiker nicht mehr mustergültig sein könnten, weil sie eine große Menge von Worten, Wendungen und syntaktischen Fügungen haben, die uns abhanden gekommen sind: weshalb es sich geziemen möchte, die sprachlichen Kunststücke im Wort- und Satzgebrauch bei den gegenwärtigen Schrift-Berühmtheiten zu sammeln und zur Nachahmung hinzustellen, wie dies zum Beispiel auch wirklich in dem kurzgefaßten Hand- und Schand-Wörterbuch von Sanders geschehen ist. Hier erscheint das widrige Stil-Monstrum Gutzkow als Klassiker: und überhaupt müssen wir uns, wie es scheint, an eine ganz neue und überraschende Schar von »Klassikern« gewöhnen, unter denen der erste oder mindestens einer der ersten David Strauß ist, derselbe, welchen wir nicht anders bezeichnen können, als wir ihn bezeichnet haben: nämlich als einen nichtswürdigen Stilisten.

Es ist nun höchst bezeichnend für jene Pseudo-Kultur des Bildungs-Philisters, wie er sich gar noch den Begriff des Klassikers und Musterschriftstellers gewinnt – er, nur im Abwehren eines eigentlich künstlerisch strengen Kulturstils seine Kraft zeigt und durch die Beharrlichkeit im Abwehren zu einer Gleichartigkeit der Äußerungen kommt, die fast wieder wie eine Einheit des Stiles aussieht. Wie ist es nur möglich, daß bei dem unbeschränkten Experimentieren, das man mit der Sprache jedermann gestattet, doch einzelne Autoren einen allgemein ansprechenden Ton finden? Was spricht hier eigentlich so allgemein an? Vor allem eine negative Eigenschaft: der Mangel alles Anstößigen, – *anstößig aber ist alles wahrhaft Produktive*. – Das Übergewicht nämlich bei dem, was der Deutsche jetzt jeden Tag liest, liegt ohne Zweifel auf seiten der Zeitungen nebst dazugehörigen Zeitschriften: deren Deutsch prägt sich, in dem unaufhörlichen Tropfenfall gleicher Wendungen und gleicher Wörter, seinem Ohre ein, und da er meistens Stunden zu dieser Leserei benutzt, in denen sein ermüdeter Geist ohnehin zum Widerstehen nicht aufgelegt ist, so wird allmählich sein Sprachgehör in diesem Alltags-Deutsch heimisch und vermißt seine Abwesenheit nötigenfalls mit Schmerz. Die Fabrikanten jener Zeitungen sind aber, ihrer ganzen Beschäftigung gemäß, am allerstärksten an den Schleim dieser Zeitungs-Sprache gewöhnt: sie haben im eigentlichsten Sinne allen Geschmack verloren, und ihre Zunge empfindet höchstens das ganz und gar Korrupte und Willkürliche mit einer Art von Vergnügen. Daraus erklärt sich das *tutti unisono*, mit welchem, trotz jener allgemeinen Erschlaffung und Erkrankung, in jeden neu erfundenen Sprachschnitzer sofort eingestimmt wird: man rächt sich mit solchen frechen Korruptionen an der Sprache wegen der unglaublichen Langeweile, die sie allmählich ihren Lohnarbeitern verursacht. Ich erinnere mich, einen Aufruf von Berthold Auerbach »an das deutsche Volk« gelesen zu haben, in dem jede Wendung undeutsch verschroben und erlogen war, und der als Ganzes einem seelenlosen Wörtermosaik mit internationaler Syntax glich; um von dem schamlosen Sudeldeutsch zu schweigen, mit dem Eduard Devrient das Andenken Mendelssohns feierte. Der Sprachfehler also – das ist das Merkwürdige – gilt unserem Philister nicht als anstößig, sondern als reizvolle Erquickung in der gras- und baumlosen Wüste des Alltags-Deutsches. Aber anstößig bleibt ihm das *wahrhaft* Produktive. Dem allermodernsten Muster-Schriftsteller wird seine gänzlich verdrehte, verstiegene oder zerfaserte Syntax, sein lächerlicher Neologismus nicht etwa nachgesehen, sondern als Verdienst, als Pikanterie angerechnet: aber wehe dem charaktervollen Stilisten, welcher der Alltags-Wendung ebenso ernst und beharrlich aus dem Wege geht als den »in letzter Nacht ausgeheckten Monstra der Jetztzeit-Schreiberei«, wie Schopenhauer sagt. Wenn das Platte, Ausgenutzte, Kraftlose, Gemeine als Regel, das Schlechte und Korrupte als reizvolle Ausnahme hingenommen wird, dann ist das Kräftige, Ungemeine und Schöne in Verruf: so daß sich in Deutschland fortwährend die Geschichte jenes wohlgebildeten Reisenden wiederholt, der ins Land der Bucklichten kommt, dort überall wegen seiner angeblichen Ungestalt und seines Defektes an Rundung auf das schmählichste verhöhnt wird, bis endlich ein Priester sich seiner annimmt und dem Volke also zuredet: beklagt doch lieber den armen Fremden und bringt dankbaren Sinnes den Göttern ein Opfer, daß sie euch mit diesem stattlichen Fleischberg geschmückt haben.

Wenn jetzt jemand eine positive Sprachlehre des heutigen deutschen Allerweltsstils machen wollte und den Regeln nachspürte, die, als ungeschriebene, ungesprochene und doch befolgte Imperative, auf dem Schreibepulte jedermanns ihre Herrschaft ausüben, so würde er wunderliche Vorstellungen über Stil und Rhetorik antreffen, die vielleicht noch aus einigen Schul-Reminiszenzen und der einstmaligen Nötigung zu lateinischen Stilübungen, vielleicht aus der Lektüre französischer Schriftsteller, entnommen sind, und über deren unglaubliche Roheit jeder regelmäßig erzogene Franzose zu spotten ein Recht hat. Über diese wunderlichen Vorstellungen, unter deren Regiment so ziemlich jeder Deutsche lebt und schreibt, hat, wie es scheint, noch keiner der gründlichen Deutschen nachgedacht.

Da finden wir die Forderung, daß von Zeit zu Zeit ein Bild oder ein Gleichnis kommen, daß das Gleichnis aber neu sein müsse: neu und modern ist aber für das dürftige Schreiber-Gehirn identisch, und nun quält es sich, von der Eisenbahn, dem Telegraphen, der Dampfmaschine, der Börse seine Gleichnisse abzuziehen, und fühlt sich stolz darin, daß diese Bilder neu sein müssen, weil sie modern sind. In dem Bekenntnisbuche Straußens finden wir auch den Tribut an das moderne Gleichnis ehrlich ausgezahlt: er entläßt uns mit dem anderthalb Seiten langen Bilde einer modernen Straßen-Korrektion, er vergleicht die Welt ein paar Seiten früher mit der Maschine, ihren Rädern, Stampfen, Hämmern und ihrem »lindernden Öl«. – (S. 362): Eine Mahlzeit, die mit Champagner beginnt. – (S. 325): Kant als Kaltwasseranstalt. – (S. 265): »Die schweizerische Bundesverfassung verhält sich zur englischen wie eine Bachmühle zu einer Dampfmaschine, wie ein Walzer oder ein Lied zu einer Fuge oder Symphonie.« – (S. 258): »Bei jeder Apellation muß der Instanzenzug eingehalten werden. Die mittlere Instanz zwischen dem einzelnen und der Menschheit aber ist die Nation.« – (S. 141): »Wenn wir zu erfahren wünschen, ob in einem Organismus, der uns erstorben scheint, noch Leben sei, pflegen wir es durch einen starken, wohl auch schmerzlichen Reiz, etwa einen Stich, zu versuchen.« – (S. 138): »Das religiöse Gebiet in der menschlichen Seele gleicht dem Gebiet der Rothäute in Amerika.« – (S. 137): »Virtuosen der Frömmigkeit in den Klöstern.« – (S. 90): »Das Fazit aus allem Bisherigen mit vollen Ziffern unter die Rechnung setzen.« – (S. 176): »Die Darwinsche Theorie gleicht einer nur erst abgesteckten Eisenbahn – – – – wo die Fähnlein lustig im Winde flattern.« Auf diese Weise, nämlich hochmodern, hat sich Strauß mit der Philister-Forderung abgefunden, daß von Zeit zu Zeit ein neues Gleichnis auftreten müsse.

Sehr verbreitet ist auch eine zweite rhetorische Forderung, daß das Didaktische sich in langen Sätzen, dazu in weiten Abstraktionen ausbreiten müsse, daß dagegen das Überredende kurze Sätzchen und hintereinander herhüpfende Kontraste des Ausdrucks liebe. Ein Mustersatz für das Didaktische und Gelehrtenhafte, zu voller Schleiermacher-

scher Zerblasenheit auseinandergezogen und in wahrer Schildkröten-
Behendigkeit daherschleichend, steht bei Strauß S. 132: »Daß auf den
früheren Stufen der Religion statt eines solchen Woher mehrere, statt
Eines Gottes eine Vielheit von Göttern erscheint, kommt nach dieser
Ableitung der Religion daher, daß die verschiedenen Naturkräfte oder
Lebensbeziehungen, welche im Menschen das Gefühl schlechthiniger
Abhängigkeit erregen, anfangs noch in ihrer ganzen Verschiedenartig-
keit auf ihn wirken, er sich noch nicht bewußt geworden ist, wie in
betreff der schlechthinigen Abhängigkeit zwischen denselben kein
Unterschied, mithin auch das Woher dieser Abhängigkeit oder das
Wesen, worauf sie in letzter Beziehung zurückgeht, nur Eines sein
kann.« Ein entgegengesetztes Beispiel für die kurzen Sätzchen und die
affektierte Lebendigkeit, welche einige Leser so aufgeregt hat, daß sie
Strauß nur noch mit Lessing zusammen nennen, findet sich S. 8: »Was
ich im folgenden auszuführen gedenke, davon bin ich mir wohl bewußt, daß es Unzählige ebensogut, manche sogar viel besser wissen.
Einige haben auch bereits gesprochen. Soll ich darum schweigen? Ich
glaube nicht. Wir ergänzen uns ja alle gegenseitig. Weiß ein anderer
vieles besser, so ich doch vielleicht einiges; und manches weiß ich
anders, sehe ich anders an als die übrigen. Also frischweg gesprochen,
heraus mit der Farbe, damit man erkenne, ob sie eine echte sei.« Zwischen diesem burschikosen Geschwindmarsch und jener Leichen-
träger-Saumseligkeit hält allerdings für gewöhnlich der Straußsche Stil
die Mitte; aber zwischen zwei Lastern wohnt nicht immer die Tugend,
sondern zu oft nur die Schwäche, die lahme Ohnmacht, die Impotenz.
In der Tat, ich bin sehr enttäuscht worden, als ich das Straußsche Buch
nach feineren und geistvolleren Zügen und Wendungen durchsuchte
und mir eigens eine Rubrik gemacht hatte, um wenigstens an dem
Schriftsteller Strauß hier und da etwas loben zu können, da ich an dem
Bekenner nichts Lobenswertes fand. Ich suchte und suchte, und meine
Rubrik blieb leer. Dagegen füllte sich eine andere, mit der Aufschrift:
Sprachfehler, verwirrte Bilder, unklare Verkürzungen, Geschmack-
losigkeiten und Geschraubtheiten, derart, daß ich es nachher nur
wagen kann, eine bescheidene Auswahl aus meiner übergroßen Sammlung von Probestücken mitzuteilen. Vielleicht gelingt es mir, unter
dieser Rubrik gerade das zusammenzustellen, was bei den gegenwärti-

gen Deutschen den Glauben an den großen und reizvollen Stilisten Strauß hervorbringt: es sind Kuriositäten des Ausdrucks, die in der austrocknenden Öde und Verstaubtheit des gesamten Buches, wenn nicht angenehm, so doch schmerzlich reizvoll überraschen: wir merken, um uns Straußscher Gleichnisse zu bedienen, an solchen Stellen doch wenigstens, daß wir noch nicht abgestorben sind, und reagieren noch auf solche Stiche. Denn alles übrige zeigt jenen Mangel alles Anstößigen, soll heißen alles Produktiven, der jetzt dem klassischen Prosaschreiber als positive Eigenschaft angerechnet wird. Die äußerste Nüchternheit und Trockenheit, eine wahrhaft angehungerte Nüchternheit erweckt jetzt bei der gebildeten Masse die unnatürliche Empfindung, als ob eben diese das Zeichen der Gesundheit wäre, so daß hier gerade gilt, was der Autor des *dialogus de oratoribus* sagt: »*illam ipsam quam iactant sanitatem non firmitate sed ieiunio consequuntur.*« Darum hassen sie mit instinktiver Einmütigkeit alle *firmitas*, weil sie von einer ganz anderen Gesundheit Zeugnis ablegt, als die ihrige ist, und suchen die *firmitas*, die straffe Gedrungenheit, die feurige Kraft der Bewegungen, die Fülle und Zartheit des Muskelspiels zu verdächtigen. Sie haben sich verabredet, Natur und Namen der Dinge umzukehren und fürderhin von Gesundheit zu sprechen, wo wir Schwäche sehen, von Krankheit und Überspanntheit, wo uns wirkliche Gesundheit entgegentritt. So gilt denn nun auch David Strauß als »Klassiker«.

Wäre nur diese Nüchternheit wenigstens eine streng logische Nüchternheit: aber gerade Einfachheit und Straffheit im Denken ist diesen »Schwachen« abhanden gekommen, und unter ihren Händen ist die Sprache selbst unlogisch zerfasert. Man versuche nur, diesen Straußen-Stil ins Lateinische zu übersetzen: was doch selbst bei Kant angeht und bei Schopenhauer bequem und reizvoll ist. Die Ursache, daß es mit dem Straußschen Deutsch durchaus nicht gehen will, liegt wahrscheinlich nicht daran, daß dies Deutsch deutscher ist als bei jenen, sondern, daß es bei ihm verworren und unlogisch, bei jenen voll Einfachheit und Größe ist. Wer dagegen weiß, wie die Alten sich mühten, um sprechen und schreiben zu lernen, und wie die Neueren sich nicht mühen, der fühlt, wie dies Schopenhauer einmal gesagt hat, eine wahre Erleichterung, wenn er so ein deutsches Buch notgedrungen abgetan hat, um sich nun wieder zu den anderen, alten wie neuen Sprachen wenden zu können: »denn bei diesen«, sagt er, »habe ich doch eine regelrecht fixierte Sprache mit durchweg festgestellter und treulich beobachteter Grammatik und Orthographie vor mir und bin ganz dem Gedanken hingegeben, während ich im Deutschen jeden Augenblick gestört werde durch die Naseweisheit des Schreibers, der seine grammatischen und orthographischen Grillen und knolligen Einfälle durchsetzen will: wobei die sich frech spreizende Narrheit mich anwidert. Es ist wahrlich eine rechte Pein, eine schöne, alte, klassische Schriften besitzende Sprache von Ignoranten und Eseln mißhandeln zu sehen.«

Das ruft euch der heilige Zorn Schopenhauers zu, und ihr dürft nicht sagen, daß ihr ungewarnt geblieben wärt. Wer aber durchaus auf keine Warnung hören und sich den Glauben an den Klassiker Strauß schlechterdings nicht verkümmern lassen will, dem sei als letztes Rezept anempfohlen, ihn nachzuahmen. Versucht es immerhin auf eigene Gefahr: ihr werdet es zu büßen haben, mit eurem Stile sowohl als zuletzt selbst mit eurem eigenen Kopfe, auf daß das Wort indischer Weisheit auch an euch in Erfüllung gehe: »An einem Kuhhorn zu nagen ist unnütz und verkürzt das Leben: man reibt die Zähne ab und erhält doch keinen Saft.«

12

Zum Schluß wollen wir doch unserem klassischen Prosaschreiber die versprochene Sammlung von Stilproben vorlegen; vielleicht würde sie Schopenhauer ganz allgemein betiteln: »Neue Belege für den Lumpen-Jargon der Jetztzeit«; denn das mag David Strauß zum Troste gesagt werden, wenn es ihm ein Trost sein kann, daß jetzt alle Welt so schreibt wie er, zum Teil noch miserabler, und daß unter den Blinden jeder Einäugige König ist. Wahrlich, wir gestehen ihm viel zu, wenn wir ihm ein Auge zugestehen; dies aber tun wir, weil Strauß nicht so schreibt wie die verruchtesten aller Deutsch-Verderber, die Hegelianer, und ihr verkrüppelter Nachwuchs. Strauß will wenigstens aus diesem Sumpfe wieder heraus und ist zum Teil wieder heraus, doch noch lange nicht auf festem Lande; man merkt es ihm noch an, daß er einmal in seiner Jugend Hegelisch gestottert hat: damals hat sich etwas in ihm ausgerenkt, irgendein Muskel hat sich gedehnt; damals ist sein Ohr, wie das Ohr eines unter Trommeln aufgewachsenen Knaben, abgestumpft worden, um nie wieder jene künstlerisch zarten und kräftigen Gesetze des Klanges nachzufühlen, unter deren Herrschaft der an guten Mustern und in strenger Zucht herangebildete Schriftsteller lebt. Damit hat er als Stilist sein bestes Hab und Gut verloren und ist verurteilt, zeitlebens auf dem unfruchtbaren und gefährlichen Triebsande des Zeitungsstiles sitzenzubleiben – wenn er nicht in den Hegelschen Schlamm wieder hinunter will. Trotzdem hat er es für ein paar Stunden der Gegenwart zur Berühmtheit gebracht, und vielleicht weiß man noch ein paar spätere Stunden, daß er eine Berühmtheit war; dann aber kommt die Nacht und mit ihr die Vergessenheit: und schon mit diesem Augenblicke, in dem wir seine stilistischen Sünden ins schwarze Buch schreiben, beginnt die Dämmerung seines Ruhmes. Denn wer sich an der deutschen Sprache versündigt hat, der hat das Mysterium aller unserer Deutschheit entweiht: sie allein hat durch alle die Mischung und den Wechsel von Nationalitäten und Sitten hindurch sich selbst, und damit den deutschen Geist, wie durch einen metaphysischen Zauber gerettet. Sie allein verbürgt auch diesen Geist für die Zukunft, falls sie nicht selbst unter den ruchlosen Händen der Gegenwart zugrunde geht. »Aber *Di meliora!* Fort Pachydermata, fort! Dies ist die deutsche Sprache, in der Menschen sich ausgedrückt, ja, in der große Dichter gesungen und große Denker geschrieben haben. Zurück mit den Tatzen!« –

Nehmen wir zum Beispiel gleich einen Satz der ersten Seite des Straußschen Buches: »*Schon in dem Machtzuwachse – – – hat der römische Katholizismus eine Aufforderung erkannt, seine ganze geistliche und weltliche Macht in der Hand des für unfehlbar erklärten Papstes diktatorisch zusammenzufassen.*« Unter diesem schlotterichten Gewande sind verschiedene Sätze, die durchaus nicht zusammenpassen und nicht zu gleicher Zeit möglich sind, versteckt; jemand kann irgendwie eine Aufforderung erkennen, seine Macht zusammenzufassen oder sie in die Hände eines Diktators zu legen, aber er kann sie nicht in der Hand eines anderen diktatorisch zusammenfassen. Wird dem Katholizismus gesagt, daß er seine Macht diktatorisch zusammenfaßt, so ist er selbst mit einem Diktator verglichen: offenbar soll aber hier der unfehlbare Papst mit dem Diktator verglichen werden, und nur durch unklares Denken und Mangel an Sprachgefühl kommt das Adverbium an die unrechte Stelle.

Um aber das Ungereimte der anderen Wendung nachzufühlen, so empfehle ich, dieselbe in folgender Simplifikation sich vorzusagen: der Herr faßt die Zügel in der Hand seines Kutschers zusammen. – (S. 4): »*Dem Gegensatze zwischen dem alten Konsistorialregiment und den auf eine Synodalverfassung gerichteten Bestrebungen liegt hinter dem hierarchischen Zuge auf der einen, dem demokratischen auf der andern Seite doch eine dogmatisch-religiöse Differenz zugrunde.*« Man kann sich nicht ungeschickter ausdrücken: erstens bekommen wir einen Gegensatz zwischen einem Regiment und gewissen Bestrebungen, diesem Gegensatz liegt sodann eine dogmatisch-religiöse Differenz zugrunde, und diese zugrunde liegende Differenz befindet sich hinter einem hierarchischen Zuge auf der einen und einem demokratischen auf der anderen Seite. Rätsel: welches Ding liegt hinter zwei Dingen einem dritten Dinge zugrunde? – (S. 18): »*und die Tage, obwohl von dem Erzähler unmißverstehbar zwischen Abend und Morgen eingerahmt*« usw. Ich beschwöre Sie, das ins Lateinische zu übersetzen, um zu erkennen, welchen schamlosen Mißbrauch Sie mit der Sprache treiben. Tage, die eingerahmt werden! Von einem Erzähler! Unmißverstehbar! Und eingerahmt zwischen etwas! – (S. 19): »*Von irrigen und widersprechenden Berichten, von falschen Meinungen und Urteilen kann in der Bibel keine Rede sein.*« Höchst liederlich ausgedrückt! Sie verwechseln »in der Bibel« und »bei der Bibel«: das erstere hätte seine Stelle vor »kann« haben müssen, das zweite nach »kann«. Ich meine, Sie haben sagen wollen: von irrigen und widersprechenden Berichten, von falschen Meinungen und Urteilen in der Bibel kann keine Rede sein; warum nicht? Weil sie gerade die Bibel ist – also: »kann bei der Bibel nicht die Rede sein.« Um nun nicht »in der Bibel« und »bei der Bibel« hintereinander folgen zu lassen, haben Sie sich entschlossen, Lumpen-Jargon zu schreiben und die Präposition zu verwechseln. Dasselbe Verbrechen begehen Sie auf S. 20: »*Kompilationen, in die ältere Stücke zusammengearbeitet sind.*« – Sie meinen, »in die ältere Stücke hineingearbeitet oder in denen ältere Stücke zusammengearbeitet sind«. – Auf derselben Seite reden Sie mit studentischer Wendung von einem »*Lehrgedicht, das in die unangenehme Lage versetzt wird, zunächst vielfach mißdeutet*« (besser: mißgedeutet), »*dann angefeindet und bestritten zu werden*«, S. 24 sogar von »*Spitzfindigkeiten, durch die man ihre Härte zu mildern suchte*«! Ich bin in der unangenehmen Lage, etwas Hartes, dessen Härte man durch etwas Spitzes mildert, nicht zu kennen; Strauß freilich erzählt (S. 367) sogar von einer »*durch Zusammenrütteln gemilderten Schärfe*«. – (S. 35): »*einem Voltaire dort stand hier ein Samuel Hermann Reimarus durchaus typisch für beide Nationen gegenüber.*« Ein Mann kann immer nur typisch für eine Nation, aber nicht einem anderen typisch für beide Nationen gegenüberstehen. Eine schändliche Gewalttätigkeit, an der Sprache begangen, um einen Satz zu sparen oder zu eskrokieren. – (S. 46): »*Nun stand es aber nur wenige Jahre an nach Schleiermachers Tode, daß – –.*« Solchem Sudler-Gesindel macht freilich die Stellung der Worte keine Umstände; daß hier die Worte: »nach Schleiermachers Tode« falsch stehen, nämlich nach »an«, während sie vor »an« stehen sollten, ist ihren Trommelschlag-Ohren gerade so gleichgültig, als nachher »daß« zu sagen, wo es »bis« heißen muß. – (S. 13): »*auch von allen den verschiedenen Schattierungen, in denen das heutige Christentum schillert, kann es sich bei uns nur etwa um die äußerste, abgeklärteste handeln, ob wir uns zu ihr noch zu bekennen vermögen.*« Die Frage, worum handelt es sich? kann einmal beantwortet werden: »um das und das«, oder zweitens durch einen Satz mit: »ob wir uns« usw.; beide Konstruktionen durcheinanderzuwerfen, zeigt den liederlichen Gesellen. Er wollte vielmehr sagen: »kann es sich bei uns etwa nur bei der äußersten darum handeln, ob wir uns noch zu ihr bekennen«; aber die Präpositionen der deutschen Sprache sind, wie es scheint, nur noch da, um jede gerade so anzuwenden, daß die Anwendung überrascht. S. 358 z. B. verwechselt der »Klassiker«, um uns diese Überraschung zu machen, die Wendungen: »ein Buch handelt von etwas« und: »es handelt sich um etwas«, und nun müssen wir einen Satz anhören, wie diesen: »*dabei wird es unbestimmt bleiben, ob es sich von äußerem oder innerem Heldentum, von Kämpfen auf offenem Felde oder in den Tiefen der Menschenbrust handelt.*« – (S. 343): »*für unsere nervös überreizte Zeit, die namentlich in ihren musikalischen Neigungen diese Krankheit zutage legt.*« Schmähliche Verwechselung von »zutage liegen« und »an den Tag legen«. Solche Sprachverbesserer sollten doch ohne Unterschied der Person gezüchtigt werden wie die Schuljungen. – (S. 70): »*wir sehen hier einen der Gedankengänge, wodurch sich die Jünger zur Produktion der Vorstellung der Wiederbelebung ihres getöteten Meisters emporgearbeitet haben.*« Welches Bild! Eine wahre Essenkehrer-Phantasie! Man arbeitet sich durch einen

Gang zu einer Produktion empor! – Wenn S. 72 dieser große Held in Worten, Strauß, die Geschichte von der Auferstehung Jesu als »*welthistorischen Humbug*« bezeichnet, so wollen wir hier, unter dem Gesichtspunkte des Grammatikers, ihn nur fragen, wen er eigentlich bezichtigt, diesen »welthistorischen Humbug«, das heißt einen auf Betrug anderer und auf persönlichen Gewinn abzielenden Schwindel auf dem Gewissen zu haben. Wer schwindelt, wer betrügt? Denn einen »Humbug« vermögen wir uns gar nicht ohne ein Subjekt vorzustellen, das seinen Vorteil dabei sucht. Da uns auf diese Frage Strauß gar keine Antwort geben kann – falls er sich scheuen sollte, seinen Gott, das heißt den aus nobler Passion irrenden Gott als diesen Schwindler zu prostituieren –, so bleiben wir zunächst dabei, den Ausdruck für ebenso ungereimt als geschmacklos zu halten. – Auf derselben Seite heißt es: »*seine Lehren würden wie einzelne Blätter im Winde verweht und zerstreut worden sein, wären diese Blätter nicht von dem Wahnglauben an seine Auferstehung als von einem derben handfesten Einbande zusammengefaßt und dadurch erhalten worden.*« Wer von Blättern im Winde redet, führt die Phantasie des Lesers irre, sofern er nachher darunter Papierblätter versteht, die durch Buchbinderarbeit zusammengefaßt werden können. Der sorgsame Schriftsteller wird nichts mehr scheuen, als bei einem Bilde den Leser zweifelhaft zu lassen oder irrezuführen: denn das Bild soll etwas deutlicher machen; wenn aber das Bild selbst undeutlich ausgedrückt ist und irreführt, so macht es die Sache dunkler, als sie ohne Bild war. Aber freilich, sorgsam ist unser »Klassiker« nicht: er redet mutig von der »*Hand unserer Quellen*« (S. 76), von dem »*Mangel jeder Handhabe in den Quellen*« (S. 77) und von der »*Hand eines Bedürfnisses*« (S. 215). – (S. 73): »*Der Glaube an seine Auferstehung kommt auf Rechnung Jesu selbst.*« Wer sich so gemein merkantilisch bei so wenig gemeinen Dingen auszudrücken liebt, gibt zu verstehen, daß er sein Leben lang recht schlechte Bücher gelesen hat. Von schlechter Lektüre zeugt der Straußsche Stil überall. Vielleicht hat er zuviel die Schriften seiner theologischen Gegner gelesen. Woher aber lernt man es, den alten Juden- und Christengott mit so kleinbürgerlichen Bildern zu behelligen, wie sie Strauß zum Beispiel S. 105 zum besten gibt, wo eben jenem »*alten Juden- und Christengott der Stuhl unter dem Leibe weggezogen wird*«, oder S. 105, wo »*an den alten persönlichen Gott gleichsam die Wohnungsnot herantritt*«, oder

S. 115, wo ebenderselbe in ein »*Ausdingstübchen*« versetzt wird, »*worin er übrigens noch anständig untergebracht und beschäftigt werden soll*«. – (S. 111): »*mit dem erhörlichen Gebet ist abermals ein wesentliches Attribut des persönlichen Gottes dahingefallen.*« Denkt doch erst, ihr Tintenklexer, ehe ihr klext! Ich sollte meinen, die Tinte müßte erröten, wenn mit ihr etwas über ein Gebet, das ein »Attribut« sein soll, noch dazu ein »dahingefallenes Attribut«, hingeschmiert wird. – Aber was steht auf S. 134! »*Manches von den Wunschattributen, die der Mensch früherer Zeiten seinen Göttern beilegte – ich will nur das Vermögen schnellster Raumdurchmessung als Beispiel anführen – hat er jetzt, infolge rationeller Naturbeherrschung, selbst an sich genommen.*« Wer wickelt uns diesen Knäuel auf? Gut, der Mensch früherer Zeiten legt den Göttern Attribute bei; »Wunschattribute« ist bereits recht bedenklich! Strauß meint ungefähr, der Mensch habe angenommen, daß die Götter alles das, was er zu haben wünscht, aber nicht hat, wirklich besitzen, und so hat ein Gott Attribute, die den Wünschen der Menschen entsprechen, also ungefähr »Wunschattribute«. Aber nun nimmt, nach Straußens Belehrung, der Mensch manches von diesen »Wunschattributen« an sich – ein dunkler Vorgang, ebenso dunkel wie der auf S. 135 geschilderte: »*der Wunsch muß hinzutreten, dieser Abhängigkeit auf dem kürzesten Wege eine für den Menschen vorteilhafte Wendung zu geben.*« Abhängigkeit – Wendung – kürzester Weg – ein Wunsch, der hinzutritt – wehe jedem, der einen solchen Vorgang wirklich sehen wollte! Es ist eine Szene aus dem Bilderbuch für Blinde. Man muß tasten. – Ein neues Beispiel (S. 222): »*Die aufsteigende und mit ihrem Aufsteigen selbst über den einzelnen Niedergang übergreifende Richtung dieser Bewegung*«, ein noch stärkeres (S. 120): »*Die letzte Kantsche Wendung sah sich, wie wir fanden, um ans Ziel zu kommen, genötigt, ihren Weg eine Strecke weit über das Feld eines zukünftigen Lebens zu nehmen.*« Wer kein Maultier ist, findet in diesen Nebeln keinen Weg. Wendungen, die sich genötigt sehen! Über den Niedergang übergreifende Richtungen! Wendungen, die auf dem kürzesten Wege vorteilhaft sind, Wendungen, die ihren Weg eine Strecke weit über ein Feld nehmen! Über welches Feld? Über das Feld des zukünftigen Lebens! Zum Teufel alle Topographie! Lichter! Lichter! Wo ist der Faden der Ariadne in diesem Labyrinth? Nein, so darf niemand sich erlauben zu schreiben, und wenn es der berühmteste Prosaschreiber wäre, noch weniger aber ein Mensch, mit »*vollkommen ausgewachsener religiöser und sittlicher Anlage*« (S. 50). Ich meine, ein älterer Mann müßte doch wissen, daß die Sprache ein von den Vorfahren überkommenes und den Nachkommen zu hinterlassendes Erbstück ist, vor dem man Ehrfurcht haben soll als vor etwas Heiligem und Unschätzbarem und Unverletzlichem. Sind eure Ohren stumpf geworden, nun so fragt, schlagt Wörterbücher nach, gebraucht gute Grammatiken, aber wagt es nicht, so in den Tag hinein fortzusündigen! Strauß sagt zum Beispiel (S. 136): »*ein Wahn, den sich und der Menschheit abzutun, das Bestreben jedes zur Einsicht Gekommenen sein müßte.*« Diese Konstruktion ist falsch, und wenn das ausgewachsene Ohr des Skriblers dies nicht merkt, so will ich es ihm ins Ohr schreien: man »tut entweder etwas von jemandem ab« oder »man tut jemanden einer Sache ab«; Strauß hätte also sagen müssen: »ein Wahn, dessen sich und die Menschheit abzutun« oder »den von sich und der Menschheit abzutun«. Was er aber geschrieben hat, ist Lumpen-Jargon. Wie muß es uns nun vorkommen, wenn ein solches stilistisches Pachyderma gar noch in neu gebildeten oder umgeformten alten Worten sich umherwälzt, wenn es von dem »*einebnenden Sinne der Sozialdemokratie*« (S. 279) redet, als ob es Sebastian Frank wäre, oder wenn es eine Wendung des Hans Sachs nachmacht (S. 259): »*die Völker sind die gottgewollten, das heißt die naturgemäßen Formen, in denen die Menschheit sich zum Dasein bringt, von denen kein Verständiger absehen, kein Braver sich abziehen darf.*« – (S. 252): »*Nach einem Gesetze besondert sich die menschliche Gattung in Rassen*«; (S. 282): »*Widerstand zu befahren*«. Strauß merkt nicht, warum so ein altertümliches Läppchen mitten in der modernen Fadenscheinigkeit seines Ausdrucks so auffällt. Jedermann nämlich merkt solchen Wendungen und solchen Läppchen an, daß sie gestohlen sind. Aber hier und da ist unser Flickschneider auch schöpferisch und macht sich ein neues Wort zurecht: S. 221 redet er von einem »*sich entwickelnden aus- und emporringenden Leben*«: aber »ausringen« wird entweder von der Wäscherin gesagt oder vom Helden, der den Kampf vollendet hat und stirbt; »ausringen« im Sinne von »sich entwickeln« ist Straußendeutsch, ebenso wie (S. 223): »*alle Stufen und Stadien der Ein- und Auswickelung*« Wickelkinderdeutsch! – (S. 252): »*in Anschließung*« für »im Anschluß«. – (S. 137): »*im täglichen Treiben des mittelalterlichen Christen kam das religiöse Element viel *häufiger und ununterbrochener zur Ansprache.*« »Viel ununterbrochener«, ein musterhafter Komparativ, wenn nämlich Strauß ein prosaischer Musterschreiber ist: freilich gebraucht er auch das unmögliche »*vollkommener*« (S. 223 und 214). Aber »*zur Ansprache kommen*«! Woher in aller Welt stammt dies, Sie verwegener Sprachkünstler? denn hier vermag ich mir gar nicht zu helfen, keine Analogie fällt mir ein, die Gebrüder Grimm bleiben, auf diese Art von »Ansprache« angesprochen, stumm wie das Grab. Sie meinen doch wohl nur dies: »das religiöse Element spricht sich häufiger aus«, das heißt Sie verwechseln wieder einmal aus haarsträubender Ignoranz die Präpositionen; aussprechen mit ansprechen zu verwechseln, trägt den Stempel der Gemeinheit an sich, wenn es sie gleich nicht ansprechen sollte, daß ich das öffentlich ausspreche. – (S. 220): »*weil ich hinter seiner subjektiven Bedeutung noch eine objektive von unendlicher Tragweite anklingen hörte.*« Es steht, wie gesagt, schlecht oder seltsam mit Ihrem Gehör: Sie hören »Bedeutungen anklingen«, und gar »hinter« anderen Bedeutungen anklingen, und solche gehörte Bedeutungen sollen »von unendlicher Tragweite« sein! Das ist entweder Unsinn oder ein fachmännisches Kanonier-Gleichnis. – (S. 183): »*die äußeren Umrisse der Theorie sind hiermit bereits gegeben; auch von den Springfedern, welche die Bewegung innerhalb derselben bestimmen, bereits etliche eingesetzt.*« Das ist wiederum entweder Unsinn oder ein fachmännisches, uns unzugängliches Posamentierer-Gleichnis. Was wäre aber eine Matratze, die aus Umrissen und eingesetzten Springfedern bestände, wert? Und was sind das für Springfedern, welche die Bewegung innerhalb der Matratze bestimmen! Wir zweifeln an der Straußschen Theorie, wenn er sie uns in der Gestalt vorlegt, und würden von ihr sagen müssen, was Strauß selbst so schön sagt (S. 175): »*es fehlen ihr zur rechten Lebensfähigkeit noch wesentliche Mittelglieder.*« Also heran mit den Mittelgliedern! Umrisse und Springfedern sind da, Haut und Muskeln sind präpariert; solange man freilich nur diese hat, fehlt noch viel zur rechten Lebensfähigkeit oder, um uns »*unvorgreiflicher*« mit Strauß auszudrücken: »*wenn man zwei so wertverschiedene Gebilde mit Nichtbeachtung der Zwischenstufen und Mittelzustände unmittelbar aneinander stößt.*« – (S. 5): »*Aber man kann ohne Stellung sein und doch nicht am Boden liegen.*« Wir verstehen Sie wohl, Sie leicht geschürzter Magister! Denn wer nicht steht und auch nicht liegt, der fliegt, schwebt vielleicht, gaukelt oder flattert. Lag es Ihnen aber daran, etwas anderes als Ihre Flatterhaftigkeit auszudrücken, wie der Zusammenhang fast erraten läßt, so würde ich an Ihrer Stelle ein anderes Gleichnis gewählt haben; das drückt dann auch etwas anderes aus. – (S. 5): »*die notorisch dürr gewordenen Zweige des alten Baumes*«; welcher notorisch dürr gewordene Stil! – (S. 6): »*der könne auch einem unfehlbaren Papste, als von jenem Bedürfnis gefordert, seine Anerkennung nicht versagen.*« Man soll den Dativ um keinen Preis mit dem Akkusativ verwechseln: das gibt sonst bei Knaben einen Schnitzer, bei prosaischen Musterschreibern ein Verbrechen. – (S. 8) finden wir »*Neubildung einer neuen Organisierung der idealen Elemente im Völkerleben*«. Nehmen wir an, daß ein solcher tautologischer Unsinn sich wirklich einmal aus dem Tintenfaß auf das Papier geschlichen hat, muß man ihn dann auch drucken lassen? Ist es erlaubt, so etwas bei der Korrektur nicht zu sehen? Bei der Korrektur von sechs Auflagen! Beiläufig zu S. 9: wenn man einmal Schillersche Worte zitiert, dann etwas genauer und nicht nur so beinahe! Das gebietet der schuldige Respekt. Also muß es heißen: »ohne jemandes Abgunst zu fürchten.« – (S. 16): »*denn da wird sie alsbald zum Riegel, zur hemmenden Mauer, gegen die sich nun der ganze Andrang der fortschreitenden Vernunft, alle Mauerbrecher der Kritik, mit leidenschaftlichem Widerwillen richten.*« Hier sollen wir uns etwas denken, das erst zum Riegel, dann zur Mauer wird, wogegen endlich »sich Mauerbrecher mit leidenschaftlichem Widerwillen« oder gar ein »Andrang« mit leidenschaftlichem Widerwillen richtet. Herr, reden Sie doch wie ein Mensch aus dieser Welt! Mauerbrecher werden von jemandem gerichtet und richten sich nicht selbst, und nur der, welcher sie richtet, nicht der Mauerbrecher selbst, kann leidenschaftlichen Widerwillen haben, obwohl selten einmal jemand gerade gegen eine Mauer einen solchen Widerwillen haben wird, wie Sie uns vorreden. – (S. 266): »*weswegen derlei Redensarten auch jederzeit den beliebten Tummelplatz demokratischer Plattheiten gebildet haben.*« Unklar gedacht! Redensarten können keinen Tummelplatz bilden! sondern sich nur selbst auf einem solchen tummeln. Strauß wollte vielleicht sagen: »weshalb derlei Gesichtspunkte auch jederzeit den beliebten Tummelplatz demokratischer Redensarten und Plattheiten gebildet haben.« – (S. 320): »*das Innere eines zart- und reichbesaiteten Dichtergemüts, dem bei seiner weitausgreifenden Tätigkeit auf den Gebieten der Poesie und Naturforschung, der Geselligkeit und Staatsgeschäfte, die Rückkehr zu dem milden Herdfeuer einer edlen Liebe stetiges Bedürfnis blieb.*« Ich bemühe mich, ein Gemüt zu imaginieren, das harfenartig mit Saiten bezogen ist und welches sodann eine »weitausgreifende Tätigkeit« hat, das heißt ein galoppierendes Gemüt, welches wie ein Rappe weit ausgreift, und das endlich wieder zum stillen Herdfeuer zurückkehrt. Habe ich nicht recht, wenn ich diese galoppierende und zum Herdfeuer zurückkehrende, überhaupt auch mit Politik sich abgebende Gemütsharfe recht originell finde, so wenig originell, so abgebraucht, ja so unerlaubt »das zartbesaitete Dichtergemüt« selbst ist? An solchen geistreichen Neubildungen des Gemeinen oder Absurden erkennt man den »klassischen Prosaschreiber«. – (S. 74): *»wenn wir die Augen auftun und den Erfund dieses Augenauftuns uns ehrlich eingestehen wollten«.* In dieser prächtigen und feierlich nichtssagenden Wendung imponiert nichts mehr als die Zusammenstellung des »Erfundes« mit dem Worte »ehrlich«: wer etwas findet und nicht herausgibt, den »Erfund« nicht eingesteht, ist unehrlich. Strauß tut das Gegenteil und hält es für nötig, dies öffentlich zu loben und zu bekennen. Aber wer hat ihn denn getadelt? fragte ein Spartaner. – (S. 43): *»nur in einem Glaubensartikel zog er die Fäden kräftiger an, der allerdings auch der Mittelpunkt der christlichen Dogmatik ist.«* Es bleibt dunkel, was er eigentlich gemacht hat: wann zieht man denn Fäden an? Sollten diese Fäden vielleicht Zügel und der kräftiger Anziehende ein Kutscher gewesen sein? Nur mit dieser Korrektur verstehe ich das Gleichnis. – (S. 226): *»In den Pelzröcken liegt eine richtigere Ahnung.«* Unzweifelhaft! So weit war *»der vom Uraffen abgezweigte Urmensch noch lange nicht«* (S. 226), zu wissen, daß er es einmal bis zur Straußschen Theorie bringen werde. Aber jetzt wissen wir es: *»dahin wird und muß es gehen, wo die Fähnlein lustig im Winde flattern. Ja lustig, und zwar im Sinne der reinsten, erhabensten Geistesfreude«* (S. 176). Strauß ist so kindlich über seine Theorie vergnügt, daß sogar die »Fähnlein« lustig werden, sonderbarerweise sogar lustig »im Sinne der reinsten und erhabensten Geistesfreude«. Und nun wird es auch immer lustiger! Plötzlich sehen wir *»drei Meister, davon jeder folgende sich auf des Vorgängers Schultern stellt«* (S. 361), ein rechtes Kunstreiterstückchen, das uns Haydn, Mozart und Beethoven zum besten geben; wir sehen Beethoven wie ein Pferd (S. 356) *»über den Strang schlagen«*; eine *»frisch beschlagene Straße«* (S. 367) präsentiert sich uns (während wir bisher nur von frisch beschlagenen Pferden wußten), ebenfalls »*ein üppiges Mistbeet für den Raubmord*« (S.287); trotz diesen so ersichtlichen Wundern wird »*das Wunder in Abgang dekretiert*« (S.176). Plötzlich erscheinen die Kometen (S.164); aber Strauß beruhigt uns, »*bei dem lockeren Völkchen der Kometen kann von Bewohnern nicht die Rede sein*«: wahre Trostworte, da man sonst bei einem lockeren Völkchen, auch in Hinsicht auf Bewohner, nichts verschwören sollte. Inzwischen ein neues Schauspiel: Strauß selber »*rankt sich*« an einem »*Nationalgefühl zum Menschheitsgefühle empor*« (S.258), während ein anderer »*zu immer roherer Demokratie heruntergleitet*« (S.264). Herunter! Ja nicht hinunter! gebietet unser Sprachmeister, der (S.269) recht nachdrücklich falsch sagt, »*in den organischen Bau gehört ein tüchtiger Adel herein*«. In einer höheren Sphäre bewegen sich, unfaßbar hoch über uns, bedenkliche Phänomene, zum Beispiel »*das Aufgeben der spiritualistischen Herausnahme des Menschen aus der Natur*« (S.201), oder (S.210) »*die Widerlegung des Sprödetuns*«; ein gefährliches Schauspiel auf S.241, wo »*der Kampf ums Dasein im Tierreich sattsam losgelassen wird*«. – S.359 »*springt*« sogar wunderbarerweise »*eine menschliche Stimme der Instrumentalmusik bei*«, aber eine Tür wird aufgemacht, durch welche das Wunder (S.177) »*auf Nimmerwiederkehr hinausgeworfen wird*«. – S.123 »*sieht der Augenschein im Tode den ganzen Menschen, wie er war, zugrunde gehen*«; noch nie bis auf den Sprachbändiger Strauß hat der »Augenschein gesehen«: nun haben wir es in seinem Sprach-Guckkasten erlebt und wollen ihn preisen. Auch das haben wir von ihm zuerst gelernt, was es heißt: »*unser Gefühl für das All reagiert, wenn es verletzt wird, religiös*«, und erinnern uns der dazugehörigen Prozedur. Wir wissen bereits, welcher Reiz darin liegt (S.280), »*erhabene Gestalten wenigstens bis zum Knie in Sicht zu bekommen*«, und schätzen uns darum glücklich, den »klassischen Prosaschreiber«, zwar mit dieser Beschränkung der Aussicht, aber doch immerhin wahrgenommen zu haben. Ehrlich gesagt: was wir gesehen haben, waren tönerne Beine, und was wie gesunde Fleischfarbe erschien, war nur aufgemalte Tünche. Freilich wird die Philister-Kultur in Deutschland entrüstet sein, wenn man von bemalten Götzenbildern spricht, wo sie einen lebendigen Gott sieht. Wer es aber wagt, ihre Bilder umzuwerfen, der wird sich schwerlich scheuen, ihr, aller Entrüstung zum Trotz, ins Gesicht zu sagen, daß sie selbst

verlernt habe, zwischen lebendig und tot, echt und unecht, original und
nachgemacht, Gott und Götze zu unterscheiden, und daß ihr der gesunde, männliche Instinkt für das Wirkliche und Rechte verlorengegangen sei. Sie selbst verdient den Untergang: und jetzt bereits sinken
die Zeichen ihrer Herrschaft, jetzt bereits fällt ihr Purpur; wenn aber
der Purpur fällt, muß auch der Herzog nach. –

Damit habe ich mein Bekenntnis abgelegt. Es ist das Bekenntnis
eines einzelnen; und was vermöchte so ein einzelner gegen alle Welt,
selbst wenn seine Stimme überall gehört würde! Sein Urteil würde
doch nur, um Euch zu guter Letzt mit einer echten und kostbaren Straußenfeder zu schmücken, *»von ebensoviel subjektiver Wahrheit als ohne jede
objektive Beweiskraft sein«* – nicht wahr, meine Guten? Seid deshalb
immerhin getrosten Mutes! Einstweilen wenigstens wird es bei Eurem
»von ebensoviel – als ohne« sein Bewenden haben. Einstweilen! Solange
nämlich das noch als unzeitgemäß gilt, was immer an der Zeit war
und jetzt mehr als je an der Zeit ist und nottut – die Wahrheit zu sagen.

Zweites Stück

VOM NUTZEN UND NACHTEIL DER HISTORIE FÜR DAS LEBEN

Vorwort

»Übrigens ist mir alles verhaßt, was mich bloß belehrt, ohne meine Tätigkeit zu vermehren oder unmittelbar zu beleben.« Dies sind Worte Goethes, mit denen, als mit einem herzhaft ausgedrückten *Ceterum censeo*, unsere Betrachtung über den Wert und den Unwert der Historie beginnen mag. In derselben soll nämlich dargestellt werden, warum Belehrung ohne Belebung, warum Wissen, bei dem die Tätigkeit erschlafft, warum Historie als kostbarer Erkenntnis-Überfluß und Luxus uns ernstlich, nach Goethes Wort, verhaßt sein muß – deshalb, weil es uns noch am Notwendigsten fehlt, und weil das Überflüssige der Feind des Notwendigen ist. Gewiß, wir brauchen Historie, aber wir brauchen sie anders, als sie der verwöhnte Müßiggänger im Garten des Wissens braucht, mag derselbe auch vornehm auf unsere derben und anmutlosen Bedürfnisse und Nöte herabsehen. Das heißt, wir brauchen sie zum Leben und zur Tat, nicht zur bequemen Abkehr vom Leben und von der Tat, oder gar zur Beschönigung des selbstsüchtigen Lebens und der feigen und schlechten Tat. Nur soweit die Historie dem Leben dient, wollen wir ihr dienen: aber es gibt einen Grad, Historie zu treiben, und eine Schätzung derselben, bei der das Leben verkümmert und entartet: ein Phänomen, welches an merkwürdigen Symptomen unserer Zeit sich zur Erfahrung zu bringen jetzt ebenso notwendig ist, als es schmerzlich sein mag.

Ich habe mich bestrebt, eine Empfindung zu schildern, die mich oft genug gequält hat; ich räche mich an ihr, indem ich sie der Öffentlichkeit preisgebe. Vielleicht wird irgend jemand durch eine solche Schilderung veranlaßt, mir zu erklären, daß er diese Empfindung zwar auch kenne, aber daß ich sie nicht rein und ursprünglich genug empfunden und durchaus nicht mit der gebührenden Sicherheit und Reife der Erfahrung ausgesprochen habe. So vielleicht der eine oder der andere; die meisten aber werden mir sagen, daß es eine ganz verkehrte, unnatürliche, abscheuliche und schlechterdings unerlaubte Empfindung sei, ja daß ich mich mit derselben der so mächtigen historischen Zeitrichtung unwürdig gezeigt habe, wie sie bekanntlich seit zwei Menschenaltern unter den Deutschen namentlich zu bemerken ist. Nun wird jedenfalls dadurch, daß ich mich mit der Naturbeschreibung meiner Empfindung hervorwage, die allgemeine Wohlanständigkeit eher gefördert als beschädigt, dadurch, daß ich vielen Gelegenheit gebe, einer solchen Zeitrichtung, wie der eben erwähnten, Artigkeiten zu sagen. Für mich aber gewinne ich etwas, was mir noch mehr wert ist als die Wohlanständigkeit – öffentlich über unsere Zeit belehrt und zurechtgewiesen zu werden.

Unzeitgemäß ist auch diese Betrachtung, weil ich etwas, worauf die Zeit mit Recht stolz ist, ihre historische Bildung, hier einmal als Schaden, Gebreste und Mangel der Zeit zu verstehen versuche, weil ich sogar glaube, daß wir alle an einem verzehrenden historischen Fieber leiden und mindestens erkennen sollten, daß wir daran leiden. Wenn aber Goethe mit gutem Rechte gesagt hat, daß wir mit unseren Tugenden zugleich auch unsere Fehler anbauen, und wenn, wie jedermann weiß, eine hypertrophische Tugend – wie sie mir der historische Sinn unserer Zeit zu sein scheint – so gut zum Verderben eines Volkes werden kann wie ein hypertrophisches Laster: so mag man mich nur einmal gewähren lassen. Auch soll zu meiner Entlastung nicht verschwiegen werden, daß ich die Erfahrungen, die mir jene quälenden Empfindungen erregten, meistens aus mir selbst und nur zur Vergleichung aus anderen entnommen habe, und daß ich nur, sofern ich Zögling älterer Zeiten, zumal der griechischen bin, über mich als ein Kind dieser jetzigen Zeit zu so unzeitgemäßen Erfahrungen komme. So viel muß ich mir aber selbst von Berufs wegen als klassischer Philologe zugestehen dürfen: denn ich wüßte nicht, was die klassische Philologie in unserer Zeit für einen Sinn hätte, wenn nicht den, in ihr unzeitgemäß – das heißt gegen die Zeit und dadurch auf die Zeit und hoffentlich zugunsten einer kommenden Zeit – zu wirken.

I

Betrachte die Herde, die an dir vorüberweidet: sie weiß nicht, was Gestern, was Heute ist, springt umher, frißt, ruht, verdaut, springt wieder, und so vom Morgen bis zur Nacht und von Tage zu Tage, kurz angebunden mit ihrer Lust und Unlust, nämlich an den Pflock des Augenblicks, und deshalb weder schwermütig noch überdrüssig. Dies zu sehen geht dem Menschen hart ein, weil er seines Menschentums sich vor dem Tiere brüstet und doch nach seinem Glücke eifersüchtig hinblickt – denn das will er allein, gleich dem Tiere weder überdrüssig noch unter Schmerzen leben, und will es doch vergebens, weil er es nicht will wie das Tier. Der Mensch fragt wohl einmal das Tier: warum redest du mir nicht von deinem Glücke und siehst mich nur an? Das Tier will auch antworten und sagen: das kommt daher, daß ich immer gleich vergesse, was ich sagen wollte – da vergaß es aber auch schon diese Antwort und schwieg: so daß der Mensch sich darob verwunderte.

Er wunderte sich aber auch über sich selbst, das Vergessen nicht lernen zu können und immerfort am Vergangenen zu hängen: mag er noch so weit, noch so schnell laufen, die Kette läuft mit. Es ist ein Wunder: der Augenblick, im Husch da, im Husch vorüber, vorher ein Nichts, nachher ein Nichts, kommt doch noch als Gespenst wieder und stört die Ruhe eines späteren Augenblicks. Fortwährend löst sich ein Blatt aus der Rolle der Zeit, fällt heraus, flattert fort – und flattert plötzlich wieder zurück, dem Menschen in den Schoß. Dann sagt der Mensch »ich erinnere mich« und beneidet das Tier, welches sofort vergißt und jeden Augenblick wirklich sterben, in Nebel und Nacht zurücksinken und auf immer verlöschen sieht. So lebt das Tier *unhistorisch*: denn es geht auf in der Gegenwart, wie eine Zahl, ohne daß ein wunderlicher Bruch übrigbleibt, es weiß sich nicht zu verstellen, verbirgt nichts und erscheint in jedem Momente ganz und gar als das, was es ist, kann also gar nicht anders sein als ehrlich. Der Mensch hingegen stemmt sich gegen die große und immer größere Last des Vergangenen: diese drückt ihn nieder oder beugt ihn seitwärts, diese beschwert seinen Gang als eine unsichtbare und dunkle Bürde, welche er zum Scheine einmal verleugnen kann, und welche er im Umgange mit seinesgleichen gar zu gern verleugnet: um ihren Neid zu wecken. Deshalb ergreift es ihn, als ob er eines verlorenen Paradieses gedächte, die weidende Herde oder, in vertrauterer Nähe, das Kind zu sehen, das noch nichts Vergangenes zu verleugnen hat und zwischen den Zäunen der Vergangenheit und der Zukunft in überseliger Blindheit spielt. Und doch muß ihm sein Spiel gestört werden: nur zu zeitig wird es aus der Vergessenheit heraufgerufen. Dann lernt es das Wort »es war« zu verstehen, jenes Losungswort, mit dem Kampf, Leiden und Überdruß an den Menschen herankommen, ihn zu erinnern, was sein Dasein im Grunde ist – ein nie zu vollendendes Imperfektum. Bringt endlich der Tod das ersehnte Vergessen, so unterschlägt er doch zugleich dabei die Gegenwart und das Dasein und drückt damit das Siegel auf jene Erkenntnis – daß Dasein nur ein ununterbrochenes Gewesensein ist, ein Ding, das davon lebt, sich selbst zu verneinen und zu verzehren, sich selbst zu widersprechen.

Wenn ein Glück, wenn ein Haschen nach neuem Glück in irgendeinem Sinne das ist, was den Lebenden im Leben festhält und zum Leben fortdrängt, so hat vielleicht kein Philosoph mehr Recht als der Zyniker: denn das Glück des Tieres, als des vollendeten Zynikers, ist der lebendige Beweis für das Recht des Zynismus. Das kleinste Glück, wenn es nur ununterbrochen da ist und glücklich macht, ist ohne Vergleich mehr Glück als das größte, das nur als Episode, gleichsam als Laune, als toller Einfall, zwischen lauter Unlust, Begierde und Entbehrung kommt. Bei dem kleinsten aber und bei dem größten Glücke ist es immer eins, wodurch Glück zum Glücke wird: das Vergessenkönnen oder, gelehrter ausgedrückt, das Vermögen, während seiner Dauer *unhistorisch* zu empfinden. Wer sich nicht auf der Schwelle des Augenblicks, alle Vergangenheiten vergessend, niederlassen kann, wer nicht auf einem Punkte wie eine Siegesgöttin ohne Schwindel und Furcht zu stehen vermag, der wird nie wissen, was Glück ist, und noch schlimmer: er wird nie etwas tun, was andre glücklich macht. Denkt euch das äußerste Beispiel, einen Menschen, der die Kraft zu vergessen gar nicht besäße, der verurteilt wäre, überall ein Werden zu sehen: ein solcher glaubt nicht mehr an sein eigenes Sein, glaubt nicht mehr an sich, sieht alles in bewegte Punkte auseinanderfließen und verliert sich in diesem Strome des Werdens: er wird wie der rechte Schüler Heraklits zuletzt kaum mehr wagen, den Finger zu heben. Zu allem Handeln gehört Vergessen: wie zum Leben alles Organischen nicht nur Licht, sondern auch Dunkel gehört. Ein Mensch, der durch und durch nur historisch empfinden wollte, wäre dem ähnlich, der sich des Schlafens zu enthalten gezwungen würde, oder dem Tiere, das nur vom Wiederkäuen und immer wiederholtem Wiederkäuen leben sollte. Also: es ist möglich, fast ohne Erinnerung zu leben, ja glücklich zu leben, wie das Tier zeigt; es ist aber ganz und gar unmöglich, ohne Vergessen überhaupt zu *leben*. Oder, um mich noch einfacher über mein Thema zu erklären: *es gibt einen Grad von Schlaflosigkeit, von Wiederkäuen, von historischem Sinne, bei dem das Lebendige zu Schaden kommt und zuletzt zugrunde geht, sei es nun ein Mensch oder ein Volk oder eine Kultur.*

Um diesen Grad und durch ihn dann die Grenze zu bestimmen, an der das Vergangene vergessen werden muß, wenn es nicht zum Totengräber des Gegenwärtigen werden soll, müßte man genau wissen, wie groß die *plastische Kraft* eines Menschen, eines Volkes, einer Kultur ist; ich meine jene Kraft, aus sich heraus eigenartig zu wachsen, Vergangenes und Fremdes umzubilden und einzuverleiben, Wunden auszuheilen, Verlorenes zu ersetzen, zerbrochene Formen aus sich nachzuformen. Es gibt Menschen, die diese Kraft so wenig besitzen, daß sie an einem einzigen Erlebnis, an einem einzigen Schmerz, oft zumal an einem einzigen zarten Unrecht, wie an einem ganz kleinen blutigen Risse unheilbar verbluten; es gibt auf der anderen Seite solche, denen die wildesten und schauerlichsten Lebensunfälle und selbst Taten der eigenen Bosheit so wenig anhaben, daß sie es mitten darin oder kurz darauf zu einem leidlichen Wohlbefinden und zu einer Art ruhigen Gewissens bringen. Je stärkere Wurzeln die innerste Natur eines Menschen hat, um so mehr wird er auch von der Vergangenheit sich aneignen oder anzwingen; und dächte man sich die mächtigste und ungeheuerste Natur, so wäre sie daran zu erkennen, daß es für sie gar keine Grenze des historischen Sinnes geben würde, an der er überwuchernd und schädlich zu wirken vermöchte; alles Vergangene, eigenes und

fremdestes, würde sie an sich heran-, in sich hineinziehen und gleichsam zu Blut umschaffen. Das, was eine solche Natur nicht bezwingt,
weiß sie zu vergessen; es ist nicht mehr da, der Horizont ist geschlossen
und ganz, und nichts vermag daran zu erinnern, daß es noch jenseits
desselben Menschen, Leidenschaften, Lehren, Zwecke gibt. Und dies
ist ein allgemeines Gesetz; jedes Lebendige kann nur innerhalb eines
Horizontes gesund, stark und fruchtbar werden; ist es unvermögend,
einen Horizont um sich zu ziehn, und zu selbstisch wiederum, innerhalb eines fremden den eigenen Blick einzuschließen, so siecht es matt
oder überhastig zu zeitigem Untergange dahin. Die Heiterkeit, das
gute Gewissen, die frohe Tat, das Vertrauen auf das Kommende –
alles das hängt, bei dem einzelnen wie bei dem Volke, davon ab, daß
es eine Linie gibt, die das Übersehbare, Helle von dem Unaufhell-
baren und Dunkeln scheidet; davon, daß man ebenso gut zur rechten Zeit zu vergessen weiß, als man sich zur rechten Zeit erinnert; davon, daß man mit kräftigem Instinkte herausfühlt, wann es nötig ist,
historisch, wann, unhistorisch zu empfinden. Dies gerade ist der Satz,
zu dessen Betrachtung der Leser eingeladen ist: *das Unhistorische und das
Historische ist gleichermaßen für die Gesundheit eines einzelnen, eines Volkes
und einer Kultur nötig.*

Hier bringt nun jeder zunächst eine Beobachtung mit: das historische Wissen und Empfinden eines Menschen kann sehr beschränkt,
sein Horizont eingeengt wie der eines Alpental-Bewohners sein, in
jedes Urteil mag er eine Ungerechtigkeit, in jede Erfahrung den Irrtum
legen, mit ihr der erste zu sein – und trotz aller Ungerechtigkeit und
allem Irrtum steht er doch in unüberwindlicher Gesundheit und Rüstigkeit da und erfreut jedes Auge; während dicht neben ihm der bei
weitem Gerechtere und Belehrtere kränkelt und zusammenfällt, weil
die Linien seines Horizontes immer von neuem unruhig sich verschieben, weil er sich aus dem viel zarteren Netze seiner Gerechtigkeiten
und Wahrheiten nicht wieder zum derben Wollen und Begehren herauswinden kann. Wir sahen dagegen das Tier, das ganz unhistorisch
ist und beinahe innerhalb eines punktartigen Horizontes wohnt und
doch in einem gewissen Glücke, wenigstens ohne Überdruß und Verstellung lebt; wir werden also die Fähigkeit, in einem bestimmten
Grade unhistorisch empfinden zu können, für die wichtigere und ur-

sprünglichere halten müssen, insofern in ihr das Fundament liegt, auf dem überhaupt erst etwas Rechtes, Gesundes und Großes, etwas wahrhaft Menschliches wachsen kann. Das Unhistorische ist einer umhüllenden Atmosphäre ähnlich, in der sich Leben allein erzeugt, um mit der Vernichtung dieser Atmosphäre wieder zu verschwinden. Es ist wahr: erst dadurch, daß der Mensch denkend, überdenkend, vergleichend, trennend, zusammenschließend jenes unhistorische Element einschränkt, erst dadurch, daß innerhalb jener umschließenden Dunstwolke ein heller blitzender Lichtschein entsteht – also erst durch die Kraft, das Vergangene zum Leben zu gebrauchen und aus dem Geschehenen wieder Geschichte zu machen, wird der Mensch zum Menschen: aber in einem Übermaße von Historie hört der Mensch wieder auf, und ohne jene Hülle des Unhistorischen würde er nie angefangen haben und anzufangen wagen. Wo finden sich Taten, die der Mensch zu tun vermöchte, ohne vorher in jene Dunstschicht des Unhistorischen eingegangen zu sein? Oder um die Bilder beiseite zu lassen und zur Illustration durch das Beispiel zu greifen: man vergegenwärtige sich doch einen Mann, den eine heftige Leidenschaft, für ein Weib oder für einen großen Gedanken, herumwirft und fortzieht: wie verändert sich ihm seine Welt! Rückwärts blickend fühlt er sich blind, seitwärts hörend vernimmt er das Fremde wie einen dumpfen bedeutungsleeren Schall; was er überhaupt wahrnimmt, das nahm er noch nie so wahr, so fühlbar nah, gefärbt, durchtönt, erleuchtet, als ob er es mit allen Sinnen zugleich ergriffe. Alle Wertschätzungen sind verändert und entwertet; so vieles vermag er nicht mehr zu schätzen, weil er es kaum mehr fühlen kann: er fragt sich, ob er so lange der Narr fremder Worte, fremder Meinungen gewesen sei; er wundert sich, daß sein Gedächtnis sich unermüdlich in einem Kreise dreht und doch zu schwach und müde ist, um nur einen einzigen Sprung aus diesem Kreise heraus zu machen. Es ist der ungerechteste Zustand von der Welt, eng, undankbar gegen das Vergangene, blind gegen Gefahren, taub gegen Warnungen, ein kleiner lebendiger Wirbel in einem toten Meere von Nacht und Vergessen: und doch ist dieser Zustand – unhistorisch, widerhistorisch durch und durch – der Geburtsschoß nicht nur einer ungerechten, sondern vielmehr jeder rechten Tat; und kein Künstler wird sein Bild, kein Feldherr seinen Sieg, kein Volk seine Freiheit erreichen, ohne sie in einem derartig unhistorischen Zustande vorher begehrt und erstrebt zu haben. Wie der Handelnde, nach Goethes Ausdruck, immer gewissenlos ist, so ist er auch immer wissenlos; er vergißt das meiste, um eins zu tun, er ist ungerecht gegen das, was hinter ihm liegt, und kennt nur ein Recht, das Recht dessen, was jetzt werden soll. So liebt jeder Handelnde seine Tat unendlich mehr, als sie geliebt zu werden verdient: und die besten Taten geschehen in einem solchen Überschwange der Liebe, daß sie jedenfalls dieser Liebe unwert sein müssen, wenn ihr Wert auch sonst unberechenbar groß wäre.

Sollte einer imstande sein, diese unhistorische Atmosphäre, in der jedes große geschichtliche Ereignis entstanden ist, in zahlreichen Fällen auszuwittern und nachzuatmen, so vermöchte ein solcher vielleicht, als erkennendes Wesen, sich auf einen *überhistorischen* Standpunkt zu erheben, wie ihn einmal Niebuhr als mögliches Resultat historischer Betrachtungen geschildert hat. »Zu einer Sache wenigstens«, sagt er, »ist die Geschichte, klar und ausführlich begriffen, nutz: daß man weiß, wie auch die größten und höchsten Geister unsres menschlichen Geschlechts nicht wissen, wie zufällig ihr Auge die Form angenommen hat, wodurch sie sehen und wodurch zu sehen sie von jedermann gewaltsam fordern, gewaltsam nämlich, weil die Intensität ihres Bewußtseins ausnehmend groß ist. Wer dies nicht ganz bestimmt und in vielen Fällen weiß und begriffen hat, den unterjocht die Erscheinung eines mächtigen Geistes, der in eine gegebene Form die höchste Leidenschaftlichkeit bringt.« Überhistorisch wäre ein solcher Standpunkt zu nennen, weil einer, der auf ihm steht, gar keine Verführung mehr zum Weiterleben und zur Mitarbeit an der Geschichte verspüren könnte, dadurch, daß er die eine Bedingung alles Geschehens, jene Blindheit und Ungerechtigkeit in der Seele des Handelnden, erkannt hätte; er wäre selbst davon geheilt, die Historie von nun an noch übermäßig ernst zu nehmen: hätte er doch gelernt, an jedem Menschen, an jedem Erlebnis, unter Griechen oder Türken, aus einer Stunde des ersten oder des neunzehnten Jahrhunderts, die Frage sich zu beantworten, wie und wozu gelebt werde. Wer seine Bekannten fragt, ob sie die letzten zehn oder zwanzig Jahre noch einmal zu durchleben wünschten, wird leicht wahrnehmen, wer von ihnen für jenen überhistorischen Standpunkt vorgebildet ist: zwar werden sie wohl alle Nein! antworten, aber sie werden jenes Nein! verschieden begründen. Die einen vielleicht damit, daß sie sich getrösten: »aber die nächsten zwanzig werden besser sein«; es sind die, von denen David Hume spöttisch sagt:

> *And from the dregs of life hope to receive,*
> *What the first sprightly running could not give.*

Wir wollen sie die historischen Menschen nennen; der Blick in die Vergangenheit drängt sie zur Zukunft hin, feuert ihren Mut an, es noch länger mit dem Leben aufzunehmen, entzündet die Hoffnung, daß das Rechte noch komme, daß das Glück hinter dem Berg sitze, auf den sie zuschreiten. Diese historischen Menschen glauben, daß der Sinn des Daseins im Verlaufe seines *Prozesses* immer mehr ans Licht kommen werde, sie schauen nur deshalb rückwärts, um an der Betrachtung des bisherigen Prozesses die Gegenwart zu verstehen und die Zukunft heftiger begehren zu lernen; sie wissen gar nicht, wie unhistorisch sie trotz aller ihrer Historie denken und handeln, und wie auch ihre Beschäftigung mit der Geschichte nicht im Dienste der reinen Erkenntnis, sondern des Lebens steht.

Aber jene Frage, deren erste Beantwortung wir gehört haben, kann auch einmal anders beantwortet werden. Zwar wiederum mit einem Nein! – aber mit einem anders begründeten Nein. Mit dem Nein des überhistorischen Menschen, der nicht im Prozesse das Heil sieht, für den vielmehr die Welt in jedem einzelnen Augenblicke fertig ist und ihr Ende erreicht. Was könnten zehn neue Jahre lehren, was die vergangenen zehn zu lehren nicht vermochten!

Ob nun der Sinn der Lehre Glück oder Resignation oder Tugend oder Buße ist, darin sind die überhistorischen Menschen miteinander nie einig gewesen; aber, allen historischen Betrachtungsarten des Vergangenen entgegen, kommen sie zur vollen Einmütigkeit des Satzes: das Vergangene und das Gegenwärtige ist eines und dasselbe, nämlich in aller Mannigfaltigkeit typisch gleich und als Allgegenwart unvergänglicher Typen ein stillstehendes Gebilde von unverändertem Werte und ewig gleicher Bedeutung. Wie die Hunderte verschiedener Sprachen denselben typisch festen Bedürfnissen der Menschen entsprechen, so daß einer, der diese Bedürfnisse verstände, aus allen Sprachen nichts Neues zu lernen vermöchte: so erleuchtet sich der überhistorische Denker alle Geschichte der Völker und der einzelnen von innen heraus, hellseherisch den Ursinn der verschiedenen Hieroglyphen erratend und allmählich sogar der immer neu hinzuströmenden Zeichenschrift ermüdet ausweichend: denn wie sollte er es, im unendlichen Überflusse des Geschehenden, nicht zur Sättigung, zur Übersättigung, ja zum Ekel bringen! So daß der Verwegenste zuletzt vielleicht bereit ist, mit Giacomo Leopardi zu seinem Herzen zu sagen:

»Nichts lebt, das würdig
Wär' deiner Regungen, und keinen Seufzer verdient
die Erde.
Schmerz und Langeweile ist unser Sein und Kot
die Welt – nichts andres.
Beruhige dich.«

Doch lassen wir den überhistorischen Menschen ihren Ekel und ihre Weisheit: heute wollen wir vielmehr einmal unserer Unweisheit von Herzen froh werden und uns als den Tätigen und Fortschreitenden, als den Verehrern des Prozesses, einen guten Tag machen. Mag unsre Schätzung des Historischen nur ein okzidentalisches Vorurteil sein; wenn wir nur wenigstens innerhalb dieser Vorurteile fortschreiten und nicht stillstehn! Wenn wir nur dies gerade immer besser lernen, Historie zum Zwecke des *Lebens* zu treiben! Dann wollen wir den Überhistorischen gerne zugestehen, daß sie mehr Weisheit besitzen als wir; falls wir nämlich nur sicher sein dürfen, mehr Leben als sie zu besitzen: denn so wird jedenfalls unsre Unweisheit mehr Zukunft haben als ihre Weisheit. Und damit gar kein Zweifel über den Sinn dieses Gegensatzes von Leben und Weisheit bestehen bleibe, will ich mir durch ein von alters her wohlbewährtes Verfahren zu Hilfe kommen und geradeswegs einige Thesen aufstellen.

Ein historisches Phänomen, rein und vollständig erkannt und in ein Erkenntnisphänomen aufgelöst, ist für den, der es erkannt hat, tot: denn er hat in ihm den Wahn, die Ungerechtigkeit, die blinde Leidenschaft, und überhaupt den ganzen irdisch umdunkelten Horizont jenes Phänomens und zugleich eben darin seine geschichtliche Macht erkannt. Diese Macht ist jetzt für ihn, den Wissenden, machtlos geworden: vielleicht noch nicht für ihn, den Lebenden.

Die Geschichte als reine Wissenschaft gedacht und souverän geworden, wäre eine Art von Lebens-Abschluß und Abrechnung für die Menschheit. Die historische Bildung ist vielmehr nur im Gefolge einer mächtigen neuen Lebensströmung, einer werdenden Kultur zum Beispiel, etwas Heilsames und Zukunft-Verheißendes, also nur dann, wenn sie von einer höheren Kraft beherrscht und geführt wird und nicht selber herrscht und führt.

Die Historie, sofern sie im Dienste des Lebens steht, steht im Dienste einer unhistorischen Macht und wird deshalb nie, in dieser Unterordnung, reine Wissenschaft, etwa wie die Mathematik es ist, werden können und sollen. Die Frage aber, bis zu welchem Grade das Leben den Dienst der Historie überhaupt brauche, ist eine der höchsten Fragen und Sorgen in betreff der Gesundheit eines Menschen, eines Volkes, einer Kultur. Denn bei einem gewissen Übermaß derselben zerbröckelt und entartet das Leben, und zuletzt auch wieder, durch diese Entartung, selbst die Historie.

2

Daß das Leben aber den Dienst der Historie brauche, muß ebenso deutlich begriffen werden als der Satz, der später zu beweisen sein wird – daß ein Übermaß der Historie dem Lebendigen schade. In dreierlei Hinsicht gehört die Historie dem Lebendigen: sie gehört ihm als dem Tätigen und Strebenden, ihm als dem Bewahrenden und Verehrenden, ihm als dem Leidenden und der Befreiung Bedürftigen. Dieser Dreiheit von Beziehungen entspricht eine Dreiheit von Arten der Historie: sofern es erlaubt ist, eine *monumentalische*, eine *antiquarische* und eine *kritische* Art der Historie zu unterscheiden.

Die Geschichte gehört vor allem dem Tätigen und Mächtigen, dem, der einen großen Kampf kämpft, der Vorbilder, Lehrer, Tröster braucht und sie unter seinen Genossen und in der Gegenwart nicht zu finden vermag. So gehörte sie Schillern: denn unsre Zeit ist so schlecht, sagt Goethe, daß dem Dichter im umgebenden menschlichen Leben keine brauchbare Natur mehr begegnet. Mit der Rücksicht auf den Tätigen nennt zum Beispiel Polybius die politische Historie die rechte Vorbereitung zur Regierung eines Staates und die vorzüglichste Lehrmeisterin, als welche durch die Erinnerung an die Unfälle anderer uns ermahne, die Abwechslungen des Glücks standhaft zu ertragen. Wer hierin den Sinn der Historie zu erkennen gelernt hat, den muß es verdrießen, neugierige Reisende oder peinliche Mikrologen auf den Pyramiden großer Vergangenheiten herumklettern zu sehen; dort, wo er die Anreizungen zum Nachmachen und Bessermachen findet, wünscht er nicht dem Müßiggänger zu begegnen, der, begierig nach Zerstreuung oder Sensation, wie unter den gehäuften Bilderschätzen einer Galerie herumstreicht. Daß der Tätige mitten unter den schwächlichen und hoffnungslosen Müßiggängern, mitten unter den scheinbar tätigen, in Wahrheit nur aufgeregten und zappelnden Genossen nicht verzage und Ekel empfinde, blickt er hinter sich und unterbricht den Lauf zu seinem Ziele, um einmal aufzuatmen. Sein Ziel aber ist irgendein Glück, vielleicht nicht sein eignes, oft das eines Volkes oder das der Menschheit insgesamt; er flieht vor der Resignation zurück und gebraucht die Geschichte als Mittel gegen die Resignation. Zumeist winkt ihm kein Lohn, wenn nicht der Ruhm, das heißt die Anwartschaft auf einen Ehrenplatz im Tempel der Historie, wo er selbst wieder den Späterkommenden Lehrer, Tröster und Warner sein kann. Denn sein Gebot lautet: das, was einmal vermochte, den Begriff »Mensch« weiter auszuspannen und schöner zu erfüllen, das muß auch ewig vorhanden sein, um dies ewig zu vermögen. Daß die großen Momente im Kampfe der einzelnen eine Kette bilden, daß in ihnen ein Höhenzug der Menschheit durch Jahrtausende hin sich verbinde, daß für mich das Höchste eines solchen längstvergangenen Momentes noch lebendig, hell und groß sei – das ist der Grundgedanke im Glauben an die Humanität, der sich in der Forderung einer *monumentalischen* Historie ausspricht. Gerade aber an dieser Forderung, daß das Große ewig sein solle, entzündet sich der furchtbarste Kampf. Denn alles andere, was noch lebt, ruft nein. Das Monumentale soll nicht entstehn – das ist die Gegenlosung. Die dumpfe Gewöhnung, das Kleine und Niedrige, alle Winkel der Welt erfüllend, als schwere Erdenluft um alles Große qualmend, wirft sich hemmend, täuschend, dämpfend, erstickend in den Weg, den das Große zur Unsterblichkeit zu gehen hat. Dieser Weg aber führt durch menschliche Gehirne! Durch die Gehirne geängstigter und kurzlebender Tiere, die immer wieder zu denselben Nöten auftauchen und mit Mühe eine geringe Zeit das Verderben von sich abwehren. Denn sie wollen zunächst nur eines: leben um jeden Preis. Wer möchte bei ihnen jenen schwierigen Fackel-Wettlauf der monumentalen Historie vermuten, durch den allein das Große weiterlebt! Und doch erwachen immer wieder einige, die sich, im Hinblick auf das vergangene Große und gestärkt durch seine Betrachtung, so beseligt fühlen, als ob das Menschenleben eine herrliche Sache sei, und als ob es gar die schönste Frucht dieses bitteren Gewächses sei, zu wissen, daß früher einmal einer stolz und stark durch dieses Dasein gegangen ist, ein andrer mit Tiefsinn, ein dritter mit Erbarmen und hilfreich – alle aber eine Lehre hinterlassend, daß der am schönsten lebt, der das Dasein nicht achtet. Wenn der gemeine Mensch diese Spanne Zeit so trübsinnig ernst und begehrlich nimmt, wußten jene, auf ihrem Wege zur Unsterblichkeit und zur monumentalen Historie, es zu einem olympischen Lachen oder mindestens zu einem erhabenen Hohne zu bringen; oft stiegen sie mit Ironie in ihr Grab – denn was war an ihnen zu begraben! Doch nur das, was sie als Schlacke, Unrat, Eitelkeit, Tierheit immer bedrückt hatte und was jetzt der Vergessenheit anheimfällt, nachdem es längst ihrer Verachtung preisgegeben war. Aber eines wird leben, das Monogramm ihres eigensten Wesens, ein Werk, eine Tat, eine seltene Erleuchtung, eine Schöpfung: es wird leben, weil keine Nachwelt es entbehren kann. In dieser verklärtesten Form ist der Ruhm doch etwas mehr als der köstlichste Bissen unserer Eigenliebe, wie ihn Schopenhauer genannt hat, es ist der Glaube an die Zusammengehörigkeit und Kontinuität des Großen aller Zeiten, es ist ein Protest gegen den Wechsel der Geschlechter und die Vergänglichkeit.

Wodurch also nützt dem Gegenwärtigen die monumentalische Betrachtung der Vergangenheit, die Beschäftigung mit dem Klassischen und Seltenen früherer Zeiten? Er entnimmt daraus, daß das Große, das einmal da war, jedenfalls einmal *möglich* war und deshalb auch wohl wieder einmal möglich sein wird; er geht mutiger seinen Gang, denn jetzt ist der Zweifel, der ihn in schwächeren Stunden anfällt, ob er nicht vielleicht das Unmögliche wolle, aus dem Felde geschlagen. Nehme man an, daß jemand glaube, es gehörten nicht mehr als hundert produktive, in einem neuen Geiste erzogene und wirkende Menschen dazu, um der in Deutschland gerade jetzt modisch gewordenen Gebildetheit den Garaus zu machen, wie müßte es ihn bestärken wahrzunehmen, daß die Kultur der Renaissance sich auf den Schultern einer solchen Hundert-Männer-Schar heraushob.

Und doch – um an dem gleichen Beispiel sofort noch etwas Neues zu lernen – wie fließend und schwebend, wie ungenau wäre jene Vergleichung! Wieviel des Verschiedenen muß, wenn sie jene kräftigende Wirkung tun soll, dabei übersehen, wie gewaltsam muß die Individualität des Vergangnen in eine allgemeine Form hineingezwängt und an allen scharfen Ecken und Linien zugunsten der Übereinstimmung zerbrochen werden! Im Grunde ja könnte das, was einmal möglich war, sich nur dann zum zweiten Male als möglich einstellen, wenn die Pythagoreer recht hätten, zu glauben, daß bei gleicher Konstellation der himmlischen Körper auch auf Erden das gleiche, und zwar bis aufs einzelne und kleine, sich wiederholen müsse: so daß immer wieder, wenn die Sterne eine gewisse Stellung zueinander haben, ein Stoiker sich mit einem Epikureer verbinden und Cäsar ermorden und immer wieder bei einem anderen Stande Kolumbus Amerika entdecken wird. Nur wenn die Erde ihr Theaterstück jedesmal nach dem fünften Akt von neuem anfinge, wenn es feststünde, daß dieselbe Verknotung von Motiven, derselbe *deus ex machina*, dieselbe Katastrophe in bestimmten Zwischenräumen wiederkehrten, dürfte der Mächtige die monumentale Historie in voller ikonischer *Wahrhaftigkeit*, das heißt jedes Faktum in seiner genau geschilderten Eigentümlichkeit und Einzigkeit begehren: wahrscheinlich also nicht eher, als bis die Astronomen wieder zu Astrologen geworden sind. Bis dahin wird die monumentale Historie jene volle Wahrhaftigkeit nicht brauchen können: immer wird sie das Ungleiche annähern, verallgemeinern und endlich gleichsetzen; immer wird sie die Verschiedenheit der Motive und Anlässe abschwächen, um auf Kosten der *causae* die *effectus* monumental, nämlich vorbildlich und nachahmungswürdig, hinzustellen: so daß man sie, weil sie möglichst von den Ursachen absieht, mit geringer Übertreibung eine Sammlung der »Effekte an sich« nennen könnte, als von Ereignissen, die zu allen Zeiten Effekt machen werden. Das, was bei Volksfesten, bei religiösen oder kriegerischen Gedenktagen gefeiert wird, ist eigentlich ein solcher »Effekt an sich«: er ist es, der die Ehrgeizigen nicht schlafen läßt, der den Unternehmenden wie ein Amulett am Herzen liegt, nicht aber der wahrhaft geschichtliche *Connexus* von Ursachen und Wirkungen, der, vollständig erkannt, nur beweisen würde, daß nie wieder etwas durchaus Gleiches bei dem Würfelspiele der Zukunft und des Zufalls herauskommen könne.

Solange die Seele der Geschichtsschreibung in den großen *Antrieben* liegt, die ein Mächtiger aus ihr entnimmt, solange die Vergangenheit als nachahmungswürdig, als nachahmbar und zum zweiten Male möglich beschrieben werden muß, ist sie jedenfalls in der Gefahr, etwas verschoben, ins Schöne umgedeutet und damit der freien Erdichtung angenähert zu werden; ja es gibt Zeiten, die zwischen einer monumentalischen Vergangenheit und einer mythischen Fiktion gar nicht zu unterscheiden vermögen: weil aus der einen Welt genau dieselben Antriebe entnommen werden können wie aus der andern. *Regiert* also die monumentalische Betrachtung des Vergangenen über die anderen Betrachtungsarten, ich meine über die antiquarische und kritische, so leidet die Vergangenheit selbst *Schaden*: ganze große Teile derselben werden vergessen, verachtet, und fließen fort wie eine graue ununterbrochene Flut, und nur einzelne geschmückte Fakta heben sich als Inseln heraus: an den seltenen Personen, die überhaupt sichtbar werden, fällt etwas Unnatürliches und Wunderbares in die Augen, gleichsam die goldene Hüfte, welche die Schüler des Pythagoras an ihrem Meister erkennen wollten. Die monumentale Historie täuscht durch Analogien: sie reizt mit verführerischen Ähnlichkeiten den Mutigen zur Verwegenheit, den Begeisterten zum Fanatismus; und denkt man sich gar diese Historie in den Händen und Köpfen der begabten Egoisten und der schwärmerischen Bösewichter, so werden Reiche zerstört, Fürsten ermordet, Kriege und Revolutionen angestiftet und die Zahl der geschichtlichen »Effekte an sich«, das heißt der Wirkungen ohne zureichende Ursachen, von neuem vermehrt. Soviel zur Erinnerung an die Schäden, die die monumentale Historie unter den Mächtigen und Tätigen, seien sie nun gut oder böse, anrichten kann: was wirkt sie aber erst, wenn sich ihrer die Ohnmächtigen und Untätigen bemächtigen und bedienen!

Nehmen wir das einfachste und häufigste Beispiel. Man denke sich die unkünstlerischen und schwachkünstlerischen Naturen durch die monumentalische Künstlerhistorie geharnischt und bewehrt: gegen wen werden sie jetzt ihre Waffen richten? Gegen ihre Erbfeinde, die starken Kunstgeister, also gegen die, welche allein aus jener Historie wahrhaft, das heißt zum Leben hin, zu lernen und das Erlernte in eine erhöhte Praxis umzusetzen vermögen. Denen wird der Weg verlegt; denen wird die Luft verfinstert, wenn man ein halb begriffenes Monument irgendeiner großen Vergangenheit götzendienerisch und mit rechter Beflissenheit umtanzt, als ob man sagen wollte: »Seht, das ist die wahre und wirkliche Kunst: was gehen euch die Werdenden und Wollenden an!« Scheinbar besitzt dieser tanzende Schwarm sogar das Privilegium des »guten Geschmacks«: denn immer stand der Schaffende im Nachteil gegen den, der nur zusah und nicht selbst die Hand anlegte; wie zu allen Zeiten der politische Kannegießer klüger, gerechter und überlegsamer war als der regierende Staatsmann. Will man aber gar auf das Gebiet der Kunst den Gebrauch der Volksabstimmungen und der Zahlen-Majoritäten übertragen und den Künstler gleichsam vor das Forum der ästhetischen Nichtstuer zu seiner Selbstverteidigung nötigen, so kann man einen Eid darauf im voraus leisten, daß er verurteilt werden wird: nicht obwohl, sondern gerade *weil* seine Richter den Kanon der monumentalen Kunst (das heißt, nach der gegebenen Erklärung, der Kunst, die zu allen Zeiten »Effekt gemacht hat«) feierlich proklamiert haben: während ihnen für alle noch nicht monumentale, weil gegenwärtige Kunst erstens das Bedürfnis, zweitens die reine Neigung, drittens eben jene Auktorität der Historie abgeht. Dagegen verrät ihnen ihr Instinkt, daß die Kunst durch die Kunst totgeschlagen werden könne: das Monumentale soll durchaus nicht wieder entstehen, und dazu nützt gerade das, was einmal die Auktorität des Monumentalen aus der Vergangenheit her hat. So sind die Kunstkenner, weil sie die Kunst überhaupt beseitigen möchten; so gebärden sie sich als Ärzte, während sie es im Grunde auf Giftmischerei abgesehn haben; so bilden sie ihre Zunge und ihren Geschmack aus, um aus ihrer Verwöhntheit zu erklären, warum sie alles das, was ihnen von nahrhafter Kunstspeise angeboten wird, so beharrlich ablehnen. Denn sie wollen nicht, daß das Große entstehe: ihr Mittel ist, zu sagen, »seht, das Große ist schon da!« In Wahrheit geht sie dieses Große, das schon da ist, so wenig an wie das, was entsteht: davon legt ihr Leben Zeugnis ab. Die monumentalische Historie ist das

Maskenkleid, in dem sich ihr Haß gegen die Mächtigen und Großen ihrer Zeit für gesättigte Bewunderung der Mächtigen und Großen vergangner Zeiten ausgibt, in welchem verkappt sie den eigentlichen Sinn jener historischen Betrachtungsart in den entgegengesetzten umkehren; ob sie es deutlich wissen oder nicht, sie handeln jedenfalls so, als ob ihr Wahlspruch wäre: laßt die Toten die Lebendigen begraben.

Jede der drei Arten von Historie, die es gibt, ist nur gerade auf einem Boden und unter einem Klima in ihrem Rechte: auf jedem anderen wächst sie zum verwüstenden Unkraut heran. Wenn der Mensch, der Großes schaffen will, überhaupt die Vergangenheit braucht, so bemächtigt er sich ihrer vermittelst der monumentalischen Historie; wer dagegen im Gewohnten und Altverehrten beharren mag, pflegt das Vergangne als antiquarischer Historiker; und nur der, dem eine gegenwärtige Not die Brust beklemmt, und der um jeden Preis die Last von sich abwerfen will, hat ein Bedürfnis zur kritischen, das heißt richtenden und verurteilenden Historie. Von dem gedankenlosen Verpflanzen der Gewächse rührt manches Unheil her: der Kritiker ohne Not, der Antiquar ohne Pietät, der Kenner des Großen ohne das Können des Großen sind solche zum Unkraut aufgeschossene, ihrem natürlichen Mutterboden entfremdete und deshalb entartete Gewächse.

3

Die Geschichte gehört also zweitens dem Bewahrenden und Verehrenden – dem, der mit Treue und Liebe dorthin zurückblickt, woher er kommt, worin er geworden ist; durch diese Pietät trägt er gleichsam den Dank für sein Dasein ab. Indem er das von alters her Bestehende mit behutsamer Hand pflegt, will er die Bedingungen, unter denen er entstanden ist, für solche bewahren, welche nach ihm entstehen sollen – und so dient er dem Leben. Der Besitz von Urväter-Hausrat verändert in einer solchen Seele seinen Begriff: denn sie wird vielmehr von ihm besessen. Das Kleine, das Beschränkte, das Morsche und Veraltete erhält seine eigne Würde und Unantastbarkeit dadurch, daß die bewahrende und verehrende Seele des antiquarischen Menschen in diese Dinge übersiedelt und sich darin ein heimisches Nest bereitet. Die Geschichte seiner Stadt wird ihm zur Geschichte seiner selbst; er versteht die Mauer, das getürmte Tor, die Ratsverordnung, das Volksfest wie ein ausgemaltes Tagebuch seiner Jugend und findet sich selbst in diesem allen, seine Kraft, seinen Fleiß, seine Lust, sein Urteil, seine Torheit und Unart wieder. Hier ließ es sich leben, sagt er sich, denn es läßt sich leben; hier wird es sich leben lassen, denn wir sind zäh und nicht über Nacht umzubrechen. So blickt er, mit diesem »Wir«, über das vergängliche wunderliche Einzelleben hinweg und fühlt sich selbst als den Haus-, Geschlechts- und Stadtgeist. Mitunter grüßt er selbst über weite verdunkelnde und verwirrende Jahrhunderte hinweg die Seele seines Volkes als seine eigne Seele; ein Hindurchfühlen und Herausahnen, ein Wittern auf fast verlöschten Spuren, ein instinktives Richtig-Lesen der noch so überschriebenen Vergangenheit, ein rasches Verstehen der Palimpseste, ja Polypseste – das sind seine Gaben und Tugenden. Mit ihnen stand Goethe vor dem Denkmale Erwins von Steinbach; in dem Sturme seiner Empfindung zerriß der historische, zwischen ihnen ausgebreitete Wolkenschleier: er sah das deutsche Werk zum ersten Male wieder, »wirkend aus starker rauher deutscher Seele«. Ein solcher Sinn und Zug führte die Italiener der Renaissance und erweckte in ihren Dichtern den antiken italischen Genius von neuem, zu einem »wundersamen Weiterklingen des uralten Saitenspiels«, wie Jakob Burckhardt sagt. Den höchsten Wert hat aber jener historisch-antiquarische Verehrungssinn, wo er über bescheidne, rauhe, selbst kümmerliche Zustände, in denen ein Mensch oder ein Volk lebt, ein einfaches rührendes Lust- und Zufriedenheits-Gefühl verbreitet; wie zum Beispiel Niebuhr mit ehrlicher Treuherzigkeit eingesteht, in Moor und Heide unter freien Bauern, die eine Geschichte haben, vergnügt zu leben und keine Kunst zu vermissen. Wie könnte die Historie dem Leben besser dienen als dadurch, daß sie auch die minder begünstigten Geschlechter und Bevölkerungen an ihre Heimat und Heimatsitte anknüpft, seßhaft macht und sie abhält, nach dem Besseren in der Fremde herumzuschweifen und um dasselbe wetteifernd zu kämpfen? Mitunter sieht es wie Eigensinn und Unverstand aus, was den einzelnen an diese Gesellen und Umgebungen, an diese mühselige Gewohnheit, an diesen kahlen Bergrücken gleichsam festschraubt – aber es ist der heilsamste und der Gesamtheit förderlichste Unverstand: wie jeder weiß, der sich die furchtbaren Wirkungen abenteuernder Auswanderungslust, etwa gar bei ganzen Völkerschwärmen, deutlich gemacht hat, oder der den Zustand eines Volkes in der Nähe sieht, das die Treue gegen seine Vorzeit verloren hat und einem rastlosen kosmopolitischen Wählen und Suchen nach Neuem und immer Neuem preisgegeben ist. Die entgegengesetzte Empfindung, das Wohlgefühl des Baumes an seinen Wurzeln, das Glück, sich nicht ganz willkürlich und zufällig zu wissen, sondern aus einer Vergangenheit als Erbe, Blüte und Frucht herauszuwachsen und dadurch in seiner Existenz entschuldigt, ja gerechtfertigt zu werden – dies ist es, was man jetzt mit Vorliebe als den eigentlich historischen Sinn bezeichnet.

Das ist nun freilich nicht der Zustand, in dem der Mensch am meisten befähigt wäre, die Vergangenheit in reines Wissen aufzulösen; so daß wir auch hier wahrnehmen, was wir bei der monumentalischen Historie wahrgenommen haben, daß die Vergangenheit selbst leidet, solange die Historie dem Leben dient und von Lebenstrieben beherrscht wird. Mit einiger Freiheit des Bildes gesprochen: der Baum fühlt seine Wurzeln mehr, als daß er sie sehen könnte; dies Gefühl aber mißt ihre Größe nach der Größe und Kraft seiner sichtbaren Äste. Mag der Baum schon darin irren: wie wird er erst über den ganzen Wald um sich herum im Irrtum sein! von dem er nur so weit etwas weiß und fühlt, als dieser ihn selbst hemmt oder selbst fördert – aber nichts außerdem. Der antiquarische Sinn eines Menschen, einer Stadtgemeinde, eines ganzen Volkes hat immer ein höchst beschränktes Gesichtsfeld; das allermeiste nimmt er gar nicht wahr, und das Wenige, was er sieht, sieht er viel zu nahe und isoliert; er kann es nicht messen und nimmt deshalb alles als gleich wichtig und deshalb jedes einzelne als zu wichtig. Dann gibt es für die Dinge der Vergangenheit keine Wertverschiedenheiten und Proportionen, die den Dingen untereinander wahrhaft gerecht würden; sondern immer nur Maße und Proportionen der Dinge zu dem antiquarisch rückwärts blickenden einzelnen oder Volke.

Hier ist immer eine Gefahr sehr in der Nähe: endlich wird einmal alles Alte und Vergangne, das überhaupt noch in den Gesichtskreis tritt, einfach als gleich ehrwürdig hingenommen, alles aber, was diesem Alten nicht mit Ehrfurcht entgegenkommt, also das Neue und Werdende, abgelehnt und angefeindet. So duldeten selbst die Griechen den hieratischen

Stil ihrer bildenden Künste neben dem freien und großen, ja sie duldeten später die spitzen Nasen und das frostige Lächeln nicht nur, sondern machten selbst eine Feinschmeckerei daraus. Wenn sich der Sinn eines Volkes derartig verhärtet, wenn die Historie dem vergangnen Leben so dient, daß sie das Weiterleben und gerade das höhere Leben untergräbt, wenn der historische Sinn das Leben nicht mehr konserviert, sondern mumisiert: so stirbt der Baum, unnatürlicherweise, von oben allmählich nach der Wurzel zu ab – und zuletzt geht gemeinhin die Wurzel selbst zugrunde. Die antiquarische Historie entartet selbst in dem Augenblicke, in dem das frische Leben der Gegenwart sie nicht mehr beseelt und begeistert. Jetzt dorrt die Pietät ab, die gelehrtenhafte Gewöhnung besteht ohne sie fort und dreht sich egoistisch-selbstgefällig um ihren eignen Mittelpunkt. Dann erblickt man wohl das widrige Schauspiel einer blinden Sammelwut, eines rastlosen Zusammenscharrens alles einmal Dagewesenen. Der Mensch hüllt sich in Moderduft; es gelingt ihm, selbst eine bedeutendere Anlage, ein edleres Bedürfnis durch die antiquarische Manier zu unersättlicher Neubegier, richtiger Alt- und All- begier herabzustimmen; oftmals sinkt er so tief, daß er zuletzt mit jeder Kost zufrieden ist und mit Lust selbst den Staub bibliographischer Quisquilien frißt.

Aber selbst, wenn jene Entartung nicht eintritt, wenn die antiquarische Historie das Fundament, auf dem sie allein zum Heile des Lebens wurzeln kann, nicht verliert: immer bleiben doch genug Gefahren übrig, falls sie nämlich allzu mächtig wird und die andren Arten, die Vergangenheit zu betrachten, überwuchert. Sie versteht eben allein Leben zu *bewahren*, nicht zu zeugen; deshalb unterschätzt sie immer das Werdende, weil sie für dasselbe keinen erratenden Instinkt hat – wie ihn zum Beispiel die monumentalische Historie hat. So hindert jene den kräftigen Entschluß zum Neuen, so lähmt sie den Handelnden, der immer, als Handelnder, etwelche Pietäten verletzen wird und muß. Die Tatsache, daß etwas alt geworden ist, gebiert jetzt die Forderung, daß es unsterblich sein müsse; denn wenn einer nachrechnet, was alles ein solches Altertum – eine alte Sitte der Väter, ein religiöser Glaube, ein ererbtes politisches Vorrecht – während der Dauer sein Existenz erfahren hat, welche Summe der Pietät und Verehrung seitens des einzelnen und der Generationen: so erscheint es vermessen oder selbst ruchlos, ein solches Altertum durch ein Neutum zu ersetzen und einer solchen Zahlen-Anhäufung von Pietäten und Verehrungen die Einer des Werdenden und Gegenwärtigen entgegenzustellen.

Hier wird es deutlich, wie notwendig der Mensch, neben der monumentalischen und antiquarischen Art, die Vergangenheit zu betrachten, oft genug eine *dritte* Art nötig hat, die *kritische*: und zwar auch diese wiederum im Dienste des Lebens. Er muß die Kraft haben und von Zeit zu Zeit anwenden, eine Vergangenheit zu zerbrechen und aufzulösen, um leben zu können: dies erreicht er dadurch, daß er sie vor Gericht zieht, peinlich inquiriert und endlich verurteilt; jede Vergangenheit aber ist wert, verurteilt zu werden – denn so steht es nun einmal mit den menschlichen Dingen: immer ist in ihnen die menschliche Gewalt und Schwäche mächtig gewesen. Es ist nicht die Gerechtigkeit, die hier zu Gericht sitzt; es ist noch weniger die Gnade, die hier das Urteil verkündet: sondern das Leben allein, jene dunkle, treibende, unersättlich sich selbst begehrende Macht. Sein Spruch ist immer ungnädig, immer ungerecht, weil er nie aus einem reinen Borne der Erkenntnis geflossen ist; aber in den meisten Fällen würde der Spruch ebenso ausfallen, wenn ihn die Gerechtigkeit selber spräche. »Denn alles, was entsteht, ist *wert*, daß es zugrunde geht. Drum besser wär's, daß nichts entstünde.« Es gehört sehr viel Kraft dazu, leben zu können und zu vergessen, inwiefern leben und ungerecht sein eins ist. Luther selbst hat einmal gemeint, daß die Welt nur durch eine Vergeßlichkeit Gottes entstanden sei: wenn Gott nämlich an das »schwere Geschütz« gedacht hätte, er würde die Welt nicht geschaffen haben. Mitunter aber verlangt eben dasselbe Leben, das die Vergessenheit braucht, die zeitweilige Vernichtung dieser Vergessenheit; dann soll es eben gerade klarwerden, wie ungerecht die Existenz irgendeines Dinges, eines Privilegiums, einer Kaste, einer Dynastie zum Beispiel, ist, wie sehr dieses Ding den Untergang verdient. Dann wird seine Vergangenheit kritisch betrachtet, dann greift man mit dem Messer an seine Wurzeln, dann schreitet man grausam über alle Pietäten hinweg. Es ist immer ein gefährlicher, nämlich für das Leben selbst gefährlicher Prozeß: und Menschen oder Zeiten, die auf diese Weise dem Leben dienen, daß sie eine Vergangenheit richten und vernichten, sind immer gefährliche und gefährdete Menschen und Zeiten. Denn da wir nun einmal die

Resultate früherer Geschlechter sind, sind wir auch die Resultate ihrer Verirrungen, Leidenschaften und Irrtümer, ja Verbrechen; es ist nicht möglich, sich ganz von dieser Kette zu lösen. Wenn wir jene Verirrungen verurteilen und uns ihrer für enthoben erachten, so ist die Tatsache nicht beseitigt, daß wir aus ihnen herstammen. Wir bringen es im besten Falle zu einem Widerstreit der ererbten, angestammten Natur und unserer Erkenntnis, auch wohl zu einem Kampfe einer neuen strengen Zucht gegen das von alters her Angezogene und Angeborene, wir pflanzen eine neue Gewöhnung, einen neuen Instinkt, eine zweite Natur an, so daß die erste Natur abdorrt. Es ist ein Versuch, sich gleichsam *a posteriori* eine Vergangenheit zu geben, aus der man stammen möchte, im Gegensatz zu der, aus der man stammt: – immer ein gefährlicher Versuch, weil es so schwer ist, eine Grenze im Verneinen des Vergangenen zu finden, und weil die zweiten Naturen meistens schwächlicher als die ersten sind. Es bleibt zu häufig bei einem Erkennen des Guten, ohne es zu tun, weil man auch das Bessere kennt, ohne es tun zu können. Aber hier und da gelingt der Sieg doch, und es gibt sogar für die Kämpfenden, für die, welche sich der kritischen Historie zum Leben bedienen, einen merkwürdigen Trost: nämlich zu wissen, daß auch jene erste Natur irgendwann einmal eine zweite Natur war und daß jede siegende zweite Natur zu einer ersten wird. –

4

Dies sind die Dienste, welche die Historie dem Leben zu leisten vermag; jeder Mensch und jedes Volk braucht je nach seinen Zielen, Kräften und Nöten eine gewisse Kenntnis der Vergangenheit, bald als monumentalische, bald als antiquarische, bald als kritische Historie: aber nicht wie eine Schar von reinen, dem Leben nur zusehenden Denkern, nicht wie wissensgierige, durch Wissen allein zu befriedigende einzelne, denen Vermehrung der Erkenntnis das Ziel selbst ist, sondern immer nur zum Zweck des Lebens und also auch unter der Herrschaft und obersten Führung dieses Zweckes. Daß dies die natürliche Beziehung einer Zeit, einer Kultur, eines Volkes zur Historie ist – hervorgerufen durch Hunger, reguliert durch den Grad des Bedürfnisses, in Schranken gehalten durch die innewohnende plastische Kraft –

daß die Kenntnis der Vergangenheit zu allen Zeiten nur im Dienste der Zukunft und Gegenwart begehrt ist, nicht zur Schwächung der Gegenwart, nicht zur Entwurzelung einer lebenskräftigen Zukunft: das alles ist einfach, wie die Wahrheit einfach ist, und überzeugt sofort auch den, der dafür nicht erst den historischen Beweis sich führen läßt.

Und nun schnell einen Blick auf unsere Zeit! Wir erschrecken, wir fliehen zurück: wohin ist alle Klarheit, alle Natürlichkeit und Reinheit jener Beziehung von Leben und Historie, wie verwirrt, wie übertrieben, wie unruhig flutet jetzt dies Problem vor unsern Augen! Liegt die Schuld an uns, den Betrachtenden? Oder hat sich wirklich die Konstellation von Leben und Historie verändert, dadurch, daß ein mächtig feindseliges Gestirn zwischen sie getreten ist? Mögen andere zeigen, daß wir falsch gesehen haben: wir wollen sagen, was wir zu sehen meinen. Es ist allerdings ein solches Gestirn, ein leuchtendes und herrliches Gestirn dazwischengetreten, die Konstellation ist wirklich verändert – *durch die Wissenschaft, durch die Forderung, daß die Historie Wissenschaft sein soll*. Jetzt regiert nicht mehr allein das Leben und bändigt das Wissen um die Vergangenheit: sondern alle Grenzpfähle sind umgerissen und alles, was einmal war, stürzt auf den Menschen zu. So weit zurück es ein Werden gab, soweit zurück, ins Unendliche hinein, sind auch alle Perspektiven verschoben. Ein solches unüberschaubares Schauspiel sah noch kein Geschlecht, wie es jetzt die Wissenschaft des universalen Werdens, die Historie, zeigt; freilich aber zeigt sie es mit der gefährlichen Kühnheit ihres Wahlspruches: *fiat veritas pereat vita.*

Machen wir uns jetzt ein Bild von dem geistigen Vorgange, der hierdurch in der Seele des modernen Menschen herbeigeführt wird. Das historische Wissen strömt aus unversieglichen Quellen immer von neuem hinzu und hinein, das Fremde und Zusammenhanglose drängt sich, das Gedächtnis öffnet alle seine Tore und ist doch nicht weit genug geöffnet, die Natur bemüht sich aufs höchste, diese fremden Gäste zu empfangen, zu ordnen und zu ehren, diese selbst aber sind im Kampfe miteinander, und es scheint nötig, sie alle zu bezwingen und zu bewältigen, um nicht selbst an ihrem Kampfe zugrunde zu gehen. Die Gewöhnung an ein solches unordentliches, stürmisches und kämpfendes Hauswesen wird allmählich zu einer zweiten Natur, ob es gleich außer Frage steht, daß diese zweite Natur viel schwächer, viel ruheloser und durch und durch ungesünder ist als die erste. Der moderne Mensch schleppt zuletzt eine ungeheure Menge von unverdaulichen Wissenssteinen mit sich herum, die dann bei Gelegenheit auch ordentlich im Leibe rumpeln, wie es im Märchen heißt. Durch dieses Rumpeln verrät sich die eigenste Eigenschaft dieses modernen Menschen: der merkwürdige Gegensatz eines Inneren, dem kein Äußeres, eines Äußeren, dem kein Inneres entspricht, ein Gegensatz, den die alten Völker nicht kennen. Das Wissen, das im Übermaße ohne Hunger, ja wider das Bedürfnis aufgenommen wird, wirkt jetzt nicht mehr als umgestaltendes, nach außen treibendes Motiv und bleibt in einer gewissen chaotischen Innenwelt verborgen, die jener moderne Mensch mit seltsamem Stolze als die ihm eigentümliche »Innerlichkeit« bezeichnet. Man sagt dann wohl, daß man den Inhalt habe und daß es nur an der Form fehle; aber bei allem Lebendigen ist dies ein ganz ungehöriger Gegensatz. Unsere moderne Bildung ist eben deshalb nichts Lebendiges, weil sie ohne jenen Gegensatz sich gar nicht begreifen läßt, das heißt: sie ist gar keine wirkliche Bildung, sondern nur eine Art Wissen um die Bildung, es bleibt in ihr bei dem Bildungs-Gedanken, bei dem Bildungs-Gefühl, es wird kein Bildungs-Entschluß daraus. Das dagegen, was wirklich Motiv ist und was als Tat sichtbar nach außen tritt, bedeutet dann oft nicht viel mehr als eine gleichgültige Konvention, eine klägliche Nachahmung oder selbst eine rohe Fratze. In Innern ruht dann wohl die Empfindung, jener Schlange gleich, die ganze Kaninchen verschluckt hat und sich dann still gefaßt in die Sonne legt und alle Bewegungen, außer den notwendigsten, vermeidet. Der innere Prozeß, das ist jetzt die Sache selbst, das ist die eigentliche »Bildung«. Jeder, der vorübergeht, hat nur den einen Wunsch, daß eine solche Bildung nicht an Unverdaulichkeit zugrunde gehe. Denke man sich zum Beispiel einen Griechen an einer solchen Bildung vorübergehend, er würde wahrnehmen, daß für die neueren Menschen »gebildet« und »historisch gebildet« so zusammenzugehören scheinen, als ob sie eins und nur durch die Zahl der Worte verschieden wären. Spräche er nun seinen Satz aus: es kann einer sehr gebildet und doch historisch gar nicht gebildet sein, so würde man glauben, gar nicht recht gehört zu haben, und den Kopf schütteln. Jenes bekannte Völkchen einer nicht zu fernen Vergangenheit, ich meine eben die Griechen, hatte sich in der Periode seiner größten Kraft einen unhistorischen Sinn zäh bewahrt; müßte ein zeitgemäßer Mensch in jene Welt durch Verzauberung zurückkehren, er würde vermutlich die Griechen sehr »ungebildet« befinden, womit dann freilich das so peinlich verhüllte Geheimnis der modernen Bildung zu öffentlichem Gelächter aufgedeckt wäre: denn aus uns haben wir Modernen gar nichts; nur dadurch, daß wir uns mit fremden Zeiten, Sitten, Künsten, Philosophien, Religionen, Erkenntnissen anfüllen und überfüllen, werden wir zu etwas Beachtungswertem, nämlich zu wandelnden Enzyklopädien, als welche uns vielleicht ein in unsere Zeit verschlagener Alt-Hellene ansprechen würde. Bei Enzyklopädien findet man aber allen Wert nur in dem, was darinsteht, im Inhalte, nicht in dem, was daraufsteht oder was Einband und Schale ist; und so ist die ganze moderne Bildung wesentlich innerlich: auswendig hat der Buchbinder so etwas daraufgedruckt wie »Handbuch innerlicher Bildung für äußerliche Barbaren«. Ja dieser Gegensatz von innen und außen macht das Äußerliche noch barbarischer, als es sein müßte, wenn ein rohes Volk nur aus sich heraus nach seinen derben Bedürfnissen wüchse. Denn welches Mittel bleibt noch der Natur übrig, um das überreichlich sich Aufdrängende zu bewältigen? Nur das eine Mittel, es so leicht wie möglich anzunehmen, um es schnell wieder zu beseitigen und auszustoßen. Daraus entsteht eine Gewöhnung, die wirklichen Dinge nicht mehr ernst zu nehmen, daraus entsteht die »schwache Persönlichkeit«, zufolge deren das Wirkliche, das Bestehende nur einen geringen Eindruck macht; man wird im Äußerlichen zuletzt immer läßlicher und bequemer und erweitert die bedenkliche Kluft zwischen Inhalt und Form bis zur Gefühllosigkeit für die Barbarei, wenn nur das Gedächtnis immer von neuem gereizt wird, wenn nur immer neue wissenswürdige Dinge hinzuströmen, die säuberlich in den Kästen jenes Gedächtnisses aufgestellt werden können. Die Kultur eines Volkes als der Gegensatz jener Barbarei ist einmal, wie ich meine, mit einigem Rechte, als Einheit des künstlerischen Stiles in allen Lebensäußerungen eines Volkes bezeichnet worden; diese Bezeichnung darf nicht dahin mißverstanden werden, als ob es sich um den Gegensatz von Barbarei und *schönem* Stile handele; das Volk, dem man eine Kultur zuspricht, soll nur in aller Wirklichkeit etwas lebendig Eines sein und nicht so elend in Inneres und Äußeres, in Inhalt und Form auseinanderfallen. Wer die Kultur eines Volkes erstreben und fördern will, der erstrebe und fördere diese höhere Einheit und arbeite mit an der Vernichtung der modernen Gebildetheit zugunsten einer wahren Bildung, er wage es, darüber nachzudenken, wie die durch Historie gestörte Gesundheit eines Volkes wiederhergestellt werden, wie es seine Instinkte und damit seine Ehrlichkeit wiederfinden könne.

Ich will nur geradezu von uns Deutschen der Gegenwart reden, die wir mehr als ein anderes Volk an jener Schwäche der Persönlichkeit und an dem Widerspruche von Inhalt und Form zu leiden haben. Die Form gilt uns Deutschen gemeinhin als eine Konvention, als Verkleidung und Verstellung und wird deshalb, wenn nicht gehaßt, so doch jedenfalls nicht geliebt; noch richtiger würde es sein, zu sagen, daß wir eine außerordentliche Angst vor dem Worte Konvention und auch wohl vor der Sache Konvention haben. In dieser Angst verließ der Deutsche die Schule der Franzosen: denn er wollte natürlicher und dadurch deutscher werden. Nun scheint er sich aber in diesem »Dadurch« verrechnet zu haben: aus der Schule der Konvention entlaufen, ließ er sich nun gehen, wie und wohin er eben Lust hatte, und machte im Grunde schlotterig und beliebig in halber Vergeßlichkeit nach, was er früher peinlich und oft mit Glück nachmachte. So lebt man, gegen frühere Zeiten gerechnet, auch heute noch in einer bummelig inkorrekten französischen Konvention: wie all unser Gehen, Stehen, Unterhalten, Kleiden und Wohnen anzeigt. Indem man zum Natürlichen zurückzufliehen glaubte, erwählte man nur das Sichgehenlassen, die Bequemlichkeit und das möglichst kleine Maß von Selbstüberwindung. Man durchwandere eine deutsche Stadt – alle Konvention, verglichen mit der nationalen Eigenart ausländischer Städte, zeigt sich im Negativen, alles ist farblos, abgebraucht, schlecht kopiert, nachlässig, jeder treibt es nach seinem Belieben, aber nicht nach einem kräftigen, gedankenreichen Belieben, sondern nach den Gesetzen, die einmal die allgemeine Hast und sodann die allgemeine Bequemlichkeits-Sucht vorschreiben. Ein Kleidungsstück, dessen Erfindung kein Kopfzerbrechen macht, dessen Anlegung keine Zeit kostet, also ein aus der Fremde entlehntes und möglichst läßlich nachgemachtes Kleidungsstück, gilt bei den Deutschen sofort als ein Beitrag zur deutschen Tracht. Der Formensinn wird von ihnen gerade u ironisch abgelehnt – denn man hat ja *den Sinn des Inhaltes*: sind sie doch das berühmte Volk der Innerlichkeit.

Nun gibt es aber auch eine berühmte Gefahr dieser Innerlichkeit: der Inhalt selbst, von dem es angenommen ist, daß er außen gar nicht gesehen werden kann, möchte sich gelegentlich einmal verflüchtigen; außen würde man aber weder davon noch von dem früheren Vorhandensein etwas merken. Aber denke man sich immerhin das deutsche Volk möglichst weit von dieser Gefahr entfernt: etwas recht wird der Ausländer immer behalten, wenn er uns vorwirft, daß unser Inneres zu schwach und ungeordnet ist, um nach außen zu wirken und sich eine Form zu geben. Dabei kann es sich in seltenem Grade zart empfänglich, ernst, mächtig, innig, gut erweisen und vielleicht selbst reicher als das Innere anderer Völker sein: aber als Ganzes bleibt es schwach, weil alle die schönen Fasern nicht in einen kräftigen Knoten geschlungen sind: so daß die sichtbare Tat nicht die Gesamttat und Selbstoffenbarung dieses Inneren ist, sondern nur ein schwächlicher oder roher Versuch irgendeiner Faser, zum Schein einmal für das Ganze gelten zu wollen. Deshalb ist der Deutsche nach einer Handlung gar nicht zu beurteilen und als Individuum auch nach dieser Tat noch völlig verborgen. Man muß ihn bekanntlich nach seinen Gedanken und Gefühlen messen, und die spricht er jetzt in seinen Büchern aus. Wenn nur nicht gerade diese Bücher neuerdings mehr als je einen Zweifel darüber erweckten, ob die berühmte Innerlichkeit wirklich noch in ihrem unzugänglichen Tempelchen sitze: es wäre ein schrecklicher Gedanke, daß sie eines Tages verschwunden sei und nun nur noch die Äußerlichkeit, jene hochmütig täppische und demütig bummelige Äußerlichkeit als Kennzeichen des Deutschen zurückbliebe. Fast ebenso schrecklich, als wenn jene Innerlichkeit, ohne daß man es sehen könnte, gefälscht, gefärbt, übermalt darinsäße und zur Schauspielerin, wenn nicht zu Schlimmerem geworden wäre: wie dies zum Beispiel der beiseite stehende und still betrachtende Grillparzer von seiner dramatisch-theatralischen Erfahrung aus anzunehmen scheint. »Wir empfinden mit Abstraktion«, sagt er, »wir wissen kaum mehr, wie sich die Empfindung bei unseren Zeitgenossen äußert; wir lassen sie

Sprünge machen, wie sie heutzutage nicht mehr macht. Shakespeare hat uns Neuere alle verdorben.«

Dies ist ein einzelner, vielleicht zu schnell ins Allgemeine gedeuteter Fall: aber wie furchtbar wäre seine berechtigte Verallgemeinerung, wenn die einzelnen Fälle sich gar zu häufig dem Beobachter aufdrängen sollten, wie verzweifelt klänge der Satz: wir Deutschen empfinden mit Abstraktion; wir sind alle durch die Historie verdorben – ein Satz, der jede Hoffnung auf eine noch kommende nationale Kultur an ihren Wurzeln zerstören würde: denn jede derartige Hoffnung wächst aus dem Glauben an die Echtheit und Unmittelbarkeit der deutschen Empfindung heraus, aus dem Glauben an die unversehrte Innerlichkeit. Was soll noch gehofft, noch geglaubt werden, wenn der Quell des Glaubens und Hoffens getrübt ist, wenn die Innerlichkeit gelernt hat, Sprünge zu machen, zu tanzen, sich zu schminken, mit Abstraktion und Berechnung sich zu äußern und sich selbst allgemach zu verlieren! Und wie soll der große produktive Geist es unter einem Volke noch aushalten, das seiner einheitlichen Innerlichkeit nicht mehr sicher ist und das in Gebildete mit verbildeter und verführter Innerlichkeit und in Ungebildete mit unzugänglicher Innerlichkeit auseinanderfällt! Wie soll er es aushalten, wenn die Einheit der Volksempfindung verlorenging, wenn er überdies gerade bei dem einen Teile, der sich den gebildeten Teil des Volkes nennt und ein Recht auf die nationalen Kunstgeister für sich in Anspruch nimmt, die Empfindung gefälscht und gefärbt weiß. Mag hier und da das Urteil und der Geschmack der einzelnen selbst feiner und sublimierter geworden sein – das entschädigt ihn nicht: es peinigt ihn, gleichsam nur zu einer Sekte reden zu müssen und innerhalb seines Volkes nicht mehr notwendig zu sein. Vielleicht vergräbt er seinen Schatz jetzt lieber, weil er Ekel empfindet, von einer Sekte anspruchsvoll patronisiert zu werden, während sein Herz voll von Mitleid mit allen ist. Der Instinkt des Volkes kommt ihm nicht mehr entgegen; es ist unnütz, ihm die Arme sehnsuchtsvoll entgegenzubreiten. Was bleibt ihm jetzt noch übrig, als seinen begeisterten Haß gegen jenen hemmenden Bann, gegen die in der sogenannten Bildung seines Volkes aufgerichteten Schranken zu kehren, um als Richter wenigstens das zu verurteilen, was für ihn, den Lebenden und Lebenzeugenden, Vernichtung und Entwürdigung ist: so tauscht er die tiefe

Einsicht seines Schicksals gegen die göttliche Lust des Schaffenden und Helfenden ein und endet als einsamer Wissender, als übersatter Weiser. Es ist das schmerzlichste Schauspiel: wer es überhaupt sieht, wird hier eine heilige Nötigung erkennen: er sagt sich, hier muß geholfen werden, jene höhere Einheit in der Natur und Seele eines Volkes muß sich wieder herstellen, jener Riß zwischen dem Innen und dem Außen muß unter den Hammerschlägen der Not wieder verschwinden. Nach welchen Mitteln soll er nun greifen? Was bleibt ihm nun wiederum als seine tiefe Erkenntnis: diese aussprechend, verbreitend, mit vollen Händen ausstreuend, hofft er ein Bedürfnis zu pflanzen: und aus dem starken Bedürfnis wird einmal die starke Tat entstehen. Und damit ich keinen Zweifel lasse, woher ich das Beispiel jener Not, jenes Bedürfnisses, jener Erkenntnis nehme: so soll hier ausdrücklich mein Zeugnis stehen, daß es *die deutsche Einheit* in jenem höchsten Sinne ist, die wir erstreben und heißer erstreben als die politische Wiedervereinigung, *die Einheit des deutschen Geistes und Lebens nach der Vernichtung des Gegensatzes von Form und Inhalt, von Innerlichkeit und Konvention.* –

5

In fünffacher Hinsicht scheint mir die Übersättigung einer Zeit in Historie dem Leben feindlich und gefährlich zu sein: durch ein solches Übermaß wird jener bisher besprochene Kontrast von Innerlich und Äußerlich erzeugt und dadurch die Persönlichkeit geschwächt; durch dieses Übermaß gerät eine Zeit in die Einbildung, daß sie die seltenste Tugend, die Gerechtigkeit, in höherem Grade besitze als jede andere Zeit; durch dieses Übermaß werden die Instinkte des Volkes gestört und der einzelne nicht minder als das Ganze am Reifwerden verhindert; durch dieses Übermaß wird der jederzeit schädliche Glaube an das Alter der Menschheit, der Glaube, Spätling und Epigone zu sein, gepflanzt; durch dieses Übermaß gerät eine Zeit in die gefährliche Stimmung der Ironie über sich selbst und aus ihr in die noch gefährlichere des Zynismus: in dieser aber reift sie immer mehr einer klugen egoistischen Praxis entgegen, durch welche die Lebenskräfte gelähmt und zuletzt zerstört werden.

Und nun zurück zu unserem ersten Satze: der moderne Mensch leidet an einer geschwächten Persönlichkeit. Wie der Römer der Kaiserzeit unrömisch wurde im Hinblick auf den ihm zu Diensten stehenden Erdkreis, wie er sich selbst unter dem einströmenden Fremden verlor und bei dem kosmopolitischen Götter-, Sitten- und Künste-Karneval entartete, so muß es dem modernen Menschen ergehn, der sich fortwährend das Fest einer Weltausstellung durch seine historischen Künstler bereiten läßt; er ist zum genießenden und herumwandelnden Zuschauer geworden und in einen Zustand versetzt, an dem selbst große Kriege, große Revolutionen kaum einen Augenblick lang etwas zu ändern vermögen. Noch ist der Krieg nicht beendet, und schon ist er in bedrucktes Papier hunderttausendfach umgesetzt, schon wird er als neuestes Reizmittel dem ermüdeten Gaumen der nach Historie Gierigen vorgesetzt. Es scheint fast unmöglich, daß ein starker und voller Ton selbst durch das mächtigste Hineingreifen in die Saiten erzeugt werde: sofort verhallt er wieder, im nächsten Augenblick bereits klingt er historisch zart verflüchtigt und kraftlos ab. Moralisch ausgedrückt: es gelingt euch nicht mehr, das Erhabene festzuhalten, eure Taten sind plötzliche Schläge, keine rollenden Donner. Vollbringt das Größte und Wunderbarste: es muß trotzdem sang- und klanglos zum Orkus ziehn. Denn die Kunst flieht, wenn ihr eure Taten sofort mit dem historischen Zeltdach überspannt. Wer dort im Augenblick verstehen, berechnen, begreifen will, wo er in langer Erschütterung das Unverständliche als das Erhabene festhalten sollte, mag verständig genannt werden, doch nur in dem Sinne, in dem Schiller von dem Verstand der Verständigen redet: er sieht einiges nicht, was doch das Kind sieht, er hört einiges nicht, was doch das Kind hört; dieses Einige ist gerade das Wichtigste: weil er dies nicht versteht, ist sein Verstehen kindischer als das Kind und einfältiger als die Einfalt – trotz der vielen schlauen Fältchen seiner pergamentnen Züge und der virtuosen Übung seiner Finger, das Verwickelte aufzuwickeln. Das macht: er hat seinen Instinkt vernichtet und verloren, er kann nun nicht mehr, dem »göttlichen Tiere« vertrauend, die Zügel hängen lassen, wenn sein Verstand schwankt und sein Weg durch Wüsten führt. So wird das Individuum zaghaft und unsicher und darf sich nicht mehr glauben: es versinkt in sich selbst, ins Innerliche, das heißt hier nur: in den zusammengehäuften Wust des Erlernten, das nicht nach außen wirkt, der Belehrung, die nicht Leben wird. Sieht man einmal aufs Äußerliche, so bemerkt man, wie die Austreibung der Instinkte durch Historie die Menschen fast zu lauter *abstractis* und Schatten umgeschaffen hat: keiner wagt mehr seine Person daran, sondern maskiert sich als gebildeter Mann, als Gelehrter, als Dichter, als Politiker. Greift man solche Masken an, weil man glaubt, es sei ihnen ernst und nicht bloß um ein Puppenspiel zu tun – da sie allesamt den Ernst affichieren –, so hat man plötzlich nur Lumpen und bunte Flicken in den Händen. Deshalb soll man sich nicht mehr täuschen lassen, deshalb soll man sie anherrschen: »zieht eure Jacken aus oder seid, was ihr scheint!« Es soll nicht mehr jeder Ernsthafte von Geblüt zu einem Don Quixote werden, da er Besseres zu tun hat, als sich mit solchen vermeintlichen Realitäten herumzuschlagen. Jedenfalls aber muß er scharf hinsehen, bei jeder Maske sein »Halt! Wer da?« rufen und ihr die Larve in den Nacken ziehen. Sonderbar! Man sollte denken, daß die Geschichte die Menschen vor allem ermutigte, *ehrlich* zu sein – und wäre es selbst, ein ehrlicher Narr zu sein; und immer ist dies ihre Wirkung gewesen, nur jetzt nicht mehr! Die historische Bildung und der bürgerliche Universal-Rock herrschen zu gleicher Zeit. Während noch nie so volltönend von der »freien Persönlichkeit« geredet worden ist, sieht man nicht einmal Persönlichkeiten, geschweige denn freie, sondern lauter ängstlich verhüllte Universal-Menschen. Das Individuum hat sich ins Innerliche zurückgezogen: außen merkt man nichts mehr davon; wobei man zweifeln darf, ob es überhaupt Ursachen ohne Wirkungen geben könne. Oder sollte als Wächter des großen geschichtlichen Welt-Harems ein Geschlecht von Eunuchen nötig sein? Denen steht freilich die reine Objektivität schön zu Gesichte. Scheint es doch fast, als wäre es die Aufgabe, die Geschichte zu bewachen, daß nichts aus ihr herauskomme als eben Geschichten, aber ja kein Geschehen! – zu verhüten, daß durch sie die Persönlichkeiten »frei« werden, soll heißen wahrhaftig gegen sich, wahrhaftig gegen andere, und zwar in Wort und Tat. Erst durch diese Wahrhaftigkeit wird die Not, das innere Elend des modernen Menschen an den Tag kommen, und an die Stelle jener ängstlich versteckenden Konvention und Maskerade können dann, als wahre Helferinnen, Kunst und Religion treten, um gemeinsam eine Kultur anzupflanzen, die wahren Bedürfnissen entspricht und die nicht, wie die jetzige allgemeine Bildung nur lehrt, sich über diese Bedürfnisse zu belügen und dadurch zur wandelnden Lüge zu werden.

In welche unnatürlichen, künstlichen und jedenfalls unwürdigen Lagen muß in einer Zeit, die an der allgemeinen Bildung leidet, die wahrhaftigste aller Wissenschaften, die ehrliche nackte Göttin Philosophie geraten! Sie bleibt in einer solchen Welt der erzwungenen äußerlichen Uniformität gelehrter Monolog des einsamen Spaziergängers, zufällige Jagdbeute des einzelnen, verborgenes Stubengeheimnis oder ungefährliches Geschwätz zwischen akademischen Greisen und Kindern. Niemand darf es wagen, das Gesetz der Philosophie an sich zu erfüllen, niemand lebt philosophisch, mit jener einfachen Mannestreue, die einen Alten zwang, wo er auch war, was er auch trieb, sich als Stoiker zu gebärden, falls er der Stoa einmal Treue zugesagt hatte. Alles moderne Philosophieren ist politisch und polizeilich, durch Regierungen, Kirchen, Akademien, Sitten und Feigheiten der Menschen auf den gelehrten Anschein beschränkt; es bleibt beim Seufzer »wenn doch« oder bei der Erkenntnis »es war einmal«. Die Philosophie ist innerhalb der historischen Bildung ohne Recht, falls sie mehr sein will als ein innerlich zurückgehaltenes Wissen ohne Wirken; wäre der moderne Mensch überhaupt nur mutig und entschlossen, wäre er nicht selbst in seinen Feindschaften nur ein innerliches Wesen: er würde sie verbannen; so begnügt er sich, ihre Nudität schamhaft zu verkleiden. Ja, man denkt, schreibt, druckt, spricht, lehrt philosophisch – so weit ist ungefähr alles erlaubt; nur im Handeln, im sogenannten Leben ist es anders: da ist immer nur eins erlaubt und alles andere einfach unmöglich: so will's die historische Bildung. Sind das noch Menschen, fragt man sich dann, oder vielleicht nur Denk-, Schreib- und Redemaschinen?

Goethe sagt einmal von Shakespeare: »Niemand hat das materielle Kostüme mehr verachtet als er; er kennt recht gut das innere Menschen-Kostüme, und hier gleichen sich alle. Man sagt, er habe die Römer vortrefflich dargestellt; ich finde es nicht, es sind lauter eingefleischte Engländer, aber freilich Menschen sind es, Menschen von Grund aus, und denen paßt wohl auch die römische Toga.« Nun frage ich, ob es auch nur möglich wäre, unsre jetzigen Literaten, Volksmänner, Beamte, Politiker als Römer vorzuführen; es will durchaus nicht angehen, weil sie keine Menschen sind, sondern nur eingefleischte Kompendien und gleichsam konkrete Abstrakta. Wenn sie Charakter und eigne Art haben sollten, so steckt dies alles so tief, daß es gar nicht sich ans Tageslicht herauswinden kann: wenn sie Menschen sein sollten, so sind sie es doch nur für den, »der die Nieren prüft«. Für jeden anderen sind sie etwas anderes, nicht Menschen, nicht Götter, nicht Tiere, sondern historische Bildungsgebilde, ganz und gar Bildung, Bild, Form ohne nachweisbaren Inhalt, leider nur schlechte Form, und überdies Uniform. Und so möge mein Satz verstanden und erwogen werden: *die Geschichte wird nur von starken Persönlichkeiten ertragen, die schwachen löscht sie vollends aus.* Das liegt darin, daß sie das Gefühl und die Empfindung verwirrt, wo diese nicht kräftig genug sind, die Vergangenheit an sich zu messen. Dem, der sich nicht mehr zu trauen wagt, sondern unwillkürlich für sein Empfinden bei der Geschichte um Rat fragt »wie soll ich hier empfinden«, der wird allmählich aus Furchtsamkeit zum Schauspieler und spielt eine Rolle, meistens sogar viele Rollen und deshalb jede so schlecht und flach. Allmählich fehlt alle Kongruenz zwischen dem Mann und seinem historischen Bereiche; kleine vorlaute Burschen sehen wir mit den Römern umgehen, als wären diese ihresgleichen: und in den Überresten griechischer Dichter wühlen und graben sie, als ob auch diese *corpora* für ihre Sektion bereitlägen und *vilia* wären, was ihre eignen literarischen *corpora* sein mögen. Nehmen wir an, es beschäftige sich einer mit Demokrit, so liegt mir immer die Frage auf den Lippen: warum nicht Heraklit? Oder Philo? Oder Bacon? Oder Descartes? – und so beliebig weiter. Und dann: warum denn just ein Philosoph? Warum nicht ein Dichter, ein Redner? Und: warum überhaupt ein Grieche, warum nicht ein Engländer, ein Türke? Ist denn nicht die Vergangenheit groß genug, um etwas zu finden, wobei ihr selbst euch nicht so lächerlich beliebig ausnehmt? Aber wie gesagt, es ist ein Geschlecht von Eunuchen; dem Eunuchen ist ein Weib wie das andre, eben nur Weib, das Weib an sich, das ewig Unnahbare – und so ist es gleichgültig, was ihr treibt, wenn nur die Geschichte selbst schön »objektiv« bewahrt bleibt, nämlich von solchen, die nie selber Geschichte machen können. Und da euch das Ewig-Weibliche nie hinanziehn wird, so zieht ihr es zu euch herab und nehmt, als Neutra, auch die Geschichte als ein Neutrum. Damit man aber nicht glaube, daß ich im Ernste die Geschichte mit dem Ewig-Weiblichen vergleiche, so will ich vielmehr klärlich aussprechen, daß ich sie im Gegenteil für das Ewig-Männliche halte: nur daß es für die, welche durch und durch »historisch gebildet« sind, ziemlich gleichgültig sein muß, ob sie das eine oder das andre ist: sind sie doch selbst weder Mann noch Weib, nicht einmal Kommunia, sondern immer nur Neutra oder, gebildeter ausgedrückt, eben nur die Ewig-Objektiven.

Sind die Persönlichkeiten erst in der geschilderten Weise zu ewiger Subjektlosigkeit oder, wie man sagt, Objektivität ausgeblasen: so vermag nichts mehr auf sie zu wirken; es mag was Gutes und Rechtes geschehen, als Tat, als Dichtung, als Musik: sofort sieht der ausgehöhlte Bildungsmensch über das Werk hinweg und fragt nach der Historie des Autors. Hat dieser schon mehreres geschaffen, sofort muß er sich den bisherigen und den mutmaßlichen weiteren Gang seiner Entwicklung deuten lassen, sofort wird er neben andere zur Vergleichung gestellt, auf die Wahl seines Stoffes, auf seine Behandlung hin seziert, auseinandergerissen, weislich neu zusammengefügt und im ganzen vermahnt und zurechtgewiesen. Es mag das Erstaunlichste geschehen, immer ist die Schar der historisch Neutralen auf dem Platze, bereit, den Autor schon aus weiter Ferne zu überschauen. Augenblicklich erschallt das Echo: aber immer als »Kritik«, während kurz vorher der Kritiker von der Möglichkeit des Geschehenden sich nichts träumen ließ. Nirgends kommt es zu einer Wirkung, sondern immer nur wieder zu einer »Kritik«; und die Kritik selbst macht wieder keine Wirkung, sondern erfährt nur wieder Kritik. Dabei ist man übereingekommen, viele Kritiken als Wirkung, wenige oder keine als Mißerfolg zu betrachten. Im Grunde aber bleibt, selbst bei sotaner »Wirkung«, alles beim alten: man schwätzt zwar eine Zeitlang etwas Neues, dann aber wieder etwas Neues und tut inzwischen das, was man immer getan hat. Die historische Bildung unsrer Kritiker erlaubt gar nicht mehr, daß es zu einer Wirkung im eigentlichen Verstande, nämlich zu einer Wirkung auf Leben und Handeln komme: auf die schwärzeste Schrift drücken sie sogleich ihr Löschpapier, auf die anmutigste Zeichnung schmieren sie ihre dicken Pinselstriche, die als Korrekturen angesehn werden sollen: da war's wieder einmal vorbei. Nie aber hört ihre kritische Feder auf zu fließen, denn sie haben die Macht über sie verloren und werden mehr von ihr geführt, anstatt sie zu führen. Gerade in dieser Maßlosigkeit ihrer kritischen Ergüsse, in dem Mangel der Herrschaft über sich selbst, in dem, was die Römer *impotentia* nennen, verrät sich die Schwäche der modernen Persönlichkeit.

6

Doch lassen wir diese Schwäche. Wenden wir uns vielmehr zu einer vielgerühmten Stärke des modernen Menschen mit der allerdings peinlichen Frage, ob er ein Recht dazu hat, sich seiner bekannten historischen »Objektivität« wegen stark, nämlich *gerecht* und in höherem Grade gerecht zu nennen als der Mensch anderer Zeiten. Ist es wahr, daß jene Objektivität in einem gesteigerten Bedürfnis und Verlangen nach Gerechtigkeit ihren Ursprung hat? Oder erweckt sie als Wirkung ganz anderer Ursachen eben nur den Anschein, als ob die Gerechtigkeit die eigentliche Ursache dieser Wirkung sei? Verführt sie vielleicht zu einem schädlichen, weil allzu schmeichlerischen Vorurteil über die Tugenden des modernen Menschen? – Sokrates hielt es für ein Leiden, das dem Wahnsinn nahe komme, sich den Besitz einer Tugend einzubilden und sie nicht zu besitzen: und gewiß ist eine solche Einbildung gefährlicher als der entgegengesetzte Wahn, an einem Fehler, an einem Laster zu leiden. Denn durch diesen Wahn ist es vielleicht noch möglich, besser zu werden; jene Einbildung aber macht den Menschen oder eine Zeit täglich schlechter, also – in diesem Falle, ungerechter.

Wahrlich, niemand hat in höherem Grade einen Anspruch auf unsre Verehrung als der, welcher den Trieb und die Kraft zur Gerechtigkeit besitzt. Denn in ihr vereinigen und verbergen sich die höchsten und seltensten Tugenden wie in einem unergründlichen Meere, das von allen Seiten Ströme empfängt und in sich verschlingt. Die Hand des Gerechten, der Gericht zu halten befugt ist, erzittert nicht mehr, wenn sie die Waage hält; unerbittlich gegen sich selbst legt er Gewicht auf Gewicht, sein Auge trübt sich nicht, wenn die Waagschalen steigen und sinken, und seine Stimme klingt weder hart noch gebrochen, wenn er das Urteil verkündet. Wäre er ein kalter Dämon der Erkenntnis, so würde er um sich die eisige Atmosphäre einer übermenschlich schrecklichen Majestät ausbreiten, die wir zu fürchten, nicht zu verehren hätten: aber daß er ein Mensch ist und doch aus läßlichem Zweifel zu strenger Gewißheit, aus duldsamer Milde zum Imperativ »du mußt«, aus der seltenen Tugend der Großmut zur allerseltensten der Gerechtigkeit emporzusteigen versucht, daß er jetzt jenem Dämon ähnelt, ohne von Anbeginn etwas anderes als ein armer Mensch zu sein, und vor allem, daß er in jedem Augenblicke an sich selbst sein Menschentum zu büßen hat und sich an einer unmöglichen Tugend tragisch verzehrt – dies alles stellt ihn in eine einsame Höhe hin, als das *ehrwürdigste* Exemplar der Gattung Mensch; denn Wahrheit will er, doch nicht nur als kalte folgenlose Erkenntnis, sondern als die ordnende und strafende Richterin, Wahrheit nicht als egoistischen Besitz des einzelnen, sondern als die heilige Berechtigung, alle Grenzsteine egoistischer Besitztümer zu verrücken, Wahrheit mit einem Worte als Weltgericht und durchaus nicht etwa als erhaschte Beute und Lust des einzelnen Jägers. Nur insofern der Wahrhafte den unbedingten Willen hat, gerecht zu sein, ist an dem überall so gedankenlos glorifizierten Streben nach Wahrheit etwas Großes: während vor dem stumpferen Auge eine ganze Anzahl der verschiedenartigsten Triebe, wie Neugier, Flucht vor der Langeweile, Mißgunst, Eitelkeit, Spieltrieb – Triebe, die gar nichts mit der Wahrheit zu tun haben – mit jenem Streben nach Wahrheit, das seine Wurzel in der Gerechtigkeit hat, zusammenfließen. So scheint zwar die Welt voll zu sein von solchen, die »der Wahrheit dienen«; und doch ist die Tugend der Gerechtigkeit so selten vorhanden, noch seltener erkannt und fast immer auf den Tod gehaßt: wohingegen die Schar der scheinbaren Tugenden zu jeder Zeit geehrt und prunkend einherzog. Der Wahrheit dienen wenige in Wahrheit, weil nur wenige den reinen Willen haben, gerecht zu sein, und selbst von diesen wieder die wenigsten die Kraft, gerecht sein zu können. Es genügt durchaus nicht, den Willen dazu allein zu haben: und die schrecklichsten Leiden sind gerade aus dem Gerechtigkeitstriebe ohne Urteilskraft über die Menschen gekommen; weshalb die allgemeine Wohlfahrt nichts mehr erheischen würde, als den Samen der Urteilskraft so breit wie möglich auszustreuen, damit der Fanatiker von dem Richter, die blinde Begierde, Richter zu sein, von der bewußten Kraft, richten zu dürfen, unterschieden bleibe. Aber wo fände sich ein Mittel, Urteilskraft zu pflanzen! – daher die Menschen, wenn ihnen von Wahrheit und Gerechtigkeit geredet wird, ewig in einem zagenden Schwanken verharren werden, ob zu ihnen der Fanatiker oder der Richter rede. Man soll es ihnen deshalb verzeihen, wenn sie immer mit besonderem Wohlwollen diejenigen »Diener der Wahrheit« begrüßt haben, die weder den Willen noch die Kraft zu richten besitzen und sich die Aufgabe stellen, die »reine, folgenlose« Erkenntnis oder, deutlicher, die Wahrheit, bei der nichts herauskommt, zu suchen. Es gibt sehr viele gleichgültige Wahrheiten; es gibt Probleme, über die richtig zu urteilen nicht einmal Überwindung, geschweige denn Aufopferung kostet. In diesem gleichgültigen und ungefährlichen Bereiche gelingt es einem Menschen wohl, zu einem kalten Dämon der Erkenntnis zu werden; und trotzdem! Wenn selbst, in besonders begünstigten Zeiten, ganze Gelehrten- und Forscher-Kohorten in solche Dämonen umgewandelt werden – immerhin bleibt es leider möglich, daß eine solche Zeit an strenger und großer Gerechtigkeit, kurz, an dem edelsten Kerne des sogenannten Wahrheitstriebes Mangel leidet.

Nun stelle man sich den historischen Virtuosen der Gegenwart vor Augen: ist er der gerechteste Mann seiner Zeit? Es ist wahr, er hat in sich eine solche Zartheit und Erregbarkeit der Empfindung ausgebildet, daß ihm gar nichts Menschliches fernbleibt; die verschiedensten Zeiten und Personen klingen sofort auf seiner Lyra in verwandten Tönen nach: er ist zum nachtönenden Passivum geworden, das durch sein Ertönen wieder auf andre derartige Passiva wirkt: bis endlich die ganze Luft einer Zeit von solchen durcheinanderschwirrenden zarten und verwandten Nachklängen erfüllt ist. Doch scheint es mir, daß man gleichsam nur die Obertöne jedes originalen geschichtlichen Haupttons vernimmt: das Derbe und Mächtige des Originals ist aus dem sphärisch-dünnen und spitzen Saitenklange nicht mehr zu erraten. Dafür weckte der Originalton meistens Taten, Nöte, Schrecken, dieser lullt uns ein und macht uns zu weichlichen Genießern; es ist, als ob man die heroische Symphonie für zwei Flöten eingerichtet und zum Gebrauch von träumerischen Opiumrauchern bestimmt habe. Daran mag man nun schon ermessen, wie es mit dem obersten Anspruche des modernen Menschen, auf höhere und reinere Gerechtigkeit, bei diesen

Virtuosen stehen wird; diese Tugend hat nie etwas Gefälliges, kennt keine reizenden Wallungen, ist hart und schrecklich. Wie niedrig steht, an ihr gemessen, schon die Großmut auf der Stufenleiter der Tugenden, die Großmut, welche die Eigenschaft einiger und seltener Historiker ist! Aber viel mehrere bringen es nur zur Toleranz, zum Geltenlassen des einmal nicht Wegzuleugnenden, zum Zurechtlegen und maßvoll-wohlwollenden Beschönigen, in der klugen Annahme, daß der Unerfahrene es als Tugend der Gerechtigkeit auslege, wenn das Vergangene überhaupt ohne harte Akzente und ohne den Ausdruck des Hasses erzählt wird. Aber nur die überlegene Kraft kann richten, die Schwäche muß tolerieren, wenn sie nicht Stärke heucheln und die Gerechtigkeit auf dem Richterstuhle zur Schauspielerin machen will. Nun ist sogar noch eine fürchterliche Spezies von Historikern übrig, tüchtige, strenge und ehrliche Charaktere – aber enge Köpfe; hier ist der gute Wille, gerecht zu sein, ebenso vorhanden wie das Pathos des Richtertums: aber alle Richtersprüche sind falsch, ungefähr aus dem gleichen Grunde, aus dem die Urteilssprüche der gewöhnlichen Geschworenen-Kollegien falsch sind. Wie unwahrscheinlich ist also die Häufigkeit des historischen Talentes! Um hier ganz von den verkappten Egoisten und Parteigängern abzusehn, die zum bösen Spiele, das sie spielen, eine recht objektive Miene machen. Ebenso abgesehn von den ganz unbesonnenen Leuten, die als Historiker im naiven Glauben schreiben, daß gerade ihre Zeit in allen Popularansichten recht habe, und daß dieser Zeit gemäß zu schreiben so viel heiße, als überhaupt gerecht zu sein; ein Glaube, in dem eine jede Religion lebt, und über den, bei Religionen, nichts weiter zu sagen ist. Jene naiven Historiker nennen »Objektivität« das Messen vergangner Meinungen und Taten an den Allerwelts-Meinungen des Augenblicks: hier finden sie den Kanon aller Wahrheiten; ihre Arbeit ist, die Vergangenheit der zeitgemäßen Trivialität anzupassen. Dagegen nennen sie jede Geschichtschreibung »subjektiv«, die jene Popularmeinungen nicht als kanonisch nimmt.

Und sollte nicht selbst bei der höchsten Ausdeutung des Wortes Objektivität eine Illusion mit unterlaufen? Man versteht dann mit diesem Worte einen Zustand im Historiker, in dem er ein Ereignis in allen seinen Motiven und Folgen so rein anschaut, daß es auf sein Subjekt gar keine Wirkung tut: man meint jenes ästhetische Phänomen, jenes Losgebundensein vom persönlichen Interesse, mit dem der Maler in einer stürmischen Landschaft, unter Blitz und Donner, oder auf bewegter See sein inneres Bild schaut, man meint das völlige Versunkensein in die Dinge: ein Aberglaube jedoch ist es, daß das Bild, welches die Dinge in einem solchermaßen gestimmten Menschen zeigen, das empirische Wesen der Dinge wiedergebe. Oder sollten sich in jenen Momenten die Dinge gleichsam durch ihre eigene Tätigkeit auf einem reinen Passivum abzeichnen, abkonterfeien, abphotographieren?

Dies wäre eine Mythologie und eine schlechte obendrein: zudem vergäße man, daß jener Moment gerade der kräftigste und selbsttätigste Zeugungsmoment im Innern des Künstlers ist, ein Kompositionsmoment allerhöchster Art, dessen Resultat wohl ein künstlerisch wahres, nicht ein historisch wahres Gemälde sein wird. In dieser Weise die Geschichte objektiv denken ist die stille Arbeit des Dramatikers; nämlich alles aneinander denken, das Vereinzelte zum Ganzen weben: überall mit der Voraussetzung, daß eine Einheit des Planes in die Dinge gelegt werden müsse, wenn sie nicht darinnen sei. So überspinnt der Mensch die Vergangenheit und bändigt sie, so äußert sich sein Kunsttrieb – nicht aber sein Wahrheits-, sein Gerechtigkeitstrieb. Objektivität und Gerechtigkeit haben nichts miteinander zu tun. Es wäre eine Geschichtsschreibung zu denken, die keinen Tropfen der gemeinen empirischen Wahrheit in sich hat und doch im höchsten Grade auf das Prädikat der Objektivität Anspruch machen dürfte. Ja, Grillparzer wagt zu erklären: »was ist denn Geschichte anders als die Art, wie der Geist des Menschen die ihm *undurchdringlichen Begebenheiten* aufnimmt; das, weiß Gott ob Zusammengehörige verbindet; das Unverständliche durch etwas Verständliches ersetzt; seine Begriffe von Zweckmäßigkeit nach außen einem Ganzen unterschiebt, das wohl nur eine nach innen kennt; und wieder Zufall annimmt, wo tausend kleine Ursachen wirkten. Jeder Mensch hat zugleich seine Separatnotwendigkeit, so daß Millionen Richtungen parallel in krummen und geraden Linien nebeneinander laufen, sich durchkreuzen, fördern, hemmen, vor- und rückwärts streben und dadurch füreinander den Charakter des Zufalls annehmen, und es so, abgerechnet die Einwirkungen der Naturereignisse, unmöglich machen, eine durchgreifende, alle umfassende Notwendigkeit des Geschehenden nachzuweisen.« Nun soll aber gerade, als Ergebnis jenes »objektiven« Blicks auf die Dinge, eine solche Notwendigkeit ans Licht gezogen werden! Dies ist eine Voraussetzung, die, wenn sie als Glaubenssatz vom Historiker ausgesprochen wird, nur wunderliche Gestalt annehmen kann; Schiller zwar ist über das recht eigentlich Subjektive dieser Annahme völlig im klaren, wenn er vom Historiker sagt: »eine Erscheinung nach der andern fängt an, sich dem blinden Ohngefähr, der gesetzlosen Freiheit zu entziehen und sich einem übereinstimmenden Ganzen – *das freilich nur in seiner Vorstellung vorhanden ist* – als ein passendes Glied einzureihen.« Was soll man aber von der so glaubensvoll eingeführten, zwischen Tautologie und Widersinn künstlich schwebenden Behauptung eines berühmten historischen Virtuosen halten: »es ist nicht anders, als daß alles menschliche Tun und Treiben dem leisen und der Bemerkung oft entzogenen, aber gewaltigen und unaufhaltsamen Gange der Dinge unterworfen ist«? In einem solchen Satze spürt man nicht mehr rätselhafte Weisheit als unrätselhafte Unweisheit; wie im Ausspruch des Goetheschen Hofgärtners, »die Natur läßt sich wohl forcieren, aber nicht zwingen«, oder in der Inschrift einer Jahrmarktsbude, von der Swift erzählt: »hier ist zu sehen der größte Elefant der Welt, mit Ausnahme seiner selbst.« Denn welches ist doch der Gegensatz zwischen dem Tun und Treiben der Menschen und dem Gange der Dinge? Überhaupt fällt mir auf, daß solche Historiker, wie jener, von dem wir einen Satz anführten, nicht mehr belehren, sobald sie allgemein werden und dann das Gefühl ihrer Schwäche in Dunkelheiten zeigen. In andern Wissenschaften sind die Allgemeinheiten das Wichtigste, insofern sie die Gesetze enthalten: sollten aber solche Sätze wie der angeführte für Gesetze gelten wollen, so wäre zu entgegnen, daß dann die Arbeit des Geschichtsschreibers verschwendet ist; denn was überhaupt an solchen Sätzen wahr bleibt, nach Abzug jenes dunklen unauflöslichen Restes, von dem wir sprachen – das ist bekannt und sogar trivial; denn es wird jedem in dem kleinsten Bereiche der Erfahrungen vor die Augen kommen. Deshalb aber ganze Völker inkommodieren und mühsame Arbeitsjahre darauf wenden hieße doch nichts anderes, als in den Naturwissenschaften Experiment auf Experiment häufen, nachdem aus dem vorhandenen Schatze der Experimente längst das Gesetz abgeleitet werden kann: an welchem sinnlosen Übermaß des Experimentierens übrigens nach Zöllner die gegenwärtige Naturwissenschaft leiden soll. Wenn der Wert eines Dramas nur in dem Schluß- und Hauptgedanken liegen sollte, so würde das Drama selbst ein möglichst weiter, ungerader und mühsamer Weg zum Ziele sein; und so hoffe ich, daß die Geschichte ihre Bedeutung nicht in den allgemeinen Gedanken, als einer Art von Blüte und Frucht, erkennen dürfe: sondern daß ihr Wert gerade der ist, ein bekanntes, vielleicht gewöhnliches Thema, eine Alltags-Melodie geistreich zu umschreiben, zu erheben, zum umfassenden Symbol zu steigern und so in dem Original-Thema eine ganze Welt von Tiefsinn, Macht und Schönheit ahnen zu lassen.

Dazu gehört aber vor allem eine große künstlerische Potenz, ein schaffendes Darüberschweben, ein liebendes Versenktsein in die empirischen Data, ein Weiterdichten an gegebnen Typen – dazu gehört allerdings Objektivität, aber als positive Eigenschaft. So oft aber ist Objektivität nur eine Phrase. An Stelle jener innerlich blitzenden, äußerlich unbewegten und dunklen Ruhe des Künstlerauges tritt die Affektation der Ruhe; wie sich der Mangel an Pathos und moralischer Kraft als schneidende Kälte der Betrachtung zu verkleiden pflegt. In gewissen Fällen wagt sich die Banalität der Gesinnung, die Jedermanns-Weisheit, die nur durch ihre Langweiligkeit den Eindruck des Ruhigen, Unaufgeregten macht, hervor, um für jenen künstlerischen Zustand zu gelten, in welchem das Subjekt schweigt und völlig unbemerkbar wird. Dann wird alles hervorgesucht, was überhaupt nicht aufregt, und das trockenste Wort ist gerade recht. Ja man geht so weit, anzunehmen, daß der, den ein Moment der Vergangenheit *gar nichts angehe*, berufen sei, ihn darzustellen. So verhalten sich häufig Philologen und Griechen zueinander: sie gehen sich gar nichts an – das nennt man dann wohl auch »Objektivität«! Wo nun gerade das Höchste und Seltenste dargestellt werden soll, da ist das absichtliche und zur Schau getragene Unbeteiligtsein, die hervorgesuchte nüchtern-flache Motivierungskunst geradezu empörend – wenn nämlich die *Eitelkeit* des Historikers zu dieser objektiv sich gebärdenden Gleichgültigkeit treibt. Übrigens hat man bei solchen Autoren sein Urteil näher nach dem

Grundsatze zu motivieren, daß jeder Mann gerade so viel Eitelkeit hat, als es ihm an Verstande fehlt. Nein, seid wenigstens ehrlich! Sucht nicht den Schein der künstlerischen Kraft, die wirklich Objektivität zu nennen ist, sucht nicht den Schein der Gerechtigkeit, wenn ihr nicht zu dem furchtbaren Berufe des Gerechten geweiht seid. Als ob es auch die Aufgabe jeder Zeit wäre, gegen alles, was einmal war, gerecht sein zu müssen! Zeiten und Generationen haben sogar niemals recht, Richter aller früheren Zeiten und Generationen zu sein: sondern immer nur einzelnen, und zwar den Seltensten fällt einmal eine so unbequeme Mission zu. Wer zwingt euch zu richten? Und dann – prüft euch nur, ob ihr gerecht sein könntet, wenn ihr es wolltet! Als Richter müßtet ihr höher stehen als der zu Richtende; während ihr nur später gekommen seid. Die Gäste, die zuletzt zur Tafel kommen, sollen mit Recht die letzten Plätze erhalten: und ihr wollt die ersten haben? Nun dann tut wenigstens das Höchste und Größte; vielleicht macht man euch dann wirklich Platz, auch wenn ihr zuletzt kommt.

Nur aus der höchsten Kraft der Gegenwart dürft ihr das Vergangne deuten: nur in der stärksten Anspannung eurer edelsten Eigenschaften werdet ihr erraten, was in dem Vergangnen wissens- und bewahrenswürdig und groß ist. Gleiches durch Gleiches! Sonst zieht ihr das Vergangne zu euch nieder. Glaubt einer Geschichtsschreibung nicht, wenn sie nicht aus dem Haupte der seltensten Geister herausspringt; immer aber werdet ihr merken, welcher Qualität ihr Geist ist, wenn sie genötigt wird, etwas Allgemeines auszusprechen oder etwas Allbekanntes noch einmal zu sagen: der echte Historiker muß die Kraft haben, das Allbekannte zum Niegehörten umzuprägen und das Allgemeine so einfach und tief zu verkünden, daß man die Einfachheit über der Tiefe und die Tiefe über der Einfachheit übersieht. Es kann keiner zugleich ein großer Historiker, ein künstlerischer Mensch und ein Flachkopf sein: dagegen soll man nicht die karrenden, aufschüttenden, sichtenden Arbeiter geringschätzen, weil sie gewiß nicht zu großen Historikern werden können; man soll sie noch weniger mit jenen verwechseln, sondern sie als die nötigen Gesellen und Handlanger im Dienste des Meisters begreifen: so etwa wie die Franzosen, mit größerer Naivität als bei den Deutschen möglich, von den *historiens de M. Thiers* zu reden pflegten. Diese Arbeiter sollen allmählich große Gelehrte werden, können aber deshalb doch nie Meister sein. Ein großer Gelehrter und ein großer Flachkopf – das geht schon leichter miteinander unter einen Hut.

Also: Geschichte schreibt der Erfahrene und Überlegene. Wer nicht einiges größer und höher erlebt hat als alle, wird auch nichts Großes und Hohes aus der Vergangenheit zu deuten wissen. Der Spruch der Vergangenheit ist immer ein Orakelspruch: nur als Baumeister der Zukunft, als Wissende der Gegenwart werdet ihr ihn verstehn. Man erklärt jetzt die außerordentlich tiefe und weite Wirkung Delphis besonders daraus, daß die delphischen Priester genaue Kenner des Vergangnen waren; jetzt geziemt sich zu wissen, daß nur der, welcher die Zukunft baut, ein Recht hat, die Vergangenheit zu richten. Dadurch, daß ihr vorwärts seht, ein großes Ziel euch steckt, bändigt ihr zugleich jenen üppigen analytischen Trieb, der euch jetzt die Gegenwart verwüstet und alle Ruhe, alles friedfertige Wachsen und Reifwerden fast unmöglich macht. Zieht um euch den Zaun einer großen und umfänglichen Hoffnung, eines hoffenden Strebens. Formt in euch ein Bild, dem die Zukunft entsprechen soll, und vergeßt den Aberglauben, Epigonen zu sein. Ihr habt genug zu ersinnen und zu erfinden, indem ihr auf jenes zukünftige Leben sinnt; aber fragt nicht bei der Geschichte an, daß sie euch das Wie? das Womit? zeige. Wenn ihr euch dagegen in die Geschichte großer Männer hineinlebt, so werdet ihr aus ihr ein oberstes Gebot lernen, reif zu werden und jenem lähmenden Erziehungsbanne der Zeit zu entfliehen, die ihren Nutzen darin sieht, euch nicht reif werden zu lassen, um euch, die Unreifen, zu beherrschen und auszubeuten. Und wenn ihr nach Biographien verlangt, dann nicht nach jenen mit dem Refrain »Herr Soundso und seine Zeit«, sondern nach solchen, auf deren Titelblatte es heißen müßte »ein Kämpfer gegen seine Zeit«. Sättigt eure Seelen an Plutarch und wagt es, an euch selbst zu glauben, indem ihr an seine Helden glaubt. Mit einem Hundert solcher unmodern erzogener, das heißt reif gewordener und an das Heroische gewöhnter Menschen ist jetzt die ganze lärmende Afterbildung dieser Zeit zum ewigen Schweigen zu bringen. –

7

Der historische Sinn, wenn er *ungebändigt* waltet und alle seine Konsequenzen zieht, entwurzelt die Zukunft, weil er die Illusionen zerstört und den bestehenden Dingen ihre Atmosphäre nimmt, in der sie allein leben können. Die historische Gerechtigkeit, selbst wenn sie wirklich und in reiner Gesinnung geübt wird, ist deshalb eine schreckliche Tugend, weil sie immer das Lebendige untergräbt und zu Fall bringt: ihr Richten ist immer ein Vernichten. Wenn hinter dem historischen Triebe kein Bautrieb wirkt, wenn nicht zerstört und aufgeräumt wird, damit eine bereits in der Hoffnung lebendige Zukunft auf dem befreiten Boden ihr Haus baue, wenn die Gerechtigkeit allein waltet, dann wird der schaffende Instinkt entkräftet und entmutigt. Eine Religion zum Beispiel, die in historisches Wissen, unter dem Walten der reinen Gerechtigkeit, umgesetzt werden soll, eine Religion, die durch und durch wissenschaftlich erkannt werden soll, ist am Ende dieses Weges zugleich vernichtet. Der Grund liegt darin, daß bei der historischen Nachrechnung jedesmal so viel Falsches, Rohes, Unmenschliches, Absurdes, Gewaltsames zutage tritt, daß die pietätvolle Illusions-Stimmung, in der alles, was leben will, allein leben kann, notwendig zerstiebt: nur in Liebe aber, nur umschattet von der Illusion der Liebe, schafft der Mensch, nämlich nur im unbedingten Glauben an das Vollkommne und Rechte. Jedem, den man zwingt, nicht mehr unbedingt zu lieben, hat man die Wurzeln seiner Kraft abgeschnitten: er muß verdorren, nämlich unehrlich werden. In solchen Wirkungen ist der Historie die Kunst entgegengesetzt: und nur wenn die Historie es erträgt, zum Kunstwerk umgebildet, also reines Kunstgebilde zu werden, kann sie vielleicht Instinkte erhalten oder sogar wecken. Eine solche Geschichtsschreibung würde aber durchaus dem analytischen und unkünstlerischen Zuge unserer Zeit widersprechen, ja von ihr als Fälschung empfunden werden. Historie aber, die nur zerstört, ohne daß ein innrer Bautrieb sie führt, macht auf die Dauer ihre Werkzeuge blasiert und unnatürlich: denn solche Menschen zerstören Illusionen, und »wer die Illusion in sich und anderen zerstört, den straft die Natur als der strengste Tyrann«. Eine gute Zeit lang zwar kann man sich wohl mit der Historie völlig harmlos und unbedachtsam beschäftigen, als ob es eine Beschäftigung so gut wie jede andre wäre; insbesondere scheint die neuere Theologie sich rein aus Harmlosigkeit mit der Geschichte eingelassen zu haben und jetzt noch will sie es kaum merken, daß sie damit, wahrscheinlich sehr wider Willen, im Dienste des Voltaireschen *écrasez* steht. Vermute niemand dahinter neue kräftige Bau-Instinkte; man müßte denn den sogenannten Protestanten-Verein als Mutterschoß einer neuen Religion und etwa den Juristen Holtzendorf (den Herausgeber und Vorredner der noch viel sogenannteren Protestanten-Bibel) als Johannes am Flusse Jordan gelten lassen. Einige Zeit hilft vielleicht die in älteren Köpfen noch qualmende Hegelsche Philosophie zur Propagation jener Harmlosigkeit, etwa dadurch, daß man die »Idee des Christentums« von ihren mannigfach unvollkommenen »Erscheinungsformen« unterscheidet und sich vorredet, es sei wohl gar die »Liebhaberei der Idee«, sich in immer reineren Formen zu offenbaren, zuletzt nämlich als die gewiß allerreinste, durchsichtigste, ja kaum sichtbare Form im Hirne des jetzigen *theologus liberalis vulgaris*. Hört man aber diese allerreinlichsten Christentümer sich über die früheren unreinlichen Christentümer aussprechen, so hat der nichtbeteiligte Zuhörer oft den Eindruck, es sei gar nicht vom Christentume die Rede, sondern von – nun woran sollen wir denken? wenn wir das Christentum von dem »größten Theologen des Jahrhunderts« als die Religion bezeichnet finden, die es verstattet, »sich in alle wirklichen und noch einige andere bloß mögliche Religionen hineinzuempfinden«, und wenn die »wahre Kirche« die sein soll, welche »zur fließenden Masse wird, wo es keine Umrisse gibt, wo jeder Teil sich bald hier, bald dort befindet und alles sich friedlich untereinander mengt«. – Nochmals, woran sollen wir denken?

Was man am Christentume lernen kann, daß es unter der Wirkung einer historisierenden Behandlung blasiert und unnatürlich geworden ist, bis endlich eine vollkommen historische, das heißt gerechte Behandlung es in reines Wissen um das Christentum auflöst und dadurch vernichtet, das kann man an allem, was Leben hat, studieren: daß es aufhört zu leben, wenn es zu Ende seziert ist und schmerzlich und krankhaft lebt, wenn man anfängt, an ihm die historischen Sezierübungen zu machen. Es gibt Menschen, die an eine umwälzende und reformierende Heilkraft der deutschen Musik unter Deutschen glauben: sie empfinden es mit Zorn und halten es für ein Unrecht, begangen am Lebendigsten unsrer Kultur, wenn solche Männer wie Mozart und Beethoven bereits jetzt mit dem ganzen gelehrten Wust des Biographischen überschüttet und mit dem Foltersystem historischer Kritik zu Antworten auf tausend zudringliche Fragen gezwungen werden. Wird nicht dadurch das in seinen lebendigen Wirkungen noch gar nicht Erschöpfte zur Unzeit abgetan oder mindestens gelähmt, daß man die Neubegierde auf zahllose Mikrologien des Lebens und der Werke richtet und Erkenntnis-Probleme dort sucht, wo man lernen sollte zu leben und alle Probleme zu vergessen? Versetzt nur ein paar solcher modernen Biographen in Gedanken an die Geburtsstätte des Christentums oder der Lutherschen Reformation; ihre nüchterne pragmatisierende Neubegier hätte gerade ausgereicht, um jede geisterhafte *actio in distans* unmöglich zu machen: wie das elendeste Tier die Entstehung der mächtigsten Eiche verhindern kann, dadurch, daß es die Eichel verschluckt. Alles Lebendige braucht um sich eine Atmosphäre, einen geheimnisvollen Dunstkreis; wenn man ihm diese Hülle nimmt, wenn man eine Religion, eine Kunst, ein Genie verurteilt, als Gestirn ohne Atmosphäre zu kreisen: so soll man sich über das schnelle Verdorren, Hart- und Unfruchtbarwerden nicht mehr wundern. So ist es nun einmal bei allen großen Dingen,

»die nie ohn' ein'gen Wahn gelingen«,

wie Hans Sachs in den Meistersingern sagt.

Aber selbst jedes Volk, ja jeder Mensch, der *reif* werden will, braucht einen solchen umhüllenden Wahn, eine solche schützende und umschleiernde Wolke; jetzt aber haßt man das Reifwerden überhaupt, weil man die Historie mehr als das Leben ehrt. Ja man triumphiert darüber, daß jetzt »die Wissenschaft anfange, über das Leben zu herrschen«: möglich, daß man das erreicht; aber gewiß ist ein derartig beherrschtes Leben nicht viel wert, weil es viel weniger *Leben* ist und viel weniger Leben für die Zukunft verbürgt als das ehemals nicht durch das Wissen, sondern durch Instinkte und kräftige Wahnbilder beherrschte Leben. Aber es soll auch gar nicht, wie gesagt, das Zeitalter der fertig und reif gewordenen, der harmonischen Persönlichkeiten sein, sondern das der gemeinsamen möglichst nutzbaren Arbeit. Das heißt eben doch nur: die Menschen sollen zu den Zwecken der Zeit abgerichtet werden, um so zeitig als möglich mit Hand anzulegen: sie sollen in der Fabrik der allgemeinen Utilitäten arbeiten, bevor sie reif sind, ja damit sie gar nicht mehr reif werden – weil dies ein Luxus wäre, der »dem Arbeitsmarkte« eine Menge von Kraft entziehen würde. Man blendet einige Vögel, damit sie schöner singen: ich glaube nicht, daß die jetzigen Menschen schöner singen als ihre Großväter, aber das weiß ich, daß man sie zeitig blendet. Das Mittel aber, das verruchte Mittel, das man anwendet, um sie zu blenden, ist *allzu helles, allzu plötzliches, allzu wechselndes Licht*. Der junge Mensch wird durch alle Jahrtausende gepeitscht: Jünglinge, die nichts von einem Kriege, einer diplomatischen Aktion, einer Handelspolitik verstehen, werden der Einführung in die politische Geschichte für würdig befunden. So aber, wie der junge Mensch durch die Geschichte läuft, so laufen wir Modernen durch die Kunstkammern, so hören wir Konzerte. Man fühlt wohl, das klingt anders als jenes, das wirkt anders als jenes: dies Gefühl der Befremdung immer mehr zu verlieren, über nichts mehr übermäßig zu erstaunen, endlich alles sich gefallen zu lassen – das nennt man dann wohl den historischen Sinn, die historische Bildung. Ohne Beschönigung des Ausdrucks gesprochen: die Masse des Einströmenden ist so groß, das Befremdende, Barbarische und Gewaltsame dringt so übermächtig, »zu scheußlichen Klumpen geballt«, auf die jugendliche Seele ein, daß sie sich nur mit einem vorsätzlichen Stumpfsinn zu retten weiß. Wo ein feineres und stärkeres Bewußtsein zugrunde lag, stellt sich wohl auch eine andre Empfindung ein: Ekel. Der junge Mensch ist so heimatlos geworden und zweifelt an allen Sitten und Begriffen. Jetzt weiß er es: in allen Zeiten war es anders, es kommt nicht darauf an, wie du bist. In schwermütiger Gefühllosigkeit läßt er Meinung auf Meinung an sich vorübergehn und begreift das Wort und die Stimmung Hölderlins beim Lesen des Laertius Diogenes über Leben und Lehren griechischer Philosophen: »ich habe auch hier wieder erfahren, was mir schon manchmal begegnet ist, daß mir nämlich das Vorübergehende und Abwechselnde der menschlichen Gedanken und Systeme fast tragischer aufgefallen ist als die Schicksale, die man gewöhnlich allein die wirklichen nennt.« Nein, ein solches überschwemmendes, betäubendes und gewaltsames Historisieren ist gewiß nicht für die Jugend nötig, wie die Alten zeigen, ja im höchsten Grade gefährlich, wie die Neueren zeigen. Nun betrachte man aber gar den historischen Studenten, den Erben einer allzufrühen, fast im Knabenalter schon sichtbar gewordenen Blasiertheit. Jetzt ist ihm die »Methode« zu eigner Arbeit, der rechte Griff und der vornehme Ton nach des Meisters Manier zu eigen geworden; ein ganz isoliertes Kapitelchen der Vergangenheit ist seinem Scharfsinn und der erlernten Methode zum Opfer gefallen; er hat bereits produziert, ja mit stolzerem Worte, er hat »geschaffen«, er ist nun Diener der Wahrheit durch die Tat und Herr im historischen Weltbereiche geworden. War er schon als Knabe »fertig«, so ist er nun bereits überfertig: man braucht an ihm nur zu schütteln, so fällt einem die Weisheit mit Geprassel in den Schoß; doch die Weisheit ist faul und jeder Apfel hat seinen Wurm. Glaubt es mir: wenn die Menschen in der wissenschaftlichen Fabrik arbeiten und nutzbar werden sollen, bevor sie reif sind, so ist in kurzem die Wissenschaft ebenso ruiniert wie die allzuzeitig in dieser Fabrik verwendeten Sklaven. Ich bedaure, daß man schon nötig hat, sich des sprachlichen Jargons der Sklavenhalter und Arbeitgeber zur Bezeichnung solcher Verhältnisse zu bedienen, die an sich frei von Utilitäten, enthoben der Lebensnot gedacht werden sollten; aber unwillkürlich drängen sich die Worte »Fabrik«, »Arbeitsmarkt«, »Angebot«, »Nutzbarmachung« – und wie all die Hilfszeitwörter des Egoismus lauten – auf die Lippen, wenn man die jüngste Generation der Gelehrten schildern will. Die gediegene Mittelmäßigkeit wird immer mittelmäßiger, die Wissenschaft im ökonomischen Sinne immer nutzbarer. Eigentlich sind die allerneuesten Gelehrten nur in einem Punkte weise, darin freilich weiser als alle Menschen der Vergangenheit, in allen übrigen Punkten nur unendlich anders – vorsichtig gesprochen – als alle Gelehrten alten Schlags. Trotzdem fordern sie Ehren und Vorteile für sich ein, als ob der Staat und die öffentliche Meinung verpflichtet wären, die neuen Münzen für ebenso voll zu nehmen wie die alten. Die Kärrner haben unter sich einen Arbeitsvertrag gemacht und das Genie als überflüssig dekretiert – dadurch, daß jeder Kärrner zum Genie umgestempelt wird; wahrscheinlich wird es eine spätere Zeit ihren Bauten ansehen, daß sie zusammengekarrt, nicht zusammengebaut sind. Denen, die unermüdlich den modernen Schlacht- und

Opferruf »Teilung der Arbeit! In Reih und Glied!« im Munde führen, ist einmal klärlich und rund zu sagen: wollt ihr die Wissenschaft möglichst schnell fördern, so werdet ihr sie euch möglichst schnell vernichten; wie euch die Henne zugrunde geht, die ihr künstlich zum allzuschnellen Eierlegen zwingt. Gut, die Wissenschaft ist in den letzten Jahrzehnten erstaunlich schnell gefördert worden: aber seht euch nun auch die Gelehrten, die erschöpften Hennen an. Es sind wahrhaftig keine »harmonischen« Naturen; nur gackern können sie mehr als je, weil sie öfter Eier legen: freilich sind auch die Eier immer kleiner (obzwar die Bücher immer dicker) geworden. Als letztes und natürliches Resultat ergibt sich das allgemein beliebte »Popularisieren« (nebst »Feminisieren« und »Infantisieren«) der Wissenschaft, das heißt das berüchtigte Zuschneiden des Rocks der Wissenschaft auf den Leib des »gemischten Publikums«: um uns hier einmal für eine schneidermäßige Tätigkeit auch eines schneidermäßigen Deutsches zu befleißigen. Goethe sah darin einen Mißbrauch und verlangte, daß die Wissenschaften nur durch eine *erhöhte Praxis* auf die äußere Welt wirken sollten. Den älteren Gelehrten-Generationen dünkte überdies ein solcher Mißbrauch aus guten Gründen schwer und lästig: ebenfalls aus guten Gründen fällt er den jüngeren Gelehrten leicht, weil sie selbst, von einem ganz kleinen Wissens-Winkel abgesehn, sehr gemischtes Publikum sind und dessen Bedürfnisse in sich tragen. Sie brauchen sich nur einmal bequem hinzusetzen, so gelingt es ihnen, auch ihr kleines Studienbereich jener gemischt-populären Bedürfnis-Neubegier aufzuschließen. Für diesen Bequemlichkeitsakt prätendiert man hinterdrein den Namen »bescheidene Herablassung des Gelehrten zu seinem Volke«: während im Grunde der Gelehrte nur zu sich, soweit er nicht Gelehrter, sondern Pöbel ist, herabstieg. Schafft euch den Begriff eines »Volkes«: den könnt ihr nie edel und hoch genug denken. Dächtet ihr groß vom Volke, so wäret ihr auch barmherzig gegen dasselbe und hütetet euch wohl, euer historisches Scheidewasser ihm als Lebens- und Labetrank anzubieten. Aber ihr denkt im tiefsten Grunde von ihm gering, weil ihr vor seiner Zukunft keine wahre und sicher gegründete Achtung haben dürft, und ihr handelt als praktische Pessimisten, ich meine als Menschen, welche die Ahnung eines Unterganges leitet und die dadurch gegen das fremde, ja gegen das eigne Wohl gleichgültig und läßlich werden. Wenn *uns* nur die Scholle noch trägt! Und wenn sie uns nicht mehr trägt, dann soll es auch recht sein: – so empfinden sie und leben eine *ironische* Existenz.

8

Es darf zwar befremdend, aber nicht widerspruchsvoll erscheinen, wenn ich dem Zeitalter, das so hörbar und aufdringlich in das unbekümmertste Frohlocken über seine historische Bildung auszubrechen pflegt, trotzdem eine Art von *ironischem Selbstbewußtsein* zuschreibe, ein darüberschwebendes Ahnen, daß hier nicht zu frohlocken sei, eine Furcht, daß es vielleicht bald mit aller Lustbarkeit der historischen Erkenntnis vorüber sein werde. Ein ähnliches Rätsel in betreff einzelner Persönlichkeiten hat uns Goethe, durch seine merkwürdige Charakteristik Newtons, hingestellt: er findet im Grunde (oder richtiger: in der Höhe) seines Wesens »eine trübe Ahnung seines Unrechtes«, gleichsam als den in einzelnen Augenblicken bemerkbaren Ausdruck eines überlegenen richtenden Bewußtseins, das über die notwendige ihm innewohnende Natur eine gewisse ironische Übersicht erlangt habe. So findet man gerade in den größer und höher entwickelten historischen Menschen ein oft bis zu allgemeiner Skepsis gedämpftes Bewußtsein davon, wie groß die Ungereimtheit und der Aberglaube sei, zu glauben, daß die Erziehung eines Volkes so überwiegend historisch sein müsse, wie sie es jetzt ist; haben doch gerade die kräftigsten Völker, und zwar kräftig in Taten und Werken, anders gelebt, anders ihre Jugend herangezogen. Aber uns ziemt jene Ungereimtheit, jener Aberglaube – so lautet die skeptische Einwendung – uns, den Spätgekommenen, den abgeblaßten letzten Sprossen mächtiger und frohmütiger Geschlechter, uns, auf die Hesiods Prophezeiung zu deuten ist, daß die Menschen einst sogleich graubehaart geboren würden, und daß Zeus dies Geschlecht vertilgen werde, sobald jenes Zeichen an ihm sichtbar geworden sei. Die historische Bildung ist auch wirklich eine Art angeborner Grauhaarigkeit, und die, welche ihr Zeichen von Kindheit her an sich tragen, müssen wohl zu dem instinktiven Glauben vom *Alter der Menschheit* gelangen: dem Alter aber gebührt jetzt eine greisenhafte Beschäftigung, nämlich Zurückschauen, Überrechnen, Abschließen, Trost suchen im Gewesenen, durch Erinnerungen, kurz historische Bildung. Das Menschengeschlecht ist aber ein zähes und beharrliches Ding und will nicht nach Jahrtausenden, ja kaum nach Hunderttausenden von Jahren in seinen Schritten – vorwärts und rückwärts – betrachtet werden, das heißt, es will als Ganzes von dem unendlich kleinen Atompünktchen, dem einzelnen Menschen, *gar nicht* betrachtet werden. Was wollen denn ein paar Jahrtausende besagen (oder anders ausgedrückt: der Zeitraum von 34 aufeinanderfolgenden, zu 60 Jahren gerechneten Menschenleben), um im Anfang einer solchen Zeit noch von »Jugend«, am Schlusse bereits von »Alter der Menschheit« reden zu können! Steckt nicht vielmehr in diesem lähmenden Glauben an eine bereits abwelkende Menschheit das Mißverständnis einer, vom Mittelalter her vererbten, christlich theologischen Vorstellung, der Gedanke an das nahe Weltende, an das bänglich erwartete Gericht? Umkleidet sich jene Vorstellung wohl durch das gesteigerte historische Richter-Bedürfnis, als ob unsre Zeit, die letzte der möglichen, selbst jenes Weltgericht über alles Vergangne abzuhalten befugt sei, das der christliche Glaube keineswegs vom Menschen, aber von »des Menschen Sohn« erwartete? Früher war dieses der Menschheit sowohl wie dem einzelnen zugerufene »*Memento mori*« ein immer quälender Stachel und gleichsam die Spitze des mittelalterlichen Wissens und Gewissens. Das ihm entgegengerufene Wort der neueren Zeit: »*memento vivere*« klingt, offen zu reden, noch ziemlich verschüchtert, kommt nicht aus voller Kehle und hat beinahe etwas Unehrliches. Denn die Menschheit sitzt noch fest auf dem *Memento mori* und verrät es durch ihr universales historisches Bedürfnis: das Wissen hat, trotz seinem mächtigsten Flügelschlage, sich nicht ins Freie losreißen können, ein tiefes Gefühl von Hoffnungslosigkeit ist übriggeblieben und hat jene historische Färbung angenommen, von der jetzt alle höhere Erziehung und Bildung schwermütig umdunkelt ist. Eine Religion, die von allen Stunden eines Menschenlebens die letzte für die wichtigste hält, die einen Schluß des Erdenlebens überhaupt voraussagt und alle Lebenden verurteilt, im fünften Akt der Tragödie zu leben, regt gewiß die tiefsten und edelsten Kräfte auf, aber sie ist feindlich gegen alles Neu-Anpflanzen, Kühn-Versuchen, Frei-Begehren; sie widerstrebt jedem Fluge ins Unbekannte, weil sie dort nicht liebt, nicht hofft: sie läßt das Werdende sich nur wider Willen aufdrängen, um es, zur rechten Zeit, als einen Verführer zum Dasein, als einen Lügner über den Wert des Daseins beiseite zu drängen oder hinzuopfern. Das, was die Florentiner taten, als sie unter dem Eindruck der Bußpredigten des Savonarola jene berühmten Opferbrände von Gemälden, Manuskripten, Spiegeln, Larven veranstalteten, das möchte das Christentum mit jeder Kultur tun, die zum Weiterstreben reizt und jenes *Memento vivere* als Wahlspruch führt; und wenn es nicht möglich ist, dies auf geradem Wege, ohne Umschweif, nämlich durch Übermacht zu tun, so erreicht es doch ebenfalls sein Ziel, wenn es sich mit der historischen Bildung, meistens sogar ohne deren Mitwissen, verbündet und nun, aus ihr heraus redend, alles Werdende achselzuckend ablehnt und darüber das Gefühl des gar zu Überspäten und Epigonenhaften, kurz der angebornen Grauhaarigkeit ausbreitet. Die herbe und tiefsinnig ernste Betrachtung über den Unwert alles Geschehenen, über das zum-Gericht-Reifsein der Welt, hat sich zu dem skeptischen Bewußtsein verflüchtigt, daß es jedenfalls gut sei, alles Geschehene zu wissen, weil es zu spät dafür sei, etwas Besseres zu tun. So macht der historische Sinn seine Diener passiv und retrospektiv; und beinahe nur aus augenblicklicher Vergeßlichkeit, wenn gerade jener Sinn intermittiert, wird der am historischen Fieber Erkrankte aktiv, um, sobald die Aktion vorüber ist, seine Tat zu sezieren, durch analytische Betrachtung am Weiterwirken zu hindern und sie endlich zur »Historie« abzuhäuten. In diesem Sinne leben wir noch im Mittelalter, ist Historie immer noch eine verkappte Theologie: wie ebenfalls die Ehrfurcht, mit der der unwissenschaftliche Laie die wissenschaftliche Kaste behandelt, eine vom Klerus her vererbte Ehrfurcht ist. Was man früher der Kirche gab, das gibt man jetzt, obzwar spärlicher, der Wissenschaft: daß man aber gibt, hat einstmals die Kirche ausgewirkt, nicht aber erst der moderne Geist, der vielmehr, bei seinen anderen guten Eigenschaften, bekanntlich etwas Knauseriges hat und in der vornehmen Tugend der Freigebigkeit ein Stümper ist.

Vielleicht gefällt diese Bemerkung nicht, vielleicht ebensowenig als jene Ableitung des Übermaßes von Historie aus dem mittelalterlichen *Memento mori* und aus der Hoffnungslosigkeit, die das Christentum gegen alle kommenden Zeiten des irdischen Daseins im Herzen trägt. Man soll aber immerhin diese auch von mir nur zweifelnd hingestellte

Erklärung durch bessere Erklärungen ersetzen; denn der Ursprung der historischen Bildung – und ihres innerlich ganz und gar radikalen Widerspruches gegen den Geist einer »neuen Zeit«, eines »modernen Bewußtseins« – dieser Ursprung *muß* selbst wieder historisch erkannt werden, die Historie *muß* das Problem der Historie selbst auflösen, das Wissen *muß* seinen Stachel gegen sich selbst kehren – dieses dreifache *Muß* ist der Imperativ des Geistes der »neuen Zeit«, falls in ihr wirklich etwas Neues, Mächtiges, Lebenverheißendes und Ursprüngliches ist. Oder sollte es wahr sein, daß wir Deutschen – um die romanischen Völker außer dem Spiele zu lassen – in allen höheren Angelegenheiten der Kultur immer nur »Nachkommen« sein müßten, deshalb, weil wir nur dies allein sein *könnten*; wie diesen sehr zu überlegenden Satz einmal Wilhelm Wackernagel ausgesprochen hat: »Wir Deutschen sind einmal ein Volk von Nachkommen, sind mit all unserm höheren Wissen, sind selbst mit unserm Glauben immer nur Nachfolger der alten Welt; auch die es feindlich gestimmt nicht wollen, atmen nächst dem Geiste des Christentums unausgesetzt von dem unsterblichen Geiste altklassischer Bildung, und gelänge es einem, aus der Lebensluft, die den inneren Menschen umgibt, diese zwei Elemente auszuscheiden, es würde nicht viel übrigbleiben, um noch ein geistiges Leben damit zu fristen.« Selbst aber wenn wir bei diesem Berufe, Nachkommen des Altertums zu sein, uns gern beruhigen wollten, selbst wenn wir uns entschlössen, ihn recht nachdrücklich ernst und groß zu nehmen und in dieser Nachdrücklichkeit unser auszeichnendes und einziges Vorrecht anzuerkennen – so würden wir trotzdem genötigt werden zu fragen, ob es ewig unsere Bestimmung sein müsse, *Zöglinge des sinkenden Altertums* zu sein: irgendwann einmal mag es erlaubt sein, unser Ziel schrittweise höher und ferner zu stecken, irgendwann einmal sollten wir uns das Lob zusprechen dürfen, den Geist der alexandrinisch-römischen Kultur in uns – auch durch unsre universale Historie – so fruchtbringend und großartig nachgeschaffen zu haben, um nun, als den edelsten Lohn, uns die noch gewaltigere Aufgabe stellen zu dürfen, hinter diese alexandrinische Welt zurück und über sie hinauszustreben, und unsere Vorbilder mutigen Blicks in der altgriechischen Urwelt des Großen, Natürlichen und Menschlichen zu suchen. *Dort aber finden wir auch die Wirklichkeit einer wesentlich unhistorischen Bil-*

dung und einer trotzdem oder vielmehr deswegen unsäglich reichen und lebensvollen Bildung. Wären wir Deutsche selbst nichts als Nachkommen – wir könnten, indem wir auf eine solche Bildung als eine uns anzueignende Erbschaft blicken, gar nichts Größeres und Stolzeres sein als eben Nachkommen.

Damit soll nur dies und nichts als dies gesagt sein, daß selbst der oftmals peinlich anmutende Gedanke, Epigonen zu sein, groß gedacht, große Wirkungen und ein hoffnungsreiches Begehren der Zukunft, sowohl dem einzelnen als einem Volke verbürgen kann: insofern wir uns nämlich als Erben und Nachkommen klassischer und erstaunlicher Mächte begreifen und darin unsere Ehre, unsern Sporn sehen. Nicht also wie verblaßte und verkümmerte Spätlinge kräftiger Geschlechter, die als Antiquare und Totengräber jener Geschlechter ein fröstelndes Leben fristen. Solche Spätlinge freilich leben eine ironische Existenz: die Vernichtung folgt ihrem hinkenden Lebensgange auf der Ferse; sie schaudern vor ihr, wenn sie sich des Vergangnen erfreuen, denn sie sind lebende Gedächtnisse, und doch ist ihr Gedenken ohne Erben sinnlos. So umfängt sie die trübe Ahnung, daß ihr Leben ein Unrecht sei, da ihm kein kommendes Leben Recht geben kann.

Dächten wir uns aber solche antiquarische Spätlinge plötzlich die Unverschämtheit gegen jene ironisch-schmerzliche Bescheidung eintauschen; denken wir sie uns, wie sie mit gellender Stimme verkünden: das Geschlecht ist auf seiner Höhe, denn jetzt erst hat es das Wissen über sich und ist sich selber offenbar geworden – so hätten wir ein Schauspiel, an dem als an einem Gleichnis die rätselhafte Bedeutung einer gewissen sehr berühmten Philosophie für die deutsche Bildung sich enträtseln wird. Ich glaube, daß es keine gefährliche Schwankung oder Wendung der deutschen Bildung in diesem Jahrhundert gegeben hat, die nicht durch die ungeheure, bis diesen Augenblick fortströmende Einwirkung dieser Philosophie, der Hegelschen, gefährlicher geworden ist. Wahrhaftig, lähmend und verstimmend ist der Glaube, ein Spätling der Zeiten zu sein: furchtbar und zerstörend muß es aber erscheinen, wenn ein solcher Glaube eines Tages mit kecker Umstülpung diesen Spätling als den wahren Sinn und Zweck alles früher Geschehenen vergöttert, wenn sein wissendes Elend einer Vollendung der Weltgeschichte gleichgesetzt wird. Eine solche Betrachtungsart hat die Deutschen daran gewöhnt, vom »Weltprozeß« zu reden und die eigne Zeit als das notwendige Resultat dieses Weltprozesses zu rechtfertigen; eine solche Betrachtungsart hat die Geschichte an Stelle der andern geistigen Mächte, Kunst und Religion, als einzig souverän gesetzt, insofern sie »der sich selbst realisierende Begriff«, insofern sie »die Dialektik der Völkergeister« und das »Weltgericht« ist.

Man hat diese Hegelisch verstandene Geschichte mit Hohn das Wandeln Gottes auf der Erde genannt, welcher Gott aber seinerseits erst durch die Geschichte gemacht wird. Dieser Gott aber wurde sich selbst innerhalb der Hegelschen Hirnschalen durchsichtig und verständlich und ist bereits alle dialektisch möglichen Stufen seines Werdens, bis zu jener Selbstoffenbarung, emporgestiegen: so daß für Hegel der Höhepunkt und der Endpunkt des Weltprozesses in seiner eignen Berliner Existenz zusammenfielen. Ja er hätte sagen müssen, daß alle nach ihm kommenden Dinge eigentlich nur als eine musikalische Koda des weltgeschichtlichen Rondos, noch eigentlicher, als überflüssig zu schätzen seien. Das hat er nicht gesagt: dafür hat er in die von ihm durchsäuerten Generationen jene Bewunderung vor der »Macht der Geschichte« gepflanzt, die praktisch alle Augenblicke in nackte Bewunderung des Erfolges umschlägt und zum Götzendienste des Tatsächlichen führt: für welchen Dienst man sich jetzt die sehr mythologische und außerdem recht gut deutsche Wendung »den Tatsachen Rechnung tragen« allgemein eingeübt hat. Wer aber erst gelernt hat, vor der »Macht der Geschichte« den Rücken zu krümmen und den Kopf zu beugen, der nickt zuletzt chinesenhaft-mechanisch sein »Ja« zu jeder Macht, sei dies nun eine Regierung oder eine öffentliche Meinung oder eine Zahlen-Majorität, und bewegt seine Glieder genau in dem Takte, in dem irgendeine »Macht« am Faden zieht. Enthält jeder Erfolg in sich eine vernünftige Notwendigkeit, ist jedes Ereignis der Sieg des Logischen oder der »Idee« – dann nur hurtig nieder auf die Knie und nun die ganze Stufenleiter der »Erfolge« abgekniet! Was, es gäbe keine herrschenden Mythologien mehr? Was, die Religionen wären im Aussterben? Seht euch nur die Religion der historischen Macht an, gebt acht auf die Priester der Ideen-Mythologie und ihre zerschundenen Knie! Sind nicht sogar alle Tugenden im Gefolge dieses neuen Glaubens? Oder ist es nicht Selbstlosigkeit, wenn der historische Mensch sich zum objektiven Spiegelglas ausblasen läßt? Ist es nicht Großmut, auf alle Gewalt im Himmel und auf Erden zu verzichten, dadurch, daß man in jeder Gewalt die Gewalt an sich anbetet? Ist es nicht Gerechtigkeit, immer Waagschalen der Mächte in den Händen zu haben und fein zuzusehen, welche als die stärkere und schwerere sich neigt? Und welche Schule der Wohlanständigkeit ist eine solche Betrachtung der Geschichte! Alles objektiv nehmen, über nichts zürnen, nichts lieben, alles begreifen, wie macht das sanft und schmiegsam; und selbst wenn ein in dieser Schule Aufgezogener öffentlich einmal zürnt und sich ärgert, so freut man sich daran, denn man weiß ja, es ist nur artistisch gemeint, es ist *ira* und *studium* und doch ganz und gar *sine ira et studio*.

Was für veraltete Gedanken habe ich gegen einen solchen Komplex von Mythologie und Tugend auf dem Herzen! Aber sie sollen einmal heraus, und man soll nur immer lachen. Ich würde also sagen: die Geschichte prägt immer ein: »es war einmal«, die Moral: »ihr sollt nicht« oder »ihr hättet nicht sollen«. So wird die Geschichte zu einem Kompendium der tatsächlichen Unmoral. Wie schwer würde sich der irren, der die Geschichte zugleich als Richterin dieser tatsächlichen Unmoral ansähe! Es beleidigt zum Beispiel die Moral, daß ein Raffael sechsunddreißig Jahre alt sterben mußte: solch ein Wesen sollte nicht sterben. Wollt ihr nun der Geschichte zu Hilfe kommen, als Apologeten des Tatsächlichen, so werdet ihr sagen: er hat alles, was in ihm lag, ausgesprochen, er hätte, bei längerem Leben, immer nur das Schöne als gleiches Schönes, nicht als neues Schönes schaffen können, und dergleichen. So seid ihr die Advokaten des Teufels, und zwar dadurch, daß ihr den Erfolg, das Faktum zu eurem Götzen macht: während das Faktum immer dumm ist und zu allen Zeiten einem Kalbe ähnlicher gesehen hat als einem Gotte. Als Apologeten der Geschichte souffliert euch überdies die Ignoranz: denn nur weil ihr nicht wißt, was eine solche *natura naturans* wie Raffael ist, macht es euch nicht heiß, zu vernehmen, daß sie war und nicht mehr sein wird. Über Goethe hat uns neuerdings jemand belehren wollen, daß er mit seinen 82 Jahren sich ausgelebt habe: und doch würde ich gern ein paar Jahre des »ausgelebten« Goethe gegen ganze Wagen voll frischer hochmoderner Lebensläufte einhandeln, um noch einen Anteil an solchen Gesprächen zu haben, wie sie Goethe mit Eckermann führte, und um auf diese Weise vor allen zeitgemäßen Belehrungen durch die Legionäre des Augenblicks bewahrt zu bleiben. Wie wenige Lebende haben überhaupt, solchen Toten gegenüber, ein Recht zu leben! Daß die vielen leben und jene wenigen nicht mehr leben, ist nichts als eine brutale Wahrheit, das heißt eine unverbesserliche Dummheit, ein plumpes »es ist einmal so« gegenüber der Moral »es sollte nicht so sein«. Ja, gegenüber der Moral! Denn rede man von welcher Tugend man wolle, von der Gerechtigkeit, Großmut, Tapferkeit, von der Weisheit und dem Mitleid des Menschen – überall ist er dadurch tugendhaft, daß er sich gegen jene blinde Macht der Fakta, gegen die Tyrannei des Wirklichen empört und sich Gesetzen unterwirft, die nicht die Gesetze jener Geschichtsfluktuationen sind. Er schwimmt immer gegen die geschichtlichen Wellen, sei es, daß er seine Leidenschaften als die nächste dumme Tatsächlichkeit seiner Existenz bekämpft oder daß er sich zur Ehrlichkeit verpflichtet, während die Lüge rings um ihn herum ihre glitzernden Netze spinnt. Wäre die Geschichte überhaupt nichts weiter als »das Weltsystem von Leidenschaft und Irrtum«, so würde der Mensch so in ihr lesen müssen, wie Goethe den Werther zu lesen riet: gleich als ob sie riefe, »sei ein Mann und folge mir nicht nach!« Glücklicherweise bewahrt sie aber auch das Gedächtnis an die großen Kämpfer *gegen die Geschichte*, das heißt gegen die blinde Macht des Wirklichen, und stellt sich dadurch selbst an den Pranger, daß sie jene gerade als die eigentlich historischen Naturen heraushebt, die sich um das »so ist es« wenig kümmerten, um vielmehr mit heiterem Stolze einem »so soll es sein« zu folgen. Nicht ihr Geschlecht zu Grabe zu tragen, sondern ein neues Geschlecht zu begründen – das treibt sie unablässig vorwärts: und wenn sie selbst als Spätlinge geboren werden – es gibt eine Art zu leben, dies vergessen zu machen – die kommenden Geschlechter werden sie nur als Erstlinge kennen.

9

Ist vielleicht unsre Zeit ein solcher Erstling? – In der Tat, die Vehemenz ihres historischen Sinnes ist so groß und äußert sich in einer so universalen und schlechterdings unbegrenzten Manier, daß hierin wenigstens die kommenden Zeiten ihre Erstlingschaft preisen werden – falls es nämlich überhaupt *kommende Zeiten*, im Sinne der Kultur verstanden, geben wird. Aber gerade hierüber bleibt ein schwerer Zweifel zurück. Dicht neben dem Stolze des modernen Menschen steht seine *Ironie* über sich selbst, sein Bewußtsein, daß er in einer historisierenden und gleichsam abendlichen Stimmung leben muß, seine Furcht, gar nichts mehr von seinen Jugendhoffnungen und Jugendkräften in die Zukunft retten zu können. Hier und da geht man noch weiter, ins *Zynische*, und rechtfertigt den Gang der Geschichte, ja der gesamten Weltentwicklung ganz eigentlich für den Handgebrauch des modernen Menschen, nach dem zynischen Kanon: gerade so mußte es kommen, wie es gerade jetzt geht, so und nicht anders mußte der Mensch werden, wie jetzt die Menschen sind, gegen dieses Muß darf sich keiner auflehnen. In das Wohlgefühl eines derartigen Zynismus flüchtet sich der, welcher es nicht in der Ironie aushalten kann; ihm bietet überdies das letzte Jahrzehnt eine seiner schönsten Erfindungen zum Geschenke an, eine gerundete und volle Phrase für jenen Zynismus: sie nennt seine Art, zeitgemäß und ganz und gar unbedenklich zu leben, »die volle Hingabe der Persönlichkeit an den Weltprozeß«. Die Persönlichkeit und der Weltprozeß! Der Weltprozeß und die Persönlichkeit des Erdflohs! Wenn man nur nicht ewig die Hyperbel aller Hyperbeln, das Wort: Welt, Welt, Welt hören müßte, da doch jeder, ehrlicherweise, nur von Mensch, Mensch, Mensch reden sollte! Erben der Griechen und Römer? des Christentums? Das scheint alles jenen Zynikern nichts; aber Erben des Weltprozesses! Spitzen und Zielscheiben des Weltprozesses! Sinn und Lösung aller Werde-Rätsel überhaupt, ausgedrückt im modernen Menschen, der reifsten Frucht am Baume der Erkenntnis! – das nenne ich ein schwellendes Hochgefühl; an diesem Wahrzeichen sind die Erstlinge aller Zeiten zu erkennen, ob sie auch gleich zuletzt gekommen sind. So weit flog die Geschichtsbetrachtung noch nie, selbst nicht, wenn sie träumte; denn jetzt ist die Menschengeschichte nur die Fortsetzung der Tier- und Pflanzengeschichte; ja in den untersten Tiefen des Meeres findet der historische Universalist noch die Spuren seiner selbst, als lebenden Schleim; den ungeheuren Weg, den der Mensch bereits durchlaufen hat, wie ein Wunder anstaunend, schwindelt dem Blicke vor dem noch erstaunlicheren Wunder, vor dem modernen Menschen selbst, der diesen Weg zu übersehen vermag. Er steht hoch und stolz auf der Pyramide des Weltprozesses; indem er oben darauf den Schlußstein seiner Erkenntnis legt, scheint er der horchenden Natur rings umher zuzurufen: »wir sind am Ziele, wir sind das Ziel, wir sind die vollendete Natur.«

Überstolzer Europäer des neunzehnten Jahrhunderts, du rasest! Dein Wissen vollendet nicht die Natur, sondern tötet nur deine eigne. Miß nur einmal deine Höhe als Wissender an deiner Tiefe als Könnender. Freilich kletterst du an den Sonnenstrahlen des Wissens aufwärts zum Himmel, aber auch abwärts zum Chaos. Deine Art zu gehen, nämlich als Wissender zu klettern, ist dein Verhängnis; Grund und Boden weicht ins Ungewisse für dich zurück; für dein Leben gibt es keine Stützen mehr, nur noch Spinnefäden, die jeder neue Griff deiner Erkenntnis auseinanderreißt. – Doch darüber kein ernstes Wort mehr, da es möglich ist, ein heiteres zu sagen.

Das rasend-unbedachte Zersplittern und Zerfasern aller Fundamente, ihre Auflösung in ein immer fließendes und zerfließendes Werden, das unermüdliche Zerspinnen und Historisieren alles Gewordenen durch den modernen Menschen, die große Kreuzspinne im Knoten des Weltall-Netzes – das mag den Moralisten, den Künstler, den Frommen, auch wohl den Staatsmann beschäftigen und bekümmern; uns soll es heute einmal erheitern, dadurch, daß wir dies alles im glänzenden Zauberspiegel eines *philosophischen Parodisten* sehen, in dessen Kopfe die Zeit über sich selbst zum ironischen Bewußtsein, und zwar deutlich »bis zur Verruchtheit« (um Goethisch zu reden), gekommen ist. Hegel hat uns einmal gelehrt, »wenn der Geist einen Ruck macht, da sind wir Philosophen auch dabei«: unsere Zeit machte einen Ruck, zur Selbstironie, und siehe! da war auch E. von Hartmann dabei und hatte seine berühmte Philosophie des Unbewußten – oder um deutlicher zu reden – seine Philosophie der unbewußten Ironie geschrieben. Selten haben wir eine lustigere Erfindung und eine mehr philosophische Schelmerei gelesen als die Hartmanns; wer durch ihn nicht über das *Werden* aufgeklärt, ja innerlich aufgeräumt wird, ist wirklich reif zum Gewesensein. Anfang und Ziel des Weltprozesses, vom ersten Stutzen des Bewußtseins bis zum Zurückgeschleudertwerden ins Nichts, samt der genau bestimmten Aufgabe unserer Generation für den Weltprozeß, alles dargestellt aus dem so witzig erfundenen Inspirations-Born des Unbewußten und im apokalyptischen Lichte leuchtend, alles so täuschend und zu so biederem Ernste nachgemacht, als ob es wirkliche Ernst-Philosophie und nicht nur Spaß-Philosophie wäre – ein solches Ganze stellt seinen Schöpfer als einen der ersten philosophischen Parodisten aller Zeiten hin: opfern wir also auf seinem Altar, opfern wir ihm, dem Erfinder einer wahren Universal-Medizin, eine Locke – um einen Schleiermacherschen Bewunderungs-Ausdruck zu stehlen. Denn welche Medizin wäre heilsamer gegen das Übermaß historischer Bildung als Hartmanns Parodie aller Welthistorie?

Wollte man recht trocken heraussagen, was Hartmann von dem umrauchten Dreifuße der unbewußten Ironie her uns verkündet, so wäre zu sagen: er verkündet uns, daß unsre Zeit nur gerade so sein müsse, wie sie ist, wenn die Menschheit dieses Dasein einmal ernstlich satt bekommen soll: was wir von Herzen glauben. Jene erschreckende Verknöcherung der Zeit, jenes unruhige Klappern mit den Knochen – wie es uns David Strauß naiv als schönste Tatsächlichkeit geschildert hat – wird bei Hartmann nicht nur von hinten, *ex causis efficientibus*, sondern sogar von vorne, *ex causa finali*, gerechtfertigt; von dem jüngsten Tage her läßt der Schalk das Licht über unsre Zeit strahlen, und da findet sich, daß sie sehr gut ist, nämlich für den, der möglichst stark an Unverdaulichkeit des Lebens leiden will und jenen jüngsten Tag nicht rasch genug heranwünschen kann. Zwar nennt Hartmann das Lebensalter, dem die Menschheit sich jetzt nähert, das »Mannesalter«: das ist aber, nach seiner Schilderung, der beglückte Zustand, wo es nur noch »gediegene Mittelmäßigkeit« gibt und die Kunst das ist, was »dem Berliner Börsenmanne etwa abends die Posse« ist, wo »die Genies kein Bedürfnis der Zeit mehr sind, weil es hieße, die Perlen vor die Säue werfen, oder auch weil die Zeit über das Stadium, welchem Genies gebührten, zu einem wichtigeren fortgeschritten ist«, zu jenem Stadium der sozialen Entwicklung nämlich, in dem jeder Arbeiter »bei einer Arbeitszeit, die ihm für seine intellektuelle Ausbildung genügende Muße läßt, ein komfortables Dasein führe«. Schalk aller Schalke, du sprichst das Sehnen der jetzigen Menschheit aus: du weißt aber gleichfalls, was für ein Gespenst am Ende dieses Mannesalters der Menschheit, als Resultat jener intellektuellen Ausbildung zur gediegenen Mittelmäßigkeit, stehen wird – der Ekel. Sichtbar steht es ganz erbärmlich, es wird aber noch viel erbärmlicher kommen, »sichtbar greift der Antichrist weiter und weiter um sich« – aber es *muß* so stehen, es *muß* so kommen, denn mit dem allen sind wir auf dem besten Wege – zum Ekel an allem Daseienden. »Darum rüstig vorwärts im Weltprozeß als Arbeiter im Weinberge des Herrn, denn der Prozeß allein ist es, der zur Erlösung führen kann!«

Der Weinberg des Herrn! Der Prozeß! Zur Erlösung! Wer sieht und hört hier nicht die historische Bildung, die nur das Wort »werden« kennt, wie sie sich zur parodischen Mißgestalt absichtlich vermummt, wie sie durch die vorgehaltene groteske Fratze die mutwilligsten Dinge über sich selbst sagt! Denn was verlangt eigentlich dieser letzte schalkische Anruf der Arbeiter im Weinberge von diesen? In welcher Arbeit sollen sie rüstig vorwärtsstreben? Oder um anders zu fragen: was hat der historisch Gebildete, der im Flusse des Werdens schwimmende und ertrunkene moderne Fanatiker des Prozesses noch zu tun übrig, um einmal jenen Ekel, die köstliche Traube jenes Weinbergs, einzuernten? – Er hat nichts zu tun als fortzuleben, wie er gelebt hat, fortzulieben, was er geliebt hat, fortzuhassen, was er gehaßt hat und die Zeitungen fortzulesen, die er gelesen hat; für ihn gibt es nur eine Sünde – anders zu leben, als er gelebt hat. Wie er aber gelebt hat, sagt uns in übermäßiger Steinschrift-Deutlichkeit jene berühmte Seite mit den groß gedruckten Sätzen, über die das ganze zeitgemäße Bildungs-Hefentum in blindes Entzücken und entzückte Tobsucht geraten ist, weil es in diesen Sätzen seine eigene Rechtfertigung, und zwar seine Rechtfertigung im apokalyptischen Lichte zu lesen glaubte. Denn von jedem einzelnen forderte der unbewußte Parodist »die volle Hingabe der Persönlichkeit an den Weltprozeß um seines Zieles, der Welterlösung willen«; oder noch heller und klarer: »die Bejahung des Willens zum Leben wird als das vorläufig allein Richtige proklamiert; denn nur in der vollen Hingabe an das Leben und seine Schmerzen, nicht in feiger persönlicher Entsagung und Zurückziehung ist etwas für den Weltprozeß zu leisten«, »das Streben nach individueller Willensverneinung ist ebenso töricht und nutzlos, ja noch törichter als der Selbstmord«. »Der denkende Leser wird auch ohne weitere Andeutungen verstehn, wie eine auf diesen Prinzipien errichtete praktische

Philosophie sich gestalten würde, und daß eine solche nicht die Entzweiung, sondern nur die volle Versöhnung mit dem Leben enthalten kann.«

Der denkende Leser wird es verstehen: und man konnte Hartmann mißverstehen! Und wie unsäglich lustig ist es, daß man ihn mißverstand! Sollten die jetzigen Deutschen sehr fein sein? Ein wackerer Engländer vermißt an ihnen *delicacy of perception*, ja wagt zu sagen »*in the German mind there does seem to be something splay, something blunt-edged, unhandy and infelicitous*« – ob der große deutsche Parodist wohl widersprechen würde? Zwar nähern wir uns, nach seiner Erklärung, »jenem idealen Zustande, wo das Menschengeschlecht seine Geschichte mit Bewußtsein macht«: aber offenbar sind wir von jenem vielleicht noch idealeren ziemlich entfernt, wo die Menschheit Hartmanns Buch mit Bewußtsein liest. Kommt es erst dazu, dann wird kein Mensch mehr das Wort »Weltprozeß« durch seine Lippen schlüpfen lassen, ohne daß diese Lippen lächeln; denn man wird sich dabei der Zeit erinnern, wo man das parodische Evangelium Hartmanns mit der ganzen Biederkeit jenes »*german mind*«, ja mit »der Eule verzerrtem Ernste«, wie Goethe sagt, anhörte, einsog, bestritt, verehrte, ausbreitete und kanonisierte. Aber die Welt muß vorwärts, nicht erträumt werden kann jener ideale Zustand, er muß erkämpft und errungen werden, und nur durch Heiterkeit geht der Weg zur Erlösung, zur Erlösung von jenem mißverständlichen Eulen-Ernste. Es wird die Zeit sein, in der man sich aller Konstruktionen des Weltprozesses oder auch der Menschheits-Geschichte weislich enthält, eine Zeit, in der man überhaupt nicht mehr die Massen betrachtet, sondern wieder die einzelnen, die eine Art von Brücke über den wüsten Strom des Werdens bilden. Diese setzen nicht etwa einen Prozeß fort, sondern leben zeitlos-gleichzeitig, dank der Geschichte, die ein solches Zusammenwirken zuläßt, sie leben als die Genialen-Republik, von der einmal Schopenhauer erzählt; ein Riese ruft dem andern durch die öden Zwischenräume der Zeiten zu, und ungestört durch mutwilliges lärmendes Gezwerge, welches unter ihnen wegkriecht, setzt sich das hohe Geistergespräch fort. Die Aufgabe der Geschichte ist es, zwischen ihnen die Mittlerin zu sein und so immer wieder zur Erzeugung des Großen Anlaß zu geben und Kräfte zu verleihen. Nein, das *Ziel der Menschheit* kann nicht am Ende liegen, sondern nur *in ihren höchsten Exemplaren*.

Dagegen sagt freilich unsere lustige Person mit jener bewunderungswürdigen Dialektik, welche gerade so echt ist, als ihre Bewunderer bewunderungswürdig sind: »So wenig es sich mit dem Begriffe der Entwicklung vertragen würde, dem Weltprozeß eine unendliche Dauer in der Vergangenheit zuzuschreiben, weil dann jede irgend denkbare Entwicklung bereits durchlaufen sein müßte, was doch nicht der Fall ist (o Schelm!), ebensowenig können wir dem Prozesse eine unendliche Dauer für die Zukunft zugestehen; beides höbe den Begriff der Entwicklung zu einem Ziele auf (o nochmals Schelm!) und stellte den Weltprozeß dem Wasserschöpfen der Danaiden gleich. Der vollendete Sieg des Logischen über das Unlogische (o Schelm der Schelme!) muß aber mit dem zeitlichen Ende des Weltprozesses, dem jüngsten Tage, zusammenfallen.« Nein, du klarer und spöttischer Geist, so lange das Unlogische noch so waltet wie heutzutage, so lange zum Beispiel noch vom »Weltprozeß« unter allgemeiner Zustimmung so geredet werden kann, wie du redest, ist der Jüngste Tag noch fern: denn es ist noch zu heiter auf dieser Erde, noch manche Illusion blüht, zum Beispiel die Illusion deiner Zeitgenossen über dich, wir sind noch nicht reif dafür, in dein Nichts zurückgeschleudert zu werden: denn wir glauben daran, daß es hier sogar noch lustiger zugehen wird, wenn man erst angefangen hat, dich zu verstehen, du unverstandner Unbewußter. Wenn aber trotzdem der Ekel mit Macht kommen sollte, so wie du ihn deinen Lesern prophezeit hast, wenn du mit deiner Schilderung deiner Gegenwart und Zukunft recht behalten solltest – und niemand hat beide so verachtet, so mit Ekel verachtet als du – so bin ich gern bereit, in der von dir vorgeschlagnen Form mit der Majorität dafür zu stimmen, daß nächsten Samstagabend pünktlich zwölf Uhr deine Welt untergehen solle; und unser Dekret mag schließen: von morgen an wird keine Zeit mehr sein und keine Zeitung mehr erscheinen. Vielleicht aber bleibt die Wirkung aus, und wir haben umsonst dekretiert: nun, dann fehlt es uns jedenfalls nicht an der Zeit zu einem schönen Experiment. Wir nehmen eine Waage und legen in die eine der Waagschalen Hartmanns Unbewußtes, in die andre Hartmanns Weltprozeß. Es gibt Menschen, welche glauben, daß sie beide gleich viel wiegen werden: denn in jeder Schale läge ein gleich schlechtes Wort und ein gleich guter Scherz. – Wenn erst einmal Hartmanns Scherz begriffen ist, so wird niemand

Hartmanns Wort vom »Weltprozeß« mehr brauchen als eben zum Scherz. In der Tat, es ist längst an der Zeit, gegen die Ausschweifungen des historischen Sinnes, gegen die übermäßige Lust am Prozesse auf Unkosten des Seins und Lebens, gegen das besinnungslose Verschieben aller Perspektiven mit dem ganzen Heerbanne satirischer Bosheiten vorzurücken; und es soll dem Verfasser der Philosophie des Unbewußten stets zum Lobe nachgesagt werden, daß es ihm zuerst gelungen ist, das Lächerliche in der Vorstellung des »Weltprozesses« scharf zu empfinden und durch den sonderlichen Ernst seiner Darstellung noch schärfer nachempfinden zu lassen. Wozu die »Welt« da ist, wozu die »Menschheit« da ist, soll uns einstweilen gar nicht kümmern, es sei denn, daß wir uns einen Scherz machen wollen: denn die Vermessenheit des kleinen Menschengewürms ist nun einmal das Scherzhafteste und Heiterste auf der Erdenbühne; aber wozu du einzelner da bist, das frage dich, und wenn es dir sonst keiner sagen kann, so versuche es nur einmal, den Sinn deines Daseins gleichsam *a posteriori* zu rechtfertigen, dadurch, daß du dir selber einen Zweck, ein Ziel, ein »Dazu« vorsetzest, ein hohes und edles »Dazu«. Gehe nur an ihm zugrunde – ich weiß keinen besseren Lebenszweck, als am Großen und Unmöglichen, *animae magnae prodigus*, zugrunde zu gehen. Wenn dagegen die Lehren vom souveränen Werden, von der Flüssigkeit aller Begriffe, Typen und Arten, von dem Mangel aller kardinalen Verschiedenheit zwischen Mensch und Tier – Lehren, die ich für wahr, aber für tödlich halte – in der jetzt üblichen Belehrungs-Wut noch ein Menschenalter hindurch in das Volk geschleudert werden, so soll es niemanden wundernehmen, wenn das Volk am egoistischen Kleinen und Elenden, an Verknöcherung und Selbstsucht zugrunde geht, zuerst nämlich auseinanderfällt und aufhört, Volk zu sein: an dessen Stelle dann vielleicht Systeme von Einzelegoismen, Verbrüderungen zum Zweck raubsüchtiger Ausbeutung der Nicht-Brüder und ähnliche Schöpfungen utilitarischer Gemeinheit auf dem Schauplatze der Zukunft auftreten werden. Man fahre nur fort, um diesen Schöpfungen vorzuarbeiten, die Geschichte vom Standpunkt der *Massen* zu schreiben und nach jenen Gesetzen in ihr zu suchen, die aus den Bedürfnissen dieser Massen abzuleiten sind, also nach den Bewegungsgesetzen der niedersten Lehm- und Tonschichten der Gesellschaft. Die

Massen scheinen mir nur in dreierlei Hinsicht einen Blick zu verdienen: einmal als verschwimmende Kopien der großen Männer, auf schlechtem Papier und mit abgenutzten Platten hergestellt, sodann als Widerstand gegen die Großen, und endlich als Werkzeuge der Großen; im übrigen hole sie der Teufel und die Statistik! Wie, die Statistik bewiese, daß es Gesetze in der Geschichte gäbe? Gesetze? Ja, sie beweist, wie gemein und ekelhaft uniform die Masse ist: soll man die Wirkung der Schwerkräfte, Dummheit, Nachäfferei, Liebe und Hunger Gesetze nennen? Nun, wir wollen es zugeben, aber damit steht dann auch der Satz fest: soweit es Gesetze in der Geschichte gibt, sind die Gesetze nichts wert und ist die Geschichte nichts wert. Gerade diejenige Art der Historie ist aber jetzt allgemein in Schätzung, welche die großen Massentriebe als das Wichtige und Hauptsächliche in der Geschichte nimmt und alle großen Männer nur als den deutlichsten Ausdruck, gleichsam als die sichtbar werdenden Bläschen auf der Wasserflut betrachtet. Da soll die Masse aus sich heraus das Große, das Chaos also aus sich heraus die Ordnung gebären; am Ende wird dann natürlich der Hymnus auf die gebärende Masse angestimmt. »Groß« wird dann alles das genannt, was eine längere Zeit eine solche Masse bewegt hat und, wie man sagt, »eine historische Macht« gewesen ist. Heißt das aber nicht recht absichtlich Quantität und Qualität verwechseln? Wenn die plumpe Masse irgendeinen Gedanken, zum Beispiel einen Religionsgedanken, recht adäquat gefunden hat, ihn zäh verteidigt und durch Jahrhunderte fortschleppt: so soll dann, und gerade dann erst, der Finder und Gründer jenes Gedankens groß sein. Warum doch! Das Edelste und Höchste wirkt gar nicht auf die Massen; der historische Erfolg des Christentums, seine historische Macht, Zähigkeit und Zeitdauer, alles das beweist glücklicherweise nichts in betreff der Größe seines Gründers, da es im Grunde gegen ihn beweisen würde: aber zwischen ihm und jenem historischen Erfolge liegt eine sehr irdische und dunkle Schicht von Leidenschaft, Irrtum, Gier nach Macht und Ehre, von fortwirkenden Kräften des *imperium romanum*, eine Schicht, aus der das Christentum jenen Erdgeschmack und Erdenrest bekommen hat, der ihm die Fortdauer in dieser Welt ermöglichte und gleichsam seine Haltbarkeit gab. Die Größe soll nicht vom Erfolge abhängen, und Demosthenes hat Größe, ob er gleich keinen Erfolg hatte. Die reinsten und wahrhaftigsten Anhänger des Christentums haben seinen weltlichen Erfolg, seine sogenannte »historische Macht« immer eher in Frage gestellt und gehemmt als gefördert; denn sie pflegten sich außerhalb der »Welt« zu stellen und kümmerten sich nicht um den »Prozeß der christlichen Idee«; weshalb sie meistens der Historie auch ganz unbekannt und ungenannt geblieben sind. Christlich ausgedrückt: so ist der Teufel der Regent der Welt und der Meister der Erfolge und des Fortschritts; er ist in allen historischen Mächten die eigentliche Macht, und dabei wird es im wesentlichen bleiben – ob es gleich einer Zeit recht peinlich in den Ohren klingen mag, die an die Vergötterung des Erfolgs und der historischen Macht gewöhnt ist. Sie hat sich nämlich gerade darin geübt, die Dinge neu zu benennen und selbst den Teufel umzutaufen. Es ist gewiß die Stunde einer großen Gefahr: die Menschen scheinen nahe daran, zu entdecken, daß der Egoismus der einzelnen, der Gruppen oder der Massen zu allen Zeiten der Hebel der geschichtlichen Bewegungen war; zugleich aber ist man durch diese Entdeckung keineswegs beunruhigt, sondern man dekretiert: der Egoismus soll unser Gott sein. Mit diesem neuen Glauben schickt man sich an, mit deutlichster Absichtlichkeit die kommende Geschichte auf dem Egoismus zu errichten: nur soll es ein kluger Egoismus sein, ein solcher, der sich einige Beschränkungen auferlegt, um sich dauerhaft zu befestigen, ein solcher, der die Geschichte deshalb gerade studiert, um den unklugen Egoismus kennenzulernen. Bei diesem Studium hat man gelernt, daß dem Staate eine ganz besondere Mission in dem zu gründenden Weltsysteme des Egoismus zukomme: er soll der Patron aller klugen Egoismen werden, um sie mit seiner militärischen und polizeilichen Gewalt gegen die schrecklichen Ausbrüche des unklugen Egoismus zu schützen. Zu dem gleichen Zwecke wird auch die Historie – und zwar als Tier- und Menschenhistorie – in die gefährlichen, weil unklugen, Volksmassen und Arbeiterschichten sorglich eingerührt, weil man weiß, daß ein Körnlein von historischer Bildung imstande ist, die rohen und dumpfen Instinkte und Begierden zu brechen oder auf die Bahn des verfeinerten Egoismus hinzuleiten. *In summa*: der Mensch nimmt jetzt, mit E. von Hartmann zu reden, »auf eine bedächtig in die Zukunft schauende praktisch wohnliche Einrichtung in der irdischen Heimat Bedacht«.

Derselbe Schriftsteller nennt eine solche Periode das »Mannesalter der Menschheit« und spottet damit über das, was jetzt »Mann« genannt wird, als ob darunter allein der ernüchterte Selbstsüchtling verstanden werde; wie er ebenfalls nach einem solchen Mannesalter ein dazugehöriges Greisenalter prophezeit, ersichtlich aber auch nur damit seinen Spott an unsern zeitgemäßen Greisen auslassend: denn er redet von ihrer reifen Beschaulichkeit, mit der sie die »ganzen wüst durchstürmten Leiden ihres vergangnen Lebenslaufes überschauen und die Eitelkeit der bisherigen vermeintlichen Ziele ihres Strebens begreifen«. Nein, einem Mannesalter jenes verschlagnen und historisch gebildeten Egoismus entspricht ein mit widriger Gier und würdelos am Leben hängendes Greisenalter und sodann ein letzter Akt, mit dem

> »die seltsam wechselnde Geschichte schließt,
> als zweite Kindheit, gänzliches Vergessen,
> ohn' Augen, ohne Zahn, Geschmack und alles«.

Ob die Gefahren unsres Lebens und unserer Kultur nun von diesen wüsten, zahn- und geschmacklosen Greisen, ob sie von jenen sogenannten »Männern« Hartmanns kommen: beiden gegenüber wollen wir das Recht unserer *Jugend* mit den Zähnen festhalten und nicht müde werden, in unserer Jugend die Zukunft gegen jene Zukunftsbilder-Stürmer zu verteidigen. Bei diesem Kampfe müssen wir aber auch eine besonders schlimme Wahrnehmung machen: *daß man die Ausschweifungen des historischen Sinnes, an denen die Gegenwart leidet, absichtlich fördert, ermutigt und – benutzt.*

Man benutzt sie aber gegen die Jugend, um diese zu jener überall erstrebten Mannesreife des Egoismus abzurichten; man benutzt sie, um den natürlichen Widerwillen der Jugend durch eine verklärende, nämlich wissenschaftlich-magische Beleuchtung jenes männlich-unmännlichen Egoismus zu brechen. Ja man weiß, was die Historie durch ein gewisses Übergewicht vermag, man weiß es nur zu genau: die stärksten Instinkte der Jugend: Feuer, Trotz, Selbstvergessen und Liebe zu entwurzeln, die Hitze ihres Rechtsgefühles herabzudämpfen, die Begierde, langsam auszureifen, durch die Gegenbegierde, schnell fertig, schnell nützlich, schnell fruchtbar zu sein, zu unterdrücken oder zurückzudrängen, die Ehrlichkeit und Keckheit der Empfindung zweiflerisch anzukränkeln; ja sie vermag es selbst, die Jugend um ihr schönstes Vorrecht zu betrügen, um ihre Kraft, sich in übervoller Gläubigkeit einen großen Gedanken einzupflanzen und zu einem noch größeren aus sich heraus wachsen zu lassen. Ein gewisses Übermaß von Historie vermag das alles, wir haben es gesehen: und zwar dadurch, daß sie dem Menschen durch fortwährendes Verschieben der Horizont-Perspektiven, durch Beseitigung einer umhüllenden Atmosphäre nicht mehr erlaubt, *unhistorisch* zu empfinden und zu handeln. Er zieht sich dann aus der Unendlichkeit des Horizontes auf sich selbst, in den kleinsten egoistischen Bezirk zurück und muß darin verdorren und trocken werden: wahrscheinlich bringt er es zur Klugheit: nie zur Weisheit. Er läßt mit sich reden, rechnet und verträgt sich mit den Tatsachen, wallt nicht auf, blinzelt und versteht es, den eignen Vorteil oder den seiner Partei im fremden Vorteil und Nachteil zu suchen; er verlernt die überflüssige Scham und wird so schrittweise zum Hartmannschen »Manne« und »Greise«. Dazu aber *soll* er werden, gerade dies ist der Sinn der jetzt so zynisch geforderten »vollen Hingabe der Persönlichkeit an den Weltprozeß« – um seines Zieles, der Welterlösung willen, wie uns E. von Hartmann, der Schalk, versichert. Nun, Wille und Ziel jener Hartmannschen »Männer« und »Greise« ist wohl schwerlich gerade die Welterlösung: sicherlich aber wäre die Welt erlöster, wenn sie von diesen Männern und Greisen erlöst wäre. Denn dann käme das Reich der Jugend. –

10

An dieser Stelle der *Jugend* gedenkend, rufe ich Land! Land! Genug und übergenug der leidenschaftlich suchenden und irrenden Fahrt auf dunklen fremden Meeren! Jetzt endlich zeigt sich eine Küste: wie sie auch sei, an ihr muß gelandet werden, und der schlechteste Nothafen ist besser, als wieder in die hoffnungslose skeptische Unendlichkeit zurückzutaumeln. Halten wir nur erst das Land fest; wir werden später schon die guten Häfen finden und den Nachkommen die Anfahrt erleichtern.

Gefährlich und aufregend war diese Fahrt. Wie fern sind wir jetzt der ruhigen Beschauung, mit der wir zuerst unser Schiff hinausschwimmen sahen. Den Gefahren der Historie nachspürend, haben wir allen diesen Gefahren uns am stärksten ausgesetzt befunden; wir selbst tragen die Spuren jener Leiden, die infolge eines Übermaßes von Historie über die Menschen der neueren Zeit gekommen sind, zur Schau, und gerade diese Abhandlung zeigt, wie ich mir nicht verbergen will, in der Unmäßigkeit ihrer Kritik, in der Unreife ihrer Menschlichkeit, in dem häufigen Übergang von Ironie zum Zynismus, von Stolz zur Skepsis, ihren modernen Charakter, den Charakter der schwachen Persönlichkeit. Und doch vertraue ich der inspirierenden Macht, die mir anstatt eines Genius das Fahrzeug lenkt, ich vertraue der *Jugend*, daß sie mich recht geführt hat, wenn sie mich jetzt zu einem *Proteste gegen die historische Jugenderziehung des modernen Menschen nötigt* und wenn der Protestierende fordert, daß der Mensch vor allem zu leben lerne, und nur *im Dienste des erlernten Lebens* die Historie gebrauche. Man muß jung sein, um diesen Protest zu verstehen, ja man kann, bei der zeitigen Grauhaarigkeit unserer jetzigen Jugend, kaum jung genug sein, um noch zu spüren, wogegen hier eigentlich protestiert wird. Ich will ein Beispiel zu Hilfe nehmen. In Deutschland ist es nicht viel länger als ein Jahrhundert her, daß in einigen jungen Menschen ein natürlicher Instinkt für das, was man Poesie nennt, erwachte. Denkt man etwa, daß die Generationen vorher und zu jener Zeit von jener ihnen innerlich fremden und unnatürlichen Kunst gar nicht geredet hätten? Man weiß das Gegenteil: daß sie mit Leibeskräften über »Poesie« nachgedacht, geschrieben, gestritten haben, mit Worten über Worte, Worte, Worte. Jene eintretende Erweckung eines Wortes zum Leben war nicht sogleich auch der Tod jener Wortmacher, in gewissem Verstande leben sie jetzt noch; denn wenn schon, wie Gibbon sagt, nichts als Zeit, aber viel Zeit dazugehört, daß eine Welt untergeht, so gehört auch nichts als Zeit, aber noch viel mehr Zeit dazu, daß in Deutschland, dem »Lande der Allmählichkeit«, ein falscher Begriff zugrunde geht. Immerhin: es gibt jetzt vielleicht hundert Menschen mehr als vor hundert Jahren, welche wissen, was Poesie ist; vielleicht gibt es hundert Jahre später wieder hundert Menschen mehr, die inzwischen auch gelernt haben, was Kultur ist, und daß die Deutschen bis jetzt keine Kultur haben, so sehr sie auch reden und stolzieren mögen. Ihnen wird das so allgemeine Behagen der Deutschen an ihrer »Bildung« ebenso unglaublich und läppisch vorkommen als uns die einstmalig anerkannte Klassizität Gottscheds oder die Geltung Ramlers als eines deutschen Pindar. Sie werden vielleicht urteilen, daß diese Bildung nur eine Art Wissen um die Bildung, und dazu ein recht falsches und oberflächliches Wissen gewesen sei. Falsch und oberflächlich nämlich, weil man den Widerspruch von Leben und Wissen ertrug, weil man das Charakteristische an der Bildung wahrer Kulturvölker gar nicht sah: daß die Kultur nur aus dem Leben hervorwachsen und herausblühen kann; während sie bei den Deutschen wie eine papierne Blume aufgesteckt oder wie eine Überzuckerung übergossen wird und deshalb immer lügnerisch und unfruchtbar bleiben muß. Die deutsche Jugenderziehung geht aber gerade von diesem falschen und unfruchtbaren Begriffe der Kultur aus: ihr Ziel, recht rein und hoch gedacht, ist gar nicht der freie Gebildete, sondern der Gelehrte, der wissenschaftliche Mensch, und zwar der möglichst früh nutzbare wissenschaftliche Mensch, der sich abseits von dem Leben stellt, um es recht deutlich zu erkennen; ihr Resultat, recht empirisch-gemein angeschaut, ist der historisch-ästhetische Bildungsphilister, der altkluge und neuweise Schwätzer über Staat, Kirche und Kunst, das Sensorium für tausenderlei Anempfindungen, der unersättliche Magen, der doch nicht weiß, was ein rechtschaffner Hunger und Durst ist. Daß eine Erziehung mit jenem Ziele und mit diesem Resultate eine widernatürliche ist, das fühlt nur der in ihr noch nicht fertig gewordene Mensch, das fühlt allein der Instinkt der Jugend, weil sie noch den Instinkt der Natur hat, der erst künstlich und gewaltsam durch jene Erziehung gebrochen wird. Wer aber diese Erziehung wiederum brechen will, der muß der Jugend zum Worte verhelfen, der muß ihrem unbewußten Widerstreben mit der Helligkeit der Begriffe voranleuchten und es zu einem bewußten und laut redenden Bewußtsein machen. Wie erreicht er wohl ein so befremdliches Ziel?

Vor allem dadurch, daß er einen Aberglauben zerstört, den Glauben an die *Notwendigkeit* jener Erziehungs-Operation. Meint man doch, es gäbe gar keine andre Möglichkeit als eben unsre jetzige höchst leidige Wirklichkeit. Prüfe nur einer die Literatur des höheren Schul- und Erziehungswesens aus den letzten Jahrzehnten gerade daraufhin: der Prüfende wird zu seinem unmutigen Erstaunen gewahr werden, wie gleichförmig bei allen Schwankungen der Vorschläge, bei aller Heftigkeit der Widersprüche die gesamte Absicht der Erziehung gedacht wird, wie unbedenklich das bisherige Ergebnis, der »gebildete Mensch«, wie er jetzt verstanden wird, als notwendiges und vernünftiges Fundament jeder weiteren Erziehung angenommen ist. So aber würde jener eintönige Kanon ungefähr lauten: der junge Mensch hat mit einem Wissen um die Bildung, nicht einmal mit einem Wissen um das Leben, noch weniger mit dem Leben und Erleben selbst zu beginnen. Und zwar wird dieses Wissen um die Bildung als historisches Wissen dem Jüngling eingeflößt oder eingerührt; das heißt, sein Kopf wird mit einer ungeheuren Anzahl von Begriffen angefüllt, die aus der höchst mittelbaren Kenntnis vergangner Zeiten und Völker, nicht aus der unmittelbaren Anschauung des Lebens abgezogen sind. Seine Begierde, selbst etwas zu erfahren und ein zusammenhängend lebendiges System von eignen Erfahrungen in sich wachsen zu fühlen – eine solche Begierde wird betäubt und gleichsam trunken gemacht, nämlich durch die üppige Vorspiegelung, als ob es in wenig Jahren möglich sei, die höchsten und merkwürdigsten Erfahrungen alter Zeiten, und gerade der größten Zeiten, in sich zu summieren. Es ist ganz dieselbe wahnwitzige Methode, die unsre jungen bildenden Künstler in die Kunstkammern und Galerien führt, statt in die Werkstätte eines Meisters und vor allem in die einzige Werkstätte der einzigen Meisterin Natur. Ja als ob man so als flüchtiger Spaziergänger in der Historie den Vergangenheiten ihre Griffe und Künste, ihren eigentlichen Lebensertrag absehen könnte! Ja, als ob das Leben selbst nicht ein Handwerk wäre, das aus dem Grunde und stetig gelernt und ohne Schonung geübt werden muß, wenn es nicht Stümper und Schwätzer auskriechen lassen soll! –

Plato hielt es für notwendig, daß die erste Generation seiner neuen Gesellschaft (im vollkommenen Staat) mit der Hilfe einer kräftigen *Notlüge* erzogen werde; die Kinder sollten glauben lernen, daß sie alle schon eine Zeitlang träumend unter der Erde gewohnt hätten, woselbst sie von dem Werkmeister der Natur zurechtgeknetet und geformt wären. Unmöglich, sich gegen diese Vergangenheit aufzulehnen! Unmöglich, dem Werke der Götter entgegenzuwirken! Es soll als unverbrüchliches Naturgesetz gelten: wer als Philosoph geboren wird, hat

Gold in seinem Leibe, wer als Wächter, nur Silber, wer als Arbeiter, Eisen und Erz. Wie es nicht möglich ist, diese Metalle zu mischen, erklärt Plato, so soll es nicht möglich sein, die Kastenordnung je um- und durcheinander zu werfen; der Glaube an die *aeterna veritas* dieser Ordnung ist das Fundament der neuen Erziehung und damit des neuen Staates. – So glaubt nun auch der moderne Deutsche an die *aeterna veritas* seiner Erziehung, seiner Art Kultur: und doch fällt dieser Glaube dahin, wie der platonische Staat dahingefallen wäre, wenn einmal der Notlüge eine *Notwahrheit* entgegengestellt wird: daß der Deutsche keine Kultur hat, weil er sie auf Grund seiner Erziehung gar nicht haben kann. Er will die Blume ohne Wurzel und Stengel: er will sie also vergebens. Das ist die einfache Wahrheit, eine unangenehme und gröbliche, eine rechte Notwahrheit.

In dieser Notwahrheit muß aber *unsere erste Generation* erzogen werden; sie leidet gewiß an ihr am schwersten, denn sie muß durch sie sich selbst erziehen, und zwar sich selbst gegen sich selbst, zu einer neuen Gewohnheit und Natur, heraus aus einer alten und ersten Natur und Gewohnheit: so daß sie mit sich altspanisch reden könnte: »*Defienda me Dios de my*«, Gott behüte mich vor mir, nämlich vor der mir bereits anerzognen Natur. Sie muß jene Wahrheit Tropfen für Tropfen kosten, als eine bittre und gewaltsame Medizin kosten, und jeder einzelne dieser Generation muß sich überwinden, von sich zu urteilen, was er als allgemeines Urteil über eine ganze Zeit schon leichter ertragen würde: wir sind ohne Bildung, noch mehr, wir sind zum Leben, zum richtigen und einfachen Sehen und Hören, zum glücklichen Ergreifen des Nächsten und Natürlichen verdorben und haben bis jetzt noch nicht einmal das Fundament einer Kultur, weil wir selbst davon nicht überzeugt sind, ein wahrhaftiges Leben in uns zu haben. Zerbröckelt und auseinandergefallen, im ganzen in ein Inneres und ein Äußeres halb mechanisch zerlegt, mit Begriffen wie mit Drachenzähnen übersät, Begriffsdrachen erzeugend, dazu an der Krankheit der Worte leidend und ohne Vertrauen zu jeder eignen Empfindung, die noch nicht mit Worten abgestempelt ist: als eine solche unlebendige und doch unheimlich regsame Begriffs- und Worte-Fabrik habe ich vielleicht noch das Recht, von mir zu sagen *cogito, ergo sum*, nicht aber *vivo, ergo cogito*. Das leere »Sein«, nicht das volle und grüne »Leben« ist mir gewährleistet; meine ursprüngliche Empfindung verbürgt mir nur, daß ich ein denkendes, nicht daß ich ein lebendiges Wesen, daß ich kein *animal*, sondern höchstens ein *cogital* bin. Schenkt mir erst Leben, dann will ich euch auch eine Kultur daraus schaffen! - so ruft jeder einzelne dieser ersten Generation, und alle diese einzelnen werden sich untereinander an diesem Rufe erkennen. Wer wird ihnen dieses Leben schenken?

Kein Gott und kein Mensch: nur ihre eigne *Jugend*: entfesselt diese und ihr werdet mit ihr das Leben befreit haben. Denn es lag nur verborgen, im Gefängnis, es ist noch nicht verdorrt und erstorben - fragt euch selbst!

Aber es ist krank, dieses entfesselte Leben, und muß geheilt werden. Es ist siech an vielen Übeln und leidet nicht nur durch die Erinnerung an seine Fesseln - es leidet, was uns hier vornehmlich angeht, an der *historischen Krankheit*. Das Übermaß von Historie hat die plastische Kraft des Lebens angegriffen, es versteht nicht mehr, sich der Vergangenheit wie einer kräftigen Nahrung zu bedienen. Das Übel ist furchtbar, und trotzdem! wenn nicht die Jugend die hellseherische Gabe der Natur hätte, so würde niemand wissen, daß es ein Übel ist und daß ein Paradies der Gesundheit verloren gegangen ist. Dieselbe Jugend errät aber auch mit dem heilkräftigen Instinkte derselben Natur, wie dieses Paradies wieder zu gewinnen ist; sie kennt die Wundsäfte und Arzneien gegen die historische Krankheit, gegen das Übermaß des Historischen: wie heißen sie doch?

Nun man wundere sich nicht, es sind die Namen von Giften: die Gegenmittel gegen das Historische heißen - *das Unhistorische und das Überhistorische*. Mit diesen Namen kehren wir zu den Anfängen unserer Betrachtung und zu ihrer Ruhe zurück.

Mit dem Worte »das Unhistorische« bezeichne ich die Kunst und Kraft *vergessen* zu können und sich in einen begrenzten *Horizont* einzuschließen; »überhistorisch« nenne ich die Mächte, die den Blick von dem Werden ablenken, hin zu dem, was dem Dasein den Charakter des Ewigen und Gleichbedeutenden gibt, zu *Kunst* und *Religion*. Die *Wissenschaft* - denn sie ist es, die von Giften reden würde - sieht in jener Kraft, in diesen Mächten gegnerische Mächte und Kräfte: denn sie hält nur die Betrachtung der Dinge für die wahre und richtige, also für die wissenschaftliche Betrachtung, welche überall ein Gewordenes, ein Historisches und nirgends ein Seiendes, Ewiges sieht; sie lebt in einem innerlichen Widerspruche ebenso gegen die äternisierenden Mächte der Kunst und Religion, als sie das Vergessen, den Tod des Wissens, haßt, als sie alle Horizont-Umschränkungen aufzuheben sucht und den Menschen in ein unendlich-unbegrenztes Lichtwellen-Meer des erkannten Werdens hineinwirft.

Wenn er nur darin leben könnte! Wie die Städte bei einem Erdbeben einstürzen und veröden und der Mensch nur zitternd und flüchtig sein Haus auf vulkanischem Grunde aufführt, so bricht das Leben selbst in sich zusammen und wird schwächlich und mutlos, wenn das *Begriffsbeben*, das die Wissenschaft erregt, dem Menschen das Fundament aller seiner Sicherheit und Ruhe, den Glauben an das Beharrliche und Ewige, nimmt. Soll nun das Leben über das Erkennen, über die Wissenschaft, soll das Erkennen über das Leben herrschen? Welche von beiden Gewalten ist die höhere und entscheidende? Niemand wird zweifeln: das Leben ist die höhere, die herrschende Gewalt, denn ein Erkennen, welches das Leben vernichtete, würde sich selbst mit vernichtet haben. Das Erkennen setzt das Leben voraus, hat also an der Erhaltung des Lebens dasselbe Interesse, welches jedes Wesen an seiner eignen Fortexistenz hat. So bedarf die Wissenschaft einer höheren Aufsicht und Überwachung; eine *Gesundheitslehre des Lebens* stellt sich dicht neben die Wissenschaft, und ein Satz dieser Gesundheitslehre würde eben lauten: das Unhistorische und das Überhistorische sind die natürlichen Gegenmittel gegen die Überwucherung des Lebens durch das Historische, gegen die historische Krankheit. Es ist wahrscheinlich, daß wir, die Historisch-Kranken, auch an den Gegenmitteln zu leiden haben. Aber daß wir an ihnen leiden, ist kein Beweis gegen die Richtigkeit des gewählten Heilverfahrens.

Und hier erkenne ich die Mission jener *Jugend*, jenes ersten Geschlechtes von Kämpfern und Schlangentötern, das einer glücklicheren und schöneren Bildung und Menschlichkeit voranzieht, ohne von diesem zukünftigen Glücke und der einstmaligen Schönheit mehr zu haben als eine verheißende Ahnung. Diese Jugend wird an dem Übel und an den Gegenmitteln zugleich leiden: und trotzdem glaubt sie einer kräftigeren Gesundheit und überhaupt einer natürlicheren Natur sich berühmen zu dürfen als ihre Vorgeschlechter, die gebildeten »Männer« und »Greise« der Gegenwart. Ihre Mission aber ist es, die Begriffe, die jene Gegenwart von »Gesundheit« und »Bildung« hat, zu erschüttern und Hohn und Haß gegen so hybride Begriffs-Ungeheuer zu erzeugen; und das gewährleistende Anzeichen ihrer eignen kräftigeren Gesundheit soll gerade dies sein, daß sie, diese Jugend nämlich, selbst keinen Begriff, kein Parteiwort aus den umlaufenden Wort- und Begriffsmünzen der Gegenwart zur Bezeichnung ihres Wesens gebrauchen kann, sondern nur von einer in ihr tätigen kämpfenden, ausscheidenden, zerteilenden Macht und von einem immer erhöhten Lebensgefühle in jeder guten Stunde überzeugt wird. Man mag bestreiten, daß diese Jugend bereits Bildung habe – aber für welche Jugend wäre dies ein Vorwurf? Man mag ihr Roheit und Unmäßigkeit nachsagen – aber sie ist noch nicht alt und weise genug, um sich zu bescheiden; vor allem braucht sie aber keine fertige Bildung zu heucheln und zu verteidigen und genießt alle die Tröstungen und Vorrechte der Jugend, zumal das Vorrecht der tapferen unbesonnenen Ehrlichkeit und den begeisternden Trost der Hoffnung.

Von diesen Hoffenden weiß ich, daß sie alle diese Allgemeinheiten aus der Nähe verstehn und mit ihrer eigensten Erfahrung in eine persönlich gemeinte Lehre sich übersetzen werden; die andern mögen einstweilen nichts als verdeckte Schüsseln wahrnehmen, die wohl auch leer sein können: bis sie einmal überrascht mit eignen Augen sehen, daß die Schüsseln gefüllt sind und daß Angriffe, Forderungen, Lebenstriebe, Leidenschaften in diesen Allgemeinheiten eingeschachtelt und zusammengedrückt lagen, die nicht lange Zeit so verdeckt liegen konnten. Diese Zweifler auf die Zeit, die alles ans Licht bringt, verweisend, wende ich mich zum Schluß an jene Gesellschaft der Hoffenden, um ihnen den Gang und Verlauf ihrer Heilung, ihrer Errettung von der historischen Krankheit und damit ihre eigne Geschichte bis zu dem Zeitpunkt durch ein Gleichnis zu erzählen, wo sie wieder gesund genug sein werden, von neuem Historie zu treiben und sich der Vergangenheit unter der Herrschaft des Lebens in jenem dreifachen Sinne, nämlich monumental oder antiquarisch oder kritisch, zu bedienen. In jenem Zeitpunkt werden sie unwissender sein als die »Gebildeten« der Gegenwart; denn sie werden viel verlernt und sogar alle Lust verloren haben, nach dem, was jene Gebildeten vor allem wissen wollen, überhaupt noch hinzublicken; ihre Kennzeichen sind, von dem Gesichtsfelde jener Gebildeten aus gesehen, gerade ihre »Unbildung«, ihre Gleichgültigkeit und Verschlossenheit gegen vieles Berühmte, selbst gegen manches Gute. Aber sie sind, an jenem Endpunkte ihrer Heilung, wieder *Menschen* geworden und haben aufgehört, menschenähnliche Aggregate zu sein – das ist etwas! Das sind noch Hoffnungen! Lacht euch nicht dabei das Herz, ihr Hoffenden?

Und wie kommen wir zu jenem Ziele? werdet ihr fragen. Der delphische Gott ruft euch, gleich am Anfange einer Wanderung nach jenem Ziele, seinen Spruch entgegen: »Erkenne dich selbst.« Es ist ein schwerer Spruch: denn jener Gott »verbirgt nicht und verkündet nicht, sondern zeigt nur hin«, wie Heraklit gesagt hat. Worauf weist er euch hin?

Es gab Jahrhunderte, in denen die Griechen in einer ähnlichen Gefahr sich befanden, in der wir uns befinden, nämlich an der Überschwemmung durch das Fremde und Vergangne, an der »Historie« zugrunde zu gehen. Niemals haben sie in stolzer Unberührbarkeit gelebt: ihre »Bildung« war vielmehr lange Zeit ein Chaos von ausländischen, semitischen, babylonischen, lydischen, ägyptischen Formen und Begriffen, und ihre Religion ein wahrer Götterkampf des ganzen Orients: ähnlich etwa, wie jetzt die »deutsche Bildung« und Religion ein in sich kämpfendes Chaos des gesamten Auslandes, der gesamten Vorzeit ist. Und trotzdem wurde die hellenische Kultur kein Aggregat, dank jenem apollinischen Spruche. Die Griechen lernten allmählich *das Chaos zu organisieren*, dadurch, daß sie sich, nach der delphischen Lehre, auf sich selbst, das heißt auf ihre echten Bedürfnisse zurückbesannen und die Schein-Bedürfnisse absterben ließen. So ergriffen sie wieder von sich Besitz; sie blieben nicht lange die überhäuften Erben und Epigonen des ganzen Orients; sie wurden selbst, nach beschwerlichem Kampfe mit sich selbst, durch die praktische Auslegung jenes Spruches, die glücklichsten Bereicherer und Mehrer des ererbten Schatzes und die Erstlinge und Vorbilder aller kommenden Kulturvölker.

Dies ist ein Gleichnis für jeden einzelnen von uns: er muß das Chaos in sich organisieren, dadurch, daß er sich auf seine echten Bedürfnisse zurückbesinnt. Seine Ehrlichkeit, sein tüchtiger und wahrhaftiger Charakter muß sich irgendwann einmal dagegen sträuben, daß immer nur nachgesprochen, nachgelernt, nachgeahmt werde; er beginnt dann zu begreifen, daß Kultur noch etwas andres sein kann als *Dekoration des Lebens*, das heißt im Grunde doch immer nur Verstellung und Verhüllung; denn aller Schmuck versteckt das Geschmückte. So entschleiert sich ihm der griechische Begriff der Kultur – im Gegensatze zu dem romanischen – der Begriff der Kultur als einer neuen und verbesserten Physis, ohne Innen und Außen, ohne Verstellung und Konvention, der Kultur als einer Einhelligkeit zwischen Leben, Denken, Scheinen und Wollen. So lernt er aus seiner eignen Erfahrung, daß es die höhere Kraft der *sittlichen* Natur war, durch die den Griechen der Sieg über alle anderen Kulturen gelungen ist, und daß jede Vermehrung der Wahrhaftigkeit auch eine vorbereitende Förderung der *wahren* Bildung sein muß: mag diese Wahrhaftigkeit auch gelegentlich der gerade in Achtung stehenden Gebildetheit ernstlich schaden, mag sie selbst einer ganzen dekorativen Kultur zum Falle verhelfen können.

Drittes Stück

SCHOPENHAUER ALS ERZIEHER

I

Jener Reisende, der viel Länder und Völker und mehrere Erdteile gesehen hatte und gefragt wurde, welche Eigenschaft der Menschen er überall wiedergefunden habe, sagte: sie haben einen Hang zur Faulheit. Manchen wird es dünken, er hätte richtiger und gültiger gesagt: sie sind alle furchtsam. Sie verstecken sich unter Sitten und Meinungen. Im Grunde weiß jeder Mensch recht wohl, daß er nur einmal, als ein Unikum, auf der Welt ist und daß kein noch so seltsamer Zufall zum zweitenmal ein so wunderlich buntes Mancherlei zum Einerlei, wie er es ist, zusammenschütteln wird: er weiß es, aber verbirgt es wie ein böses Gewissen – weshalb? Aus Furcht vor dem Nachbar, welcher die Konvention fordert und sich selbst mit ihr verhüllt. Aber was ist es, was den einzelnen zwingt, den Nachbar zu fürchten, herdenmäßig zu denken und zu handeln und seiner selbst nicht froh zu sein? Schamhaftigkeit vielleicht bei einigen und seltnen. Bei den allermeisten ist es Bequemlichkeit, Trägheit, kurz jener Hang zur Faulheit, von dem der Reisende sprach. Er hat Recht: die Menschen sind noch fauler als furchtsam und fürchten gerade am meisten die Beschwerden, welche ihnen eine unbedingte Ehrlichkeit und Nacktheit aufbürden würde. Die Künstler allein hassen dieses lässige Einhergehen in erborgten Manieren und übergehängten Meinungen und enthüllen das Geheimnis, das böse Gewissen von jedermann, den Satz, daß jeder Mensch ein einmaliges Wunder ist; sie wagen es, uns den Menschen zu zeigen, wie er bis in jede Muskelbewegung er selbst, er allein ist, noch mehr, daß er in dieser strengen Konsequenz seiner Einzigkeit schön und betrachtenswert ist, neu und unglaublich wie jedes Werk der Natur und durchaus nicht langweilig. Wenn der große Denker die Menschen verachtet, so verachtet er ihre Faulheit: denn ihrethalben erscheinen sie als Fabrikware, als gleichgültig, des Verkehrs und der Belehrung unwürdig. Der Mensch, welcher nicht zur Masse gehören will, braucht nur aufzuhören, gegen sich bequem zu sein; er folge seinem Gewissen, welches ihm zuruft: »sei du selbst! Das bist du alles nicht, was du jetzt tust, meinst, begehrst.«

Jede junge Seele hört diesen Zuruf bei Tag und bei Nacht und erzittert dabei; denn sie ahnt ihr seit Ewigkeiten bestimmtes Maß von Glück, wenn sie an ihre wirkliche Befreiung denkt: zu welchem Glücke ihr, so lange sie in Ketten der Meinungen und der Furcht gelegt ist, auf keine Weise verholfen werden kann. Und wie trost- und sinnlos kann ohne diese Befreiung das Leben werden! Es gibt kein öderes und widrigeres Geschöpf in der Natur als den Menschen, welcher seinem Genius ausgewichen ist und nun nach rechts und nach links, nach rückwärts und überallhin schielt. Man darf einen solchen Menschen zuletzt gar nicht mehr angreifen, denn er ist ganz Außenseite ohne Kern, ein anbrüchiges, gemaltes, aufgebauschtes Gewand, ein verbrämtes Gespenst, das nicht einmal Furcht und gewiß auch kein Mitleiden erregen kann. Und wenn man mit Recht vom Faulen sagt, er töte die Zeit, so muß man von einer Periode, welche ihr Heil auf die öffentlichen Meinungen, das heißt auf die privaten Faulheiten setzt, ernstlich besorgen, daß eine solche Zeit wirklich einmal getötet wird: ich meine, daß sie aus der Geschichte der wahrhaften Befreiung des Lebens gestrichen wird. Wie groß muß der Widerwille späterer Geschlechter sein, sich mit der Hinterlassenschaft jener Periode zu befassen, in welcher nicht die lebendigen Menschen, sondern öffentlich meinende Scheinmenschen regierten; weshalb vielleicht unser Zeitalter für irgendeine ferne Nachwelt der dunkelste und unbekannteste, weil unmenschlichste Abschnitt der Geschichte sein mag. Ich gehe durch die neuen Straßen unserer Städte und denke, wie von allen diesen greulichen Häusern, welche das Geschlecht der öffentlich Meinenden sich erbaut hat, in einem Jahrhundert nichts mehr steht, und wie dann auch wohl die Meinungen dieser Häuserbauer umgefallen sein werden. Wie hoffnungsvoll dürfen dagegen alle die sein, welche sich nicht als Bürger dieser Zeit fühlen; denn wären sie dies, so würden sie mit dazu dienen, ihre Zeit zu töten und samt ihrer Zeit unterzugehen, – während sie die Zeit vielmehr zum Leben erwecken wollen, um in diesem Leben selber fortzuleben.

Aber auch wenn uns die Zukunft nichts hoffen ließe – unser wunderliches Dasein gerade in diesem Jetzt ermutigt uns am stärksten, nach eignem Maß und Gesetz zu leben: jene Unerklärlichkeit, daß wir gerade heute leben und doch die unendliche Zeit hatten zu entstehen, daß wir nichts als ein spannenlanges Heute besitzen und in ihm zeigen sollen, warum und wozu wir gerade jetzt entstanden. Wir haben uns über unser Dasein vor uns selbst zu verantworten; folglich wollen wir auch die wirklichen Steuermänner dieses Daseins abgeben und nicht zulassen, daß unsre Existenz einer gedankenlosen Zufälligkeit gleiche. Man muß es mit ihr etwas kecklich und gefährlich nehmen: zumal man sie im schlimmsten wie im besten Falle immer verlieren wird. Warum an dieser Scholle, diesem Gewerbe hängen, warum hinhorchen nach dem, was der Nachbar sagt? Es ist so kleinstädtisch, sich zu Ansichten verpflichten, welche ein paar hundert Meilen weiter schon nicht mehr verpflichten. Orient und Okzident sind Kreidestriche, die uns jemand vor unsre Augen hinmalt, um unsre Furchtsamkeit zu narren. Ich will den Versuch machen, zur Freiheit zu kommen, sagt sich die junge Seele; und da sollte es sie hindern, daß zufällig zwei Nationen sich hassen und bekriegen, oder daß ein Meer zwischen zwei Erdteilen liegt, oder daß rings umher eine Religion gelehrt wird, welche doch vor ein paar tausend Jahren noch nicht bestand. Das bist du alles nicht selbst, sagt sie sich. Niemand kann dir die Brücke bauen, auf der gerade du über den Fluß des Lebens schreiten mußt, niemand außer dir allein. Zwar gibt es zahllose Pfade und Brücken und Halbgötter, die dich durch den Fluß tragen wollen; aber nur um den Preis deiner selbst: du würdest dich verpfänden und verlieren. Es gibt in der Welt einen einzigen Weg, auf welchem niemand gehen kann, außer dir: wohin er führt? Frage nicht, gehe ihn. Wer war es, der den Satz aussprach: »ein Mann erhebt sich niemals höher, als wenn er nicht weiß, wohin sein Weg ihn noch führen kann«?

Aber wie finden wir uns selbst wieder? Wie kann sich der Mensch kennen? Er ist eine dunkle und verhüllte Sache; und wenn der Hase sieben Häute hat, so kann der Mensch sich sieben mal siebzig abziehn und wird noch nicht sagen können: »das bist du nun wirklich, das ist nicht mehr Schale«. Zudem ist es ein quälerisches, gefährliches Beginnen, sich selbst derartig anzugraben und in den Schacht seines Wesens auf dem nächsten Wege gewaltsam hinabzusteigen. Wie leicht beschädigt er sich dabei so, daß kein Arzt ihn heilen kann. Und überdies: wozu wäre es nötig, wenn doch alles Zeugnis von unserm Wesen ablegt, unsre Freund- und Feindschaften, unser Blick und Händedruck, unser Gedächtnis und das, was wir vergessen, unsre Bücher und die Züge unsrer Feder. Um aber das wichtigste Verhör zu veranstalten, gibt es dies Mittel. Die junge Seele sehe auf das Leben zurück mit der Frage: was hast du bis jetzt wahrhaft geliebt, was hat deine Seele hinangezogen, was hat sie beherrscht und zugleich beglückt? Stelle dir die Reihe dieser verehrten Gegenstände vor dir auf, und vielleicht ergeben sie dir, durch ihr Wesen und ihre Folge, ein Gesetz, das Grundgesetz deines eigentlichen Selbst. Vergleiche diese Gegenstände, sieh, wie einer den andern ergänzt, erweitert, überbietet, verklärt, wie sie eine Stufenleiter bilden, auf welcher du bis jetzt zu dir selbst hingeklettert bist; denn dein wahres Wesen liegt nicht tief verborgen in dir, sondern unermeßlich hoch über dir, oder wenigstens über dem, was du gewöhnlich als dein Ich nimmst. Deine wahren Erzieher und Bildner verraten dir, was der wahre Ursinn und Grundstoff deines Wesens ist, etwas durchaus Unerziehbares und Unbildbares, aber jedenfalls schwer Zugängliches, Gebundenes, Gelähmtes: deine Erzieher vermögen nichts zu sein als deine Befreier. Und das ist das Geheimnis aller Bildung: sie verleiht nicht künstliche Gliedmaßen, wächserne Nasen, bebrillte Augen – vielmehr ist das, was diese Gaben zu geben vermöchte, nur das Afterbild der Erziehung. Sondern Befreiung ist sie, Wegräumung alles Unkrauts, Schuttwerks, Gewürms, das die zarten Keime der Pflanzen antasten will, Ausströmung von Licht und Wärme, liebevolles Niederrauschen nächtlichen Regens, sie ist Nachahmung und Anbetung der Natur, wo diese mütterlich und barmherzig gesinnt ist, sie ist Vollendung der Natur, wenn sie ihren grausamen und unbarmherzigen Anfällen vorbeugt und sie zum Guten wendet, wenn sie über die Äußerungen ihrer stiefmütterlichen Gesinnung und ihres traurigen Unverstandes einen Schleier deckt.

Gewiß, es gibt wohl andre Mittel, sich zu finden, aus der Betäubung, in welcher man gewöhnlich wie in einer trüben Wolke webt, zu sich zu kommen, aber ich weiß kein besseres, als sich auf seine Erzieher und Bildner zu besinnen. Und so will ich denn heute des einen Lehrers und Zuchtmeisters, dessen ich mich zu rühmen habe, eingedenk sein, *Arthur Schopenhauers* – um später anderer zu gedenken.

2

Will ich beschreiben, welches Ereignis für mich jener erste Blick wurde, den ich in Schopenhauers Schriften warf, so darf ich ein wenig bei einer Vorstellung verweilen, welche in meiner Jugend so häufig und so dringend war wie kaum eine andre. Wenn ich früher recht nach Herzenslust in Wünschen ausschweifte, dachte ich mir, daß mir die schreckliche Bemühung und Verpflichtung, mich selbst zu erziehen, durch das Schicksal abgenommen würde: dadurch, daß ich zur rechten Zeit einen Philosophen zum Erzieher fände, einen wahren Philosophen, dem man ohne weiteres Besinnen gehorchen könnte, weil man ihm mehr vertrauen würde als sich selbst. Dann fragte ich mich wohl: welches wären wohl die Grundsätze, nach denen er dich erzöge? und ich überlegte mir, was er zu den beiden Maximen der Erziehung sagen würde, welche in unserer Zeit im Schwange gehen. Die eine fordert, der Erzieher solle die eigentümliche Stärke seiner Zöglinge bald erkennen und dann alle Kräfte und Säfte und allen Sonnenschein gerade dorthin leiten, um jener einen Tugend zu einer rechten Reife und Fruchtbarkeit zu verhelfen. Die andre Maxime will hingegen, daß der Erzieher alle vorhandenen Kräfte heranziehe, pflege und untereinander in ein harmonisches Verhältnis bringe. Aber sollte man den, welcher eine entschiedene Neigung zur Goldschmiedekunst hat, deshalb gewaltsam zur Musik nötigen? Soll man Benvenuto Cellinis Vater Recht geben, der seinen Sohn immer wieder zum »lieblichen Hörnchen«, also zu dem zwang, was der Sohn »das verfluchte Pfeifen« nannte? Man wird dies bei so starken und bestimmt sich aussprechenden Begabungen nicht recht nennen; und so wäre vielleicht gar jene Maxime der harmonischen Ausbildung nur bei den schwächeren Naturen anzuwenden, in denen zwar ein ganzes Nest von Bedürfnissen und Neigungen sitzt, welche aber, insgesamt und einzeln genommen, nicht viel bedeuten wollen? Aber wo finden wir überhaupt die harmonische Ganzheit und den vielstimmigen Zusammenklang in einer Natur, wo bewundern wir Harmonie mehr, als gerade an solchen Menschen, wie Cellini einer war, in denen alles, Erkennen, Begehren, Lieben, Hassen, nach einem Mittelpunkte, einer Wurzelkraft hinstrebt, und wo gerade durch die zwingende und herrschende Übergewalt dieses lebendigen Zentrums ein harmonisches System von Bewegungen hin und her, auf und nieder gebildet wird? Und so sind vielleicht beide Maximen gar nicht Gegensätze? Vielleicht sagt die eine nur, der Mensch soll ein Zentrum, die andre, er soll auch eine Peripherie haben? Jener erziehende Philosoph, den ich mir träumte, würde wohl nicht nur die Zentralkraft entdecken, sondern auch zu verhüten wissen, daß sie gegen die andern Kräfte zerstörend wirke: vielmehr wäre die Aufgabe seiner Erziehung, wie mich dünkte, den ganzen Menschen zu einem lebendig bewegten Sonnen- und Planetensysteme umzubilden und das Gesetz seiner höheren Mechanik zu erkennen.

Inzwischen fehlte mir dieser Philosoph und ich versuchte dieses und jenes; ich fand, wie elend wir modernen Menschen uns gegen Griechen und Römer ausnehmen, selbst nur in Hinsicht auf das Ernst- und Streng-Verstehen der Erziehungsaufgaben. Man kann mit einem solchen Bedürfnis im Herzen durch ganz Deutschland laufen, zumal durch alle Universitäten, und wird nicht finden, was man sucht; bleiben doch viel niedrigere und einfachere Wünsche hier unerfüllt. Wer zum Beispiel unter den Deutschen sich ernstlich zum Redner ausbilden wollte, oder wer in eine Schule des Schriftstellers zu gehn beabsichtigte, er fände nirgends Meister und Schule; man scheint hier noch nicht daran gedacht zu haben, daß Reden und Schreiben Künste sind, die nicht ohne die sorgsamste Anleitung und die mühevollsten Lehrjahre erworben werden können. Nichts aber zeigt das anmaßliche Wohlgefühl der Zeitgenossen über sich selbst deutlicher und beschämender, als die halb knauserige, halb gedankenlose Dürftigkeit ihrer Ansprüche an Erzieher und Lehrer. Was genügt da nicht alles, selbst bei unsern vornehmsten und bestunterrichteten Leuten, unter dem Namen der Hauslehrer; welches Sammelsurium von verschrobenen Köpfen und veralteten Einrichtungen wird häufig als Gymnasium bezeichnet und gut befunden; was genügt uns allen als höchste Bildungsanstalt, als Universität – welche Führer, welche Institutionen, verglichen mit der Schwierigkeit der Aufgabe, einen Menschen zum Menschen zu erziehen! Selbst die vielbewunderte Art, mit der die deutschen Gelehrten auf ihre Wissenschaft losgehen, zeigt vor allem, daß sie dabei mehr an die Wissenschaft als an die Menschlichkeit denken, daß sie wie eine verlorne Schar sich ihr zu opfern angelehrt werden, um wieder neue

Geschlechter zu dieser Opferung heranzuziehen. Der Verkehr mit der Wissenschaft, wenn er durch keine höhere Maxime der Erziehung geleitet und eingeschränkt, sondern, nach dem Grundsatze »je mehr desto besser« nur immer mehr entfesselt wird, ist gewiß für die Gelehrten ebenso schädlich, wie der ökonomische Lehrsatz des *laisser faire* für die Sittlichkeit ganzer Völker. Wer weiß es noch, daß die Erziehung des Gelehrten, dessen Menschlichkeit nicht preisgegeben oder ausgedörrt werden soll, ein höchst schwieriges Problem ist – und doch kann man diese Schwierigkeit mit Augen sehen, wenn man auf die zahlreichen Exemplare achtgibt, welche durch eine gedankenlose und allzu frühzeitige Hingebung an die Wissenschaft krumm gezogen und mit einem Höcker ausgezeichnet worden sind. Aber es gibt ein noch wichtigeres Zeugnis für die Abwesenheit aller höheren Erziehung, wichtiger und gefährlicher und vor allem viel allgemeiner. Wenn es auf der Stelle deutlich ist, warum ein Redner, ein Schriftsteller jetzt nicht erzogen werden kann – weil es eben für sie keine Erzieher gibt –; wenn es fast ebenso deutlich ist, warum ein Gelehrter jetzt verzogen und verschroben werden muß – weil die Wissenschaft, also ein unmenschliches Abstraktum, ihn erziehen soll –, so frage man sich endlich: wo sind eigentlich für uns alle, Gelehrte und Ungelehrte, Vornehme und Geringe, unsre sittlichen Vorbilder und Berühmtheiten unter unsern Zeitgenossen, der sichtbare Inbegriff aller schöpferischen Moral in dieser Zeit? Wo ist eigentlich alles Nachdenken über sittliche Fragen hingekommen, mit welchen sich doch jede edler entwickelte Geselligkeit zu allen Zeiten beschäftigt hat? Es gibt keine Berühmtheiten und kein Nachdenken jener Art mehr; man zehrt tatsächlich an dem ererbten Kapital von Sittlichkeit, welches unsre Vorfahren aufhäuften und welches wir nicht zu mehren, sondern nur zu verschwenden verstehen; man redet über solche Dinge in unsrer Gesellschaft entweder gar nicht oder mit einer naturalistischen Ungeübtheit und Unerfahrenheit, welche Widerwillen erregen muß. So ist es gekommen, daß unsre Schulen und Lehrer von einer sittlichen Erziehung einfach absehen oder sich mit Förmlichkeiten abfinden: und Tugend ist ein Wort, bei dem Lehrer und Schüler sich nichts mehr denken können, ein altmodisches Wort, über das man lächelt – und schlimm, wenn man nicht lächelt, denn dann wird man heucheln.

Die Erklärung dieser Mattherzigkeit und des niedrigen Flutstandes aller sittlichen Kräfte ist schwer und verwickelt; doch wird niemand, der den Einfluß des siegenden Christentums auf die Sittlichkeit unsrer alten Welt in Betracht nimmt, auch die Rückwirkung des unterliegenden Christentums, also sein immer wahrscheinlicheres Los in unserer Zeit, übersehen dürfen. Das Christentum hat durch die Höhe seines Ideals die antiken Moralsysteme und die in allen gleichmäßig waltende Natürlichkeit so überboten, daß man gegen diese Natürlichkeit stumpf und ekel wurde; hinterdrein aber, als man das Bessere und Höhere zwar noch erkannte, aber nicht mehr vermochte, konnte man zum Guten und Hohen, nämlich zu jener antiken Tugend, nicht mehr zurück, so sehr man es auch wollte. In diesem Hin und Her zwischen Christlich und Antik, zwischen verschüchterter oder lügnerischer Christlichkeit der Sitte und ebenfalls mutlosem und befangenem Antikisieren lebt der moderne Mensch und befindet sich schlecht dabei; die vererbte Furcht vor dem Natürlichen und wieder der erneute Anreiz dieses Natürlichen, die Begierde irgendwo einen Halt zu haben, die Ohnmacht seines Erkennens, das zwischen dem Guten und dem Besseren hin und her taumelt, alles dies erzeugt eine Friedlosigkeit, eine Verworrenheit in der modernen Seele, welche sie verurteilt, unfruchtbar und freudelos zu ein. Niemals brauchte man mehr sittliche Erzieher und niemals war es unwahrscheinlicher, sie zu finden; in den Zeiten, wo die Ärzte am nötigsten sind, bei großen Seuchen, sind sie zugleich am meisten gefährdet. Denn wo sind die Ärzte der modernen Menschheit, die selber so fest und gesund auf ihren Füßen stehen, daß sie einen andern noch halten und an der Hand führen könnten? Es liegt eine gewisse Verdüsterung und Dumpfheit auf den besten Persönlichkeiten unsrer Zeit, ein ewiger Verdruß über den Kampf zwischen Verstellung und Ehrlichkeit, der in ihrem Busen gekämpft wird, eine Unruhe im Vertrauen auf sich selbst – wodurch sie ganz unfähig werden, Wegweiser zugleich und Zuchtmeister für andre zu sein.

Es heißt also wirklich in seinen Wünschen ausschweifen, wenn ich mir vorstellte, ich möchte einen wahren Philosophen als Erzieher finden, welcher einen über das Ungenügen, soweit es in der Zeit liegt, hinausheben könnte und wieder lehrte, *einfach* und *ehrlich*, im Denken und Leben, also unzeitgemäß zu sein, das Wort im tiefsten Verstande genommen; denn die Menschen sind jetzt so vielfach und kompliziert geworden, daß sie unehrlich werden müssen, wenn sie überhaupt reden, Behauptungen aufstellen und darnach handeln wollen.

In solchen Nöten, Bedürfnissen und Wünschen lernte ich Schopenhauer kennen.

Ich gehöre zu den Lesern Schopenhauers, welche, nachdem sie die erste Seite von ihm gelesen haben, mit Bestimmtheit wissen, daß sie alle Seiten lesen und auf jedes Wort hören werden, das er überhaupt gesagt hat. Mein Vertrauen zu ihm war sofort da und ist jetzt noch dasselbe wie vor neun Jahren. Ich verstand ihn, als ob er für mich geschrieben hätte: um mich verständlich, aber unbescheiden und töricht auszudrücken. Daher kommt es, daß ich nie in ihm eine Paradoxie gefunden habe, obwohl hier und da einen kleinen Irrtum; denn was sind Pardoxien anderes als Behauptungen, die kein Vertrauen einflößen, weil der Autor sie selbst ohne rechtes Vertrauen machte, weil er mit ihnen glänzen, verführen und überhaupt scheinen wollte? Schopenhauer will nie scheinen: denn er schreibt für sich, und niemand will gern betrogen werden, am wenigsten ein Philosoph, der sich sogar zum Gesetze macht: betrüge niemanden, nicht einmal dich selbst! Selbst nicht mit dem gefälligen gesellschaftlichen Betrug, den fast jede Unterhaltung mit sich bringt und welchen die Schriftsteller beinahe unbewußt nachahmen; noch weniger mit dem bewußteren Betrug von der Rednerbühne herab und mit den künstlichen Mitteln der Rhetorik. Sondern Schopenhauer redet mit sich: oder, wenn man sich durchaus einen Zuhörer denken will, so denke man sich den Sohn, welchen der Vater unterweist. Es ist ein redliches, derbes, gutmütiges Aussprechen, vor einem Hörer, der mit Liebe hört. Solche Schriftsteller fehlen uns. Das kräftige Wohlgefühl des Sprechenden umfängt uns beim ersten Tone seiner Stimme; es geht uns ähnlich wie beim Eintritt in den Hochwald, wir atmen tief und fühlen uns auf einmal wiederum wohl. Hier ist eine immer gleichartige stärkende Luft, so fühlen wir; hier ist eine gewisse unnachahmliche Unbefangenheit und Natürlichkeit, wie sie Menschen haben, die in sich zu Hause, und zwar in einem sehr reichen Hause Herren sind: im Gegensatze zu den Schriftstellern, welche sich selbst am meisten wundern, wenn sie einmal geistreich waren, und deren Vortrag dadurch etwas Unruhiges und Naturwidriges bekommt. Ebensowenig werden wir, wenn Schopenhauer spricht, an den Gelehrten erinnert, der von Natur steife und ungeübte Gliedmaßen hat und engbrüstig ist und deshalb eckig, verlegen oder gespreizt daherkommt; während auf der anderen Seite Schopenhauers rauhe und ein wenig bärenmäßige Seele die Geschmeidigkeit und höfische Anmut der guten französischen Schriftsteller nicht sowohl vermissen als verschmähen lehrt und niemand an ihm das nachgemachte, gleichsam übersilberte Scheinfranzosentum, auf das sich deutsche Schriftsteller so viel zugute tun, entdecken wird. Schopenhauers Ausdruck erinnert mich hier und da ein wenig an Goethe, sonst aber überhaupt nicht an deutsche Muster. Denn er versteht es, das Tiefsinnige einfach, das Ergreifende ohne Rhetorik, das Streng-Wissenschaftliche ohne Pedanterie zu sagen: und von welchem Deutschen hätte er dies lernen können? Auch hält er sich von der spitzfindigen, übermäßig beweglichen und – mit Erlaubnis gesagt – ziemlich undeutschen Manier Lessings frei: was ein großes Verdienst ist, da Lessing in bezug auf prosaische Darstellung unter Deutschen der verführerischste Autor ist. Und um gleich das Höchste zu sagen, was ich von seiner Darstellungsart sagen kann, so beziehe ich auf ihn seinen Satz, »ein Philosoph muß sehr ehrlich sein, um sich keiner poetischen oder rhetorischen Hilfsmittel zu bedienen«. Daß Ehrlichkeit etwas ist und sogar eine Tugend, gehört freilich im Zeitalter der öffentlichen Meinungen zu den privaten Meinungen, welche verboten sind; und deshalb werde ich Schopenhauer nicht gelobt, sondern nur charakterisiert haben, wenn ich wiederhole: er ist ehrlich, auch als Schriftsteller; und so wenige Schriftsteller sind es, daß man eigentlich gegen alle Menschen, welche schreiben, mißtrauisch sein sollte. Ich weiß nur noch einen Schriftsteller, den ich in betreff der Ehrlichkeit Schopenhauer gleich, ja noch höher stelle: das ist Montaigne. Daß ein solcher Mensch geschrieben hat, dadurch ist wahrlich die Lust auf dieser Erde zu leben vermehrt worden. Mir wenigstens geht es seit dem Bekanntwerden mit dieser freiesten und kräftigsten Seele so, daß ich sagen muß, was er von Plutarch sagt: »kaum habe ich einen Blick auf ihn geworfen, so ist mir ein Bein oder ein Flügel gewachsen.« Mit ihm würde ich es halten, wenn die Aufgabe gestellt wäre, es sich auf der Erde heimisch zu machen. –

Schopenhauer hat mit Montaigne noch eine zweite Eigenschaft, außer der Ehrlichkeit, gemein: eine wirkliche erheiternde Heiterkeit. *Aliis laetus, sibi sapiens.* Es gibt nämlich zwei sehr unterschiedliche Arten von Heiterkeit. Der wahre Denker erheitert und erquickt immer, ob er nun seinen Ernst oder seinen Scherz, seine menschliche Einsicht oder seine göttliche Nachsicht ausdrückt; ohne griesgrämige Gebärden, zitternde Hände, schwimmende Augen, sondern sicher und einfach, mit Mut und Stärke, vielleicht etwas ritterlich und hart, aber jedenfalls als ein Siegender: und das gerade ist es, was am tiefsten und innigsten erheitert, den siegenden Gott neben allen den Ungetümen, die er bekämpft hat, zu sehen. Die Heiterkeit dagegen, welche man bei mittelmäßigen Schriftstellern und kurzangebundenen Denkern mitunter antrifft, macht unsereinen, beim Lesen, elend: wie ich das zum Beispiel bei David Straußens Heiterkeit empfand. Man schämt sich ordentlich, solche heiteren Zeitgenossen zu haben, weil sie die Zeit und uns Menschen in ihr bei der Nachwelt bloßstellen. Solche Heiterlinge sehen die Leiden und die Ungetüme gar nicht, die sie als Denker zu sehen und zu bekämpfen vorgeben; und deshalb erregt ihre Heiterkeit Verdruß, weil sie täuscht: denn sie will zu dem Glauben verführen, hier sei ein Sieg erkämpft worden. Im Grunde nämlich gibt es nur Heiterkeit, wo es Sieg gibt; und dies gilt von den Werken wahrer Denker ebensowohl als von jedem Kunstwerk. Mag der Inhalt immer so schrecklich und ernst sein, als das Problem des Daseins eben ist: bedrückend und quälend wird das Werk nur dann wirken, wenn der Halbdenker und der Halbkünstler den Dunst ihres Ungenügens darüber ausgebreitet haben; während dem Menschen nichts Fröhlicheres und Besseres zuteil werden kann, als einem jener Siegreichen nahe zu sein, die, weil sie das Tiefste gedacht, gerade das Lebendigste lieben müssen und als Weise am Ende sich zum Schönen neigen. Sie reden wirklich, sie stammeln nicht und schwätzen auch nicht nach; sie bewegen sich und leben wirklich, nicht so unheimlich maskenhaft, wie sonst Menschen zu leben pflegen: weshalb es uns in ihrer Nähe wirklich einmal menschlich und natürlich zumute ist und wir wie Goethe ausrufen möchten: »Was ist doch ein Lebendiges für ein herrliches köstliches Ding! wie abgemessen zu seinem Zustande, wie wahr, wie seiend!«

Ich schildere nichts als den ersten gleichsam physiologischen Eindruck, welchen Schopenhauer bei mir hervorbrachte, jenes zauberartige Ausströmen der innersten Kraft eines Naturgewächses auf ein anderes, das bei der ersten und leisesten Berührung erfolgt; und wenn ich jenen Eindruck nachträglich zerlege, so finde ich ihn aus drei Elementen gemischt, aus dem Eindrucke seiner Ehrlichkeit, seiner Heiterkeit und seiner Beständigkeit. Er ist ehrlich, weil er zu sich selbst und für sich selbst spricht und schreibt, heiter, weil er das Schwerste durch Denken besiegt hat, und beständig, weil er so sein muß. Seine Kraft steigt wie eine Flamme bei Windstille gerade und leicht aufwärts, unbeirrt, ohne Zittern und Unruhe. Er findet seinen Weg in jedem Falle, ohne daß wir auch nur merken, daß er ihn gesucht hätte; sondern wie durch ein Gesetz der Schwere gezwungen läuft er daher, so fest und behend, so unvermeidlich. Und wer je gefühlt hat, was das in unsrer Tragelaphen-Menschheit der Gegenwart heißen will, einmal ein ganzes, einstimmiges, in eignen Angeln hängendes und bewegtes, unbefangenes und ungehemmtes Naturwesen zu finden, der wird mein Glück und meine Verwunderung verstehen, als ich Schopenhauer gefunden hatte: ich ahnte in ihm jenen Erzieher und Philosophen gefunden zu haben, den ich so lange suchte. Zwar nur als Buch: und das war ein großer Mangel. Um so mehr strengte ich mich an, durch das Buch hindurch zu sehen und mir den lebendigen Menschen vorzustellen, dessen großes Testament ich zu lesen hatte und der nur solche zu seinen Erben zu machen verhieß, welche mehr sein wollten und konnten als nur seine Leser: nämlich seine Söhne und Zöglinge.

3

Ich mache mir aus einem Philosophen gerade so viel, als er imstande ist, ein Beispiel zu geben. Daß er durch das Beispiel ganze Völker nach sich ziehen kann, ist kein Zweifel; die indische Geschichte, die beinahe die Geschichte der indischen Philosophie ist, beweist es. Aber das Beispiel muß durch das sichtbare Leben und nicht bloß durch Bücher gegeben werden, also dergestalt, wie die Philosophen Griechenlands lehrten, durch Miene, Haltung, Kleidung, Speise, Sitte mehr als durch Sprechen oder gar Schreiben. Was fehlt uns noch alles zu dieser mutigen Sichtbarkeit eines philosophischen Lebens in

Deutschland! ganz allmählich befreien sich hier die Leiber, wenn die Geister längst befreit scheinen; und doch ist es nur ein Wahn, daß ein Geist frei und selbständig sei, wenn diese errungene Unumschränktheit – die im Grunde schöpferische Selbstumschränkung ist – nicht durch jeden Blick und Schritt von früh bis Abend neu bewiesen wird. Kant hielt an der Universität fest, unterwarf sich den Regierungen, blieb in dem Scheine eines religiösen Glaubens, ertrug es unter Kollegen und Studenten: so ist es denn natürlich, daß sein Beispiel vor allem Universitätsprofessoren und Professorenphilosophie erzeugte. Schopenhauer macht mit den gelehrten Kasten wenig Umstände, separiert sich, erstrebt Unabhängigkeit von Staat und Gesellschaft – dies ist sein Beispiel, sein Vorbild – um hier vom Äußerlichsten auszugehen. Aber viele Grade in der Befreiung des philosophischen Lebens sind unter den Deutschen noch unbekannt und werden es nicht immer bleiben können. Unsre Künstler leben kühner und ehrlicher; und das mächtigste Beispiel, welches wir vor uns sehn, das Richard Wagners, zeigt, wie der Genius sich nicht fürchten darf, in den feindseligsten Widerspruch mit den bestehenden Formen und Ordnungen zu treten, wenn er die höhere Ordnung und Wahrheit, die in ihm lebt, ans Licht herausheben will. Die »Wahrheit« aber, von welcher unsre Professoren so viel reden, scheint freilich ein anspruchsloseres Wesen zu sein, von dem keine Unordnung und Außerordnung zu befürchten ist: ein bequemes und gemütliches Geschöpf, welches allen bestehenden Gewalten wieder und wieder versichert, niemand solle ihrethalben irgendwelche Umstände haben; man sei ja nur »reine Wissenschaft«. Also: ich wollte sagen, daß die Philosophie in Deutschland es mehr und mehr zu verlernen hat, »reine Wissenschaft« zu sein: und das gerade sei das Beispiel des Menschen Schopenhauer.

Es ist aber ein Wunder und nichts Geringeres, daß er zu diesem menschlichen Beispiel heranwuchs: denn er war von außen und von innen her durch die ungeheuersten Gefahren gleichsam umdrängt, von denen jedes schwächere Geschöpf erdrückt oder zersplittert wäre. Es gab, wie mir scheint, einen starken Anschein dafür, daß der Mensch Schopenhauer untergehn werde, um als Rest, bestenfalls, »reine Wissenschaft« zurückzulassen: aber auch dies nur bestenfalls; am wahrscheinlichsten weder Mensch noch Wissenschaft.

Ein neuerer Engländer schildert die allgemeinste Gefahr ungewöhnlicher Menschen, die in einer an das Gewöhnliche gebundenen Gesellschaft leben, also: »solche fremdartige Charaktere werden anfänglich gebeugt, dann melancholisch, dann krank und zuletzt sterben sie. Ein Shelley würde in England nicht haben leben können, und eine Rasse von Shelleys würde unmöglich gewesen sein«. Unsere Hölderlin und Kleist, und wer nicht sonst, verdarben an dieser ihrer Ungewöhnlichkeit und hielten das Klima der sogenannten deutschen Bildung nicht aus; und nur Naturen von Erz, wie Beethoven, Goethe, Schopenhauer und Wagner, vermögen standzuhalten. Aber auch bei ihnen zeigt sich die Wirkung des ermüdendsten Kampfes und Krampfes an vielen Zügen und Runzeln: ihr Atem geht schwerer und ihr Ton ist leicht allzu gewaltsam. Jener geübte Diplomat, der Goethe nur überhin angesehn und gesprochen hatte, sagte zu seinen Freunden: *Voilà un homme, qui a eu de grands chagrins!* – was Goethe so verdeutscht hat: »das ist auch einer, der sich's hat sauer werden lassen!« »Wenn sich nun in unsern Gesichtszügen«, fügt er hinzu, »die Spur überstandenen Leidens, durchgeführter Tätigkeit nicht auslöschen läßt, so ist es kein Wunder, wenn alles, was von uns und unserem Bestreben übrig bleibt, dieselbe Spur trägt.« Und das ist Goethe, auf den unsre Bildungsphilister als auf den glücklichsten Deutschen hinzeigen, um daraus den Satz zu beweisen, daß es doch möglich sein müsse, unter ihnen glücklich zu werden – mit dem Hintergedanken, daß es keinem zu verzeihen sei, wenn er sich unter ihnen unglücklich und einsam fühle. Daher haben sie sogar mit großer Grausamkeit den Lehrsatz aufgestellt und praktisch erläutert, daß in jeder Vereinsamung immer eine geheime Schuld liege. Nun hatte der arme Schopenhauer auch so eine geheime Schuld auf dem Herzen, nämlich seine Philosophie mehr zu schätzen als seine Zeitgenossen; und dazu war er so unglücklich, gerade durch Goethe zu wissen, daß er seine Philosophie, um ihre Existenz zu retten, um jeden Preis gegen die Nichtbeachtung seiner Zeitgenossen verteidigen müsse; denn es gibt eine Art Inquisitionszensur, in der es die Deutschen nach Goethes Urteil weit gebracht haben; es heißt: unverbrüchliches Schweigen. Und dadurch war wenigstens so viel bereits erreicht worden, daß der größte Teil der ersten Auflage seines Hauptwerks zu Makulatur eingestampft werden mußte. Die drohende Gefahr, daß seine große Tat einfach durch Nichtbeachtung wieder ungetan werde, brachte ihn in eine schreckliche und schwer zu bändigende Unruhe; kein einziger bedeutsamer Anhänger zeigte sich. Es macht uns traurig, ihn auf der Jagd nach irgendwelchen Spuren seines Bekanntwerdens zu sehen; und sein endlicher lauter und überlauter Triumph darüber, daß er jetzt wirklich gelesen werde (»*legor et legar*«), hat etwas Schmerzlich-Ergreifendes. Gerade alle jene Züge, in denen er die Würde des Philosophen nicht merken läßt, zeigen den leidenden Menschen, welchen um seine edelsten Güter bangt; so quälte ihn die Sorge, sein kleines Vermögen zu verlieren und vielleicht seine reine und wahrhaft antike Stellung zur Philosophie nicht mehr festhalten zu können; so griff er in seinem Verlangen nach ganz vertrauenden und mitleidenden Menschen oftmals fehl, um immer wieder mit einem schwermütigen Blicke zu seinem treuen Hunde zurückzukehren. Er war ganz und gar Einsiedler; kein einziger wirklich gleichgestimmter Freund tröstete ihn – und zwischen einem und keinem liegt hier, wie immer zwischen Ichts und Nichts, eine Unendlichkeit. Niemand, der wahre Freunde hat, weiß was wahre Einsamkeit ist, und ob er auch die ganze Welt um sich zu seinen Widersachern hätte. – Ach ich merke wohl, ihr wißt nicht, was Vereinsamung ist. Wo es mächtige Gesellschaften, Regierungen, Religionen, öffentliche Meinungen gegeben hat, kurz, wo je eine Tyrannei war, da hat sie den einsamen Philosophen gehaßt; denn die Philosophie eröffnet dem Menschen ein Asyl, wohin keine Tyrannei dringen kann, die Höhle des Innerlichen, das Labyrinth der Brust: und das ärgert die Tyrannen. Dort verbergen sich die Einsamen: aber dort auch lauert die größte Gefahr der Einsamen. Diese Menschen, die ihre Freiheit in das Innerliche geflüchtet haben, müssen auch äußerlich leben, sichtbar werden, sich sehen lassen; sie stehen in zahllosen menschlichen Verbindungen durch Geburt, Aufenthalt, Erziehung, Vaterland, Zufall, Zudringlichkeit anderer; ebenfalls zahllose Meinungen werden bei ihnen vorausgesetzt, einfach weil sie die herrschenden sind; jede Miene, die nicht verneint, gilt als Zustimmung; jede Handbewegung, die nicht zertrümmert, wird als Billigung gedeutet. Sie wissen, diese Einsamen und Freien im Geiste – daß sie fortwährend irgendworin anders scheinen als sie denken: während sie nichts als Wahrheit und Ehrlichkeit wollen, ist rings um sie ein Netz von Mißverständnissen; und ihr heftiges Begehren kann es nicht verhindern, daß doch auf ihrem Tun ein Dunst von falschen Meinungen, von Anpassung, von halben Zugeständnissen, von schonendem Verschweigen, von irrtümlicher Ausdeutung liegen bleibt. Das sammelt eine Wolke von Melancholie auf ihrer Stirne: denn daß das Scheinen Notwendigkeit ist, hassen solche Naturen mehr als den Tod; und eine solche andauernde Erbitterung darüber macht sie vulkanisch und bedrohlich. Von Zeit zu Zeit rächen sie sich für ihr gewaltsames Sich-Verbergen, für ihre erzwungene Zurückhaltung. Sie kommen aus ihrer Höhle heraus, mit schrecklichen Mienen; ihre Worte und Taten sind dann Explosionen, und es ist möglich, daß sie an sich selbst zugrunde gehen. So gefährlich lebte Schopenhauer. Gerade solche Einsame bedürfen Liebe, brauchen Genossen, vor denen sie wie vor sich selbst offen und einfach sein dürfen, in deren Gegenwart der Krampf des Verschweigens und der Verstellung aufhört. Nehmt diese Genossen hinweg und ihr erzeugt eine wachsende Gefahr; Heinrich von Kleist ging an dieser Ungeliebtheit zugrunde, und es ist das schrecklichste Gegenmittel gegen ungewöhnliche Menschen, sie dergestalt tief in sich hinein zu treiben, daß ihr Wiederherauskommen jedesmal ein vulkanischer Ausbruch wird. Doch gibt es immer wieder einen Halbgott, der es erträgt, unter so schrecklichen Bedingungen zu leben, siegreich zu leben; und wenn ihr seine einsamen Gesänge hören wollt, so hört Beethovens Musik.

Das war die erste Gefahr, in deren Schatten Schopenhauer heranwuchs: Vereinsamung. Die zweite heißt: Verzweiflung an der Wahrheit. Diese Gefahr begleitet jeden Denker, welcher von der Kantischen Philosophie aus seinen Weg nimmt, vorausgesetzt, daß er ein kräftiger und ganzer Mensch in Leiden und Begehren sei und nicht nur eine klappernde Denk- und Rechenmaschine. Nun wissen wir aber alle recht wohl, was es gerade mit dieser Voraussetzung für eine beschämende Bewandtnis hat; ja es scheint mir, als ob überhaupt nur bei den wenigsten Menschen Kant lebendig eingegriffen und Blut und Säfte umgestaltet habe. Zwar soll, wie man überall lesen kann, seit der Tat dieses stillen Gelehrten auf allen geistigen Gebieten eine Revolution ausgebrochen sein; aber ich kann es nicht glauben. Denn ich sehe es den Menschen nicht deutlich an, als welche vor allem selbst revolutioniert sein müßten, bevor irgendwelche ganze Gebiete es sein könnten. Sobald aber Kant anfangen sollte eine populäre Wirkung auszuüben, so werden wir diese in der Form eines zernagenden und zerbröckelnden Skeptizismus und Relativismus gewahr werden; und nur bei den tätigsten und edelsten Geistern, die es niemals im Zweifel ausgehalten haben, würde an seiner Stelle jene Erschütterung und Verzweiflung an aller Wahrheit eintreten, wie sie zum Beispiel Heinrich von Kleist als Wirkung der Kantischen Philosophie erlebte. »Vor kurzem«, schreibt er einmal in seiner ergreifenden Art, »wurde ich mit der Kantischen Philosophie bekannt – und dir muß ich jetzt daraus einen Gedanken mitteilen, indem ich nicht fürchten darf, daß er dich so tief, so schmerzhaft erschüttern wird als mich. – Wir können nicht entscheiden, ob das, was wir Wahrheit nennen, wahrhaft Wahrheit ist, oder ob es uns nur so scheint. Ist's das letztere, so ist die Wahrheit, die wir hier sammeln, nach dem Tode nichts mehr, und alles Bestreben, ein Eigentum zu erwerben, das uns auch noch in das Grab folgt, ist vergeblich. – Wenn die Spitze dieses Gedankens dein Herz nicht trifft, so lächle nicht über einen andern, der sich tief in seinem heiligsten Innern davon verwundet fühlt. Mein einziges, mein höchstes Ziel ist gesunken, und ich habe keines mehr.« Ja, wann werden wieder die Menschen dergestalt Kleistisch-natürlich empfinden, wann lernen sie den Sinn einer Philosophie erst wieder an ihrem »heiligsten Innern« messen? Und doch ist dies erst nötig um abzuschätzen, was uns, nach Kant, gerade Schopenhauer sein kann – der Führer nämlich, welcher aus der Höhe des skeptischen Unmuts oder der kritisierenden Entsagung hinauf zur Höhe der tragischen Betrachtung leitet, den nächtlichen Himmel mit seinen Sternen endlos über uns, und der sich selbst, als der erste, diesen Weg geführt hat. Das ist seine Größe, daß er dem Bilde des Lebens als einem Ganzen sich gegenüberstellt, um es als Ganzes zu deuten; während die scharfsinnigsten Köpfe nicht von dem Irrtum zu befreien sind, daß man dieser Deutung näher komme, wenn man die Farben, womit, den Stoff, worauf dieses Bild gemalt ist, peinlich untersuche; vielleicht mit dem Ergebnis, es sei eine ganz intrikat gesponnene Leinwand und Farben darauf, die chemisch unergründlich seien. Man muß den Maler erraten, um das Bild zu verstehen – das wußte Schopenhauer. Nun ist aber die ganze Zunft aller Wissenschaften darauf aus, jene Leinwand und jene Farben, aber nicht das Bild zu verstehen; ja man kann sagen, daß nur der, welcher das allgemeine Gemälde des Lebens und Daseins fest ins Auge gefaßt hat, sich der einzelnen Wissenschaften ohne eigne Schädigung bedienen wird, denn ohne ein solches regulatives Gesamtbild sind sie Stricke, die nirgends ans Ende führen und unsern Lebenslauf nur noch verwirrter und labyrinthischer machen. Hierin, wie gesagt, ist Schopenhauer groß, daß er jenem Bilde nachgeht wie Hamlet dem Geiste, ohne sich abziehn zu lassen, wie Gelehrte tun, oder durch begriffliche Scholastik abgesponnen zu werden, wie es das Los der ungebändigten Dialektiker ist. Das Studium aller Viertelsphilosophen ist nur deshalb anziehend, um zu erkennen, daß diese sofort auf die Stellen im Bau großer Philosophien geraten, wo das gelehrtenhafte Für und Wider, wo Grübeln, Zweifeln, Widersprechen erlaubt ist, und daß sie dadurch der Forderung jeder großen Philosophie entgehen, die als Ganzes immer nur sagt: dies ist das Bild alles Lebens, und daraus lerne den Sinn deines Lebens. Und umgekehrt: lies nur dein Leben und verstehe daraus die Hieroglyphen des allgemeinen Lebens. Und so soll auch Schopenhauers Philosophie immer zuerst ausgelegt werden: individuell, vom einzelnen allein für sich selbst, um Einsicht in das eigne Elend und Bedürfnis, in die eigne Begrenztheit zu gewinnen, um die Gegenmittel und Tröstungen kennenzulernen: nämlich Hinopferung des Ichs, Unterwerfung unter die edelsten Absichten, vor allem unter die der Gerechtigkeit und Barmherzigkeit. Er lehrt uns zwischen den wirklichen und scheinbaren Beförderungen des Menschenglücks unterscheiden: wie weder Reichwerden, noch Geehrtsein, noch Gelehrtsein den einzelnen aus seiner tiefen Verdrossenheit über den Unwert seines Daseins herausheben kann, und wie das Streben nach diesen Gütern nur Sinn durch ein hohes und verklärendes Gesamtziel bekommt: Macht zu gewinnen, um durch sie der Physis nachzuhelfen und ein wenig Korrektor ihrer Torheiten und Ungeschicktheiten zu sein. Zunächst zwar auch nur für sich selbst; durch sich aber endlich für alle. Es ist freilich ein Streben, welches tief und herzlich zur Resignation hinleitet: denn was und wie viel kann überhaupt noch verbessert werden, am einzelnen und am allgemeinen!

Wenden wir gerade diese Worte auf Schopenhauer an, so berühren wir die dritte und eigentümlichste Gefahr, in der er lebte und die im ganzen Bau und Knochengerüste seines Wesens verborgen lag. Jeder Mensch pflegt in sich eine Begrenztheit vorzufinden, seiner Begabung sowohl als seines sittlichen Wollens, welche ihn mit Sehnsucht und Melancholie erfüllt; und wie er aus dem Gefühl seiner Sündhaftigkeit sich hin nach dem Heiligen sehnt, so trägt er, als intellektuelles Wesen, ein tiefes Verlangen nach dem Genius in sich. Hier ist die Wurzel aller wahren Kultur; und wenn ich unter dieser die Sehnsucht des Menschen verstehe, als Heiliger und als Genius *wiedergeboren* zu werden, so weiß ich, daß man nicht erst Buddhaist sein muß, um diesen Mythus zu verstehen. Wo wir Begabung ohne jene Sehnsucht finden, im Kreise der Gelehrten oder auch bei den sogenannten Gebildeten, macht sie uns Widerwillen und Ekel; denn wir ahnen, daß solche Menschen, mit allem ihrem Geiste, eine werdende Kultur und die Erzeugung des Genius – das heißt das Ziel aller Kultur – nicht fördern, sondern verhindern. Es ist der Zustand einer Verhärtung, im Werte gleich jener gewohnheitsmäßigen, kalten und auf sich selbst stolzen Tugendhaftigkeit, welche auch am weitesten von der wahren Heiligkeit entfernt ist und fern hält. Schopenhauers Natur enthielt nun eine seltsame und höchst gefährliche Doppelheit. Wenige Denker haben in dem Maße und der unvergleichlichen Bestimmtheit empfunden, daß der Genius in ihnen webt; und sein Genius verhieß ihm das Höchste – daß es keine tiefere Furche geben werde als die, welche seine Pflugschar in den Boden der neueren Menschheit reißt. So wußte er die eine Hälfte seines Wesens gesättigt und erfüllt, ohne Begierde, ihrer Kraft gewiß, so trug er mit Größe und Würde seinen Beruf als siegreich Vollendeter. In der andern Hälfte lebte eine ungestüme Sehnsucht; wir verstehen sie, wenn wir hören, daß er sich mit schmerzlichem Blicke von dem Bilde des großen Stifters der *la Trappe*, Rancé, abwandte, unter den Worten: »das ist Sache der Gnade.« Denn der Genius sehnt sich tiefer nach Heiligkeit, weil er von seiner Warte aus weiter und heller geschaut hat als ein andrer Mensch, hinab in die Versöhnung von Erkennen und Sein, hinein in das Reich des Friedens und des verneinten Willens, hinüber nach der andern Küste, von der die Inder sagen. Aber hier gerade ist das Wunder: wie unbegreiflich ganz und unzerbrechlich mußte Schopenhauers Natur sein, wenn sie auch nicht durch diese Sehnsucht zerstört werden konnte und doch auch nicht verhärtet wurde! Was das heißen will, wird jeder nach dem Maße dessen verstehen, was und wieviel er ist: und ganz, in aller seiner Schwere, wird es keiner von uns verstehen.

Je mehr man über die geschilderten drei Gefahren nachdenkt, um so befremdlicher bleibt es, mit welcher Rüstigkeit sich Schopenhauer gegen sie verteidigte und wie gesund und gerade er aus dem Kampfe herauskam. Zwar auch mit vielen Narben und offnen Wunden; und in einer Stimmung, die vielleicht etwas zu herbe, mitunter auch allzu kriegerisch erscheint. Auch über dem größten Menschen erhebt sich sein eignes Ideal. Daß Schopenhauer ein Vorbild sein kann, das steht trotz aller jener Narben und Flecken fest. Ja man möchte sagen: das, was an seinem Wesen unvollkommen und allzu menschlich war, führt uns gerade im menschlichsten Sinne in seine Nähe, denn wir sehen ihn als Leidenden und Leidensgenossen und nicht nur in der ablehnenden Hoheit des Genius.

Jene drei Gefahren der Konstitution, die Schopenhauer bedrohten, bedrohen uns alle. Ein jeder trägt eine produktive Einzigkeit in sich, als den Kern seines Wesens; und wenn er sich dieser Einzigkeit bewußt wird, erscheint um ihn ein fremdartiger Glanz, der des Ungewöhnlichen. Dies ist den meisten etwas Unerträgliches: weil sie, wie gesagt, faul sind und weil an jener Einzigkeit eine Kette von Mühen und Lasten hängt. Es ist kein Zweifel, daß für den Ungewöhnlichen, der sich mit dieser Kette beschwert, das Leben fast alles, was man von ihm in der Jugend ersehnt, Heiterkeit, Sicherheit, Leichtigkeit, Ehre, einbüßt; das Los der Vereinsamung ist das Geschenk, welches ihm die Mitmenschen machen; die Wüste und die Höhle ist sofort da, er mag leben, wo er will. Nun sehe er zu, daß er sich nicht unterjochen lasse, daß er nicht gedrückt und melancholisch werde. Und deshalb mag er sich mit den Bildern guter und tapferer Kämpfer umstellen, wie Schopenhauer selbst einer war. Aber auch die zweite Gefahr, die Schopenhauern bedrohte, ist nicht ganz selten. Hier und da ist einer von Natur mit Scharfblick ausgerüstet, seine Gedanken gehen gern den dialektischen Doppelgang; wie leicht ist es, wenn er seiner Begabung unvorsichtig die Zügel schießen läßt, daß er als Mensch zugrunde geht und fast nur noch in der »reinen Wissenschaft« ein Gespensterleben führt: oder daß er, gewohnt daran, das Für und Wider in den Dingen aufzusuchen, an der Wahrheit überhaupt irre wird und so ohne Mut und Zutrauen leben muß, verneinend, zweifelnd, annagend, unzufrieden, in halber Hoffnung, in erwarteter Enttäuschung: »es möchte kein Hund so länger leben!« Die dritte Gefahr ist die Verhärtung, im Sittlichen oder im Intellektuellen; der Mensch zerreißt das Band, welches ihn mit seinem Ideal verknüpfte; er hört auf, auf diesem oder jenem Gebiete fruchtbar zu sein, sich fortzupflanzen, er wird im Sinne der Kultur schwächlich oder unnütz. Die Einzigkeit seines Wesens ist zum unteilbaren, unmittelbaren Atom geworden, zum erkalteten Gestein. Und so kann einer an dieser Einzigkeit ebenso wie an der Furcht vor dieser Einzigkeit verderben, an sich selbst und im Aufgeben seiner selbst, an der Sehnsucht und an der Verhärtung: und Leben überhaupt heißt in Gefahr sein.

Außer diesen Gefahren seiner ganzen Konstitution, welchen Schopenhauer ausgesetzt gewesen wäre, er hätte nun in diesem oder jenem Jahrhundert gelebt – gibt es nun noch Gefahren, die aus seiner *Zeit* an ihn herankamen; und diese Unterscheidung zwischen Konstitutionsgefahren und Zeitgefahren ist wesentlich, um das Vorbildliche und Erzieherische in Schopenhauers Natur zu begreifen. Denken wir uns das Auge des Philosophen auf dem Dasein ruhend: er will dessen Wert neu festsetzen. Denn das ist die eigentümliche Arbeit aller großen Denker gewesen, Gesetzgeber für Maß, Münze und Gewicht der Dinge zu sein. Wie muß es ihm hinderlich werden, wenn die Menschheit, die er zunächst sieht, gerade eine schwächliche und von Würmern zerfressene Frucht ist! Wie viel muß er, um gerecht gegen das Dasein überhaupt zu sein, zu dem Unwerte der gegenwärtigen Zeit hinzuaddieren! Wenn die Beschäftigung mit Geschichte vergangner oder fremder Völker wertvoll ist, so ist sie es am meisten für den Philosophen, der ein gerechtes Urteil über das gesamte Menschenlos abgeben will, nicht also nur über das durchschnittliche, sondern vor allem auch über das höchste Los, das einzelnen Menschen oder ganzen Völkern zufallen kann. Nun aber ist alles Gegenwärtige zudringlich; es wirkt und bestimmt das Auge, auch wenn der Philosoph es nicht will; und unwillkürlich wird es in der Gesamtabrechnung zu hoch taxiert sein. Deshalb muß der Philosoph seine Zeit in ihrem Unterschiede gegen andre wohl abschätzen und, indem er für sich die Gegenwart überwindet, auch in seinem Bilde, das er vom Leben gibt, die Gegenwart überwinden, nämlich unbemerkbar machen und gleichsam übermalen. Dies ist eine schwere, ja kaum lösbare Aufgabe. Das Urteil der alten griechischen Philosophen über den Wert des Daseins besagt so viel mehr als ein modernes Urteil, weil sie das Leben selbst in einer üppigen Vollendung vor sich und um sich hatten und weil bei ihnen nicht wie bei uns das Gefühl des Denkers sich verwirrt in dem Zwiespalte des Wunsches nach Freiheit, Schönheit, Größe des Lebens und des Triebes nach Wahrheit, die nur frägt: was ist das Dasein überhaupt wert? Es bleibt für alle Zeiten wichtig zu wissen, was Empedokles, inmitten der kräftigsten und überschwänglichsten Lebenslust der griechischen Kultur, über das Dasein ausgesagt hat; sein Urteil wiegt sehr schwer, zumal ihm durch kein einziges Gegenurteil irgendeines andern großen Philosophen aus derselben großen Zeit widersprochen wird. Er spricht nur am deutlichsten, aber im Grunde – nämlich, wenn man seine Ohren etwas aufmacht, sagen sie alle dasselbe. Ein moderner Denker wird, wie gesagt, immer an einem unerfüllten Wunsche leiden: er wird verlangen, daß man ihm erst wieder Leben, wahres, rotes, gesundes Leben zeige, damit er dann darüber seinen Richterspruch fälle. Wenigstens für sich selbst wird er es für nötig halten, ein lebendiger Mensch zu sein, bevor er glauben darf, ein gerechter Richter sein zu können. Hier ist der Grund, weshalb gerade die neueren Philosophen zu den mächtigsten Förderern des Lebens, des Willens zum Leben gehören, und weshalb sie sich aus ihrer ermatteten eignen Zeit nach einer Kultur, nach einer verklärten Physis sehnen. Diese Sehnsucht ist aber auch ihre *Gefahr*: in ihnen kämpft der Reformator des Lebens und der Philosoph, das heißt: der Richter des Lebens. Wohin sich auch der Sieg neige, es ist ein Sieg, der einen Verlust in sich schließen wird. Und wie entging nun Schopenhauer auch dieser Gefahr?

Wenn jeder große Mensch auch am liebsten gerade als das echte Kind seiner Zeit angesehn wird und jedenfalls an allen ihren Gebresten stärker und empfindlicher leidet als alle kleineren Menschen, so ist der Kampf eines solchen Großen *gegen* seine Zeit scheinbar nur ein unsinniger und zerstörender Kampf gegen sich selbst. Aber eben nur scheinbar; denn in ihr bekämpft er das, was ihn hindert, groß zu sein, das bedeutet bei ihm nur: frei und ganz er selbst zu sein. Daraus folgt, daß seine Feindschaft im Grunde gerade gegen das gerichtet ist, was zwar an ihm selbst, was aber nicht eigentlich er selbst ist, nämlich gegen das unreine Durch- und Nebeneinander von Unmischbarem und ewig Unvereinbarem, gegen die falsche Anlötung des Zeitgemäßen an sein Unzeitgemäßes; und endlich erweist sich das angebliche Kind der Zeit nur als Stiefkind derselben. So strebte Schopenhauer schon von früher Jugend an, jener falschen, eitlen und unwürdigen Mutter, der Zeit, entgegen, und indem er sie gleichsam aus sich auswies, reinigte und heilte er sein Wesen und fand sich selbst in seiner ihm zugehörigen Gesundheit und Reinheit wieder. Deshalb sind die Schriften Schopenhauers als Spiegel der Zeit zu benutzen; und gewiß liegt es nicht an einem Fehler des Spiegels, wenn in ihm alles Zeitgemäße nur wie eine entstellende Krankheit sichbar wird, als Magerkeit und Blässe, als hohles Auge und erschlaffte Mienen, als die erkennbaren Leiden jener Stiefkindschaft. Die Sehnsucht nach starker Natur, nach gesunder und einfacher Menschheit, war bei ihm eine Sehnsucht nach sich selbst; und sobald er die Zeit in sich besiegt hatte, mußte er auch mit erstauntem Auge den Genius in sich erblicken. Das Geheimnis seines Wesens war ihm jetzt enthüllt, die Absicht jener Stiefmutter Zeit, ihm diesen Genius zu verbergen, vereitelt, das Reich der verklärten Physis war entdeckt. Wenn er jetzt nun sein furchtloses Auge der Frage zuwandte: »was ist das Leben überhaupt wert?« – so hatte er nicht mehr eine verworrene und abgeblaßte Zeit und deren heuchlerisch unklares Leben zu verurteilen. Er wußte es wohl, daß noch Höheres und Reineres auf dieser Erde zu finden und zu erreichen sei als solch ein zeitgemäßes Leben, und daß jeder dem Dasein bitter Unrecht tue, der es nur nach dieser häßlichen Gestalt kenne und abschätze. Nein, der Genius selbst wird jetzt aufgerufen, um zu hören, ob dieser, die höchste Frucht des Lebens, vielleicht das Leben überhaupt rechtfertigen könne; der herrliche schöpferische Mensch soll auf die Frage antworten: »bejahst denn du im tiefsten Herzen dieses Dasein? Genügt es dir? Willst du sein Fürsprecher, sein Erlöser sein? Denn nur ein einziges wahrhaftiges Ja! aus deinem Munde – und das so schwer verklagte Leben soll frei sein.« – Was wird er antworten? – Die Antwort des Empedokles.

4

Mag dieser letzte Wink auch einstweilen unverstanden bleiben: mir kommt es jetzt auf etwas sehr Verständliches an, nämlich zu erklären, wie wir alle durch Schopenhauer uns *gegen* unsre Zeit erziehen *können* – weil wir den Vorteil haben, durch ihn diese Zeit wirklich zu *kennen*. Wenn es nämlich ein Vorteil ist! Jedenfalls möchte es ein paar Jahrhunderte später gar nicht mehr möglich sein. Ich ergötze mich an der Vorstellung, daß die Menschen bald einmal das Lesen satt bekommen werden und die Schriftsteller dazu, daß der Gelehrte eines Tages sich besinnt, sein Testament macht und verordnet, sein Leichnam solle inmitten seiner Bücher, zumal seiner eignen Schriften, verbrannt werden. Und wenn die Wälder immer spärlicher werden sollten, möchte es nicht irgendwann einmal an der Zeit sein, die Bibliotheken als Holz, Stroh und Gestrüpp zu behandeln? Sind doch die meisten Bücher aus Rauch und Dampf der Köpfe geboren: so sollen sie auch wieder zu Rauch und Dampf werden. Und hatten sie kein Feuer in sich, so soll das Feuer sie dafür bestrafen. Es wäre also möglich, daß einem späteren Jahrhundert vielleicht gerade unser Zeitalter als *saeculum obscurum* gälte; weil man mit seinen Produkten am eifrigsten und längsten die Öfen geheizt hätte. Wie glücklich sind wir demnach, daß wir diese Zeit noch kennenlernen können. Hat es nämlich überhaupt einen Sinn, sich mit seiner Zeit zu beschäftigen, so ist es jedenfalls ein Glück, sich so gründlich wie möglich mit ihr zu beschäftigen, so daß einem über sie gar kein Zweifel übrig bleibt: und gerade dies gewährt uns Schopenhauer. –

Freilich, hundertmal größer wäre das Glück, wenn bei dieser Untersuchung herauskäme, daß etwas so Stolzes und Hoffnungsreiches wie dies Zeitalter noch gar nicht dagewesen sei. Nun gibt es auch augenblicklich naive Leute in irgendeinem Winkel der Erde, etwa in Deutschland, welche sich anschicken, so etwas zu glauben, ja die alles Ernstes davon sprechen, daß seit ein paar Jahren die Welt korrigiert sei, und daß derjenige, welcher vielleicht über das Dasein seine schweren und finstern Bedenken habe, durch die »Tatsachen« widerlegt sei. Denn so stehe es: die Gründung des neuen deutschen Reiches sei der entscheidende und vernichtende Schlag gegen alles »pessimistische« Philosophieren – davon lasse sich nichts abdingen. – Wer nun gerade die Frage beantworten will, was der Philosoph als Erzieher in unserer Zeit zu bedeuten habe, der muß auf jene sehr verbreitete und zumal an Universitäten sehr gepflegte Ansicht antworten, und zwar so: es ist eine Schande und Schmach, daß eine so ekelhafte, zeitgötzendienerische Schmeichelei von sogenannten denkenden und ehrenwerten Menschen aus- und nachgesprochen werden kann – ein Beweis dafür, daß man gar nicht mehr ahnt, wie weit der Ernst der Philosophie von dem Ernst einer Zeitung entfernt ist. Solche Menschen haben den letzten Rest nicht nur einer philosophischen, sondern auch einer religiösen Gesinnung eingebüßt und statt alledem nicht etwa den Optimismus, sondern den Journalismus eingehandelt, den Geist und Ungeist des Tages und der Tageblätter. Jede Philosophie, welche durch ein politisches Ereignis das Problem des Daseins verrückt oder gar gelöst glaubt, ist eine Spaß- und Afterphilosophie. Es sind schon öfter, seit die Welt steht, Staaten gegründet worden; das ist ein altes Stück. Wie sollte eine politische Neuerung ausreichen, um die Menschen ein für allemal zu vergnügten Erdenbewohnern zu machen? Glaubt aber jemand recht von Herzen, daß dies möglich sei, so soll er sich nur melden; denn er verdient wahrhaftig, Professor der Philosophie an einer deutschen Universität, gleich Harms in Berlin, Jürgen Meyer in Bonn und Carrière in München zu werden.

Hier erleben wir aber die Folgen jener neuerdings von allen Dächern gepredigten Lehre, daß der Staat das höchste Ziel der Menschheit sei und daß es für einen Mann keine höheren Pflichten gebe, als dem Staat zu dienen: worin ich nicht einen Rückfall ins Heidentum, sondern in die Dummheit erkenne. Es mag sein, daß ein solcher Mann, der im Staatsdienste seine höchste Pflicht sieht, wirklich auch keine höheren Pflichten kennt; aber deshalb gibt es jenseits doch noch Männer und Pflichten – und eine dieser Pflichten, die mir wenigstens höher gilt als der Staatsdienst, fordert auf, die Dummheit in jeder Gestalt zu zerstören, also auch diese Dummheit. Deshalb beschäftige ich mich hier mit einer Art von Männern, deren Teleologie etwas über das Wohl eines Staates hinausweist, mit den Philosophen, und auch mit diesen nur hinsichtlich einer Welt, die wiederum von dem Staatswohle ziemlich unabhängig ist, der Kultur. Von den vielen Ringen, welche, durcheinander gesteckt, das menschliche Gemeinwesen ausmachen, sind einige von Gold und andere von Tombak.

Wie sieht nun der Philosoph die Kultur in unserer Zeit an? Sehr anders freilich als jene in ihrem Staat vergnügten Philosophieprofessoren. Fast ist es ihm, als ob er die Symptome einer völligen Ausrottung und Entwurzelung der Kultur wahrnähme, wenn er an die allgemeine Hast und zunehmende Fallgeschwindigkeit, an das Aufhören aller Beschaulichkeit und Simplizität denkt. Die Gewässer der Religion fluten ab und lassen Sümpfe oder Weiher zurück; die Nationen trennen sich wieder auf das Feindseligste und begehren sich zu zerfleischen. Die Wissenschaften, ohne jedes Maß und im blindesten *laisser faire* betrieben, zersplittern und lösen alles Festgeglaubte auf; die gebildeten Stände und Staaten werden von einer großartig verächtlichen Geldwirtschaft fortgerissen. Niemals war die Welt mehr Welt, nie ärmer an Liebe und Güte. Die gelehrten Stände sind nicht mehr Leuchttürme oder Asyle, inmitten aller dieser Unruhe der Verweltlichung; sie selbst werden täglich unruhiger, gedanken- und liebeloser. Alles dient der kommenden Barbarei, die jetzige Kunst und Wissenschaft mit einbegriffen. Der Gebildete ist zum größten Feinde der Bildung abgeartet, denn er will die allgemeine Krankheit weglügen und ist den Ärzten hinderlich. Sie werden erbittert, diese abkräftigen armen Schelme, wenn man von ihrer Schwäche spricht und ihrem schädlichen Lügengeiste widerstrebt. Sie möchten gar zu gerne glauben machen, daß sie allen Jahrhunderten den Preis abgelaufen hätten, und sie bewegen sich mit künstlicher Lustigkeit. Ihre Art, Glück zu heucheln, hat mitunter etwas Ergreifendes, weil ihr Glück so ganz unbegreiflich ist. Man möchte sie nicht einmal fragen, wie Tannhäuser den Biterolf fragt: »was hast du Ärmster denn genossen?« Denn ach, wir wissen es ja selber besser und anders. Es liegt ein Wintertag auf uns, und am hohen Gebirge wohnen wir, gefährlich und in Dürftigkeit. Kurz ist jede Freude und bleich jeder Sonnenglanz, der an den weißen Bergen zu uns herabschleicht. Da ertönt Musik, ein alter Mann dreht einen Leierkasten, die Tänzer drehen sich – es erschüttert den Wanderer, dies zu sehen: so wild, so verschlossen, so farblos, so hoffnungslos ist alles, und jetzt darin ein Ton der Freude, der gedankenlosen lauten Freude! Aber schon schleichen die Nebel des frühen Abends, der Ton verklingt, der

Schritt des Wanderers knirscht; soweit er noch sehen kann, sieht er nichts als das öde und grausame Antlitz der Natur. Wenn es aber einseitig sein sollte, nur die Schwäche der Linien und die Stumpfheit der Farben am Bilde des modernen Lebens hervorzuheben, so ist jedenfalls die zweite Seite um nichts erfreulicher, sondern nur um so beunruhigender. Es sind gewiß Kräfte da, ungeheure Kräfte, aber wilde, ursprüngliche und ganz und gar unbarmherzige. Man sieht mit banger Erwartung auf sie hin wie in den Braukessel einer Hexenküche: es kann jeden Augenblick zucken und blitzen, schreckliche Erscheinungen anzukündigen. Seit einem Jahrhundert sind wir auf lauter fundamentale Erschütterungen vorbereitet; und wenn neuerdings versucht wird, diesem tiefsten modernen Hange, einzustürzen oder zu explodieren, die konstitutive Kraft des sogenannten nationalen Staates entgegenzustellen, so ist doch für lange Zeiten hinaus auch er nur eine Vermehrung der allgemeinen Unsicherheit und Bedrohlichkeit. Daß die einzelnen sich so gebärden, als ob sie von allen diesen Besorgnissen nichts wüßten, macht uns nicht irre: ihre Unruhe zeigt es, wie gut sie davon wissen; sie denken mit einer Hast und Ausschließlichkeit an sich, wie noch nie Menschen an sich gedacht haben, sie bauen und pflanzen für ihren Tag, und die Jagd nach Glück wird nie größer sein, als wenn es zwischen heute und morgen erhascht werden muß: weil übermorgen vielleicht überhaupt alle Jagdzeit zu Ende ist. Wir leben die Periode der Atome, des atomistischen Chaos. Die feindseligen Kräfte wurden im Mittelalter durch die Kirche ungefähr zusammengehalten und durch den starken Druck, welchen sie ausübte, einigermaßen einander assimiliert. Als das Band zerreißt, der Druck nachläßt, empört sich eines wider das andere. Die Reformation erklärt viele Dinge für *adiaphora*, für Gebiete, die nicht von dem religiösen Gedanken bestimmt werden sollten; dies war der Kaufpreis, um welchen sie selbst leben durfte: wie schon das Christentum, gegen das viel religiösere Altertum gehalten, um einen ähnlichen Preis seine Existenz behauptete. Von da an griff die Scheidung immer weiter um sich. Jetzt wird fast alles auf Erden nur noch durch die gröbsten und bösesten Kräfte bestimmt, durch den Egoismus der Erwerbenden und die militärischen Gewaltherrscher. Der Staat, in den Händen dieser letzteren, macht wohl, ebenso wie der Egoismus der Erwerbenden, den Versuch, alles aus sich heraus neu zu organisieren und Band und Druck für alle jene feindseligen Kräfte zu sein: das heißt er wünscht, daß die Menschen mit ihm denselben Götzendienst treiben möchten, den sie mit der Kirche getrieben haben. Mit welchem Erfolge? Wir werden es noch erleben; jedenfalls befinden wir uns auch jetzt noch im eistreibenden Strome des Mittelalters; er ist aufgetaut und in gewaltige verheerende Bewegung geraten. Scholle türmt sich auf Scholle, alle Ufer sind überschwemmt und gefährdet. Die Revolution ist gar nicht zu vermeiden, und zwar die atomistische: welches sind aber die kleinsten unteilbaren Grundstoffe der menschlichen Gesellschaft?

Es ist kein Zweifel, daß beim Herannahen solcher Perioden das Menschliche fast noch mehr in Gefahr ist als während des Einsturzes und des chaotischen Wirbels selbst, und daß die angstvolle Erwartung und die gierige Ausbeutung der Minute alle Feigheiten und selbstsüchtigen Triebe der Seele hervorlockt: während die wirkliche Not und besonders die Allgemeinheit einer großen Not die Menschen zu bessern und zu erwärmen pflegt. Wer wird nun, bei solchen Gefahren unserer Periode, der *Menschlichkeit*, dem unantastbaren heiligen Tempelschatze, welchen die verschiedensten Geschlechter allmählich angesammelt haben, seine Wächter- und Ritterdienste widmen? Wer wird das *Bild des Menschen* aufrichten, während alle nur den selbstsüchtigen Wurm und die hündische Angst in sich fühlen und dergestalt von jenem Bilde abgefallen sind, hinab ins Tierische oder gar in das Starr-Mechanische?

Es gibt drei Bilder des Menschen, welche unsre neuere Zeit hintereinander aufgestellt hat und aus deren Anblick die Sterblichen wohl noch für lange den Antrieb zu einer Verklärung ihres eignen Lebens nehmen werden: das ist der Mensch Rousseaus, der Mensch Goethes und endlich der Mensch Schopenhauers. Von diesen hat das erste Bild das größte Feuer und ist der populärsten Wirkung gewiß; das zweite ist nur für Wenige gemacht, nämlich für die, welche beschauliche Naturen im großen Stile sind, und wird von der Menge mißverstanden. Das dritte fordert die tätigsten Menschen als seine Betrachter: nur diese werden es ohne Schaden ansehen; denn die Beschaulichen erschlafft es und die Menge schreckt es ab. Von dem ersten ist eine Kraft ausgegangen, welche zu ungestümen Revolutionen drängte und noch drängt; denn bei allen sozialistischen Erzitterungen und Erdbeben ist es immer noch der Mensch Rousseaus, welcher sich, wie der alte Typhon unter dem Ätna, bewegt. Gedrückt und halb zerquetscht durch hochmütige Kasten, erbarmungslosen Reichtum, durch Priester und schlechte Erziehung verderbt und vor sich selbst durch lächerliche Sitten beschämt, ruft der Mensch in seiner Not die »heilige Natur« an und fühlt plötzlich, daß sie von ihm so fern ist wie irgendein epikurischer Gott. Seine Gebete erreichen sie nicht: so tief ist er in das Chaos der Unnatur versunken. Er wirft höhnisch all den bunten Schmuck von sich, welcher ihm kurz vorher gerade sein Menschlichstes schien, seine Künste und Wissenschaften, die Vorzüge seines verfeinerten Lebens, er schlägt mit der Faust wider die Mauern, in deren Dämmerung er so entartet ist, und schreit nach Licht, Sonne, Wald und Fels. Und wenn er ruft: »nur die Natur ist gut, nur der natürliche Mensch ist menschlich«, so verachtet er sich und sehnt sich über sich selbst hinaus: eine Stimmung, in welcher die Seele zu furchtbaren Entschlüssen bereit ist, aber auch das Edelste und Seltenste aus ihren Tiefen heraufruft.

Der Mensch Goethes ist keine so bedrohliche Macht, ja in einem gewissen Verstande sogar das Korrektiv und Quietiv gerade jener gefährlichen Aufregungen, denen der Mensch Rousseaus preisgegeben ist. Goethe selbst hat in seiner Jugend mit seinem ganzen liebereichen Herzen an dem Evangelium von der guten Natur gehangen; sein Faust war das höchste und kühnste Abbild vom Menschen Rousseaus, wenigstens soweit dessen Heißhunger nach Leben, dessen Unzufriedenheit und Sehnsucht, dessen Umgang mit den Dämonen des Herzens darzustellen war. Nun sehe man aber darauf hin, was aus alle diesem angesammelten Gewölk entsteht – gewiß kein Blitz! Und hier offenbart sich eben das neue Bild des Menschen, des Goetheschen Menschen. Man sollte denken, daß Faust durch das überall bedrängte Leben als unersättlicher Empörer und Befreier geführt werde, als die verneinende Kraft aus Güte, als der eigentliche gleichsam religiöse und dämonische Genius des Umsturzes, zum Gegensatze seines durchaus undämonischen Begleiters, ob er schon diesen Begleiter nicht loswerden und seine skeptische Bosheit und Verneinung zugleich benutzen und verachten müßte – wie es das tragische Los jedes Empörers und Befreiers ist. Aber man irrt sich, wenn man etwas Derartiges erwartet; der Mensch Goethes weicht hier dem Menschen Rousseaus aus; denn er haßt jedes Gewaltsame, jeden Sprung – das heißt aber: jede Tat; und so wird aus dem Weltbefreier Faust gleichsam nur ein Weltreisender. Alle Reiche des Lebens und der Natur, alle Vergangenheiten, Künste, Mythologien, alle Wissenschaften sehen den unersättlichen Beschauer an sich vorüberfliegen, das tiefste Begehren wird aufgeregt und beschwichtigt, selbst Helena hält ihn nicht länger – und nun muß der Augenblick kommen, auf den sein höhnischer Begleiter lauert. An einer beliebigen Stelle der Erde endet der Flug, die Schwingen fallen herab, Mephistopheles ist bei der Hand. Wenn der Deutsche aufhört, Faust zu sein, ist keine Gefahr größer als die, daß er ein Philister werde und dem Teufel verfalle – nur himmlische Mächte können ihn hiervon erlösen. Der Mensch Goethes ist, wie ich sagte, der beschauliche Mensch im hohen Stile, der nur dadurch auf der Erde nicht verschmachtet, daß er alles Große und Denkwürdige, was je da war und noch ist, zu seiner Ernährung zusammenbringt und so lebt, ob es auch nur ein Leben von Begierde zu Begierde ist; er ist nicht der tätige Mensch: vielmehr, wenn er an irgendeiner Stelle sich in die bestehenden Ordnungen der Tätigen einfügt, so kann man sicher sein, daß nichts Rechtes dabei herauskommt – wie etwa bei allem Eifer, welchen Goethe selbst für das Theater zeigte – vor allem daß keine »Ordnung« umgeworfen wird. Der Goethesche Mensch ist eine erhaltende und verträgliche Kraft – aber unter der Gefahr, wie gesagt, daß er zum Philister entarten kann, wie der Mensch Rousseaus leicht zum Katilinarier werden kann. Ein wenig mehr Muskelkraft und natürliche Wildheit bei jenem, und alle seine Tugenden würden größer sein. Es scheint, daß Goethe wußte, worin die Gefahr und Schwäche seines Menschen liege, und er deutet es mit den Worten Jarnos an Wilhelm Meister an: »Sie sind verdrießlich und bitter, das ist schön und gut; wenn Sie nur einmal recht böse werden, so wird es noch besser sein.«

Also, unverhohlen gesprochen: es ist nötig, daß wir einmal recht böse werden, damit es besser wird. Und hierzu soll uns das Bild des Schopenhauerschen Menschen ermutigen. *Der Schopenhauersche Mensch nimmt das freiwillige Leiden der Wahrhaftigkeit auf sich*, und dieses Leiden dient ihm, seinen Eigenwillen zu ertöten und jene völlige Umwälzung und Umkehrung seines Wesens vorzubereiten, zu der zu führen der eigentliche Sinn des Lebens ist. Dieses Heraussagen des Wahren erscheint den andern Menschen als Ausfluß der Bosheit, denn sie halten die Konservierung ihrer Halbheiten und Flausen für eine Pflicht der Menschlichkeit und meinen, man müsse böse sein, um ihnen also ihr Spielwerk zu zerstören. Sie sind versucht, einem solchen zuzurufen, was Faust dem Mephistopheles sagt: »so setzest du der ewig regen, der heilsam schaffenden Gewalt die kalte Teufelsfaust entgegen«; und der, welcher Schopenhauerisch leben wollte, würde wahrscheinlich einem Mephistopheles ähnlicher sehen als einem Faust – für die schwachsichtigen modernen Augen nämlich, welche im Verneinen immer das Abzeichen des Bösen erblicken. Aber es gibt eine Art zu verneinen und zu zerstören, welche gerade der Ausfluß jener mächtigen Sehnsucht nach Heiligung und Errettung ist, als deren erster philosophischer Lehrer Schopenhauer unter uns entheiligte und recht eigentlich verweltlichte Menschen trat. Alles Dasein, welches verneint werden kann, verdient es auch verneint zu werden; und wahrhaftig sein heißt: an ein Dasein glauben, welches überhaupt nicht verneint werden könnte und welches selber wahr und ohne Lüge ist. Deshalb empfindet der Wahrhaftige den Sinn seiner Tätigkeit als einen metaphysischen, aus Gesetzen eines andern und höhern Lebens erklärbaren und im tiefsten Verstande bejahenden: so sehr auch alles, was er tut, als ein Zerstören und Zerbrechen der Gesetze dieses Lebens erscheint. Dabei muß sein Tun zu einem andauernden Leiden werden; aber er weiß, was auch Meister Eckhard weiß: »das schnellste Tier, das euch trägt zur Vollkommenheit, ist Leiden.« Ich sollte denken, es müßte jedem, der sich eine solche Lebensrichtung vor die Seele stellt, das Herz weit werden und in ihm ein heißes Verlangen entstehen, ein solcher Schopenhauerscher Mensch zu sein: also für sich und sein persönliches Wohl rein und von wundersamer Gelassenheit, in seinem Erkennen voll starken verzehrenden Feuers und weit entfernt von der kalten und verächtlichen Neutralität des sogenannten wissenschaftlichen Menschen, hoch emporgehoben über griesgrämige und verdrießliche Betrachtung, sich selbst immer als erstes Opfer der erkannten Wahrheit preisgebend, und im Tiefsten von dem Bewußtsein durchdrungen, welche Leiden aus seiner Wahrhaftigkeit entspringen müssen. Gewiß, er vernichtet sein Erdenglück durch seine Tapferkeit, er muß selbst den Menschen, die er liebt, den Institutionen, aus deren Schoße er hervorgegangen ist, feindlich sein, er darf weder Menschen noch Dinge schonen, ob er gleich an ihrer Verletzung mitleidet, er wird verkannt werden und lange als Bundesgenosse von Mächten gelten, die er verabscheut, er wird, bei dem menschlichen Maße seiner Einsicht, ungerecht sein müssen, bei allem Streben nach Gerechtigkeit: aber er darf sich mit den Worten zureden und trösten, welche Schopenhauer, sein großer Erzieher, einmal gebraucht: »Ein glückliches Leben ist unmöglich: das Höchste, was der Mensch erlangen kann, ist ein *heroischer Lebenslauf*. Einen solchen führt der, welcher, in irgendeiner Art und Angelegenheit, für das allen irgendwie zugute Kommende mit übergroßen Schwierigkeiten kämpft und am Ende siegt, dabei aber schlecht oder gar nicht belohnt wird. Dann bleibt er am Schluß, wie der Prinz im *Re corvo* des Gozzi, versteinert, aber in edler Stellung und mit großmütiger Gebärde stehn. Sein Andenken bleibt und wird als das eines Heros gefeiert; sein Wille, durch Mühe und Arbeit, schlechten Erfolg und Undank der Welt ein ganzes Leben hindurch mortifiziert, erlischt in der Nirwana.« Ein solcher heroischer Lebenslauf, samt der in ihm vollbrachten Mortifikation, entspricht freilich am wenigsten dem dürftigen Begriff derer, welche darüber die meisten Worte machen, Feste zum Andenken großer Menschen feiern und vermeinen, der große Mensch sei eben groß, wie sie klein, durch ein Geschenk gleichsam und sich zum Vergnügen oder durch einen Mechanismus und im blinden Gehorsam gegen diesen innern Zwang: so daß der, welcher das Geschenk nicht bekommen habe oder den Zwang nicht fühle, dasselbe Recht habe, klein zu sein, wie jener groß. Aber beschenkt oder bezwungen werden — das sind verächtliche Worte, mit denen man einer inneren Mahnung entfliehen will, Schmähungen für jeden, welcher auf diese Mahnung gehört hat, also für den großen Menschen; gerade er läßt sich von allen am wenigsten beschenken oder zwingen — er weiß so gut als jeder kleine Mensch, wie man das Leben leicht nehmen kann und wie weich das Bett ist, in welches er sich strecken könnte, wenn er mit sich und seinen Mitmenschen artig und gewöhnlich umginge: sind doch alle Ordnungen des Menschen darauf eingerichtet, daß das Leben in einer fortgesetzten Zerstreuung der Gedanken nicht *gespürt* werde. Warum will er so stark das Gegenteil, nämlich gerade das Leben spüren, das heißt am Leben leiden? Weil er merkt, daß man ihn um sich selbst betrügen will und daß eine Art von Übereinkunft besteht, ihn aus seiner eignen Höhle wegzustehlen. Da sträubt er sich, spitzt die Ohren und beschließt »ich will mein bleiben!« Es ist ein schrecklicher Beschluß; erst allmählich begreift er dies. Denn nun muß er in die Tiefe des Daseins hinabtauchen, mit einer Reihe von ungewöhnlichen Fragen auf der Lippe: warum lebe ich? welche Lektion soll ich vom Leben lernen? wie bin ich so geworden, wie ich bin, und weshalb leide ich denn an diesem So-sein? Er quält sich: und sieht, wie sich niemand so quält, wie vielmehr die Hände seiner Mitmenschen nach den phantastischen Vorgängen leidenschaftlich ausgestreckt sind, welche das politische Theater zeigt, oder wie sie selbst in hundert Masken, als Jünglinge, Männer, Greise, Väter, Bürger, Priester, Beamte, Kaufleute einherstolzieren, einzig auf ihre gemeinsame Komödie und gar nicht auf sich selbst bedacht. Sie alle würden die Frage: wozu lebst du? schnell und mit Stolz beantworten – »um ein guter Bürger, oder Gelehrter, oder Staatsmann zu *werden*« – und doch *sind* sie etwas, was nie etwas anderes werden kann, und warum sind sie dies gerade? Ach, und nichts Besseres? Wer sein Leben nur als einen Punkt versteht in der Entwicklung eines Geschlechtes oder eines Staates oder einer Wissenschaft und also ganz und gar in die Geschichte des Werdens, in die Historie hineingehören will, hat die Lektion, welche ihm das Dasein aufgibt, nicht verstanden und muß sie ein andermal lernen. Dieses ewige Werden ist ein lügnerisches Puppenspiel, über welchem der Mensch sich selbst vergißt, die eigentliche Zerstreuung, die das Individuum nach allen Winden auseinanderstreut, das endlose Spiel der Albernheit, welches das große Kind Zeit vor uns und mit uns spielt. Jener Heroismus der Wahrhaftigkeit besteht darin, eines Tages aufzuhören, sein Spielzeug zu sein. Im Werden ist alles hohl, betrügerisch, flach und unserer Verachtung würdig; das Rätsel, welches der Mensch lösen soll, kann er nur aus dem Sein lösen, im So- und nicht Anders-sein, im Unvergänglichen. Jetzt fängt er an zu prüfen, wie tief er mit dem Werden, wie tief mit dem Sein verwachsen ist – eine ungeheure Aufgabe steigt vor seiner Seele auf: alles Werdende zu zerstören, alles Falsche an den Dingen ans Licht zu bringen. Auch er will alles erkennen, aber er will es anders als der Goethesche Mensch, nicht einer edlen Weichlichkeit zuwillen, um sich zu bewahren und an der Vielheit der Dinge zu er' götzen; sondern er selbst ist sich das erste Opfer, das er bringt. Der heroische Mensch verachtet sein Wohl' oder Schlecht'Ergehen, seine Tugenden und Laster und überhaupt das Messen der Dinge an seinem Maße, er hofft von sich nichts mehr und will in allen Dingen bis auf diesen hoffnungslosen Grund sehen. Seine Kraft liegt in seinem Sich' selbst'Vergessen; und gedenkt er seiner, so mißt er von seinem hohen Ziele bis zu sich hin, und ihm ist, als ob er einen unansehnlichen Schlackenhügel hinter und unter sich sehe. Die alten Denker suchten mit allen Kräften das Glück und die Wahrheit – und nie soll einer finden, was er suchen muß, lautet der böse Grundsatz der Natur. Wer aber Unwahrheit in allem sucht und dem Unglücke sich freiwillig ge' sellt, dem wird vielleicht ein anderes Wunder der Enttäuschung be' reitet: etwas Unaussprechbares, von dem Glück und Wahrheit nur götzenhafte Nachbilder sind, naht sich ihm, die Erde verliert ihre Schwere, die Ereignisse und Mächte der Erde werden traumhaft, wie an Sommerabenden breitet sich Verklärung um ihn aus. Dem Schau' enden ist, als ob er gerade zu wachen anfinge und als ob nur noch die Wolken eines verschwebenden Traumes um ihn her spielten. Auch diese werden einst verweht sein: dann ist es Tag. –

5

Doch ich habe versprochen, Schopenhauer, nach meinen Erfahrun' gen, als *Erzieher* darzustellen, und somit ist es bei weitem nicht genug, wenn ich, noch dazu mit unvollkommnem Ausdruck, jenen idealen Menschen hinmale, welcher in und um Schopenhauer, gleichsam als seine platonische Idee, waltet. Das Schwerste bleibt noch zurück: zu sagen, wie von diesem Ideale aus ein neuer Kreis von Pflichten zu ge' winnen ist und wie man sich mit einem so überschwenglichen Ziele durch eine regelmäßige Tätigkeit in Verbindung setzen kann, kurz, zu beweisen, daß jenes Ideal *erzieht*. Man könnte sonst meinen, es sei nichts als die beglückende, ja berauschende Anschauung, welche uns einzelne Augenblicke gewähren, um uns gleich darauf um so mehr im Stich zu lassen und einer um so tieferen Verdrossenheit zu über' antworten. Es ist auch gewiß, daß wir so unsern Verkehr mit diesem Ideale *beginnen*, mit diesen plötzlichen Abständen von Licht und Dunkel, Berauschung und Ekel, und daß hier eine Erfahrung sich wiederholt, welche so alt ist, als es Ideale gibt. Aber wir sollen nicht lange in der Tür stehenbleiben und bald über den Anfang hinauskommen. Und so muß ernst und bestimmt gefragt werden: ist es möglich, jenes unglaublich hohe Ziel so in die Nähe zu rücken, daß es uns erzieht, während es uns aufwärtszieht? – damit nicht an uns das große Wort Goethes in Erfüllung gehe: »Der Mensch ist zu einer beschränkten Lage geboren; einfache, nahe, bestimmte Ziele vermag er einzusehen und er gewöhnt sich, die Mittel zu benutzen, die ihm gleich zur Hand sind; sobald er aber ins Weite kommt, weiß er weder, was er will, noch was er soll, und es ist ganz einerlei, ob er durch die Menge der Gegenstände zerstreut oder ob er durch die Höhe und Würde derselben außer sich gesetzt werde. Es ist immer sein Unglück, wenn er veranlaßt wird, nach etwas zu streben, mit dem er sich durch eine regelmäßige Selbsttätigkeit nicht verbinden kann.« Gerade gegen jenen Schopenhauerschen Menschen läßt sich dies mit einem Scheine von Recht einwenden: seine Würde und Höhe vermag uns nur außer uns zu setzen und setzt uns dadurch wieder aus allen Gemeinschaften der Tätigen heraus; Zusammenhang der Pflichten, Fluß des Lebens ist dahin. Vielleicht gewöhnt sich der eine daran, mißmutig endlich zu scheiden und nach zwiefacher Richtschnur zu leben, das heißt, mit sich im Widerspruche, unsicher hier und dort und deshalb täglich schwächer und unfruchtbarer: während ein andrer sogar grundsätzlich verzichtet, noch mit zu handeln und kaum noch zusieht, wenn andre handeln. Die Gefahren sind immer groß, wenn es dem Menschen zu schwer gemacht wird und wenn er keine Pflichten zu *erfüllen* vermag; die stärkeren Naturen können dadurch zerstört werden, die schwächeren, zahlreicheren versinken in eine beschauliche Faulheit und büßen zuletzt, aus Faulheit, sogar die Beschaulichkeit ein.

Nun will ich, auf solche Einwendungen hin, so viel zugeben, daß unsere Arbeit hier gerade noch kaum begonnen hat, und daß ich, nach eignen Erfahrungen, nur eins bestimmt schon sehe und weiß: daß es möglich ist, eine Kette von erfüllbaren Pflichten, von jenem idealen Bilde aus, dir und mir anzuhängen, und daß einige von uns schon den Druck dieser Kette fühlen. Um aber die Formel, unter der ich jenen neuen Kreis von Pflichten zusammenfassen möchte, ohne Bedenken aussprechen zu können, bedarf ich folgender Vorbetrachtungen.

Die tieferen Menschen haben zu allen Zeiten gerade deshalb Mitleiden mit den Tieren gehabt, weil sie am Leben leiden und doch nicht die Kraft besitzen, den Stachel des Leidens wider sich selbst zu kehren und ihr Dasein metaphysisch zu verstehen; ja es empört im tiefsten Grunde, das sinnlose Leiden zu sehen. Deshalb entstand nicht nur an einer Stelle der Erde die Vermutung, daß die Seelen schuldbeladner Menschen in diese Tierleiber gesteckt seien, und daß jenes auf den nächsten Blick empörende sinnlose Leiden vor der ewigen Gerechtigkeit sich in lauter Sinn und Bedeutung, nämlich als Strafe und Buße auflöse. Wahrhaftig, es ist eine schwere Strafe, dergestalt als Tier unter Hunger und Begierde zu leben und doch über dies Leben zu gar keiner Besonnenheit zu kommen; und kein schwereres Los ist zu ersinnen als das des Raubtiers, welches von der nagendsten Qual durch die Wüste gejagt wird, selten befriedigt und auch dies nur so, daß die Befriedigung zur Pein wird, im zerfleischenden Kampfe mit anderen Tieren oder durch ekelhafte Gier und Übersättigung. So blind und toll am Leben zu hängen, um keinen höhern Preis, ferne davon zu wissen, daß und warum man so gestraft wird, sondern gerade nach dieser Strafe wie nach einem Glücke mit der Dummheit einer entsetzlichen Begierde zu lechzen – das heißt Tier sein; und wenn die gesamte Natur sich zum Menschen hindrängt, so gibt sie dadurch zu verstehen, daß er zu ihrer Erlösung vom Fluche des Tierlebens nötig ist und daß endlich in ihm das Dasein sich einen Spiegel vorhält, auf dessen Grunde das Leben nicht mehr sinnlos, sondern in seiner metaphysischen Bedeutsamkeit erscheint. Doch überlege man wohl: wo hört das Tier auf, wo fängt der Mensch an? Jener Mensch, an dem allein der Natur gelegen ist! Solange jemand nach dem Leben wie nach einem Glücke verlangt, hat er den Blick noch nicht über den Horizont des Tieres hinausgehoben, nur daß er mit mehr Bewußtsein will, was das Tier im blinden Drange sucht. Aber so geht es uns allen, den größten Teil des Lebens hindurch: wir kommen für gewöhnlich aus der Tierheit nicht heraus, wir selbst sind die Tiere, die sinnlos zu leiden scheinen.

Aber es gibt Augenblicke, *wo wir dies begreifen*: dann zerreißen die Wolken, und wir sehen, wie wir samt aller Natur uns zum Menschen hindrängen, als zu einem Etwas, das hoch über uns steht. Schaudernd blicken wir, in jener plötzlichen Helle, um uns und rückwärts: da laufen die verfeinerten Raubtiere und wir mitten unter ihnen. Die ungeheure Bewegtheit der Menschen auf der großen Erdwüste, ihr Städte- und Staatengründen, ihr Kriegeführen, ihr rastloses Sammeln und Auseinander-streuen, ihr Durcheinander-rennen, Von-einander-ab-lernen, ihr gegenseitiges Überlisten und Niedertreten, ihr Geschrei in Not, ihr Lustgeheul im Siege – alles ist Fortsetzung der Tierheit: als ob der Mensch absichtlich zurückgebildet und um seine metaphysische Anlage betrogen werden sollte, ja als ob die Natur, nachdem sie so lange den Menschen ersehnt und erarbeitet hat, nun vor ihm zurück-bebte und lieber wieder zurück in die Unbewußtheit des Triebes wollte. Ach, sie braucht Erkenntnis, und ihr graut vor der Erkenntnis, die ihr eigentlich nottut; und so flackert die Flamme unruhig und gleichsam vor sich selbst erschreckt hin und her und ergreift tausend Dinge zuerst, bevor sie das ergreift, dessentwegen die Natur überhaupt der Erkenntnis bedarf. Wir wissen es alle in einzelnen Augenblicken, wie die weitläufigsten Anstalten unseres Lebens nur gemacht werden, um vor unserer eigentlichen Aufgabe zu fliehen, wie wir gerne irgendwo unser Haupt verstecken möchten, als ob uns dort unser hundertäugiges Gewissen nicht erhaschen könnte, wie wir unser Herz an den Staat, den Geldgewinn, die Geselligkeit oder die Wissenschaft hastig wegschenken, bloß um es nicht mehr zu besitzen, wie wir selbst der schweren Tagesarbeit hitziger und besinnungsloser frönen, als nötig wäre, um zu leben: weil es uns nötiger scheint, nicht zur Besinnung zu kommen. Allgemein ist die Hast, weil jeder auf der Flucht vor sich selbst ist; allgemein auch das scheue Verbergen dieser Hast, weil man zufrieden scheinen will und die scharfsichtigeren Zuschauer über sein Elend täuschen möchte; allgemein das Bedürfnis nach neuen klingenden Wort-Schellen, mit denen behängt das Leben etwas Lärmend-Festliches bekommen soll. Jeder kennt den sonderbaren Zustand, wenn sich plötzlich unangenehme Erinnerungen aufdrängen, und wir dann durch heftige Gebärden und Laute bemüht sind, sie uns aus dem Sinne zu schlagen: aber die Gebärden und Laute des allgemeinen

Lebens lassen erraten, daß wir uns alle und immerdar in einem solchen Zustande befinden, in Furcht vor der Erinnerung und Verinnerlichung. Was ist es doch, was uns so häufig anficht, welche Mücke läßt uns nicht schlafen? Es geht geisterhaft um uns zu, jeder Augenblick des Lebens will uns etwas sagen, aber wir wollen diese Geisterstimme nicht hören. Wir fürchten uns, wenn wir allein und stille sind, daß uns etwas in das Ohr geraunt werde, und so hassen wir die Stille und betäuben uns durch Geselligkeit.

Dies alles begreifen wir, wie gesagt, dann und wann einmal und wundern uns sehr über alle die schwindelnde Angst und Hast und über den ganzen traumartigen Zustand unseres Lebens, dem vor dem Erwachen zu grauen scheint und das um so lebhafter und unruhiger träumt, je näher es diesem Erwachen ist. Aber wir fühlen zugleich, wie wir zu schwach sind, jene Augenblicke der tiefsten Einkehr lange zu ertragen und wie nicht wir die Menschen sind, nach denen die gesamte Natur sich zu ihrer Erlösung hindrängt: viel schon, daß wir überhaupt einmal ein wenig mit dem Kopfe heraustauchen und es merken, in welchen Strom wir tief versenkt sind. Und auch dies gelingt uns nicht mit eigner Kraft, dieses Auftauchen und Wachwerden für einen verschwindenden Augenblick, wir müssen gehoben werden – und wer sind die, welche uns heben?

Das sind jene wahrhaften *Menschen*, jene *Nicht-mehr-Tiere, die Philosophen, Künstler und Heiligen*; bei ihrem Erscheinen und durch ihr Erscheinen macht die Natur, die nie springt, ihren einzigen Sprung, und zwar einen Freudensprung, denn sie fühlt sich zum ersten Male am Ziele, dort nämlich, wo sie begreift, daß sie verlernen müsse, Ziele zu haben, und daß sie das Spiel des Lebens und Werdens zu hoch gespielt habe. Sie verklärt sich bei dieser Erkenntnis, und eine milde Abendmüdigkeit, das, was die Menschen »die Schönheit« nennen, ruht auf ihrem Gesichte. Was sie jetzt, mit diesen verklärten Mienen, ausspricht, das ist die große *Aufklärung* über das Dasein; und der höchste Wunsch, den Sterbliche wünschen können, ist, andauernd und offnen Ohrs an dieser Aufklärung teilzunehmen. Wenn einer darüber nachdenkt, was zum Beispiel Schopenhauer im Verlaufe seines Lebens alles *gehört* haben muß, so mag er wohl hinterdrein zu sich sagen: »Ach deine tauben Ohren, dein dumpfer Kopf, dein flackernder Verstand, dein verschrumpftes Herz, ach alles, was ich mein nenne, wie verachte ich das! Nicht fliegen zu können, sondern nur flattern! Über sich hinaufzusehen und nicht hinauf zu können! Den Weg zu kennen und fast zu betreten, der zu jenem unermeßlichen Freiblick des Philosophen führt, und nach wenigen Schritten zurückzutaumeln! Und wenn es nur ein Tag wäre, wo jener größte Wunsch sich erfüllte, wie bereitwillig böte man das übrige Leben zum Entgelt an! So hoch zu steigen, wie je ein Denker stieg, in die reine Alpen- und Eisluft hinein, dorthin wo es kein Vernebeln und Verschleiern mehr gibt, und wo die Grundbeschaffenheit der Dinge sich rauh und starr, aber mit unvermeidlicher Verständlichkeit ausdrückt! Nur daran denkend wird die Seele einsam und unendlich; erfüllte sich aber ihr Wunsch, fiele einmal der Blick steil und leuchtend wie ein Lichtstrahl auf die Dinge nieder, erstürbe die Scham, die Ängstlichkeit und die Begierde – mit welchem Wort wäre ihr Zustand zu benennen, jene neue und rätselhafte Regung ohne Erregtheit, mit der sie dann, gleich Schopenhauers Seele, auf der ungeheuren Bilderschrift des Daseins, auf der steingewordenen Lehre vom Werden ausgebreitet liegenbliebe, nicht als Nacht, sondern als glühendes, rotgefärbtes, die Welt überströmendes Licht. Und welches Los hinwiederum, genug von der eigentümlichen Bestimmung und Seligkeit des Philosophen zu ahnen, um die ganze Unbestimmtheit und Unseligkeit des Nichtphilosophen, des Begehrenden ohne Hoffnung, zu empfinden! Sich als Frucht am Baume zu wissen, die vor zu vielem Schatten nie reif werden kann, und dicht vor sich den Sonnenschein liegen zu sehen, der einem fehlt!«

Es wäre Qual genug, um einen solchermaßen Mißbegabten neidisch und boshaft zu machen, wenn er überhaupt neidisch und boshaft werden könnte; wahrscheinlich wird er aber endlich seine Seele herumwenden, daß sie sich nicht in eitler Sehnsucht verzehre – und jetzt wird er einen neuen Kreis von Pflichten *entdecken*.

Hier bin ich bei der Beantwortung der Frage angelangt, ob es möglich ist, sich mit dem großen Ideale des Schopenhauerschen Menschen durch eine regelmäßige Selbsttätigkeit zu verbinden. Vor allen Dingen steht dies fest: jene neuen Pflichten sind nicht die Pflichten eines Vereinsamten, man gehört vielmehr mit ihnen in eine mächtige Gemeinsamkeit hinein, welche zwar nicht durch äußerliche Formen und Gesetze, aber wohl durch einen Grundgedanken zusammengehalten wird. Es ist dies der Grundgedanke der *Kultur*, insofern diese jedem einzelnen von uns nur eine Aufgabe zu stellen weiß: *die Erzeugung des Philosophen, des Künstlers und des Heiligen in uns und außer uns zu fördern und dadurch an der Vollendung der Natur zu arbeiten.* Denn wie die Natur des Philosophen bedarf, so bedarf sie des Künstlers, zu einem metaphysischen Zwecke, nämlich zu ihrer eignen Aufklärung über sich selbst, damit ihr endlich einmal als reines und fertiges Gebilde entgegengestellt werde, was sie in der Unruhe ihres Werdens nie deutlich zu sehen bekommt – also zu ihrer Selbsterkenntnis. Goethe war es, der mit einem übermütig tiefsinnigen Worte es merken ließ, wie der Natur alle ihre Versuche nur so viel gelten, damit endlich der Künstler ihr Stammeln errät, ihr auf halbem Wege entgegenkommt und ausspricht, was sie mit ihren Versuchen eigentlich will. »Ich habe es oft gesagt«, ruft er einmal aus, »und werde es noch oft wiederholen, die *causa finalis* der Welt- und Menschenhändel ist die dramatische Dichtkunst. Denn das Zeug ist sonst absolut zu nichts zu brauchen.« Und so bedarf die Natur zuletzt des Heiligen, an dem das Ich ganz zusammengeschmolzen ist und dessen leidendes Leben nicht oder fast nicht mehr individuell empfunden wird, sondern als tiefstes Gleich-, Mit- und Eins-Gefühl in allem Lebendigen: des Heiligen, an dem jenes Wunder der Verwandlung eintritt, auf welches das Spiel des Werdens nie verfällt, jene endliche und höchste Menschwerdung, nach welcher alle Natur hindrängt und -treibt, zu ihrer Erlösung von sich selbst. Es ist kein Zweifel, wir alle sind mit ihm verwandt und verbunden, wie wir mit dem Philosophen und dem Künstler verwandt sind; es gibt Augenblicke und gleichsam Funken des hellsten liebevollsten Feuers, in deren Lichte wir nicht mehr das Wort »ich« verstehen, es liegt jenseits unseres Wesens etwas, das in jenen Augenblicken zu einem Diesseits wird, und deshalb begehren wir aus tiefstem Herzen nach den Brücken zwischen hier und dort. In unserer gewöhnlichen Verfassung können wir freilich nichts zur Erzeugung des erlösenden Menschen beitragen, deshalb *hassen* wir uns in dieser Verfassung, ein Haß, welcher die Wurzel jenes Pessimismus ist, den Schopenhauer unser Zeitalter erst wieder lehren mußte, welcher aber so alt ist als es je Sehnsucht nach Kultur gab. Seine Wurzel, aber nicht seine Blüte, sein unterstes Geschoß gleichsam, aber nicht sein Giebel, der Anfang seiner Bahn, aber nicht sein Ziel: denn irgendwann müssen wir noch lernen, etwas anderes zu hassen und Allgemeineres, nicht mehr unser Individuum und seine elende Begrenztheit, seinen Wechsel und seine Unruhe: in jenem erhöhten Zustande, in dem wir auch etwas anderes lieben werden, als wir jetzt lieben können. Erst wenn wir, in der jetzigen oder einer kommenden Geburt, selber in jenen erhabensten Orden der Philosophen, der Künstler und der Heiligen aufgenommen sind, wird uns auch ein neues Ziel unserer Liebe und unseres Hasses gesteckt sein – einstweilen haben wir unsre Aufgabe und unsern Kreis von Pflichten, unsern Haß und unsre Liebe. Denn wir wissen, was die Kultur ist. Sie will, um die Nutzanwendung auf den Schopenhauerschen Menschen zu machen, daß wir seine immer neue Erzeugung vorbereiten und fördern, indem wir das ihr Feindselige kennenlernen und aus dem Wege räumen – kurz, daß wir gegen alles unermüdlich ankämpfen, was *uns* um die höchste Erfüllung unsrer Existenz brachte, indem es uns hinderte, solche Schopenhauersche Menschen selber zu werden. –

6

Mitunter ist es schwerer, eine Sache zuzugeben als sie einzusehen; und so gerade mag es den meisten ergehen, wenn sie den Satz überlegen: »die Menschheit soll fortwährend daran arbeiten, einzelne große Menschen zu erzeugen – und dies und nichts anderes sonst ist ihre Aufgabe.« Wie gerne möchte man eine Belehrung auf die Gesellschaft und ihre Zwecke anwenden, welche man aus der Betrachtung einer jeden Art des Tier- und Pflanzenreichs gewinnen kann, daß es bei ihr allein auf das einzelne höhere Exemplar ankommt, auf das ungewöhnlichere, mächtigere, kompliziertere, fruchtbarere – wie gerne, wenn nicht anerzogne Einbildungen über den Zweck der Gesellschaft zähen Widerstand leisteten! Eigentlich ist es leicht zu begreifen, daß dort, wo eine Art an ihre Grenze und an ihren Übergang in eine höhere Art gelangt, das Ziel ihrer Entwicklung liegt, nicht aber in der Masse der Exemplare und deren Wohlbefinden, oder gar in den Exemplaren, welche der Zeit nach die allerletzten sind, vielmehr gerade in den scheinbar zerstreuten und zufälligen Existenzen, welche hier und da einmal unter günstigen Bedingungen zustande kommen; und ebenso leicht sollte doch wohl die Forderung zu begreifen sein, daß die Menschheit, weil sie zum Bewußtsein über ihren Zweck kommen kann, jene günstigen Bedingungen aufzusuchen und herzustellen hat, unter denen jene großen erlösenden Menschen entstehen können. Aber es widerstrebt ich weiß nicht was alles: da soll jener letzte Zweck in dem Glück aller oder der meisten, da soll er in der Entfaltung großer Gemeinwesen gefunden werden; und so schnell sich einer entschließt, sein Leben etwa einem Staate zu opfern, so langsam und bedenklich würde er sich benehmen, wenn nicht ein Staat, sondern ein einzelner dies Opfer forderte. Es scheint eine Ungereimtheit, daß der Mensch eines andern Menschen wegen da sein sollte; »vielmehr aller andern wegen, oder wenigstens möglichst vieler!« O Biedermann, als ob das gereimter wäre, die Zahl entscheiden zu lassen, wo es sich um Wert und Bedeutung handelt! Denn die Frage lautet doch so: wie erhält dein, des einzelnen Leben den höchsten Wert, die tiefste Bedeutung? Wie ist es am wenigsten verschwendet? Gewiß nur dadurch, daß du zum Vorteile der seltensten und wertvollsten Exemplare lebst, nicht aber zum Vorteile der meisten, das heißt der, einzeln genommen, wertlosesten Exemplare. Und gerade diese Gesinnung sollte in einem jungen Menschen gepflanzt und angebaut werden, daß er sich selbst gleichsam als ein mißlungenes Werk der Natur versteht, aber zugleich als ein Zeugnis der größten und wunderbarsten Absichten dieser Künstlerin: es geriet ihr schlecht, soll er sich sagen; aber ich will ihre große Absicht dadurch ehren, daß ich ihr zu Diensten bin, damit es ihr einmal besser gelinge.

Mit diesem Vorhaben stellt er sich in den Kreis der *Kultur*; denn sie ist das Kind der Selbsterkenntnis jedes einzelnen und des Ungenügens an sich. Jeder, der sich zu ihr bekennt, spricht damit aus: »ich sehe etwas Höheres und Menschlicheres über mir, als ich selber bin; helft mir alle, es zu erreichen, wie ich jedem helfen will, der Gleiches erkennt und am gleichen leidet: damit endlich wieder der Mensch entstehe, welcher sich voll und unendlich fühlt im Erkennen und Lieben, im Schauen und Können, und mit aller seiner Ganzheit an und in der Natur hängt, als Richter und Wertmesser der Dinge.« Es ist schwer, jemanden in diesen Zustand einer unverzagten Selbsterkenntnis zu versetzen, weil es unmöglich ist, Liebe zu lehren; denn in der Liebe allein gewinnt die Seele nicht nur den klaren, zerteilenden und verachtenden Blick für sich selbst, sondern auch jene Begierde, über sich hinauszuschauen und nach einem irgendwo noch verborgenen höheren Selbst mit allen Kräften zu suchen. Also nur der, welcher sein Herz an irgendeinen großen Menschen gehängt hat, empfängt damit die *erste Weihe der Kultur*; ihr Zeichen ist Selbstbeschämung ohne Verdrossenheit, Haß gegen die eigne Enge und Verschrumpftheit, Mitleiden mit dem Genius, der aus dieser unsrer Dumpf- und Trockenheit immer wieder sich emporriß, Vorgefühl für alle Werdenden und Kämpfenden und die innerste Überzeugung, fast überall der Natur in ihrer Not zu begegnen, wie sie sich zum Menschen hindrängt, wie sie schmerzlich das Werk wieder mißraten fühlt, wie ihr dennoch überall die wundervollsten Ansätze, Züge und Formen gelingen: so daß die Menschen, mit denen wir leben, einem Trümmerfelde der kostbarsten bildnerischen Entwürfe gleichen, wo alles uns entgegenruft: kommt, helft, vollendet, bringt zusammen, was zusammengehört, wir sehnen uns unermeßlich, ganz zu werden.

Diese Summe von inneren Zuständen nannte ich erste Weihe der Kultur; jetzt aber liegt mir ob, die Wirkungen der *zweiten* Weihe zu schildern, und ich weiß wohl, daß hier meine Aufgabe schwieriger ist. Denn jetzt soll der Übergang vom innerlichen Geschehen zur Beurteilung des äußerlichen Geschehens gemacht werden, der Blick soll sich hinauswenden, um jene Begierde nach Kultur, wie er sie aus jenen ersten Erfahrungen kennt, in der großen bewegten Welt wiederzufinden, der einzelne soll sein Ringen und Sehnen als das Alphabet benutzen, mit welchem er jetzt die Bestrebungen der Menschen ablesen kann. Aber auch hier darf er nicht stehenbleiben, von dieser Stufe muß er hinauf zu der noch höheren; die Kultur verlangt von ihm nicht nur jenes innerliche Erlebnis, nicht nur die Beurteilung der ihn umströmenden äußeren Welt, sondern zuletzt und hauptsächlich die Tat, das heißt den Kampf für die Kultur und die Feindseligkeit gegen Einflüsse, Gewohnheiten, Gesetze, Einrichtungen, in welchen er nicht sein Ziel wiedererkennt: die Erzeugung des Genius.

Dem, welcher sich nun auf die zweite Stufe zu stellen vermag, fällt zuerst auf, *wie außerordentlich gering und selten das Wissen um jenes Ziel ist*, wie allgemein dagegen das Bemühen um Kultur, und wie unsäglich groß die Masse von Kräften, welche in ihrem Dienste verbraucht wird. Man fragt sich erstaunt: ist ein solches Wissen vielleicht gar nicht nötig? Erreicht die Natur ihr Ziel auch so, wenn die meisten den Zweck ihrer eignen Bemühung falsch bestimmen? Wer sich gewöhnt hat, viel von der unbewußten Zweckmäßigkeit der Natur zu halten, wird vielleicht keine Mühe haben zu antworten: »Ja, so ist es! Laßt die Menschen über ihr letztes Ziel denken und reden was sie wollen, sie sind doch in ihrem dunklen Drange des rechten Wegs sich wohl bewußt.« Man muß, um hier widersprechen zu können, einiges erlebt haben; wer aber wirklich von jenem Ziele der Kultur überzeugt ist, daß sie die Entstehung der wahren *Menschen* zu fördern habe und nichts sonst, und nun vergleicht, wie auch jetzt noch, bei allem Aufwande und Prunk der Kultur, die Entstehung jener Menschen sich nicht viel von einer fortgesetzten Tierquälerei unterscheidet: der wird es sehr nötig befinden, daß an Stelle jenes »dunklen Drangs« endlich einmal ein bewußtes Wollen gesetzt werde. Und das namentlich auch aus dem zweiten Grunde: damit es nämlich nicht mehr möglich ist, jenen über sein Ziel unklaren Trieb, den gerühmten dunklen Drang zu ganz andersartigen Zwecken zu gebrauchen und auf Wege zu führen, wo jenes höchste Ziel, die Erzeugung des Genius, nimmermehr erreicht werden kann. Denn es gibt eine Art von *gemißbrauchter und in Dienst genommener Kultur* – man sehe sich nur um! Und gerade die Gewalten, welche jetzt am tätigsten die Kultur fördern, haben dabei Nebengedanken und verkehren mit ihr nicht in reiner und uneigennütziger Gesinnung.

Da ist es erstens *die Selbstsucht der Erwerbenden*, welche der Beihilfe der Kultur bedarf und ihr zum Danke dafür wieder hilft, aber dabei freilich zugleich Ziel und Maß vorschreiben möchte. Von dieser Seite kommt jener beliebte Satz und Kettenschluß her, der ungefähr so lautet: möglichst viel Erkenntnis und Bildung, daher möglichst viel Bedürfnis, daher möglichst viel Produktion, daher möglichst viel Gewinn und Glück – so klingt die verführerische Formel. Bildung würde von den Anhängern derselben als die Einsicht definiert werden, mit der man, in Bedürfnissen und deren Befriedigung, durch und durch zeitgemäß wird, mit der man aber zugleich am besten über alle Mittel und Wege gebietet, um so leicht wie möglich Geld zu gewinnen. Möglichst viele kurante Menschen zu bilden, in der Art dessen, was man an einer Münze kurant nennt, das wäre also das Ziel; und ein Volk wird, nach dieser Auffassung, um so glücklicher sein, je mehr es solche kurante Menschen besitzt. Deshalb soll es durchaus die Absicht der modernen Bildungsanstalten sein, jeden so weit zu fördern, als es in seiner Natur liegt, kurant zu werden, jeden dermaßen auszubilden, daß er von dem ihm eigenen Grade von Erkenntnis und Wissen das größtmögliche Maß von Glück und Gewinn habe. Der einzelne müsse, so fordert man hier, durch die Hilfe einer solchen allgemeinen Bildung sich selber genau taxieren können, um zu wissen, was er vom Leben zu fordern habe; und zuletzt wird behauptet, daß ein natürlicher und notwendiger Bund von »Intelligenz und Besitz«, von »Reichtum und Kultur« bestehe, noch mehr, daß dieser Bund eine *sittliche* Notwendigkeit sei. Jede Bildung ist hier verhaßt, die einsam macht, die über Geld und Erwerb hinaus Ziele steckt, die viel Zeit verbraucht; man pflegt wohl solche ernstere Arten der Bildung als »feineren Egoismus«, als »unsittlichen Bildungs-Epikureismus« zu verunglimpfen. Freilich, nach der hier geltenden Sittlichkeit steht gerade das Umgekehrte im Preise, nämlich eine rasche Bildung, um bald ein geldverdienendes Wesen zu werden, und doch eine so gründliche Bildung, um ein sehr viel Geld verdienendes Wesen werden zu können. Dem Menschen wird nur so viel Kultur gestattet als im Interesse des allgemeinen Erwerbs und des Weltverkehrs ist, aber so viel wird auch von ihm gefordert. Kurz: »der Mensch hat einen notwendigen Anspruch auf Erdenglück, darum ist die Bildung notwendig, aber auch nur darum!«

Da ist zweitens *die Selbstsucht des Staates*, welcher ebenfalls nach möglichster Ausbreitung und Verallgemeinerung der Kultur begehrt und die wirksamsten Werkzeuge in den Händen hat, um seine Wünsche zu befriedigen. Vorausgesetzt, daß er sich stark genug weiß, um nicht nur entfesseln, sondern zur rechten Zeit ins Joch spannen zu können, vorausgesetzt, daß sein Fundament sicher und breit genug ist, um das ganze Bildungsgewölbe tragen zu können, so kommt die Ausbreitung der Bildung unter seinen Bürgern immer nur ihm selbst, im Wetteifer mit andern Staaten zugute. Überall, wo man jetzt vom »Kulturstaat« redet, sieht man ihm die Aufgabe gestellt, die geistigen

Kräfte einer Generation so weit zu entbinden, daß sie damit den bestehenden Institutionen dienen und nützen können: aber auch nur so weit; wie ein Waldbach durch Dämme und auf Gerüsten teilweise abgeleitet wird, um mit der kleineren Kraft Mühlen zu treiben – während seine volle Kraft der Mühle eher gefährlich als nützlich wäre. Jenes Entbinden ist zugleich und noch viel mehr ein In-Fesseln-Schlagen. Man bringe sich nur ins Gedächtnis, was allmählich aus dem Christentum unter der Selbstsucht des Staates geworden ist. Das Christentum ist gewiß eine der reinsten Offenbarungen jenes Dranges nach Kultur und gerade nach der immer erneuten Erzeugung des Heiligen; da es aber hundertfältig benutzt wurde, um die Mühlen der staatlichen Gewalten zu treiben, ist es allmählich bis in das Mark hinein krank geworden, verheuchelt und verlogen und bis zum Widerspruche mit seinem ursprünglichen Ziele abgeartet. Selbst sein letztes Ereignis, die deutsche Reformation, wäre nichts als ein plötzliches Aufflackern und Verlöschen gewesen, wenn sie nicht aus dem Kampfe und Brande der Staaten neue Kräfte und Flammen gestohlen hätte.

Da wird drittens die Kultur von allen denen gefördert, welche sich eines *häßlichen oder langweiligen Inhaltes* bewußt sind und über ihn durch die sogenannte »*schöne Form*« täuschen wollen. Mit dem Äußerlichen, mit Wort, Gebärde, Verzierung, Gepränge, Manierlichkeit soll der Beschauer zu einem falschen Schlusse über den Inhalt genötigt werden: in der Voraussetzung, daß man für gewöhnlich das Innere nach der Außenseite beurteilt. Mir scheint es bisweilen, daß die modernen Menschen sich grenzenlos aneinander langweilen und daß sie es endlich nötig finden, sich mit Hilfe aller Künste interessant zu machen. Da lassen sie sich selbst durch ihre Künstler als prickelnde und beizende Speise auftischen; da übergießen sie sich mit dem Gewürze des ganzen Orients und Okzidents, und gewiß! jetzt riechen sie freilich sehr interessant, nach dem ganzen Orient und Okzident. Da richten sie sich ein, jeden Geschmack zu befriedigen; und jeder soll bedient werden, ob ihm nun nach Wohl- oder Übelriechendem, nach Sublimiertem oder Bäurisch-Grobem, nach Griechischem oder Chinesischem, nach Trauerspielen oder dramatisierten Unflätereien gelüstet. Die berühmtesten Küchenmeister dieser modernen Menschen, die um jeden Preis interessant und interessiert sein wollen, finden sich bekanntlich bei den

Franzosen, die schlechtesten bei den Deutschen. Dies ist für die letzteren im Grunde tröstlicher als für die ersteren, und wir wollen es am wenigsten den Franzosen verargen, wenn sie uns gerade ob des Mangels an Interessantem und Elegantem verspotten und wenn sie bei dem Verlangen einzelner Deutschen nach Eleganz und Manieren sich an den Indianer erinnert fühlen, welcher sich einen Ring durch die Nase wünscht und darnach schreit, tätowiert zu werden.

– Und hier hält mich nichts von einer Abschweifung zurück. Seit dem letzten Kriege mit Frankreich hat sich manches in Deutschland verändert und verschoben, und es ist ersichtlich, daß man auch einige neue Wünsche in betreff der deutschen Kultur mit heimgebracht hat. Jener Krieg war für viele die erste Reise in die elegantere Hälfte der Welt; wie herrlich nimmt sich nun die Unbefangenheit des Siegers aus, wenn er es nicht verschmäht, bei dem Besiegten etwas Kultur zu lernen! Besonders das Kunsthandwerk wird immer von neuem auf den Wetteifer mit dem gebildeteren Nachbar hingewiesen, die Einrichtung des deutschen Hauses soll der des französischen angeähnlicht werden, selbst die deutsche Sprache soll, vermittelst einer nach französischem Muster gegründeten Akademie, sich »gesunden Geschmack« aneignen und den bedenklichen Einfluß abtun, welchen Goethe auf sie ausgeübt habe – wie ganz neuerdings der Berliner Akademiker Dubois-Reymond urteilt. Unsre Theater haben schon längst in aller Stille und Ehrbarkeit nach dem gleichen Ziele getrachtet, selbst der elegante deutsche Gelehrte ist schon erfunden – nun, da ist ja zu erwarten, daß alles, was sich bis jetzt jenem Gesetze der Eleganz nicht recht fügen wollte, deutsche Musik, Tragödie und Philosophie, nunmehr als undeutsch beiseite geschafft wird. – Aber wahrhaftig, es wäre auch kein Finger mehr für die deutsche Kultur zu rühren, wenn der Deutsche unter der Kultur, welche ihm noch fehlt und nach der er jetzt zu trachten hätte, nichts verstünde als Künste und Artigkeiten, mit denen das Leben verhübscht wird, eingeschlossen die gesamte Tanzmeister- und Tapezierer-Erfindsamkeit, wenn er sich auch in der Sprache nur noch um akademisch gutgeheißene Regeln und eine gewisse allgemeine Manierlichkeit bemühen wollte. Höhere Ansprüche scheint aber der letzte Krieg und die persönliche Vergleichung mit den Franzosen kaum hervorgerufen zu haben, vielmehr überkommt mich öfter der

Verdacht, als ob der Deutsche sich jenen alten Verpflichtungen jetzt gewaltsam entziehen wollte, welche seine wunderbare Begabung, der eigentümliche Schwer- und Tiefsinn seiner Natur, ihm auflegt. Lieber möchte er einmal gaukeln, Affe sein, lieber lernte er Manieren und Künste, wodurch das Leben unterhaltend wird. Man kann aber den deutschen Geist gar nicht mehr beschimpfen, als wenn man ihn behandelt, als ob er von Wachs wäre, so daß man ihm eines Tages auch die Eleganz ankneten könnte. Und wenn es leider wahr ist, daß ein guter Teil der Deutschen sich gern derartig kneten und zurechtformen lassen will, so soll doch dagegen so oft gesagt werden, bis man es hört: bei euch wohnt sie gar nicht mehr, jene alte deutsche Art, die zwar hart, herbe und voller Widerstand ist, aber als der köstlichste Stoff, an welchem nur die größten Bildner arbeiten dürfen, weil sie allein seiner wert sind. Was ihr dagegen in euch habt, ist ein weichliches breiiges Material; macht damit was ihr wollt, formt elegante Puppen und interessante Götzenbilder daraus – es wird auch hierin bei Richard Wagners Wort verbleiben: »der Deutsche ist eckig und ungelenk, wenn er sich manierlich geben will; aber er ist erhaben und allen überlegen, wenn er in das Feuer gerät.« Und vor diesem deutschen Feuer haben die Eleganten allen Grund, sich in acht zu nehmen, es möchte sie sonst eines Tages fressen, samt allen ihren Puppen und Götzenbildern aus Wachs. – Man könnte nun freilich jene in Deutschland überhandnehmende Neigung zur »schönen Form« noch anders und tiefer ableiten: aus jener Hast, jenem atemlosen Erfassen des Augenblicks, jener Übereile, die alle Dinge zu grün vom Zweige bricht, aus jenem Rennen und Jagen, das den Menschen jetzt Furchen ins Gesicht gräbt und alles, was sie tun, gleichsam tätowiert. Als ob ein Trank in ihnen wirkte, der sie nicht mehr ruhig atmen ließe, stürmen sie fort in unanständiger Sorglichkeit, als die geplagten Sklaven der drei M, des Moments, der Meinungen und der Moden: so daß freilich der Mangel an Würde und Schicklichkeit allzu peinlich in die Augen springt und nun wieder eine lügnerische Eleganz nötig wird, mit welcher die Krankheit der würdelosen Hast maskiert werden soll. Denn so hängt die modische Gier nach der schönen Form mit dem häßlichen Inhalt des jetzigen Menschen zusammen: jene soll verstecken, dieser soll versteckt werden. Gebildetsein heißt nun: sich nicht merken lassen, wie elend und schlecht man ist, wie raubtierhaft im Streben, wie unersättlich im Sammeln, wie eigensüchtig und schamlos im Genießen. Mehrmals ist mir schon, wenn ich jemandem die Abwesenheit einer deutschen Kultur vor Augen stellte, eingewendet worden: »aber diese Abwesenheit ist ja ganz natürlich, denn die Deutschen sind bisher zu arm und bescheiden gewesen. Lassen Sie unsre Landsleute nur erst reich und selbstbewußt werden, dann werden sie auch eine Kultur haben!« Mag der Glaube immerhin selig machen, *diese* Art des Glaubens macht mich unselig, weil ich fühle, daß jene deutsche Kultur, an deren Zukunft hier geglaubt wird – die des Reichtums, der Politur und der manierlichen Verstellung – das feindseligste Gegenbild der deutschen Kultur ist, an welche ich glaube. Gewiß, wer unter Deutschen zu leben hat, leidet sehr an der berüchtigten Grauheit ihres Lebens und ihrer Sinne, an der Formlosigkeit, dem Stumpf- und Dumpfsinne, an der Plumpheit im zarteren Verkehre, noch mehr an der Scheelsucht und einer gewissen Verstecktheit und Unreinlichkeit des Charakters; es schmerzt und beleidigt ihn die eingewurzelte Lust am Falschen und Unechten, am Übel-Nachgemachten, an der Übersetzung des guten Ausländischen in ein schlechtes Einheimisches: jetzt aber, wo nun noch jene fieberhafte Unruhe, jene Sucht nach Erfolg und Gewinn, jene Überschätzung des Augenblicks als schlimmstes Leiden hinzugekommen ist, empört es ganz und gar, zu denken, daß alle diese Krankheiten und Schwächen grundsätzlich nie geheilt, sondern immer nur überschminkt werden sollen – durch eine solche »Kultur der interessanten Form«! Und dies bei einem Volke, welches *Schopenhauer* und *Wagner* hervorgebracht hat! Und noch oft hervorbringen soll! Oder täuschen wir uns auf das Trostloseste? Sollten die Genannten vielleicht gar nicht mehr dafür Bürgschaft leisten, daß solche Kräfte, wie die ihrigen, wirklich noch in dem deutschen Geiste und Sinne vorhanden sind? Sollten sie selber Ausnahmen sein, gleichsam die letzten Ausläufer und Absenker von Eigenschaften, welche man ehemals für deutsch nahm? Ich weiß mir hier nicht recht zu helfen und kehre deshalb auf meine Bahn der allgemeinen Betrachtung zurück, von der mich sorgenvolle Zweifel oft genug ablenken wollen. Noch waren nicht alle jene Mächte aufgezählt, von denen zwar die Kultur gefördert wird, ohne daß man doch ihr Ziel, die Erzeugung des Genius, anerkennt;

drei sind genannt, die Selbstsucht der Erwerbenden, die Selbstsucht des Staates und die Selbstsucht aller derer, welche Grund haben, sich zu verstellen und durch die Form zu verstecken. Ich nenne viertens *die Selbstsucht der Wissenschaft* und das eigentümliche Wesen ihrer Diener, der *Gelehrten*.

Die Wissenschaft verhält sich zur Weisheit wie die Tugendhaftigkeit zur Heiligung: sie ist kalt und trocken, sie hat keine Liebe und weiß nichts von einem tiefen Gefühle des Ungenügens und der Sehnsucht. Sie ist sich selber ebenso nützlich, als sie ihren Dienern schädlich ist, insofern sie auf dieselben ihren eignen Charakter überträgt und damit ihre Menschlichkeit verknöchert. Solange unter Kultur wesentlich Förderung der Wissenschaft verstanden wird, geht sie an dem großen leidenden Menschen mit unbarmherziger Kälte vorüber, weil die Wissenschaft überall nur Probleme der Erkenntnis sieht, und weil das Leiden eigentlich innerhalb ihrer Welt etwas Ungehöriges und Unverständliches, also höchstens wieder ein Problem ist.

Man gewöhne sich aber nur erst daran, jede Erfahrung in ein dialektisches Frage- und Antwortspiel und in eine reine Kopfangelegenheit zu übersetzen: es ist erstaunlich, in wie kurzer Zeit der Mensch bei einer solchen Tätigkeit ausdorrt, wie bald er fast nur noch mit den Knochen klappert. Jeder weiß und sieht dies: wie ist es also nur möglich, daß trotzdem die Jünglinge keineswegs vor solchen Knochenmenschen zurückschrecken und immer von neuem wieder sich blindlings und wahl- und maßlos den Wissenschaften übergeben? Dies kann doch nicht vom angeblichen »Trieb zur Wahrheit« herkommen: denn wie sollte es überhaupt einen Trieb nach der kalten reinen folgenlosen Erkenntnis geben können! Was vielmehr die eigentlichen treibenden Kräfte in den Dienern der Wissenschaft sind, gibt sich dem unbefangnen Blick nur zu deutlich zu verstehen: und es ist sehr anzuraten, auch einmal die Gelehrten zu untersuchen und zu sezieren, nachdem sie selbst sich gewöhnt haben, alles in der Welt, auch das Ehrwürdigste, dreist zu betasten und zu zerlegen. Soll ich heraus sagen, was ich denke, so lautet mein Satz: der Gelehrte besteht aus einem verwickelten Geflecht sehr verschiedener Antriebe und Reize, er ist durchaus ein unreines Metall. Man nehme zuvörderst eine starke und immer höher gesteigerte Neubegier, die Sucht nach Abenteuern der

Erkenntnis, die fortwährend anreizende Gewalt des Neuen und Seltnen im Gegensatze zum Alten und Langweiligen. Dazu füge man einen gewissen dialektischen Spür- und Spieltrieb, die jägerische Lust an verschmitzten Fuchsgängen des Gedankens, so daß nicht eigentlich die Wahrheit gesucht, sondern das Suchen gesucht wird und der Hauptgenuß im listigen Herumschleichen, Umzingeln, kunstmäßigen Abtöten besteht. Nun tritt noch der Trieb zum Widerspruch hinzu, die Persönlichkeit will, allen anderen entgegen, sich fühlen und fühlen lassen; der Kampf wird zur Lust und der persönliche Sieg ist das Ziel, während der Kampf um die Wahrheit nur der Vorwand ist. Zu einem guten Teile ist sodann dem Gelehrten der Trieb beigemischt, *gewisse* »Wahrheiten« zu finden, nämlich aus Untertänigkeit gegen gewisse herrschende Personen, Kasten, Meinungen, Kirchen, Regierungen, weil er fühlt, daß er sich nützt, indem er die »Wahrheit« auf ihre Seite bringt. Weniger regelmäßig, aber doch noch häufig genug, treten am Gelehrten folgende Eigenschaften hervor. Erstens Biederkeit und Sinn für das Einfache, sehr hoch zu schätzen, wenn sie mehr sind als Ungelenkigkeit und Ungeübtheit in der Verstellung, zu welcher ja einiger Witz gehört. In der Tat kann man überall, wo der Witz und die Gelenkigkeit sehr in die Augen fallen, ein wenig auf der Hut sein und die Geradheit des Charakters in Zweifel ziehn. Andererseits ist meisthin jene Biederkeit wenig wert und auch für die Wissenschaft nur selten fruchtbar, da sie am Gewohnten hängt und die Wahrheit nur bei einfachen Dingen oder in *adiaphoris* zu sagen pflegt; denn hier entspricht es der Trägheit mehr, die Wahrheit zu sagen als sie zu verschweigen. Und weil alles Neue ein Umlernen nötig macht, so verehrt die Biederkeit, wenn es irgend angeht, die alte Meinung und wirft dem Verkündiger des Neuen vor, es fehle ihm der *sensus recti*. Gegen die Lehre des Kopernikus erhob sie gewiß deshalb Widerstand, weil sie hier den Augenschein und die Gewohnheit für sich hatte. Der bei Gelehrten nicht gar seltne Haß gegen die Philosophie ist vor allem Haß gegen die langen Schlußketten und die Künstlichkeit der Beweise. Ja im Grunde hat jede Gelehrten-Generation ein unwillkürliches Maß für den *erlaubten* Scharfsinn; was darüber hinaus ist, wird angezweifelt und beinahe als Verdachtgrund gegen die Biederkeit benutzt. – Zweitens Scharfsichtigkeit in der Nähe, verbunden mit großer

Myopie für die Ferne und das Allgemeine. Sein Gesichtsfeld ist gewöhnlich sehr klein, und die Augen müssen dicht an den Gegenstand herangehalten werden. Will der Gelehrte von einem eben durchforschten Punkte zu einem andern, so rückt er den ganzen Seh-Apparat nach jenem Punkte hin. Er zerlegt ein Bild in lauter Flecke, wie einer, der das Opernglas anwendet, um die Bühne zu sehen, und jetzt bald einen Kopf, bald ein Stück Kleid, aber nichts Ganzes ins Auge faßt. Jene einzelnen Flecke sieht er nie verbunden, sondern er erschließt nur ihren Zusammenhang; deshalb hat er von allem Allgemeinen keinen starken Eindruck. Er beurteilt zum Beispiel eine Schrift, weil er sie im Ganzen nicht zu übersehen vermag, nach einigen Stücken oder Sätzen oder Fehlern; er würde verführt sein zu behaupten, ein Ölgemälde sei ein wilder Haufen von Klexen. – Drittens Nüchternheit und Gewöhnlichkeit seiner Natur in Neigungen und Abneigungen. Mit dieser Eigenschaft hat er besonders in der Historie Glück, insofern er die Motive vergangener Menschen gemäß den ihm bekannten Motiven aufspürt. In einem Maulwurfsloche findet sich ein Maulwurf am besten zurecht. Er ist gehütet vor allen künstlichen und ausschweifenden Hypothesen; er gräbt, wenn er beharrlich ist, alle gemeinen Motive der Vergangenheit auf, weil er sich von gleicher Art fühlt. Freilich ist er meistens gerade deshalb unfähig, das Seltne, Große und Ungemeine, also das Wichtige und Wesentliche, zu verstehen und zu schätzen. – Viertens Armut an Gefühl und Trockenheit. Sie befähigt ihn selbst zu Vivisektionen. Er ahnt das Leiden nicht, das manche Erkenntnis mit sich führt, und fürchtet sich deshalb auf Gebieten nicht, wo anderen das Herz schaudert. Er ist kalt und erscheint deshalb leicht grausam. Auch für verwegen hält man ihn, aber er ist es nicht, ebensowenig wie das Maultier, welches den Schwindel nicht kennt. – Fünftens geringe Selbstschätzung, ja Bescheidenheit. Sie fühlen, obwohl in einen elenden Winkel gebannt, nichts von Aufopferung, von Vergeudung, sie scheinen es oft im tiefsten Innern zu wissen, daß sie nicht fliegendes, sondern kriechendes Getier sind. Mit dieser Eigenschaft erscheinen sie selbst rührend. – Sechstens Treue gegen ihre Lehrer und Führer. Diesen wollen sie recht von Herzen helfen, und sie wissen wohl, daß sie ihnen am besten mit der Wahrheit helfen. Denn sie sind dankbar gestimmt, weil sie nur durch sie Einlaß in die würdigen Hallen der Wissenschaft erlangt haben, in welche sie auf eignem Wege niemals hineingekommen wären. Wer gegenwärtig als Lehrer ein Gebiet zu erschließen weiß, auf dem auch die geringsten Köpfe mit einigem Erfolg arbeiten können, der ist in kürzester Zeit ein berühmter Mann: so groß ist sofort der Schwarm, der sich hinzudrängt. Freilich ist ein jeder von diesen Treuen und Dankbaren zugleich auch ein Mißgeschick für den Meister, weil jene alle ihn nachahmen und nun gerade seine Gebreste unmäßig groß und übertrieben erscheinen, weil sie an so kleinen Individuen hervortreten, während die Tugenden des Meisters umgekehrt, nämlich im gleichen Verhältnisse verkleinert, sich an demselben Individuum darstellen. – Siebentens gewohnheitsmäßiges Fortlaufen auf der Bahn, auf welche man den Gelehrten gestoßen hat, Wahrheitssinn aus Gedankenlosigkeit, gemäß der einmal angenommenen Gewöhnung. Solche Naturen sind Sammler, Erklärer, Verfertiger von *Indices*, Herbarien; sie lernen und suchen auf einem Gebiete herum, bloß weil sie niemals daran denken, daß es auch andre Gebiete gibt. Ihr Fleiß hat etwas von der ungeheuerlichen Dummheit der Schwerkraft: weshalb sie oft viel zustande bringen. – Achtens Flucht vor der Langeweile. Während der wirkliche Denker nichts mehr ersehnt als Muße, flieht der gewöhnliche Gelehrte vor ihr, weil er mit ihr nichts anzufangen weiß. Seine Tröster sind die Bücher: das heißt, er hört zu, wie jemand anderes denkt und läßt sich auf diese Art über den langen Tag hinweg unterhalten. Besonders wählt er Bücher, bei welchen seine persönliche Teilnahme irgendwie angeregt wird, wo er ein wenig, durch Neigung oder Abneigung, in Affekt geraten kann: also Bücher, wo er selbst in Betrachtung gezogen wird oder sein Stand, seine politische oder ästhetische oder auch nur grammatische Lehrmeinung; hat er gar eine eigne Wissenschaft, so fehlt es ihm nie an Mitteln der Unterhaltung und an Fliegenklappen gegen die Langeweile. – Neuntens das Motiv des Broterwerbs, also im Grunde die berühmten »Borborygmen eines leidenden Magens«. Der Wahrheit wird gedient, wenn sie imstande ist, zu Gehalten und höheren Stellungen direkt zu befördern, oder wenigstens die Gunst derer zu gewinnen, welche Brot und Ehren zu verleihen haben. Aber auch nur *dieser* Wahrheit wird gedient: weshalb sich eine Grenze zwischen den ersprießlichen Wahrheiten, denen viele dienen, und den unersprießlichen

Wahrheiten ziehen läßt: welchen letzteren nur die wenigsten sich hingeben, bei denen es nicht heißt: *ingenii largitor venter*. — Zehntens Achtung vor den Mitgelehrten, Furcht vor ihrer Mißachtung; seltneres, aber höheres Motiv als das vorige, doch noch sehr häufig. Alle die Mitglieder der Zunft überwachen sich untereinander auf das eifersüchtigste, damit die Wahrheit, an welcher so viel hängt, Brot, Amt, Ehre, wirklich auf den Namen ihres Finders getauft werde. Man zollt streng dem andern seine Achtung für die Wahrheit, welche er gefunden, um den Zoll wieder zurückzufordern, wenn man selber einmal eine Wahrheit finden sollte. Die Unwahrheit, der Irrtum wird schallend explodiert, damit die Zahl der Mitbewerber nicht zu groß werde; doch wird hier und da auch einmal die wirkliche Wahrheit explodiert, damit wenigstens für eine kurze Zeit Platz für hartnäckige und kecke Irrtümer geschafft werde; wie es denn nirgendswo und auch hier nicht an »moralischen Idiotismen« fehlt, die man sonst Schelmenstreiche nennt. — Elftens der Gelehrte aus Eitelkeit, schon eine seltnere Spielart. Er will womöglich ein Gebiet ganz für sich haben und wählt deshalb Kuriositäten, besonders wenn sie ungewöhnlichen Kostenaufwand, Reisen, Ausgrabungen, zahlreiche Verbindungen in verschiedenen Ländern nötig machen. Er begnügt sich meistens mit der Ehre, selber als Kuriosität angestaunt zu werden und denkt nicht daran, sein Brot vermittelst seiner gelehrten Studien zu gewinnen. — Zwölftens der Gelehrte aus Spieltrieb. Seine Ergötzlichkeit besteht darin, Knötchen in den Wissenschaften zu suchen und sie zu lösen; wobei er sich nicht zu sehr anstrengen mag, um das Gefühl des Spiels nicht zu verlieren. Deshalb dringt er nicht gerade in die Tiefe, doch nimmt er oft etwas wahr, was der Brotgelehrte mit dem mühsam kriechenden Auge nie sieht. — Wenn ich endlich dreizehntens noch als Motiv des Gelehrten den Trieb nach Gerechtigkeit bezeichne, so könnte man mir entgegenhalten, dieser edle, ja bereits metaphysisch zu verstehende Trieb sei gar zu schwer von anderen zu unterscheiden und für ein menschliches Auge im Grunde unfaßlich und unbestimmbar; weshalb ich die letzte Nummer mit dem frommen Wunsche beifüge, es möge jener Trieb unter Gelehrten häufiger und wirksamer sein als er sichtbar wird. Denn ein Funke von dem Feuer der Gerechtigkeit, in die Seele eines Gelehrten gefallen, genügt, um sein Leben und Streben zu durchglühen und läuternd zu verzehren, so daß er keine Ruhe mehr hat und für immer aus der lauen oder frostigen Stimmung herausgetrieben ist, in welcher die gewöhnlichen Gelehrten ihr Tagewerk tun.

Alle diese Elemente, oder mehrere oder einzelne, denke man sich nun kräftig gemischt und durcheinandergeschüttelt: so hat man das Entstehen des Dieners der Wahrheit. Es ist sehr wunderlich, wie hier, zum Vorteile eines im Grunde außer- und übermenschlichen Geschäftes, des reinen und folgelosen, daher auch trieblosen Erkennens, eine Menge kleiner sehr menschlicher Triebe und Triebchen zusammengegossen wird, um eine chemische Verbindung einzugehen, und wie das Resultat, der Gelehrte, sich nun im Lichte jenes überirdischen, hohen und durchaus reinen Geschäftes so verklärt ausnimmt, daß man das Mengen und Mischen, was zu seiner Erzeugung nötig war, ganz vergißt. Doch gibt es Augenblicke, wo man gerade daran denken und erinnern muß: nämlich gerade dann, wenn der Gelehrte in seiner Bedeutung für die Kultur in Frage kommt. Wer nämlich zu beobachten weiß, bemerkt, daß der Gelehrte seinem Wesen nach *unfruchtbar* ist – eine Folge seiner Entstehung! – und daß er einen gewissen natürlichen Haß gegen den fruchtbaren Menschen hat; weshalb sich zu allen Zeiten die Genies und die Gelehrten befehdet haben. Die letzteren wollen nämlich die Natur töten, zerlegen und verstehen, die ersteren wollen die Natur durch neue lebendige Natur vermehren; und so gibt es einen Widerstreit der Gesinnungen und Tätigkeiten. Ganz beglückte Zeiten brauchten den Gelehrten nicht und kannten ihn nicht, ganz erkrankte und verdrossene Zeiten schätzten ihn als den höchsten und würdigsten Menschen und gaben ihm den ersten Rang.

Wie es nun mit unserer Zeit in Hinsicht auf Gesund- und Kranksein steht, wer wäre Arzt genug, das zu wissen! Gewiß, daß auch jetzt noch in sehr vielen Dingen die Schätzung des Gelehrten zu hoch ist und deshalb schädlich wirkt, zumal in allen Anliegenheiten des werdenden Genius. Für dessen Not hat der Gelehrte kein Herz, er redet mit scharfer kalter Stimme über ihn weg, und gar zu schnell zuckt er die Achsel, als über etwas Wunderliches und Verdrehtes, für das er weder Zeit noch Lust habe. Auch bei ihm findet sich das Wissen um das Ziel der Kultur nicht. –

Aber überhaupt: was ist uns durch alle diese Betrachtungen aufgegangen? Daß überall, wo jetzt die Kultur am lebhaftesten gefördert erscheint, von jenem Ziele nichts gewußt wird. Mag der Staat noch so laut sein Verdienst um die Kultur geltend machen, er fördert sie, um sich zu fördern und begreift ein Ziel nicht, welches höher steht als sein Wohl und seine Existenz. Was die Erwerbenden wollen, wenn sie unablässig nach Unterricht und Bildung verlangen, ist zuletzt eben Erwerb. Wenn die Formenbedürftigen das eigentliche Arbeiten für die Kultur sich zuschreiben und zum Beispiel vermeinen, alle Kunst gehöre ihnen und müsse ihrem Bedürfnisse zu Diensten sein, so ist eben nur das deutlich, daß sie sich selbst bejahen, indem sie die Kultur bejahen: daß also auch sie nicht über ein Mißverständnis hinausgekommen sind. Vom Gelehrten wurde genug gesprochen. So eifrig also alle vier Mächte miteinander darüber nachdenken, wie sie *sich* mit Hilfe der Kultur nützen, so matt und gedankenlos sind sie, wenn dieses ihr Interesse nicht dabei erregt wird. Und deshalb haben sich die Bedingungen für die Entstehung des Genius in der neueren Zeit *nicht verbessert*, und der Widerwille gegen originale Menschen hat in dem Grade zugenommen, daß Sokrates bei uns nicht hätte leben können und jedenfalls nicht siebzig Jahre alt geworden wäre.

Nun erinnere ich an das, was ich im dritten Abschnitt ausführte: wie unsre ganze moderne Welt gar nicht so festgefügt und dauerhaft aussieht, daß man auch dem Begriff ihrer Kultur einen ewigen Bestand prophezeien könnte. Man muß es sogar für wahrscheinlich halten, daß das nächste Jahrtausend auf ein paar neue Einfälle kommt, über welche einstweilen die Haare jedes Jetztlebenden zu Berge stehen möchten. *Der Glaube an eine metaphysische Bedeutung der Kultur* wäre am Ende noch gar nicht so erschreckend: vielleicht aber einige Folgerungen, welche man daraus für die Erziehung und das Schulwesen ziehen könnte.

Es erfordert ein freilich ganz ungewohntes Nachdenken, einmal von den gegenwärtigen Anstalten der Erziehung weg und hinüber nach durchaus fremd- und andersartigen Institutionen zu sehen, welche vielleicht schon die zweite oder dritte Generation für nötig befinden wird. Während nämlich durch die Bemühungen der jetzigen höheren Erzieher entweder der Gelehrte oder der Staatsbeamte oder der Erwerbende oder der Bildungsphilister oder endlich und gewöhnlich ein Mischprodukt von allen zustande gebracht wird: hätten jene noch zu erfindenden Anstalten freilich eine schwerere Aufgabe – zwar nicht an

sich schwerer, da es jedenfalls die natürlichere und insofern auch leich,
tere Aufgabe wäre; und kann zum Beispiel etwas schwerer sein, als,
wider die Natur, wie es jetzt geschieht, einen Jüngling zum Gelehrten
abrichten? Aber die Schwierigkeit liegt für die Menschen darin, um,
zulernen und ein neues Ziel sich zu stecken; und es wird unsägliche
Mühe kosten, die Grundgedanken unseres jetzigen Erziehungswesens,
das seine Wurzeln im Mittelalter hat, und dem eigentlich der mittel,
alterliche Gelehrte als Ziel der vollendeten Bildung vorschwebt, mit
einem neuen Grundgedanken zu vertauschen. Jetzt schon ist es Zeit,
sich diese Gegensätze vor die Augen zu stellen; denn irgendeine Gene,
ration muß den Kampf beginnen, in welchem eine spätere siegen soll.
Jetzt schon wird der einzelne, welcher jenen neuen Grundgedanken
der Kultur verstanden hat, vor einen Kreuzweg gestellt; auf dem einen
Wege gehend ist er seiner Zeit willkommen, sie wird es an Kränzen
und Belohnungen nicht fehlen lassen, mächtige Parteien werden ihn
tragen, hinter seinem Rücken werden ebenso viele Gleichgesinnte, wie
vor ihm stehen, und wenn der Vordermann das Losungswort aus,
spricht, so hallt es in allen Reihen wider. Hier heißt die erste Pflicht
»in Reih und Glied kämpfen«, die zweite, alle die als Feinde zu behan,
deln, welche sich nicht in Reih und Glied stellen wollen. Der andre
Weg führt ihn mit seltneren Wanderschaftsgenossen zusammen, er
ist schwieriger, verschlungener, steiler; die, welche auf dem ersten
gehen, verspotten ihn, weil er dort mühsamer schreitet und öfter in
Gefahr kommt, sie versuchen es, ihn zu sich herüberzulocken. Wenn
einmal beide Wege sich kreuzen, so wird er gemißhandelt, beiseite ge,
worfen oder mit scheuem Beiseitetreten isoliert. Was bedeutet nun für
diese verschiedenartigen Wandrer beider Wege eine Institution der
Kultur? Jener ungeheure Schwarm, welcher sich auf dem ersten Wege
zu seinem Ziele drängt, versteht darunter Einrichtungen und Gesetze,
vermöge deren er selbst in Ordnung aufgestellt wird und vorwärts geht,
und durch welche alle Widerspenstigen und Einsamen, alle nach
höheren und entlegneren Zielen Ausschauenden in Bann getan wer,
den. Dieser anderen kleineren Schar würde eine Institution freilich
einen ganz andern Zweck zu erfüllen haben; sie selber will, an der
Schutzwehr einer festen Organisation, verhüten, daß sie durch jenen
Schwarm weggeschwemmt und auseinandergetrieben werde, daß ihre

einzelnen in allzufrüher Erschöpfung hinschwinden oder gar von ihrer großen Aufgabe abspenstig gemacht werden. Diese einzelnen sollen ihr Werk vollenden – das ist der Sinn ihres Zusammenhaltens; und alle, die an der Institution teilnehmen, sollen bemüht sein, durch eine fortgesetzte Läuterung und gegenseitige Fürsorge, die Geburt des Genius und das Reifwerden seines Werks in sich und um sich vorzubereiten. Nicht wenige, auch aus der Reihe der zweiten und dritten Begabungen, sind zu diesem Mithelfen bestimmt und kommen nur in der Unterwerfung unter eine solche Bestimmung zu dem Gefühl, einer Pflicht zu leben und mit Ziel und Bedeutung zu leben. Jetzt aber werden gerade diese Begabungen von den verführerischen Stimmen jener modischen »Kultur« aus ihrer Bahn abgelenkt und ihrem Instinkte entfremdet; an ihre eigensüchtigen Regungen, an ihre Schwächen und Eitelkeiten richtet sich diese Versuchung, ihnen gerade flüstert der Zeitgeist mit einschmeichelnder Beflissenheit zu: »Folgt mir und geht nicht dorthin! Denn dort seid ihr nur Diener, Gehilfen, Werkzeuge, von höheren Naturen überstrahlt, eurer Eigenart niemals froh, an Fäden gezogen, an Ketten gelegt, als Sklaven, ja als Automaten; hier bei mir genießt ihr, als Herren, eure freie Persönlichkeit, eure Begabungen dürfen für sich glänzen, ihr selber sollt in den vordersten Reihen stehen, ungeheures Gefolge wird euch umschwärmen, und der Zuruf der öffentlichen Meinung dürfte euch doch wohl mehr ergötzen als eine vornehme, von oben herab gespendete Zustimmung aus der kalten Ätherhöhe des Genius.« Solchen Verlockungen unterliegen wohl die Besten: und im Grunde entscheidet hier kaum die Seltenheit und Kraft der Begabung, sondern der Einfluß einer gewissen heroischen Grundstimmung und der Grad einer innerlichen Verwandtschaft und Verwachsenheit mit dem Genius. Denn es *gibt* Menschen, welche es als *ihre* Not empfinden, wenn sie diesen mühselig ringen und in Gefahr, sich selbst zu zerstören sehen, oder wenn seine Werke von der kurzsichtigen Selbstsucht des Staates, dem Flachsinn der Erwerbenden, der trocknen Genügsamkeit der Gelehrten gleichgültig beiseite gestellt werden: und so hoffe ich auch, daß es einige gebe, welche verstehen, was ich mit der Vorführung von Schopenhauers Schicksal sagen will und wozu, nach meiner Vorstellung, Schopenhauer als Erzieher eigentlich *erziehen* soll. –

7

Aber um einmal alle Gedanken an eine ferne Zukunft und eine mögliche Umwälzung des Erziehungswesens beiseite zu lassen: was müßte man einem werdenden Philosophen *gegenwärtig* wünschen und nötigenfalls verschaffen, damit er überhaupt Atem schöpfen könne und es im günstigsten Falle zu der, gewiß nicht leichten, aber wenigstens möglichen Existenz Schopenhauers bringe? Was wäre außerdem zu erfinden, um seiner Einwirkung auf die Zeitgenossen mehr Wahrscheinlichkeit zu geben? Und welche Hindernisse müßten weggeräumt werden, damit vor allem sein Vorbild zur vollen Wirkung komme, damit der Philosoph wieder Philosophen erziehe? Hier verläuft sich unsre Betrachtung in das Praktische und Anstößige.

Die Natur will immer gemeinnützig sein, aber sie versteht es nicht, zu diesem Zwecke die besten und geschicktesten Mittel und Handhaben zu finden: das ist ihr großes Leiden, deshalb ist sie melancholisch. Daß sie den Menschen durch die Erzeugung des Philosophen und des Künstlers das Dasein deutsam und bedeutsam machen wollte, das ist bei ihrem eignen erlösungsbedürftigen Drange gewiß; aber wie ungewiß, wie schwach und matt ist die Wirkung, welche sie meisthin mit den Philosophen und Künstlern erreicht! Wie selten bringt sie es überhaupt zu einer Wirkung! Besonders in Hinsicht des Philosophen ist ihre Verlegenheit groß, ihn gemeinnützig anzuwenden; ihre Mittel scheinen nur Tastversuche, zufällige Einfälle zu sein, so daß es ihr mit ihrer Absicht unzählige Male mißlingt und die meisten Philosophen nicht gemeinnützig werden. Das Verfahren der Natur sieht wie Verschwendung aus; doch ist es nicht die Verschwendung einer frevelhaften Üppigkeit, sondern der Unerfahrenheit; es ist anzunehmen, daß sie, wenn sie ein Mensch wäre, aus dem Ärger über sich und ihr Ungeschick gar nicht herauskommen würde. Die Natur schießt den Philosophen wie einen Pfeil in die Menschen hinein, sie zielt nicht, aber sie hofft, daß der Pfeil irgendwo hängen bleiben wird. Dabei aber irrt sie sich unzählige Male und hat Verdruß. Sie geht im Bereiche der Kultur ebenso vergeuderisch um wie bei dem Pflanzen und Säen. Ihre Zwecke erfüllt sie auf eine allgemeine und schwerfällige Manier: wobei sie viel zu viel Kräfte aufopfert. Der Künstler und andererseits die

Kenner und Liebhaber seiner Kunst verhalten sich zueinander wie ein grobes Geschütz und eine Anzahl Sperlinge. Es ist das Werk der Einfalt, eine große Lawine zu wälzen, um ein wenig Schnee wegzuschieben, einen Menschen zu erschlagen, um die Fliege auf seiner Nase zu treffen. Der Künstler und der Philosoph sind Beweise gegen die Zweckmäßigkeit der Natur in ihren Mitteln, ob sie schon den vortrefflichsten Beweis für die Weisheit ihrer Zwecke abgeben. Sie treffen immer nur wenige und sollten alle treffen – und auch diese wenigen werden nicht mit der Stärke getroffen, mit welcher Philosoph und Künstler ihr Geschoß absenden. Es ist traurig, die Kunst als Ursache und die Kunst als Wirkung so verschiedenartig abschätzen zu müssen: wie ungeheuer ist sie als Ursache, wie gelähmt, wie nachklingend ist sie als Wirkung! Der Künstler macht sein Werk nach dem Willen der Natur zum Wohle der anderen Menschen, darüber ist kein Zweifel: trotzdem weiß er, daß niemals wieder jemand von diesen andern Menschen sein Werk so verstehen und lieben wird, wie er es selbst versteht und liebt. Jener hohe und einzige Grad von Liebe und Verständnis ist also nach der ungeschickten Verfügung der Natur nötig, damit ein niedrigerer Grad entstehe; das Größere und Edlere ist zum Mittel für die Entstehung des Geringeren und Unedlen verwendet. Die Natur wirtschaftet nicht klug, ihre Ausgaben sind viel größer als der Ertrag, den sie erzielt; sie muß sich bei all ihrem Reichtum irgendwann einmal zugrunde richten. Vernünftiger hätte sie es eingerichtet, wenn ihre Hausregel wäre: wenig Kosten und hundertfältiger Ertrag, wenn es zum Beispiel nur wenige Künstler und diese von schwächeren Kräften gäbe, dafür aber zahlreiche Aufnehmende und Empfangende und gerade diese von stärkerer und gewaltigerer Art, als die Art der Künstler selber ist: so daß die Wirkung des Kunstwerks im Verhältnis zur Ursache ein hundertfach verstärkter Widerhall wäre. Oder sollte man nicht mindestens erwarten, daß Ursache und Wirkung gleich stark wären; aber wie weit bleibt die Natur hinter dieser Erwartung zurück! Es sieht oft so aus, als ob ein Künstler und zumal ein Philosoph *zufällig* in seiner Zeit sei, als Einsiedler oder als versprengter und zurückgebliebener Wanderer. Man fühle nur einmal recht herzlich nach, wie groß, durch und durch und in allem, Schopenhauer ist – und wie klein, wie absurd seine Wirkung! Nichts kann gerade für einen ehrlichen

Menschen dieser Zeit beschämender sein als einzusehen, wie zufällig sich Schopenhauer in ihr ausnimmt und an welchen Mächten und Unmächten es bisher gehangen hat, daß seine Wirkung so verkümmert wurde. Zuerst und lange war ihm der Mangel an Lesern feindlich, zum dauernden Hohne auf unser literarisches Zeitalter; sodann als die Leser kamen, die Ungemäßheit seiner ersten öffentlichen Zeugen: noch mehr freilich, wie mir scheint, die Abstumpfung aller modernen Menschen gegen Bücher, welche sie eben durchaus nicht mehr ernst nehmen wollen; allmählich ist noch eine neue Gefahr hinzugekommen, entsprungen aus den mannigfachen Versuchen, Schopenhauer der schwächlichen Zeit anzupassen oder gar ihn als befremdliche und reizvolle Würze, gleichsam als eine Art metaphysischen Pfeffers einzureiben. So ist er zwar allmählich bekannt und berühmt geworden, und ich glaube, daß jetzt bereits mehr Menschen seinen Namen als den Hegels kennen: und trotzdem ist er noch ein Einsiedler, trotzdem blieb bis jetzt die Wirkung aus! Am wenigsten haben die eigentlichen literarischen Gegner und Widerbeller die Ehre, diese bisher verhindert zu haben, erstens weil es wenige Menschen gibt, welche es aushalten sie zu lesen, und zweitens weil sie den, welcher dies aushält, unmittelbar zu Schopenhauer hinführen; denn wer läßt sich wohl von einem Eseltreiber abhalten, ein schönes Pferd zu besteigen, wenn jener auch noch so sehr seinen Esel auf Unkosten des Pferdes herausstreicht?

Wer nun die Unvernunft in der Natur dieser Zeit erkannt hat, wird auf Mittel sinnen müssen, hier ein wenig nachzuhelfen; seine Aufgabe wird aber sein, die freien Geister und die tief an unsrer Zeit leidenden mit Schopenhauer bekannt zu machen, sie zu sammeln und durch sie eine Strömung zu erzeugen, mit deren Kraft das Ungeschick zu überwinden ist, welches die Natur bei Benutzung des Philosophen für gewöhnlich und auch heute wieder zeigt. Solche Menschen werden einsehen, daß es dieselben Widerstände sind, welche die Wirkung einer großen Philosophie verhindern und welche der Erzeugung eines großen Philosophen im Wege stehen; weshalb sie ihr Ziel dahin bestimmen dürfen, die Wiedererzeugung Schopenhauers, das heißt des philosophischen Genius, vorzubereiten. Das aber, was der Wirkung und Fortpflanzung seiner Lehre sich von Anbeginn widersetzte, was endlich auch jene Wiedergeburt des Philosophen mit allen Mitteln vereiteln will, das ist, kurz zu reden, die Verschrobenheit der jetzigen Menschennatur: weshalb alle werdenden großen Menschen eine unglaubliche Kraft verschwenden müssen, um sich nur selbst durch diese Verschrobenheit hindurch zu retten. Die Welt, in die sie jetzt eintreten, ist mit Flausen eingehüllt; das brauchen wahrhaftig nicht nur religiöse Dogmen zu sein, sondern auch solche flausenhafte Begriffe wie »Fortschritt«, »allgemeine Bildung«, »National«, »moderner Staat«, »Kulturkampf«; ja man kann sagen, daß alle allgemeinen Worte jetzt einen künstlichen und unnatürlichen Aufputz an sich tragen, weshalb eine hellere Nachwelt unserer Zeit im höchsten Maße den Vorwurf des Verdrehten und Verwachsenen machen wird, mögen wir uns noch so laut mit unserer »Gesundheit« brüsten. Die Schönheit der antiken Gefäße, sagt Schopenhauer, entspringt daraus, daß sie auf eine so naive Art ausdrücken, was sie zu sein und zu leisten bestimmt sind; und ebenso gilt es von allem übrigen Geräte der Alten: man fühlt dabei, daß, wenn die Natur Vasen, Amphoren, Lampen, Tische, Stühle, Helme, Schilde, Panzer und so weiter hervorbrächte, sie so aussehen würden. Umgekehrt: wer jetzt zusieht, wie fast jedermann mit Kunst, mit Staat, Religion, Bildung hantiert – um aus guten Gründen von unsern »Gefäßen« zu schweigen – der findet die Menschen in einer gewissen barbarischen Willkürlichkeit und Übertriebenheit der Ausdrücke, und dem werdenden Genius steht gerade dies am meisten entgegen, daß so wunderliche Begriffe und so grillenhafte Bedürfnisse zu seiner Zeit im Schwange gehen: diese sind der bleierne Druck, welcher so oft, ungesehen und unerklärbar, seine Hand niederzwingt, wenn er den Pflug führen will – dergestalt, daß selbst seine höchsten Werke, weil sie mit Gewalt sich emporrissen, auch bis zu einem Grade den Ausdruck dieser Gewaltsamkeit an sich tragen müssen.

Wenn ich mir nun die Bedingungen zusammensuche, mit deren Beihilfe, im glücklichsten Falle, ein geborener Philosoph durch die geschilderte zeitgemäße Verschrobenheit wenigstens nicht erdrückt wird, so bemerke ich etwas Sonderbares: es sind zum Teil gerade die Bedingungen, unter denen, im allgemeinen wenigstens, Schopenhauer selber aufwuchs. Zwar fehlte es nicht an entgegenstrebenden Bedingungen: so trat in seiner eitlen und schöngeisterischen Mutter jene Ver schrobenheit der Zeit ihm auf eine fürchterliche Weise nahe. Aber der stolze und republikanisch freie Charakter seines Vaters rettete ihn gleichsam vor seiner Mutter und gab ihm das erste, was ein Philosoph braucht: unbeugsame und rauhe Männlichkeit. Dieser Vater war weder ein Beamter noch ein Gelehrter: er reiste mit dem Jüngling vielfach in fremden Ländern umher – alles ebenso viele Begünstigungen für den, welcher nicht Bücher, sondern Menschen kennen, nicht eine Regierung, sondern die Wahrheit verehren lernen soll. Beizeiten wurde er gegen die nationalen Beschränktheiten abgestumpft oder allzu geschärft; er lebte in England, Frankreich und Italien nicht anders als in seiner Heimat und fühlte mit dem spanischen Geiste keine geringe Sympathie. Im ganzen schätzte er es nicht als eine Ehre, gerade unter Deutschen geboren zu sein; und ich weiß nicht einmal, ob er sich bei den neuen politischen Verhältnissen anders besonnen haben würde. Vom Staate hielt er bekanntlich, daß seine einzigen Zwecke seien, Schutz nach außen, Schutz nach innen und Schutz gegen die Beschützer zu geben, und daß, wenn man ihm noch andre Zwecke, außer dem des Schutzes, andichte, dies leicht den wahren Zweck in Gefahr setzen könne –: deshalb vermachte er, zum Schrecken aller sogenannten Liberalen, sein Vermögen den Hinterlassenen jener preußischen Soldaten, welche 1848 im Kampf für die Ordnung gefallen waren. Wahrscheinlich wird es von jetzt ab immer mehr das Zeichen geistiger Überlegenheit sein, wenn jemand den Staat und seine Pflichten einfach zu nehmen versteht; denn der, welcher den *furor philosophicus* im Leibe hat, wird schon gar keine Zeit mehr für den *furor politicus* haben und sich weislich hüten, jeden Tag Zeitungen zu lesen oder gar einer Partei zu dienen: ob er schon keinen Augenblick anstehen wird, bei einer wirklichen Not seines Vaterlandes auf seinem Platze zu sein. Alle Staaten sind schlecht eingerichtet, bei denen noch andere als die Staatsmänner sich um Politik bekümmern müssen, und sie verdienen es, an diesen vielen Politikern zugrunde zu gehen.

Eine andre große Begünstigung wurde Schopenhauern dadurch zuteil, daß er nicht von vornherein zum Gelehrten bestimmt und erzogen wurde, sondern wirklich einige Zeit, wenn schon mit Widerstreben, in einem kaufmännischen Kontor arbeitete und jedenfalls seine ganze Jugend hindurch die freiere Luft eines großen Handelshauses in sich einatmete. Ein Gelehrter kann nie ein Philosoph werden; denn selbst Kant vermochte es nicht, sondern blieb bis zum Ende, trotz dem angebornen Drange seines Genius, in einem gleichsam verpuppten Zustande. Wer da glaubt, daß ich mit diesem Worte Kanten unrecht tue, weiß nicht, was ein Philosoph ist, nämlich nicht nur ein großer Denker, sondern auch ein wirklicher Mensch; und wann wäre je aus einem Gelehrten ein wirklicher Mensch geworden? Wer zwischen sich und die Dinge Begriffe, Meinungen, Vergangenheiten, Bücher treten läßt, wer also, im weitesten Sinne, zur Historie geboren ist, wird die Dinge nie zum ersten Male sehen und nie selber ein solches erstmalig gesehenes Ding sein; beides gehört aber bei einem Philosophen ineinander, weil er die meiste Belehrung aus sich nehmen muß und weil er sich selbst als Abbild und Abbreviatur der ganzen Welt dient. Wenn einer sich vermittelst fremder Meinungen anschaut, was Wunder, wenn er auch an sich nichts sieht als – fremde Meinungen! Und so sind, leben und sehen die Gelehrten. Schopenhauer dagegen hatte das unbeschreibliche Glück, nicht nur in sich den Genius aus der Nähe zu sehen, sondern auch außer sich, in Goethe: durch diese doppelte Spiegelung war er über alle gelehrtenhaften Ziele und Kulturen von Grund aus belehrt und weise geworden. Vermöge dieser Erfahrung wußte er, wie der freie und starke Mensch beschaffen sein muß, zu dem sich jede künstlerische Kultur hinsehnt; konnte er, nach diesem Blicke, wohl noch viel Lust übrig haben, sich mit der sogenannten »Kunst« in der gelehrten oder hypokritischen Manier des modernen Menschen zu befassen? Hatte er doch sogar noch etwas Höheres gesehn: eine furchtbare überweltliche Szene des Gerichts, in der alles Leben, auch das höchste und vollendete, gewogen und zu leicht befunden wurde: er hatte den Heiligen als Richter des Daseins gesehn. Es ist gar nicht zu bestimmen, wie frühzeitig Schopenhauer dieses Bild des Lebens geschaut haben muß, und zwar gerade so, wie er es später in allen seinen Schriften nachzumalen versuchte; man kann beweisen, daß der Jüngling, und möchte glauben, daß das Kind schon diese ungeheure Vision gesehn hat. Alles, was er später aus Leben und Büchern, aus allen Reichen der Wissenschaft sich aneignete, war ihm beinahe nur Farbe und Mittel des Ausdrucks; selbst die Kantische Philosophie wurde von ihm vor allem als ein außerordentliches rhetorisches Instrument hinzugezogen, mit dem er sich noch deutlicher über jenes Bild auszusprechen glaubte: wie ihm zu gleichem Zwecke auch gelegentlich die buddhistische und christliche Mythologie diente. Für ihn gab es nur eine Aufgabe und hunderttausend Mittel, sie zu lösen: einen Sinn und unzählige Hieroglyphen, um ihn auszudrücken.

Es gehörte zu den herrlichen Bedingungen seiner Existenz, daß er wirklich einer solchen Aufgabe, gemäß seinem Wahlspruche *vitam impendere vero*, leben konnte und daß keine eigentliche Gemeinheit der Lebensnot ihn niederzwang: – es ist bekannt, in welcher großartigen Weise er gerade dafür seinem Vater dankte; während in Deutschland der theoretische Mensch meistens auf Unkosten der Reinheit seines Charakters seine wissenschaftliche Bestimmung durchsetzt, als ein »rücksichtsvoller Lump«, stellen- und ehrensüchtig, behutsam und biegsam, schmeichlerisch gegen Einflußreiche und Vorgesetzte. Leider hat Schopenhauer durch nichts zahlreiche Gelehrte mehr beleidigt als dadurch, daß er ihnen nicht ähnlich sieht.

8

Damit sind einige Bedingungen genannt, unter denen der philosophische Genius in unserer Zeit trotz der schädlichen Gegenwirkungen wenigstens entstehen kann: freie Männlichkeit des Charakters, frühzeitige Menschenkenntnis, keine gelehrte Erziehung, keine patriotische Einklemmung, kein Zwang zum Brot-Erwerben, keine Beziehung zum Staate – kurz, Freiheit und immer wieder Freiheit: dasselbe wunderbare und gefährliche Element, in welchem die griechischen Philosophen aufwachsen durften. Wer es ihm vorwerfen will, was Niebuhr dem Plato vorwarf, daß er ein schlechter Bürger gewesen sei, soll es tun und nur selber ein guter Bürger sein: so wird er im Rechte sein und Plato ebenfalls. Ein anderer wird jene große Freiheit als Überhebung deuten: auch er hat recht, weil er selber mit jener Freiheit nichts Rechtes anfangen und sich allerdings sehr überheben würde, falls er sie für sich begehrte. Jene Freiheit ist wirklich eine schwere Schuld; und nur durch große Taten läßt sie sich abbüßen. Wahrlich, jeder gewöhnliche Erdensohn hat das Recht, mit Groll auf einen solchermaßen Begünstigten hinzusehn: nur mag ihn ein Gott davor bewahren, daß er nicht selbst so begünstigt, das heißt so furchtbar verpflichtet werde. Er ginge ja sofort an seiner Freiheit und seiner Einsamkeit zugrunde und würde zum Narren, zum boshaften Narren aus Langeweile. –

Aus dem bisher Besprochnen vermag vielleicht der eine oder der andre Vater etwas zu lernen und für die private Erziehung seines Sohnes irgendwelche Nutzanwendung zu machen; obschon wahrhaftig nicht zu erwarten ist, daß die Väter gerade nur Philosophen zu Söhnen haben möchten. Wahrscheinlich werden zu allen Zeiten die Väter sich am meisten gegen das Philosophentum ihrer Söhne, als gegen die größte Verschrobenheit, gesträubt haben; Sokrates fiel bekanntlich dem Zorne der Väter über die »Verführung der Jugend« zum Opfer, und Plato hielt aus eben den Gründen die Aufrichtung eines ganz neuen Staates für notwendig, um die Entstehung des Philosophen nicht von der Unvernunft der Väter abhängig zu machen. Beinahe sieht es nun so aus, als ob Plato wirklich etwas erreicht habe. Denn der moderne Staat rechnet jetzt die Förderung der Philosophie zu *seinen* Aufgaben und sucht zu jeder Zeit eine Anzahl Menschen mit jener »Freiheit« zu beglücken, unter der wir die wesentlichste Bedingung zur Genesis des Philosophen verstehen. Nun hat Plato ein wunderliches Unglück in der Geschichte gehabt: sobald einmal ein Gebilde entstand, welches seinen Vorschlägen im wesentlichen entsprach, war es immer bei genauerem Zusehen das untergeschobene Kind eines Kobolds, ein häßlicher Wechselbalg; etwa wie der mittelalterliche Priesterstaat es war, verglichen mit der von ihm geträumten Herrschaft der »Göttersöhne«. Der moderne Staat ist nun zwar davon am weitesten entfernt, gerade die Philosophen zu Herrschern zu machen – Gottlob! wird jeder Christ hinzufügen –: aber selbst jene Förderung der Philosophie, wie er sie versteht, müßte doch einmal darauf hin angesehn werden, ob er sie *platonisch* versteht, ich meine: so ernst und aufrichtig, als ob es seine höchste Absicht dabei wäre, neue Platone zu erzeugen. Wenn für gewöhnlich der Philosoph in seiner Zeit als zufällig erscheint – stellt sich wirklich der Staat jetzt die Aufgabe, diese Zufälligkeit mit Bewußtsein in eine Notwendigkeit zu übersetzen und der Natur auch hier nachzuhelfen?

Die Erfahrung belehrt uns leider eines Bessern – oder Schlimmern: sie sagt, daß in Hinsicht auf die großen Philosophen von Natur nichts ihrer Erzeugung und Fortpflanzung so im Wege steht als die schlechten Philosophen von Staats wegen. Ein peinlicher Gegenstand, nicht wahr? – bekanntlich derselbe, auf den Schopenhauer in seiner berühmten Abhandlung über Universitätsphilosophie zuerst die Augen gerichtet hat. Ich komme auf diesen Gegenstand zurück: denn man muß die Menschen zwingen, ihn ernst zu nehmen, das heißt sich durch ihn zu einer Tat bestimmen zu lassen, und ich erachte jedes Wort für unnütz geschrieben, hinter dem nicht eine solche Aufforderung zur Tat steht; und jedenfalls ist es gut, Schopenhauers für immer gültige Sätze noch einmal, und zwar geradewegs in bezug auf unsre allernächsten Zeitgenossen, zu demonstrieren, da ein Gutmütiger meinen könnte, daß seit seinen schweren Anklagen sich alles in Deutschland zum Bessern gewendet habe. Sein Werk ist noch nicht einmal in diesem Punkte, so geringfügig er ist, zu Ende gebracht.

Genauer zugesehen ist jene »Freiheit«, mit welcher der Staat jetzt, wie ich sagte, einige Menschen zugunsten der Philosophie beglückt, schon gar keine Freiheit, sondern ein Amt, das seinen Mann nährt. Die Förderung der Philosophie besteht also nur darin, daß es heutzutage wenigstens einer Anzahl Menschen durch den Staat ermöglicht wird, von ihrer Philosophie zu *leben*, dadurch, daß sie aus ihr einen Broterwerb machen können: während die alten Weisen Griechenlands von seiten des Staates nicht besoldet, sondern höchstens einmal, wie Zeno, durch eine goldene Krone und ein Grabmal auf dem Kerameikos geehrt wurden. Ob nun der Wahrheit damit gedient wird, daß man einen Weg zeigt, wie man von ihr leben könne, weiß ich im allgemeinen nicht zu sagen, weil hier alles auf Art und Güte des einzelnen Menschen ankommt, welchen man diesen Weg gehen heißt. Ich könnte mir recht gut einen Grad von Stolz und Selbstachtung denken, bei dem ein Mensch zu seinen Mitmenschen sagt: sorgt ihr für mich, denn ich habe Besseres zu tun, nämlich für euch zu sorgen. Bei Plato und Schopenhauer würde eine solche Großartigkeit von Gesinnung und Ausdruck derselben nicht befremden; weshalb gerade sie sogar Universitätsphilosophen sein könnten, wie Plato zeitweilig Hofphilosoph war, ohne die Würde der Philosophie zu erniedrigen. Aber schon Kant war, wie wir Gelehrte zu sein pflegen, rücksichtsvoll, unterwürfig und, in seinem Verhalten gegen den Staat, ohne Größe:

so daß er jedenfalls, wenn die Universitätsphilosophie einmal angeklagt werden sollte, sie nicht rechtfertigen könnte. Gibt es aber Naturen, welche sie zu rechtfertigen vermöchten – eben wie die Schopenhauers und Platos – so fürchte ich nur eins: sie werden niemals dazu Anlaß haben, weil nie ein Staat es wagen würde, solche Menschen zu begünstigen und in jene Stellungen zu versetzen. Weshalb doch? Weil jeder Staat sie fürchtet und immer nur Philosophen begünstigen wird, vor denen er sich nicht fürchtet. Es kommt nämlich vor, daß der Staat vor der Philosophie überhaupt Furcht hat, und gerade, wenn dies der Fall ist, wird er um so mehr Philosophen an sich heranzuziehn suchen, welche ihm den Anschein geben, als ob er die Philosophie auf seiner Seite habe – weil er diese Menschen auf seiner Seite hat, welche ihren Namen führen und doch so gar nicht furchteinflößend sind. Sollte aber ein Mensch auftreten, welcher wirklich Miene macht, mit dem Messer der Wahrheit allem, auch dem Staate, an den Leib zu gehen, so ist der Staat, weil er vor allem seine Existenz bejaht, im Recht, einen solchen von sich auszuschließen und als seinen Feind zu behandeln: ebenso wie er eine Religion ausschließt und als Feind behandelt, welche sich über ihn stellt und sein Richter sein will. Erträgt es jemand also, Philosoph von Staats wegen zu sein, so muß er es auch ertragen, von ihm so angesehen zu werden, als ob er darauf verzichtet habe, der Wahrheit in alle Schlupfwinkel nachzugehen. Mindestens solange er begünstigt und angestellt ist, muß er über der Wahrheit noch etwas Höheres anerkennen, den Staat. Und nicht bloß den Staat, sondern alles zugleich, was der Staat zu seinem Wohle heischt: zum Beispiel eine bestimmte Form der Religion, der gesellschaftlichen Ordnung, der Heeresverfassung – allen solchen Dingen steht ein *Noli me tangere* angeschrieben. Sollte wohl je ein Universitätsphilosoph sich den ganzen Umfang seiner Verpflichtung und Beschränkung klargemacht haben? Ich weiß es nicht; hat es einer getan und bleibt doch Staatsbeamter, so war er jedenfalls ein schlechter Freund der Wahrheit; hat er es nie getan – nun, ich sollte meinen, auch dann wäre er kein Freund der Wahrheit.

Dies ist das allgemeinste Bedenken: als solches aber freilich für Menschen, wie sie jetzt sind, das schwächste und gleichgültigste. Den meisten wird genügen, mit der Achsel zu zucken und zu sagen: »als ob wohl je sich etwas Großes und Reines auf dieser Erde habe aufhalten und festhalten können, ohne Konzessionen an die menschliche Niedrigkeit zu machen! Wollt ihr denn, daß der Staat den Philosophen lieber verfolge, als daß er ihn besolde und in seinen Dienst nehme?« Ohne auf diese letzte Frage jetzt schon zu antworten, füge ich nur hinzu, daß diese Konzessionen der Philosophie an den Staat doch gegenwärtig sehr weit gehen. Erstens: der Staat wählt sich seine philosophischen Diener aus, und zwar so viele, als er für seine Anstalten braucht; er gibt sich also das Ansehn, zwischen guten und schlechten Philosophen unterscheiden zu können, noch mehr, er setzt voraus, daß es immer genug von den *guten* geben müsse, um alle seine Lehrstühle mit ihnen zu besetzen. Nicht nur in betreff der Güte, sondern auch der notwendigen Zahl der guten ist er jetzt die Auktorität. Zweitens: er zwingt die, welche er sich ausgewählt hat, zu einem Aufenthalt an einem bestimmten Orte, unter bestimmten Menschen, zu einer bestimmten Tätigkeit; sie sollen jeden akademischen Jüngling, der Lust dazu hat, unterrichten, und zwar täglich, an festgesetzten Stunden. Frage: kann sich eigentlich ein Philosoph mit gutem Gewissen verpflichten, täglich etwas zu haben, was er lehrt? Und das vor jedermann zu lehren, der zuhören will? Muß er sich nicht den Anschein geben, mehr zu wissen, als er weiß? Muß er nicht über Dinge vor einer unbekannten Zuhörerschaft reden, über welche er nur mit den nächsten Freunden ohne Gefahr reden dürfte? Und überhaupt: beraubt er sich nicht seiner herrlichsten Freiheit, seinem Genius zu folgen, wann dieser ruft und wohin dieser ruft? – dadurch, daß er zu bestimmten Stunden öffentlich über Vorher-Bestimmtes zu denken verpflichtet ist. Und dies vor Jünglingen! Ist ein solches Denken nicht von vornherein gleichsam entmannt! Wie, wenn er nun gar eines Tages fühlte: heute kann ich nichts denken, es fällt mir nichts Gescheites ein – und trotzdem müßte er sich hinstellen und zu denken scheinen!

Aber, wird man einwenden, er soll ja gar nicht Denker sein, sondern höchstens Nach- und Überdenker, vor allem aber gelehrter Kenner aller früheren Denker; von denen wird er immer etwas erzählen können, das seine Schüler nicht wissen. – Dies ist gerade die dritte höchst gefährliche Konzession der Philosophie an den Staat, wenn sie sich ihm verpflichtet, zuerst und hauptsächlich als Gelehrsamkeit aufzutreten. Vor allem als Kenntnis der Geschichte der Philosophie: während für den Genius, welcher rein und mit Liebe, dem Dichter ähnlich, auf die Dinge blickt und sich nicht tief genug in sie hineinlegen kann, das Wühlen in zahllosen fremden und verkehrten Meinungen so ziemlich das widrigste und ungelegenste Geschäft ist. Die gelehrte Historie des Vergangnen war nie das Geschäft eines wahren Philosophen, weder in Indien noch in Griechenland; und ein Philosophieprofessor muß es sich, wenn er sich mit solcherlei Arbeit befaßt, gefallen lassen, daß man von ihm, bestenfalls, sagt: er ist ein tüchtiger Philolog, Antiquar, Sprachkenner, Historiker – aber nie: er ist ein Philosoph. Jenes auch nur bestenfalls, wie bemerkt: denn bei den meisten gelehrten Arbeiten, welche Universitätsphilosophen machen, hat ein Philolog das Gefühl, daß sie schlecht gemacht sind, ohne wissenschaftliche Strenge und meistens mit einer hassenswürdigen Langweiligkeit. Wer erlöst zum Beispiel die Geschichte der griechischen Philosophen wieder von dem einschläfernden Dunste, welchen die gelehrten, doch nicht allzu wissenschaftlichen und leider gar zu langweiligen Arbeiten Ritters, Brandis und Zellers darüber ausgebreitet haben? Ich wenigstens lese Laërtius Diogenes lieber als Zeller, weil in jenem wenigstens der Geist der alten Philosophen lebt, in diesem aber weder der noch irgendein andrer Geist. Und zuletzt in aller Welt: was geht unsre Jünglinge die Geschichte der Philosophie an? Sollen sie durch das Wirrsal der Meinungen entmutigt werden, Meinungen zu haben? Sollen sie angelehrt werden, in den Jubel einzustimmen, wie wirs doch so herrlich weit gebracht? Sollen sie etwa gar die Philosophie hassen oder verachten lernen? Fast möchte man das letztere denken, wenn man weiß, wie sich Studenten ihrer philosophischen Prüfungen wegen zu martern haben, um die tollsten und spitzesten Einfälle des menschlichen Geistes, neben den größten und schwerfaßlichsten, sich in das arme Gehirn einzudrücken. Die einzige Kritik einer Philosophie, die möglich ist und die auch etwas beweist, nämlich zu versuchen, ob man nach ihr leben könne, ist nie auf Universitäten gelehrt worden: sondern immer die Kritik der Worte über Worte. Und nun denke man sich einen jugendlichen Kopf, ohne viel Erfahrung durch das Leben, in dem fünfzig Systeme als Worte und fünfzig Kritiken derselben nebenund durcheinander aufbewahrt werden – welche Wüstenei, welche Verwilderung, welcher Hohn auf eine Erziehung zur Philosophie! In der Tat wird auch zugeständlich gar nicht zu ihr erzogen, sondern zu einer philosophischen Prüfung: deren Erfolg bekanntlich und gewöhnlich ist, daß der Geprüfte, ach Allzu-Geprüfte! – sich mit einem Stoßseufzer eingesteht: »Gott sei Dank, daß ich kein Philosoph bin, sondern Christ und Bürger meines Staates!«

Wie, wenn dieser Stoßseufzer eben die Absicht des Staates wäre und die »Erziehung zur Philosophie« nur eine Abziehung von der Philosophie? Man frage sich. – Sollte es aber so stehen, so ist nur eins zu fürchten: daß endlich einmal die Jugend dahinterkommt, wozu hier eigentlich die Philosophie gemißbraucht wird. Das Höchste, die Erzeugung des philosophischen Genius, nichts als ein Vorwand? Das Ziel vielleicht gerade, dessen Erzeugung zu verhindern? Der Sinn in den Gegensinn umgedreht? Nun dann – wehe dem ganzen Komplex von Staats- und Professoren-Klugheit! –

Und sollte so etwas bereits ruchbar geworden sein? Ich weiß es nicht; jedenfalls ist die Universitätsphilosophie einer allgemeinen Mißachtung und Anzweifelung verfallen. Zum Teil hängt diese damit zusammen, daß jetzt gerade ein schwächliches Geschlecht auf den Kathedern herrscht; und Schopenhauer würde, wenn er jetzt seine Abhandlung über Universitätsphilosophie zu schreiben hätte, nicht mehr die Keule nötig haben, sondern mit einem Binsenrohre siegen. Es sind die Erben und Nachkommen jener Afterdenker, denen er auf die vielverdrehten Köpfe schlug: sie nehmen sich säuglings- und zwergenhaft genug aus, um an den indischen Spruch zu erinnern: »nach ihren Taten werden die Menschen geboren, dumm, stumm, taub, mißgestaltet«. Jene Väter verdienten eine solche Nachkommenschaft, nach ihren »Taten«, wie der Spruch sagt. Daher ist es außer allem Zweifel, daß die akademischen Jünglinge sich sehr bald ohne die Philosophie, welche auf ihren Universitäten gelehrt wird, behelfen werden, und daß die außerakademischen Männer sich jetzt bereits ohne sie behelfen. Man gedenke nur an seine eigne Studentenzeit; für mich zum Beispiel waren die akademischen Philosophen ganz und gar gleichgültige Menschen und galten mir als Leute, die aus den Ergebnissen der andern Wissenschaften sich etwas zusammenrührten, in Mußestunden Zeitungen lasen und Konzerte besuchten; die übrigens selbst von ihren akademischen Genossen mit einer artig maskierten Geringschätzung behandelt wurden. Man traute ihnen zu, wenig zu wissen und nie um eine verdunkelnde Wendung verlegen zu sein, um über diesen Mangel des Wissens zu täuschen. Mit Vorliebe hielten sie sich deshalb an solchen dämmerigen Orten auf, wo es ein Mensch mit hellen Augen nicht lange aushält. Der eine wendete gegen die Naturwissenschaften ein: keine kann mir das einfachste Werden völlig erklären, was liegt mir also an ihnen allen? Ein andrer sagte von der Geschichte: dem, welcher die Ideen hat, sagt sie nichts Neues – kurz, sie fanden immer Gründe, weshalb es philosophischer sei, nichts zu wissen als etwas zu lernen. Ließen sie sich aber aufs Lernen ein, so war dabei ihr geheimer Impuls, den Wissenschaften zu entfliehen und in irgendeiner ihrer Lücken und Unaufgehelltheiten ein dunkles Reich zu gründen. So gingen sie nur noch in *dem* Sinne den Wissenschaften voran, wie das Wild vor den Jägern, die hinter ihm her sind. Neuerdings gefallen sie sich mit der Behauptung, daß sie eigentlich nur die Grenzwächter und Aufpasser der Wissenschaften seien; dazu dient ihnen besonders die Kantische Lehre, aus welcher sie einen müßigen Skeptizismus zu machen beflissen sind, um den sich bald niemand mehr bekümmern wird. Nur hier und da schwingt sich noch einer von ihnen zu einer kleinen Metaphysik auf, mit den gewöhnlichen Folgen, nämlich Schwindel, Kopfschmerzen und Nasenbluten. Nachdem es ihnen so oft mit dieser Reise in den Nebel und die Wolken mißlungen ist, nachdem alle Augenblicke irgendein rauher hartköpfiger Jünger wahrer Wissenschaften sie bei dem Schopfe gefaßt und heruntergezogen hat, nimmt ihr Gesicht den habituellen Ausdruck der Zimperlichkeit und des Lügengestraftseins an. Sie haben ganz die fröhliche Zuversicht verloren, so daß keiner nur noch einen Schritt breit seiner Philosophie zu Gefallen lebt. Ehemals glaubten einige von ihnen, neue Religionen erfinden oder alte durch ihre Systeme ersetzen zu können; jetzt ist ein solcher Übermut von ihnen gewichen, sie sind meistens fromme, schüchterne und unklare Leute, nie tapfer wie Lucrez und ingrimmig über den Druck, der auf den Menschen gelegen hat. Auch das logische Denken kann man bei ihnen nicht mehr lernen, und die sonst üblichen Disputierübungen haben sie in natürlicher Schätzung ihrer Kräfte eingestellt. Ohne Zweifel ist man jetzt auf der Seite der einzelnen Wissenschaften logischer, behutsamer, bescheidner, erfindungsreicher, kurz, es geht dort philosophischer zu als bei den sogenannten Philosophen: so daß jedermann dem unbefangnen Engländer Bagehot zustimmen wird, wenn dieser von den jetzigen Systembauern sagt: »Wer ist nicht fast im voraus überzeugt, daß ihre Prämissen eine wunderbare Mischung von Wahrheit und Irrtum enthalten und es daher nicht der Mühe verlohnt, über die Konsequenzen nachzudenken? Das fertig Abgeschlossne dieser Systeme zieht vielleicht die Jugend an und macht auf die Unerfahrnen Eindruck, aber ausgebildete Menschen lassen sich nicht davon blenden. Sie sind immer bereit, Andeutungen und Vermutungen günstig aufzunehmen, und die kleinste Wahrheit ist ihnen willkommen – aber ein großes Buch voll deduktiver Philosophie fordert den Argwohn heraus. Zahllose unbewiesene abstrakte Prinzipien sind von sanguinischen Leuten hastig gesammelt und in Büchern und Theorien sorgfältig in die Länge gezogen worden, um mit ihnen die ganze Welt zu erklären. Aber die Welt kümmert sich nicht um diese Abstraktionen, und das ist kein Wunder, da diese sich untereinander widersprechen.« Wenn ehedem der Philosoph, besonders in Deutschland, in so tiefes Nachdenken versunken war, daß er in fortwährender Gefahr schwebte, mit dem Kopf an jeden Balken zu rennen, so ist ihnen jetzt, wie es Swift von den Laputiern erzählt, eine ganze Schar von Klapperern beigegeben, um ihnen bei Gelegenheit einen sanften Schlag auf die Augen oder sonstwohin zu geben. Mitunter mögen diese Schläge etwas zu stark sein, dann vergessen sich wohl die Erdentrückten und schlagen wieder – etwas, was immer zu ihrer Beschämung abläuft. Siehst du nicht den Balken, du Duselkopf! sagt dann der Klapperer – und wirklich sieht der Philosoph öfters den Balken und wird wieder sanft. Diese Klapperer sind die Naturwissenschaften und die Historie; allmählich haben diese die deutsche Traum- und Denkwirtschaft, die so lange Zeit mit der Philosophie verwechselt wurde, dermaßen eingeschüchtert, daß jene Denkwirte den Versuch, selbständig zu gehen, gar zu gern aufgeben möchten; wenn sie aber jenen unversehens in die Arme fallen oder ein Gängelbändchen an sie anbinden wollen, um sich selbst zu gängeln, so klappern jene sofort so fürchterlich wie möglich – als ob sie sagen wollten: »das fehlte nur noch, daß so ein Denkwirt uns die Naturwissenschaften oder die Historie verunreinigte! Fort mit ihm!« Da schwanken sie nun wieder zurück, zu ihrer eignen Unsicherheit und Ratlosigkeit: durchaus wollen sie ein wenig Naturwissenschaft zwischen den Händen haben, etwa als empirische Psychologie, wie die Herbartianer, durchaus auch ein wenig Historie – dann können sie wenigstens öffentlich so tun, als ob sie sich wissenschaftlich beschäftigten, ob sie gleich im stillen alle Philosophie und alle Wissenschaft zum Teufel wünschen.

Aber zugegeben, daß diese Schar von schlechten Philosophen lächerlich ist – und wer wird es nicht zugeben? – inwiefern sind sie denn auch *schädlich*? Kurz geantwortet: *dadurch, daß sie die Philosophie zu einer lächerlichen Sache machen.* Solange das staatlich anerkannte Afterdenkertum besteht bleibt, wird jede großartige Wirkung einer wahren Philosophie vereitelt oder mindestens gehemmt, und zwar durch nichts als durch den Fluch des Lächerlichen, den die Vertreter jener großen Sache sich zugezogen haben, der aber die Sache selber trifft. Deshalb nenne ich es eine Forderung der Kultur, der Philosophie jede staatliche und akademische Anerkennung zu entziehn und überhaupt Staat und Akademie der für sie unlösbaren Aufgabe zu entheben, zwischen wahrer und scheinbarer Philosophie zu unterscheiden. Laßt die Philosophen immerhin wild wachsen, versagt ihnen jede Aussicht auf Anstellung und Einordnung in die bürgerlichen Berufsarten, kitzelt sie nicht mehr durch Besoldungen, ja noch mehr: verfolgt sie, seht ungnädig auf sie – ihr sollt Wunderdinge erleben! Da werden sie auseinanderflüchten und hier und dort ein Dach suchen, die armen Scheinbaren; hier öffnet sich eine Pfarrei, dort eine Schulmeisterei, dieser verkriecht sich bei der Redaktion einer Zeitung, jener schreibt Lehrbücher für höhere Töchterschulen, der Vernünftigste von ihnen ergreift den Pflug und der Eitelste geht zu Hofe. Plötzlich ist alles leer, das Nest ausgeflogen: denn es ist leicht, sich von den schlechten Philosophen zu befreien, man braucht sie nur einmal nicht zu begünstigen. Und das ist jedenfalls mehr anzuraten als irgendeine Philosophie, *sie sei, welche sie wolle,* öffentlich, von Staats wegen, zu patronisieren.

Dem Staat ist es nie an der Wahrheit gelegen, sondern immer nur an der ihm nützlichen Wahrheit, noch genauer gesagt, überhaupt an allem ihm Nützlichen, sei dies nun Wahrheit, Halbwahrheit oder Irrtum. Ein Bündnis von Staat und Philosophie hat also nur dann einen Sinn, wenn die Philosophie versprechen kann, dem Staat unbedingt nützlich zu sein, das heißt den Staatsnutzen höher zu stellen als die Wahrheit. Freilich wäre es für den Staat etwas Herrliches, auch die Wahrheit in seinem Dienste und Solde zu haben; nur weiß er selbst recht wohl, daß es zu ihrem *Wesen* gehört, nie Dienste zu tun, nie Sold zu nehmen. Somit hat er in dem, was er hat, nur die falsche »Wahrheit«, eine Person mit einer Larve; und diese kann ihm nun leider auch nicht leisten, was er von der echten Wahrheit so sehr begehrt: seine eigne Gültig- und Heiligsprechung. Wenn ein mittelalterlicher Fürst vom Papste gekrönt werden wollte, aber es von ihm nicht erlangen konnte, so ernannte er wohl einen Gegenpapst, der ihm dann diesen Dienst erwies. Das mochte bis zu einem gewissen Grade angehen; aber es geht nicht an, wenn der moderne Staat eine Gegenphilosophie ernennt, von der er legitimiert werden will: denn er hat nach wie vor die Philosophie gegen sich, und zwar jetzt mehr als vorher. Ich glaube allen Ernstes, es ist ihm nützlicher, sich gar nicht mit ihr zu befassen, gar nichts von ihr zu begehren und sie, so lange es möglich ist, als etwas Gleichgültiges gehen zu lassen. Bleibt es nicht bei dieser Gleichgültigkeit, wird sie gegen ihn gefährlich und angreifend, so mag er sie verfolgen. – Da der Staat kein weiteres Interesse an der Universität haben kann, als durch sie ergebene und nützliche Staatsbürger zu erziehen, so sollte er Bedenken tragen, diese Ergebenheit, diesen Nutzen dadurch in Frage zu stellen, daß er von den jüngern Männern eine Prüfung in der Philosophie verlangt: zwar in Anbetracht der trägen und unbefähigten Köpfe mag es das rechte Mittel sein, um von ihrem Studium überhaupt abzuschrecken, dadurch, daß man sie zu einem Examengespenst macht; aber dieser Gewinn vermag nicht den Schaden aufzuwiegen, welchen ebendieselbe erzwungene Beschäftigung bei den waghalsigen und unruhigen Jünglingen hervorruft; sie lernen verbotene Bücher kennen, beginnen ihre Lehrer zu kritisieren und merken endlich gar den Zweck der Universitätsphilosophie und jener Prüfungen – gar nicht zu reden von den Bedenken, auf welche junge Theologen bei dieser Gelegenheit geraten können und infolge deren sie in Deutschland auszusterben anfangen, wie in Tirol die Steinböcke. – Ich weiß wohl, welche Einwendung der Staat gegen diese ganze Betrachtung machen konnte, solange noch die schöne grüne Hegelei auf allen Feldern aufwuchs: aber nachdem diese Ernte verhagelt ist und von allen den Versprechungen, welche man damals sich von ihr machte, nichts sich erfüllt hat und alle Scheuern leer blieben – da wendet man lieber nichts mehr ein, sondern wendet sich von der Philosophie ab. Man hat jetzt die Macht: damals, zur Zeit Hegels, wollte man sie haben – das ist ein großer Unterschied. Der Staat braucht die Sanktion durch die Philosophie nicht mehr, dadurch ist sie für ihn überflüssig geworden. Wenn er ihre Professuren nicht mehr unterhält, oder, wie ich für die nächste Zeit voraussetze, nur noch scheinbar und lässig unterhält, so hat er seinen Nutzen dabei – doch wichtiger scheint es mir, daß auch die Universität darin ihren Vorteil sieht. Wenigstens sollte ich denken, eine Stätte wirklicher Wissenschaften müsse sich dadurch gefördert sehen, wenn sie von der Gemeinschaft mit einer Halb- und Viertelswissenschaft befreit werde. Überdies steht es um die Achtbarkeit der Universitäten viel zu seltsam, um nicht prinzipiell die Ausscheidung von Disziplinen wünschen zu müssen, welche von den Akademikern selbst gering geachtet werden. Denn die Nichtakademiker haben gute Gründe zu einer gewissen allgemeinen Mißachtung der Universitäten; sie werfen ihnen vor, daß sie feige sind, daß die kleinen sich vor den großen und daß die großen sich vor der öffentlichen Meinung fürchten; daß sie in allen Angelegenheiten höherer Kultur nicht vorangehen, sondern langsam und spät hinterdrein hinken; daß die eigentliche Grundrichtung angesehener Wissenschaften gar nicht mehr eingehalten wird. Man treibt zum Beispiel die sprachlichen Studien eifriger als je, ohne daß man für sich selbst eine strenge Erziehung in Schrift und Rede für nötig befände. Das indische Altertum eröffnet seine Tore, und seine Kenner haben zu den unvergänglichen Werken der Inder, zu ihren Philosophien, kaum ein anderes Verhältnis als ein Tier zur Lyra: obschon Schopenhauer das Bekanntwerden der indischen Philosophie für einen der größten Vorteile hielt, welche unser Jahrhundert vor anderen voraushabe. Das klassische Altertum ist zu einem beliebigen Altertum geworden und wirkt nicht mehr klassisch und vorbildlich; wie seine Jünger beweisen, welche doch wahrhaftig keine vorbildlichen Menschen sind. Wohin ist der Geist Friedrich August Wolfs hinverflogen, von dem Franz Passow sagen konnte, er erscheine als ein echt patriotischer, echt humaner Geist, der allenfalls die Kraft hätte, einen Weltteil in Gärung und Flammen zu versetzen – wo ist dieser Geist hin? Dagegen drängt sich immer mehr der Geist der Journalisten auf der Universität ein, und nicht selten unter dem Namen der Philosophie; ein glatter geschminkter Vortrag, Faust und Nathan den Weisen auf den Lippen, die Sprache und die Ansichten unserer ekelhaften Literaturzeitungen, neuerdings gar noch Geschwätz über unsere heilige deutsche Musik, selbst die Forderung von Lehrstühlen für Schiller und Goethe – solche Anzeichen sprechen dafür, daß der Universitätsgeist anfängt, sich mit dem Zeitgeiste zu verwechseln. Da scheint es mir von höchstem Werte, wenn außerhalb der Universitäten ein höheres Tribunal entsteht, welches auch diese Anstalten in Hinsicht auf die Bildung, die sie fördern, überwache und richte; und sobald die Philosophie aus den Universitäten ausscheidet und sich damit von allen unwürdigen Rücksichten und Verdunkelungen reinigt, wird sie gar nichts anderes sein können als ein solches Tribunal: ohne staatliche Macht, ohne Besoldung und Ehren, wird sie ihren Dienst zu tun wissen, frei vom Zeitgeist sowohl als von der Furcht vor diesem Geiste – kurz gesagt, so wie Schopenhauer lebte, als der Richter der ihn umgebenden sogenannten Kultur. Dergestalt vermag der Philosoph auch der Universität zu nützen, wenn er sich nicht mit ihr verquickt, sondern sie vielmehr aus einer gewissen würdevollen Weite übersieht.

Zuletzt aber – was gilt uns die Existenz eines Staates, die Förderung der Universitäten, wenn es sich doch vor allem um die Existenz der Philosophie auf Erden handelt! oder – um gar keinen Zweifel darüber zu lassen, was ich meine – wenn so unsäglich mehr daran gelegen ist, daß ein Philosoph auf Erden entsteht, als daß ein Staat oder eine Universität fortbesteht. In dem Maße, als die Knechtschaft unter öffentlichen Meinungen und die Gefahr der Freiheit zunimmt, kann sich die Würde der Philosophie erhöhen; sie war am höchsten unter den Erdbeben der untergehenden römischen Republik und in der Kaiserzeit, wo ihr Name und der der Geschichte *ingrata principibus nomina* wurden. Brutus beweist mehr für ihre Würde als Plato; es sind die Zeiten, in denen die Ethik aufhörte, Gemeinplätze zu haben. Wenn die Philosophie jetzt nicht viel geachtet wird, so soll man nur fragen, weshalb jetzt kein großer Feldherr und Staatsmann sich zu ihr bekennt – nur deshalb, weil in der Zeit, wo er nach ihr gesucht hat, ihm ein schwächliches Phantom unter dem Namen der Philosophie entgegenkam, jene gelehrtenhafte Kathederˌ Weisheit und Kathederˌ Vorsicht, kurz, weil ihm die Philosophie beizeiten eine lächerliche Sache geworden ist. Sie sollte ihm aber eine furchtbare Sache sein; und die Menschen, welche berufen sind, Macht zu suchen, sollten wissen, welche Quelle des Heroischen in ihr fließt. Ein Amerikaner mag ihnen sagen, was ein großer Denker, der auf diese Erde kommt, als neues Zentrum ungeheurer Kräfte zu bedeuten hat. »Seht euch vor«, sagt Emerson, »wenn der große Gott einen Denker auf unsern Planeten kommen läßt. Alles ist dann in Gefahr. Es ist, wie wenn in einer großen Stadt eine Feuersbrunst ausgebrochen ist, wo keiner weiß, was eigentlich noch sicher ist und wo es enden wird. Da ist nichts in der Wissenschaft, was nicht morgen eine Umdrehung erfahren haben möchte, da gilt kein literarisches Ansehn mehr noch die sogenannten ewigen Berühmtheiten; alle Dinge, die dem Menschen zu dieser Stunde teuer und wert sind, sind dies nur auf Rechnung der Ideen, die an ihrem geistigen Horizonte aufgestiegen sind und welche die gegenwärtige Ordnung der Dinge ebenso verursachen, wie ein Baum seine Äpfel trägt. *Ein neuer Grad der Kultur würde augenblicklich das ganze System menschlicher Bestrebungen einer Umwälzung unterwerfen.*« Nun, wenn solche Denker gefährlich sind, so ist freilich deutlich, weshalb unsre akademischen Denker ungefährlich sind; denn ihre Gedanken wachsen so friedlich im Herkömmlichen, wie nur je ein Baum seine Äpfel trug: sie erschrecken nicht, sie heben nicht aus den Angeln; und von ihrem ganzen Tichten und Trachten wäre zu sagen, was Diogenes, als man einen Philosophen lobte, seinerseits einwendete: »Was hat er denn Großes aufzuweisen, da er so lange Philosophie treibt und noch niemanden *betrübt* hat?« Ja, so sollte es auf der Grabschrift der Universitätsphilosophie heißen: »sie hat niemanden betrübt«. Doch ist dies freilich mehr das Lob eines alten Weibes, als einer Göttin der Wahrheit, und es ist nicht verwunderlich, wenn die, welche jene Göttin nur als altes Weib kennen, selber sehr wenig Männer sind und deshalb gebührendermaßen von den Männern der Macht gar nicht mehr berücksichtigt werden.

Steht es aber so in unsrer Zeit, so ist die Würde der Philosophie in den Staub getreten; es scheint, daß sie selber zu etwas Lächerlichem oder Gleichgültigem geworden ist: so daß alle ihre wahren Freunde verpflichtet sind, gegen diese Verwechslung Zeugnis abzulegen und mindestens so viel zu zeigen, daß nur jene falschen Diener und Unwürdenträger der Philosophie lächerlich oder gleichgültig sind. Besser noch, sie beweisen selbst durch die Tat, daß die Liebe zur Wahrheit etwas Furchtbares und Gewaltiges ist.

Dies und jenes bewies Schopenhauer – und wird es von Tag zu Tage mehr beweisen.

Viertes Stück

RICHARD WAGNER IN BAYREUTH

I

Damit ein Ereignis Größe habe, muß zweierlei zusammenkommen: der große Sinn derer, die es vollbringen, und der große Sinn derer, die es erleben. An sich hat kein Ereignis Größe, und wenn schon ganze Sternbilder verschwinden, Völker zugrunde gehen, ausgedehnte Staaten gegründet und Kriege mit ungeheuren Kräften und Verlusten geführt werden: über vieles der Art bläst der Hauch der Geschichte hinweg, als handele es sich um Flocken. Es kommt aber auch vor, daß ein gewaltiger Mensch einen Streich führt, der an einem harten Gestein wirkungslos niedersinkt; ein kurzer scharfer Widerhall, und alles ist vorbei. Die Geschichte weiß auch von solchen gleichsam abgestumpften Ereignissen beinahe nichts zu melden. So überschleicht einen jeden, welcher ein Ereignis herankommen sieht, die Sorge, ob die, welche es erleben, seiner würdig sein werden. Auf dieses Sich-Entsprechen von Tat und Empfänglichkeit rechnet und zielt man immer, wenn man handelt, im kleinsten wie im größten; und der, welcher geben will, muß zusehen, daß er die Nehmer findet, die dem Sinne seiner Gabe genugtun. Eben deshalb hat auch die einzelne Tat eines selbst großen Menschen keine Größe, wenn sie kurz, stumpf und unfruchtbar ist; denn in dem Augenblicke, wo er sie tat, muß ihm jedenfalls die tiefe Einsicht gefehlt haben, daß sie gerade jetzt notwendig sei: er hatte nicht scharf genug gezielt, die Zeit nicht bestimmt genug erkannt und gewählt: der Zufall war Herr über ihn geworden, während groß sein und den Blick für die Notwendigkeit haben streng zusammengehört.

Darüber also, ob das, was jetzt in Bayreuth vor sich geht, im rechten Augenblick vor sich geht und notwendig ist, sich Sorge zu machen und Bedenken zu haben, überlassen wir willig wohl denen, welche über Wagners Blick für das Notwendige selbst Bedenken haben. Uns Vertrauensvolleren muß es so erscheinen, daß er ebenso an die Größe seiner Tat als an den großen Sinn derer, welche sie erleben sollen, glaubt. Darauf sollen alle jene stolz sein, welchen dieser Glaube gilt, jene vielen oder wenigen — denn daß es nicht alle sind, daß jener Glaube nicht der ganzen Zeit gilt, selbst nicht einmal dem ganzen deutschen Volke in seiner gegenwärtigen Erscheinung, hat er uns selber gesagt, in jener Weihe-Rede vom 22. Mai 1872, und es gibt keinen unter uns, welcher gerade darin ihm in tröstlicher Weise widersprechen dürfte. »Nur Sie«, sagte er damals, »die Freunde meiner besonderen Kunst, meines eigensten Wirkens und Schaffens, hatte ich, um für meine Entwürfe mich an Teilnehmende zu wenden: nur um Ihre Mithilfe für mein Werk konnte ich Sie angehen, dieses Werk rein und unentstellt denjenigen vorführen zu können, die meiner Kunst ihre ernstliche Geneigtheit bezeigten, trotzdem sie ihnen nur noch unrein und entstellt bisher vorgeführt werden konnte.«

In Bayreuth ist auch der Zuschauer anschauenswert, es ist kein Zweifel. Ein weiser betrachtender Geist, der aus einem Jahrhundert ins andre ginge, die merkwürdigen Kultur-Regungen zu vergleichen, würde dort viel zu sehen haben; er würde fühlen müssen, daß er hier plötzlich in ein warmes Gewässer gerate, wie einer, der in einem See schwimmt und der Strömung einer heißen Quelle nahe kommt: aus anderen, tieferen Gründen muß diese emporkommen, sagt er sich, das umgebende Wasser erklärt sie nicht und ist jedenfalls selber flacheren Ursprungs. So werden alle die, welche das Bayreuther Fest begehen, als unzeitgemäße Menschen empfunden werden: sie haben anderswo ihre Heimat als in der Zeit und finden anderwärts sowohl ihre Erklärung als ihre Rechtfertigung. Mir ist immer deutlicher geworden, daß der »Gebildete«, sofern er ganz und völlig die Frucht dieser Gegenwart ist, allem, was Wagner tut und denkt, nur durch die Parodie beikommen kann — wie auch alles und jedes parodiert worden ist — und daß er sich auch das Bayreuther Ereignis nur durch die sehr unmagische Laterne unsrer witzelnden Zeitungsschreiber beleuchten lassen will. Und glücklich, wenn es bei der Parodie bleibt! Es entladet sich in ihr ein Geist der Entfremdung und Feindseligkeit, welcher noch ganz andre Mittel und Wege aufsuchen könnte, auch gelegentlich aufgesucht hat. Diese ungewöhnliche Schärfe und Spannung der Gegensätze würde jener Kultur-Beobachter ebenfalls ins Auge fassen. Daß ein einzelner, im Verlaufe eines gewöhnlichen Menschenlebens, etwas durchaus Neues hinstellen könne, mag wohl alle die empören, welche

auf die Allmählichkeit aller Entwicklung wie auf eine Art von Sitten,
Gesetz schwören: sie sind selber langsam und fordern Langsamkeit —
und da sehen sie nun einen sehr Geschwinden, wissen nicht, wie er es
macht, und sind ihm böse. Von einem solchen Unternehmen wie dem
Bayreuther gab es keine Vorzeichen, keine Übergänge, keine Vermitt,
lungen; den langen Weg zum Ziele und das Ziel selber wußte keiner
außer Wagner. Es ist die erste Weltumsegelung im Reiche der Kunst:
wobei, wie es scheint, nicht nur eine neue Kunst, sondern die Kunst
selber entdeckt wurde. Alle bisherigen modernen Künste sind dadurch,
als einsiedlerisch,verkümmerte oder als Luxus,Künste, halb und halb
entwertet; auch die unsicheren, übel zusammenhängenden Erinnerun,
gen an eine wahre Kunst, die wir Neueren von den Griechen her hat,
ten, dürfen nun ruhen, soweit sie selbst jetzt nicht in einem neuen Ver,
ständnis zu leuchten vermögen. Es ist für vieles jetzt an der Zeit, ab,
zusterben; diese neue Kunst ist eine Seherin, welche nicht nur für
Künste den Untergang herannahen sieht. Ihre mahnende Hand muß
unsrer gesamten jetzigen Bildung von dem Augenblicke an sehr un,
heimlich vorkommen, wo das Gelächter über ihre Parodien verstummt:
mag sie immerhin noch eine kurze Weile Zeit zu Lust und Lachen
haben!

Dagegen werden wir, die Jünger der wiederauferstandenen Kunst,
zum Ernste, zum tiefen heiligen Ernste, Zeit und Willen haben! Das
Reden und Lärmen, welches die bisherige Bildung von der Kunst ge,
macht hat — wir müssen es jetzt als eine schamlose Zudringlichkeit
empfinden; zum Schweigen verpflichtet uns alles, zum fünfjährigen
pythagoreischen Schweigen. Wer von uns hätte nicht an dem wider,
lichen Götzendienste der modernen Bildung Hände und Gemüt be,
sudelt! Wer bedürfte nicht des reinigenden Wassers, wer hörte nicht
die Stimme, die ihn mahnt: Schweigen und Reinsein! Schweigen und
Reinsein! Nur als denen, welche auf diese Stimme hören, wird uns
auch der *große Blick* zuteil, mit dem wir auf das Ereignis von Bayreuth
hinzusehn haben: und nur in diesem Blicke liegt die *große Zukunft* jenes
Ereignisses.

Als an jenem Maitage des Jahres 1872 der Grundstein auf der An,
höhe von Bayreuth gelegt worden war, bei strömendem Regen und
verfinstertem Himmel, fuhr Wagner mit einigen von uns zur Stadt

zurück; er schwieg und sah dabei mit einem Blick lange in sich hinein, der mit einem Worte nicht zu bezeichnen wäre. Er begann an diesem Tage sein sechzigstes Lebensjahr: alles Bisherige war die Vorbereitung auf diesen Moment. Man weiß, daß Menschen im Augenblick einer außerordentlichen Gefahr oder überhaupt in einer wichtigen Entscheidung ihres Lebens durch ein unendlich beschleunigtes inneres Schauen alles Erlebte zusammendrängen und mit seltenster Schärfe das Nächste wie das Fernste wiedererkennen. Was mag Alexander der Große in jenem Augenblicke gesehn haben, als er Asien und Europa aus einem Mischkrug trinken ließ? Was aber Wagner an jenem Tage innerlich schaute – wie er wurde, was er ist, was er sein wird – das können wir, seine Nächsten, bis zu einem Grade nachschauen: und erst von diesem Wagnerischen Blick aus werden wir seine große Tat selber verstehen können – *um mit diesem Verständnis ihre Fruchtbarkeit zu verbürgen.*

2

Es wäre sonderbar, wenn das, was jemand am besten kann und am liebsten tut, nicht auch in der gesamten Gestaltung seines Lebens wieder sichtbar würde; vielmehr muß bei Menschen von hervorragender Befähigung das Leben nicht nur, wie bei jedermann, zum Abbild des Charakters, sondern vor allem auch zum Abbild des Intellektes und seines eigensten Vermögens werden. Das Leben des epischen Dichters wird etwas vom Epos an sich tragen – wie dies beiläufig gesagt mit Goethe der Fall ist, in welchem die Deutschen sehr mit Unrecht vornehmlich den Lyriker zu sehen gewohnt sind – das Leben des Dramatikers wird dramatisch verlaufen.

Das Dramatische im *Werden* Wagners ist gar nicht zu verkennen, von dem Augenblicke an, wo die in ihm herrschende Leidenschaft ihrer selbst bewußt wird und seine ganze Natur zusammenfaßt: damit ist dann das Tastende, Schweifende, das Wuchern der Nebenschößlinge abgetan, und in den verschlungensten Wegen und Wandlungen, in dem oft abenteuerlichen Bogenwurfe seiner Pläne waltet eine einzige innere Gesetzlichkeit, ein Wille, aus dem sie erklärbar sind, so verwunderlich auch oft diese Erklärungen klingen werden. Nun gab es aber einen vordramatischen Teil im Leben Wagners, seine Kindheit und Jugend, und über den kann man nicht hinwegkommen, ohne auf Rätsel zu stoßen. Er *selbst* scheint noch gar nicht angekündigt; und das, was man jetzt, zurückblickend, vielleicht als Ankündigungen verstehen könnte, zeigt sich doch zunächst als ein Beieinander von Eigenschaften, welche eher Bedenken als Hoffnungen erregen müssen: ein Geist der Unruhe, der Reizbarkeit, eine nervöse Hast im Erfassen von hundert Dingen, ein leidenschaftliches Behagen an beinahe krankhaften hochgespannten Stimmungen, ein unvermitteltes Umschlagen aus Augenblicken seelenvollster Gemütsstille in das Gewaltsame und Lärmende. Ihn schränkte keine strenge erb- und familienhafte Kunstübung ein: die Malerei, die Dichtkunst, die Schauspielerei, die Musik kamen ihm so nahe als die gelehrtenhafte Erziehung und Zukunft; wer oberflächlich hinblickte, mochte meinen, er sei zum Dilettantisieren geboren. Die kleine Welt, in deren Bann er aufwuchs, war nicht derart, daß man einem Künstler zu einer solchen Heimat hätte Glück wünschen können. Die gefährliche Lust an geistigem Anschmecken trat ihm nahe, ebenso der mit dem Vielerlei-Wissen verbundene Dünkel, wie er in Gelehrten-Städten zu Hause ist; die Empfindung wurde leicht erregt, ungründlich befriedigt; so weit das Auge des Knaben schweifte, sah er sich von einem wunderlich altklugen, aber rührigen Wesen umgeben, zu dem das bunte Theater in lächerlichem, der seelenbezwingende Ton der Musik in unbegreiflichem Gegensatze stand. Nun fällt es dem vergleichenden Kenner überhaupt auf, wie selten gerade der moderne Mensch, wenn er die Mitgift einer hohen Begabung bekommen hat, in seiner Jugend und Kindheit die Eigenschaft der Naivität, der schlichten Eigen- und Selbstheit hat, wie wenig er sie haben kann; vielmehr werden die Seltenen, welche, wie Goethe und Wagner, überhaupt zur Naivität kommen, diese jetzt immer noch eher als Männer haben, als im Alter der Kinder und Jünglinge. Den Künstler zumal, dem die nachahmende Kraft in besonderem Maße angeboren ist, wird die unkräftige Vielseitigkeit des modernen Lebens wie eine heftige Kinder-Krankheit befallen müssen; er wird als Knabe und Jüngling einem Alten ähnlicher sehen als seinem eigentlichen Selbst. Das wunderbar strenge Urbild des Jünglings, den Siegfried im Ring des Nibelungen, konnte nur ein Mann erzeugen, und zwar ein Mann, der seine eigne Jugend erst spät gefunden hat. Spät, wie Wagners

Jugend, kam sein Mannesalter, so daß er wenigstens hierin der Gegensatz einer vorwegnehmenden Natur ist.

Sobald seine geistige und sittliche Mannbarkeit eintritt, beginnt auch das Drama seines Lebens. Und wie anders ist jetzt der Anblick! Seine Natur erscheint in furchtbarer Weise vereinfacht, in zwei Triebe oder Sphären auseinandergerissen. Zuunterst wühlt ein heftiger Wille in jäher Strömung, der gleichsam auf allen Wegen, Höhlen und Schluchten ans Licht will und nach Macht verlangt. Nur eine ganz reine und freie Kraft konnte diesem Willen einen Weg ins Gute und Hilfreiche weisen; mit einem engen Geiste verbunden, hätte ein solcher Wille bei seinem schrankenlosen tyrannischen Begehren zum Verhängnis werden können; und jedenfalls mußte bald ein Weg ins Freie sich finden und helle Luft und Sonnenschein hinzukommen. Ein mächtiges Streben, dem immer wieder ein Einblick in seine Erfolglosigkeit gegeben wird, macht böse; das Unzulängliche kann mitunter in den Umständen, im Unabänderlichen des Schicksals liegen, nicht im Mangel der Kraft: aber der, welcher vom Streben nicht lassen kann, trotz diesem Unzulänglichen, wird gleichsam unterschwürig und daher reizbar und ungerecht. Vielleicht sucht er die Gründe für sein Mißlingen in den anderen, ja er kann in leidenschaftlichem Hasse alle Welt als schuldig behandeln; vielleicht auch geht er trotzig auf Neben- und Schleichwegen oder übt Gewalt: so geschieht es wohl, daß gute Naturen verwildern, auf dem Wege zum Besten. Selbst unter denen, welche nur der eignen sittlichen Reinigung nachjagten, unter Einsiedlern und Mönchen, finden sich solche verwilderte und über und über erkrankte, durch Mißlingen ausgehöhlte und zerfressene Menschen. Es war ein liebevoller, mit Güte und Süßigkeit überschwenglich mild zuredender Geist, dem die Gewalttat und die Selbstzerstörung verhaßt ist und der niemand in Fesseln sehen will: dieser sprach zu Wagner. Er ließ sich auf ihn nieder und umhüllte ihn tröstlich mit seinen Flügeln, er zeigte ihm den Weg. Wir tun einen Blick in die andre Sphäre der Wagnerischen Natur: aber wie sollen wir sie beschreiben?

Die Gestalten, welche ein Künstler schafft, sind nicht er selbst, aber die Reihenfolge der Gestalten, an denen er ersichtlich mit innigster Liebe hängt, sagt allerdings etwas über den Künstler selber aus. Nun stelle man Rienzi, den fliegenden Holländer und Senta, Tannhäuser und Elisabeth, Lohengrin und Elsa, Tristan und Marke, Hans Sachs, Wotan und Brünnhilde sich vor die Seele: es geht ein verbindender unterirdischer Strom von sittlicher Veredelung und Vergrößerung durch alle hindurch, der immer reiner und geläuterter flutet – und hier stehen wir, wenn auch mit schamhafter Zurückhaltung, vor einem innersten Werden in Wagners eigner Seele. An welchem Künstler ist etwas Ähnliches in ähnlicher Größe wahrzunehmen? Schillers Gestalten, von den Räubern bis zu Wallenstein und Tell, durchlaufen eine solche Bahn der Veredelung und sprechen ebenfalls etwas über das Werden ihres Schöpfers aus, aber der Maßstab ist bei Wagner noch größer, der Weg länger. Alles nimmt an dieser Läuterung teil und drückt sie aus, der Mythus nicht nur, sondern auch die Musik; im Ring des Nibelungen finde ich die sittlichste Musik, die ich kenne, zum Beispiel dort, wo Brünnhilde von Siegfried erweckt wird; hier reicht er hinauf bis zu einer Höhe und Heiligkeit der Stimmung, daß wir an das Glühen der Eis- und Schneegipfel in den Alpen denken müssen: so rein, einsam, schwer zugänglich, trieblos, vom Leuchten der Liebe umflossen erhebt sich hier die Natur; Wolken und Gewitter, ja selbst das Erhabne sind unter ihr. Von da aus auf den Tannhäuser und Holländer zurückblickend, fühlen wir, wie der Mensch Wagner wurde: wie er dunkel und unruhig begann, wie er stürmisch Befriedigung suchte, Macht, berauschenden Genuß erstrebte, oft mit Ekel zurückfloh, wie er die Last von sich werfen wollte, zu vergessen, zu verneinen, zu entsagen begehrte – der gesamte Strom stürzte sich bald in dieses, bald in jenes Tal und bohrte in die dunkelsten Schluchten: – in der Nacht dieses halb unterirdischen Wühlens erschien ein Stern hoch über ihm, mit traurigem Glanze, er nannte ihn, wie er ihn erkannte: *Treue, selbstlose Treue!* Warum leuchtete sie ihm heller und reiner als alles? welches Geheimnis enthält das Wort Treue für sein ganzes Wesen? Denn in jedem, was er dachte und dichtete, hat er das Bild und Problem der Treue ausgeprägt, es ist in seinen Werken eine fast vollständige Reihe aller möglichen Arten der Treue, darunter sind die herrlichsten und selten geahnten: Treue von Bruder zu Schwester, Freund zu Freund, Diener zum Herrn, Elisabeth zu Tannhäuser, Senta zum Holländer, Elsa zu Lohengrin, Isolde, Kurwenal und Marke zu Tristan, Brünnhilde zu Wotans innerstem Wunsche – um die Reihe nur anzufangen. Es ist die eigenste Urerfahrung, welche Wagner in sich selbst erlebt und wie ein religiöses Geheimnis verehrt: diese drückt er mit dem Worte Treue aus, diese wird er nicht müde, in hundert Gestaltungen aus sich heraus zu stellen und in der Fülle seiner Dankbarkeit mit dem Herrlichsten zu beschenken, was er hat und kann – jene wundervolle Erfahrung und Erkenntnis, daß die eine Sphäre seines Wesens der anderen treu blieb, aus freier selbstlosester Liebe Treue wahrte, die schöpferische schuldlose lichtere Sphäre der dunklen unbändigen und tyrannischen.

3

Im Verhalten der beiden tiefsten Kräfte zueinander, in der Hingebung der einen an die andre lag die große Notwendigkeit, durch welche er allein ganz und er selbst bleiben konnte: zugleich das einzige, was er nicht in der Gewalt hatte, was er beobachten und hinnehmen mußte, während er die Verführung zur Untreue und ihre schrecklichen Gefahren für sich immer aufs neue an sich herankommen sah. Hier fließt eine überreiche Quelle der Leiden des Werdenden, die Ungewißheit. Jeder seiner Triebe strebte ins Ungemessne, alle daseinsfreudigen Begabungen wollten sich einzeln losreißen und für sich befriedigen; je größer ihre Fülle, um so größer war der Tumult, um so feindseliger ihre Kreuzung. Dazu reizte der Zufall und das Leben, Macht, Glanz, feurigste Lust zu gewinnen, noch öfter quälte die unbarmherzige Not, überhaupt leben zu müssen: überall waren Fesseln und Fallgruben. Wie ist es möglich, da Treue zu halten, ganz zu bleiben? – Dieser Zweifel übermannte ihn oft und sprach sich dann so aus, wie eben ein Künstler zweifelt, in künstlerischen Gestalten: Elisabeth kann für Tannhäuser eben nur leiden, beten und sterben, sie rettet den Unsteten und Unmäßigen durch ihre Treue, aber nicht für dieses Leben. Es geht gefährlich und verzweifelt zu im Lebenswege jedes wahren Künstlers, der in die modernen Zeiten geworfen ist. Auf viele Arten kann er zu Ehren und Macht kommen, Ruhe und Genügen bietet sich ihm mehrfach an, doch immer nur in der Gestalt, wie der moderne Mensch sie kennt und wie sie für den redlichen Künstler zum erstickenden Brodem werden müssen. In der Versuchung hierzu und ebenso in der Abweisung dieser Versuchung liegen seine Gefahren, in dem Ekel an den modernen Arten, Lust und Ansehn zu erwerben, in der Wut, welche sich gegen alles eigensüchtige Behagen nach Art der jetzigen Menschen wendet. Man denke ihn sich in eine Beamtung hinein – so wie Wagner das Amt eines Kapellmeisters an Stadt- und Hoftheatern zu versehen hatte; man empfinde es, wie der ernsteste Künstler mit Gewalt da den Ernst erzwingen will, wo nun einmal die modernen Einrichtungen fast mit grundsätzlicher Leichtfertigkeit aufgebaut sind und Leichtfertigkeit fordern, wie es ihm zum Teil gelingt und im ganzen immer mißlingt, wie der Ekel ihm naht und er flüchten will, wie er den Ort nicht findet, wohin er flüchten könnte, und er immer wieder zu den Zigeunern und Ausgestoßnen unsrer Kultur als einer der Ihrigen zurückkehren muß. Aus einer Lage sich losreißend, verhilft er sich selten zu einer besseren, mitunter gerät er in die tiefste Dürftigkeit. So wechselte Wagner Städte, Gefährten, Länder, und man begreift kaum, unter was für Anmutungen und Umgebungen er es doch immer eine Zeitlang ausgehalten hat. Auf der größeren Hälfte seines bisherigen Lebens liegt eine schwere Luft; es scheint, er hoffte nicht mehr ins allgemeine, sondern nur noch von heute zu morgen, und so verzweifelte er zwar nicht, ohne doch zu glauben. Wie ein Wanderer durch die Nacht geht, mit schwerer Bürde und auf das tiefste ermüdet und doch übernächtig erregt, so mag es ihm oft zumute gewesen sein; ein plötzlicher Tod erschien dann vor seinen Blicken nicht als Schrecknis, sondern als verlockendes liebreizendes Gespenst. Last, Weg und Nacht, alles mit einem Male verschwunden! – das tönte verführerisch. Hundertmal warf er sich von neuem wieder mit jener kurzatmigen Hoffnung ins Leben und ließ alle Gespenster hinter sich. Aber in der Art, wie er es tat, lag fast immer eine Maßlosigkeit, das Anzeichen dafür, daß er nicht tief und fest an jene Hoffnung glaubte, sondern sich nur an ihr berauschte. Mit dem Gegensatze seines Begehrens und seines gewöhnlichen Halb- und Unvermögens, es zu befriedigen, wurde er wie mit Stacheln gequält; durch das fortwährende Entbehren aufgereizt, verlor sich seine Vorstellung ins Ausschweifende, wenn einmal plötzlich der Mangel nachließ. Das Leben ward immer verwickelter; aber auch immer kühner, erfindungsreicher waren die Mittel und Auswege, die er, der Dramatiker, entdeckte, ob es schon lauter dramatische Notbehelfe waren, vorgeschobene Motive, welche einen

Augenblick täuschen und nur für einen Augenblick erfunden sind. Er ist blitzschnell mit ihnen bei der Hand, und ebenso schnell sind sie verbraucht. Das Leben Wagners, ganz aus der Nähe und ohne Liebe gesehn, hat, um an einen Gedanken Schopenhauers zu erinnern, sehr viel von der Komödie an sich, und zwar von einer merkwürdig grotesken. Wie das Gefühl hiervon, das Eingeständnis einer grotesken Würdelosigkeit ganzer Lebensstrecken auf den Künstler wirken mußte, der mehr als irgendein anderer im Erhabenen und im Über-Erhabenen allein frei atmen kann, – das gibt dem Denkenden zu denken.

Inmitten eines solchen Treibens, welches nur durch die genaueste Schilderung den Grad von Mitleiden, Schrecken und Verwunderung einflößen kann, welchen es verdient, entfaltet sich eine *Begabung des Lernens*, wie sie selbst bei Deutschen, dem eigentlichen Lern-Volke, ganz außergewöhnlich ist; und in dieser Begabung erwuchs wieder eine neue Gefahr, die sogar größer war als die eines entwurzelt und unstet scheinenden, vom friedlosen Wahne kreuz und quer geführten Lebens. Wagner wurde aus einem versuchenden Neuling ein allseitiger Meister der Musik und der Bühne und in jeder der technischen Vorbedingungen ein Erfinder und Mehrer. Niemand wird ihm den Ruhm mehr streitig machen, das höchste Vorbild für alle Kunst des großen Vortrags gegeben zu haben. Aber er wurde noch viel mehr, und um dies und jenes zu werden, war es ihm so wenig als irgend jemandem erspart, sich lernend die höchste Kultur anzueignen. Und wie er dies tat! Es ist eine Lust dies zu sehen; von allen Seiten wächst es an ihn heran, in ihn hinein, und je größer und schwerer der Bau, um so straffer spannt sich der Bogen des ordnenden und beherrschenden Denkens. Und doch wurde es selten einem so schwer gemacht, die Zugänge zu den Wissenschaften und Fertigkeiten zu finden, und vielfach mußte er solche Zugänge improvisieren. Der Erneuerer des einfachen Dramas, der Entdecker der Stellung der Künste in der wahren menschlichen Gesellschaft, der dichtende Erklärer vergangener Lebensbetrachtungen, der Philosoph, der Historiker, der Ästhetiker und Kritiker Wagner, der Meister der Sprache, der Mytholog und Mythopoet, der zum ersten Male einen Ring um das herrliche uralte ungeheure Gebilde schloß und die Runen seines Geistes darauf eingrub – welche Fülle des Wissens hatte er zusammenzubringen und zu umspannen, um das alles werden zu können! Und doch erdrückte weder diese Summe seinen Willen zur Tat, noch leitete das Einzelne und Anziehendste ihn abseits. Um das Ungemeine eines solchen Verhaltens zu ermessen, nehme man zum Beispiel das große Gegenbild Goethes, der, als Lernender und Wissender, wie ein vielverzweigtes Stromnetz erscheint, welches aber seine ganze Kraft nicht zu Meere trägt, sondern mindestens ebensoviel auf seinen Wegen und Krümmungen verliert und verstreut, als es am Ausgange mit sich führt. Es ist wahr, ein solches Wesen, wie das Goethes, hat und macht mehr Behagen, es liegt etwas Mildes und Edel-Verschwenderisches um ihn herum, während Wagners Lauf- und Stromgewalt vielleicht erschrecken und abschrecken kann. Mag aber sich fürchten, wer will: wir anderen wollen dadurch um so mutiger werden, daß wir einen Helden mit Augen sehen dürfen, welcher auch in betreff der modernen Bildung »das Fürchten nicht gelernt hat«.

Ebensowenig hat er gelernt, sich durch Historie und Philosophie zur Ruhe zu bringen und gerade das zauberhaft Sänftigende und der Tat Widerratende ihrer Wirkungen für sich herauszunehmen. Weder der schaffende noch der kämpfende Künstler wurde durch das Lernen und die Bildung von seiner Laufbahn abgezogen. Sobald ihn seine bildende Kraft überkommt, wird ihm die Geschichte ein beweglicher Ton in seiner Hand; dann steht er mit einemmal anders zu ihr als jeder Gelehrte, vielmehr ähnlich wie der Grieche zu seinem Mythus stand, als zu einem etwas, an dem man formt und dichtet, zwar mit Liebe und einer gewissen scheuen Andacht, aber doch mit dem Hoheitsrecht des Schaffenden. Und gerade weil sie für ihn noch biegsamer und wandelbarer als jeder Traum ist, kann er in das einzelne Ereignis das Typische ganzer Zeiten hineindichten und so eine Wahrheit der Darstellung erreichen, wie sie der Historiker nie erreicht. Wo ist das ritterliche Mittelalter so mit Fleisch und Geist in ein Gebilde übergegangen, wie dies im Lohengrin geschehen ist? Und werden nicht die Meistersinger noch zu den spätesten Zeiten von dem deutschen Wesen erzählen, ja mehr als erzählen, werden sie nicht vielmehr eine der reifsten Früchte jenes Wesens sein, das immer reformieren und nicht revolvieren will und das auf dem breiten Grunde seines Behagens auch das edelste Unbehagen, das der erneuernden Tat, nicht verlernt hat?

Und gerade zu dieser Art des Unbehagens wurde Wagner immer wieder durch sein Befassen mit Historie und Philosophie gedrängt: in ihnen fand er nicht nur Waffen und Rüstung, sondern hier fühlte er vor allem den begeisternden Anhauch, welcher von den Grabstätten aller großen Kämpfer, aller großen Leidenden und Denkenden her weht. Man kann sich durch nichts mehr von der ganzen gegenwärtigen Zeit abheben als durch den Gebrauch, welchen man von der Geschichte und Philosophie macht. Der ersteren scheint jetzt, so wie sie gewöhnlich verstanden wird, die Aufgabe zugefallen zu sein, den modernen Menschen, der keuchend und mühevoll zu seinen Zielen läuft, einmal aufatmen zu lassen, so daß er sich für einen Augenblick gleichsam abgeschirrt fühlen kann. Was der einzelne Montaigne in der Bewegtheit des Reformations-Geistes bedeutet, ein In-sich-zur-Ruhe-Kommen, ein friedliches Für-sich-Sein und Ausatmen – und so empfand ihn gewiß sein bester Leser, Shakespeare – das ist jetzt die Historie für den modernen Geist. Wenn die Deutschen seit einem Jahrhundert besonders den historischen Studien obgelegen haben, so zeigt dies, daß sie in der Bewegung der neueren Welt die aufhaltende, verzögernde, beruhigende Macht sind: was vielleicht einige zu einem Lobe für sie wenden dürften. Im ganzen ist es aber ein gefährliches Anzeichen, wenn das geistige Ringen eines Volkes vornehmlich der Vergangenheit gilt, ein Merkmal von Erschlaffung, von Rück- und Hinfälligkeit: so daß sie nun jedem um sich greifenden Fieber, zum Beispiel dem politischen, in gefährlichster Weise ausgesetzt sind. Einen solchen Zustand von Schwäche stellen, im Gegensatz zu allen Reformations- und Revolutions-Bewegungen, unsre Gelehrten in der Geschichte des modernen Geistes dar, sie haben sich nicht die stolzeste Aufgabe gestellt, aber eine eigne Art friedfertigen Glücks gesichert. Jeder freiere männlichere Schritt führt freilich an ihnen vorüber, – wenn auch keineswegs an der Geschichte selbst! Diese hat noch ganz andre Kräfte in sich, wie gerade solche Naturen wie Wagner ahnen: nur muß sie erst einmal in einem viel ernsteren, strengeren Sinne, aus einer mächtigen Seele heraus und überhaupt nicht mehr optimistisch, wie bisher immer, geschrieben werden, anders also, als die deutschen Gelehrten bis jetzt getan haben. Es liegt etwas Beschönigendes, Unterwürfiges und Zufriedengestelltes auf allen ihren Arbeiten, und der Gang der Dinge ist ihnen recht. Es ist schon viel, wenn es einer merken läßt, daß er gerade nur zufrieden sei, weil es noch schlimmer hätte kommen können: die meisten von ihnen glauben unwillkürlich, daß es sehr gut sei, gerade so wie es nun einmal gekommen ist. Wäre die Historie nicht immer noch eine verkappte christliche Theodizee, wäre sie mit mehr Gerechtigkeit und Inbrunst des Mitgefühls geschrieben, so würde sie wahrhaftig am wenigsten gerade als das Dienste leisten können, als was sie jetzt dient: als Opiat gegen alles Umwälzende und Erneuernde. Ähnlich steht es mit der Philosophie: aus welcher ja die meisten nichts anderes lernen wollen, als die Dinge ungefähr – sehr ungefähr! – verstehen, um sich dann in sie zu schicken. Und selbst von ihren edelsten Vertretern wird ihre stillende und tröstende Macht so stark hervorgehoben, daß die Ruhesüchtigen und Trägen meinen müssen, sie suchten dasselbe, was die Philosophie sucht. Mir scheint dagegen die wichtigste Frage aller Philosophie zu sein, wie weit die Dinge eine unabänderliche Artung und Gestalt haben: um dann, wenn diese Frage beantwortet ist, mit der rücksichtslosesten Tapferkeit auf die *Verbesserung der als veränderlich erkannten Seite der Welt* loszugehen. Das lehren die wahren Philosophen auch selber durch die Tat, dadurch, daß sie an der Verbesserung der sehr veränderlichen Einsicht der Menschen arbeiteten und ihre Weisheit nicht für sich behielten; das lehren auch die wahren Jünger wahrer Philosophien, welche, wie Wagner, aus ihnen gerade gesteigerte Entschiedenheit und Unbeugsamkeit für ihr Wollen, aber keine Einschläferungssäfte zu saugen verstehen. Wagner ist dort am meisten Philosoph, wo er am tatkräftigsten und heldenhaftesten ist. Und gerade als Philosoph ging er nicht nur durch das Feuer verschiedener philosophischer Systeme, ohne sich zu fürchten, hindurch, sondern auch durch den Dampf des Wissens und der Gelehrsamkeit, und hielt seinem höheren Selbst Treue, welches von ihm *Gesamttaten seines vielstimmigen Wesens* verlangte und ihn leiden und lernen hieß, um jene Taten tun zu können.

4

Die Geschichte der Entwicklung der Kultur seit den Griechen ist kurz genug, wenn man den eigentlichen wirklich zurückgelegten Weg in Betracht zieht und das Stillestehn, Zurückgehen, Zaudern, Schleichen gar nicht mitrechnet. Die Hellenisierung der Welt und, diese zu ermöglichen, die Orientalisierung des Hellenischen – die DoppelAufgabe des großen Alexander – ist immer noch das letzte große Ereignis; die alte Frage, ob eine fremde Kultur sich überhaupt übertragen lasse, immer noch das Problem, an dem die Neueren sich abmühen. Das rhythmische Spiel jener beiden Faktoren gegeneinander ist es, was namentlich den bisherigen Gang der Geschichte bestimmt hat. Da erscheint zum Beispiel das Christentum als ein Stück orientalischen Altertums, welches von den Menschen mit ausschweifender Gründlichkeit zu Ende gedacht und gehandelt wurde. Im Schwinden seines Einflusses hat wieder die Macht des hellenischen Kulturwesens zugenommen; wir erleben Erscheinungen, welche so befremdend sind, daß sie unerklärbar in der Luft schweben würden, wenn man sie nicht, über einen mächtigen Zeitraum hinweg, an die griechischen Analogien anknüpfen könnte. So gibt es zwischen Kant und den Eleaten, zwischen Schopenhauer und Empedokles, zwischen Äschylus und Richard Wagner solche Nähen und Verwandtschaften, daß man fast handgreiflich an das sehr relative Wesen aller Zeitbegriffe gemahnt wird: beinahe scheint es, als ob manche Dinge zusammengehören und die Zeit nur eine Wolke sei, welche es unsern Augen schwer macht, diese Zusammengehörigkeit zu sehen. Besonders bringt auch die Geschichte der strengen Wissenschaften den Eindruck hervor, als ob wir uns eben jetzt in nächster Nähe der alexandrinisch-griechischen Welt befänden, und als ob der Pendel der Geschichte wieder nach dem Punkte zurückschwänge, von wo er zu schwingen begann, fort in rätselhafte Ferne und Verlorenheit. Das Bild unserer gegenwärtigen Welt ist durchaus kein neues: immer mehr muß es dem, der die Geschichte kennt, so zumute werden, als ob er alte vertraute Züge eines Gesichtes wiedererkenne. Der Geist der hellenischen Kultur liegt in unendlicher Zerstreuung auf unserer Gegenwart: während sich die Gewalten aller Art drängen und man sich die Früchte der modernen Wissenschaften und Fertigkeiten als Austauschmittel bietet, dämmert in blassen Zügen wieder das Bild des Hellenischen, aber noch ganz fern und geisterhaft, auf. Die Erde, die bisher zur Genüge orientalisiert worden ist, sehnt sich wieder nach der Hellenisierung; wer ihr hier helfen will, der hat freilich Schnelligkeit und einen geflügelten Fuß vonnöten, um die mannigfachsten und entferntesten Punkte des Wissens, die entlegensten Weltteile der Begabung zusammenzubringen, um das ganze ungeheuer ausgespannte Gefilde zu durchlaufen und zu beherrschen. So ist denn jetzt eine Reihe von *Gegen-Alexandern* nötig geworden, welche die mächtigste Kraft haben, zusammenzuziehn und zu binden, die entferntesten Fäden heranzulangen und das Gewebe vor dem Zerblasenwerden zu bewahren. Nicht den gordischen Knoten der griechischen Kultur zu lösen, wie es Alexander tat, so daß seine Enden nach allen Weltrichtungen hin flatterten, sondern *ihn zu binden, nachdem er gelöst war* – das ist jetzt die Aufgabe. In Wagner erkenne ich einen solchen Gegen-Alexander: er bannt und schließt zusammen, was vereinzelt, schwach und lässig war, er hat, wenn ein medizinischer Ausdruck erlaubt ist, eine *adstringierende* Kraft: insofern gehört er zu den ganz großen Kulturgewalten. Er waltet über den Künsten, den Religionen, den verschiedenen Völkergeschichten und ist doch der Gegensatz eines Polyhistors, eines nur zusammentragenden und ordnenden Geistes: denn er ist ein Zusammenbildner und Beseeler des Zusammengebrachten, ein *Vereinfacher der Welt*. Man wird sich an einer solchen Vorstellung nicht irre machen lassen, wenn man diese allgemeinste Aufgabe, die sein Genius ihm gestellt hat, mit der viel engeren und näheren vergleicht, an welche man jetzt zuerst bei dem Namen Wagner zu denken pflegt. Man erwartet von ihm eine Reformation des Theaters: gesetzt, dieselbe gelänge ihm, was wäre denn damit für jene höhere und fernere Aufgabe getan?

Nun, damit wäre der moderne Mensch verändert und reformiert: so notwendig hängt in unserer neueren Welt eins an dem andern, daß, wer nur einen Nagel herauszieht, das Gebäude wanken und fallen macht. Auch von jeder anderen wirklichen Reform wäre dasselbe zu erwarten, was wir hier von der Wagnerschen, mit dem Anschein der Übertreibung, aussagen. Es ist gar nicht möglich, die höchste und reinste Wirkung der theatralischen Kunst herzustellen, ohne nicht überall, in Sitte und Staat, in Erziehung und Verkehr, zu neuern. Liebe und Gerechtigkeit, an einem Punkte, nämlich hier im Bereiche der Kunst, mächtig geworden, müssen nach dem Gesetz ihrer inneren Not weiter um sich greifen und können nicht wieder in die Regungslosigkeit ihrer früheren Verpuppung zurück. Schon um zu begreifen, inwiefern die Stellung unsrer Künste zum Leben ein Symbol der Entartung dieses Lebens ist, inwiefern unsre Theater für die, welche sie bauen und besuchen, eine Schmach sind, muß man völlig umlernen und das Gewohnte und Alltägliche einmal als etwas sehr Ungewöhnliches und Verwickeltes ansehn können. Seltsame Trübung des Urteils, schlecht verhehlte Sucht nach Ergötzlichkeit, nach Unterhaltung um jeden Preis, gelehrtenhafte Rücksichten, Wichtigtun und Schauspielerei mit dem Ernst der Kunst von seiten der Ausführenden, brutale Gier nach Geldgewinn von seiten der Unternehmenden, Hohlheit und Gedankenlosigkeit einer Gesellschaft, welche an das Volk nur so weit denkt, als es ihr nützt oder gefährlich ist, und Theater und Konzerte besucht, ohne je dabei an Pflichten erinnert zu werden – dies alles zusammen bildet die dumpfe und verderbliche Luft unserer heutigen Kunstzustände: ist man aber erst so an dieselbe gewöhnt, wie es unsre Gebildeten sind, so wähnt man wohl, diese Luft zu seiner Gesundheit nötig zu haben, und befindet sich schlecht, wenn man, durch irgendeinen Zwang, ihrer zeitweilig entraten muß. Wirklich hat man nur *ein* Mittel, sich in Kürze davon zu überzeugen, wie gemein, und zwar wie absonderlich und verzwickt gemein unsre Theater-Einrichtungen sind: man halte nur die einstmalige Wirklichkeit des griechischen Theaters dagegen! Gesetzt, wir wüßten nichts von den Griechen, so wäre unsern Zuständen vielleicht gar nicht beizukommen, und man hielte solche Einwendungen, wie sie zuerst von Wagner in großem Stile gemacht worden sind, für Träumereien von Leuten, welche im Lande Nirgendsheim zu Hause sind. Wie die Menschen einmal sind, würde man vielleicht sagen, genügt und gebührt ihnen eine solche Kunst – und sie sind nie anders gewesen! – Sie sind gewiß anders gewesen, und selbst jetzt gibt es Menschen, denen die bisherigen Einrichtungen nicht genügen – eben dies beweist die Tatsache von Bayreuth. Hier findet ihr vorbereitete und geweihte Zuschauer, die Ergriffenheit von Menschen, welche sich auf dem Höhepunkte ihres Glücks befinden und gerade in ihm ihr ganzes Wesen zusammengerafft fühlen, um sich zu weiterem und höherem Wollen bestärken zu lassen; hier findet ihr die hingebendste Aufopferung der Künstler und das Schauspiel aller Schauspiele, den siegreichen Schöpfer eines Werkes, welches selber der Inbegriff einer Fülle siegreicher Kunst-Taten ist. Dünkt es nicht fast wie Zauberei, einer solchen Erscheinung in der Gegenwart begegnen zu können? Müssen nicht die, welche hier mithelfen und mitschauen dürfen, schon verwandelt und erneuert sein, um nun auch fernerhin, in andern Gebieten des Lebens, zu verwandeln und zu erneuern? Ist nicht ein Hafen nach der wüsten Weite des Meeres gefunden, liegt hier nicht Stille über den Wassern gebreitet? – Wer aus der hier waltenden Tiefe und Einsamkeit der Stimmung zurück in die ganz andersartigen Flächen und Niederungen des Lebens kommt, muß er sich nicht immerfort wie Isolde fragen: »Wie ertrug ich's nur? Wie ertrag ich's noch?« Und wenn er es nicht aushält, sein Glück und sein Unglück eigensüchtig in sich zu bergen, so wird er von jetzt ab jede Gelegenheit ergreifen, in Taten davon Zeugnis abzulegen. Wo sind die, welche an den gegenwärtigen Einrichtungen leiden? wird er fragen. Wo sind unsre natürlichen Bundesgenossen, mit denen wir gegen das wuchernde und unterdrückende Umsichgreifen der heutigen Gebildetheit kämpfen können? Denn einstweilen haben wir nur einen Feind – einstweilen! – eben jene »Gebildeten«, für welche das Wort »Bayreuth« eine ihrer tiefsten Niederlagen bezeichnet – sie haben nicht mitgeholfen, sie waren wütend dagegen, oder zeigten jene noch wirksamere Schwerhörigkeit, welche jetzt zur gewohnten Waffe der überlegtesten Gegnerschaft geworden ist. Aber wir wissen eben dadurch, daß sie Wagners Wesen selber durch ihre Feindseligkeit und Tücke nicht zerstören, sein Werk nicht verhindern konnten, noch eins: sie haben verraten, daß sie schwach sind, und daß der Widerstand der bisherigen Machtinhaber nicht mehr viele Angriffe aushalten wird. Es ist der Augenblick für solche, welche mächtig erobern und siegen wollen, die größten Reiche stehen offen, ein Fragezeichen ist zu den Namen der Besitzer gesetzt, so weit es Besitz gibt. So ist zum Beispiel das Gebäude der Erziehung als morsch erkannt, und überall finden sich einzelne, welche in aller Stille schon das Gebäude verlassen haben. Könnte man die, welche tatsächlich schon jetzt tief mit ihm unzufrieden sind, nur einmal zur offnen Empörung und Erklärung treiben! Könnte man sie des verzagenden Unmuts berauben! Ich weiß es: wenn man gerade den stillen Beitrag dieser Naturen von dem Ertrage unseres gesamten Bildungswesens abstriche, es wäre der empfindlichste Aderlaß, durch den man dasselbe schwächen könnte. Von den

Gelehrten zum Beispiel blieben unter dem alten Regimente nur die durch den politischen Wahnwitz Angesteckten und die literatenhaften Menschen aller Art zurück. Das widerliche Gebilde, welches jetzt seine Kräfte aus der Anlehnung an die Sphären der Gewalt und Ungerechtigkeit, aus Staat und Gesellschaft, nimmt und seinen Vorteil dabei hat, diese immer böser und rücksichtsloser zu machen, ist ohne diese Anlehnung etwas Schwächliches und Ermüdetes: man braucht es nur recht zu verachten, so fällt es schon über den Haufen. Wer für die Gerechtigkeit und die Liebe unter den Menschen kämpft, darf sich vor ihm am wenigsten fürchten: denn seine eigentlichen Feinde stehen erst vor ihm, wenn er seinen Kampf, den er einstweilen gegen ihre Vorhut, die heutige Kultur, führt, zu Ende gebracht hat.

Für uns bedeutet Bayreuth die Morgen-Weihe am Tage des Kampfes. Man könnte uns nicht mehr unrecht tun, als wenn man annähme, es sei uns um die Kunst allein zu tun: als ob sie wie ein Heil- und Betäubungsmittel zu gelten hätte, mit dem man alle übrigen elenden Zustände von sich abtun könnte. Wir sehen im Bilde jenes tragischen Kunstwerks von Bayreuth gerade den Kampf der einzelnen mit allem, was ihnen als scheinbar unbezwingliche Notwendigkeit entgegentritt, mit Macht, Gesetz, Herkommen, Vertrag und ganzen Ordnungen der Dinge. Die einzelnen können gar nicht schöner leben, als wenn sie sich im Kampfe um Gerechtigkeit und Liebe zum Tode reif machen und opfern. Der Blick, mit welchem uns das geheimnisvolle Auge der Tragödie anschaut, ist kein erschlaffender und gliederbindender Zauber. Obschon sie Ruhe verlangt, solange sie uns ansieht; – denn die Kunst ist nicht für den Kampf selber da, sondern für die Ruhepausen vorher und inmitten desselben, für jene Minuten, da man zurückblickend und vorahnend das Symbolische versteht, da mit dem Gefühl einer leisen Müdigkeit ein erquickender Traum uns naht. Der Tag und der Kampf bricht gleich an, die heiligen Schatten verschweben, und die Kunst ist wieder ferne von uns; aber ihre Tröstung liegt über dem Menschen von der Frühstunde her. Überall findet ja sonst der einzelne sein persönliches Ungenügen, sein Halb- und Unvermögen: mit welchem Mute sollte er kämpfen, wenn er nicht vorher zu etwas Überpersönlichem geweiht worden wäre! Die größten Leiden des einzelnen, die es gibt, die Nichtgemeinsamkeit des Wissens bei allen Menschen, die Unsicherheit der letzten Einsichten und die Ungleichheit des Könnens, das alles macht ihn kunstbedürftig. Man kann nicht glücklich sein, solange um uns herum alles leidet und sich Leiden schafft; man kann nicht sittlich sein, solange der Gang der menschlichen Dinge durch Gewalt, Trug und Ungerechtigkeit bestimmt wird; man kann nicht einmal weise sein, solange nicht die ganze Menschheit im Wetteifer um Weisheit gerungen hat und den einzelnen auf die weiseste Art ins Leben und Wissen hineinführt. Wie sollte man es nun bei diesem dreifachen Gefühle des Ungenügens aushalten, wenn man nicht schon in seinem Kämpfen, Streben und Untergehen etwas Erhabenes und Bedeutungsvolles zu erkennen vermöchte und nicht aus der Tragödie lernte, Lust am Rhythmus der großen Leidenschaft und am Opfer derselben zu haben. Die Kunst ist freilich keine Lehrerin und Erzieherin für das unmittelbare Handeln; der Künstler ist nie in diesem Verstande ein Erzieher und Ratgeber; die Objekte, welche die tragischen Helden erstreben, sind nicht ohne weiteres die erstrebenswerten Dinge an sich. Wie im Traume ist die Schätzung der Dinge, solange wir uns im Banne der Kunst festgehalten fühlen, verändert: was wir währenddem für so erstrebenswert halten, daß wir dem tragischen Helden beistimmen, wenn er lieber den Tod erwählt, als daß er darauf verzichtete – das ist für das wirkliche Leben selten von gleichem Werte und gleicher Tatkraft würdig: dafür ist eben die Kunst die Tätigkeit des Ausruhenden. Die Kämpfe, welche sie zeigt, sind Vereinfachungen der wirklichen Kämpfe des Lebens; ihre Probleme sind Abkürzungen der unendlich verwickelten Rechnung des menschlichen Handelns und Wollens. Aber gerade darin liegt die Größe und Unentbehrlichkeit der Kunst, daß sie den *Schein* einer einfacheren Welt, einer kürzeren Lösung der Lebens-Rätsel erregt. Niemand, der am Leben leidet, kann diesen Schein entbehren, wie niemand des Schlafs entbehren kann. Je schwieriger die Erkenntnis von den Gesetzen des Lebens wird, um so inbrünstiger begehren wir nach dem Scheine jener Vereinfachung, wenn auch nur für Augenblicke, um so größer wird die Spannung zwischen der allgemeinen Erkenntnis der Dinge und dem geistig-sittlichen Vermögen des einzelnen. *Damit der Bogen nicht breche*, ist die Kunst da.

Der einzelne soll zu etwas Überpersönlichem geweiht werden – das will die Tragödie; er soll die schreckliche Beängstigung, welche der Tod und die Zeit dem Individuum macht, verlernen: denn schon im kleinsten Augenblick, im kürzesten Atom seines Lebenslaufes kann ihm etwas Heiliges begegnen, das allen Kampf und alle Not überschwenglich aufwiegt – das heißt *tragisch gesinnt sein*. Und wenn die ganze Menschheit einmal sterben muß – wer dürfte daran zweifeln! – so ist ihr als höchste Aufgabe für alle kommenden Zeiten das Ziel gestellt, so ins Eine und Gemeinsame zusammenzuwachsen, daß sie *als ein Ganzes* ihrem bevorstehenden Untergange mit einer *tragischen Gesinnung* entgegengehe; in dieser höchsten Aufgabe liegt alle Veredelung der Menschen eingeschlossen; aus dem endgültigen Abweisen derselben ergäbe sich das trübste Bild, welches sich ein Menschenfreund vor die Seele stellen könnte. So empfinde ich es! Es gibt nur *eine* Hoffnung und *eine* Gewähr für die Zukunft des Menschlichen: sie liegt darin, *daß die tragische Gesinnung nicht absterbe*. Es würde ein Wehegeschrei sondergleichen über die Erde erschallen müssen, wenn die Menschen sie einmal völlig verlieren sollten; und wiederum gibt es keine beseligendere Lust, als das zu wissen, was wir wissen – wie der tragische Gedanke wieder hinein in die Welt geboren ist. Denn diese Lust ist eine völlig überpersönliche und allgemeine, ein Jubel der Menschheit über den verbürgten Zusammenhang und Fortgang des Menschlichen überhaupt.

5

Wagner rückte das gegenwärtige Leben und die Vergangenheit unter den Lichtstrahl einer Erkenntnis, der stark genug war, um auf ungewohnte Weite hin damit sehen zu können: deshalb ist er ein Vereinfacher der Welt; denn immer besteht die Vereinfachung der Welt darin, daß der Blick des Erkennenden aufs neue wieder über die ungeheure Fülle und Wüstheit eines scheinbaren Chaos Herr geworden ist und das in eins zusammendrängt, was früher als unverträglich auseinander lag. Wagner tat dies, indem er zwischen zwei Dingen, die fremd und kalt wie in getrennten Sphären zu leben schienen, ein Verhältnis fand: zwischen *Musik und Leben* und ebenfalls zwischen *Musik und Drama*. Nicht daß er diese Verhältnisse erfunden oder erst geschaffen hätte: sie sind da und liegen eigentlich vor jedermanns Füßen: so wie immer das große Problem dem edlen Gesteine gleicht, über welches Tausende wegschreiten, bis endlich einer es aufhebt. Was bedeutet es, fragt sich Wagner, daß im Leben der neueren Menschen gerade eine solche Kunst, wie die der Musik, mit so unvergleichlicher Kraft entstanden ist? Man braucht von diesem Leben nicht etwa gering zu denken, um hier ein Problem zu sehen; nein, wenn man alle diesem Leben eigenen großen Gewalten erwägt und sich das Bild eines mächtig aufstrebenden, um *bewußte Freiheit* und um *Unabhängigkeit des Gedankens* kämpfenden Daseins vor die Seele stellt – dann erst recht erscheint die Musik in dieser Welt als Rätsel. Muß man nicht sagen: aus dieser Zeit *konnte* die Musik nicht erstehn! Was ist dann aber ihre Existenz? Ein Zufall? Gewiß könnte auch ein einzelner großer Künstler ein Zufall sein, aber das Erscheinen einer solchen Reihe von großen Künstlern, wie es die neuere Geschichte der Musik zeigt, und wie es bisher nur noch einmal, in der Zeit der Griechen, seinesgleichen hatte, gibt zu denken, daß hier nicht Zufall, sondern Notwendigkeit herrscht. Diese Notwendigkeit eben ist das Problem, auf welches Wagner eine Antwort gibt.

Es ist ihm zuerst die Erkenntnis eines Notstandes aufgegangen, der so weit reicht als jetzt überhaupt die Zivilisation die Völker verknüpft: überall ist hier die *Sprache* erkrankt, und auf der ganzen menschlichen Entwicklung lastet der Druck dieser ungeheuerlichen Krankheit. Indem die Sprache fortwährend auf die letzten Sprossen des ihr Erreichbaren steigen mußte, um, möglichst ferne von der starken Gefühlsregung, der sie ursprünglich in aller Schlichtheit zu entsprechen vermochte, das dem Gefühl Entgegengesetzte, das Reich des Gedankens zu erfassen, ist ihre Kraft durch dieses übermäßige Sichausrecken in dem kurzen Zeitraume der neueren Zivilisation erschöpft worden: so daß sie nun gerade das nicht mehr zu leisten vermag, wessentwegen sie allein da ist: um über die einfachsten Lebensnöte die Leidenden miteinander zu verständigen. Der Mensch kann sich in seiner Not vermöge der Sprache nicht mehr zu erkennen geben, also sich nicht wahrhaft mitteilen: bei diesem dunkel gefühlten Zustande ist die Sprache überall eine Gewalt für sich geworden, welche nun wie mit Gespensterarmen die Menschen faßt und schiebt, wohin sie eigentlich nicht wollen; sobald sie miteinander sich zu verständigen und zu einem Werk zu vereinigen suchen, erfaßt sie der Wahnsinn der allgemeinen Begriffe, ja der reinen Wortklänge, und infolge dieser Unfähigkeit sich mitzuteilen tragen dann wieder die Schöpfungen ihres Gemeinsinns das Zeichen des Sich-nicht-Verstehens, insofern sie nicht den wirklichen Nöten entsprechen, sondern eben nur der Hohlheit jener gewaltherrischen Worte und Begriffe: so nimmt die Menschheit zu allen ihren Leiden auch noch das Leiden der *Konvention* hinzu, das heißt des Übereinkommens in Worten und Handlungen ohne ein Übereinkommen des Gefühls. Wie in dem abwärtslaufenden Gange jeder Kunst ein Punkt erreicht wird, wo ihre krankhaft wuchernden Mittel und Formen ein tyrannisches Übergewicht über die jungen Seelen der Künstler erlangen und sie zu ihren Sklaven machen, so ist man jetzt, im Niedergange der Sprachen, der Sklave der Worte; unter diesem Zwange vermag niemand mehr sich selbst zu zeigen, naiv zu sprechen, und wenige überhaupt vermögen sich ihre Individualität zu wahren, im Kampfe mit einer Bildung, welche ihr Gelingen nicht damit zu beweisen glaubt, daß sie deutlichen Empfindungen und Bedürfnissen bildend entgegenkomme, sondern damit, daß sie das Individuum in das Netz der »deutlichen Begriffe« einspinne und richtig denken lehre: als ob es irgendeinen Wert hätte, jemanden zu einem richtig denkenden und schließenden Wesen zu machen, wenn es nicht gelungen ist, ihn vorher zu einem richtig empfindenden zu machen. Wenn nun, in einer solchermaßen verwundeten Menschheit, die Musik unsrer deutschen Meister erklingt, was kommt da eigentlich zum Erklingen? Eben nur die *richtige Empfindung*, die Feindin aller Konvention, aller künstlichen Entfremdung und Unverständlichkeit zwischen Mensch und Mensch: diese Musik ist Rückkehr zur Natur, während sie zugleich Reinigung und Umwandlung der Natur ist; denn in der Seele der liebevollsten Menschen ist die Nötigung zu jener Rückkehr entstanden, und *in ihrer Kunst ertönt die in Liebe verwandelte Natur.*

Nehmen wir dies als die eine Antwort Wagners auf die Frage, was die Musik in unserer Zeit bedeutet: er hat noch eine zweite. Das Verhältnis zwischen Musik und Leben ist nicht nur das einer Art Sprache zu einer andern Art Sprache, es ist auch das Verhältnis der vollkommnen Hörwelt zu der gesamten Schauwelt. Als Erscheinung für das Auge genommen und verglichen mit den früheren Erscheinungen des Lebens, zeigt aber die Existenz der neueren Menschen eine unsägliche Armut und Erschöpfung, trotz der unsäglichen Buntheit, durch welche nur der oberflächlichste Blick sich beglückt fühlen kann. Man sehe nur etwas schärfer hin und zerlege sich den Eindruck dieses heftig bewegten Farbenspiels: ist das Ganze nicht wie das Schimmern und Aufblitzen zahlloser Steinchen und Stückchen, welche man früheren Kulturen abgeborgt hat? Ist hier nicht alles unzugehöriger Prunk, nachgeäffte Bewegung, angemaßte Äußerlichkeit? Ein Kleid in bunten Fetzen für den Nackten und Frierenden? Ein scheinbarer Tanz der Freude, dem Leidenden zugemutet? Mienen üppigen Stolzes, von einem tief Verwundeten zur Schau getragen? Und dazwischen, nur durch die Schnelligkeit der Bewegung und des Wirbels verhüllt und verhehlt – graue Ohnmacht, nagender Unfrieden, arbeitsamste Langeweile, unehrliches Elend! Die Erscheinung des modernen Menschen ist ganz und gar Schein geworden; er wird in dem, was er jetzt vorstellt, nicht selber sichtbar, viel eher versteckt; und der Rest erfinderischer Kunsttätigkeit, der sich noch bei einem Volke, etwa bei den Franzosen und Italienern, erhalten hat, wird auf die Kunst dieses Versteckenspielens verwendet. Überall, wo man jetzt »Form« verlangt, in der Gesellschaft und der Unterhaltung, im schriftstellerischen Ausdruck, im Verkehr der Staaten miteinander, versteht man darunter unwillkürlich einen gefälligen Anschein, den Gegensatz des wahren Begriffs von Form als von einer notwendigen Gestaltung, die mit »gefällig« und »ungefällig« nichts zu tun hat, weil sie eben notwendig und nicht beliebig ist. Aber auch dort, wo man jetzt unter Völkern der Zivilisation nicht die Form ausdrücklich verlangt, besitzt man ebensowenig jene notwendige Gestaltung, sondern ist in dem Streben nach dem gefälligen Anschein nur nicht so glücklich, wenn auch mindestens ebenso eifrig. *Wie gefällig* nämlich hier und dort der Anschein ist und weshalb es jedem gefallen muß, daß der moderne Mensch sich wenigstens bemüht, zu scheinen, das fühlt jeder in dem Maße, in welchem er selber moderner Mensch ist. »Nur die Galeerensklaven kennen sich«, sagt Tasso, »doch wir *verkennen* nur die andern höflich, damit sie wieder uns verkennen sollen.«

In dieser Welt der Formen und der erwünschten Verkennung erscheinen nun die von der Musik erfüllten Seelen – zu welchem Zwecke? Sie bewegen sich nach dem Gange des großen, freien Rhythmus, in vornehmer Ehrlichkeit, in einer Leidenschaft, welche überpersönlich ist, sie erglühen von dem machtvoll ruhigen Feuer der Musik, das aus unerschöpflicher Tiefe in ihnen ans Licht quillt – dies alles zu welchem Zwecke?

Durch diese Seelen verlangt die Musik nach ihrer ebenmäßigen Schwester, der *Gymnastik*, als nach ihrer notwendigen Gestaltung im Reiche des Sichtbaren: im Suchen und Verlangen nach ihr wird sie zur Richterin über die ganze verlogene Schau- und Scheinwelt der Gegenwart. Dies ist die zweite Antwort Wagners auf die Frage, was die Musik in dieser Zeit zu bedeuten habe. Helft mir, so ruft er allen zu, die hören können, helft mir, jene Kultur zu entdecken, von der meine Musik als die wiedergefundene Sprache der richtigen Empfindung wahrsagt, denkt darüber nach, daß die Seele der Musik sich jetzt einen Leib gestalten will, daß sie durch euch alle hindurch zur Sichtbarkeit in Bewegung, Tat, Einrichtung und Sitte ihren Weg sucht! Es gibt Menschen, welche diesen Zuruf verstehen, und es werden ihrer immer mehr; diese begreifen es auch zum ersten Male wieder, was es heißen will, den Staat auf Musik zu gründen, etwas, das die älteren Hellenen nicht nur begriffen hatten, sondern auch von sich selbst forderten: während dieselben Verständnisvollen über dem jetzigen Staat ebenso unbedingt den Stab brechen werden, wie es die meisten Menschen jetzt schon über der Kirche tun. Der Weg zu einem so neuen und doch nicht allezeit unerhörten Ziele führt dazu, sich einzugestehn, worin der beschämendste Mangel an unsrer Erziehung und der eigentliche Grund ihrer Unfähigkeit, aus dem Barbarischen herauszuheben, liegt: es fehlt ihr die bewegende und gestaltende Seele der Musik, hingegen sind ihre Erfordernisse und Einrichtungen das Erzeugnis einer Zeit, in welcher jene Musik noch gar nicht geboren war, auf die wir hier ein so vielbedeutendes Vertrauen setzen. Unsere Erziehung ist das rückständigste Gebilde in der Gegenwart, und gerade rückständig in bezug auf die einzige neu hinzugekommene erzieherische Gewalt, welche die jetzigen Menschen vor denen früherer Jahrhunderte voraushaben – oder haben könnten, wenn sie nicht mehr so besinnungslos gegenwärtig unter der Geißel des Augenblicks fortleben wollten! Weil sie bis jetzt die Seele der Musik nicht in sich herbergen lassen, so haben sie auch die Gymnastik im griechischen und Wagnerschen Sinne dieses Wortes noch nicht geahnt; und dies ist wieder der Grund, warum ihre bildenden Künstler zur Hoffnungslosigkeit verurteilt sind, solange sie eben, wie jetzt immer noch, der Musik als Führerin in eine neue Schauwelt entraten wollen: es mag da an Begabung wachsen, was da wolle, es kommt zu spät oder zu früh und jedenfalls zur Unzeit, denn es ist überflüssig und wirkungslos, da ja selbst das Vollkommne und Höchste früherer Zeiten, das Vorbild der jetzigen Bildner, überflüssig und fast wirkungslos ist und kaum noch einen Stein auf den andern setzt. Sehen sie in ihrem innerlichen Schauen keine neuen Gestalten vor sich, sondern immer nur die alten hinter sich, so dienen sie der Historie, aber nicht dem Leben, und sind tot, bevor sie gestorben sind: wer aber jetzt wahres, fruchtbares Leben, das heißt gegenwärtig allein: Musik in sich fühlt, könnte der sich durch irgend etwas, das sich in Gestalten, Formen und Stilen abmüht, nur einen Augenblick zu weitertragenden Hoffnungen verführen lassen? Über alle Eitelkeiten dieser Art ist er hinaus; und er denkt ebensowenig daran, abseits von seiner idealen Hörwelt bildnerische Wunder zu finden, als er von unsern ausgelebten und verfärbten Sprachen noch große Schriftsteller erwartet. Lieber als daß er irgendwelchen eiteln Vertröstungen Gehör schenkte, erträgt er es, den tief unbefriedigten Blick auf unser modernes Wesen zu richten: mag er voll von Galle und Haß werden, wenn sein Herz nicht warm genug zum Mitleid ist! Selbst Bosheit und Hohn ist besser, als daß er sich, nach der Art unsrer »Kunstfreunde«, einem trügerischen Behagen und einer stillen Trunksucht überantwortete! Aber auch wenn er mehr kann als verneinen und höhnen, wenn er lieben, mitleiden und mitbauen kann, so *muß* er doch zunächst verneinen, um dadurch seiner hilfsbereiten Seele erst Bahn zu brechen. Damit einmal die Musik viele Menschen zur Andacht stimme und sie zu Vertrauten ihrer höchsten Absichten mache, muß erst dem ganzen genußsüchtigen Verkehre mit einer so heiligen Kunst ein Ende gemacht werden; das Fundament, worauf unsre Kunst-Unterhaltungen, Theater, Museen, Konzertgesellschaften ruhen, eben jener »Kunstfreund« ist mit Bann zu belegen; die staatliche Gunst, welche seinen

Wünschen geschenkt wird, ist in Abgunst zu verwandeln; das öffentliche Urteil, welches gerade auf Abrichtung zu jener Kunstfreundschaft einen absonderlichen Wert legt, ist durch ein besseres Urteil aus dem Felde zu schlagen. Einstweilen muß uns sogar der *erklärte Kunstfeind* als ein wirklicher und nützlicher Bundesgenosse gelten, da das, wogegen er sich feindlich erklärt, eben nur die Kunst, wie sie der »Kunstfreund« versteht, ist: er kennt ja keine andere! Mag er diesem Kunstfreunde immerhin die unsinnige Vergeudung von Geld nachrechnen, welche der Bau seiner Theater und öffentlichen Denkmäler, die Anstellung seiner »berühmten« Sänger und Schauspieler, die Unterhaltung seiner gänzlich unfruchtbaren Kunstschulen und Bildersammlungen verschuldet: gar nicht dessen zu gedenken, was alles an Kraft, Zeit und Geld in jedem Hauswesen, in der Erziehung für vermeintliche »Kunstinteressen« weggeworfen wird. Da ist kein Hunger und kein Sattwerden, sondern immer nur ein mattes Spiel mit dem Anscheine von beidem, zur eitelsten Schaustellung ausgedacht, um das Urteil anderer über sich irrezuführen; oder noch schlimmer: nimmt man die Kunst hier verhältnismäßig ernst, so verlangt man gar von ihr die Erzeugung einer Art von Hunger und Begehren und findet ihre Aufgabe eben in dieser künstlich erzeugten Aufregung. Als ob man sich fürchtete, an sich selber durch Ekel und Stumpfheit zugrunde zu gehen, ruft man alle bösen Dämonen auf, um sich durch diese Jäger wie ein Wild treiben zu lassen: man lechzt nach Leiden, Zorn, Haß, Erhitzung, plötzlichem Schrecken, atemloser Spannung und ruft den Künstler herbei als den Beschwörer dieser Geisterjagd. Die Kunst ist jetzt in dem Seelen-Haushalte unsrer Gebildeten ein ganz erlogenes oder ein schmähliches, entwürdigendes Bedürfnis, entweder ein Nichts oder ein böses Etwas. Der Künstler, der bessere und seltnere, ist wie von einem betäubenden Traum befangen, dies alles nicht zu sehen, und wiederholt zögernd mit unsicherer Stimme gespenstisch schöne Worte, die er von ganz fernen Orten her zu hören meint, aber nicht deutlich genug vernimmt; der Künstler dagegen von ganz modernem Schlage kommt in voller Verachtung gegen das traumselige Tasten und Reden seines edleren Genossen daher und führt die ganze kläffende Meute zusammengekoppelter Leidenschaften und Scheußlichkeiten am Strick mit sich, um sie nach Verlangen auf die modernen Menschen loszulassen: diese wollen ja lieber gejagt, verwundet und zerrissen werden, als mit sich selber in der Stille beisammenwohnen zu müssen. Mit sich selber! – dieser Gedanke schüttelt die modernen Seelen, das ist *ihre* Angst und Gespensterfurcht.

Wenn ich mir in volkreichen Städten die Tausende ansehe, wie sie mit dem Ausdrucke der Dumpfheit oder der Hast vorübergehen, so sage ich mir immer wieder, es muß ihnen schlecht zumute sein. Für diese alle aber ist die Kunst bloß deshalb da, damit ihnen noch schlechter zumute werde, noch dumpfer und sinnloser, oder noch hastiger und begehrlicher. Denn die *unrichtige Empfindung* reitet und drillt sie unablässig und läßt durchaus nicht zu, daß sie sich selber ihr Elend eingestehen dürfen; wollen sie sprechen, so flüstert ihnen die Konvention etwas ins Ohr, worüber sie vergessen, was sie eigentlich sagen wollten; wollen sie sich miteinander verständigen, so ist ihr Verstand wie durch Zaubersprüche gelähmt, so daß sie Glück nennen, was ihr Unglück ist, und sich zum eignen Unsegen noch recht geflissentlich miteinander verbinden. So sind sie ganz und gar verwandelt und zu willenlosen Sklaven der unrichtigen Empfindung herabgesetzt.

6

Nur an zwei Beispielen will ich zeigen, wie verkehrt die Empfindung in unserer Zeit geworden ist und wie die Zeit kein Bewußtsein über diese Verkehrtheit hat. Ehemals sah man mit ehrlicher Vornehmheit auf die Menschen herab, die mit Geld Handel treiben, wenn man sie auch nötig hatte; man gestand sich ein, daß jede Gesellschaft ihre Eingeweide haben müsse. Jetzt sind sie die herrschende Macht in der Seele der modernen Menschheit, als der begehrlichste Teil derselben. Ehemals warnte man vor nichts mehr, als den Tag, den Augenblick zu ernst zu nehmen, und empfahl das *nil admirari* und die Sorge für die ewigen Anliegenheiten; jetzt ist nur eine Art von Ernst in der modernen Seele übriggeblieben, er gilt den Nachrichten, welche die Zeitung oder der Telegraph bringt. Den Augenblick benutzen und, um von ihm Nutzen zu haben, ihn so schnell wie möglich beurteilen! – man könnte glauben, es sei den gegenwärtigen Menschen auch nur eine Tugend übriggeblieben, die der Geistesgegenwart. Leider ist es in

Wahrheit vielmehr die Allgegenwart einer schmutzigen unersättlichen Begehrlichkeit und einer überallhin spähenden Neugierde bei jedermann. Ob überhaupt der *Geist* jetzt *gegenwärtig* sei – wir wollen die Untersuchung darüber den künftigen Richtern zuschieben, welche die modernen Menschen einmal durch ihr Sieb raiten werden. Aber gemein ist dies Zeitalter; das kann man schon jetzt sehen, weil es das ehrt, was frühere vornehme Zeitalter verachteten; wenn es nun aber noch die ganze Kostbarkeit vergangener Weisheit und Kunst sich angeeignet hat und in diesem reichsten aller Gewänder einhergeht, so zeigt es ein unheimliches Selbstbewußtsein über seine Gemeinheit darin, daß es jenen Mantel nicht braucht, um sich zu wärmen, sondern nur um über sich zu täuschen. Die Not, sich zu verstellen und zu verstecken, erscheint ihm dringender als die, nicht zu erfrieren. So benutzen die jetzigen Gelehrten und Philosophen die Weisheit der Inder und Griechen nicht, um in sich weise und ruhig zu werden: ihre Arbeit soll bloß dazu dienen, der Gegenwart einen täuschenden Ruf der Weisheit zu verschaffen. Die Forscher der Tiergeschichte bemühen sich, die tierischen Ausbrüche von Gewalt und List und Rachsucht im jetzigen Verkehre der Staaten und Menschen untereinander als unabänderliche Naturgesetze hinzustellen. Die Historiker sind mit ängstlicher Beflissenheit darauf aus, den Satz zu beweisen, daß jede Zeit ihr eignes Recht, ihre eignen Bedingungen habe, – um für das kommende Gerichtsverfahren, mit dem unsre Zeit heimgesucht wird, gleich den Grundgedanken der Verteidigung vorzubereiten. Die Lehre vom Staat, vom Volke, von der Wirtschaft, dem Handel, dem Rechte – alles hat jetzt jenen *vorbereitend apologetischen* Charakter; ja es scheint, was von Geist noch tätig ist, ohne bei dem Getriebe des großen Erwerb- und Macht-Mechanismus selbst verbraucht zu werden, hat seine einzige Aufgabe im Verteidigen und Entschuldigen der Gegenwart.

Vor welchem Kläger? Das fragt man da mit Befremden.

Vor dem eignen schlechten Gewissen.

Und hier wird auch mit einem Male die Aufgabe der modernen Kunst deutlich: Stumpfsinn oder Rausch! Einschläfern oder betäuben! Das Gewissen zum Nichtwissen bringen, auf diese oder die andre Weise! Der modernen Seele über das Gefühl von Schuld hinweghelfen, nicht ihr zur Unschuld zurück verhelfen! Und dies wenigstens auf Augenblicke! Den Menschen vor sich selber verteidigen, indem er in sich selber zum Schweigen-Müssen, zum Nicht-hören-Können gebracht wird! – Den wenigen, welche diese beschämendste Aufgabe, diese schreckliche Entwürdigung der Kunst nur einmal wirklich empfunden haben, wird die Seele von Jammer und Erbarmen bis zum Rande voll geworden sein und bleiben: aber auch von einer neuen übermächtigen Sehnsucht. Wer die Kunst befreien, ihre unentweihte Heiligkeit wiederherstellen wollte, der müßte sich selber erst von der modernen Seele befreit haben; nur als ein Unschuldiger dürfte er die Unschuld der Kunst finden, er hat zwei ungeheure Reinigungen und Weihungen zu vollbringen. Wäre er dabei siegreich, spräche er aus befreiter Seele mit seiner befreiten Kunst zu den Menschen, so würde er dann erst in die größte Gefahr, in den ungeheuersten Kampf geraten; die Menschen würden ihn und seine Kunst lieber zerreißen als daß sie zugestünden, wie sie aus Scham vor ihnen vergehen müssen. Es wäre möglich, daß die Erlösung der Kunst, der einzige zu erhoffende Lichtblick in der neueren Zeit, ein Ereignis für ein paar einsame Seelen bliebe, während die vielen es fort und fort aushielten, in das flackernde und qualmende Feuer ihrer Kunst zu sehen: sie *wollen* ja nicht Licht, sondern Blendung, sie *hassen* ja das Licht – über sich selbst.

So weichen sie dem neuen Lichtbringer aus; aber er geht ihnen nach, gezwungen von der Liebe, aus der er geboren ist, und will sie zwingen. »Ihr *sollt* durch meine Mysterien hindurch«, ruft er ihnen zu, »ihr braucht ihre Reinigungen und Erschütterungen. Wagt es zu eurem Heil und laßt einmal das trüb erleuchtete Stück Natur und Leben, welches ihr allein zu kennen scheint; ich führe euch in ein Reich, das ebenfalls wirklich ist, ihr selber sollt sagen, wenn ihr aus meiner Höhle in euren Tag zurückkehrt, welches Leben wirklicher und wo eigentlich der Tag, wo die Höhle ist. Die Natur ist nach innen zu viel reicher, gewaltiger, seliger, furchtbarer; ihr kennt sie nicht, so wie ihr gewöhnlich lebt: lernt es, selbst wieder Natur zu werden, und laßt euch dann mit und in ihr durch meinen Liebes- und Feuerzauber verwandeln.«

Es ist die Stimme *der Kunst Wagners*, welche so zu den Menschen spricht. Daß wir Kinder eines erbärmlichen Zeitalters ihren Ton zuerst hören durften, zeigt, wie würdig des Erbarmens gerade dies Zeitalter sein muß, und zeigt überhaupt, daß wahre Musik ein Stück Fatum und Urgesetz ist; denn es ist gar nicht möglich, ihr Erklingen gerade jetzt aus einem leeren sinnlosen Zufall abzuleiten; ein zufälliger Wagner wäre durch die Übergewalt des andern Elements, in welches er hineingeworfen wurde, zerdrückt worden. Aber über dem Werden des wirklichen Wagner liegt eine verklärende und rechtfertigende Notwendigkeit. Seine Kunst, im Entstehen betrachtet, ist das herrlichste Schauspiel, so leidvoll auch jenes Werden gewesen sein mag, denn Vernunft, Gesetz, Zweck zeigt sich überall. Der Betrachtende wird, im Glücke dieses Schauspiels, dieses leidvolle Werden selbst preisen und mit Lust erwägen, wie der ur-bestimmten Natur und Begabung jegliches zu Heil und Gewinn werden muß, so schwere Schulen sie auch durchgeführt wird, wie jede Gefährlichkeit sie beherzter, jeder Sieg sie besonnener macht, wie sie sich von Gift und Unglück nährt und gesund und stark dabei wird. Das Gespött und Widersprechen der umgebenden Welt ist ihr Reiz und Stachel; verirrt sie sich, so kommt sie mit der wunderbarsten Beute aus Irrnis und Verlorenheit heim; schläft sie, so »schläft sie nur neue Kraft sich an«. Sie stählt selber den Leib und macht ihn rüstiger; sie zehrt nicht am Leben, je mehr sie lebt; sie waltet über dem Menschen wie eine beschwingte Leidenschaft und läßt ihn gerade dann fliegen, wenn sein Fuß im Sande ermüdet, am Gestein wund geworden ist. Sie kann nicht anders als mitteilen, jedermann soll an ihrem Werke mitwirken, sie geizt nicht mit ihren Gaben. Zurückgewiesen, schenkt sie reichlicher; gemißbraucht von dem Beschenkten, gibt sie auch das kostbarste Kleinod, das sie hat, noch hinzu – und noch niemals waren die Beschenkten der Gabe ganz würdig, so lautet die älteste und jüngste Erfahrung. Dadurch ist die ur-bestimmte Natur, durch welche die Musik zur Welt der Erscheinung spricht, das rätselvollste Ding unter der Sonne, ein Abgrund, in dem Kraft und Güte gepaart ruhen, eine Brücke zwischen Selbst und Nicht-Selbst. Wer vermöchte den Zweck deutlich zu nennen, zu dem sie überhaupt da ist, wenn auch selbst die Zweckmäßigkeit in der Art, wie sie wurde, sich erraten lassen sollte? Aber aus der seligsten Ahnung heraus darf man fragen: sollte wirklich das Größere des Geringeren wegen da sein, die größte Begabung zugunsten der kleinsten, die höchste Tugend und Heiligkeit um der Gebrechlichen willen? Mußte die wahre Musik erklingen, weil die Menschen sie *am wenigsten verdienten, aber am meisten ihrer bedurften?* Man versenke sich nur einmal in das überschwengliche Wunder dieser Möglichkeit: schaut man von da auf das Leben zurück, so leuchtet es, so trübe und umnebelt es vorher auch erscheinen mochte. –

7

Es ist nicht anders möglich: der Betrachtende, vor dessen Blick eine solche Natur wie die Wagners steht, muß unwillkürlich von Zeit zu Zeit auf sich, auf seine Kleinheit und Gebrechlichkeit zurückgeworfen werden und wird sich fragen: was soll sie dir? Wozu bist denn *du* eigentlich da? – Wahrscheinlich fehlt ihm dann die Antwort, und er steht vor seinem eignen Wesen befremdet und betroffen still. Mag es ihm dann genügen, eben dies erlebt zu haben; mag er eben darin, daß er *sich seinem Wesen entfremdet fühlt*, die Antwort auf jene Fragen hören. Denn gerade mit diesem Gefühl nimmt er teil an der gewaltigsten Lebensäußerung Wagners, dem Mittelpunkte seiner Kraft, jener dämonischen *Übertragbarkeit* und Selbstentäußerung seiner Natur, welche sich andern ebenso mitteilen kann, als sie andere Wesen sich selber mitteilt und im Hingeben und Annehmen ihre Größe hat. Indem der Betrachtende scheinbar der aus- und überströmenden Natur Wagners unterliegt, hat er an ihrer Kraft selber Anteil genommen und ist so gleichsam *durch ihn gegen ihn* mächtig geworden; und jeder, der sich genau prüft, weiß, daß selbst zum Betrachten eine geheimnisvolle Gegnerschaft, die des Entgegenschauens, gehört. Läßt uns seine Kunst alles das erleben, was eine Seele erfährt, die auf Wanderschaft geht, an andern Seelen und ihrem Lose teilnimmt, aus vielen Augen in die Welt blicken lernt, so vermögen wir nun auch, aus solcher Entfremdung und Entlegenheit, ihn selbst zu sehen, nachdem wir ihn selbst erlebt haben. Wir fühlen es dann auf das bestimmteste: in Wagner will alles Sichtbare der Welt zum Hörbaren sich vertiefen und verinnerlichen und sucht seine verlorne Seele; in Wagner will ebenso alles Hörbare der Welt auch als Erscheinung für das Auge ans Licht hinaus und hinauf, will gleichsam Leiblichkeit gewinnen. Seine Kunst führt ihn immer den doppelten Weg, aus einer Welt als Hörspiel in eine rätselhaft verwandte Welt als Schauspiel und umgekehrt; er ist fortwährend gezwungen – und der Betrachtende mit ihm – die sichtbare Bewegtheit in Seele und Urleben zurück zu übersetzen und wiederum das verborgenste Weben des Innern als Erscheinung zu sehen und mit einem Schein-Leib zu bekleiden. Dies alles ist das Wesen des *dithyrambischen Dramatikers*, diesen Begriff so voll genommen, daß er zugleich den Schauspieler, Dichter, Musiker umfaßt: so wie dieser Begriff aus der einzig vollkommnen Erscheinung des dithyrambischen Dramatikers vor Wagner, aus Äschylus und seinen griechischen Kunstgenossen, mit Notwendigkeit entnommen werden muß. Wenn man versucht hat, die großartigsten Entwicklungen aus inneren Hemmungen oder Lücken herzuleiten, wenn zum Beispiel für Goethe das Dichten eine Art Auskunftsmittel für einen verfehlten Malerberuf war, wenn man von Schillers Dramen als von einer versetzten Volks-Beredsamkeit reden kann, wenn Wagner selbst die Förderung der Musik durch die Deutschen unter anderem auch so sich zu deuten sucht, daß sie, des verführerischen Antriebs einer natürlich melodischen Stimmbegabung entbehrend, die Tonkunst etwa mit dem gleichen tiefgehenden Ernste aufzufassen genötigt waren, wie ihre Reformatoren das Christentum –: wenn man in ähnlicher Weise Wagners Entwicklung mit einer solchen inneren Hemmung in Verbindung setzen wollte, so dürfte man wohl in ihm eine schauspielerische Urbegabung annehmen, welche es sich versagen mußte, sich auf dem nächsten trivialsten Wege zu befriedigen, und welche in der Heranziehung aller Künste zu einer großen schauspielerischen Offenbarung ihre Auskunft und ihre Rettung fand. Aber ebensogut müßte man dann sagen dürfen, daß die gewaltigste Musiker-Natur, in ihrer Verzweiflung, zu den Halb- und Nicht-Musikern reden zu müssen, den Zugang zu den andern Künsten gewaltsam erbrach, um so endlich mit hundertfacher Deutlichkeit sich mitzuteilen und sich Verständnis, volkstümlichstes Verständnis zu erzwingen. Wie man sich nun auch die Entwicklung des Urdramatikers vorstellen möge, in seiner Reife und Vollendung ist er ein Gebilde ohne jede Hemmung und Lücke: der eigentlich freie Künstler, der gar nicht anders kann als in allen Künsten zugleich denken, der Mittler und Versöhner zwischen scheinbar getrennten Sphären, der Wiederhersteller einer Ein- und Gesamtheit des künstlerischen Vermögens, welche gar nicht erraten und erschlossen, sondern nur durch die Tat gezeigt werden kann. Vor wem aber diese Tat plötzlich getan wird, den wird sie wie der unheimlichste, anziehendste Zauber überwältigen: er steht mit einem Male vor einer Macht, welche den Widerstand der Vernunft aufhebt, ja alles andere, in dem man bis dahin lebte, unvernünftig und unbegreiflich erscheinen läßt: außer uns gesetzt, schwimmen wir in einem rätselhaften feurigen Elemente, verstehen uns selber nicht mehr, erkennen das Bekannteste nicht wieder; wir haben kein Maß mehr in der Hand, alles Gesetzliche, alles Starre beginnt sich zu bewegen, jedes Ding leuchtet in neuen Farben, redet in neuen Schriftzeichen zu uns: – da muß man schon Plato sein, um, bei diesem Gemisch von gewaltsamer Wonne und Furcht, sich doch so entschließen zu können, wie er tut, und zu dem Dramatiker zu sprechen: »wir wollen einen Mann, der infolge seiner Weisheit alles Mögliche werden und alle Dinge nachahmen könnte, wenn er in unser Gemeinwesen kommt, als etwas Heiliges und Wundervolles verehren, Salben über sein Haupt gießen und es mit Wolle bekränzen, aber ihn zu bewegen suchen, daß er in ein andres Gemeinwesen gehe.« Mag es sein, daß einer, der im platonischen Gemeinwesen lebt, so etwas über sich gewinnen kann und muß: wir anderen alle, die wir so gar nicht in ihm, sondern in ganz andern Gemeinwesen leben, sehnen uns und verlangen darnach, daß der Zauberer zu uns komme, ob wir uns schon vor ihm fürchten, – gerade damit unser Gemeinwesen und die böse Vernunft und Macht, deren Verkörperung es ist, einmal verneint erscheine. Ein Zustand der Menschheit, ihrer Gemeinschaft, Sitte, Lebensordnung, Gesamteinrichtung, welcher des nachahmenden Künstlers entbehren könnte, ist vielleicht keine volle Unmöglichkeit, aber doch gehört gerade dies Vielleicht zu den verwegensten, die es gibt, und wiegt einem Vielschwer ganz gleich; davon zu reden sollte nur einem freistehn, welcher den höchsten Augenblick alles Kommenden vorwegnehmend erzeugen und fühlen könnte und der dann sofort gleich Faust blind werden müßte – und dürfte: – denn *wir* haben selbst zu dieser Blindheit kein Recht, während zum Beispiel Plato gegen alles Wirklich-Hellenische mit Recht blind sein durfte, nach jenem einzigen Blick seines Auges, den er in das Ideal-Hellenische getan hatte. Wir anderen brauchen vielmehr deshalb die Kunst, weil wir gerade *angesichts des Wirklichen sehend* geworden sind; und wir brauchen gerade den All-Dramatiker, damit er uns aus der furchtbaren Spannung wenigstens auf Stunden erlöse, welche der sehende Mensch jetzt zwischen sich und den ihm aufgebürdeten Aufgaben empfindet. Mit ihm steigen wir auf die höchsten Sprossen der Empfindung und wähnen uns dort erst wieder in der freien Natur und im Reich der Freiheit; von dort aus sehen wir wie in ungeheuren Luft-Spiegelungen uns und unseresgleichen im Ringen, Siegen und Untergehen als etwas Erhabenes und Bedeutungsvolles, wir haben Lust am Rhythmus der Leidenschaft und am Opfer derselben, wir hören bei jedem gewaltigen Schritte des Helden den dumpfen Widerhall des Todes und verstehen in dessen Nähe den höchsten Reiz des Lebens: – so zu tragischen Menschen umgewandelt kehren wir in seltsam getrösteter Stimmung zum Leben zurück, mit dem neuen Gefühl der Sicherheit, als ob wir nun aus den größten Gefahren, Ausschreitungen und Ekstasen den Weg zurück ins Begrenzte und Heimische gefunden hätten: dorthin, wo man überlegen-gütig und jedenfalls vornehmer als vordem verkehren kann; denn alles, was hier als Ernst und Not, als Lauf zu einem Ziele erscheint, ähnelt, im Vergleiche mit der Bahn, die wir selber, wenn auch nur im Traume, durchlaufen haben, nur wunderlich vereinzelten Stücken jener All-Erlebnisse, deren wir uns mit Schrecken bewußt sind; ja wir werden ins Gefährliche geraten und versucht sein, das Leben zu leicht zu nehmen, gerade deshalb, weil wir es in der Kunst mit so ungemeinem Ernste erfaßt haben: um auf ein Wort hinzuweisen, welches Wagner von seinen Lebens-Schicksalen gesagt hat. Denn wenn schon uns als denen, welche eine solche Kunst der dithyrambischen Dramatik nur erfahren, aber nicht schaffen, der Traum fast für wahrer gelten will als das Wache, Wirkliche: wie muß erst der Schaffende diesen Gegensatz abschätzen! Da steht er selber inmitten aller der lärmenden Anrufe und Zudringlichkeiten von Tag, Lebensnot, Gesellschaft, Staat – als was? Vielleicht als sei er gerade der einzig Wache, einzig Wahr- und Wirklich-Gesinnte unter verworrenen und gequälten Schläfern, unter lauter Wähnenden, Leidenden; mitunter selbst fühlt er sich wohl wie von dauernder Schlaflosigkeit erfaßt, als müsse er nun sein so übernächtig helles und bewußtes Leben zusammen mit Schlafwandlern und gespensterhaft ernsttuenden Wesen verbringen: so daß eben jenes alles, was anderen alltäglich, ihm unheimlich erscheint und er sich versucht fühlt, dem Eindrucke dieser Erscheinung mit übermütiger Verspottung zu begegnen. Aber wie eigentümlich gekreuzt wird diese Empfindung, wenn gerade zu der Helle seines schaudernden Übermutes ein ganz andrer Trieb sich gesellt, die Sehn- sucht aus der Höhe in die Tiefe, das liebende Verlangen zur Erde, zum Glück der Gemeinsamkeit – dann, wenn er alles dessen gedenkt, was er als Einsamer-Schaffender entbehrt, als sollte er nun sofort, wie ein zur Erde niedersteigender Gott, alles Schwache, Menschliche, Ver- lorne »mit feurigen Armen zum Himmel emporheben«, um endlich Liebe und nicht mehr Anbetung zu finden und sich, in der Liebe, seiner selbst völlig zu entäußern! Gerade aber die hier angenommene Kreuzung ist das tatsächliche Wunder in der Seele des dithyrambi- schen Dramatikers; und wenn sein Wesen irgendwo auch vom Be- griff zu erfassen wäre, so müßte es an dieser Stelle sein. Denn es sind die Zeugungs-Momente seiner Kunst, wenn er in diese Kreuzung der Empfindungen gespannt ist, und sich jene unheimlich-übermütige Befremdung und Verwunderung über die Welt mit dem sehnsüchti- gen Drange paart, derselben Welt als Liebender zu nahen. Was er dann auch für Blicke auf Erde und Leben wirft, es sind immer Son- nenstrahlen, die »Wasser ziehen«, Nebel ballen, Gewitterdünste um- her lagern. *Hellsichtig-besonnen und liebend-selbstlos zugleich* fällt sein Blick hernieder: und alles, was er jetzt mit dieser doppelten Leuchtkraft sei- nes Blickes sich erhellt, treibt die Natur mit furchtbarer Schnelligkeit zur Entladung aller ihrer Kräfte, zur Offenbarung ihrer verborgensten Geheimnisse: und zwar durch *Scham*. Es ist mehr als ein Bild, zu sagen, daß er mit jenem Blick die Natur überrascht habe, daß er sie nackend gesehn habe: da will sie sich nun schamhaft in ihre Gegensätze flüch- ten. Das bisher Unsichtbare, Innre rettet sich in die Sphäre des Sicht- baren und wird Erscheinung; das bisher nur Sichtbare flieht in das dunkle Meer des Tönenden: *so enthüllt die Natur, indem sie sich verstecken will, das Wesen ihrer Gegensätze*. In einem ungestüm rhythmischen und doch schwebenden Tanze, in verzückten Gebärden spricht der Ur- dramatiker von dem, was in ihm, was in der Natur sich jetzt begibt: der Dithyramb seiner Bewegungen ist ebensosehr schauderndes Ver- stehen, übermütiges Durchschauen, als liebendes Nahen, lustvolle Selbst-Entäußerung. Das Wort folgt berauscht dem Zuge dieses Rhyth- mus; mit dem Worte gepaart ertönt die Melodie; und wiederum wirft die Melodie ihre Funken weiter in das Reich der Bilder und Begriffe. Eine Traumerscheinung, dem Bilde der Natur und ihres Freiers ähnlich-unähnlich, schwebt heran, sie verdichtet sich zu menschlicheren Gestalten, sie breitet sich aus zur Abfolge eines ganzen heroisch-übermütigen Wollens, eines wonnereichen Untergehens und Nicht-mehr-Wollens: – so entsteht die Tragödie, so wird dem Leben seine herrlichste Weisheit, die des tragischen Gedankens, geschenkt, so endlich erwächst der größte Zauberer und Beglücker unter den Sterblichen, der dithyrambische Dramatiker. —

8

Das eigentliche Leben Wagners, das heißt die allmähliche Offenbarung des dithyrambischen Dramatikers, war zugleich ein unausgesetzter Kampf mit sich selbst, soweit er nicht nur dieser dithyrambische Dramatiker war: der Kampf mit der widerstrebenden Welt wurde für ihn nur deshalb so grimmig und unheimlich, weil er diese »Welt«, diese verlockende Feindin, aus sich selber reden hörte und weil er einen gewaltigen Dämon des Widerstrebens in sich beherbergte. Als der *herrschende Gedanke* seines Lebens in ihm aufstieg, daß vom Theater aus eine unvergleichliche Wirkung, die größte Wirkung aller Kunst ausgeübt werden könne, riß er sein Wesen in die heftigste Gärung. Es war damit nicht sofort eine klare, lichte Entscheidung über sein weiteres Begehren und Handeln gegeben; dieser Gedanke erschien zuerst fast nur in versucherischer Gestalt, als Ausdruck jenes finstern, nach *Macht und Glanz* unersättlich verlangenden persönlichen Willens. Wirkung, unvergleichliche Wirkung – wodurch? auf wen? – das war von da an das rastlose Fragen und Suchen seines Kopfes und Herzens. Er wollte siegen und erobern, wie noch kein Künstler, und womöglich mit einem Schlage zu jener tyrannischen Allmacht kommen, zu welcher es ihn so dunkel trieb. Mit eifersüchtigem, tief spähendem Blicke maß er alles, was Erfolg hatte, noch mehr sah er sich den an, auf welchen gewirkt werden mußte. Durch das zauberhafte Auge des Dramatikers, der in den Seelen wie in der ihm geläufigsten Schrift liest, ergründete er den Zuschauer und Zuhörer, und ob er auch oft bei diesem Verständnis unruhig wurde, griff er doch sofort nach den Mitteln, ihn zu bezwingen. Diese Mittel waren ihm zur Hand; was auf ihn stark wirkte, das wollte und konnte er auch machen; von seinen Vorbildern verstand er auf jeder Stufe ebensoviel als er auch selber bilden konnte, er zweifelte nie daran, das auch zu können, was ihm gefiel. Vielleicht ist er hierin eine noch »präsumtuösere« Natur als Goethe, der von sich sagte: »immer dachte ich, ich hätte es schon; man hätte mir eine Krone aufsetzen können, und ich hätte gedacht, das verstehe sich von selbst.« Wagners Können und sein »Geschmack« und ebenso seine Absicht – alles dies paßte zu allen Zeiten so eng ineinander, wie ein Schlüssel in ein Schloß: – es *wurde* miteinander groß und frei, – aber damals war es dies nicht. Was ging ihn die schwächliche, aber edlere und doch selbstisch-einsame Empfindung an, welche der oder jener literarisch und ästhetisch erzogene Kunstfreund abseits von der großen Menge hatte! Aber jene gewaltsamen Stürme der Seelen, welche von der großen Menge bei einzelnen Steigerungen des dramatischen Gesanges erzeugt werden, jener plötzlich um sich greifende Rausch der Gemüter, ehrlich durch und durch und selbstlos – das war der Widerhall seines eignen Erfahrens und Fühlens, dabei durchdrang ihn eine glühende Hoffnung auf höchste Macht und Wirkung! So verstand er denn die *große Oper* als sein Mittel, durch welches er seinen herrschenden Gedanken ausdrücken könnte; nach ihr drängte ihn seine Begierde, nach ihrer Heimat richtete sich sein Ausblick. Ein längerer Zeitraum seines Lebens, samt den verwegensten Wandlungen seiner Pläne, Studien, Aufenthalte, Bekanntschaften, erklärt sich allein aus dieser Begierde und den äußeren Widerständen, denen der dürftige, unruhige, leidenschaftlich-naive deutsche Künstler begegnen mußte. Wie man auf diesem Gebiete zum Herrn werde, verstand ein andrer Künstler besser; und jetzt, da es allmählich bekannt geworden ist, durch welches überaus künstlich gesponnene Gewebe von Beeinflussungen aller Art Meyerbeer jeden seiner großen Siege vorzubereiten und zu erreichen wußte, und wie ängstlich die Abfolge der »Effekte« in der Oper selbst erwogen wurde, wird man auch den Grad von beschämter Erbitterung verstehen, welche über Wagner kam, als ihm über diese beinahe notwendigen »Kunstmittel«, dem Publikum einen Erfolg abzuringen, die Augen geöffnet wurden. Ich zweifle, ob es einen großen Künstler in der Geschichte gegeben hat, der mit einem so ungeheuren Irrtume anhob und so unbedenklich und treuherzig sich mit der empörendsten

Gestaltung einer Kunst einließ: und doch war die Art, wie er es tat, von Größe und deshalb von erstaunlicher Fruchtbarkeit. Denn er begriff, aus der Verzweiflung des erkannten Irrtums heraus, den modernen Erfolg, das moderne Publikum und das ganze moderne Kunstlügenwesen. Indem er zum Kritiker des »Effektes« wurde, durchzitterten ihn die Ahnungen einer eigenen Läuterung. Es war, als ob von jetzt ab der Geist der Musik mit einem ganz neuen seelischen Zauber zu ihm redete. Wie wenn er aus einer langen Krankheit wieder ans Licht käme, traute er kaum mehr Hand und Auge, und schlich seines Wegs dahin; und so empfand er es als eine wundervolle Entdeckung, daß er noch Musiker, noch Künstler sei, ja daß er es jetzt erst geworden sei.

Jede weitere Stufe im Werden Wagners wird dadurch bezeichnet, daß die beiden Grundkräfte seines Wesens sich immer enger zusammenschließen: die Scheu der einen vor der andern läßt nach, das höhere Selbst begnadet von da an den gewaltsamen irdischeren Bruder nicht mehr mit seinem Dienste, es *liebt* ihn und muß ihm dienen. Das Zarteste und Reinste ist endlich, am Ziele der Entwicklung, auch im Mächtigsten enthalten, der ungestüme Trieb geht seinen Lauf wie vordem, aber auf andern Bahnen, dorthin, wo das höhere Selbst heimisch ist; und wiederum steigt dieses zur Erde herab und erkennt in allem Irdischen sein Gleichnis. Wenn es möglich wäre, in dieser Art vom letzten Ziele und Ausgange jener Entwicklung zu reden und noch verständlich zu bleiben, so dürfte auch die bildhafte Wendung zu finden sein, durch welche eine lange Zwischenstufe jener Entwicklung bezeichnet werden könnte; aber ich zweifle an jenem und versuche deshalb auch dieses nicht. Diese Zwischenstufe wird historisch durch zwei Worte gegen die frühere und spätere abgegrenzt: Wagner wird zum *Revolutionär der Gesellschaft*, Wagner erkennt den einzigen bisherigen Künstler, *das dichtende Volk*. Der herrschende Gedanke, welcher nach jener großen Verzweiflung und Buße in neuer Gestalt und mächtiger als je vor ihm erschien, führte ihn zu beidem. Wirkung, unvergleichliche Wirkung vom Theater aus! – aber auf wen? Ihn schauderte bei der Erinnerung, auf wen er bisher hatte wirken wollen. Von seinem Erlebnis aus verstand er die ganze schmachvolle Stellung, in welcher die Kunst und die Künstler sich befinden: wie eine seelenlose oder seelenharte Gesellschaft, welche sich die gute nennt und die eigentlich böse ist, Kunst und Künstler zu ihrem sklavischen Gefolge zählt, zur Befriedigung von *Scheinbedürfnissen*. Die moderne Kunst ist Luxus: das begriff er ebenso wie das andre, daß sie mit dem Rechte einer Luxus, Gesellschaft stehe und falle. Nicht anders, als diese durch die hart, herzigste und klügste Benutzung ihrer Macht die Unmächtigen, das Volk, immer dienstbarer, niedriger und unvolkstümlicher zu machen und aus ihm den modernen »Arbeiter« zu schaffen wußte, hat sie auch dem Volke das Größte und Reinste, was es aus tiefster Nötigung sich erzeugte und worin es als der wahre und einzige Künstler seine Seele mildherzig mitteilte: seinen Mythus, seine Liedweise, seinen Tanz, seine Spracherfindung entzogen, um daraus ein wollüstiges Mittel gegen die Erschöpfung und die Langeweile ihres Daseins zu destillie, ren – die modernen Künste. Wie diese Gesellschaft entstand, wie sie aus den scheinbar entgegengesetzten Machtsphären sich neue Kräfte anzusaugen wußte, wie zum Beispiel das in Heuchelei und Halb, heiten verkommene Christentum sich zum Schutze gegen das Volk, als Befestigung jener Gesellschaft und ihres Besitzes, gebrauchen ließ, und wie Wissenschaft und Gelehrte sich nur zu geschmeidig in diesen Frondienst begaben, das alles verfolgte Wagner durch die Zeiten hin, um am Schlusse seiner Betrachtungen vor Ekel und Wut aufzuspringen: er war aus Mitleid mit dem Volke zum Revolutionär geworden. Von jetzt ab liebte er es und sehnte sich nach ihm, wie er sich nach seiner Kunst sehnte, denn ach! nur in ihm, nur im entschwundenen, kaum mehr zu ahnenden, künstlich entrückten Volke sah er jetzt den einzi, gen Zuschauer und Zuhörer, welcher der Macht seines Kunstwerks, wie er es sich träumte, würdig und gewachsen sein möchte. So sam, melte sich sein Nachdenken um die Frage: Wie entsteht das Volk? Wie ersteht es wieder?

Er fand immer nur eine Antwort: – wenn eine Vielheit dieselbe Not litte, wie er sie leidet, das wäre das Volk, sagte er sich. Und wo die gleiche Not zum gleichen Drange und Begehren führen würde, müßte auch dieselbe Art der Befriedigung gesucht, das gleiche Glück in dieser Befriedigung gefunden werden. Sah er sich nun darnach um, was ihn selber in seiner Not am tiefsten tröstete und aufrichtete, was seiner Not am seelenvollsten entgegenkäme, so war er sich mit beseligender Ge, wißheit bewußt, daß dies nur der Mythus und die Musik seien, der Mythus, den er als Erzeugnis und Sprache der Not des Volkes kannte, die Musik, ähnlichen obschon noch rätselvolleren Ursprungs. In diesen beiden Elementen badet und heilt er seine Seele, ihrer bedarf er am brünstigsten: – von da aus darf er zurückschließen, wie verwandt seine Not mit der des Volkes sei, als es entstand, und wie das Volk dann wieder erstehen müsse, wenn es *viele Wagner* geben werde. Wie lebten nun Mythus und Musik in unsrer modernen Gesellschaft, soweit sie derselben nicht zum Opfer gefallen waren? Ein ähnliches Los war ihnen zuteil geworden, zum Zeugnis ihrer geheimnisvollen Zusammengehörigkeit: der Mythus war tief erniedrigt und entstellt, zum »Märchen«, zum spielerisch beglückenden Besitz der Kinder und Frauen des verkümmerten Volkes umgeartet, seiner wundervollen, ernst-heiligen Mannes-Natur gänzlich entkleidet; die Musik hatte sich unter den Armen und Schlichten, unter den Einsamen erhalten, dem deutschen Musiker war es nicht gelungen, sich mit Glück in den Luxus-Betrieb der Künste einzuordnen, er war selber zum ungetümlichen verschloßnen Märchen geworden, voll der rührendsten Laute und Anzeichen, ein unbehilflicher Frager, etwas ganz Verzaubertes und Erlösungsbedürftiges. Hier hörte der Künstler deutlich den Befehl, der an ihn allein erging – den Mythus ins Männliche zurückzuschaffen und die Musik zu entzaubern, zum Reden zu bringen: er fühlte seine Kraft zum *Drama* mit einem Male entfesselt, seine Herrschaft über ein noch unentdecktes Mittelreich zwischen Mythus und Musik begründet. Sein neues Kunstwerk, in welchem er alles Mächtige, Wirkungsvolle, Beseligende, was er kannte, zusammenschloß, stellte er jetzt mit seiner großen schmerzlich einschneidenden *Frage* vor die Menschen hin: »Wo seid ihr, welche ihr gleich leidet und bedürft wie ich? Wo ist die Vielheit, welche ich als Volk ersehne? Ich will euch daran erkennen, daß ihr das gleiche Glück, den gleichen Trost mit mir gemein haben sollt: an eurer Freude soll sich mir euer Leiden offenbaren!« Mit dem Tannhäuser und dem Lohengrin fragte er also, sah er sich also nach seinesgleichen um; der Einsame dürstete nach der Vielheit.

Aber wie wurde ihm zumute? Niemand gab eine Antwort, niemand hatte die Frage verstanden. Nicht daß man überhaupt stille geblieben wäre, im Gegenteil, man antwortete auf tausend Fragen, die er gar nicht gestellt hatte, man zwitscherte über die neuen Kunstwerke, als ob sie ganz eigentlich zum Zer-redet-Werden geschaffen wären. Die ganze ästhetische Schreib- und Schwatzseligkeit brach wie ein Fieber unter den Deutschen aus, man maß und fingerte an den Kunstwerken, an der Person des Künstlers herum, mit jenem Mangel an Scham, welcher den deutschen Gelehrten nicht weniger als den deutschen Zeitungsschreibern zu eigen ist. Wagner versuchte dem Verständnis seiner Frage durch Schriften nachzuhelfen: neue Verwirrung, neues Gesumme – ein Musiker, der schreibt und denkt, war aller Welt damals ein Unding; nun schrie man, es ist ein Theoretiker, welcher aus erklügelten Begriffen die Kunst umgestalten will, steinigt ihn! – Wagner war wie betäubt; seine Frage wurde nicht verstanden, seine Not nicht empfunden, sein Kunstwerk sah einer Mitteilung an Taube und Blinde, sein – Volk einem Hirngespinste ähnlich; er taumelte und geriet ins Schwanken. Die Möglichkeit eines völligen Umsturzes aller Dinge taucht vor seinen Blicken auf, er erschrickt nicht mehr über diese Möglichkeit: vielleicht ist jenseits der Umwälzung und Verwüstung eine neue Hoffnung aufzurichten, vielleicht auch nicht – und jedenfalls ist das Nichts besser als das widerliche Etwas. In Kürze war er politischer Flüchtling und im Elend.

Und jetzt erst, gerade mit dieser furchtbaren Wendung seines äußeren und inneren Schicksals, beginnt der Abschnitt im Leben des großen Menschen, auf dem das Leuchten höchster Meisterschaft wie der Glanz flüssigen Goldes liegt! Jetzt erst wirft der Genius der dithyrambischen Dramatik die letzte Hülle von sich! Er ist vereinsamt, die Zeit erscheint ihm nichtig, er hofft nicht mehr: so steigt sein Weltblick in die Tiefe, nochmals, und jetzt hinab bis zum Grunde: dort sieht er das Leiden im Wesen der Dinge und nimmt von jetzt ab, gleichsam unpersönlicher geworden, seinen Teil von Leiden stiller hin. Das Begehren nach höchster Macht, das Erbgut früherer Zustände, tritt ganz ins künstlerische Schaffen über; er spricht durch seine Kunst nur noch mit sich, nicht mehr mit einem »Publikum« oder Volke, und ringt danach, ihr die größte Deutlichkeit und Befähigung für ein solches mächtigstes Zwiegespräch zu geben. Es war auch im Kunstwerke der vorhergehenden Periode noch anders: auch in ihm hatte er eine, wenngleich zarte und veredelte, Rücksicht auf sofortige Wirkung genommen: als Frage war jenes Kunstwerk ja gemeint, es sollte eine sofortige Antwort hervorrufen; und wie oft wollte Wagner es denen, welche er fragte, erleichtern, ihn zu verstehen – so daß er ihnen und ihrer Ungeübtheit im Gefragtwerden entgegenkam und an ältere Formen und Ausdrucksmittel der Kunst sich anschmiegte; wo er fürchten mußte, mit seiner eigensten Sprache nicht zu überzeugen und verständlich zu werden, hatte er versucht, zu überreden und in einer halb fremden, seinen Zuhörern aber bekannteren Zunge seine Frage kundzutun. Jetzt gab es nichts mehr, was ihn zu einer solchen Rücksicht hätte bestimmen können, er wollte jetzt nur noch eins: sich mit sich verständigen, über das Wesen der Welt in Vorgängen denken, in Tönen philosophieren; der Rest des *Absichtlichen* in ihm geht auf die letzten *Einsichten* aus. Wer würdig ist zu wissen, was damals in ihm vorging, worüber er in dem heiligsten Dunkel seiner Seele mit sich Zwiesprache pflog – es sind nicht viele dessen würdig: der höre, schaue und erlebe Tristan und Isolde, das eigentliche *opus metaphysicum* aller Kunst, ein Werk, auf dem der gebrochne Blick eines Sterbenden liegt, mit seiner unersättlichen süßesten Sehnsucht nach den Geheimnissen der Nacht und des Todes, fern weg von dem Leben, welches als das Böse, Trügerische, Trennende in einer grausenhaften gespenstischen Morgenhelle und Schärfe leuchtet: dabei ein Drama von der herbsten Strenge der Form, überwältigend in seiner schlichten Größe, und gerade nur so dem Geheimnis gemäß, von dem es redet, dem Tot-sein bei lebendigem Leibe, dem Eins-sein in der Zweiheit. Und doch ist noch etwas wunderbarer als dies Werk: der Künstler selber, der nach ihm in einer kurzen Spanne Zeit ein Weltbild der verschiedensten Färbung, die Meistersinger von Nürnberg, schaffen konnte, ja der in beiden Werken gleichsam nur ausruhte und sich erquickte, um den vor ihnen entworfenen und begonnenen vierteiligen Riesenbau mit gemeßner Eile zu Ende zu türmen, sein Sinnen und Dichten durch zwanzig Jahre hindurch, sein Bayreuther Kunstwerk, den Ring des Nibelungen! Wer sich über die Nachbarschaft des Tristan und der Meistersinger befremdet fühlen kann, hat das Leben und Wesen aller wahrhaft großen Deutschen in einem wichtigen Punkte nicht verstanden: er weiß nicht, auf welchem Grunde allein jene eigentlich und einzig *deutsche Heiterkeit* Luthers, Beethovens und Wagners erwachsen kann, die von andern Völkern gar nicht verstanden wird und den jetzigen Deutschen selber abhanden gekommen scheint – jene goldhelle durchgegorne Mischung von Einfalt, Tiefblick der Liebe, betrachtendem Sinne und Schalkhaftigkeit, wie sie Wagner als den köstlichsten Trank allen denen eingeschenkt hat, welche tief am Leben gelitten haben und sich ihm gleichsam mit dem Lächeln der Genesenden wieder zukehren. Und wie er selber so versöhnter in die Welt blickte, seltener von Grimm und Ekel erfaßt wurde, mehr in Trauer und Liebe auf Macht verzichtend als vor ihr zurückschaudernd, wie er so in Stille sein größtes Werk förderte und Partitur neben Partitur legte, geschah einiges, was ihn aufhorchen ließ: die *Freunde* kamen, eine unterirdische Bewegung vieler Gemüter ihm anzukündigen – es war noch lange nicht das »Volk«, das sich bewegte und hier ankündigte, aber vielleicht der Keim und erste Lebensquell einer in ferner Zukunft vollendeten, wahrhaft menschlichen Gesellschaft; zunächst nur die Bürgschaft, daß sein großes Werk einmal in Hand und Hut treuer Menschen gelegt werden könne, welche über dieses herrlichste Vermächtnis an die Nachwelt zu wachen hätten und zu wachen würdig wären; in der Liebe der Freunde wurden die Farben am Tage seines Lebens leuchtender und wärmer; seine edelste Sorge, gleichsam noch vor Abend mit seinem Werke ans Ziel zu kommen und für dasselbe eine Herberge zu finden, wurde nicht mehr von ihm allein gehegt. Und da begab sich ein Ereignis, welches von ihm nur symbolisch verstanden werden konnte und für ihn einen neuen Trost, ein glückliches Wahrzeichen bedeutete. Ein großer Krieg der Deutschen ließ ihn aufblicken, derselben Deutschen, welche er so tief entartet, so abgefallen von dem hohen deutschen Sinne wußte, wie er ihn in sich und den andern großen Deutschen der Geschichte mit tiefstem Bewußtsein erforscht und erkannt hatte – er sah, daß diese Deutschen in einer ganz ungeheuren Lage zwei echte Tugenden: schlichte Tapferkeit und Besonnenheit zeigten, und begann mit innerstem Glücke zu glauben, daß er vielleicht doch nicht der letzte Deutsche sei und daß seinem Werke einmal noch eine gewaltigere Macht zur Seite stehen werde als die aufopfernde, aber geringe Kraft der wenigen Freunde, für jene lange Dauer, wo es seiner ihm vorherbestimmten Zukunft, als das Kunstwerk dieser Zukunft, entgegenharren soll. Vielleicht, daß dieser Glaube sich nicht dauernd vor dem Zweifel schützen konnte, je mehr er sich besonders zu sofortigen Hoffnungen zu steigern suchte: genug, er empfand einen mächtigen Anstoß, um sich an eine noch unerfüllte hohe *Pflicht* erinnert zu fühlen. Sein Werk wäre nicht fertig, nicht zu Ende getan gewesen, wenn er es nur als schweigende Partitur der Nachwelt anvertraut hätte; er mußte das Unerratbarste, ihm Vorbehaltenste, den neuen Stil für seinen Vortrag, seine Darstellung, öffentlich zeigen und lehren, um das Beispiel zu geben, welches kein andrer geben konnte, und so eine *Stil-Überlieferung* zu begründen, die nicht in Zeichen auf Papier, sondern in Wirkungen auf menschliche Seelen eingeschrieben ist. Dies war um so mehr für ihn zur ernstesten Pflicht geworden, als seine andern Werke inzwischen, gerade in Beziehung auf Stil des Vortrags, das unleidlichste und absurdeste Schicksal gehabt hatten: sie waren berühmt, bewundert und wurden – gemißhandelt, und niemand schien sich zu empören. Denn so seltsam die Tatsache klingen mag: während er auf Erfolg bei seinen Zeitgenossen, in einsichtigster Schätzung derselben, immer grundsätzlicher verzichtete und dem Gedanken der Macht entsagte, kam ihm der »Erfolg« und die »Macht«; wenigstens erzählte ihm alle Welt davon. Es half nichts, daß er auf das Entschiedenste das durchaus Mißverständliche, ja für ihn Beschämende jener »Erfolge« immer wieder ans Licht stellte; man war so wenig daran gewöhnt, einen Künstler in der Art seiner Wirkungen streng unterscheiden zu sehen, daß man selbst seinen feierlichsten Verwahrungen nicht einmal recht traute. Nachdem ihm der Zusammenhang unsres heutigen Theaterwesens und Theatererfolges mit dem Charakter des heutigen Menschen aufgegangen war, hatte seine Seele nichts mehr mit diesem Theater zu schaffen; um ästhetische Schwärmerei und den Jubel aufgeregter Massen war es ihm nicht mehr zu tun, ja es mußte ihn ergrimmen, seine Kunst so unterschiedlos in den gähnenden Rachen der unersättlichen Langeweile und Zerstreuungs-Gier eingehen zu sehen. Wie flach und gedanken-bar hier jede Wirkung sein mußte, wie es hier wirklich mehr auf die Füllung eines Nimmersatten als auf die Ernährung eines Hungernden ankäme, schloß er zumal aus einer regelmäßigen Erscheinung: man nahm überall, auch von seiten der Aufführenden und Vortragenden, seine Kunst wie jede andre Bühnenmusik hin, nach dem widerlichen Rezeptier-Buche des Opernstiles, ja man schnitt und hackte sich seine Werke, dank den gebildeten Kapellmeistern, geradewegs zur Oper zurecht, wie der Sänger ihnen erst nach sorgfältiger Entgeistung beizukommen glaubte; und wenn man es recht gut machen wollte, ging man mit einer Ungeschicklichkeit und einer prüden Beklemmung auf Wagners Vorschriften ein, ungefähr so, als ob man den nächtlichen Volks-Auflauf in den Straßen Nürnbergs, wie er im zweiten Akte der Meistersinger vorgeschrieben ist, durch künstlich figurierende Ballettänzer darstellen wollte – und bei alledem schien man im guten Glauben, ohne böse Nebenabsichten zu handeln. Wagners aufopfernde Versuche, durch die Tat und das Beispiel nur wenigstens auf schlichte Korrektheit und Vollständigkeit der Aufführung hinzuweisen und einzelne Sänger in den ganz neuen Stil des Vortrags einzuführen, waren immer wieder vom Schlamm der herrschenden Gedankenlosigkeit und Gewohnheit weggeschwemmt worden; sie hatten ihn überdies immer zu einem Befassen mit eben dem Theater genötigt, dessen ganzes Wesen ihm zum Ekel geworden war. Hatte doch selbst Goethe die Lust verloren, den Aufführungen seiner Iphigenie beizuwohnen; »ich leide entsetzlich,« hatte er zur Erklärung gesagt, »wenn ich mich mit diesen Gespenstern herumschlagen muß, die nicht so zur Erscheinung kommen, wie sie sollten.« Dabei nahm der »Erfolg« an diesem ihm widerlich gewordnen Theater immer zu; endlich kam es dahin, daß gerade die großen Theater fast zumeist von den fetten Einnahmen lebten, welche die Wagnersche Kunst in ihrer Verunstaltung als Opernkunst ihnen eintrug. Die Verwirrung über diese wachsende Leidenschaft des Theater-Publikums ergriff selbst manche Freunde Wagners: er mußte das Herbste erdulden – der große Dulder! – und seine Freunde von »Erfolgen« und »Siegen« berauscht sehen, wo sein einzig-hoher Gedanke gerade mitten hindurch zerknickt und verleugnet war. Fast schien es, als ob ein in vielen Stücken ernsthaftes und schweres Volk sich in bezug auf seinen ernstesten Künstler eine grundsätzliche Leichtfertigkeit nicht verkümmern lassen wollte, als ob sich gerade deshalb an ihm alles Gemeine, Gedankenlose, Ungeschickte und Boshafte des deutschen Wesens auslassen müßte. – Als sich nun während des deutschen Krieges eine großartigere, freiere Strömung der Gemüter zu bemächtigen schien, erinnerte sich Wagner seiner Pflicht der Treue, um wenigstens sein größtes Werk vor diesen mißverständlichen Erfolgen und Beschimpfungen zu retten und es in seinem eigensten Rhythmus zum Beispiel für alle Zeiten hinzustellen: so erfand er den *Gedanken von Bayreuth*. Im Gefolge jener Strömung der Gemüter glaubte er auch auf der Seite derer, welchen er seinen kostbarsten Besitz anvertrauen wollte, ein erhöhteres Gefühl von Pflicht erwachen zu sehen — aus dieser Doppelseitigkeit von Pflichten erwuchs das Ereignis, welches wie ein fremdartiger Sonnenglanz auf der letzten und nächsten Reihe von Jahren liegt; zum Heile einer fernen, einer nur möglichen, aber unbeweisbaren Zukunft ausgedacht, für die Gegenwart und die nur gegenwärtigen Menschen nicht viel mehr als ein Rätsel oder ein Greuel, für die wenigen, die an ihm helfen durften, ein Vorgenuß, ein Vorausleben der höchsten Art, durch welches sie weit über ihre Spanne Zeit sich beseligt, beseligend und fruchtbar wissen, für Wagner selbst eine Verfinsterung von Mühsal, Sorge, Nachdenken, Gram, ein erneutes Wüten der feindseligen Elemente, aber alles überstrahlt von dem Sterne der *selbstlosen Treue*, und in diesem Lichte zu einem unsäglichen Glücke umgewandelt!

Man braucht es kaum auszusprechen: es liegt der Hauch des Tragischen auf diesem Leben. Und jeder, der aus seiner eignen Seele etwas davon ahnen kann, jeder, für den der Zwang einer tragischen Täuschung über das Lebensziel, das Umbiegen und Brechen der Absichten, das Verzichten und Gereinigt-werden durch Liebe keine ganz fremden Dinge sind, muß in dem, was Wagner uns jetzt im Kunstwerke zeigt, ein traumhaftes Zurückerinnern an das eigne heldenhafte Dasein des großen Menschen fühlen. Ganz von Ferne her wird uns zumute sein, als ob Siegfried von seinen Taten erzählte: im rührendsten Glück des Gedenkens webt die tiefe Trauer des Spätsommers, und alle Natur liegt still in gelbem Abendlichte. —

9

Darüber nachzudenken, *was Wagner, der Künstler*, ist, und an dem Schauspiele eines wahrhaft frei gewordenen Könnens und Dürfens betrachtend vorüberzugehn: Das wird jeder zu seiner Heilung und Erholung nötig haben, der darüber, *wie Wagner, der Mensch, wurde*, gedacht und gelitten hat. Ist die Kunst überhaupt eben nur das Vermögen, das an andere mitzuteilen, was man erlebt hat, widerspricht jedes Kunstwerk sich selbst, wenn es sich nicht zu verstehen geben kann: so muß die Größe Wagners, des Künstlers, gerade in jener dämonischen *Mitteilbarkeit* seiner Natur bestehen, welche gleichsam in allen Sprachen von sich redet und das innere, eigenste Erlebnis mit der höchsten Deutlichkeit erkennen läßt; sein Auftreten in der Geschichte der Künste gleicht einem vulkanischen Ausbruche des gesamten ungeteilten Kunstvermögens der Natur selber, nachdem die Menschheit sich an den Anblick der Vereinzelung der Künste wie an eine Regel gewöhnt hatte. Man kann deshalb schwanken, welchen Namen man ihm beilegen solle, ob er Dichter oder Bildner oder Musiker zu nennen sei, jedes Wort in einer außerordentlichen Erweiterung seines Begriffs genommen, oder ob erst ein neues Wort für ihn geschaffen werden müsse.

Das *Dichterische* in Wagner zeigt sich darin, daß er in sichtbaren und fühlbaren Vorgängen, nicht in Begriffen denkt, das heißt, daß er mythisch denkt; so wie immer das Volk gedacht hat. Dem Mythus liegt nicht ein Gedanke zugrunde, wie die Kinder einer verkünstelten Kultur vermeinen, sondern er selber ist ein Denken; er teilt eine Vorstellung von der Welt mit, aber in der Abfolge von Vorgängen, Handlungen und Leiden. Der Ring des Nibelungen ist ein ungeheures Gedankensystem ohne die begriffliche Form des Gedankens. Vielleicht könnte ein Philosoph etwas ganz Entsprechendes ihm zur Seite stellen, das ganz ohne Bild und Handlung wäre und bloß in Begriffen zu uns spräche: dann hätte man das gleiche in zwei disparaten Sphären dargestellt, einmal für das Volk und einmal für den Gegensatz des Volkes, den theoretischen Menschen. An diesen wendet sich also Wagner nicht; denn der theoretische Mensch versteht von dem eigentlich Dichterischen, dem Mythus, gerade so viel als ein Tauber von der Musik, das heißt beide sehen eine ihnen sinnlos scheinende Bewegung. Aus der einen von jenen disparaten Sphären kann man in die andre nicht hineinblicken: solange man im Banne des Dichters ist, denkt man mit ihm, als sei man nur ein fühlendes, sehendes und hörendes Wesen; die Schlüsse, welche man macht, sind die Verknüpfungen der Vorgänge, die man sieht, also tatsächliche Kausalitäten, keine logischen.

Wenn die Helden und Götter solcher mythischen Dramen, wie Wagner sie dichtet, nun auch in Worten sich deutlich machen sollen, so liegt keine Gefahr näher, als daß diese *Wortsprache* in uns den theoretischen Menschen aufweckt und dadurch uns in eine andre, unmythische Sphäre hinüberhebt: so daß wir zuletzt durch das Wort nicht etwa deutlicher verstanden hätten, was vor uns vorging, sondern gar nichts verstanden hätten. Wagner zwang deshalb die Sprache in einen Urzustand zurück, wo sie fast noch nicht in Begriffen denkt, wo sie noch selber Dichtung, Bild und Gefühl ist; die Furchtlosigkeit, mit der Wagner an diese ganz erschreckende Aufgabe ging, zeigt, wie gewaltsam er von dem dichterischen Geiste geführt wurde, als einer, der folgen muß, wohin auch sein gespenstischer Führer den Weg nimmt. Man sollte jedes Wort dieser Dramen singen können, und Götter und Helden sollten es in den Mund nehmen: das war die ungeheure Anforderung, welche Wagner an seine sprachliche Phantasie stellte. Jeder andre hätte dabei verzagen müssen; denn unsre Sprache scheint fast zu alt und zu verwüstet zu sein, als daß man von ihr hätte verlangen dürfen, was Wagner verlangte: und doch rief sein Schlag gegen den Felsen eine reichliche Quelle hervor. Gerade Wagner hat, weil er diese Sprache mehr liebte und mehr von ihr forderte, auch mehr als ein andrer Deutscher an ihrer Entartung und Schwächung gelitten, also an den vielfältigen Verlusten und Verstümmlungen der Formen, an dem schwerfälligen Partikelwesen unsrer Satzfügung, an den unsingbaren Hilfszeitwörtern: – alles dieses sind ja Dinge, welche durch Sünden und Verlotterungen in die Sprache hineingekommen sind. Dagegen empfand er mit tiefem Stolze die auch jetzt noch vorhandene Ursprünglichkeit und Unerschöpflichkeit dieser Sprache, die tonvolle Kraft ihrer Wurzeln, in welchen er, im Gegensatz zu den höchst abgeleiteten, künstlich rhetorischen Sprachen der romanischen Stämme, eine wunderbare Neigung und Vorbereitung zur Musik, zur wahren Musik ahnte. Es geht eine Lust an dem Deutschen durch Wagners Dichtung, eine Herzlichkeit und Freimütigkeit im Verkehre mit ihm, wie so etwas, außer bei Goethe, bei keinem Deutschen sich nachfühlen läßt. Leiblichkeit des Ausdrucks, verwegene Gedrängtheit, Gewalt und rhythmische Vielartigkeit, ein merkwürdiger Reichtum an starken und bedeutenden Wörtern, Vereinfachung der Satzgliederung, eine fast einzige Erfindsamkeit in der Sprache des wogenden Gefühls und der Ahnung, eine mitunter ganz rein sprudelnde Volkstümlichkeit und

Sprichwörtlichkeit – solche Eigenschaften würden aufzuzählen sein, und doch wäre dann immer noch die mächtigste und bewunderungswürdigste vergessen. Wer hintereinander zwei solche Dichtungen wie Tristan und die Meistersinger liest, wird in Hinsicht auf die Wortsprache ein ähnliches Erstaunen und Zweifeln empfinden wie in Hinsicht auf die Musik: wie es nämlich möglich war, über zwei Welten, so verschieden an Form, Farbe, Fügung als an Seele, schöpferisch zu gebieten. Dies ist das Mächtigste an der Wagnerschen Begabung, etwas, das allein dem großen Meister gelingen wird: für jedes Werk eine eigne Sprache auszuprägen und der neuen Innerlichkeit auch einen neuen Leib, einen neuen Klang zu geben. Wo eine solche allerseltenste Macht sich äußert, wird der Tadel immer nur kleinlich und unfruchtbar bleiben, welcher sich auf einzelnes Übermütige und Absonderliche oder auf die häufigeren Dunkelheiten des Ausdrucks und Umschleierungen des Gedankens bezieht. Überdies war denen, welche bisher am lautesten getadelt haben, im Grunde nicht sowohl die Sprache als die Seele, die ganze Art zu empfinden und zu leiden, anstößig und unerhört. Wir wollen warten, bis diese selber eine andre Seele haben, dann werden sie selber auch eine andre Sprache sprechen: und dann wird es, wie mir scheint, auch mit der deutschen Sprache im ganzen besser stehn, als es jetzt steht.

Vor allem aber sollte niemand, der über Wagner, den Dichter und Sprachbildner, nachdenkt, vergessen, daß keines der Wagnerschen Dramen bestimmt ist, gelesen zu werden, und also nicht mit den Forderungen behelligt werden darf, welche an das Wortdrama gestellt werden. Dieses will allein durch Begriffe und Worte auf das Gefühl wirken; mit dieser Absicht gehört es unter die Botmäßigkeit der Rhetorik. Aber die Leidenschaft im Leben ist selten beredt: im Wortdrama muß sie es sein, um überhaupt sich auf irgendeine Art mitzuteilen. Wenn aber die Sprache eines Volkes sich schon im Zustande des Verfalls und der Abnutzung befindet, so kommt der Wortdramatiker in die Versuchung, Sprache und Gedanken ungewöhnlich aufzufärben und neuzubilden; er will die Sprache heben, damit sie wieder das gehobene Gefühl hervorklingen lasse, und gerät dabei in die Gefahr, gar nicht verstanden zu werden. Ebenso sucht er der Leidenschaft durch erhabene Sinnsprüche und Einfälle etwas von Höhe mitzuteilen und verfällt dadurch wieder in eine andre Gefahr: er erscheint unwahr und künstlich. Denn die wirkliche Leidenschaft des Lebens spricht nicht in Sentenzen, und die dichterische erweckt leicht Mißtrauen gegen ihre Ehrlichkeit, wenn sie sich wesentlich von dieser Wirklichkeit unterscheidet. Dagegen gibt Wagner, der erste, welcher die inneren Mängel des Wortdramas erkannt hat, jeden dramatischen Vorgang in einer dreifachen Verdeutlichung, durch Wort, Gebärde und Musik: und zwar überträgt die Musik die Grundregungen im Innern der darstellenden Personen des Dramas unmittelbar auf die Seelen der Zuhörer, welche jetzt in den Gebärden derselben Personen die erste Sichtbarkeit jener inneren Vorgänge, und in der Wortsprache noch eine zweite abgeblaßtere Erscheinung derselben, übersetzt in das bewußtere Wollen, wahrnehmen. Alle diese Wirkungen erfolgen gleichzeitig und durchaus ohne sich zu stören, und zwingen den, welchem ein solches Drama vorgeführt wird, zu einem ganz neuen Verstehen und Miterleben, gleich als ob seine Sinne auf einmal vergeistigter und sein Geist versinnlichter geworden wären und als ob alles, was aus dem Menschen heraus will und nach Erkenntnis dürstet, sich jetzt in einem Jubel des Erkennens frei und selig befände. Weil jeder Vorgang eines Wagnerschen Dramas sich mit der höchsten Verständlichkeit dem Zuschauer mitteilt, und zwar durch die Musik von innen heraus erleuchtet und durchglüht, konnte sein Urheber aller der Mittel entraten, welche der Wortdichter nötig hat, um seinen Vorgängen Wärme und Leuchtkraft zu geben. Der ganze Haushalt des Dramas durfte einfacher sein, der rhythmische Sinn des Baumeisters konnte es wieder wagen, sich in den großen Gesamtverhältnissen des Baues zu zeigen; denn es fehlte zu jener absichtlichen Verwicklung und verwirrenden Vielgestaltigkeit des Baustils jetzt jede Veranlassung, durch welche der Wortdichter zugunsten seines Werkes das Gefühl der Verwunderung und des angespannten Interesses zu erreichen strebt, um dies dann zu dem Gefühl des beglückten Staunens zu steigern. Der Eindruck der idealisierenden Ferne und Höhe war nicht erst durch Kunstgriffe herbeizuschaffen. Die Sprache zog sich aus einer rhetorischen Breite in die Geschlossenheit und Kraft einer Gefühlsrede zurück: und trotzdem, daß der darstellende Künstler viel weniger als früher über das sprach, was er im Schauspiel tat und empfand, zwangen jetzt innerliche Vorgänge, welche die Angst des Wortdramatikers vor dem angeblich Undramatischen bisher von der Bühne ferngehalten hat, den Zuhörer zum leidenschaftlichen Miterleben, während die begleitende Gebärdensprache nur in der zartesten Modulation sich zu äußern brauchte. Nun ist überhaupt die gesungene Leidenschaft in der Zeitdauer um etwas länger als die gesprochne; die Musik streckt gleichsam die Empfindung aus: daraus folgt im allgemeinen, daß der darstellende Künstler, der zugleich Sänger ist, die allzu große unplastische Aufgeregtheit der Bewegung, an welcher das ausgeführte Wortdrama leidet, überwinden muß. Er sieht sich zu einer Veredelung der Gebärde hingezogen, um so mehr, als die Musik seine Empfindung in das Bad eines reineren Äthers eingetaucht und dadurch unwillkürlich der Schönheit näher gebracht hat.

Die außerordentlichen Aufgaben, welche Wagner den Schauspielern und Sängern gestellt hat, werden auf ganze Menschenalter hin einen Wetteifer unter ihnen entzünden, um endlich das Bild jedes Wagnerschen Helden in der leiblichsten Sichtbarkeit und Vollendung zur Darstellung zu bringen: so wie diese vollendete Leiblichkeit in der Musik des Dramas schon vorgebildet liegt. Diesem Führer folgend, wird zuletzt das Auge des plastischen Künstlers die Wunder einer neuen Schauwelt sehen, welche vor ihm allein der Schöpfer solcher Werke, wie der Ring des Nibelungen ist, zum erstenmal erblickt hat: als ein *Bildner* höchster Art, welcher wie Äschylus einer kommenden Kunst den Weg zeigt. Müssen nicht schon durch die Eifersucht große Begabungen geweckt werden, wenn die Kunst des Plastikers ihre Wirkung mit der einer Musik vergleicht, wie die Wagnersche ist: in welcher es reinstes, sonnenhelles Glück gibt; so daß dem, welcher sie hört, zumute wird, als ob fast alle frühere Musik eine veräußerlichte, befangene, unfreie Sprache geredet hätte, als ob man mit ihr bisher hätte ein Spiel spielen wollen, vor solchen, welche des Ernstes nicht würdig waren, oder als ob mit ihr gelehrt und demonstriert werden sollte, vor solchen, welche nicht einmal des Spieles würdig sind. Durch diese frühere Musik dringt nur auf kurze Stunden jenes Glück in uns ein, welches wir immer bei Wagnerscher Musik empfinden: es scheinen seltne Augenblicke der Vergessenheit, die sie gleichsam überfallen, wo sie mit sich allein redet und den Blick aufwärts richtet wie Raffaels

Cäcilia, weg von den Hörern, welche Zerstreuung, Lustbarkeit oder Gelehrsamkeit von ihr fordern.

Von Wagner, dem *Musiker*, wäre im allgemeinen zu sagen, daß er allem in der Natur, was bis jetzt nicht *reden* wollte, eine Sprache gegeben hat: er glaubt nicht daran, daß es etwas Stummes geben müsse. Er taucht auch in Morgenröte, Wald, Nebel, Kluft, Bergeshöhe, Nachtschauer, Mondesglanz hinein und merkt ihnen ein heimliches Begehren ab: sie wollen auch tönen. Wenn der Philosoph sagt, es ist *ein* Wille, der in der belebten und unbelebten Natur nach Dasein dürstet, so fügt der Musiker hinzu: und dieser Wille will, auf allen Stufen, ein tönendes Dasein.

Die Musik hatte vor Wagner im ganzen enge Grenzen; sie bezog sich auf bleibende Zustände des Menschen, auf das, was die Griechen Ethos nennen, und hatte mit Beethoven eben erst begonnen, die Sprache des Pathos, des leidenschaftlichen Wollens, der dramatischen Vorgänge im Innern des Menschen zu finden. Ehedem sollte eine Stimmung, ein gefaßter oder heiterer oder andächtiger oder bußfertiger Zustand sich durch Töne zu erkennen geben, man wollte durch eine gewisse auffallende Gleichartigkeit der Form und durch die längere Andauer dieser Gleichartigkeit den Zuhörer zur Deutung dieser Musik nötigen und endlich in die gleiche Stimmung versetzen. Allen solchen Bildern von Stimmungen und Zuständen waren einzelne Formen notwendig; andre wurden durch Konvention in ihnen üblich. Über die Länge entschied die Vorsicht des Musikers, welcher den Zuhörer wohl in eine Stimmung bringen, aber nicht durch allzulange Andauer derselben langweilen wollte. Man ging einen Schritt weiter, als man die Bilder entgegengesetzter Stimmungen nacheinander entwarf und den Reiz des Kontrastes entdeckte, und noch einen Schritt, als dasselbe Tonstück in sich einen Gegensatz des Ethos, zum Beispiel durch das Widerstreben eines männlichen und eines weiblichen Themas, aufnahm. Dies alles sind noch rohe und uranfängliche Stufen der Musik. Die Furcht vor der Leidenschaft gibt die einen, die vor der Langenweile die andern Gesetze; alle Vertiefungen und Ausschreitungen des Gefühls wurden als »unethisch« empfunden. Nachdem aber die Kunst des Ethos dieselben gewöhnlichen Zustände und Stimmungen in hundertfacher Wiederholung dargestellt hatte, geriet sie, trotz der wunderbarsten Erfindsamkeit ihrer Meister, endlich in Erschöpfung. Beethoven zuerst ließ die Musik eine neue Sprache, die bisher verbotene Sprache der Leidenschaft reden: weil aber seine Kunst aus den Gesetzen und Konventionen der Kunst des Ethos herauswachsen und versuchen mußte, sich gleichsam vor jener zu rechtfertigen, so hatte sein künstlerisches Werden eine eigentümliche Schwierigkeit und Undeutlichkeit an sich. Ein innerer, dramatischer Vorgang – denn jede Leidenschaft hat einen dramatischen Verlauf – wollte sich zu einer neuen Form hindurchringen, aber das überlieferte Schema der Stimmungsmusik widersetzte sich und redete beinahe mit der Miene der Moralität wider ein Aufkommen der Unmoralität. Es scheint mitunter so, als ob Beethoven sich die widerspruchsvolle Aufgabe gestellt habe, das Pathos mit den Mitteln des Ethos sich aussprechen zu lassen. Für die größten und spätesten Werke Beethovens reicht aber diese Vorstellung nicht aus. Um den großen geschwungenen Bogen einer Leidenschaft wiederzugeben, fand er wirklich ein neues Mittel: er nahm einzelne Punkte ihrer Flugbahn heraus und deutete sie mit der größten Bestimmtheit an, um aus ihnen dann die ganze Linie durch den Zuhörer *erraten* zu lassen. Äußerlich betrachtet, nahm sich die neue Form aus wie die Zusammenstellung mehrerer Tonstücke, von denen jedes einzelne scheinbar einen beharrenden Zustand, in Wahrheit aber einen Augenblick im dramatischen Verlauf der Leidenschaft darstellte. Der Zuhörer konnte meinen, die alte Musik der Stimmung zu hören, nur daß das Verhältnis der einzelnen Teile zueinander ihm unfaßlich geworden war und sich nicht mehr nach dem Kanon des Gegensatzes deuten ließ. Selbst bei Musikern stellte sich eine Geringschätzung gegen die Forderung eines künstlerischen Gesamtbaus ein, die Folge der Teile in ihren Werken wurde willkürlich. Die Erfindung der großen Form der Leidenschaft führte durch ein Mißverständnis auf den Einzelsatz mit beliebigem Inhalte zurück, und die Spannung der Teile gegeneinander hörte ganz auf. Deshalb ist die Symphonie nach Beethoven ein so wunderlich undeutliches Gebilde, namentlich wenn sie im einzelnen noch die Sprache des Beethovenschen Pathos stammelt. Die Mittel passen nicht zur Absicht, und die Absicht im ganzen wird dem Zuhörer überhaupt nicht klar, weil sie auch im Kopfe des Urhebers niemals klar gewesen ist. Gerade aber die Forderung, daß man etwas ganz Bestimmtes zu sagen habe und daß man es auf das Deutlichste sage, wird um so unerläßlicher, je höher, schwieriger und anspruchsvoller eine Gattung ist.

Deshalb war Wagners ganzes Ringen darauf aus, alle Mittel zu finden, welche der *Deutlichkeit* dienen; vor allem hatte er dazu nötig, sich von allen Befangenheiten und Ansprüchen der älteren Musik der Zustände loszubinden und seiner Musik, dem tönenden Prozesse des Gefühls und der Leidenschaft, eine gänzlich unzweideutige Rede in den Mund zu legen. Schauen wir auf das hin, was er erreicht hat, so ist uns, als ob er im Bereiche der Musik das gleiche getan habe, was im Bereiche der Plastik der Erfinder der Freigruppe tat. Alle frühere Musik scheint, an der Wagnerschen gemessen, steif oder ängstlich, als ob man sie nicht von allen Seiten ansehn dürfe und sie sich schäme. Wagner ergreift jeden Grad und jede Farbe des Gefühls mit der größten Festigkeit und Bestimmtheit; er nimmt die zarteste, entlegenste und wildeste Regung ohne Angst, sie zu verlieren, in die Hand, und hält sie wie etwas Hart- und Festgewordenes, wenn auch jedermann sonst in ihr einen unangreifbaren Schmetterling sehen sollte. Seine Musik ist niemals unbestimmt, stimmungshaft; alles, was durch sie redet, Mensch oder Natur, hat eine streng individualisierte Leidenschaft; Sturm und Feuer nehmen bei ihm die zwingende Gewalt eines persönlichen Willens an. Über allen den tönenden Individuen und dem Kampfe ihrer Leidenschaften, über dem ganzen Strudel von Gegensätzen, schwebt, mit höchster Besonnenheit, ein übermächtiger symphonischer Verstand, welcher aus dem Kriege fortwährend die Eintracht gebiert: Wagners Musik als Ganzes ist ein Abbild der Welt, so wie diese von dem großen ephesischen Philosophen verstanden wurde, als eine Harmonie, welche der Streit aus sich zeugt, als die Einheit von Gerechtigkeit und Feindschaft. Ich bewundere die Möglichkeit, aus einer Mehrzahl von Leidenschaften, welche nach verschiedenen Richtungen hin laufen, die große Linie einer Gesamtleidenschaft zu berechnen: daß so etwas möglich ist, sehe ich durch jeden einzelnen Akt eines Wagnerschen Dramas bewiesen, welcher nebeneinander die Einzelgeschichte verschiedener Individuen und eine Gesamtgeschichte aller erzählt. Wir spüren es schon zu Anfang, daß wir widerstrebende einzelne Strömungen, aber auch, über alle mächtig, einen Strom mit einer gewaltigen

Richtung vor uns haben: dieser Strom bewegt sich zuerst unruhig, über verborgene Felsenzacken hinweg, die Flut scheint mitunter auseinanderzureißen, nach verschiedenen Richtungen hinzuwollen. Allmählich bemerken wir, daß die innere Gesamtbewegung gewaltiger, fortreißender geworden ist; die zuckende Unruhe ist in die Ruhe der breiten furchtbaren Bewegung nach einem noch unbekannten Ziele übergegangen; und plötzlich, am Schluß, stürzt der Strom hinunter in die Tiefe, in seiner ganzen Breite, mit einer dämonischen Lust an Abgrund und Brandung. Nie ist Wagner mehr Wagner, als wenn die Schwierigkeiten sich verzehnfachen und er in ganz großen Verhältnissen mit der Lust des Gesetzgebers walten kann. Ungestüme widerstrebende Massen zu einfachen Rhythmen bändigen, durch eine verwirrende Mannigfaltigkeit von Ansprüchen und Begehrungen einen Willen durchführen – das sind die Aufgaben, zu welchen er sich geboren, in welchen er seine Freiheit fühlt. Nie verliert er dabei den Atem, nie kommt er keuchend an sein Ziel. Er hat ebenso unablässig darnach gestrebt, sich die schwersten Gesetze aufzuerlegen, als andre nach Erleichterung ihrer Last trachten; das Leben und die Kunst drücken ihn, wenn er nicht mit ihren schwierigsten Problemen spielen kann. Man erwäge nur einmal das Verhältnis der gesungenen Melodie zur Melodie der ungesungenen Rede – wie er die Höhe, die Stärke und das Zeitmaß des leidenschaftlich sprechenden Menschen als Naturvorbild behandelt, das er in Kunst umzuwandeln hat: – man erwäge dann wiederum die Einordnung einer solchen singenden Leidenschaft in den ganzen symphonischen Zusammenhang der Musik, um ein Wunderding von überwundenen Schwierigkeiten kennen zu lernen: seine Erfindsamkeit hierbei, im kleinen und großen, die Allgegenwart seines Geistes und seines Fleißes ist derart, daß man beim Anblick einer Wagnerschen Partitur glauben möchte, es habe vor ihm gar keine rechte Arbeit und Anstrengung gegeben. Es scheint, daß er auch in bezug auf die Mühsal der Kunst hätte sagen können, die eigentliche Tugend des Dramatikers bestehe in der Selbstentäußerung; aber er würde wahrscheinlich entgegnen: es gibt nur eine Mühsal, die des noch nicht Freigewordnen; die Tugend und das Gute sind leicht.

Als Künstler im ganzen betrachtet, so hat Wagner, um an einen bekannteren Typus zu erinnern, etwas von *Demosthenes* an sich: den furchtbaren Ernst um die Sache und die Gewalt des Griffs, so daß er jedesmal die Sache faßt; er schlägt seine Hand darum, im Augenblick, und sie hält fest, als ob sie aus Erz wäre. Er verbirgt wie jener seine Kunst oder macht sie vergessen, indem er zwingt, an die Sache zu denken; und doch ist er, gleich Demosthenes, die letzte und höchste Erscheinung hinter einer ganzen Reihe von gewaltigen Kunstgeistern und hat folglich mehr zu verbergen als die ersten der Reihe; seine Kunst wirkt als Natur, als hergestellte, wiedergefundene Natur. Er trägt nichts Epideiktisches an sich, was alle früheren Musiker haben, welche gelegentlich mit ihrer Kunst auch ein Spiel treiben und ihre Meisterschaft zur Schau stellen. Man denkt bei dem Wagnerschen Kunstwerk weder an das Interessante noch das Ergötzliche, noch an Wagner selbst, noch an die Kunst überhaupt: man fühlt allein das *Notwendige*. Welche Strenge und Gleichmäßigkeit des Willens, welche Selbstüberwindung der Künstler in der Zeit seines Werdens nötig hatte, um zuletzt, in der Reife, mit freudiger Freiheit in jedem Augenblick des Schaffens das Notwendige zu tun, das wird ihm niemals jemand nachrechnen können: genug, wenn wir es an einzelnen Fällen spüren, wie seine Musik sich mit einer gewissen Grausamkeit des Entschlusses dem Gange des Dramas, der wie das Schicksal unerbittlich ist, unterwirft, während die feurige Seele dieser Kunst danach lechzt, einmal ohne alle Zügel in der Freiheit und Wildnis umherzuschweifen.

10

Ein Künstler, welcher diese Gewalt über sich hat, unterwirft sich, selbst ohne es zu wollen, alle anderen Künstler. Ihm allein wiederum werden die Unterworfenen, seine Freunde und Anhänger, nicht zur Gefahr, zur Schranke: während die geringeren Charaktere, weil sie sich auf die Freunde zu stützen suchen, durch sie ihre Freiheit einzubüßen pflegen. Es ist höchst wunderbar anzusehen, wie Wagner sein Leben lang jeder Gestaltung von Parteien ausgewichen ist, wie sich aber hinter jeder Phase seiner Kunst ein Kreis von Anhängern zusammenschloß, scheinbar um ihn nun auf dieser Phase festzuhalten. Er ging immer mitten durch sie hindurch und ließ sich nicht binden; sein Weg ist überdies zu lang gewesen, als daß ein einzelner so leicht ihn von Anfang an hätte mitgehen können: und so ungewöhnlich und steil, daß auch dem Treuesten wohl einmal der Atem ausging. Fast zu allen Lebenszeiten Wagners hätten ihn seine Freunde gern dogmatisieren mögen; und ebenfalls, obwohl aus andern Gründen, seine Feinde. Wäre die Reinheit seines künstlerischen Charakters nur um einen Grad weniger entschieden gewesen, so hätte er viel zeitiger zum entscheidenden Herrn der gegenwärtigen Kunst- und Musik- zustände werden können: – was er jetzt endlich auch geworden ist, aber in dem viel höhern Sinne, daß alles, was auf irgendeinem Gebiete der Kunst vorgeht, sich unwillkürlich vor den Richterstuhl seiner Kunst und seines künstlerischen Charakters gestellt sieht. Er hat sich die Widerwilligsten unterjocht: es gibt keinen begabten Musiker mehr, welcher nicht innerlich auf ihn hörte und ihn hörenswerter als sich und die übrige Musik zusammen fände. Manche, welche durchaus etwas bedeuten wollen, ringen geradezu mit diesem sie überwältigenden inne- ren Reize, bannen sich mit ängstlicher Beflissenheit in den Kreis der älteren Meister und wollen lieber ihre »Selbständigkeit« an Schubert oder Händel anlehnen als an Wagner. Umsonst! Indem sie gegen ihr besseres Gewissen kämpfen, werden sie als Künstler selber geringer und kleinlicher, sie verderben ihren Charakter dadurch, daß sie schlechte Bundesgenossen und Freunde dulden müssen: und nach allen diesen Aufopferungen begegnet es ihnen doch, vielleicht in einem Traume, daß ihr Ohr nach Wagner hinhorcht. Diese Gegner sind bedauerns- würdig: sie glauben viel zu verlieren, wenn sie sich verlieren, und irren sich dabei.

Nun liegt ersichtlich Wagner nicht viel daran, ob die Musiker von jetzt ab Wagnerisch komponieren und ob sie überhaupt komponieren; ja er tut, was er kann, um jenen unseligen Glauben zu zerstören, daß sich nun wieder an ihn eine Schule von Komponisten anschließen müsse. Soweit er unmittelbaren Einfluß auf Musiker hat, sucht er sie über die Kunst des großen Vortrags zu belehren; es scheint ihm ein Zeitpunkt in der Entwicklung der Kunst gekommen, in welchem der gute Wille, ein tüchtiger Meister der Darstellung und Ausübung zu werden, viel schätzenswerter ist als das Gelüst, um jeden Preis selber zu »schaffen«. Denn dieses Schaffen, auf der jetzt erreichten Stufe der Kunst, hat die verhängnisvolle Folge, das wahrhaft Große in seinen

Wirkungen zu verflachen, dadurch, daß man es, so gut es geht, vervielfältigt und die Mittel und Kunstgriffe des Genies durch alltäglichen Gebrauch abnützt. Selbst das Gute in der Kunst ist überflüssig und schädlich, wenn es aus der Nachahmung des Besten entstand. Die Wagnerschen Zwecke und Mittel gehören zusammen: es braucht nichts weiter dazu als künstlerische Ehrlichkeit, dies zu fühlen, und es ist Unehrlichkeit, die Mittel ihm abzumerken und zu ganz andern, kleineren Zwecken zu verwenden.

Wenn also Wagner es ablehnt, in einer Schar von wagnerisch komponierenden Musikern fortzuleben, so stellt er um so eindringlicher allen Begabungen die neue Aufgabe, mit ihm zusammen die *Gesetze des Stils für den dramatischen Vortrag* zu finden. Das tiefste Bedürfnis treibt ihn, für seine Kunst die *Tradition eines Stils* zu begründen, durch welche sein Werk, in reiner Gestalt, von einer Zeit zur andern fortleben könne, bis es jene *Zukunft* erreicht, für welche es von seinem Schöpfer vorausbestimmt war.

Wagner besitzt einen unersättlichen Trieb, alles, was sich auf jene Begründung des Stils und, solchermaßen, auf die Fortdauer seiner Kunst bezieht, mitzuteilen. Sein Werk, um mit Schopenhauer zu reden, als ein heiliges Depositum und die wahre Frucht seines Daseins zum Eigentum der Menschheit zu machen, es niederlegend für eine besser urteilende Nachwelt, dies wurde ihm zum Zweck, der *allen anderen Zwecken* vorgeht und für den er die Dornenkrone trägt, welche einst zum Lorbeerkranze ausschlagen soll: auf die Sicherstellung seines Werkes konzentrierte sein Streben sich ebenso entschieden, wie das des Insekts, in seiner letzten Gestalt, auf die Sicherstellung seiner Eier und Vorsorge für die Brut, deren Dasein es nie erlebt: es deponiert die Eier da, wo sie, wie es sicher weiß, einst Leben und Nahrung finden werden, und stirbt getrost.

Dieser Zweck, der allen andern Zwecken vorgeht, treibt ihn zu immer neuen Erfindungen; er schöpft deren aus dem Borne seiner dämonischen Mitteilbarkeit immer mehr, je deutlicher er sich im Ringen mit dem abgeneigtesten Zeitalter fühlt, das zum Hören den schlechtesten Willen mitgebracht hat. Allmählich aber beginnt selbst dieses Zeitalter, seinen unermüdlichen Versuchen, seinem biegsamen Andringen nachzugeben und das Ohr hinzuhalten. Wo eine kleine oder

bedeutende Gelegenheit sich von Ferne zeigte, seine Gedanken durch
ein Beispiel zu erklären, war Wagner dazu bereit: er dachte seine Gedanken in die jedesmaligen Umstände hinein und brachte sie aus der
dürftigsten Verkörperung heraus noch zum Reden. Wo eine halbwegs
empfängliche Seele sich ihm auftat, warf er seinen Samen hinein. Er
knüpft dort Hoffnungen an, wo der kalte Beobachter mit den Achseln
zuckt; er täuscht sich hundertfach, um einmal gegen diesen Beobachter recht zu behalten. Wie der Weise im Grunde mit lebenden
Menschen nur so weit verkehrt, als er durch sie den Schatz seiner Erkenntnis zu mehren weiß, so scheint es fast, als ob der Künstler keinen
Verkehr mehr mit den Menschen seiner Zeit haben könne, durch
welchen er nicht die Verewigung seiner Kunst fördert: man liebt ihn
nicht anders, als wenn man diese Verewigung liebt, und ebenso empfindet er nur eine Art des gegen ihn gerichteten Hasses, den Haß nämlich, welcher die Brücken zu jener Zukunft seiner Kunst ihm abbre-
chen will. Die Schüler, welche Wagner sich erzog, die einzelnen
Musiker und Schauspieler, denen er ein Wort sagte, eine Gebärde vor-
machte, die kleinen und großen Orchester, die er führte, die Städte,
welche ihn im Ernste seiner Tätigkeit sahen, die Fürsten und Frauen,
welche halb mit Scheu, halb mit Liebe an seinen Plänen teilnahmen,
die verschiedenen europäischen Länder, denen er zeitweilig als der
Richter und das böse Gewissen ihrer Künste angehörte: alles wurde
allmählich zum Echo seines Gedankens, seines unersättlichen Strebens
nach einer zukünftigen Fruchtbarkeit; kam dieses Echo auch oft entstellt und verwirrt zu ihm zurück, so muß doch zuletzt der Übermacht
des gewaltigen Tones, welchen er hundertfältig in die Welt hineinrief,
auch ein übermächtiger Nachklang entsprechen; und es wird bald
nicht mehr möglich sein, ihn nicht zu hören, ihn falsch zu verstehen.
Dieser Nachklang ist es schon jetzt, welcher die Kunststätten der modernen Menschen erzittern macht; jedesmal, wenn der Hauch seines
Geistes in diese Gärten hineinblies, bewegte sich alles, was darin wind-
fällig und wipfeldürr war; und in noch beredterer Weise als dieses
Erzittern spricht ein überall auftauchender Zweifel: niemand weiß
mehr zu sagen, wo nur immer noch die Wirkung Wagners unvermutet herausbrechen werde. Er ist ganz und gar außerstande, das Heil
der Kunst losgetrennt von irgendwelchem anderen Heil und Unheil

zu betrachten: wo nur immer der moderne Geist Gefahren in sich birgt, da spürt er mit dem Auge des spähendsten Mißtrauens auch die Gefahr der Kunst. Er nimmt in seiner Vorstellung das Gebäude unserer Zivilisation auseinander und läßt sich nichts Morsches, nichts leichtfertig Gezimmertes entgehen: wenn er dabei auf wetterfeste Mauern und überhaupt auf dauerhaftere Fundamente stößt, so sinnt er sofort auf ein Mittel, daraus für seine Kunst Bollwerke und schützende Dächer zu gewinnen. Er lebt wie ein Flüchtling, der nicht sich, sondern ein Geheimnis zu bewahren trachtet; wie ein unglückliches Weib, welches das Leben des Kindes, das sie im Schoße trägt, nicht ihr eignes, retten will: er lebt wie Sieglinde »um der Liebe willen«.

Denn freilich ist es ein Leben voll mannigfacher Qual und Scham in einer Welt unstet und unheimisch zu sein und doch zu ihr reden, von ihr fordern zu müssen, sie verachten und doch die Verachtete nicht entbehren zu können, – es ist die eigentliche Not des Künstlers der Zukunft; als welcher nicht, gleich dem Philosophen, in einem dunklen Winkel für sich der Erkenntnis nachjagen kann: denn er braucht menschliche Seelen als Vermittler an die Zukunft, öffentliche Einrichtungen als Gewährleistung dieser Zukunft, als Brücken zwischen jetzt und einstmals. Seine Kunst ist, auf dem Kahne der schriftlichen Aufzeichnung nicht einzuschiffen, wie dies der Philosoph vermag: die Kunst will *Könnende* als Überlieferer, nicht Buchstaben und Noten. Über ganze Strecken im Leben Wagners hinweg klingt der Ton der Angst, diesen Könnenden nicht mehr nahe zu kommen und an Stelle des Beispiels, das er ihnen zu geben hat, gewaltsam auf die schriftliche Andeutung sich eingeschränkt zu sehen, und anstatt die Tat vorzutun, den blassesten Schimmer der Tat solchen zu zeigen, welche Bücher lesen, das heißt im ganzen soviel als: welche keine Künstler sind.

Wagner als *Schriftsteller* zeigt den Zwang eines tapfern Menschen, dem man die rechte Hand zerschlagen hat und der mit der linken ficht: er ist immer ein Leidender, wenn er schreibt, weil er der rechten Mitteilung auf seine Weise, in Gestalt eines leuchtenden und siegreichen Beispiels, durch eine zeitweilig unüberwindliche Notwendigkeit beraubt ist. Seine Schriften haben gar nichts Kanonisches, Strenges: sondern der Kanon liegt in den Werken. Es sind Versuche, den Instinkt zu begreifen, welcher ihn zu seinen Werken trieb, und gleichsam sich selber ins Auge zu sehen; hat er es erst erreicht, seinen Instinkt in Erkenntnis umzuwandeln, so hofft er, daß in den Seelen seiner Leser der umgekehrte Prozeß sich einstellen werde: mit dieser Aussicht schreibt er. Wenn sich vielleicht ergeben sollte, daß hierbei irgend etwas Unmögliches versucht worden ist, so hätte Wagner doch nur dasselbe Schicksal mit allen denen gemein, welche über die Kunst nachdachten; und vor den meisten von ihnen hat er voraus, daß in ihm der gewaltigste Gesamtinstinkt der Kunst Herberge genommen hat. Ich kenne keine ästhetischen Schriften, welche so viel Licht brächten wie die Wagnerschen; was über die Geburt des Kunstwerks überhaupt zu erfahren ist, das ist aus ihnen zu erfahren. Es ist einer der ganz Großen, der hier als Zeuge auftritt und sein Zeugnis durch eine lange Reihe von Jahren immer mehr verbessert, befreit, verdeutlicht und aus dem Unbestimmten heraushebt; auch wenn er, als Erkennender, stolpert, schlägt er Feuer heraus. Gewisse Schriften, wie »Beethoven«, »über das Dirigieren«, »über Schauspieler und Sänger«, »Staat und Religion«, machen jedes Gelüst zum Widersprechen verstummen und erzwingen sich ein stilles innerliches, andächtiges Zuschauen, wie es sich beim Auftun kostbarer Schreine geziemt. Andere, namentlich die aus der früheren Zeit, »Oper und Drama« mit eingerechnet, regen auf, machen Unruhe: es ist eine Ungleichmäßigkeit des Rhythmus in ihnen, wodurch sie, als Prosa, in Verwirrung setzen. Die Dialektik in ihnen ist vielfältig gebrochen, der Gang durch Sprünge des Gefühls mehr gehemmt als beschleunigt; eine Art von Widerwilligkeit des Schreibenden liegt wie ein Schatten auf ihnen, gleich als ob der Künstler des begrifflichen Demonstrierens sich schämte. Am meisten beschwert vielleicht den nicht ganz Vertrauten ein Ausdruck von autoritativer Würde, welcher ganz ihm eigen und schwer zu beschreiben ist: mir kommt es so vor, als ob Wagner häufig wie *vor Feinden spreche* – denn alle diese Schriften sind im Sprechstil, nicht im Schreibstil geschrieben, und man wird sie viel deutlicher finden, wenn man sie gut vorgetragen hört – vor Feinden, mit denen er keine Vertraulichkeit haben mag, weshalb er sich abhaltend, zurückhaltend zeigt. Nun bricht nicht selten die fortreißende Leidenschaft seines Gefühls durch diesen absichtlichen Faltenwurf hindurch; dann verschwindet die künstliche, schwere und mit Nebenworten reich geschwellte Periode, und es entschlüpfen ihm Sätze und ganze Seiten, welche zu dem Schönsten gehören, was die deutsche Prosa hat. Aber selbst angenommen, daß er in solchen Teilen seiner Schriften zu Freunden redet, und das Gespenst seines Gegners dabei nicht mehr neben seinem Stuhle steht: alle die Freunde und Feinde, mit welchen Wagner als Schriftsteller sich einläßt, haben etwas Gemeinsames, was sie gründlich von jenem »Volke« abtrennt, für welches er als Künstler schafft. Sie sind in der Verfeinerung und Unfruchtbarkeit ihrer Bildung durchaus *unvolkstümlich*, und der, welcher von ihnen verstanden werden will, muß unvolkstümlich reden: so wie dies unsre besten Prosaschriftsteller getan haben, so wie es auch Wagner tut. Mit welchem Zwange, das läßt sich erraten. Aber die Gewalt jenes vorsorglichen, gleichsam mütterlichen Triebes, welchem er jedes Opfer bringt, zieht ihn selber in den Dunstkreis der Gelehrten und Gebildeten zurück, dem er als Schaffender auf immer Lebewohl gesagt hat. Er unterwirft sich der Sprache der Bildung und allen Gesetzen ihrer Mitteilung, ob er schon der erste gewesen ist, welcher das tiefe Ungenügen dieser Mitteilung empfunden hat.

Denn, wenn irgend etwas seine Kunst gegen alle Kunst der neueren Zeiten abhebt, so ist es dies: sie redet nicht mehr die Sprache der Bildung einer Kaste und kennt überhaupt den Gegensatz von Gebildeten und Ungebildeten nicht mehr. Damit stellt sie sich in Gegensatz zu aller Kultur der Renaissance, welche bisher uns neuere Menschen in ihr Licht und ihren Schatten eingehüllt hatte. Indem die Kunst Wagners uns auf Augenblicke aus ihr hinausträgt, vermögen wir ihren gleichartigen Charakter überhaupt erst zu überschauen: da erscheinen uns Goethe und Leopardi als die letzten großen Nachzügler der italienischen Philologen-Poeten, der Faust als die Darstellung des unvolkstümlichsten Rätsels, welches sich die neueren Zeiten, in der Gestalt des nach Leben dürstenden theoretischen Menschen, aufgegeben haben; selbst das Goethesche Lied ist dem Volksliede nachgesungen, nicht vorgesungen, und sein Dichter wußte, weshalb er mit so vielem Ernst einem Anhänger den Gedanken ans Herz legte: »Meine Sachen können nicht populär werden; wer daran denkt und dafür strebt, ist im Irrtum.«

Daß es überhaupt eine Kunst geben könne, so sonnenhaft hell und warm, um ebenso die Niedrigen und Armen im Geiste mit ihrem Strahle zu erleuchten als den Hochmut der Wissenden zu schmelzen:

das mußte erfahren werden und war nicht zu erraten. Aber im Geiste eines jeden, der es jetzt erfährt, muß es alle Begriffe über Erziehung und Kultur umwenden; ihm wird der Vorhang vor einer Zukunft aufgezogen scheinen, in welcher es keine höchsten Güter und Beglückungen mehr gibt, die nicht den Herzen aller gemein sind. Der Schimpf, welcher bisher dem Worte »gemein« anklebte, wird dann von ihm hinweggenommen sein.

Wenn sich solchermaßen die Ahnung in die Ferne wagt, wird die bewußte Einsicht die unheimliche soziale Unsicherheit unsrer Gegenwart ins Auge fassen und sich die Gefährdung einer Kunst nicht verbergen, welche gar keine Wurzeln zu haben scheint, wenn nicht in jener Ferne und Zukunft, und die ihre blühenden Zweige uns eher zu Gesicht kommen läßt als das Fundament, aus dem sie hervorwächst. Wie retten wir diese heimatlose Kunst hindurch, bis zu jener Zukunft? Wie dämmen wir die Flut der überall unvermeidlich scheinenden Revolution so ein, daß mit dem vielen, was dem Untergange geweiht ist und ihn verdient, nicht auch die beseligende Antizipation und Bürgschaft einer besseren Zukunft, einer freieren Menschheit weggeschwemmt wird?

Wer so sich fragt und sorgt, hat an Wagners Sorge Anteil genommen; er wird mit ihm sich getrieben fühlen, nach jenen bestehenden Mächten zu suchen, welche den guten Willen haben, in den Zeiten der Erdbeben und Umstürze die Schutzgeister der edelsten Besitztümer der Menschheit zu sein. Einzig in diesem Sinne fragt Wagner durch seine Schriften bei den Gebildeten an, ob sie sein Vermächtnis, den kostbaren Ring seiner Kunst, mit in ihren Schatzhäusern bergen wollen; und selbst das großartige Vertrauen, welches Wagner dem deutschen Geiste auch in seinen politischen Zielen geschenkt hat, scheint mir darin seinen Ursprung zu haben, daß er dem Volke der Reformation jene Kraft, Milde und Tapferkeit zutraut, welche nötig ist, um »das Meer der Revolution in das Bett des ruhig fließenden Stromes der Menschheit einzudämmen«: und fast möchte ich meinen, daß er dies und nichts anderes durch die Symbolik seines Kaisermarsches ausdrücken wollte.

Im allgemeinen ist aber der hilfreiche Drang des schaffenden Künstlers zu groß, der Horizont seiner Menschenliebe zu umfänglich, als daß sein Blick an den Umzäunungen des nationalen Wesens hängen bleiben sollte. Seine Gedanken sind, wie die jedes guten und großen Deutschen, *überdeutsch*, und die Sprache seiner Kunst redet nicht zu Völkern, sondern zu Menschen.

Aber zu Menschen der Zukunft.

Das ist der ihm eigentümliche Glaube, seine Qual und seine Auszeichnung. Kein Künstler irgendwelcher Vergangenheit hat eine so merkwürdige Mitgift von seinem Genius erhalten, niemand hat außer ihm diesen Tropfen herbster Bitterkeit mit jedem nektarischen Tranke, welchen die Begeisterung ihm reichte, trinken müssen. Es ist nicht, wie man glauben möchte, der verkannte, der gemißhandelte, der in seiner Zeit gleichsam flüchtige Künstler, welcher sich diesen Glauben, zur Notwehr, gewann: Erfolg und Mißerfolg bei den Zeitgenossen konnten ihn nicht aufheben und nicht begründen. Er gehört nicht zu diesem Geschlecht, mag es ihn preisen oder verwerfen: – das ist das Urteil seines Instinktes; und ob je ein Geschlecht zu ihm gehören werde, das kann dem, welcher daran nicht glauben mag, auch nicht bewiesen werden. Aber wohl kann auch dieser Ungläubige die Frage stellen, welcher Art ein Geschlecht sein müsse, in dem Wagner sein »Volk« wiedererkennen würde, als den Inbegriff aller derjenigen, welche eine gemeinsame Not empfinden und sich von ihr durch eine gemeinsame Kunst erlösen wollen. Schiller freilich ist gläubiger und hoffnungsvoller gewesen: er hat nicht gefragt, wie wohl eine Zukunft aussehen werde, *wenn* der Instinkt des Künstlers, der von ihr wahrsagt, recht behalten sollte, vielmehr von den Künstlern *gefordert*:

> Erhebet euch mit kühnem Flügel
> Hoch über euren Zeitenlauf!
> Fern dämmre schon in eurem Spiegel
> Das kommende Jahrhundert auf!

11

Die gute Vernunft bewahre uns vor dem Glauben, daß die Menschheit irgendwann einmal endgültige ideale Ordnungen finden werde, und daß dann das Glück mit immer gleichem Strahle, gleich der Sonne der Tropenländer, auf die solchermaßen Geordneten niederbrennen müsse: mit einem solchen Glauben hat Wagner nichts zu tun, er ist kein Utopist. Wenn er des Glaubens an die Zukunft nicht entraten kann, so heißt dies gerade nur so viel, daß er an den jetzigen Menschen Eigenschaften wahrnimmt, welche nicht zum unveränderlichen Charakter und Knochenbau des menschlichen Wesens gehören, sondern wandelbar, ja vergänglich sind, und daß gerade *dieser Eigenschaften wegen* die Kunst unter ihnen ohne Heimat und er selber der vorausgesendete Bote einer andern Zeit sein müsse. Kein goldenes Zeitalter, kein unbewölkter Himmel ist diesen kommenden Geschlechtern beschieden, auf welche ihn sein Instinkt anweist, und deren ungefähre Züge aus der Geheimschrift seiner Kunst so weit zu erraten sind, als es möglich ist, von der Art der Befriedigung auf die Art der Not zu schließen. Auch die übermenschliche Güte und Gerechtigkeit wird nicht wie ein unbeweglicher Regenbogen über das Gefilde dieser Zukunft gespannt sein. Vielleicht wird jenes Geschlecht im ganzen sogar böser erscheinen als das jetzige – denn es wird, im Schlimmen wie im Guten, *offener* sein; ja es wäre möglich, daß seine Seele, wenn sie einmal in vollem, freiem Klange sich ausspräche, unsere Seelen in ähnlicher Weise erschüttern und erschrecken würde, wie wenn die Stimme irgendeines bisher versteckten bösen Naturgeistes laut geworden wäre. Oder wie klingen diese Sätze an unser Ohr: daß die Leidenschaft besser ist als der Stoizismus und die Heuchelei, daß Ehrlich-sein, selbst im Bösen, besser ist, als sich selber an die Sittlichkeit des Herkommens verlieren, daß der freie Mensch sowohl gut als böse sein kann, daß aber der unfreie Mensch eine Schande der Natur ist und an keinem himmlischen noch irdischen Troste Anteil hat; endlich, daß jeder, der frei werden will, es durch sich selber werden muß, und daß niemandem die Freiheit als ein Wundergeschenk in den Schoß fällt. Wie schrill und unheimlich dies auch klingen möge: es sind Töne aus jener zukünftigen Welt, welche *der Kunst wahrhaftig bedürftig* ist und von ihr auch wahrhafte Befriedigungen erwarten kann; es ist die Sprache der auch im Menschlichen wiederhergestellten Natur, es ist genau das, was ich früher richtige Empfindung im Gegensatz zu der jetzt herrschenden unrichtigen Empfindung nannte.

Nun aber gibt es allein für die Natur, nicht für die Unnatur und die unrichtige Empfindung, wahre Befriedigungen und Erlösungen. Der

Unnatur, wenn sie einmal zum Bewußtsein über sich gekommen ist, bleibt nur die Sehnsucht ins Nichts übrig, die Natur dagegen begehrt nach Verwandlung durch Liebe: jene will *nicht* sein, diese will *anders* sein. Wer dies begriffen hat, führe sich jetzt in aller Stille der Seele die schlichten Motive der Wagnerschen Kunst vorüber, um sich zu fragen, ob mit ihnen die Natur oder die Unnatur ihre Ziele, wie diese eben bezeichnet wurden, verfolgt.

Der Unstete, Verzweifelte findet durch die erbarmende Liebe eines Weibes, das lieber sterben als ihm untreu sein will, die Erlösung von seiner Qual: das Motiv des fliegenden Holländers. – Die Liebende, allem eignen Glück entsagend, wird in einer himmlischen Wandlung von *amor* in *caritas*, zur Heiligen, und rettet die Seele des Geliebten: Motiv des Tannhäuser. – Das Herrlichste, Höchste kommt verlangend herab zu den Menschen und will nicht nach dem Woher? gefragt sein; es geht, als die unselige Frage gestellt wird, mit schmerzlichem Zwang in sein höheres Leben zurück: Motiv des Lohengrin. – Die liebende Seele des Weibes und ebenso das Volk nehmen willig den neuen beglückenden Genius auf, obschon die Pfleger des Überlieferten und Herkömmlichen ihn von sich stoßen und verlästern: Motiv der Meistersinger. – Zwei Liebende, ohne Wissen über ihr Geliebt-sein, sich vielmehr tief verwundet und verachtet glaubend, begehren voneinander den Todestrank zu trinken, scheinbar zur Sühne der Beleidigung, in Wahrheit aber aus einem unbewußten Drange: sie wollen durch den Tod von aller Trennung und Verstellung befreit sein. Die geglaubte Nähe des Todes löst ihre Seele und führt sie in ein kurzes, schauervolles Glück, wie als ob sie wirklich dem Tage, der Täuschung, ja dem Leben entronnen wären: Motiv in Tristan und Isolde.

Im Ringe des Nibelungen ist der tragische Held ein Gott, dessen Sinn nach Macht dürstet, und der, indem er alle Wege geht, sie zu gewinnen, sich durch Verträge bindet, seine Freiheit verliert und in den Fluch, welcher auf der Macht liegt, verflochten wird. Er erfährt seine Unfreiheit gerade darin, daß er kein Mittel mehr hat, sich des goldenen Ringes, des Inbegriffs aller Erdenmacht und zugleich der höchsten Gefahren für ihn selbst, solange er in dem Besitze seiner Feinde ist, zu bemächtigen: die Furcht vor dem Ende und der Dämmerung aller Götter überkommt ihn und ebenso die Verzweiflung darüber, diesem Ende nur entgegensehen, nicht entgegenwirken zu können. Er bedarf des freien furchtlosen Menschen, welcher, ohne seinen Rat und Beistand, ja im Kampfe wider die göttliche Ordnung, von sich aus die dem Gotte versagte Tat vollbringt: er sieht ihn nicht, und gerade dann, wenn eine neue Hoffnung noch erwacht, muß er dem Zwange, der ihn bindet, gehorchen: durch seine Hand muß das Liebste vernichtet, das reinste Mitleiden mit seiner Not bestraft werden. Da ekelt ihn endlich vor der Macht, welche das Böse und die Unfreiheit im Schoße trägt, sein Wille bricht sich, er selber verlangt nach dem Ende, das ihm von ferne her droht. Und jetzt erst geschieht das früher Ersehnteste: der freie furchtlose Mensch erscheint, er ist im Widerspruche gegen alles Herkommen entstanden; seine Erzeuger büßen es, daß ein Bund wider die Ordnung der Natur und Sitte sie verknüpfte: sie gehn zugrunde, aber Siegfried lebt. Im Anblick seines herrlichen Werdens und Aufblühens weicht der Ekel aus der Seele Wotans, er geht dem Geschicke des Helden mit dem Auge der väterlichsten Liebe und Angst nach. Wie er das Schwert sich schmiedet, den Drachen tötet, den Ring gewinnt, dem listigsten Truge entgeht, Brünnhilde erweckt, wie der Fluch, der auf dem Ringe ruht, auch ihn nicht verschont, ihm nah und näher kommt, wie er, treu in Untreue, das Liebste aus Liebe verwundend, von den Schatten und Nebeln der Schuld umhüllt wird, aber zuletzt lauter wie die Sonne heraustaucht und untergeht, den ganzen Himmel mit seinem Feuerglanze entzündend und die Welt vom Fluche reinigend, – das alles schaut der Gott, dem der waltende Speer im Kampfe mit dem Freiesten zerbrochen ist und der seine Macht an ihn verloren hat, voller Wonne am eignen Unterliegen, voller Mitfreude und Mitleiden mit seinem Überwinder: sein Auge liegt mit dem Leuchten einer schmerzlichen Seligkeit auf den letzten Vorgängen, er ist frei geworden in Liebe, frei von sich selbst.

Und nun fragt euch selber, ihr Geschlechter jetzt lebender Menschen! Ward dies *für euch* gedichtet? Habt ihr den Mut, mit eurer Hand auf die Sterne dieses ganzen Himmelsgewölbes von Schönheit und Güte zu zeigen und zu sagen: es ist *unser* Leben, das Wagner unter die Sterne versetzt hat?

Wo sind unter euch die Menschen, welche das göttliche Bild Wotans sich nach ihrem Leben zu deuten vermögen und welche selber immer größer werden, je mehr sie, wie er, zurücktreten? Wer von euch will auf Macht verzichten, wissend und erfahrend, daß die Macht böse ist? Wo sind die, welche wie Brünnhilde aus Liebe ihr Wissen dahingeben und zuletzt doch ihrem Leben das allerhöchste Wissen entnehmen: »trauernder Liebe tiefstes Leid schloß die Augen mir auf«. Und die Freien, Furchtlosen, in unschuldiger Selbstigkeit aus sich Wachsenden und Blühenden, die Siegfriede unter euch?

Wer so fragt, und vergebens fragt, der wird sich nach der Zukunft umsehen müssen; und sollte sein Blick in irgendwelcher Ferne gerade noch jenes »Volk« entdecken, welches seine eigne Geschichte aus den Zeichen der Wagnerschen Kunst herauslesen darf, so versteht er zuletzt auch, *was Wagner diesem Volke sein wird:* — etwas, das er uns allen nicht sein kann, nämlich nicht der Seher einer Zukunft, wie er uns vielleicht erscheinen möchte, sondern der Deuter und Verklärer einer Vergangenheit.

MENSCHLICHES, ALLZUMENSCHLICHES

Ein Buch für freie Geister

Erster Band

VORREDE

I

Es ist mir oft genug und immer mit großem Befremden ausgedrückt worden, daß es etwas Gemeinsames und Auszeichnendes an allen meinen Schriften gäbe, von der »Geburt der Tragödie« an bis zum letzthin veröffentlichten »Vorspiel einer Philosophie der Zukunft«: sie enthielten allesamt, hat man mir gesagt, Schlingen und Netze für unvorsichtige Vögel und beinahe eine beständige unvermerkte Aufforderung zur Umkehrung gewohnter Wertschätzungen und geschätzter Gewohnheiten. Wie? *Alles* nur – menschlich-allzumenschlich? Mit diesem Seufzer komme man aus meinen Schriften heraus, nicht ohne eine Art Scheu und Mißtrauen selbst gegen die Moral, ja nicht übel versucht und ermutigt, einmal den Fürsprecher der schlimmsten Dinge zu machen: wie als ob sie vielleicht nur die bestverleumdeten seien? Man hat meine Schriften eine Schule des Verdachts genannt, noch mehr der Verachtung, glücklicherweise auch des Mutes, ja der Verwegenheit. In der Tat, ich selbst glaube nicht, daß jemals jemand mit einem gleich tiefen Verdachte in die Welt gesehn hat, und nicht nur als gelegentlicher Anwalt des Teufels, sondern ebensosehr, theologisch zu reden, als Feind und Vorforderer Gottes; und wer etwas von den Folgen errät, die in jedem tiefen Verdachte liegen, etwas von den Frösten und Ängsten der Vereinsamung, zu denen jede unbedingte *Verschiedenheit des Blicks* den mit ihr Behafteten verurteilt, wird auch verstehn, wie oft ich zur Erholung von mir, gleichsam zum zeitweiligen Selbstvergessen, irgendwo unterzutreten suchte – in irgendeiner Verehrung oder Feindschaft oder Wissenschaftlichkeit oder Leichtfertigkeit oder Dummheit; auch warum ich, wo ich nicht fand, was ich *brauchte*, es mir künstlich erzwingen, zurechtfälschen, zurechtdichten mußte (– und was haben Dichter je anderes getan? und wozu wäre alle Kunst in der Welt da?). Was ich aber immer wieder am nötigsten brauchte, zu meiner Kur und Selbst-Wiederherstellung, das war der Glaube, *nicht* dergestalt einzeln zu sein, einzeln zu *sehn*, – ein zauberhafter Argwohn von Verwandtschaft und Gleichheit in Auge und Begierde, ein Ausruhen im Vertrauen der Freundschaft, eine Blindheit zu zweien ohne Verdacht und Fragezeichen, ein Genuß an Vordergründen, Oberflächen, Nahem, Nächstem, an allem, was Farbe, Haut und Scheinbarkeit hat. Vielleicht, daß man mir in diesem Betrachte mancherlei »Kunst«, mancherlei feinere Falschmünzerei vorrücken könnte: zum Beispiel, daß ich wissentlich-willentlich die Augen vor Schopenhauers blindem Willen zur Moral zugemacht hätte, zu einer Zeit, wo ich über Moral schon hellsichtig genug war; insgleichen daß ich mich über Richard Wagners unheilbare Romantik betrogen hätte, wie als ob sie ein Anfang und nicht ein Ende sei; insgleichen über die Griechen, insgleichen über die Deutschen und ihre Zukunft – und es gäbe vielleicht noch eine ganze lange Liste solcher Insgleichen? – gesetzt aber, dies alles wäre wahr und mit gutem Grunde mir vorgerückt, was wißt ihr davon, was *könntet* ihr davon wissen, wieviel List der Selbst-Erhaltung, wieviel Vernunft und höhere Obhut in solchem Selbst-Betruge enthalten ist, – und wieviel Falschheit mir noch *nottut*, damit mir immer wieder den Luxus *meiner* Wahrhaftigkeit gestatten darf? ... Genug, ich lebe noch; und das Leben ist nun einmal nicht von der Moral ausgedacht: es *will* Täuschung, es *lebt* von der Täuschung ... aber nicht wahr? da beginne ich bereits wieder und tue, was ich immer getan habe, ich alter Immoralist und Vogelsteller – und rede unmoralisch, außermoralisch, »jenseits von Gut und Böse«? –

2

– So habe ich denn einstmals, als ich es nötig hatte, mir auch die »freien Geister« *erfunden*, denen dieses schwermütig-mutige Buch mit dem Titel »Menschliches, Allzumenschliches« gewidmet ist: dergleichen »freie Geister« gibt es nicht, gab es nicht, – aber ich hatte sie damals, wie gesagt, zur Gesellschaft nötig, um guter Dinge zu bleiben inmitten schlimmer Dinge (Krankheit, Vereinsamung, Fremde, *acedia*, Untätigkeit): als tapfere Gesellen und Gespenster, mit denen man schwätzt und lacht, wenn man Lust hat zu schwätzen und zu lachen, und die man zum Teufel schickt, wenn sie langweilig werden, – als ein Schadenersatz für mangelnde Freunde. Daß es dergleichen freie

Geister einmal geben *könnte*, daß unser Europa unter seinen Söhnen von morgen und übermorgen solche muntere und verwegene Gesellen haben *wird*, leibhaft und handgreiflich und nicht nur, wie in meinem Falle, als Schemen und Einsiedler-Schattenspiel: daran möchte *ich* am wenigsten zweifeln. Ich sehe sie bereits *kommen*, langsam, langsam; und vielleicht tue ich etwas, um ihr Kommen zu beschleunigen, wenn ich zum voraus beschreibe, unter welchen Schicksalen ich sie entstehn, auf welchen Wegen ich sie kommen *sehe*? – –

3

Man darf vermuten, daß ein Geist, in dem der Typus »freier Geist« einmal bis zur Vollkommenheit reif und süß werden soll, sein entscheidendes Ereignis in einer *großen Loslösung* gehabt hat, und daß er vorher um so mehr ein gebundener Geist war und für immer an seine Ecke und Säule gefesselt schien. Was bindet am festesten? welche Stricke sind beinahe unzerreißbar? Bei Menschen einer hohen und ausgesuchten Art werden es die Pflichten sein: jene Ehrfurcht, wie sie der Jugend eignet, jene Scheu und Zartheit vor allem Altverehrten und Würdigen, jene Dankbarkeit für den Boden, aus dem sie wuchsen, für die Hand, die führte, für das Heiligtum, wo sie anbeten lernten, – ihre höchsten Augenblicke selbst werden sie am festesten binden, am dauerndsten verpflichten. Die große Loslösung kommt für solchermaßen Gebundene plötzlich, wie ein Erdstoß: die junge Seele wird mit einem Male erschüttert, losgerissen, herausgerissen, – sie selbst versteht nicht, was sich begibt. Ein Antrieb und Andrang waltet und wird über sie Herr wie ein Befehl; ein Wille und Wunsch erwacht, fortzugehn, irgendwohin, um jeden Preis; eine heftige gefährliche Neugierde nach einer unentdeckten Welt flammt und flackert in allen ihren Sinnen. »Lieber sterben, als *hier* leben« – so klingt die gebieterische Stimme und Verführung: und dies »hier«, dies »zu Hause« ist alles, was sie bis dahin geliebt hatte! Ein plötzlicher Schrecken und Argwohn gegen das, was sie liebte, ein Blitz von Verachtung gegen das, was ihr »Pflicht« hieß, ein aufrührerisches, willkürliches, vulkanisch stoßendes Verlangen nach Wanderschaft, Fremde, Entfremdung, Erkältung, Ernüchterung, Vereisung, ein Haß auf die Liebe, vielleicht ein tempelschänderischer Griff und Blick *rückwärts*, dorthin, wo sie bis dahin anbetete und liebte, vielleicht eine Glut der Scham über das, was sie eben tat, und ein Frohlocken zugleich, *daß* sie es tat, ein trunkenes, inneres, frohlockendes Schaudern, in dem sich ein Sieg verrät – ein Sieg? über was? über wen? ein rätselhafter, fragenreicher, fragwürdiger Sieg, aber der *erste* Sieg immerhin: – dergleichen Schlimmes und Schmerzliches gehört zur Geschichte der großen Loslösung. Sie ist eine Krankheit zugleich, die den Menschen zerstören kann, dieser erste Ausbruch von Kraft und Willen zur Selbstbestimmung, Selbst-Wertsetzung, dieser Wille zum *freien* Willen: und wieviel Krankheit drückt sich an den wilden Versuchen und Seltsamkeiten aus, mit denen der Befreite, Losgelöste sich nunmehr seine Herrschaft über die Dinge zu beweisen sucht! Er schweift grausam umher, mit einer unbefriedigten Lüsternheit; was er erbeutet, muß die gefährliche Spannung seines Stolzes abbüßen; er zerreißt, was ihn reizt. Mit einem bösen Lachen dreht er um, was er verhüllt, durch irgendeine Scham geschont findet: er versucht, wie diese Dinge aussehn, *wenn* man sie umkehrt. Es ist Willkür und Lust an der Willkür darin, wenn er vielleicht nun seine Gunst dem zuwendet, was bisher in schlechtem Rufe stand, – wenn er neugierig und versucherisch um das Verbotenste schleicht. Im Hintergrunde seines Treibens und Schweifens – denn er ist unruhig und ziellos unterwegs wie in einer Wüste – steht das Fragezeichen einer immer gefährlicheren Neugierde. »Kann man nicht *alle* Werte umdrehn? und ist Gut vielleicht Böse? und Gott nur eine Erfindung und Feinheit des Teufels? Ist alles vielleicht im letzten Grunde falsch? Und wenn wir Betrogene sind, sind wir nicht ebendadurch auch Betrüger? *müssen* wir nicht auch Betrüger sein?« – solche Gedanken führen und verführen ihn, immer weiter fort, immer weiter ab. Die Einsamkeit umringt und umringelt ihn, immer drohender, würgender, herzzuschnürender, jene furchtbare Göttin und *mater saeva cupidinum* – aber wer weiß es heute, was *Einsamkeit* ist? ...

4

Von dieser krankhaften Vereinsamung, von der Wüste solcher Versuchs-Jahre ist der Weg noch weit bis zu jener ungeheuren überströmenden Sicherheit und Gesundheit, welche der Krankheit selbst nicht entraten mag, als eines Mittels und Angelhakens der Erkenntnis, bis zu jener *reifen* Freiheit des Geistes, welche ebensosehr Selbstbeherrschung und Zucht des Herzens ist und die Wege zu vielen und entgegengesetzten Denkweisen erlaubt –, bis zu jener inneren Umfänglichkeit und Verwöhnung des Überreichtums, welche die Gefahr ausschließt, daß der Geist sich etwa selbst in die eignen Wege verlöre und verliebte und in irgendeinem Winkel berauscht sitzenbliebe, bis zu jenem Überschuß an plastischen, ausheilenden, nachbildenden und wiederherstellenden Kräften, welcher eben das Zeichen der *großen* Gesundheit ist, jener Überschuß, der dem freien Geiste das gefährliche Vorrecht gibt, *auf den Versuch* hin leben und sich dem Abenteuer anbieten zu dürfen: das Meisterschafts-Vorrecht des freien Geistes! Dazwischen mögen lange Jahre der Genesung liegen, Jahre voll vielfarbiger, schmerzlich-zauberhafter Wandlungen, beherrscht und am Zügel geführt durch einen zähen *Willen zur Gesundheit*, der sich oft schon als Gesundheit zu kleiden und zu verkleiden wagt. Es gibt einen mittleren Zustand darin, dessen ein Mensch solchen Schicksals später nicht ohne Rührung eingedenk ist: ein blasses, feines Licht- und Sonnenglück ist ihm zu eigen, ein Gefühl von Vogel-Freiheit, Vogel-Umblick, Vogel-Übermut, etwas Drittes, in dem sich Neugierde und zarte Verachtung gebunden haben. Ein »freier Geist« – dies kühle Wort tut in jenem Zustande wohl, es wärmt beinahe. Man lebt, nicht mehr in den Fesseln von Liebe und Haß, ohne Ja, ohne Nein, freiwillig nahe, freiwillig ferne, am liebsten entschlüpfend, ausweichend, fortflatternd, wieder weg, wieder emporfliegend; man ist verwöhnt, wie jeder, der einmal ein ungeheures Vielerlei *unter* sich gesehn hat, – und man ward zum Gegenstück derer, welche sich um Dinge bekümmern, die sie nichts angehn. In der Tat, den freien Geist gehen nunmehr lauter Dinge an – und wie viele Dinge! – welche ihn nicht mehr *bekümmern*...

5

Ein Schritt weiter in der Genesung: und der freie Geist nähert sich wieder dem Leben, langsam freilich, fast widerspenstig, fast mißtrauisch. Es wird wieder wärmer um ihn, gelber gleichsam; Gefühl und Mitgefühl bekommen Tiefe, Tauwinde aller Art gehen über ihn weg.

Fast ist ihm zumute, als ob ihm jetzt erst die Augen für das *Nahe* aufgingen. Er ist verwundert und sitzt stille: wo *war* er doch? Diese nahen und nächsten Dinge: wie scheinen sie ihm verwandelt! welchen Flaum und Zauber haben sie inzwischen bekommen! Er blickt dankbar zurück, – dankbar seiner Wanderschaft, seiner Härte und Selbstentfremdung, seinen Fernblicken und Vogelflügen in kalte Höhen. Wie gut, daß er nicht wie ein zärtlicher dumpfer Eckensteher immer »zu Hause«, immer »bei sich« geblieben ist! Er war *außer* sich: es ist kein Zweifel. Jetzt erst sieht er sich selbst –, und welche Überraschungen findet er dabei! Welche unerprobten Schauder! Welches Glück noch in der Müdigkeit, der alten Krankheit, den Rückfällen des Genesenden! Wie es ihm gefällt, leidend stillzusitzen, Geduld zu spinnen, in der Sonne zu liegen! Wer versteht sich gleich ihm auf das Glück im Winter, auf die Sonnenflecke an der Mauer! Es sind die dankbarsten Tiere von der Welt, auch die bescheidensten, diese dem Leben wieder halb zugewendeten Genesenden und Eidechsen: – es gibt solche unter ihnen, die keinen Tag von sich lassen, ohne ihm ein kleines Loblied an den nachschleppenden Saum zu hängen. Und ernstlich geredet: es ist eine gründliche *Kur* gegen allen Pessimismus (den Krebsschaden alter Idealisten und Lügenbolde, wie bekannt –), auf die Art dieser freien Geister krank zu werden, eine gute Weile krank zu bleiben und dann, noch länger, noch länger, gesund, ich meine »gesünder« zu werden. Es ist Weisheit darin, Lebens-Weisheit, sich die Gesundheit selbst lange Zeit nur in kleinen Dosen zu verordnen. –

6

Um jene Zeit mag es endlich geschehn, unter den plötzlichen Lichtern einer noch ungestümen, noch wechselnden Gesundheit, daß dem freien, immer freieren Geiste sich das Rätsel jener großen Loslösung zu entschleiern beginnt, welches bis dahin dunkel, fragwürdig, fast unberührbar in seinem Gedächtnisse gewartet hatte. Wenn er sich lange kaum zu fragen wagte, »warum so abseits? so allein? allem entsagend, was ich verehrte? der Verehrung selbst entsagend? warum diese Härte, dieser Argwohn, dieser Haß auf die eigenen Tugenden?« – jetzt wagt und fragt er es laut und hört auch schon etwas wie Antwort darauf. »Du solltest Herr über dich werden, Herr auch über die eigenen Tugenden. Früher waren *sie* deine Herren; aber sie dürfen nur deine Werkzeuge neben andren Werkzeugen sein. Du solltest Gewalt über dein Für und Wider bekommen und es verstehn lernen, sie aus- und wieder einzuhängen, je nach deinem höheren Zwecke. Du solltest das Perspektivische in jeder Wertschätzung begreifen lernen – die Verschiebung, Verzerrung und scheinbare Teleologie der Horizonte und was alles zum Perspektivischen gehört; auch das Stück Dummheit in bezug auf entgegengesetzte Werte und die ganze intellektuelle Einbuße, mit der sich jedes Für, jedes Wider bezahlt macht. Du solltest die *notwendige* Ungerechtigkeit in jedem Für und Wider begreifen lernen, die Ungerechtigkeit als unablösbar vom Leben, das Leben selbst als *bedingt* durch das Perspektivische und seine Ungerechtigkeit. Du solltest vor allem mit Augen sehn, wo die Ungerechtigkeit immer am größten ist: dort nämlich, wo das Leben am kleinsten, engsten, dürftigsten, anfänglichsten entwickelt ist und dennoch nicht umhin kann, *sich* als Zweck und Maß der Dinge zu nehmen und seiner Erhaltung zuliebe das Höhere, Größere, Reichere heimlich und kleinlich und unablässig anzubröckeln und in Frage zu stellen, – du solltest das Problem der *Rangordnung* mit Augen sehn, und wie Macht und Recht und Umfänglichkeit der Perspektive miteinander in die Höhe wachsen. Du solltest« – genug, der freie Geist *weiß* nunmehr, welchem »du sollst« er gehorcht hat, und auch, was er jetzt *kann*, was er jetzt erst – *darf*...

7

Dergestalt gibt der freie Geist in bezug auf jenes Rätsel von Loslösung sich Antwort und endet damit, indem er seinen Fall verallgemeinert, sich über sein Erlebnis also zu entscheiden. »Wie es mir erging«, sagt er sich, »muß es jedem ergehn, in dem eine *Aufgabe* leibhaft werden und ‚zur Welt kommen' will.« Die heimliche Gewalt und Notwendigkeit dieser Aufgabe wird unter und in seinen einzelnen Schicksalen walten gleich einer unbewußten Schwangerschaft, – lange, bevor er diese Aufgabe selbst ins Auge gefaßt hat und ihren Namen weiß. Unsre Bestimmung verfügt über uns, auch wenn wir sie noch nicht kennen; es ist die Zukunft, die unserm Heute die Regel gibt. Gesetzt, daß es *das Problem der Rangordnung* ist, von dem wir sagen dürfen, daß es *unser* Problem ist, wir freien Geister: jetzt, in dem Mittage unsres Lebens, verstehn wir es erst, was für Vorbereitungen, Umwege, Proben, Versuchungen, Verkleidungen das Problem nötig hatte, ehe es vor uns aufsteigen *durfte*, und wie wir erst die vielfachsten und widersprechendsten Not- und Glücksstände an Seele und Leib erfahren mußten, als Abenteurer und Weltumsegler jener inneren Welt, die »Mensch« heißt, als Ausmesser jedes »Höher« und »Übereinander«, das gleichfalls »Mensch« heißt – überallhin dringend, fast ohne Furcht, nichts verschmähend, nichts verlierend, alles auskostend, alles vom Zufälligen reinigend und gleichsam aussiebend, – bis wir endlich sagen durften, wir freien Geister: »Hier – ein *neues* Problem! Hier eine lange Leiter, auf deren Sprossen wir selbst gesessen und gestiegen sind, – die wir selbst irgendwann *gewesen* sind! Hier ein Höher, ein Tiefer, ein Unter-uns, eine ungeheure lange Ordnung, eine Rangordnung, die wir *sehen*: hier – *unser* Problem!« – –

8

– Es wird keinem Psychologen und Zeichendeuter einen Augenblick verborgen bleiben, an welche Stelle der eben geschilderten Entwicklung das vorliegende Buch gehört (oder *gestellt* ist –). Aber wo gibt es heute Psychologen? In Frankreich, gewiß; vielleicht in Rußland; sicherlich nicht in Deutschland. Es fehlt nicht an Gründen, weshalb sich dies die heutigen Deutschen sogar noch zur Ehre anrechnen könnten: schlimm genug für einen, der in diesem Stücke undeutsch geartet und geraten ist! Dies *deutsche* Buch, welches in einem weiten Umkreis von Ländern und Völkern seine Leser zu finden gewußt hat – es ist ungefähr zehn Jahr unterwegs – und sich auf irgendwelche Musik und Flötenkunst verstehn muß, durch die auch spröde Ausländer-Ohren zum Horchen verführt werden, – gerade in Deutschland ist dies Buch am nachlässigsten gelesen, am schlechtesten *gehört* worden: woran liegt das? – »Es verlangt zu viel«, hat man mir geantwortet, »es wendet sich an Menschen ohne die Drangsal grober Pflichten, es will feine und verwöhnte Sinne, es hat Überfluß nötig, Überfluß an Zeit, an Helligkeit des Himmels und Herzens, an *otium* im verwegensten Sinne: – lauter gute Dinge, die wir Deutschen von heute nicht haben und also auch nicht geben können.« – Nach einer so artigen Antwort rät mir meine Philosophie, zu schweigen und nicht mehr weiterzufragen; zumal man in gewissen Fällen, wie das Sprichwort andeutet, nur dadurch Philosoph *bleibt*, daß man – schweigt.

Nizza, im Frühling 1886

Erstes Hauptstück

VON DEN ERSTEN UND LETZTEN DINGEN

1

Chemie der Begriffe und Empfindungen. – Die philosophischen Probleme nehmen jetzt wieder fast in allen Stücken dieselbe Form der Frage an wie vor zweitausend Jahren: wie kann etwas aus seinem Gegensatz entstehen, zum Beispiel Vernünftiges aus Vernunftlosem, Empfindendes aus Totem, Logik aus Unlogik, interesseloses Anschauen aus begehrlichem Wollen, Leben für andere aus Egoismus, Wahrheit aus Irrtümern? Die metaphysische Philosophie half sich bisher über diese Schwierigkeit hinweg, insofern sie die Entstehung des einen aus dem andern leugnete und für die höher gewerteten Dinge einen Wunder-Ursprung annahm, unmittelbar aus dem Kern und Wesen des »Dinges an sich« heraus. Die historische Philosophie dagegen, welche gar nicht mehr getrennt von der Naturwissenschaft zu denken ist, die allerjüngste aller philosophischen Methoden, ermittelte in einzelnen Fällen (und vermutlich wird dies in allen ihr Ergebnis sein), daß es keine Gegensätze sind, außer in der gewohnten Übertreibung der populären oder metaphysischen Auffassung, und daß ein Irrtum der Vernunft dieser Gegenüberstellung zugrunde liegt: nach ihrer Erklärung gibt es, streng gefaßt, weder ein unegoistisches Handeln, noch ein völlig interesseloses Anschauen, es sind beides nur Sublimierungen, bei denen das Grundelement fast verflüchtigt erscheint und nur noch für die feinste Beobachtung sich als vorhanden erweist. – Alles, was wir brauchen und was erst bei der gegenwärtigen Höhe der einzelnen Wissenschaften uns gegeben werden kann, ist eine *Chemie* der moralischen, religiösen, ästhetischen Vorstellungen und Empfindungen, ebenso aller jener Regungen, welche wir im Groß- und Kleinverkehr der Kultur und Gesellschaft, ja in der Einsamkeit an uns erleben: wie, wenn diese Chemie mit dem Ergebnis abschlösse, daß auch auf diesem Gebiete die herrlichsten Farben aus niedrigen, ja verachteten Stoffen gewonnen sind? Werden viele Lust haben, solchen Untersuchungen zu folgen? Die Menschheit liebt es, die Fragen über Herkunft und Anfänge sich aus dem Sinne zu schlagen: muß man nicht fast entmenscht sein, um den entgegengesetzten Hang in sich zu spüren? –

2

Erbfehler der Philosophen. – Alle Philosophen haben den gemeinsamen Fehler an sich, daß sie vom gegenwärtigen Menschen ausgehen und durch eine Analyse desselben ans Ziel zu kommen meinen. Unwillkürlich schwebt ihnen »der Mensch« als eine *aeterna veritas*, als ein Gleichbleibendes in allem Strudel, als ein sicheres Maß der Dinge vor. Alles, was der Philosoph über den Menschen aussagt, ist aber im Grunde nicht mehr als ein Zeugnis über den Menschen eines *sehr beschränkten* Zeitraumes. Mangel an historischem Sinn ist der Erbfehler aller Philosophen; manche sogar nehmen unversehens die allerjüngste Gestaltung des Menschen, wie eine solche unter dem Eindruck bestimmter Religionen, ja bestimmter politischer Ereignisse entstanden ist, als die feste Form, von der man ausgehen müsse. Sie wollen nicht lernen, daß der Mensch geworden ist, daß auch das Erkenntnisvermögen geworden ist; während einige von ihnen sogar die ganze Welt aus diesem Erkenntnisvermögen sich herausspinnen lassen. – Nun ist alles *Wesentliche* der menschlichen Entwicklung in Urzeiten vor sich gegangen, lange vor jenen 4000 Jahren, die wir ungefähr kennen; in diesen mag sich der Mensch nicht viel mehr verändert haben. Da sieht aber der Philosoph »Instinkte« am gegenwärtigen Menschen und nimmt an, daß diese zu den unveränderlichen Tatsachen des Menschen gehören und insofern einen Schlüssel zum Verständnis der Welt überhaupt abgeben können: die ganze Teleologie ist darauf gebaut, daß man vom Menschen der letzten vier Jahrtausende als von einem *ewigen* redet, zu welchem hin alle Dinge in der Welt von ihrem Anbeginne eine natürliche Richtung haben. Alles aber ist geworden; es gibt *keine ewigen Tatsachen*: so wie es keine absoluten Wahrheiten gibt. – Demnach ist das *historische Philosophieren* von jetzt ab nötig und mit ihm die Tugend der Bescheidung.

3

Schätzung der unscheinbaren Wahrheiten. – Es ist das Merkmal einer höheren Kultur, die kleinen unscheinbaren Wahrheiten, welche mit strenger Methode gefunden wurden, höher zu schätzen als die beglückenden und blendenden Irrtümer, welche metaphysischen und künstlerischen Zeitaltern und Menschen entstammen. Zunächst hat man gegen erstere den Hohn auf den Lippen, als könne hier gar nichts Gleichberechtigtes gegeneinander stehen: so bescheiden, schlicht, nüchtern, so scheinbar entmutigend stehen diese, so schön, prunkend, berauschend, ja vielleicht beseligend stehen jene da. Aber das MühsamErrungene, Gewisse, Dauernde und deshalb für jede weitere Erkenntnis noch Folgenreiche ist doch das Höhere; zu ihm sich zu halten ist männlich und zeigt Tapferkeit, Schlichtheit, Enthaltsamkeit an. Allmählich wird nicht nur der einzelne, sondern die gesamte Menschheit zu dieser Männlichkeit emporgehoben werden, wenn sie sich endlich an die höhere Schätzung der haltbaren, dauerhaften Erkenntnisse gewöhnt und allen Glauben an Inspiration und wundergleiche Mitteilung von Wahrheiten verloren hat. – Die Verehrer der *Formen* freilich, mit ihrem Maßstabe des Schönen und Erhabenen, werden zunächst gute Gründe zu spotten haben, sobald die Schätzung der unscheinbaren Wahrheiten und der wissenschaftliche Geist anfängt zur Herrschaft zu kommen: aber nur weil entweder ihr Auge sich noch nicht dem Reiz der *schlichtesten* Form erschlossen hat oder weil die in jenem Geiste erzogenen Menschen noch lange nicht völlig und innerlich von ihm durchdrungen sind, so daß sie immer noch gedankenlos alte Formen nachmachen (und dies schlecht genug, wie es jemand tut, dem nicht mehr viel an einer Sache liegt). Ehemals war der Geist nicht durch strenges Denken in Anspruch genommen, da lag sein Ernst im Ausspinnen von Symbolen und Formen. Das hat sich verändert; jener Ernst des Symbolischen ist zum Kennzeichen der niederen Kultur geworden. Wie unsere Künste selber immer intellektualer, unsere Sinne geistiger werden, und wie man zum Beispiel jetzt ganz anders darüber urteilt, was sinnlich wohltönend ist, als vor 100 Jahren: so werden auch die Formen unseres Lebens immer *geistiger*, für das Auge älterer Zeiten vielleicht *häßlicher*, aber nur weil es nicht zu sehen vermag, wie das Reich der inneren, geistigen Schönheit sich fortwährend vertieft und erweitert und inwiefern uns allen der geistreiche Blick jetzt mehr gelten darf als der schönste Gliederbau und das erhabenste Bauwerk.

4

Astrologie und Verwandtes. – Es ist wahrscheinlich, daß die Objekte des religiösen, moralischen und ästhetischen Empfindens ebenfalls nur zur Oberfläche der Dinge gehören, während der Mensch gerne glaubt, daß er hier wenigstens an das Herz der Welt rühre; er täuscht sich, weil jene Dinge ihn so tief beseligen und so tief unglücklich machen, und zeigt also hier denselben Stolz wie bei der Astrologie. Denn diese meint, der Sternenhimmel drehe sich um das Los des Menschen; der moralische Mensch aber setzt voraus, das, was ihm wesentlich am Herzen liege, müsse auch Wesen und Herz der Dinge sein.

5

Mißverständnis des Traumes. – Im Traum glaubte der Mensch in den Zeitaltern roher uranfänglicher Kultur eine *zweite reale Welt* kennenzulernen; hier ist der Ursprung aller Metaphysik. Ohne den Traum hätte man keinen Anlaß zu einer Scheidung der Welt gefunden. Auch die Zerlegung in Seele und Leib hängt mit der ältesten Auffassung des Traumes zusammen, ebenso die Annahme eines Seelenscheinleibes, also die Herkunft alles Geisterglaubens und wahrscheinlich auch des Götterglaubens. »Der Tote lebt fort; *denn* er erscheint dem Lebenden im Traume«: so schloß man ehedem, durch viele Jahrtausende hindurch.

6

Der Geist der Wissenschaft im Teil, nicht im Ganzen mächtig. – Die abgetrennten *kleinsten* Gebiete der Wissenschaft werden rein sachlich behandelt: die allgemeinen großen Wissenschaften dagegen legen, als Ganzes betrachtet, die Frage – eine recht unsachliche Frage freilich – auf die Lippen, wozu? zu welchem Nutzen? Wegen dieser Rücksicht auf den Nutzen werden sie, als Ganzes, weniger unpersönlich als in ihren Teilen behandelt. Bei der Philosophie nun gar, als bei der Spitze der gesamten Wissenspyramide, wird unwillkürlich die Frage nach dem Nutzen der Erkenntnis überhaupt aufgeworfen, und jede Philosophie hat unbewußt die Absicht, ihr den *höchsten* Nutzen zuzuschreiben. Deshalb gibt es in allen Philosophien so viel hochfliegende Metaphysik und eine solche Scheu vor den unbedeutend erscheinenden Lösungen der Physik; denn die Bedeutsamkeit der Erkenntnis für das Leben *soll* so groß als möglich erscheinen. Hier ist der Antagonismus zwischen den wissenschaftlichen Einzelgebieten und der Philosophie. Letztere will, was die Kunst will, dem Leben und Handeln möglichste Tiefe und Bedeutung geben; in ersteren sucht man Erkenntnis und nichts weiter – was dabei auch herauskomme. Es hat bis jetzt noch keinen Philosophen gegeben, unter dessen Händen die Philosophie nicht zu einer Apologie der Erkenntnis geworden wäre; in diesem Punkte wenigstens ist ein jeder Optimist, daß dieser die höchste Nützlichkeit zugesprochen werden müsse. Sie alle werden von der Logik tyrannisiert: und diese ist ihrem Wesen nach Optimismus.

7

Der Störenfried in der Wissenschaft. – Die Philosophie schied sich von der Wissenschaft, als sie die Frage stellte: welches ist diejenige Erkenntnis der Welt und des Lebens, bei welcher der Mensch am glücklichsten lebt? Dies geschah in den sokratischen Schulen: durch den Gesichtspunkt des *Glücks* unterband man die Blutadern der wissenschaftlichen Forschung – und tut es heute noch.

8

Pneumatische Erklärung der Natur. – Die Metaphysik erklärt die Schrift der Natur gleichsam *pneumatisch*, wie die Kirche und ihre Gelehrten es ehemals mit der Bibel taten. Es gehört sehr viel Verstand dazu, um auf die Natur dieselbe Art der strengen Erklärungskunst anzuwenden, wie jetzt die Philologen sie für alle Bücher geschaffen haben: mit der Absicht, schlicht zu verstehen, was die Schrift sagen will, aber nicht einen *doppelten* Sinn zu wittern, ja vorauszusetzen. Wie aber selbst in betreff der Bücher die schlechte Erklärungskunst keineswegs völlig überwunden ist und man in der besten gebildeten Gesellschaft noch fortwährend auf Überreste allegorischer und mystischer Ausdeutung stößt: so steht es auch in betreff der Natur – ja noch viel schlimmer.

9

Metaphysische Welt. – Es ist wahr, es könnte eine metaphysische Welt geben; die absolute Möglichkeit davon ist kaum zu bekämpfen. Wir sehen alle Dinge durch den Menschenkopf an und können diesen Kopf nicht abschneiden; während doch die Frage übrigbleibt, was von der Welt noch da wäre, wenn man ihn doch abgeschnitten hätte. Dies ist ein rein wissenschaftliches Problem und nicht sehr geeignet, den Menschen Sorge zu machen; aber alles, was ihnen bisher metaphysische Annahmen *wertvoll, schreckenvoll, lustvoll* gemacht, was sie erzeugt hat, ist Leidenschaft, Irrtum und Selbstbetrug; die allerschlechtesten Methoden der Erkenntnis, nicht die allerbesten, haben daran glauben lehren. Wenn man diese Methoden als das Fundament aller vorhandenen Religionen und Metaphysiken aufgedeckt hat, hat man sie widerlegt! Dann bleibt immer noch jene Möglichkeit übrig; aber mit ihr kann man gar nichts anfangen, geschweige denn, daß man Glück, Heil und Leben von den Spinnenfäden einer solchen Möglichkeit abhängen lassen dürfte. – Denn man könnte von der metaphysischen Welt gar nichts aussagen als ein Anderssein, ein uns unzugängliches, unbegreifliches Anderssein; es wäre ein Ding mit negativen Eigenschaften. – Wäre die Existenz einer solchen Welt noch so gut bewiesen, so stünde doch fest, daß die gleichgültigste aller Erkenntnisse eben ihre Erkenntnis wäre: noch gleichgültiger als dem Schiffer in Sturmesgefahr die Erkenntnis von der chemischen Analysis des Wassers sein muß.

10

Harmlosigkeit der Metaphysik in der Zukunft. – Sobald die Religion, Kunst und Moral in ihrer Entstehung so beschrieben sind, daß man sie vollständig sich erklären kann, ohne zur Annahme *metaphysischer Eingriffe* am Beginn und im Verlaufe der Bahn seine Zuflucht zu nehmen, hört das stärkste Interesse an dem rein theoretischen Problem vom »Ding an sich« und der »Erscheinung« auf. Denn wie es hier auch stehe: mit Religion, Kunst und Moral rühren wir nicht an das »Wesen der Welt an sich«; wir sind im Bereiche der Vorstellung, keine »Ahnung« kann uns weitertragen. Mit voller Ruhe wird man die Frage, wie unser Weltbild so stark sich von dem erschlossenen Wesen der

Welt unterscheiden könne, der Physiologie und der Entwicklungsgeschichte der Organismen und Begriffe überlassen.

11

Die Sprache als vermeintliche Wissenschaft. – Die Bedeutung der Sprache für die Entwicklung der Kultur liegt darin, daß in ihr der Mensch eine eigene Welt neben die andere stellte, einen Ort, welchen er für so fest hielt, um von ihm aus die übrige Welt aus den Angeln zu heben und sich zum Herren derselben zu machen. Insofern der Mensch an die Begriffe und Namen der Dinge als an *aeternae veritates* durch lange Zeitstrecken hindurch geglaubt hat, hat er sich jenen Stolz angeeignet, mit dem er sich über das Tier erhob: er meinte wirklich in der Sprache die Erkenntnis der Welt zu haben. Der Sprachbildner war nicht so bescheiden zu glauben, daß er den Dingen eben nur Bezeichnungen gebe, er drückte vielmehr, wie er wähnte, das höchste Wissen über die Dinge mit den Worten aus; in der Tat ist die Sprache die erste Stufe der Bemühung um die Wissenschaft. *Der Glaube an die gefundene Wahrheit* ist es auch hier, aus dem die mächtigsten Kraftquellen geflossen sind. Sehr nachträglich – jetzt erst – dämmert es den Menschen auf, daß sie einen ungeheuren Irrtum in ihrem Glauben an die Sprache propagiert haben. Glücklicherweise ist es zu spät, als daß es die Entwicklung der Vernunft, die auf jenem Glauben beruht, wieder rückgängig machen könnte. – Auch die *Logik* beruht auf Voraussetzungen, denen nichts in der wirklichen Welt entspricht, zum Beispiel auf der Voraussetzung der Gleichheit von Dingen, der Identität desselben Dings in verschiedenen Punkten der Zeit: aber jene Wissenschaft entstand durch den entgegengesetzten Glauben (daß es dergleichen in der wirklichen Welt allerdings gebe). Ebenso steht es mit der *Mathematik*, welche gewiß nicht entstanden wäre, wenn man von Anfang an gewußt hätte, daß es in der Natur keine exakt gerade Linie, keinen wirklichen Kreis, kein absolutes Größenmaß gebe.

12

Traum und Kultur. – Die Gehirnfunktion, welche durch den Schlaf am meisten beeinträchtigt wird, ist das Gedächtnis: nicht daß es ganz pausierte – aber es ist auf einen Zustand der Unvollkommenheit zurückgebracht, wie es in Urzeiten der Menschheit bei jedermann am Tage und im Wachen gewesen sein mag. Willkürlich und verworren, wie es ist, verwechselt es fortwährend die Dinge auf Grund der flüchtigsten Ähnlichkeiten: aber mit derselben Willkür und Verworrenheit dichteten die Völker ihre Mythologien, und noch jetzt pflegen Reisende zu beobachten, wie sehr der Wilde zur Vergeßlichkeit neigt, wie sein Geist nach kurzer Anspannung des Gedächtnisses hin und her zu taumeln beginnt und er, aus bloßer Erschlaffung, Lügen und Unsinn hervorbringt. Aber wir alle gleichen im Traume diesem Wilden; das schlechte Wiedererkennen und irrtümliche Gleichsetzen ist der Grund des schlechten Schließens, dessen wir uns im Traume schuldig machen; so daß wir, bei deutlicher Vergegenwärtigung eines Traumes, vor uns erschrecken, weil wir so viel Narrheit in uns bergen. – Die vollkommne Deutlichkeit aller Traum-Vorstellungen, welche den unbedingten Glauben an ihre Realität zur Voraussetzung hat, erinnert uns wieder an Zustände früherer Menschheit, in der die Halluzination außerordentlich häufig war und mitunter ganze Gemeinden, ganze Völker gleichzeitig ergriff. Also: im Schlaf und Traum machen wir das Pensum früheren Menschentums noch einmal durch.

13

Logik des Traumes. – Im Schlafe ist fortwährend unser Nervensystem durch mannigfache innere Anlässe in Erregung, fast alle Organe sezernieren und sind in Tätigkeit, das Blut macht seinen ungestümen Kreislauf, die Lage des Schlafenden drückt einzelne Glieder, seine Decken beeinflussen die Empfindung verschiedenartig, der Magen verdaut und beunruhigt mit seinen Bewegungen andere Organe, die Gedärme winden sich, die Stellung des Kopfes bringt ungewöhnliche Muskellagen mit sich, die Füße, unbeschuht, nicht mit den Sohlen den Boden drückend, verursachen das Gefühl des Ungewöhnlichen ebenso wie die andersartige Bekleidung des ganzen Körpers, – alles dies, nach seinem täglichen Wechsel und Grade, erregt durch seine Außergewöhnlichkeit das gesamte System bis in die Gehirnfunktion hinein: und so gibt es hundert Anlässe für den Geist, um sich zu verwundern und nach *Gründen* dieser Erregung zu suchen: der Traum aber ist das *Suchen und Vorstellen der Ursachen* für jene erregten Empfindungen, das heißt der vermeintlichen Ursachen. Wer zum Beispiel seine Füße mit zwei Riemen umgürtet, träumt wohl, daß zwei Schlangen seine Füße umringeln: dies ist zuerst eine Hypothese, sodann ein Glaube, mit einer begleitenden bildlichen Vorstellung und Ausdichtung: »diese Schlangen müssen die *causa* jener Empfindung sein, welche ich, der Schlafende, habe,« – so urteilt der Geist des Schlafenden. Die so erschlossene nächste Vergangenheit wird durch die erregte Phantasie ihm zur Gegenwart. So weiß jeder aus Erfahrung, wie schnell der Träumende einen starken an ihn dringenden Ton, zum Beispiel Glockenläuten, Kanonenschüsse in seinen Traum verflicht, das heißt aus ihm *hinterdrein* erklärt, so daß er zuerst die veranlassenden Umstände, dann jenen Ton zu erleben *meint*. – Wie kommt es aber, daß der Geist des Träumenden immer so fehlgreift, während derselbe Geist im Wachen so nüchtern, behutsam und in bezug auf Hypothesen so skeptisch zu sein pflegt? – so daß ihm die erste beste Hypothese zur Erklärung eines Gefühls genügt, um sofort an ihre Wahrheit zu glauben? (Denn wir glauben im Traume an den Traum, als sei er Realität, das heißt wir halten unsre Hypothese für völlig erwiesen.) – Ich meine: wie jetzt noch der Mensch im Traume schließt, so schloß die Menschheit *auch im Wachen* viele Jahrtausende hindurch: die erste *causa*, die dem Geiste einfiel, um irgend etwas, das der Erklärung bedurfte, zu erklären, genügte ihm und galt als Wahrheit. (So verfahren nach den Erzählungen der Reisenden die Wilden heute noch.) Im Traum übt sich dieses uralte Stück Menschentum in uns fort, denn es ist die Grundlage, auf der die höhere Vernunft sich entwickelte und in jedem Menschen sich noch entwickelt: der Traum bringt uns in ferne Zustände der menschlichen Kultur wieder zurück und gibt ein Mittel an die Hand, sie besser zu verstehen. Das Traumdenken wird uns jetzt so leicht, weil wir in ungeheuren Entwicklungsstrecken der Menschheit gerade auf diese Form des phantastischen und wohlfeilen Erklärens aus dem ersten beliebigen Einfalle heraus so gut eingedrillt worden sind. Insofern ist der Traum eine Erholung für das Gehirn, welches am Tage den strengeren Anforderungen an das Denken zu genügen hat, wie sie von der höheren Kultur gestellt werden. – Einen verwandten Vorgang können wir geradezu als Pforte und Vorhalle des Traumes noch bei wachem Verstande in Augenschein nehmen. Schließen wir die Augen, so produziert das Gehirn eine Menge von Lichteindrücken und Farben, wahrscheinlich als eine Art Nachspiel und Echo aller jener Lichtwirkungen, welche am Tage auf dasselbe eindringen. Nun verarbeitet aber der Verstand (mit Phantasie im Bunde) diese an sich formlosen Farbenspiele sofort zu bestimmten Figuren, Gestalten, Landschaften, belebten Gruppen. Der eigentliche Vorgang dabei ist wiederum eine Art Schluß von der Wirkung auf die Ursache; indem der Geist fragt: woher diese Lichteindrücke und Farben, supponiert er als Ursachen jene Figuren, Gestalten: sie gelten ihm als die Veranlassungen jener Farben und Lichter, weil er, am Tage, bei offenen Augen, gewohnt ist, zu jeder Farbe, jedem Lichteindruck eine veranlassende Ursache zu finden. Hier also schiebt ihm die Phantasie fortwährend Bilder vor, indem sie an die Gesichtseindrücke des Tages sich in ihrer Produktion anlehnt, und gerade so macht es die Traumphantasie: — das heißt die vermeintliche Ursache wird aus der Wirkung erschlossen und *nach* der Wirkung vorgestellt: alles dies mit außerordentlicher Schnelligkeit, so daß hier wie beim Taschenspieler eine Verwirrung des Urteils entstehen und ein Nacheinander sich wie etwas Gleichzeitiges, selbst wie ein umgedrehtes Nacheinander ausnehmen kann. — Wir können aus diesen Vorgängen entnehmen, *wie spät* das schärfere logische Denken, das Strengnehmen von Ursache und Wirkung entwickelt worden ist, wenn unsere Vernunft- und Verstandesfunktionen *jetzt noch* unwillkürlich nach jenen primitiven Formen des Schließens zurückgreifen und wir ziemlich die Hälfte unseres Lebens in diesem Zustande leben. — Auch der Dichter, der Künstler *schiebt* seinen Stimmungen und Zuständen Ursachen *unter*, welche durchaus nicht die wahren sind; er erinnert insofern an älteres Menschentum und kann uns zum Verständnisse desselben verhelfen.

14

Miterklingen. — Alle *stärkern* Stimmungen bringen ein Miterklingen verwandter Empfindungen und Stimmungen mit sich: sie wühlen gleichsam das Gedächtnis auf. Es erinnert sich bei ihnen etwas in uns und wird sich ähnlicher Zustände und deren Herkunft bewußt. So bilden sich angewöhnte rasche Verbindungen von Gefühlen und Gedanken, welche zuletzt, wenn sie blitzschnell hintereinander erfolgen, nicht einmal mehr als Komplexe, sondern als *Einheiten* empfunden werden. In diesem Sinne redet man vom moralischen Gefühle, vom religiösen Gefühle, wie als ob dies lauter Einheiten seien: in Wahrheit sind sie Ströme mit hundert Quellen und Zuflüssen. Auch hier, wie so oft, verbürgt die Einheit des Wortes nichts für die Einheit der Sache.

15

Kein Innen und Außen in der Welt. – Wie Demokrit die Begriffe Oben und Unten auf den unendlichen Raum übertrug, wo sie keinen Sinn haben, so die Philosophen überhaupt den Begriff »Innen und Außen« auf Wesen und Erscheinung der Welt; sie meinen, mit tiefen Gefühlen komme man tief ins Innere, nahe man sich dem Herzen der Natur. Aber diese Gefühle sind nur insofern tief, als mit ihnen, kaum bemerkbar, gewisse komplizierte Gedankengruppen regelmäßig erregt werden, welche wir tief nennen; ein Gefühl ist tief, weil wir den begleitenden Gedanken für tief halten. Aber der tiefe Gedanke kann dennoch der Wahrheit sehr ferne sein, wie zum Beispiel jeder metaphysische; rechnet man vom tiefen Gefühle die beigemischten Gedankenelemente ab, so bleibt das *starke* Gefühl übrig, und dieses verbürgt nichts für die Erkenntnis als sich selbst, ebenso wie der starke Glaube nur seine Stärke, nicht die Wahrheit des Geglaubten beweist.

16

Erscheinung und Ding an sich. – Die Philosophen pflegen sich vor das Leben und die Erfahrung – vor das, was sie die Welt der Erscheinung nennen – wie vor ein Gemälde hinzustellen, das ein für allemal entrollt ist und unveränderlich fest denselben Vorgang zeigt: diesen Vorgang, meinen sie, müsse man richtig ausdeuten, um damit einen Schluß auf das Wesen zu machen, welches das Gemälde hervorgebracht habe: also auf das Ding an sich, das immer als der zureichende Grund der Welt der Erscheinung angesehen zu werden pflegt. Dagegen haben strengere Logiker, nachdem sie den Begriff des Metaphysischen scharf als den des Unbedingten, folglich auch Unbedingenden festgestellt hatten, jeden Zusammenhang zwischen dem Unbedingten (der metaphysischen Welt) und der uns bekannten Welt in Abrede gestellt: so daß in der Erscheinung eben durchaus *nicht* das Ding an sich erscheine, und von jener auf dieses jeder Schluß abzulehnen sei. Von beiden Seiten ist aber die Möglichkeit übersehen, daß jenes Gemälde – das, was jetzt uns Menschen Leben und Erfahrung heißt – allmählich *geworden* ist, ja noch völlig im *Werden* ist und deshalb nicht als feste Größe betrachtet werden soll, von welcher aus man einen Schluß über den Urheber (den zureichenden Grund) machen oder auch nur ablehnen dürfte. Dadurch, daß wir seit Jahrtausenden mit moralischen, ästhetischen, religiösen Ansprüchen, mit blinder Neigung, Leidenschaft oder Furcht in die Welt geblickt und uns in den Unarten des unlogischen Denkens recht ausgeschwelgt haben, ist diese Welt allmählich so wundersam bunt, schrecklich, bedeutungstief, seelenvoll *geworden*, sie hat Farbe bekommen, – aber wir sind die Koloristen gewesen: der menschliche Intellekt hat die Erscheinung erscheinen lassen und seine irrtümlichen Grundauffassungen in die Dinge hineingetragen. Spät, sehr spät – besinnt er sich: und jetzt scheinen ihm die Welt der Erfahrung und das Ding an sich so außerordentlich verschieden und getrennt, daß er den Schluß von jener auf dieses ablehnt – oder auf eine schauerlich geheimnisvolle Weise zum *Aufgeben* unseres Intellektes, unseres persönlichen Willens auffordert: um *dadurch* zum Wesenhaften zu kommen, daß man *wesenhaft werde*. Wiederum haben andere alle charakteristischen Züge unserer Welt der Erscheinung – das heißt der aus intellektuellen Irrtümern herausgesponnenen und uns angeerbten Vorstellung von der Welt – zusammengelesen und, *anstatt den Intellekt als Schuldigen anzuklagen*, das Wesen der Dinge als Ursache dieses tatsächlichen, sehr unheimlichen Weltcharakters angeschuldigt und die Erlösung vom Sein gepredigt. – Mit all diesen Auffassungen wird der stetige und mühsame Prozeß der Wissenschaft, welcher zuletzt einmal in einer *Entstehungsgeschichte des Denkens* seinen höchsten Triumph feiert, in entscheidender Weise fertig werden, dessen Resultat vielleicht auf diesen Satz hinauslaufen dürfte: Das, was wir jetzt die Welt nennen, ist das Resultat einer Menge von Irrtümern und Phantasien, welche in der gesamten Entwicklung der organischen Wesen allmählich entstanden, ineinander verwachsen sind und uns jetzt als aufgesammelter Schatz der ganzen Vergangenheit vererbt werden, – als Schatz: denn der Wert unseres Menschentums ruht darauf. Von dieser Welt der Vorstellung vermag uns die strenge Wissenschaft tatsächlich nur in geringem Maße zu lösen – wie es auch gar nicht zu wünschen ist –, insofern sie die Gewalt uralter Gewohnheiten der Empfindung nicht wesentlich zu brechen vermag: aber sie kann die Geschichte der Entstehung jener Welt als Vorstellung ganz allmählich und schrittweise aufhellen – und uns wenigstens für Augenblicke über den ganzen Vorgang hinausheben. Vielleicht erkennen wir dann, daß das Ding an sich eines homerischen Gelächters wert ist: daß es so viel, ja alles *schien* und eigentlich leer, nämlich bedeutungsleer ist.

17

Metaphysische Erklärungen. – Der junge Mensch schätzt metaphysische Erklärungen, weil sie ihm in Dingen, welche er unangenehm oder verächtlich fand, etwas höchst Bedeutungsvolles aufweisen; und ist er mit sich unzufrieden, so erleichtert sich dies Gefühl, wenn er das innerste Welträtsel oder Weltelend in dem wiedererkennt, was er so sehr an sich mißbilligt. Sich unverantwortlicher fühlen und die Dinge zugleich interessanter finden – das gilt ihm als die doppelte Wohltat, welche er der Metaphysik verdankt. Später freilich bekommt er Mißtrauen gegen die ganze metaphysische Erklärungsart; dann sieht er vielleicht ein, daß jene Wirkungen auf einem anderen Wege ebensogut und wissenschaftlicher zu erreichen sind: daß physische und historische Erklärungen mindestens ebensosehr jenes Gefühl der Unverantwortlichkeit herbeiführen, und daß jenes Interesse am Leben und seinen Problemen vielleicht noch mehr dabei entflammt wird.

18

Grundfragen der Metaphysik. – Wenn einmal die Entstehungsgeschichte des Denkens geschrieben ist, so wird auch der folgende Satz eines ausgezeichneten Logikers von einem neuen Lichte erhellt dastehen: »Das ursprüngliche allgemeine Gesetz des erkennenden Subjekts besteht in der inneren Notwendigkeit, jeden Gegenstand an sich, in seinem eigenen Wesen als einen mit sich selbst identischen, also selbstexistierenden und im Grunde stets gleichbleibenden und unwandelbaren, kurz als eine Substanz zu erkennen.« Auch dieses Gesetz, welches hier »ursprünglich« genannt wird, ist geworden: es wird einmal gezeigt werden, wie allmählich, in den niederen Organismen, dieser Hang entsteht: wie die blöden Maulwurfsaugen dieser Organisationen zuerst nichts als immer das gleiche sehen; wie dann, wenn die verschiedenen Erregungen von Lust und Unlust bemerkbarer werden, allmählich verschiedene Substanzen unterschieden werden, aber jede mit *einem* Attribut, das heißt einer einzigen Beziehung zu einem solchen Organismus. – Die erste Stufe des Logischen ist das Urteil: dessen Wesen besteht, nach der Feststellung der besten Logiker, im Glauben. Allem Glauben zugrunde liegt die *Empfindung des Angenehmen oder Schmerzhaften* in bezug auf das empfindende Subjekt. Eine neue dritte Empfindung als Resultat zweier vorangegangenen einzelnen Empfindungen ist das Urteil in seiner niedrigsten Form. – Uns organische Wesen interessiert ursprünglich nichts an jedem Dinge, als sein Verhältnis zu uns in bezug auf Lust und Schmerz. Zwischen den Momenten, wo wir uns dieser Beziehung bewußt werden, den Zuständen des Empfindens, liegen solche der Ruhe, des Nichtempfindens: da ist die Welt und jedes Ding für uns interesselos, wir bemerken keine Veränderung an ihm (wie jetzt noch ein heftig Interessierter nicht merkt, daß jemand an ihm vorbeigeht). Für die Pflanze sind gewöhnlich alle Dinge ruhig, ewig, jedes Ding sich selbst gleich. Aus der Periode der niederen Organismen her ist dem Menschen der Glaube vererbt, daß es *gleiche Dinge* gibt (erst die durch höchste Wissenschaft ausgebildete Erfahrung widerspricht diesem Satze). Der Urglaube alles Organischen von Anfang an ist vielleicht sogar, daß die ganze übrige Welt eins und unbewegt ist. – Am fernsten liegt für jene Urstufe des Logischen der Gedanke an *Kausalität*: ja jetzt noch meinen wir im Grunde, alle Empfindungen und Handlungen seien Akte des freien Willens; wenn das fühlende Individuum sich selbst betrachtet, so hält es jede Empfindung, jede Veränderung für etwas *Isoliertes*, das heißt Unbedingtes, Zusammenhangloses: es taucht aus uns auf, ohne Verbindung mit Früherem oder Späterem. Wir haben Hunger, aber meinen ursprünglich nicht, daß der Organismus erhalten werden will, sondern jenes Gefühl scheint sich *ohne Grund und Zweck* geltend zu machen, es isoliert sich und hält sich für *willkürlich*. Also: der Glaube an die Freiheit des Willens ist ein ursprünglicher Irrtum alles Organischen, so alt, als die Regungen des Logischen in ihm existieren; der Glaube an unbedingte Substanzen und an gleiche Dinge ist ebenfalls ein ursprünglicher, ebenso alter Irrtum alles Organischen. Insofern aber alle Metaphysik sich vornehmlich mit Substanz und Freiheit des Willens abgegeben hat, so darf man sie als die Wissenschaft bezeichnen, welche von den Grundirrtümern des Menschen handelt – doch so, als wären es Grund/ wahrheiten.

19

Die Zahl. – Die Erfindung der Gesetze der Zahlen ist auf Grund des ursprünglich schon herrschenden Irrtums gemacht, daß es mehrere gleiche Dinge gebe (aber tatsächlich gibt es nichts Gleiches), minde/ stens daß es Dinge gebe (aber es gibt kein »Ding«). Die Annahme der Vielheit setzt immer schon voraus, daß es *etwas* gebe, was vielfach vor/ kommt: aber gerade hier schon waltet der Irrtum, schon da fingieren wir Wesen, Einheiten, die es nicht gibt. – Unsere Empfindungen von Raum und Zeit sind falsch, denn sie führen, konsequent geprüft, auf logische Widersprüche. Bei allen wissenschaftlichen Feststellungen rechnen wir unvermeidlich immer mit einigen falschen Größen: aber weil diese Größen wenigstens *konstant* sind, wie zum Beispiel unsere Zeit/ und Raumempfindung, so bekommen die Resultate der Wissen/ schaft doch eine vollkommene Strenge und Sicherheit in ihrem Zu/ sammenhange miteinander; man kann auf ihnen fortbauen – bis an jenes letzte Ende, wo die irrtümliche Grundannahme, jene konstanten Fehler, in Widerspruch mit den Resultaten treten, zum Beispiel in der Atomenlehre. Da fühlen wir uns immer noch zur Annahme eines »Dinges« oder stofflichen »Substrats«, das bewegt wird, gezwungen, während die ganze wissenschaftliche Prozedur aber die Aufgabe ver/ folgt hat, alles Dingartige (Stoffliche) in Bewegungen aufzulösen: wir scheiden auch hier noch mit unserer Empfindung Bewegendes und Be/ wegtes und kommen aus diesem Zirkel nicht heraus, weil der Glaube an Dinge mit unserem Wesen von altersher verknotet ist. – Wenn Kant sagt »der Verstand schöpft seine Gesetze nicht aus der Natur, sondern schreibt sie dieser vor«, so ist dies in Hinsicht auf den *Begriff der Natur* völlig wahr, welchen wir genötigt sind mit ihr zu verbinden (Natur = Welt als Vorstellung, das heißt als Irrtum), welcher aber die Aufsummierung einer Menge von Irrtümern des Verstandes ist. – Auf eine Welt, welche *nicht* unsere Vorstellung ist, sind die Gesetze der Zahlen gänzlich unanwendbar: diese gelten allein in der Menschen-Welt.

20

Einige Sprossen zurück. – Die eine, gewiß sehr hohe Stufe der Bildung ist erreicht, wenn der Mensch über abergläubische und religiöse Begriffe und Ängste hinauskommt und zum Beispiel nicht mehr an die lieben Englein oder die Erbsünde glaubt, auch vom Heil der Seelen zu reden verlernt hat: ist er auf dieser Stufe der Befreiung, so hat er auch noch mit höchster Anspannung seiner Besonnenheit die Metaphysik zu überwinden. *Dann* aber ist eine *rückläufige Bewegung* nötig: er muß die historische Berechtigung, ebenso die psychologische in solchen Vorstellungen begreifen, er muß erkennen, wie die größte Förderung der Menschheit von dorther gekommen sei und wie man sich, ohne eine solche rückläufige Bewegung, der besten Ergebnisse der bisherigen Menschheit berauben würde. – In betreff der philosophischen Metapysik sehe ich jetzt immer mehrere, welche an das negative Ziel (daß jede positive Metaphysik Irrtum ist) gelangt sind, aber noch wenige, welche einige Sprossen rückwärts steigen; man soll nämlich über die letzte Sprosse der Leiter wohl hinausschauen, aber nicht auf ihr stehen wollen. Die Aufgeklärtesten bringen es nur soweit, sich von der Metaphysik zu befreien und mit Überlegenheit auf sie zurückzusehen: während es doch auch hier, wie im Hippodrom, nottut, um das Ende der Bahn herumzubiegen.

21

Mutmaßlicher Sieg der Skepsis. – Man lasse einmal den skeptischen Ausgangspunkt gelten: gesetzt, es gäbe keine andere, metaphysische Welt und alle aus der Metaphysik genommenen Erklärungen der uns einzig bekannten Welt wären unbrauchbar für uns, mit welchem Blick würden wir dann auf Menschen und Dinge sehen? Dies kann man sich ausdenken, es ist nützlich, selbst wenn die Frage, ob etwas Metaphysisches wissenschaftlich durch Kant und Schopenhauer bewiesen sei, einmal abgelehnt würde. Denn es ist, nach historischer Wahrscheinlichkeit, sehr gut möglich, daß die Menschen einmal in dieser Beziehung im ganzen und allgemeinen *skeptisch* werden; da lautet also die Frage: wie wird sich dann die menschliche Gesellschaft, unter dem Einfluß einer solchen Gesinnung, gestalten? Vielleicht ist der *wissenschaftliche Beweis* irgendeiner metaphysischen Welt schon so *schwierig*, daß die Menschheit ein Mißtrauen gegen ihn nicht mehr los wird. Und wenn man gegen die Metaphysik Mißtrauen hat, so gibt es im ganzen und großen dieselben Folgen, wie wenn sie direkt widerlegt wäre und man nicht mehr an sie glauben *dürfte*. Die historische Frage in betreff einer unmetaphysischen Gesinnung der Menschheit bleibt in beiden Fällen dieselbe.

22

Unglaube an das »monumentum aere perennius«. – Ein wesentlicher Nachteil, welchen das Aufhören metaphysischer Ansichten mit sich bringt, liegt darin, daß das Individuum zu streng seine kurze Lebenszeit ins Auge faßt und keine stärkeren Antriebe empfängt, an dauerhaften, für Jahrhunderte angelegten Institutionen zu bauen; es will die Frucht selbst vom Baume pflücken, den es pflanzt, und deshalb mag es jene Bäume nicht mehr pflanzen, welche eine jahrhundertlange gleichmäßige Pflege erfordern und welche lange Reihenfolgen von Geschlechtern zu überschatten bestimmt sind. Denn metaphysische Ansichten geben den Glauben, daß in ihnen das letzte endgültige Fundament gegeben sei, auf welchem sich nunmehr alle Zukunft der Menschheit niederzulassen und anzubauen genötigt sei; der einzelne fördert sein Heil, wenn er zum Beispiel eine Kirche, ein Kloster stiftet, es wird ihm, so meint er, im ewigen Fortleben der Seele angerechnet und vergolten, es ist Arbeit am ewigen Heil der Seele. – Kann die Wissenschaft auch solchen Glauben an ihre Resultate erwecken? In der Tat braucht sie den Zweifel und das Mißtrauen als treuesten Bundesgenossen; trotzdem kann mit der Zeit die Summe der unantastbaren, das heißt alle Stürme der Skepsis, alle Zersetzungen überdauernden

Wahrheiten so groß werden (zum Beispiel in der Diätetik der Gesundheit), daß man sich daraufhin entschließt, »ewige« Werke zu gründen. Einstweilen wirkt der *Kontrast* unseres aufgeregten Ephemeren-Daseins gegen die langatmige Ruhe metaphysischer Zeitalter noch zu stark, weil die beiden Zeiten noch zu nahe gestellt sind; der einzelne Mensch selber durchläuft jetzt zu viele innere und äußere Entwicklungen, als daß er auch nur auf seine eigene Lebenszeit sich dauerhaft und ein für allemal einzurichten wagt. Ein ganz moderner Mensch, der sich zum Beispiel ein Haus bauen will, hat dabei ein Gefühl, als ob er bei lebendigem Leibe sich in ein Mausoleum vermauern wolle.

23

Zeitalter der Vergleichung. – Je weniger die Menschen durch das Herkommen gebunden sind, um so größer wird die innere Bewegung der Motive, um so größer wiederum, dementsprechend, die äußere Unruhe, das Durcheinanderfluten der Menschen, die Polyphonie der Bestrebungen. Für wen gibt es jetzt noch einen strengen Zwang, an einen Ort sich und seine Nachkommen anzubinden? Für wen gibt es überhaupt noch etwas streng Bindendes? Wie alle Stilarten der Künste nebeneinander nachgebildet werden, so auch alle Stufen und Arten der Moralität, der Sitten, der Kulturen. – Ein solches Zeitalter bekommt seine Bedeutung dadurch, daß in ihm die verschiedenen Weltbetrachtungen, Sitten, Kulturen verglichen und nebeneinander durchlebt werden können; was früher, bei der immer lokalisierten Herrschaft jeder Kultur, nicht möglich war, entsprechend der Gebundenheit aller künstlerischen Stilarten an Ort und Zeit. Jetzt wird eine Vermehrung des ästhetischen Gefühls endgültig unter so vielen der Vergleichung sich darbietenden Formen entscheiden: sie wird die meisten – nämlich alle, welche durch dasselbe abgewiesen werden – absterben lassen. Ebenso findet jetzt ein Auswählen in den Formen und Gewohnheiten der höheren Sittlichkeit statt, deren Ziel kein anderes als Untergang der niedrigeren Sittlichkeiten sein kann. Es ist das Zeitalter der Vergleichung! Das ist sein Stolz – aber billigerweise auch sein Leiden. Fürchten wir uns vor diesem Leiden nicht! Vielmehr wollen wir die Aufgabe, welche das Zeitalter uns stellt, so groß verstehen, als wir nur vermögen: so wird uns die Nachwelt darob segnen – eine Nachwelt, die ebenso sich über die abgeschlossnen originalen Volks-Kulturen hinaus weiß, als über die Kultur der Vergleichung, aber auf beide Arten der Kultur als auf verehrungswürdige Altertümer mit Dankbarkeit zurückblickt.

24

Möglichkeit des Fortschritts. – Wenn ein Gelehrter der alten Kultur es verschwört, nicht mehr mit Menschen umzugehen, welche an den Fortschritt glauben, so hat er recht. Denn die alte Kultur hat ihre Größe und Güte hinter sich und die historische Bildung zwingt einen, zuzugestehen, daß sie nie wieder frisch werden kann; es ist ein unausstehlicher Stumpfsinn oder ebenso unleidliche Schwärmerei nötig, um dies zu leugnen. Aber die Menschen können mit *Bewußtsein* beschließen, sich zu einer neuen Kultur fortzuentwickeln, während sie sich früher unbewußt und zufällig entwickelten: sie können jetzt bessere Bedingungen für die Entstehung der Menschen, ihre Ernährung, Erziehung, Unterrichtung schaffen, die Erde als Ganzes ökonomisch verwalten, die Kräfte der Menschen überhaupt gegeneinander abwägen und einsetzen. Diese neue bewußte Kultur tötet die alte, welche als Ganzes angeschaut ein unbewußtes Tier- und Pflanzenleben geführt hat; sie tötet auch das Mißtrauen gegen den Fortschritt – er ist *möglich*. Ich will sagen: es ist voreilig und fast unsinnig, zu glauben, daß der Fortschritt *notwendig* erfolgen müsse; aber wie könnte man leugnen, daß er möglich sei? Dagegen ist ein Fortschritt im Sinne und auf dem Wege der alten Kultur nicht einmal denkbar. Wenn romantische Phantastik immerhin auch das Wort »Fortschritt« von ihren Zielen (z. B. abgeschlossenen originalen Volks-Kulturen) gebraucht: jedenfalls entlehnt sie das Bild davon aus der Vergangenheit; ihr Denken und Vorstellen ist auf diesem Gebiete ohne jede Originalität.

25

Privat- und Weltmoral. – Seitdem der Glaube aufgehört hat, daß ein Gott die Schicksale der Welt im großen leite und trotz aller anscheinenden Krümmungen im Pfade der Menschheit sie doch herrlich hinausführe, müssen die Menschen selber sich ökumenische, die ganze Erde umspannende Ziele stellen. Die ältere Moral, namentlich die Kants, verlangt vom einzelnen Handlungen, welche man von allen Menschen wünscht: das war eine schöne naive Sache; als ob ein jeder ohne weiteres wüßte, bei welcher Handlungsweise das Ganze der Menschheit wohlfahre, also welche Handlungen überhaupt wünschenswert seien; es ist eine Theorie wie die vom Freihandel, voraussetzend, daß die allgemeine Harmonie sich nach eingebornen Gesetzen des Besserwerdens von selbst ergeben *müsse*. Vielleicht läßt es ein zukünftiger Überblick über die Bedürfnisse der Menschheit durchaus nicht wünschenswert erscheinen, daß alle Menschen gleich handeln, vielmehr dürften im Interesse ökumenischer Ziele für ganze Strecken der Menschheit spezielle, vielleicht unter Umständen sogar böse Aufgaben zu stellen sein. – Jedenfalls muß, wenn die Menschheit sich nicht durch eine solche bewußte Gesamtregierung zugrunde richten soll, vorher eine alle bisherigen Grade übersteigende *Kenntnis der Bedingungen der Kultur*, als wissenschaftlicher Maßstab für ökumenische Ziele, gefunden sein. Hierin liegt die ungeheure Aufgabe der großen Geister des nächsten Jahrhunderts.

26

Die Reaktion als Fortschritt. – Mitunter erscheinen schroffe, gewaltsame und fortreißende, aber trotzdem zurückgebliebene Geister, welche eine vergangene Phase der Menschheit noch einmal heraufbeschwören: sie dienen zum Beweis, daß die neuen Richtungen, welchen sie entgegenwirken, noch nicht kräftig genug sind, daß etwas an ihnen fehlt: sonst würden sie jenen Beschwörern bessern Widerpart halten. So zeugt zum Beispiel Luthers Reformation dafür, daß in seinem Jahrhundert alle Regungen der Freiheit des Geistes noch unsicher, zart, jugendlich waren; die Wissenschaft konnte noch nicht ihr Haupt erheben. Ja die gesamte Renaissance erscheint wie ein erster Frühling, der fast wieder weggeschneit wird. Aber auch in unserem Jahrhundert bewies Schopenhauers Metaphysik, daß auch jetzt der wissenschaftliche Geist noch nicht kräftig genug ist: so konnte die ganze mittelalterliche christliche Weltbetrachtung und Mensch-Empfindung noch einmal in Schopenhauers Lehre trotz der längst errungenen Vernichtung aller christlichen

Dogmen eine Auferstehung feiern. Viel Wissenschaft klingt in seine Lehre hinein, aber sie beherrscht dieselbe nicht, sondern das alte wohlbekannte »metaphysische Bedürfnis«. Es ist gewiß einer der größten und ganz unschätzbaren Vorteile, welche wir aus Schopenhauer gewinnen, daß er unsre Empfindung zeitweilig in ältere, mächtige Betrachtungsarten der Welt und Menschen zurückzwingt, zu welchen sonst uns so leicht kein Pfad führen würde. Der Gewinn für die Historie und die Gerechtigkeit ist sehr groß: ich glaube, daß es jetzt niemandem so leicht gelingen möchte, ohne Schopenhauers Beihilfe dem Christentum und seinen asiatischen Verwandten Gerechtigkeit widerfahren zu lassen: was namentlich vom Boden des noch vorhandenen Christentums aus unmöglich ist. Erst nach diesem großen *Erfolge der Gerechtigkeit*, erst nachdem wir die historische Betrachtungsart, welche die Zeit der Aufklärung mit sich brachte, in einem so wesentlichen Punkte korrigiert haben, dürfen wir die Fahne der Aufklärung – die Fahne mit den drei Namen: Petrarca, Erasmus, Voltaire – von neuem weiter tragen. Wir haben aus der Reaktion einen Fortschritt gemacht.

27

Ersatz der Religion. – Man glaubt einer Philosophie etwas Gutes nachzusagen, wenn man sie als Ersatz der Religion für das Volk hinstellt. In der Tat bedarf es in der geistigen Ökonomie gelegentlich überleitender Gedankenkreise; so ist der Übergang aus Religion in wissenschaftliche Betrachtung ein gewaltsamer gefährlicher Sprung, etwas, das zu widerraten ist. Insofern hat man mit jener Anempfehlung recht. Aber endlich sollte man doch auch lernen, daß die Bedürfnisse, welche die Religion befriedigt hat und nun die Philosophie befriedigen soll, nicht unwandelbar sind; diese selbst kann man *schwächen* und *ausrotten*. Man denke zum Beispiel an die christliche Seelennot, das Seufzen über die innere Verderbtheit, die Sorge um das Heil – alles Vorstellungen, welche nur aus Irrtümern der Vernunft herrühren und gar keine Befriedigung, sondern Vernichtung verdienen. Eine Philosophie kann entweder so nützen, daß sie jene Bedürfnisse auch *befriedigt* oder daß sie dieselben *beseitigt*; denn es sind angelernte, zeitlich begrenzte Bedürfnisse, welche auf Voraussetzungen beruhen, die denen der Wissenschaft widersprechen. Hier ist, um einen Übergang zu machen, die *Kunst* viel eher zu benutzen, um das mit Empfindungen überladne Gemüt zu erleichtern; denn durch sie werden jene Vorstellungen viel weniger unterhalten als durch eine metaphysische Philosophie. Von der Kunst aus kann man dann leichter in eine wirklich befreiende philosophische Wissenschaft übergehen.

28

Verrufene Worte. — Weg mit den bis zum Überdruß verbrauchten Wörtern Optimismus und Pessimismus! Denn der Anlaß, sie zu gebrauchen, fehlt von Tag zu Tag mehr; nur die Schwätzer haben sie jetzt noch so unumgänglich nötig. Denn weshalb in aller Welt sollte jemand Optimist sein wollen, wenn er nicht einen Gott zu verteidigen hat, welcher die beste der Welten geschaffen haben *muß,* falls er selber das Gute und Vollkommene ist, — welcher Denkende hat aber die Hypothese eines Gottes noch nötig? — Es fehlt aber auch jeder Anlaß zu einem pessimistischen Glaubensbekenntnis, wenn man nicht ein Interesse daran hat, den Advokaten Gottes, den Theologen oder den theologisierenden Philosophen, ärgerlich zu werden und die Gegenbehauptung kräftig aufzustellen: daß das Böse regiere, daß die Unlust größer sei als die Lust, daß die Welt ein Machwerk, die Erscheinung eines bösen Willens zum Leben sei. Wer aber kümmert sich jetzt noch um die Theologen — außer den Theologen? — Abgesehen von aller Theologie und ihrer Bekämpfung liegt es auf der Hand, daß die Welt nicht gut und nicht böse, geschweige denn die beste oder die schlechteste ist, und daß diese Begriffe »gut« und »böse« nur in bezug auf Menschen Sinn haben, ja vielleicht selbst hier, in der Weise, wie sie gewöhnlich gebraucht werden, nicht berechtigt sind: der schimpfenden und verherrlichenden Weltbetrachtung müssen wir uns in jedem Falle entschlagen.

29

Vom Dufte der Blüten berauscht. — Das Schiff der Menschheit, meint man, hat einen immer stärkeren Tiefgang, je mehr es belastet wird; man glaubt, je tiefer der Mensch denkt, je zarter er fühlt, je höher er sich schätzt, je weiter seine Entfernung von den anderen Tieren wird – je mehr er als das Genie unter den Tieren erscheint –, um so näher werde er dem wirklichen Wesen der Welt und deren Erkenntnis kommen: dies tut er auch wirklich durch die Wissenschaft, aber er *meint* dies noch mehr durch seine Religionen und Künste zu tun. Diese sind zwar eine Blüte der Welt, aber durchaus nicht *der Wurzel der Welt näher*, als der Stengel ist: man kann aus ihnen das Wesen der Dinge gerade gar nicht besser verstehen, obschon dies fast jedermann glaubt. Der *Irrtum* hat den Menschen so tief, zart, erfinderisch gemacht, eine solche Blüte, wie Religionen und Künste, herauszutreiben. Das reine Erkennen wäre dazu außerstande gewesen. Wer uns das Wesen der Welt enthüllte, würde uns allen die unangenehmste Enttäuschung machen. Nicht die Welt als Ding an sich, sondern die Welt als Vorstellung (als Irrtum) ist so bedeutungsreich, tief, wundervoll, Glück und Unglück im Schoße tragend. Dies Resultat führt zu einer Philosophie der *logischen Weltverneinung*: welche übrigens sich mit einer praktischen Weltbejahung ebensogut wie mit deren Gegenteile vereinigen läßt.

30

Schlechte Gewohnheiten im Schließen. – Die gewöhnlichsten Irrschlüsse der Menschen sind diese: eine Sache existiert, also hat sie ein Recht. Hier wird aus der Lebensfähigkeit auf die Zweckmäßigkeit, aus der Zweckmäßigkeit auf die Rechtmäßigkeit geschlossen. Sodann: eine Meinung beglückt, also ist sie die wahre, ihre Wirkung ist gut, also ist sie selber gut und wahr. Hier legt man der Wirkung das Prädikat beglückend, gut, im Sinne des Nützlichen, bei und versieht nun die Ursache mit demselben Prädikat gut, aber hier im Sinne des Logisch-Gültigen. Die Umkehrung der Sätze lautet: eine Sache kann sich nicht durchsetzen, erhalten, also ist sie unrecht; eine Meinung quält, regt auf, also ist sie falsch. Der Freigeist, der das Fehlerhafte dieser Art zu schließen nur allzu häufig kennenlernt und an ihren Folgen zu leiden hat, unterliegt oft der Verführung, die entgegengesetzten Schlüsse zu machen, welche im allgemeinen natürlich ebensosehr Irrschlüsse sind: eine Sache kann sich nicht durchsetzen, also ist sie gut; eine Meinung macht Not, beunruhigt, also ist sie wahr.

31

Das Unlogische notwendig. – Zu den Dingen, welche einen Denker in Verzweiflung bringen können, gehört die Erkenntnis, daß das Unlogische für den Menschen nötig ist, und daß aus dem Unlogischen vieles Gute entsteht. Es steckt so fest in den Leidenschaften, in der Sprache, in der Kunst, in der Religion und überhaupt in allem, was dem Leben Wert verleiht, daß man es nicht herausziehen kann, ohne damit diese schönen Dinge heillos zu beschädigen. Es sind nur die allzu naiven Menschen, welche glauben können, daß die Natur des Menschen in eine rein logische verwandelt werden könne; wenn es aber Grade der Annäherung an dieses Ziel geben sollte, was würde da nicht alles auf diesem Wege verloren gehen müssen! Auch der vernünftigste Mensch bedarf von Zeit zu Zeit wieder der Natur, das heißt seiner *unlogischen Grundstellung zu allen Dingen.*

32

Ungerechtsein notwendig. – Alle Urteile über den Wert des Lebens sind unlogisch entwickelt und deshalb ungerecht. Die Unreinheit des Urteils liegt erstens in der Art, wie das Material vorliegt, nämlich sehr unvollständig, zweitens in der Art, wie daraus die Summe gebildet wird, und drittens darin, daß jedes einzelne Stück des Materials wieder das Resultat unreinen Erkennens ist, und zwar dies mit voller Notwendigkeit. Keine Erfahrung zum Beispiel über einen Menschen, stünde er uns auch noch so nah, kann vollständig sein, so daß wir ein logisches Recht zu einer Gesamtabschätzung desselben hätten; alle Schätzungen sind voreilig und müssen es sein. Endlich ist das Maß, womit wir messen, unser Wesen, keine unabänderliche Größe, wir haben Stimmungen und Schwankungen, und doch müßten wir uns selbst als ein festes Maß kennen, um das Verhältnis irgendeiner Sache zu uns gerecht abzuschätzen. Vielleicht wird aus alledem folgen, daß man gar nicht urteilen sollte; wenn man aber nur *leben* könnte ohne abzuschätzen, ohne Abneigung und Zuneigung zu haben! – denn alles Abgeneigtsein hängt mit einer Schätzung zusammen, ebenso alles Geneigtsein. Ein Trieb zu etwas oder von etwas weg, ohne ein Gefühl davon, daß man das Förderliche wolle, dem Schädlichen ausweiche, ein Trieb ohne eine Art von erkennender Abschätzung über den Wert des Zieles existiert beim Menschen nicht. Wir sind von vornherein unlogische und daher ungerechte Wesen *und können dies erkennen*: dies ist eine der größten und unauflösbarsten Disharmonien des Daseins.

33

Der Irrtum über das Leben zum Leben notwendig. — Jeder Glaube an Wert und Würdigkeit des Lebens beruht auf unreinem Denken; er ist allein dadurch möglich, daß das Mitgefühl für das allgemeine Leben und Leiden der Menschheit sehr schwach im Individuum entwickelt ist. Auch die selteneren Menschen, welche überhaupt über sich hinaus denken, fassen nicht dieses allgemeine Leben, sondern abgegrenzte Teile desselben ins Auge. Versteht man es, sein Augenmerk vornehmlich auf Ausnahmen, ich meine auf die hohen Begabungen und die reinen Seelen zu richten, nimmt man deren Entstehung zum Ziel der ganzen Weltentwicklung und erfreut sich an deren Wirken, so mag man an den Wert des Lebens glauben, weil man nämlich die anderen Menschen dabei *übersieht*: also unrein denkt. Und ebenso, wenn man zwar alle Menschen ins Auge faßt, aber in ihnen nur *eine* Gattung von Trieben, die weniger egoistischen, gelten läßt und sie in betreff der anderen Triebe entschuldigt: dann kann man wiederum von der Menschheit im ganzen etwas hoffen und insofern an den Wert des Lebens glauben: also auch in diesem Falle durch Unreinheit des Denkens. Mag man sich aber so oder so verhalten, man ist mit diesem Verhalten eine *Ausnahme* unter den Menschen. Nun ertragen aber gerade die allermeisten Menschen das Leben, ohne erheblich zu murren, und *glauben* somit an den Wert des Daseins, aber gerade dadurch, daß sich jeder allein will und behauptet, und nicht aus sich heraustritt wie jene Ausnahmen: alles Außerpersönliche ist ihnen gar nicht oder höchstens als ein schwacher Schatten bemerkbar. Also darauf allein beruht der Wert des Lebens für den gewöhnlichen, alltäglichen Menschen, daß er sich wichtiger nimmt als die Welt. Der große Mangel an Phantasie, an dem er leidet, macht, daß er sich nicht in andere Wesen hineinfühlen kann und daher so wenig als möglich an ihrem Los und

Leiden teilnimmt. *Wer* dagegen wirklich daran teilnehmen könnte, müßte am Werte des Lebens verzweifeln; gelänge es ihm, das Gesamtbewußtsein der Menschheit in sich zu fassen und zu empfinden, er würde mit einem Fluche gegen das Dasein zusammenbrechen, – denn die Menschheit hat im ganzen *keine* Ziele, folglich kann der Mensch, in Betrachtung des ganzen Verlaufs, nicht darin seinen Trost und Halt finden, sondern seine Verzweiflung. Sieht er bei allem, was er tut, auf die letzte Ziellosigkeit der Menschen, so bekommt sein eignes Wirken in seinen Augen den Charakter der Vergeudung. Sich aber als Menschheit (und nicht nur als Individuum) ebenso *vergeudet* zu fühlen, wie wir die einzelne Blüte von der Natur vergeudet sehen, ist ein Gefühl über alle Gefühle. – Wer ist aber desselben fähig? Gewiß nur ein Dichter: und Dichter wissen sich immer zu trösten.

34

Zur Beruhigung. – Aber wird so unsere Philosophie nicht zur Tragödie? Wird die Wahrheit nicht dem Leben, dem Besseren feindlich? Eine Frage scheint uns die Zunge zu beschweren und doch nicht laut werden zu wollen: ob man bewußt in der Unwahrheit bleiben *könne*? oder, wenn man dies *müsse*, ob da nicht der Tod vorzuziehen sei? Denn ein Sollen gibt es nicht mehr; die Moral, insofern sie ein Sollen war, ist ja durch unsere Betrachtungsart ebenso vernichtet wie die Religion. Die Erkenntnis kann als Motive nur Lust und Unlust, Nutzen und Schaden bestehen lassen: wie aber werden diese Motive sich mit dem Sinne für Wahrheit auseinandersetzen? Auch sie berühren sich ja mit Irrtümern (insofern wie gesagt Neigung und Abneigung und ihre sehr ungerechten Messungen unsere Lust und Unlust wesentlich bestimmen). Das ganze menschliche Leben ist tief in die Unwahrheit eingesenkt; der einzelne kann es nicht aus diesem Brunnen herausziehen, ohne dabei seiner Vergangenheit aus tiefstem Grunde gram zu werden, ohne seine gegenwärtigen Motive, wie die der Ehre, ungereimt zu finden und den Leidenschaften, welche zur Zukunft und zu einem Glück in derselben hindrängen, Hohn und Verachtung entgegenzustellen. Ist es wahr, bliebe einzig noch eine Denkweise übrig, welche als persönliches Ergebnis die Verzweiflung, als theoretisches eine Philosophie der Zerstörung nach sich zöge? – Ich glaube, die Entscheidung über die Nachwirkung der Erkenntnis wird durch das *Temperament* eines Menschen gegeben: ich könnte mir ebensogut wie jene geschilderte und bei einzelnen Naturen mögliche Nachwirkung eine andere denken, vermöge deren ein viel einfacheres, von Affekten reineres Leben entstünde, als das jetzige ist: so daß zuerst zwar die alten Motive des heftigeren Begehrens noch Kraft hätten, aus alter vererbter Gewöhnung her, allmählich aber unter dem Einflusse der reinigenden Erkenntnis schwächer würden. Man lebte zuletzt unter den Menschen und mit sich wie in der *Natur*, ohne Lob, Vorwürfe, Eiferung, an vielem sich wie an einem Schauspiel weidend, vor dem man sich bisher nur zu fürchten hatte. Man wäre die Emphasis los und würde die Anstachelung des Gedankens, daß man nicht nur Natur oder mehr als Natur sei, nicht weiter empfinden. Freilich gehörte hierzu, wie gesagt, ein gutes Temperament, eine gefestete, milde und im Grunde frohsinnige Seele, eine Stimmung, welche nicht vor Tücken und plötzlichen Ausbrüchen auf der Hut zu sein brauchte und in ihren Äußerungen nichts von dem knurrenden Tone und der Verbissenheit an sich trüge – jenen bekannten lästigen Eigenschaften alter Hunde und Menschen, die lange an der Kette gelegen haben. Vielmehr muß ein Mensch, von dem in solchem Maße die gewöhnlichen Fesseln des Lebens abgefallen sind, daß er nur deshalb weiterlebt, um immer besser zu erkennen, auf vieles, ja fast auf alles, was bei den anderen Menschen Wert hat, ohne Neid und Verdruß verzichten können, ihm muß als der wünschenswerteste Zustand jenes freie, furchtlose Schweben über Menschen, Sitten, Gesetzen und den herkömmlichen Schätzungen der Dinge *genügen*. Die Freude an diesem Zustande teilt er gerne mit und er *hat* vielleicht nichts anderes mitzuteilen – worin freilich eine Entbehrung, eine Entsagung mehr liegt. Will man aber trotzdem mehr von ihm, so wird er mit wohlwollendem Kopfschütteln auf seinen Bruder hinweisen, den freien Menschen der Tat, und vielleicht ein wenig Spott nicht verhehlen: denn mit dessen »Freiheit« hat es eine eigene Bewandtnis.

Zweites Hauptstück

ZUR GESCHICHTE DER MORALISCHEN EMPFINDUNGEN

35

Vorteile der psychologischen Beobachtung. – Daß das Nachdenken über Menschliches, Allzumenschliches – oder wie der gelehrtere Ausdruck lautet: die psychologische Beobachtung – zu den Mitteln gehöre, vermöge deren man sich die Last des Lebens erleichtern könne, daß die Übung in dieser Kunst Geistesgegenwart in schwierigen Lagen und Unterhaltung inmitten einer langweiligen Umgebung verleihe, ja daß man den dornenvollsten und unerfreulichsten Strichen des eigenen Lebens Sentenzen abpflücken und sich dabei ein wenig wohler fühlen könne: das glaubte man, wußte man – in früheren Jahrhunderten. Warum vergaß es dieses Jahrhundert, wo wenigstens in Deutschland, ja in Europa, die Armut an psychologischer Beobachtung durch viele Zeichen sich zu erkennen gibt? Nicht gerade in Roman, Novelle und philosophischer Betrachtung, – diese sind das Werk von Ausnahmemenschen; schon mehr in der Beurteilung öffentlicher Ereignisse und Persönlichkeiten: vor allem aber fehlt die Kunst der psychologischen Zergliederung und Zusammenrechnung in der Gesellschaft aller Stände, in der man wohl viel über Menschen, aber gar nicht *über den Menschen* spricht. Warum doch läßt man sich den reichsten und harmlosesten Stoff der Unterhaltung entgehen? Warum liest man nicht einmal die großen Meister der psychologischen Sentenz mehr? – denn, ohne jede Übertreibung gesprochen: der Gebildete in Europa, der Larochefoucauld und seine Geistes- und Kunstverwandten gelesen hat, ist selten zu finden; und noch viel seltener der, welcher sie kennt und sie nicht schmäht. Wahrscheinlich wird aber auch dieser ungewöhnliche Leser viel weniger Freude an ihnen haben, als die Form jener Künstler ihm geben sollte; denn selbst der feinste Kopf ist nicht vermögend, die Kunst der Sentenzen-Schleiferei gebührend zu würdigen, wenn er nicht selber zu ihr erzogen ist, in ihr gewetteifert hat. Man nimmt, ohne solche praktische Belehrung, dieses Schaffen und Formen für leichter als es ist, man fühlt das Gelungene und Reizvolle nicht scharf genug heraus. Deshalb haben die jetzigen Leser von Sentenzen ein verhältnismäßig unbedeutendes Vergnügen an ihnen, ja kaum einen Mund voll Annehmlichkeit, so daß es ihnen ebenso geht wie den gewöhnlichen Betrachtern von Kameen: als welche loben, weil sie nicht lieben können und schnell bereit sind zu bewundern, schneller aber noch, fortzulaufen.

36

Einwand. – Oder sollte es gegen jenen Satz, daß die psychologische Beobachtung zu den Reiz-, Heil- und Erleichterungs-Mitteln des Daseins gehöre, eine Gegenrechnung geben? Sollte man sich genug von den unangenehmen Folgen dieser Kunst überzeugt haben, um jetzt mit Absichtlichkeit den Blick der sich Bildenden von ihr abzulenken? In der Tat, ein gewisser blinder Glaube an die Güte der menschlichen Natur, ein eingepflanzter Widerwille vor der Zerlegung menschlicher Handlungen, eine Art Schamhaftigkeit in Hinsicht auf die Nacktheit der Seele mögen wirklich für das gesamte Glück eines Menschen wünschenswertere Dinge sein, als jene in einzelnen Fällen hilfreiche Eigenschaft der psychologischen Scharfsichtigkeit; und vielleicht hat der Glaube an das Gute, an tugendhafte Menschen und Handlungen, an eine Fülle des unpersönlichen Wohlwollens in der Welt die Menschen besser gemacht, insofern er dieselben weniger mißtrauisch machte. Wenn man die Helden Plutarchs mit Begeisterung nachahmt und einen Abscheu davor empfindet, den Motiven ihres Handelns anzweifelnd nachzuspüren, so hat zwar nicht die Wahrheit, aber die Wohlfahrt der menschlichen Gesellschaft ihren Nutzen dabei: der psychologische Irrtum und überhaupt die Dumpfheit auf diesem Gebiete hilft der Menschlichkeit vorwärts, während die Erkenntnis der Wahrheit vielleicht durch die anregende Kraft einer Hypothese mehr gewinnt, wie sie Larochefoucauld der ersten Ausgabe seiner »*Sentences et maximes morales*« vorangestellt hat: »*Ce que le monde nomme vertu n'est d'ordinaire qu'un fantôme formé par nos passions à qui on donne un nom honnête pour faire impunément ce qu'on veut*«. Larochefoucauld und jene anderen französischen Meister der Seelenprüfung (denen sich neuerdings auch ein Deutscher, der Verfasser der »*Psychologischen Beobachtungen*« zugesellt hat) gleichen scharf zielenden Schützen, welche immer und immer wieder ins Schwarze treffen, – aber ins Schwarze der menschlichen Natur. Ihr Geschick erregt Staunen, aber endlich verwünscht ein Zuschauer, der nicht vom Geiste der Wissenschaft, sondern der Menschenfreundlichkeit geleitet wird, eine Kunst, welche den Sinn der Verkleinerung und Verdächtigung in die Seelen der Menschen zu pflanzen scheint.

37

Trotzdem. – Wie es sich nun mit Rechnung und Gegenrechnung verhalte: in dem gegenwärtigen Zustande einer bestimmten einzelnen Wissenschaft ist die Auferweckung der moralischen Beobachtung nötig geworden, und der grausame Anblick des psychologischen Seziertisches und seiner Messer und Zangen kann der Menschheit nicht erspart bleiben. Denn hier gebietet jene Wissenschaft, welche nach Ursprung und Geschichte der sogenannten moralischen Empfindungen fragt und welche im Fortschreiten die verwickelten soziologischen Probleme aufzustellen und zu lösen hat: – die ältere Philosophie kennt die letzteren gar nicht und ist der Untersuchung von Ursprung und Geschichte der moralischen Empfindungen unter dürftigen Ausflüchten immer aus dem Wege gegangen. Mit welchen Folgen: das läßt sich jetzt sehr deutlich überschauen, nachdem an vielen Beispielen nachgewiesen ist, wie die Irrtümer der größten Philosophen gewöhnlich ihren Ausgangspunkt in einer falschen Erklärung bestimmter menschlicher Handlungen und Empfindungen haben, wie auf Grund einer irrtümlichen Analysis, zum Beispiel der sogenannten unegoistischen Handlungen, eine falsche Ethik sich aufbaut, dieser zu Gefallen dann wiederum Religion und mythologisches Unwesen zu Hilfe genommen werden, und endlich die Schatten dieser trüben Geister auch in die Physik und die gesamte Weltbetrachtung hineinfallen. Steht es aber fest, daß die Oberflächlichkeit der psychologischen Beobachtung dem menschlichen Urteilen und Schließen die gefährlichsten Fallstricke gelegt hat und fortwährend von neuem legt, so bedarf es jetzt jener Ausdauer der Arbeit, welche nicht müde wird, Steine auf Steine, Steinchen auf Steinchen zu häufen, so bedarf es der enthaltsamen Tapferkeit, um sich einer solchen bescheidenen Arbeit nicht zu schämen und jeder Mißachtung derselben Trotz zu bieten. Es ist wahr: zahllose einzelne Bemerkungen über Menschliches und Allzumenschliches sind in Kreisen der Gesellschaft zuerst entdeckt und ausgesprochen worden, welche gewohnt waren, nicht der wissenschaftlichen Erkenntnis, sondern einer geistreichen Gefallsucht jede Art von Opfern darzubringen; und fast unlösbar hat sich der Duft jener alten Heimat der moralistischen Sentenz – ein sehr verführerischer Duft – der ganzen Gattung angehängt: so daß seinetwegen der wissenschaftliche Mensch unwillkürlich einiges Mißtrauen gegen diese Gattung und ihre Ernsthaftigkeit merken läßt. Aber es genügt, auf die Folgen zu verweisen: denn schon jetzt beginnt sich zu zeigen, welche Ergebnisse ernsthaftester Art auf dem Boden der psychologischen Beobachtung aufwachsen. Welches ist doch der Hauptsatz, zu dem einer der kühnsten und kältesten Denker, der Verfasser des Buches »Über den Ursprung der moralischen Empfindungen« vermöge seiner ein- und durchschneidenden Analysen des menschlichen Handelns gelangt? »Der moralische Mensch«, sagt er, »steht der intelligiblen (metaphysischen) Welt nicht näher, als der physische Mensch.« Dieser Satz, hart und schneidig geworden unter dem Hammerschlag der historischen Erkenntnis, kann vielleicht einmal, in irgendwelcher Zukunft, als die Axt dienen, welche dem »metaphysischen Bedürfnis« der Menschen an die Wurzel gelegt wird, – ob *mehr* zum Segen als zum Fluche der allgemeinen Wohlfahrt, wer wüßte das zu sagen? – aber jedenfalls als ein Satz der erheblichsten Folgen, fruchtbar und furchtbar zugleich, und mit jenem Doppelgesichte in die Welt sehend, welches alle großen Erkenntnisse haben.

38

Inwiefern nützlich. – Also: ob die psychologische Beobachtung mehr Nutzen oder mehr Nachteil über die Menschen bringe, das bleibe immerhin unentschieden; aber fest steht, daß sie notwendig ist, weil die Wissenschaft ihrer nicht entraten kann. Die Wissenschaft aber kennt keine Rücksichten auf letzte Zwecke, ebensowenig als die Natur sie kennt: sondern wie diese gelegentlich Dinge von der höchsten Zweckmäßigkeit zustande bringt, ohne sie gewollt zu haben, so wird auch die echte Wissenschaft, *als die Nachahmung der Natur in Begriffen,* den Nutzen und die Wohlfahrt der Menschen gelegentlich, ja vielfach fördern und das Zweckmäßige erreichen – aber ebenfalls, *ohne es gewollt zu haben.* Wem es aber bei dem Anhauche einer solchen Betrachtungsart gar zu winterlich zumute wird, der hat vielleicht nur zu wenig Feuer in sich: er möge sich indes umsehen und er wird Krankheiten wahrnehmen, in denen Eisumschläge nottun, und Menschen, welche so aus Glut und Geist »zusammengeknetet« sind, daß sie kaum irgendwo die Luft kalt und schneidend genug für sich finden können. Überdies: wie allzu ernste einzelne und Völker ein Bedürfnis nach Leichtfertigkeiten haben, wie andere allzu Erregbare und Bewegliche zeitweilig schwere niederdrückende Lasten zu ihrer Gesundheit nötig haben: sollten *wir*, die *geistigeren* Menschen eines Zeitalters, welches ersichtlich immer mehr in Brand gerät, nicht nach allen löschenden und kühlenden Mitteln, die es gibt, greifen müssen, damit wir wenigstens so stetig, harmlos und mäßig bleiben, als wir es noch sind, und so vielleicht einmal dazu brauchbar werden, diesem Zeitalter als Spiegel und Selbstbesinnung über sich zu dienen? –

39

Die Fabel von der intelligiblen Freiheit. – Die Geschichte der Empfindungen, vermöge deren wir jemanden verantwortlich machen, also der sogenannten moralischen Empfindungen, verläuft in folgenden Hauptphasen. Zuerst nennt man einzelne Handlungen gut oder böse ohne alle Rücksicht auf deren Motive, sondern allein der nützlichen oder schädlichen Folgen wegen. Bald aber vergißt man die Herkunft dieser Bezeichnungen und wähnt, daß den Handlungen an sich, ohne Rücksicht auf deren Folgen, die Eigenschaft »gut« oder »böse« innewohne: mit demselben Irrtume, nach welchem die Sprache den Stein selber als hart, den Baum selber als grün bezeichnet – also dadurch, daß man, was Wirkung ist, als Ursache faßt. Sodann legt man das Gut- oder Böse-sein in die Motive hinein und betrachtet die Taten an sich als moralisch zweideutig. Man geht weiter und gibt das Prädikat gut oder böse nicht mehr dem einzelnen Motive, sondern dem ganzen Wesen eines Menschen, aus dem das Motiv, wie die Pflanze aus dem Erdreich, herauswächst. So macht man der Reihe nach den Menschen für seine Wirkungen, dann für seine Handlungen, dann für seine Motive und endlich für sein Wesen verantwortlich. Nun entdeckt man schließlich, daß auch dieses Wesen nicht verantwortlich sein kann, insofern es ganz und gar notwendige Folge ist und aus den Elementen und Einflüssen vergangener und gegenwärtiger Dinge konkresziert: also daß der Mensch für nichts verantwortlich zu machen ist, weder für sein Wesen, noch seine Motive, noch seine Handlungen, noch seine Wirkungen. Damit ist man zur Erkenntnis gelangt, daß die Geschichte der moralischen Empfindungen die Geschichte eines Irrtums, des Irrtums von der Verantwortlichkeit ist: als welcher auf dem Irrtum von der Freiheit des Willens ruht. – Schopenhauer schloß dagegen so: weil gewisse Handlungen *Unmut* (»Schuldbewußtsein«) nach sich ziehen, so muß es eine Verantwortlichkeit geben; denn zu diesem Unmut wäre *kein Grund* vorhanden, wenn nicht nur alles Handeln des Menschen mit Notwendigkeit verliefe – wie es tatsächlich, und auch nach der Einsicht dieses Philosophen, verläuft –, sondern der Mensch selber mit derselben Notwendigkeit sein ganzes *Wesen* erlangte – was Schopenhauer leugnet. Aus der Tatsache jenes Unmutes glaubt Schopenhauer eine Freiheit beweisen zu können, welche der Mensch irgendwie gehabt haben müsse, zwar nicht in bezug auf die Handlungen, aber in bezug auf das Wesen: Freiheit also, so oder so zu *sein*, nicht so oder so zu *handeln*. Aus dem *esse*, der Sphäre der Freiheit und Verantwortlichkeit, folgt nach seiner Meinung das *operari*, die Sphäre der strengen Kausalität, Notwendigkeit und Unverantwortlichkeit. Jener Unmut beziehe sich zwar scheinbar auf das *operari* – insofern sei er irrtümlich –, in Wahrheit aber auf das *esse*, welches die Tat eines freien Willens, die Grundursache der Existenz eines Individuums sei: der Mensch werde das, was er werden *wolle*, sein Wollen sei früher als seine Existenz. – Hier wird der Fehlschluß gemacht, daß aus der Tatsache des Unmutes die Berechtigung, die vernünftige *Zulässigkeit* dieses Unmutes geschlossen wird; und von jenem Fehlschluß aus kommt Schopenhauer zu seiner phantastischen Konsequenz der sogenannten intelligiblen Freiheit. Aber der Unmut nach der Tat braucht gar nicht vernünftig zu sein: ja er ist es gewiß nicht, denn er ruht auf der irrtümlichen Voraussetzung, daß die Tat eben *nicht* notwendig hätte erfolgen müssen. Also: weil sich der Mensch für frei *hält*, nicht aber weil er frei ist, empfindet er Reue und Gewissensbisse. – Überdies ist dieser Unmut etwas, das man sich abgewöhnen kann, bei vielen Menschen ist er in bezug auf

Handlungen gar nicht vorhanden, bei welchen viele andere Menschen ihn empfinden. Er ist eine sehr wandelbare, an die Entwicklung der Sitte und Kultur geknüpfte Sache und vielleicht nur in einer verhältnismäßig kurzen Zeit der Weltgeschichte vorhanden. – Niemand ist für seine Taten verantwortlich, niemand für sein Wesen; richten ist soviel als ungerecht sein. Dies gilt auch, wenn das Individuum über sich selbst richtet. Der Satz ist so hell wie Sonnenlicht, und doch geht hier jedermann lieber in den Schatten und die Unwahrheit zurück: aus Furcht vor den Folgen.

40

Das Über-Tier. – Die Bestie in uns will belogen werden; Moral ist Notlüge, damit wir von ihr nicht zerrissen werden. Ohne die Irrtümer, welche in den Annahmen der Moral liegen, wäre der Mensch Tier geblieben. So aber hat er sich als etwas Höheres genommen und sich strengere Gesetze auferlegt. Er hat deshalb einen Haß gegen die der Tierheit näher gebliebenen Stufen: woraus die ehemalige Mißachtung des Sklaven als eines Nicht-Menschen, als einer Sache, zu erklären ist.

41

Der unveränderliche Charakter. – Daß der Charakter unveränderlich sei, ist nicht im strengen Sinne wahr; vielmehr heißt dieser beliebte Satz nur soviel, daß während der kurzen Lebensdauer eines Menschen die einwirkenden Motive nicht tief genug ritzen können, um die aufgeprägten Schriftzüge vieler Jahrtausende zu zerstören. Dächte man sich aber einen Menschen von achtzigtausend Jahren, so hätte man an ihm sogar einen absolut veränderlichen Charakter: so daß eine Fülle verschiedener Individuen sich nach und nach aus ihm entwickelte. Die Kürze des menschlichen Lebens verleitet zu manchen irrtümlichen Behauptungen über die Eigenschaften des Menschen.

42

Die Ordnung der Güter und die Moral. – Die einmal angenommene Rangordnung der Güter, je nachdem ein niedriger, höherer, höchster Egoismus das eine oder das andere will, entscheidet jetzt über das

Moralisch-sein oder Unmoralisch-sein. Ein niedriges Gut (zum Beispiel Sinnengenuß) einem höher geschätzten (zum Beispiel Gesundheit) vorziehen gilt als unmoralisch, ebenso Wohlleben der Freiheit vorziehen. Die Rangordnung der Güter ist aber keine zu allen Zeiten feste und gleiche; wenn jemand Rache der Gerechtigkeit vorzieht, so ist er nach dem Maßstabe einer früheren Kultur moralisch, nach dem der jetzigen unmoralisch. »Unmoralisch« bezeichnet also, daß einer die höheren, feineren, geistigeren Motive, welche die jeweilen neue Kultur hinzugebracht hat, noch nicht oder noch nicht stark genug empfindet: es bezeichnet einen Zurückgebliebenen, aber immer nur dem Gradunterschied nach. – Die Rangordnung der Güter selber wird nicht nach moralischen Gesichtspunkten auf- und umgestellt; wohl aber wird nach ihrer jedesmaligen Festsetzung darüber entschieden, ob eine Handlung moralisch oder unmoralisch sei.

43

Grausame Menschen als zurückgeblieben. – Die Menschen, welche jetzt grausam sind, müssen uns als Stufen *früherer Kulturen* gelten, welche übriggeblieben sind: das Gebirge der Menschheit zeigt hier einmal die tieferen Formationen, welche sonst versteckt liegen, offen. Es sind zurückgebliebene Menschen, deren Gehirn, durch alle möglichen Zufälle im Verlaufe der Vererbung, nicht so zart und vielseitig fortgebildet worden ist. Sie zeigen uns, was wir alle *waren*, und machen uns erschrecken: aber sie selber sind so wenig verantwortlich, wie ein Stück Granit dafür, daß es Granit ist. In unserem Gehirne müssen sich auch Rinnen und Windungen finden, welche jener Gesinnung entsprechen, wie sich in der Form einzelner menschlicher Organe Erinnerungen an Fischzustände finden sollen. Aber diese Rinnen und Windungen sind nicht mehr das Bett, in welchem sich jetzt der Strom unserer Empfindung wälzt.

44

Dankbarkeit und Rache. – Der Grund, weshalb der Mächtige dankbar ist, ist dieser. Sein Wohltäter hat sich durch seine Wohltat an der Sphäre des Mächtigen gleichsam vergriffen und sich in sie eingedrängt: nun vergreift er sich zur Vergeltung wieder an der Sphäre des Wohltäters durch den Akt der Dankbarkeit. Es ist eine mildere Form der Rache. Ohne die Genugtuung der Dankbarkeit zu haben, würde der Mächtige sich unmächtig gezeigt haben und fürderhin dafür gelten. Deshalb stellt jede Gesellschaft der Guten, das heißt ursprünglich der Mächtigen, die Dankbarkeit unter die ersten Pflichten. – Swift hat den Satz hingeworfen, daß Menschen in demselben Verhältnis dankbar sind, wie sie Rache hegen.

45

Doppelte Vorgeschichte von Gut und Böse. – Der Begriff gut und böse hat eine doppelte Vorgeschichte: nämlich *einmal* in der Seele der herrschenden Stämme und Kasten. Wer die Macht zu vergelten hat, Gutes mit Gutem, Böses mit Bösem, und auch wirklich Vergeltung übt, also dankbar und rachsüchtig ist, der wird gut genannt; wer unmächtig ist und nicht vergelten kann, gilt als schlecht. Man gehört als Guter zu den »Guten«, einer Gemeinde, welche Gemeingefühl hat, weil alle einzelnen durch den Sinn der Vergeltung miteinander verflochten sind. Man gehört als Schlechter zu den »Schlechten«, zu einem Haufen unterworfener, ohnmächtiger Menschen, welche kein Gemeingefühl haben. Die Guten sind eine Kaste, die Schlechten eine Masse wie Staub. Gut und schlecht ist eine Zeitlang soviel wie vornehm und niedrig, Herr und Sklave. Dagegen sieht man den Feind nicht als böse an: er kann vergelten. Der Troer und der Grieche sind bei Homer beide gut. Nicht der, welcher uns Schädliches zufügt, sondern der, welcher verächtlich ist, gilt als schlecht. In der Gemeinde der Guten vererbt sich das Gute; es ist unmöglich, daß ein Schlechter aus so gutem Erdreiche hervorwachse. Tut trotzdem einer der Guten etwas, das der Guten unwürdig ist, so verfällt man auf Ausflüchte; man schiebt zum Beispiel einem Gott die Schuld zu, indem man sagt: er habe den Guten mit Verblendung und Wahnsinn geschlagen. – *Sodann* in der Seele der Unterdrückten, Machtlosen. Hier gilt jeder *andere* Mensch als feindlich, rücksichtslos, ausbeutend, grausam, listig, sei er vornehm oder niedrig. Böse ist das Charakterwort für Mensch, ja für jedes lebende Wesen, welches man voraussetzt, zum Beispiel für einen Gott; menschlich, göttlich gilt soviel als teuflisch, böse. Die Zeichen der Güte, Hilfsbereitschaft, Mitleid werden angstvoll als Tücke, Vorspiel eines schrecklichen Ausgangs, Betäubung und Überlistung aufgenommen, kurz als verfeinerte Bosheit. Bei einer solchen Gesinnung des einzelnen kann kaum ein Gemeinwesen entstehen, höchstens die roheste Form desselben: so daß überall, wo diese Auffassung von Gut und Böse herrscht, der Untergang der einzelnen, ihrer Stämme und Rassen nahe ist. – Unsere jetzige Sittlichkeit ist auf dem Boden der *herrschenden* Stämme und Kasten aufgewachsen.

46

Mitleiden stärker als Leiden. – Es gibt Fälle, wo das Mitleiden stärker ist als das eigentliche Leiden. Wir empfinden es zum Beispiel schmerzlicher, wenn einer unserer Freunde sich etwas Schmähliches zuschulden kommen läßt, als wenn wir selbst es tun. Einmal nämlich glauben wir mehr an die Reinheit seines Charakters als er: sodann ist unsere Liebe zu ihm, wahrscheinlich eben dieses Glaubens wegen, stärker als seine Liebe zu sich selbst. Wenn auch wirklich sein Egoismus mehr dabei leidet als unser Egoismus, insofern er die üblen Folgen seines Vergehens stärker zu tragen hat, so wird das Unegoistische in uns – dies Wort ist nie streng zu verstehen, sondern nur eine Erleichterung des Ausdrucks – doch stärker durch seine Schuld betroffen als das Unegoistische in ihm.

47

Hypochondrie. – Es gibt Menschen, welche aus Mitgefühl und Sorge für eine andere Person hypochondrisch werden; die dabei entstehende Art des Mitleidens ist nichts anderes als eine Krankheit. So gibt es auch eine christliche Hypochondrie, welche jene einsamen, religiös bewegten Leute befällt, die sich das Leiden und Sterben Christi fortwährend vor Augen stellen.

48

Ökonomie der Güte. – Die Güte und Liebe als die heilsamsten Kräuter und Kräfte im Verkehre der Menschen sind so kostbare Funde, daß man wohl wünschen möchte, es werde in der Verwendung dieser balsamischen Mittel so ökonomisch wie möglich verfahren: doch ist dies unmöglich. Die Ökonomie der Güte ist der Traum der verwegensten Utopisten.

49

Wohlwollen. – Unter die kleinen, aber zahllos häufigen und deshalb sehr wirkungsvollen Dinge, auf welche die Wissenschaft mehr achtzugeben hat als auf die großen seltenen Dinge, ist auch das Wohlwollen zu rechnen; ich meine jene Äußerungen freundlicher Gesinnung im Verkehr, jenes Lächeln des Auges, jene Händedrücke, jenes Behagen, von welchem für gewöhnlich fast alles menschliche Tun umsponnen ist. Jeder Lehrer, jeder Beamte bringt diese Zutat zu dem, was für ihn Pflicht ist, hinzu; es ist die fortwährende Betätigung der Menschlichkeit, gleichsam die Wellen ihres Lichtes, in denen alles wächst; namentlich im engsten Kreise, innerhalb der Familie, grünt und blüht das Leben nur durch jenes Wohlwollen. Die Gutmütigkeit, die Freundlichkeit, die Höflichkeit des Herzens sind immerquellende Ausflüsse des unegoistischen Triebes und haben viel mächtiger an der Kultur gebaut, als jene viel berühmteren Äußerungen desselben, die man Mitleiden, Barmherzigkeit und Aufopferung nennt. Aber man pflegt sie geringzuschätzen, und in der Tat: es ist nicht gerade viel Unegoistisches daran. Die *Summe* dieser geringen Dosen ist trotzdem gewaltig, ihre gesamte Kraft gehört zu den stärksten Kräften. – Ebenso findet man viel mehr Glück in der Welt, als trübe Augen sehen: wenn man nämlich richtig rechnet und nur alle jene Momente des Behagens, an welchen jeder Tag in jedem, auch dem bedrängtesten Menschenleben reich ist, nicht vergißt.

50

Mitleiden erregen wollen. – Larochefoucauld trifft in der bemerkenswertesten Stelle seines Selbst-Porträts (zuerst gedruckt 1658) gewiß das Rechte, wenn er alle die, welche Vernunft haben, vor dem Mitleiden warnt, wenn er rät, dasselbe den Leuten aus dem Volke zu überlassen, die der Leidenschaften bedürfen (weil sie nicht durch Vernunft bestimmt werden), um soweit gebracht zu werden, dem Leidenden zu helfen und bei einem Unglück kräftig einzugreifen; während das Mitleiden, nach seinem (und Platos) Urteil, die Seele entkräfte. Freilich solle man Mitleid *bezeugen*, aber sich hüten, es zu haben: denn die Unglücklichen seien nun einmal so *dumm*, daß bei ihnen das Bezeugen von Mitleid das größte Gut von der Welt ausmache. – Vielleicht kann man noch stärker vor diesem Mitleidhaben warnen, wenn man jenes Bedürfnis der Unglücklichen nicht gerade als Dummheit und intellektuellen Mangel, als eine Art Geistesstörung faßt, welche das Unglück mit sich bringt (und so scheint es ja Larochefoucauld zu fassen), sondern als etwas ganz anderes und Bedenklicheres versteht. Vielmehr beobachte man Kinder, welche weinen und schreien, *damit* sie bemitleidet werden, und deshalb den Augenblick abwarten, wo ihr Zustand in die Augen fallen kann; man lebe im Verkehr mit Kranken und geistig Gedrückten und frage sich, ob nicht das beredte Klagen und Wimmern, das Zur-Schau-Tragen des Unglücks im Grunde das Ziel verfolgt, den Anwesenden *wehzutun*: das Mitleiden, welches jene dann äußern, ist insofern eine Tröstung für die Schwachen und Leidenden, als sie daran erkennen, doch wenigstens noch Eine *Macht zu haben*, trotz aller ihrer Schwäche: die *Macht, wehzutun*. Der Unglückliche gewinnt eine Art von Lust in diesem Gefühl der Überlegenheit, welches das Bezeugen des Mitleids ihm zum Bewußtsein bringt; seine Einbildung erhebt sich, er ist immer noch wichtig genug, um der Welt Schmerzen zu machen. Somit ist der Durst nach Mitleid ein Durst nach Selbstgenuß, und zwar auf Unkosten der Mitmenschen; es zeigt den Menschen in der ganzen Rücksichtslosigkeit seines eigensten lieben Selbst: nicht aber gerade in seiner »Dummheit«, wie Larochefoucauld meint. – Im Zwiegespräche der Gesellschaft werden Dreiviertel aller Fragen gestellt, aller Antworten gegeben, um dem Unterredner ein klein wenig wehzutun; deshalb dürsten viele Menschen so nach Gesellschaft: sie gibt ihnen das Gefühl ihrer Kraft. In solchen unzähligen aber sehr kleinen Dosen, in welchen die Bosheit sich geltend macht, ist sie ein mächtiges Reizmittel des Lebens: ebenso wie das Wohlwollen, in gleicher Form durch die Menschenwelt hin verbreitet, das allezeit bereite Heilmittel ist. – Aber wird es viele Ehrliche geben, welche zugestehen, daß es Vergnügen macht, wehzutun? daß man sich nicht selten damit unterhält – und gut unterhält –, anderen Menschen wenigstens in Gedanken Kränkungen zuzufügen und die Schrotkörner der kleinen Bosheit nach ihnen zu schießen? Die meisten sind zu unehrlich und ein paar Menschen sind zu gut, um von diesem *pudendum* etwas zu wissen; diese mögen somit immerhin leugnen, daß Prosper Mérimée recht habe, wenn er sagt: »*Sachez aussi qu'il n'y a rien de plus commun que de faire le mal pour le plaisir de le faire.*«

51

Wie der Schein zum Sein wird. – Der Schauspieler kann zuletzt auch beim tiefsten Schmerz nicht aufhören, an den Eindruck seiner Person und den gesamten szenischen Effekt zu denken, zum Beispiel selbst beim Begräbnis seines Kindes; er wird über seinen eigenen Schmerz und dessen Äußerungen weinen, als sein eigener Zuschauer. Der Heuchler, welcher immer ein und dieselbe Rolle spielt, hört zuletzt auf, Heuchler zu sein; zum Beispiel Priester, welche als junge Männer gewöhnlich bewußt oder unbewußt Heuchler sind, werden zuletzt natürlich und sind dann wirklich, ohne alle Affektation, eben Priester; oder wenn es der Vater nicht soweit bringt, dann vielleicht der Sohn, der des Vaters Vorsprung benutzt, seine Gewöhnung erbt. Wenn einer sehr lange und hartnäckig etwas *scheinen* will, so wird es ihm zuletzt schwer, etwas anderes zu *sein*. Der Beruf fast jedes Menschen, sogar des Künstlers, beginnt mit Heuchelei, mit einem Nachmachen von außen her, mit einem Kopieren des Wirkungsvollen. Der, welcher immer die Maske freundlicher Mienen trägt, muß zuletzt eine Gewalt über wohlwollende Stimmungen bekommen, ohne welche der Ausdruck der Freundlichkeit nicht zu erzwingen ist, – und zuletzt wieder bekommen diese über ihn Gewalt, er *ist* wohlwollend.

52

Der Punkt der Ehrlichkeit beim Betruge. – Bei allen großen Betrügern ist ein Vorgang bemerkenswert, dem sie ihre Macht verdanken. Im eigentlichen Akte des Betrugs, unter all den Vorbereitungen, dem Schauerlichen in Stimme, Ausdruck, Gebärden, inmitten der wirkungsvollen Szenerie überkommt sie der *Glaube an sich selbst*: dieser ist es, der dann so wundergleich und bezwingend zu den Umgebenden spricht. Die Religionsstifter unterscheiden sich dadurch von jenen großen Betrügern, daß sie aus diesem Zustande der Selbsttäuschung nicht herauskommen: oder sie haben ganz selten einmal jene helleren

Momente, wo der Zweifel sie überwältigt; gewöhnlich trösten sie sich aber, diese helleren Momente dem bösen Widersacher zuschiebend. Selbstbetrug muß da sein, damit diese und jene großartig *wirken*. Denn die Menschen glauben an die Wahrheit dessen, was ersichtlich stark geglaubt wird.

53

Angebliche Stufen der Wahrheit. – Einer der gewöhnlichen Fehlschlüsse ist der: weil jemand wahr und aufrichtig gegen uns ist, so sagt er die Wahrheit. So glaubt das Kind an die Urteile der Eltern, der Christ an die Behauptungen des Stifters der Kirche. Ebenso will man nicht zugeben, daß alles jenes, was die Menschen mit Opfern an Glück und Leben in früheren Jahrhunderten verteidigt haben, nichts als Irrtümer waren: vielleicht sagt man, es seien Stufen der Wahrheit gewesen. Aber im Grunde meint man, wenn jemand ehrlich an etwas geglaubt und für seinen Glauben gekämpft hat und gestorben ist, wäre es doch gar zu *unbillig*, wenn eigentlich nur ein Irrtum ihn beseelt habe. So ein Vorgang scheint der ewigen Gerechtigkeit zu widersprechen; deshalb dekretiert das Herz empfindender Menschen immer wieder gegen ihren Kopf den Satz: zwischen moralischen Handlungen und intellektuellen Einsichten muß durchaus ein notwendiges Band sein. Es ist leider anders; denn es gibt keine ewige Gerechtigkeit.

54

Die Lüge. – Weshalb sagen zu allermeist die Menschen im alltäglichen Leben die Wahrheit? – Gewiß nicht, weil ein Gott das Lügen verboten hat. Sondern erstens: weil es bequemer ist; denn die Lüge erfordert Erfindung, Verstellung und Gedächtnis. (Weshalb Swift sagt: wer eine Lüge berichtet, merkt selten die schwere Last, die er übernimmt; er muß nämlich, um eine Lüge zu behaupten, zwanzig andere erfinden.) Sodann: weil es in schlichten Verhältnissen vorteilhaft ist, direkt zu sagen: ich will dies, ich habe dies getan, und dergleichen; also weil der Weg des Zwangs und der Autorität sicherer ist als der der List. – Ist aber einmal ein Kind in verwickelten häuslichen Verhältnissen aufgezogen worden, so handhabt es ebenso natürlich die Lüge und sagt unwillkürlich immer das, was seinem Interesse entspricht; ein Sinn für Wahrheit, ein Widerwille gegen die Lüge an sich ist ihm ganz fremd und unzugänglich, und so lügt es in aller Unschuld.

55

Des Glaubens wegen die Moral verdächtigen. – Keine Macht läßt sich behaupten, wenn lauter Heuchler sie vertreten; die katholische Kirche mag noch so viele »weltliche« Elemente besitzen, ihre Kraft beruht auf jenen auch jetzt noch zahlreichen priesterlichen Naturen, welche sich das Leben schwer und bedeutungstief machen, und deren Blick und abgehärmter Leib von Nachtwachen, Hungern, glühendem Gebete, vielleicht selbst von Geißelhieben redet; diese erschüttern die Menschen und machen ihnen Angst: wie, wenn es *nötig* wäre, so zu leben? – dies ist die schauderhafte Frage, welche ihr Anblick auf die Zunge legt. Indem sie diesen Zweifel verbreiten, gründen sie immer von neuem wieder einen Pfeiler ihrer Macht; selbst die Freigesinnten wagen es nicht, dem derartig Selbstlosen mit hartem Wahrheitssinn zu widerstehen und zu sagen: »Betrogner du, betrüge nicht!« – Nur die Differenz der Einsichten trennt sie von ihm, durchaus keine Differenz der Güte oder Schlechtigkeit; aber was man nicht mag, pflegt man gewöhnlich auch ungerecht zu behandeln. So spricht man von der Schlauheit und der verruchten Kunst der Jesuiten, aber übersieht, welche Selbstüberwindung jeder einzelne Jesuit sich auferlegt und wie die erleichterte Lebenspraxis, welche die jesuitischen Lehrbücher predigen, durchaus nicht ihnen, sondern dem Laienstande zugute kommen soll. Ja man darf fragen, ob wir Aufgeklärten bei ganz gleicher Taktik und Organisation ebenso gute Werkzeuge, ebenso bewunderungswürdig durch Selbstbesiegung, Unermüdlichkeit, Hingebung sein würden.

56

Sieg der Erkenntnis über das radikale Böse. – Es trägt dem, der weise werden will, einen reichlichen Gewinn ein, eine Zeitlang einmal die Vorstellung vom gründlich bösen und verderbten Menschen gehabt zu haben: sie ist falsch, wie die entgegengesetzte; aber ganze Zeitstrecken hindurch besaß sie die Herrschaft, und ihre Wurzeln haben sich bis in uns und unsere Welt hinein verästet. Um *uns* zu begreifen, müssen wir *sie* begreifen; um aber dann höher zu steigen, müssen wir über sie hinwegsteigen. Wir erkennen dann, daß es keine Sünden im metaphysischen Sinne gibt; aber, im gleichen Sinne, auch keine Tugenden; daß dieses ganze Bereich sittlicher Vorstellungen fortwährend im Schwanken ist, daß es höhere und tiefere Begriffe von Gut und Böse, Sittlich und Unsittlich gibt. Wer nicht viel mehr von den Dingen begehrt, als Erkenntnis derselben, kommt leicht mit seiner Seele zur Ruhe und wird höchstens aus Unwissenheit, aber schwerlich aus Begehrlichkeit fehlgreifen (oder sündigen, wie die Welt es heißt). Er wird die Begierden nicht mehr verketzern und ausrotten wollen; aber sein einziges ihn völlig beherrschendes Ziel, zu aller Zeit so gut wie möglich zu *erkennen*, wird ihn kühl machen und alle Wildheit in seiner Anlage besänftigen. Überdies ist er eine Menge quälender Vorstellungen losgeworden, er empfindet nichts mehr bei dem Worte Höllenstrafen, Sündhaftigkeit, Unfähigkeit zum Guten: er erkennt darin nur die verschwebenden Schattenbilder falscher Welt- und Lebensbetrachtungen.

57

Moral als Selbstzerteilung des Menschen. – Ein guter Autor, der wirklich das Herz für seine Sache hat, wünscht, daß jemand komme und ihn selber dadurch vernichte, daß er dieselbe Sache deutlicher darstelle und die in ihr enthaltenen Fragen ohne Rest beantworte. Das liebende Mädchen wünscht, daß sie die hingebende Treue ihrer Liebe an der Untreue des Geliebten bewähren könne. Der Soldat wünscht, daß er für sein siegreiches Vaterland auf dem Schlachtfeld falle: denn in dem Siege seines Vaterlandes siegt sein höchstes Wünschen mit. Die Mutter gibt dem Kinde, was sie sich selber entzieht, Schlaf, die beste Speise, unter Umständen ihre Gesundheit, ihr Vermögen. – Sind dies alles aber unegoistische Zustände? Sind diese Taten der Moralität *Wunder*, weil sie, nach dem Ausdrucke Schopenhauers, »unmöglich und doch wirklich« sind? Ist es nicht deutlich, daß in all diesen Fällen der Mensch *etwas von sich*, einen Gedanken, ein Verlangen, ein Erzeugnis mehr liebt als *etwas anderes von sich*, daß er also sein Wesen *zerteilt* und dem einen Teil den anderen zum Opfer bringt? Ist es etwas *wesentlich* Verschiedenes, wenn ein Trotzkopf sagt: »Ich will lieber über den Haufen geschossen werden, als diesem Menschen da einen Schritt aus dem Wege gehn?« – Die *Neigung zu etwas* (Wunsch, Trieb, Verlangen) ist in allen genannten Fällen vorhanden; ihr nachzugeben, mit allen Folgen, ist jedenfalls nicht »unegoistisch«. – In der Moral behandelt sich der Mensch nicht als *individuum*, sondern als *dividuum*.

58

Was man versprechen kann. – Man kann Handlungen versprechen, aber keine Empfindungen; denn diese sind unwillkürlich. Wer jemandem verspricht, ihn immer zu lieben oder immer zu hassen oder ihm immer treu zu sein, verspricht etwas, das nicht in seiner Macht steht; wohl aber kann er solche Handlungen versprechen, welche zwar gewöhnlich die Folgen der Liebe, des Hasses, der Treue sind, aber auch aus anderen Motiven entspringen können: denn zu einer Handlung führen mehrere Wege und Motive. Das Versprechen, jemanden immer zu lieben, heißt also: so lange ich dich liebe, werde ich dir die Handlungen der Liebe erweisen; liebe ich dich nicht mehr, so wirst du noch dieselben Handlungen, wenn auch aus anderen Motiven, immerfort von mir empfangen: so daß der Schein in den Köpfen der Mitmenschen bestehen bleibt, daß die Liebe unverändert und immer noch dieselbe sei. – Man verspricht also die Andauer des Ancheines der Liebe, wenn man ohne Selbstverblendung jemandem immerwährende Liebe gelobt.

59

Intellekt und Moral. – Man muß ein gutes Gedächtnis haben, um gegebene Versprechen halten zu können. Man muß eine starke Kraft der Einbildung haben, um Mitleid haben zu können. So eng ist die Moral an die Güte des Intellekts gebunden.

60

Sich rächen wollen und sich rächen. – Einen Rachegedanken haben und ausführen heißt einen heftigen Fieberanfall bekommen, der aber vorübergeht: einen Rachegedanken aber haben, ohne Kraft und Mut ihn auszuführen, heißt ein chronisches Leiden, eine Vergiftung an Leib und Seele mit sich herumtragen. Die Moral, welche nur auf die Absichten sieht, taxiert beide Fälle gleich; für gewöhnlich taxiert man den ersten Fall als den schlimmeren (wegen der bösen Folgen, welche die Tat der Rache vielleicht nach sich zieht). Beide Schätzungen sind kurzsichtig.

61

Warten-können. – Das Warten-können ist so schwer, daß die größten Dichter es nicht verschmäht haben, das Nicht-warten-Können zum Motiv ihrer Dichtungen zu machen. So Shakespeare im Othello, Sophokles im Ajax: dessen Selbstmord ihm, wenn er nur einen Tag noch seine Empfindung hätte abkühlen lassen, nicht mehr nötig geschienen hätte, wie der Orakelspruch andeutet; wahrscheinlich würde er den schrecklichen Einflüsterungen der verletzten Eitelkeit ein Schnippchen geschlagen und zu sich gesprochen haben: wer hat denn nicht schon, in meinem Falle, ein Schaf für einen Helden angesehen? ist es denn so etwas Ungeheures? Im Gegenteil, es ist nur etwas allgemein Menschliches: Ajax durfte sich dergestalt Trost zusprechen. Die Leidenschaft will nicht warten; das Tragische im Leben großer Männer liegt häufig nicht in ihrem Konflikte mit der Zeit und der Niedrigkeit ihrer Mitmenschen, sondern in ihrer Unfähigkeit, ein Jahr, zwei Jahre ihr Werk zu verschieben; sie können nicht warten. – Bei allen Duellen haben die zuratenden Freunde das eine festzustellen, ob die beteiligten Personen noch warten können: ist dies nicht der Fall, so ist ein Duell vernünftig, insofern jeder von beiden sich sagt: »entweder lebe ich weiter, dann muß jener augenblicklich sterben, oder umgekehrt.« Warten hieße in solchem Falle an jener furchtbaren Marter der verletzten Ehre angesichts ihres Verletzers noch länger leiden; und dies kann eben mehr Leiden sein, als das Leben überhaupt wert ist.

62

Schwelgerei der Rache. – Grobe Menschen, welche sich beleidigt fühlen, pflegen den Grad der Beleidigung so hoch als möglich zu nehmen und erzählen die Ursache mit stark übertreibenden Worten, um nur in dem einmal erweckten Haß- und Rachegefühl sich recht auszuschwelgen zu können.

63

Wert der Verkleinerung. – Nicht wenige, vielleicht die allermeisten Menschen haben, um ihre Selbstachtung und eine gewisse Tüchtigkeit im Handeln bei sich aufrecht zu erhalten, durchaus nötig, alle ihnen bekannten Menschen in ihrer Vorstellung herabzusetzen und zu verkleinern. Da aber die geringen Naturen in der Überzahl sind und es sehr viel daran liegt, ob sie jene Tüchtigkeit haben oder verlieren, so –

64

Der Aufbrausende. – Vor einem, der gegen uns aufbraust, soll man sich in acht nehmen wie vor einem, der uns einmal nach dem Leben getrachtet hat: denn *daß* wir noch leben, das liegt in der Abwesenheit der Macht zu töten; genügten Blicke, so wäre es längst um uns geschehen. Es ist ein Stück roher Kultur, durch Sichtbarwerdenlassen der physischen Wildheit, durch Furchterregen jemanden zum Schweigen zu bringen. – Ebenso ist jener kalte Blick, welchen Vornehme gegen ihre Bedienten haben, ein Überrest jener kastenmäßigen Abgrenzungen zwischen Mensch und Mensch, ein Stück rohen Altertums; die Frauen, die Bewahrerinnen des Alten, haben auch dies *survival* treuer bewahrt.

65

Wohin die Ehrlichkeit führen kann. – Jemand hatte die üble Angewohnheit, sich über die Motive, aus denen er handelte und die so gut und so schlecht waren wie die Motive aller Menschen, gelegentlich ganz ehrlich auszusprechen. Er erregte erst Anstoß, dann Verdacht, wurde allmählich geradezu verfehmt und in die Acht der Gesellschaft erklärt, bis endlich die Justiz sich eines so verworfenen Wesens erinnerte, bei Gelegenheiten, wo sie sonst kein Auge hatte, oder dasselbe zudrückte. Der Mangel an Schweigsamkeit über das allgemeine Geheimnis und der unverantwortliche Hang zu sehen, was keiner sehen will – sich selber –, brachten ihn zu Gefängnis und frühzeitigem Tod.

66

Sträflich, nie gestraft. – Unser Verbrechen gegen Verbrecher besteht darin, daß wir sie wie Schufte behandeln.

67

Sancta simplicitas der Tugend. – Jede Tugend hat Vorrechte: zum Beispiel dies, zu dem Scheiterhaufen eines Verurteilten ihr eigenes Bündchen Holz zu liefern.

68

Moralität und Erfolg. – Nicht nur die Zuschauer einer Tat bemessen häufig das Moralische oder Unmoralische an derselben nach dem Erfolge: nein, der Täter selbst tut dies. Denn die Motive und Absichten sind selten deutlich und einfach genug, und mitunter scheint selbst das Gedächtnis durch den Erfolg der Tat getrübt, so daß man seiner Tat selber falsche Motive unterschiebt oder die unwesentlichen Motive als wesentliche behandelt. Der Erfolg gibt oft einer Tat den vollen ehrlichen Glanz des guten Gewissens, ein Mißerfolg legt den Schatten von Gewissensbissen über die achtungswürdigste Handlung. Daraus ergibt sich die bekannte Praxis des Politikers, welcher denkt: »gebt mir nur den Erfolg: mit ihm habe ich auch alle ehrlichen Seelen auf meine Seite gebracht – und mich vor mir selber ehrlich gemacht.« – Auf ähnliche Weise soll der Erfolg die bessere Begründung ersetzen. Noch jetzt meinen viele Gebildete, der Sieg des Christentums über die griechische Philosophie sei ein Beweis für die größere Wahrheit des ersteren – obwohl in diesem Falle nur das Gröbere und Gewaltsamere über das Geistigere und Zarte gesiegt hat. Wie es mit der größeren Wahrheit steht, ist daraus zu ersehen, daß die erwachenden Wissenschaften Punkt um Punkt an Epikurs Philosophie angeknüpft, das Christentum aber Punkt um Punkt zurückgewiesen haben.

69

Liebe und Gerechtigkeit. – Warum überschätzt man die Liebe zu ungunsten der Gerechtigkeit und sagt die schönsten Dinge von ihr, als ob sie ein viel höheres Wesen als jene sei? Ist sie denn nicht ersichtlich dümmer als jene? – Gewiß, aber gerade deshalb um so viel *angenehmer* für alle. Sie ist dumm und besitzt ein reiches Füllhorn; aus ihm teilt sie ihre Gaben aus, an jedermann, auch wenn er sie nicht verdient, ja ihr nicht einmal dafür dankt. Sie ist unparteiisch wie der Regen, welcher, nach der Bibel und der Erfahrung, nicht nur den Ungerechten, sondern unter Umständen auch den Gerechten bis auf die Haut naß macht.

70

Hinrichtung. – Wie kommt es, daß jede Hinrichtung uns mehr beleidigt als ein Mord? Es ist die Kälte der Richter, die peinliche Vorbereitung, die Einsicht, daß hier ein Mensch als Mittel benutzt wird, um andre abzuschrecken. Denn die Schuld wird nicht bestraft, selbst wenn es eine gäbe: diese liegt in Erziehern, Eltern, Umgebungen, in uns, nicht im Mörder – ich meine die veranlassenden Umstände.

71

Die Hoffnung. – Pandora brachte das Faß mit den Übeln und öffnete es. Es war das Geschenk der Götter an die Menschen, von außen ein schönes verführerisches Geschenk und »Glücksfaß« zubenannt. Da flogen all die Übel, lebendige beschwingte Wesen heraus: von da an schweifen sie nun herum und tun den Menschen Schaden bei Tag und Nacht. Ein einziges Übel war noch nicht aus dem Faß herausgeschlüpft: da schlug Pandora nach Zeus' Willen den Deckel zu, und so blieb es darin. Für immer hat der Mensch nun das Glücksfaß im Hause und meint Wunder, was für einen Schatz er in ihm habe; es steht ihm zu Diensten, er greift danach, wenn es ihn gelüstet; denn er weiß nicht, daß jenes Faß, welches Pandora brachte, das Faß der Übel war, und hält das zurückgebliebene Übel für das größte Glücksgut – es ist die Hoffnung. – Zeus wollte nämlich, daß der Mensch, auch noch so sehr durch die anderen Übel gequält, doch das Leben nicht wegwerfe, sondern fortfahre, sich immer von neuem quälen zu lassen. Dazu gibt er dem Menschen die Hoffnung: sie ist in Wahrheit das übelste der Übel, weil sie die Qual der Menschen verlängert.

72

Grad der moralischen Erhitzbarkeit unbekannt. — Davon, daß man gewisse erschütternde Anblicke und Eindrücke gehabt oder nicht gehabt hat, zum Beispiel eines unrecht gerichteten, getöteten oder gemarterten Vaters, einer untreuen Frau, eines grausamen feindlichen Überfalls, hängt es ab, ob unsere Leidenschaften zur Glühhitze kommen und das ganze Leben lenken oder nicht. Keiner weiß, wozu ihn die Umstände, das Mitleid, die Entrüstung treiben können, er kennt den Grad seiner Erhitzbarkeit nicht. Erbärmliche kleine Verhältnisse machen erbärmlich; es ist gewöhnlich nicht die Qualität der Erlebnisse, sondern ihre Quantität, von welcher der niedere und höhere Mensch abhängt, im Guten und Bösen.

73

Der Märtyrer wider Willen. — In einer Partei gab es einen Menschen, der zu ängstlich und feige war, um je seinen Kameraden zu widersprechen: man brauchte ihn zu jedem Dienst, man erlangte von ihm alles, weil er sich vor der schlechten Meinung bei seinen Gesellen mehr als vor dem Tode fürchtete; es war eine erbärmliche schwache Seele. Sie erkannten dies und machten auf Grund der erwähnten Eigenschaften aus ihm einen Heros und zuletzt gar einen Märtyrer. Obwohl der feige Mensch innerlich immer Nein sagte, sprach er mit den Lippen immer Ja, selbst noch auf dem Schafott, als er für die Ansichten seiner Partei starb: neben ihm stand nämlich einer seiner alten Genossen, der ihn durch Wort und Blick so tyrannisierte, daß er wirklich auf die anständigste Weise den Tod erlitt und seitdem als Märtyrer und großer Charakter gefeiert wird.

74

Alltags-Maßstab. — Man wird selten irren, wenn man extreme Handlungen auf Eitelkeit, mittelmäßige auf Gewöhnung und kleinliche auf Furcht zurückführt.

75

Mißverständnis über die Tugend. — Wer die Untugend in Verbindung mit der Lust kennengelernt hat, wie der, welcher eine genußsüchtige Jugend hinter sich hat, bildet sich ein, daß die Tugend mit der Unlust verbunden sein müsse. Wer dagegen von seinen Leidenschaften und Lastern sehr geplagt worden ist, ersehnt in der Tugend die Ruhe und das Glück der Seele. Daher ist es möglich, daß zwei Tugendhafte einander gar nicht verstehen.

76

Der Asket. – Der Asket macht aus der Tugend eine Not.

77

Die Ehre von der Person auf die Sache übertragen. – Man ehrt allgemein die Handlungen der Liebe und Aufopferung zugunsten des Nächsten, wo sie sich auch immer zeigen. Dadurch vermehrt man die *Schätzung der Dinge*, welche in jener Art geliebt werden oder für welche man sich aufopfert: obwohl sie vielleicht an sich nicht viel wert sind. Ein tapferes Heer überzeugt von der Sache, für welche es kämpft.

78

Ehrgeiz ein Surrogat des moralischen Gefühls. – Das moralische Gefühl darf in solchen Naturen nicht fehlen, welche keinen Ehrgeiz haben. Die Ehrgeizigen behelfen sich auch ohne dasselbe, mit fast gleichem Erfolge. – Deshalb werden Söhne aus bescheidenen, dem Ehrgeiz abgewandten Familien, wenn sie einmal das moralische Gefühl verlieren, gewöhnlich in schneller Steigerung zu vollkommenen Lumpen.

79

Eitelkeit bereichert. – Wie arm wäre der menschliche Geist ohne die Eitelkeit! So aber gleicht er einem wohlgefüllten und immer neu sich füllenden Warenmagazin, welches Käufer jeder Art anlockt: alles fast können sie finden, alles haben, vorausgesetzt daß sie die gültige Münzsorte (Bewunderung) mit sich bringen.

80

Greis und Tod. – Abgesehen von den Forderungen, welche die Religion stellt, darf man wohl fragen: warum sollte es für einen altgewordenen Mann, welcher die Abnahme seiner Kräfte spürt, rühmlicher sein, seine langsame Erschöpfung und Auflösung abzuwarten, als sich mit vollem Bewußtsein ein Ziel zu setzen? Die Selbsttötung ist in diesem Falle eine ganz natürliche naheliegende Handlung, welche als ein Sieg der Vernunft billigerweise Ehrfurcht erwecken sollte: und auch erweckt hat, in jenen Zeiten, als die Häupter der griechischen Philosophie und die wackersten römischen Patrioten durch Selbsttötung zu sterben pflegten. Die Sucht dagegen, sich mit ängstlicher Beratung von Ärzten und peinlichster Lebensart von Tag zu Tage fortzufristen, ohne Kraft, dem eigentlichen Lebensziel noch näher zu kommen, ist viel weniger achtbar. – Die Religionen sind reich an Ausflüchten vor der Forderung der Selbsttötung: dadurch schmeicheln sie sich bei denen ein, welche in das Leben verliebt sind.

81

Irrtümer des Leidenden und des Täters. – Wenn der Reiche dem Armen ein Besitztum nimmt (zum Beispiel ein Fürst dem Plebejer die Geliebte), so entsteht in dem Armen ein Irrtum; er meint, jener müsse ganz verrucht sein, um ihm das wenige, was er habe, zu nehmen. Aber jener empfindet den Wert eines *einzelnen* Besitztums gar nicht so tief, weil er gewöhnt ist, viele zu haben: so kann er sich nicht in die Seele des Armen versetzen und tut lange nicht so sehr unrecht, als dieser glaubt. Beide haben voneinander eine falsche Vorstellung. Das Unrecht des Mächtigen, welches am meisten in der Geschichte empört, ist lange nicht so groß, wie es scheint. Schon die angeerbte Empfindung, ein höheres Wesen mit höheren Ansprüchen zu sein, macht ziemlich kalt und läßt das Gewissen ruhig: wir alle sogar empfinden, wenn der Unterschied zwischen uns und einem anderen Wesen sehr groß ist, gar nichts mehr von Unrecht und töten eine Mücke zum Beispiel ohne jeden Gewissensbiß. So ist es kein Zeichen von Schlechtigkeit bei Xerxes (den selbst alle Griechen als hervorragend edel schildern), wenn er dem Vater seinen Sohn nimmt und ihn zerstückeln läßt, weil dieser ein ängstliches, ominöses Mißtrauen gegen den ganzen Heerzug geäußert hatte: der einzelne wird in diesem Falle wie ein unangenehmes Insekt beseitigt: er steht zu niedrig, um länger quälende Empfindungen bei einem Weltherrscher erregen zu dürfen. Ja, jeder Grausame ist nicht in *dem* Maße grausam, als es der Mißhandelte glaubt; die Vorstellung des Schmerzes ist nicht dasselbe wie das Leiden desselben. Ebenso steht es mit dem ungerechten Richter, mit dem Journalisten, welcher mit kleinen Unredlichkeiten die öffentliche Meinung irreführt. Ursache und Wirkung sind in allen diesen Fällen von ganz verschiedenen Empfindungs- und Gedankengruppen umgeben; während man unwillkürlich voraussetzt, daß Täter und Leidender gleich denken und empfinden, und gemäß dieser Voraussetzung die Schuld des einen nach dem Schmerz des andern mißt.

82

Haut der Seele. – Wie die Knochen, Fleischstücke, Eingeweide und Blutgefäße mit einer Haut umschlossen sind, die den Anblick des Menschen erträglich macht, so werden die Regungen und Leidenschaften der Seele durch die Eitelkeit umhüllt: sie ist die Haut der Seele.

83

Schlaf der Tugend. – Wenn die Tugend geschlafen hat, wird sie frischer aufstehen.

84

Feinheit der Scham. – Die Menschen schämen sich nicht, etwas Schmutziges zu denken, aber wohl, wenn sie sich vorstellen, daß man ihnen diese schmutzigen Gedanken zutraue.

85

Bosheit ist selten. – Die meisten Menschen sind viel zu sehr mit sich beschäftigt, um boshaft zu sein.

86

Das Zünglein an der Waage. – Man lobt oder tadelt, je nachdem das eine oder das andre mehr Gelegenheit gibt, unsere Urteilskraft leuchten zu lassen.

87

Lukas 18,14 verbessert. – Wer sich selbst erniedrigt, will erhöhet werden.

88

Verhinderung des Selbstmordes. – Es gibt ein Recht, wonach wir einem Menschen das Leben nehmen, aber keines, wonach wir ihm das Sterben nehmen: dies ist nur Grausamkeit.

89

Eitelkeit. – Uns liegt an der guten Meinung der Menschen, einmal weil sie uns nützlich ist, sodann weil wir ihnen Freude machen wollen (Kinder den Eltern, Schüler den Lehrern und wohlwollende Menschen überhaupt allen übrigen Menschen). Nur wo jemandem die gute Meinung der Menschen wichtig ist, abgesehen vom Vorteil oder von seinem Wunsche, Freude zu machen, reden wir von Eitelkeit. In diesem Falle will sich der Mensch selber eine Freude machen, aber auf Unkosten seiner Mitmenschen, indem er diese entweder zu einer falschen Meinung über sich verführt oder es gar auf einen Grad der »guten Meinung« absieht, wo diese allen anderen peinlich werden muß (durch Erregung von Neid). Der einzelne will gewöhnlich durch die Meinung anderer die Meinung, die er von sich hat, beglaubigen und vor sich selber bekräftigen; aber die mächtige Gewöhnung an Autorität – eine Gewöhnung, die so alt als der Mensch ist – bringt viele auch dazu, ihren eigenen Glauben an sich auf Autorität zu stützen, also erst aus der Hand anderer anzunehmen: sie trauen der Urteilskraft anderer mehr als der eigenen. – Das Interesse an sich selbst, der Wunsch, sich zu vergnügen, erreicht bei dem Eitlen eine solche Höhe, daß er die anderen zu einer falschen, allzu hohen Taxation seiner selbst verführt und dann doch sich an die Autorität der anderen hält: also den Irrtum herbeiführt und doch ihm Glauben schenkt. – Man muß sich also eingestehen, daß die eitlen Menschen nicht sowohl anderen gefallen wollen als sich selbst, und daß sie so weit gehen, ihren Vorteil dabei zu vernachlässigen; denn es liegt ihnen oft daran, ihre Mitmenschen ungünstig, feindlich, neidisch, also schädlich gegen sich zu stimmen, nur um die Freude an sich selber, den Selbstgenuß, zu haben.

90

Grenze der Menschenliebe. – Jeder, welcher sich dafür erklärt hat, daß der andere ein Dummkopf, ein schlechter Geselle sei, ärgert sich, wenn jener schließlich zeigt, daß er es nicht ist.

91

Moralité larmoyante. – Wieviel Vergnügen macht die Moralität! Man denke nur, was für ein Meer angenehmer Tränen schon bei Erzählungen edler, großmütiger Handlungen geflossen ist! – Dieser Reiz des Lebens würde schwinden, wenn der Glaube an die völlige Unverantwortlichkeit überhandnähme.

92

Ursprung der Gerechtigkeit. – Die Gerechtigkeit (Billigkeit) nimmt ihren Ursprung unter ungefähr *gleich Mächtigen*, wie dies Thukydides (in dem furchtbaren Gespräche der athenischen und melischen Gesandten) richtig begriffen hat: wo es keine deutlich erkennbare Übergewalt gibt und ein Kampf zum erfolglosen gegenseitigen Schädigen würde, da entsteht der Gedanke, sich zu verständigen und über die beiderseitigen Ansprüche zu verhandeln: der Charakter des *Tausches* ist der anfängliche Charakter der Gerechtigkeit. Jeder stellt den anderen zufrieden, indem jeder bekommt, was er mehr schätzt als der andere. Man gibt jedem, was er haben will, als das nunmehr Seinige, und empfängt dagegen das Gewünschte. Gerechtigkeit ist also Vergeltung und Austausch unter der Voraussetzung einer ungefähr gleichen Machtstellung: so gehört ursprünglich die Rache in den Bereich der Gerechtigkeit, sie ist ein Austausch. Ebenso die Dankbarkeit. – Gerechtigkeit geht natürlich auf den Gesichtspunkt einer einsichtigen Selbsterhaltung zurück, also auf den Egoismus jener Überlegung: »wozu sollte ich mich nutzlos schädigen und mein Ziel vielleicht doch nicht erreichen?« – Soviel vom *Ursprung* der Gerechtigkeit. Dadurch, daß die Menschen, ihrer intellektuellen Gewohnheit gemäß, den ursprünglichen Zweck sogenannter gerechter, billiger Handlungen ver-

gessen haben und namentlich, weil durch Jahrtausende hindurch die Kinder angelernt worden sind, solche Handlungen zu bewundern und nachzuahmen, ist allmählich der Anschein entstanden, als sei eine gerechte Handlung eine unegoistische: auf diesem Anschein aber beruht die hohe Schätzung derselben, welche überdies, wie alle Schätzungen, fortwährend noch im Wachsen ist: denn etwas Hochgeschätztes wird mit Aufopferung erstrebt, nachgeahmt, vervielfältigt, und wächst dadurch, daß der Wert der aufgewandten Mühe und Beeiferung von jedem einzelnen noch zum Werte des geschätzten Dinges hinzugeschlagen wird. – Wie wenig moralisch sähe die Welt ohne die Vergeßlichkeit aus! Ein Dichter könnte sagen, daß Gott die Vergeßlichkeit als Türhüterin an die Tempelschwelle der Menschenwürde hingelagert habe.

93

Vom Rechte des Schwächeren. – Wenn sich jemand unter Bedingungen einem Mächtigeren unterwirft, zum Beispiel eine belagerte Stadt, so ist die Gegenbedingung die, daß man sich vernichten, die Stadt verbrennen und so dem Mächtigen eine große Einbuße machen kann. Deshalb entsteht hier eine Art *Gleichstellung*, auf Grund welcher Rechte festgesetzt werden können. Der Feind hat seinen Vorteil an der Erhaltung. – Insofern gibt es auch Rechte zwischen Sklaven und Herren, das heißt genau in dem Maße, in welchem der Besitz des Sklaven seinem Herrn nützlich und wichtig ist. Das *Recht* geht ursprünglich *so weit*, als einer dem andern wertvoll, wesentlich, unverlierbar, unbesiegbar und dergleichen *erscheint*. In dieser Hinsicht hat auch der Schwächere noch Rechte, aber geringere. Daher das berühmte *unusquisque tantum juris habet, quantum potentia valet* (oder genauer: *quantum potentia valere creditur*).

94

Die drei Phasen der bisherigen Moralität. – Es ist das erste Zeichen, daß das Tier Mensch geworden ist, wenn sein Handeln nicht mehr auf das augenblickliche Wohlbefinden, sondern auf das dauernde sich bezieht, daß der Mensch also *nützlich, zweckmäßig* wird: da bricht zuerst die freie Herrschaft der Vernunft heraus. Eine noch höhere Stufe ist erreicht, wenn er nach dem Prinzip der *Ehre* handelt; vermöge desselben ordnet er sich ein, unterwirft sich gemeinsamen Empfindungen, und das erhebt ihn hoch über die Phase, in der nur die persönlich verstandene Nützlichkeit ihn leitete: er achtet und will geachtet werden, das heißt: er begreift den Nutzen als abhängig von dem, was er über andere, was andere über ihn meinen. Endlich handelt er, auf der höchsten Stufe der *bisherigen* Moralität, nach *seinem* Maßstab über die Dinge und Menschen: er selber bestimmt für sich und andere, was ehrenvoll, was nützlich ist; er ist zum Gesetzgeber der Meinungen geworden, gemäß dem immer höher entwickelten Begriff des Nützlichen und Ehrenhaften. Die Erkenntnis befähigt ihn, das Nützlichste, das heißt den allgemeinen dauernden Nutzen dem persönlichen, die ehrende Anerkennung von allgemeiner dauernder Geltung der momentanen voranzustellen: er lebt und handelt als Kollektiv-Individuum.

95

Moral des reifen Individuums. – Man hat bisher als das eigentliche Kennzeichen der moralischen Handlung das Unpersönliche angesehen; und es ist nachgewiesen, daß zu Anfang die Rücksicht auf den allgemeinen Nutzen es war, derentwegen man alle unpersönlichen Handlungen lobte und auszeichnete. Sollte nicht eine bedeutende Umwandlung dieser Ansichten bevorstehen, jetzt, wo immer besser eingesehen wird, daß gerade in der möglichst *persönlichen* Rücksicht auch der Nutzen für das Allgemeine am größten ist: so daß gerade das streng persönliche Handeln dem jetzigen Begriff der Moralität (als einer allgemeinen Nützlichkeit) entspricht? Aus sich eine ganze *Person* machen und in allem, was man tut, deren *höchstes Wohl* ins Auge fassen – das bringt weiter als jene mitleidigen Regungen und Handlungen zugunsten anderer. Wir alle leiden freilich noch immer an der allzu geringen Beachtung des Persönlichen an uns, es ist schlecht ausgebildet – gestehen wir es uns ein: man hat vielmehr unsern Sinn gewaltsam von ihm abgezogen und dem Staate, der Wissenschaft, dem Hilfebedürftigen zum Opfer angeboten, wie als ob es das Schlechte wäre, das geopfert werden müßte. Auch jetzt wollen wir für unsere Mitmenschen arbeiten, aber nur so weit, als wir unsern eigenen höchsten Vorteil in dieser Arbeit finden, nicht mehr, nicht weniger. Es kommt nur darauf an, was man als *seinen Vorteil* versteht; gerade das unreife, unentwickelte, rohe Individuum wird ihn auch am rohesten verstehen.

96

Sitte und sittlich. – Moralisch, sittlich, ethisch sein heißt Gehorsam gegen ein altbegründetes Gesetz oder Herkommen haben. Ob man mit Mühe oder gern sich ihm unterwirft, ist dabei gleichgültig, genug, daß man es tut. »Gut« nennt man den, welcher wie von Natur, nach langer Vererbung, also leicht und gern das Sittliche tut, je nachdem dies ist (zum Beispiel Rache übt, wenn Rache-üben wie bei den älteren Griechen zur guten Sitte gehört). Er wird gut genannt, weil er »wozu« gut ist; da aber Wohlwollen, Mitleiden und dergleichen in dem Wechsel der Sitten immer als »gut wozu«, als nützlich empfunden wurde, so nennt man jetzt vornehmlich den Wohlwollenden, Hilfreichen »gut«. Böse ist »nicht sittlich« (unsittlich) sein, Unsitte üben, dem Herkommen widerstreben, wie vernünftig oder dumm dasselbe auch sei; das Schädigen des Nächsten ist aber in allen den Sittengesetzen der verschiedenen Zeiten vornehmlich als schädlich empfunden worden, so daß wir jetzt namentlich bei dem Wort »böse« an die freiwillige Schädigung des Nächsten denken. Nicht das »Egoistische« und das »Unegoistische« ist der Grundgegensatz, welcher die Menschen zur Unterscheidung von Sittlich und Unsittlich, Gut und Böse gebracht hat, sondern: Gebundensein an ein Herkommen, Gesetz, und Lösung davon. Wie das Herkommen *entstanden* ist, das ist dabei gleichgültig, jedenfalls ohne Rücksicht auf Gut und Böse oder irgendeinen immanenten kategorischen Imperativ, sondern vor allem zum Zweck der Erhaltung einer *Gemeinde*, eines Volkes; jeder abergläubische Brauch, der auf Grund eines falsch gedeuteten Zufalls entstanden ist, erzwingt ein Herkommen, welchem zu folgen sittlich ist; sich von ihm lösen ist nämlich gefährlich, für die *Gemeinschaft* noch mehr schädlich als für den einzelnen (weil die Gottheit den Frevel und jede Verletzung ihrer Vorrechte an der Gemeinde und nur insofern auch am Individuum straft). Nun wird jedes Herkommen fortwährend ehrwürdiger, je weiter der Ursprung abliegt, je mehr dieser vergessen ist; die ihm gezollte Verehrung häuft sich von Generation zu Generation auf, das Herkommen wird zuletzt heilig und erweckt Ehrfurcht; und so ist jedenfalls die Moral der Pietät eine viel ältere Moral als die, welche unegoistische Handlungen verlangt.

97

Die Lust in der Sitte. – Eine wichtige Gattung der Lust und damit der Quelle der Moralität entsteht aus der Gewohnheit. Man tut das Gewohnte leichter, besser, also lieber, man empfindet dabei eine Lust, und weiß aus der Erfahrung, daß das Gewohnte sich bewährt hat, also nützlich ist; eine Sitte, mit der sich leben läßt, ist als heilsam, förderlich bewiesen, im Gegensatz zu allen neuen, noch nicht bewährten Versuchen. Die Sitte ist demnach die Vereinigung des Angenehmen und des Nützlichen, überdies macht sie kein Nachdenken nötig. Sobald der Mensch Zwang ausüben kann, übt er ihn aus, um seine *Sitten* durchzusetzen und einzuführen, denn für ihn sind sie die bewährte Lebensweisheit. Ebenso zwingt eine Gemeinschaft von Individuen jedes einzelne zur selben Sitte. Hier ist der Fehlschluß: weil man sich mit einer Sitte wohlfühlt oder wenigstens weil man vermittelst derselben seine Existenz durchsetzt, so ist diese Sitte notwendig, denn sie gilt als die *einzige* Möglichkeit, unter der man sich wohlfühlen kann; das Wohlgefühl des Lebens scheint allein aus ihr hervorzuwachsen. Diese Auffassung des Gewohnten als einer Bedingung des Daseins wird bis auf die kleinsten Einzelheiten der Sitte durchgeführt: da die Einsicht in die wirkliche Kausalität bei den niedrig stehenden Völkern und Kulturen sehr gering ist, so sieht man mit abergläubischer Furcht darauf, daß alles seinen gleichen Gang gehe; selbst wo die Sitte schwer, hart, lästig ist, wird sie ihrer scheinbar höchsten Nützlichkeit wegen bewahrt. Man weiß nicht, daß derselbe Grad von Wohlbefinden auch bei anderen Sitten bestehen kann und daß selbst höhere Grade sich erreichen lassen. Wohl aber nimmt man wahr, daß alle Sitten, auch die härtesten, mit der Zeit angenehmer und milder werden, und daß auch die strengste Lebensweise zur Gewohnheit und damit zur Lust werden kann.

98

Lust und sozialer Instinkt. — Aus seinen Beziehungen zu anderen Menschen gewinnt der Mensch eine neue Gattung von *Lust* zu jenen Lustempfindungen hinzu, welche er aus sich selber nimmt; wodurch er das Reich der Lustempfindung überhaupt bedeutend umfänglicher macht. Vielleicht hat er mancherlei, das hierher gehört, schon von den Tieren her überkommen, welche ersichtlich Lust empfinden, wenn sie miteinander spielen, namentlich die Mütter mit den Jungen. Sodann gedenke man der geschlechtlichen Beziehungen, welche jedem Männchen ungefähr jedes Weibchen interessant in Ansehung der Lust erscheinen lassen und umgekehrt. Die Lustempfindung auf Grund menschlicher Beziehungen macht im allgemeinen den Menschen besser; die gemeinsame Freude, die Lust, mitsammen genossen, erhöht dieselbe, sie gibt dem einzelnen Sicherheit, macht ihn gutmütiger, löst das Mißtrauen, den Neid: denn man fühlt sich selber wohl und sieht den andern in gleicher Weise sich wohlfühlen. Die *gleichartigen Äußerungen der Lust* erwecken die Phantasie der Mitempfindung, das Gefühl, etwas Gleiches zu sein: dasselbe tun auch die gemeinsamen Leiden, dieselben Unwetter, Gefahren, Feinde. Darauf baut sich dann wohl das älteste Bündnis auf: dessen Sinn die gemeinsame Beseitigung und Abwehr einer drohenden Unlust zum Nutzen jedes einzelnen ist. Und so wächst der soziale Instinkt aus der Lust heraus.

99

Das Unschuldige an den sogenannten bösen Handlungen. — Alle »bösen« Handlungen sind motiviert durch den Trieb der Erhaltung oder, noch genauer, durch die Absicht auf Lust und Vermeiden der Unlust des Individuums; als solchermaßen motiviert aber nicht böse. »Schmerz bereiten an sich« *existiert nicht*, außer im Gehirn der Philosophen, ebensowenig »Lust bereiten an sich« (Mitleid im Schopenhauerschen Sinne). In dem Zustande *vor* dem Staate töten wir das Wesen, sei es Affe oder Mensch, welches uns eine Frucht des Baumes vorwegnehmen will, wenn wir gerade Hunger haben und auf den Baum zulaufen: wie wir es noch jetzt bei Wanderungen in unwirtliche Gegenden mit dem Tiere tun würden. — Die bösen Handlungen, welche uns jetzt am meisten empören, beruhen auf dem Irrtume, daß der andere, welcher sie uns zufügt, freien Willen habe, also daß es in seinem *Belieben* gelegen habe, uns dies Schlimme nicht anzutun. Dieser Glaube an das Belieben erregt den Haß, die Rachlust, die Tücke, die ganze Verschlechterung der Phantasie, während wir einem Tiere viel weniger zürnen, weil wir dies als unverantwortlich betrachten. Leid tun nicht aus Erhaltungstrieb, sondern zur Vergeltung – ist Folge eines falschen Urteils und deshalb ebenfalls unschuldig. Der einzelne kann im Zustande, welcher vor dem Staat liegt, zur *Abschreckung* andere Wesen hart und grausam behandeln: um seine Existenz durch solche abschreckende Proben seiner Macht sicherzustellen. So handelt der Gewalttätige, Mächtige, der ursprüngliche Staatengründer, welcher sich die Schwächeren unterwirft. Er hat dazu das Recht, wie es jetzt noch der Staat sich nimmt; oder vielmehr: es gibt kein Recht, welches dies hindern kann. Es kann erst dann der Boden für alle Moralität zurechtgemacht werden, wenn ein größeres Individuum oder ein Kollektiv-Individuum, zum Beispiel die Gesellschaft, der Staat, die einzelnen unterwirft, also aus ihrer Vereinzelung herauszieht und in einen Verband einordnet. Der Moralität geht der *Zwang* voraus, ja sie selber ist noch eine Zeitlang Zwang, dem man sich, zur Vermeidung der Unlust, fügt. Später wird sie Sitte, noch später freier Gehorsam, endlich beinahe Instinkt: dann ist sie wie alles lang Gewöhnte und Natürliche mit Lust verknüpft – und heißt nun *Tugend*.

100

Scham. – Die Scham existiert überall, wo es ein »Mysterium« gibt; dies ist aber ein religiöser Begriff, welcher in der älteren Zeit der menschlichen Kultur einen großen Umfang hatte. Überall gab es umgrenzte Gebiete, zu welchen das göttliche Recht den Zutritt versagte, außer unter bestimmten Bedingungen: zu allererst ganz räumlich, insofern gewisse Stätten vom Fuße der Uneingeweihten nicht zu betreten waren und in deren Nähe diese Schauder und Angst empfanden. Dies Gefühl wurde vielfach auf andere Verhältnisse übertragen, zum Beispiel auf die geschlechtlichen Verhältnisse, welche als ein Vorrecht und Adyton des reiferen Alters den Blicken der Jugend, zu deren Vorteil, entzogen werden sollten: Verhältnisse, zu deren Schutz und Heilighaltung viele Götter tätig und im ehelichen Gemache als Wächter aufgestellt gedacht wurden. (Im Türkischen heißt deshalb dies Gemach Harem, »Heiligtum«, wird also mit demselben Worte bezeichnet, welches für die Vorhöfe der Moscheen üblich ist.) So ist das Königtum als ein Zentrum, von wo Macht und Glanz ausstrahlt, dem Unterworfenen ein Mysterium voller Heimlichkeit und Scham: wovon viele Nachwirkungen noch jetzt, unter Völkern, die sonst keineswegs zu den verschämten gehören, zu fühlen sind. Ebenso ist die ganze Welt innerer Zustände, die sogenannte »Seele«, auch jetzt noch für alle Nicht-Philosophen ein Mysterium, nachdem diese, endlose Zeiten hindurch, als göttlichen Ursprungs, als göttlichen Verkehrs würdig geglaubt wurde: sie ist demnach ein Adyton und erweckt Scham.

101

Richtet nicht. – Man muß sich hüten, bei der Betrachtung früherer Perioden nicht in ein ungerechtes Schimpfen zu geraten. Die Ungerechtigkeit in der Sklaverei, die Grausamkeit in der Unterwerfung von Personen und Völkern ist nicht mit unserem Maße zu messen. Denn damals war der Instinkt der Gerechtigkeit noch nicht so weit gebildet. Wer darf dem Genfer Calvin die Verbrennung des Arztes Servet vorwerfen? Es war eine konsequente, aus seinen Überzeugungen fließende Handlung, und ebenso hatte die Inquisition ein gutes Recht; nur waren die herrschenden Ansichten falsch und ergaben eine Konsequenz, welche uns hart erscheint, weil uns jene Ansichten fremd geworden sind. Was ist übrigens Verbrennen eines einzelnen im Vergleich mit ewigen Höllenstrafen für fast alle! Und doch beherrschte diese Vorstellung damals alle Welt, ohne mit ihrer viel größeren Schrecklichkeit der Vorstellung von einem Gotte wesentlich Schaden zu tun. Auch bei uns werden politische Sektierer hart und grausam behandelt, aber weil man an die Notwendigkeit des Staates zu glauben gelernt hat, so empfindet man hier die Grausamkeit nicht so sehr wie dort, wo wir die Anschauungen verwerfen. Die Grausamkeit gegen Tiere bei Kindern und Italienern geht auf Unverständnis zurück; das Tier ist namentlich durch die Interessen der kirchlichen Lehre zu weit hinter den Menschen zurückgesetzt worden. – Auch mildert sich vieles Schreckliche und Unmenschliche in der Geschichte, an welches man kaum glauben möchte, durch die Betrachtung, daß der Befehlende und der Ausführende andere Personen sind: ersterer hat den Anblick nicht und daher nicht den starken Phantasie-Eindruck, letzterer gehorcht einem Vorgesetzten und fühlt sich unverantwortlich. Die meisten Fürsten und Militärchefs erscheinen, aus Mangel an Phantasie, leicht grausam und hart, ohne es zu sein. – *Der Egoismus ist nicht böse*, weil die Vorstellung vom »Nächsten« – das Wort ist christlichen Ursprungs und entspricht der Wahrheit nicht – in uns sehr schwach ist; und wir uns gegen ihn beinahe wie gegen Pflanze und Stein frei und unverantwortlich fühlen. Daß der andere leidet, ist zu *lernen*: und völlig kann es nie gelernt werden.

102

»*Der Mensch handelt immer gut.*« – Wir klagen die Natur nicht als unmoralisch an, wenn sie uns ein Donnerwetter schickt und uns naß macht: warum nennen wir den schädigenden Menschen unmoralisch? Weil wir hier einen willkürlich waltenden, freien Willen, dort Notwendigkeit annehmen. Aber diese Unterscheidung ist ein Irrtum. Sodann: selbst das absichtliche Schädigen nennen wir nicht unter allen Umständen unmoralisch; man tötet zum Beispiel eine Mücke unbedenklich mit Absicht, bloß weil uns ihr Singen mißfällt, man straft den Verbrecher absichtlich und tut ihm Leid an, um uns und die Gesellschaft zu schützen. Im ersten Falle ist es das Individuum, welches, um sich zu erhalten oder selbst um sich keine Unlust zu machen, absichtlich Leid tut; im zweiten der Staat. Alle Moral läßt absichtliches Schadentun gelten bei *Notwehr*: das heißt wenn es sich um die *Selbsterhaltung* handelt. Aber diese beiden Gesichtspunkte *genügen*, um alle bösen Handlungen gegen Menschen, von Menschen ausgeübt, zu erklären: man will für sich Lust oder will Unlust abwehren; in irgendeinem Sinne handelt es sich immer um Selbsterhaltung. Sokrates und Plato haben recht: was auch der Mensch tue, er tut immer das Gute, das heißt: das, was ihm gut (nützlich) scheint, je nach dem Grade seines Intellektes, dem jedesmaligen Maße seiner Vernünftigkeit.

103

Das Harmlose an der Bosheit. – Die Bosheit hat nicht das Leid des andern an sich zum Ziele, sondern unsern eigenen Genuß, zum Beispiel als Rachegefühl oder als stärkere Nervenaufregung. Schon jede Neckerei zeigt, wie es Vergnügen macht, am andern unsere Macht auszulassen und es zum lustvollen Gefühle des Übergewichts zu bringen. Ist nun das *Unmoralische* daran, *Lust auf Grund der Unlust anderer* zu haben? Ist Schadenfreude teuflisch, wie Schopenhauer sagt? Nun machen wir uns in der Natur Lust durch Zerbrechen von Zweigen, Ablösen von Steinen, Kampf mit wilden Tieren, und zwar um unserer Kraft dabei bewußt zu werden. Das *Wissen* darum, daß ein anderer durch uns leidet, soll also hier dieselbe Sache, in bezug auf welche wir uns sonst unverantwortlich fühlen, unmoralisch machen? Aber wüßte man dies nicht, so hätte man die Lust an seiner eigenen Überlegenheit auch nicht dabei, diese kann eben sich nur im Leide des anderen zu *erkennen geben*, zum Beispiel bei der Neckerei. Alle Lust an sich selber ist weder gut noch böse; woher sollte die Bestimmung kommen, daß man, um Lust an sich selber zu haben, keine Unlust anderer erregen dürfe? Allein vom Gesichtspunkte des Nutzens her, das heißt aus Rücksicht auf die *Folgen*, auf eventuelle Unlust, wenn der Geschädigte oder der stellvertretende Staat Ahndung und Rache erwarten läßt: nur dies kann ursprünglich den Grund abgegeben haben, solche Handlungen sich zu versagen. – Das Mitleid hat ebensowenig die Lust des andern zum Ziele, als, wie gesagt, die Bosheit den Schmerz des andern an sich. Denn es birgt mindestens zwei (vielleicht viel mehr) Elemente einer persönlichen Lust in sich und ist dergestalt Selbstgenuß: einmal als Lust der Emotion, welcher Art das Mitleid in der Tragödie ist, und dann, wenn es zur Tat treibt, als Lust der Befriedigung in der Ausübung der Macht. Steht uns überdies eine leidende Person sehr nahe, so nehmen wir durch Ausübung mitleidvoller Handlungen uns selbst ein Leid ab. – Abgesehen von einigen Philosophen, so haben die Menschen das Mitleid in der Rangfolge moralischer Empfindungen immer ziemlich tief gestellt: mit Recht.

104

Notwehr. – Wenn man überhaupt die Notwehr als moralisch gelten läßt, so muß man fast alle Äußerungen des sogenannten unmoralischen Egoismus auch gelten lassen: man tut Leid an, raubt oder tötet, um sich zu erhalten oder um sich zu schützen, dem persönlichen Unheil vorzubeugen; man lügt, wo List und Verstellung das richtige Mittel der Selbsterhaltung sind. *Absichtlich schädigen*, wenn es sich um unsere Existenz oder Sicherheit (Erhaltung unseres Wohlbefindens) handelt, wird als moralisch konzediert; der Staat schädigt selber unter diesem Gesichtspunkt, wenn er Strafen verhängt. Im unabsichtlichen Schädigen kann natürlich das Unmoralische nicht liegen, da regiert der Zufall. Gibt es denn eine Art des absichtlichen Schädigens, wo es sich *nicht* um unsere Existenz, um die Erhaltung unseres Wohlbefindens handelt? Gibt ein Schädigen aus reiner *Bosheit*, zum Beispiel bei der Grausamkeit? Wenn man nicht weiß, wie weh eine Handlung tut, so ist sie keine Handlung der Bosheit; so ist das Kind gegen das Tier nicht boshaft, nicht böse: es untersucht und zerstört dasselbe wie sein Spielzeug. *Weiß* man aber je völlig, wie weh eine Handlung einem andern tut? So weit unser Nervensystem reicht, hüten wir uns vor Schmerz: reichte es weiter, nämlich bis in die Mitmenschen hinein, so würden wir niemandem ein Leides tun (außer in solchen Fällen, wo wir es uns selbst tun, also wo wir uns der Heilung halber schneiden, der Gesundheit halber uns mühen und anstrengen). Wir *schließen* aus Analogie, daß etwas jemandem weh tut, und durch die Erinnerung und die Stärke der Phantasie kann es uns dabei selber übel werden. Aber welcher Unterschied bleibt immer zwischen dem Zahnschmerz und dem Schmerze (Mitleiden), welchen der Anblick des Zahnschmerzes hervorruft? Also: bei dem Schädigen aus sogenannter Bosheit ist der *Grad* des erzeugten Schmerzes uns jedenfalls unbekannt; insofern aber eine *Lust* bei der Handlung ist (Gefühl der eignen Macht, der eignen starken Erregung), geschieht die Handlung, um das Wohlbefinden des Individuums zu erhalten, und fällt somit unter einen ähnlichen Gesichtspunkt wie die Notwehr, die Notlüge. Ohne Lust kein Leben; der Kampf um die Lust ist der Kampf um das Leben. Ob der einzelne diesen Kampf so kämpft, daß die Menschen ihn *gut*, oder so, daß sie ihn *böse* nennen, darüber entscheidet das Maß und die Beschaffenheit seines Intellekts.

105

Die belohnende Gerechtigkeit. – Wer vollständig die Lehre von der völligen Unverantwortlichkeit begriffen hat, der kann die sogenannte strafende und belohnende Gerechtigkeit gar nicht mehr unter den Begriff der Gerechtigkeit unterbringen: falls diese darin besteht, daß man jedem das Seine gibt. Denn der, welcher gestraft wird, verdient die Strafe nicht: er wird nur als Mittel benutzt, um fürderhin von gewissen Handlungen abzuschrecken; ebenso verdient der, welchen man belohnt, diesen Lohn nicht: er konnte ja nicht anders handeln, als er gehandelt hat. Also hat der Lohn nur den Sinn einer Aufmunterung für ihn und andere, um also zu späteren Handlungen ein Motiv abzugeben; das Lob wird dem Laufenden in der Rennbahn zugerufen, nicht dem, welcher am Ziele ist. Weder Strafe noch Lohn sind etwas, das einem als das *Seine* zukommt; sie werden ihm aus Nützlichkeitsgründen gegeben, ohne daß er mit Gerechtigkeit Anspruch auf sie zu erheben hätte. Man muß ebenso sagen »der Weise belohnt nicht, weil gut gehandelt worden ist«, als man gesagt hat »der Weise straft nicht, weil schlecht gehandelt worden ist, sondern damit nicht schlecht gehandelt werde«. Wenn Strafe und Lohn fortfielen, so fielen die kräftigsten Motive, welche von gewissen Handlungen weg, zu gewissen Handlungen hin treiben, fort; der Nutzen der Menschen erheischt ihre Fortdauer; und insofern Strafe und Lohn, Tadel und Lob am empfindlichsten auf die Eitelkeit wirken, so erheischt derselbe Nutzen auch die Fortdauer der Eitelkeit.

106

Am Wasserfall. – Beim Anblick eines Wasserfalls meinen wir in den zahllosen Biegungen, Schlängelungen, Brechungen der Wellen Freiheit des Willens und Belieben zu sehen; aber alles ist notwendig, jede Bewegung mathematisch auszurechnen. So ist es auch bei den menschlichen Handlungen; man müßte jede einzelne Handlung vorher ausrechnen können, wenn man allwissend wäre, ebenso jeden Fortschritt der Erkenntnis, jeden Irrtum, jede Bosheit. Der Handelnde selbst steckt freilich in der Illusion der Willkür; wenn in einem Augenblick das Rad der Welt still stände und ein allwissender, rechnender Verstand da wäre, um diese Pause zu benützen, so könnte er bis in die fernsten Zeiten die Zukunft jedes Wesens weitererzählen und jede Spur bezeichnen, auf der jenes Rad noch rollen wird. Die Täuschung des Handelnden über sich, die Annahme des freien Willens, gehört mit hinein in diesen auszurechnenden Mechanismus.

107

Unverantwortlichkeit und Unschuld. — Die völlige Unverantwortlichkeit des Menschen für sein Handeln und sein Wesen ist der bitterste Tropfen, welchen der Erkennende schlucken muß, wenn er gewohnt war, in der Verantwortlichkeit und der Pflicht den Adelsbrief seines Menschentums zu sehen. Alle seine Schätzungen, Auszeichnungen, Abneigungen sind dadurch entwertet und falsch geworden: sein tiefstes Gefühl, das er dem Dulder, dem Helden entgegenbrachte, hat einem Irrtume gegolten; er darf nicht mehr loben, nicht tadeln, denn es ist ungereimt, die Natur und die Notwendigkeit zu loben und zu tadeln. So wie er das gute Kunstwerk liebt, aber nicht lobt, weil es nichts für sich selber kann, wie er vor der Pflanze steht, so muß er vor den Handlungen der Menschen, vor seinen eignen stehen. Er kann Kraft, Schönheit, Fülle an ihnen bewundern, aber darf keine Verdienste darin finden: der chemische Prozeß und der Streit der Elemente, die Qual des Kranken, der nach Genesung lechzt, sind ebensowenig Verdienste als jene Seelenkämpfe und Notzustände, bei denen man durch verschiedene Motive hin- und hergerissen wird, bis man sich endlich für das mächtigste entscheidet — wie man sagt (in Wahrheit aber, bis das mächtigste Motiv über uns entscheidet). Alle diese Motive aber, so hohe Namen wir ihnen geben, sind aus denselben Wurzeln gewachsen, in denen wir die bösen Gifte wohnend glauben; zwischen guten und bösen Handlungen gibt es keinen Unterschied der Gattung, sondern höchstens des Grades. Gute Handlungen sind sublimierte böse; böse Handlungen sind vergröberte, verdummte gute. Das einzige Verlangen des Individuums nach Selbstgenuß (samt der Furcht, desselben verlustig zu gehen) befriedigt sich unter allen Umständen, der Mensch mag handeln, wie er kann, das heißt wie er muß: sei es in Taten der Eitelkeit, Rache, Lust, Nützlichkeit, Bosheit, List, sei es in Taten der Aufopferung, des Mitleids, der Erkenntnis. Die Grade der Urteilsfähigkeit entscheiden, wohin jemand sich durch dies Verlangen hinziehen läßt; fortwährend ist jeder Gesellschaft, jedem einzelnen eine Rangordnung der Güter gegenwärtig, wonach er seine Handlungen bestimmt und die der anderen beurteilt. Aber dieser Maßstab wandelt sich fortwährend, viele Handlungen werden böse genannt und sind nur dumm, weil der Grad der Intelligenz, welcher sich für sie entschied, sehr niedrig war. Ja, in einem bestimmten Sinne sind auch jetzt noch *alle* Handlungen dumm, denn der höchste Grad von menschlicher Intelligenz, der jetzt erreicht werden kann, wird sicherlich noch überboten werden: und dann wird, bei einem Rückblick, all *unser* Handeln und Urteilen so beschränkt und übereilt erscheinen, wie uns jetzt das Handeln und Urteilen zurückgebliebener wilder Völkerschaften beschränkt und übereilt vorkommt. – Dies alles einzusehen kann tiefe Schmerzen machen, aber danach gibt es einen Trost: solche Schmerzen sind Geburtswehen. Der Schmetterling will seine Hülle durchbrechen, er zerrt an ihr, er zerreißt sie: da blendet und verwirrt ihn das unbekannte Licht, das Reich der Freiheit. In solchen Menschen, welche jener Traurigkeit *fähig* sind – wie wenige werden es sein! –, wird der erste Versuch gemacht, ob die Menschheit aus einer *moralischen* sich in eine *weise Menschheit umwandeln könne*. Die Sonne eines neuen Evangeliums wirft ihren ersten Strahl auf die höchsten Gipfel in der Seele jener einzelnen: da ballen sich die Nebel dichter als je, und nebeneinander lagert der hellste Schein und die trübste Dämmerung. Alles ist Notwendigkeit – so sagt die neue Erkenntnis; und diese Erkenntnis selber ist Notwendigkeit. Alles ist Unschuld: und die Erkenntnis ist der Weg zur Einsicht in diese Unschuld. Sind Lust, Egoismus, Eitelkeit *notwendig* zur Erzeugung der moralischen Phänomene und ihrer höchsten Blüte, des Sinnes für Wahrheit und Gerechtigkeit der Erkenntnis, war der Irrtum und die Verirrung der Phantasie das einzige Mittel, durch welches die Menschheit sich allmählich zu diesem Grade von Selbsterleuchtung und Selbsterlösung zu erheben vermochte – wer dürfte jene Mittel geringschätzen? Wer dürfte traurig sein, wenn er das Ziel, zu dem jene Wege führen, gewahr wird? Alles auf dem Gebiete der Moral ist geworden, wandelbar, schwankend, alles ist im Flusse, es ist wahr: – aber *alles ist auch im Strome*: nach *einem* Ziele hin. Mag in uns die vererbte Gewohnheit des irrtümlichen Schätzens, Liebens, Hassens immerhin fortwalten, aber unter dem Einfluß der wachsenden Erkenntnis wird sie schwächer werden: eine neue Gewohnheit, die des Begreifens, Nicht-Liebens, Nicht-Hassens, Überschauens, pflanzt sich allmählich in uns auf demselben Boden an und wird in Tausenden von Jahren vielleicht mächtig genug sein, um der

Menschheit die Kraft zu geben, den weisen, unschuldigen (unschuld-
bewußten) Menschen ebenso regelmäßig hervorzubringen, wie sie jetzt
den unweisen, unbilligen, schuldbewußten Menschen – *das heißt die
notwendige Vorstufe, nicht den Gegensatz von jenem* – hervorbringt.

Drittes Hauptstück

DAS RELIGIÖSE LEBEN

108

Der doppelte Kampf gegen das Übel. – Wenn uns ein Übel trifft, so kann man entweder so über dasselbe hinwegkommen, daß man seine Ursache hebt, oder so, daß man die Wirkung, welche es auf unsere Empfindung macht, verändert: also durch ein Umdeuten des Übels in ein Gut, dessen Nutzen vielleicht erst später ersichtlich sein wird. Religion und Kunst (auch die metaphysische Philosophie) bemühen sich, auf die Änderung der Empfindung zu wirken, teils durch Änderung unseres Urteils über die Erlebnisse (zum Beispiel mit Hilfe des Satzes: »wen Gott lieb hat, den züchtigt er«), teils durch Erweckung einer Lust am Schmerz, an der Emotion überhaupt (woher die Kunst des Tragischen ihren Ausgangspunkt nimmt). Je mehr einer dazu neigt, umzudeuten und zurechtzulegen, um so weniger wird er die Ursachen des Übels ins Auge fassen und beseitigen; die augenblickliche Milderung und Narkotisierung, wie sie zum Beispiel bei Zahnschmerz gebräuchlich ist, genügt ihm auch in ernsteren Leiden. Je mehr die Herrschaft der Religionen und aller Kunst der Narkose abnimmt, um so strenger fassen die Menschen die wirkliche Beseitigung der Übel ins Auge: was freilich schlimm für die Tragödiendichter ausfällt – denn zur Tragödie findet sich immer weniger Stoff, weil das Reich des unerbittlichen, unbezwinglichen Schicksals immer enger wird –, noch schlimmer aber für die Priester: denn diese lebten bisher von der Narkotisierung menschlicher Übel.

109

Gram ist Erkenntnis. – Wie gern möchte man die falschen Behauptungen der Priester, es gebe einen Gott, der das Gute von uns verlange, Wächter und Zeuge jeder Handlung, jedes Augenblicks, jedes Gedankens sei, der uns liebe, in allem Unglück unser Bestes wolle, – wie gern möchte man diese mit Wahrheiten vertauschen, welche ebenso heilsam, beruhigend und wohltuend wären wie jene Irrtümer! Doch solche Wahrheiten gibt es nicht; die Philosophie kann ihnen höchstens wiederum metaphysische Scheinbarkeiten (im Grunde ebenfalls Unwahrheiten) entgegensetzen. Nun ist aber die Tragödie die, daß man jene Dogmen der Religion und Metaphysik nicht *glauben* kann, wenn man die strenge Methode der Wahrheit im Herzen und Kopfe hat, andererseits durch die Entwicklung der Menschheit so zart, reizbar, leidend geworden ist, um Heil- und Trostmittel der höchsten Art nötig zu haben; woraus also die Gefahr entsteht, daß der Mensch sich an der erkannten Wahrheit verblute. Dies drückt Byron in unsterblichen Versen aus:

> *Sorrow is knowledge: they who know the most*
> *Must mourn the deepest o'er the fatal truth,*
> *The tree of knowledge is not that of life.*

Gegen solche Sorgen hilft kein Mittel besser, als den feierlichen Leichtsinn Horazens, wenigstens für die schlimmsten Stunden und Sonnenfinsternisse der Seele, heraufzubeschwören und mit ihm zu sich selber zu sagen:

> *quid aeternis minorem*
> *consiliis animum fatigas?*
> *cur non sub alta vel platano vel hac*
> *pinu jacentes –*

Sicherlich aber ist Leichtsinn oder Schwermut jeden Grades besser als eine romantische Rückkehr und Fahnenflucht, eine Annäherung an das Christentum in irgendeiner Form: denn mit ihm kann man sich, nach dem gegenwärtigen Stande der Erkenntnis, schlechterdings nicht mehr einlassen, ohne sein *intellektuales Gewissen* heillos zu beschmutzen und vor sich und anderen preiszugeben. Jene Schmerzen mögen peinlich genug sein: aber man kann ohne Schmerzen nicht zu einem Führer und Erzieher der Menschheit werden; und wehe dem, welcher dies versuchen möchte und jenes reine Gewissen nicht mehr hätte!

110

Die Wahrheit in der Religion. – In der Periode der Aufklärung war man der Bedeutung der Religion nicht gerecht geworden, daran ist nicht zu zweifeln: aber ebenso steht fest, daß man, in dem darauffolgen-

DAS RELIGIÖSE LEBEN 519

den Widerspiel der Aufklärung, wiederum um ein gutes Stück über die Gerechtigkeit hinausging, indem man die Religionen mit Liebe, selbst mit Verliebtheit behandelte und ihnen zum Beispiel ein tieferes, ja das allertiefste Verständnis der Welt zuerkannte; welches die Wissenschaft des dogmatischen Gewandes zu entkleiden habe, um dann in mythischer Form die »Wahrheit« zu besitzen. Religionen sollen also – dies war die Behauptung aller Gegner der Aufklärung – *sensu allegorico*, mit Rücksicht auf das Verstehen der Menge, jene uralte Weisheit aussprechen, welche die Weisheit an sich sei, insofern alle wahre Wissenschaft der neueren Zeit immer zu ihr hin, anstatt von ihr weg, geführt habe: so daß zwischen den ältesten Weisen der Menschheit und allen späteren Harmonie, ja Gleichheit der Einsichten walte und ein Fortschritt der Erkenntnisse – falls man von einem solchen reden wolle – sich nicht auf das Wesen, sondern die Mitteilung desselben beziehe. Diese ganze Auffassung von Religion und Wissenschaft ist durch und durch irrtümlich; und niemand würde jetzt noch zu ihr sich zu bekennen wagen, wenn nicht Schopenhauers Beredsamkeit sie in Schutz genommen hätte: diese laut tönende und doch erst nach einem Menschenalter ihre Hörer erreichende Beredsamkeit. So gewiß man aus Schopenhauers religiös-moralischer Menschen- und Weltdeutung sehr viel für das Verständnis des Christentums und anderer Religionen gewinnen kann, so gewiß ist es auch, daß er über den *Wert der Religion für die Erkenntnis* sich geirrt hat. Er selbst war darin ein nur zu folgsamer Schüler der wissenschaftlichen Lehrer seiner Zeit, welche allesamt der Romantik huldigten und dem Geiste der Aufklärung abgeschworen hatten; in unsere jetzige Zeit hineingeboren, würde er unmöglich vom *sensus allegoricus* der Religion haben reden können; er würde vielmehr der Wahrheit die Ehre gegeben haben, wie er es pflegte, mit den Worten: *noch nie hat eine Religion, weder mittelbar noch unmittelbar, weder als Dogma noch als Gleichnis, eine Wahrheit enthalten*. Denn aus der Angst und dem Bedürfnis ist eine jede geboren, auf Irrgängen der Vernunft hat sie sich ins Dasein geschlichen; sie hat vielleicht einmal, im Zustande der Gefährdung durch die Wissenschaft, irgendeine philosophische Lehre in ihr System hineingelogen, damit man sie später darin vorfinde: aber dies ist ein Theologenkunststück, aus der Zeit, in welcher eine Religion schon an sich selber zweifelt. Diese Kunststücke der Theologie, welche freilich im Christentum, als der Religion eines gelehrten, mit Philosophie durchtränkten Zeitalters, sehr früh schon geübt wurden, haben auf jenen Aberglauben vom *sensus allegoricus* hingeleitet, noch mehr aber die Gewohnheit der Philosophen (namentlich der Halbwesen, der dichterischen Philosophen und der philosophierenden Künstler), alle die Empfindungen, welche sie in *sich* vorfanden, als Grundwesen des Menschen überhaupt zu behandeln und somit auch ihren eigenen religiösen Empfindungen einen bedeutenden Einfluß auf den Gedankenbau ihrer Systeme zu gestatten. Weil die Philosophen vielfach unter dem Herkommen religiöser Gewohnheiten, oder mindestens unter der altvererbten Macht jenes »metaphysischen Bedürfnisses«, philosophierten, so gelangten sie zu Lehrmeinungen, welche in der Tat den jüdischen oder christlichen oder indischen Religionsmeinungen sehr ähnlich sahen – ähnlich nämlich, wie Kinder den Müttern zu sehen pflegen, nur daß in diesem Falle die Väter sich nicht über jene Mutterschaft klar waren, wie dies wohl vorkommt, – sondern in der Unschuld ihrer Verwunderung von einer Familien-Ähnlichkeit aller Religion und Wissenschaft fabelten. In der Tat besteht zwischen der Religion und der wirklichen Wissenschaft nicht Verwandtschaft, noch Freundschaft, noch selbst Feindschaft: sie leben auf verschiedenen Sternen. Jede Philosophie, welche einen religiösen Kometenschweif in die Dunkelheit ihrer letzten Aussichten hinaus erglänzen läßt, macht alles an sich verdächtig, was sie als Wissenschaft vorträgt: es ist dies alles vermutlich ebenfalls Religion, wenngleich unter dem Aufputz der Wissenschaft. – Übrigens: wenn alle Völker über gewisse religiöse Dinge, zum Beispiel die Existenz eines Gottes, übereinstimmten (was beiläufig gesagt in betreff dieses Punktes nicht der Fall ist), so würde dies doch eben nur ein *Gegenargument* gegen jene behaupteten Dinge, zum Beispiel die Existenz eines Gottes, sein: der *consensus gentium* und überhaupt *hominum* kann billigerweise nur einer Narrheit gelten. Dagegen gibt es einen *consensus omnium sapientium* gar nicht, in bezug auf kein einziges Ding, mit jener Ausnahme, von welcher der Goethesche Vers spricht:

> Alle die Weisesten aller der Zeiten
> Lächeln und winken und stimmen mit ein:
> Töricht, auf Bessrung der Toren zu harren!

Kinder der Klugheit, o habet die Narren
Eben zum Narren auch, wie sichs gehört!

Ohne Vers und Reim gesprochen und auf unseren Fall angewendet: der *consensus sapientium* besteht darin, daß der *consensus gentium* einer Narrheit gilt.

III

Ursprung des religiösen Kultus. – Versetzen wir uns in die Zeiten zurück, in welchen das religiöse Leben am kräftigsten aufblühte, so finden wir eine Grundüberzeugung vor, welche wir jetzt nicht mehr teilen und derentwegen wir ein für allemal die Tore zum religiösen Leben uns verschlossen sehen: sie betrifft die Natur und den Verkehr mit ihr. Man weiß in jenen Zeiten noch nichts von Naturgesetzen; weder für die Erde noch für den Himmel gibt es ein Müssen; eine Jahreszeit, der Sonnenschein, der Regen kann kommen oder auch ausbleiben. Es fehlt überhaupt jeder Begriff der *natürlichen* Kausalität. Wenn man rudert, ist es nicht das Rudern, was das Schiff bewegt, sondern Rudern ist nur eine magische Zeremonie, durch welche man einen Dämon zwingt, das Schiff zu bewegen. Alle Erkrankungen, der Tod selbst ist Resultat magischer Einwirkungen. Es geht bei Krankwerden und Sterben nie natürlich zu; die ganze Vorstellung vom »natürlichen Hergang« fehlt, – sie dämmert erst bei den älteren Griechen, das heißt in einer sehr späten Phase der Menschheit, in der Konzeption der über den Göttern thronenden *Moira*. Wenn einer mit dem Bogen schießt, so ist immer noch eine irrationelle Hand und Kraft dabei; versiegen plötzlich die Quellen, so denkt man zuerst an unterirdische Dämonen und deren Tücken; der Pfeil eines Gottes muß es sein, unter dessen unsichtbarer Wirkung ein Mensch auf einmal niedersinkt. In Indien pflegt (nach Lubbock) ein Tischler seinem Hammer, seinem Beil und den übrigen Werkzeugen Opfer darzubringen; ein Brahmane behandelt den Stift, mit dem er schreibt, ein Soldat die Waffen, die er im Felde braucht, ein Maurer seine Kelle, ein Arbeiter seinen Pflug in gleicher Weise. Die ganze Natur ist in der Vorstellung religiöser Menschen eine Summe von Handlungen bewußter und wollender Wesen, ein ungeheurer Komplex von *Willkürlichkeiten*. Es ist in bezug auf alles, was außer uns ist, kein Schluß gestattet, daß irgend etwas so und so sein *werde*, so und so kommen *müsse*; das ungefähr Sichere, Berechenbare sind *wir*: der Mensch ist die *Regel*, die Natur die *Regellosigkeit* – dieser Satz enthält die Grundüberzeugung, welche rohe, religiös produktive Urkulturen beherrscht. Wir jetzigen Menschen empfinden gerade völlig umgekehrt: je reicher jetzt der Mensch sich innerlich fühlt, je polyphoner sein Subjekt ist, um so gewaltiger wirkt auf ihn das Gleichmaß der Natur; wir alle erkennen mit Goethe in der Natur das große Mittel der Beschwichtigung für die moderne Seele, wir hören den Pendelschlag der größten Uhr mit einer Sehnsucht nach Ruhe, nach Heimisch- und Stillewerden an, als ob wir dieses Gleichmaß in uns hineintrinken und dadurch zum Genuß unser selbst erst kommen könnten. Ehemals war es umgekehrt: denken wir an rohe, frühe Zustände von Völkern zurück oder sehen wir die jetzigen Wilden in der Nähe, so finden wir sie auf das stärkste durch das *Gesetz*, das *Herkommen* bestimmt: das Individuum ist fast automatisch an dasselbe gebunden und bewegt sich mit der Gleichförmigkeit eines Pendels. Ihm muß die Natur – die unbegriffene schreckliche geheimnisvolle Natur – als das *Reich der Freiheit*, der Willkür, der höheren Macht erscheinen, ja gleichsam als eine übermenschliche Stufe des Daseins, als Gott. Nun aber fühlt jeder einzelne solcher Zeiten und Zustände, wie von jenen Willkürlichkeiten der Natur seine Existenz, sein Glück, das der Familie, des Staates, das Gelingen aller Unternehmungen abhängen: einige Naturvorgänge müssen zur rechten Zeit eintreten, andere zur rechten Zeit ausbleiben. Wie kann man einen Einfluß auf diese furchtbaren Unbekannten ausüben, wie kann man das Reich der Freiheit binden? so fragt er sich, so forscht er ängstlich: gibt es denn keine Mittel, jene Mächte ebenso durch ein Herkommen und Gesetz regelmäßig zu machen, wie du selber regelmäßig bist? – Das Nachdenken der magie- und wunderglaubigen Menschen geht dahin, *der Natur ein Gesetz aufzulegen* –: und kurz gesagt, der religiöse Kultus ist das Ergebnis dieses Nachdenkens. Das Problem, welches jene Menschen sich vorlegen, ist auf das engste verwandt mit diesem: wie kann der *schwächere* Stamm dem *stärkeren* doch Gesetze diktieren, ihn bestimmen, seine Handlungen (im Verhalten zum schwächeren) leiten? Man wird zuerst sich der harmlosesten Art eines Zwanges erinnern, jenes Zwanges, den man ausübt, wenn man jemandes *Neigung* erworben hat. Durch Flehen und Gebete, durch Unterwerfung, durch die Verpflichtung zu regelmäßigen Abgaben und Geschenken, durch schmeichelhafte Verherrlichungen ist es also auch möglich, auf die Mächte der Natur einen Zwang auszuüben, insofern man sie sich geneigt macht: Liebe bindet und wird gebunden. Dann kann man *Verträge* schließen, wobei man sich zu bestimmtem Verhalten gegenseitig verpflichtet, Pfänder stellt und Schwüre wechselt. Aber viel wichtiger ist eine Gattung gewaltsameren Zwanges, durch Magie und Zauberei. Wie der Mensch mit Hilfe des Zauberers einem stärkeren Feind doch zu schaden weiß und ihn vor sich in Angst erhält, wie der Liebeszauber in die Ferne wirkt, so glaubt der schwächere Mensch auch die mächtigeren Geister der Natur bestimmen zu können. Das Hauptmittel aller Zauberei ist, daß man etwas in Gewalt bekommt, das jemandem zu eigen ist, Haare, Nägel, etwas Speise von seinem Tisch, ja selbst sein Bild, seinen Namen. Mit solchem Apparate kann man dann zaubern; denn die Grundvoraussetzung lautet: zu allem Geistigen gehört etwas Körperliches; mit dessen Hilfe vermag man den Geist zu binden, zu schädigen, zu vernichten; das Körperliche gibt die Handhabe ab, mit der man das Geistige fassen kann. So wie nun der Mensch den Menschen bestimmt, so bestimmt er auch irgendeinen Naturgeist; denn dieser hat auch sein Körperliches, an dem er zu fassen ist. Der Baum und, verglichen mit ihm, der Keim, aus dem er entstand, – dieses rätselhafte Nebeneinander scheint zu beweisen, daß in beiden Formen sich ein und derselbe Geist eingekörpert habe, bald klein, bald groß. Ein Stein, der plötzlich rollt, ist der Leib, in welchem ein Geist wirkt; liegt auf einsamer Heide ein Block, erscheint es unmöglich, an Menschenkraft zu denken, die ihn hierher gebracht habe, so muß also der Stein sich selbst hinbewegt haben, das heißt: er muß einen Geist beherbergen. Alles, was einen Leib hat, ist der Zauberei zugänglich, also auch die Naturgeister. Ist ein Gott geradezu an sein Bild gebunden, so kann man auch ganz direkten Zwang (durch Verweigerung der Opfernahrung, Geißeln, In-Fesseln-Legen und ähnliches) gegen ihn ausüben. Die geringen Leute in China umwinden, um die fehlende Gunst ihres Gottes zu ertrotzen, das Bild desselben, der sie in Stich gelassen hat, mit Stricken, reißen es nieder, schleifen es über die Straßen durch Lehm- und Düngerhaufen; »du Hund von einem Geiste« sagen sie, »wir ließen dich in einem prächtigen Tempel wohnen, wir vergoldeten dich hübsch, wir fütterten dich gut, wir brachten dir Opfer und doch bist du so undankbar.« Ähnliche Gewaltmaßregeln gegen Heiligen- und Muttergottesbilder, wenn sie etwa bei Pestilenzen oder Regenmangel ihre Schuldigkeit nicht tun wollten, sind noch während dieses Jahrhunderts in katholischen Ländern vorgekommen. Durch alle diese zauberischen Beziehungen zur Natur sind unzählige Zeremonien ins Leben gerufen: und endlich, wenn der Wirrwarr derselben zu groß geworden ist, bemüht man sich, sie zu ordnen, zu systematisieren, so daß man den günstigen Verlauf des gesamten Ganges der Natur, namentlich des großen Jahres-Kreislaufs, sich durch einen entsprechenden Verlauf eines Prozeduren-Systems zu verbürgen meint. Der Sinn des religiösen Kultus ist, die Natur zu menschlichem Vorteil zu bestimmen und zu bannen, also ihr eine *Gesetzlichkeit einzuprägen, die sie von vornherein nicht hat*; während in der jetzigen Zeit man die Gesetzlichkeit der Natur *erkennen* will, um sich in sie zu schicken. Kurz, der religiöse Kultus ruht auf den Vorstellungen der Zauberei zwischen Mensch und Mensch; und der Zauberer ist älter als der Priester. Aber *ebenso* ruht er auf anderen und edleren Vorstellungen; er setzt das sympathische Verhältnis von Mensch zu Mensch, das Dasein von Wohlwollen, Dankbarkeit, Erhörung Bittender, von Verträgen zwischen Feinden, von Verleihung der Unterpfänder, von Anspruch auf Schutz des Eigentums voraus. Der Mensch steht auch in sehr niederen Kulturstufen nicht der Natur als ohnmächtiger Sklave gegenüber, er ist *nicht* notwendig der willenlose Knecht derselben: auf der griechischen Stufe der Religion, besonders im Verhalten zu den olympischen Göttern, ist sogar an ein Zusammenleben von zwei Kasten, einer vornehmeren, mächtigeren und einer weniger vornehmen zu denken; aber beide gehören ihrer Herkunft nach irgendwie zusammen und sind *einer* Art, sie brauchen sich voreinander nicht zu schämen. Das ist das Vornehme in der griechischen Religiosität.

112

Beim Anblick gewisser antiker Opfergerätschaften. – Wie manche Empfindungen uns verlorengehen, ist zum Beispiel an der Vereinigung des Possenhaften, selbst des Obszönen mit dem religiösen Gefühl zu sehen:

die Empfindung für die Möglichkeit dieser Mischung schwindet, wir begreifen es nur noch historisch, daß sie existierte, bei den Demeter- und Dionysosfesten, bei den christlichen Osterspielen und Mysterien: aber auch wir kennen noch das Erhabene im Bunde mit dem Burlesken und dergleichen, das Rührende mit dem Lächerlichen verschmolzen: was vielleicht eine spätere Zeit auch nicht mehr verstehen wird.

113

Christentum als Altertum. – Wenn wir eines Sonntagmorgens die alten Glocken brummen hören, da fragen wir uns: ist es nur möglich! dies gilt einem vor zwei Jahrtausenden gekreuzigten Juden, welcher sagte, er sei Gottes Sohn. Der Beweis für eine solche Behauptung fehlt. – Sicherlich ist innerhalb unserer Zeiten die christliche Religion ein aus ferner Vorzeit hereinragendes Altertum, und daß man jene Behauptung glaubt – während man sonst so streng in der Prüfung von Ansprüchen ist –, ist vielleicht das älteste Stück dieses Erbes. Ein Gott, der mit einem sterblichen Weibe Kinder erzeugt; ein Weiser, der auffordert, nicht mehr zu arbeiten, nicht mehr Gericht zu halten, aber auf die Zeichen des bevorstehenden Weltuntergangs zu achten; eine Gerechtigkeit, die den Unschuldigen als stellvertretendes Opfer annimmt; jemand, der seine Jünger sein Blut trinken heißt; Gebete um Wundereingriffe; Sünden an einem Gott verübt, durch einen Gott gebüßt; Furcht vor einem Jenseits, zu welchem der Tod die Pforte ist; die Gestalt des Kreuzes als Symbol inmitten einer Zeit, welche die Bestimmung und die Schmach des Kreuzes nicht mehr kennt – wie schauerlich weht uns dies alles, wie aus dem Grabe uralter Vergangenheit an! Sollte man glauben, daß so etwas noch geglaubt wird?

114

Das Ungriechische im Christentum. – Die Griechen sahen über sich die homerischen Götter nicht als Herren und sich unter ihnen nicht als Knechte, wie die Juden. Sie sahen gleichsam nur das Spiegelbild der gelungensten Exemplare ihrer eignen Kaste, also ein Ideal, keinen Gegensatz des eignen Wesens. Man fühlt sich miteinander verwandt, es besteht ein gegenseitiges Interesse, eine Art Symmachie. Der Mensch denkt vornehm von sich, wenn er sich solche Götter gibt, und stellt sich in ein Verhältnis, wie das des niedrigeren Adels zum höheren ist; während die italischen Völker eine rechte Bauern-Religion haben, mit fortwährender Ängstlichkeit gegen böse und launische Machtinhaber und Quälgeister. Wo die olympischen Götter zurücktraten, da war auch das griechische Leben düsterer und ängstlicher. — Das Christentum dagegen zerdrückte und zerbrach den Menschen vollständig und versenkte ihn wie in tiefen Schlamm: in das Gefühl völliger Verworfenheit ließ es dann mit einem Male den Glanz eines göttlichen Erbarmens hineinleuchten, so daß der Überraschte, durch Gnade Betäubte, einen Schrei des Entzückens ausstieß und für einen Augenblick den ganzen Himmel in sich zu tragen glaubte. Auf diesen krankhaften Exzeß des Gefühls, auf die dazu nötige tiefe Kopf- und Herz-Korruption wirken alle psychologischen Empfindungen des Christentums hin: es will vernichten, zerbrechen, betäuben, berauschen, es will nur eins nicht: das *Maß*, und deshalb ist es im tiefsten Verstande barbarisch, asiatisch, unvornehm, ungriechisch.

115

Mit Vorteil religiös sein. — Es gibt nüchterne und gewerbstüchtige Leute, denen die Religion wie ein Saum höheren Menschentums angestickt ist: diese tun sehr wohl, religiös zu bleiben, es verschönert sie. — Alle Menschen, welche sich nicht auf irgendein Waffenhandwerk verstehen — Mund und Feder als Waffen eingerechnet —, werden servil: für solche ist die christliche Religion sehr nützlich, denn die Servilität nimmt darin den Anschein einer christlichen Tugend an und wird erstaunlich verschönert. — Leute, welchen ihr tägliches Leben zu leer und eintönig vorkommt, werden leicht religiös: dies ist begreiflich und verzeihlich; nur haben sie kein Recht, Religiosität von denen zu fordern, denen das tägliche Leben nicht leer und eintönig verfließt.

116

Der Alltags-Christ. — Wenn das Christentum mit seinen Sätzen vom rächenden Gotte, der allgemeinen Sündhaftigkeit, der Gnadenwahl und der Gefahr einer ewigen Verdammnis recht hätte, so wäre es ein

Zeichen von Schwachsinn und Charakterlosigkeit, *nicht* Priester, Apostel oder Einsiedler zu werden und mit Furcht und Zittern einzig am eignen Heile zu arbeiten; es wäre unsinnig, den ewigen Vorteil gegen die zeitliche Bequemlichkeit so aus dem Auge zu lassen. Vorausgesetzt, daß überhaupt *geglaubt* wird, so ist der Alltags-Christ eine erbärmliche Figur, ein Mensch, der wirklich nicht bis drei zählen kann, und der übrigens, gerade wegen seiner geistigen Unzurechnungsfähigkeit, es nicht verdiente, so hart bestraft zu werden, wie das Christentum ihm verheißt.

117

Von der Klugheit des Christentums. – Es ist ein Kunstgriff des Christentums, die völlige Unwürdigkeit, Sündhaftigkeit und Verächtlichkeit des Menschen überhaupt so laut zu lehren, daß die Verachtung der Mitmenschen dabei nicht mehr möglich ist. »Er mag sündigen, wie er wolle, er unterscheidet sich doch nicht wesentlich von mir: ich bin es, der in jedem Grade unwürdig und verächtlich ist«, so sagt sich der Christ. Aber auch dieses Gefühl hat seinen spitzigsten Stachel verloren, weil der Christ nicht an seine individuelle Verächtlichkeit glaubt: er ist böse als Mensch überhaupt und beruhigt sich ein wenig bei dem Satze: wir alle sind *einer* Art.

118

Personenwechsel. – Sobald eine Religion herrscht, hat sie alle die zu ihren Gegnern, welche ihre ersten Jünger gewesen wären.

119

Schicksal des Christentums. – Das Christentum entstand, um das Herz zu erleichtern; aber jetzt muß es das Herz erst beschweren, um es nachher erleichtern zu können. Folglich wird es zugrunde gehen.

120

Der Beweis der Lust. – Die angenehme Meinung wird als wahr angenommen: dies ist der Beweis der Lust (oder, wie die Kirche sagt, der Beweis der Kraft), auf welchen alle Religionen so stolz sind, während sie sich dessen doch schämen sollten. Wenn der Glaube nicht selig machte, so würde er nicht geglaubt werden: wie wenig wird er also wert sein!

121

Gefährliches Spiel. – Wer jetzt der religiösen Empfindung wieder in sich Raum gibt, der muß sie dann auch wachsen lassen, er kann nicht anders. Da verändert sich allmählich sein Wesen, es bevorzugt das dem religiösen Element Anhängende, Benachbarte, der ganze Umkreis des Urteilens und Empfindens wird umwölkt, mit religiösen Schatten überflogen. Die Empfindung kann nicht stillstehen; man nehme sich also in acht.

122

Die blinden Schüler. – Solange einer sehr gut die Stärke und Schwäche seiner Lehre, seiner Kunstart, seiner Religion kennt, ist deren Kraft noch gering. Der Schüler und Apostel, welcher für die Schwäche der Lehre, der Religion und so weiter, kein Auge hat, geblendet durch das Ansehen des Meisters und durch seine Pietät gegen ihn, hat deshalb gewöhnlich mehr Macht als der Meister. Ohne die blinden Schüler ist noch nie der Einfluß eines Mannes und seines Werkes groß geworden. Einer Erkenntnis zum Siege verhelfen heißt oft nur: sie so mit der Dummheit verschwistern, daß das Schwergewicht der letzteren auch den Sieg für die erstere erzwingt.

123

Abbruch der Kirchen. – Es ist nicht genug an Religion in der Welt, um die Religionen auch nur zu vernichten.

124

Sündlosigkeit des Menschen. – Hat man begriffen, wie »die Sünde in die Welt gekommen« ist, nämlich durch Irrtümer der Vernunft, vermöge deren die Menschen untereinander, ja der einzelne Mensch sich selbst für viel schwärzer und böser nimmt, als es tatsächlich der Fall ist, so wird die ganze Empfindung sehr erleichtert, und Menschen und Welt erscheinen mitunter in einer Glorie von Harmlosigkeit, daß es einem von Grund aus wohl dabei wird. Der Mensch ist inmitten der Natur immer das Kind an sich. Dies Kind träumt wohl einmal einen schweren beängstigenden Traum, wenn es aber die Augen aufschlägt, so sieht es sich immer wieder im Paradiese.

125

Irreligiosität der Künstler. – Homer ist unter seinen Göttern so zu Hause und hat als Dichter ein solches Behagen an ihnen, daß er jedenfalls tief unreligiös gewesen sein muß; mit dem, was der Volksglaube ihm entgegenbrachte – einen dürftigen, rohen, zum Teil schauerlichen Aberglauben –, verkehrte er so frei, wie der Bildhauer mit seinem Ton, also mit derselben Unbefangenheit, welche Äschylus und Aristophanes besaßen und durch welche sich in neuerer Zeit die großen Künstler der Renaissance, sowie Shakespeare und Goethe auszeichneten.

126

Kunst und Kraft der falschen Interpretation. – Alle die Visionen, Schrecken, Ermattungen, Entzückungen des Heiligen sind bekannte Krankheits-Zustände, welche von ihm, auf Grund eingewurzelter religiöser und psychologischer Irrtümer, nur ganz anders, nämlich nicht als Krankheiten, *gedeutet* werden. – So ist vielleicht auch das Dämonion des Sokrates ein Ohrenleiden, das er sich gemäß seiner herrschenden moralischen Denkungsart nur anders, als es jetzt geschehen würde, *auslegt*. Nicht anders steht es mit dem Wahnsinn und Wahnreden der Propheten und Orakelpriester; es ist immer der Grad von Wissen, Phantasie, Bestrebung, Moralität in Kopf und Herz der *Interpreten*, welcher daraus so viel *gemacht* hat. Zu den größten Wirkungen *der* Menschen, welche man Genies und Heilige nennt, gehört es, daß sie sich Interpreten erzwingen, welche sie zum Heile der Menschheit *mißverstehen*.

127

Verehrung des Wahnsinns. – Weil man bemerkte, daß eine Erregung häufig den Kopf heller machte und glückliche Einfälle hervorrief, so meinte man, durch die höchsten Erregungen werde man der glücklichsten Einfälle und Eingebungen teilhaftig: und so verehrte man den

Wahnsinnigen als den Weisen und Orakelgebenden. Hier liegt ein falscher Schluß zugrunde.

128

Verheißungen der Wissenschaft. — Die moderne Wissenschaft hat als Ziel: so wenig Schmerz wie möglich, so lange leben wie möglich — also eine Art von ewiger Seligkeit, freilich eine sehr bescheidene im Vergleich mit den Verheißungen der Religionen.

129

Verbotene Freigebigkeit. — Es ist nicht genug Liebe und Güte in der Welt, um noch davon an eingebildete Wesen wegschenken zu dürfen.

130

Fortleben des religiösen Kultus im Gemüt. — Die katholische Kirche, und vor ihr aller antike Kultus, beherrschte das ganze Bereich von Mitteln, durch welche der Mensch in ungewöhnliche Stimmungen versetzt wird und der kalten Berechnung des Vorteils oder dem reinen Vernunft-Denken entrissen wird. Eine durch tiefe Töne erzitternde Kirche, dumpfe, regelmäßige, zurückhaltende Anrufe einer priesterlichen Schar, welche ihre Spannung unwillkürlich auf die Gemeinde überträgt und sie fast angstvoll lauschen läßt, wie als wenn eben ein Wunder sich vorbereitete, der Anhauch der Architektur, welche als Wohnung einer Gottheit sich ins Unbestimmte ausreckt und in allen dunklen Räumen das Sich-Regen derselben fürchten läßt, — wer wollte solche Vorgänge den Menschen zurückbringen, wenn die Voraussetzungen dazu nicht mehr geglaubt werden? Aber die Resultate von dem allen sind trotzdem nicht verloren: die innere Welt der erhabenen, gerührten, ahnungsvollen, tiefzerknirschten, hoffnungsseligen Stimmungen ist den Menschen vornehmlich durch den Kultus eingeboren worden; was jetzt davon in der Seele existiert, wurde damals, als er keimte, wuchs und blühte, großgezüchtet.

131

Religiöse Nachwehen. — Glaubt man sich noch so sehr der Religion entwöhnt zu haben, so ist es doch nicht in dem Grade geschehen, daß man nicht Freude hätte, religiösen Empfindungen und Stimmungen ohne begrifflichen Inhalt zu begegnen, zum Beispiel in der Musik; und wenn eine Philosophie uns die Berechtigung von metaphysischen Hoffnungen, von dem dorther zu erlangenden tiefen Frieden der Seele aufzeigt und zum Beispiel von »dem ganzen sichern Evangelium im Blick der Madonnen bei Raffael« spricht, so kommen wir solchen Aussprüchen und Darlegungen mit besonders herzlicher Stimmung entgegen: der Philosoph hat es hier leichter, zu beweisen, er entspricht mit dem, was er geben will, einem Herzen, welches gern nehmen will. Daran bemerkt man, wie die weniger bedachtsamen Freigeister eigentlich nur an den Dogmen Anstoß nehmen, aber recht wohl den Zauber der religiösen Empfindung kennen; es tut ihnen wehe, letztere fahren zu lassen, um der ersteren willen. – Die wissenschaftliche Philosophie muß sehr auf der Hut sein, nicht auf Grund jenes Bedürfnisses – eines gewordenen und folglich auch vergänglichen Bedürfnisses – Irrtümer einzuschmuggeln: selbst Logiker sprechen von »Ahnungen« der Wahrheit in Moral und Kunst (zum Beispiel von der Ahnung, »daß das Wesen der Dinge eins ist«): was ihnen doch verboten sein sollte. Zwischen den sorgsam erschlossenen Wahrheiten und solchen »geahnten« Dingen bleibt unüberbrückbar die Kluft, daß jene dem Intellekt, diese dem Bedürfnis verdankt werden. Der Hunger beweist nicht, daß es zu seiner Sättigung eine Speise *gibt*, aber er wünscht die Speise. »Ahnen« bedeutet nicht das Dasein einer Sache in irgendeinem Grade erkennen, sondern dasselbe für möglich halten, insofern man sie wünscht oder fürchtet; die »Ahnung« trägt keinen Schritt weit ins Land der Gewißheit. – Man glaubt unwillkürlich, die religiös gefärbten Abschnitte einer Philosophie seien besser bewiesen als die anderen; aber es ist im Grunde umgekehrt, man hat nur den inneren Wunsch, daß es so sein *möge*, – also daß das Beseligende auch das Wahre sei. Dieser Wunsch verleitet uns, schlechte Gründe als gute einzukaufen.

132

Von dem christlichen Erlösungsbedürfnis. – Bei sorgsamer Überlegung muß es möglich sein, dem Vorgang in der Seele eines Christen, welchen man Erlösungsbedürfnis nennt, eine Erklärung abzugewinnen, die frei von Mythologie ist: also eine rein psychologische. Bis jetzt sind freilich die psychologischen Erklärungen religiöser Zustände und Vorgänge in einigem Verrufe gewesen, insoweit eine sich frei nennende Theologie auf diesem Gebiete ihr unersprießliches Wesen trieb: denn bei ihr war es von vornherein, so wie es der Geist ihres Stifters, Schleiermachers, vermuten läßt, auf die Erhaltung der christlichen Religion und das Fortbestehen der christlichen Theologie abgesehn; als welche in der psychologischen Analysis der religiösen »Tatsachen« einen neuen Ankergrund und vor allem eine neue Beschäftigung gewinnen sollten. Unbeirrt von solchen Vorgängern wagen wir folgende Auslegung des bezeichneten Phänomens. – Der Mensch ist sich gewisser Handlungen bewußt, welche in der gebräuchlichen Rangordnung der Handlungen tief stehen, ja er entdeckt in sich einen Hang zu dergleichen Handlungen, der ihm fast so unveränderlich wie sein ganzes Wesen erscheint. Wie gern versuchte er sich in jener andern Gattung von Handlungen, welche in der allgemeinen Schätzung als die obersten und höchsten anerkannt sind, wie gern fühlte er sich voll des guten Bewußtseins, welches einer selbstlosen Denkweise folgen soll! Leider aber bleibt es eben bei diesem Wunsche: die Unzufriedenheit darüber, demselben nicht genügen zu können, kommt zu allen übrigen Arten von Unzufriedenheit hinzu, welche sein Lebenslos überhaupt oder die Folgen jener böse genannten Handlungen in ihm erregt haben; so daß eine tiefe Verstimmung entsteht, mit dem Ausblick nach einem Arzte, der diese und alle ihre Ursachen zu heben vermöchte. – Dieser Zustand würde nicht so bitter empfunden werden, wenn der Mensch sich nur mit anderen Menschen unbefangen vergliche: dann nämlich hätte er keinen Grund, mit sich in einem besondern Maße unzufrieden zu sein, er trüge eben nur an der allgemeinen Last der menschlichen Unbefriedigung und Unvollkommenheit. Aber er vergleicht sich mit einem Wesen, welches allein jener Handlungen fähig ist, die unegoistisch genannt werden, und im fortwährenden Bewußtsein einer selbstlosen Denkweise lebt, mit Gott; dadurch daß er in diesen hellen Spiegel schaut, erscheint ihm sein Wesen so trübe, so ungewöhnlich verzerrt. Sodann ängstigt ihn der Gedanke an dasselbe Wesen, insofern dieses als strafende Gerechtigkeit vor seiner Phantasie schwebt: in allen möglichen kleinen und großen Erlebnissen glaubt er seinen Zorn, seine Drohungen zu erkennen, ja die Geißelschläge seines

Richter- und Henkertums schon vorzuempfinden. Wer hilft ihm in dieser Gefahr, welche durch den Hinblick auf eine unermeßliche Zeitdauer der Strafe an Gräßlichkeit alle anderen Schrecknisse der Vorstellung überbietet?

133

Bevor wir diesen Zustand in seinen weiteren Folgen uns vorlegen, wollen wir uns doch eingestehen, daß der Mensch in diesen Zustand nicht durch seine »Schuld« und »Sünde«, sondern durch eine Reihe von Irrtümern der Vernunft geraten ist, daß es der Fehler des Spiegels war, wenn ihm sein Wesen in jenem Grade dunkel und hassenswert vorkam, und daß jener Spiegel *sein* Werk, das sehr unvollkommene Werk der menschlichen Phantasie und Urteilskraft war. Erstens ist ein Wesen, welches einzig rein unegoistischer Handlungen fähig wäre, noch fabelhafter als der Vogel Phönix; es ist deutlich nicht einmal vorzustellen, schon deshalb, weil der ganze Begriff »unegoistische Handlung« bei strenger Untersuchung in die Luft verstiebt. Nie hat ein Mensch etwas getan, das allein für andere und ohne jeden persönlichen Beweggrund getan wäre; ja wie sollte er etwas tun *können*, das ohne Bezug zu ihm wäre, also ohne innere Nötigung (welche ihren Grund doch in einem persönlichen Bedürfnis haben müßte)? Wie vermöchte das *ego* ohne *ego* zu handeln? – Ein Gott, der dagegen *ganz* Liebe ist, wie gelegentlich angenommen wird, wäre keiner einzigen unegoistischen Handlung fähig: wobei man sich an einen Gedanken Lichtenbergs, der freilich einer etwas niedrigeren Sphäre entnommen ist, erinnern sollte: »Wir können unmöglich für andere *fühlen*, wie man zu sagen pflegt; wir fühlen nur für uns. Der Satz klingt hart, er ist es aber nicht, wenn er nur recht verstanden wird. Man liebt weder Vater, noch Mutter, noch Frau, noch Kind, sondern die angenehmen Empfindungen, die sie uns machen«, oder wie Larochefoucauld sagt: »*si on croit aimer sa maîtresse pour l'amour d'elle, on est bien trompé.*« Weshalb Handlungen der Liebe höher *geschätzt* werden als andere, nämlich nicht ihres Wesens, sondern ihrer Nützlichkeit halber, darüber vergleiche man die schon vorher erwähnten Untersuchungen »über den Ursprung der moralischen Empfindungen«. Sollte aber ein Mensch wünschen, ganz wie jener Gott Liebe zu sein, alles für andere, nichts für sich zu tun, zu wollen, so ist letzteres schon deshalb unmöglich, weil er *sehr viel* für sich tun muß, um überhaupt anderen etwas zuliebe tun zu können. Sodann setzt es voraus, daß der andre Egoist genug ist, um jene Opfer, jenes Leben für ihn, immer und immer wieder anzunehmen: so daß die Menschen der Liebe und Aufopferung ein Interesse an dem Fortbestehen der liebelosen und aufopferungsunfähigen Egoisten haben, und die höchste Moralität, um bestehn zu können, förmlich die Existenz der Unmoralität *erzwingen* müßte (wodurch sie sich freilich selber aufheben würde). – Weiter: die Vorstellung eines Gottes beunruhigt und demütigt so lange, als sie geglaubt wird, aber wie sie *entstanden* ist, darüber kann bei dem jetzigen Stande der völkervergleichenden Wissenschaft kein Zweifel mehr sein; und mit der Einsicht in diese Entstehung fällt jener Glaube dahin. Es geht dem Christen, welcher sein Wesen mit dem Gottes vergleicht, so wie dem Don Quixote, der seine eigene Tapferkeit unterschätzt, weil er die Wundertaten der Helden aus den Ritterromanen im Kopfe hat: der Maßstab, mit welchem in beiden Fällen gemessen wird, gehört ins Reich der Fabel. Fällt aber die Vorstellung Gottes weg, so auch das Gefühl der »Sünde« als eines Vergehens gegen göttliche Vorschriften, als eines Fleckens an einem gottgeweihten Geschöpfe. Dann bleibt wahrscheinlich noch jener Unmut übrig, welcher mit der Furcht vor Strafen der weltlichen Gerechtigkeit oder vor der Mißachtung der Menschen sehr verwachsen und verwandt ist; der Unmut der Gewissensbisse, der schärfste Stachel im Gefühl der Schuld ist immerhin abgebrochen, wenn man einsieht, daß man sich durch seine Handlungen wohl gegen menschliches Herkommen, menschliche Satzungen und Ordnungen vergangen habe, aber damit noch nicht das »ewige Heil der Seele« und ihre Beziehung zur Gottheit gefährdet habe. Gelingt es dem Menschen zuletzt noch, die philosophische Überzeugung von der unbedingten Notwendigkeit aller Handlungen und ihrer völligen Unverantwortlichkeit zu gewinnen und in Fleisch und Blut aufzunehmen, so verschwindet auch jener Rest von Gewissensbissen.

134

Ist nun der Christ, wie gesagt, durch einige Irrtümer in das Gefühl der Selbstverachtung geraten, also durch eine falsche unwissenschaftliche Auslegung seiner Handlungen und Empfindungen, so muß er mit höchstem Erstaunen bemerken, wie jener Zustand der Verachtung, der Gewissensbisse, der Unlust überhaupt, nicht anhält, wie gelegentlich Stunden kommen, wo ihm dies alles von der Seele weggeweht ist und er sich wieder frei und mutig fühlt. In Wahrheit hat die Lust an sich selber, das Wohlbehagen an der eigenen Kraft, im Bunde mit der notwendigen Abschwächung jeder tiefen Erregung den Sieg davongetragen: der Mensch liebt sich wieder, er fühlt es, – aber gerade diese Liebe, diese neue Selbstschätzung kommt ihm unglaublich vor, er kann in ihr allein das gänzlich unverdiente Herabströmen eines Gnadenglanzes von oben sehen. Wenn er früher in allen Begebnissen Warnungen, Drohungen, Strafen und jede Art von Anzeichen des göttlichen Zornes zu erblicken glaubte, so *deutet* er jetzt in seine Erfahrungen die göttliche Güte *hinein:* dies Ereignis kommt ihm liebevoll, jenes wie ein hilfreicher Fingerzeig, ein drittes und namentlich seine ganze freudige Stimmung als Beweis vor, daß Gott gnädig sei. Wie er früher im Zustande des Unmutes namentlich seine Handlungen falsch ausdeutete, so jetzt namentlich seine Erlebnisse; die getröstete Stimmung faßt er als Wirkung einer außer ihm waltenden Macht auf, die Liebe, mit der er sich im Grunde selbst liebt, erscheint als göttliche Liebe; das, was er Gnade und Vorspiel der Erlösung nennt, ist in Wahrheit Selbstbegnadigung, Selbsterlösung.

135

Also: eine bestimmte falsche Psychologie, eine gewisse Art von Phantastik in der Ausdeutung der Motive und Erlebnisse ist die notwendige Voraussetzung davon, daß einer zum Christen werde und das Bedürfnis der Erlösung empfinde. Mit der Einsicht in diese Verirrung der Vernunft und Phantasie hört man auf, Christ zu sein.

136

Von der christlichen Askese und Heiligkeit. – So sehr einzelne Denker sich bemüht haben, in den seltenen Erscheinungen der Moralität, welche man Askese und Heiligkeit zu nennen pflegt, ein Wunderding hinzustellen, dem die Leuchte einer vernünftigen Erklärung ins Gesicht zu halten beinahe schon Frevel und Entweihung sei: so stark ist hinwiederum die Verführung zu diesem Frevel. Ein mächtiger Antrieb der *Natur* hat zu allen Zeiten dazu geführt, gegen jene Erscheinungen überhaupt zu protestieren; die Wissenschaft, insofern sie, wie früher gesagt, eine Nachahmung der Natur ist, erlaubt sich wenigstens gegen die behauptete Unerklärbarkeit, ja Unnahbarkeit derselben Einsprache zu erheben. Freilich gelang es ihr bis jetzt nicht: jene Erscheinungen sind immer noch unerklärt, zum großen Vergnügen der erwähnten Verehrer des Moralisch-Wunderbaren. Denn, allgemein gesprochen: das Unerklärte soll durchaus unerklärlich, das Unerklärliche durchaus unnatürlich, übernatürlich, wunderhaft sein – so lautet die Forderung in den Seelen aller Religiösen und Metaphysiker (auch der Künstler, falls sie zugleich Denker sind); während der wissenschaftliche Mensch in dieser Forderung das »böse Prinzip« sieht. – Die allgemeine erste Wahrscheinlichkeit, auf welche man bei Betrachtung von Heiligkeit und Askese zuerst gerät, ist diese, daß ihre Natur eine *komplizierte* ist: denn fast überall, innerhalb der physischen Welt sowohl wie in der moralischen, hat man mit Glück das angeblich Wunderbare auf das Komplizierte, mehrfach Bedingte zurückgeführt. Wagen wir es also, einzelne Antriebe in der Seele der Heiligen und Asketen zunächst zu isolieren und zum Schluß sie ineinander uns verwachsen zu denken.

137

Es gibt einen *Trotz gegen sich selbst*, zu dessen sublimiertesten Äußerungen manche Formen der Askese gehören. Gewisse Menschen haben nämlich ein so hohes Bedürfnis, ihre Gewalt und Herrschsucht auszuüben, daß sie, in Ermangelung anderer Objekte oder weil es ihnen sonst immer mißlungen ist, endlich darauf verfallen, gewisse Teile ihres eigenen Wesens, gleichsam Ausschnitte oder Stufen ihrer selbst, zu tyrannisieren. So bekennt sich mancher Denker zu Ansichten, welche ersichtlich nicht dazu dienen, seinen Ruf zu vermehren oder zu verbessern; mancher beschwört förmlich die Mißachtung anderer auf sich herab, während er es leicht hätte, durch Stillschweigen ein geachteter Mann zu bleiben; andere widerrufen frühere Meinungen und scheuen es nicht, fürderhin inkonsequent genannt zu werden: im Gegenteil, sie bemühen sich darum und benehmen sich wie übermütige Reiter, welche das Pferd, erst wenn es wild geworden, mit Schweiß bedeckt, scheu geworden ist, am liebsten mögen. So steigt der Mensch auf gefährlichen Wegen in die höchsten Gebirge, um über seine Ängstlichkeit und seine schlotternden Knie hohnzulachen; so bekennt sich der Philosoph zu Ansichten der Askese, Demut und Heiligkeit, in deren Glanze sein eigenes Bild auf das ärgste verhäßlicht wird. Dieses Zerbrechen seiner selbst, dieser Spott über die eigene Natur, dieses *spernere se sperni*, aus dem die Religionen so viel gemacht haben, ist eigentlich ein sehr hoher Grad der Eitelkeit. Die ganze Moral der Bergpredigt gehört hierher: der Mensch hat eine wahre Wollust darin, sich durch übertriebene Ansprüche zu vergewaltigen und dieses tyrannisch fordernde etwas in seiner Seele nachher zu vergöttern. In jeder asketischen Moral betet der Mensch einen Teil von sich als Gott an und hat dazu nötig, den übrigen Teil zu diabolisieren. –

138

Der Mensch ist nicht zu allen Stunden gleich moralisch, dies ist bekannt: beurteilt man seine Moralität nach der Fähigkeit zu großer aufopfernder Entschließung und Selbstverleugnung (welche, dauernd und zur Gewohnheit geworden, Heiligkeit ist), so ist er im *Affekt* am moralischsten; die höhere Erregung reicht ihm ganz neue Motive dar, welcher er, nüchtern und kalt wie sonst, vielleicht nicht einmal fähig zu sein glaubte. Wie kommt dies? Wahrscheinlich aus der Nachbarschaft alles Großen und Hocherregenden; ist der Mensch einmal in eine außerordentliche Spannung gebracht, so kann er ebensowohl zu einer furchtbaren Rache, als zu einer furchtbaren Brechung seines Rachebedürfnisses sich entschließen. Er will unter dem Einflusse der gewaltigen Emotion jedenfalls das Große, Gewaltige, Ungeheure, und wenn er zufällig merkt, daß ihm die Aufopferung seiner selbst ebenso oder noch mehr genugtut, als die Opferung des anderen, so wählt er sie. Eigentlich liegt ihm also nur an der Entladung seiner Emotion; da faßt er wohl, um seine Spannung zu erleichtern, die Speere der Feinde zusammen und begräbt sie in seine Brust. Daß in der Selbstverleugnung, und nicht nur in der Rache, etwas Großes liege, mußte der Menschheit erst in langer Gewöhnung anerzogen werden; eine Gottheit, welche sich selbst opfert, war das stärkste, wirkungsvollste Symbol dieser Art von Größe. Als die Besiegung des schwerst zu besiegenden Feindes, die plötzliche Bemeisterung eines Affektes – als dies *erscheint* diese Verleugnung; und insofern gilt sie als der Gipfel des Moralischen. In Wahrheit handelt es sich bei ihr um die Vertauschung der einen Vorstellung mit der andern, während das Gemüt seine gleiche Höhe, seinen gleichen Flutstand behält. Ernüchterte, vom Affekt ausruhende Menschen verstehen die Moralität jener Augenblicke nicht mehr, aber die Bewunderung aller, die jene miterlebten, hält sie aufrecht; der Stolz ist ihr Trost, wenn der Affekt und das Verständnis ihrer Tat weicht. Also: im Grunde sind auch jene Handlungen der Selbstverleugnung nicht moralisch, insofern sie nicht streng in Hinsicht auf andere getan sind; vielmehr gibt der andere dem hochgespannten Gemüte nur eine Gelegenheit, sich zu erleichtern, durch jene Verleugnung.

139

In mancher Hinsicht sucht sich auch der Asket das Leben leicht zu machen: und zwar gewöhnlich durch die vollkommene Unterordnung unter einen fremden Willen oder unter ein umfängliches Gesetz und Ritual; etwa in der Art, wie der Brahmane durchaus nichts seiner eigenen Bestimmung überläßt und sich in jeder Minute durch eine heilige Vorschrift bestimmt. Diese Unterordnung ist ein mächtiges Mittel, um über sich Herr zu werden; man ist beschäftigt, also ohne Langeweile, und hat doch keine Anregung des Eigenwillens und der Leidenschaft dabei; nach vollbrachter Tat fehlt das Gefühl der Verantwortung und damit die Qual der Reue. Man hat ein für allemal auf eigenen Willen verzichtet, und dies ist leichter, als nur gelegentlich einmal zu verzichten; so wie es auch leichter ist, einer Begierde ganz zu entsagen, als in ihr Maß zu halten. Wenn wir uns der jetzigen Stellung des Mannes zum Staate erinnern, so finden wir auch da, daß der unbedingte Gehorsam bequemer ist, als der bedingte. Der Heilige also erleichtert sich durch jenes völlige Aufgeben der Persönlichkeit sein Leben, und man täuscht sich, wenn man in jenem Phänomen das höchste Heldenstück der Moralität bewundert. Es ist in jedem Falle schwerer, seine Persönlichkeit ohne Schwanken und Unklarheit durchzusetzen, als sich von ihr in der erwähnten Weise zu lösen; überdies verlangt es viel mehr Geist und Nachdenken.

140

Nachdem ich in vielen der schwerer erklärbaren Handlungen Äußerungen jener Lust an der *Emotion an sich* gefunden habe, möchte ich auch in betreff der Selbstverachtung, welche zu den Merkmalen der Heiligkeit gehört, und ebenso in den Handlungen der Selbstquälerei (durch Hunger und Geißelschläge, Verrenkungen der Glieder, Erheuchelung des Wahnsinns) ein Mittel erkennen, durch welches jene Naturen gegen die allgemeine Ermüdung ihres Lebenswillens (ihrer Nerven) ankämpfen: sie bedienen sich der schmerzhaftesten Reizmittel und Grausamkeiten, um für Zeiten wenigstens aus jener Dumpfheit und Langeweile aufzutauchen, in welche ihre große geistige Indolenz und jene geschilderte Unterordnung unter einen fremden Willen sie so häufig verfallen läßt.

141

Das gewöhnlichste Mittel, welches der Asket und Heilige anwendet, um sich das Leben doch noch erträglich und unterhaltend zu machen, besteht in gelegentlichem Kriegführen und in dem Wechsel von Sieg und Niederlage. Dazu braucht er einen Gegner und findet ihn in dem sogenannten »inneren Feinde«. Namentlich nützt er seinen Hang zur Eitelkeit, Ehr- und Herrschsucht, sodann seine sinnlichen Begierden aus, um sein Leben wie eine fortgesetzte Schlacht und sich wie ein Schlachtfeld ansehen zu dürfen, auf dem gute und böse Geister mit wechselndem Erfolge ringen. Bekanntlich wird die sinnliche Phantasie durch die Regelmäßigkeit des geschlechtlichen Verkehrs gemäßigt, ja fast unterdrückt, umgekehrt durch Enthaltsamkeit oder Unordnung im Verkehre entfesselt und wüst. Die Phantasie vieler christlichen Heiligen war in ungewöhnlichem Maße schmutzig; vermöge jener Theorie, daß diese Begierden wirkliche Dämonen seien, die in ihnen wüteten, fühlten sie sich nicht allzusehr verantwortlich dabei; diesem Gefühle verdanken wir die so belehrende Aufrichtigkeit ihrer Selbstzeugnisse.

Es war in ihrem Interesse, daß dieser Kampf in irgendeinem Grade immer unterhalten wurde, weil durch ihn, wie gesagt, ihr ödes Leben unterhalten wurde. Damit der Kampf aber wichtig genug erscheine, um andauernde Teilnahme und Bewunderung bei den Nicht-Heiligen zu erregen, mußte die Sinnlichkeit immer mehr verketzert und gebrandmarkt werden, ja die Gefahr ewiger Verdammnis wurde so eng an diese Dinge geknüpft, daß höchstwahrscheinlich durch ganze Zeitalter hindurch die Christen mit bösem Gewissen Kinder zeugten; wodurch gewiß der Menschheit ein großer Schade angetan worden ist. Und doch steht hier die Wahrheit ganz auf dem Kopfe: was für die Wahrheit besonders unschicklich ist. Zwar hatte das Christentum gesagt: jeder Mensch sei in Sünden empfangen und geboren, und im unausstehlichen Superlativ-Christentum des Calderon hatte sich dieser Gedanke noch einmal zusammengeknotet und verschlungen, so daß er die verdrehteste Paradoxie wagte, die es gibt, in dem bekannten Verse:

> die größte Schuld des Menschen
> ist, daß er geboren ward.

In allen pessimistischen Religionen wird der Zeugungsakt als schlecht an sich empfunden, aber keineswegs ist diese Empfindung eine allgemein-menschliche, selbst nicht einmal das Urteil aller Pessimisten ist sich hierin gleich. Empedokles zum Beispiel weiß gar nichts vom Beschämenden, Teuflischen, Sündhaften in allen erotischen Dingen; er sieht vielmehr auf der großen Wiese des Unheils eine einzige heil- und hoffnungsvolle Erscheinung, die Aphrodite; sie gilt ihm als Bürgschaft, daß der Streit nicht ewig herrschen, sondern einem milderen Dämon einmal das Szepter überreichen werde. Die christlichen Pessimisten der Praxis hatten, wie gesagt, ein Interesse daran, daß eine andere Meinung in der Herrschaft blieb; sie brauchten für die Einsamkeit und die geistige Wüstenei ihres Lebens einen immer lebendigen Feind: und einen allgemein anerkannten Feind, durch dessen Bekämpfung und Überwältigung sie dem Nicht-Heiligen sich immer von neuem wieder als halb unbegreifliche, übernatürliche Wesen darstellten. Wenn dieser Feind endlich, infolge ihrer Lebensweise und ihrer zerstörten Gesundheit, die Flucht für immer ergriff, so verstanden sie es sofort, ihr Inneres mit neuen Dämonen bevölkert zu *sehen*. Das Auf-

und Niederschwanken der Waagschalen Hochmut und Demut unterhielt ihre grübelnden Köpfe so gut wie der Wechsel von Begierde und Seelenruhe. Damals diente die Psychologie dazu, alles Menschliche nicht nur zu verdächtigen, sondern zu lästern, zu geißeln, zu kreuzigen; man *wollte* sich möglichst schlecht und böse finden, man suchte die Angst um das Heil der Seele, die Verzweiflung an der eignen Kraft. Alles Natürliche, an welches der Mensch die Vorstellung des Schlechten, Sündhaften anhängt (wie er es zum Beispiel noch jetzt in betreff des Erotischen gewöhnt ist), belästigt, verdüstert die Phantasie, gibt einen scheuen Blick, läßt den Menschen mit sich selber hadern und macht ihn unsicher und vertrauenslos; selbst seine Träume bekommen einen Beigeschmack des gequälten Gewissens. Und doch ist dieses Leiden am Natürlichen in der Realität der Dinge völlig unbegründet: es ist nur die Folge von Meinungen *über* die Dinge. Man erkennt leicht, wie die Menschen dadurch schlechter werden, daß sie das Unvermeidlich-Natürliche als schlecht bezeichnen und später immer als so beschaffen empfinden. Es ist der Kunstgriff der Religion und jener Metaphysiker, welche den Menschen als böse und sündhaft von Natur wollen, ihm die Natur zu verdächtigen und so ihn selber schlecht zu *machen*: denn so lernt er sich als schlecht empfinden, da er das Kleid der Natur nicht ausziehen kann. Allmählich fühlt er sich, bei einem langen Leben im Natürlichen, von einer solchen Last von Sünden bedrückt, daß übernatürliche Mächte nötig werden, um diese Last heben zu können; und damit ist das schon besprochene Erlösungsbedürfnis auf den Schauplatz getreten, welches gar keiner wirklichen, sondern nur einer eingebildeten Sündhaftigkeit entspricht. Man gehe die einzelnen moralischen Aufstellungen der Urkunden des Christentums durch und man wird überall finden, daß die Anforderungen überspannt sind, damit der Mensch ihnen nicht genügen *könne;* die Absicht ist nicht, daß er moralischer *werde,* sondern daß er sich *möglichst sündhaft* fühle. Wenn dem Menschen dies Gefühl nicht *angenehm* gewesen wäre, – wozu hätte er eine solche Vorstellung erzeugt und sich so lange an sie gehängt? Wie in der antiken Welt eine unermeßliche Kraft von Geist und Erfindungsgabe verwendet worden ist, um die Freude am Leben durch festliche Kulte zu mehren: so ist in der Zeit des Christentums ebenfalls unermeßlich viel Geist einem anderen

Streben geopfert worden: der Mensch sollte auf alle Weise sich sündhaft fühlen und dadurch überhaupt erregt, belebt, beseelt werden. Erregen, beleben, beseelen, um jeden Preis — ist das nicht das Losungswort einer erschlafften, überreifen, überkultivierten Zeit? Der Kreis
aller natürlichen Empfindungen war hundertmal durchlaufen, die
Seele war ihrer müde geworden: da erfanden der Heilige und der
Asket eine neue Gattung von Lebensreizen. Sie stellten sich vor aller
Augen hin, nicht eigentlich zur Nachahmung für viele, sondern als
schauderhaftes und doch entzückendes Schauspiel, welches an jenen
Grenzen zwischen Welt und Überwelt aufgeführt werde, wo jeder-
mann damals bald himmlische Lichtblicke, bald unheimliche, aus der
Tiefe lodernde Flammenzungen zu erblicken glaubte. Das Auge des
Heiligen, hingerichtet auf die in jedem Betracht furchtbare Bedeutung
des kurzen Erdenlebens, auf die Nähe der letzten Entscheidung über
endlose neue Lebensstrecken, dies verkohlende Auge, in einem halb
vernichteten Leibe, machte die Menschen der alten Welt bis in alle
Tiefen erzittern; hinblicken, schaudernd wegblicken, von neuem den
Reiz des Schauspiels spüren, ihm nachgeben, sich an ihm ersättigen,
bis die Seele in Glut und Fieberfrost erbebt, — das war die letzte *Lust,
welche das Altertum erfand*, nachdem es selbst gegen den Anblick von
Tier- und Menschenkämpfen stumpf geworden war.

142

Um das Gesagte zusammenzufassen: jener Seelenzustand, dessen sich
der Heilige oder Heiligwerdende erfreut, setzt sich aus Elementen zusammen, welche wir alle recht wohl kennen, nur daß sie sich unter
dem Einfluß anderer als religiöser Vorstellungen anders gefärbt zeigen
und dann den Tadel der Menschen ebenso stark zu erfahren pflegen,
wie sie, in jener Verbrämung mit Religion und letzter Bedeutsamkeit
des Daseins, auf Bewunderung, ja Anbetung rechnen dürfen, — mindestens in früheren Zeiten rechnen durften. Bald übt der Heilige jenen
Trotz gegen sich selbst, der ein naher Verwandter der Herrschsucht ist
und auch dem Einsamsten noch das Gefühl der Macht gibt; bald
springt seine angeschwellte Empfindung aus dem Verlangen, seine
Leidenschaften dahinschießen zu lassen, über in das Verlangen, sie

wie wilde Rosse zusammenstürzen zu machen, unter dem mächtigen Druck einer stolzen Seele; bald will er ein völliges Aufhören aller störenden, quälenden, reizenden Empfindungen, einen wachen Schlaf, ein dauerndes Ausruhen im Schoße einer dumpfen, tier- und pflanzenhaften Indolenz; bald sucht er den Kampf und entzündet ihn in sich, weil ihm die Langeweile ihr gähnendes Gesicht entgegenhält: er geißelt seine Selbstvergötterung mit Selbstverachtung und Grausamkeit, er freut sich an dem wilden Aufruhr seiner Begierden, an dem scharfen Schmerz der Sünde, ja an der Vorstellung des Verlorenseins, er versteht es, seinem Affekt, zum Beispiel dem der äußersten Herrschsucht, einen Fallstrick zu legen, so daß er in den der äußersten Erniedrigung übergeht und seine aufgehetzte Seele durch diesen Kontrast aus allen Fugen gerissen wird; und zuletzt wenn es ihn gar nach Visionen, Gesprächen mit Toten oder göttlichen Wesen gelüstet, so ist es im Grunde eine seltene Art von Wollust, welche er begehrt, aber vielleicht jene Wollust, in der alle anderen in einen Knoten zusammengeschlungen sind. Novalis, eine der Autoritäten in Fragen der Heiligkeit durch Erfahrung und Instinkt, spricht das ganze Geheimnis einmal mit naiver Freude aus: »Es ist wunderbar genug, daß nicht längst die Assoziation von Wollust, Religion und Grausamkeit die Menschen aufmerksam auf ihre innige Verwandtschaft und gemeinschaftliche Tendenz gemacht hat.«

143

Nicht das, was der Heilige *ist*, sondern das, was er in den Augen der Nicht-Heiligen *bedeutet*, gibt ihm seinen welthistorischen Wert. Dadurch, daß man sich über ihn irrte, daß man seine Seelenzustände falsch auslegte und ihn von sich so stark als möglich abtrennte, als etwas durchaus Unvergleichliches und Fremdartig-Übermenschliches: dadurch gewann er die außerordentliche Kraft, mit welcher er die Phantasie ganzer Völker, ganzer Zeiten beherrschen konnte. Er selbst kannte sich nicht; er selbst verstand die Schriftzüge seiner Stimmungen, Neigungen, Handlungen nach einer Kunst der Interpretation, welche ebenso überspannt und künstlich war, wie die pneumatische Interpretation der Bibel. Das Verschrobene und Kranke in seiner Natur, mit ihrer Zusammenkoppelung von geistiger Armut, schlechtem

Wissen, verdorbener Gesundheit, überreizten Nerven, blieb seinem Blick ebenso wie dem seiner Beschauer verborgen. Er war kein besonders guter Mensch, noch weniger ein besonders weiser Mensch: aber er *bedeutete* etwas, das über menschliches Maß in Güte und Weisheit hinausreiche. Der Glaube an ihn unterstützte den Glauben an Göttliches und Wunderhaftes, an einen religiösen Sinn alles Daseins, an einen bevorstehenden letzten Tag des Gerichtes. In dem abendlichen Glanze einer Weltuntergangs-Sonne, welche über die christlichen Völker hinleuchtete, wuchs die Schattengestalt des Heiligen ins Ungeheure: ja bis zu einer solchen Höhe, daß selbst in unserer Zeit, die nicht mehr an Gott glaubt, es noch Denker gibt, welche an den Heiligen glauben.

144

Es versteht sich von selbst, daß dieser Zeichnung des Heiligen, welche nach dem Durchschnitt der ganzen Gattung entworfen ist, manche Zeichnung entgegengestellt werden kann, welche eine angenehmere Empfindung hervorbringen möchte. Einzelne Ausnahmen jener Gattung heben sich heraus, sei es durch große Milde und Menschenfreundlichkeit, sei es durch den Zauber ungewöhnlicher Tatkraft; andere sind im höchsten Grade anziehend, weil bestimmte Wahnvorstellungen über ihr ganzes Wesen Lichtströme ausgießen: wie es zum Beispiel mit dem berühmten Stifter des Christentums der Fall ist, der sich für den eingebornen Sohn Gottes hielt und deshalb sich sündlos fühlte; so daß er durch eine Einbildung – die man nicht zu hart beurteilen möge, weil das ganze Altertum von Göttersöhnen wimmelt – dasselbe Ziel erreichte, das Gefühl völliger Sündlosigkeit, völliger Unverantwortlichkeit, welches jetzt durch die Wissenschaft jedermann sich erwerben kann. – Ebenfalls habe ich abgesehn von den indischen Heiligen, welche auf einer Zwischenstufe zwischen dem christlichen Heiligen und dem griechischen Philosophen stehen und insofern keinen reinen Typus darstellen: die Erkenntnis, die Wissenschaft – soweit es eine solche gab –, die Erhebung über die anderen Menschen durch die logische Zucht und Schulung des Denkens wurde bei den Buddhisten als ein Kennzeichen der Heiligkeit ebenso gefordert, wie dieselben Eigenschaften in der christlichen Welt, als Kennzeichen der Unheiligkeit, abgelehnt und verketzert werden.

Viertes Hauptstück

AUS DER SEELE DER KÜNSTLER UND SCHRIFTSTELLER

145

Das Vollkommene soll nicht geworden sein. – Wir sind gewöhnt, bei allem Vollkommenen die Frage nach dem Werden zu unterlassen: sondern uns des Gegenwärtigen zu freuen, wie als ob es auf einen Zauberschlag aus dem Boden aufgestiegen sei. Wahrscheinlich stehen wir hier noch unter der Nachwirkung einer uralten mythologischen Empfindung. Es ist uns *beinahe* noch so zumute (zum Beispiel in einem griechischen Tempel wie der von Pästum), als ob eines Morgens ein Gott spielend aus solchen ungeheuren Lasten sein Wohnhaus gebaut habe: andere Male, als ob eine Seele urplötzlich in einen Stein hineingezaubert sei und nun durch ihn reden wolle. Der Künstler weiß, daß sein Werk nur voll wirkt, wenn es den Glauben an eine Improvisation, an eine wundergleiche Plötzlichkeit der Entstehung erregt; und so hilft er wohl dieser Illusion nach und führt jene Elemente der begeisterten Unruhe, der blind greifenden Unordnung, des aufhorchenden Träumens beim Beginn der Schöpfung in die Kunst ein, als Trugmittel, um die Seele des Schauers oder Hörers so zu stimmen, daß sie an das plötzliche Hervorspringen des Vollkommenen glaubt. – Die Wissenschaft der Kunst hat dieser Illusion, wie es sich von selbst versteht, auf das bestimmteste zu widersprechen und die Fehlschlüsse und Verwöhnungen des Intellekts aufzuzeigen, vermöge welcher er dem Künstler in das Netz läuft.

146

Der Wahrheitssinn des Künstlers. – Der Künstler hat in Hinsicht auf das Erkennen der Wahrheiten eine schwächere Moralität als der Denker; er will sich die glänzenden, tiefsinnigen Deutungen des Lebens durchaus nicht nehmen lassen und wehrt sich gegen nüchterne, schlichte Methoden und Resultate. Scheinbar kämpft er für die höhere Würde und Bedeutung des Menschen; in Wahrheit will er die für seine Kunst *wirkungsvollsten* Voraussetzungen nicht aufgeben, also das Phantastische, Mythische, Unsichere, Extreme, den Sinn für das Symbolische, die Überschätzung der Person, den Glauben an etwas Wunderartiges im Genius: er hält also die Fortdauer seiner Art des Schaffens für wichtiger als die wissenschaftliche Hingebung an das Wahre in jeder Gestalt, erscheine diese auch noch so schlicht.

147

Die Kunst als Totenbeschwörerin. — Die Kunst versieht nebenbei die Aufgabe, zu konservieren, auch wohl erloschene, verblichene Vorstellungen ein wenig wieder aufzufärben; sie flicht, wenn sie diese Aufgabe löst, ein Band um verschiedene Zeitalter und macht deren Geister wiederkehren. Zwar ist es nur ein Scheinleben wie über Gräbern, welches hierdurch entsteht, oder wie die Wiederkehr geliebter Toten im Traume; aber wenigstens auf Augenblicke wird die alte Empfindung noch einmal rege und das Herz klopft nach einem sonst vergessenen Takte. Nun muß man wegen dieses allgemeinen Nutzens der Kunst dem Künstler selber es nachsehen, wenn er nicht in den vordersten Reihen der Aufklärung und der fortschreitenden *Vermännlichung* der Menschheit steht: er ist zeitlebens ein Kind oder ein Jüngling geblieben und auf dem Standpunkt zurückgehalten, auf welchem er von seinem Kunsttriebe überfallen wurde; Empfindungen der ersten Lebensstufen stehen aber zugestandenermaßen denen früherer Zeitläufte näher als denen des gegenwärtigen Jahrhunderts. Unwillkürlich wird es zu seiner Aufgabe, die Menschheit zu verkindlichen; dies ist sein Ruhm und seine Begrenztheit.

148

Dichter als Erleichterer des Lebens. — Die Dichter, insofern auch sie das Leben der Menschen erleichtern wollen, wenden den Blick entweder von der mühseligen Gegenwart ab oder verhelfen der Gegenwart durch ein Licht, das sie von der Vergangenheit herstrahlen machen, zu neuen Farben. Um dies zu können, müssen sie selbst in manchen Hinsichten rückwärts gewendete Wesen sein: so daß man sie als Brücken zu ganz fernen Zeiten und Vorstellungen, zu absterbenden oder abgestorbenen Religionen und Kulturen gebrauchen kann. Sie sind eigentlich immer und notwendig *Epigonen*. Es ist freilich von ihren Mitteln zur Erleichterung des Lebens einiges Ungünstige zu sagen: sie beschwichtigen und heilen nur vorläufig, nur für den Augenblick; sie halten sogar die Menschen ab, an einer wirklichen Verbesserung ihrer Zustände zu arbeiten, indem sie gerade die Leidenschaft der Unbefriedigten, welche zur Tat drängen, aufheben und palliativisch entladen.

149

Der langsame Pfeil der Schönheit. – Die edelste Art der Schönheit ist die, welche nicht auf einmal hinreißt, welche nicht stürmische und berauschende Angriffe macht (eine solche erweckt leicht Ekel), sondern jene langsam einsickernde, welche man fast unbemerkt mit sich fortträgt und die einem im Traum einmal wiederbegegnet, endlich aber, nachdem sie lange mit Bescheidenheit an unserm Herzen gelegen, von uns ganz Besitz nimmt, unser Auge mit Tränen, unser Herz mit Sehnsucht füllt. – Wonach sehnen wir uns beim Anblick der Schönheit? Darnach, schön zu sein: wir wähnen, es müsse viel Glück damit verbunden sein. – Aber das ist ein Irrtum.

150

Beseelung der Kunst. – Die Kunst erhebt ihr Haupt, wo die Religionen nachlassen. Sie übernimmt eine Menge durch die Religion erzeugter Gefühle und Stimmungen, legt sie an ihr Herz und wird jetzt selber tiefer, seelenvoller, so daß sie Erhebung und Begeisterung mitzuteilen vermag, was sie vordem noch nicht konnte. Der zum Strome angewachsene Reichtum des religiösen Gefühls bricht immer wieder aus und will sich neue Reiche erobern: aber die wachsende Aufklärung hat die Dogmen der Religion erschüttert und ein gründliches Mißtrauen eingeflößt: so wirft sich das Gefühl, durch die Aufklärung aus der religiösen Sphäre hinausgedrängt, in die Kunst; in einzelnen Fällen auch auf das politische Leben, ja selbst direkt auf die Wissenschaft. Überall, wo man an menschlichen Bestrebungen eine höhere düstere Färbung wahrnimmt, darf man vermuten, daß Geistergrauen, Weihrauchduft und Kirchenschatten daran hängengeblieben sind.

151

Wodurch das Metrum verschönert. — Das Metrum legt Flor über die Realität; es veranlaßt einige Künstlichkeit des Geredes und Unreinheit des Denkens; durch den Schatten, den es auf den Gedanken wirft, verdeckt es bald, bald hebt es hervor. Wie Schatten nötig ist, um zu verschönern, so ist das »Dumpfe« nötig, um zu verdeutlichen. — Die Kunst macht den Anblick des Lebens erträglich, dadurch daß sie den Flor des unreinen Denkens über dasselbe legt.

152

Kunst der häßlichen Seele. — Man zieht der Kunst viel zu enge Schranken, wenn man verlangt, daß nur die geordnete, sittlich im Gleichgewicht schwebende Seele sich in ihr aussprechen dürfe. Wie in den bildenden Künsten so auch gibt es in der Musik und Dichtung eine Kunst der häßlichen Seele, neben der Kunst der schönen Seele; und die mächtigsten Wirkungen der Kunst, das Seelen-Brechen, Steine-Bewegen und Tiere-Vermenschlichen ist vielleicht gerade jener Kunst am meisten gelungen.

153

Die Kunst macht dem Denker das Herz schwer. — Wie stark das metaphysische Bedürfnis ist, und wie sich noch zuletzt die Natur den Abschied von ihm schwer macht, kann man daraus entnehmen, daß noch im Freigeiste, wenn er sich alles Metaphysischen entschlagen hat, die höchsten Wirkungen der Kunst leicht ein Miterklingen der lange verstummten, ja zerrissenen metaphysischen Saite hervorbringen, sei es zum Beispiel, daß er bei einer Stelle der neunten Sinfonie Beethovens sich über der Erde in einem Sternendome schweben fühlt, mit dem Traume der *Unsterblichkeit* im Herzen: alle Sterne scheinen um ihn zu flimmern und die Erde immer tiefer hinabzusinken. — Wird er sich dieses Zustandes bewußt, so fühlt er wohl einen tiefen Stich im Herzen und seufzt nach dem Menschen, welcher ihm die verlorene Geliebte, nenne man sie nun Religion oder Metaphysik, zurückführe. In solchen Augenblicken wird sein intellektualer Charakter auf die Probe gestellt.

154

Mit dem Leben spielen. – Die Leichtigkeit und Leichtfertigkeit der homerischen Phantasie war nötig, um das übermäßig leidenschaftliche Gemüt und den überscharfen Verstand der Griechen zu beschwichtigen und zeitweilig aufzuheben. Spricht bei ihnen der Verstand: wie herbe und grausam erscheint dann das Leben! Sie täuschen sich nicht, aber sie umspielen absichtlich das Leben mit Lügen. Simonides riet seinen Landsleuten, das Leben wie ein Spiel zu nehmen; der Ernst war ihnen als Schmerz allzubekannt (das Elend der Menschen ist ja das Thema, über welches die Götter so gern singen hören), und sie wußten, daß einzig durch die Kunst selbst das Elend zum Genusse werden könne. Zur Strafe für diese Einsicht waren sie aber von der Lust zu fabulieren so geplagt, daß es ihnen im Alltagsleben schwer wurde, sich von Lug und Trug freizuhalten, wie alles Poetenvolk eine solche Lust an der Lüge hat und obendrein noch die Unschuld dabei. Die benachbarten Völker fanden das wohl mitunter zum Verzweifeln.

155

Glaube an Inspiration. – Die Künstler haben ein Interesse daran, daß man an die plötzlichen Eingebungen, die sogenannten Inspirationen glaubt; als ob die Idee des Kunstwerks, der Dichtung, der Grundgedanke einer Philosophie wie ein Gnadenschein vom Himmel herableuchte. In Wahrheit produziert die Phantasie des guten Künstlers oder Denkers fortwährend, Gutes, Mittelmäßiges und Schlechtes, aber seine *Urteilskraft*, höchst geschärft und geübt, verwirft, wählt aus, knüpft zusammen; wie man jetzt aus den Notizbüchern Beethovens ersieht, daß er die herrlichsten Melodien allmählich zusammengetragen und aus vielfachen Ansätzen gewissermaßen ausgelesen hat. Wer weniger streng scheidet und sich der nachbildenden Erinnerung gern überläßt, der wird unter Umständen ein großer Improvisator werden können; aber die künstlerische Improvisation steht tief im Verhältnis zum ernst und mühevoll erlesenen Kunstgedanken. Alle Großen waren große Arbeiter, unermüdlich nicht nur im Erfinden, sondern auch im Verwerfen, Sichten, Umgestalten, Ordnen.

156

Nochmals die Inspiration. – Wenn sich die Produktionskraft eine Zeit- lang angestaut hat und am Ausfließen durch ein Hemmnis gehindert worden ist, dann gibt es endlich einen so plötzlichen Erguß, als ob eine unmittelbare Inspiration, ohne vorhergegangenes innres Arbeiten, also ein Wunder sich vollziehe. Dies macht die bekannte Täuschung aus, an deren Fortbestehen, wie gesagt, das Interesse aller Künstler ein wenig zu sehr hängt. Das Kapital hat sich eben nur angehäuft, es ist nicht auf einmal vom Himmel gefallen. Es gibt übrigens auch anderwärts solche scheinbare Inspiration, zum Beispiel im Bereiche der Güte, der Tugend, des Lasters.

157

Die Leiden des Genius und ihr Wert. – Der künstlerische Genius will Freude machen, aber wenn er auf einer sehr hohen Stufe steht, so fehlen ihm leicht die Genießenden; er bietet Speisen, aber man will sie nicht. Das gibt ihm ein unter Umständen lächerlich-rührendes Pathos; denn im Grunde hat er kein Recht, die Menschen zum Vergnügen zu zwin- gen. Seine Pfeife tönt, aber niemand will tanzen: kann das tragisch sein? – Vielleicht doch. Zuletzt hat er als Kompensation für diese Ent- behrung mehr Vergnügen beim Schaffen, als die übrigen Menschen bei allen andern Gattungen der Tätigkeit haben. Man empfindet seine Leiden übertrieben, weil der Ton seiner Klage lauter, sein Mund be- redter ist; und *mitunter* sind seine Leiden wirklich sehr groß, aber nur deshalb, weil sein Ehrgeiz, sein Neid so groß ist. Der wissende Genius, wie Kepler und Spinoza, ist für gewöhnlich nicht so begehrlich und macht von seinen wirklich größeren Leiden und Entbehrungen kein solches Aufheben. Er darf mit größerer Sicherheit auf die Nachwelt rechnen und sich der Gegenwart entschlagen; während ein Künstler, der dies tut, immer ein verzweifeltes Spiel spielt, bei dem ihm wehe ums Herz werden muß. In ganz seltenen Fällen – dann, wenn im selben In- dividuum der Genius des Könnens und des Erkennens und der mora- lische Genius sich verschmelzen – kommt zu den erwähnten Schmer- zen noch die Gattung von Schmerzen hinzu, welche als die absonder- lichsten Ausnahmen in der Welt zu nehmen sind: die außer- und überpersönlichen, einem Volke, der Menschheit, der gesamten Kultur, allem leidenden Dasein zugewandten Empfindungen: welche ihren Wert durch die Verbindung mit besonders schwierigen und entlegenen Erkenntnissen erlangen (Mitleid an sich ist wenig wert). – Aber welchen Maßstab, welche Goldwage gibt es für deren Echtheit? Ist es nicht fast geboten, mißtrauisch gegen alle zu sein, welche von Empfindungen dieser Art bei sich *reden*?

158

Verhängnis der Größe. – Jeder großen Erscheinung folgt die Entartung nach, namentlich im Bereiche der Kunst. Das Vorbild des Großen reizt die eitleren Naturen zum äußerlichen Nachmachen oder zum Überbieten; dazu haben alle großen Begabungen das Verhängnisvolle an sich, viele schwächere Kräfte und Keime zu erdrücken und um sich herum gleichsam die Natur zu veröden. Der glücklichste Fall in der Entwicklung einer Kunst ist der, daß mehrere Genies sich gegenseitig in Schranken halten; bei diesem Kampfe wird gewöhnlich den schwächeren und zarteren Naturen auch Luft und Licht gegönnt.

159

Die Kunst dem Künstler gefährlich. – Wenn die Kunst ein Individuum gewaltig ergreift, dann zieht es dasselbe zu Anschauungen solcher Zeiten zurück, wo die Kunst am kräftigsten blühte, sie wirkt dann zurückbildend. Der Künstler kommt immer mehr in eine Verehrung der plötzlichen Erregungen, glaubt an Götter und Dämonen, durchseelt die Natur, haßt die Wissenschaft, wird wechselnd in seinen Stimmungen wie die Menschen des Altertums und begehrt einen Umsturz aller Verhältnisse, welche der Kunst nicht günstig sind, und zwar dies mit der Heftigkeit und Unbilligkeit eines Kindes. An sich ist nun der Künstler schon ein zurückbleibendes Wesen, weil er beim Spiel stehen bleibt, welches zur Jugend und Kindheit gehört: dazu kommt noch, daß er allmählich in andere Zeiten zurückgebildet wird. So entsteht zuletzt ein heftiger Antagonismus zwischen ihm und den gleichaltrigen Menschen seiner Periode und ein trübes Ende; so wie, nach den Erzählungen der Alten, Homer und Äschylus in Melancholie zuletzt lebten und starben.

160

Geschaffene Menschen. — Wenn man sagt, der Dramatiker (und der Künstler überhaupt) *schaffe* wirklich Charaktere, so ist dies eine schöne Täuschung und Übertreibung, in deren Dasein und Verbreitung die Kunst einen ihrer ungewollten, gleichsam überschüssigen Triumphe feiert. In der Tat verstehen wir von einem wirklichen lebendigen Menschen nicht viel und generalisieren sehr oberflächlich, wenn wir ihm diesen und jenen Charakter zuschreiben: dieser unserer *sehr unvollkommenen* Stellung zum Menschen entspricht nun der Dichter, indem er ebenso *oberflächliche* Entwürfe zu Menschen macht (in diesem Sinne »schafft«), als unsere Erkenntnis der Menschen oberflächlich ist. Es ist viel Blendwerk bei diesen geschaffenen Charakteren der Künstler; es sind durchaus keine leibhaftigen Naturprodukte, sondern ähnlich wie die gemalten Menschen ein wenig allzu dünn, sie vertragen den Anblick aus der Nähe nicht. Gar wenn man sagt, der Charakter des gewöhnlichen lebendigen Menschen widerspreche sich häufig, der vom Dramatiker geschaffene sei das Urbild, welches der Natur vorgeschwebt habe, so ist dies ganz falsch. Ein wirklicher Mensch ist etwas ganz und gar *Notwendiges* (selbst in jenen sogenannten Widersprüchen), aber wir erkennen diese Notwendigkeit nicht immer. Der erdichtete Mensch, das Phantasma, will etwas Notwendiges bedeuten, doch nur vor solchen, welche auch einen wirklichen Menschen nur in einer rohen, unnatürlichen Simplifikation verstehen: so daß ein paar starke, oft wiederholte Züge, mit sehr viel Licht darauf und sehr viel Schatten und Halbdunkel herum, ihren Ansprüchen vollständig genügen. Sie sind also leicht bereit, das Phantasma als wirklichen, notwendigen Menschen zu behandeln, weil sie gewöhnt sind, beim wirklichen Menschen ein Phantasma, einen Schattenriß, eine willkürliche Abbreviatur für das Ganze zu nehmen. — Daß gar der Maler und der Bildhauer die »Idee« des Menschen ausdrücke, ist eitel Phantasterei und Sinnentrug: man wird vom Auge tyrannisiert, wenn man so etwas sagt, da dieses vom menschlichen Leibe selbst nur die Oberfläche, die Haut sieht; der innere Leib gehört aber ebensosehr zur Idee. Die bildende Kunst will

Charaktere auf der Haut sichtbar werden lassen; die redende Kunst nimmt das Wort zu demselben Zwecke, sie bildet den Charakter im Laute ab. Die Kunst geht von der natürlichen *Unwissenheit* des Menschen über sein Inneres (in Leib und Charakter) aus: sie ist nicht für Physiker und Philosophen da.

161

Selbstüberschätzung im Glauben an Künstler und Philosophen. — Wir alle meinen, es sei die Güte eines Kunstwerks, eines Künstlers bewiesen, wenn er uns ergreift, erschüttert. Aber da müßte doch erst *unsere eigene Güte* in Urteil und Empfindung bewiesen sein: was nicht der Fall ist. Wer hat mehr im Reiche der bildenden Kunst ergriffen und entzückt als Bernini, wer mächtiger gewirkt als jener nachdemosthenische Rhetor, welcher den asianischen Stil einführte und durch zwei Jahrhunderte zur Herrschaft brachte? Diese Herrschaft über ganze Jahrhunderte beweist nichts für die Güte und dauernde Gültigkeit eines Stils; deshalb soll man nicht zu sicher in seinem guten Glauben an irgendeinen Künstler sein: ein solcher ist ja nicht nur der Glaube an die Wahrhaftigkeit unserer Empfindung, sondern auch an die Unfehlbarkeit unseres Urteils, während Urteil oder Empfindung oder beides selber zu grob oder zu fein geartet, überspannt oder roh sein können. Auch die Segnungen und Beseligungen einer Philosophie, einer Religion beweisen für ihre Wahrheit nichts: ebensowenig als das Glück, welches der Irrsinnige von seiner fixen Idee her genießt, etwas für die Vernünftigkeit dieser Idee beweist.

162

Kultus des Genius aus Eitelkeit. — Weil wir gut von uns denken, aber doch durchaus nicht von uns erwarten, daß wir je den Entwurf eines Raffaelischen Gemäldes oder eine solche Szene wie die eines Shakespeareschen Dramas machen könnten, reden wir uns ein, das Vermögen dazu sei ganz übermäßig wunderbar, ein ganz seltner Zufall, oder, wenn wir noch religiös empfinden, eine Begnadigung von oben. So fördert unsere Eitelkeit, unsere Selbstliebe den Kultus des Genius: denn nur wenn dieser ganz fern von uns gedacht ist, als ein *miraculum*, verletzt er nicht (selbst Goethe, der Neidlose, nannte Shakespeare seinen

Stern der fernsten Höhe; wobei man sich jenes Verses erinnern mag: »die Sterne, die begehrt man nicht«). Aber von jenen Einflüsterungen unserer Eitelkeit abgesehen, so erscheint die Tätigkeit des Genies durchaus nicht als etwas Grundverschiedenes von der Tätigkeit des mechanischen Erfinders, des astronomischen oder historischen Gelehrten, des Meisters der Taktik. Alle diese Tätigkeiten erklären sich, wenn man sich Menschen vergegenwärtigt, deren Denken in *einer* Richtung tätig ist, die alles als Stoff benützen, die immer ihrem inneren Leben und dem anderer mit Eifer zusehen, die überall Vorbilder, Anreizungen erblicken, die in der Kombination ihrer Mittel nicht müde werden. Das Genie tut auch nichts, als daß es erst Steine setzen, dann bauen lernt, daß es immer nach Stoff sucht und immer an ihm herumformt. Jede Tätigkeit des Menschen ist zum Verwundern kompliziert, nicht nur die des Genies: aber keine ist ein »Wunder«. – Woher nun der Glaube, daß es allein beim Künstler, Redner und Philosophen Genie gebe? daß nur sie »Intuition« haben? (womit man ihnen eine Art von Wunder-Augenglas zuschreibt, mit dem sie direkt ins »Wesen« sehen!) Die Menschen sprechen ersichtlich dort allein von Genius, wo ihnen die Wirkungen des großen Intellekts am angenehmsten sind und sie wiederum nicht Neid empfinden wollen. Jemanden »göttlich« nennen heißt: »hier brauchen wir nicht zu wetteifern«. Sodann: alles Fertige, Vollkommene wird angestaunt, alles Werdende unterschätzt. Nun kann niemand beim Werk des Künstlers zusehen, wie es *geworden* ist; das ist sein Vorteil, denn überall, wo man das Werden sehen kann, wird man etwas abgekühlt. Die vollendete Kunst der Darstellung weist alles Denken an das Werden ab; es tyrannisiert als gegenwärtige Vollkommenheit. Deshalb gelten die Künstler der Darstellung vornehmlich als genial, nicht aber die wissenschaftlichen Menschen. In Wahrheit ist jene Schätzung und diese Unterschätzung nur eine Kinderei der Vernunft.

163

Der Ernst des Handwerks. – Redet nur nicht von Begabung, angeborenen Talenten! Es sind große Männer aller Art zu nennen, welche wenig begabt waren. Aber sie *bekamen* Größe, wurden »Genies« (wie man sagt), durch Eigenschaften, von deren Mangel niemand gern redet, der sich ihrer bewußt ist: sie hatten alle jenen tüchtigen Handwerker-Ernst, welcher erst lernt, die Teile vollkommen zu bilden, bis er es wagt, ein großes Ganzes zu machen; sie gaben sich Zeit dazu, weil sie mehr Lust am Gutmachen des Kleinen, Nebensächlichen hatten als an dem Effekte eines blendenden Ganzen. Das Rezept zum Beispiel, wie einer ein guter Novellist werden kann, ist leicht zu geben, aber die Ausführung setzt Eigenschaften voraus, über die man hinwegzusehen pflegt, wenn man sagt »ich habe nicht genug Talent«. Man mache nur hundert und mehr Entwürfe zu Novellen, keinen länger als zwei Seiten, doch von solcher Deutlichkeit, daß jedes Wort darin notwendig ist; man schreibe täglich Anekdoten nieder, bis man es lernt, ihre prägnanteste, wirkungsvollste Form zu finden; man sei unermüdlich im Sammeln und Ausmalen menschlicher Typen und Charaktere; man erzähle vor allem so oft es möglich ist und höre erzählen, mit scharfem Auge und Ohr für die Wirkung auf die anderen Anwesenden, man reise wie ein Landschaftsmaler und Kostümzeichner; man exzerpiere sich aus einzelnen Wissenschaften alles das, was künstlerische Wirkungen macht, wenn es gut dargestellt wird, man denke endlich über die Motive der menschlichen Handlungen nach, verschmähe keinen Fingerzeig der Belehrung hierüber und sei ein Sammler von dergleichen Dingen bei Tag und Nacht. In dieser mannigfachen Übung lasse man einige zehn Jahre vorübergehen: was dann aber in der Werkstätte geschaffen wird, darf auch hinaus in das Licht der Straße. – Wie machen es aber die meisten? Sie fangen nicht mit dem Teile, sondern mit dem Ganzen an. Sie tun vielleicht einmal einen guten Griff, erregen Aufmerksamkeit und tun von da an immer schlechtere Griffe, aus guten, natürlichen Gründen. – Mitunter, wenn Vernunft und Charakter fehlen, um einen solchen künstlerischen Lebensplan zu gestalten, übernimmt das Schicksal und die Not die Stelle derselben und führt den zukünftigen Meister schrittweise durch alle Bedingungen seines Handwerks.

164

Gefahr und Gewinn im Kultus des Genius. – Der Glaube an große, überlegene, fruchtbare Geister ist nicht notwendig, aber sehr häufig noch mit jenem ganz- oder halbreligiösen Aberglauben verbunden, daß jene Geister übermenschlichen Ursprungs seien und gewisse wunderbare Vermögen besäßen, vermittelst deren sie ihrer Erkenntnisse auf ganz anderem Wege teilhaftig würden als die übrigen Menschen. Man schreibt ihnen wohl einen unmittelbaren Blick in das Wesen der Welt, gleichsam durch ein Loch im Mantel der Erscheinung, zu und glaubt, daß sie ohne die Mühsal und Strenge der Wissenschaft, vermöge dieses wunderbaren Seherblickes, etwas Endgültiges und Entscheidendes über Mensch und Welt mitteilen könnten. So lange das Wunder im Bereiche der Erkenntnis noch Gläubige findet, kann man vielleicht zugeben, daß dabei für die Gläubigen selber ein Nutzen herauskomme, insofern diese durch ihre unbedingte Unterordnung unter die großen Geister, ihrem eigenen Geiste für die Zeit der Entwicklung die beste Disziplin und Schule verschaffen. Dagegen ist mindestens fraglich, ob der Aberglaube vom Genie, von seinen Vorrechten und Sondervermögen für das Genie selber von Nutzen sei, wenn er in ihm sich einwurzelt. Es ist jedenfalls ein gefährliches Anzeichen, wenn den Menschen jener Schauder vor sich selbst überfällt, sei es nun jener berühmte Cäsaren-Schauder oder der hier in Betracht kommende Genie-Schauder; wenn der Opferduft, welchen man billigerweise allein einem Gotte bringt, dem Genie ins Gehirn dringt, so daß er zu schwanken und sich für etwas Übermenschliches zu halten beginnt. Die langsamen Folgen sind: das Gefühl der Unverantwortlichkeit, der exzeptionellen Rechte, der Glaube, schon durch seinen Umgang zu begnadigen, wahnsinnige Wut bei dem Versuche, ihn mit anderen zu vergleichen oder gar ihn niedriger zu taxieren und das Verfehlte seines Werkes ins Licht zu setzen. Dadurch, daß er aufhört, Kritik gegen sich selbst zu üben, fällt zuletzt aus seinem Gefieder eine der Schwungfedern nach der anderen aus: jener Aberglaube gräbt die Wurzeln seiner Kraft an und macht ihn vielleicht gar zum Heuchler, nachdem seine Kraft von ihm gewichen ist. Für große Geister selbst ist es also wahrscheinlich nützlicher, wenn sie über ihre Kraft und deren Herkunft zur Einsicht kommen, wenn sie also begreifen, welche rein menschlichen Eigenschaften in ihnen zusammengeflossen sind, welche Glücksumstände hinzutraten: also einmal anhaltende Energie, entschlossene Hinwendung zu einzelnen Zielen, großer persönlicher Mut, sodann das Glück einer Erziehung, welche die besten Lehrer, Vorbilder, Methoden frühzeitig darbot. Freilich, wenn ihr Ziel ist, die größtmögliche *Wirkung* zu machen, so hat die Unklarheit über sich selbst und jene Beigabe eines halben Wahnsinns immer viel getan; denn bewundert und beneidet hat man zu allen Zeiten gerade jene Kraft an ihnen, vermöge deren sie die Menschen willenlos machen und zum Wahne fortreißen, daß übernatürliche Führer vor ihnen her gingen. Ja, es erhebt und begeistert die Menschen, jemanden im Besitz übernatürlicher Kräfte zu glauben: insofern hat der Wahnsinn, wie Plato sagt, die größten Segnungen über die Menschen gebracht. – In einzelnen seltenen Fällen mag dieses Stück Wahnsinn wohl auch das Mittel gewesen sein, durch welches eine solche nach allen Seiten hin exzessive Natur fest zusammengehalten wurde: auch im Leben der Individuen haben die Wahnvorstellungen häufig den Wert von Heilmitteln, welche an sich Gifte sind; doch zeigt sich endlich, bei jedem »Genie«, das an seine Göttlichkeit glaubt, das Gift in dem Grade, als das »Genie« alt wird: man möge sich zum Beispiel Napoleons erinnern, dessen Wesen sicherlich gerade durch seinen Glauben an sich und seinen Stern und durch die aus ihm fließende Verachtung der Menschen zu der mächtigen Einheit zusammenwuchs, welche ihn aus allen modernen Menschen heraushebt, bis endlich aber dieser selbe Glaube in einen fast wahnsinnigen Fatalismus überging, ihn seines Schnell- und Scharfblicks beraubte und die Ursache seines Unterganges wurde.

165

Das Genie und das Nichtige. – Gerade die originellen, aus sich schöpfenden Köpfe unter den Künstlern können unter Umständen das ganz Leere und Schale hervorbringen, während die abhängigeren Naturen, die sogenannten Talente, voller Erinnerungen an alles mögliche Gute stecken und auch im Zustand der Schwäche etwas Leidliches produzieren. Sind die Originellen aber von sich selber verlassen, so gibt die Erinnerung ihnen keine Hilfe: sie werden leer.

166

Das Publikum. – Von der Tragödie begehrt das Volk eigentlich nicht mehr, als recht gerührt zu werden, um sich einmal ausweinen zu können; der Artist dagegen, der die neue Tragödie sieht, hat seine Freude an den geistreichen technischen Erfindungen und Kunstgriffen, an der Handhabung und Verteilung des Stoffes, an der neuen Wendung alter Motive, alter Gedanken. — Seine Stellung ist die ästhetische Stellung zum Kunstwerk, die des Schaffenden; die erstbeschriebene, mit alleiniger Rücksicht auf den Stoff, die des Volkes. Von dem Menschen dazwischen ist nicht zu reden, er ist weder Volk noch Artist und weiß nicht, was er will: so ist auch seine Freude unklar und gering.

167

Artistische Erziehung des Publikums. — Wenn dasselbe Motiv nicht hundertfältig durch verschiedene Meister behandelt wird, lernt das Publikum nicht über das Interesse des Stoffes hinauskommen; aber zuletzt wird es selbst die Nuancen, die zarten, neuen Erfindungen in der Behandlung dieses Motivs fassen und genießen, wenn es also das Motiv längst aus zahlreichen Bearbeitungen kennt und dabei keinen Reiz der Neuheit, der Spannung mehr empfindet.

168

Künstler und sein Gefolge müssen Schritt halten. — Der Fortgang von einer Stufe des Stils zur andern muß so langsam sein, daß nicht nur die Künstler, sondern auch die Zuhörer und Zuschauer diesen Fortgang mitmachen und genau wissen, was vorgeht. Sonst entsteht auf einmal jene große Kluft zwischen dem Künstler, der auf abgelegener Höhe seine Werke schafft, und dem Publikum, welches nicht mehr zu jener Höhe hinaufkann und endlich mißmutig wieder tiefer hinabsteigt. Denn wenn der Künstler sein Publikum nicht mehr hebt, so sinkt es schnell abwärts, und zwar stürzt es um so tiefer und gefährlicher, je höher es ein Genius getragen hat, dem Adler vergleichbar, aus dessen Fängen die in die Wolken hinaufgetragene Schildkröte zu ihrem Unheil hinabfällt.

169

Herkunft des Komischen. — Wenn man erwägt, daß der Mensch manche hunderttausend Jahre lang ein im höchsten Grade der Furcht zu-

gängliches Tier war, und daß alles Plötzliche, Unerwartete ihn kampf-
bereit, vielleicht todesbereit sein hieß, ja daß selbst später, in sozialen
Verhältnissen, alle Sicherheit auf dem Erwarteten, auf dem Herkommen in Meinung und Tätigkeit beruhte, so darf man sich nicht wundern, daß bei allem Plötzlichen, Unerwarteten, in Wort und Tat,
wenn es ohne Gefahr und Schaden hereinbricht, der Mensch ausgelassen wird, ins Gegenteil der Furcht übergeht: das vor Angst zitternde
zusammengekrümmte Wesen schnellt empor, entfaltet sich weit – der
Mensch lacht. Diesen Übergang aus momentaner Angst in kurzdau-
ernden Übermut nennt man das *Komische*. Dagegen geht im Phänomen des Tragischen der Mensch schnell aus großem, dauerndem
Übermut in große Angst über; da aber unter Sterblichen der große
dauernde Übermut viel seltener als der Anlaß zur Angst ist, so gibt es
viel mehr des Komischen als des Tragischen in der Welt; man lacht
viel öfter, als daß man erschüttert ist.

170

Künstler-Ehrgeiz. – Die griechischen Künstler, zum Beispiel die Tragiker, dichteten, um zu siegen; ihre ganze Kunst ist nicht ohne Wettkampf zu denken: die hesiodische gute Eris, der Ehrgeiz, gab ihrem
Genius die Flügel. Nun verlangte dieser Ehrgeiz vor allem, daß ihr
Werk die höchste Vortrefflichkeit vor *ihren eigenen Augen* erhalte, so
wie *sie* also die Vortrefflichkeit verstanden, ohne Rücksicht auf einen
herrschenden Geschmack und die allgemeine Meinung über das Vortreffliche an einem Kunstwerk; und so blieben Äschylus und Euripides lange Zeit ohne Erfolg, bis sie sich endlich Kunstrichter *erzogen*
hatten, welche ihr Werk nach den Maßstäben würdigten, welche sie
selber anlegten. Somit erstreben sie den Sieg über Nebenbuhler nach
ihrer eigenen Schätzung, vor ihrem eigenen Richterstuhl, sie wollen
wirklich vortrefflicher *sein*; dann fordern sie von außen her Zustimmung zu dieser eignen Schätzung, Bestätigung ihres Urteils. Ehre erstreben heißt hier »sich überlegen machen und wünschen, daß es auch
öffentlich so erscheine«. Fehlt das erstere und wird das zweite trotzdem
begehrt, so spricht man von *Eitelkeit*. Fehlt das letztere und wird es
nicht vermißt, so redet man von *Stolz*.

171

Das Notwendige am Kunstwerk. — Die, welche so viel von dem Notwendigen an einem Kunstwerke reden, übertreiben, wenn sie Künstler sind, *in majorem artis gloriam*, oder wenn sie Laien sind, aus Unkenntnis. Die Formen eines Kunstwerks, welche seine Gedanken zum Reden bringen, also seine Art zu sprechen sind, haben immer etwas Läßliches, wie alle Art Sprache. Der Bildhauer kann viele kleine Züge hinzutun oder weglassen: ebenso der Darsteller, sei es ein Schauspieler oder, in betreff der Musik, ein Virtuos oder Dirigent. Diese vielen kleinen Züge und Ausfeilungen machen ihm heut Vergnügen, morgen nicht, sie sind mehr des Künstlers als der Kunst wegen da, denn auch er bedarf, bei der Strenge und Selbstbezwingung, welche die Darstellung des Hauptgedankens von ihm fordert, gelegentlich des Zuckerbrots und der Spielsachen, um nicht mürrisch zu werden.

172

Den Meister vergessen machen. — Der Klavierspieler, der das Werk eines Meisters zum Vortrag bringt, wird am besten gespielt haben, wenn er den Meister vergessen ließ und wenn es so erschien, als ob er eine Geschichte seines Lebens erzähle oder jetzt eben etwas erlebe. Freilich: wenn er nichts Bedeutendes *ist*, wird jedermann seine Geschwätzigkeit verwünschen, mit der er uns aus seinem Leben erzählt. Also muß er verstehen, die Phantasie des Hörers für sich einzunehmen. Daraus wiederum erklären sich alle Schwächen und Narrheiten des »Virtuosentums«.

173

Corriger la fortune. — Es gibt schlimme Zufälligkeiten im Leben großer Künstler, welche zum Beispiel den Maler zwingen, sein bedeutendstes Bild nur als flüchtigen Gedanken zu skizzieren oder zum Beispiel Beethoven zwangen, uns in manchen großen Sonaten (wie in der großen *B-dur*) nur den ungenügenden Klavierauszug einer Sinfonie zu hinterlassen. Hier soll der späterkommende Künstler das Leben der Großen nachträglich zu korrigieren suchen: was zum Beispiel der tun würde, welcher, als ein Meister aller Orchesterwirkungen, uns jene, dem Klavier-Scheintode verfallene Sinfonie zum Leben erweckte.

174

Verkleinern. – Manche Dinge, Ereignisse oder Personen, vertragen es nicht, im kleinen Maßstabe behandelt zu werden. Man kann die Laokoon-Gruppe nicht zu einer Nippesfigur verkleinern; sie hat Größe notwendig. Aber viel seltener ist es, daß etwas von Natur Kleines die Vergrößerung verträgt; weshalb es Biographen immer noch eher gelingen wird, einen großen Mann klein darzustellen, als einen kleinen groß.

175

Sinnlichkeit in der Kunst der Gegenwart. – Die Künstler verrechnen sich jetzt häufig, wenn sie auf eine sinnliche Wirkung ihrer Kunstwerke hinarbeiten; denn ihre Zuschauer oder Zuhörer haben nicht mehr ihre vollen Sinne und geraten, ganz wider die Absicht des Künstlers, durch sein Kunstwerk in eine »Heiligkeit« der Empfindung, welche der Langweiligkeit nahe verwandt ist. – Ihre Sinnlichkeit fängt vielleicht dort an, wo die des Künstlers gerade aufhört, sie begegnen sich also höchstens an *einem* Punkte.

176

Shakespeare als Moralist. – Shakespeare hat über die Leidenschaften viel nachgedacht und wohl von seinem Temperamente her zu vielen einen sehr nahen Zugang gehabt (Dramatiker sind im allgemeinen ziemlich böse Menschen). Aber er vermochte nicht, wie Montaigne, darüber zu reden, sondern legte die Beobachtungen *über* die Passionen den passionierten Figuren in den Mund: was zwar wider die Natur ist, aber seine Dramen so gedankenvoll macht, daß sie alle anderen leer erscheinen lassen und leicht einen allgemeinen Widerwillen gegen sie erwecken. – Die Sentenzen Schillers (welchen fast immer falsche oder unbedeutende Einfälle zugrunde liegen) sind eben Theatersentenzen und wirken als solche sehr stark: während die Sentenzen Shakespeares seinem Vorbilde Montaigne Ehre machen und ganz ernsthafte Gedanken in geschliffener Form enthalten, deshalb aber für die Augen des Theaterpublikums zu fern und zu fein, also unwirksam sind.

177

Sich gut zu Gehör bringen. — Man muß nicht nur verstehen, gut zu spielen, sondern auch sich gut zu Gehör zu bringen. Die Geige in der Hand des größten Meisters gibt nur ein Gezirp von sich, wenn der Raum zu groß ist; man kann da den Meister mit jedem Stümper verwechseln.

178

Das Unvollständige als das Wirksame. — Wie Relieffiguren dadurch so stark auf die Phantasie wirken, daß sie gleichsam auf dem Wege sind, aus der Wand herauszutreten und plötzlich, irgendwodurch gehemmt, haltmachen: so ist mitunter die reliefartig unvollständige Darstellung eines Gedankens, einer ganzen Philosophie wirksamer als die erschöpfende Ausführung: man überläßt der Arbeit des Beschauers mehr, er wird aufgeregt, das, was in so starkem Licht und Dunkel vor ihm sich abhebt, fortzubilden, zu Ende zu denken und jenes Hemmnis selber zu überwinden, welches ihrem völligen Heraustreten bis dahin hinderlich war.

179

Gegen die Originalen. — Wenn die Kunst sich in den abgetragensten Stoff kleidet, erkennt man sie am besten als Kunst.

180

Kollektivgeist. — Ein guter Schriftsteller hat nicht nur seinen eigenen Geist, sondern auch noch den Geist seiner Freunde.

181

Zweierlei Verkennung. — Das Unglück scharfsinniger und klarer Schriftsteller ist, daß man sie für flach nimmt und deshalb ihnen keine

Mühe zuwendet: und das Glück der unklaren, daß der Leser sich an ihnen abmüht und die Freude über seinen Eifer ihnen zugute schreibt.

182

Verhältnis zur Wissenschaft. – Alle die haben kein wirkliches Interesse an einer Wissenschaft, welche erst dann anfangen, für sie warm zu werden, wenn sie selbst Entdeckungen in ihr gemacht haben.

183

Der Schlüssel. – Der eine Gedanke, auf den ein bedeutender Mensch, zum Gelächter und Spott der Unbedeutenden, großen Wert legt, ist für ihn ein Schlüssel zu verborgenen Schatzkammern, für jene nicht mehr als ein Stück alten Eisens.

184

Unübersetzbar. – Es ist weder das Beste, noch das Schlechteste an einem Buche, was an ihm unübersetzbar ist.

185

Paradoxien des Autors. – Die sogenannten Paradoxien des Autors, an welchen ein Leser Anstoß nimmt, stehen häufig gar nicht im Buche des Autors, sondern im Kopfe des Lesers.

186

Witz. – Die witzigsten Autoren erzeugen das kaum bemerkbarste Lächeln.

187

Die Antithese. – Die Antithese ist die enge Pforte, durch welche sich am liebsten der Irrtum zur Wahrheit schleicht.

188

Denker als Stilisten. – Die meisten Denker schreiben schlecht, weil sie uns nicht nur ihre Gedanken, sondern auch das Denken der Gedanken mitteilen.

189

Gedanken im Gedicht. – Der Dichter führt seine Gedanken festlich daher, auf dem Wagen des Rhythmus: gewöhnlich deshalb, weil diese zu Fuß nicht gehen können.

190

Sünde wider den Geist des Lesers. – Wenn der Autor sein Talent verleugnet, bloß um sich dem Leser gleichzustellen, so begeht er die einzige Todsünde, welche ihm jener nie verzeiht: im Fall er nämlich etwas davon merkt. Man darf dem Menschen sonst alles Böse nachsagen: aber in der Art, *wie* man es sagt, muß man seine Eitelkeit wieder aufzurichten wissen.

191

Grenze der Ehrlichkeit. – Auch dem ehrlichsten Schriftsteller entfällt ein Wort zuviel, wenn er eine Periode abrunden will.

192

Der beste Autor. – Der beste Autor wird der sein, welcher sich schämt, Schriftsteller zu werden.

193

Drakonisches Gesetz gegen Schriftsteller. – Man sollte einen Schriftsteller als einen Missetäter ansehen, der nur in den seltensten Fällen Freisprechung oder Begnadigung verdient: das wäre ein Mittel gegen das Überhandnehmen der Bücher.

194

Die Narren der modernen Kultur. – Die Narren der mittelalterlichen Höfe entsprechen unseren Feuilletonisten; es ist dieselbe Gattung Menschen, halbvernünftig, witzig, übertrieben, albern, mitunter nur dazu da, das Pathos der Stimmung durch Einfälle, durch Geschwätz zu mildern und den allzu schweren, feierlichen Glockenklang großer Ereignisse durch Geschrei zu übertäuben; ehemals im Dienste der Fürsten und Adligen, jetzt im Dienste von Parteien (wie in Partei,Sinn und Partei,Zucht ein guter Teil der alten Untertänigkeit im Verkehr des Volks mit dem Fürsten jetzt noch fortlebt). Der ganze moderne Literatenstand steht aber den Feuilletonisten sehr nahe, es sind die »Narren der modernen Kultur«, welche man milder beurteilt, wenn man sie als nicht ganz zurechnungsfähig nimmt. Schriftstellerei als Lebensberuf zu betrachten, sollte billigerweise als eine Art Tollheit gelten.

195

Den Griechen nach. – Der Erkenntnis steht es gegenwärtig sehr im Wege, daß alle Worte durch hundertjährige Übertreibung des Gefühls dunstig und aufgeblasen geworden sind. Die höhere Stufe der Kultur, welche sich unter die Herrschaft (wenn auch nicht unter die Tyrannei) der Erkenntnis stellt, hat eine große Ernüchterung des Gefühls und eine starke Konzentration aller Worte vonnöten; worin uns die Griechen im Zeitalter des Demosthenes vorangegangen sind. Das Überspannte bezeichnet alle modernen Schriften; und selbst wenn sie einfach geschrieben sind, so werden die Worte in denselben noch zu exzentrisch *gefühlt*. Strenge Überlegung, Gedrängtheit, Kälte, Schlichtheit, selbst absichtlich bis an die Grenze hinab, überhaupt An,sich, Halten des Gefühls und Schweigsamkeit – das kann allein helfen. – Übrigens ist diese kalte Schreib, und Gefühlsart, als Gegensatz, jetzt sehr reizvoll: und darin liegt freilich eine neue Gefahr. Denn die scharfe Kälte ist so gut ein Reizmittel als ein hoher Wärmegrad.

196

Gute Erzähler schlechte Erklärer. – Bei guten Erzählern steht oft eine bewunderungswürdige psychologische Sicherheit und Konsequenz, soweit diese in den Handlungen ihrer Personen hervortreten kann, in einem geradezu lächerlichen Gegensatz zu der Ungeübtheit ihres psychologischen Denkens: so daß ihre Kultur in dem einen Augenblicke ebenso ausgezeichnet hoch als im nächsten bedauerlich tief erscheint. Es kommt gar zu häufig vor, daß sie ihre eigenen Helden und deren Handlungen ersichtlich *falsch* erklären, – es ist daran kein Zweifel, so

unwahrscheinlich die Sache klingt. Vielleicht hat der größte Klavierspieler nur wenig über die technischen Bedingungen und die spezielle
Tugend, Untugend, Nutzbarkeit und Erziehbarkeit jedes Fingers
(daktylische Ethik) nachgedacht und macht grobe Fehler, wenn er von
solchen Dingen redet.

197

Die Schriften von Bekannten und ihre Leser. — Wir lesen Schriften von
Bekannten (Freunden und Feinden) doppelt, insofern fortwährend
unsere Erkenntnis daneben flüstert: »das ist von ihm, ein Merkmal
seines inneren Wesens, seiner Erlebnisse, seiner Begabung«, und wiederum eine andere Art Erkenntnis dabei festzustellen sucht, was der
Ertrag jenes Werkes an sich ist, welche Schätzung es überhaupt, abgesehen von seinem Verfasser, verdient, welche Bereicherung des Wissens es mit sich bringt. Diese beiden Arten des Lesens und Erwägens
stören sich, wie das sich von selbst versteht, gegenseitig. Auch eine
Unterhaltung mit einem Freunde wird dann erst gute Früchte der Erkenntnis zeitigen, wenn beide endlich nur noch an die Sache denken
und vergessen, daß sie Freunde sind.

198

Rhythmische Opfer. — Gute Schriftsteller verändern den Rhythmus
mancher Periode bloß deshalb, weil sie den gewöhnlichen Lesern nicht
die Fähigkeit zuerkennen, den Takt, welchem die Periode in ihrer
ersten Fassung folgte, zu begreifen: deshalb erleichtern sie es ihnen, indem sie bekannteren Rhythmen den Vorzug geben. — Diese Rücksicht
auf das rhythmische Unvermögen der jetzigen Leser hat schon manche
Seufzer entlockt, denn ihr ist viel schon zum Opfer gefallen. — Ob es
guten Musikern nicht ähnlich ergeht?

199

Das Unvollständige als künstlerisches Reizmittel. — Das Unvollständige
ist oft wirksamer als die Vollständigkeit, so namentlich in der Lobrede:
für ihre Zwecke braucht man gerade eine anreizende Unvollständig-

keit, als ein irrationales Element, welches der Phantasie des Hörers ein Meer vorspiegelt und gleich einem Nebel die gegenüberliegende Küste, also die Begrenztheit des zu lobenden Gegenstandes, verdeckt. Wenn man die bekannten Verdienste eines Menschen erwähnt und dabei ausführlich und breit ist, so läßt dies immer den Argwohn aufkommen, es seien die einzigen Verdienste. Der vollständig Lobende stellt sich über den Gelobten, er scheint ihn zu *übersehen*. Deshalb wirkt das Vollständige abschwächend.

200

Vorsicht im Schreiben und Lehren. – Wer erst geschrieben hat und die Leidenschaft des Schreibens in sich fühlt, lernt fast aus allem, was er treibt und erlebt, nur das noch heraus, was schriftstellerisch mitteilbar ist. Er denkt nicht mehr an sich, sondern an den Schriftsteller und sein Publikum: er will die Einsicht, aber nicht zum eigenen Gebrauche. Wer Lehrer ist, ist meistens unfähig, etwas eigenes noch für sein eigenes Wohl zu treiben, er denkt immer an das Wohl seiner Schüler, und jede Erkenntnis erfreut ihn nur, so weit er sie lehren kann. Er betrachtet sich zuletzt als einen Durchweg des Wissens und überhaupt als Mittel, so daß er den Ernst für sich verloren hat.

201

Schlechte Schriftsteller notwendig. – Es wird immer schlechte Schriftsteller geben müssen, denn sie entsprechen dem Geschmack der unentwickelten, unreifen Altersklassen; diese haben so gut ihr Bedürfnis wie die reifen. Wäre das menschliche Leben länger, so würde die Zahl der reif gewordenen Individuen überwiegend oder mindestens gleich groß mit der der unreifen sein; so aber sterben bei weitem die meisten zu jung, das heißt es gibt immer viel mehr unentwickelte Intellekte mit schlechtem Geschmack. Diese begehren überdies mit der größeren Heftigkeit der Jugend nach Befriedigung ihres Bedürfnisses, und sie *erzwingen sich* schlechte Autoren.

202

Zu nah und zu fern. – Der Leser und der Autor verstehen sich häufig deshalb nicht, weil der Autor sein Thema zu gut kennt und es beinahe langweilig findet, so daß er sich die Beispiele erläßt, die er zu Hunderten weiß; der Leser aber ist der Sache fremd und findet sie leicht schlecht begründet, wenn ihm die Beispiele vorenthalten werden.

203

Eine verschwundene Vorbereitung zur Kunst. — An allem, was das Gymnasium trieb, war das Wertvollste die Übung im lateinischen Stil: diese war eben eine *Kunstübung*, während alle andren Beschäftigungen nur das Wissen zum Zweck hatten. Den deutschen Aufsatz voranzustellen ist Barbarei, denn wir haben keinen mustergültigen, an öffentlicher Beredsamkeit emporgewachsenen deutschen Stil; will man aber durch den deutschen Aufsatz die Übung im Denken fördern, so ist es gewiß besser, wenn man einstweilen von Stil dabei überhaupt absieht, also zwischen der Übung im Denken und der im Darstellen scheidet. Letztere sollte sich auf mannigfache Fassung eines gegebenen Inhalts beziehen und nicht auf selbständiges Erfinden eines Inhalts. Die bloße Darstellung bei gegebenem Inhalte war die Aufgabe des lateinischen Stils, für welchen die alten Lehrer eine längst verlorengegangene Feinheit des Gehörs besaßen. Wer ehemals gut in einer modernen Sprache schreiben lernte, verdankte es dieser Übung (jetzt muß man sich notgedrungen zu den älteren Franzosen in die Schule schicken); aber noch mehr: er bekam einen Begriff von der Hoheit und Schwierigkeit der Form und wurde für die Kunst überhaupt auf dem einzig richtigen Wege vorbereitet, durch Praxis.

204

Dunkles und Überhelles nebeneinander. — Schriftsteller, welche im allgemeinen ihren Gedanken keine Deutlichkeit zu geben verstehen, werden im einzelnen mit Vorliebe die stärksten, übertriebensten Bezeichnungen und Superlative wählen: dadurch entsteht eine Lichtwirkung, wie bei Fackelbeleuchtung auf verworrenen Waldwegen.

205

Schriftstellerisches Malertum. — Einen bedeutenden Gegenstand wird man am besten darstellen, wenn man die Farben zum Gemälde aus dem

Gegenstände selber, wie ein Chemiker, nimmt und sie dann wie ein Artist verbraucht: so daß man die Zeichnung aus den Grenzen und Übergängen der Farben erwachsen läßt. So bekommt das Gemälde etwas von dem hinreißenden Naturelement, welches den Gegenstand selber bedeutend macht.

206

Bücher, welche tanzen lehren. – Es gibt Schriftsteller, welche dadurch, daß sie Unmögliches als möglich darstellen und vom Sittlichen und Genialen so reden, als ob beides nur eine Laune, ein Belieben sei, ein Gefühl von übermütiger Freiheit hervorbringen, wie wenn der Mensch sich auf die Fußspitzen stellte und vor innerer Lust durchaus tanzen müßte.

207

Nicht fertig gewordene Gedanken. – Ebenso wie nicht nur das Mannesalter, sondern auch Jugend und Kindheit einen Wert *an sich* haben und gar nicht nur als Durchgänge und Brücken zu schätzen sind, so haben auch die nicht fertig gewordenen Gedanken ihren Wert. Man muß deshalb einen Dichter nicht mit subtiler Auslegung quälen und sich an der Unsicherheit seines Horizontes vergnügen, wie als ob der Weg zu mehreren Gedanken noch offen sei. Man steht an der Schwelle; man wartet wie bei der Ausgrabung eines Schatzes: es ist, als ob ein Glücksfund von Tiefsinn eben gemacht werden sollte. Der Dichter nimmt etwas von der Lust des Denkers beim Finden eines Hauptgedankens vorweg und macht uns damit begehrlich, so daß wir nach diesem haschen; der aber gaukelt an unserem Kopfe vorüber und zeigt die schönsten Schmetterlingsflügel – und doch entschlüpft er uns.

208

Das Buch fast zum Menschen geworden. – Jeden Schriftsteller überrascht es von neuem, wie das Buch, sobald es sich von ihm gelöst hat, ein eigenes Leben für sich weiterlebt; es ist ihm zumute, als wäre der eine Teil eines Insektes losgetrennt und ginge nun seinen eigenen Weg weiter. Vielleicht vergißt er es fast ganz, vielleicht erhebt er sich über die darin niedergelegten Ansichten, vielleicht selbst versteht er es nicht mehr und hat jene Schwingen verloren, auf denen er damals flog, als er jenes Buch aussann: währenddem sucht es sich seine Leser, entzündet Leben, beglückt, erschreckt, erzeugt neue Werke, wird die Seele von Vorsätzen und Handlungen – kurz: es lebt wie ein mit Geist und Seele ausgestattetes Wesen und ist doch kein Mensch. – Das glücklichste Los hat der Autor gezogen, welcher, als alter Mann, sagen kann, daß alles, was von lebenzeugenden, kräftigenden, erhebenden, aufklärenden Gedanken und Gefühlen in ihm war, in seinen Schriften noch fortlebe, und daß er selber nur noch die graue Asche bedeute, während das Feuer überallhin gerettet und weitergetragen sei. – Erwägt man nun gar, daß jede Handlung eines Menschen, nicht nur ein Buch, auf irgendeine Art Anlaß zu anderen Handlungen, Entschlüssen, Gedanken wird, daß alles, was geschieht, unlösbar fest sich mit allem, was geschehen wird, verknotet, so erkennt man die wirkliche *Unsterblichkeit*, die es gibt, die der Bewegung: was einmal bewegt hat, ist in dem Gesamtverbande alles Seienden, wie in einem Bernsteine ein Insekt, eingeschlossen und verewigt.

209

Freude im Alter. – Der Denker und ebenso der Künstler, welcher sein besseres Selbst in Werke geflüchtet hat, empfindet eine fast boshafte Freude, wenn er sieht, wie sein Leib und Geist langsam von der Zeit angebrochen und zerstört werden, als ob er aus einem Winkel einen Dieb an seinem Geldschranke arbeiten sähe, während er weiß, daß dieser leer ist und alle Schätze gerettet sind.

210

Ruhige Fruchtbarkeit. – Die geborenen Aristokraten des Geistes sind nicht zu eifrig; ihre Schöpfungen erscheinen und fallen an einem ruhigen Herbstabend vom Baume, ohne hastig begehrt, gefördert, durch Neues verdrängt zu werden. Das unablässige Schaffenwollen ist gemein und zeigt Eifersucht, Neid, Ehrgeiz an. Wenn man etwas ist, so braucht man eigentlich nichts zu machen – und tut doch sehr viel. Es gibt über dem »produktiven« Menschen noch eine höhere Gattung.

211

Achilles und Homer. – Es ist immer wie zwischen Achilles und Homer: der eine *hat* das Erlebnis, die Empfindung, der andre *beschreibt* sie. Ein wirklicher Schriftsteller gibt dem Affekt und der Erfahrung anderer nur Worte, er ist Künstler, um aus dem wenigen, was er empfunden hat, viel zu erraten. Künstler sind keineswegs die Menschen der großen Leidenschaft, aber häufig *geben* sie sich als solche, in der unbewußten Empfindung, daß man ihrer gemalten Leidenschaft mehr traut, wenn ihr eigenes Leben für ihre Erfahrung auf diesem Gebiete spricht. Man braucht sich ja nur gehen zu lassen, sich nicht zu beherrschen, seinem Zorn, seiner Begierde offenen Spielraum zu gönnen: sofort schreit alle Welt: wie leidenschaftlich ist er! Aber mit der tiefwühlenden, das Individuum anzehrenden und oft verschlingenden Leidenschaft hat es etwas auf sich: wer sie erlebt, beschreibt sie gewiß nicht in Dramen, Tönen oder Romanen. Künstler sind häufig *zügellose* Individuen, soweit sie eben nicht Künstler sind: aber das ist etwas anderes.

212

Alte Zweifel über die Wirkung der Kunst. – Sollten Mitleid und Furcht wirklich, wie Aristoteles will, durch die Tragödie entladen werden, so daß der Zuhörer kälter und ruhiger nach Hause zurückkehre? Sollten Geistergeschichten weniger furchtsam und abergläubisch machen? Es ist bei einigen physischen Vorgängen, zum Beispiel bei dem Liebesgenuß, wahr, daß mit der Befriedigung eines Bedürfnisses eine Linderung und zeitweilige Herabstimmung des Triebes eintritt. Aber die Furcht und das Mitleid sind nicht in diesem Sinne Bedürfnisse bestimmter Organe, welche erleichtert werden wollen. Und auf die Dauer wird selbst jeder Trieb durch Übung in seiner Befriedigung *gestärkt*, trotz jener periodischen Linderungen. Es wäre möglich, daß Mitleid und Furcht in jedem einzelnen Falle durch die Tragödie gemildert und entladen würden: trotzdem könnten sie im ganzen durch die tragische Einwirkung überhaupt größer werden, und Plato behielte doch Recht, wenn er meint, daß man durch die Tragödie insgesamt ängstlicher und rührseliger werde. Der tragische Dichter selbst würde dann notwendig eine düstere, furchtvolle Weltbetrachtung und eine weiche, reizbare, tränensüchtige Seele bekommen, desgleichen würde es zu Platos Meinung stimmen, wenn die tragischen Dichter und ebenso die ganzen Stadtgemeinden, welche sich besonders an ihnen ergötzen, zu immer größerer Maß- und Zügellosigkeit ausarten. – Aber welches Recht hat unsre Zeit überhaupt, auf die große Frage Platos nach dem moralischen Einfluß der Kunst eine Antwort zu geben? Hätten wir selbst die Kunst – wo haben wir den Einfluß, *irgendeinen* Einfluß der Kunst?

213

Freude am Unsinn. – Wie kann der Mensch Freude am Unsinn haben? So weit nämlich auf der Welt gelacht wird, ist dies der Fall; ja man kann sagen, fast überall wo es Glück gibt, gibt es Freude am Unsinn. Das Umwerfen der Erfahrung ins Gegenteil, des Zweckmäßigen ins Zwecklose, des Notwendigen ins Beliebige, doch so, daß dieser Vorgang keinen Schaden macht und nur einmal aus Übermut vorgestellt wird, ergötzt, denn es befreit uns momentan von dem Zwange des Notwendigen, Zweckmäßigen und Erfahrungsgemäßen, in denen wir für gewöhnlich unsere unerbittlichen Herren sehen; wir spielen und lachen dann, wenn das Erwartete (das gewöhnlich bange macht und spannt) sich ohne zu schädigen entladet. Es ist die Freude des Sklaven am Saturnalienfeste.

214

Veredelung der Wirklichkeit. – Dadurch, daß die Menschen in dem aphrodisischen Triebe eine Gottheit sahen und ihn mit anbetender Dankbarkeit in sich wirkend fühlten, ist im Verlaufe der Zeit jener Affekt mit höheren Vorstellungsreihen durchzogen und dadurch tatsächlich sehr veredelt worden. So haben sich einige Völker, vermöge dieser Kunst des Idealisierens, aus Krankheiten große Hilfsmächte der Kultur geschaffen: zum Beispiel die Griechen, welche in früheren Jahrhunderten an großen Nerven-Epidemien (in der Art der Epilepsie und des Veitstanzes) litten und daraus den herrlichen Typus der Bacchantin herausgebildet haben. – Die Griechen besaßen nämlich nichts weniger als eine vierschrötige Gesundheit; – ihr Geheimnis war, auch die Krankheit, wenn sie nur *Macht* hatte, als Gott zu verehren.

215

Musik. – Die Musik ist nicht an und für sich so bedeutungsvoll für unser Inneres, so tief erregend, daß sie als *unmittelbare* Sprache des Gefühls gelten dürfte; sondern ihre uralte Verbindung mit der Poesie hat so viel Symbolik in die rhythmische Bewegung, in Stärke und Schwäche des Tones gelegt, daß wir jetzt *wähnen*, sie spräche direkt *zum* Inneren und käme *aus* dem Inneren. Die dramatische Musik ist erst möglich, wenn sich die Tonkunst ein ungeheures Bereich symbolischer Mittel erobert hat, durch Lied, Oper und hundertfältige Versuche der Tonmalerei. Die »absolute Musik« ist entweder Form an sich, im rohen Zustand der Musik, wo das Erklingen in Zeitmaß und verschiedener Stärke überhaupt Freude macht, oder die ohne Poesie schon zum Verständnis redende Symbolik der Formen, nachdem in langer Entwicklung beide Künste verbunden waren und endlich die musikalische Form ganz mit Begriffs- und Gefühlsfäden durchsponnen ist. Menschen, welche in der Entwicklung der Musik zurückgeblieben sind, können dasselbe Tonstück rein formalistisch empfinden, wo die Fortgeschrittenen alles symbolisch verstehen. An sich ist keine Musik tief und bedeutungsvoll, sie spricht nicht vom »Willen«, vom »Dinge an sich«; das konnte der Intellekt erst in einem Zeitalter wähnen, welches den ganzen Umfang des inneren Lebens für die musikalische Symbolik erobert hatte. Der Intellekt selber hat diese Bedeutsamkeit erst in den Klang *hineingelegt*: wie er in die Verhältnisse von Linien und Massen bei der Architektur ebenfalls Bedeutsamkeit gelegt hat, welche aber an sich den mechanischen Gesetzen ganz fremd ist.

216

Gebärde und Sprache. – Älter als die Sprache ist das Nachmachen von Gebärden, welches unwillkürlich vor sich geht und jetzt noch, bei einer allgemeinen Zurückdrängung der Gebärdensprache und gebildeten Beherrschung der Muskeln, so stark ist, daß wir ein bewegtes

Gesicht nicht ohne Innervation unseres Gesichtes ansehen können (man kann beobachten, daß fingiertes Gähnen bei einem, der es sieht, natürliches Gähnen hervorruft). Die nachgeahmte Gebärde leitete den, der nachahmte, zu der Empfindung zurück, welche sie im Gesicht oder Körper des Nachgeahmten ausdrückte. So lernte man sich verstehn: so lernt noch das Kind die Mutter verstehen. Im allgemeinen mögen schmerzhafte Empfindungen wohl auch durch Gebärden ausgedrückt worden sein, welche Schmerz ihrerseits verursachen (zum Beispiel durch Haarausraufen, Die-Brust-Schlagen, gewaltsame Verzerrungen und Anspannungen der Gesichtsmuskeln). Umgekehrt: Gebärden der Lust waren selber lustvoll und eigneten sich dadurch leicht zum Mitteilen des Verständnisses (Lachen als Äußerung des Gekitzeltwerdens, welches lustvoll ist, diente wiederum zum Ausdruck anderer lustvoller Empfindungen). – Sobald man sich in Gebärden verstand, konnte wiederum eine *Symbolik* der Gebärde entstehen: ich meine, man konnte über eine Tonzeichensprache sich verständigen, so zwar, daß man zuerst Ton *und* Gebärde (zu der er symbolisch hinzutrat), später nur den Ton hervorbrachte. – Es scheint sich da in früher Zeit dasselbe oftmals ereignet zu haben, was jetzt vor unseren Augen und Ohren in der Entwicklung der Musik, namentlich der dramatischen Musik, vor sich geht: während zuerst die Musik, ohne erklärenden Tanz und Mimus (Gebärdensprache), leeres Geräusch ist, wird durch lange Gewöhnung an jenes Nebeneinander von Musik und Bewegung das Ohr zur sofortigen Ausdeutung der Tonfiguren eingeschult und kommt endlich auf eine Höhe des schnellen Verständnisses, wo es der sichtbaren Bewegung gar nicht mehr bedarf und den Tondichter ohne dieselbe *versteht*. Man redet dann von absoluter Musik, das heißt von Musik, in der alles ohne weitere Beihilfe sofort symbolisch verstanden wird.

217

Die Entsinnlichung der höheren Kunst. – Unsere Ohren sind, vermöge der außerordentlichen Übung des Intellekts durch die Kunstentwicklung der neuen Musik, immer intellektualer geworden. Deshalb ertragen wir jetzt viel größere Tonstärke, viel mehr »Lärm«, weil wir viel besser eingeübt sind, auf die *Vernunft in ihm* hinzuhorchen, als unsere Vorfahren. Tatsächlich sind nun alle unsere Sinne eben dadurch, daß sie sogleich nach der Vernunft, also nach dem »es bedeutet« und nicht mehr nach dem »es ist« fragen, etwas abgestumpft worden: wie sich eine solche Abstumpfung zum Beispiel in der unbedingten Herrschaft der Temperatur der Töne verrät; denn jetzt gehören Ohren, welche die feineren Unterscheidungen, zum Beispiel zwischen *cis* und *des*, noch machen, zu den Ausnahmen. In dieser Hinsicht ist unser Ohr vergröbert worden. Sodann ist die häßliche, den Sinnen ursprünglich feindselige Seite der Welt für die Musik erobert worden; ihr Machtbereich namentlich zum Ausdruck des Erhabenen, Furchtbaren, Geheimnisvollen hat sich damit erstaunlich erweitert: unsere Musik bringt jetzt Dinge zum Reden, welche früher keine Zunge hatten. In ähnlicher Weise haben einige Maler das Auge intellektualer gemacht und sind weit über das hinausgegangen, was man früher Farben- und Formenfreude nannte. Auch hier ist die ursprünglich als häßlich geltende Seite der Welt vom künstlerischen Verstande erobert worden. – Was ist von alledem die Konsequenz? Je gedankenfähiger Auge und Ohr werden, um so mehr kommen sie an die Grenze, wo sie unsinnlich werden: die Freude wird ins Gehirn verlegt, die Sinnesorgane selbst werden stumpf und schwach, das Symbolische tritt immer mehr an Stelle des Seienden – und so gelangen wir auf diesem Wege so sicher zur Barbarei, wie auf irgendeinem anderen. Einstweilen heißt es noch: die Welt ist häßlicher als je, aber sie *bedeutet* eine schönere Welt als je gewesen. Aber je mehr der Ambraduft der Bedeutung sich zerstreut und verflüchtigt, um so seltener werden die, welche ihn noch wahrnehmen: und die übrigen bleiben endlich bei dem Häßlichen stehen und suchen es direkt zu genießen, was ihnen aber immer mißlingen muß. So gibt es in Deutschland eine doppelte Strömung der musikalischen Entwicklung: hier eine Schar von Zehntausend mit immer höheren, zarteren Ansprüchen und immer mehr nach dem »es bedeutet« hinhörend, und dort die ungeheure Überzahl, welche alljährlich immer unfähiger wird, das Bedeutende auch in der Form der sinnlichen Häßlichkeit zu verstehen und deshalb nach dem an sich Häßlichen und Ekelhaften, das heißt dem niedrig Sinnlichen in der Musik mit immer mehr Behagen greifen lernt.

218

Der Stein ist mehr Stein als früher. – Wir verstehen im allgemeinen Architektur nicht mehr, wenigstens lange nicht in der Weise, wie wir Musik verstehen. Wir sind aus der Symbolik der Linien und Figuren herausgewachsen, wie wir der Klangwirkungen der Rhetorik entwöhnt sind, und haben diese Art von Muttermilch der Bildung nicht mehr vom ersten Augenblick unseres Lebens an eingesogen. An einem griechischen oder christlichen Gebäude bedeutete ursprünglich alles etwas, und zwar in Hinsicht auf eine höhere Ordnung der Dinge: diese Stimmung einer unausschöpflichen Bedeutsamkeit lag um das Gebäude gleich einem zauberhaften Schleier. Schönheit kam nur nebenbei in das System hinein, ohne die Grundempfindung des Unheimlich-Erhabenen, des durch Götternähe und Magie Geweihten wesentlich zu beeinträchtigen; Schönheit *milderte* höchstens das *Grauen* – aber dieses Grauen war überall die Voraussetzung. – Was ist uns jetzt die Schönheit eines Gebäudes? Dasselbe wie das schöne Gesicht einer geistlosen Frau: etwas Maskenhaftes.

219

Religiöse Herkunft der neueren Musik. – Die seelenvolle Musik entsteht in dem wiederhergestellten Katholizismus nach dem Tridentiner Konzil, durch Palestrina, welcher dem neu erwachten innigen und tief bewegten Geist zum Klange verhalf; später, mit Bach, auch im Protestantismus, soweit dieser durch die Pietisten vertieft und von seinem ursprünglichen dogmatischen Grundcharakter losgebunden worden war. Voraussetzung und notwendige Vorstufe für beide Entstehungen ist die Befassung mit Musik, wie sie dem Zeitalter der Renaissance und Vor-Renaissance zu eigen war, namentlich jene gelehrte Beschäftigung mit Musik, jene im Grunde wissenschaftliche Lust an den Kunststücken der Harmonik und Stimmführung. Andererseits mußte auch die Oper vorhergegangen sein: in welcher der Laie seinen Protest gegen eine zu gelehrt gewordene kalte Musik zu erkennen gab und der Polyhymnia wieder eine Seele schenken wollte. – Ohne jene tiefreligiöse Umstimmung, ohne das Ausklingen des innerlichst - erregten Gemütes wäre die Musik gelehrt oder opernhaft geblieben; der Geist der Gegenreformation ist der Geist der modernen Musik (denn jener Pietismus in Bachs Musik ist auch eine Art Gegenreformation). So tief sind wir dem religiösen Leben verschuldet. – Die Musik war die *Gegenrenaissance* im Gebiete der Kunst; zu ihr gehört die spätere Malerei des Murillo, zu ihr vielleicht auch der Barockstil: mehr jedenfalls als die Architektur der Renaissance oder des Altertums. Und noch jetzt dürfte man fragen: wenn unsre neuere Musik die Steine bewegen könnte, würde sie diese zu einer antiken Architektur zusammensetzen? Ich zweifle sehr. Denn das, was in der Musik regiert, der Affekt, die Lust an erhöhten, weitgespannten Stimmungen, das Lebendig-werden-Wollen um jeden Preis, der rasche Wechsel der Empfindung, die starke Reliefwirkung in Licht und Schatten, die Nebeneinanderstellung der Ekstase und des Naiven, – das hat alles schon einmal in den bildenden Künsten regiert und neue Stilgesetze geschaffen: – es war aber weder im Altertum noch in der Zeit der Renaissance.

220

Das Jenseits in der Kunst. – Nicht ohne tiefen Schmerz gesteht man sich ein, daß die Künstler aller Zeiten in ihrem höchsten Aufschwunge gerade jene Vorstellungen zu einer himmlischen Verklärung hinaufgetragen haben, welche wir jetzt als falsch erkennen: sie sind die Verherrlicher der religiösen und philosophischen Irrtümer der Menschheit, und sie hätten dies nicht sein können ohne den Glauben an die absolute Wahrheit derselben. Nimmt nun der Glaube an eine solche Wahrheit überhaupt ab, verblassen die Regenbogenfarben um die äußersten Enden des menschlichen Erkennens und Wähnens: so kann jene Gattung von Kunst nie wieder aufblühen, welche, wie die *divina commedia*, die Bilder Raffaels, die Fresken Michelangelos, die gotischen Münster, nicht nur eine kosmische, sondern auch eine metaphysische Bedeutung der Kunstobjekte voraussetzt. Es wird eine rührende Sage daraus werden, daß es eine solche Kunst, einen solchen Künstlerglauben gegeben habe.

221

Die Revolution in der Poesie. – Der strenge Zwang, welchen sich die französischen Dramatiker auferlegten, in Hinsicht auf Einheit der

Handlung, des Ortes und der Zeit, auf Stil, Vers- und Satzbau, Auswahl der Worte und Gedanken, war eine so wichtige Schule, wie die des Kontrapunkts und der Fuge in der Entwicklung der modernen Musik oder wie die Gorgianischen Figuren in der griechischen Beredsamkeit. Sich so zu binden kann absurd erscheinen; trotzdem gibt es kein anderes Mittel, um aus dem Naturalisieren herauszukommen, als sich zuerst auf das Allerstärkste (vielleicht Allerwillkürlichste) zu beschränken. Man lernt so allmählich mit Grazie selbst auf den schmalen Stegen schreiten, welche schwindelnde Abgründe überbrücken, und bringt die höchste Geschmeidigkeit der Bewegung als Ausbeute mit heim: wie die Geschichte der Musik vor den Augen aller Jetztlebenden beweist. Hier sieht man, wie Schritt vor Schritt die Fesseln lockerer werden, bis sie endlich ganz abgeworfen scheinen können: dieser *Schein* ist das höchste Ergebnis einer notwendigen Entwicklung in der Kunst. In der modernen Dichtkunst gab es keine so glückliche allmähliche Herauswicklung aus den selbstgelegten Fesseln. Lessing machte die französische Form, das heißt die einzige moderne Kunstform, zum Gespött in Deutschland und verwies auf Shakespeare, und so verlor man die Stetigkeit jener Entfesselung und machte einen Sprung in den Naturalismus – das heißt in die Anfänge der Kunst zurück. Aus ihm versuchte sich Goethe zu retten, indem er sich immer von neuem wieder auf verschiedene Art zu binden wußte; aber auch der Begabteste bringt es nur zu einem fortwährenden Experimentieren, wenn der Faden der Entwicklung einmal abgerissen ist. Schiller verdankt die ungefähre Sicherheit seiner Form dem unwillkürlich verehrten, wenn auch verleugneten Vorbilde der französischen Tragödie und hielt sich ziemlich unabhängig von Lessing (dessen dramatische Versuche er bekanntlich ablehnte). Den Franzosen selber fehlten nach Voltaire auf einmal die großen Talente, welche die Entwicklung der Tragödie aus dem Zwange zu jenem Scheine der Freiheit fortgeführt hätten; sie machten später nach deutschem Vorbilde auch den Sprung in eine Art von Rousseauschem Naturzustand der Kunst und experimentierten. Man lese nur von Zeit zu Zeit Voltaires Mahomet, um sich klar vor die Seele zu stellen, was durch jenen Abbruch der Tradition ein für allemal der europäischen Kultur verlorengegangen ist. Voltaire war der letzte der großen Dramatiker, welcher seine vielgestaltige, auch den größten tragischen Gewitterstürmen gewachsene Seele durch griechisches Maß bändigte –, er vermochte das, was noch kein Deutscher vermochte, weil die Natur des Franzosen der griechischen viel verwandter ist als die Natur des Deutschen –; wie er auch der letzte große Schriftsteller war, der in der Behandlung der Prosa-Rede griechisches Ohr, griechische Künstler-Gewissenhaftigkeit, griechische Schlichtheit und Anmut hatte; ja wie er einer der letzten Menschen gewesen ist, welche die höchste Freiheit des Geistes und eine schlechterdings unrevolutionäre Gesinnung in sich vereinigen können, ohne inkonsequent und feige zu sein. Seitdem ist der moderne Geist mit seiner Unruhe, seinem Haß gegen Maß und Schranke, auf allen Gebieten zur Herrschaft gekommen, zuerst entzügelt durch das Fieber der Revolution und dann wieder sich Zügel anlegend, wenn ihn Angst und Grauen vor sich selber anwandelte, – aber die Zügel der Logik, nicht mehr des künstlerischen Maßes. Zwar genießen wir durch jene Entfesselung eine Zeitlang die Poesien aller Völker, alles an verborgenen Stellen Aufgewachsene, Urwüchsige, Wildblühende, Wunderlich-Schöne und Riesenhaft-Unregelmäßige, vom Volksliede an bis zum »großen Barbaren« Shakespeare hinauf; wir schmecken die Freuden der Lokalfarbe und des Zeitkostüms, die allen künstlerischen Völkern bisher fremd waren; wir benutzen reichlich die »barbarischen Avantagen« unserer Zeit, welche Goethe gegen Schiller geltend machte, um die Formlosigkeit seines Faust in das günstigste Licht zu stellen. Aber auf wie lange noch? Die hereinbrechende Flut von Poesien aller Stile aller Völker *muß* ja allmählich das Erdreich hinwegschwemmen, auf dem ein stilles verborgenes Wachstum noch möglich gewesen wäre; alle Dichter *müssen* ja experimentierende Nachahmer, waghalsige Kopisten werden, mag ihre Kraft von Anbeginn noch so groß sein; das Publikum endlich, welches verlernt hat, in der *Bändigung* der darstellenden Kraft, in der organisierenden Bewältigung aller Kunstmittel die eigentliche künstlerische Tat zu sehn, *muß* immer mehr die Kraft um der Kraft willen, ja die Farbe um der Farbe willen, den Gedanken um des Gedankens willen, die Inspiration um der Inspiration willen schätzen, es wird demgemäß die Elemente und Bedingungen des Kunstwerks gar nicht, wenn nicht *isoliert*, genießen und zu guter Letzt die natürliche Forderung stellen, daß der Künstler isoliert sie ihm auch darreichen *müsse*. Ja, man hat die »unvernünftigen« Fesseln der französisch-griechischen Kunst abgeworfen, aber unvermerkt sich daran gewöhnt, alle Fesseln, alle Beschränkung unvernünftig zu finden; – und so bewegt sich die Kunst ihrer *Auflösung* entgegen und streift dabei – was freilich höchst belehrend ist – alle Phasen ihrer Anfänge, ihrer Kindheit, ihrer Unvollkommenheit, ihrer einstmaligen Wagnisse und Ausschreitungen: sie interpretiert, im Zu-Grunde-Gehen, ihre Entstehung, ihr Werden. Einer der Großen, auf dessen Instinkt man sich wohl verlassen kann und dessen Theorie nichts weiter als ein dreißig Jahre *Mehr* von Praxis fehlte, – Lord Byron hat einmal ausgesprochen: »Was die Poesie im allgemeinen anlangt, so bin ich, je mehr ich darüber nachdenke, immer fester der Überzeugung, daß wir allesamt auf dem falschen Wege sind, einer wie der andere. Wir folgen alle einem innerlich falschen revolutionären System – unsere oder die nächste Generation wird noch zu derselben Überzeugung gelangen.« Es ist dies derselbe Byron, welcher sagt: »Ich betrachte Shakespeare als das schlechteste Vorbild, wenn auch als den außerordentlichsten Dichter.« Und sagt im Grunde Goethes gereifte künstlerische Einsicht aus der zweiten Hälfte seines Lebens nicht genau dasselbe? – jene Einsicht, mit welcher er einen solchen Vorsprung über eine Reihe von Generationen gewann, daß man im großen ganzen behaupten kann, Goethe habe noch gar nicht gewirkt und seine Zeit werde erst kommen? Gerade weil seine Natur ihn lange Zeit in der Bahn der poetischen Revolution festhielt, gerade weil er am gründlichsten auskostete, was alles indirekt durch jenen Abbruch der Tradition an neuen Funden, Aussichten, Hilfsmitteln entdeckt und gleichsam unter den Ruinen der Kunst ausgegraben worden war, so wiegt seine spätere Umwandlung und Bekehrung so viel: sie bedeutet, daß er das tiefste Verlangen empfand, die Tradition der Kunst wiederzugewinnen und den stehengebliebenen Trümmern und Säulengängen des Tempels mit der Phantasie des Auges wenigstens die alte Vollkommenheit und Ganzheit anzudichten, wenn die Kraft des Arms sich viel zu schwach erweisen sollte, zu bauen, wo so ungeheure Gewalten schon zum Zerstören nötig waren. So lebte er in der Kunst als in der Erinnerung an die wahre Kunst: sein Dichten war zum Hilfsmittel der Erinnerung, des Verständnisses alter, längst entrückter Kunstzeiten geworden. Seine Forderungen waren zwar in Hinsicht auf die Kraft des neuen Zeitalters unerfüllbar; der Schmerz darüber wurde aber reichlich durch die Freude aufgewogen, daß sie einmal erfüllt *gewesen* sind und daß auch wir noch an dieser Erfüllung teilnehmen können. Nicht Individuen, sondern mehr oder weniger idealische Masken; keine Wirklichkeit, sondern eine allegorische Allgemeinheit; Zeitcharaktere, Lokalfarben zum fast Unsichtbaren abgedämpft und mythisch gemacht; das gegenwärtige Empfinden und die Probleme der gegenwärtigen Gesellschaft auf die einfachsten Formen zusammengedrängt, ihrer reizenden, spannenden, pathologischen Eigenschaften entkleidet, in jedem andern als dem artistischen Sinn *wirkungslos* gemacht; keine neuen Stoffe und Charaktere, sondern die alten, längst gewohnten in immerfort währender Neubeseelung und Umbildung: das ist die Kunst, so wie sie Goethe später *verstand*, so wie sie die Griechen, ja auch die Franzosen *übten*.

222

Was von der Kunst übrigbleibt. – Es ist wahr, bei gewissen metaphysischen Voraussetzungen hat die Kunst viel größeren Wert, zum Beispiel wenn der Glaube gilt, daß der Charakter unveränderlich sei und das Wesen der Welt sich in allen Charakteren und Handlungen fortwährend ausspreche: da wird das Werk des Künstlers zum Bild des *ewig Beharrenden*, während für unsere Auffassung der Künstler seinem Bilde immer nur Gültigkeit für eine Zeit geben kann, weil der Mensch im ganzen geworden und wandelbar und selbst der einzelne Mensch nichts Festes und Beharrendes ist. – Ebenso steht es bei einer andern metaphysischen Voraussetzung: gesetzt, daß unsere sichtbare Welt nur Erscheinung wäre, wie es die Metaphysiker annehmen, so käme die Kunst der wirklichen Welt ziemlich nahe zu stehen: denn zwischen der Erscheinungswelt und der Traumbild-Welt des Künstlers gäbe es dann gar zuviel Ähnliches; und die übrigbleibende Verschiedenheit stellte sogar die Bedeutung der Kunst höher als die Bedeutung der Natur, weil die Kunst das Gleichförmige, die Typen und Vorbilder der Natur darstellte. – Jene Voraussetzungen sind aber falsch: welche Stellung bleibt nach dieser Erkenntnis jetzt noch der Kunst? Vor allem hat sie durch Jahrtausende hindurch gelehrt, mit Interesse und Lust auf das Leben in jeder Gestalt zu sehen und unsere Empfindung so weit zu bringen, daß wir endlich rufen: »wie es auch sei, das Leben, es ist gut!« Diese Lehre der Kunst, Lust am Dasein zu haben und das Menschenleben wie ein Stück Natur, ohne zu heftige Mitbewegung, als Gegenstand gesetzmäßiger Entwicklung anzusehen, – diese Lehre ist in uns hineingewachsen, sie kommt jetzt als allgewaltiges Bedürfnis des Erkennens wieder ans Licht. Man könnte die Kunst aufgeben, würde aber damit nicht die von ihr gelernte Fähigkeit einbüßen: ebenso wie man die Religion aufgegeben hat, nicht aber die durch sie erworbenen Gemüts-Steigerungen und Erhebungen. Wie die bildende Kunst und die Musik der Maßstab des durch die Religion wirklich erworbenen und hinzugewonnenen Gefühls-Reichtums ist, so würde nach einem Verschwinden der Kunst die von ihr gepflanzte Intensität und Vielartigkeit der Lebensfreude immer noch Befriedigung fordern. Der wissenschaftliche Mensch ist die Weiterentwicklung des künstlerischen.

223

Abendröte der Kunst. – Wie man sich im Alter der Jugend erinnert und Gedächtnisfeste feiert, so steht bald die Menschheit zur Kunst im Verhältnis einer rührenden Erinnerung an die Freuden der Jugend. Vielleicht daß niemals früher die Kunst so tief und seelenvoll erfaßt wurde wie jetzt, wo die Magie des Todes dieselbe zu umspielen scheint. Man denke an jene griechische Stadt in Unteritalien, welche an *einem* Tage des Jahres noch ihre griechischen Feste feierte, unter Wehmut und Tränen darüber, daß immer mehr die ausländische Barbarei über ihre mitgebrachten Sitten triumphiere; niemals hat man wohl das Hellenische so genossen, nirgendswo diesen goldenen Nektar mit solcher Wollust geschlürft als unter diesen absterbenden Hellenen. Den Künstler wird man bald als ein herrliches Überbleibsel ansehen und ihm, wie einem wunderbaren Fremden, an dessen Kraft und Schönheit das Glück früherer Zeiten hing, Ehren erweisen, wie wir sie nicht gleich unseresgleichen gönnen. Das Beste an uns ist vielleicht aus Empfindungen früherer Zeiten vererbt, zu denen wir jetzt auf unmittelbarem Wege kaum mehr kommen können; die Sonne ist schon hintergegangen, aber der Himmel unseres Lebens glüht und leuchtet noch von ihr her, ob wir sie schon nicht mehr sehen.

Fünftes Hauptstück

ANZEICHEN HÖHERER UND NIEDERER KULTUR

224

Veredelung durch Entartung. – Aus der Geschichte ist zu lernen, daß *der* Stamm eines Volkes sich am besten erhält, in dem die meisten Menschen lebendigen Gemeinsinn infolge der Gleichheit ihrer gewohnten und undiskutierbaren Grundsätze, also infolge ihres gemeinsamen Glaubens haben. Hier erstarkt die gute, tüchtige Sitte, hier wird die Unterordnung des Individuums gelernt und dem Charakter Festigkeit schon als Angebinde gegeben und nachher noch anerzogen. Die Gefahr dieser starken, auf gleichartige, charaktervolle Individuen gegründeten Gemeinwesen ist die allmählich durch Vererbung gesteigerte Verdummung, welche nun einmal aller Stabilität wie ihr Schatten folgt. Es sind die ungebundeneren, viel unsichereren und moralisch-schwächeren Individuen, an denen das *geistige Fortschreiten* in solchen Gemeinwesen hängt: es sind die Menschen, die Neues und überhaupt vielerlei versuchen. Unzählige dieser Art gehen, ihrer Schwäche wegen, ohne sehr ersichtliche Wirkung zugrunde; aber im allgemeinen, zumal wenn sie Nachkommen haben, lockern sie auf und bringen von Zeit zu Zeit dem stabilen Elemente eines Gemeinwesens eine Wunde bei. Gerade an dieser wunden und schwach gewordenen Stelle wird dem gesamten Wesen etwas Neues gleichsam *inokuliert*; seine Kraft im ganzen muß aber stark genug sein, um dieses Neue in sein Blut aufzunehmen und sich zu assimilieren. Die abartenden Naturen sind überall da von höchster Bedeutung, wo ein Fortschritt erfolgen soll. Jedem Fortschritt im großen muß eine teilweise Schwächung vorhergehen. Die stärksten Naturen *halten* den Typus *fest*, die schwächeren helfen ihn *fortbilden*. – Etwas Ähnliches ergibt sich für den einzelnen Menschen; selten ist eine Entartung, eine Verstümmelung, selbst ein Laster und überhaupt eine körperliche oder sittliche Einbuße ohne einen Vorteil auf einer andern Seite. Der kränkere Mensch zum Beispiel wird vielleicht, inmitten eines kriegerischen und unruhigen Stammes, mehr Veranlassung haben, für sich zu sein und dadurch ruhiger und weiser zu werden, der Einäugige wird *ein* stärkeres Auge haben, der Blinde wird tiefer ins Innere schauen und jedenfalls schärfer hören. Insofern scheint mir der berühmte Kampf ums Dasein nicht der einzige Gesichtspunkt zu sein, aus dem das Fortschreiten oder Stärkerwerden eines Menschen, einer Rasse erklärt werden kann. Vielmehr muß zweierlei zusammenkommen: einmal die Mehrung der stabilen Kraft durch Bindung der Geister im Glauben und Gemeingefühl; sodann die Möglichkeit, zu höheren Zielen zu gelangen, dadurch, daß entartende Naturen und, infolge derselben, teilweise Schwächungen und Verwundungen der stabilen Kraft vorkommen; gerade die schwächere Natur, als die zartere und feinere, macht alles Fortschreiten überhaupt möglich. Ein Volk, das irgendwo anbröckelt und schwach wird, aber im ganzen noch stark und gesund ist, vermag die Infektion des Neuen aufzunehmen und sich zum Vorteil einzuverleiben. Bei dem einzelnen Menschen lautet die Aufgabe der Erziehung so: ihn so fest und sicher hinzustellen, daß er als Ganzes gar nicht mehr aus seiner Bahn abgelenkt werden kann. Dann aber hat der Erzieher ihm Wunden beizubringen oder die Wunden, welche das Schicksal ihm schlägt, zu benutzen, und wenn so der Schmerz und das Bedürfnis entstanden sind, so kann auch in die verwundeten Stellen etwas Neues und Edles inokuliert werden. Seine gesamte Natur wird es in sich hineinnehmen und später, in ihren Früchten, die Veredelung spüren lassen. – Was den Staat betrifft, so sagt Macchiavelli, daß »die Form der Regierungen von sehr geringer Bedeutung ist, obgleich halbgebildete Leute anders denken. Das große Ziel der Staatskunst sollte *Dauer* sein, welche alles andere aufwiegt, indem sie weit wertvoller ist als Freiheit.« Nur bei sicher begründeter und verbürgter größter Dauer ist stetige Entwicklung und veredelnde Inokulation überhaupt möglich. Freilich wird gewöhnlich die gefährliche Genossin aller Dauer, die Autorität, sich dagegen wehren.

225

Freigeist ein relativer Begriff. – Man nennt *den* einen Freigeist, welcher anders denkt, als man von ihm auf Grund seiner Herkunft, Umgebung, seines Standes und Amtes oder auf Grund der herrschenden Zeitansichten erwartet. Er ist die Ausnahme, die gebundenen Geister sind die Regel; diese werfen ihm vor, daß seine freien Grundsätze ihren Ursprung entweder in der Sucht aufzufallen haben, oder gar auf freie Handlungen, das heißt auf solche, welche mit der gebundenen Moral unvereinbar sind, schließen lassen. Bisweilen sagt man auch, diese oder jene freien Grundsätze seien aus Verschrobenheit und Überspanntheit des Kopfes herzuleiten; doch spricht so nur die Bosheit, welche selber an das nicht glaubt, was sie sagt, aber damit schaden will: denn das Zeugnis für die größere Güte und Schärfe seines Intellekts ist dem Freigeist gewöhnlich ins Gesicht geschrieben, so lesbar, daß es die gebundenen Geister gut genug verstehen. Aber die beiden andern Ableitungen der Freigeisterei sind redlich gemeint; in der Tat entstehen auch viele Freigeister auf die eine oder die andere Art. Deshalb könnten aber die Sätze, zu denen sie auf jenen Wegen gelangten, doch wahrer und zuverlässiger sein als die der gebundenen Geister. Bei der Erkenntnis der Wahrheit kommt es darauf an, daß man sie *hat*, nicht darauf, aus welchem Antriebe man sie gesucht, auf welchem Wege man sie gefunden hat. Haben die Freigeister recht, so haben die gebundenen Geister unrecht, gleichgültig, ob die ersteren aus Unmoralität zur Wahrheit gekommen sind, die anderen aus Moralität bisher an der Unwahrheit festgehalten haben. – Übrigens gehört es nicht zum Wesen des Freigeistes, daß er richtigere Ansichten hat, sondern vielmehr, daß er sich von dem Herkömmlichen gelöst hat, sei es mit Glück oder mit einem Mißerfolg. Für gewöhnlich wird er aber doch die Wahrheit oder mindestens den Geist der Wahrheitsforschung auf seiner Seite haben: er fordert Gründe, die anderen Glauben.

226

Herkunft des Glaubens. – Der gebundene Geist nimmt seine Stellung nicht aus Gründen ein, sondern aus Gewöhnung; er ist zum Beispiel Christ, nicht weil er die Einsicht in die verschiedenen Religionen und die Wahl zwischen ihnen gehabt hätte; er ist Engländer, nicht weil er sich für England entschieden hat, sondern er fand das Christentum und das Engländertum vor und nahm sie an ohne Gründe, wie jemand, der in einem Weinlande geboren wurde, ein Weintrinker wird. Später, als er Christ und Engländer war, hat er vielleicht auch einige

Gründe zugunsten seiner Gewöhnung ausfindig gemacht; man mag diese Gründe umwerfen, damit wirft man ihn in seiner ganzen Stellung nicht um. Man nötige zum Beispiel einen gebundenen Geist, seine Gründe gegen die Bigamie vorzubringen, dann wird man erfahren, ob sein heiliger Eifer für die Monogamie auf Gründen oder auf Angewöhnung beruht. Angewöhnung geistiger Grundsätze ohne Gründe nennt man Glauben.

227

Aus den Folgen auf Grund und Ungrund zurückgeschlossen. – Alle Staaten und Ordnungen der Gesellschaft: die Stände, die Ehe, die Erziehung, das Recht, alles dies hat seine Kraft und Dauer allein in dem Glauben der gebundenen Geister an sie – also in der Abwesenheit der Gründe, mindestens in der Abwehr des Fragens nach Gründen. Das wollen die gebundenen Geister nicht gern zugeben und sie fühlen wohl, daß es ein *pudendum* ist. Das Christentum, das sehr unschuldig in seinen intellektuellen Einfällen war, merkte von diesem *pudendum* nichts, forderte Glauben und nichts als Glauben und wies das Verlangen nach Gründen mit Leidenschaft ab; es zeigte auf den Erfolg des Glaubens hin: ihr werdet den Vorteil des Glaubens schon spüren, deutete es an, ihr sollt durch ihn selig werden. Tatsächlich verfährt der Staat ebenso, und jeder Vater erzieht in gleicher Weise seinen Sohn: halte dies nur für wahr, sagt er, du wirst spüren, wie gut dies tut. Dies bedeutet aber, daß aus dem persönlichen *Nutzen*, den eine Meinung einträgt, ihre *Wahrheit* erwiesen werden soll, die Zuträglichkeit einer Lehre soll für die intellektuelle Sicherheit und Begründetheit Gewähr leisten. Es ist dies so, wie wenn der Angeklagte vor Gericht spräche: mein Verteidiger sagt die ganze Wahrheit, denn seht nur zu, was aus seiner Rede folgt: ich werde freigesprochen. – Weil die gebundenen Geister ihre Grundsätze ihres Nutzens wegen haben, so vermuten sie auch beim Freigeist, daß er mit seinen Ansichten ebenfalls seinen Nutzen suche und nur das für wahr halte, was ihm gerade frommt. Da ihm aber das Entgegengesetzte von dem zu nützen scheint, was seinen Landes- oder Standesgenossen nützt, so nehmen diese an, daß seine Grundsätze ihnen gefährlich sind; sie sagen oder fühlen: er darf nicht recht haben, denn er ist uns schädlich.

228

Der starke, gute Charakter. – Die Gebundenheit der Ansichten, durch Gewöhnung zum Instinkt geworden, führt zu dem, was man Charakterstärke nennt. Wenn jemand aus wenigen, aber immer aus den gleichen Motiven handelt, so erlangen seine Handlungen eine große Energie; stehen diese Handlungen im Einklange mit den Grundsätzen der gebundenen Geister, so werden sie anerkannt und erzeugen nebenbei in dem, der sie tut, die Empfindung des guten Gewissens. Wenige Motive, energisches Handeln und gutes Gewissen machen das aus, was man Charakterstärke nennt. Dem Charakterstarken fehlt die Kenntnis der vielen Möglichkeiten und Richtungen des Handelns; sein Intellekt ist unfrei, gebunden, weil er ihm in einem gegebenen Falle vielleicht nur zwei Möglichkeiten zeigt; zwischen diesen muß er jetzt, gemäß seiner ganzen Natur, mit Notwendigkeit wählen, und er tut dies leicht und schnell, weil er nicht zwischen fünfzig Möglichkeiten zu wählen hat. Die erziehende Umgebung will jeden Menschen unfrei machen, indem sie ihm die geringste Zahl von Möglichkeiten vor Augen stellt. Das Individuum wird von seinen Erziehern behandelt, als ob es zwar etwas Neues sei, aber eine *Wiederholung* werden solle. Erscheint der Mensch zunächst als etwas Unbekanntes, nie Dagewesenes, so soll er zu etwas Bekanntem, Dagewesenem gemacht werden. Einen guten Charakter nennt man an einem Kinde das Sichtbarwerden der Gebundenheit durch das Dagewesene; indem das Kind sich auf die Seite der gebundenen Geister stellt, bekundet es zuerst seinen erwachenden Gemeinsinn; auf der Grundlage dieses Gemeinsinns aber wird es später seinem Staate oder Stande nützlich.

229

Maß der Dinge bei den gebundenen Geistern. – Von vier Gattungen der Dinge sagen die gebundenen Geister, sie seien im Rechte. Erstens: alle Dinge, welche Dauer haben, sind im Recht; zweitens: alle Dinge, welche uns nicht lästig fallen, sind im Recht; drittens: alle Dinge, welche uns Vorteil bringen, sind im Recht; viertens: alle Dinge, für welche wir Opfer gebracht haben, sind im Recht. Letzteres erklärt zum

Beispiel, weshalb ein Krieg, der wider Willen des Volkes begonnen wurde, mit Begeisterung fortgeführt wird, sobald erst Opfer gebracht sind. – Die Freigeister, welche ihre Sache vor dem Forum der gebundenen Geister führen, haben nachzuweisen, daß es immer Freigeister gegeben hat, also daß die Freigeisterei Dauer hat, sodann, daß sie nicht lästig fallen wollen, und endlich, daß sie den gebundenen Geistern im ganzen Vorteil bringen; aber weil sie von diesem letzten die gebundenen Geister nicht überzeugen können, nützt es ihnen nichts, den ersten und zweiten Punkt bewiesen zu haben.

230

Esprit fort. – Verglichen mit dem, welcher das Herkommen auf seiner Seite hat und keine Gründe für sein Handeln braucht, ist der Freigeist immer schwach, namentlich im Handeln; denn er kennt zu viele Motive und Gesichtspunkte und hat deshalb eine unsichere, ungeübte Hand. Welche Mittel gibt es nun, um ihn doch *verhältnismäßig stark* zu machen, so daß er sich wenigstens durchsetzt und nicht wirkungslos zugrunde geht? Wie entsteht der starke Geist (*esprit fort*)? Es ist dies in einem einzelnen Falle die Frage nach der Erzeugung des Genius. Woher kommt die Energie, die unbeugsame Kraft, die Ausdauer, mit welcher der einzelne, dem Herkommen entgegen, eine ganz individuelle Erkenntnis der Welt zu erwerben trachtet?

231

Die Entstehung des Genies. – Der Witz des Gefangenen, mit welchem er nach Mitteln zu seiner Befreiung sucht, die kaltblütigste und langwierigste Benützung jedes kleinsten Vorteils kann lehren, welcher Handhabe sich mitunter die Natur bedient, um das Genie – ein Wort, das ich bitte, ohne allen mythologischen und religiösen Beigeschmack zu verstehen – zustande zu bringen: sie fängt es in einen Kerker ein und reizt seine Begierde, sich zu befreien, auf das äußerste. – Oder mit einem anderen Bilde: jemand, der sich auf seinem Wege im Walde völlig verirrt hat, aber mit ungemeiner Energie nach irgendeiner Richtung hin ins Freie strebt, entdeckt mitunter einen neuen Weg, welchen niemand kennt: so entstehen die Genies, denen man Originalität nachrühmt. – Es wurde schon erwähnt, daß eine Verstümmelung, Verkrüppelung, ein erheblicher Mangel eines Organs häufig die Veranlassung dazu gibt, daß ein anderes Organ sich ungewöhnlich gut entwickelt, weil es seine eigene Funktion und noch eine andere zu versehen hat. Hieraus ist der Ursprung mancher glänzenden Begabung zu erraten. – Aus diesen allgemeinen Andeutungen über die Entstehung des Genius mache man die Anwendung auf den speziellen Fall, die Entstehung des vollkommenen Freigeistes.

232

Vermutung über den Ursprung der Freigeisterei. – Ebenso wie die Gletscher zunehmen, wenn in den Äquatorialgegenden die Sonne mit größerer Glut als früher auf die Meere niederbrennt, so mag auch wohl eine sehr starke, um sich greifende Freigeisterei Zeugnis dafür sein, daß irgendwo die Glut der Empfindung außerordentlich gewachsen ist.

233

Die Stimme der Geschichte. – Im allgemeinen *scheint* die Geschichte über die Erzeugung des Genius folgende Belehrung zu geben: Mißhandelt und quält die Menschen – so ruft sie den Leidenschaften Neid, Haß und Wetteifer zu – treibt sie zum Äußersten, den einen wider den andern, das Volk gegen das Volk, und zwar durch Jahrhunderte hindurch, dann flammt vielleicht, gleichsam aus einem beiseite fliegenden Funken der dadurch entzündeten furchtbaren Energie, auf einmal das Licht des Genius empor; der Wille, wie ein Roß durch den Sporn des Reiters wild gemacht, bricht dann aus und springt auf ein anderes Gebiet über. – Wer zum Bewußtsein über die Erzeugung des Genius käme und die Art, wie die Natur gewöhnlich dabei verfährt, auch praktisch durchführen wollte, würde gerade so böse und rücksichtslos wie die Natur sein müssen. – Aber vielleicht haben wir uns verhört.

234

Wert der Mitte des Wegs. – Vielleicht ist die Erzeugung des Genius nur einem begrenzten Zeitraume der Menschheit vorbehalten. Denn man darf von der Zukunft der Menschheit nicht zugleich alles das erwarten, was ganz bestimmte Bedingungen irgendwelcher Vergangenheit allein hervorzubringen vermochten; zum Beispiel nicht die erstaunlichen Wirkungen des religiösen Gefühls. Dieses selbst hat seine Zeit gehabt und vieles sehr Gute kann nie wieder wachsen, weil es allein aus ihm wachsen konnte. So wird es nie wieder einen religiös umgrenzten Horizont des Lebens und der Kultur geben. Vielleicht ist selbst der Typus des Heiligen nur bei einer gewissen Befangenheit des Intellektes möglich, mit der es, wie es scheint, für alle Zukunft vorbei ist. Und so ist die Höhe der Intelligenz vielleicht einem einzelnen Zeitalter der Menschheit aufgespart gewesen: sie trat hervor – und tritt hervor, denn wir leben noch in diesem Zeitalter, – als eine außerordentliche, lang angesammelte Energie des Willens sich ausnahmsweise auf *geistige* Ziele durch Vererbung übertrug. Es wird mit jener Höhe vorbei sein, wenn diese Wildheit und Energie nicht mehr großgezüchtet werden. Die Menschheit kommt vielleicht auf der Mitte ihres Weges, in der mittleren Zeit ihrer Existenz, ihrem eigentlichen Ziele näher als am Ende. Es könnten Kräfte, durch welche zum Beispiel die Kunst bedingt ist, geradezu aussterben; die Lust am Lügen, am Ungenauen, am Symbolischen, am Rausche, an der Ekstase könnte in Mißachtung kommen. Ja, ist das Leben erst im vollkommenen Staate geordnet, so ist aus der Gegenwart gar kein Motiv zur Dichtung mehr zu entnehmen, und es würden allein die zurückgebliebenen Menschen sein, welche nach dichterischer Unwirklichkeit verlangten. Diese würden dann jedenfalls mit Sehnsucht rückwärts schauen, nach den Zeiten des unvollkommenen Staates, der halb-barbarischen Gesellschaft, nach *unseren* Zeiten.

235

Genius und idealer Staat in Widerspruch. – Die Sozialisten begehren für möglichst viele ein Wohlleben herzustellen. Wenn die dauernde Heimat dieses Wohllebens, der vollkommene Staat, wirklich erreicht wäre, so würde durch dieses Wohlleben der Erdboden, aus dem der große Intellekt und überhaupt das mächtige Individuum wächst, zerstört sein: ich meine die starke Energie. Die Menschheit würde zu matt geworden sein, wenn dieser Staat erreicht ist, um den Genius noch erzeugen zu können. Müßte man somit nicht wünschen, daß das Leben seinen gewaltsamen Charakter behalte und daß immer von neuem wieder wilde Kräfte und Energien hervorgerufen werden? Nun will das warme, mitfühlende Herz gerade die *Beseitigung* jenes gewaltsamen und wilden Charakters, und das wärmste Herz, das man sich denken kann, würde eben darnach am leidenschaftlichsten verlangen: während doch gerade seine Leidenschaft aus jenem wilden und gewaltsamen Charakter des Lebens ihr Feuer, ihre Wärme, ja ihre Existenz genommen hat; das wärmste Herz will also Beseitigung seines Fundamentes, Vernichtung seiner selbst, das heißt doch: es will etwas Unlogisches, es ist nicht intelligent. Die höchste Intelligenz und das wärmste Herz können nicht in einer Person beisammen sein, und der Weise, welcher über das Leben das Urteil spricht, stellt sich auch über die Güte und betrachtet diese nur als etwas, das bei der Gesamtrechnung des Lebens mit abzuschätzen ist. Der Weise muß jenen ausschweifenden Wünschen der unintelligenten Güte widerstreben, weil ihm an dem Fortleben seines Typus und an dem endlichen Entstehen des höchsten Intellektes gelegen ist; mindestens wird er der Begründung des »vollkommenen Staates« nicht förderlich sein, insofern in ihm nur ermattete Individuen Platz haben. Christus dagegen, den wir uns einmal als das wärmste Herz denken wollen, förderte die Verdummung der Menschen, stellte sich auf die Seite der geistig Armen und hielt die Erzeugung des größten Intellektes auf: und dies war konsequent. Sein Gegenbild, der vollkommene Weise – dies darf man wohl vorhersagen – wird ebenso notwendig der Erzeugung eines Christus hinderlich sein. – Der Staat ist eine kluge Veranstaltung zum Schutz der Individuen gegeneinander: übertreibt man seine Veredelung, so wird zuletzt das Individuum durch ihn geschwächt, ja aufgelöst – also der ursprüngliche Zweck des Staates am gründlichsten vereitelt.

236

Die Zonen der Kultur. – Man kann gleichnisweise sagen, daß die Zeitalter der Kultur den Gürteln der verschiedenen Klimata entsprechen, nur daß diese hintereinander und nicht wie die geographischen Zonen nebeneinander liegen. Im Vergleich mit der gemäßigten Zone der Kultur, in welche überzugehen unsere Aufgabe ist, macht die vergangene im ganzen und großen den Eindruck eines *tropischen* Klimas. Gewaltsame Gegensätze, schroffer Wechsel von Tag und Nacht, Glut und Farbenpracht, die Verehrung alles Plötzlichen, Geheimnisvollen, Schrecklichen, die Schnelligkeit der hereinbrechenden Unwetter, überall das verschwenderische Überströmen der Füllhörner der Natur: und dagegen, in unserer Kultur, ein heller, doch nicht leuchtender Himmel, reine, ziemlich gleich verbleibende Luft, Schärfe, ja Kälte gelegentlich: so heben sich beide Zonen gegeneinander ab. Wenn wir dort sehen, wie die wütendsten Leidenschaften durch metaphysische Vorstellungen mit unheimlicher Gewalt niedergerungen und zerbrochen werden, so ist es uns zumute, als ob vor unseren Augen in den Tropen wilde Tiger unter den Windungen ungeheurer Schlangen zerdrückt würden; unserem geistigen Klima fehlen solche Vorkommnisse, unsere Phantasie ist gemäßigt; selbst im Traume kommt uns das nicht bei, was frühere Völker im Wachen sahen. Aber sollten wir über diese Veränderung nicht glücklich sein dürfen, selbst zugegeben, daß die Künstler durch das Verschwinden der tropischen Kultur wesentlich beeinträchtigt sind und uns Nicht-Künstler ein wenig zu nüchtern finden? Insofern haben Künstler wohl das Recht, den »Fortschritt« zu leugnen, denn in der Tat: ob die letzten drei Jahrtausende in den Künsten einen fortschreitenden Verlauf zeigen, das läßt sich mindestens bezweifeln; ebenso wird ein metaphysischer Philosoph wie Schopenhauer keinen Anlaß haben, den Fortschritt zu erkennen, wenn er die letzten vier Jahrtausende in bezug auf metaphysische Philosophie und Religion überblickt. – Uns gilt aber die *Existenz* der gemäßigten Zone der Kultur selbst als Fortschritt.

Renaissance und Reformation. – Die italienische Renaissance barg in sich alle die positiven Gewalten, welchen man die moderne Kultur verdankt: also Befreiung des Gedankens, Mißachtung der Autoritäten, Sieg der Bildung über den Dünkel der Abkunft, Begeisterung für die Wissenschaft und die wissenschaftliche Vergangenheit der Menschen, Entfesselung des Individuums, eine Glut der Wahrhaftigkeit und Abneigung gegen Schein und bloßen Effekt (welche Glut in einer ganzen Fülle künstlerischer Charaktere hervorloderte, die Vollkommenheit in ihren Werken und nichts als Vollkommenheit mit höchster sittlicher Reinheit von sich forderten); ja die Renaissance hatte positive Kräfte, welche in unserer *bisherigen* modernen Kultur noch nicht wieder so mächtig geworden sind. Es war das goldene Zeitalter dieses Jahrtausends, trotz aller Flecken und Laster. Dagegen hebt sich nun die deutsche Reformation ab als ein energischer Protest zurückgebliebener Geister, welche die Weltanschauung des Mittelalters noch keineswegs satt hatten und die Zeichen seiner Auflösung, die außerordentliche Verflachung und Veräußerlichung des religiösen Lebens, anstatt mit Frohlocken, wie sich gebührt, mit tiefem Unmute empfanden. Sie warfen mit ihrer nordischen Kraft und Halsstarrigkeit die Menschen wieder zurück, erzwangen die Gegenreformation, das heißt ein katholisches Christentum der Notwehr, mit den Gewaltsamkeiten eines Belagerungszustandes, und verzögerten um zwei bis drei Jahrhunderte ebenso das völlige Erwachen und Herrschen der Wissenschaften, als sie das völlige In-Eins-Verwachsen des antiken und des modernen Geistes vielleicht für immer unmöglich machten. Die große Aufgabe der Renaissance konnte nicht zu Ende gebracht werden, der Protest des inzwischen zurückgebliebenen deutschen Wesens (welches im Mittelalter Vernunft genug gehabt hatte, um immer und immer wieder zu seinem Heile über die Alpen zu steigen) verhinderte dies. Es lag in dem Zufall einer außerordentlichen Konstellation der Politik, daß damals Luther erhalten blieb und jener Protest Kraft gewann: denn der Kaiser schützte ihn, um seine Neuerung gegen den Papst als Werkzeug des Druckes zu verwenden, und ebenfalls begünstigte ihn im stillen der Papst, um die protestantischen Reichsfürsten als Gegengewicht gegen den Kaiser zu benutzen. Ohne dies seltsame Zusammenspiel der Absichten wäre Luther verbrannt worden wie Huß – und die Morgenröte der Aufklärung vielleicht etwas früher und mit schönerem Glanze, als wir jetzt ahnen können, aufgegangen.

238

Gerechtigkeit gegen den werdenden Gott. – Wenn sich die ganze Geschichte der Kultur vor den Blicken auftut, als ein Gewirr von bösen und edlen, wahren und falschen Vorstellungen, und es einem beim Anblick dieses Wellenschlags fast seekrank zumute wird, so begreift man, was für ein Trost in der Vorstellung eines *werdenden Gottes* liegt: dieser enthüllt sich immer mehr in den Verwandlungen und Schicksalen der Menschheit, es ist nicht alles blinde Mechanik, sinn- und zweckloses Durcheinanderspielen von Kräften. Die Vergottung des Werdens ist ein metaphysischer Ausblick – gleichsam von einem Leuchtturm am Meere der Geschichte herab –, an welchem eine allzuviel historisierende Gelehrtengeneration ihren Trost fand; darüber darf man nicht böse werden, so irrtümlich jene Vorstellung auch sein mag. Nur wer wie Schopenhauer die Entwicklung leugnet, fühlt auch nichts von dem Elend dieses historischen Wellenschlags und darf deshalb, weil er von jenem werdenden Gotte und dem Bedürfnis seiner Annahme nichts weiß, nichts fühlt, billigerweise seinen Spott auslassen.

239

Die Früchte nach der Jahreszeit. – Jede bessere Zukunft, welche man der Menschheit anwünscht, ist notwendigerweise auch in manchem Betracht eine schlechtere Zukunft: denn es ist Schwärmerei zu glauben, daß eine höhere neue Stufe der Menschheit alle die Vorzüge früherer Stufen in sich vereinigen werde und zum Beispiel auch die höchste Gestaltung der Kunst erzeugen müsse. Vielmehr hat jede Jahreszeit ihre Vorzüge und Reize für sich und schließt die der anderen aus. Das, was aus der Religion und in ihrer Nachbarschaft gewachsen ist, kann nicht wieder wachsen, wenn diese zerstört ist; höchstens können verirrte, spätkommende Absenker zur Täuschung darüber verleiten, ebenso wie die zeitweilig ausbrechende Erinnerung an die alte Kunst: ein Zustand, der wohl das Gefühl des Verlustes, der Entbehrung verrät, aber kein Beweis für die Kraft ist, aus der eine neue Kunst geboren werden könnte.

240

Zunehmende Severität der Welt. – Je höher die Kultur eines Menschen steigt, um so mehr Gebiete entziehen sich dem Scherz, dem Spotte. Voltaire war für die Erfindung der Ehe und der Kirche von Herzen dem Himmel dankbar: als welcher damit so gut für unsere Aufheiterung gesorgt habe. Aber er und seine Zeit, und vor ihm das sechzehnte Jahrhundert, haben diese Themen zu Ende gespottet; es ist alles, was jetzt einer auf diesem Gebiete noch witzelt, verspätet und vor allem gar zu wohlfeil, als daß es die Käufer begehrlich machen könnte. Jetzt fragt man nach den Ursachen; es ist das Zeitalter des Ernstes. Wem liegt jetzt noch daran, die Differenzen zwischen Wirklichkeit und anspruchsvollem Schein, zwischen dem, was der Mensch ist und was er vorstellen will, in scherzhaftem Lichte zu sehen; das Gefühl dieser Kontraste wirkt alsbald ganz anders, wenn man nach den Gründen sucht. Je gründlicher jemand das Leben versteht, desto weniger wird er spotten, nur daß er zuletzt vielleicht noch über die »Gründlichkeit seines Verstehens« spottet.

241

Genius der Kultur. – Wenn jemand einen Genius der Kultur imaginieren wollte, wie würde dieser beschaffen sein? Er handhabt die Lüge, die Gewalt, den rücksichtslosesten Eigennutz so sicher als seine Werkzeuge, daß er nur ein böses dämonisches Wesen zu nennen wäre; aber seine Ziele, welche hier und da durchleuchten, sind groß und gut. Es ist ein Zentaur, halb Tier, halb Mensch, und hat noch Engelsflügel dazu am Haupte.

242

Wunder-Erziehung. – Das Interesse an der Erziehung wird erst von dem Augenblick an große Stärke bekommen, wo man den Glauben an einen Gott und seine Fürsorge aufgibt: ebenso wie die Heilkunst erst erblühen konnte, als der Glaube an Wunderkuren aufhörte. Bis jetzt glaubt aber alle Welt noch an die Wunder-Erziehung: aus der größten Unordnung, Verworrenheit der Ziele, Ungunst der Verhältnisse sah man ja die fruchtbarsten mächtigsten Menschen erwachsen: wie konnte dies doch mit rechten Dingen zugehen? – Jetzt wird man bald auch in diesen Fällen näher zusehen, sorgsamer prüfen: Wunder wird man dabei niemals entdecken. Unter gleichen Verhältnissen gehen fortwährend zahlreiche Menschen zugrunde, das einzelne gerettete Individuum ist dafür gewöhnlich stärker geworden, weil es diese schlimmen Umstände vermöge unverwüstlicher eingeborener Kraft ertrug und diese Kraft noch geübt und vermehrt hat: so erklärt sich das Wunder. Eine Erziehung, welche an kein Wunder mehr glaubt, wird auf dreierlei zu achten haben: erstens, wie viel Energie ist vererbt? zweitens, wodurch kann noch neue Energie entzündet werden? drittens, wie kann das Individuum jenen so überaus vielartigen Ansprüchen der Kultur angepaßt werden, ohne daß diese es beunruhigen und seine Eigenartigkeit zersplittern – kurz, wie kann das Individuum in den Kontrapunkt der privaten und öffentlichen Kultur eingereiht werden, wie kann es zugleich die Melodie führen und als Melodie begleiten?

243

Die Zukunft des Arztes. – Es gibt jetzt keinen Beruf, der eine so hohe Steigerung zuließe, wie der des Arztes; namentlich nachdem die geistlichen Ärzte, die sogenannten Seelsorger, ihre Beschwörungskünste nicht mehr unter öffentlichem Beifalle treiben dürfen und ein Gebildeter ihnen aus dem Wege geht. Die höchste geistige Ausbildung eines Arztes ist jetzt nicht erreicht, wenn er die besten neuesten Methoden kennt und auf sie eingeübt ist und jene fliegenden Schlüsse von Wirkungen auf Ursachen zu machen versteht, derentwegen die Diagnostiker berühmt sind: er muß außerdem eine Beredsamkeit haben, die sich jedem Individuum anpaßt und ihm das Herz aus dem Leibe zieht, eine Männlichkeit, deren Anblick schon den Kleinmut (den Wurmfraß aller Kranken) verscheucht, eine Diplomaten-Geschmeidigkeit im Vermitteln zwischen solchen, welche Freude zu ihrer Genesung nötig haben, und solchen, die aus Gesundheitsgründen Freude machen müssen (und können), die Feinheit eines Polizeiagenten und Advokaten, die Geheimnisse einer Seele zu verstehen, ohne sie zu verraten, – kurz, ein guter Arzt bedarf jetzt der Kunstgriffe und Kunstvorrechte aller andern Berufsklassen: so ausgerüstet ist er dann imstande, der ganzen Gesellschaft ein Wohltäter zu werden, durch Vermehrung guter Werke, geistiger Freude und Fruchtbarkeit, durch Verhütung von bösen Gedanken, Vorsätzen, Schurkereien (deren ekler Quell so häufig der Unterleib ist), durch Herstellung einer geistig-leiblichen Aristokratie (als Ehestifter und Eheverhinderer), durch wohlwollende

Abschneidung aller sogenannten Seelenqualen und Gewissensbisse: so erst wird er aus einem »Medizinmann« ein Heiland und braucht doch keine Wunder zu tun, hat auch nicht nötig, sich kreuzigen zu lassen.

244

In der Nachbarschaft des Wahnsinns. – Die Summe der Empfindungen, Kenntnisse, Erfahrungen, also die ganze Last der Kultur, ist so groß geworden, daß eine Überreizung der Nerven- und Denkkräfte die allgemeine Gefahr ist, ja daß die kultivierten Klassen der europäischen Länder durchweg neurotisch sind und fast jede ihrer größeren Familien in einem Gliede dem Irrsinn nahegerückt ist. Nun kommt man zwar der Gesundheit jetzt auf alle Weise entgegen; aber in der Hauptsache bleibt eine Verminderung jener Spannung des Gefühls, jener niederdrückenden Kultur-Last vonnöten, welche, wenn sie selbst mit schweren Einbußen erkauft werden sollte, uns doch zu der großen Hoffnung einer *neuen Renaissance* Spielraum gibt. Man hat dem Christentum, den Philosophen, Dichtern, Musikern eine Überfülle tief erregter Empfindungen zu danken: damit diese uns nicht überwuchern, müssen wir den Geist der Wissenschaft beschwören, welcher im ganzen etwas kälter und skeptischer macht und namentlich den Glutstrom des Glaubens an letzte endgültige Wahrheiten abkühlt; er ist vornehmlich durch das Christentum so wild geworden.

245

Glockenguß der Kultur. – Die Kultur ist entstanden wie eine Glocke, innerhalb eines Mantels von gröberem, gemeinerem Stoffe: Unwahrheit, Gewaltsamkeit, unbegrenzte Ausdehnung aller einzelnen Ichs, aller einzelnen Völker, waren dieser Mantel. Ist es an der Zeit, ihn jetzt abzunehmen? Ist das Flüssige erstarrt, sind die guten, nützlichen Triebe, die Gewohnheiten des edleren Gemütes so sicher und allgemein geworden, daß es keiner Anlehnung an Metaphysik und die Irrtümer der Religionen mehr bedarf, keiner Härten und Gewaltsamkeiten als mächtigster Bindemittel zwischen Mensch und Mensch, Volk und Volk? – Zur Beantwortung dieser Frage ist kein Wink eines Gottes uns mehr hilfreich: unsere eigne Einsicht muß da entscheiden. Die Erdregierung des Menschen im großen hat der Mensch selber in die Hand zu nehmen, seine »Allwissenheit« muß über dem weiteren Schicksal der Kultur mit scharfem Auge wachen.

246

Die Zyklopen der Kultur. – Wer jene zerfurchten Kessel sieht, in denen Gletscher gelagert haben, hält es kaum für möglich, daß eine Zeit kommt, wo an derselben Stelle ein Wiesen- und Waldtal mit Bächen darin sich hinzieht. So ist es auch in der Geschichte der Menschheit; die wildesten Kräfte brechen Bahn, zunächst zerstörend, aber trotzdem war ihre Tätigkeit nötig, damit später eine mildere Gesittung hier ihr Haus aufschlage. Die schrecklichen Energien – das, was man das Böse nennt – sind die zyklopischen Architekten und Wegebauer der Humanität.

247

Kreislauf des Menschentums. – Vielleicht ist das ganze Menschentum nur eine Entwicklungsphase einer bestimmten Tierart von begrenzter Dauer: so daß der Mensch aus dem Affen geworden ist und wieder zum Affen werden wird, während niemand da ist, der an diesem verwunderlichen Komödien-Ausgang irgendein Interesse nehme. So wie mit dem Verfalle der römischen Kultur und seiner wichtigsten Ursache, der Ausbreitung des Christentums, eine allgemeine Verhäßlichung des Menschen innerhalb des römischen Reiches überhandnahm, so könnte auch durch den einstmaligen Verfall der allgemeinen Erdkultur eine viel höher gesteigerte Verhäßlichung und endlich Vertierung des Menschen, bis ins Affenhafte, herbeigeführt werden. – Gerade weil wir diese Perspektive ins Auge fassen können, sind wir vielleicht imstande, einem solchen Ende der Zukunft vorzubeugen.

248

Trostrede eines desperaten Fortschritts. – Unsere Zeit macht den Eindruck eines Interim-Zustandes; die alten Weltbetrachtungen, die alten Kulturen sind noch teilweise vorhanden, die neuen noch nicht sicher und gewohnheitsmäßig und daher ohne Geschlossenheit und Konsequenz. Es sieht aus, als ob alles chaotisch würde, das Alte verlorenginge, das Neue nichts tauge und immer schwächlicher werde. Aber so geht es dem Soldaten, welcher marschieren lernt: er ist eine Zeitlang unsicherer und unbeholfener als je, weil die Muskeln bald nach dem alten System, bald nach dem neuen bewegt werden und noch keins entschieden den Sieg behauptet. Wir schwanken, aber es ist nötig, dadurch nicht ängstlich zu werden und das Neu-Errungene etwa preiszugeben. Überdies *können* wir ins Alte nicht zurück, wir *haben* die Schiffe verbrannt; es bleibt nur übrig, tapfer zu sein, mag nun dabei dies oder jenes herauskommen. – *Schreiten* wir nur *zu*, kommen wir nur von der Stelle! Vielleicht sieht sich unser Gebaren doch einmal wie *Fortschritt* an; wenn aber nicht, so mag Friedrichs des Großen Wort auch zu uns gesagt sein, und zwar zum Troste: »*Ah, mon cher Sulzer, vous ne connaissez pas assez cette race maudite, à laquelle nous appartenons.*«

249

An der Vergangenheit der Kultur leiden. – Wer sich das Problem der Kultur klargemacht hat, leidet dann an einem ähnlichen Gefühle wie der, welcher einen durch unrechtmäßige Mittel erworbenen Reichtum ererbt hat, oder wie der Fürst, der durch Gewalttat seiner Vorfahren regiert. Er denkt mit Trauer an seinen Ursprung und ist oft beschämt, oft reizbar. Die ganze Summe von Kraft, Lebenswillen, Freude, welche er seinem Besitze zuwendet, balanciert sich oft mit einer tiefen Müdigkeit: er kann seinen Ursprung nicht vergessen. Die Zukunft sieht er wehmütig an, seine Nachkommen, er weiß es voraus, werden an der Vergangenheit leiden wie er.

250

Manieren. – Die guten Manieren verschwinden in dem Maße, in welchem der Einfluß des Hofes und einer abgeschlossenen Aristokratie nachläßt: man kann diese Abnahme von Jahrzehnt zu Jahrzehnt deutlich beobachten, wenn man ein Auge für die öffentlichen Akte hat: als welche ersichtlich immer pöbelhafter werden. Niemand versteht mehr, auf geistreiche Art zu huldigen und zu schmeicheln; daraus ergibt sich die lächerliche Tatsache, daß man in Fällen, wo man gegenwärtig Huldigungen darbringen *muß* (zum Beispiel einem großen Staatsmanne oder Künstler), die Sprache des tiefsten Gefühls, der treuherzigen, ehrenfesten Biederkeit borgt – aus Verlegenheit und Mangel an Geist und Grazie. So scheint die öffentliche festliche Begegnung der Menschen immer ungeschickter, aber gefühlvoller und biederer, ohne dies zu sein. – Sollte es aber mit den Manieren immerfort bergab gehen? Es scheint mir vielmehr, daß die Manieren eine tiefe Kurve machen und wir uns ihrem niedrigsten Stande nähern. Wenn erst die Gesellschaft ihrer Absichten und Prinzipien sicherer geworden ist, so daß diese formbildend wirken (während jetzt die angelernten Manieren früherer formenbildender Zustände immer schwächer vererbt und angelernt werden), so wird es Manieren des Umgangs, Gebärden und Ausdrücke des Verkehrs geben, welche so notwendig und schlicht natürlich erscheinen müssen, als es diese Absichten und Prinzipien sind. Die bessere Verteilung der Zeit und Arbeit, die zur Begleiterin jener schönen Mußezeit umgewandelte gymnastische Übung, das vermehrte und strenger gewordene Nachdenken, welches selbst dem Körper Klugheit und Geschmeidigkeit gibt, bringt dies alles mit sich. – Hier könnte man nun freilich mit einigem Spotte unserer Gelehrten gedenken, ob denn sie, die doch Vorläufer jener neuen Kultur sein wollen, sich in der Tat durch bessere Manieren auszeichnen? Es ist dies wohl nicht der Fall, obgleich ihr Geist willig genug dazu sein mag: aber ihr Fleisch ist schwach. Die Vergangenheit ist noch zu mächtig in ihren Muskeln: sie stehen noch in einer unfreien Stellung und sind zur Hälfte weltliche Geistliche, zur Hälfte abhängige Erzieher vornehmer Leute und Stände, und überdies durch Pedanterie der Wissenschaft, durch veraltete geistlose Methoden verkrüppelt und unlebendig gemacht. Sie sind also, jedenfalls ihrem Körper nach und oft auch zu Dreiviertel ihres Geistes, immer noch die Höflinge einer alten, ja greisenhaften Kultur und als solche selber greisenhaft; der neue Geist, der gelegentlich in diesen alten Gehäusen rumort, dient einstweilen nur dazu, sie unsicherer und ängstlicher zu machen. In ihnen gehen sowohl die Gespenster der Vergangenheit als die Gespenster der Zukunft um: was Wunder, wenn sie dabei nicht die beste Miene machen, nicht die gefälligste Haltung haben?

251

Zukunft der Wissenschaft. – Die Wissenschaft gibt dem, welcher in ihr arbeitet und sucht, viel Vergnügen, dem, welcher ihre Ergebnisse *lernt*, sehr wenig. Da allmählich aber alle wichtigen Wahrheiten der Wissenschaft alltäglich und gemein werden müssen, so hört auch dieses wenige Vergnügen auf: so wie wir beim Lernen des so bewundernswürdigen Einmaleins längst aufgehört haben, uns zu freuen. Wenn nun die Wissenschaft immer weniger Freude durch sich macht und immer mehr Freude, durch Verdächtigung der tröstlichen Metaphysik, Religion und Kunst, nimmt: so verarmt jene größte Quelle der Lust, welcher die Menschheit fast ihr gesamtes Menschentum verdankt. Deshalb muß eine höhere Kultur dem Menschen ein Doppelgehirn, gleichsam zwei Hirnkammern geben, einmal um Wissenschaft, sodann um Nicht-Wissenschaft zu empfinden: nebeneinander liegend, ohne Verwirrung, trennbar, abschließbar; es ist dies eine Forderung der Gesundheit. Im einen Bereiche liegt die Kraftquelle, im anderen der Regulator: mit Illusionen, Einseitigkeiten, Leidenschaften muß geheizt werden, mit Hilfe der erkennenden Wissenschaft muß den bösartigen und gefährlichen Folgen einer Überheizung vorgebeugt werden. – Wird dieser Forderung der höheren Kultur nicht genügt, so ist der weitere Verlauf der menschlichen Entwicklung fast mit Sicherheit vorherzusagen: das Interesse am Wahren hört auf, je weniger es Lust gewährt; die Illusion, der Irrtum, die Phantastik erkämpfen sich Schritt um Schritt, weil sie mit Lust verbunden sind, ihren ehemals behaupteten Boden: der Ruin der Wissenschaften, das Zurücksinken in Barbarei ist die nächste Folge; von neuem muß die Menschheit wieder anfangen, ihr Gewebe zu weben, nachdem sie es, gleich Penelope, des nachts zerstört hat. Aber wer bürgt uns dafür, daß sie immer wieder die Kraft dazu findet?

252

Die Lust am Erkennen. – Weshalb ist das Erkennen, das Element des Forschers und Philosophen, mit Lust verknüpft? Erstens und vor allem, weil man sich dabei seiner Kraft bewußt wird, also aus demselben Grunde, aus dem gymnastische Übungen auch ohne Zuschauer lustvoll sind. Zweitens, weil man, im Verlauf der Erkenntnis, über ältere Vorstellungen und deren Vertreter hinauskommt, Sieger wird oder wenigstens es zu sein glaubt. Drittens, weil wir uns durch eine noch so kleine neue Erkenntnis über *alle* erhaben und uns als die einzigen fühlen, welche hierin das Richtige wissen. Diese drei Gründe zur Lust sind die wichtigsten, doch gibt es, je nach der Natur des Erkennenden, noch viele Nebengründe. – Ein nicht unbeträchtliches Verzeichnis von solchen gibt, an einer Stelle, wo man es nicht suchen würde, meine paränetische Schrift über Schopenhauer: mit deren Aufstellungen sich jeder erfahrene Diener der Erkenntnis zufrieden geben kann, sei es auch, daß er den ironischen Anflug, der auf jenen Seiten zu liegen scheint, wegwünschen wird. Denn wenn es wahr ist, daß zum Entstehen des Gelehrten »eine Menge sehr menschlicher Triebe und Triebchen zusammengegossen werden muß«, daß der Gelehrte zwar ein sehr edles, aber kein reines Metall ist und »aus einem verwickelten Geflecht sehr verschiedener Antriebe und Reize besteht«: so gilt doch dasselbe ebenfalls von Entstehung und Wesen des Künstlers, Philosophen, moralischen Genies – und wie die in jener Schrift glorifizierten großen Namen lauten. *Alles* Menschliche verdient in Hinsicht auf seine *Entstehung* die ironische Betrachtung: deshalb ist die Ironie in der Welt so *überflüssig*.

253

Treue als Beweis der Stichhaltigkeit. – Es ist ein vollkommenes Zeichen für die Güte einer Theorie, wenn ihr Urheber *vierzig Jahre* lang kein Mißtrauen gegen sie bekommt; aber ich behaupte, daß es noch keinen Philosophen gegeben hat, welcher auf die Philosophie, die seine Jugend erfand, nicht endlich mit Geringschätzung – mindestens mit Argwohn – herabgesehen hätte. – Vielleicht hat er aber nicht öffentlich von dieser Umstimmung gesprochen, aus Ehrsucht oder – wie es bei edlen Naturen wahrscheinlicher ist – aus zarter Schonung seiner Anhänger.

254

Zunahme des Interessanten. – Im Verlaufe der höheren Bildung wird dem Menschen alles interessant, er weiß die belehrende Seite einer Sache rasch zu finden und den Punkt anzugeben, wo eine Lücke seines Denkens mit ihr ausgefüllt oder ein Gedanke durch sie bestätigt werden kann. Dabei verschwindet immer mehr die Langeweile, dabei auch die übermäßige Erregbarkeit des Gemüts. Er geht zuletzt, wie ein Naturforscher unter Pflanzen, so unter Menschen herum und nimmt sich selber als ein Phänomen wahr, welches nur seinen erkennenden Trieb stark anregt.

255

Aberglaube im Gleichzeitigen. – Etwas Gleichzeitiges hängt zusammen, meint man. Ein Verwandter stirbt in der Ferne, zu gleicher Zeit träumen wir von ihm – also! Aber zahllose Verwandte sterben, und wir träumen nicht von ihnen. Es ist wie bei den Schiffbrüchigen, welche Gelübde tun: man sieht später im Tempel die Votivtafeln derer, welche zugrunde gingen, nicht. – Ein Mensch stirbt, eine Eule krächzt, eine Uhr steht still, alles in *einer* Nachtstunde: sollte da nicht ein Zusammenhang sein? Eine solche Vertraulichkeit mit der Natur, wie diese Ahnung sie annimmt, schmeichelt den Menschen. – Diese Gattung des Aberglaubens findet sich in verfeinerter Form bei Historikern und Kulturmalern wieder, welche vor allem sinnlosen Nebeneinander, an dem doch das Leben der einzelnen und der Völker so reich ist, eine Art Wasserscheu zu haben pflegen.

256

Das Können, nicht das Wissen, durch die Wissenschaft geübt. – Der Wert davon, daß man zeitweilig eine *strenge Wissenschaft* streng betrieben hat, beruht nicht gerade auf deren Ergebnissen: denn diese werden, im Verhältnis zum Meere des Wissenswerten, ein verschwindend kleiner Tropfen sein. Aber es ergibt einen Zuwachs an Energie, an Schlußvermögen, an Zähigkeit der Ausdauer; man hat gelernt, einen *Zweck zweckmäßig* zu erreichen. Insofern ist es sehr schätzbar, in Hinsicht auf alles, was man später treibt, einmal ein wissenschaftlicher Mensch gewesen zu sein.

257

Jugendreiz der Wissenschaft. – Das Forschen nach Wahrheit hat jetzt noch den Reiz, daß sie sich überall stark gegen den grau und langweilig gewordenen Irrtum abhebt; dieser Reiz verliert sich immer mehr. Jetzt zwar leben wir noch im Jugendzeitalter der Wissenschaft und pflegen der Wahrheit wie einem schönen Mädchen nachzugehen; wie aber, wenn sie eines Tages zum ältlichen, mürrisch blickenden Weibe geworden ist? Fast in allen Wissenschaften ist die Grundeinsicht entweder erst in jüngster Zeit gefunden oder wird noch gesucht; wie anders reizt dies an, als wenn alles Wesentliche gefunden ist und nur noch eine kümmerliche Herbstnachlese dem Forscher übrigbleibt (welche Empfindung man in einigen historischen Disziplinen kennenlernen kann).

258

Die Statue der Menschheit. – Der Genius der Kultur verfährt wie Cellini, als dieser den Guß seiner Perseus-Statue machte: die flüssige Masse drohte nicht auszureichen, aber sie *sollte* es: so warf er Schüsseln und Teller und was ihm sonst in die Hände kam, hinein. Und ebenso wirft jener Genius Irrtümer, Laster, Hoffnungen, Wahnbilder und andere Dinge von schlechterem wie von edlerem Metalle hinein, denn die Statue der Menschheit muß herauskommen und fertig werden; was liegt daran, daß hier und da geringerer Stoff verwendet wurde?

259

Eine Kultur der Männer. – Die griechische Kultur der klassischen Zeit ist eine Kultur der Männer. Was die Frauen anlangt, so sagt Perikles in der Grabrede alles mit den Worten: sie seien am besten, wenn unter Männern so wenig als möglich von ihnen gesprochen werde. – Die erotische Beziehung der Männer zu den Jünglingen war in einem unserem Verständnis unzugänglichen Grade die notwendige, einzige Voraussetzung aller männlichen Erziehung (ungefähr wie lange Zeit alle höhere Erziehung der Frauen bei uns erst durch die Liebschaft und Ehe herbeigeführt wurde); aller Idealismus der Kraft der griechischen Natur warf sich auf jenes Verhältnis, und wahrscheinlich sind junge Leute niemals wieder so aufmerksam, so liebevoll, so durchaus in Hinsicht auf ihr Bestes (*virtus*) behandelt worden wie im sechsten und fünften Jahrhundert – also gemäß dem schönen Spruche Hölderlins

»denn liebend gibt der Sterbliche vom Besten«. Je höher dieses Verhältnis genommen wurde, um so tiefer sank der Verkehr mit der Frau: der Gesichtspunkt der Kindererzeugung und der Wollust – nichts weiter kam hier in Betracht; es gab keinen geistigen Verkehr, nicht einmal eine eigentliche Liebschaft. Erwägt man ferner, daß sie selbst vom Wettkampfe und Schauspiele jeder Art ausgeschlossen waren, so bleiben nur die religiösen Kulte als einzige höhere Unterhaltung der Weiber. – Wenn man nun allerdings in der Tragödie Elektra und Antigone vorführte, so *ertrug* man dies eben in der Kunst, obschon man es im Leben nicht mochte: so wie wir jetzt alles Pathetische im *Leben* nicht vertragen, aber in der Kunst gern sehen. – Die Weiber hatten weiter keine Aufgabe, als schöne, machtvolle Leiber hervorzubringen, in denen der Charakter des Vaters möglichst ungebrochen weiterlebte, und damit der überhandnehmenden Nervenüberreizung einer so hoch entwickelten Kultur entgegenzuwirken. Dies hielt die griechische Kultur verhältnismäßig so lange jung; denn in den griechischen Müttern kehrte immer wieder der griechische Genius zur Natur zurück.

260

Das Vorurteil zugunsten der Größe. – Die Menschen überschätzen ersichtlich alles Große und Hervorstechende. Dies kommt aus der bewußten oder unbewußten Einsicht her, daß sie es sehr nützlich finden, wenn einer alle Kraft auf *ein* Gebiet wirft und aus sich gleichsam *ein* monströses Organ macht. Sicherlich ist dem Menschen selber eine *gleichmäßige* Ausbildung seiner Kräfte nützlicher und glückbringender; denn jedes Talent ist ein Vampir, welcher den übrigen Kräften Blut und Kraft aussaugt, und eine übertriebene Produktion kann den begabtesten Menschen fast zur Tollheit bringen. Auch innerhalb der Künste erregen die extremen Naturen viel zu sehr die Aufmerksamkeit; aber es ist auch eine viel geringere Kultur nötig, um von ihnen sich fesseln zu lassen. Die Menschen unterwerfen sich aus Gewohnheit allem, was Macht haben will.

261

Die Tyrannen des Geistes. – Nur wohin der Strahl des Mythus fällt, da leuchtet das Leben der Griechen; sonst ist es düster. Nun berauben sich die griechischen Philosophen eben dieses Mythus: ist es nicht, als ob sie aus dem Sonnenschein sich in den Schatten, in die Düsterkeit setzen wollten? Aber keine Pflanze geht dem Lichte aus dem Wege; im Grunde suchten jene Philosophen nur eine *hellere* Sonne, der Mythus war ihnen nicht rein, nicht leuchtend genug. Sie fanden dies Licht in ihrer Erkenntnis, in dem, was jeder von ihnen seine »Wahrheit« nannte. Damals aber hatte die Erkenntnis noch einen größeren Glanz; sie war noch jung und wußte noch wenig von allen Schwierigkeiten und Gefahren ihrer Pfade; sie konnte damals noch hoffen, mit einem einzigen Sprung an den Mittelpunkt alles Seins zu kommen und von dort aus das Rätsel der Welt zu lösen. Diese Philosophen hatten einen handfesten Glauben an sich und ihre »Wahrheit« und warfen mit ihr alle ihre Nachbarn und Vorgänger nieder; jeder von ihnen war ein streitbarer gewalttätiger *Tyrann*. Vielleicht war das Glück im Glauben an den Besitz der Wahrheit nie größer in der Welt, aber auch nie die Härte, der Übermut, das Tyrannische und Böse eines solchen Glaubens. Sie waren Tyrannen, also das, was jeder Grieche sein wollte und was jeder war, wenn er es sein *konnte*. Vielleicht macht nur Solon eine Ausnahme; in seinen Gedichten sagt er es, wie er die persönliche Tyrannis verschmäht habe. Aber er tat es aus Liebe zu seinem Werke, zu seiner Gesetzgebung; und Gesetzgeber sein ist eine sublimiertere Form des Tyrannentums. Auch Parmenides gab Gesetze, wohl auch Pythagoras und Empedokles; Anaximander gründete eine Stadt. Plato war der fleischgewordene Wunsch, der höchste philosophische Gesetzgeber und Staatengründer zu werden; er scheint schrecklich an der Nichterfüllung seines Wesens gelitten zu haben, und seine Seele wurde gegen sein Ende hin voll der schwärzesten Galle. Je mehr das griechische Philosophentum an Macht verlor, um so mehr litt es innerlich durch diese Galligkeit und Schmähsucht; als erst die verschiedenen Sekten ihre Wahrheiten auf den Straßen verfochten, da waren die Seelen aller dieser Freier der Wahrheit durch Eifer- und Geifersucht völlig verschlammt, das tyrannische Element wütete jetzt als Gift in ihrem eigenen Körper. Diese vielen kleinen Tyrannen hätten sich roh fressen mögen; es war kein Funke mehr von Liebe und allzuwenig Freude an ihrer eigenen Erkenntnis in ihnen übriggeblieben. – Überhaupt gilt der Satz, daß Tyrannen meistens ermordet werden und daß ihre Nachkommenschaft kurz lebt, auch von den Tyrannen des Geistes. Ihre Geschichte ist kurz, gewaltsam, ihre Nachwirkung bricht plötzlich ab. Fast von allen großen Hellenen kann man sagen, daß sie zu spät gekommen scheinen, so von Äschylus, von Pindar, von Demosthenes, von Thukydides; ein Geschlecht nach ihnen – und dann ist es immer völlig vorbei. Das ist das Stürmische und Unheimliche in der griechischen Geschichte. Jetzt zwar bewundert man das Evangelium der Schildkröte. Geschichtlich denken heißt jetzt fast soviel, als ob zu allen Zeiten nach dem Satze Geschichte gemacht worden wäre: »möglichst wenig in möglichst langer Zeit!« Ach, die griechische Geschichte läuft so rasch! Es ist nie wieder so verschwenderisch, so maßlos gelebt worden. Ich kann mich nicht überzeugen, daß die Geschichte der Griechen jenen *natürlichen* Verlauf genommen habe, der so an ihr gerühmt wird. Sie waren viel zu mannigfach begabt dazu, um in jener schrittweisen Manier *allmählich* zu sein, wie es die Schildkröte im Wettlauf mit Achilles ist: und das nennt man ja natürliche Entwicklung. Bei den Griechen geht es schnell vorwärts, aber ebenso schnell abwärts; die Bewegung der ganzen Maschine ist so gesteigert, daß ein einziger Stein, in ihre Räder geworfen, sie zerspringen macht. Ein solcher Stein war zum Beispiel Sokrates; in einer Nacht war die bis dahin so wunderbar regelmäßige, aber freilich allzu schleunige Entwicklung der philosophischen Wissenschaft zerstört. Es ist keine müßige Frage, ob nicht Plato, von der sokratischen Verzauberung freigeblieben, einen noch höheren Typus des philosophischen Menschen gefunden hätte, der uns auf immer verloren ist. Man sieht in die Zeiten vor ihm wie in eine Bildner-Werkstätte solcher Typen hinein. Das sechste und fünfte Jahrhundert scheint aber doch noch mehr und Höheres zu verheißen, als es selber hervorgebracht hat; aber es blieb bei dem Verheißen und Ankündigen. Und doch gibt es kaum einen schwereren Verlust als den Verlust eines Typus, einer neuen, bis dahin unentdeckt gebliebenen höchsten *Möglichkeit des philosophischen Lebens*. Selbst von den älteren Typen sind die meisten schlecht überliefert; es scheinen mir alle Philosophen von Thales bis Demokrit außerordentlich schwer erkennbar; wem es aber gelingt, diese Gestalten nachzuschaffen, der wandelt unter Gebilden von mächtigstem und reinstem Typus. Diese Fähigkeit ist freilich selten, sie fehlte selbst den späteren Griechen, welche sich mit der Kunde der älteren Philosophie befaßten; Aristoteles zumal scheint seine Augen nicht im Kopfe zu haben, wenn er vor den Bezeichneten steht. Und so scheint es, als ob diese herrlichen Philosophen umsonst gelebt hätten, oder als ob sie gar nur die streit- und redelustigen Scharen der sokratischen Schulen hätten vorbereiten sollen. Es ist hier wie gesagt eine Lücke, ein Bruch in der Entwicklung; irgendein großes Unglück muß geschehen sein, und die einzige Statue, an welcher man Sinn und Zweck jener großen bildnerischen Vorübung erkannt haben würde, zerbrach oder mißlang: was eigentlich geschehen ist, ist für immer ein Geheimnis der Werkstätte geblieben. – Das, was bei den Griechen sich ereignete – daß jeder große Denker im Glauben daran, Besitzer der absoluten Wahrheit zu sein, zum Tyrannen wurde, so daß auch die Geschichte des Geistes bei den Griechen jenen gewaltsamen, übereilten und gefährlichen Charakter bekommen hat, den ihre politische Geschichte zeigt –, diese Art von Ereignissen war damit nicht erschöpft: es hat sich vieles Gleiche bis in die neueste Zeit hinein begeben, obwohl allmählich seltener und jetzt schwerlich mehr mit dem reinen naiven Gewissen der griechischen Philosophen. Denn im ganzen redet jetzt die Gegenlehre und die Skepsis zu mächtig, zu laut. Die Periode der Tyrannen des Geistes ist vorbei. In den Sphären der höheren Kultur wird es freilich immer eine Herrschaft geben müssen – aber diese Herrschaft liegt von jetzt ab in den Händen der *Oligarchen des Geistes*. Sie bilden, trotz aller räumlichen und politischen Trennung, eine zusammengehörige Gesellschaft, deren Mitglieder sich *erkennen* und *anerkennen*, was auch die öffentliche Meinung und die Urteile der auf die Masse wirkenden Tages- und Zeitschriftsteller für Schätzungen der Gunst und Abgunst in Umlauf bringen mögen. Die geistige Überlegenheit, welche früher trennte und verfeindete, pflegt jetzt zu *binden*: wie könnten die einzelnen sich selbst behaupten und auf eigener Bahn, allen Strömungen entgegen, durch das Leben schwimmen, wenn sie nicht ihresgleichen hier und dort unter gleichen Bedingungen leben sähen und deren Hand ergriffen, im Kampfe ebensosehr gegen den ochlokratischen Charakter des Halbgeistes und der Halbbildung, als gegen die gelegentlichen Versuche mit Hilfe der Massenwirkung eine Tyrannei aufzurichten? Die Oligarchen sind einander nötig, sie haben aneinander ihre beste Freude, sie verstehen ihre Abzeichen – aber trotzdem ist ein jeder von ihnen frei, er kämpft und siegt an *seiner* Stelle und geht lieber unter, als sich zu unterwerfen.

262

Homer. – Die größte Tatsache in der griechischen Bildung bleibt doch die, daß Homer so frühzeitig panhellenisch wurde. Alle geistige und menschliche Freiheit, die die Griechen erreichten, geht auf diese Tatsache zurück. Aber zugleich ist es das eigentliche Verhängnis der griechischen Bildung gewesen, denn Homer verflachte, indem er zentralisierte, und löste die ernsteren Instinkte der Unabhängigkeit auf. Von Zeit zu Zeit erhob sich aus dem tiefsten Grunde des Hellenischen der Widerspruch gegen Homer; aber *er* blieb immer siegreich. Alle großen geistigen Mächte üben neben ihrer befreienden Wirkung auch eine unterdrückende aus; aber freilich ist es ein Unterschied, ob Homer oder die Bibel oder die Wissenschaft die Menschen tyrannisieren.

263

Begabung. – In einer so hoch entwickelten Menschheit, wie die jetzige ist, bekommt von Natur jeder den Zugang zu vielen Talenten mit. Jeder *hat angeborenes Talent*, aber nur wenigen ist der Grad von Zähigkeit, Ausdauer, Energie angeboren und anerzogen, so daß er wirklich ein Talent wird, also *wird*, was er *ist*, das heißt: es in Werken und Handlungen entladet.

264

Der Geistreiche entweder überschätzt oder unterschätzt. – Unwissenschaftliche, aber begabte Menschen schätzen jedes Anzeichen von Geist, sei es nun, daß er auf wahrer oder falscher Fährte ist; sie wollen vor allem, daß der Mensch, der mit ihnen verkehrt, sie gut mit seinem Geist unterhalte, sie anspornte, entflamme, zu Ernst und Scherz fortreiße und jedenfalls vor der Langeweile als kräftigstes Amulett schütze. Die wissenschaftlichen Naturen wissen dagegen, daß die Begabung, allerhand Einfälle zu haben, auf das strengste durch den Geist der Wissenschaft gezügelt werden müsse; nicht das, was glänzt, scheint, erregt, sondern die oft unscheinbare Wahrheit ist die Frucht, welche er vom Baume der Erkenntnis zu schütteln wünscht. Er darf, wie Aristoteles, zwischen »Langweiligen« und »Geistreichen« keinen Unterschied machen, sein Dämon führt ihn durch die Wüste ebenso wie durch tropische Vegetation, damit er überall nur an dem Wirklichen, Haltbaren, Echten seine Freude habe. – Daraus ergibt sich, bei unbedeutenden Gelehrten, eine Mißachtung und Verdächtigung des Geistreichen überhaupt, und wiederum haben geistreiche Leute häufig eine Abneigung gegen die Wissenschaft: wie zum Beispiel fast alle Künstler.

265

Die Vernunft in der Schule. – Die Schule hat keine wichtigere Aufgabe, als strenges Denken, vorsichtiges Urteilen, konsequentes Schließen zu lehren; deshalb hat sie von allen Dingen abzusehen, die nicht für diese Operationen tauglich sind, zum Beispiel von der Religion. Sie kann ja darauf rechnen, daß menschliche Unklarheit, Gewöhnung und Bedürfnis später doch wieder den Bogen des allzu straffen Denkens abspannen. Aber so lange ihr Einfluß reicht, soll sie das erzwingen, was das Wesentliche und Auszeichnende am Menschen ist: »Vernunft und Wissenschaft, des Menschen *allerhöchste* Kraft« – wie wenigstens Goethe urteilt. – Der große Naturforscher von Baer findet die Überlegenheit aller Europäer im Vergleich zu Asiaten in der eingeschulten Fähigkeit, daß sie Gründe für das, was sie glauben, angeben können, wozu diese aber völlig unfähig sind. Europa ist in die Schule des konsequenten und kritischen Denkens gegangen, Asien weiß immer noch nicht zwischen Wahrheit und Dichtung zu unterscheiden und ist sich nicht bewußt, ob seine Überzeugungen aus eigener Beobachtung und regelrechtem Denken oder aus Phantasien stammen. – Die Vernunft in der Schule hat Europa zu Europa gemacht: im Mittelalter war es auf dem Wege, wieder zu einem Stück und Anhängsel Asiens zu werden – also den wissenschaftlichen Sinn, welchen es den Griechen verdankte, einzubüßen.

266

Unterschätzte Wirkung des gymnasialen Unterrichts. – Man sucht den Wert des Gymnasiums selten in den Dingen, welche wirklich dort gelernt und von ihm unverlierbar heimgebracht werden, sondern in denen, welche man lehrt, welche der Schüler sich aber nur mit Widerwillen aneignet, um sie so schnell er darf von sich abzuschütteln. Das Lesen der Klassiker – das gibt jeder Gebildete zu – ist so, wie es überall getrieben wird, eine monströse Prozedur: vor jungen Menschen, welche in keiner Beziehung dazu reif sind, von Lehrern, welche durch jedes Wort, oft durch ihr Erscheinen schon einen Mehltau über einen guten Autor legen. Aber darin liegt der Wert, der gewöhnlich verkannt wird – daß diese Lehrer die *abstrakte Sprache der höhern Kultur* reden, schwerfällig und schwer zum Verstehen, wie sie ist, aber eine hohe Gymnastik des Kopfes; daß Begriffe, Kunstausdrücke, Methoden, Anspielungen in ihrer Sprache fortwährend vorkommen, welche die jungen Leute im Gespräche ihrer Angehörigen und auf der Gasse fast nie hören. Wenn die Schüler nur *hören*, so wird ihr Intellekt zu einer wissenschaftlichen Betrachtungsweise unwillkürlich präformiert. Es ist nicht möglich, aus dieser Zucht völlig unberührt von der Abstraktion als reines Naturkind herauszukommen.

267

Viele Sprachen lernen. – Viele Sprachen lernen füllt das Gedächtnis mit Worten statt mit Tatsachen und Gedanken aus, während dies ein Behältnis ist, welches bei jedem Menschen nur eine bestimmte begrenzte Masse von Inhalt aufnehmen kann. Sodann schadet das Lernen vieler Sprachen, insofern es den Glauben, Fertigkeiten zu haben, erweckt und tatsächlich auch ein gewisses verführerisches Ansehen im Verkehr verleiht; es schadet sodann auch indirekt dadurch, daß es dem Erwerben gründlicher Kenntnisse und der Absicht, auf redliche Weise die Achtung der Menschen zu verdienen, entgegenwirkt. Endlich ist es die Axt, welche dem feineren Sprachgefühl innerhalb der Muttersprache an die Wurzel gelegt wird: dies wird dadurch unheilbar beschädigt und zugrunde gerichtet. Die beiden Völker, welche die größten Stilisten erzeugten, Griechen und Franzosen, lernten keine fremden Sprachen. – Weil aber der Verkehr der Menschen immer kosmopolitischer werden muß und zum Beispiel ein rechter Kaufmann in London jetzt schon sich in acht Sprachen schriftlich und mündlich verständlich zu machen hat, so ist freilich das Viele-Sprachen-lernen ein notwendiges *Übel*; welches aber, zuletzt zum äußersten kommend, die Menschheit zwingen wird, ein Heilmittel zu finden: und in irgendeiner fernen Zukunft wird es eine neue Sprache, zuerst als Handelssprache, dann als Sprache des geistigen Verkehrs überhaupt, für alle geben, so gewiß als es einmal Luft-Schiffahrt gibt. Wozu hätte auch die Sprachwissenschaft ein Jahrhundert lang die Gesetze der Sprache studiert und das Notwendige, Wertvolle, Gelungene an jeder einzelnen Sprache abgeschätzt!

268

Zur Kriegsgeschichte des Individuums. – Wir finden in ein einzelnes Menschenleben, welches durch mehrere Kulturen geht, den Kampf zusammengedrängt, welcher sich sonst zwischen zwei Generationen, zwischen Vater und Sohn, abspielt: die Nähe der Verwandtschaft *verschärft* diesen Kampf, weil jede Partei schonungslos das ihr so gut bekannte Innre der anderen Partei mit hineinzieht; und so wird dieser Kampf im einzelnen Individuum am erbittertsten sein; hier schreitet jede neue Phase über die früheren mit grausamer Ungerechtigkeit und Verkennung von deren Mitteln und Zielen hinweg.

269

Um eine Viertelstunde früher. – Man findet gelegentlich einen, der mit seinen Ansichten über seiner Zeit steht, aber doch nur um so viel, daß er die Vulgäransichten des nächsten Jahrzehnts vorwegnimmt. Er hat die öffentliche Meinung eher, als sie öffentlich ist, das heißt: er ist einer Ansicht, die es verdient trivial zu werden, eine Viertelstunde eher in die Arme gefallen als andere. Sein Ruhm pflegt aber viel lauter zu sein als der Ruhm der wirklich Großen und Überlegenen.

270

Die Kunst zu lesen. – Jede starke Richtung ist einseitig; sie nähert sich der Richtung der geraden Linie und ist wie diese ausschließend; das heißt sie berührt nicht viele andere Richtungen, wie dies schwache

Parteien und Naturen in ihrem wellenhaften Hin- und Hergehen tun: das muß man also auch den Philologen nachsehen, daß sie einseitig sind. Herstellung und Reinhaltung der Texte, nebst der Erklärung derselben, in einer Zunft jahrhundertelang fortgetrieben, hat endlich jetzt die richtigen Methoden finden lassen; das ganze Mittelalter war tief unfähig zu einer streng philologischen Erklärung, das heißt zum einfachen Verstehenwollen dessen, was der Autor sagt, – es war etwas, diese Methoden zu finden, man unterschätze es nicht! Alle Wissenschaft hat dadurch erst Kontinuität und Stetigkeit gewonnen, daß die Kunst des richtigen Lesens, das heißt die Philologie, auf ihre Höhe kam.

271

Die Kunst zu schließen. – Der größte Fortschritt, den die Menschen gemacht haben, liegt darin, daß sie *richtig schließen* lernen. Das ist gar nicht so etwas Natürliches, wie Schopenhauer annimmt, wenn er sagt: »zu schließen sind alle, zu urteilen wenige fähig«, sondern ist spät erlernt und jetzt noch nicht zur Herrschaft gelangt. Das falsche Schließen ist in älteren Zeiten die Regel: und die Mythologien aller Völker, ihre Magie und ihr Aberglaube, ihr religiöser Kultus, ihr Recht sind die unerschöpflichen Beweis-Fundstätten für diesen Satz.

272

Jahresringe der individuellen Kultur. – Die Stärke und Schwäche der geistigen Produktivität hängt lange nicht so an der angeerbten Begabung, als an dem mitgegebenen Maße von *Spannkraft*. Die meisten jungen Gebildeten von dreißig Jahren gehen um diese Frühsonnenwende ihres Lebens zurück und sind für neue geistige Wendungen von da an unlustig. Deshalb ist dann gleich wieder zum Heile einer fort und fort wachsenden Kultur eine neue Generation nötig, die es nun aber ebenfalls nicht weit bringt: denn um die Kultur des Vaters *nachzuholen,* muß der Sohn die angeerbte Energie, welche der Vater auf jener Lebensstufe, als er den Sohn zeugte, selber besaß, fast aufbrauchen; mit dem kleinen Überschuß kommt er weiter (denn weil hier der Weg zum zweiten Male gemacht wird, geht es ein wenig schneller vorwärts; der Sohn verbraucht, um dasselbe zu lernen, was der Vater wußte, nicht ganz so viel Kraft). Sehr spannkräftige Männer wie zum Beispiel Goethe durchmessen so viel, als kaum vier Generationen hintereinander vermögen; deshalb kommen sie aber zu schnell voraus, so daß die anderen Menschen sie erst in dem nächsten Jahrhundert einholen, vielleicht nicht einmal völlig, weil durch die häufigen Unterbrechungen die Geschlossenheit der Kultur, die Konsequenz der Entwicklung geschwächt worden ist. – Die gewöhnlichen Phasen der geistigen Kultur, welche im Verlauf der Geschichte errungen ist, holen die Menschen immer schneller nach. Sie beginnen gegenwärtig in die Kultur als religiös bewegte Kinder einzutreten und bringen es vielleicht im zehnten Lebensjahre zur höchsten Lebhaftigkeit dieser Empfindungen, gehen dann in abgeschwächtere Formen (Pantheismus) über, während sie sich der Wissenschaft nähern; kommen über Gott, Unsterblichkeit und dergleichen ganz hinaus, aber verfallen den Zaubern einer metaphysischen Philosophie. Auch diese wird ihnen endlich unglaubwürdig; die Kunst scheint dagegen immer mehr zu gewähren, so daß eine Zeitlang die Metaphysik kaum noch in einer Umwandlung zur Kunst oder als künstlerisch verklärende Stimmung übrigbleibt und fortlebt. Aber der wissenschaftliche Sinn wird immer gebieterischer und führt den Mann hin zur Naturwissenschaft und Historie und namentlich zu den strengsten Methoden des Erkennens, während der Kunst eine immer mildere und anspruchslosere Bedeutung zufällt. Dies alles pflegt sich jetzt innerhalb der ersten dreißig Jahre eines Mannes zu ereignen. Es ist die Rekapitulation eines Pensums, an welchem die Menschheit vielleicht dreißigtausend Jahre sich abgearbeitet hat.

273

Zurückgegangen, nicht zurückgeblieben. – Wer gegenwärtig seine Entwicklung noch aus religiösen Empfindungen heraus anhebt und vielleicht längere Zeit nachher in Metaphysik und Kunst weiterlebt, der hat sich allerdings ein gutes Stück zurückbegeben und beginnt sein Wettrennen mit anderen modernen Menschen unter ungünstigen Voraussetzungen: er verliert scheinbar Raum und Zeit. Aber dadurch, daß er sich in jenen Bereichen aufhielt, wo Glut und Energie entfesselt werden und fortwährend Macht als vulkanischer Strom aus unversiegbarer Quelle strömt, kommt er dann, sobald er sich nur zur rechten Zeit von jenen Gebieten getrennt hat, um so schneller vorwärts, sein Fuß ist beflügelt, seine Brust hat ruhiger, länger, ausdauernder atmen gelernt. – Er hat sich nur zurückgezogen, um zu seinem Sprunge genügenden Raum zu haben: so kann selbst etwas Fürchterliches, Drohendes in diesem Rückgange liegen.

274

Ein Ausschnitt unseres Selbst als künstlerisches Objekt. – Es ist ein Zeichen überlegener Kultur, gewisse Phasen der Entwicklung, welche die geringeren Menschen fast gedankenlos durchleben und von der Tafel ihrer Seele dann wegwischen, mit Bewußtsein festzuhalten und ein getreues Bild davon zu entwerfen: denn dies ist die höhere Gattung der Malerkunst, welche nur wenige verstehen. Dazu wird es nötig, jene Phasen künstlich zu isolieren. Die historischen Studien bilden die Befähigung zu diesem Malertum aus, denn sie fordern uns fortwährend auf, bei Anlaß eines Stückes Geschichte, eines Volkes – oder Menschenlebens uns einen ganz bestimmten Horizont von Gedanken, eine bestimmte Stärke von Empfindungen, das Vorwalten dieser, das Zurücktreten jener vorzustellen. Darin, daß man solche Gedanken- und Gefühlssysteme aus gegebenen Anlässen schnell rekonstruieren kann, wie den Eindruck eines Tempels aus einigen zufällig stehengebliebenen Säulen und Mauerresten, besteht der historische Sinn. Das nächste Ergebnis desselben ist, daß wir unsere Mitmenschen als ganz bestimmte solche Systeme und Vertreter verschiedener Kulturen verstehen, das heißt als notwendig, aber als veränderlich. Und wiederum: daß wir in unserer eigenen Entwicklung Stücke heraustrennen und selbständig hinstellen können.

275

Zyniker und Epikureer. – Der Zyniker erkennt den Zusammenhang zwischen den vermehrten und stärkeren Schmerzen des höher kultivierten Menschen und der Fülle von Bedürfnissen; er begreift also, daß die Menge von Meinungen über das Schöne, Schickliche, Geziemende, Erfreuende ebensosehr reiche Genuß-, aber auch Unlustquellen entspringen lassen mußten. Gemäß dieser Einsicht bildet er sich zurück, indem er viele dieser Meinungen aufgibt und sich gewissen Anforderungen der Kultur entzieht; damit gewinnt er ein Gefühl der Freiheit und der Kräftigung, und allmählich, wenn die Gewohnheit ihm seine Lebensweise erträglich macht, hat er in der Tat seltnere und schwächere Unlustempfindungen als die kultivierten Menschen und nähert sich dem Haustier an; überdies empfindet er alles im Reiz des Kontrastes und – schimpfen kann er ebenfalls nach Herzenslust: so daß er dadurch wieder hoch über die Empfindungswelt des Tieres hinauskommt. – Der Epikureer hat denselben Gesichtspunkt wie der Zyniker; zwischen ihm und jenem ist gewöhnlich nur ein Unterschied des Temperamentes. Sodann benutzt der Epikureer seine höhere Kultur, um sich von den herrschenden Meinungen unabhängig zu machen; er erhebt sich über dieselben, während der Zyniker nur in der Negation bleibt. Er wandelt gleichsam in windstillen, wohlgeschützten, halbdunklen Gängen, während über ihm, im Winde, die Wipfel der Bäume brausen und ihm verraten, wie heftig bewegt da draußen die Welt ist. Der Zyniker dagegen geht gleichsam nackt draußen im Windeswehen umher und härtet sich bis zur Gefühllosigkeit ab.

276

Mikrokosmus und Makrokosmus der Kultur. – Die besten Entdeckungen über die Kultur macht der Mensch in sich selbst, wenn er darin zwei heterogene Mächte waltend findet. Gesetzt, es lebe einer ebensosehr in der Liebe zur bildenden Kunst oder zur Musik, als er vom Geiste der Wissenschaft fortgerissen werde, und er sehe es als unmöglich an, diesen Widerspruch durch Vernichtung der einen und volle Entfesselung der anderen Macht aufzuheben: so bleibt ihm nur übrig, ein so großes Gebäude der Kultur aus sich zu gestalten, daß jene beiden Mächte, wenn auch an verschiedenen Enden desselben, in ihm wohnen können, während zwischen ihnen versöhnende Mittelmächte, mit überwiegender Kraft, um nötigenfalls den ausbrechenden Streit zu schlichten, ihre Herberge haben. Ein solches Gebäude der Kultur im einzelnen Individuum wird aber die größte Ähnlichkeit mit dem Kulturbau in ganzen Zeitperioden haben und eine fortgesetzte analogische Belehrung über denselben abgeben. Denn überall, wo sich die große Architektur der Kultur entfaltet hat, war ihre Aufgabe, die einander widerstrebenden Mächte zur Eintracht vermöge einer übermächtigen Ansammlung der weniger unverträglichen übrigen Mächte zu zwingen, ohne sie deshalb zu unterdrücken und in Fesseln zu schlagen.

277

Glück und Kultur. – Der Anblick der Umgebungen unserer Kindheit erschüttert uns: das Gartenhaus, die Kirche mit den Gräbern, der Teich und der Wald – dies sehen wir immer als Leidende wieder. Mitleid mit uns selbst ergreift uns, denn was haben wir seitdem alles durchgelitten! Und hier steht jegliches noch so still, so ewig da: nur wir sind so anders, so bewegt; selbst etliche Menschen finden wir wieder, an welchen die Zeit nicht *mehr* ihren Zahn gewetzt hat als an einem Eichbaume: Bauern, Fischer, Waldbewohner – sie sind dieselben. – Erschütterung, Selbstmitleid im Angesichte der niederen Kultur ist das Zeichen der höheren Kultur; woraus sich ergibt, daß durch diese das Glück jedenfalls nicht gemehrt worden ist. Wer eben Glück und Behagen vom Leben ernten will, der mag nur immer der höheren Kultur aus dem Wege gehen.

278

Gleichnis vom Tanze. – Jetzt ist es als das entscheidende Zeichen großer Kultur zu betrachten, wenn jemand jene Kraft und Biegsamkeit besitzt, um ebenso rein und streng im Erkennen zu sein als, in andern Momenten, auch befähigt, der Poesie, Religion und Metaphysik gleichsam hundert Schritt vorzugeben und ihre Gewalt und Schönheit nachzuempfinden. Eine solche Stellung zwischen zwei so verschiedenen Ansprüchen ist sehr schwierig, denn die Wissenschaft drängt zur absoluten Herrschaft ihrer Methode, und wird diesem Drängen nicht nachgegeben, so entsteht die andere Gefahr eines schwächlichen Auf- und Niederschwankens zwischen verschiedenen Antrieben. Indessen: um wenigstens mit einem Gleichnis einen Blick auf die Lösung dieser Schwierigkeit zu eröffnen, möge man sich doch daran erinnern, daß der *Tanz* nicht dasselbe wie ein mattes Hin- und Hertaumeln zwischen verschiedenen Antrieben ist. Die hohe Kultur wird einem kühnen Tanze ähnlich sehen: weshalb, wie gesagt, viel Kraft und Geschmeidigkeit nottut.

279

Von der Erleichterung des Lebens. — Ein Hauptmittel, um sich das Leben zu erleichtern, ist das Idealisieren aller Vorgänge desselben; man soll sich aber aus der Malerei recht deutlich machen, was idealisieren heißt. Der Maler verlangt, daß der Zuschauer nicht zu genau, zu scharf zusehe, er zwingt ihn in eine gewisse Ferne zurück, damit er von dort aus betrachte; er ist genötigt, eine ganz bestimmte Entfernung des Betrachters vom Bilde vorauszusetzen; ja er muß sogar ein ebenso bestimmtes Maß von Schärfe des Auges bei seinem Betrachter annehmen! in solchen Dingen darf er durchaus nicht schwanken. Jeder also, der sein Leben idealisieren will, muß es nicht zu genau sehen wollen und seinen Blick immer in eine gewisse Entfernung zurückbannen. Dieses Kunststück verstand zum Beispiel Goethe.

280

Erschwerung als Erleichterung und umgekehrt. — Vieles, was auf gewissen Stufen des Menschen Erschwerung des Lebens ist, dient einer höheren Stufe als Erleichterung, weil solche Menschen stärkere Erschwerungen des Lebens kennengelernt haben. Ebenso kommt das Umgekehrte vor: so hat zum Beispiel die Religion ein doppeltes Gesicht, je nachdem ein Mensch zu ihr hinaufblickt, um von ihr sich seine Last und Not abnehmen zu lassen, oder auf sie hinabsieht, wie auf die Fessel, welche ihm angelegt ist, damit er nicht zu hoch in die Lüfte steige.

281

Die höhere Kultur wird notwendig mißverstanden. — Wer sein Instrument nur mit zwei Saiten bespannt hat, wie die Gelehrten, welche außer dem *Wissenstriebe* nur noch einen anerzogenen *religiösen* haben, der versteht solche Menschen nicht, welche auf mehr Saiten spielen können. Es liegt im Wesen der höheren *vielsaitigeren* Kultur, daß sie von der niederen immer falsch gedeutet wird; wie dies zum Beispiel geschieht, wenn die Kunst als eine verkappte Form des Religiösen gilt. Ja, Leute, die nur religiös sind, verstehen selbst die Wissenschaft als Suchen des religiösen Gefühls, so wie Taubstumme nicht wissen, was Musik ist, wenn nicht sichtbare Bewegung.

282

Klagelied. — Es sind vielleicht die Vorzüge unserer Zeiten, welche ein Zurücktreten und eine gelegentliche Unterschätzung der *vita contemplativa* mit sich bringen. Aber eingestehen muß man es sich, daß unsere Zeit arm ist an großen Moralisten, daß Pascal, Epiktet, Seneca, Plutarch wenig noch gelesen werden, daß Arbeit und Fleiß — sonst im Gefolge der großen Göttin Gesundheit — mitunter wie eine Krankheit zu wüten scheinen. Weil Zeit zum Denken und Ruhe im Denken fehlt, so erwägt man abweichende Ansichten nicht mehr: man begnügt sich, sie zu hassen. Bei der ungeheuren Beschleunigung des Lebens wird Geist und Auge an ein halbes oder falsches Sehen und Urteilen gewöhnt, und jedermann gleicht den Reisenden, welche Land und Volk von der Eisenbahn aus kennenlernen. Selbständige und vorsichtige Haltung der Erkenntnis schätzt man beinahe als eine Art Verrücktheit ab, der Freigeist ist in Verruf gebracht, namentlich durch Gelehrte, welche an seiner Kunst, die Dinge zu betrachten, ihre Gründlichkeit und ihren Ameisenfleiß vermissen und ihn gern in einen einzelnen Winkel der Wissenschaft bannen möchten: während er die ganz andere und höhere Aufgabe hat, von einem einsam gelegenen Standorte aus den ganzen Heerbann der wissenschaftlichen und gelehrten Menschen zu befehligen und ihnen die Wege und Ziele der Kultur zu zeigen. — Eine solche Klage, wie die eben abgesungene, wird wahrscheinlich ihre Zeit haben und von selber einmal, bei einer gewaltigen Rückkehr des Genius der Meditation verstummen.

283

Hauptmangel der tätigen Menschen. — Den Tätigen fehlt gewöhnlich die höhere Tätigkeit: ich meine die individuelle. Sie sind als Beamte, Kaufleute, Gelehrte, das heißt als Gattungswesen tätig, aber nicht als ganz bestimmte einzelne und einzige Menschen; in dieser Hinsicht sind sie faul. – Es ist das Unglück der Tätigen, daß ihre Tätigkeit fast immer ein wenig unvernünftig ist. Man darf zum Beispiel bei dem geldsammelnden Bankier nach dem Zweck seiner rastlosen Tätigkeit nicht fragen: sie ist unvernünftig. Die Tätigen rollen, wie der Stein rollt, gemäß der Dummheit der Mechanik. – Alle Menschen zerfallen, wie zu allen Zeiten so auch jetzt noch, in Sklaven und Freie; denn wer von seinem Tage nicht zwei Drittel für sich hat, ist ein Sklave, er sei übrigens wer er wolle: Staatsmann, Kaufmann, Beamter, Gelehrter.

284

Zugunsten der Müßigen. – Zum Zeichen dafür, daß die Schätzung des beschaulichen Lebens abgenommen hat, wetteifern die Gelehrten jetzt mit den tätigen Menschen in einer Art von hastigem Genusse, so daß sie also diese Art, zu genießen, höherzuschätzen scheinen als die, welche ihnen eigentlich zukommt und welche in der Tat viel mehr Genuß ist. Die Gelehrten schämen sich des *otium*. Es ist aber ein edel Ding um Muße und Müßiggehen. – Wenn Müßiggang wirklich der *Anfang* aller Laster ist, so befindet er sich also wenigstens in der nächsten Nähe aller Tugenden; der müßige Mensch ist immer noch ein besserer Mensch als der tätige. – Ihr meint doch nicht, daß ich mit Muße und Müßiggehen auf euch ziele, ihr Faultiere? –

285

Die moderne Unruhe. – Nach dem Westen zu wird die moderne Bewegtheit immer größer, so daß den Amerikanern die Bewohner Europas insgesamt sich als ruheliebende und genießende Wesen darstellen, während diese doch selbst wie Bienen und Wespen durcheinanderfliegen. Diese Bewegtheit wird so groß, daß die höhere Kultur ihre Früchte nicht mehr zeitigen kann; es ist, als ob die Jahreszeiten zu rasch aufeinanderfolgten. Aus Mangel an Ruhe läuft unsere Zivilisation in eine neue Barbarei aus. Zu keiner Zeit haben die Tätigen, das heißt die Ruhelosen, mehr gegolten. Es gehört deshalb zu den notwendigen Korrekturen, welche man am Charakter der Menschheit vornehmen muß, das beschauliche Element in großem Maße zu verstärken. Doch hat schon jeder einzelne, welcher in Herz und Kopf ruhig und stetig ist, das Recht zu glauben, daß er nicht nur ein gutes Temperament, sondern eine allgemein nützliche Tugend besitze und durch die Bewahrung dieser Tugend sogar eine höhere Aufgabe erfülle.

286

Inwiefern der Tätige faul ist. – Ich glaube, daß jeder über jedes Ding, über welches Meinungen möglich sind, eine eigene Meinung haben muß, weil er selber ein eigenes, nur einmaliges Ding ist, das zu allen anderen Dingen eine neue, nie dagewesene Stellung einnimmt. Aber die Faulheit, welche im Grunde der Seele des Tätigen liegt, verhindert den Menschen, das Wasser aus seinem eigenen Brunnen zu schöpfen. – Mit der Freiheit der Meinungen steht es wie mit der Gesundheit: beide sind individuell, von beiden kann kein allgemeingültiger Begriff aufgestellt werden. Das, was das eine Individuum zu seiner Gesundheit nötig hat, ist für ein anderes schon Grund zur Erkrankung, und manche Mittel und Wege zur Freiheit des Geistes dürfen höher entwickelten Naturen als Wege und Mittel zur Unfreiheit gelten.

287

Censor vitae. – Der Wechsel von Liebe und Haß bezeichnet für eine lange Zeit den inneren Zustand eines Menschen, welcher frei in seinem Urteil über das Leben werden will; er vergißt nicht und trägt den Dingen alles nach, Gutes und Böses. Zuletzt, wenn die ganze Tafel seiner Seele mit Erfahrungen vollgeschrieben ist, wird er das Dasein nicht verachten und hassen, aber es auch nicht lieben, sondern über ihm liegen bald mit dem Auge der Freude, bald mit dem der Trauer, und wie die Natur bald sommerlich, bald herbstlich gesinnt sein.

288

Nebenerfolg. – Wer ernstlich frei werden will, wird dabei ohne allen Zwang die Neigung zu Fehlern und Lastern mit verlieren; auch Ärger und Verdruß werden ihn immer seltener anfallen. Sein Wille nämlich will nichts angelegentlicher als Erkennen und das Mittel dazu, das heißt: den andauernden Zustand, in dem er am tüchtigsten zum Erkennen ist.

289

Wert der Krankheit. — Der Mensch, der krank zu Bette liegt, kommt mitunter dahinter, daß er für gewöhnlich an seinem Amte, Geschäfte oder an seiner Gesellschaft krank ist und durch sie jede Besonnenheit über sich verloren hat: er gewinnt diese Weisheit aus der Muße, zu welcher ihn seine Krankheit zwingt.

290

Empfindung auf dem Lande. — Wenn man nicht feste, ruhige Linien am Horizonte seines Lebens hat, Gebirgs- und Waldlinien gleichsam, so wird der innerste Wille des Menschen selber unruhig, zerstreut und begehrlich wie das Wesen des Städters: er hat kein Glück und gibt kein Glück.

291

Vorsicht der freien Geister. — Freigesinnte, der Erkenntnis allein lebende Menschen werden ihr äußerliches Lebensziel, ihre endgültige Stellung zu Gesellschaft und Staat bald erreicht finden und zum Beispiel mit einem kleinen Amte oder einem Vermögen, das gerade zum Leben ausreicht, gerne sich zufrieden geben; denn sie werden sich einrichten, so zu leben, daß eine große Verwandlung der äußeren Güter, ja ein Umsturz der politischen Ordnungen ihr Leben nicht mit umwirft. Auf alle diese Dinge verwenden sie so wenig wie möglich an Energie, damit sie mit der ganzen angesammelten Kraft und gleichsam mit einem langen Atem in das Element des Erkennens hinabtauchen. So können sie hoffen, tief zu tauchen und auch wohl auf den Grund zu sehen. — Von einem Ereignis wird ein solcher Geist gerne nur einen Zipfel nehmen, er liebt die Dinge in der ganzen Breite und Weitschweifigkeit ihrer Falten nicht: denn er will sich nicht in diese verwickeln. — Auch er kennt die Wochentage der Unfreiheit, der Abhängigkeit, der Dienstbarkeit. Aber von Zeit zu Zeit muß ihm ein Sonntag der Freiheit kommen, sonst wird er das Leben nicht aushalten. – Es ist wahrscheinlich, daß selbst seine Liebe zu den Menschen vorsichtig und etwas kurzatmig sein wird, denn er will sich nur, soweit es zum Zweck der Erkenntnis nötig ist, mit der Welt der Neigungen und der Blindheit einlassen. Er muß darauf vertrauen, daß der Genius der Gerechtigkeit etwas für seinen Jünger und Schützling sagen wird, wenn anschuldigende Stimmen ihn arm an Liebe nennen sollten. – Es gibt in seiner Lebens- und Denkweise einen *verfeinerten Heroismus*, welcher es verschmäht, sich der großen Massen-Verehrung, wie sein gröberer Bruder es tut, anzubieten, und still durch die Welt und aus der Welt zu gehen pflegt. Was für Labyrinthe er auch durchwandert, unter welchen Felsen sich auch sein Strom zeitweilig durchgequält hat – kommt er ans Licht, so geht er hell, leicht und fast geräuschlos seinen Gang und läßt den Sonnenschein bis in seinen Grund hinab spielen.

292

Vorwärts. – Und damit vorwärts auf der Bahn der Weisheit, guten Schrittes, guten Vertrauens! Wie du auch bist, so diene dir selber als Quell der Erfahrung! Wirf das Mißvergnügen über dein Wesen ab, verzeihe dir dein eignes Ich, denn in jedem Falle hast du an dir eine Leiter mit hundert Sprossen, auf welchen du zur Erkenntnis steigen kannst. Das Zeitalter, in welches du dich mit Leidwesen geworfen fühlst, preist dich selig dieses Glückes wegen; es ruft dir zu, daß dir jetzt noch an Erfahrungen zuteil werde, was Menschen späterer Zeit vielleicht entbehren müssen. Mißachte es nicht, noch religiös gewesen zu sein; ergründe es völlig, wie du noch einen echten Zugang zur Kunst gehabt hast. Kannst du nicht gerade mit Hilfe dieser Erfahrungen ungeheuren Wegstrecken der früheren Menschheit verständnisvoller nachgehen? Sind nicht gerade auf *dem* Boden, welcher dir mitunter so mißfällt, auf dem Boden des unreinen Denkens, viele der herrlichsten Früchte älterer Kultur aufgewachsen? Man muß Religion und Kunst wie Mutter und Amme geliebt haben – sonst kann man nicht weise werden. Aber man muß über sie hinaussehen, ihnen entwachsen können; bleibt man in ihrem Banne, so versteht man sie nicht. Ebenso muß dir die Historie vertraut sein und das vorsichtige Spiel mit den

Waagschalen »einerseits – andererseits«. Wandle zurück, in die Fußstapfen tretend, in welchen die Menschheit ihren leidvollen großen Gang durch die Wüste der Vergangenheit machte: so bist du am gewissesten belehrt, wohin alle spätere Menschheit nicht wieder gehen kann oder darf. Und indem du mit aller Kraft vorauserspähen willst, wie der Knoten der Zukunft noch geknüpft wird, bekommt dein eigenes Leben den Wert eines Werkzeuges und Mittels zur Erkenntnis. Du hast es in der Hand zu erreichen, daß all dein Erlebtes: die Versuche, Irrwege, Fehler, Täuschungen, Leidenschaften, deine Liebe und deine Hoffnung, in deinem Ziele ohne Rest aufgehn. Dieses Ziel ist, selber eine notwendige Kette von KulturRingen zu werden und von dieser Notwendigkeit aus auf die Notwendigkeit im Gange der allgemeinen Kultur zu schließen. Wenn dein Blick stark genug geworden ist, den Grund in dem dunklen Brunnen deines Wesens und deiner Erkenntnisse zu sehen, so werden dir vielleicht auch in seinem Spiegel die fernen Sternbilder zukünftiger Kulturen sichtbar werden. Glaubst du, ein solches Leben mit einem solchen Ziele sei zu mühevoll, zu ledig aller Annehmlichkeiten? So hast du noch nicht gelernt, daß kein Honig süßer als der der Erkenntnis ist, und daß die hängenden Wolken der Trübsal dir noch zum Euter dienen müssen, aus dem du die Milch zu deiner Labung melken wirst. Kommt das Alter, so merkst du erst recht, wie du der Stimme der Natur Gehör gegeben, jener Natur, welche die ganze Welt durch Lust beherrscht: dasselbe Leben, welches seine Spitze im Alter hat, hat auch seine Spitze in der Weisheit, in jenem milden Sonnenglanz einer beständigen geistigen Freudigkeit; beiden, dem Alter und der Weisheit, begegnest du auf *einem* Bergrücken des Lebens, so wollte es die Natur. Dann ist es Zeit und kein Anlaß zum Zürnen, daß der Nebel des Todes naht. Dem Lichte zu – deine letzte Bewegung; ein Jauchzen der Erkenntnis – dein letzter Laut.

Sechstes Hauptstück

DER MENSCH IM VERKEHR

293

Wohlwollende Verstellung. – Es ist häufig im Verkehre mit Menschen eine wohlwollende Verstellung nötig, als ob wir die Motive ihres Handelns nicht durchschauten.

294

Kopien. – Nicht selten begegnet man Kopien bedeutender Menschen; und den meisten gefallen, wie bei Gemälden so auch hier, die Kopien besser als die Originale.

295

Der Redner. – Man kann höchst passend reden und doch so, daß alle Welt über das Gegenteil schreit: nämlich dann, wenn man nicht zu aller Welt redet.

296

Mangel an Vertraulichkeit. – Mangel an Vertraulichkeit unter Freunden ist ein Fehler, der nicht gerügt werden kann, ohne unheilbar zu werden.

297

Zur Kunst des Schenkens. – Eine Gabe ausschlagen zu müssen, bloß weil sie nicht auf die rechte Weise angeboten wurde, erbittert gegen den Geber.

298

Der gefährlichste Parteimann. – In jeder Partei ist einer, der durch sein gar zu gläubiges Aussprechen der Parteigrundsätze die übrigen zum Abfall reizt.

299

Ratgeber des Kranken. – Wer einem Kranken seine Ratschläge gibt, erwirbt sich ein Gefühl von Überlegenheit über ihn, sei es, daß sie angenommen oder daß sie verworfen werden. Deshalb hassen reizbare und stolze Kranke die Ratgeber noch mehr als ihre Krankheit.

300

Doppelte Art der Gleichheit. – Die Sucht nach Gleichheit kann sich so äußern, daß man entweder alle anderen zu sich hinunterziehen möchte (durch Verkleinern, Sekretieren, Beinstellen) oder sich mit allen hinauf (durch Anerkennen, Helfen, Freude an fremdem Gelingen).

301

Gegen Verlegenheit. – Das beste Mittel, sehr verlegenen Leuten zu Hilfe zu kommen und sie zu beruhigen, besteht darin, daß man sie entschieden lobt.

302

Vorliebe für einzelne Tugenden. – Wir legen nicht eher besonderen Wert auf den Besitz einer Tugend, bis wir deren völlige Abwesenheit an unserem Gegner wahrnehmen.

303

Warum man widerspricht. – Man widerspricht oft einer Meinung, während uns eigentlich nur der Ton, mit dem sie vorgetragen wurde, unsympathisch ist.

304

Vertrauen und Vertraulichkeit. – Wer die Vertraulichkeit mit einer anderen Person geflissentlich zu erzwingen sucht, ist gewöhnlich nicht sicher darüber, ob er ihr Vertrauen besitzt. Wer des Vertrauens sicher ist, legt auf Vertraulichkeit wenig Wert.

305

Gleichgewicht der Freundschaft. – Manchmal kehrt, im Verhältnis von uns zu einem andern Menschen, das rechte Gleichgewicht der Freundschaft zurück, wenn wir in unsre eigne Waagschale einige Gran Unrecht legen.

306

Die gefährlichsten Ärzte. – Die gefährlichsten Ärzte sind die, welche es dem geborenen Arzte als geborene Schauspieler mit vollkommener Kunst der Täuschung nachmachen.

307

Wann Paradoxien am Platze sind. – Geistreichen Personen braucht man mitunter, um sie für einen Satz zu gewinnen, denselben nur in der Form einer ungeheuerlichen Paradoxie vorzulegen.

308

Wie mutige Leute gewonnen werden. – Mutige Leute überredet man dadurch zu einer Handlung, daß man dieselbe gefährlicher darstellt als sie ist.

309

Artigkeiten. – Unbeliebten Personen rechnen wir die Artigkeiten, welche sie uns erweisen, zum Vergehen an.

310

Warten lassen. – Ein sicheres Mittel, die Leute aufzubringen und ihnen böse Gedanken in den Kopf zu setzen, ist, sie lange warten zu lassen. Dies macht unmoralisch.

311

Gegen die Vertraulichen. – Leute, welche uns ihr volles Vertrauen schenken, glauben dadurch ein Recht auf das unsrige zu haben. Dies ist ein Fehlschluß; durch Geschenke erwirbt man keine Rechte.

312

Ausgleichsmittel. — Es genügt oft, einem andern, dem man einen Nachteil zugefügt hat, Gelegenheit zu einem Witz über uns zu geben, um ihm persönlich Genugtuung zu schaffen, ja um ihn für uns gut zu stimmen.

313

Eitelkeit der Zunge. — Ob der Mensch seine schlechten Eigenschaften und Laster verbirgt oder mit Offenheit sie eingesteht, so wünscht doch in beiden Fällen seine Eitelkeit einen Vorteil dabei zu haben: man beachte nur, wie fein er unterscheidet, vor wem er jene Eigenschaften verbirgt, vor wem er ehrlich und offenherzig wird.

314

Rücksichtsvoll. — Niemanden kränken, niemanden beeinträchtigen wollen kann ebensowohl das Kennzeichen einer gerechten als einer ängstlichen Sinnesart sein.

315

Zum Disputieren erforderlich. — Wer seine Gedanken nicht auf Eis zu legen versteht, der soll sich nicht in die Hitze des Streites begeben.

316

Umgang und Anmaßung. — Man verlernt die Anmaßung, wenn man sich immer unter verdienten Menschen weiß; Allein-sein pflanzt Übermut. Junge Leute sind anmaßend, denn sie gehen mit ihresgleichen um, welche alle nichts sind, aber gerne viel bedeuten.

317

Motiv des Angriffs. — Man greift nicht nur an, um jemandem wehzutun, ihn zu besiegen, sondern vielleicht auch nur, um sich seiner Kraft bewußt zu werden.

318

Schmeichelei. – Personen, welche unsere Vorsicht im Verkehr mit ihnen durch Schmeicheleien betäuben wollen, wenden ein gefährliches Mittel an, gleichsam einen Schlaftrunk, welcher, wenn er nicht einschläfert, nur um so mehr wach erhält.

319

Guter Briefschreiber. – Der, welcher keine Bücher schreibt, viel denkt und in unzureichender Gesellschaft lebt, wird gewöhnlich ein guter Briefschreiber sein.

320

Am häßlichsten. – Es ist zu bezweifeln, ob ein Vielgereister irgendwo in der Welt häßlichere Gegenden gefunden hat als im menschlichen Gesichte.

321

Die Mitleidigen. – Die mitleidigen, im Unglück jederzeit hilfreichen Naturen sind selten zugleich die sich mitfreuenden: beim Glück der anderen haben sie nichts zu tun, sind überflüssig, fühlen sich nicht im Besitz ihrer Überlegenheit und zeigen deshalb leicht Mißvergnügen.

322

Verwandte eines Selbstmörders. – Verwandte eines Selbstmörders rechnen es ihm übel an, daß er nicht aus Rücksicht auf ihren Ruf am Leben geblieben ist.

323

Undank vorauszusehen. – Der, welcher etwas Großes schenkt, findet keine Dankbarkeit; denn der Beschenkte hat schon durch das Annehmen zuviel Last.

324

In geistloser Gesellschaft. — Niemand dankt dem geistreichen Menschen die Höflichkeit, wenn er sich einer Gesellschaft gleichstellt, in der es nicht höflich ist, Geist zu zeigen.

325

Gegenwart von Zeugen. — Man springt einem Menschen, der ins Wasser fällt, noch einmal so gern nach, wenn Leute zugegen sind, die es nicht wagen.

326

Schweigen. — Die für beide Parteien unangenehmste Art, eine Polemik zu erwidern, ist, sich ärgern und schweigen: denn der Angreifende erklärt sich das Schweigen gewöhnlich als Zeichen der Verachtung.

327

Das Geheimnis des Freundes. — Es wird wenige geben, welche, wenn sie um Stoff zur Unterhaltung verlegen sind, nicht die geheimeren Angelegenheiten ihrer Freunde preisgeben.

328

Humanität. — Die Humanität der Berühmtheiten des Geistes besteht darin, im Verkehre mit Unberühmten auf eine verbindliche Art Unrecht zu behalten.

329

Der Befangene. — Menschen, die sich in der Gesellschaft nicht sicher fühlen, benutzen jede Gelegenheit, um an einem Nahegestellten, dem sie überlegen sind, diese Überlegenheit öffentlich, vor der Gesellschaft, zu zeigen, zum Beispiel durch Neckereien.

330

Dank. — Eine feine Seele bedrückt es, sich jemanden zum Dank verpflichtet zu wissen; eine grobe, sich jemandem.

331

Merkmal der Entfremdung. – Das stärkste Anzeichen der Entfremdung der Ansichten bei zwei Menschen ist dies, daß beide sich gegenseitig einiges Ironische sagen, aber keiner von beiden das Ironische daran fühlt.

332

Anmaßung bei Verdiensten. – Anmaßung bei Verdiensten beleidigt noch mehr als Anmaßung von Menschen ohne Verdienst: denn schon das Verdienst beleidigt.

333

Gefahr in der Stimme. – Mitunter macht uns im Gespräche der Klang der eignen Stimme verlegen und verleitet uns zu Behauptungen, welche gar nicht unserer Meinung entsprechen.

334

Im Gespräche. – Ob man im Gespräche dem andern vornehmlich Recht gibt oder Unrecht, ist durchaus die Sache der Angewöhnung: das eine wie das andre hat Sinn.

335

Furcht vor dem Nächsten. – Wir fürchten die feindselige Stimmung des Nächsten, weil wir befürchten, daß er durch diese Stimmung hinter unsere Heimlichkeiten kommt.

336

Durch Tadel auszeichnen. – Sehr angesehene Personen erteilen selbst ihren Tadel so, daß sie uns damit auszeichnen wollen. Es soll uns aufmerksam machen, wie angelegentlich sie sich mit uns beschäftigen. Wir verstehen sie ganz falsch, wenn wir ihren Tadel sachlich nehmen und uns gegen ihn verteidigen; wir ärgern sie dadurch und entfremden uns ihnen.

337

Verdruß am Wohlwollen anderer. — Wir irren uns über den Grad, in welchem wir uns gehaßt, gefürchtet glauben: weil wir selber zwar gut den Grad unserer Abweichung von einer Person, Richtung, Partei kennen, jene andern aber uns sehr oberflächlich kennen und deshalb auch nur oberflächlich hassen. Wir begegnen oft einem Wohlwollen, welches uns unerklärlich ist; verstehen wir es aber, so beleidigt es uns, weil es zeigt, daß man uns nicht ernst, nicht wichtig genug nimmt.

338

Sich kreuzende Eitelkeiten. — Zwei sich begegnende Personen, deren Eitelkeit gleich groß ist, behalten hinterdrein voneinander einen schlechten Eindruck, weil jede so mit dem Eindruck beschäftigt war, den sie bei der andern hervorbringen wollte, daß die andere auf sie keinen Eindruck machte; beide merken endlich, daß ihr Bemühen verfehlt ist, und schieben je der andern die Schuld zu.

339

Unarten als gute Anzeichen. — Der überlegene Geist hat an den Taktlosigkeiten, Anmaßungen, ja Feindseligkeiten ehrgeiziger Jünglinge gegen ihn sein Vergnügen; es sind die Unarten feuriger Pferde, welche noch keinen Reiter getragen haben und doch in kurzem so stolz sein werden, ihn zu tragen.

340

Wann es ratsam ist, Unrecht zu behalten. — Man tut gut, gemachte Anschuldigungen, selbst wenn sie uns Unrecht tun, ohne Widerlegung hinzunehmen, im Fall der Anschuldigende darin ein noch größeres Unrecht unsererseits sehen würde, wenn wir ihm widersprächen und etwa gar ihn widerlegten. Freilich kann einer auf diese Weise immer Unrecht haben und immer Recht behalten und zuletzt mit dem besten Gewissen von der Welt der unerträglichste Tyrann und Quälgeist werden; und was vom einzelnen gilt, kann auch bei ganzen Klassen der Gesellschaft vorkommen.

341

Zu wenig geehrt. — Sehr eingebildete Personen, denen man Zeichen von geringerer Beachtung gegeben hat, als sie erwarteten, versuchen lange sich selbst und andere darüber irrezuführen und werden spitzfindige Psychologiker, um herauszubekommen, daß der andere sie doch genügend geehrt hat: erreichen sie ihr Ziel nicht, reißt der Schleier der Täuschung, so geben sie sich nun um so größerem Unmute hin.

342

Urzustände in der Rede nachklingend. — In der Art, wie jetzt die Männer im Verkehre Behauptungen aufstellen, erkennt man oft einen Nachklang der Zeiten, wo dieselben sich besser auf Waffen als auf irgend etwas verstanden: sie handhaben ihre Behauptungen bald wie zielende Schützen ihr Gewehr, bald glaubt man das Sausen und Klirren der Klingen zu hören; und bei einigen Männern poltert eine Behauptung herab wie ein derber Knüttel. — Frauen dagegen sprechen so wie Wesen, welche Jahrtausende lang am Webstuhl saßen oder die Nadel führten oder mit Kindern kindisch waren.

343

Der Erzähler. — Wer etwas erzählt, läßt leicht merken, ob er erzählt, weil ihn das Faktum interessiert, oder weil er durch die Erzählung interessieren will. Im letzteren Falle wird er übertreiben, Superlative gebrauchen und ähnliches tun. Er erzählt dann gewöhnlich schlechter, weil er nicht so sehr an die Sache als an sich denkt.

344

Der Vorleser. — Wer dramatische Dichtungen vorliest, macht Entdeckungen über seinen Charakter: er findet für gewisse Stimmungen und Szenen seine Stimme natürlicher als für andere, etwa für alles Pathetische oder für das Skurrile, während er vielleicht im gewöhnlichen Leben nur nicht Gelegenheit hatte, Pathos oder Skurrilität zu zeigen.

345

Eine Lustspiel-Szene, welche im Leben vorkommt. – Jemand denkt sich eine geistreiche Meinung über ein Thema aus, um sie in einer Gesellschaft vorzutragen. Nun würde man im Lustspiel anhören und ansehen, wie er mit allen Segeln an den Punkt zu kommen und die Gesellschaft dort einzuschiffen sucht, wo er seine Bemerkung machen kann: wie er fortwährend die Unterhaltung nach *einem* Ziele schiebt, gelegentlich die Richtung verliert, sie wiedergewinnt, endlich den Augenblick erreicht: fast versagt ihm der Atem – und da nimmt ihm einer aus der Gesellschaft die Bemerkung vom Munde weg. Was wird er tun? Seiner eigenen Meinung opponieren?

346

Wider Willen unhöflich. – Wenn jemand wider Willen einen andern unhöflich behandelt, zum Beispiel nicht grüßt, weil er ihn nicht erkennt, so wurmt ihn dies, obschon er nicht seiner Gesinnung einen Vorwurf machen kann; ihn kränkt die schlechte Meinung, welche er bei dem andern erregt hat, oder er fürchtet die Folgen einer Verstimmung, oder ihn schmerzt es, den andern verletzt zu haben – also Eitelkeit, Furcht oder Mitleid können rege werden, vielleicht auch alles zusammen.

347

Verräter-Meisterstück. – Gegen den Mitverschworenen den kränkenden Argwohn zu äußern, ob man nicht von ihm verraten werde, und dies gerade in dem Augenblick, wo man selbst Verrat übt, ist ein Meisterstück der Bosheit, weil es den andern persönlich okkupiert und ihn zwingt, eine Zeitlang sich sehr unverdächtig und offen zu benehmen, so daß der wirkliche Verräter sich freie Hand gemacht hat.

348

Beleidigen und beleidigt werden. – Es ist weit angenehmer, zu beleidigen und später um Verzeihung zu bitten, als beleidigt zu werden und Verzeihung zu gewähren. Der, welcher das erste tut, gibt ein Zeichen von

Macht und nachher von Güte des Charakters. Der andre, wenn er nicht als inhuman gelten will, *muß* schon verzeihen; der Genuß an der Demütigung des andern ist dieser Nötigung wegen gering.

349

Im Disput. – Wenn man zugleich einer anderen Meinung widerspricht und dabei seine eigene entwickelt, so verrückt gewöhnlich die fortwährende Rücksicht auf die andere Meinung die natürliche Haltung der eigenen: sie erscheint absichtlicher, schärfer, vielleicht etwas übertrieben.

350

Kunstgriff. – Wer etwas Schwieriges von einem anderen verlangen will, muß die Sache überhaupt nicht als Problem fassen, sondern schlicht seinen Plan hinlegen, als sei er die einzige Möglichkeit; er muß es verstehen, wenn im Auge des Gegners der Einwand, der Widerspruch dämmert, schnell abzubrechen und ihm keine Zeit zu geben.

351

Gewissensbisse nach Gesellschaften. – Warum haben wir nach gewöhnlichen Gesellschaften Gewissensbisse? Weil wir wichtige Dinge leicht genommen haben, weil wir bei der Besprechung von Personen nicht mit voller Treue gesprochen oder weil wir geschwiegen haben, wo wir reden sollten, weil wir gelegentlich nicht aufgesprungen und fortgelaufen sind, kurz, weil wir uns in der Gesellschaft benahmen, als ob wir zu ihr gehörten.

352

Man wird falsch beurteilt. – Wer immer darnach hinhorcht, wie er beurteilt wird, hat immer Ärger. Denn wir werden schon von denen, welche uns am nächsten stehen (»am besten kennen«), falsch beurteilt. Selbst gute Freunde lassen ihre Verstimmung mitunter in einem mißgünstigen Worte aus; und würden sie unsere Freunde sein, wenn sie uns genau kennten? – Die Urteile der Gleichgültigen tun sehr weh, weil sie so unbefangen, fast sachlich klingen. Merken wir aber gar, daß jemand, der uns feind ist, uns in einem geheim gehaltenen Punkte so gut kennt, wie wir uns, wie groß ist dann erst der Verdruß!

353

Tyrannei des Porträts. — Künstler und Staatsmänner, die schnell aus einzelnen Zügen das ganze Bild eines Menschen oder Ereignisses kombinieren, sind am meisten dadurch ungerecht, daß sie hinterdrein verlangen, das Ereignis oder der Mensch müsse wirklich so sein, wie sie es malten; sie verlangen geradezu, daß einer so begabt, so verschlagen, so ungerecht sei, wie er in ihrer Vorstellung lebt.

354

Der Verwandte als der beste Freund. — Die Griechen, die so gut wußten, was ein Freund sei — sie allein von allen Völkern haben eine tiefe, vielfache philosophische Erörterung der Freundschaft; so daß ihnen zuerst und bis jetzt zuletzt, der Freund als ein lösenswertes Problem erschienen ist — diese selben Griechen haben die *Verwandten* mit einem Ausdrucke bezeichnet, welcher der Superlativ des Wortes »Freund« ist. Dies bleibt mir unerklärlich.

355

Verkannte Ehrlichkeit. — Wenn jemand im Gespräche sich selber zitiert (»ich sagte damals«, »ich pflege zu sagen«), so macht dies den Eindruck der Anmaßung, während es häufig gerade aus der entgegengesetzten Quelle hervorgeht, mindestens aus Ehrlichkeit, welche den Augenblick nicht mit den Einfällen schmücken und herausputzen will, welche einem früheren Augenblicke angehören.

356

Der Parasit. — Es bezeichnet einen völligen Mangel an vornehmer Gesinnung, wenn jemand lieber in Abhängigkeit, auf anderer Kosten leben will, um nur nicht arbeiten zu müssen, gewöhnlich mit einer heimlichen Erbitterung gegen die, von denen er abhängt. – Eine solche Gesinnung ist viel häufiger bei Frauen als bei Männern, auch viel verzeihlicher (aus historischen Gründen).

357

Auf dem Altar der Versöhnung. – Es gibt Umstände, wo man eine Sache von einem Menschen nur so erlangt, daß man ihn beleidigt und sich verfeindet: dieses Gefühl, einen Feind zu haben, quält ihn so, daß er gern das erste Anzeichen einer milderen Stimmung zur Versöhnung benützt und jene Sache auf dem Altar dieser Versöhnung opfert, an der ihm früher so viel gelegen war, daß er sie um keinen Preis geben wollte.

358

Mitleid fordern als Zeichen der Anmaßung. – Es gibt Menschen, welche, wenn sie in Zorn geraten und die anderen beleidigen, dabei erstens verlangen, daß man ihnen nichts übelnehme, und zweitens, daß man mit ihnen Mitleid habe, weil sie so heftigen Paroxysmen unterworfen sind. So weit geht die menschliche Anmaßung.

359

Köder. – »Jeder Mensch hat seinen Preis« – das ist nicht wahr. Aber es findet sich wohl für jeden ein Köder, an den er anbeißen muß. So braucht man, um manche Personen für eine Sache zu gewinnen, dieser Sache nur den Glanz des Menschenfreundlichen, Edlen, Mildtätigen, Aufopfernden zu geben – und welcher Sache könnte man ihn nicht geben? –: es ist das Zuckerwerk und die Näscherei *ihrer* Seele; andere haben anderes.

360

Verhalten beim Lobe. – Wenn gute Freunde die begabte Natur loben, so wird sie sich öfters aus Höflichkeit und Wohlwollen darüber erfreut zeigen, aber in Wahrheit ist es ihr gleichgültig. Ihr eigentliches Wesen ist ganz träge dagegen und um keinen Schritt dadurch aus der

Sonne oder dem Schatten, in dem sie liegt, herauszuwälzen; aber die Menschen wollen durch Lob eine Freude machen und man würde sie betrüben, wenn man sich über ihr Lob nicht freute.

361

Die Erfahrung des Sokrates. — Ist man in einer Sache Meister geworden, so ist man gewöhnlich eben dadurch in den meisten anderen Sachen ein völliger Stümper geblieben; aber man urteilt gerade umgekehrt, wie dies schon Sokrates erfuhr. Dies ist der Übelstand, welcher den Umgang mit Meistern unangenehm macht.

362

Mittel der Vertierung. — Im Kampf mit der Dummheit werden die billigsten und sanftesten Menschen zuletzt brutal. Sie sind damit vielleicht auf dem rechten Wege der Verteidigung; denn an die dumme Stirn gehört, als Argument, von Rechts wegen die geballte Faust. Aber weil, wie gesagt, ihr Charakter sanft und billig ist, so leiden sie durch diese Mittel der Notwehr mehr, als sie Leid zufügen.

363

Neugierde. — Wenn die Neugierde nicht wäre, würde wenig für das Wohl des Nächsten getan werden. Aber die Neugierde schleicht sich unter dem Namen der Pflicht oder des Mitleidens in das Haus des Unglücklichen und Bedürftigen. — Vielleicht ist selbst an der vielgerühmten Mutterliebe ein gut Stück Neugierde.

364

Verrechnung in der Gesellschaft. — Dieser wünscht interessant zu sein durch seine Urteile, jener durch seine Neigungen und Abneigungen, der dritte durch seine Bekanntschaften, ein vierter durch seine Vereinsamung — und sie verrechnen sich alle. Denn der, vor dem das Schauspiel aufgeführt wird, meint selber dabei das einzig in Betracht kommende Schauspiel zu sein.

365

Duell. — Zugunsten aller Ehrenhändel und Duelle ist zu sagen, daß, wenn einer ein so reizbares Gefühl hat, nicht leben zu wollen, wenn der und der das und das über ihn sagt oder denkt, er ein Recht hat, die Sache auf den Tod des einen oder des anderen ankommen zu lassen. Darüber, daß er so reizbar ist, ist gar nicht zu rechten, damit sind wir die Erben der Vergangenheit, ihrer Größe sowohl wie ihrer Übertreibungen, ohne welche es nie eine Größe gab. Existiert nun ein Ehrenkanon, welcher Blut an Stelle des Todes gelten läßt, so daß nach einem regelmäßigen Duell das Gemüt erleichtert ist, so ist dies eine große Wohltat, weil sonst viele Menschenleben in Gefahr wären. — So eine Institution erzieht übrigens die Menschen in Vorsicht auf ihre Äußerungen und macht den Umgang mit ihnen möglich.

366

Vornehmheit und Dankbarkeit. — Eine vornehme Seele wird sich gern zur Dankbarkeit verpflichtet fühlen und den Gelegenheiten, bei denen sie sich verpflichtet, nicht ängstlich aus dem Wege gehen; ebenso wird sie nachher gelassen in den Äußerungen der Dankbarkeit sein; während niedere Seelen sich gegen alles Verpflichtetwerden sträuben oder nachher in den Äußerungen ihrer Dankbarkeit übertrieben und allzusehr beflissen sind. Letzteres kommt übrigens auch bei Personen von niederer Herkunft oder gedrückter Stellung vor: eine Gunst, *ihnen* erwiesen, deucht ihnen ein Wunder von Gnade.

367

Die Stunden der Beredsamkeit. — Der eine hat, um gut zu sprechen, jemanden nötig, der ihm entschieden und anerkannt überlegen ist, der andere kann nur vor einem, den er überragt, völlige Freiheit der Rede und glückliche Wendungen der Beredsamkeit finden: in beiden Fällen ist es derselbe Grund; jeder von ihnen redet nur gut, wenn er *sans gêne* redet, der eine, weil er vor dem Höheren den Antrieb der Konkurrenz, des Wettbewerbs nicht fühlt, der andere ebenfalls deshalb, angesichts des Niederen. — Nun gibt es eine ganz andere Gattung von Menschen, die nur gut reden, wenn sie im Wetteifer, mit der Absicht zu siegen, reden. Welche von beiden Gattungen ist die ehrgeizigere: die, welche aus erregter Ehrsucht gut, oder die, welche aus eben diesem Motive schlecht oder gar nicht spricht?

368

Das Talent zur Freundschaft. – Unter den Menschen, welche eine besondere Begabung zur Freundschaft haben, treten zwei Typen hervor. Der eine ist in einem fortwährenden Aufsteigen und findet für jede Phase seiner Entwicklung einen genau zugehörigen Freund. Die Reihe von Freunden, welche er auf diese Weise erwirbt, ist unter sich selten im Zusammenhang, mitunter in Mißhelligkeit und Widerspruch: ganz dem entsprechend, daß die späteren Phasen in seiner Entwicklung die früheren Phasen aufheben oder beeinträchtigen. Ein solcher Mensch mag im Scherz eine Leiter *heißen*. – Den anderen Typus vertritt der, welcher eine Anziehungskraft auf sehr verschiedene Charaktere und Begabungen ausübt, so daß er einen ganzen Kreis von Freunden gewinnt; diese aber kommen dadurch selber untereinander in freundschaftliche Beziehung, trotz aller Verschiedenheit. Einen solchen Menschen nenne man einen *Kreis*: denn in ihm muß jene Zusammengehörigkeit so verschiedener Anlagen und Naturen irgendwie vorgebildet sein. – Übrigens ist die Gabe, gute Freunde zu haben, in manchem Menschen viel größer als die Gabe, ein guter Freund zu sein.

369

Taktik im Gespräch. – Nach einem Gespräch mit jemandem ist man am besten auf den Mitunterredner zu sprechen, wenn man Gelegenheit hatte, seinen Geist, seine Liebenswürdigkeit vor ihm im ganzen Glanze zu zeigen. Dies benutzen kluge Menschen, welche jemanden sich günstig stimmen wollen, indem sie bei der Unterredung ihm die besten Gelegenheiten zu einem guten Witz und dergleichen zuschieben. Es wäre ein lustiges Gespräch zwischen zwei sehr Klugen zu denken, welche sich gegenseitig günstig stimmen wollen und sich deshalb die schönen Gelegenheiten im Gespräch hin und her zuwerfen, während keiner sie annimmt: so daß das Gespräch im ganzen geistlos und unliebenswürdig verliefe, weil jeder dem anderen die Gelegenheit zu Geist und Liebenswürdigkeit zuwiese.

370

Entladung des Unmutes. – Der Mensch, dem etwas mißlingt, führt dies Mißlingen lieber auf den bösen Willen eines anderen als auf den Zufall zurück. Seine gereizte Empfindung wird dadurch erleichtert, eine Person und nicht eine Sache sich als Grund seines Mißlingens zu denken; denn an Personen kann man sich rächen, die Unbilden des Zufalls aber muß man hinunterwürgen. Die Umgebung eines Fürsten pflegt deshalb, wenn diesem etwas mißlungen ist, einen einzelnen Menschen als angebliche Ursache ihm zu bezeichnen und im Interesse aller Höflinge aufzuopfern; denn der Mißmut des Fürsten würde sich sonst an ihnen allen auslassen, da er ja an der Schicksalsgöttin selber keine Rache nehmen kann.

371

Die Farbe der Umgebung annehmen. – Warum ist Neigung und Abneigung so ansteckend, daß man kaum in der Nähe einer stark empfindenden Person leben kann, ohne wie ein Gefäß mit ihrem Für und Wider angefüllt zu werden? Erstens ist die völlige Enthaltung des Urteils sehr schwer, mitunter für unsere Eitelkeit geradezu unerträglich; sie trägt da gleiche Farbe mit der Gedanken- und Empfindungsarmut oder mit der Ängstlichkeit, der Unmännlichkeit: und so werden wir wenigstens dazu fortgerissen, Partei zu nehmen, vielleicht gegen die Richtung unserer Umgebung, wenn diese Stellung unserm Stolze mehr Vergnügen macht. Gewöhnlich aber – das ist das zweite – bringen wir uns den Übergang von Gleichgültigkeit zu Neigung oder Abneigung gar nicht zum Bewußtsein, sondern allmählich gewöhnen wir uns an die Empfindungsweise unserer Umgebung, und weil sympathisches Zustimmen und Sichverstehen so angenehm ist, tragen wir bald alle Zeichen und Parteifarben dieser Umgebung.

372

Ironie. – Die Ironie ist nur als pädagogisches Mittel am Platze, von seiten eines Lehrers im Verkehr mit Schülern irgendwelcher Art: ihr

Zweck ist Demütigung, Beschämung, aber von jener heilsamen Art, welche gute Vorsätze erwachen läßt und dem, welcher uns so behandelte, Verehrung, Dankbarkeit als einem Arzte entgegenbringen heißt. Der Ironische stellt sich unwissend und zwar so gut, daß die sich mit ihm unterredenden Schüler getäuscht sind und in ihrem guten Glauben an ihr eigenes Besserwissen dreist werden und sich Blößen aller Art geben; sie verlieren die Behutsamkeit und zeigen sich, wie sie sind, – bis in einem Augenblick die Leuchte, die sie dem Lehrer ins Gesicht hielten, ihre Strahlen sehr demütigend auf sie selbst zurückfallen läßt. – Wo ein solches Verhältnis, wie zwischen Lehrer und Schüler, nicht stattfindet, ist sie eine Unart, ein gemeiner Affekt. Alle ironischen Schriftsteller rechnen auf die alberne Gattung von Menschen, welche sich gerne allen anderen mit dem Autor zusammen überlegen fühlen wollen, als welchen sie für das Mundstück ihrer Anmaßung ansehen. – Die Gewöhnung an Ironie, ebenso wie die an Sarkasmus verdirbt übrigens den Charakter, sie verleiht allmählich die Eigenschaft einer schadenfrohen Überlegenheit: man ist zuletzt einem bissigen Hunde gleich, der noch das Lachen gelernt hat, außer dem Beißen.

373

Anmaßung. – Vor nichts soll man sich so hüten als vor dem Aufwachsen jenes Unkrauts, welches Anmaßung heißt und in uns jede gute Ernte verdirbt; denn es gibt Anmaßung in der Herzlichkeit, in der Ehrenbezeigung, in der wohlwollenden Vertraulichkeit, in der Liebkosung, im freundschaftlichen Rate, im Eingestehen von Fehlern, in dem Mitleid für andere, und alle diese schönen Dinge erregen Widerwillen, wenn jenes Kraut dazwischen wächst. Der Anmaßende, das heißt der, welcher mehr bedeuten will, als er ist *oder gilt*, macht immer eine falsche Berechnung. Zwar hat er den augenblicklichen Erfolg für sich, insofern die Menschen, vor denen er anmaßend ist, ihm gewöhnlich das Maß von Ehre zollen, welches er fordert, aus Angst oder Bequemlichkeit; aber sie nehmen eine schlimme Rache dafür, insofern sie ebensoviel, als er über das Maß forderte, von dem Werte subtrahieren, den sie ihm bis jetzt beilegten. Es ist nichts, was die Menschen sich teurer bezahlen lassen, als Demütigung. Der Anmaßende kann sein wirkliches großes Verdienst so in den Augen der andern verdächtigen und klein machen, daß man mit staubigen Füßen darauf tritt. – Selbst ein stolzes Benehmen sollte man sich nur dort erlauben, wo man ganz sicher sein kann, nicht mißverstanden und als anmaßend betrachtet zu werden, zum Beispiel vor Freunden und Gattinnen. Denn es gibt im Verkehre mit Menschen keine größere Torheit, als sich den Ruf der Anmaßung zuzuziehen; es ist noch schlimmer, als wenn man nicht gelernt hat, höflich zu lügen.

374

Zwiegespräch. – Das Zwiegespräch ist das vollkommene Gespräch, weil alles, was der eine sagt, seine bestimmte Farbe, seinen Klang, seine begleitende Gebärde *in strenger Rücksicht auf den anderen*, mit dem gesprochen wird, erhält, also dem entsprechend, was beim Briefverkehr geschieht, daß ein und derselbe zehn Arten des seelischen Ausdrucks zeigt, je nachdem er bald an diesen, bald an jenen schreibt. Beim Zwiegespräch gibt es nur eine einzige Strahlenbrechung des Gedankens: diese bringt der Mitunterredner hervor, als der Spiegel, in welchem wir unsere Gedanken möglichst schön wiedererblicken wollen. Wie aber ist es bei zweien, bei dreien und mehr Mitunterrednern? Da verliert notwendig das Gespräch an individualisierender Feinheit, die verschiedenen Rücksichten kreuzen sich, heben sich auf; die Wendung welche dem einen wohltut, ist nicht der Sinnesart des andern gemäß. Deshalb wird der Mensch im Verkehr mit mehreren gezwungen, sich auf sich zurückzuziehen, die Tatsachen hinzustellen, wie sie sind, aber jenen spielenden Äther der Humanität den Gegenständen zu nehmen, welcher ein Gespräch zu den angenehmsten Dingen der Welt macht. Man höre nur den Ton, in welchem Männer im Verkehre mit ganzen Gruppen von Männern zu reden pflegen, es ist als ob der Grundbaß aller Rede der sei: »das bin *ich*, das sage *ich*, nun haltet davon, was ihr wollt!« Dies ist der Grund, weshalb geistreiche Frauen bei dem, welcher sie in der Gesellschaft kennenlernte, meistens einen befremdenden, peinlichen, abschreckenden Eindruck hinterlassen: es ist das Reden zu vielen, vor vielen, welches sie aller geistigen Liebenswürdigkeit beraubt und nur das bewußte Beruhen auf sich selbst, ihre Taktik und die Absicht auf öffentlichen Sieg in grellem Lichte zeigt: während dieselben Frauen im Zwiegespräche wieder zu Weibern werden und ihre geistige Anmut wiederfinden.

375

Nachruhm. — Auf die Anerkennung einer fernen Zukunft hoffen hat nur Sinn, wenn man die Annahme macht, daß die Menschheit wesentlich unverändert bleibe und daß alles Große nicht für eine, sondern für alle Zeiten als groß empfunden werden müsse. Dies ist aber ein Irrtum; die Menschheit, in allem Empfinden und Urteilen über das, was schön und gut ist, verwandelt sich sehr stark; es ist Phantasterei, von sich zu glauben, daß man eine Meile Wegs voraus sei und daß die gesamte Menschheit *unsere* Straße ziehe. Zudem: ein Gelehrter, der verkannt wird, darf jetzt bestimmt darauf rechnen, daß seine Entdeckung von anderen auch gemacht wird und daß ihm bestenfalls einmal später von einem Historiker zuerkannt wird, er habe dies und jenes auch schon gewußt, sei aber nicht imstande gewesen, seiner Sache Glauben zu verschaffen. Nicht-anerkannt-werden wird von der Nachwelt immer als Mangel an Kraft ausgelegt. — Kurz, man soll der hochmütigen Vereinsamung nicht so leicht das Wort reden. Es gibt übrigens Ausnahmefälle; aber zumeist sind es unsere Fehler, Schwächen und Narrheiten, welche die Anerkennung unserer großen Eigenschaften verhindern.

376

Von den Freunden. — Überlege nur mit dir selber einmal, wie verschieden die Empfindungen, wie geteilt die Meinungen, selbst unter den nächsten Bekannten sind; wie selbst gleiche Meinungen in dem Kopf deiner Freunde eine ganz andere Stellung oder Stärke haben als in deinem; wie hundertfältig der Anlaß kommt zum Mißverstehen, zum feindseligen Auseinanderfliehen. Nach alledem wirst du dir sagen: wie unsicher ist der Boden, auf dem alle unsere Bündnisse und Freundschaften ruhen, wie nahe sind kalte Regengüsse oder böse Wetter, wie vereinsamt ist jeder Mensch! Sieht einer dies ein und noch dazu, daß alle Meinungen und deren Art und Stärke bei seinen Mitmenschen ebenso notwendig und unverantwortlich sind wie ihre Handlungen, gewinnt er das Auge für diese innere Notwendigkeit der Meinungen aus der unlösbaren Verflechtung von Charakter, Beschäftigung, Talent, Umgebung – so wird er vielleicht die Bitterkeit jener Schärfe der Empfindung los, mit der jener Weise rief: »Freunde, es gibt keine Freunde!« Er wird sich vielmehr eingestehen: ja es gibt Freunde, aber der Irrtum, die Täuschung über dich führte sie dir zu; und Schweigen müssen sie gelernt haben, um dir Freund zu bleiben; denn fast immer beruhen solche menschliche Beziehungen darauf, daß irgend ein paar Dinge nie gesagt werden, ja daß an sie nie gerührt wird: kommen diese Steinchen aber ins Rollen, so folgt die Freundschaft hinterdrein und zerbricht. Gibt es Menschen, welche nicht tötlich zu verletzen sind, wenn sie erführen, was ihre vertrautesten Freunde im Grunde von ihnen wissen? – Indem wir uns selbst erkennen und unser Wesen selber als eine wandelnde Sphäre der Meinungen und Stimmungen ansehen, und somit ein wenig geringschätzen lernen, bringen wir uns wieder ins Gleichgewicht mit den übrigen. Es ist wahr, wir haben gute Gründe, jeden unserer Bekannten, und seien es die Größten, gering zu achten; aber ebenso gute, diese Empfindung gegen uns selber zu kehren. – Und so wollen wir es miteinander aushalten, da wir es ja mit uns aushalten; und vielleicht kommt jedem auch einmal die freudigere Stunde, wo er sagt

»Freunde, es gibt keine Freunde!« so rief der sterbende Weise;
»Feinde, es gibt keinen Feind!« – ruf ich, der lebende Tor.

Siebentes Hauptstück

WEIB UND KIND

377

Das vollkommene Weib. – Das vollkommene Weib ist ein höherer Typus des Menschen als der vollkommene Mann: auch etwas viel Selteneres. – Die Naturwissenschaft der Tiere bietet ein Mittel, diesen Satz wahrscheinlich zu machen.

378

Freundschaft und Ehe. – Der beste Freund wird wahrscheinlich die beste Gattin bekommen, weil die gute Ehe auf dem Talent zur Freundschaft beruht.

379

Fortleben der Eltern. – Die unaufgelösten Dissonanzen im Verhältnis von Charakter und Gesinnung der Eltern klingen in dem Wesen des Kindes fort und machen seine innere Leidensgeschichte aus.

380

Von der Mutter her. – Jedermann trägt ein Bild des Weibes von der Mutter her in sich: davon wird er bestimmt, die Weiber überhaupt zu verehren oder sie geringzuschätzen oder gegen sie im allgemeinen gleichgültig zu sein.

381

Die Natur korrigieren. – Wenn man keinen guten Vater hat, so soll man sich einen anschaffen.

382

Väter und Söhne. – Väter haben viel zu tun, um es wieder gutzumachen, daß sie Söhne haben.

383

Irrtum vornehmer Frauen. — Die vornehmen Frauen denken, daß eine Sache gar nicht da ist, wenn es nicht möglich ist, von ihr in der Gesellschaft zu sprechen.

384

Eine Männer-Krankheit. — Gegen die Männer-Krankheit der Selbstverachtung hilft es am sichersten, von einem klugen Weibe geliebt zu werden.

385

Eine Art der Eifersucht. — Mütter sind leicht eifersüchtig auf die Freunde ihrer Söhne, wenn diese besondere Erfolge haben. Gewöhnlich liebt eine Mutter *sich* mehr in ihrem Sohne als den Sohn selber.

386

Vernünftige Unvernunft. — In der Reife des Lebens und des Verstandes überkommt den Menschen das Gefühl, daß sein Vater Unrecht hatte, ihn zu zeugen.

387

Mütterliche Güte. — Manche Mutter braucht glückliche, geehrte Kinder, manche unglückliche: sonst kann sich ihre Güte als Mutter nicht zeigen.

388

Verschiedene Seufzer. — Einige Männer haben über die Entführung ihrer Frauen geseufzt, die meisten darüber, daß niemand sie ihnen entführen wollte.

389

Liebesheiraten. — Die Ehen, welche aus Liebe geschlossen werden (die sogenannten Liebesheiraten), haben den Irrtum zum Vater und die Not (das Bedürfnis) zur Mutter.

390

Frauenfreundschaft. – Frauen können recht gut mit einem Manne Freundschaft schließen; aber um diese aufrecht zu erhalten – dazu muß wohl eine kleine physische Antipathie mithelfen.

391

Langeweile. – Viele Menschen, namentlich Frauen, empfinden die Langeweile nicht, weil sie niemals ordentlich arbeiten gelernt haben.

392

Ein Element der Liebe. – In jeder Art der weiblichen Liebe kommt auch etwas von der mütterlichen Liebe zum Vorschein.

393

Die Einheit des Orts und das Drama. – Wenn die Ehegatten nicht beisammen lebten, würden die guten Ehen häufiger sein.

394

Gewöhnliche Folgen der Ehe. – Jeder Umgang, der nicht hebt, zieht nieder und umgekehrt; deshalb sinken gewöhnlich die Männer etwas, wenn sie Frauen nehmen, während die Frauen etwas gehoben werden. Allzu geistige Männer bedürfen ebensosehr der Ehe als sie ihr wie einer widrigen Medizin widerstreben.

395

Befehlen lehren. – Kinder aus bescheidnen Familien muß man ebensosehr das Befehlen durch Erziehung lehren wie andere Kinder das Gehorchen.

396

Verliebt werden wollen. – Verlobte, welche die Konvenienz zusammengefügt hat, bemühen sich häufig, verliebt zu *werden*, um über den

Vorwurf der kalten, berechnenden Nützlichkeit hinwegzukommen. Ebenso bemühen sich solche, die ihres Vorteils wegen zum Christentum umlenken, wirklich fromm zu werden; denn so wird das religiöse Mienenspiel ihnen leichter.

397

Kein Stillstand in der Liebe. – Ein Musiker, der das langsame Tempo liebt, wird dieselben Tonstücke immer langsamer nehmen. So gibt es in keiner Liebe ein Stillstehen.

398

Schamhaftigkeit. – Mit der Schönheit der Frauen nimmt im allgemeinen ihre Schamhaftigkeit zu.

399

Ehe von gutem Bestand. – Eine Ehe, in der jedes durch das andere ein individuelles Ziel erreichen will, hält gut zusammen, zum Beispiel wenn die Frau durch den Mann berühmt, der Mann durch die Frau beliebt werden will.

400

Proteus-Natur. – Weiber werden aus Liebe ganz zu dem, als was sie in der Vorstellung der Männer, von denen sie geliebt werden, leben.

401

Lieben und besitzen. – Frauen lieben meistens einen bedeutenden Mann so, daß sie ihn allein haben wollen. Sie würden ihn gern in Verschluß legen, wenn nicht ihre Eitelkeit widerriete: diese will, daß er auch vor anderen bedeutend erscheine.

402

Probe einer guten Ehe. – Die Güte einer Ehe bewährt sich dadurch, daß sie einmal eine »Ausnahme« verträgt.

403

Mittel, alle zu allem zu bringen. – Man kann jedermann so durch Unruhen, Ängste, Überhäufung von Arbeit und Gedanken abmatten und schwach machen, daß er einer Sache, die den Schein des Komplizierten hat, nicht mehr widersteht, sondern ihr nachgibt, – das wissen die Diplomaten und die Weiber.

404

Ehrbarkeit und Ehrlichkeit. – Jene Mädchen, welche allein ihrem Jugendreize die Versorgung fürs ganze Leben verdanken wollen und deren Schlauheit die gewitzigten Mütter noch soufflieren, wollen ganz dasselbe wie die Hetären, nur daß sie klüger und unehrlicher als diese sind.

405

Masken. – Es gibt Frauen, die, wo man bei ihnen auch nachsucht, kein Inneres haben, sondern reine Masken sind. Der Mann ist zu beklagen, der sich mit solchen fast gespenstischen, notwendig unbefriedigenden Wesen einläßt, aber gerade sie vermögen das Verlangen des Mannes auf das stärkste zu erregen: er sucht nach ihrer Seele – und sucht immerfort.

406

Die Ehe als langes Gespräch. – Man soll sich beim Eingehen einer Ehe die Frage vorlegen: glaubst du, dich mit dieser Frau bis ins Alter hinein gut zu unterhalten? Alles andere in der Ehe ist transitorisch, aber die meiste Zeit des Verkehrs gehört dem Gespräche an.

407

Mädchenträume. – Unerfahrene Mädchen schmeicheln sich mit der Vorstellung, daß es in ihrer Macht stehe, einen Mann glücklich zu machen; später lernen sie, daß es soviel heißt als: einen Mann geringschätzen, wenn man annimmt, daß es nur eines Mädchens bedürfe, um ihn glücklich zu machen. — Die Eitelkeit der Frauen verlangt, daß ein Mann mehr sei als ein glücklicher Gatte.

408

Aussterben von Faust und Gretchen. — Nach der sehr einsichtigen Bemerkung eines Gelehrten ähneln die gebildeten Männer des gegenwärtigen Deutschland einer Mischung von Mephistopheles und Wagner, aber durchaus nicht Fausten, welchen die Großväter (in ihrer Jugend wenigstens) in sich rumoren fühlten. Zu ihnen passen also — um jenen Satz fortzusetzen — aus zwei Gründen die *Gretchen* nicht. Und weil sie nicht mehr begehrt werden, so sterben sie, scheint es, aus.

409

Mädchen als Gymnasiasten. — Um alles in der Welt nicht noch unsere Gymnasialbildung auf die Mädchen übertragen! Sie, die häufig aus geistreichen, wißbegierigen, feurigen Jungen — Abbilder ihrer Lehrer macht!

410

Ohne Nebenbuhlerinnen. — Frauen merken es einem Manne leicht an, ob seine Seele schon in Besitz genommen ist; sie wollen ohne Nebenbuhlerinnen geliebt sein und verargen ihm die Ziele seines Ehrgeizes, seine politischen Aufgaben, seine Wissenschaften und Künste, wenn er eine Leidenschaft zu solchen Sachen hat. Es sei denn, daß er durch diese glänze, — dann erhoffen sie, im Falle einer Liebesverbindung mit ihm, zugleich einen Zuwachs *ihres* Glanzes; wenn es so steht, begünstigen sie den Liebhaber.

411

Der weibliche Intellekt. — Der Intellekt der Weiber zeigt sich als vollkommene Beherrschung, Gegenwärtigkeit des Geistes, Benutzung aller Vorteile. Sie vererben ihn als ihre Grundeigenschaft auf ihre Kinder, und der Vater gibt den dunkleren Hintergrund des Willens dazu. Sein Einfluß bestimmt gleichsam Rhythmus und Harmonie, mit denen das neue Leben abgespielt werden soll; aber die Melodie desselben stammt vom Weibe. – Für solche gesagt, welche etwas sich zurechtzulegen wissen: die Weiber haben den Verstand, die Männer das Gemüt und die Leidenschaft. Dem widerspricht nicht, daß die Männer tatsächlich es mit ihrem Verstande so viel weiter bringen: sie haben die tieferen, gewaltigeren Antriebe; diese tragen ihren Verstand, der an sich etwas Passives ist, so weit. Die Weiber wundern sich im stillen oft über die große Verehrung, welche die Männer ihrem Gemüte zollen. Wenn die Männer vor allem nach einem tiefen, gemütvollen Wesen, die Weiber aber nach einem klugen, geistesgegenwärtigen und glänzenden Wesen bei der Wahl ihres Ehegenossen suchen, so sieht man im Grunde deutlich, wie der Mann nach dem idealisierten Manne, das Weib nach dem idealisierten Weibe sucht, also nicht nach Ergänzung, sondern nach Vollendung der eigenen Vorzüge.

412

Ein Urteil Hesiods bekräftigt. – Ein Zeichen für die Klugheit der Weiber ist es, daß sie es fast überall verstanden haben, sich ernähren zu lassen, wie Drohnen im Bienenkorbe. Man erwäge doch aber, was das ursprünglich bedeuten will und warum die Männer sich nicht von den Frauen ernähren lassen. Gewiß weil die männliche Eitelkeit und Ehrfurcht größer als die weibliche Klugheit ist; denn die Frauen haben es verstanden, sich durch Unterordnung doch den überwiegenden Vorteil, ja die Herrschaft zu sichern. Selbst das Pflegen der Kinder könnte ursprünglich von der Klugheit der Weiber als Vorwand benutzt sein, um sich der Arbeit möglichst zu entziehen. Auch jetzt noch verstehen sie, wenn sie wirklich tätig sind, zum Beispiel als Haushälterinnen, davon ein sinneverwirrendes Aufheben zu machen, so daß von den Männern das Verdienst ihrer Tätigkeit zehnfach überschätzt zu werden pflegt.

413

Die Kurzsichtigen sind verliebt. – Mitunter genügt schon eine stärkere Brille, um den Verliebten zu heilen; und wer die Kraft der Einbildung hätte, um ein Gesicht, eine Gestalt sich zwanzig Jahre älter vorzustellen, ginge vielleicht sehr ungestört durch das Leben.

414

Frauen im Haß. – Im Zustande des Hasses sind Frauen gefährlicher als Männer; zuvörderst weil sie durch keine Rücksicht auf Billigkeit in ihrer einmal erregten feindseligen Empfindung gehemmt werden, sondern ungestört ihren Haß bis zu den letzten Konsequenzen anwachsen lassen, sodann weil sie darauf eingeübt sind, wunde Stellen (die jeder Mensch, jede Partei hat) zu finden und dorthinein zu stechen: wozu ihnen ihr dolchspitzer Verstand treffliche Dienste leistet (während die Männer beim Anblick von Wunden zurückhaltend, oft großmütig und versöhnlich gestimmt werden).

415

Liebe. – Die Abgötterei, welche die Frauen mit der Liebe treiben, ist im Grund und ursprünglich eine Erfindung der Klugheit, insofern sie ihre Macht durch alle jene Idealisierungen der Liebe erhöhen und sich in den Augen der Männer als immer begehrenswerter darstellen. Aber durch die jahrhundertlange Gewöhnung an diese übertriebene Schätzung der Liebe ist es geschehen, daß sie in ihr eigenes Netz gelaufen sind und jenen Ursprung vergessen haben. Sie selber sind jetzt noch mehr die Getäuschten als die Männer und leiden deshalb auch mehr an der Enttäuschung, welche fast notwendig im Leben jeder Frau eintreten wird – sofern sie überhaupt Phantasie und Verstand genug hat, um getäuscht und enttäuscht werden zu können.

416

Zur Emanzipation der Frauen. – Können die Frauen überhaupt gerecht sein, wenn sie so gewohnt sind zu lieben, gleich für oder wider zu empfinden? Daher sind sie auch seltener für Sachen, mehr für Personen eingenommen: sind sie es aber für Sachen, so werden sie sofort deren Parteigänger und verderben damit die reine unschuldige Wirkung derselben. So entsteht eine nicht geringe Gefahr, wenn ihnen die Politik und einzelne Teile der Wissenschaft anvertraut werden (zum Beispiel

Geschichte). Denn was wäre seltener als eine Frau, welche wirklich wüßte, was Wissenschaft ist? Die besten nähren sogar im Busen gegen sie eine heimliche Geringschätzung, als ob sie irgendwodurch ihr überlegen wären. Vielleicht kann dies alles anders werden, einstweilen ist es so.

417

Die Inspiration im Urteile der Frauen. – Jene plötzlichen Entscheidungen über das Für oder Wider, welche Frauen zu geben pflegen, die blitz-schnellen Erhellungen persönlicher Beziehungen durch ihre hervor-brechenden Neigungen und Abneigungen, kurz die Beweise der weib-lichen Ungerechtigkeit sind von liebenden Männern mit einem Glanz umgeben worden, als ob alle Frauen Inspirationen von Weisheit hät-ten, auch ohne den delphischen Kessel und die Lorbeerbinde: und ihre Aussprüche werden noch lange nachher wie sibyllinische Orakel interpretiert und zurechtgelegt. Wenn man aber erwägt, daß für jede Person, für jede Sache sich etwas geltend machen läßt, aber ebenso gut auch etwas gegen sie, daß alle Dinge nicht nur zwei-, sondern drei- und vierseitig sind, so ist es beinahe schwer, mit solchen plötzlichen Entscheidungen gänzlich fehlzugreifen; ja man könnte sagen: die Na-tur der Dinge ist so eingerichtet, daß die Frauen immer rechtbehalten.

418

Sich lieben lassen. – Weil die eine von zwei liebenden Personen ge-wöhnlich die liebende, die andere die geliebte Person ist, so ist der Glaube entstanden, es gäbe in jedem Liebeshandel ein gleichbleiben-des Maß von Liebe: je mehr eine davon an sich reiße, um so weniger bleibe für die andere Person übrig. Ausnahmsweise kommt es vor, daß die Eitelkeit jede der beiden Personen überredet, *sie* sei die, welche geliebt werden müsse; so daß sich beide lieben lassen wollen: woraus sich namentlich in der Ehe mancherlei halb drollige, halb absurde Szenen ergeben.

419

Widersprüche in weiblichen Köpfen. – Weil die Weiber so viel mehr persönlich als sachlich sind, vertragen sich in ihrem Gedankenkreise

Richtungen, die logisch mit sich im Widerspruche sind: sie pflegen sich eben für die Vertreter dieser Richtungen der Reihe nach zu begeistern und nehmen deren Systeme in Bausch und Bogen an; doch so, daß überall dort eine tote Stelle entsteht, wo eine neue Persönlichkeit später das Übergewicht bekommt. Es kommt vielleicht vor, daß die ganze Philosophie im Kopf einer alten Frau aus lauter solchen toten Stellen besteht.

420

Wer leidet mehr? – Nach einem persönlichen Zwiespalt und Zanke zwischen einer Frau und einem Manne leidet der eine Teil am meisten bei der Vorstellung, dem anderen wehgetan zu haben; während jener am meisten bei der Vorstellung leidet, dem anderen nicht genug wehgetan zu haben, weshalb er sich bemüht, durch Tränen, Schluchzen und verstörte Mienen ihm noch hinterdrein das Herz schwer zu machen.

421

Gelegenheit zu weiblicher Großmut. – Wenn man sich über die Ansprüche der Sitte einmal in Gedanken hinwegsetzt, so könnte man wohl erwägen, ob nicht Natur und Vernunft den Mann auf mehrfache Verheiratung nacheinander anweist, etwa in der Gestalt, daß er zuerst im Alter von zweiundzwanzig Jahren ein älteres Mädchen heiratet, das ihm geistig und sittlich überlegen ist und seine Führerin durch die Gefahren der zwanziger Jahre (Ehrgeiz, Haß, Selbstverachtung, Leidenschaften aller Art) werden kann. Die Liebe dieser würde später ganz in das Mütterliche übertreten, und sie ertrüge es nicht nur, sondern förderte es auf die heilsamste Weise, wenn der Mann in den dreißiger Jahren mit einem ganz jungen Mädchen eine Verbindung einginge, dessen Erziehung er selber in die Hand nähme. – Die Ehe ist für die zwanziger Jahre ein nötiges, für die dreißiger ein nützliches, aber nicht nötiges Institut: für das spätere Leben wird sie oft schädlich und befördert die geistige Rückbildung des Mannes.

422

Tragödie der Kindheit. – Es kommt vielleicht nicht selten vor, daß edel- und hochstrebende Menschen ihren härtesten Kampf in der Kindheit zu bestehen haben: etwa dadurch, daß sie ihre Gesinnung gegen einen niedrig denkenden, dem Schein und der Lügnerei ergebenen Vater durchsetzen müssen oder fortwährend, wie Lord Byron, im Kampfe mit einer kindischen und zornwütigen Mutter leben. Hat man so etwas erlebt, so wird man sein Leben lang es nicht verschmerzen, zu wissen, wer einem eigentlich der größte, der gefährlichste Feind gewesen ist.

423

Eltern-Torheit. – Die größten Irrtümer in der Beurteilung eines Menschen werden von dessen Eltern gemacht: dies ist eine Tatsache, aber wie soll man sie erklären? Haben die Eltern zu viele Erfahrung von dem Kinde und können sie diese nicht mehr zu einer Einheit zusammenbringen? Man bemerkt, daß Reisende unter fremden Völkern nur in der ersten Zeit ihres Aufenthaltes die allgemeinen unterscheidenden Züge eines Volkes richtig erfassen; je mehr sie das Volk kennenlernen, desto mehr verlernen sie, das Typische und Unterscheidende an ihm zu sehen. Sobald sie nah-sichtig werden, hören ihre Augen auf, fernsichtig zu sein. Sollten die Eltern deshalb falsch über das Kind urteilen, weil sie ihm nie fern genug gestanden haben? – Eine ganz andere Erklärung wäre folgende: die Menschen pflegen über das Nächste, was sie umgibt, nicht mehr nachzudenken, sondern es nur hinzunehmen. Vielleicht ist die gewohnheitsmäßige Gedankenlosigkeit der Eltern der Grund, weshalb sie, einmal genötigt über ihre Kinder zu urteilen, so schief urteilen.

424

Aus der Zukunft der Ehe. – Jene edlen, freigesinnten Frauen, welche die Erziehung und Erhebung des weiblichen Geschlechts sich zur Aufgabe stellen, sollen *einen* Gesichtspunkt nicht übersehen: die Ehe in ihrer höheren Auffassung gedacht, als Seelenfreundschaft zweier Menschen verschiedenen Geschlechts, also so, wie sie von der Zukunft erhofft wird, zum Zweck der Erzeugung und Erziehung einer neuen Generation geschlossen, – eine solche Ehe, welche das Sinnliche gleichsam nur als ein seltnes gelegentliches Mittel für einen größern Zweck gebraucht, bedarf wahrscheinlich, wie man besorgen muß, einer natürlichen Beihilfe, des *Konkubinats*. Denn wenn aus Gründen der Gesundheit des Mannes das Eheweib auch zur alleinigen Befriedigung des geschlechtlichen Bedürfnisses dienen soll, so wird bei der Wahl einer Gattin schon ein falscher, den angedeuteten Zielen entgegengesetzter Gesichtspunkt maßgebend sein: die Erzielung der Nachkommenschaft wird zufällig, die glückliche Erziehung höchst unwahrscheinlich. Eine gute Gattin, welche Freundin, Gehilfin, Gebärerin, Mutter, Familienhaupt, Verwalterin sein soll, ja vielleicht abgesondert von dem Manne ihrem eigenen Geschäft und Amt vorzustehen hat, – kann nicht zugleich Konkubine sein: es hieße im allgemeinen zuviel von ihr verlangen. Somit könnte in Zukunft das Umgekehrte dessen eintreten, was zu Perikles' Zeiten sich in Athen begab: die Männer, welche damals an ihren Eheweibern nicht viel mehr als Konkubinen hatten, wandten sich nebenbei zu den Aspasien, weil sie nach den Reizen einer kopf- und herzbefreienden Geselligkeit verlangten, wie eine solche nur die Anmut und geistige Biegsamkeit der Frauen zu schaffen vermag. Alle menschlichen Institutionen, wie die Ehe, gestatten nur einen mäßigen Grad von praktischer Idealisierung, widrigenfalls sofort grobe Remeduren nötig werden.

425

Sturm- und Drangperiode der Frauen. – Man kann in den drei oder vier zivilisierten Ländern Europas aus den Frauen durch einige Jahrhunderte von Erziehung alles machen, was man will, selbst Männer, freilich nicht in geschlechtlichem Sinne, aber doch in jedem anderen Sinne. Sie werden unter einer solchen Einwirkung einmal alle männlichen Tugenden und Stärken angenommen haben, dabei allerdings auch deren Schwächen und Laster mit in den Kauf nehmen müssen: so viel, wie gesagt, kann man erzwingen. Aber wie werden wir den dadurch herbeigeführten Zwischenzustand aushalten, welcher vielleicht selber ein paar Jahrhunderte dauern kann, während denen die weiblichen Narrheiten und Ungerechtigkeiten, ihr uraltes Angebinde, noch die Übermacht über alles Hinzugewonnene, Angelernte behaupten? Diese Zeit wird es sein, in welcher der Zorn den eigentlich männlichen Affekt ausmacht, der Zorn darüber, daß alle Künste und

Wissenschaften durch einen unerhörten Dilettantismus überschwemmt und verschlammt sind, die Philosophie durch sinnverwirrendes Geschwätz zu Tode geredet, die Politik phantastischer und parteiischer als je, die Gesellschaft in voller Auflösung ist, weil die Bewahrerinnen der alten Sitte sich selber lächerlich geworden und in jeder Beziehung außer der Sitte zu stehen bestrebt sind. Hatten nämlich die Frauen ihre größte Macht *in* der Sitte, wonach werden sie greifen müssen, um eine ähnliche Fülle der Macht wiederzugewinnen, nachdem sie die Sitte aufgegeben haben?

426

Freigeist und Ehe. – Ob die Freigeister mit Frauen leben werden? Im allgemeinen glaube ich, daß sie, gleich den wahrsagenden Vögeln des Altertums, als die Wahrdenkenden, Wahrheit-Redenden der Gegenwart es vorziehen müssen, *allein zu fliegen.*

427

Glück der Ehe. – Alles Gewohnte zieht ein immer fester werdendes Netz von Spinneweben um uns zusammen; und alsobald merken wir, daß die Fäden zu Stricken geworden sind und daß wir selber als Spinne in der Mitte sitzen, die sich hier gefangen hat und von ihrem eignen Blute zehren muß. Deshalb haßt der Freigeist alle Gewöhnungen und Regeln, alles Dauernde und Definitive, deshalb reißt er, mit Schmerz, das Netz um sich immer wieder auseinander: wiewohl er infolgedessen an zahlreichen kleinen und großen Wunden leiden wird – denn jene Fäden muß er *von sich,* von seinem Leibe, seiner Seele abreißen. Er muß dort lieben lernen, wo er bisher haßte, und umgekehrt. Ja es darf für ihn nichts Unmögliches sein, auf dasselbe Feld Drachenzähne auszusäen, auf welches er vorher die Füllhörner seiner Güte ausströmen ließ. – Daraus läßt sich abnehmen, ob er für das Glück der Ehe geschaffen ist.

428

Zu nahe. – Leben wir zu nahe mit einem Menschen zusammen, so geht es uns so, wie wenn wir einen guten Kupferstich immer wieder mit bloßen Fingern anfassen: eines Tages haben wir schlechtes beschmutztes Papier und nichts weiter mehr in den Händen. Auch die Seele eines Menschen wird durch beständiges Angreifen endlich abgegriffen; mindestens *erscheint* sie uns endlich so — wir sehen ihre ursprüngliche Zeichnung und Schönheit nie wieder. — Man verliert immer durch den allzu vertraulichen Umgang mit Frauen und Freunden; und mitunter verliert man die Perle seines Lebens dabei.

429

Die goldene Wiege. — Der Freigeist wird immer aufatmen, wenn er sich endlich entschlossen hat, jenes mutterhafte Sorgen und Bewachen, mit welchem die Frauen um ihn walten, von sich abzuschütteln. Was schadet ihm denn ein rauherer Luftzug, den man so ängstlich von ihm wehrte, was bedeutet ein wirklicher Nachteil, Verlust, Unfall, eine Erkrankung, Verschuldung, Betörung mehr oder weniger in seinem Leben, verglichen mit der Unfreiheit der goldnen Wiege, des Pfauenschweif-Wedels und der drückenden Empfindung, noch dazu dankbar sein zu müssen, weil er wie ein Säugling gewartet und verwöhnt wird? Deshalb kann sich ihm die Milch, welche die mütterliche Gesinnung der ihn umgebenden Frauen reicht, so leicht in Galle verwandeln.

430

Freiwilliges Opfertier. — Durch nichts erleichtern bedeutende Frauen ihren Männern, falls diese berühmt und groß sind, das Leben so sehr, als dadurch, daß sie gleichsam das Gefäß der allgemeinen Ungunst und gelegentlichen Verstimmung der übrigen Menschen werden. Die Zeitgenossen pflegen ihren großen Männern viel Fehlgriffe und Narrheiten, ja Handlungen grober Ungerechtigkeit nachzusehen, wenn sie nur jemanden finden, den sie als eigentliches Opfertier zur Erleichterung ihres Gemütes mißhandeln und schlachten dürfen. Nicht selten findet eine Frau den Ehrgeiz in sich, sich zu dieser Opferung anzubieten, und dann kann freilich der Mann sehr zufrieden sein, — falls er nämlich Egoist genug ist, um sich einen solchen freiwilligen Blitz-, Sturm- und Regenableiter in seiner Nähe gefallen zu lassen.

431

Angenehme Widersacher. – Die naturgemäße Neigung der Frauen zu ruhigem, gleichmäßigem, glücklich zusammenstimmendem Dasein und Verkehren, das Ölgleiche und Beschwichtigende ihrer Wirkungen auf dem Meere des Lebens arbeitet unwillkürlich dem heroischeren inneren Drange des Freigeistes entgegen. Ohne daß sie es merken, handeln die Frauen so, als wenn man dem wandernden Mineralogen die Steine vom Wege nimmt, damit sein Fuß nicht daran stoße – während er gerade ausgezogen ist, *um* daran zu stoßen.

432

Mißklang zweier Konsonanzen. – Die Frauen wollen dienen und haben darin ihr Glück: und der Freigeist will nicht bedient sein und hat darin sein Glück.

433

Xanthippe. – Sokrates fand eine Frau, wie er sie brauchte – aber auch er hätte sie nicht gesucht, falls er sie gut genug gekannt hätte: so weit wäre auch der Heroismus dieses freien Geistes nicht gegangen. Tatsächlich trieb ihn Xanthippe in seinen eigentümlichen Beruf immer mehr hinein, indem sie ihm Haus und Heim unhäuslich und unheimlich machte: sie lehrte ihn, auf den Gassen und überall dort zu leben, wo man schwätzen und müßig sein konnte, und bildete ihn damit zum größten athenischen Gassen-Dialektiker aus: der sich zuletzt selber mit einer zudringlichen Bremse vergleichen mußte, welche dem schönen Pferde Athen von einem Gotte auf den Nacken gesetzt sei, um es nicht zur Ruhe kommen zu lassen.

434

Für die Ferne blind. – Ebenso wie die Mütter eigentlich nur Sinn und Auge für die augen- und sinnfälligen Schmerzen ihrer Kinder haben, so vermögen die Gattinnen hochstrebender Männer es nicht über sich zu gewinnen, ihre Ehegenossen leidend, darbend und gemißachtet zu sehen, – während vielleicht alles dies nicht nur die Wahrzeichen einer richtigen Wahl ihrer Lebenshaltung, sondern schon die Bürgschaften dafür sind, daß ihre großen Ziele irgendwann einmal erreicht werden *müssen*. Die Frauen intrigieren im stillen immer gegen die höhere Seele ihrer Männer; sie wollen dieselbe um ihre Zukunft, zugunsten einer schmerzlosen, behaglichen Gegenwart, betrügen.

435

Macht und Freiheit. – So hoch Frauen ihre Männer ehren, so ehren sie doch die von der Gesellschaft anerkannten Gewalten und Vorstellungen noch mehr: sie sind seit Jahrtausenden gewohnt, vor allem Herrschenden gebückt, die Hände auf die Brust gefaltet, einherzugehen und mißbilligen alle Auflehnung gegen die öffentliche Macht. Deshalb hängen sie sich, ohne es auch nur zu beabsichtigen, vielmehr wie aus Instinkt, als Hemmschuh in die Räder eines freigeisterischen unabhängigen Strebens und machen unter Umständen ihre Gatten aufs höchste ungeduldig, zumal wenn diese sich noch vorreden, daß Liebe es sei, was die Frauen im Grunde dabei antreibe. Die Mittel der Frauen mißbilligen und großmütig die Motive dieser Mittel ehren – das ist Männer-Art und oft genug Männer-Verzweiflung.

436

Ceterum censeo. – Es ist zum Lachen, wenn eine Gesellschaft von Habenichtsen die Abschaffung des Erbrechts dekretiert, und nicht minder zum Lachen ist es, wenn Kinderlose an der praktischen Gesetzgebung eines Landes arbeiten: – sie haben ja nicht genug Schwergewicht in ihrem Schiffe, um sicher in den Ozean der Zukunft hineinsegeln zu können. Aber ebenso ungereimt erscheint es, wenn der, welcher die allgemeinste Erkenntnis und die Abschätzung des gesamten Daseins zu seiner Aufgabe erkoren hat, sich mit persönlichen Rücksichten auf eine Familie, auf Ernährung, Sicherung, Achtung von Weib und Kind belastet und vor sein Teleskop jenen trüben Schleier aufspannt, durch welchen kaum einige Strahlen der fernen Gestirnwelt hindurchzudringen vermögen. So komme auch ich zu dem Satze, daß in den

Angelegenheiten der höchsten philosophischen Art alle Verheirateten verdächtig sind.

437

Zuletzt. – Es gibt mancherlei Arten von Schierling, und gewöhnlich findet das Schicksal eine Gelegenheit, dem Freigeiste einen Becher dieses Giftgetränkes an die Lippen zu setzen – um ihn zu »strafen«, wie dann alle Welt sagt. Was tun dann die Frauen um ihn? Sie werden schreien und wehklagen und vielleicht die Sonnenuntergangs-Ruhe des Denkers stören: wie sie es im Gefängnis von Athen taten. »O Kriton, heiße doch jemanden diese Weiber da fortführen!« sagte endlich Sokrates. –

Achtes Hauptstück

EIN BLICK AUF DEN STAAT

438

Um das Wort bitten. – Der demagogische Charakter und die Absicht, auf die Massen zu wirken, ist gegenwärtig allen politischen Parteien gemeinsam: sie alle sind genötigt, der genannten Absicht wegen, ihre Prinzipien zu großen *Al-fresco*-Dummheiten umzuwandeln und sie so an die Wand zu malen. Daran ist nichts mehr zu ändern, ja es ist überflüssig, auch nur einen Finger dagegen aufzuheben; denn auf diesem Gebiete gilt, was Voltaire sagt: *quand la populace se mêle de raisonner, tout est perdu*. Seitdem dies geschehen ist, muß man sich den neuen Bedingungen fügen, wie man sich fügt, wenn ein Erdbeben die alten Grenzen und Umrisse der Bodengestalt verrückt und den Wert des Besitzes verändert hat. Überdies: wenn es sich nun einmal bei aller Politik darum handelt, möglichst vielen das Leben erträglich zu machen, so mögen immerhin diese Möglichst-Vielen auch bestimmen, was sie unter einem erträglichen Leben verstehen; trauen sie sich den Intellekt zu, auch die richtigen Mittel zu diesem Ziele zu finden, was hülfe es daran zu zweifeln? Sie *wollen* nun einmal ihres Glücks und Unglücks eigene Schmiede sein; und wenn dieses Gefühl der Selbstbestimmung, der Stolz auf die fünf, sechs Begriffe, welche ihr Kopf birgt und zutage bringt, ihnen in der Tat das Leben so angenehm macht, daß sie die fatalen Folgen ihrer Beschränktheit gern ertragen: so ist wenig einzuwenden, vorausgesetzt, daß die Beschränktheit nicht so weit geht, zu verlangen, es solle *alles* in diesem Sinne zur Politik werden, es solle *jeder* nach solchem Maßstabe leben und wirken. Zuerst nämlich muß es einigen mehr als je erlaubt sein, sich der Politik zu enthalten und ein wenig beiseitezutreten: dazu treibt auch sie die Lust an der Selbstbestimmung; und auch ein kleiner Stolz mag damit verbunden sein, zu schweigen, wenn zu viele oder überhaupt nur viele reden. Sodann muß man es diesen Wenigen nachsehen, wenn sie das Glück der Vielen, verstehe man nun darunter Völker oder Bevölkerungsschichten, nicht so wichtig nehmen und sich hier und da eine ironische Miene zuschulden kommen lassen; denn ihr Ernst liegt anderswo, ihr Glück ist ein anderer Begriff, ihr Ziel ist nicht von jeder plumpen Hand, welche eben nur fünf Finger hat, zu umspannen. Endlich kommt – was ihnen gewiß am schwersten zugestanden wird, aber ebenfalls zugestanden werden muß – von Zeit zu Zeit ein Augenblick, wo sie aus ihrer schweigsamen Vereinsamung heraustreten und die Kraft ihrer Lungen wieder einmal versuchen: dann rufen sie nämlich einander zu wie Verirrte in einem Walde, um sich einander zu erkennen zu geben und zu ermutigen; wobei freilich mancherlei laut wird, was den Ohren, für welche es nicht bestimmt ist, übel klingt. – Nun, bald darauf ist es wieder stille im Walde, so stille, daß man das Schwirren, Summen und Flattern der zahllosen Insekten, welche in, über und unter ihm leben, wieder deutlich vernimmt. –

439

Kultur und Kaste. – Eine höhere Kultur kann allein dort entstehen, wo es zwei unterschiedene Kasten der Gesellschaft gibt: die der Arbeitenden und die der Müßigen, zu wahrer Muße Befähigten; oder mit stärkerem Ausdruck: die Kaste der Zwangs-Arbeit und die Kaste der Frei-Arbeit. Der Gesichtspunkt der Verteilung des Glücks ist nicht wesentlich, wenn es sich um die Erzeugung einer höheren Kultur handelt; jedenfalls aber ist die Kaste der Müßigen die leidensfähigere, leidendere, ihr Behagen am Dasein ist geringer, ihre Aufgabe größer. Findet nun gar ein Austausch der beiden Kasten statt, so, daß die stumpferen, ungeistigeren Familien und einzelnen aus der oberen Kaste in die niedere herabgesetzt werden und wiederum die freieren Menschen aus dieser den Zutritt zur höheren erlangen: so ist ein Zustand erreicht, über den hinaus man nur noch das offene Meer unbestimmter Wünsche sieht. – So redet die verklingende Stimme der alten Zeit zu uns; aber wo sind noch Ohren, sie zu hören?

440

Von Geblüt. – Das, was Männer und Frauen von Geblüt vor anderen voraushaben und was ihnen unzweifelhaftes Anrecht auf höhere

Schätzung gibt, sind zwei durch Vererbung immer mehr gesteigerte Künste: die Kunst, befehlen zu können, und die Kunst des stolzen Gehorsams. – Nun entsteht überall, wo das Befehlen zum Tagesgeschäft gehört (wie in der großen Kaufmanns- und Industrie-Welt), etwas ähnliches wie jene Geschlechter »von Geblüt«, aber ihnen fehlt die vornehme Haltung im Gehorsam, welche bei jenen eine Erbschaft feudaler Zustände ist und die in unserem Kultur-Klima nicht mehr wachsen will.

441

Subordination. – Die Subordination, welche im Militär- und Beamtenstaat so hoch geschätzt wird, wird uns bald ebenso unglaublich werden, wie die geschlossene Taktik der Jesuiten es bereits geworden ist; und wenn diese Subordination nicht mehr möglich ist, läßt sich eine Menge der erstaunlichsten Wirkungen nicht mehr erreichen, und die Welt wird ärmer sein. Sie muß schwinden, denn ihr Fundament schwindet: der Glaube an die unbedingte Autorität, an die endgültige Wahrheit; selbst in Militärstaaten ist der physische Zwang nicht ausreichend, sie hervorzubringen, sondern die angeerbte Adoration vor dem Fürstlichen wie vor etwas Übermenschlichem. – In *freieren* Verhältnissen ordnet man sich nur auf Bedingungen unter, infolge gegenseitigen Vertrages, also mit allen Vorbehalten des Eigennutzes.

442

Volksheere. – Der größte Nachteil der jetzt so verherrlichten Volksheere besteht in der Vergeudung von Menschen der höchsten Zivilisation; nur durch die Gunst aller Verhältnisse gibt es deren überhaupt, – wie sparsam und ängstlich sollte man mit ihnen umgehen, da es großer Zeiträume bedarf, um die zufälligen Bedingungen zur Erzeugung so zart organisierter Gehirne zu schaffen! Aber wie die Griechen in Griechenblut wüteten, so die Europäer jetzt in Europäerblut: und zwar werden relativ am meisten immer die Höchstgebildeten zum Opfer gebracht, die, welche eine reichliche und gute Nachkommenschaft verbürgen: solche nämlich stehen im Kampfe voran, als Befehlende, und setzen sich überdies, ihres höheren Ehrgeizes wegen, den Gefahren am meisten aus. — Der grobe Römer-Patriotismus ist jetzt, wo ganz andere und höhere Aufgaben gestellt sind als *patria* und *honor*, entweder etwas Unehrliches oder ein Zeichen der Zurückgebliebenheit.

443

Hoffnung und Anmaßung. — Unsere gesellschaftliche Ordnung wird langsam wegschmelzen, wie es alle früheren Ordnungen getan haben, sobald die Sonnen neuer Meinungen mit neuer Glut über die Menschen hinleuchteten. *Wünschen* kann man dies Wegschmelzen nur, indem man hofft: und hoffen darf man vernünftigerweise nur, wenn man sich und seinesgleichen mehr Kraft in Kopf und Herz zutraut als den Vertretern des Bestehenden. Gewöhnlich also wird diese Hoffnung eine *Anmaßung*, eine *Überschätzung* sein.

444

Krieg. — Zuungunsten des Krieges kann man sagen: er macht den Sieger dumm, den Besiegten boshaft. Zugunsten des Krieges: er barbarisiert in beiden ebengenannten Wirkungen und macht dadurch natürlicher; er ist für die Kultur Schlaf- oder Winterszeit, der Mensch kommt kräftiger zum Guten und Bösen aus ihm heraus.

445

Im Dienste des Fürsten. — Ein Staatsmann wird, um völlig rücksichtslos handeln zu können, am besten tun, nicht für sich, sondern für einen Fürsten sein Werk auszuführen. Von dem Glanze dieser allgemeinen Uneigennützigkeit wird das Auge des Beschauers geblendet, so daß er jene Tücken und Härten, welche das Werk des Staatsmannes mit sich bringt, nicht sieht.

446

Eine Frage der Macht, nicht des Rechtes. — Für Menschen, welche bei jeder Sache den höheren Nutzen ins Auge fassen, gibt es bei dem Sozialismus, falls er *wirklich* die Erhebung der jahrtausendelang Gedrückten, Niedergehaltenen gegen ihre Unterdrücker ist, kein Problem des *Rechtes* (mit der lächerlichen, weichlichen Frage: »wieweit *soll* man seinen Forderungen nachgeben?«), sondern nur ein Problem der *Macht* (»wie weit *kann* man seine Forderungen benutzen?«); also wie bei einer Naturmacht, zum Beispiel dem Dampfe, welcher entweder von dem Menschen in seine Dienste, als Maschinengott, gezwungen wird oder, bei Fehlern der Maschine, das heißt Fehlern der menschlichen Berechnung im Bau derselben, sie und den Menschen mit zertrümmert. Um jene Machtfrage zu lösen, muß man wissen, wie stark der Sozialismus ist, in welcher Modifikation er noch als mächtiger Hebel innerhalb des jetzigen politischen Kräftespiels benutzt werden kann; unter Umständen müßte man selbst alles tun, ihn zu kräftigen. Die Menschheit muß bei jeder großen Kraft – und sei es die gefährlichste – daran denken, aus ihr ein Werkzeug ihrer Absichten zu machen. – Ein Recht gewinnt sich der Sozialismus erst dann, wenn es zwischen den beiden Mächten, den Vertretern des Alten und Neuen, zum Kriege gekommen zu sein scheint, wenn aber dann das kluge Rechnen auf möglichste Erhaltung und Zuträglichkeit auf seiten beider Parteien das Verlangen nach einem Vertrag entstehen läßt. Ohne Vertrag kein Recht. Bis jetzt gibt es aber auf dem bezeichneten Gebiete weder Krieg noch Verträge, also auch keine Rechte, kein »Sollen«.

447

Benutzung der kleinsten Unredlichkeit. – Die Macht der Presse besteht darin, daß jeder einzelne, der ihr dient, sich nur ganz wenig verpflichtet und verbunden fühlt. Er sagt für gewöhnlich *seine* Meinung, aber sagt sie einmal auch *nicht*, um seiner Partei oder der Politik seines Landes oder endlich sich selbst zu nützen. Solche kleine Vergehen der Unredlichkeit oder vielleicht nur einer unredlichen Verschwiegenheit sind von dem einzelnen nicht schwer zu tragen, doch sind die Folgen außerordentlich, weil diese kleinen Vergehen von vielen zu gleicher Zeit begangen werden. Jeder von diesen sagt sich: »für so geringe Dienste lebe ich besser, kann ich mein Auskommen finden; durch den Mangel solcher kleinen Rücksichten mache ich mich unmöglich«. Weil es beinahe sittlich gleichgültig erscheint, eine Zeile, noch dazu vielleicht ohne Namensunterschrift, mehr zu schreiben oder nicht zu schreiben, so kann einer, der Geld und Einfluß hat, jede Meinung zur öffentlichen machen. Wer da weiß, daß die meisten Menschen in Kleinigkeiten schwach sind, und seine eigenen Zwecke durch sie erreichen will, ist immer ein gefährlicher Mensch.

448

Allzu lauter Ton bei Beschwerden. – Dadurch, daß ein Notstand (zum Beispiel die Gebrechen einer Verwaltung, Bestechlichkeit und Gunstwillkür in politischen oder gelehrten Körperschaften) stark übertrieben dargestellt wird, verliert zwar die Darstellung bei den Einsichtigen ihre Wirkung, aber wirkt um so stärker auf die Nichteinsichtigen (welche bei einer sorgsamen, maßvollen Darlegung gleichgültig geblieben wären). Da diese aber bedeutend in der Mehrzahl sind und stärkere Willenskräfte, ungestümere Lust zum Handeln in sich beherbergen, so wird jene Übertreibung zum Anlaß von Untersuchungen, Bestrafungen, Versprechen, Reorganisationen. – Insofern ist es nützlich, Notstände übertrieben darzustellen.

449

Die anscheinenden Wettermacher der Politik. – Wie das Volk bei dem, welcher sich auf das Wetter versteht und es um einen Tag voraussagt, im stillen annimmt, daß er das Wetter mache, so legen selbst Gebildete und Gelehrte mit einem Aufwand von abergläubischem Glauben großen Staatsmännern alle die wichtigen Veränderungen und Konjunkturen, welche während ihrer Regierung eintraten, als deren eigenstes Werk bei, wenn es nur ersichtlich ist, daß jene etwas davon eher wußten als andere und ihre Berechnung darnach machten: sie werden also ebenfalls als Wettermacher genommen – und dieser Glaube ist nicht das geringste Werkzeug ihrer Macht.

450

Neuer und alter Begriff der Regierung. – Zwischen Regierung und Volk so zu scheiden, als ob hier zwei getrennte Machtsphären, eine stärkere, höhere mit einer schwächeren, niederen, verhandelten und sich vereinbarten, ist ein Stück vererbter politischer Empfindung, welches der historischen Feststellung der Machtverhältnisse in den *meisten* Staaten noch jetzt genau entspricht. Wenn zum Beispiel Bismarck die konstitutionelle Form als einen Kompromiß zwischen Regierung und Volk bezeichnet, so redet er gemäß einem Prinzip, welches seine Vernunft in der Geschichte hat (ebendaher freilich auch den Beisatz von Unvernunft, ohne den nichts Menschliches existieren kann). Dagegen soll man nun lernen – gemäß einem Prinzip, welches rein aus dem *Kopfe* entsprungen ist und erst Geschichte *machen* soll –, daß Regierung nichts als ein Organ des Volkes sei, nicht ein vorsorgliches, verehrungswürdiges »Oben« im Verhältnis zu einem an Bescheidenheit gewöhnten »Unten«. Bevor man diese bis jetzt unhistorische und willkürliche, wenn auch logischere Aufstellung des Begriffs Regierung annimmt, möge man doch ja die Folgen erwägen: denn das Verhältnis zwischen Volk und Regierung ist das stärkste vorbildliche Verhältnis, nach dessen Muster sich unwillkürlich der Verkehr zwischen Lehrer und Schüler, Hausherrn und Dienerschaft, Vater und Familie, Heerführer und Soldat, Meister und Lehrling bildet. Alle diese Verhältnisse gestalten sich jetzt, unter dem Einflusse der herrschenden konstitutionellen Regierungsform, ein wenig um: sie *werden* Kompromisse. Aber wie müssen sie sich verkehren und verschieben, Namen und Wesen wechseln, wenn jener allerneuste Begriff überall sich der Köpfe bemeistert hat! – wozu es aber wohl ein Jahrhundert noch brauchen dürfte. Hierbei ist nichts *mehr* zu wünschen als Vorsicht und langsame Entwicklung.

451

Gerechtigkeit als Parteien-Lockruf. – Wohl können edle (wenn auch nicht gerade sehr einsichtsvolle) Vertreter der herrschenden Klasse sich geloben: wir wollen die Menschen als gleich behandeln, ihnen gleiche Rechte zugestehen. Insofern ist eine sozialistische Denkungsweise, welche auf *Gerechtigkeit* ruht, möglich; aber wie gesagt nur innerhalb der herrschenden Klasse, welche in diesem Falle die Gerechtigkeit mit Opfern und Verleugnungen *übt*. Dagegen Gleichheit der Rechte *fordern*, wie es die Sozialisten der unterworfenen Kaste tun, ist nimmermehr der Ausfluß der Gerechtigkeit, sondern der Begehrlichkeit. — Wenn man der Bestie blutige Fleischstücke aus der Nähe zeigt und wieder wegzieht, bis sie endlich brüllt: meint ihr, daß dies Gebrüll Gerechtigkeit bedeute?

452

Besitz und Gerechtigkeit. — Wenn die Sozialisten nachweisen, daß die Eigentums-Verteilung in der gegenwärtigen Menschheit die Konsequenz zahlloser Ungerechtigkeiten und Gewaltsamkeiten ist, und *in summa* die Verpflichtung gegen etwas so unrecht Begründetes ablehnen: so sehen sie nur etwas einzelnes. Die ganze Vergangenheit der alten Kultur ist auf Gewalt, Sklaverei, Betrug, Irrtum aufgebaut; wir können aber uns selbst, die Erben aller dieser Zustände, ja die Konkreszenzen aller jener Vergangenheit, nicht wegdekretieren und dürfen nicht ein einzelnes Stück herausziehn wollen. Die ungerechte Gesinnung steckt in den Seelen der Nicht-Besitzenden auch, sie sind nicht besser als die Besitzenden und haben kein moralisches Vorrecht, denn irgendwann sind ihre Vorfahren Besitzende gewesen. Nicht gewaltsame neue Verteilungen sondern allmähliche Umschaffungen des Sinnes tun not, die Gerechtigkeit muß in allen größer werden, der gewalttätige Instinkt schwächer.

453

Der Steuermann der Leidenschaften. — Der Staatsmann erzeugt öffentliche Leidenschaften, um den Gewinn von der dadurch erweckten Gegenleidenschaft zu haben. Um ein Beispiel zu nehmen: so weiß ein deutscher Staatsmann wohl, daß die katholische Kirche niemals mit Rußland gleiche Pläne haben wird, ja sich viel lieber mit den Türken verbünden würde als mit ihm; ebenso weiß er, daß Deutschland alle Gefahr von einem Bündnisse Frankreichs mit Rußland droht. Kann er es nun dazu bringen, Frankreich zum Herd und Hort der katholischen Kirche zu machen, so hat er diese Gefahr auf eine lange Zeit beseitigt. Er hat demnach ein Interesse daran, Haß gegen die Katholiken zu zeigen und durch Feindseligkeiten aller Art die Bekenner der Autorität des Papstes in eine leidenschaftliche politische Macht zu verwandeln, welche der deutschen Politik feindlich ist und sich naturgemäß mit Frankreich als dem Widersacher Deutschlands verschmelzen muß: sein Ziel ist ebenso notwendig die Katholisierung Frankreichs, als Mirabeau in der Dekatholisierung das Heil seines Vaterlandes sah. — Der eine Staat will also die Verdunkelung von Millionen Köpfen eines anderen Staates, um seinen Vorteil aus dieser Verdunkelung zu ziehen. Es ist dies dieselbe Gesinnung, welche die republikanische Regierungsform des nachbarlichen Staates, *le désordre organisé*, wie Mérimée sagt — aus dem alleinigen Grunde unterstützt, weil sie von dieser annimmt, daß sie das Volk schwächer, zerrissener und kriegsunfähiger mache.

454

Die Gefährlichen unter den Umsturz-Geistern. — Man teile die, welche auf einen Umsturz der Gesellschaft bedacht sind, in solche ein, welche für sich selbst, und in solche, welche für ihre Kinder und Enkel etwas erreichen wollen. Die letzteren sind die Gefährlicheren; denn sie haben den Glauben und das gute Gewissen der Uneigennützigkeit. Die anderen kann man abspeisen: dazu ist die herrschende Gesellschaft immer noch reich und klug genug. Die Gefahr beginnt, sobald die Ziele unpersönlich werden; die Revolutionäre aus unpersönlichem Interesse dürfen alle Verteidiger des Bestehenden als persönlich interessiert ansehen und sich deshalb ihnen überlegen fühlen.

455

Politischer Wert der Vaterschaft. — Wenn der Mensch keine Söhne hat, so hat er kein volles Recht, über die Bedürfnisse eines einzelnen Staatswesens mitzureden. Man muß selber mit den anderen sein Liebstes daran gewagt haben: das erst bindet an den Staat fest; man muß das Glück seiner Nachkommen ins Auge fassen, also vor allem Nachkommen haben, um an allen Institutionen und deren Veränderung rechten, natürlichen Anteil zu nehmen. Die Entwicklung der höheren Moral hängt daran, daß einer Söhne hat; dies stimmt ihn unegoistisch, oder richtiger: es erweitert seinen Egoismus der Zeitdauer nach und läßt ihn Ziele über seine individuelle Lebenslänge hinaus mit Ernst verfolgen.

456

Ahnenstolz. — Auf eine ununterbrochene Reihe *guter* Ahnen bis zum Vater herauf darf man mit Recht stolz sein — nicht aber auf die Reihe; denn diese hat jeder. Die Herkunft von guten Ahnen macht den echten Geburtsadel aus; eine einzige Unterbrechung in jener Kette, *ein* böser Vorfahr also, hebt den Geburtsadel auf. Man soll jeden, welcher von seinem Adel redet, fragen: hast du keinen gewalttätigen, habsüchtigen, ausschweifenden, boshaften, grausamen Menschen unter deinen Vorfahren? Kann er darauf in gutem Wissen und Gewissen mit Nein antworten, so bewerbe man sich um seine Freundschaft.

457

Sklaven und Arbeiter. — Daß wir mehr Wert auf Befriedigung der Eitelkeit als auf alles übrige Wohlbefinden (Sicherheit, Unterkommen, Vergnügen aller Art) legen, zeigt sich in einem lächerlichen Grade daran, daß jedermann (abgesehen von politischen Gründen) die Aufhebung der Sklaverei wünscht und es aufs ärgste verabscheut, Menschen in diese Lage zu bringen: während jeder sich sagen muß, daß die Sklaven in allen Beziehungen sicherer und glücklicher leben als der moderne Arbeiter, daß Sklavenarbeit sehr wenig Arbeit im Verhältnis zu der des »Arbeiters« ist. Man protestiert im Namen der »Menschenwürde«: das ist aber, schlichter ausgedrückt, jene liebe Eitelkeit, welche das Nicht-gleichgestellt-sein, das Öffentlich-niedriger-geschätzt-werden als das härteste Los empfindet. — Der Zyniker denkt anders darüber, weil er die Ehre verachtet: — und so war Diogenes eine Zeitlang Sklave und Hauslehrer.

458

Leitende Geister und ihre Werkzeuge. — Wir sehen große Staatsmänner und überhaupt alle die, welche sich vieler Menschen zur Durchführung ihrer Pläne bedienen müssen, bald so, bald so verfahren: entweder wählen sie sehr fein und sorgsam die zu ihren Plänen passenden Menschen aus und lassen ihnen dann verhältnismäßige große Freiheit, weil sie wissen, daß die Natur dieser Ausgewählten sie eben dahin treibt, wohin sie selber jene haben wollen; oder sie wählen schlecht, ja nehmen, was ihnen unter die Hand kommt, formen aber aus jedem Tone etwas für ihre Zwecke Taugliches. Diese letzte Art ist die gewaltsamere, sie begehrt auch unterwürfigere Werkzeuge; ihre Menschenkenntnis ist gewöhnlich viel geringer, ihre Menschenverachtung größer als bei den erstgenannten Geistern, aber die Maschine, welche sie konstruieren, arbeitet gemeinhin besser als die Maschine aus der Werkstätte jener.

459

Willkürliches Recht notwendig. – Die Juristen streiten, ob das am vollständigsten durchgedachte Recht oder das am leichtesten zu verstehende in einem Volke zum Siege kommen solle. Das erste, dessen höchstes Muster das römische ist, erscheint dem Laien als unverständlich und deshalb nicht als Ausdruck seiner Rechtsempfindung. Die Volksrechte, zum Beispiel die germanischen, waren grob, abergläubisch, unlogisch, zum Teil albern, aber sie entsprachen ganz bestimmten vererbten heimischen Sitten und Empfindungen. – Wo aber Recht nicht mehr, wie bei uns, Herkommen ist, da kann es nur *befohlen*, Zwang sein; wir haben alle kein herkömmliches Rechtsgefühl mehr, deshalb müssen wir uns *Willkürsrechte* gefallen lassen, die der Ausdruck der Notwendigkeit sind, daß es ein Recht *geben müsse*. Das Logischste ist dann jedenfalls das Annehmbarste, weil es das *Unparteilichste* ist: zugegeben selbst, daß in jedem Falle die kleinste Maßeinheit im Verhältnis von Vergehen und Strafe willkürlich angesetzt ist.

460

Der große Mann der Masse. – Das Rezept zu dem, was die Masse einen großen Mann nennt, ist leicht gegeben. Unter allen Umständen verschaffe man ihr etwas, das ihr sehr angenehm ist, oder setze ihr erst in den Kopf, daß dies und jenes sehr angenehm wäre, und gebe es ihr dann. Doch um keinen Preis sofort: sondern man erkämpfe es mit größter Anstrengung oder scheine es zu erkämpfen. Die Masse muß den Eindruck haben, daß eine mächtige, ja unbezwingliche Willenskraft da sei; mindestens muß sie da zu sein scheinen. Den starken Willen bewundert jedermann, weil niemand ihn hat und jedermann sich sagt, daß, wenn er ihn hätte, es für ihn und seinen Egoismus keine Grenze mehr gäbe. Zeigt sich nun, daß ein solcher starker Wille etwas der Masse sehr Angenehmes bewirkt, statt auf die Wünsche seiner Begehrlichkeit zu hören, so bewundert man noch einmal und wünscht sich selber Glück. Im übrigen habe er alle Eigenschaften der Masse: um so weniger schämt sie sich vor ihm, um so mehr ist er populär. Also: er sei gewalttätig, neidisch, ausbeuterisch, intrigant, schmeichlerisch, kriechend, aufgeblasen, je nach Umständen alles.

461

Fürst und Gott. – Die Menschen verkehren mit ihren Fürsten vielfach in ähnlicher Weise wie mit ihrem Gotte, wie ja vielfach auch der Fürst der Repräsentant des Gottes, mindestens sein Oberpriester war. Diese fast unheimliche Stimmung von Verehrung und Angst und Scham war und ist viel schwächer geworden, aber mitunter lodert sie auf und heftet sich an mächtige Personen überhaupt. Der Kultus des Genius ist ein Nachklang dieser Götter-Fürsten-Verehrung. Überall, wo man sich bestrebt, einzelne Menschen in das Übermenschliche hinaufzuheben, entsteht auch die Neigung, ganze Schichten des Volkes sich roher und niedriger vorzustellen, als sie wirklich sind.

462

Meine Utopie. – In einer besseren Ordnung der Gesellschaft wird die schwere Arbeit und Not des Lebens dem zuzumessen sein, welcher am wenigsten durch sie leidet, also dem Stumpfsten, und so schrittweise aufwärts bis zu dem, welcher für die höchsten sublimiertesten Gattungen des Leidens am empfindlichsten ist und deshalb selbst noch bei der größten Erleichterung des Lebens leidet.

463

Ein Wahn in der Lehre vom Umsturz. – Es gibt politische und soziale Phantasten, welche feurig und beredt zu einem Umsturz aller Ordnungen auffordern, in dem Glauben, daß dann sofort das stolzeste

Tempelhaus schönen Menschentums gleichsam von selbst sich erheben werde. In diesen gefährlichen Träumen klingt noch der Aberglaube Rousseaus nach, welcher an eine wundergleiche ursprüngliche, aber gleichsam *verschüttete* Güte der menschlichen Natur glaubt und den Institutionen der Kultur, in Gesellschaft, Staat, Erziehung, alle Schuld jener Verschüttung beimißt. Leider weiß man aus historischen Erfahrungen, daß jeder solche Umsturz die wildesten Energien als die längst begrabenen Furchtbarkeiten und Maßlosigkeiten fernster Zeitalter von neuem zur Auferstehung bringt: daß also ein Umsturz wohl eine Kraftquelle in einer matt gewordenen Menschheit sein kann, nimmermehr aber ein Ordner, Baumeister, Künstler, Vollender der menschlichen Natur. – Nicht *Voltaires* maßvolle, dem Ordnen, Reinigen und Umbauen zugeneigte Natur, sondern *Rousseaus* leidenschaftliche Torheiten und Halblügen haben den optimistischen Geist der Revolution wachgerufen, gegen den ich rufe: »*Écrasez l'infâme!*« Durch ihn ist *der Geist der Aufklärung und der fortschreitenden Entwicklung* auf lange verscheucht worden: sehen wir zu – ein jeder bei sich selber – ob es möglich ist, ihn wieder zurückzurufen!

464

Maß. – Die volle Entschiedenheit des Denkens und Forschens, also die Freigeisterei zur Eigenschaft des Charakters geworden, macht im Handeln mäßig: denn sie schwächt die Begehrlichkeit, zieht viel von der vorhandenen Energie an sich, zur Förderung geistiger Zwecke, und zeigt das Halbnützliche oder Unnütze und Gefährliche aller plötzlichen Veränderungen.

465

Auferstehung des Geistes. – Auf dem politischen Krankenbette verjüngt ein Volk gewöhnlich sich selbst und findet seinen Geist wieder, den es im Suchen und Behaupten der Macht allmählich verlor. Die Kultur verdankt das allerhöchste den politisch geschwächten Zeiten.

466

Neue Meinungen im alten Hause. – Dem Umsturz der Meinungen folgt der Umsturz der Institutionen nicht sofort nach, vielmehr wohnen die neuen Meinungen lange Zeit im verödeten und unheimlich gewordenen Hause ihrer Vorgängerinnen und konservieren es selbst, aus Wohnungsnot.

467

Schulwesen. — Das Schulwesen wird in großen Staaten immer höchstens mittelmäßig sein, aus demselben Grunde, aus dem in großen Küchen bestenfalls mittelmäßig gekocht wird.

468

Unschuldige Korruption. — In allen Instituten, in welche nicht die scharfe Luft der öffentlichen Kritik hineinweht, wächst eine unschuldige Korruption auf, wie ein Pilz (also zum Beispiel in gelehrten Körperschaften und Senaten).

469

Gelehrte als Politiker. — Gelehrten, welche Politiker werden, wird gewöhnlich die komische Rolle zugeteilt, das gute Gewissen einer Politik sein zu müssen.

470

Der Wolf hinter dem Schafe versteckt. — Fast jeder Politiker hat unter gewissen Umständen einmal einen ehrlichen Mann so nötig, daß er gleich einem heißhungrigen Wolfe in einen Schafstall bricht: nicht aber, um dann den geraubten Widder zu fressen, sondern um sich hinter seinen wolligen Rücken zu verstecken.

471

Glückszeiten. — Ein glückliches Zeitalter ist deshalb gar nicht möglich, weil die Menschen es nur wünschen wollen, aber nicht haben wollen, und jeder einzelne, wenn ihm gute Tage kommen, förmlich um Unruhe und Elend beten lernt. Das Schicksal der Menschen ist auf *glückliche Augenblicke* eingerichtet — jedes Leben hat solche —, aber nicht auf glückliche Zeiten. Trotzdem werden diese als »das Jenseits der Berge« in der Phantasie des Menschen bestehen bleiben, als Erb-

stück der Vorzeiten; denn man hat wohl den Begriff des Glückszeit-
alters seit uralten Zeiten her jenem Zustande entnommen, in dem der
Mensch, nach gewaltiger Anstrengung durch Jagd und Krieg, sich
der Ruhe übergibt, die Glieder streckt und die Fittiche des Schlafes
um sich rauschen hört. Es ist ein falscher Schluß, wenn der Mensch
jener alten Gewöhnung gemäß sich vorstellt, daß er nun auch *nach
ganzen Zeiträumen* der Not und Mühsal jenes Zustandes des Glücks in
entsprechender Steigerung und Dauer teilhaftig werden könne.

472

Religion und Regierung. – Solange der Staat oder, deutlicher, die Regierung sich als Vormund zugunsten einer unmündigen Menge bestellt weiß und um ihretwillen die Frage erwägt, ob die Religion zu erhalten oder zu beseitigen sei: wird sie höchstwahrscheinlich sich immer
für die Erhaltung der Religion entscheiden. Denn die Religion befriedigt das einzelne Gemüt in Zeiten des Verlustes, der Entbehrung, des
Schreckens, des Mißtrauens, also da, wo die Regierung sich außerstande fühlt, direkt etwas zur Linderung der seelischen Leiden des
Privatmanns zu tun: ja selbst bei allgemeinen, unvermeidlichen und
zunächst unabwendbaren Übeln (Hungersnöten, Geldkrisen, Kriegen)
gewährt die Religion eine beruhigte, abwartende, vertrauende Haltung
der Menge. Überall, wo die notwendigen oder zufälligen Mängel der
Staatsregierung oder die gefährlichen Konsequenzen dynastischer Interessen dem Einsichtigen sich bemerklich machen und ihn widerspenstig
stimmen, werden die Nicht-Einsichtigen den Finger Gottes zu sehen
meinen und sich in Geduld den Anordnungen von *Oben* (in welchem
Begriff göttliche und menschliche Regierungsweise gewöhnlich verschmelzen) unterwerfen: so wird der innere bürgerliche Friede und die
Kontinuität der Entwicklung gewahrt. Die Macht, welche in der Einheit der Volksempfindung, in gleichen Meinungen und Zielen für alle
liegt, wird durch die Religion beschützt und besiegelt, jene seltnen
Fälle abgerechnet, wo eine Priesterschaft mit der Staatsgewalt sich über
den Preis nicht einigen kann und in Kampf tritt. Für gewöhnlich wird
der Staat sich die Priester zu gewinnen wissen, weil er ihrer allerpriva-
testen, verborgenen Erziehung der Seelen benötigt ist und Diener zu

schätzen weiß, welche scheinbar und äußerlich ein ganz anderes Interesse vertreten. Ohne Beihilfe der Priester kann auch jetzt noch keine Macht »legitim« werden: wie Napoleon begriff. – So gehen absolute vormundschaftliche Regierung und sorgsame Erhaltung der Religion notwendig miteinander. Dabei ist vorauszusetzen, daß die regierenden Personen und Klassen über den Nutzen, welchen ihnen die Religion gewährt, aufgeklärt werden und somit bis zu einem Grade sich ihr überlegen fühlen, insofern sie dieselbe als Mittel gebrauchen; weshalb hier die Freigeisterei ihren Ursprung hat. – Wie aber, wenn jene ganz verschiedene Auffassung des Begriffes der Regierung, wie sie in *demokratischen* Staaten gelehrt wird, durchzudringen anfängt? Wenn man in ihr nichts als das Werkzeug des Volkswillens sieht, kein Oben im Vergleich zu einem Unten, sondern lediglich eine Funktion des alleinigen Souveräns, des Volkes? Hier kann auch nur dieselbe Stellung, welche das Volk zur Religion einnimmt, von der Regierung eingenommen werden; jede Verbreitung von Aufklärung wird bis in ihre Vertreter hineinklingen müssen, eine Benutzung und Ausbeutung der religiösen Triebkräfte und Tröstungen zu staatlichen Zwecken wird nicht so leicht möglich sein (es sei denn, daß mächtige Parteiführer zeitweilig einen Einfluß üben, welcher dem des aufgeklärten Despotismus ähnlich sieht). Wenn aber der Staat keinen Nutzen mehr aus der Religion selber ziehen darf oder das Volk viel zu mannigfach über religiöse Dinge denkt, als daß es der Regierung ein gleichartiges, einheitliches Vorgehen bei religiösen Maßregeln gestatten dürfte, – so wird notwendig sich der Ausweg zeigen, die Religion als Privatsache zu behandeln und dem Gewissen und der Gewohnheit eines jeden einzelnen zu überantworten. Die Folge ist zu allererst diese, daß das religiöse Empfinden verstärkt erscheint, insofern versteckte und unterdrückte Regungen desselben, welchen der Staat unwillkürlich oder absichtlich keine Lebensluft gönnte, jetzt hervorbrechen und bis ins Extreme ausschweifen; später erweist sich, daß die Religion von Sekten überwuchert wird und daß eine Fülle von Drachenzähnen in dem Augenblick gesät worden ist, als man die Religion zur Privatsache machte. Der Anblick des Streites, die feindselige Bloßlegung aller Schwächen religiöser Bekenntnisse läßt endlich keinen Ausweg mehr zu, als daß jeder Bessere und Begabtere die Irreligiosität zu seiner Privatsache macht: als welche Gesinnung nun auch in dem Geiste der regierenden Personen die Überhand bekommt und, fast wider ihren Willen, ihren Maßregeln einen religionsfeindlichen Charakter gibt. Sobald dies eintritt, wandelt sich die Stimmung der noch religiös bewegten Menschen, welche früher den Staat als etwas halb oder ganz Heiliges adorierten, in eine entschieden *staatsfeindliche* um; sie lauern den Maßregeln der Regierung auf, suchen zu hemmen, zu kreuzen, zu beunruhigen, soviel sie können, und treiben dadurch die Gegenpartei, die irreligiöse, durch die Hitze ihres Widerspruchs in eine fast fanatische Begeisterung *für* den Staat hinein; wobei im stillen noch mitwirkt, daß in diesen Kreisen die Gemüter seit der Trennung von der Religion eine Leere spüren und sich vorläufig durch die Hingebung an den Staat einen Ersatz, eine Art von Ausfüllung zu schaffen suchen. Nach diesen vielleicht lange dauernden Übergangskämpfen entscheidet es sich endlich, ob die religiösen Parteien noch stark genug sind, um einen alten Zustand heraufzubringen und das Rad zurückzudrehen: in welchem Falle unvermeidlich der aufgeklärte Despotismus (vielleicht weniger aufgeklärt und ängstlicher als früher) den Staat in die Hände bekommt, – oder ob die religionslosen Parteien sich durchsetzen und die Fortpflanzung ihrer Gegnerschaft, einige Generationen hindurch, etwa durch Schule und Erziehung, untergraben und endlich unmöglich machen. Dann aber läßt auch bei ihnen jene Begeisterung für den Staat nach: immer deutlicher tritt hervor, daß mit jener religiösen Adoration, für welche er ein Mysterium, eine überweltliche Stiftung ist, auch das ehrfürchtige und pietätvolle Verhältnis zu ihm erschüttert ist. Fürderhin sehen die einzelnen immer nur die Seite an ihm, wo er ihnen nützlich oder schädlich werden kann, und drängen sich mit allen Mitteln heran, um Einfluß auf ihn zu bekommen. Aber diese Konkurrenz wird bald zu groß, die Menschen und Parteien wechseln zu schnell, stürzen sich gegenseitig zu wild vom Berge wieder herab, nachdem sie kaum oben angelangt sind. Es fehlt allen Maßregeln, welche von einer Regierung durchgesetzt werden, die Bürgschaft ihrer Dauer; man scheut vor Unternehmungen zurück, welche auf Jahrzehnte, Jahrhunderte hinaus ein stilles Wachstum haben müßten, um reife Früchte zu zeitigen. Niemand fühlt eine andere Verpflichtung gegen ein Gesetz mehr als die, sich augenblicklich der Gewalt, welche ein Gesetz einbrachte, zu beugen: sofort geht man aber daran, es durch eine neue Gewalt, eine neu zu bildende Majorität zu unterminieren. Zuletzt – man kann es mit Sicherheit aussprechen – muß das Mißtrauen gegen alles Regierende, die Einsicht in das Nutzlose und Aufreibende dieser kurzatmigen Kämpfe die Menschen zu einem ganz neuen Entschlusse drängen: zur Abschaffung des Staatsbegriffs, zur Aufhebung des Gegensatzes »privat und öffentlich«. Die Privatgesellschaften ziehen Schritt vor Schritt die Staatsgeschäfte in sich hinein: selbst der zäheste Rest, welcher von der alten Arbeit des Regierens übrigbleibt (jene Tätigkeit zum Beispiel, welche die Privaten gegen die Privaten sicherstellen soll), wird zu allerletzt einmal durch Privatunternehmer besorgt werden. Die Mißachtung, der Verfall und *der Tod des Staates*, die Entfesselung der Privatperson (ich hüte mich zu sagen: des Individuums) ist die Konsequenz des demokratischen Staatsbegriffs; hier liegt seine Mission. Hat er seine Aufgabe erfüllt – die wie alles Menschliche viel Vernunft und Unvernunft im Schoße trägt –, sind alle Rückfälle der alten Krankheit überwunden, so wird ein neues Blatt im Fabelbuche der Menschheit entrollt, auf dem man allerlei seltsame Historien und vielleicht auch einiges Gute lesen wird. – Um das Gesagte noch einmal kurz zu sagen: das Interesse der vormundschaftlichen Regierung und das Interesse der Religion gehen miteinander Hand in Hand, so daß, wenn letztere abzusterben beginnt, auch die Grundlage des Staates erschüttert wird. Der Glaube an eine göttliche Ordnung der politischen Dinge, an ein Mysterium in der Existenz des Staates ist religiösen Ursprungs: schwindet die Religion, so wird der Staat unvermeidlich seinen alten Isisschleier verlieren und keine Ehrfurcht mehr erwecken. Die Souveränität des Volkes, in der Nähe gesehen, dient dazu, auch den letzten Zauber und Aberglauben auf dem Gebiete dieser Empfindungen zu verscheuchen; die moderne Demokratie ist die historische Form vom *Verfall des Staates*. – Die Aussicht, welche sich durch diesen sichern Verfall ergibt, ist aber nicht in jedem Betracht eine unglückselige: die Klugheit und der Eigennutz der Menschen sind von allen ihren Eigenschaften am besten ausgebildet; wenn den Anforderungen dieser Kräfte der Staat nicht mehr entspricht, so wird am wenigsten das Chaos eintreten, sondern eine noch zweckmäßigere Erfindung, als der Staat es war, zum Siege über den Staat kommen. Wie manche organisierende Gewalt hat die Menschheit schon absterben sehen: – zum Beispiel die der Geschlechtsgenossenschaft, als welche Jahrtausende lang viel mächtiger war als die Gewalt der Familie, ja längst, bevor diese bestand, schon waltete und ordnete. Wir selber sehen den bedeutenden Rechts- und Machtgedanken der Familie, welcher einmal, so weit wie römisches Wesen reichte, die Herrschaft besaß immer blasser und ohnmächtiger werden. So wird ein späteres Geschlecht auch den Staat in einzelnen Strecken der Erde bedeutungslos werden sehen – eine Vorstellung, an welche viele Menschen der Gegenwart kaum ohne Angst und Abscheu denken können. An der Verbreitung und Verwirklichung dieser Vorstellung zu *arbeiten*, ist freilich ein ander Ding: man muß sehr anmaßend von seiner Vernunft denken und die Geschichte kaum halb verstehen, um schon jetzt die Hand an den Pflug zu legen, – während noch niemand die Samenkörner aufzeigen kann, welche auf das zerrissene Erdreich nachher gestreut werden sollen. Vertrauen wir also »der Klugheit und dem Eigennutz der Menschen«, daß *jetzt noch* der Staat eine gute Weile bestehen bleibt und zerstörerische Versuche übereifriger und voreiliger Halbwisser abgewiesen werden!

473

Der Sozialismus in Hinsicht auf seine Mittel. – Der Sozialismus ist der phantastische jüngere Bruder des fast abgelebten Despotismus, den er beerben will; seine Bestrebungen sind also im tiefsten Verstande reaktionär. Denn er begehrt eine Fülle der Staatsgewalt, wie sie nur je der Despotismus gehabt hat, ja er überbietet alles Vergangene dadurch, daß er die förmliche Vernichtung des Individuums anstrebt: als welches ihm wie ein unberechtigter Luxus der Natur vorkommt und durch ihn in ein zweckmäßiges *Organ des Gemeinwesens* umgebessert werden soll. Seiner Verwandtschaft wegen erscheint er immer in der Nähe aller exzessiven Machtentfaltungen, wie der alte typische Sozialist Plato am Hofe des sizilischen Tyrannen; er wünscht (und befördert unter Umständen) den cäsarischen Gewaltstaat dieses Jahrhunderts, weil er, wie gesagt, sein Erbe werden möchte. Aber selbst diese Erbschaft würde für seine Zwecke nicht ausreichen, er braucht die alleruntertänigste Niederwerfung aller Bürger vor dem unbedingten Staat, wie niemals etwas Gleiches existiert hat; und da er nicht einmal auf die alte religiöse Pietät gegen den Staat mehr rechnen darf, vielmehr an deren Beseitigung unwillkürlich fortwährend arbeiten muß – nämlich weil er an der Beseitigung aller bestehenden *Staaten* arbeitet –, so kann er sich nur auf kurze Zeiten, durch den äußersten Terrorismus, hier und da einmal auf Existenz Hoffnung machen. Deshalb bereitet er sich im stillen zu Schreckensherrschaften vor und treibt den halbgebildeten Massen das Wort »Gerechtigkeit« wie einen Nagel in den Kopf, um sie ihres Verstandes völlig zu berauben (nachdem dieser Verstand schon durch die Halbbildung sehr gelitten hat) und ihnen für das böse Spiel, das sie spielen sollen, ein gutes Gewissen zu schaffen. – Der Sozialismus kann dazu dienen, die Gefahr aller Anhäufungen von Staatsgewalt recht brutal und eindringlich zu lehren und insofern vor dem Staate selbst Mißtrauen einzuflößen. Wenn seine rauhe Stimme in das Feldgeschrei: »*so viel Staat wie möglich*« einfällt, so wird dieses zunächst dadurch lärmender als je: aber bald dringt auch das entgegengesetzte mit um so größerer Kraft hervor: »*so wenig Staat wie möglich*«.

474

Die Entwicklung des Geistes vom Staate gefürchtet. – Die griechische Polis war, wie jede organisierende politische Macht, ausschließend und mißtrauisch gegen das Wachstum der Bildung; ihr gewaltiger Grundtrieb zeigte sich fast nur lähmend und hemmend für dieselbe. Sie wollte keine Geschichte, kein Werden in der Bildung gelten lassen; die in dem Staatsgesetz festgestellte Erziehung sollte alle Generationen verpflichten und auf *einer* Stufe festhalten. Nicht anders wollte es später auch noch Plato für seinen idealen Staat. *Trotz* der Polis entwickelte sich also die Bildung: indirekt freilich und wider Willen half sie mit, weil die Ehrsucht des einzelnen in der Polis aufs höchste angereizt wurde, so daß er, einmal auf die Bahn geistiger Ausbildung geraten, auch in ihr bis ins letzte Extrem fortging. Dagegen soll man sich nicht auf die Verherrlichungsrede des Perikles berufen: denn sie ist nur ein großes optimistisches Trugbild über den angeblich notwendigen Zusammenhang von Polis und athenischer Kultur; Thukydides läßt sie, unmittelbar bevor die Nacht über Athen kommt (die Pest und der

Abbruch der Tradition), noch einmal wie eine verklärende Abend,
röte aufleuchten, bei der man den schlimmen Tag vergessen soll, der
ihr voranging.

475

Der europäische Mensch und die Vernichtung der Nationen. — Der Handel
und die Industrie, der Bücher, und Briefverkehr, die Gemeinsamkeit
aller höheren Kultur, das schnelle Wechseln von Haus und Land,
schaft, das jetzige Nomadenleben aller Nicht-Landbesitzer — diese Um,
stände bringen notwendig eine Schwächung und zuletzt eine Ver,
nichtung der Nationen, mindestens der europäischen, mit sich: so daß
aus ihnen allen, infolge fortwährender Kreuzungen, eine Mischrasse,
die des europäischen Menschen, entstehen muß. Diesem Ziele wirkt
jetzt, bewußt oder unbewußt, die Abschließung der Nationen durch
Erzeugung *nationaler* Feindseligkeiten entgegen, aber langsam geht der
Gang jener Mischung dennoch vorwärts, trotz jenen zeitweiligen
Gegenströmungen: dieser künstliche Nationalismus ist übrigens so ge,
fährlich, wie der künstliche Katholizismus es gewesen ist, denn er ist in
seinem Wesen ein gewaltsamer Not, und Belagerungszustand, wel,
cher von wenigen über viele verhängt ist, und braucht List, Lüge und
Gewalt, um sich in Ansehen zu halten. Nicht das Interesse der Vielen
(der Völker), wie man wohl sagt, sondern vor allem das Interesse be,
stimmter Fürstendynastien, sodann das bestimmter Klassen des Han,
dels und der Gesellschaft, treibt zu diesem Nationalismus; hat man
dies einmal erkannt, so soll man sich nur ungescheut als *guten Europäer*
ausgeben und durch die Tat an der Verschmelzung der Nationen ar,
beiten: wobei die Deutschen durch ihre alte bewährte Eigenschaft,
Dolmetscher und Vermittler der Völker zu sein, mitzuhelfen vermögen. —
Beiläufig: das ganze Problem der *Juden* ist nur innerhalb der nationalen
Staaten vorhanden, insofern hier überall ihre Tatkräftigkeit und höhere
Intelligenz, ihr in langer Leidensschule von Geschlecht zu Geschlecht
angehäuftes Geist, und Willens-Kapital in einem neid, und haßer,
weckenden Maße zum Übergewicht kommen muß, so daß die litera,
rische Unart fast in allen jetzigen Nationen überhand nimmt — und
zwar je mehr diese sich wieder national gebärden —, die Juden als
Sündenböcke aller möglichen öffentlichen und inneren Übelstände zur

Schlachtbank zu führen. Sobald es sich nicht mehr um Konservierung von Nationen, sondern um die Erzeugung einer möglichst kräftigen europäischen Mischrasse handelt, ist der Jude als Ingredienz ebenso brauchbar und erwünscht als irgendein anderer nationaler Rest. Unangenehme, ja gefährliche Eigenschaften hat jede Nation, jeder Mensch: es ist grausam zu verlangen, daß der Jude eine Ausnahme machen solle. Jene Eigenschaften mögen sogar bei ihm in besonderem Maße gefährlich und abschreckend sein; und vielleicht ist der jugendliche Börsen-Jude die widerlichste Erfindung des Menschengeschlechtes überhaupt. Trotzdem möchte ich wissen, wie viel man bei einer Gesamtabrechnung einem Volke nachsehen muß, welches, nicht ohne unser aller Schuld, die leidvollste Geschichte unter allen Völkern gehabt hat, und dem man den edelsten Menschen (Christus), den reinsten Weisen (Spinoza), das mächtigste Buch und das wirkungsvollste Sittengesetz der Welt verdankt. Überdies: in den dunkelsten Zeiten des Mittelalters, als sich die asiatische Wolkenschicht schwer über Europa gelagert hatte, waren es jüdische Freidenker, Gelehrte und Ärzte, welche das Banner der Aufklärung und der geistigen Unabhängigkeit unter dem härtesten persönlichen Zwange festhielten und Europa gegen Asien verteidigten; ihren Bemühungen ist es nicht am wenigsten zu danken, daß eine natürlichere, vernunftgemäßere und jedenfalls unmythische Erklärung der Welt endlich wieder zum Siege kommen konnte und daß der Ring der Kultur, welcher uns jetzt mit der Aufklärung des griechisch-römischen Altertums zusammenknüpft, unzerbrochen blieb. Wenn das Christentum alles getan hat, um den Okzident zu orientalisieren, so hat das Judentum wesentlich mit dabei geholfen, ihn immer wieder zu okzidentalisieren: was in einem bestimmten Sinne so viel heißt, als Europas Aufgabe und Geschichte zu einer *Fortsetzung der griechischen* zu machen.

476

Scheinbare Überlegenheit des Mittelalters. – Das Mittelalter zeigt in der Kirche ein Institut mit einem ganz universalen, die gesamte Menschheit in sich begreifenden Ziele, noch dazu einem solchen, welches den – vermeintlich – höchsten Interessen derselben galt: dagegen gesehen machen die Ziele der Staaten und Nationen, welche die neuere Geschichte zeigt, einen beklemmenden Eindruck; sie erscheinen kleinlich, niedrig, materiell, räumlich beschränkt. Aber dieser verschiedne Eindruck auf die Phantasie soll unser Urteil ja nicht bestimmen; denn jenes universale Institut entsprach erkünstelten, auf Fiktionen beruhenden Bedürfnissen, welche es, wo sie noch nicht vorhanden waren, erst erzeugen mußte (Bedürfnis der Erlösung); die neuen Institute helfen wirklichen Notzuständen ab; und die Zeit kommt, wo Institute entstehen, um den gemeinsamen wahren Bedürfnissen aller Menschen zu dienen und das phantastische Urbild, die katholische Kirche, in Schatten und Vergessenheit zu stellen.

477

Der Krieg unentbehrlich. – Es ist eitel Schwärmerei und Schönseelentum, von der Menschheit noch viel (oder gar: erst recht viel) zu erwarten, wenn sie verlernt hat, Kriege zu führen. Einstweilen kennen wir keine anderen Mittel, wodurch mattwerdenden Völkern jene rauhe Energie des Feldlagers, jener tiefe unpersönliche Haß, jene Mörder-Kaltblütigkeit mit gutem Gewissen, jene gemeinsame organisierende Glut in der Vernichtung des Feindes, jene stolze Gleichgültigkeit gegen große Verluste, gegen das eigene Dasein und das der Befreundeten, jenes dumpfe erdbebenhafte Erschüttern der Seele ebenso stark und sicher mitgeteilt werden könnte, wie dies jeder große Krieg tut: von den hier hervorbrechenden Bächen und Strömen, welche freilich Steine und Unrat aller Art mit sich wälzen und die Wiesen zarter Kulturen zugrunde richten, werden nachher unter günstigen Umständen die Räderwerke in den Werkstätten des Geistes mit neuer Kraft umgedreht. Die Kultur kann die Leidenschaften, Laster und Bosheiten durchaus nicht entbehren. – Als die kaiserlich gewordenen Römer der Kriege etwas müde wurden, versuchten sie aus Tierhetzen, Gladiatorenkämpfen und Christenverfolgungen sich neue Kraft zu gewinnen. Die jetzigen Engländer, welche im ganzen auch dem Kriege abgesagt zu haben scheinen, ergreifen ein anderes Mittel, um jene entschwindenden Kräfte neu zu erzeugen: jene gefährlichen Entdeckungsreisen, Durchschiffungen, Erkletterungen, zu wissenschaftlichen Zwecken, wie es heißt, unternommen, in Wahrheit, um überschüssige Kraft aus Abenteuern und Gefahren aller Art mit nach Hause zu bringen. Man wird noch vielerlei solche Surrogate des Krieges ausfindig machen, aber vielleicht durch sie immer mehr einsehen, daß eine solche hochkultivierte und daher notwendig matte Menschheit, wie die der jetzigen Europäer, nicht nur der Kriege, sondern der größten und furchtbarsten Kriege – also zeitweiliger Rückfälle in die Barbarei – bedarf, um nicht an den Mitteln der Kultur ihre Kultur und ihr Dasein selber einzubüßen.

478

Fleiß im Süden und Norden. – Der Fleiß entsteht auf zwei ganz verschiedene Arten. Die Handwerker im Süden werden fleißig, nicht aus Erwerbstrieb, sondern aus der beständigen Bedürftigkeit der anderen. Weil immer einer kommt, der ein Pferd beschlagen, einen Wagen ausbessern lassen will, so ist der Schmied fleißig. Käme niemand, so würde er auf dem Markte herumlungern. Sich zu ernähren, das hat in einem fruchtbaren Lande wenig Not, dazu brauchte er nur ein sehr geringes Maß von Arbeit, jedenfalls keinen Fleiß; schließlich würde er betteln und zufrieden sein. – Der Fleiß englischer Arbeiter hat dagegen den Erwerbssinn hinter sich: er ist sich seiner selbst und seiner Ziele bewußt und will mit dem Besitz die Macht, mit der Macht die größtmögliche Freiheit und individuelle Vornehmheit.

479

Reichtum als Ursprung eines Geblütsadels. – Der Reichtum erzeugt notwendig eine Aristokratie der Rasse, denn er gestattet die schönsten Weiber zu wählen, die besten Lehrer zu besolden, er gönnt dem Menschen Reinlichkeit, Zeit zu körperlichen Übungen, und vor allem Abwendung von verdumpfender körperlicher Arbeit. Soweit verschafft er alle Bedingungen, um, in einigen Generationen, die Menschen vornehm und schön sich bewegen, ja selbst handeln zu machen: die größere Freiheit des Gemüts, die Abwesenheit des ErbärmlichKleinen, der Erniedrigung vor Brotgebern, der Pfennig-Sparsamkeit.

– Gerade diese negativen Eigenschaften sind das reichste Angebinde des Glücks für einen jungen Menschen; ein ganz Armer richtet sich gewöhnlich durch Vornehmheit der Gesinnung zugrunde, er kommt nicht vorwärts und erwirbt nichts, seine Rasse ist nicht lebensfähig. – Dabei ist aber zu bedenken, daß der Reichtum fast die gleichen Wirkungen ausübt, wenn einer 300 Taler oder 30 000 jährlich verbrauchen darf: es gibt nachher keine wesentliche Progression der begünstigenden Umstände mehr. Aber weniger zu haben, als Knabe zu betteln und sich zu erniedrigen, ist furchtbar: obwohl für solche, welche ihr Glück im Glanze der Höfe, in der Unterordnung unter Mächtige und Einflußreiche suchen oder welche Kirchenhäupter werden wollen, es der rechte Ausgangspunkt sein mag. (– Es lehrt, gebückt sich in die Höhlengänge der Gunst einzuschleichen.)

480

Neid und Trägheit in verschiedener Richtung. – Die beiden gegnerischen Parteien, die sozialistische und die nationale – oder wie die Namen in den verschiedenen Ländern Europas lauten mögen –, sind einander würdig: Neid und Faulheit sind die bewegenden Mächte in ihnen beiden. In jenem Heerlager will man so wenig als möglich mit den Händen arbeiten, in diesem so wenig als möglich mit dem Kopf; in letzterem haßt und neidet man die hervorragenden, aus sich wachsenden einzelnen, welche sich nicht gutwillig in Reih und Glied zum Zwecke einer Massenwirkung stellen lassen; in ersterem die bessere, äußerlich günstiger gestellte Kaste der Gesellschaft, deren eigentliche Aufgabe, die Erzeugung der höchsten Kulturgüter, das Leben innerlich um so viel schwerer und schmerzensreicher macht. Gelingt es freilich, jenen Geist der Massenwirkung zum Geiste der höheren Klassen der Gesellschaft zu machen, so sind die sozialistischen Scharen ganz im Rechte, wenn sie auch äußerlich zwischen sich und jenen zu nivellieren suchen, da sie ja innerlich, in Kopf und Herz, schon miteinander nivelliert sind. – Lebt als höhere Menschen und tut immerfort die Taten der höheren Kultur, – so gesteht euch alles, was da lebt, euer Recht zu, und die Ordnung der Gesellschaft, deren Spitze ihr seid, ist gegen jeden bösen Blick und Griff gefeit!

481

Große Politik und ihre Einbußen. – Ebenso wie ein Volk die größten Einbußen, welche Krieg und Kriegsbereitschaft mit sich bringen, nicht durch die Unkosten des Kriegs, die Stauungen in Handel und Wandel erleidet, ebenso nicht durch die Unterhaltung der stehenden Heere – so groß diese Einbußen auch jetzt sein mögen, wo acht Staaten Europas jährlich die Summe von zwei bis drei Milliarden darauf verwenden –, sondern dadurch, daß jahraus jahrein die tüchtigsten, kräftigsten, arbeitsamsten Männer in außerordentlicher Anzahl ihren eigentlichen Beschäftigungen und Berufen entzogen werden, um Soldaten zu sein: ebenso erleidet ein Volk, welches sich anschickt, große Politik zu treiben und unter den mächtigsten Staaten sich eine entscheidende Stimme zu sichern, seine größten Einbußen nicht darin, worin man sie gewöhnlich findet. Es ist wahr, daß es von diesem Zeitpunkte ab fortwährend eine Menge der hervorragendsten Talente auf dem »Altar des Vaterlandes« oder der nationalen Ehrsucht opfert, während früher diesen Talenten, welche jetzt die Politik verschlingt, andere Wirkungskreise offenstanden. Aber abseits von diesen öffentlichen Hekatomben, und im Grunde viel grauenhafter als diese, begibt sich ein Schauspiel, welches fortwährend in hunderttausend Akten gleichzeitig sich abspielt: jeder tüchtige, arbeitsame, geistvolle, strebende Mensch eines solchen nach politischen Ruhmeskränzen lüsternen Volkes wird von dieser Lüsternheit beherrscht und gehört seiner eigenen Sache nicht mehr wie früher völlig an: die täglich neuen Fragen und Sorgen des öffentlichen Wohls verschlingen eine tägliche Abgabe von dem Kopf- und Herz-Kapitale jedes Bürgers: die Summe aller dieser Opfer und Einbußen an individueller Energie und Arbeit ist so ungeheuer, daß das politische Aufblühen eines Volkes eine geistige Verarmung und Ermattung, eine geringere Leistungsfähigkeit zu Werken, welche große Konzentration und Einseitigkeit verlangen, fast mit Notwendigkeit nach sich zieht. Zuletzt darf man fragen: *lohnt sich denn alle diese Blüte und Pracht des Ganzen* (welche ja doch nur aus Furcht der anderen Staaten vor dem neuen Koloß und als dem Auslande abgerungene Begünstigung der nationalen Handels- und Verkehrs-Wohlfahrt zutage tritt), wenn dieser groben und buntschillernden Blume der Nation alle die edleren, zarteren, geistigeren Pflanzen und Gewächse, an welchen ihr Boden bisher so reich war, zum Opfer gebracht werden müssen?

482

Und nochmals gesagt. – Öffentliche Meinungen – private Faulheiten.

Neuntes Hauptstück

DER MENSCH MIT SICH ALLEIN

483

Feinde der Wahrheit. – Überzeugungen sind gefährlichere Feinde der Wahrheit als Lügen.

484

Verkehrte Welt. – Man kritisiert einen Denker schärfer, wenn er einen uns unangenehmen Satz hinstellt; und doch wäre es vernünftiger, dies zu tun, wenn sein Satz uns angenehm ist.

485

Charaktervoll. – Charaktervoll erscheint ein Mensch weit häufiger, weil er immer seinem Temperament, als weil er immer seinen Prinzipien folgt.

486

Das eine, was nottut. – Eins muß man haben: entweder einen von Natur leichten Sinn oder einen durch Kunst und Wissen *erleichterten Sinn*.

487

Die Leidenschaft für Sachen. – Wer seine Leidenschaft auf Sachen (Wissenschaften, Staatswohl, Kulturinteressen, Künste) richtet, entzieht seiner Leidenschaft für Personen viel Feuer (selbst wenn sie Vertreter jener Sachen sind, wie Staatsmänner, Philosophen, Künstler Vertreter ihrer Schöpfungen sind).

488

Die Ruhe in der Tat. – Wie ein Wasserfall im Sturz langsamer und schwebender wird, so pflegt der große Mensch der Tat mit *mehr* Ruhe zu handeln, als seine stürmische Begierde vor der Tat es erwarten ließ.

489

Nicht zu tief. – Personen, welche eine Sache in aller Tiefe erfassen, bleiben ihr selten auf immer treu. Sie haben eben die Tiefe ans Licht gebracht: da gibt es immer viel Schlimmes zu sehen.

490

Wahn der Idealisten. – Alle Idealisten bilden sich ein, die Sachen, welchen sie dienen, seien wesentlich besser als die anderen Sachen in der Welt, und wollen nicht glauben, daß, wenn ihre Sache überhaupt gedeihen soll, sie genau desselben übelriechenden Düngers bedarf, welchen alle anderen menschlichen Unternehmungen nötig haben.

491

Selbstbeobachtung. – Der Mensch ist gegen sich selbst, gegen Auskundschaftung und Belagerung durch sich selber sehr gut verteidigt, er vermag gewöhnlich nicht mehr von sich als seine Außenwerke wahrzunehmen. Die eigentliche Festung ist ihm unzugänglich, selbst unsichtbar, es sei denn, daß Freunde und Feinde die Verräter machen und ihn selber auf geheimem Wege hineinführen.

492

Der richtige Beruf. – Männer halten selten einen Beruf aus, von dem sie nicht glauben oder sich einreden, er sei im Grunde wichtiger als alle anderen. Ebenso geht es Frauen mit ihren Liebhabern.

493

Adel der Gesinnung. – Der Adel der Gesinnung besteht zu einem großen Teil aus Gutmütigkeit und Mangel an Mißtrauen, und enthält also gerade das, worüber sich die gewinnsüchtigen und erfolgreichen Menschen so gerne mit Überlegenheit und Spott ergehen.

494

Ziel und Wege. – Viele sind hartnäckig in bezug auf den einmal eingeschlagnen Weg, wenige in bezug auf das Ziel.

495

Das Empörende an einer individuellen Lebensart. – Alle sehr individuellen Maßregeln des Lebens bringen die Menschen gegen den, der sie ergreift, auf; sie fühlen sich durch die außergewöhnliche Behandlung, welche jener sich angedeihen läßt, erniedrigt, als gewöhnliche Wesen.

496

Vorrecht der Größe. – Es ist das Vorrecht der Größe, mit geringen Gaben hoch zu beglücken.

497

Unwillkürlich vornehm. – Der Mensch beträgt sich unwillkürlich vornehm, wenn er sich gewöhnt hat, von den Menschen nichts zu wollen und ihnen immer zu geben.

498

Bedingung des Heroentums. – Wenn einer zum Helden werden will, so muß die Schlange vorher zum Drachen geworden sein, sonst fehlt ihm sein rechter Feind.

499

Freund. – Mitfreude, nicht Mitleiden, macht den Freund.

500

Ebbe und Flut zu benutzen. – Man muß zum Zwecke der Erkenntnis jene innere Strömung zu benutzen wissen, welche uns zu einer Sache hinzieht, und wiederum jene, welche uns, nach einer Zeit, von der Sache fortzieht.

501

Freude an sich. – «Freude an der Sache» so sagt man: aber in Wahrheit ist es Freude an sich vermittelst einer Sache.

502

Der Bescheidene. — Wer gegen Personen bescheiden ist, zeigt gegen Sachen (Stadt, Staat, Gesellschaft, Zeit, Menschheit) um so stärker seine Anmaßung. Das ist seine Rache.

503

Neid und Eifersucht. — Neid und Eifersucht sind die Schamteile der menschlichen Seele. Die Vergleichung kann vielleicht fortgesetzt werden.

504

Der vornehmste Heuchler. — Gar nicht von sich zu reden, ist eine sehr vornehme Heuchelei.

505

Verdruß. — Der Verdruß ist eine körperliche Krankheit, welche keineswegs dadurch schon gehoben ist, daß die Veranlassung zum Verdrusse hinterdrein beseitigt wird.

506

Vertreter der Wahrheit. — Nicht wenn es gefährlich ist, die Wahrheit zu sagen, findet sie am seltensten Vertreter, sondern wenn es langweilig ist.

507

Beschwerlicher noch als Feinde. — Die Personen, von deren sympathischem Verhalten wir nicht unter allen Umständen überzeugt sind, während uns irgendein Grund (z. B. Dankbarkeit) verpflichtet, den Anschein der unbedingten Sympathie unsererseits aufrecht zu erhalten, quälen unsere Phantasie viel mehr als unsere Feinde.

508

Die freie Natur. — Wir sind so gerne in der freien Natur, weil diese keine Meinung über uns hat.

509

Jeder in einer Sache überlegen. – In zivilisierten Verhältnissen fühlt sich jeder jedem andern in *einer* Sache wenigstens überlegen: darauf beruht das allgemeine Wohlwollen, insofern jeder einer ist, der unter Umständen helfen kann und deshalb sich ohne Scham helfen lassen darf.

510

Trostgründe. – Bei einem Todesfall braucht man zumeist Trostgründe, nicht sowohl um die Gewalt des Schmerzes zu lindern, als um zu entschuldigen, daß man sich so leicht getröstet fühlt.

511

Die Überzeugungstreuen. – Wer viel zu tun hat, behält seine allgemeinen Ansichten und Standpunkte fast unverändert bei. Ebenso jeder, der im Dienst einer Idee arbeitet: er wird die Idee selber nie mehr prüfen, dazu hat er keine Zeit mehr; ja es geht gegen sein Interesse, sie überhaupt noch für diskutierbar zu halten.

512

Moralität und Quantität. – Die höhere Moralität des einen Menschen im Vergleich zu der eines anderen liegt oft nur darin, daß die Ziele quantitativ größer sind. Jenen zieht die Beschäftigung mit dem Kleinen, im engen Kreise, nieder.

513

Das Leben als Ertrag des Lebens. – Der Mensch mag sich noch so weit mit seiner Erkenntnis ausrecken, sich selber noch so objektiv vorkommen: zuletzt trägt er doch nichts davon als seine eigene Biographie.

514

Die eherne Notwendigkeit. – Die eherne Notwendigkeit ist ein Ding, von dem die Menschen im Verlauf der Geschichte einsehen, daß es weder ehern noch notwendig ist.

515

Aus der Erfahrung. – Die Unvernunft einer Sache ist kein Grund gegen ihr Dasein, vielmehr eine Bedingung desselben.

516

Wahrheit. – Niemand stirbt jetzt an tödlichen Wahrheiten: es gibt zu viele Gegengifte.

517

Grundeinsicht. – Es gibt keine prästabilierte Harmonie zwischen der Förderung der Wahrheit und dem Wohle der Menschheit.

518

Menschenlos. – Wer tiefer denkt, weiß, daß er immer unrecht hat, er mag handeln und urteilen, wie er will.

519

Wahrheit als Circe. – Der Irrtum hat aus Tieren Menschen gemacht; sollte die Wahrheit imstande sein, aus dem Menschen wieder ein Tier zu machen?

520

Gefahr unserer Kultur. – Wir gehören einer Zeit an, deren Kultur in Gefahr ist, an den Mitteln der Kultur zugrunde zu gehen.

521

Größe heißt: Richtung-geben. – Kein Strom ist durch sich selber groß und reich: sondern daß er so viele Nebenflüsse aufnimmt und fortführt, das macht ihn dazu. So steht es auch mit allen Größen des Geistes. Nur darauf kommt es an, daß einer die Richtung angibt, welcher dann so viele Zuflüsse folgen müssen; nicht darauf, ob er von Anbeginn arm oder reich begabt ist.

522

Schwaches Gewissen. – Menschen, welche von ihrer Bedeutung für die Menschheit sprechen, haben in bezug auf gemeine bürgerliche Rechtlichkeit, im Halten von Verträgen, Versprechungen, ein schwaches Gewissen.

523

Geliebt sein wollen. – Die Forderung, geliebt zu werden, ist die größte der Anmaßungen.

524

Menschenverachtung. – Das unzweideutigste Anzeichen von einer Geringschätzung der Menschen ist dies, daß man jedermann nur als Mittel zu *seinem* Zwecke oder gar nicht gelten läßt.

525

Anhänger aus Widerspruch. – Wer die Menschen zur Raserei gegen sich gebracht hat, hat sich immer auch eine Partei zu seinen Gunsten erworben.

526

Erlebnisse vergessen. – Wer viel denkt, und zwar sachlich denkt, vergißt leicht seine eigenen Erlebnisse, aber nicht so die Gedanken, welche durch jene hervorgerufen wurden.

527

Festhalten einer Meinung. – Der eine hält eine Meinung fest, weil er sich etwas darauf einbildet, von selbst auf sie gekommen zu sein, der andere, weil er sie mit Mühe gelernt hat und stolz darauf ist, sie begriffen zu haben: beide also aus Eitelkeit.

528

Das Licht scheuen. – Die gute Tat scheut ebenso ängstlich das Licht als die böse Tat: diese fürchtet, durch das Bekanntwerden komme der Schmerz (als Strafe), jene fürchtet, durch das Bekanntwerden schwinde die Lust (jene reine Lust an sich selbst nämlich, welche sofort aufhört, sobald eine Befriedigung der Eitelkeit hinzutritt).

529

Die Länge des Tages. – Wenn man viel hineinzustecken hat, so hat ein Tag hundert Taschen.

530

Tyrannengenie. – Wenn in der Seele eine unbezwingliche Lust dazu rege ist, sich tyrannisch durchzusetzen, und das Feuer beständig unterhält, so wird selbst eine geringe Begabung (bei Politikern, Künstlern) allmählich zu einer fast unwiderstehlichen Naturgewalt.

531

Das Leben des Feindes. – Wer davon lebt, einen Feind zu bekämpfen, hat ein Interesse daran, daß er am Leben bleibt.

532

Wichtiger. – Man nimmt die unerklärte dunkle Sache wichtiger als die erklärte helle.

533

Abschätzung erwiesener Dienste. – Dienstleistungen, die uns jemand erweist, schätzen wir nach dem Werte, den jener darauf legt, nicht nach dem, welchen sie für uns haben.

534

Unglück. – Die Auszeichnung, welche im Unglück liegt (als ob es ein Zeichen von Flachheit, Anspruchslosigkeit, Gewöhnlichkeit sei, sich glücklich zu fühlen), ist so groß, daß wenn jemand einem sagt: »aber wie glücklich Sie sind!« – man gewöhnlich protestiert.

535

Phantasie der Angst. – Die Phantasie der Angst ist jener böse, äffische Kobold, der dem Menschen gerade dann noch auf den Rücken springt, wenn er schon am schwersten zu tragen hat.

536

Wert abgeschmackter Gegner. – Man bleibt mitunter einer Sache nur deshalb treu, weil ihre Gegner nicht aufhören abgeschmackt zu sein.

537

Wert eines Berufs. – Ein Beruf macht gedankenlos; darin liegt sein größter Segen. Denn er ist eine Schutzwehr, hinter welche man sich, wenn Bedenken und Sorgen allgemeiner Art einen anfallen, erlaubtermaßen zurückziehen kann.

538

Talent. – Das Talent manches Menschen erscheint geringer, als es ist, weil er sich immer zu große Aufgaben gestellt hat.

539

Jugend. – Die Jugend ist unangenehm; denn in ihr ist es nicht möglich oder nicht vernünftig, produktiv zu sein, in irgendeinem Sinne.

540

Zu große Ziele. – Wer sich öffentlich große Ziele stellt und hinterdrein im geheimen einsieht, daß er dazu zu schwach ist, hat gewöhnlich auch nicht Kraft genug, jene Ziele öffentlich zu widerrufen, und wird dann unvermeidlich zum Heuchler.

541

Im Strome. – Starke Wasser reißen viel Gestein und Gestrüpp mit sich fort, starke Geister viel dumme und verworrene Köpfe.

542

Gefahren der geistigen Befreiung. – Bei der ernstlich gemeinten geistigen Befreiung eines Menschen hoffen im stillen auch seine Leidenschaften und Begierden ihren Vorteil sich zu ersehen.

543

Verkörperung des Geistes. – Wenn einer viel und klug denkt, so bekommt nicht nur sein Gesicht, sondern auch sein Körper ein kluges Aussehen.

544

Schlecht sehen und schlecht hören. – Wer wenig sieht, sieht immer weniger; wer schlecht hört, hört immer einiges noch dazu.

445

Selbstgenuß in der Eitelkeit. – Der Eitle will nicht sowohl hervorragen, als sich hervorragend fühlen; deshalb verschmäht er kein Mittel des Selbstbetrugs und der Selbstüberlistung. Nicht die Meinung der anderen, sondern seine Meinung von deren Meinung liegt ihm am Herzen.

546

Ausnahmsweise eitel. – Der für gewöhnlich Selbstgenügsame ist ausnahmsweise eitel und für Ruhm und Lobsprüche empfänglich, wenn er körperlich krank ist. In dem Maße, in welchem er sich verliert, muß er sich aus fremder Meinung, von außen her, wieder zu gewinnen suchen.

547

Die »Geistreichen«. – Der hat keinen Geist, welcher den Geist sucht.

548

Wink für Parteihäupter. – Wenn man die Leute dazu treiben kann, sich öffentlich für etwas zu erklären, so hat man sie meistens auch dazu gebracht, sich innerlich dafür zu erklären; sie wollen fürderhin als konsequent erfunden werden.

549

Verachtung. – Die Verachtung durch andere ist dem Menschen empfindlicher als die durch sich selbst.

550

Schnur der Dankbarkeit. – Es gibt sklavische Seelen, welche die Erkenntlichkeit für erwiesene Wohltaten so weit treiben, daß sie sich mit der Schnur der Dankbarkeit selbst erdrosseln.

551

Kunstgriff des Propheten. – Um die Handlungsweise gewöhnlicher Menschen im voraus zu erraten, muß man annehmen, daß sie immer den mindesten Aufwand an Geist machen, um sich aus einer unangenehmen Lage zu befreien.

552

Das einzige Menschenrecht. – Wer vom Herkömmlichen abweicht, ist das Opfer des Außergewöhnlichen; wer im Herkömmlichen bleibt, ist der Sklave desselben. Zugrunde gerichtet wird man auf jeden Fall.

553

Unter das Tier hinab. – Wenn der Mensch vor Lachen wiehert, übertrifft er alle Tiere durch seine Gemeinheit.

554

Halbwissen. – Der, welcher eine fremde Sprache wenig spricht, hat mehr Freude daran als der, welcher sie gut spricht. Das Vergnügen ist bei den Halbwissenden.

555

Gefährliche Hilfsbereitschaft. – Es gibt Leute, welche das Leben den Menschen erschweren wollen, aus keinem andern Grunde, als um ihnen hinterdrein ihre Rezepte zur Erleichterung des Lebens, zum Beispiel ihr Christentum, anzubieten.

556

Fleiß und Gewissenhaftigkeit. – Fleiß und Gewissenhaftigkeit sind oftmals dadurch Antagonisten, daß der Fleiß die Früchte sauer vom

Baume nehmen will, die Gewissenhaftigkeit sie aber zu lange hängen läßt, bis sie herabfallen und sich zerschlagen.

557

Verdächtigen. – Menschen, welche man nicht leiden kann, sucht man sich zu verdächtigen.

558

Die Umstände fehlen. – Viele Menschen warten ihr Leben lang auf die Gelegenheit, auf *ihre* Art gut zu sein.

559

Mangel an Freunden. – Der Mangel an Freunden läßt auf Neid oder Anmaßung schließen. Mancher verdankt seine Freunde nur dem glücklichen Umstande, daß er keinen Anlaß zum Neide hat.

560

Gefahr in der Vielheit. – Mit einem Talente mehr steht man oft unsicherer, als mit einem weniger: wie der Tisch besser auf drei als auf vier Füßen steht.

561

Den andern zum Vorbild. – Wer ein gutes Beispiel geben will, muß seiner Tugend ein Gran Narrheit zusetzen; dann ahmt man nach und erhebt sich zugleich über den Nachgeahmten, – was die Menschen lieben.

562

Zielscheibe sein. – Die bösen Reden anderer über uns gelten oft nicht eigentlich uns, sondern sind die Äußerungen eines Ärgers, einer Verstimmung aus ganz anderen Gründen.

563

Leicht resigniert. – Man leidet wenig an versagten Wünschen, wenn man seine Phantasie geübt hat, die Vergangenheit zu verhäßlichen.

564

In Gefahr. – Man ist am meisten in Gefahr, überfahren zu werden, wenn man eben einem Wagen ausgewichen ist.

565

Je nach der Stimme die Rolle. – Wer gezwungen ist lauter zu reden, als er gewohnt ist (etwa vor einem Halb-Tauben oder vor einem großen Auditorium), übertreibt gewöhnlich die Dinge, welche er mitzuteilen hat. – Mancher wird zum Verschwörer, böswilligen Nachredner, Intriganten, bloß weil seine Stimme sich am besten zu einem Geflüster eignet.

566

Liebe und Haß. – Liebe und Haß sind nicht blind, aber geblendet vom Feuer, das sie selber mit sich tragen.

567

Mit Vorteil angefeindet. – Menschen, welche der Welt ihre Verdienste nicht völlig deutlich machen können, suchen sich eine starke Feindschaft zu erwecken. Sie haben dann den Trost, zu denken, daß diese zwischen ihren Verdiensten und deren Anerkennung stehe – und daß mancher andere dasselbe vermute: was sehr vorteilhaft für ihre Geltung ist.

568

Beichte. – Man vergißt seine Schuld, wenn man sie einem andern gebeichtet hat, aber gewöhnlich vergißt der andere sie nicht.

569

Selbstgenügsamkeit. – Das goldene Vlies der Selbstgenügsamkeit schützt gegen Prügel, aber nicht gegen Nadelstiche.

570

Schatten in der Flamme. – Die Flamme ist sich selber nicht so hell als den andern, denen sie leuchtet: so auch der Weise.

571

Eigene Meinungen. — Die erste Meinung, welche uns einfällt, wenn wir plötzlich über eine Sache befragt werden, ist gewöhnlich nicht unsere eigene, sondern nur die landläufige, unsrer Kaste, Stellung, Abkunft zugehörige; die eignen Meinungen schwimmen selten obenauf.

572

Herkunft des Mutes. — Der gewöhnliche Mensch ist mutig und unverwundbar, wie ein Held, wenn er die Gefahr nicht sieht, für sie keine Augen hat. Umgekehrt: der Held hat die einzig verwundbare Stelle auf dem Rücken, also dort wo er keine Augen hat.

573

Gefahr im Arzte. — Man muß für seinen Arzt geboren sein, sonst geht man an seinem Arzt zugrunde.

574

Wunderliche Eitelkeit. — Wer dreimal mit Dreistigkeit das Wetter prophezeit hat und Erfolg hatte, der glaubt im Grunde seiner Seele ein wenig an seine Prophetengabe. Wir lassen das Wunderliche, Irrationelle gelten, wenn es unserer Selbstschätzung schmeichelt.

575

Beruf. — Ein Beruf ist das Rückgrat des Lebens.

576

Gefahr persönlichen Einflusses. — Wer fühlt, daß er auf einen andern einen großen innerlichen Einfluß ausübt, muß ihm ganz freie Zügel lassen, ja gelegentliches Widerstreben gern sehen und selbst herbeiführen: sonst wird er unvermeidlich sich einen Feind machen.

577

Den Erben gelten lassen. – Wer etwas Großes in selbstloser Gesinnung begründet hat, sorgt dafür, sich Erben zu erziehen. Es ist das Zeichen einer tyrannischen und unedlen Natur, in allen möglichen Erben seines Werks seine Gegner zu sehen und gegen sie im Stande der Notwehr zu leben.

578

Halbwissen. – Das Halbwissen ist siegreicher als das Ganzwissen: es kennt die Dinge einfacher, als sie sind, und macht daher seine Meinung faßlicher und überzeugender.

579

Nicht geeignet zum Parteimann. – Wer viel denkt, eignet sich nicht zum Parteimann: er denkt sich zu bald durch die Partei hindurch.

580

Schlechtes Gedächtnis. – Der Vorteil des schlechten Gedächtnisses ist, daß man dieselben guten Dinge mehrere Male zum *ersten* Male genießt.

581

Sich Schmerzen machen. – Rücksichtslosigkeit des Denkens ist oft das Zeichen einer unfriedlichen inneren Gesinnung, welche Betäubung begehrt.

582

Märtyrer. – Der Jünger eines Märtyrers leidet mehr als der Märtyrer.

583

Rückständige Eitelkeit. – Die Eitelkeit mancher Menschen, die es nicht nötig hätten, eitel zu sein, ist die übriggebliebene und großgewachsene Gewohnheit aus der Zeit her, wo sie noch kein Recht hatten, an sich zu glauben, und diesen Glauben erst von anderen in kleiner Münze einbettelten.

584

Punctum saliens der Leidenschaft. – Wer im Begriff ist, in Zorn oder in einen heftigen Liebesaffekt zu geraten, erreicht einen Punkt, wo die Seele voll ist wie ein Gefäß: aber doch muß ein Wassertropfen noch hinzukommen, der gute Wille zur Leidenschaft (den man gewöhnlich auch den bösen nennt). Es ist nur dies Pünktchen nötig, dann läuft das Gefäß über.

585

Gedanke des Unmuts. – Es ist mit den Menschen wie mit den Kohlenmeilern im Walde. Erst wenn die jungen Menschen ausgeglüht haben und verkohlt sind gleich jenen, dann werden sie *nützlich*. Solange sie dampfen und rauchen, sind sie vielleicht interessanter, aber unnütz und gar zu häufig unbequem. – Die Menschheit verwendet schonungslos jeden einzelnen als Material zum Heizen ihrer großen Maschinen: aber wozu dann die Maschinen, wenn alle einzelnen (das heißt die Menschheit) nur dazu nützen, sie zu unterhalten? Maschinen, die sich selbst Zweck sind – ist das die *umana commedia*?

586

Vom Stundenzeiger des Lebens. – Das Leben besteht aus seltenen einzelnen Momenten von höchster Bedeutsamkeit und unzählig vielen Intervallen, in denen uns bestenfalls die Schattenbilder jener Momente umschweben. Die Liebe, der Frühling, jede schöne Melodie, das Gebirge, der Mond, das Meer – alles redet nur einmal ganz zum Herzen: wenn es überhaupt je ganz zu Worte kommt. Denn viele Menschen haben jene Momente gar nicht und sind selber Intervalle und Pausen in der Symphonie des wirklichen Lebens.

587

Angreifen oder eingreifen. – Wir machen häufig den Fehler, eine Richtung oder Partei oder Zeit lebhaft anzufeinden, weil wir zufällig nur ihre veräußerlichte Seite, ihre Verkümmerung oder die ihnen notwendig anhaftenden »Fehler ihrer Tugenden« zu sehen bekommen, – vielleicht weil wir selbst an diesen vornehmlich teilgenommen haben. Dann wenden wir ihnen den Rücken und suchen eine entgegengesetzte Richtung; aber das Bessere wäre, die starken guten Seiten aufzusuchen oder an sich selber auszubilden. Freilich gehört ein kräftigerer Blick und besserer Wille dazu, das Werdende und Unvollkommene zu fördern, als es in seiner Unvollkommenheit zu durchschauen und zu verleugnen.

588

Bescheidenheit. – Es gibt wahre Bescheidenheit (das heißt die Erkenntnis, daß wir nicht unsere eigenen Werke sind); und recht wohl geziemt sie dem großen Geiste, weil gerade er den Gedanken der völligen Unverantwortlichkeit (auch für das Gute, das er schafft) fassen kann. Die Unbescheidenheit des Großen haßt man nicht, insofern er seine Kraft fühlt, sondern weil er seine Kraft dadurch erst erfahren will, daß er die anderen verletzt, herrisch behandelt und zusieht, wie weit sie es aushalten. Gewöhnlich beweist dies sogar den Mangel an sicherem Gefühl der Kraft und macht somit die Menschen an seiner Größe zweifeln. Insofern ist Unbescheidenheit vom Gesichtspunkte der Klugheit aus sehr zu widerraten.

589

Des Tages erster Gedanke. – Das beste Mittel, jeden Tag gut zu beginnen, ist: beim Erwachen daran zu denken, ob man nicht wenigstens *einem* Menschen an diesem Tag eine Freude machen könne. Wenn dies als ein Ersatz für die religiöse Gewöhnung des Gebetes gelten dürfte, so hätten die Mitmenschen einen Vorteil bei dieser Änderung.

590

Anmaßung als letztes Trostmittel. – Wenn man ein Mißgeschick, seinen intellektuellen Mangel, seine Krankheit sich so zurechtlegt, daß man hierin sein vorgezeichnetes Schicksal, seine Prüfung oder die geheimnisvolle Strafe für früher Begangenes sieht, so macht man sich sein eigenes Wesen dadurch interessant und erhebt sich in der Vorstellung über seine Mitmenschen. Der stolze Sünder ist eine bekannte Figur in allen kirchlichen Sekten.

591

Vegetation des Glücks. – Dicht neben dem Wehe der Welt, und oft auf seinem vulkanischen Boden, hat der Mensch seine kleinen Gärten des Glücks angelegt. Ob man das Leben mit dem Blicke dessen betrachtet, der vom Dasein Erkenntnis allein will, oder dessen, der sich ergibt und resigniert, oder dessen, der an der überwundenen Schwierigkeit sich freut, – überall wird er etwas Glück neben dem Unheil aufgesproßt finden – und zwar um so mehr Glück, je vulkanischer der Boden war –, nur wäre es lächerlich, zu sagen, daß mit diesem Glück das Leiden selbst gerechtfertigt sei.

592

Die Straße der Vorfahren. – Es ist vernünftig, wenn jemand das *Talent*, auf welches sein Vater oder Großvater Mühe verwendet hat, an sich selbst weiter ausbildet und nicht zu etwas ganz Neuem umschlägt; er nimmt sich sonst die Möglichkeit, zum Vollkommenen in irgendeinem Handwerk zu gelangen. Deshalb sagt das Sprichwort: »Welche Straße sollst du reiten? – die deiner Vorfahren.«

593

Eitelkeit und Ehrgeiz als Erzieher. – So lange einer noch nicht zum Werkzeug des allgemeinen menschlichen Nutzens geworden ist, mag ihn der Ehrgeiz peinigen; ist jenes Ziel aber erreicht, arbeitet er mit Notwendigkeit wie eine Maschine zum besten aller, so mag dann die Eitelkeit kommen; sie wird ihn im kleinen vermenschlichen, geselliger, erträglicher, nachsichtiger machen, dann, wenn der Ehrgeiz die grobe Arbeit (ihn nützlich zu machen) an ihm vollendet hat.

594

Philosophische Neulinge. – Hat man die Weisheit eines Philosophen eben eingenommen, so geht man durch die Straßen mit dem Gefühle, als sei man umgeschaffen und ein großer Mann geworden; denn man findet lauter solche, welche diese Weisheit nicht kennen, hat also über alles eine neue unbekannte Entscheidung vorzutragen: weil man ein Gesetzbuch anerkennt, meint man jetzt auch sich als Richter gebärden zu müssen.

595

Durch Mißfallen gefallen. – Die Menschen, welche lieber auffallen und dabei mißfallen wollen, begehren dasselbe wie die, welche nicht auffallen und gefallen wollen, nur in einem viel höheren Grade und indirekt, vermittelst einer Stufe, durch welche sie sich scheinbar von ihrem Ziele entfernen. Sie wollen Einfluß und Macht, und zeigen deshalb ihre Überlegenheit, selbst so, daß sie unangenehm empfunden wird; denn sie wissen, daß der, welcher endlich zur Macht gelangt ist, fast in allem, was er tut und sagt, gefällt und daß selbst, wo er mißfällt, er doch noch zu gefallen scheint. – Auch der Freigeist, und ebenso der Gläubige, wollen Macht, um durch sie einmal zu gefallen; wenn ihnen ihrer Lehre wegen ein übles Schicksal, Verfolgung, Kerker, Hinrichtung droht, so freuen sie sich des Gedankens, daß ihre Lehre auf diese Weise der Menschheit eingeritzt und eingebrannt wird; sie nehmen es hin als ein schmerzhaftes aber kräftiges, wenngleich spät wirkendes Mittel, um doch noch zur Macht zu gelangen.

596

Casus belli und ähnliches. – Der Fürst, welcher zu dem gefaßten Entschlusse, Krieg mit dem Nachbar zu führen, einen *casus belli* ausfindig macht, gleicht dem Vater, der seinem Kinde eine Mutter unterschiebt, welche fürderhin als solche gelten soll. Und sind nicht fast alle öffentlich bekanntgemachten Motive unserer Handlungen solche untergeschobene Mütter?

597

Leidenschaft und Recht. – Niemand spricht leidenschaftlicher von seinem Rechte als der, welcher im Grunde seiner Seele einen Zweifel an seinem Rechte hat. Indem er die Leidenschaft auf seine Seite zieht, will er den

Verstand und dessen Zweifel betäuben: so gewinnt er das gute Gewissen und mit ihm den Erfolg bei den Mitmenschen.

598

Kunstgriff des Entsagenden. — Wer gegen die Ehe protestiert, nach Art der katholischen Priester, wird diese nach ihrer niedrigsten gemeinsten Auffassung zu verstehen suchen. Ebenso wer die Ehre bei den Zeitgenossen von sich abweist, wird deren Begriff niedrig fassen; so erleichtert er sich die Entbehrung und den Kampf dagegen. Übrigens wird der, welcher sich im ganzen viel versagt, sich im kleinen leicht Indulgenz geben. Es wäre möglich, daß der, welcher über den Beifall der Zeitgenossen erhaben ist, doch die Befriedigung kleiner Eitelkeiten sich nicht versagen kann.

599

Lebensalter der Anmaßung. — Zwischen dem 26. und dem 30. Jahre liegt bei begabten Menschen die eigentliche Periode der Anmaßung; es ist die Zeit der ersten Reife, mit einem starken Rest von Säuerlichkeit. Man fordert auf Grund dessen, was man in sich fühlt, von Menschen, welche nichts oder wenig davon sehen, Ehre und Demütigung, und rächt sich, weil diese zunächst ausbleiben, durch jenen Blick, jene Gebärde der Anmaßung, jenen Ton der Stimme, die ein feines Ohr und Auge an allen Produktionen jenes Alters, seien es Gedichte, Philosophien oder Bilder und Musik, wiedererkennt. Ältere erfahrene Männer lächeln dazu, und mit Rührung gedenken sie dieses schönen Lebensalters, in dem man böse über das Geschick ist, so viel zu *sein* und so wenig zu *scheinen*. Später *scheint* man wirklich *mehr* – aber man hat den guten Glauben verloren, viel zu *sein*: man bleibe denn zeitlebens ein unverbesserlicher Narr der Eitelkeit.

600

Trügerisch und doch haltbar. — Wie man, um an einem Abgrund vorbeizugehen oder einen tiefen Bach auf einem Balken zu überschreiten, eines Geländers bedarf, nicht um sich daran festzuhalten – denn es würde sofort mit einem zusammenbrechen – sondern um die Vorstellung der Sicherheit für das Auge zu erwecken, so bedarf man als Jüngling solcher Personen, welche uns unbewußt den Dienst jenes Geländers erweisen. Es ist wahr, sie würden uns nicht helfen, wenn wir uns wirklich in großer Gefahr auf sie stützen wollten, aber sie geben die beruhigende Empfindung des Schutzes in der Nähe (zum Beispiel Väter, Lehrer, Freunde, wie sie, alle drei, gewöhnlich sind).

601

Lieben lernen. – Man muß lieben lernen, gütig sein lernen, und dies von Jugend auf; wenn Erziehung und Zufall uns keine Gelegenheit zur Übung dieser Empfindungen geben, so wird unsere Seele trocken und selbst zu einem Verständnis jener zarten Erfindungen liebevoller Menschen ungeeignet. Ebenso muß der Haß gelernt und genährt werden, wenn einer ein tüchtiger Hasser werden will: sonst wird auch der Keim dazu allmählich absterben.

602

Die Ruine als Schmuck. – Solche, die viele geistige Wandlungen durchmachen, behalten einige Ansichten und Gewohnheiten früherer Zustände bei, welche dann wie ein Stück unerklärlichen Altertums und grauen Mauerwerks in ihr neues Denken und Handeln hineinragen: oft zur Zierde der ganzen Gegend.

603

Liebe und Ehre. – Die Liebe begehrt, die Furcht meidet. Daran liegt es, daß man nicht zugleich von derselben Person, wenigstens in demselben Zeitraume, geliebt und geehrt werden kann. Denn der Ehrende erkennt die Macht an, das heißt er fürchtet sie: sein Zustand ist Ehrfurcht. Die Liebe aber erkennt keine Macht an, nichts, was trennt, abhebt, über- und unterordnet. Weil sie nicht ehrt, so sind ehrsüchtige Menschen insgeheim oder öffentlich gegen das Geliebtwerden widerspenstig.

604

Vorurteil für die kalten Menschen. — Menschen, welche rasch Feuer fangen, werden schnell kalt und sind daher im ganzen unzuverlässig. Deshalb gibt es für alle die, welche immer kalt sind oder so sich stellen, das günstige Vorurteil, daß es besonders vertrauenswerte, zuverlässige Menschen seien: man verwechselt sie mit denen, welche langsam Feuer fangen und es lange festhalten.

605

Das Gefährliche in freien Meinungen. — Das leichte Befassen mit freien Meinungen gibt einen Reiz, wie eine Art Jucken; gibt man ihm mehr nach, so fängt man an, die Stellen zu reiben; bis zuletzt eine offene schmerzende Wunde entsteht, das heißt: bis die freie Meinung uns in unserer Lebensstellung, unsern menschlichen Beziehungen zu stören, zu quälen beginnt.

606

Begierde nach tiefem Schmerz. — Die Leidenschaft läßt, wenn sie vorüber ist, eine dunkle Sehnsucht nach sich selber zurück und wirft, im Verschwinden noch, einen verführerischen Blick zu. Es muß doch eine Art von Lust gewährt haben, mit ihrer Geißel geschlagen worden zu sein. Die mäßigeren Empfindungen erscheinen dagegen schal; man will, wie es scheint, die heftigere Unlust immer noch lieber als die matte Lust.

607

Unmut über andere und die Welt. — Wenn wir, wie so häufig, unsern Unmut an anderen auslassen, während wir ihn eigentlich über uns empfinden, erstreben wir im Grunde eine Umnebelung und Täuschung unseres Urteils: wir wollen diesen Unmut *a posteriori* motivieren, durch die Versehen, Mängel der anderen, und uns selber so aus den Augen verlieren. — Die religiös strengen Menschen, welche gegen sich selber unerbittliche Richter sind, haben zugleich am meisten Übles der Menschheit überhaupt nachgesagt: ein Heiliger, welcher sich die Sünden und den anderen die Tugenden vorbehält, hat nie gelebt: ebenso wenig wie jener, welcher nach Buddhas Vorschrift sein Gutes vor den Leuten verbirgt und sie sein Böses allein sehen läßt.

608

Ursache und Wirkung verwechselt. – Wir suchen unbewußt die Grundsätze und Lehrmeinungen, welche unserem Temperamente angemessen sind, so daß es zuletzt so aussieht, als ob die Grundsätze und Lehrmeinungen unseren Charakter geschaffen, ihm Halt und Sicherheit gegeben hätten: während es gerade umgekehrt zugegangen ist. Unser Denken und Urteilen soll nachträglich, so scheint es, zur Ursache unseres Wesens gemacht werden: aber tatsächlich ist *unser* Wesen die Ursache, daß wir so und so denken und urteilen. – Und was bestimmt uns zu dieser fast unbewußten Komödie? Die Trägheit und Bequemlichkeit und nicht am wenigsten der Wunsch der Eitelkeit, durch und durch als konsistent, in Wesen und Denken einartig erfunden zu werden: denn dies erwirbt Achtung, gibt Vertrauen und Macht.

609

Lebensalter und Wahrheit. – Junge Leute lieben das Interessante und Absonderliche, gleichgültig wie wahr oder falsch es ist. Reifere Geister lieben das an der Wahrheit, was an ihr interessant und absonderlich ist. Ausgereifte Köpfe endlich lieben die Wahrheit auch in dem, wo sie schlicht und einfältig erscheint und dem gewöhnlichen Menschen Langeweile macht, weil sie gemerkt haben, daß die Wahrheit das Höchste an Geist, was sie besitzt, mit der Miene der Einfalt zu sagen pflegt.

610

Die Menschen als schlechte Dichter. – So wie schlechte Dichter im zweiten Teil des Verses zum Reime den Gedanken suchen, so pflegen die Menschen in der zweiten Hälfte des Lebens, ängstlicher geworden, die Handlungen, Stellungen, Verhältnisse zu suchen, welche zu denen ihres früheren Lebens passen, so daß äußerlich alles wohl zusammenklingt: aber ihr Leben ist nicht mehr von einem starken Gedanken beherrscht und immer wieder neu bestimmt, sondern an die Stelle desselben tritt die Absicht, einen Reim zu finden.

611

Langeweile und Spiel. — Das Bedürfnis zwingt uns zur Arbeit, mit deren Ertrage das Bedürfnis gestillt wird; das immer neue Erwachen der Bedürfnisse gewöhnt uns an die Arbeit. In den Pausen aber, in welchen die Bedürfnisse gestillt sind und gleichsam schlafen, überfällt uns die Langeweile. Was ist diese? Es ist die Gewöhnung an Arbeit überhaupt, welche sich jetzt als neues, hinzukommendes Bedürfnis geltend macht; sie wird um so stärker sein, je stärker jemand gewöhnt ist zu arbeiten, vielleicht sogar, je stärker jemand an Bedürfnissen gelitten hat. Um der Langeweile zu entgehen, arbeitet der Mensch entweder über das Maß seiner sonstigen Bedürfnisse hinaus oder er erfindet das Spiel, das heißt die Arbeit, welche kein anderes Bedürfnis stillen soll als das nach Arbeit überhaupt. Wer des Spieles überdrüssig geworden ist und durch neue Bedürfnisse keinen Grund zur Arbeit hat, den überfällt mitunter das Verlangen nach einem dritten Zustand, welcher sich zum Spiel verhält wie Schweben zum Tanzen, wie Tanzen zum Gehen — nach einer seligen ruhigen Bewegtheit: es ist die Vision der Künstler und Philosophen von dem Glück.

612

Lehre aus Bildern. — Betrachtet man eine Reihe Bilder von sich selber, von den Zeiten der letzten Kindheit bis zu der der Mannesreife, so findet man mit einer angenehmen Verwunderung, daß der Mann dem Kinde ähnlicher sieht als der Mann dem Jünglinge: daß also wahrscheinlich, diesem Vorgange entsprechend, inzwischen eine zeitweilige Alienation vom Grundcharakter eingetreten ist, über welche die gesammelte, geballte Kraft des Mannes wieder Herr wurde. Dieser Wahrnehmung entspricht die andre, daß alle die starken Einwirkungen von Leidenschaften, Lehrern, politischen Ereignissen, welche in dem Jünglingsalter uns herumziehen, später wieder auf ein festes Maß zurückgeführt erscheinen: gewiß, sie leben und wirken in uns fort, aber das Grundempfinden und Grundmeinen hat doch die Übermacht und benutzt sie wohl als Kraftquellen, nicht aber mehr als Regulatoren, wie dies wohl in den zwanziger Jahren geschieht. So erscheint auch das Denken und Empfinden des Mannes dem seines kindlichen Lebensalters wieder gemäßer, – und diese innere Tatsache spricht sich in der erwähnten äußeren aus.

613

Stimmklang der Lebensalter. – Der Ton, in dem Jünglinge reden, loben, tadeln, dichten, mißfällt dem Ältergewordenen, weil er zu laut ist, und zwar zugleich dumpf und undeutlich wie der Ton in einem Gewölbe, der durch die Leerheit eine solche Schallkraft bekommt; denn das meiste, was Jünglinge denken, ist nicht aus der Fülle ihrer eigenen Natur herausgeströmt, sondern ist Anklang, Nachklang von dem, was in ihrer Nähe gedacht, geredet, gelobt, getadelt worden ist. Weil aber die Empfindungen (der Neigung und Abneigung) viel stärker als die Gründe für jene in ihnen nachklingen, so entsteht, wenn sie ihre Empfindungen wieder laut werden lassen, jener dumpfe, hallende Ton, welcher für die Abwesenheit oder die Spärlichkeit von Gründen das Kennzeichen abgibt. Der Ton des reiferen Alters ist streng, kurz abgebrochen, mäßig laut, aber, wie alles deutlich Artikulierte, sehr weittragend. Das Alter endlich bringt häufig eine gewisse Milde und Nachsicht in den Klang und verzuckert ihn gleichsam: in manchen Fällen freilich versäuert sie ihn auch.

614

Zurückgebliebene und vorwegnehmende Menschen. – Der unangenehme Charakter, welcher voller Mißtrauen ist, alles glückliche Gelingen der Mitbewerbenden und Nächsten mit Neid fühlt, gegen abweichende Meinungen gewalttätig und aufbrausend ist, zeigt, daß er einer frühen Stufe der Kultur zugehört, also ein Überbleibsel ist: denn die Art, in welcher er mit den Menschen verkehrt, war die rechte und zutreffende für die Zustände eines Faustrecht-Zeitalters; es ist ein *zurückgebliebener* Mensch. Ein anderer Charakter, welcher reich an Mitfreude ist, überall Freunde gewinnt, alles Wachsende und Werdende liebevoll empfindet, alle Ehren und Erfolge anderer mitgenießt und kein Vor- recht, das Wahre allein zu erkennen, in Anspruch nimmt, sondern voll eines bescheidenen Mißtrauens ist, – das ist ein *vorwegnehmender*

Mensch, welcher einer höheren Kultur der Menschen entgegenstrebt. Der unangenehme Charakter stammt aus den Zeiten, wo die rohen Fundamente des menschlichen Verkehrs erst zu bauen waren, der andere lebt auf deren höchsten Stockwerken, möglichst entfernt von dem wilden Tier, welches in den Kellern, unter den Fundamenten der Kultur eingeschlossen, wütet und heult.

615

Trost für Hypochonder. – Wenn ein großer Denker zeitweilig hypo‑ chondrischen Selbstquälereien unterworfen ist, so mag er sich zum Troste sagen: »es ist deine eigene große Kraft, von der dieser Parasit sich nährt und wächst; wäre sie geringer, so würdest du weniger zu leiden haben.« Ebenso mag der Staatsmann sprechen, wenn Eifersucht und Rachegefühl, überhaupt die Stimmung des *bellum omnium contra omnes*, zu der er als Vertreter einer Nation notwendig eine starke Be‑ gabung haben muß, sich gelegentlich auch in seine persönlichen Be‑ ziehungen eindrängt und ihm das Leben schwer macht.

616

Der Gegenwart entfremdet. – Es hat große Vorteile, seiner Zeit sich einmal in stärkerem Maße zu entfremden und gleichsam von ihrem Ufer zurück in den Ozean der vergangnen Weltbetrachtungen getrie‑ ben zu werden. Von dort aus nach der Küste zu blickend, überschaut man wohl zum ersten Male ihre gesamte Gestaltung und hat, wenn man sich ihr wieder nähert, den Vorteil, sie besser im ganzen zu ver‑ stehen als die, welche sie nie verlassen haben.

617

Auf persönlichen Mängeln säen und ernten. – Menschen wie Rousseau verstehen es, ihre Schwächen, Lücken, Laster gleichsam als Dünger ihres Talentes zu benutzen. Wenn jener die Verdorbenheit und Ent‑ artung der Gesellschaft als leidige Folge der Kultur beklagt, so liegt hier eine persönliche Erfahrung zugrunde; deren Bitterkeit gibt ihm die

Schärfe seiner allgemeinen Verurteilung und vergiftet die Pfeile, mit denen er schießt; er entlastet sich zunächst als Individuum und denkt ein Heilmittel zu suchen, das direkt der Gesellschaft, aber indirekt und vermittelst jener, auch ihm zunutze ist.

618

Philosophisch gesinnt sein. – Gewöhnlich strebt man darnach, für alle Lebenslagen und Ereignisse *eine* Haltung des Gemüts, *eine* Gattung von Ansichten zu erwerben, – das nennt man vornehmlich philosophisch gesinnt sein. Aber für die Bereicherung der Erkenntnis mag es höheren Wert haben, nicht in dieser Weise sich zu uniformieren, sondern auf die leise Stimme der verschiedenen Lebenslagen zu hören; diese bringen ihre eigenen Ansichten mit sich. So nimmt man erkennenden Anteil am Leben und Wesen vieler, indem man sich selber nicht als starres beständiges *eines* Individuum behandelt.

619

Im Feuer der Verachtung. – Es ist ein neuer Schritt zum Selbständigwerden, wenn man erst Ansichten zu äußern wagt, die als schmählich für den gelten, welcher sie hegt; da pflegen auch die Freunde und Bekannten ängstlich zu werden. Auch durch dieses Feuer muß die begabte Natur hindurch; sie gehört sich hinterdrein noch viel mehr selber an.

620

Aufopferung. – Die große Aufopferung wird, im Falle der Wahl, einer kleinen Aufopferung vorgezogen: weil wir für die große uns durch Selbstbewunderung entschädigen, was uns bei der kleinen nicht möglich ist.

621

Liebe als Kunstgriff. – Wer etwas Neues wirklich *kennen* lernen will (sei es ein Mensch, ein Ereignis, ein Buch), der tut gut, dieses Neue mit aller möglichen Liebe aufzunehmen, von allem, was ihm daran feindlich, anstößig, falsch vorkommt, schnell das Auge abzuwenden, ja es zu vergessen: so daß man zum Beispiel dem Autor eines Buches den größten Vorsprung gibt und geradezu, wie bei einem Wettrennen, mit klopfendem Herzen danach begehrt, daß er sein Ziel erreiche. Mit diesem Verfahren dringt man nämlich der neuen Sache bis an ihr Herz, bis an ihren bewegenden Punkt: und dies heißt eben sie kennen lernen. Ist man so weit, so macht der Verstand hinterdrein seine Restriktionen; jene Überschätzung, jenes zeitweilige Aushängen des kritischen Pendels war eben nur der Kunstgriff, die Seele einer Sache herauszulocken.

622

Zu gut und zu schlecht von der Welt denken. – Ob man zu gut oder zu schlecht von den Dingen denkt, man hat immer den Vorteil dabei, eine höhere Lust einzuernten: denn bei einer vorgefaßten zu guten Meinung legen wir gewöhnlich mehr Süßigkeit in die Dinge (Erlebnisse) hinein, als sie eigentlich enthalten. Eine vorgefaßte zu schlechte Meinung verursacht eine angenehme Enttäuschung: das Angenehme, das an sich in den Dingen lag, bekommt einen Zuwachs durch das Angenehme der Überraschung. – Ein finsteres Temperament wird übrigens in beiden Fällen die umgekehrte Erfahrung machen.

623

Tiefe Menschen. – Diejenigen, welche ihre Stärke in der Vertiefung der Eindrücke haben – man nennt sie gewöhnlich tiefe Menschen –, sind bei allem Plötzlichen verhältnismäßig gefaßt und entschlossen: denn im ersten Augenblick war der Eindruck noch flach, er *wird* dann erst tief. Lange vorhergesehene, erwartete Dinge oder Personen regen aber solche Naturen am meisten auf und machen sie fast unfähig, bei der endlichen Ankunft derselben noch Gegenwärtigkeit des Geistes zu haben.

624

Verkehr mit dem höheren Selbst. – Ein jeder hat seinen guten Tag, wo er sein höheres Selbst findet; und die wahre Humanität verlangt, jemanden nur nach diesem Zustande und nicht nach den Werktagen der Unfreiheit und Knechtung zu schätzen. Man soll zum Beispiel einen Maler nach seiner höchsten Vision, die er zu sehen und darzustellen vermochte, taxieren und verehren. Aber die Menschen selber verkehren sehr verschieden mit diesem ihrem höheren Selbst und sind häufig ihre eigenen Schauspieler, insofern sie das, was sie in jenen Augenblicken sind, später immer wieder nachmachen. Manche leben in Scheu und Demut vor ihrem Ideale und möchten es verleugnen: sie fürchten ihr höheres Selbst, weil es, wenn es redet, anspruchsvoll redet. Dazu hat es eine geisterhafte Freiheit, zu kommen und fortzubleiben, wie es will; es wird deswegen häufig eine Gabe der Götter genannt, während eigentlich alles andere Gabe der Götter (des Zufalls) ist: jenes aber ist der Mensch selber.

625

Einsame Menschen. – Manche Menschen sind so sehr an das Alleinsein mit sich selber gewöhnt, daß sie sich gar nicht mit anderen vergleichen, sondern in einer ruhigen, freudigen Stimmung, unter guten Gesprächen mit sich, ja mit Lachen ihr monologisches Leben fortspinnen. Bringt man sie aber dazu, sich mit anderen zu vergleichen, so neigen sie zu einer grübelnden Unterschätzung ihrer selbst: so daß sie gezwungen werden müssen, eine gute, gerechte Meinung über sich erst von andern wieder zu *lernen*: und auch von dieser erlernten Meinung werden sie immer wieder etwas abziehen und abhandeln wollen. – Man muß also gewissen Menschen ihr Alleinsein gönnen und nicht so albern sein, wie es häufig geschieht, sie deswegen zu bedauern.

626

Ohne Melodie. – Es gibt Menschen, denen ein stetiges Beruhen in sich selbst und ein harmonisches Sich-zurecht-Legen aller ihrer Fähigkeiten so zueigen ist, daß ihnen jede Ziele-setzende Tätigkeit widerstrebt. Sie gleichen einer Musik, welche aus lauter langgezogenen harmonischen Akkorden besteht, ohne daß je auch nur der Ansatz zu einer gegliederten bewegten Melodie sich zeigte. Alle Bewegung von außen her dient nur, dem Kahne sofort wieder sein neues Gleichgewicht auf dem See harmonischen Wohlklangs zu geben. Moderne Menschen werden gewöhnlich aufs äußerste ungeduldig, wenn sie solchen Naturen begegnen, aus denen nichts *wird*, ohne daß man von ihnen sagen dürfte, daß sie nichts *sind*. Aber in einzelnen Stimmungen erregt ihr Anblick jene ungewöhnliche Frage: wozu überhaupt Melodie? Warum genügt es uns nicht, wenn das Leben sich ruhevoll in einem tiefen See spiegelt? – Das Mittelalter war reicher an solchen Naturen als unsere Zeit. Wie selten trifft man noch auf einen, der so recht friedlich und froh mit sich auch im Gedränge fortleben kann, zu sich redend wie Goethe: »das Beste ist die tiefe Stille, in der ich gegen die Welt lebe und wachse, und gewinne, was sie mir mit Feuer und Schwert nicht nehmen können.«

627

Leben und Erleben. – Sieht man zu, wie einzelne mit ihren Erlebnissen – ihren unbedeutenden alltäglichen Erlebnissen – umzugehen wissen, so daß diese zu einem Ackerland werden, das dreimal des Jahres Frucht trägt; während andere – und wie viele! – durch den Wogenschlag der aufregendsten Schicksale, der mannigfaltigsten Zeit- und Volksströmungen hindurchgetrieben werden und doch immer leicht, immer obenauf, wie Kork, bleiben: so ist man endlich versucht, die Menschheit in eine Minorität (Minimalität) solcher einzuteilen, welche aus wenigem viel zu machen verstehen, und in eine Majorität derer, welche aus vielem wenig zu machen verstehen; ja man trifft auf jene umgekehrten Hexenmeister, welche, anstatt die Welt aus nichts, aus der Welt ein Nichts schaffen.

628

Ernst im Spiele. – In Genua hörte ich zur Zeit der Abenddämmerung von einem Turme her ein langes Glockenspiel: das wollte nicht enden und klang wie unersättlich an sich selber, über das Geräusch der Gassen in den Abendhimmel und die Meerluft hinaus, so schauerlich, so kindisch zugleich, so wehmutsvoll. Da gedachte ich der Worte Platos und fühlte sie auf einmal im Herzen: *Alles Menschliche insgesamt ist des großen Ernstes nicht wert; trotzdem* – –

629

Von der Überzeugung und der Gerechtigkeit. – Das, was der Mensch in der Leidenschaft sagt, verspricht, beschließt, nachher in Kälte und Nüchternheit zu vertreten – diese Forderung gehört zu den schwersten Lasten, welche die Menschheit drücken. Die Folgen des Zornes, der aufflammenden Rache, der begeisterten Hingebung in alle Zukunft hin anerkennen zu müssen – das kann zu einer um so größeren Erbitterung gegen diese Empfindungen reizen, je mehr gerade mit ihnen allerwärts und namentlich von den Künstlern ein Götzendienst getrieben wird. Diese züchten die *Schätzung der Leidenschaften* groß und haben es immer getan; freilich verherrlichen sie auch die furchtbaren Genugtuungen der Leidenschaft, welche einer an sich selber nimmt, jene Racheausbrüche mit Tod, Verstümmelung, freiwilliger Verbannung im Gefolge, und jene Resignation des zerbrochenen Herzens. Jedenfalls halten sie die Neugierde nach den Leidenschaften wach, es ist, als ob sie sagen wollten: »ihr habt ohne Leidenschaften gar nichts erlebt«. – Weil man Treue geschworen, vielleicht gar einem rein fingierten Wesen wie einem Gotte, weil man sein Herz hingegeben hat, einem Fürsten, einer Partei, einem Weibe, einem priesterlichen Orden, einem Künstler, einem Denker, im Zustande eines verblendeten Wahnes, welcher Entzückung über uns legte und jene Wesen als jeder Verehrung, jedes Opfers würdig erscheinen ließ – ist man nun unentrinnbar fest gebunden? Ja, haben wir uns denn damals nicht selbst betrogen? War es nicht ein hypothetisches Versprechen, unter der freilich nicht laut gewordnen Voraussetzung, daß jene Wesen, denen wir uns weihten, wirklich die Wesen sind, als welche sie in unserer Vorstellung erschienen? Sind wir verpflichtet, unsern Irrtümern treu zu sein, selbst mit der Einsicht, daß wir durch diese Treue an unserm höheren Selbst Schaden stiften? – Nein, es gibt kein Gesetz, keine Verpflichtung der Art; wir *müssen* Verräter werden, Untreue üben, unsere Ideale immer wieder preisgeben. Aus einer Periode des Lebens in die andere schreiten wir nicht, ohne diese Schmerzen des Verrates zu machen und auch daran wieder zu leiden. Wäre es nötig, daß wir uns, um diesen Schmerzen zu entgehen, vor den Aufwallungen unserer Empfindung hüten müßten? Würde dann die Welt nicht zu öde, zu gespenstisch für uns werden? Vielmehr wollen wir uns fragen, ob diese Schmerzen bei einem Wechsel der Überzeugung *notwendig* sind oder ob sie nicht von einer *irrtümlichen* Meinung und Schätzung abhängen. — Warum bewundert man den, welcher seiner Überzeugung treu bleibt, und verachtet den, welcher sie wechselt? Ich fürchte, die Antwort muß sein: weil jedermann voraussetzt, daß nur Motive gemeineren Vorteils oder persönlicher Angst einen solchen Wechsel veranlassen. Das heißt: man glaubt im Grunde, daß niemand seine Meinungen verändert, solange sie ihm vorteilhaft sind, oder wenigstens solange sie ihm keinen Schaden bringen. Steht es aber so, so liegt darin ein schlimmes Zeugnis über die *intellektuelle* Bedeutung aller Überzeugungen. Prüfen wir einmal, wie Überzeugungen entstehen, und sehen wir zu, ob sie nicht bei weitem überschätzt werden: dabei wird sich ergeben, daß auch der *Wechsel* von Überzeugungen unter allen Umständen nach falschem Maße bemessen wird und daß wir bisher zu viel an diesem Wechsel zu leiden pflegten.

630

Überzeugung ist der Glaube, in irgendeinem Punkte der Erkenntnis im Besitze der unbedingten Wahrheit zu sein. Dieser Glaube setzt also voraus, daß es unbedingte Wahrheiten gebe; ebenfalls, daß jene vollkommenen Methoden gefunden seien, um zu ihnen zu gelangen; endlich, daß jeder, der Überzeugungen habe, sich dieser vollkommenen Methoden bediene. Alle drei Aufstellungen beweisen sofort, daß der Mensch der Überzeugungen nicht der Mensch des wissenschaftlichen Denkens ist; er steht im Alter der theoretischen Unschuld vor uns und ist ein Kind, wie erwachsen er auch sonst sein möge. Ganze Jahrtausende aber haben in jenen kindlichen Voraussetzungen gelebt, und aus ihnen sind die mächtigsten Kraftquellen der Menschheit herausgeströmt. Jene zahllosen Menschen, welche sich für ihre Überzeugungen opferten, meinten es für die unbedingte Wahrheit zu tun. Sie alle hatten Unrecht darin: wahrscheinlich hat noch nie ein Mensch sich für die Wahrheit geopfert; mindestens wird der dogmatische Ausdruck seines Glaubens unwissenschaftlich oder halbwissenschaftlich gewesen sein. Aber eigentlich wollte man recht behalten, weil man meinte, recht haben zu *müssen*. Seinen Glauben sich entreißen lassen, das bedeutete vielleicht seine ewige Seligkeit in Frage stellen. Bei einer Angelegenheit von dieser äußersten Wichtigkeit war der »Wille« gar zu hörbar der Souffleur des Intellekts. Die Voraussetzung jedes Gläubigen jeder Richtung war, nicht widerlegt werden zu *können*; erwiesen sich die Gegengründe als sehr stark, so blieb ihm immer noch übrig, die Vernunft überhaupt zu verlästern und vielleicht gar das »*credo quia absurdum est*« als Fahne des äußersten Fanatismus aufzupflanzen. Es ist nicht der Kampf der Meinungen, welcher die Geschichte so gewalttätig gemacht hat, sondern der Kampf des Glaubens an die Meinungen, das heißt der Überzeugungen. Wenn doch alle die, welche so groß von ihrer Überzeugung dachten, Opfer aller Art ihr brachten und Ehre, Leib und Leben in ihrem Dienst nicht schonten, nur die Hälfte ihrer Kraft der Untersuchung gewidmet hätten, mit welchem Rechte sie an dieser oder jener Überzeugung hingen, auf welchem Wege sie zu ihr gekommen seien: wie friedfertig sähe die Geschichte der Menschheit aus! Wieviel mehr des Erkannten würde es geben! Alle die grausamen Szenen bei der Verfolgung der Ketzer jeder Art wären uns aus zwei Gründen erspart geblieben: einmal weil die Inquisitoren vor allem in sich selbst inquiriert hätten und über die Anmaßung, die unbedingte Wahrheit zu verteidigen, hinausgekommen wären; sodann weil die Ketzer selber so schlecht begründeten Sätzen, wie die Sätze aller religiösen Sektierer und »Rechtgläubigen« sind, keine weitere Teilnahme geschenkt haben würden, nachdem sie dieselben untersucht hätten.

631

Aus den Zeiten her, in welchen die Menschen daran gewöhnt waren, an den Besitz der unbedingten Wahrheit zu glauben, stammt ein tiefes *Mißbehagen* an allen skeptischen und relativistischen Stellungen zu irgendwelchen Fragen der Erkenntnis; man zieht meistens vor, sich einer Überzeugung, welche Personen von Autorität haben (Väter, Freunde, Lehrer, Fürsten), auf Gnade oder Ungnade zu ergeben, und hat, wenn man dies nicht tut, eine Art von Gewissensbissen. Dieser Hang ist ganz begreiflich, und seine Folgen geben kein Recht zu heftigen Vorwürfen gegen die Entwicklung der menschlichen Vernunft. Allmählich muß aber der wissenschaftliche Geist im Menschen jene Tugend der *vorsichtigen Enthaltung* zeitigen, jene weise Mäßigung, welche im Gebiet des praktischen Lebens bekannter ist, als im Gebiet des theoretischen Lebens, und welche zum Beispiel Goethe im Antonio dargestellt hat, als ein Gegenstand der Erbitterung für alle Tassos, das heißt für die unwissenschaftlichen und zugleich tatlosen Naturen. Der Mensch der Überzeugung hat in sich ein Recht, jenen Menschen des vorsichtigen Denkens, den theoretischen Antonio, nicht zu begreifen; der wissenschaftliche Mensch hinwiederum hat kein Recht, jenen deshalb zu tadeln: er übersieht ihn und weiß außerdem, im bestimmten Falle, daß jener sich an ihn noch anklammern wird, so wie es Tasso zuletzt mit Antonio tut.

632

Wer nicht durch verschiedene Überzeugungen hindurchgegangen ist, sondern in dem Glauben hängenbleibt, in dessen Netz er sich zuerst verfing, ist unter allen Umständen, eben wegen dieser Unwandelbarkeit, ein Vertreter *zurückgebliebener* Kulturen; er ist gemäß diesem Mangel an Bildung (welche immer Bildbarkeit voraussetzt) hart, unverständig, unbelehrbar, ohne Milde, ein ewiger Verdächtiger, ein Unbedenklicher, der zu allen Mitteln greift, seine Meinung durchzusetzen, weil er gar nicht begreifen kann, daß es andere Meinungen geben müsse; er ist, in solchem Betracht, vielleicht eine Kraftquelle und in allzu frei und schlaff gewordenen Kulturen sogar heilsam, aber doch nur, weil er kräftig anreizt, ihm Widerpart zu halten: denn dabei wird das zartere Gebilde der neuen Kultur, welche zum Kampf mit ihm gezwungen ist, selber stark.

633

Wir sind im wesentlichen noch dieselben Menschen, wie die des Reformations-Zeitalters: wie sollte es auch anders sein? Aber daß wir uns einige Mittel nicht mehr erlauben, um mit ihnen unserer Meinung zum Siege zu verhelfen, das hebt uns gegen jene Zeit ab und beweist, daß wir einer höheren Kultur angehören. Wer jetzt noch, in der Art der Reformations-Menschen, Meinungen mit Verdächtigungen, mit Wutausbrüchen bekämpft und niederwirft, verrät deutlich, daß er seine Gegner verbrannt haben würde, falls er in anderen Zeiten gelebt hätte, und daß er zu allen Mitteln der Inquisition seine Zuflucht genommen haben würde, wenn er als Gegner der Reformation gelebt hätte. Diese Inquisition war damals vernünftig, denn sie bedeutete nichts anderes als den allgemeinen Belagerungszustand, welcher über den ganzen Bereich der Kirche verhängt werden mußte und der, wie jeder Belagerungszustand, zu den äußersten Mitteln berechtigte, unter der Voraussetzung nämlich (welche wir jetzt nicht mehr mit jenen Menschen teilen), daß man die Wahrheit, in der Kirche, *habe* und um jeden Preis mit jedem Opfer zum Heile der Menschheit bewahren *müsse*. Jetzt aber gibt man niemandem so leicht mehr zu, daß er die Wahrheit habe: die strengen Methoden der Forschung haben genug Mißtrauen und Vorsicht verbreitet, so daß jeder, welcher gewalttätig in Wort und Werk Meinungen vertritt, als ein Feind unserer jetzigen Kultur, mindestens als ein Zurückgebliebener empfunden wird. In der Tat: das Pathos, daß man die Wahrheit *habe*, gilt jetzt sehr wenig im Verhältnis zu jenem freilich milderen und klangloseren Pathos des Wahrheit-Suchens, welches nicht müde wird, umzulernen und neu zu prüfen.

634

Übrigens ist das methodische Suchen der Wahrheit selber das Resultat jener Zeiten, in denen die Überzeugungen miteinander in Fehde lagen. Wenn nicht dem einzelnen an *seiner* »Wahrheit«, das heißt an seinem Rechtbehalten gelegen hätte, so gäbe es überhaupt keine Methode der Forschung; so aber, bei dem ewigen Kampf der Ansprüche verschiedener einzelner auf unbedingte Wahrheit, ging man Schritt für Schritt weiter, um unumstößliche Prinzipien zu finden, nach denen das Recht der Ansprüche geprüft und der Streit geschlichtet werden könne. Zuerst entschied man nach Autoritäten, später kritisierte man sich gegenseitig die Wege und Mittel, mit denen die angebliche Wahrheit gefunden worden war; dazwischen gab es eine Periode, wo man die Konsequenzen des gegnerischen Satzes zog und vielleicht sie als schädlich und unglücklich machend erfand: woraus dann sich für jedermanns Urteil ergeben sollte, daß die Überzeugung des Gegners einen Irrtum enthalte. *Der persönliche Kampf der Denker* hat schließlich die Methoden so verschärft, daß wirklich Wahrheiten entdeckt werden konnten und daß die Irrgänge früherer Methoden vor jedermanns Blicken bloßgelegt sind.

635

Im ganzen sind die wissenschaftlichen Methoden mindestens ein ebenso wichtiges Ergebnis der Forschung als irgendein sonstiges Resultat: denn auf der Einsicht in die Methode beruht der wissenschaftliche Geist, und alle Resultate der Wissenschaft könnten, wenn jene Methoden verlorengingen, ein erneutes Überhandnehmen des Aberglaubens und des Unsinns nicht verhindern. Es mögen geistreiche Leute von den Ergebnissen der Wissenschaft *lernen*, so viel sie wollen: man merkt es immer noch ihrem Gespräche und namentlich den Hypothesen in demselben an, daß ihnen der wissenschaftliche Geist fehlt: sie haben nicht jenes instinktive Mißtrauen gegen die Abwege des Denkens, welches in der Seele jedes wissenschaftlichen Menschen infolge langer Übung seine Wurzeln eingeschlagen hat. Ihnen genügt es, über eine Sache überhaupt irgendeine Hypothese zu finden, dann sind sie Feuer und Flamme für dieselbe und meinen, damit sei es getan. Eine Meinung haben heißt bei ihnen schon: dafür sich fanatisieren und sie als Überzeugung fürderhin sich ans Herz legen. Sie erhitzen sich bei einer unerklärten Sache für den ersten Einfall ihres Kopfes, der einer Erklärung derselben ähnlich sieht: woraus sich, namentlich auf dem Gebiete der Politik, fortwährend die schlimmsten Folgen ergeben. – Deshalb sollte jetzt jedermann mindestens *eine* Wissenschaft von Grund aus kennengelernt haben: dann wüßte er doch, was Methode heißt und wie nötig die äußerste Besonnenheit ist. Namentlich ist den Frauen dieser Rat zu geben: als welche jetzt rettungslos die Opfer aller Hypothesen sind, zumal wenn diese den Eindruck des Geistreichen, Hinreißenden, Belebenden, Kräftigenden machen. Ja bei genauerem Zusehen bemerkt man, daß der allergrößte Teil aller Gebildeten noch jetzt von einem Denker Überzeugungen und nichts als Überzeugungen begehrt, und daß allein eine geringe Minderheit *Gewißheit* will. Jene wollen stark fortgerissen werden, um dadurch selber einen Kraftzuwachs zu erlangen; diese wenigen haben dieses sachliche Interesse, welches von persönlichen Vorteilen, auch von dem des erwähnten Kraftzuwachses, absieht. Auf jene bei weitem überwiegende Klasse wird überall dort gerechnet, wo der Denker sich als *Genie* benimmt und bezeichnet, also wie ein höheres Wesen dreinschaut, welchem Autorität zukommt. Insofern das Genie jener Art die Glut der Überzeugungen unterhält und Mißtrauen gegen den vorsichtigen und bescheidenen Sinn der Wissenschaft weckt, ist es ein Feind der Wahrheit, und wenn es sich auch noch so sehr als deren Freier glauben sollte.

636

Es gibt freilich auch eine ganz andere Gattung der Genialität, die der Gerechtigkeit; und ich kann mich durchaus nicht entschließen, dieselbe niedriger zu schätzen als irgendeine philosophische, politische oder künstlerische Genialität. Ihre Art ist es, mit herzlichem Unwillen allem aus dem Wege zu gehen, was das Urteil über die Dinge blendet und verwirrt; sie ist folglich eine *Gegnerin der Überzeugungen*, denn sie will jedem, sei es ein Belebtes oder Totes, Wirkliches oder Gedachtes, das Seine geben – und dazu muß sie es rein erkennen; sie stellt daher jedes Ding in das beste Licht und geht um dasselbe mit sorgsamem Auge herum. Zuletzt wird sie selbst ihrer Gegnerin, der blinden oder kurzsichtigen »Überzeugung« (wie Männer sie nennen: – bei Weibern heißt sie »Glaube«), geben, was der Überzeugung ist – um der Wahrheit willen.

637

Aus den *Leidenschaften* wachsen die Meinungen; die *Trägheit des Geistes* läßt diese zu *Überzeugungen* erstarren. – Wer sich aber *freien*, rastlos lebendigen Geistes fühlt, kann durch beständigen Wechsel diese Erstarrung verhindern; und ist er gar insgesamt ein denkender Schneeballen, so wird er überhaupt nicht Meinungen, sondern nur Gewißheiten und genau bemessene Wahrscheinlichkeiten in seinem Kopfe haben. – Aber wir, die wir gemischten Wesens sind und bald vom Feuer durchglüht, bald vom Geiste durchkältet sind, wollen vor der Gerechtigkeit knien, als der einzigen Göttin, welche wir über uns anerkennen. *Das Feuer* in uns macht uns für gewöhnlich ungerecht und, im Sinne jener Göttin, unrein; nie dürfen wir in diesem Zustande ihre Hand fassen, nie liegt dann das ernste Lächeln ihres Wohlgefallens auf uns. Wir verehren sie als die verhüllte Isis unseres Lebens; beschämt bringen wir ihr unsern Schmerz als Buße und Opfer dar, wenn das Feuer uns brennt und verzehren will. *Der Geist* ist es, der uns rettet, daß wir nicht ganz verglühen und verkohlen; er reißt uns hier und da fort von dem Opferaltare der Gerechtigkeit oder hüllt uns in ein Gespinst aus Asbest. Vom Feuer erlöst, schreiten wir dann, durch den Geist getrieben, von Meinung zu Meinung, durch den Wechsel der Parteien, als edle *Verräter* aller Dinge, die überhaupt verraten werden können, – und dennoch ohne ein Gefühl von Schuld.

638

Der Wanderer. – Wer nur einigermaßen zur Freiheit der Vernunft gekommen ist, kann sich auf Erden nicht anders fühlen denn als Wanderer, – wenn auch nicht als Reisender *nach* einem letzten Ziele: denn dieses gibt es nicht. Wohl aber will er zusehen und die Augen dafür offen haben, was alles in der Welt eigentlich vorgeht; deshalb darf er sein Herz nicht allzufest an alles einzelne anhängen; es muß in ihm selber etwas Wanderndes sein, das seine Freude an dem Wechsel und der Vergänglichkeit habe. Freilich werden einem solchen Menschen böse Nächte kommen, wo er müde ist und das Tor der Stadt, welche ihm Rast bieten sollte, verschlossen findet; vielleicht, daß noch dazu, wie im Orient, die Wüste bis an das Tor reicht, daß die Raubtiere bald ferner, bald näher her heulen, daß ein starker Wind sich erhebt, daß Räuber ihm seine Zugtiere wegführen. Dann sinkt für ihn wohl die schreckliche Nacht wie eine zweite Wüste auf die Wüste, und sein Herz wird des Wanderns müde. Geht ihm dann die Morgensonne auf, glühend wie eine Gottheit des Zorns, öffnet sich die Stadt, so sieht er in den Gesichtern der hier Hausenden vielleicht noch mehr Wüste, Schmutz, Trug, Unsicherheit als vor den Toren – und der Tag ist fast schlimmer als die Nacht. So mag es wohl einmal dem Wanderer ergehen; aber dann kommen, als Entgelt, die wonnevollen Morgen anderer Gegenden und Tage, wo er schon im Grauen des Lichtes die Musenschwärme im Nebel des Gebirges nahe an sich vorübertanzen sieht, wo ihm nachher, wenn er still, in dem Gleichmaß der Vormittagsseele, unter Bäumen sich ergeht, aus deren Wipfeln und Laubverstecken heraus lauter gute und helle Dinge zugeworfen werden, die Geschenke aller jener freien Geister, die in Berg, Wald und Einsamkeit zu Hause sind und welche, gleich ihm, in ihrer bald fröhlichen bald nachdenklichen Weise, Wanderer und Philosophen sind. Geboren aus den Geheimnissen der Frühe, sinnen sie darüber nach, wie der Tag zwischen dem zehnten und zwölften Glockenschlage ein so reines, durchleuchtetes, verklärt-heiteres Gesicht haben könne: – sie suchen die *Philosophie des Vormittages*.

UNTER FREUNDEN

Ein Nachspiel

I

Schön ists, miteinander schweigen,
Schöner, miteinander lachen, –
Unter seidenem Himmels-Tuche
Hingelehnt zu Moos und Buche
Lieblich laut mit Freunden lachen
Und sich weiße Zähne zeigen.

Macht' ich's gut, so wolln wir schweigen;
Macht' ich's schlimm –, so wolln wir lachen
Und es immer schlimmer machen,
Schlimmer machen, schlimmer lachen,
Bis wir in die Grube steigen.

Freunde! Ja! So solls geschehn?
Amen! Und auf Wiedersehn!

2

Kein Entschuldgen! Kein Verzeihen!
Gönnt ihr Frohen, Herzens-Freien
Diesem unvernünftgen Buche
Ohr und Herz und Unterkunft!
Glaubt mir, Freunde, nicht zum Fluche
Ward mir meine Unvernunft!

Was *ich* finde, was *ich* suche –,
Stand das je in einem Buche?
Ehrt in mir die Narren-Zunft!
Lernt aus diesem Narrenbuche,
Wie Vernunft kommt – »zur Vernunft«!

Also, Freunde, solls geschehn? –
Amen! Und auf Wiedersehn!

MENSCHLICHES, ALLZUMENSCHLICHES

Ein Buch für freie Geister

Zweiter Band

VORREDE

I

Man soll nur reden, wo man nicht schweigen darf; und nur von dem reden, was man *überwunden* hat, – alles andere ist Geschwätz, »Literatur«, Mangel an Zucht. Meine Schriften reden *nur* von meinen Überwindungen: »ich« bin darin, mit allem, was mir feind ward, *ego ipsissimus*, ja sogar, wenn ein stolzerer Ausdruck erlaubt wird, *ego ipsissimum*. Man errät: ich habe schon viel – *unter mir*... Aber es bedurfte immer erst der Zeit, der Genesung, der Ferne, der Distanz, bis die Lust bei mir sich regte, etwas Erlebtes und Überlebtes, irgendein eigenes Faktum oder Fatum nachträglich für die Erkenntnis abzuhäuten, auszubeuten, bloßzulegen, »darzustellen« (oder wie man's heißen will). Insofern sind alle meine Schriften, mit einer einzigen, allerdings wesentlichen Ausnahme, *zurück zu datieren* – sie reden immer von einem «Hinter-mir» –: einige sogar, wie die drei ersten Unzeitgemäßen Betrachtungen, noch zurück hinter die Entstehungs- und Erlebniszeit eines vorher herausgegebenen Buches (der »Geburt der Tragödie« im gegebenen Falle: wie es einem feineren Beobachter und Vergleicher nicht verborgen bleiben darf). Jener zornige Ausbruch gegen die Deutschtümelei, Behäbigkeit und Sprach-Verlumpung des alt gewordenen David Strauß, der Inhalt der ersten Unzeitgemäßen, machte Stimmungen Luft, mit denen ich lange vorher, als Student, inmitten deutscher Bildung und Bildungsphilisterei gesessen hatte (ich mache Anspruch auf die Vaterschaft des jetzt viel gebrauchten und mißbrauchten Wortes »Bildungsphilister« –); und was ich gegen die »historische Krankheit« gesagt habe, das sagte ich als einer, der von ihr langsam, mühsam genesen lernte und ganz und gar nicht willens war, fürderhin auf »Historie« zu verzichten, weil er einstmals an ihr gelitten hatte. Als ich sodann, in der dritten Unzeitgemäßen Betrachtung, meine Ehrfurcht vor meinem ersten und einzigen Erzieher, vor dem *großen* Arthur Schopenhauer zum Ausdruck brachte – ich würde sie jetzt noch viel stärker, auch persönlicher ausdrücken –, war ich für meine eigne Person schon mitten in der moralistischen Skepsis und Auflösung drin, *das heißt ebensosehr in der Kritik als der Vertiefung alles bisherigen Pessimismus –*, und glaubte bereits »an gar nichts mehr«, wie das Volk sagt, auch an Schopenhauer nicht: eben in jener Zeit entstand ein geheimgehaltenes Schriftstück »über Wahrheit und Lüge im außermoralischen Sinne«. Selbst meine Sieges- und Festrede zu Ehren Richard Wagners, bei Gelegenheit seiner Bayreuther Siegesfeier 1876 – Bayreuth bedeutet den größten Sieg, den je ein Künstler errungen hat –, ein Werk, welches den stärksten *Anschein* der »Aktualität« an sich trägt, war im Hintergrunde eine Huldigung und Dankbarkeit gegen ein Stück Vergangenheit von mir, gegen die schönste, auch gefährlichste Meeresstille meiner Fahrt... und tatsächlich eine Loslösung, ein Abschiednehmen. (Täuschte Richard Wagner sich vielleicht selbst darüber? Ich glaube es nicht. Solange man noch liebt, malt man gewiß keine solchen Bilder; man »betrachtet« noch nicht, man stellt sich nicht dergestalt in die Ferne, wie es der Betrachtende tun muß. »Zum Betrachten gehört schon eine geheimnisvolle *Gegnerschaft*, die des Entgegenschauens« – heißt es auf Seite 46 [397] der genannten Schrift selbst, mit einer verräterischen und schwermütigen Wendung, welche vielleicht nur für wenige Ohren war.) Die Gelassenheit, um über lange Zwischenjahre innerlichsten Alleinseins und Entbehrens reden zu *können*, kam mir erst mit dem Buche »Menschliches, Allzumenschliches«, dem auch dies zweite Für- und Vorwort gewidmet sein soll. Auf ihm, als einem Buche »für freie Geister«, liegt etwas von der beinahe heiteren und neugierigen Kälte des Psychologen, welche eine Menge schmerzlicher Dinge, die er *unter* sich hat, *hinter* sich hat, nachträglich für sich noch feststellt und gleichsam mit irgendeiner Nadelspitze *feststicht*: – was Wunders, wenn, bei einer so spitzen und kitzlichen Arbeit, gelegentlich auch etwas Blut fließt, wenn der Psychologe Blut dabei an den Fingern und nicht immer nur – an den Fingern hat?...

2

Die Vermischten Meinungen und Sprüche sind, ebenso wie der Wanderer und sein Schatten, zuerst *einzeln* als Fortsetzungen und Anhänge jenes ebengenannten menschlich-allzumenschlichen »Buchs für freie Geister« herausgegeben worden: zugleich als Fortsetzung und Verdoppelung einer geistigen Kur, nämlich der *antiromantischen* Selbstbehandlung, wie sie mir mein gesund gebliebener Instinkt wider eine zeitweilige Erkrankung an der gefährlichsten Form der Romantik selbst erfunden, selbst verordnet hatte. Möge man sich nunmehr, nach sechs Jahren der Genesung, die gleichen Schriften *vereinigt* gefallen lassen, als zweiten Band von Menschliches, Allzumenschliches: vielleicht lehren sie, zusammen betrachtet, ihre Lehre stärker und deutlicher, – eine *Gesundheitslehre*, welche den geistigeren Naturen des eben heraufkommenden Geschlechts zur *disciplina voluntatis* empfohlen sein mag. Aus ihnen redet ein Pessimist, der oft genug aus der Haut gefahren, aber immer wieder in sie hineingefahren ist, ein Pessimist also mit dem guten Willen *zum* Pessimismus, – somit jedenfalls kein Romantiker mehr: wie? sollte ein Geist, der sich auf diese Schlangenklugheit versteht, die *Haut zu wechseln*, nicht den heutigen Pessimisten eine Lektion geben dürfen, welche allesamt noch in der Gefahr der Romantik sind? Und ihnen zum mindesten zeigen, wie man das – *macht*?...

3

– Es war in der Tat damals die höchste Zeit, *Abschied zu nehmen*: alsbald schon bekam ich den Beweis dafür. Richard Wagner, scheinbar der Siegreichste, in Wahrheit ein morsch gewordener, verzweifelnder Romantiker, sank plötzlich, hilflos und zerbrochen, vor dem christlichen Kreuze nieder... Hat denn kein Deutscher für dieses schauerliche Schauspiel damals Augen im Kopfe, Mitgefühl in seinem Gewissen gehabt? War ich der einzige, der an ihm – litt? Genug, mir selbst gab dies unerwartete Ereignis wie ein Blitz Klarheit über den Ort, den ich verlassen hatte, – und auch jenen nachträglichen Schrekken, wie ihn jeder empfindet, der unbewußt durch eine ungeheure Gefahr gelaufen ist. Als ich allein weiterging, zitterte ich; nicht lange darauf, und ich war krank, mehr als krank, nämlich müde, aus der unaufhaltsamen Enttäuschung über alles, was uns modernen Menschen zur Begeisterung übrigblieb, über die allerorts *vergeudete* Kraft, Arbeit, Hoffnung, Jugend, Liebe; müde aus Ekel vor dem Femininischen und Schwärmerisch-Zuchtlosen dieser Romantik, vor der ganzen idealistischen Lügnerei und Gewissens-Verweichlichung, die hier wieder einmal den Sieg über einen der Tapfersten davongetragen hatte; müde endlich, und nicht am wenigsten, aus dem Gram eines unerbittlichen Argwohns, — daß ich, nach dieser Enttäuschung, verurteilt sei, tiefer zu mißtrauen, tiefer zu verachten, tiefer allein zu sein als je vorher. Meine *Aufgabe* — wohin war sie? Wie? schien es jetzt nicht, als ob sich meine Aufgabe von mir zurückziehe, als ob ich nun für lange kein Recht mehr auf sie habe? Was tun, um *diese* größte Entbehrung auszuhalten? — Ich begann damit, daß ich mir gründlich und grundsätzlich alle romantische Musik *verbot*, diese zweideutige, großtuerische, schwüle Kunst, welche den Geist um seine Strenge und Lustigkeit bringt und jede Art unklarer Sehnsucht, schwammichter Begehrlichkeit wuchern macht. »*Cave musicam*« ist auch heute noch mein Rat an alle, die Manns genug sind, um in Dingen des Geistes auf Reinlichkeit zu halten; solche Musik entnervt, erweicht, verweiblicht, ihr »Ewig-Weibliches« zieht *uns* — hinab!... *Gegen* die romantische Musik wendete sich damals mein erster Argwohn, meine nächste Vorsicht; und wenn ich überhaupt noch etwas von der Musik hoffte, so war es in der Erwartung, es möchte ein Musiker kommen, kühn, fein, boshaft, südlich, übergesund genug, um an jener Musik auf eine unsterbliche Weise *Rache zu nehmen.* —

4

Einsam nunmehr und schlimm mißtrauisch gegen mich, nahm ich, nicht ohne Ingrimm, dergestalt Partei *gegen* mich und *für* alles, was gerade *mir* wehe tat und hart fiel: — so fand ich den Weg zu jenem tapferen Pessimismus wieder, der der Gegensatz aller romantischen Verlogenheit ist und auch, wie mir heute scheinen will, den Weg zu »mir« selbst, zu *meiner* Aufgabe. Jenes verborgene und herrische Etwas, für das wir lange keinen Namen haben, bis es sich endlich als unsre *Aufgabe* erweist, — dieser Tyrann in uns nimmt eine schreckliche Wiedervergeltung für jeden Versuch, den wir machen, ihm auszuweichen oder zu entschlüpfen, für jede vorzeitige Bescheidung, für jede Gleichsetzung mit solchen, zu denen wir nicht gehören, für jede noch so achtbare Tätigkeit, falls sie uns von unsrer Hauptsache ablenkt, ja für jede Tugend selbst, welche uns gegen die Härte der eigensten Verantwortlichkeit schützen möchte. Krankheit ist jedesmal die Antwort, wenn wir an unsrem Rechte auf *unsre* Aufgabe zweifeln wollen, – wenn wir anfangen, es uns irgendworin leichter zu machen. Sonderbar und furchtbar zugleich! Unsre *Erleichterungen* sind es, die wir am härtesten büßen müssen! Und wollen wir hinterdrein zur Gesundheit zurück, so bleibt uns keine Wahl: wir müssen uns *schwerer* belasten, als wir je vorher belastet waren...

5

– Damals lernte ich erst jenes einsiedlerische Reden, auf welches sich nur die Schweigendsten und Leidendsten verstehn: ich redete, ohne Zeugen oder vielmehr gleichgültig gegen Zeugen, um nicht am Schweigen zu leiden, ich sprach von lauter Dingen, die mich nichts angingen, aber so, als ob sie mich etwas angingen. Damals lernte ich die Kunst, mich heiter, objektiv, neugierig, vor allem gesund und boshaft zu *geben*, – und bei einem Kranken ist dies, wie mir scheinen will, sein »guter Geschmack«? Einem feineren Auge und Mitgefühl wird es trotzdem nicht entgehn, was vielleicht den Reiz dieser Schriften ausmacht, – daß hier ein Leidender und Entbehrender redet, wie als ob er *nicht* ein Leidender und Entbehrender sei. Hier *soll* das Gleichgewicht, die Gelassenheit, sogar die Dankbarkeit gegen das Leben aufrecht erhalten werden, hier waltet ein strenger, stolzer, beständig wacher, beständig reizbarer Wille, der sich die Aufgabe gestellt hat, das Leben *wider* den Schmerz zu verteidigen und alle Schlüsse abzuknicken, welche aus Schmerz, Enttäuschung, Überdruß, Vereinsamung und andrem Moorgrunde gleich giftigen Schwämmen aufzuwachsen pflegen. Dies gibt vielleicht gerade unsern Pessimisten Fingerzeige zur eignen Prüfung? – denn damals war es, wo ich mir den Satz abgewann: »ein Leidender hat auf Pessimismus *noch kein Recht!*«, damals führte ich mit mir einen langwierig-geduldigen Feldzug gegen den unwissenschaftlichen Grundhang jedes romantischen Pessimismus, einzelne persönliche Erfahrungen zu allgemeinen Urteilen, ja Welt-Verurteilungen aufzubauschen, auszudeuten ... kurz, damals drehte ich meinen Blick *herum*. Optimismus, zum Zweck der Wiederherstellung, um irgendwann einmal wieder Pessimist sein zu *dürfen* – versteht ihr das? Gleich wie ein Arzt seinen Kranken in eine völlig fremde Umgebung stellt, damit er seinem ganzen »Bisher«, seinen Sorgen, Freunden, Briefen, Pflichten, Dummheiten und Gedächtnismartern entrückt wird und Hände und Sinne nach neuer Nahrung, neuer Sonne, neuer Zukunft ausstrecken lernt, so zwang ich mich, als Arzt und Kranker in einer Person, zu einem umgekehrten, unerprobten *Klima der Seele*, und namentlich zu einer abziehenden Wanderung in die Fremde, in *das* Fremde, zu einer Neugierde nach aller Art von Fremdem... Ein langes Herumziehn, Suchen, Wechseln folgte hieraus, ein Widerwille gegen alles Festbleiben, gegen jedes plumpe Bejahen und Verneinen; ebenfalls eine Diätetik und Zucht, welche es dem Geiste so leicht als möglich machen wollte, weit zu laufen, hoch zu fliegen, vor allem immer wieder fort zu fliegen. Tatsächlich ein *minimum* von Leben, eine Loskettung von allen gröberen Begehrlichkeiten, eine Unabhängigkeit inmitten aller Art äußerer Ungunst, samt dem Stolze, leben zu *können* unter dieser Ungunst; etwas Zynismus vielleicht, etwas »Tonne«, aber ebenso gewiß viel Grillen-Glück, Grillen-Munterkeit, viel Stille, Licht, feinere Torheit, verborgenes Schwärmen – das alles ergab zuletzt eine große geistige Erstarkung, eine wachsende Lust und Fülle der Gesundheit. Das Leben selbst *belohnt* uns für unsern zähen Willen zum Leben, für einen solchen langen Krieg wie ich ihn damals mit mir gegen den Pessimismus der Lebensmüdigkeit führte, schon für jeden aufmerksamen Blick unserer Dankbarkeit, der sich die kleinsten, zartesten, flüchtigsten Geschenke des Lebens nicht entgehn läßt. Wir bekommen endlich dafür seine *großen* Geschenke, vielleicht auch sein größtes, das es zu geben vermag, – wir bekommen *unsre Aufgabe* wieder zurück. – –

6

– Sollte mein Erlebnis – die Geschichte einer Krankheit und Genesung, denn es lief auf eine Genesung hinaus – nur mein persönliches Erlebnis gewesen sein? Und gerade nur *mein* »Menschlich-Allzumenschliches«? Ich möchte heute das Umgekehrte glauben; das Zutrauen kommt mir wieder und wieder dafür, daß meine Wanderbücher doch nicht nur für mich aufgezeichnet waren, wie es bisweilen den

Anschein hatte –. Darf ich nunmehr, nach sechs Jahren wachsender Zuversicht, sie von neuem zu einem Versuche auf die Reise schicken? Darf ich sie denen sonderlich ans Herz und Ohr legen, welche mit irgendeiner »Vergangenheit« behaftet sind und Geist genug übrig haben, um auch noch am *Geiste* ihrer Vergangenheit zu leiden? Vor allem aber *euch*, die ihr es am schwersten habt, ihr Seltenen, Gefährdetsten, Geistigsten, Mutigsten, die ihr das *Gewissen* der modernen Seele sein müßt und als solche ihr *Wissen* haben müßt, in denen, was es nur heute von Krankheit, Gift und Gefahr geben kann, zusammenkommt, – deren Los es will, daß ihr kränker sein müßt als irgendein einzelner, weil ihr nicht »*nur* einzelne« seid..., deren Trost es ist, den Weg zu einer *neuen* Gesundheit zu wissen, ach! und zu gehen, einer Gesundheit von morgen und übermorgen, ihr Vorherbestimmten, ihr Siegreichen, ihr Zeit-Überwinder, ihr Gesündesten, ihr Stärksten, ihr *guten Europäer!* – –

7

– Daß ich schließlich meinen Gegensatz gegen den *romantischen Pessimismus*, das heißt zum Pessimismus der Entbehrenden, Mißglückten, Überwundenen, noch in eine Formel bringe: es gibt einen Willen zum Tragischen und zum Pessimismus, der das Zeichen ebensosehr der Strenge als der Stärke des Intellekts (Geschmacks, Gefühls, Gewissens) ist. Man fürchtet, mit diesem Willen in der Brust, nicht das Furchtbare und Fragwürdige, das allem Dasein eignet; man sucht es selbst auf. Hinter einem solchen Willen steht der Mut, der Stolz, das Verlangen nach einem *großen* Feinde. – Dies war *meine* pessimistische Perspektive von Anbeginn, – eine neue Perspektive, wie mich dünkt? eine solche, die auch heute noch neu und fremd ist? Bis zu diesem Augenblicke halte ich an ihr fest, und, wenn man mir glauben will, ebensowohl *für* mich als, gelegentlich wenigstens, *gegen* mich... Wollt ihr dies erst bewiesen? Aber was sonst wäre mit dieser langen Vorrede – bewiesen?

Sils-Maria, Oberengadin,
   im September 1886

Erste Abteilung:

VERMISCHTE MEINUNGEN UND SPRÜCHE

1

An die Enttäuschten der Philosophie. – Wenn ihr bisher an den höchsten Wert des Lebens geglaubt habt und euch nun enttäuscht seht, müßt ihr es denn jetzt gleich zum niedrigsten Preise losschlagen?

2

Verwöhnt. – Man kann sich auch in bezug auf die Helligkeit der Begriffe verwöhnen: wie ekelhaft wird da der Verkehr mit den Halbklaren, Dunstigen, Strebenden, Ahnenden! Wie lächerlich und doch nicht erheiternd wirkt ihr ewiges Flattern und Haschen und doch nicht Fliegen- und Fangen-können!

3

Die Freier der Wirklichkeit. – Wer endlich merkt, wie sehr und wie lange er genarrt worden ist, umarmt aus Trotz selbst die häßlichste Wirklichkeit: so daß dieser, den Verlauf der Welt im ganzen gesehen, zu allen Zeiten die allerbesten Freier zugefallen sind, – denn die Besten sind immer am besten und längsten getäuscht worden.

4

Fortschritt der Freigeisterei. – Man kann den Unterschied der früheren und der gegenwärtigen Freigeisterei nicht besser verdeutlichen, als wenn man jenes Satzes gedenkt, den zu erkennen und auszusprechen die ganze Unerschrockenheit des vorigen Jahrhunderts nötig war und der dennoch, von der jetzigen Einsicht aus bemessen, zu einer unfreiwilligen Naivität herabsinkt, – ich meine den Satz Voltaires: »*croyez-moi, mon ami, l'erreur aussi a son mérite.*«

5

Eine Erbsünde der Philosophen. — Die Philosophen haben zu allen Zeiten die Sätze der Menschenprüfer (Moralisten) sich angeeignet und *verdorben,* dadurch, daß sie dieselben unbedingt nahmen und das als notwendig beweisen wollten, was von jenen nur als ungefährer Fingerzeig oder gar als land- oder stadtsässige Wahrheit eines Jahrzehnts gemeint war, — während sie gerade dadurch sich über jene zu erheben meinten. So wird man als Grundlage der berühmten Lehren Schopenhauers vom Primat des Willens vor dem Intellekt, von der Unveränderlichkeit des Charakters, von der Negativität der Lust — welche alle, so wie er sie versteht, Irrtümer sind — populäre Weisheiten finden, welche Moralisten aufgestellt haben. Schon das Wort »Wille«, welches Schopenhauer zur gemeinsamen Bezeichnung vieler menschlichen Zustände umbildete und in eine Lücke der Sprache hineinstellte, zum großen Vorteil für ihn selber, soweit er Moralist war — da es ihm nun freistand, vom «Willen» zu reden, wie Pascal von ihm geredet hatte —, schon der »Wille« Schopenhauers ist unter den Händen seines Urhebers, durch die Philosophen-Wut der Verallgemeinerung, zum Unheil für die Wissenschaft ausgeschlagen: denn dieser Wille ist zu einer poetischen Metapher gemacht, wenn behauptet wird, alle Dinge in der Natur hätten Willen; endlich ist er, zum Zwecke einer Verwendung bei allerhand mystischem Unfuge, zu einer falschen Verdinglichung gemißbraucht worden — und alle Modephilosophen sagen es nach und scheinen es ganz genau zu wissen, daß alle Dinge *einen* Willen hätten, ja dieser *eine* Wille wären (was, nach der Abschilderung, die man von diesem All-Eins-Willen macht, so viel bedeutet, als ob man durchaus den *dummen Teufel* zum Gotte haben wolle).

6

Wider die Phantasten. — Der Phantast verleugnet die Wahrheit vor sich, der Lügner nur vor andern.

7

Licht-Feindschaft. — Macht man jemandem klar, daß er, streng verstanden, nie von Wahrheit, sondern immer nur von Wahrscheinlichkeit und deren Graden reden könne, so entdeckt man gewöhnlich an der unverhohlenen Freude des also Belehrten, wie viel lieber den Menschen die Unsicherheit des geistigen Horizontes ist und wie sie die Wahrheit im Grunde ihrer Seele wegen ihrer Bestimmtheit *hassen*. – Liegt es daran, daß sie alle insgeheim selber Furcht davor haben, daß man einmal das Licht der Wahrheit zu hell auf sie fallen lasse? Sie wollen etwas bedeuten, folglich darf man nicht genau wissen, was sie *sind*? Oder ist es nur die Scheu vor dem allzuhellen Licht, an welches ihre dämmernden, leichtzublendenden Fledermaus-Seelen nicht gewöhnt sind, so daß sie es hassen müssen?

8

Christen-Skepsis. – Pilatus, mit seiner Frage: was ist Wahrheit!, wird jetzt gern als Advokat Christi eingeführt, um alles Erkannte und Erkennbare als Schein zu verdächtigen und auf dem schauerlichen Hintergrunde des Nichts-wissen-könnens das Kreuz aufzurichten.

9

»Naturgesetz« ein Wort des Aberglaubens. – Wenn ihr so entzückt von der Gesetzmäßigkeit in der Natur redet, so müßt ihr doch entweder annehmen, daß aus freiem, sich selbst unterwerfendem Gehorsam alle natürlichen Dinge ihrem Gesetze folgen – in welchem Falle ihr also die Moralität der Natur bewundert –; oder euch entzückt die Vorstellung eines schaffenden Mechanikers, der die kunstvollste Uhr, mit lebenden Wesen als Zierrat daran, gemacht hat. – Die Notwendigkeit in der Natur wird durch den Ausdruck »Gesetzmäßigkeit« menschlicher und ein letzter Zufluchtswinkel der mythologischen Träumerei.

10

Der Historie verfallen. – Die Schleier-Philosophen und Welt-Verdunkler, also alle Metaphysiker feineren und gröberen Korns, ergreift Augen-, Ohren- und Zahnschmerz, wenn sie zu argwöhnen beginnen, daß es mit dem Satze: die ganze Philosophie sei von jetzt ab der Historie verfallen, seine Richtigkeit habe. Es ist ihnen, ihrer *Schmerzen* wegen, zu verzeihen, daß sie nach jenem, der so spricht, mit Steinen und Unflat werfen: die Lehre selbst kann aber dadurch eine Zeitlang schmutzig und unansehnlich werden und an Wirkung verlieren.

11

Der Pessimist des Intellekts. — Der wahrhaft Freie im Geiste wird auch über den Geist selber frei denken und sich einiges Furchtbare in Hinsicht auf Quelle und Richtung desselben nicht verhehlen. Deshalb werden ihn die andern vielleicht als den ärgsten Gegner der Freigeisterei bezeichnen und mit dem Schimpf- und Schreckwort »Pessimist des Intellekts« belegen: gewohnt, wie sie sind, jemanden nicht nach seiner hervorragenden Stärke und Tugend zu nennen, sondern nach dem, was ihnen am fremdesten an ihm ist.

12

Schnappsack der Metaphysiker. — Allen denen, welche so großtuerisch von der Wissenschaftlichkeit ihrer Metaphysik reden, soll man gar nicht antworten; es genügt, sie an dem Bündel zu zupfen, welches sie, einigermaßen scheu, hinter ihrem Rücken verborgen halten; gelingt es, dasselbe zu lüpfen, so kommen die Resultate jener Wissenschaftlichkeit, zu ihrem Erröten, ans Licht: ein kleiner lieber Herrgott, eine artige Unsterblichkeit, vielleicht etwas Spiritismus und jedenfalls ein ganzer verschlungener Haufen von Armen-Sünder-Elend und Pharisäer-Hochmut.

13

Gelegentliche Schädlichkeit der Erkenntnis. — Die Nützlichkeit, welche die unbedingte Erforschung des Wahren mit sich bringt, wird fortwährend so hundertfach neu bewiesen, daß man die feinere und seltnere Schädlichkeit, an der einzelne ihrethalben zu leiden haben, unbedingt mit in den Kauf nehmen muß. Man kann es nicht verhindern, daß der Chemiker bei seinen Versuchen sich gelegentlich vergiftet und verbrennt. — Was vom Chemiker gilt, gilt von unsrer gesamten Kultur:

woraus sich, nebenbei gesagt, deutlich ergibt, wie sehr dieselbe für Heilsalben bei Verbrennungen und für das stete Vorhandensein von Gegengiften zu sorgen hat.

14

Philister-Notdurft. – Der Philister meint einen Purpurfetzen oder Turban von Metaphysik am nötigsten zu haben und will ihn durchaus nicht schlüpfen lassen: und doch würde man ihn ohne diesen Putz weniger lächerlich finden.

15

Die Schwärmer. – Mit allem, was Schwärmer zugunsten ihres Evangeliums oder ihres Meisters sagen, verteidigen sie sich selbst, so sehr sie sich auch als Richter (und nicht als Angeklagte) gebärden, weil sie unwillkürlich und fast in jedem Augenblicke daran erinnert werden, daß sie Ausnahmen sind, die sich legitimieren müssen.

16

Das Gute verführt zum Leben. – Alle guten Dinge sind starke Reizmittel zum Leben, selbst jedes gute Buch, das gegen das Leben geschrieben ist.

17

Glück des Historikers. – »Wenn wir die spitzfindigen Metaphysiker und Hinterweltler reden hören, fühlen wir anderen freilich, daß wir die ‚Armen am Geist' sind, aber auch daß unser das Himmelreich des Wechsels, mit Frühling und Herbst, Winter und Sommer, und jener die Hinterwelt ist – mit ihren grauen, frostigen, unendlichen Nebeln und Schatten.« – So sprach einer zu sich bei einem Gange in der Morgensonne: einer, dem bei der Historie nicht nur der Geist, sondern auch das Herz sich immer neu verwandelt und der, im Gegensatze zu den Metaphysikern, glücklich darüber ist, nicht »eine unsterbliche Seele«, sondern *viele sterbliche Seelen* in sich zu beherbergen.

18

Drei Arten von Denkern. – Es gibt strömende, fließende, tröpfelnde Mineralquellen; und dementsprechend drei Arten von Denkern. Der

Laie schätzt sie nach der Masse des Wassers, der Kenner nach dem Gehalt des Wassers ab, also nach dem, was eben *nicht* Wasser in ihnen ist.

19

Das Bild des Lebens. – Die Aufgabe, *das* Bild *des* Lebens zu malen, so oft sie auch von Dichtern und Philosophen gestellt wurde, ist trotzdem unsinnig: auch unter den Händen der größten Maler-Denker sind immer nur Bilder und Bildchen *aus einem* Leben, nämlich aus ihrem Leben, entstanden – und nichts anderes ist auch nur möglich. Im Werdenden kann sich ein Werdendes nicht als fest und dauernd, nicht als ein »das« spiegeln.

20

Wahrheit will keine Götter neben sich. – Der Glaube an die Wahrheit beginnt mit dem Zweifel an allen bis dahin geglaubten Wahrheiten.

21

Worüber Schweigen verlangt wird. – Wenn man von der Freigeisterei wie von einer höchst gefährlichen Gletscher- und Eismeer-Wanderung redet, so sind die, welche den Weg nicht gehen wollen, beleidigt, als ob man ihnen Zaghaftigkeit und schwache Knie zum Vorwurf gemacht hätte. Das Schwere, dem wir uns nicht gewachsen fühlen, soll nicht einmal vor uns genannt werden.

22

Historia in nuce. – Die ernsthafteste Parodie, die ich je hörte, ist diese: »im Anfang war der Unsinn, und der Unsinn *war*, bei Gott!, und Gott (göttlich) war der Unsinn.«

23

Unheilbar. – Ein Idealist ist unverbesserlich: wirft man ihn aus seinem Himmel, so macht er sich aus der Hölle ein Ideal zurecht. Man enttäusche ihn und siehe! – er wird die Enttäuschung nicht minder brünstig umarmen, als er noch jüngst die Hoffnung umarmt hat. Insofern sein Hang zu den großen unheilbaren Hängen der menschlichen Natur gehört, kann er tragische Schicksale herbeiführen und später Gegenstand von Tragödien werden: als welche es eben mit dem Unheilbaren, Unabwendbaren, Unentfliehbaren in Menschenlos und -charakter zu tun haben.

24

Der Beifall selber als Fortsetzung des Schauspiels. – Strahlende Augen und ein wohlwollendes Lächeln ist die Art des Beifalls, welcher der ganzen großen Welt- und Daseinskomödie gezollt wird, – aber zugleich eine Komödie in der Komödie, welche die andern Zuschauer zum »plaudite amici« verführen soll.

25

Mut zur Langweiligkeit. – Wer den Mut nicht hat, sich und sein Werk langweilig finden zu lassen, ist gewiß kein Geist ersten Ranges, sei es in Künsten oder Wissenschaften. – Ein Spötter, der ausnahmsweise auch ein Denker wäre, könnte, bei einem Blick auf Welt und Geschichte, hinzufügen: »Gott hatte diesen Mut nicht; er hat die Dinge insgesamt zu interessant machen wollen und gemacht.«

26

Aus der innersten Erfahrung des Denkers. – Nichts wird dem Menschen schwerer als eine Sache unpersönlich zu fassen: ich meine, in ihr eben eine Sache und *keine Person* zu sehen: ja man kann fragen, ob es ihm überhaupt möglich ist, das Uhrwerk seines personenbildenden, personendichtenden Triebes auch nur einen Augenblick auszuhängen. Verkehrt er doch selbst mit *Gedanken*, und seien es die abstraktesten, so, als wären es Individuen, mit denen man kämpfen, an die man sich anschließen, welche man behüten, pflegen, aufnähren müsse. Belauern und belauschen wir uns nur selber, in jenen Minuten, wo wir einen uns neuen Satz hören oder finden. Vielleicht mißfällt er uns, weil er so trotzig, so selbstherrlich dasteht; unbewußt fragen wir uns, ob wir ihm nicht einen Gegensatz als Feind zur Seite ordnen, ob wir ihm ein

»Vielleicht«, ein »Mitunter« anhängen können; selbst das Wörtchen »wahrscheinlich« gibt uns eine Genugtuung, weil es die persönlich lästige Tyrannei des Unbedingten bricht. Wenn dagegen jener neue Satz in milder Form einherzieht, fein duldsam und demütig und dem Widerspruche gleichsam in die Arme sinkend, so versuchen wir es mit einer andern Probe unserer Selbstherrlichkeit: wie, können wir diesem schwachen Wesen nicht zu Hilfe kommen, es streicheln und nähren, ihm Kraft und Fülle, ja Wahrheit und selbst Unbedingtheit geben? Ist es möglich, uns elternhaft oder ritterlich oder mitleidig gegen dasselbe zu benehmen? — Dann wieder sehen wir hier ein Urteil und dort ein Urteil, entfernt voneinander, ohne sich anzusehen, ohne sich aufeinander zuzubewegen: da kitzelt uns der Gedanke, ob hier nicht eine Ehe zu stiften, ein *Schluß* zu ziehen sei, mit dem Vorgefühle, daß im Falle sich eine Folge aus diesem Schlusse ergibt, nicht nur die beiden ehelich verbundenen Urteile, sondern auch die Ehestifter die Ehre davon haben. Kann man aber weder auf dem Wege des Trotzes und Übelwollens, noch auf dem des Wohlwollens jenem Gedanken etwas anhaben (hält man ihn für *wahr* –), dann unterwirft man sich und huldigt ihm als einem Führer und Herzoge, gibt ihm einen Ehrenstuhl und spricht nicht ohne Gepränge und Stolz von ihm; denn in *seinem* Glanze glänzt man mit. Wehe dem, der diesen verdunkeln will; es sei denn, daß er uns selber eines Tages bedenklich wird: – dann stoßen wir, die unermüdlichen »Königsmacher« (*king-makers*) der Geschichte des Geistes, ihn vom Throne und heben flugs seinen Gegner hinauf. Dies erwäge man und denke noch ein Stück weiter: gewiß wird niemand dann von einem »Erkenntnistriebe an und für sich« reden! – Weshalb zieht also der Mensch das Wahre dem Unwahren vor, in diesem *heimlichen* Kampfe mit Gedanken-Personen, in dieser meist versteckt bleibenden Gedanken-Ehestiftung, Gedanken-Staatenbegründung, Gedanken-Kinderzucht, Gedanken-Armen- und Krankenpflege? Aus dem gleichen Grunde, aus dem er die Gerechtigkeit im Verkehre mit wirklichen Personen übt: *jetzt* aus Gewohnheit, Vererbung und Anerziehung, *ursprünglich*, weil das Wahre – wie auch das Billige und Gerechte – *nützlicher* und *ehrebringender* ist als das Unwahre. Denn im Reiche des Denkens sind *Macht* und *Ruf* schlecht zu behaupten, die sich auf dem Irrtum oder der Lüge aufbauen: das Gefühl, daß ein solcher Bau irgendeinmal zusammenbrechen könne, ist *demütigend* für das Selbstbewußtsein seines Baumeisters; er schämt sich der Zerbrechlichkeit seines Materials und möchte, weil er *sich selber wichtiger* als die übrige Welt nimmt, nichts tun, was nicht *dauernder* als die übrige Welt wäre. Im Verlangen nach der Wahrheit umarmt er den Glauben an die persönliche Unsterblichkeit, das heißt den hochmütigsten und trotzigsten Gedanken, den es gibt, verschwistert wie er ist mit dem Hintergedanken »*pereat mundus, dum ego salvus sim!*« Sein Werk ist ihm zu seinem *ego* geworden, er schafft sich selber ins Unvergängliche, allem Trotz Bietende um. Sein unermeßlicher Stolz ist es, der nur die besten härtesten Steine zum Werke verwenden will, Wahrheiten also oder das, was er dafür hält. Mit Recht hat man zu allen Zeiten als »das Laster des Wissenden« den *Hochmut* genannt – doch würde es ohne dieses triebkräftige Laster erbärmlich um die Wahrheit und deren Geltung auf Erden bestellt sein. Darin, daß wir uns vor unsern eigenen Gedanken, Begriffen, Worten *fürchten*, daß wir aber auch in ihnen uns selber *ehren*, ihnen unwillkürlich die Kraft zuschreiben, uns belehren, verachten, loben und tadeln zu können, darin, daß wir also mit ihnen wie mit freien geistigen Personen, mit unabhängigen Mächten verkehren, als Gleiche mit Gleichen – darin hat das seltsame Phänomen seine Wurzel, welches ich »intellektuales Gewissen« genannt habe. – So ist auch hier etwas Moralisches höchster Gattung aus einer Schwarzwurzel herausgeblüht.

27

Die Obskuranten. – Das Wesentliche an der schwarzen Kunst des Obskurantismus ist nicht, daß er die Köpfe verdunkeln will, sondern daß er das Bild der Welt anschwärzen, unsere *Vorstellung vom Dasein verdunkeln* will. Dazu dient ihm zwar häufig jenes Mittel, die Aufhellung der Geister zu hintertreiben: mitunter aber gebraucht er gerade das entgegengesetzte Mittel und sucht durch die höchste Verfeinerung des Intellekts einen *Überdruß* an dessen Früchten zu erzeugen. Spitzfindige Metaphysiker, welche die Skepsis vorbereiten und durch ihren übermäßigen Scharfsinn zum Mißtrauen gegen den Scharfsinn auffordern, sind gute Werkzeuge eines feineren Obskurantismus. – Ist es möglich, daß selbst Kant in dieser Absicht verwendet werden kann? ja, daß er, nach seiner eignen berüchtigten Erklärung, etwas Derartiges, wenigstens zeitweilig, *gewollt hat*: dem *Glauben* Bahn machen, dadurch, daß er dem *Wissen* seine Schranken wies? — was ihm nun freilich nicht gelungen ist, ihm so wenig wie seinen Nachfolgern auf den Wolfs- und Fuchsgängen dieses höchst verfeinerten und gefährlichen Obskurantismus, ja des gefährlichsten: denn die schwarze Kunst erscheint hier in einer Lichthülle.

28

An welcher Art von Philosophie die Kunst verdirbt. — Wenn es den Nebeln einer metaphysisch-mystischen Philosophie gelingt, alle ästhetischen Phänomene *undurchsichtbar* zu machen, so folgt dann, daß sie auch untereinander *unabschätzbar* sind, weil jedes einzelne unerklärlich wird. Dürfen sie aber nicht einmal mehr miteinander zum Zwecke der Abschätzung verglichen werden, so entsteht zuletzt eine vollständige *Unkritik*, ein blindes Gewährenlassen, daraus aber wiederum eine stetige Abnahme des *Genusses* an der Kunst (welcher nur durch ein höchst verschärftes Schmecken und Unterscheiden sich von der rohen Stillung eines Bedürfnisses unterscheidet). Je mehr aber der Genuß abnimmt, um so mehr wandelt sich das Kunst-Verlangen zum gemeinen Hunger um und zurück, dem nun der Künstler durch immer gröbere Kost abzuhelfen sucht.

29

Auf Gethsemane. — Das Schmerzlichste, was der Denker zu den Künstlern sagen kann, lautet: »könnt ihr denn nicht eine Stunde *mit mir* wachen?«

30

Am Webstuhle. — Den wenigen, welche eine Freude daran haben, den Knoten der Dinge zu lösen und sein Gewebe aufzutrennen, arbeiten viele entgegen (zum Beispiel alle Künstler und Frauen), ihn immer wieder neu zu knüpfen, zu verwickeln und so das Begriffene ins Unbegriffene, womöglich Unbegreifliche umzubilden. Was dabei auch sonst herauskomme – das Gewebte, Verknotete wird immer etwas unreinlich aussehen müssen, weil zu viele Hände daran arbeiten und ziehen.

31

In der Wüste der Wissenschaft. – Dem wissenschaftlichen Menschen erscheinen auf seinen bescheidenen und mühsamen Wanderungen, die oft genug Wüstenreisen sein müssen, jene glänzenden Lufterscheinungen, die man »philosophische Systeme« nennt: sie zeigen mit zauberischer Kraft der Täuschung die Lösung aller Rätsel und den frischesten Trunk wahren Lebenswassers in der Nähe; das Herz schwelgt, und der Ermüdete berührt das Ziel aller wissenschaftlichen Ausdauer und Not beinahe schon mit den Lippen, so daß er wie unwillkürlich vorwärts drängt. Freilich bleiben andere Naturen, von der schönen Täuschung wie betäubt, stehen: die Wüste verschlingt sie, für die Wissenschaft sind sie tot. Wieder andere Naturen, welche jene subjektiven Tröstungen schon öfter erfahren haben, werden wohl aufs äußerste mißmutig und verfluchen den Salzgeschmack, welchen jene Erscheinungen im Munde hinterlassen und aus dem ein rasender Durst entsteht – ohne daß man nur einen Schritt damit irgendeiner Quelle nähergekommen wäre.

32

Die angebliche »wirkliche Wirklichkeit«. – Der Dichter stellt sich so, wenn er die einzelnen Berufsarten, z. B. die des Feldherrn, des Seidenwebers, des Seemanns schildert, als ob er diese Dinge von Grund aus kenne und ein *Wissender* sei; ja bei der Auseinandersetzung menschlicher Handlungen und Geschicke benimmt er sich, wie als ob er beim Ausspinnen des ganzen Weltennetzes zugegen gewesen sei; insofern ist er ein Betrüger. Und zwar betrügt er vor lauter *Nichtwissenden* – und deshalb gelingt es ihm: diese bringen ihm das Lob seines echten und tiefen Wissens entgegen und verleiten ihn endlich zu dem Wahne, er wisse die Dinge wirklich so gut wie der einzelne Kenner und Macher, ja wie die große Welten-Spinne selber. Zuletzt also wird der Betrüger ehrlich und glaubt an seine Wahrhaftigkeit. Ja die empfindenden Menschen sagen es ihm sogar ins Gesicht, er habe die *höhere* Wahrheit und Wahrhaftigkeit, – sie sind nämlich der Wirklichkeit zeitweilig müde und nehmen den dichterischen Traum als eine wohltätige Ausspannung und Nacht für Kopf und Herz. Was dieser Traum ihnen zeigt, erscheint ihnen jetzt mehr *wert*, weil sie es, wie gesagt, wohltätiger empfinden: und immer haben die Menschen gemeint, das wertvoller Scheinende sei das Wahrere, Wirklichere. Die Dichter, die sich dieser Macht *bewußt* sind, gehen absichtlich darauf aus, das, was für gewöhnlich Wirklichkeit genannt wird, zu verunglimpfen und zum Unsichern, Scheinbaren, Unechten, Sünd-, Leid- und Trugvollen umzubilden; sie benützen alle Zweifel über die Grenzen der Erkenntnis, alle skeptischen Ausschreitungen, um die faltigen Schleier der Unsicherheit über die Dinge zu breiten: damit dann, nach dieser Umdunkelung, ihre Zauberei und Seelenmagie recht unbedenklich als Weg zur »wahren Wahrheit«, zur »wirklichen Wirklichkeit« verstanden werde.

33

Gerecht sein wollen und Richter sein wollen. – Schopenhauer, dessen große Kennerschaft für Menschliches und Allzumenschliches, dessen ursprünglicher Tatsachen-Sinn nicht wenig durch das bunte Leoparden-Fell seiner Metaphysik beeinträchtigt worden ist (welches man ihm erst abziehen muß, um ein wirkliches Moralisten-Genie darunter zu entdecken) – Schopenhauer macht jene treffliche Unterscheidung, mit der er viel mehr Recht behalten wird, als er sich selber eigentlich zugestehen durfte: »die Einsicht in die strenge Notwendigkeit der menschlichen Handlungen ist die Grenzlinie, welche die *philosophischen* Köpfe von *den andern* scheidet.« Dieser mächtigen Einsicht, welcher er zu Zeiten offen stand, wirkte er bei sich selber durch jenes Vorurteil entgegen, welches er mit den moralischen Menschen (*nicht* mit den Moralisten) noch gemein hatte und das er ganz harmlos und gläubig so ausspricht: »der letzte und wahre Aufschluß über das innere Wesen des Ganzen der Dinge muß notwendig eng zusammenhängen mit dem über die ethische Bedeutsamkeit des menschlichen Handelns« – was eben durchaus nicht »notwendig« ist, vielmehr durch jenen Satz von der strengen Notwendigkeit der menschlichen Handlungen, das heißt der unbedingten Willens-Unfreiheit und -Unverantwortlichkeit, eben abgelehnt wird. Die philosophischen Köpfe werden sich also von den andern durch den Unglauben an die metaphysische Bedeutsamkeit der Moral unterscheiden: und das dürfte eine Kluft zwischen sie legen, von deren Tiefe und Unüberbrückbarkeit die so beklagte Kluft zwischen »Gebildet« und »Ungebildet«, wie sie jetzt existiert, kaum einen Begriff gibt. Freilich muß noch manche Hintertür, welche sich die »philosophischen Köpfe«, gleich Schopenhauern selbst, gelassen haben, als nutzlos erkannt werden: *keine* führt ins Freie, in die Luft des freien Willens; *jede*, durch welche man bisher geschlüpft ist, zeigte dahinter wieder die ehern blinkende Mauer des Fatums: wir *sind* im Gefängnis, frei können wir uns nur *träumen*, nicht machen. Daß dieser Erkenntnis nicht lange mehr widerstrebt werden kann, das zeigen die verzweifelten und unglaublichen Stellungen und Verzerrungen derer an, welche gegen sie andringen, mit ihr noch den Ringkampf fortsetzen. – So ungefähr geht es bei ihnen jetzt zu: »also kein Mensch verantwortlich? Und alles voll Schuld und Schuldgefühl? Aber irgendwer muß doch der Sünder sein: ist es unmöglich und nicht mehr erlaubt, den einzelnen, die arme Welle im notwendigen Wellenspiele des Werdens anzuklagen und zu richten – nun denn: so sei das Wellenspiel selbst, das Werden, der Sünder: hier ist der freie Wille, hier darf angeklagt, verurteilt, gebüßt und gesühnt werden: so sei *Gott der Sünder und der Mensch sein Erlöser*: so sei die Weltgeschichte Schuld, Selbstverurteilung und Selbstmord; so werde der Missetäter zum eigenen Richter, der Richter zum eigenen Henker.« – Dieses *auf den Kopf gestellte Christentum* – was ist es denn sonst? – ist der letzte Fechter-Ausfall im Kampfe der Lehre von der unbedingten Moralität mit der von der unbedingten Unfreiheit – ein schauerliches Ding, wenn es *mehr* wäre als eine *logische Grimasse*, mehr als eine häßliche Gebärde des unterliegenden Gedankens – etwa der Todeskrampf des verzweifelnden und heilsüchtigen Herzens, dem der Wahnsinn zuflüstert: »Siehe, du bist das Lamm, das Gottes Sünde trägt.« – Der Irrtum steckt nicht nur im Gefühle »ich bin verantwortlich«, sondern ebenso in jenem Gegensatze »ich bin es nicht, aber irgendwer muß es doch sein«. – Dies ist eben nicht wahr: der Philosoph hat also zu sagen, wie Christus, »richtet nicht!«, und der letzte Unterschied zwischen den philosophischen Köpfen und den andern wäre der, daß die ersten *gerecht sein* wollen, die andern *Richter sein* wollen.

34

Aufopferung. — Ihr meint, das Kennzeichen der moralischen Handlung sei die Aufopferung? — Denkt doch nach, ob nicht bei *jeder* Handlung, die mit Überlegung getan wird, Aufopferung dabei ist, bei der schlechtesten wie bei der besten.

35

Gegen die Nierenprüfer der Sittlichkeit. — Man muß das Beste und das Schlechteste kennen, dessen ein Mensch fähig ist, im Vorstellen und Ausführen, um zu beurteilen, wie stark seine sittliche Natur ist und wurde. Aber jenes zu erfahren ist unmöglich.

36

Schlangenzahn. — Ob man einen Schlangenzahn habe oder nicht, weiß man nicht eher, als bis jemand die Ferse auf uns gesetzt hat. Eine Frau oder Mutter würde sagen: bis jemand die Ferse auf unsern Liebling, unser Kind gesetzt hat. — Unser Charakter wird noch mehr durch den Mangel gewisser Erlebnisse als durch das, was man erlebt, bestimmt.

37

Der Betrug in der Liebe. — Man vergißt manches aus seiner Vergangenheit und schlägt es sich absichtlich aus dem Sinn: das heißt, man will, daß unser Bild, welches von der Vergangenheit her uns anstrahlt, uns belüge, unserm Dünkel schmeichele — wir arbeiten fortwährend an diesem Selbstbetruge. — Und nun meint ihr, die ihr so viel vom »Sichselbstvergessen in der Liebe«, vom »Aufgehen des Ich in der anderen Person« redet und rühmt, dies sei etwas wesentlich anderes? Also man zerbricht den Spiegel, dichtet sich in eine Person hinein, die man bewundert, und genießt nun das neue Bild seines Ich, ob man es schon mit dem Namen der anderen Person nennt — und dieser ganze Vorgang soll *nicht* Selbstbetrug, *nicht* Selbstsucht sein, ihr Wunderlichen! — Ich denke, die, welche etwas von sich *vor sich* verhehlen und die, welche sich als Ganzes vor sich verhehlen, sind darin gleich, daß sie in der Schatzkammer der Erkenntnis einen *Diebstahl* verüben: woraus sich ergibt, vor welchem Vergehen der Satz »erkenne dich selbst« warnt.

38

An den Leugner seiner Eitelkeit. – Wer die Eitelkeit bei sich leugnet, besitzt sie gewöhnlich in so brutaler Form, daß er instinktiv vor ihr das Auge schließt, um sich nicht verachten zu müssen.

39

Weshalb die Dummen so oft boshaft werden. – Auf Einwände des Gegners, gegen welche sich unser Kopf zu schwach fühlt, antwortet unser Herz durch Verdächtigung der Motive seiner Einwände.

40

Die Kunst der moralischen Ausnahmen. – Einer Kunst, welche die Ausnahmefälle der Moral zeigt und verherrlicht – dort wo das Gute schlecht, das Ungerechte gerecht wird –, darf man nur selten Gehör geben: wie man von Zigeunern ab und zu etwas kauft, doch mit Scheu, daß sie nicht viel mehr entwenden, als der Gewinn beim Kaufe ist.

41

Genuß und Nicht-Genuß von Giften. – Das einzige entscheidende Argument, welches zu allen Zeiten die Menschen abgehalten hat, ein Gift zu trinken, ist nicht, daß es tötete, sondern daß es schlecht schmeckte.

42

Die Welt ohne Sündengefühle. – Wenn nur solche Taten getan würden, welche kein schlechtes Gewissen erzeugen, so sähe die menschliche Welt immer noch schlecht und schurkenhaft genug aus: aber nicht so kränklich und erbärmlich wie jetzt. – Es lebten genug Böse *ohne* Gewissen zu allen Zeiten: und vielen Guten und Braven fehlt das Lustgefühl des guten Gewissens.

43

Die Gewissenhaften. — Seinem Gewissen folgen ist bequemer als seinem Verstande: denn es hat bei jedem Mißerfolg eine Entschuldigung und Aufheiterung in sich, — darum gibt es immer noch so viele Gewissenhafte gegen so wenig Verständige.

44

Entgegengesetzte Mittel, das Bitterwerden zu verhüten. — Dem einen Temperament ist es von Nutzen, seinen Verdruß in Worten auslassen zu können: im Reden versüßt es sich. Ein anderes Temperament kommt erst durch Aussprechen zu seiner vollen Bitterkeit: ihm ist es rätlicher, etwas hinunterschlucken zu müssen: der Zwang, den Menschen solcher Art sich vor Feinden oder Vorgesetzten antun, verbessert ihren Charakter und verhütet, daß er allzu scharf und sauer wird.

45

Nicht zu schwer nehmen. — Sich wundliegen ist unangenehm, aber doch kein Beweis gegen die Güte der Kur, nach der man bestimmt wurde, sich zu Bett zu legen. — Menschen, die lange außer sich lebten und endlich sich dem philosophischen Innen- und Binnenleben zuwandten, wissen, daß es auch ein Sich-wundliegen von Gemüt und Geist gibt. Dies ist also kein Argument gegen die gewählte Lebensweise im ganzen, macht aber einige kleine Ausnahmen und scheinbare Rückfälligkeiten nötig.

46

Das menschliche »Ding an sich«. — Das verwundbarste Ding und doch das unbesiegbarste ist die menschliche Eitelkeit: ja, durch die Verwundung wächst seine Kraft und kann zuletzt riesengroß werden.

47

Die Posse vieler Arbeitsamen. — Sie erkämpfen durch ein Übermaß von Anstrengung sich freie Zeit und wissen nachher nichts mit ihr anzufangen als die Stunden abzuzählen, bis sie abgelaufen sind.

48

Viel Freude haben. – Wer viel Freude hat, muß ein guter Mensch sein: aber vielleicht ist er nicht der klügste, obwohl er gerade das erreicht, was der Klügste mit aller seiner Klugheit erstrebt.

49

Im Spiegel der Natur. – Ist ein Mensch nicht ziemlich genau beschrieben, wenn man hört, daß er gern zwischen gelben hohen Kornfeldern geht, daß er die Waldes- und Blumenfarben des abglühenden und vergilbten Herbstes allen andern vorzieht, weil sie auf Schöneres hindeuten als der Natur je gelingt, daß er unter großen fettblättrigen Nußbäumen sich ganz heimisch wie unter Bluts-Verwandten fühlt, daß im Gebirge seine größte Freude ist, jenen kleinen abgelegenen Seen zu begegnen, aus denen ihn die Einsamkeit selber mit ihren Augen anzusehen scheint, daß er jene graue Ruhe der Nebel-Dämmerung liebt, welche an Herbst- und Frühwinter-Abenden an die Fenster heranschleicht und jedes seelenlose Geräusch wie mit Samt-Vorhängen ausschließt, daß er unbehauenes Gestein als übriggebliebene, der Sprache begierige Zeugen der Vorzeit empfindet und von Kind an verehrt, und zuletzt, daß ihm das Meer mit seiner beweglichen Schlangenhaut und Raubtier-Schönheit fremd ist und bleibt? – Ja, *etwas* von diesem Menschen ist allerdings damit beschrieben, aber der Spiegel der Natur sagt nichts darüber, daß derselbe Mensch, bei aller seiner idyllischen Empfindsamkeit (und nicht einmal »trotz ihrer«), ziemlich lieblos, knauserig und eingebildet sein könnte. Horaz, der sich auf dergleichen Dinge verstand, hat das zarteste Gefühl für das Landleben einem römischen *Wucherer* in Mund und Seele gelegt, in dem berühmten »*beatus ille qui procul negotiis*«.

50

Macht ohne Siege. – Die stärkste Erkenntnis (die von der völligen Unfreiheit des menschlichen Willens) ist doch die ärmste an Erfolgen: denn sie hat immer den stärksten Gegner, die menschliche Eitelkeit.

51

Lust und Irrtum. — Der eine teilt sich unwillkürlich durch sein Wesen an seine Freunde wohltätig mit, der andere willkürlich durch einzelne Handlungen. Obgleich das erstere als das Höhere *gilt,* so ist doch nur das zweite mit dem guten Gewissen und der Lust verknüpft — nämlich mit der Lust der Werkheiligkeit, welche auf dem Glauben an die Willkür unsres Gut- und Schlimmtuns, das heißt auf einem Irrtum ruht.

52

Es ist töricht, Unrecht zu tun. — Eignes Unrecht, das man zugefügt hat, ist viel schwerer zu tragen als fremdes, das einem zugefügt wurde (nicht gerade aus moralischen Gründen, wohlgemerkt —); der Täter ist eigentlich immer der Leidende, *wenn* er nämlich entweder den Gewissensbissen zugänglich ist oder der Einsicht, daß er die Gesellschaft gegen sich durch seine Handlung bewaffnet und sich isoliert habe. Deshalb sollte man sich, schon seines inneren Glückes wegen, also um seines Wohlbehagens nicht verlustig zu gehen, ganz abgesehen von allem, was Religion und Moral gebieten, vor dem Unrecht-Tun in acht nehmen, mehr noch als vor dem Unrecht-Erfahren: denn letzteres hat den Trost des guten Gewissens, der Hoffnung auf Rache, auf Mitleiden und Beifall der Gerechten, ja der ganzen Gesellschaft, welche sich vor dem Übeltäter fürchtet. — Nicht wenige verstehen sich auf die unsaubere Selbstüberlistung, jedes eigne Unrecht in ein fremdes, ihnen zugefügtes umzumünzen und für das, was sie selber getan haben, sich das Ausnahmerecht der Notwehr zur Entschuldigung vorzubehalten: um auf diese Weise viel leichter an ihrer Last zu tragen.

53

Neid mit oder ohne Mundstück. — Der gewöhnliche Neid pflegt zu gackern, sobald das beneidete Huhn ein Ei gelegt hat, er erleichtert sich dabei und wird milder. Es gibt aber einen noch tieferen Neid: der wird in solchem Falle totenstill, und, wünschend daß jetzt jeder Mund versiegelt würde, immer wütender darüber, daß dies gerade nicht geschieht. Der schweigende Neid wächst im Schweigen.

54

Der Zorn als Spion. – Der Zorn schöpft die Seele aus und bringt selbst den Bodensatz ans Licht. Man muß deshalb, wenn man sonst sich nicht Klarheit zu schaffen weiß, seine Umgebung, seine Anhänger und Gegner in Zorn zu versetzen wissen, um zu erfahren, was im Grunde alles wider uns geschieht und gedacht wird.

55

Die Verteidigung moralisch schwieriger als der Angriff. – Das wahre Helden- und Meisterstück des guten Menschen liegt nicht darin, daß er die Sache angreift und die Person fortfährt zu lieben, sondern in dem viel schwereren, seine *eigne* Sache zu *verteidigen,* ohne daß man der angreifenden Person bitteres Herzeleid mache und machen wolle. Das Schwert des Angriffs ist ehrlich und breit, das der Verteidigung läuft gewöhnlich in eine Nadel aus.

56

Ehrlich gegen die Ehrlichkeit. – Einer, der gegen sich öffentlich ehrlich ist, bildet sich zu allerletzt etwas auf diese Ehrlichkeit ein: denn er weiß nur zu gut, warum er ehrlich ist – aus demselben Grunde, aus dem ein anderer den Schein und die Verstellung vorzieht.

57

Glühende Kohlen. – Glühende Kohlen auf des andern Haupt sammeln wird gewöhnlich mißverstanden und schlägt fehl, weil der andere sich ebenfalls im guten Besitze des Rechts weiß und auch seinerseits an das Kohlensammeln gedacht hat.

58

Gefährliche Bücher. – Da sagt einer »ich merke es an mir selber: dies Buch ist schädlich.« Aber er warte nur ab und vielleicht gesteht er sich eines Tages, daß dieses selbe Buch ihm einen großen Dienst erwies, indem es die versteckte Krankheit seines Herzens hervortrieb und in die Sichtbarkeit brachte. – Veränderte Meinungen verändern den Charakter eines Menschen nicht (oder ganz wenig); wohl aber beleuchten sie einzelne Seiten des Gestirns seiner Persönlichkeit, welche bisher, bei einer andern Konstellation von Meinungen, dunkel und unerkennbar geblieben waren.

59

Geheucheltes Mitleiden. – Man heuchelt Mitleiden, wenn man über das Gefühl der Feindseligkeit sich erhaben *zeigen* will: aber gewöhnlich umsonst. Dies bemerkt man nicht ohne ein starkes Zunehmen jener feindseligen Empfindung.

60

Offner Widerspruch oft versöhnend. – Im Augenblick, wo einer seine Differenz der Lehrmeinung in Hinsicht auf einen berühmten Parteiführer oder Lehrer öffentlich zu erkennen gibt, glaubt alle Welt, er müsse ihm gram sein. Mitunter hört er aber gerade da auf, ihm gram zu sein: er wagt es, sich selber neben ihn aufzustellen, und ist die Qual der unausgesprochenen Eifersucht los.

61

Sein Licht leuchten sehen. – Im verfinsterten Zustande von Trübsal, Krankheit, Verschuldung sehen wir es gern, wenn wir anderen noch leuchten und sie an uns die helle Mondesscheibe wahrnehmen. Auf diesem Umwege nehmen wir an unserer eigenen Fähigkeit zu erhellen Anteil.

62

Mitfreude. – Die Schlange, die uns sticht, meint uns wehe zu tun und freut sich dabei; das niedrigste Tier kann sich fremden *Schmerz* vorstellen. Aber fremde Freude sich vorstellen und sich dabei freuen ist das höchste Vorrecht der höchsten Tiere und wieder unter ihnen nur den ausgesuchtesten Exemplaren zugänglich – also ein seltenes *humanum*: so daß es Philosophen gegeben hat, welche die Mitfreude geleugnet haben.

63

Nachträgliche Schwangerschaft. – Die, welche zu ihren Werken und Taten gekommen sind, sie wissen nicht wie, gehen gewöhnlich hinterher um so mehr mit ihnen schwanger: wie, um nachträglich zu beweisen, daß es ihre Kinder und nicht die des Zufalls sind.

64

Aus Eitelkeit hartherzig. – Wie Gerechtigkeit so häufig der Deckmantel der Schwäche ist, so greifen billig denkende, aber schwache Menschen mitunter aus Ehrgeiz zur Verstellung und benehmen sich ersichtlich ungerecht und hart, um den Eindruck der Stärke zu hinterlassen.

65

Demütigung. – Findet jemand in einem geschenkten Sack Vorteil auch nur ein Korn Demütigung, so macht er doch noch eine böse Miene zum guten Spiele.

66

Äußerstes Herostratentum. – Es könnte Herostrate geben, welche den eignen Tempel anzündeten, in dem ihre Bilder verehrt werden.

67

Die Deminutiv-Welt. – Der Umstand, daß alles Schwache und Hilfsbedürftige zu Herzen spricht, bringt die Gewohnheit mit sich, daß wir alles, was uns zu Herzen spricht, mit Verkleinerungs- und Abschwächungsworten bezeichnen – also, für unsere Empfindung, schwach und hilfsbedürftig *machen*.

68

Üble Eigenschaften des Mitleidens. – Das Mitleiden hat eine eigene Unverschämtheit als Gefährtin: denn weil es durchaus helfen möchte, ist es weder über die Mittel der Heilung, noch über Art und Ursache der Krankheit in Verlegenheit und quacksalbert mutig auf die Gesundheit und den Ruf seines Patienten los.

69

Zudringlichkeit. — Es gibt auch eine Zudringlichkeit gegen Werke; und sich als Jüngling schon nachahmend zu den erlauchtesten Werken aller Zeiten mit der Vertraulichkeit des Du und Du zu gesellen, beweist einen völligen Mangel an Scham. — Andre sind nur aus Ignoranz zudringlich: sie wissen nicht, mit wem sie es zu tun haben — so nicht selten junge und alte Philologen im Verhältnis zu den Werken der Griechen.

70

Der Wille schämt sich des Intellektes. — Mit aller Kälte machen wir vernünftige Entwürfe gegen unsre Affekte: dann aber begehen wir die gröbsten Fehler dagegen, weil wir uns häufig im Augenblick, wo der Vorsatz ausgeführt werden sollte, jener Kälte und Besonnenheit schämen, mit der wir ihn faßten. Und so tut man dann gerade das Unvernünftige, aus jener Art trotziger Großherzigkeit, welche jeder Affekt mit sich bringt.

71

Warum die Skeptiker der Moral mißfallen. — Wer seine Moralität hoch und schwer nimmt, zürnt den Skeptikern auf dem Gebiete der Moral: denn dort, wo er alle seine Kraft aufwendet, soll man *staunen*, aber nicht untersuchen und zweifeln. — Dann gibt es Naturen, deren letzter Rest von Moralität eben der Glaube an Moral ist; sie benehmen sich ebenso gegen die Skeptiker, womöglich noch leidenschaftlicher.

72

Schüchternheit. — Alle Moralisten sind schüchtern, weil sie wissen, daß sie mit Spionierern und Verrätern verwechselt werden, sobald man ihren Hang ihnen anmerkt. Sodann sind sie sich überhaupt bewußt, im Handeln unkräftig zu sein; denn mitten im Werke ziehen die Motive ihres Tuns ihre Aufmerksamkeit fast vom Werke ab.

73

Eine Gefahr für die allgemeine Moralität. — Menschen, die zugleich edel und ehrlich sind, bringen es zuwege, jede Teufelei, welche ihre Ehrlichkeit ausheckt, zu vergöttlichen und die Wage des moralischen Urteils eine Zeitlang stillzustellen.

74

Bitterster Irrtum. — Es beleidigt unversöhnlich, zu entdecken, daß man dort, wo man überzeugt war geliebt zu sein, nur als Hausgerät und Zimmerschmuck betrachtet wurde, an dem der Hausherr vor Gästen seine Eitelkeit auslassen kann.

75

Liebe und Zweiheit. — Was ist denn Liebe anders als verstehen und sich darüber freuen, daß ein andrer in andrer und entgegengesetzter Weise als wir lebt, wirkt und empfindet? Damit die Liebe die Gegensätze durch Freude überbrücke, darf sie dieselben nicht aufheben, nicht leugnen. — Sogar die Selbstliebe enthält die unvermischbare Zweiheit (oder Vielheit) in einer Person als Voraussetzung.

76

Aus dem Traume deuten. — Was man mitunter im Wachen nicht genau weiß und fühlt — ob man gegen eine Person ein gutes oder ein schlechtes Gewissen habe — darüber belehrt völlig unzweideutig der Traum.

77

Ausschweifung. — Die Mutter der Ausschweifung ist nicht die Freude, sondern die Freudlosigkeit.

78

Strafen und belohnen. — Niemand klagt an, ohne den Hintergedanken an Strafe und Rache zu haben — selbst wenn man sein Schicksal, ja sich selber anklagt. — Alles Klagen ist Anklagen, alles Sich-freuen ist Loben: wir mögen das eine oder das andere tun, immer machen wir jemanden verantwortlich.

79

Zweimal ungerecht. – Wir fördern mitunter die Wahrheit durch eine doppelte Ungerechtigkeit, dann nämlich, wenn wir die beiden Seiten einer Sache, die wir nicht imstande sind zusammen zu sehen, hintereinander sehen und darstellen, doch so, daß wir jedesmal die andre Seite verkennen oder leugnen, im Wahne, das, was wir sehen, sei die ganze Wahrheit.

80

Mißtrauen. – Das Mißtrauen an sich selber geht nicht immer unsicher und scheu daher, sondern mitunter wie tollwütig: es hat sich berauscht, um nicht zu zittern.

81

Philosophie des Parvenu. – Will man einmal eine Person sein, so muß man auch seinen Schatten in Ehren halten.

82

Sich rein zu waschen verstehen. – Man muß lernen, aus unreinlichen Verhältnissen reinlicher hervorzugehen, und sich, wenn es nottut, auch mit schmutzigem Wasser waschen.

83

Sich gehen lassen. – Je mehr sich einer gehen läßt, um so weniger lassen ihn die andern gehen.

84

Der unschuldige Schuft. – Es gibt einen langsamen, schrittweisen Weg zu Laster und Schurkenhaftigkeit jeder Art. Am Ende desselben haben den, welcher ihn geht, die Insekten-Schwärme des schlechten Gewissens völlig verlassen, und er wandelt, obschon ganz verrucht, doch in Unschuld.

85

Pläne machen. – Pläne machen und Vorsätze fassen bringt viel gute Empfindungen mit sich; und wer die Kraft hätte, sein ganzes Leben lang nichts als ein Pläne-Schmiedender zu sein, wäre ein sehr glücklicher Mensch: aber er wird sich gelegentlich von dieser Tätigkeit ausruhen müssen, dadurch, daß er einen Plan ausführt – und da kommt der Ärger und die Ernüchterung.

86

Womit wir das Ideal sehen. – Jeder tüchtige Mensch ist verrannt in seine Tüchtigkeit und kann aus ihr nicht frei hinausblicken. Hätte er sonst nicht sein gut Teil von Unvollkommenheit, er könnte seiner Tugend halber zu keiner geistig-sittlichen Freiheit kommen. Unsre Mängel sind die Augen, mit denen wir das Ideal sehen.

87

Unehrliches Lob. – Unehrliches Lob macht hinterdrein viel mehr Gewissensbisse als unehrlicher Tadel, wahrscheinlich nur deshalb, weil wir durch zu starkes Loben unsere Urteilsfähigkeit viel stärker bloßgestellt haben als durch zu starkes, selbst ungerechtes Tadeln.

88

Wie man stirbt, ist gleichgültig. – Die ganze Art, wie ein Mensch während seines vollen Lebens, seiner blühenden Kraft an den Tod denkt, ist freilich sehr sprechend und zeugnisgebend für das, was man seinen Charakter nennt; aber die Stunde des Sterbens selber, seine Haltung auf dem Totenbette ist fast gleichgültig dafür. Die Erschöpfung des ablaufenden Daseins, namentlich wenn alte Leute sterben, die unregelmäßige oder unzureichende Ernährung des Gehirns während dieser letzten Zeit, das gelegentlich sehr Gewaltsame des Schmerzes, das Unerprobte und Neue des ganzen Zustandes und gar zu häufig der An- und Rückfall von abergläubischen Eindrücken und Beängstigungen, als ob am Sterben viel gelegen sei und hier Brücken schauerlichster Art überschritten würden, – dies alles *erlaubt* es nicht, das

Sterben als Zeugnis über den Lebenden zu benutzen. Auch ist es nicht wahr, daß der Sterbende im allgemeinen *ehrlicher* wäre als der Lebende: vielmehr wird fast jeder durch die feierliche Haltung der Umgebenden, die zurückgehaltnen oder fließenden Tränen- und Gefühlsbäche zu einer bald bewußten bald unbewußten Komödie der Eitelkeit verführt. Der Ernst, mit dem jeder Sterbende behandelt wird, ist gewiß gar manchem armen verachteten Teufel der feinste Genuß seines ganzen Lebens und eine Art Schadenersatz und Abschlagzahlung für viele Entbehrungen gewesen.

89

Die Sitte und ihr Opfer. – Der Ursprung der Sitte geht auf zwei Gedanken zurück: »die Gemeinde ist mehr wert als der einzelne« und »der dauernde Vorteil ist dem flüchtigen vorzuziehen«; woraus sich der Schluß ergibt, daß der dauernde Vorteil der Gemeinde unbedingt dem Vorteile des einzelnen, namentlich seinem momentanen Wohlbefinden, aber auch seinem dauernden Vorteile und selbst seinem Weiterleben voranzustellen sei. Ob nun der einzelne von einer Einrichtung leide, die dem Ganzen frommt, ob er an ihr verkümmre, ihretwegen zugrunde gehe – die Sitte muß erhalten, das Opfer gebracht werden. Eine solche Gesinnung *entsteht* aber nur in denen, welche *nicht* das Opfer sind – denn dieses macht in seinem Falle geltend, daß der einzelne mehr wert sein könne als viele, ebenso daß der gegenwärtige Genuß, der Augenblick im Paradiese vielleicht höher anzuschlagen sei als eine matte Fortdauer von leidlosen oder wohlhäbigen Zuständen. Die Philosophie des Opfertiers wird aber immer zu spät laut: und so bleibt es bei der Sitte und der *Sittlichkeit:* als welche eben nur die Empfindung für den ganzen Inbegriff von Sitten ist, unter denen man lebt und erzogen wurde – und zwar erzogen nicht als einzelner, sondern als Glied eines Ganzen, als Ziffer einer Majorität. – So kommt es fortwährend vor, daß der einzelne sich selbst, vermittelst seiner Sittlichkeit, *majorisiert.*

90

Das Gute und das gute Gewissen. – Ihr meint, alle guten Dinge hätten zu allen Zeiten ein gutes Gewissen gehabt? – Die Wissenschaft, also gewißlich etwas sehr Gutes, ist ohne ein solches und ganz bar alles Pathos in die Welt getreten, vielmehr heimlich, auf Umwegen, mit verhülltem oder maskiertem Haupte einherziehend, gleich einer Verbrecherin, und immer mindestens mit dem *Gefühle* einer Schleichhändlerin. Das gute Gewissen hat als Vorstufe das böse Gewissen – nicht als Gegensatz: denn alles Gute ist einmal neu, folglich ungewohnt, wider die Sitte, *unsittlich* gewesen und nagte im Herzen des glücklichen Erfinders wie ein Wurm.

91

Der Erfolg heiligt die Absichten. – Man scheue sich nicht, den Weg zu einer Tugend zu gehen, selbst wenn man deutlich einsieht, daß nichts als Egoismus – also Nutzen, persönliches Behagen, Furcht, Rücksicht auf Gesundheit, auf Ruf oder Ruhm – die dazu treibenden Motive sind. Man nennt diese Motive unedel und selbstisch: gut, aber wenn sie uns zu einer Tugend, zum Beispiel Entsagung, Pflichttreue, Ordnung, Sparsamkeit, Maß und Mitte anreizen, so höre man ja auf sie, wie auch ihre Beiworte lauten mögen! Erreicht man nämlich das, wozu sie rufen, so *veredelt* die *erreichte* Tugend, vermöge der reinen Luft, die sie atmen läßt, und des seelischen Wohlgefühls, das sie mitteilt, immerfort die ferneren Motive unseres Handelns, und wir tun dieselben Handlungen später nicht mehr aus den gleichen gröbern Motiven, welche uns früher dazu führten. – Die Erziehung soll deshalb die Tugenden, so gut es geht, *erzwingen*, je nach der Natur des Zöglings: die Tugend selber, als die Sonnen- und Sommerluft der Seele, mag dann ihr eignes Werk daran tun und Reife und Süßigkeit hinzuschenken.

92

Christentümler, nicht Christen. – Das wäre also euer Christentum! – Um Menschen zu *ärgern*, preist ihr »Gott und seine Heiligen«; und wiederum, wenn ihr Menschen *preisen* wollt, so treibt ihr es so weit, daß Gott und seine Heiligen sich ärgern müssen. – Ich wollte, ihr lerntet wenigstens die christlichen Manieren, da es euch so an der Manierlichkeit des christlichen Herzens gebricht.

93

Natureindruck der Frommen und Unfrommen. — Ein ganz frommer Mensch muß uns ein Gegenstand der Verehrung sein: aber ebenso ein ganzer aufrichtiger, durchdrungener Unfrommer. Ist man bei Menschen der letzteren Art wie in der Nähe des Hochgebirgs, wo die kräftigsten Ströme ihren Ursprung haben, so bei den Frommen wie unter saft- vollen, breitschattigen, ruhigen Bäumen.

94

Justizmorde. — Die zwei größten Justizmorde in der Weltgeschichte sind, ohne Umschweife gesprochen, verschleierte und gut verschleierte Selbstmorde. In beiden Fällen *wollte* man sterben; in beiden Fällen ließ man sich das Schwert durch die Hand der menschlichen Ungerech- tigkeit in die Brust stoßen.

95

»Liebe.« — Der feinste Kunstgriff, welchen das Christentum vor den übrigen Religionen voraus hat, ist ein Wort: es redete von *Liebe*. So wurde es die *lyrische* Religion (während in seinen beiden anderen Schöpfungen das Semitentum der Welt heroisch-epische Religionen geschenkt hat). Es ist in dem Worte Liebe etwas so Vieldeutiges, An- regendes, zur Erinnerung, zur Hoffnung Sprechendes, daß auch die niedrigste Intelligenz und das kälteste Herz noch etwas von dem Schimmer dieses Wortes fühlt. Das klügste Weib und der gemeinste Mann denken dabei an die verhältnismäßig uneigennützigsten Augen- blicke ihres gesamten Lebens, selbst wenn Eros nur einen niedrigen Flug bei ihnen genommen hat; und jene Zahllosen, welche Liebe *ver- missen*, von Eltern oder Kindern oder Geliebten, namentlich aber die Menschen der sublimierten Geschlechtlichkeit, haben im Christentum ihren Fund gemacht.

96

Das erfüllte Christentum. — Es gibt auch innerhalb des Christentums eine epikureische Gesinnung, ausgehend von dem Gedanken, daß Gott von dem Menschen, seinem Geschöpf und Ebenbilde, nur verlangen könne, was diesem zu erfüllen *möglich* sein müsse, daß also christliche Tugend und Vollkommenheit erreichbar und oft erreicht sei. Nun macht zum Beispiel der *Glaube*, seine Feinde zu *lieben* – selbst wenn es eben nur Glaube, Einbildung und durchaus keine psychologische Wirklichkeit (also keine Liebe) ist –, unbedingt *glücklich*, solange er wirklich geglaubt wird (warum? darüber werden freilich Psycholog und Christ verschieden denken). Und so möchte das *irdische Leben* durch den Glauben, ich meine die Einbildung, nicht nur jenem Ansprüche, seine Feinde zu lieben, sondern allen übrigen christlichen Ansprüchen zu genügen und die göttliche Vollkommenheit nach der Aufforderung »seid vollkommen, wie euer Vater im Himmel vollkommen ist« wirklich sich angeeignet und einverleibt zu haben, in der Tat zu einem *seligen Leben* werden. Der Irrtum kann also die *Verheißung* Christi zur Wahrheit machen.

97

Von der Zukunft des Christentums. – Über das Verschwinden des Christentums und darüber, in welchen Gegenden es am langsamsten weichen wird, kann man sich eine Vermutung gestatten, wenn man erwägt, aus welchen *Gründen* und *wo* der Protestantismus so ungestüm um sich griff. Er verhieß bekanntlich alles dasselbe weit billiger zu leisten, was die alte Kirche leistete, also ohne kostspielige Seelenmessen, Wallfahrten, Priester-Prunk und -Üppigkeit; er verbreitete sich namentlich bei den nördlichen Nationen, welche nicht so tief in der Symbolik und Formenlust der alten Kirche eingewurzelt waren als die des Südens: bei diesen lebte ja im Christentum das viel mächtigere religiöse Heidentum fort, während im Norden das Christentum einen Gegensatz und Bruch mit dem Altheimischen bedeutete und deshalb mehr gedankenhaft als sinnfällig von Anfang an war, eben deshalb aber auch, zu Zeiten der Gefahr, fanatischer und trotziger. Gelingt es, vom *Gedanken* aus das Christentum zu entwurzeln, so liegt auf der Hand, wo es anfangen wird, zu verschwinden: also gerade dort, wo es auch am allerhärtesten sich wehren wird. Anderwärts wird es sich beugen, aber nicht brechen, entblättert werden, aber wieder Blätter ansetzen – weil dort die *Sinne* und nicht die Gedanken für dasselbe Partei genommen haben. Die Sinne aber sind es, welche auch den Glauben unterhalten, daß mit allem Kostenaufwand der Kirche doch immer noch billiger und bequemer gewirtschaftet werde als mit den strengen Verhältnissen von Arbeit und Lohn: denn welches Preises hält man die Muße (oder die halbe Faulheit) für wert, wenn man sich erst an sie gewöhnt hat! Die Sinne wenden gegen eine entchristlichte Welt ein, daß in ihr zu viel gearbeitet werden müsse, und der Ertrag an Muße zu klein sei: sie nehmen die Partei der Magie, das heißt – sie lassen lieber Gott für sich arbeiten (*oremus nos, deus laboret!*).

98

Schauspielerei und Ehrlichkeit der Ungläubigen. – Es gibt kein Buch, welches das, was jedem Menschen gelegentlich wohltut, – schwärmerische, opfer- und todbereite Glücks-Innigkeit im Glauben und Schauen *seiner* »Wahrheit« – so reichlich enthielte, so treuherzig ausdrückte als das Buch, welches von Christus redet: aus ihm kann ein Kluger alle Mittel lernen, wodurch ein Buch zum Weltbuch, zum Jedermanns-Freund gemacht werden kann, namentlich jenes Meister-Mittel, alles als gefunden, nichts als kommend und ungewiß hinzustellen. Alle wirkungsvollen Bücher versuchen, einen ähnlichen Eindruck zu hinterlassen, als ob der weiteste geistige und seelische Horizont hier umschrieben sei und um die hier leuchtende Sonne sich jedes gegenwärtige und zukünftig sichtbare Gestirn drehen müsse. – Muß also nicht aus demselben Grunde, aus dem solche Bücher wirkungsvoll sind, jedes *rein wissenschaftliche* Buch wirkungsarm sein? Ist es nicht verurteilt, niedrig und unter Niedrigen zu leben, um endlich gekreuzigt zu werden und nie wieder aufzuerstehen? Sind im Verhältnis zu dem, was die Religiösen von ihrem »Wissen«, von ihrem »heiligen« Geiste verkünden, nicht alle Redlichen der Wissenschaft »arm im Geiste«? Kann irgendeine Religion mehr Entsagung verlangen, unerbittlicher den Selbstsüchtigen aus sich hinausziehen als die Wissenschaft? – – So und ähnlich und jedenfalls mit einiger Schauspielerei mögen *wir* reden, wenn wir uns vor den Gläubigen zu verteidigen haben; denn es ist kaum möglich, eine Verteidigung ohne etwas Schauspielerei zu führen. Unter uns aber muß die Sprache ehrlicher sein: wir bedienen uns da einer Freiheit, welche jene nicht einmal, ihres eigenen Interesses halber, verstehen dürfen. Weg also mit der Kapuze der Entsagung! der Miene der Demut! Viel mehr und viel besser: so klingt unsere Wahrheit! Wenn die Wissenschaft nicht an die *Lust* der Erkenntnis, an den *Nutzen* des Erkannten geknüpft wäre, was läge uns an der Wissenschaft? Wenn nicht ein wenig Glaube, Liebe und Hoffnung unsere Seele zur Erkenntnis hinführte, was zöge uns sonst zur Wissenschaft? Und wenn zwar in der Wissenschaft das Ich nichts zu bedeuten hat, so bedeutet das erfinderische glückliche Ich, ja selbst schon jedes redliche und fleißige Ich, sehr viel in der Republik der Wissenschafts-Menschen. Achtung der Achtung-Gebenden, Freude solcher, welchen wir wohlwollen oder die wir verehren, unter Umständen Ruhm und eine mäßige Unsterblichkeit der Person ist der erreichbare Preis für jene Entpersönlichung, von geringeren Aussichten und Belohnungen hier zu schweigen, obschon gerade ihrethalben die meisten den Gesetzen jener Republik und überhaupt der Wissenschaft zugeschworen haben und immerfort zuzuschwören pflegen. Wenn wir nicht in irgendeinem Maße *unwissenschaftliche* Menschen geblieben wären, was könnte uns auch nur an der Wissenschaft liegen! Alles in allem genommen und rund glatt und voll ausgesprochen: *für ein rein erkennendes Wesen wäre die Erkenntnis gleichgültig.* – Von den Frommen und Gläubigen unterscheidet uns nicht die Qualität, sondern die Quantität Glaubens und Frommseins; wir sind mit wenigerem zufrieden. Aber, werden jene uns zurufen – so seid auch zufrieden und gebt euch auch als zufrieden! – worauf wir leicht antworten dürften: »In der Tat, wir gehören nicht zu den Unzufriedensten. Ihr aber, wenn euer Glaube euch selig macht, so gebt euch auch als selig! Eure Gesichter sind immer eurem Glauben schädlicher gewesen als unsere Gründe! Wenn jene frohe Botschaft eurer Bibel euch ins Gesicht geschrieben wäre, ihr brauchtet den Glauben an die Autorität dieses Buches nicht so halsstarrig zu fordern: eure Werke, eure Handlungen sollten die Bibel fortwährend überflüssig machen, eine neue Bibel sollte durch euch fortwährend entstehen! So aber hat alle eure Apologie des Christentums ihre Wurzel in eurem Unchristentum; mit eurer Verteidigung schreibt ihr eure eigne Anklageschrift. Solltet ihr aber wünschen, aus diesem eurem Ungenügen am Christentum herauszukommen, so bringt euch doch die Erfahrung von zwei Jahrtausenden zur Erwägung: welche, in bescheidene Frageform gekleidet, so klingt: »wenn Christus wirklich die Absicht hatte, die Welt zu erlösen, sollte es ihm nicht mißlungen sein?«

99

Der Dichter als Wegzeiger für die Zukunft. — So viel noch überschüssige dichterische Kraft unter den jetzigen Menschen vorhanden ist, welche bei der Gestaltung des Lebens nicht verbraucht wird, so viel sollte, ohne jeden Abzug, einem Ziele sich weihen, nicht etwa der Abmalung des Gegenwärtigen, der Wiederbeseelung und Verdichtung der Vergangenheit, sondern dem Wegweisen für die Zukunft: — und dies nicht in dem Verstande, als ob der Dichter gleich einem phantastischen Nationalökonomen günstigere Volks- und Gesellschafts-Zustände und deren Ermöglichung im Bilde vorwegnehmen sollte. Vielmehr wird er, wie früher die Künstler an den Götterbildern fortdichteten, so an dem schönen Menschenbilde *fortdichten* und jene Fälle auswittern, wo *mitten* in unserer modernen Welt und Wirklichkeit, wo ohne jede künstliche Abwehr und Entziehung von derselben, die schöne große Seele noch möglich ist, dort wo sie sich auch jetzt noch in harmonische, ebenmäßige Zustände einzuverleiben vermag, durch sie Sichtbarkeit, Dauer und Vorbildlichkeit bekommt und also, durch Erregung von Nachahmung und Neid, die Zukunft schaffen hilft. Dichtungen solcher Dichter würden dadurch sich auszeichnen, daß sie gegen die Luft und Glut der *Leidenschaften* abgeschlossen und verwahrt erschienen: der unverbesserliche Fehlgriff, das Zertrümmern des ganzen menschlichen Saitenspiels, Hohnlachen und Zähneknirschen und alles Tragische und Komische im alten gewohnten Sinne würde in der Nähe dieser neuen Kunst als lästige archaisierende Vergröberung des Menschen-Bildes empfunden werden. Kraft, Güte, Milde, Reinheit und ungewolltes, eingeborenes Maß in den Personen und deren Handlungen: ein geebneter Boden, welcher dem Fuße Ruhe und Lust gibt: ein leuchtender Himmel auf Gesichtern und Vorgängen sich abspiegelnd: das Wissen und die Kunst zu neuer Einheit zusammengeflossen: der Geist ohne Anmaßung und Eifersucht mit seiner Schwester, der Seele zusammenwohnend und aus dem Gegen-

sätzlichen die Grazie des Ernstes, nicht die Ungeduld des Zwiespaltes
herauslockend: – dies alles wäre das Umschließende, Allgemeine,
Goldgrundhafte, auf dem jetzt erst die zarten *Unterschiede* der verkörperten Ideale das eigentliche *Gemälde* – das der immer wachsenden menschlichen Hoheit – machen würden. – Von *Goethe* aus führt mancher
Weg in diese Dichtung der Zukunft: aber es bedarf guter Pfadfinder
und vor allem einer weit größern Macht, als die jetzigen Dichter, das
heißt die unbedenklichen Darsteller des Halbtiers und der mit Kraft
und Natur verwechselten Unreife und Unregelmäßigkeit, besitzen.

100

Die Muse als Penthesilea. – »Lieber verwesen als ein Weib sein, das
nicht *reizt*.« Wenn die Muse erst einmal so denkt, so ist das Ende ihrer
Kunst wieder in der Nähe. Aber es kann ein Tragödien- und auch ein
Komödien-Ausgang sein.

101

Was der Umweg zum Schönen ist. – Wenn das Schöne gleich dem Er-
freuenden ist – und so sangen es ja einmal die Musen –, so ist das Nützliche der oftmals notwendige *Umweg zum Schönen* und kann den kurzsichtigen Tadel der Augenblicks-Menschen, die nicht warten wollen
und alles Gute ohne Umwege zu erreichen denken, mit gutem Rechte
zurückweisen.

102

Zur Entschuldigung mancher Schuld. – Das unablässige Schaffen-wollen
und Nach-außen-Spähen des Künstlers hält ihn davon ab, als Person
schöner und besser zu werden, also *sich selber* zu schaffen – es sei denn,
daß seine Ehrfurcht groß genug ist, um ihn zu zwingen, daß er sich
auch im Leben mit andern der wachsenden Schönheit und Größe
seiner Werke immer entsprechend gewachsen zeige. In allen Fällen hat
er nur ein bestimmtes Maß von Kraft: was er davon auf *sich* verwendet
– wie könnte dies noch seinem *Werke* zugute kommen? – und umgekehrt.

103

Den Besten genugtun. – Wenn man mit seiner Kunst »den Besten seiner Zeit genuggetan«, so ist dies ein Anzeichen davon, daß man den Besten der nächsten Zeit mit ihr *nicht genug-tun wird*: »gelebt« freilich »hat man für alle Zeiten« – der Beifall der Besten sichert den Ruhm.

104

Aus Einem Stoffe. – Ist man aus *einem* Stoffe mit einem Buche oder Kunstwerk, so meint man ganz innerlich, es müsse vortrefflich sein, und ist beleidigt, wenn andere es häßlich, überwürzt oder großtuerisch finden.

105

Sprache und Gefühl. – Daß die Sprache uns nicht zur Mitteilung des *Gefühls* gegeben ist, sieht man daraus, daß alle einfachen Menschen sich schämen, Worte für ihre tieferen Erregungen zu suchen: die Mitteilung derselben äußert sich nur in Handlungen, und selbst hier gibt es ein Erröten darüber, wenn der andere ihre Motive zu erraten scheint. Unter den Dichtern, welchen im allgemeinen die Gottheit diese Scham versagte, sind doch die edleren in der Sprache des Gefühls einsilbiger und lassen einen Zwang merken: während die eigentlichen Gefühls-Dichter im praktischen Leben meistens unverschämt sind.

106

Irrtum über eine Entbehrung. – Wer sich nicht von einer Kunst lange Zeit völlig entwöhnt hat, sondern immer in ihr zu Hause ist, kann nicht von ferne begreifen, *wie wenig* man entbehrt, wenn man ohne diese Kunst lebt.

107

Dreiviertelskraft. – Ein Werk, das den Eindruck des Gesunden machen soll, darf höchstens mit Dreiviertel der Kraft seines Urhebers hervorgebracht sein. Ist er dagegen bis an seine äußerste Grenze gegangen, so regt das Werk den Betrachtenden auf und ängstigt ihn durch seine Spannung. Alle guten Dinge haben etwas Lässiges und liegen wie Kühe auf der Wiese.

108

Den Hunger als Gast abweisen. – Weil dem Hungrigen die feinere Speise so gut und um nichts besser als die gröbste dient, so wird der anspruchsvollere Künstler nicht darauf denken, den Hungrigen zu seiner Mahlzeit einzuladen.

109

Ohne Kunst und Wein leben. – Mit den Werken der Kunst steht es wie mit dem Weine: noch besser ist es, wenn man beide nicht nötig hat, sich an Wasser hält und das Wasser aus innerem Feuer, innerer Süße der Seele immer wieder von selber in Wein verwandelt.

110

Das Raub-Genie. – Das Raub-Genie in den Künsten, das selbst feine Geister zu täuschen weiß, entsteht, wenn jemand unbedenklich von jung an alles Gute, welches nicht geradezu vom Gesetz als Eigentum einer bestimmten Person in Schutz genommen ist, als freie Beute betrachtet. Nun liegt alles Gute vergangner Zeiten und Meister frei umher, eingehegt und behütet durch die verehrende Scheu der wenigen, die es erkennen: diesen wenigen bietet jenes Genie, kraft seines Mangels an Scham, Trotz und häuft sich einen Reichtum auf, der selber wieder Verehrung und Scheu erzeugt.

111

An die Dichter der großen Städte. – Den Gärten der heutigen Poesie merkt man es an, daß die großstädtischen Kloaken zu nahe dabei sind: mitten in den Blütengeruch mischt sich etwas, das Ekel und Fäulnis verrät. – Mit Schmerz frage ich: habt ihr es so nötig, ihr Dichter, den Witz und den Schmutz immer zu Gevatter zu bitten, wenn irgendeine unschuldige und schöne Empfindung von euch getauft werden soll?

Müßt ihr durchaus eurer edlen Göttin eine Fratzen- und Teufelskappe aufsetzen? Woher aber diese Not, dieses Müssen? — Eben daher, daß ihr den Kloaken zu nahe wohnt.

112

Vom Salz der Rede. — Niemand hat noch erklärt, warum die griechischen Schriftsteller von den Mitteln des Ausdrucks, welche ihnen in unerhörter Fülle und Kraft zu Gebote standen, einen so übersparsamen Gebrauch gemacht haben, daß jedes nachgriechische Buch dagegen grell, bunt und überspannt erscheint. — Man hört, daß dem Nordpol-Eise zu ebenso wie in den heißesten Ländern der Gebrauch des Salzes spärlicher werde, daß dagegen die Ebenen- und Küstenanwohner im Erdgürtel der mäßigeren Sonnenwärme am reichlichsten Gebrauch von ihm machen. Sollten die Griechen aus doppelten Gründen, weil zwar ihr Intellekt kälter und klarer, ihre leidenschaftliche Grundnatur aber um vieles tropischer war als die unsrige, des Salzes und Gewürzes nicht in dem Maße nötig gehabt haben als wir?

113

Der freieste Schriftsteller. — Wie dürfte in einem Buche für freie Geister Lorenz Sterne ungenannt bleiben, er, den Goethe als den freiesten Geist seines Jahrhunderts geehrt hat! Möge er hier mit der Ehre fürlieb nehmen, der freieste Schriftsteller aller Zeiten genannt zu werden, in Vergleich mit welchem alle anderen steif, vierschrötig, unduldsam und bäurisch-geradezu erscheinen. An ihm dürfte nicht die geschlossene, klare, sondern die »unendliche Melodie« gerühmt werden: wenn mit diesem Worte ein Stil der Kunst zu einem Namen kommt, bei dem die bestimmte Form fortwährend gebrochen, verschoben, in das Unbestimmte zurückübersetzt wird, so daß sie das eine und zugleich das andere bedeutet. Sterne ist der große Meister der *Zweideutigkeit* — dies Wort billigerweise viel weiter genommen als man gemeinhin tut, wenn man dabei an geschlechtliche Beziehungen denkt. Der Leser ist verloren zu geben, der jederzeit genau wissen will, was Sterne eigentlich über eine Sache denkt, ob er bei ihr ein ernsthaftes oder ein lächelndes Gesicht macht: denn er versteht sich auf beides in *einer* Faltung seines

Gesichtes; er versteht es ebenfalls und will es sogar, zugleich recht und unrecht zu haben, den Tiefsinn und die Posse zu verknäueln. Seine Abschweifungen sind zugleich Forterzählungen und Weiterentwicklungen der Geschichte; seine Sentenzen enthalten zugleich eine Ironie auf alles Sentenziöse, sein Widerwille gegen das Ernsthafte ist einem Hange angeknüpft, keine Sache nur flach und äußerlich nehmen zu können. So bringt er bei dem rechten Leser ein Gefühl von Unsicherheit darüber hervor, ob man gehe, stehe oder liege: ein Gefühl, welches dem des Schwebens am verwandtesten ist. Er, der geschmeidigste Autor, teilt auch seinem Leser etwas von dieser Geschmeidigkeit mit. Ja, Sterne verwechselt unversehens die Rollen und ist bald ebenso Leser, als er Autor ist; sein Buch gleicht einem Schauspiel im Schauspiel, einem Theaterpublikum vor einem andern Theaterpublikum. Man muß sich der Sterneschen Laune auf Gnade und Ungnade ergeben – und kann übrigens erwarten, daß sie gnädig, immer gnädig ist. – Seltsam und belehrend ist es, wie ein so großer Schriftsteller wie Diderot sich zu dieser allgemeinen Zweideutigkeit Sternes gestellt hat: nämlich ebenfalls zweideutig – und das eben ist echt Sternescher Überhumor. Hat er jenen, in seinem *Jacques le fataliste*, nachgeahmt, bewundert, verspottet, parodiert? – man kann es nicht völlig herausbekommen, – und vielleicht hat gerade dies sein Autor gewollt. Gerade dieser Zweifel macht die Franzosen gegen das Werk eines ihrer ersten Meister (der sich vor keinem Alten und Neuen zu schämen braucht) *ungerecht*. Die Franzosen sind eben zum Humor – und namentlich zu diesem Humoristischnehmen des Humors selber – zu ernsthaft. – Sollte es nötig sein hinzuzufügen, daß Sterne unter allen großen Schriftstellern das schlechteste Muster und der eigentlich unvorbildliche Autor ist, und daß selbst Diderot sein Wagnis büßen mußte? Das, was die guten Franzosen und vor ihnen einzelne Griechen und Römer als Prosaiker wollten und konnten, ist genau das Gegenteil von dem, was Sterne will und kann: er erhebt sich eben als meisterhafte Ausnahme über das, was alle schriftstellerischen Künstler von sich fordern: Zucht, Geschlossenheit, Charakter, Beständigkeit der Absichten, Überschaulichkeit, Schlichtheit, Haltung in Gang und Miene. – Leider scheint der Mensch Sterne mit dem Schriftsteller Sterne nur zu verwandt gewesen zu sein: seine Eichhorn-Seele sprang mit unbändiger Unruhe von Zweig zu Zweig; was nur zwischen Erhaben und Schuftig liegt, war ihm bekannt; auf jeder Stelle hatte er gesessen, immer mit dem unverschämten wäßrigen Auge und dem empfindsamen Mienenspiele. Er war, wenn die Sprache vor einer solchen Zusammenstellung nicht erschrecken wollte, von einer hartherzigen Gutmütigkeit und hatte in den Genüssen einer barocken, ja verderbten Einbildungskraft fast die blöde Anmut der Unschuld. Eine solche fleisch- und seelenhafte Zweideutigkeit, eine solche Freigeisterei bis in jede Faser und Muskel des Leibes hinein, wie er diese Eigenschaften hatte, besaß vielleicht kein anderer Mensch.

114

Gewählte Wirklichkeit. — Wie der gute Prosaschriftsteller nur Worte nimmt, welche der Umgangssprache angehören, doch lange nicht alle Worte derselben — wodurch eben der gewählte Stil entsteht —, so wird der gute Dichter der Zukunft *nur Wirkliches* darstellen und von allen phantastischen, abergläubischen, halbredlichen, abgeklungenen Gegenständen, an denen frühere Dichter ihre Kraft zeigten, völlig absehen. Nur Wirklichkeit, aber lange nicht jede Wirklichkeit! — sondern eine gewählte Wirklichkeit!

115

Abarten der Kunst. — Neben den echten Gattungen der Kunst, der der großen Ruhe und der der großen Bewegung, gibt es Abarten — die ruhesüchtige, blasierte Kunst und die aufgeregte Kunst: beide wünschen, daß man ihre Schwäche für Stärke nehme und sie mit den echten Gattungen verwechsele.

116

Zum Heros fehlt jetzt die Farbe. — Die eigentlichen Dichter und Künstler der Gegenwart lieben es, ihre Gemälde auf einen rot, grün, grau und goldig flackernden Grund aufzutragen, auf den Grund der *nervösen Sinnlichkeit*: auf diese verstehen sich ja die Kinder dieses Jahrhunderts. Dies hat den Nachteil — wenn man nämlich *nicht* mit den Augen des Jahrhunderts auf jene Gemälde sieht —, daß die größten Gestalten, welche jene hinmalen, etwas Flimmerndes, Zitterndes,

Wirbelndes an sich zu haben scheinen: so daß man ihnen heroische Taten eigentlich nicht zutraut, sondern höchstens heroisierende, prahlerische Untaten.

117

Stil der Überladung. – Der überladene Stil in der Kunst ist die Folge einer Verarmung der organisierenden Kraft bei verschwenderischem Vorhandensein von Mitteln und Absichten. – In den Anfängen der Kunst findet sich mitunter das gerade Gegenstück dazu.

118

Pulchrum est paucorum hominum. – Die Historie und die Erfahrung sagt uns, daß die bedeutsame Ungeheuerlichkeit, welche die Phantasie geheimnisvoll anregt und über das Wirkliche und Alltägliche fortträgt, *älter* ist und reichlicher wächst als das Schöne in der Kunst und dessen Verehrung – und daß es sofort wieder in Überfülle ausschlägt, wenn der Sinn für Schönheit sich verdunkelt. Es scheint für die Mehr- und Überzahl der Menschen ein höheres Bedürfnis zu sein als das Schöne: wohl deshalb, weil es das gröbere Narkotikum enthält.

119

Ursprünge des Geschmacks an Kunstwerken. – Denkt man an die anfänglichen Keime des künstlerischen Sinnes und fragt sich, welche verschiedentlichen Arten der Freude durch die Erstlinge der Kunst, zum Beispiel bei wilden Völkerschaften, hervorgebracht werden, so findet man zuerst die Freude, zu *verstehen*, was ein andrer *meint*; die Kunst ist hier eine Art Rätselaufgeben, das dem Erratenden Genuß am eigenen Schnell- und Scharfsinn verschafft. – Sodann erinnert man sich beim rohesten Kunstwerk an das, was einem in der Erfahrung angenehm *war* und hat insofern Freude, zum Beispiel wenn der Künstler auf Jagd, Sieg, Hochzeit hingedeutet hat. – Wiederum kann man sich durch das Dargestellte erregt, gerührt, entflammt fühlen, beispielsweise bei Verherrlichung von Rache und Gefahr. Hier liegt der Genuß in der Erregung selber, im Siege über die Langeweile. –

Auch die Erinnerung an das Unangenehme, insofern es überwunden ist, oder insofern es uns selber als Gegenstand der Kunst vor dem Zuhörer interessant erscheinen läßt (wie wenn der Sänger die Unfälle eines verwegenen Seefahrers beschreibt), kann große Freude machen, welche man dann der Kunst zugute rechnet. — Feinerer Art ist schon jene Freude, welche beim Anblick alles Regelmäßigen und Symmetrischen, in Linien, Punkten, Rhythmen, entsteht; denn durch eine gewisse Ähnlichkeit wird die Empfindung für alles Geordnete und Regelmäßige im Leben, dem man ja ganz allein alles Wohlbefinden zu danken hat, wachgerufen: im Kultus des Symmetrischen verehrt man also unbewußt die Regel und das Gleichmaß als Quelle seines bisherigen Glücks; die Freude ist eine Art Dankgebet. Erst bei einer gewissen Übersättigung an dieser letzterwähnten Freude entsteht das noch feinere Gefühl, daß auch im Durchbrechen des Symmetrischen und Geregelten Genuß liegen könne; wenn es zum Beispiel anreizt, Vernunft in der scheinbaren Unvernunft zu suchen: wodurch es dann, als eine Art ästhetischen Rätselratens, wie eine höhere Gattung der zuerst erwähnten Kunstfreude dasteht. — Wer dieser Betrachtung weiter nachhängt, wird wissen, auf *welche Art von Hypothesen* hier zur Erklärung der ästhetischen Erscheinungen grundsätzlich verzichtet wird.

120

Nicht zu nahe. — Es ist ein Nachteil für gute Gedanken, wenn sie zu rasch aufeinanderfolgen; sie verdecken sich gegenseitig die Aussicht. — Deshalb haben die größten Künstler und Schriftsteller reichlichen Gebrauch vom Mittelmäßigen gemacht.

121

Roheit und Schwäche. — Die Künstler aller Zeiten haben die Entdeckung gemacht, daß in der *Roheit* eine gewisse Kraft liegt und daß nicht jeder roh sein kann, der es wohl sein möchte; ebenso daß manche Arten von *Schwäche* stark auf das Gefühl wirken. Hieraus sind nicht wenig Kunstmittel-Surrogate abgeleitet worden, deren sich völlig zu enthalten selbst den größten und gewissenhaftesten Künstlern schwer wird.

122

Das gute Gedächtnis. – Mancher wird nur deshalb kein Denker, weil sein Gedächtnis zu gut ist.

123

Hungermachen statt Hungerstillen. – Große Künstler wähnen, sie hätten durch ihre Kunst eine Seele völlig in Besitz genommen und ausgefüllt: in Wahrheit, und oft zu ihrer schmerzlichen Enttäuschung, ist jene Seele dadurch nur um so umfänglicher und unausfüllbarer geworden, so daß zehn größere Künstler sich nun in ihre Tiefe hinabstürzen könnten, ohne sie zu sättigen.

124

Künstler-Angst. – Die Angst, man möchte ihren Figuren nicht glauben, daß sie *leben*, kann Künstler des absinkenden Geschmacks verführen, diese so zu bilden, daß sie sich wie *toll* benehmen: wie andererseits aus derselben Angst griechische Künstler des ersten Aufgangs selbst Sterbenden und Schwerverwundeten jenes Lächeln gaben, welches sie als lebhaftestes Zeichen des Lebens kannten, – unbekümmert darum, was die Natur in solchem Falle des Noch-lebens, des Fast-nicht-mehr-Lebens bildet.

125

Der Kreis soll fertig werden. – Wer einer Philosophie oder Kunstart bis an das Ende ihrer Bahn und um das Ende herum nachgegangen ist, begreift aus einem innern Erlebnis, warum die nachfolgenden Meister und Lehrer sich von ihr, oft mit abschätziger Miene, zu einer neuen Bahn fortwandten. Der Kreis muß eben umschrieben werden – aber der einzelne, und sei es der Größte, sitzt auf seinem Punkte der Peripherie fest, mit einer unerbittlichen Miene der Hartnäckigkeit, als ob der Kreis nie geschlossen werden dürfe.

126

Ältere Kunst und die Seele der Gegenwart. – Weil jede Kunst zum Ausdruck seelischer Zustände, der bewegteren, zarteren, drastischeren, leidenschaftlicheren, immer befähigter wird, so empfinden die späteren Meister, durch diese Ausdrucks-Mittel verwöhnt, ein Unbehagen bei den Kunstwerken der älteren Zeit, wie als ob es den Alten eben nur an den Mitteln gefehlt habe, ihre Seele deutlich reden zu lassen, vielleicht gar an einigen technischen Vorbedingungen; und sie meinen hier nachhelfen zu müssen — denn sie glauben an die Gleichheit, ja Einheit aller Seelen. In Wahrheit ist aber die Seele jener Meister selber noch eine andere gewesen, *größer* vielleicht, aber kälter und dem Reizvoll-Lebendigen noch abhold: das Maß, die Symmetrie, die Geringachtung des Holden und Wonnigen, eine unbewußte Herbe und Morgenkühle, ein Ausweichen vor der Leidenschaft, wie als ob an ihr die Kunst zugrunde gehen werde, — dies macht die Gesinnung und Moralität aller älteren Meister aus, welche ihre Ausdrucks-Mittel nicht zufällig, sondern notwendig mit der gleichen Moralität wählten und durchgeisteten. — Soll man aber, bei dieser Erkenntnis, den später Kommenden das Recht versagen, die älteren Werke nach ihrer Seele zu beseelen? Nein, denn nur dadurch, daß wir ihnen unsere Seele geben, vermögen sie fortzuleben: erst *unser* Blut bringt sie dazu, zu *uns* zu reden. Der wirklich »historische« Vortrag würde gespenstisch zu Gespenstern reden. — Man ehrt die großen Künstler der Vergangenheit weniger durch jene unfruchtbare Scheu, welche jedes Wort, jede Note so liegen läßt, wie sie gestellt ist, als durch tätige Versuche, ihnen immer von neuem wieder zum Leben zu verhelfen. — Freilich: dächte man sich Beethoven plötzlich wiederkommend und eins seiner Werke gemäß der modernsten Beseeltheit und Nerven-Verfeinerung, welche unsern Meistern des Vortrags zum Ruhme dient, vor ihm ertönend: er würde wahrscheinlich lange stumm sein, schwankend, ob er die Hand zum Fluchen oder Segnen erheben solle, endlich aber vielleicht sprechen: »Nun! Nun! Das ist weder Ich noch Nicht-Ich, sondern etwas Drittes — es scheint mir auch etwas Rechtes, wenn es gleich nicht *das Rechte* ist. Ihr mögt aber zusehen, wie ihr's treibt, da ihr ja jedenfalls zuhören müßt, — und der Lebende hat Recht, sagt ja unser Schiller. So *habt* denn Recht und laßt mich wieder hinab.«

127

Gegen die Tadler der Kürze. — Etwas Kurz-Gesagtes kann die Frucht und Ernte von vielem Lang-Gedachten sein: aber der Leser, der auf diesem Felde Neuling ist und hier noch gar nicht nachgedacht hat, sieht in allem Kurz-Gesagten etwas Embryonisches, nicht ohne einen tadelnden Wink an den Autor, daß er dergleichen Unausgewachsenes, Ungereiftes ihm zur Mahlzeit mit auf den Tisch setze.

128

Gegen die Kurzsichtigen. – Meint ihr denn, es müsse Stückwerk sein, weil man es euch in Stücken gibt (und geben muß)?

129

Sentenzen-Leser. – Die schlechtesten Leser von Sentenzen sind die Freunde ihres Urhebers, im Fall sie beflissen sind, aus dem Allgemeinen wieder auf das Besondere zurückzuraten, dem die Sentenz ihren Ursprung verdankt: denn durch diese Topfguckerei machen sie die ganze Mühe des Autors zunichte, so daß sie nun verdientermaßen anstatt einer philosophischen Stimmung und Belehrung besten- oder schlimmstenfalls nichts als die Befriedigung der gemeinen Neugierde zum Gewinn erhalten.

130

Unarten des Lesers. – Die doppelte Unart des Lesers gegen den Autor besteht darin, das zweite Buch desselben auf Unkosten des ersten zu loben (oder umgekehrt) und dabei zu verlangen, daß der Autor ihm dankbar sei.

131

Das Aufregende in der Geschichte der Kunst. – Verfolgt man die Geschichte einer Kunst, zum Beispiel die der griechischen Beredsamkeit, so gerät man, von Meister zu Meister fortgehend, bei dem Anblick dieser immer gesteigerten Besonnenheit, um den alten und neu hinzugefügten Gesetzen und Selbstbeschränkungen insgesamt zu gehorchen, zuletzt in eine peinliche Spannung: man begreift, daß der Bogen brechen *muß* und daß die sogenannte unorganische Komposition, mit den wundervollsten Mitteln des Ausdrucks überhängt und maskiert –

in jenem Falle der Barockstil des Asianismus –, einmal eine Notwendigkeit und fast eine *Wohltat* war.

132

An die Großen der Kunst. – Jene Begeisterung für eine Sache, welche du Großer in die Welt hineinträgst, läßt den Verstand vieler *verkrüppeln*. Dies zu wissen demütigt. Aber der Begeisterte trägt seinen Höcker mit Stolz und Lust: insofern hast du den Trost, daß durch dich das Glück in der Welt *vermehrt* ist.

133

Die ästhetisch Gewissenlosen. – Die eigentlichen Fanatiker einer künstlerischen Partei sind jene völlig unkünstlerischen Naturen, welche selbst in die Elemente der Kunstlehre und des Kunstkönnens nicht eingedrungen sind, aber auf das Stärkste von allen *elementarischen* Wirkungen einer Kunst ergriffen werden. Für sie gibt es kein ästhetisches Gewissen – und daher nichts, was sie vom Fanatismus zurückhalten könnte.

134

Wie nach der neueren Musik sich die Seele bewegen soll. – Die künstlerische Absicht, welche die neuere Musik in dem verfolgt, was jetzt, sehr stark aber undeutlich, als »unendliche Melodie« bezeichnet wird, kann man sich dadurch klarmachen, daß man ins Meer geht, allmählich den sicheren Schritt auf dem Grunde verliert und sich endlich dem wogenden Elemente auf Gnade und Ungnade übergibt: man soll *schwimmen*. In der bisherigen älteren Musik mußte man, im zierlichen oder feierlichen oder feurigen Hin und Wider, Schneller und Langsamer, *tanzen*: wobei das hierzu nötige Maß, das Einhalten bestimmter gleichwiegender Zeit- und Kraftgrade von der Seele des Zuhörers eine fortwährende *Besonnenheit* erzwang: auf dem Widerspiele dieses kühleren Luftzuges, welcher von der Besonnenheit herkam, und des durchwärmten Atems musikalischer Begeisterung ruhte der Zauber jener Musik. – Richard Wagner wollte eine andere Art *Bewegung der Seele*, welche, wie gesagt, dem Schwimmen und Schweben verwandt ist.

Vielleicht ist dies das Wesentlichste seiner Neuerungen. Sein berühmtes Kunstmittel, diesem Wollen entsprungen und angepaßt – die »unendliche Melodie« – bestrebt sich, alle mathematische Zeit- und Kraft-Ebenmäßigkeit zu brechen, mitunter selbst zu verhöhnen; und er ist überreich in der Erfindung solcher Wirkungen, welche dem älteren Ohre wie rhythmische Paradoxien und Lästerreden klingen. Er fürchtet die Versteinerung, die Kristallisation, den Übergang der Musik in das Architektonische – und so stellt er dem zweitaktigen Rhythmus einen dreitaktigen entgegen, führt nicht selten den Fünf- und Siebentakt ein, wiederholt dieselbe Phrase sofort, aber mit einer Dehnung, daß sie die doppelte und dreifache Zeitdauer bekommt. Aus einer bequemen Nachahmung solcher Kunst kann eine große Gefahr für die Musik entstehen: immer hat neben der Überreife des rhythmischen Gefühls die Verwilderung, der Verfall der Rhythmik im Versteck gelauert. Sehr groß wird zumal diese Gefahr, wenn eine solche Musik sich immer enger an eine ganz naturalistische, durch keine höhere Plastik erzogene und beherrschte Schauspielerkunst und Gebärdensprache anlehnt, welche in sich kein Maß hat und dem sich ihr anschmiegenden Elemente, dem *allzuweiblichen* Wesen der Musik, auch kein Maß mitzuteilen vermag.

135

Dichter und Wirklichkeit. – Die Muse des Dichters, der nicht in die Wirklichkeit *verliebt* ist, wird eben nicht die Wirklichkeit sein und ihm hohläugige und allzu zartknochichte Kinder gebären.

136

Mittel und Zweck. – In der Kunst heiligt der Zweck die Mittel nicht: aber heilige Mittel können hier den Zweck heiligen.

137

Die schlechtesten Leser. – Die schlechtesten Leser sind die, welche wie plündernde Soldaten verfahren: sie nehmen sich einiges, was sie brauchen können, heraus, beschmutzen und verwirren das übrige und lästern auf das Ganze.

138

Merkmale des guten Schriftstellers. — Die guten Schriftsteller haben zweierlei gemeinsam; sie ziehen vor, lieber verstanden als angestaunt zu werden; und sie schreiben nicht für die spitzen und überscharfen Leser.

139

Die gemischten Gattungen. — Die gemischten Gattungen in den Künsten legen Zeugnis über das Mißtrauen ab, welches ihre Urheber gegen ihre eigne Kraft empfanden; sie suchten Hilfsmächte, Anwälte, Verstecke — so der Dichter, der die Philosophie, der Musiker, der das Drama, der Denker, der die Rhetorik zu Hilfe ruft.

140

Mund halten. — Der Autor hat den Mund zu halten, wenn sein Werk den Mund auftut.

141

Abzeichen des Ranges. — Alle Dichter und Schriftsteller, welche in den Superlativ verliebt sind, wollen mehr als sie können.

142

Kalte Bücher. — Der gute Denker rechnet auf Leser, welche das Glück nachempfinden, das im guten Denken liegt: so daß ein Buch, welches sich kalt und nüchtern ausnimmt, durch die rechten Augen gesehen, vom Sonnenscheine der geistigen Heiterkeit umspielt und als ein rechter Seelentrost erscheinen kann.

143

Kunstgriff der Schwerfälligen. — Der schwerfällige Denker wählt gewöhnlich die Geschwätzigkeit oder die Feierlichkeit zur Bundesgenossin: durch die erstere meint er sich Beweglichkeit und leichten

Fluß anzueignen, durch die letztere erweckt er den Schein, als ob seine Eigenschaft eine Wirkung des freien Willens, der künstlerischen Absicht sei, zum Zwecke der Würde, welche Langsamkeit der Bewegung fordert.

144

Vom Barockstile. – Wer sich als Denker und Schriftsteller zur Dialektik und Auseinanderfaltung der Gedanken nicht geboren oder erzogen weiß, wird unwillkürlich nach dem *Rhetorischen* und *Dramatischen* greifen: denn zuletzt kommt es ihm darauf an, sich *verständlich* zu machen und dadurch Gewalt zu gewinnen, gleichgültig ob er das Gefühl auf ebenem Pfade zu sich leitet oder unversehens überfällt – als Hirt oder als Räuber. Dies gilt auch in den bildenden wie musischen Künsten; wo das Gefühl mangelnder Dialektik oder des Ungenügens in Ausdruck und Erzählung, zusammen mit einem überreichen, drängenden Formentriebe, jene Gattung des Stiles zutage fördert, welche man *Barockstil* nennt. – Nur die Schlechtunterrichteten und Anmaßenden werden übrigens bei diesem Wort sogleich eine abschätzige Empfindung haben. Der Barockstil entsteht jedesmal beim Abblühen jeder großen Kunst, wenn die Anforderungen in der Kunst des klassischen Ausdrucks allzu groß geworden sind, als ein Natur-Ereignis, dem man wohl mit Schwermut – weil es der Nacht voranläuft – zusehen wird, aber zugleich mit Bewunderung für die ihm eigentümlichen Ersatzkünste des Ausdrucks und der Erzählung. Dahin gehört schon die Wahl von Stoffen und Vorwürfen höchster dramatischer Spannung, bei denen auch ohne Kunst das Herz zittert, weil Himmel und Hölle der Empfindung allzu nah sind: dann die Beredsamkeit der starken Affekte und Gebärden, des Häßlich-Erhabenen, der großen Massen, überhaupt der Quantität an sich – wie dies sich schon bei Michelangelo, dem Vater oder Großvater der italienischen Barockkünstler, ankündigt –: die Dämmerungs-, Verklärungs- oder Feuersbrunstlichter auf so starkgebildeten Formen: dazu fortwährend neue Wagnisse in Mitteln und Absichten, vom Künstler für die Künstler kräftig unterstrichen, während der Laie wähnen muß, das beständige unfreiwillige Überströmen aller Füllhörner einer ursprünglichen Natur-Kunst zu sehen: diese Eigenschaften alle, in denen jener Stil seine Größe hat, sind in den früheren, vorklassischen und klassischen Epochen einer Kunstart nicht möglich, nicht erlaubt: solche Köstlichkeiten hängen lange als verbotene Früchte am Baume. — Gerade jetzt, wo die *Musik* in diese letzte Epoche übergeht, kann man das Phänomen des Barockstils in einer besondern Pracht kennenlernen und vieles durch Vergleichung daraus für frühere Zeiten lernen: denn es hat von den griechischen Zeiten ab schon oftmals einen Barockstil gegeben, in der Poesie, Beredsamkeit, im Prosastile, in der Skulptur ebensowohl als bekanntermaßen in der Architektur — und jedesmal hat dieser Stil, ob es ihm gleich am höchsten Adel, an dem einer unschuldigen, unbewußten, sieghaften Vollkommenheit gebricht, auch vielen von den Besten und Ernstesten seiner Zeit wohlgetan: — weshalb es, wie gesagt, anmaßend ist, ohne weiteres ihn abschätzig zu beurteilen; so sehr sich jeder glücklich preisen darf, dessen Empfindung durch ihn nicht für den reineren und größeren Stil unempfänglich gemacht wird.

145

Wert ehrlicher Bücher. — Ehrliche Bücher machen den Leser ehrlich, wenigstens indem sie seinen Haß und Widerwillen herauslocken, welchen die verschmitzte Klugheit sonst am besten zu verstecken weiß. Gegen ein Buch aber läßt man sich gehen, wenn man sich auch noch so sehr gegen Menschen zurückhält.

146

Wodurch die Kunst Partei macht. — Einzelne schöne Stellen, ein erregender Gesamt-Verlauf und hinreißende erschütternde Schluß-Stimmungen — so *viel* wird auch den meisten Laien von einem Kunstwerk noch zugänglich sein: und in einer Periode der Kunst, in der man die große Masse der Laien auf die Seite der Künstler *hinüberziehen*, also eine Partei, vielleicht zur Erhaltung der Kunst überhaupt, machen will, wird der Schaffende gut tun, auch nicht *mehr* zu geben: damit er nicht zum Verschwender seiner Kraft werde, auf Gebieten, wo niemand ihm Dank weiß. Das Übrige nämlich zu leisten — die Natur in ihrem *organischen* Bilden und Wachsenlassen nachzuahmen — hieße in jenem Falle: auf Wasser säen.

147

Zum Schaden der Historie groß werden. – Jeder spätere Meister, welcher den Geschmack der Kunst-Genießenden in *seine* Bahn lenkt, bringt unwillkürlich eine Auswahl und Neu-Abschätzung der älteren Meister und ihrer Werke hervor: das *ihm* Gemäße und Verwandte, das *ihn* Vorschmeckende und Ankündigende in jenen gilt von jetzt ab als das eigentlich *Bedeutende* an jenen und ihren Werken – eine Frucht, in der gewöhnlich ein großer *Irrtum* als Wurm verborgen steckt.

148

Wie ein Zeitalter zur Kunst geködert wird. – Man lerne mit Hilfe aller Künstler- und Denker-Zaubereien die Menschen an, vor ihren Mängeln, ihrer geistigen Armut, ihren unsinnigen Verblendungen und Leidenschaften Verehrung zu empfinden – und dies ist möglich –, man zeige vom Verbrechen und vom Wahne nur die erhabene Seite, von der Schwäche der Willenlosen und Blind-Ergebnen nur das Rührende und Zu-Herzen-Sprechende eines solchen Zustandes – auch dies ist oft genug geschehen –: so hat man das Mittel angewendet, auch einem ganz unkünstlerischen und unphilosophischen Zeitalter schwärmerische *Liebe* zu Philosophie und Kunst (namentlich zu den Künstlern und Denkern als Personen) einzuflößen, und, in schlimmen Umständen, vielleicht das einzige Mittel, die Existenz so zarter und gefährdeter Gebilde zu wahren.

149

Kritik und Freude. – Kritik, einseitige und ungerechte ebensogut wie verständige, macht dem, der sie übt, so viel Vergnügen, daß die Welt jedem Werk, jeder Handlung Dank schuldig ist, welche viel und viele zur Kritik auffordert: denn hinter ihr her zieht sich ein blitzender Schweif von Freude, Witz, Selbstbewunderung, Stolz, Belehrung, Vorsatz zum Bessermachen. – Der Gott der Freude schuf das Schlechte und Mittelmäßige aus dem gleichen Grunde, aus dem er das Gute schuf.

150

Über seine Grenze hinaus. – Wenn ein Künstler mehr sein will als ein Künstler, zum Beispiel der moralische Erwecker seines Volkes, so verliebt er sich, zur Strafe, zuletzt in ein Ungetüm von moralischem Stoff – und die Muse lacht dazu: denn diese so gutherzige Göttin kann aus Eifersucht auch boshaft werden. Man denke an Milton und Klopstock.

151

Gläsernes Auge. – Die Richtung des Talentes auf *moralische* Stoffe, Personen, Motive, auf die schöne Seele des Kunstwerkes ist mitunter nur das gläserne Auge, welches der Künstler, dem es an der schönen Seele *gebricht*, sich einsetzt: mit dem sehr seltenen Erfolge, daß dies Auge zuletzt doch lebendige Natur wird, wenn auch etwas verkümmert blickende Natur, – aber mit dem gewöhnlichen Erfolge, daß alle Welt Natur zu sehen meint, wo kaltes Glas ist.

152

Schreiben und Siegen-wollen. – Schreiben sollte immer einen Sieg anzeigen, und zwar eine Überwindung *seiner selbst*, welche andern zum Nutzen mitgeteilt werden muß; aber es gibt dyspeptische Autoren, welche gerade nur schreiben, wenn sie etwas nicht verdauen können, ja wenn dies ihnen schon in den Zähnen hängengeblieben ist: sie suchen unwillkürlich mit ihrem Ärger auch dem Leser Verdruß zu machen und so eine Gewalt über ihn auszuüben, das heißt: auch sie wollen siegen, aber über andere.

153

»*Gut Buch will Weile haben.*« – Jedes gute Buch schmeckt herb, wenn es erscheint: es hat den Fehler der Neuheit. Zudem schadet ihm sein lebender Autor, falls er bekannt ist und manches von ihm verlautet: denn alle Welt pflegt den Autor und sein Werk zu verwechseln. Was in diesem an Geist, Süße und Goldglanz ist, muß sich erst mit den Jahren entwickeln, unter der Pflege wachsender, dann alter, zuletzt überlieferter Verehrung. Manche Stunde muß darüber hinlaufen, manche Spinne ihr Netz daran gewoben haben. Gute Leser machen ein Buch immer besser und gute Gegner klären es ab.

154

Maßlosigkeit als Kunstmittel. – Künstler verstehen wohl, was es sagen will: die Maßlosigkeit als Kunstmittel zu benützen, um den Eindruck des Reichtums hervorzubringen. Es gehört das zu den unschuldigen Listen der Seelenverführung, auf welche sich die Künstler verstehen müssen: denn in ihrer Welt, in der es auf Schein abgesehen ist, brauchen auch die Mittel des Scheins nicht notwendig echt zu sein.

155

Der versteckte Leierkasten. – Die Genies verstehen sich besser als die Talente darauf, den Leierkasten zu verstecken, vermöge ihres umfänglicheren Faltenwurfs; aber im Grunde können sie auch nicht mehr als ihre alten sieben Stücke immer wieder spielen.

156

Der Name auf dem Titelblatt. – Daß der Name des Autors auf dem Buche steht, ist zwar jetzt Sitte und fast Pflicht; doch ist es eine Hauptursache davon, daß Bücher so wenig wirken. Sind sie nämlich gut, so sind sie mehr wert als die Personen, als deren Quintessenzen; sobald aber der Autor sich durch den Titel zu erkennen gibt, wird die Quintessenz wieder von seiten des Lesers mit dem Persönlichen, ja Persönlichsten diluiert und somit der Zweck des Buches vereitelt. Es ist der Ehrgeiz des Intellektes, nicht mehr individuell zu erscheinen.

157

Schärfste Kritik. – Man kritisiert einen Menschen, ein Buch am schärfsten, wenn man das Ideal desselben hinzeichnet.

158

Wenig und ohne Liebe. – Jedes gute Buch ist für einen bestimmten Leser und dessen Art geschrieben und wird eben deshalb von allen übrigen Lesern, der großen Mehrzahl, ungünstig angesehen: weshalb sein Ruf auf schmaler Grundlage ruht und nur langsam aufgebaut werden kann. – Das mittelmäßige und schlechte Buch ist es eben dadurch, daß es vielen zu gefallen sucht und auch gefällt.

159

Musik und Krankheit. – Die Gefahr in der neuen Musik liegt darin, daß sie uns den Becher des Wonnigen und Großartigen so hinreißend und mit einem Anscheine von sittlicher Ekstase an die Lippen setzt, daß auch der Mäßige und Edle immer einige Tropfen zu viel von ihr trinkt. Diese Minimal-Ausschweifung, fortwährend wiederholt, kann aber zuletzt eine tiefere Erschütterung und Untergrabung der geistigen Gesundheit zuwege bringen, als irgendein grober Exzeß es vermöchte: so daß nichts übrigbleibt, als eines Tages die Nymphengrotte zu fliehen und, durch Meereswogen und Gefahren, nach dem Rauch von Ithaka und nach den Umarmungen der schlichteren und menschlicheren Gattin sich den Weg zu bahnen.

160

Vorteil für die Gegner. – Ein Buch voller Geist teilt auch an seine Gegner davon mit.

161

Jugend und Kritik. – Ein Buch kritisieren – das heißt für die Jungen nur: keinen einzigen produktiven Gedanken desselben an sich herankommen lassen und sich, mit Händen und Füßen, seiner Haut wehren. Der Jüngling lebt gegen alles Neue, das er nicht in Bausch und Bogen lieben kann, im Stande der Notwehr und begeht jedesmal dabei, so oft er nur kann, ein überflüssiges Verbrechen.

162

Wirkung der Quantität. – Die größte Paradoxie in der Geschichte der Dichtkunst liegt darin, daß in allem, worin die alten Dichter ihre

Größe haben, einer ein Barbar, nämlich fehlerhaft und verwachsen vom Wirbel bis zur Zehe, sein kann und dennoch der größte Dichter bleibt. So steht es ja mit Shakespeare, der, mit Sophokles zusammengehalten, einem Bergwerke voll einer Unermeßlichkeit an Gold, Blei und Geröll gleicht, während jener nicht nur Gold, sondern Gold in der edelsten Gestaltung ist, die seinen Wert als Metall fast vergessen macht. Aber die Quantität, in ihren höchsten Steigerungen, *wirkt* als Qualität. Das kommt Shakespeare zugute.

163

Aller Anfang ist Gefahr. – Der Dichter hat die Wahl, entweder das Gefühl von einer Stufe zur andern zu heben und es so zuletzt sehr hoch zu steigern – oder es mit einem Überfalle zu versuchen und gleich von Beginn an mit aller Gewalt am Glockenstrang zu ziehn. Beides hat seine Gefahren: im ersten Falle läuft ihm vielleicht sein Zuhörer vor Langeweile, im zweiten vor Schrecken davon.

164

Zugunsten der Kritiker. – Die Insekten stechen, nicht aus Bosheit, sondern weil sie auch leben wollen: ebenso unsere Kritiker; sie wollen unser Blut, nicht unseren Schmerz.

165

Erfolg von Sentenzen. – Die Unerfahrnen meinen immer, wenn ihnen eine Sentenz sofort durch ihre schlichte Wahrheit einleuchtet, sie sei alt und bekannt, und blicken dabei scheel auf den Urheber, als habe er das Gemeingut aller stehlen wollen: während sie an gewürzten Halbwahrheiten Freude haben und dies dem Autor zu erkennen geben. Dieser weiß einen solchen Wink zu würdigen und errät daraus leicht, wo es ihm gelungen und wo mißlungen ist.

166

Siegen-wollen. – Ein Künstler, der in allem, was er unternimmt, über seine Kräfte hinausgeht, wird doch zuletzt, durch das Schauspiel des gewaltigen Ringens, das er gewährt, die Menge mit sich fortreißen: denn der Erfolg ist nicht immer nur beim Siege, sondern mitunter schon beim Siegen-wollen.

167

Sibi scribere. – Der vernünftige Autor schreibt für keine andere Nach-welt als für seine eigene, das heißt für sein Alter, um auch dann noch an sich Freude haben zu können.

168

Lob der Sentenz. – Eine gute Sentenz ist zu hart für den Zahn der Zeit und wird von allen Jahrtausenden nicht aufgezehrt, obwohl sie jeder Zeit zur Nahrung dient: dadurch ist sie das große Paradoxon in der Literatur, das Unvergängliche inmitten des Wechselnden, die Speise, welche immer geschätzt bleibt, wie das Salz, und niemals, wie selbst dieses, dumm wird.

169

Kunstbedürfnis zweiten Ranges. – Das Volk hat wohl etwas von dem, was man Kunstbedürfnis nennen darf, aber es ist wenig, und wohlfeil zu befriedigen. Im Grunde genügt hierfür der Abfall der Kunst: das soll man ehrlich sich eingestehen. Man erwäge doch nur zum Beispiel, an was für Melodien und Liedern jetzt unsere kraftvollsten, unverdor-bensten, treuherzigsten Schichten der Bevölkerung ihre rechte Herzens-freude haben, man lebe unter Hirten, Sennen, Bauern, Jägern, Solda-ten, Seeleuten und gebe sich die Antwort. Und wird nicht in der kleinen Stadt, gerade in den Häusern, welche der Sitz altvererbter Bürgertugend sind, jene allerschlechteste Musik geliebt, ja gehätschelt, welche überhaupt jetzt hervorgebracht wird? Wer von tieferm Bedürf-nisse, von unausgefülltem Begehren nach Kunst in Beziehung auf das Volk, *wie es ist*, redet, der faselt oder schwindelt. Seid ehrlich! Nur bei *Ausnahme-Menschen* gibt es jetzt ein Kunstbedürfnis in *hohem Stile* – weil die Kunst überhaupt wieder einmal im Rückgange ist und die menschlichen Kräfte und Hoffnungen sich für eine Zeit auf andere Dinge geworfen haben. – Außerdem, nämlich abseits vom Volke, besteht freilich noch ein breiteres, umfänglicheres Kunstbedürfnis, aber *zweiten Ranges*, in den höheren und höchsten Schichten der Gesellschaft: hier ist etwas wie eine künstlerische Gemeinde, die es aufrichtig meint, möglich. Aber man sehe sich die Elemente an! Es sind im allgemeinen die feineren Unzufriednen, die an sich zu keiner rechten Freude kommen: der Gebildete, der nicht frei genug geworden ist, um der Tröstungen der Religion entraten zu können, und doch ihre Öle nicht wohlriechend genug findet: der Halbedle, der zu schwach ist, den einen Grundfehler seines Lebens oder den schädlichen Hang seines Charakters zu brechen, durch heroisches Umkehren oder Verzichtleisten: der Reichbegabte, der zu vornehm von sich denkt, um durch bescheidene Tätigkeit zu nützen, und zu träge zur ernsten aufopfernden Arbeit ist: das Mädchen, welches sich keinen genügenden Kreis von Pflichten zu schaffen weiß: die Frau, die durch eine leichtsinnige oder frevelhafte Ehe sich band und nicht genug gebunden weiß: der Gelehrte, Arzt, Kaufmann, Beamte, der zu zeitig in das einzelne eingekehrt und seiner ganzen Natur niemals vollen Lauf gegönnt hat, dafür aber mit einem Wurm im Herzen seine immerhin tüchtige Arbeit tut: endlich alle unvollständigen Künstler – dies sind *jetzt* die noch wahrhaften Kunstbedürftigen! Und was begehren sie eigentlich von der Kunst? Sie soll ihnen für Stunden und Augenblicke das Unbehagen, die Langeweile, das halbschlechte Gewissen verscheuchen und womöglich den Fehler ihres Lebens und Charakters als Fehler des Welten-Schicksals ins Große umdeuten – sehr verschieden von den Griechen, welche in ihrer Kunst das Aus- und Überströmen ihres eignen Wohl- und Gesundseins empfanden und es liebten, ihre Vollkommenheit *noch einmal* außer sich zu sehen: – sie führte der Selbstgenuß zur Kunst, diese unsere Zeitgenossen – der Selbstverdruß.

170

Die Deutschen im Theater. – Das eigentliche Theatertalent der Deutschen war Kotzebue; er und seine Deutschen, die der höheren sowohl als die der mittleren Gesellschaft, gehörten notwendig zusammen, und die Zeitgenossen hätten von ihm im Ernste sagen dürfen: »in ihm leben, weben und sind wir«. Hier war nichts Erzwungenes, Angebildetes, Halb- und Angenießendes: was er wollte und konnte, wurde verstanden, ja bis jetzt ist der *ehrliche* Theater-Erfolg auf deutschen Bühnen im Besitze der verschämten oder unverschämten Erben Kotzebuescher Mittel und Wirkungen, namentlich soweit das Lustspiel noch in einiger Blüte steht; woraus sich ergibt, daß viel von dem damaligen Deutschtum, zumal abseits von der großen Stadt, immer noch fortlebt. Gutmütig, in kleinen Genüssen unenthaltsam, tränenlüstern, mit dem Wunsche, wenigstens im Theater sich der eingebornen pflichtstrengen Nüchternheit entschlagen zu dürfen und hier lächelnde, ja lachende Duldung zu üben, das Gute und das Mitleid verwechselnd und in eins zusammenwerfend – wie es das Wesentliche der deutschen Sentimentalität ist –, überglücklich bei einer schönen großmütigen Handlung, im übrigen unterwürfig nach oben, neidisch gegeneinander, und doch im Innersten sich selbst genügend – so waren sie, so war er. – Das zweite Theatertalent war Schiller: dieser entdeckte eine Klasse von Zuhörern, welche bis dahin nicht in Betracht gekommen waren; er fand sie in den unreifen Lebensaltern, im deutschen Mädchen und Jüngling. Ihren höheren, edleren, stürmischeren, wenn auch unklareren Regungen, ihrer Lust am Klingklang sittlicher Worte (welche in den dreißiger Jahren des Lebens zu verschwinden pflegt) kam er mit seinen Dichtungen entgegen und errang sich dadurch, gemäß der Leidenschaftlichkeit und Parteisucht jener Altersklasse, einen Erfolg, der allmählich auch auf die reiferen Lebensalter mit Vorteil einwirkte: Schiller hat im allgemeinen die Deutschen *verjüngt*. – Goethe stand über den Deutschen in jeder Beziehung und steht es auch jetzt noch: er wird ihnen nie angehören. Wie könnte auch je ein Volk der Goetheschen *Geistigkeit* im *Wohl-Sein und Wohl-Wollen* gewachsen sein! Wie Beethoven über die Deutschen weg Musik machte, wie Schopenhauer über die Deutschen weg philosophierte, so dichtete Goethe seinen Tasso, seine Iphigenie über die Deutschen weg. Ihm folgte eine *sehr kleine* Schar Höchstgebildeter, durch Altertum, Leben und Reisen Erzogener, über deutsches Wesen hinaus Gewachsener: – er selber wollte es nicht anders. – Als dann die Romantiker ihren zweckbewußten Goethe-Kultus aufrichteten, als ihre erstaunliche Kunstfertigkeit des Anschmeckens dann auf die Schüler Hegels, die eigentlichen Erzieher der Deutschen dieses Jahrhunderts überging, als der erwachende nationale Ehrgeiz auch dem Ruhme der deutschen Dichter zugute kam und der eigentliche Maßstab des Volkes, ob es sich *ehrlich* an etwas *freuen* könne, unerbittlich dem Urteile der einzelnen und jenem nationalen Ehrgeize untergeordnet wurde – das heißt, als man anfing sich freuen zu *müssen* –, da entstand jene Verlogenheit und Unechtheit der deutschen Bildung, welche sich Kotzebues schämte, welche Sophokles, Calderon und selbst Goethes Faust-Fortsetzung auf die Bühne brachte und welche ihrer belegten Zunge, ihres verschleimten Magens wegen zuletzt nicht mehr weiß, was ihr schmeckt, was ihr langweilig ist. – Selig sind die, welche Geschmack haben, wenn es auch ein schlechter Geschmack ist! – Und nicht nur selig, auch weise kann man nur vermöge dieser Eigenschaft werden: weshalb die Griechen, die in solchen Dingen sehr fein waren, den Weisen mit einem Wort bezeichneten, das den *Mann des Geschmacks* bedeutet, und Weisheit, künstlerische sowohl wie erkennende, geradezu »Geschmack« (*sophia*) benannten.

171

Die Musik als Spätling jeder Kultur. – Die Musik kommt von allen Künsten, welche auf einem bestimmten Kultur-Boden, unter bestimmten sozialen und politischen Verhältnissen jedesmal aufzuwachsen pflegen, als die *letzte* aller Pflanzen zum Vorschein, im Herbst und Abblühen der zu ihr gehörigen Kultur: während gewöhnlich die ersten Boten und Anzeichen eines neuen Frühlings schon bemerkbar sind; ja mitunter läutet die Musik wie die Sprache eines versunkenen Zeitalters in eine erstaunte und neue Welt hinein und kommt zu spät. Erst in der Kunst der Niederländer Musiker fand die Seele des christlichen Mittelalters ihren vollen Klang: ihre Ton-Baukunst ist die nachgeborne, aber echt- und ebenbürtige Schwester der Gotik. Erst in Händels Musik erklang das Beste von Luthers und seiner Verwandten Seele, der große jüdisch-heroische Zug, welcher die ganze Reformations-Bewegung schuf. Erst Mozart gab dem Zeitalter Ludwigs des Vierzehnten und der Kunst Racines und Claude Lorrains in *klingendem* Golde heraus. Erst in Beethovens und Rossinis Musik sang sich das achtzehnte Jahrhundert aus, das Jahrhundert der Schwärmerei, der zerbrochnen Ideale und des flüchtigen Glücks. So möchte denn ein

Freund empfindsamer Gleichnisse sagen, jede wahrhaft bedeutende Musik sei Schwanengesang. — Die Musik ist eben *nicht* eine allgemeine überzeitliche Sprache, wie man so oft zu ihrer Ehre gesagt hat, sondern entspricht genau einem Gefühls-, Wärme- und Zeitmaß, welches eine ganz bestimmte einzelne, zeitlich und örtlich gebundene Kultur als inneres Gesetz in sich trägt: die Musik Palestrinas würde für einen Griechen völlig unzugänglich sein, und wiederum — was würde Palestrina bei der Musik Rossinis hören? — Vielleicht, daß auch unsere neueste deutsche Musik, so sehr sie herrscht und herrschlustig ist, in kurzer Zeitspanne nicht mehr verstanden wird: denn sie entsprang aus einer Kultur, die im raschen Absinken begriffen ist; ihr Boden ist jene Reaktions- und Restaurations-Periode, in welcher ebenso ein gewisser *Katholizismus des Gefühls* wie die Lust an allem *heimisch-nationalen Wesen und Urwesen* zur Blüte kam und über Europa einen gemischten Duft ausgoß: welche beide Richtungen des Empfindens, in größter Stärke erfaßt und bis in die entferntesten Enden fortgeführt, in der Wagnerschen Kunst zuletzt zum Erklingen gekommen sind. Wagners Aneignung der altheimischen Sagen, sein veredelndes Schalten und Walten unter deren so fremdartigen Göttern und Helden — welche eigentlich souveräne Raubtiere sind, mit Anwandlungen von Tiefsinn, Großherzigkeit und Lebensüberdruß —, die Neubeseelung dieser Gestalten, denen er den christlich-mittelalterlichen Durst nach verzückter Sinnlichkeit und Entsinnlichung dazugab, dieses ganze Wagnerische Nehmen und Geben in Hinsicht auf Stoffe, Seelen, Gestalten und Worte spricht deutlich auch den *Geist seiner Musik* aus, wenn diese, wie alle Musik, von sich selber nicht völlig unzweideutig zu reden vermöchte: dieser Geist führt den *allerletzten* Kriegs- und Reaktionszug an gegen den Geist der Aufklärung, welcher aus dem vorigen Jahrhundert in dieses hineinwehte, ebenso gegen die übernationalen Gedanken der französischen Umsturz-Schwärmerei und der englisch-amerikanischen Nüchternheit im Umbau von Staat und Gesellschaft. — Ist es aber nicht ersichtlich, daß die hier — bei Wagner selbst und seinem Anhange — noch zurückgedrängt erscheinenden Gedanken- und Empfindungskreise längst von neuem wieder Gewalt bekommen haben, und daß jener späte musikalische Protest gegen sie zumeist in Ohren hineinklingt, die andere und entgegengesetzte Töne lieber hören? so daß eines Tages jene wunderbare und hohe Kunst ganz plötzlich unverständlich werden und sich Spinnweben und Vergessenheit über sie legen könnten. – Man darf sich über diese Sachlage nicht durch jene flüchtigen Schwankungen beirren lassen, welche als Reaktion innerhalb der Reaktion, als ein zeitweiliges Einsinken des Wellenbergs inmitten der gesamten Bewegung erscheinen; so mag dieses Jahrzehnt der nationalen Kriege, des ultramontanen Martyriums und der sozialistischen Beängstigung in seinen feineren Nachwirkungen auch der genannten Kunst zu einer plötzlichen Glorie verhelfen – ohne ihr damit die Bürgschaft dafür zu geben, daß sie »Zukunft habe«, oder gar, daß sie *die Zukunft* habe. – Es liegt im Wesen der Musik, daß die Früchte ihrer großen Kultur-Jahrgänge zeitiger unschmackhaft werden und rascher verderben als die Früchte der bildenden Kunst oder gar die auf dem Baume der Erkenntnis gewachsenen: unter allen Erzeugnissen des menschlichen Kunstsinns sind nämlich *Gedanken* das Dauerhafteste und Haltbarste.

172

Die Dichter keine Lehrer mehr. – So fremd es unserer Zeit klingen mag: es gab Dichter und Künstler, deren Seele über die Leidenschaften und deren Krämpfe und Entzückungen hinaus war und die deshalb an reinlicheren Stoffen, würdigeren Menschen, zarteren Verknüpfungen und Lösungen ihre Freude hatten. Sind die jetzigen großen Künstler meistens Entfesseler des Willens und unter Umständen eben dadurch Befreier des Lebens, so waren jene – Willens-Bändiger, Tier-Verwandler, Menschen-Schöpfer und überhaupt Bildner, Um- und Fortbildner des Lebens: während der Ruhm der jetzigen im Abschirren, Kettenlösen, Zertrümmern liegen mag. – Die älteren Griechen verlangten vom Dichter, er solle der Lehrer der Erwachsenen sein: aber wie müßte sich jetzt ein Dichter schämen, wenn man dies von ihm verlangte, – er, der selber sich kein guter Lehrer war und daher selber kein gutes Gedicht, kein schönes Gebilde wurde, sondern im günstigen Falle gleichsam der scheue, anziehende Trümmerhaufen eines Tempels, aber zugleich eine Höhle der Begierden, mit Blumen, Stechpflanzen, Giftkräutern ruinenhaft überwachsen, von Schlangen, Gewürm, Spinnen und Vögeln bewohnt und besucht – ein Gegenstand zum trauernden Nachsinnen darüber, warum jetzt das Edelste und Köstlichste sogleich als Ruine, ohne die Vergangenheit und Zukunft des Vollkommenseins, emporwachsen muß? –

173

Vor- und Rückblick. – Eine Kunst, wie sie aus Homer, Sophokles, Theokrit, Calderon, Racine, Goethe *ausströmt*, als *Überschuß* einer weisen und harmonischen Lebensführung – das ist das Rechte, nach dem wir endlich greifen lernen, wenn wir selber weiser und harmonischer geworden sind: nicht jene barbarische, wenngleich noch so entzückende Aussprudelung hitziger und bunter Dinge aus einer ungebändigten, chaotischen Seele, welche wir früher als Jünglinge unter Kunst verstanden. Es begreift sich aber aus sich selber, daß für gewisse Lebenszeiten eine Kunst der Überspannung, der Erregung, des Widerwillens gegen das Geregelte, Eintönige, Einfache, Logische ein notwendiges Bedürfnis ist, welchem Künstler entsprechen *müssen*, damit die Seele solcher Lebenszeiten sich nicht auf anderem Weg, durch allerlei Unfug und Unart, entlade. So bedürfen die Jünglinge, wie sie meistens sind, voll, gärend, von nichts *mehr* als von der Langeweile gepeinigt, – so bedürfen Frauen, denen eine gute, die Seele füllende Arbeit fehlt, jener Kunst der entzückenden Unordnung. Um so heftiger noch entflammt sich ihre Sehnsucht nach einem Genügen ohne Wechsel, einem Glück ohne Betäubung und Rausch.

174

Gegen die Kunst der Kunstwerke. – Die Kunst soll vor allem und zuerst das Leben *verschönern*, also *uns* selber den anderen erträglich, wo möglich angenehm machen: mit dieser Aufgabe vor Augen mäßigt sie und hält uns im Zaume, schafft Formen des Umgangs, bindet die Unerzogenen an Gesetze des Anstands, der Reinlichkeit, der Höflichkeit, des Redens und Schweigens zur rechten Zeit. Sodann soll die Kunst alles Häßliche *verbergen* oder *umdeuten*, jenes Peinliche, Schreckliche, Ekelhafte, welches trotz allem Bemühen immer wieder, gemäß der Herkunft der menschlichen Natur, herausbrechen wird: sie soll so namentlich in Hinsicht auf die Leidenschaften und seelischen Schmerzen und Ängste verfahren und im unvermeidlich oder unüberwindlich Häßlichen das *Bedeutende* durchschimmern lassen. Nach dieser großen, ja übergroßen Aufgabe der Kunst ist die sogenannte eigentliche Kunst, *die der Kunstwerke*, nur ein *Anhängsel*. Ein Mensch, der einen Überschuß von solchen verschönernden, verbergenden und umdeutenden Kräften in sich fühlt, wird sich zuletzt noch in Kunstwerken dieses Überschusses zu entladen suchen; ebenso, unter besonderen Umständen, ein ganzes Volk. – Aber gewöhnlich fängt man jetzt die Kunst am Ende an, hängt sich an ihren Schweif und meint, die Kunst der Kunstwerke sei das Eigentliche, von ihr aus solle das Leben verbessert und umgewandelt werden – wir Toren! Wenn wir die Mahlzeit mit dem Nachtisch beginnen und Süßigkeiten über Süßigkeiten kosten, was wunders, wenn wir uns den Magen und selbst den Appetit für die gute, kräftige, nährende Mahlzeit, zu der uns die Kunst einladet, verderben!

175

Fortbestehen der Kunst. – Wodurch besteht jetzt im Grunde eine Kunst der Kunstwerke fort? Dadurch, daß die meisten, welche Mußestunden haben – und nur für diese gibt es ja eine solche Kunst –, nicht glauben ohne Musik, Theater- und Galerien-Besuch, ohne Roman- und Gedichte-lesen mit ihrer Zeit fertig zu werden. Gesetzt, man könnte sie von dieser Befriedigung *abhalten*, so würden sie entweder nicht so eifrig nach Muße streben und der neiderregende Anblick der Reichen würde *seltener* – ein großer Gewinn für den Bestand der Gesellschaft; oder sie hätten Muße, lernten aber *nachdenken* – was man lernen und verlernen kann –, über ihre Arbeit zum Beispiel, ihre Verbindungen, über Freuden, die sie erweisen könnten: alle Welt, mit Ausnahme der Künstler, hätte in beiden Fällen den Vorteil davon. – Es gibt gewiß manchen kraft- und sinnvollen Leser, der hier einen guten Einwand zu machen versteht. Der Plumpen und Böswilligen halber soll es doch einmal gesagt werden, daß es hier wie so oft in diesem Buche dem Autor eben auf den Einwand ankommt, und daß manches in ihm zu lesen ist, was nicht gerade darin geschrieben steht.

176

Das Mundstück der Götter. – Der Dichter spricht die allgemeinen höheren Meinungen aus, welche ein Volk hat, er ist deren Mundstück und Flöte – aber er spricht sie, vermöge des Metrums und aller anderen künstlerischen Mittel so aus, daß das Volk sie wie etwas ganz Neues und Wunderhaftes nimmt und es vom Dichter allen Ernstes glaubt, er sei das Mundstück der Götter. Ja, in der Umwölkung des Schaffens vergißt der Dichter selber, wo er alle seine geistige Weisheit her hat – von Vater und Mutter, von Lehrern und Büchern aller Art, von der Straße und namentlich von den Priestern; ihn täuscht seine eigene Kunst und er glaubt wirklich, in naiver Zeit, daß *ein Gott* durch ihn rede, daß er im Zustande einer religiösen Erleuchtung schaffe, – während er eben nur sagt, was er gelernt hat, Volks-Weisheit und Volks-Torheit untereinander. Also: insofern der Dichter wirklich *vox populi ist, gilt* er als *vox dei*.

177

Was alle Kunst will und nicht kann. – Die schwerste und letzte Aufgabe des Künstlers ist die Darstellung des Gleichbleibenden, in sich Ruhenden, Hohen, Einfachen, vom Einzelreiz weit Absehenden; deshalb werden die höchsten Gestaltungen sittlicher Vollkommenheit von den schwächeren Künstlern selbst als unkünstlerische Vorwürfe abgelehnt, weil ihrem Ehrgeize der Anblick dieser Früchte gar zu peinlich ist: sie glänzen ihnen aus den äußersten Ästen der Kunst entgegen, aber es fehlt ihnen Leiter, Mut und Handgriff, um sich so hoch wagen zu dürfen. An sich ist ein Phidias *als Dichter* recht wohl möglich, aber, in Anbetracht der modernen Kraft, fast nur im Sinne des Wortes, daß bei Gott kein Ding unmöglich ist. Schon der Wunsch nach einem dichterischen Claude Lorrain ist ja gegenwärtig eine Unbescheidenheit, so sehr einen das Herz darnach verlangen heißt. – Der Darstellung des *letzten* Menschen, *das heißt des einfachsten und zugleich vollsten*, war bis jetzt kein Künstler gewachsen; vielleicht aber haben die Griechen, im *Ideal der Athene*, am weitesten von allen bisherigen Menschen den Blick geworfen.

178

Kunst und Restauration. – Die rückläufigen Bewegungen in der Geschichte, die sogenannten Restaurationszeiten, welche einem geistigen und gesellschaftlichen Zustand, der *vor* dem zuletzt bestehenden lag, wieder Leben zu geben suchen und denen eine kurze Toten-Erweckung auch wirklich zu gelingen scheint, haben den Reiz gemütvoller Erinnerung, sehnsüchtigen Verlangens nach fast Verlorenem, hastigen Umarmens von minutenlangem Glücke. Wegen dieser seltsamen Vertiefung der Stimmung finden gerade in solchen flüchtigen, fast traumhaften Zeiten Kunst und Dichtung einen natürlichen Boden: wie an steil absinkenden Bergeshängen die zartesten und seltensten Pflanzen wachsen. – So treibt es manchen guten Künstler unvermerkt zu einer Restaurations-Denkweise in Politik und Gesellschaft, für welche er sich, auf eigene Faust, ein stilles Winkelchen und Gärtchen zurechtmacht: wo er dann die menschlichen Überreste jener ihn anheimelnden Geschichtsepoche um sich sammelt und vor lauter Toten, Halbtoten und Sterbensmüden sein Saitenspiel ertönen läßt, vielleicht mit dem erwähnten Erfolge einer kurzen Toten-Erweckung.

179

Glück der Zeit. – In zwei Beziehungen ist unsere Zeit glücklich zu preisen. In Hinsicht auf die *Vergangenheit* genießen wir alle Kulturen und deren Hervorbringungen und nähren uns mit dem edelsten Blute aller Zeiten, wir stehen noch dem Zauber der Gewalten, aus deren Schoße jene geboren wurden, nahe genug, um uns vorübergehend ihnen mit Lust und Schauder unterwerfen zu können: während frühere Kulturen nur sich selber zu genießen vermochten und nicht über sich hinaussahen, vielmehr wie von einer weiter oder enger gewölbten Glocke überspannt waren, aus welcher zwar Licht auf sie herabströmte, durch welche aber kein Blick hindurchdrang. In Hinsicht auf die *Zukunft* erschließt sich uns zum ersten Male in der Geschichte der ungeheure Weitblick menschlich-ökumenischer, die ganze bewohnte Erde umspannender Ziele. Zugleich fühlen wir uns der Kräfte bewußt, diese neue Aufgabe ohne Anmaßung selber in die Hand nehmen zu dürfen, ohne übernatürlicher Beistände zu bedürfen; ja, möge unser Unternehmen ausfallen, wie es wolle, mögen wir unsere Kräfte überschätzt haben, jedenfalls gibt es niemanden, dem wir Rechenschaft schuldeten als uns selbst: die Menschheit kann von nun an durchaus mit sich anfangen, was sie will. – Es gibt freilich sonderbare Menschen-Bienen, welche aus dem Kelche aller Dinge immer nur das Bitterste und Ärgerlichste zu saugen verstehen; – und in der Tat, alle Dinge enthalten etwas von diesem Nicht-Honig in sich. Diese mögen über das geschilderte Glück unseres Zeitalters in ihrer Art empfinden und an ihrem Bienen-Korb des Mißbehagens weiterbauen.

180

Eine Vision. – Lehr- und Betrachtungsstunden für Erwachsene, Reife und Reifste, und diese täglich, ohne Zwang, aber nach dem Gebot der Sitte von jedermann besucht: die Kirchen als die würdigsten und erinnerungsreichsten Stätten dazu: gleichsam alltägliche Festfeiern der erreichten und erreichbaren menschlichen Vernunftwürde: ein neueres und volleres Auf- und Ausblühen des Lehrer-Ideals, in welches der Geistliche, der Künstler und der Arzt, der Wissende und der Weise hineinverschmelzen, wie deren Einzel-Tugenden als Gesamt-Tugend auch in der Lehre selber, in ihrem Vortrag, ihrer Methode zum Vorschein kommen müßten, – dies ist meine Vision, die mir immer wiederkehrt und von der ich fest glaube, daß sie einen Zipfel des Zukunfts-Schleiers gehoben hat.

181

Erziehung Verdrehung. – Die außerordentliche Unsicherheit alles Unterrichtswesens, auf Grund deren jetzt jeder Erwachsene das Gefühl bekommt, sein einziger Erzieher sei der Zufall gewesen, – das Windfahnenhafte der erzieherischen Methoden und Absichten erklärt sich daraus, daß jetzt die *ältesten* und die *neuesten* Kulurmächte wie in einer wilden Volksversammlung mehr gehört als verstanden werden wollen und um jeden Preis durch ihre Stimme, ihr Geschrei beweisen wollen, daß sie *noch existieren* oder daß sie *schon existieren*. Die armen Lehrer und Erzieher sind bei diesem widersinnigen Lärm erst betäubt, dann still und endlich stumpf geworden und lassen alles über sich ergehen, wie sie nun wieder auch alles über ihre Zöglinge ergehen lassen. Sie selbst sind nicht erzogen: wie sollten sie erziehen? Sie selbst sind keine gerad gewachsenen, kräftigen, saftvollen Stämme: wer sich an sie anschließen will, wird sich winden und krümmen müssen und zuletzt verdreht und verwachsen erscheinen.

182

Philosophen und Künstler der Zeit. – Wüstheit und Kaltsinn, Brand der Begierden, Abkühlung des Herzens – dies widerliche Nebeneinander findet sich im Bilde der höheren europäischen Gesellschaft der Gegenwart. Da glaubt der Künstler schon viel zu erreichen, wenn er durch seine Kunst *neben* dem Brande der Begierde auch einmal den Brand des Herzens aufflammen macht: und ebenso der Philosoph, wenn er bei der Kühle des Herzens, die er mit seiner Zeit gemein hat, auch die Hitze der Begierde durch sein weltverneinendes Urteilen in sich und jener Gesellschaft abkühlt.

183

Nicht ohne Not Soldat der Kultur sein. – Endlich, endlich lernt man, was nicht zu wissen einem in jüngeren Jahren soviel Einbuße macht: daß man zuerst das Vortreffliche *tun*, zu zweit das Vortreffliche *aufsuchen* müsse, wo und unter welchem Namen es auch zu finden sei: daß man dagegen allem Schlechten und Mittelmäßigen sofort aus dem Wege gehe, *ohne es zu bekämpfen*, und daß schon der Zweifel an der Güte einer Sache – wie er bei geübterem Geschmacke schnell entsteht – uns als Argument gegen sie und als Anlaß, ihr völlig auszuweichen, gelten dürfe: auf die Gefahr hin, einige Male dabei zu irren und das schwerer zugängliche Gute mit dem Schlechten und Unvollkommnen zu verwechseln. Nur wer nichts Besseres kann, soll den Schlechtigkeiten der Welt zu Leibe gehn, als der Soldat der Kultur. Aber der Nähr- und Lehrstand derselben richtet sich zugrunde, wenn er in Waffen einhergehen will und den Frieden seines Berufs und Hauses durch Vorsorge, Nachtwachen und böse Träume in unheimliche Friedlosigkeit umkehrt.

184

Wie Naturgeschichte zu erzählen ist. – Die Naturgeschichte, als die Kriegs- und Siegesgeschichte der sittlich-geistigen Kraft im Widerstande gegen Angst, Einbildung, Trägheit, Aberglaube, Narrheit, sollte so erzählt werden, daß jeder, der sie hört, zum Streben nach geistig-leiblicher Gesundheit und Blüte, zum Frohgefühl, Erbe und Fortsetzer des Menschlichen zu sein, und zu einem immer edleren Unternehmungs-Bedürfnis unaufhaltsam fortgerissen würde. Bis jetzt hat sie ihre rechte Sprache noch nicht gefunden, weil die spracherfinderischen und beredten Künstler – denn derer bedarf es hierzu – gegen sie ein verstocktes Mißtrauen nicht loswerden und vor allem nicht gründlich von ihr lernen wollen. Immerhin ist den Engländern zuzugestehen, daß sie in ihren naturwissenschaftlichen Lehrbüchern für die niederen Volksschichten bewunderungswürdige Schritte nach jenem Ideale hin gemacht haben: dafür werden diese auch von ihren ausgezeichnetsten Gelehrten – ganzen, vollen und füllenden Naturen – gemacht, nicht wie bei uns, von den Mittelmäßigkeiten der Forschung.

185

Genialität der Menschheit. – Wenn Genialität, nach Schopenhauers Beobachtung, in der zusammenhängenden und lebendigen Erinnerung an das Selbst-Erlebte besteht, so möchte im Streben nach Erkenntnis des gesamten historischen Gewordenseins – welches immer mächtiger die neuere Zeit gegen alle früheren abhebt und zum ersten Male zwischen Natur und Geist, Mensch und Tier, Moral und Physik die alten Mauern zerbrochen hat – ein Streben nach Genialität der Menschheit im ganzen zu erkennen sein. Die vollendet gedachte Historie wäre kosmisches Selbstbewußtsein.

186

Kultus der Kultur. – Großen Geistern ist das abschreckende Allzumenschliche ihres Wesens, ihrer Blindheiten, Verkrümmungen, Maßlosigkeiten beigegeben, damit ihr mächtiger, leicht allzu mächtiger Einfluß fortwährend durch das Mißtrauen, welches jene Eigenschaften einflößen, in Schranken gehalten werde. Denn das System alles dessen, was die Menschheit zu ihrem Fortbestehen nötig hat, ist so umfassend und nimmt so verschiedenartige und zahlreiche Kräfte in Anspruch, daß für jede *einseitige* Bevorzugung, sei es der Wissenschaft oder des Staates oder der Kunst oder des Handels, wozu jene einzelnen treiben, die Menschheit als Ganzes harte Buße zahlen muß. Es ist immer das größte Verhängnis der Kultur gewesen, wenn Menschen angebetet wurden: in welchem Sinn man sogar mit dem Spruche des mosaischen Gesetzes zusammenfühlen darf, welcher verbietet, neben Gott andere Götter zu haben. – Dem Kultus des Genius und der Gewalt muß man, als Ergänzung und Heilmittel, immer den Kultus der Kultur zur Seite stellen: welcher auch dem Stofflichen, Geringen, Niedrigen, Verkannten, Schwachen, Unvollkommnen, Einseitigen, Halben, Unwahren, Scheinenden, ja dem Bösen und Furchtbaren eine verständnisvolle Würdigung und das Zugeständnis, *daß dies alles nötig sei*, zu schenken weiß; denn der Zusammen- und Fortklang alles Menschlichen, durch erstaunliche Arbeiten und Glücksfälle erreicht, und ebensosehr das Werk von Zyklopen und Ameisen als von Genies, soll nicht wieder verlorengehen: wie dürften wir da des gemeinsamen tiefen, oft unheimlichen Grundbasses entraten können, ohne den ja Melodie nicht Melodie zu sein vermag?

187

Die alte Welt und die Freude. – Die Menschen der alten Welt wußten sich besser zu *freuen*: wir, uns *weniger zu betrüben*; jene machten immerfort neue Anlässe, sich wohl zu fühlen und Feste zu feiern, ausfindig, mit allem ihrem Reichtum von Scharfsinn und Nachdenken: während wir unsern Geist auf Lösung von Aufgaben verwenden, welche mehr die Schmerzlosigkeit, die Beseitigung von Unlustquellen im Auge haben. In betreff des leidenden Daseins suchten die Alten zu vergessen oder die Empfindung ins Angenehme irgendwie umzubiegen: so daß sie hierin palliativisch zu helfen suchten, während wir den Ursachen des Leidens zu Leibe gehen und im ganzen lieber prophylaktisch wirken. – Vielleicht bauen wir nur die Grundlagen, auf denen spätere Menschen auch wieder den Tempel der Freude errichten.

188

Die Musen als Lügnerinnen. — »Wir verstehen uns darauf, viele Lügen zu sagen« — so sangen einstmals die Musen, als sie sich vor Hesiod offenbarten. — Es führt zu wesentlichen Entdeckungen, wenn man den Künstler einmal als Betrüger faßt.

189

Wie paradox Homer sein kann. — Gibt es etwas Verwegeneres, Schauerlicheres, Unglaublicheres, das über Menschenschicksal, gleich der Wintersonne, so hinleuchtet, wie jener Gedanke, der sich bei Homer findet:
> das ja fügte der Götter Beschluß und verhängte den Menschen
> *Untergang, daß es wär' ein Gesang auch späten Geschlechtern.*

Also: wir leiden und gehen zugrunde, damit es den Dichtern nicht an *Stoff* fehle — und dies ordnen gerade so die Götter Homers an, welchen an der Lustbarkeit der kommenden Geschlechter sehr viel gelegen scheint, aber allzu wenig an uns, den Gegenwärtigen. — Daß je solche Gedanken in den Kopf eines Griechen gekommen sind!

190

Nachträgliche Rechtfertigung des Daseins. — Manche Gedanken sind als Irrtümer und Phantasmen in die Welt getreten, aber zu Wahrheiten geworden, weil die Menschen ihnen hinterdrein ein wirkliches Substrat untergeschoben haben.

191

Pro und Contra nötig. — Wer nicht begriffen hat, daß jeder große Mann nicht nur gefördert, sondern auch, der allgemeinen Wohlfahrt wegen, *bekämpft* werden muß, ist gewiß noch ein großes Kind — oder selber ein großer Mann.

192

Ungerechtigkeit des Genies. — Das Genie ist am ungerechtesten gegen die Genies, falls sie seine Zeitgenossen sind: einmal glaubt es sie nicht nötig zu haben und hält sie deshalb überhaupt für überflüssig — denn es ist ohne sie, was es ist –, sodann kreuzt ihr Einfluß die Wirkung *seines* elektrischen Stroms: weshalb es sie sogar *schädlich* nennt.

193

Schlimmstes Schicksal eines Propheten. – Er arbeitete zwanzig Jahre daran, seine Zeitgenossen von sich zu überzeugen – es gelingt ihm endlich; aber inzwischen war es seinen Gegnern auch gelungen: er war nicht mehr von sich überzeugt.

194

Drei Denker gleich einer Spinne. – In jeder philosophischen Sekte folgen drei Denker in diesem Verhältnisse aufeinander: der erste erzeugt aus sich den Saft und Samen, der zweite zieht ihn zu Fäden aus und spinnt ein künstliches Netz, der dritte lauert in diesem Netz auf Opfer, die sich hier verfangen – und sucht von der Philosophie zu leben.

195

Aus dem Verkehre mit Autoren. – Es ist eine ebenso schlechte Manier, mit einem Autor umzugehn, wenn man ihn an der Nase faßt, wie wenn man ihn an seinem Horne faßt – und jeder Autor hat sein Horn.

196

Zweigespann. – Unklarheit des Denkens und Gefühlsschwärmerei sind ebenso häufig mit dem rücksichtslosen Willen, sich selber mit allen Mitteln durchzusetzen, sich allein gelten zu lassen, verbunden wie herzhaftes Helfen, Gönnen und Wohlwollen mit dem Triebe nach Helle und Reinlichkeit des Denkens, nach Mäßigung und Ansichhalten des Gefühls.

197

Das Bindende und das Trennende. – Liegt nicht im Kopfe das, was die Menschen verbindet – das Verständnis für gemeinsamen Nutzen und Nachteil –, und im Herzen das, was sie trennt – das blinde Auswählen und Zutappen in Liebe und Haß, die Hinwendung zu einem auf Unkosten aller und die daraus entspringende Verachtung des allgemeinen Nutzens?

198

Schützen und Denker. — Es gibt kuriose Schützen, welche zwar das Ziel verfehlen, aber mit dem heimlichen Stolz vom Schießstande abtreten, daß ihre Kugel jedenfalls sehr weit (allerdings über das Ziel hinaus) geflogen ist, oder daß sie zwar nicht das Ziel, aber etwas anderes getroffen haben. Und ebensolche Denker gibt es.

199

Von zwei Seiten aus. — Man feindet eine geistige Richtung und Bewegung an, wenn man ihr überlegen ist und ihr Ziel mißbilligt, oder wenn ihr Ziel zu hoch und unserem Auge unerkennbar, also wenn sie uns überlegen ist. So kann dieselbe Partei von zwei Seiten aus, von oben und von unten her, bekämpft werden; und nicht selten schließen die Angreifenden aus gemeinsamem Haß ein Bündnis miteinander, das widerlicher ist als alles, was sie hassen.

200

Original. — Nicht daß man etwas Neues zuerst sieht, sondern daß man das Alte, Altbekannte, von jedermann Gesehene und Übersehene *wie neu* sieht, zeichnet die eigentlich originalen Köpfe aus. Der erste Entdecker ist gemeinhin jener ganz gewöhnliche und geistlose Phantast — der Zufall.

201

Irrtum der Philosophen. — Der Philosoph glaubt, der Wert seiner Philosophie liege im Ganzen, im Bau: die Nachwelt findet ihn im Stein, mit dem er baute und mit dem, von da an, noch oft und besser gebaut wird: also darin, daß jener Bau zerstört werden kann und *doch noch* als Material Wert hat.

202

Witz. — Der Witz ist das Epigramm auf den Tod eines Gefühls.

203

Im Augenblicke vor der Lösung. – In der Wissenschaft kommt es alle Tage und Stunden vor, daß einer unmittelbar vor der Lösung stehen bleibt, überzeugt, jetzt sei sein Bemühen völlig umsonst gewesen, – gleich einem, der, eine Schleife aufziehend, im Augenblicke, wo sie der Lösung am nächsten ist, zögert: denn da gerade sieht sie einem Knoten am ähnlichsten.

204

Unter die Schwärmer gehen. – Der besonnene und seines Verstandes sichere Mensch kann mit Gewinnst ein Jahrzehnt unter die Phantasten gehen und sich in dieser heißen Zone einer bescheidenen Tollheit überlassen. Damit hat er ein gutes Stück Wegs gemacht, um zuletzt zu jenem Kosmopolitismus des Geistes zu gelangen, welcher ohne Anmaßung sagen darf: »nichts Geistiges ist mir mehr fremd«.

205

Scharfe Luft. – Das Beste und Gesündeste in der Wissenschaft wie im Gebirge ist die scharfe Luft, die in ihnen weht. – Die Geistig-Weichlichen (wie die Künstler) scheuen und verlästern dieser Luft halber die Wissenschaft.

206

Warum Gelehrte edler als Künstler sind. – Die Wissenschaft bedarf *edlerer* Naturen als die Dichtkunst: sie müssen einfacher, weniger ehrgeizig, enthaltsamer, stiller, nicht so auf Nachruhm bedacht sein und sich über Sachen vergessen, welche selten dem Auge vieler eines solchen Opfers der Persönlichkeit würdig erscheinen. Dazu kommt eine andre Einbuße, deren sie sich bewußt sind: die Art ihrer Beschäftigung, die fortwährende Aufforderung zur größten Nüchternheit schwächt ihren *Willen*, das Feuer wird nicht so stark unterhalten wie auf dem Herde der dichterischen Naturen: und deshalb verlieren sie häufig in früheren Lebensjahren als jene ihre höchste Kraft und Blüte – und, wie gesagt, sie *wissen* um diese Gefahr. Unter allen Umständen *erscheinen* sie unbegabter, weil sie weniger glänzen, und werden für weniger gelten, als sie sind.

207

Inwiefern die Pietät verdunkelt. — Dem großen Manne macht man, in späteren Jahrhunderten, alle großen Eigenschaften und Tugenden seines Jahrhunderts zum Geschenk — und so wird alles Beste fortwährend durch die Pietät *verdunkelt*, welche es als ein heiliges Bild ansieht, an dem man Weihgeschenke aller Art aufhängt und aufstellt — bis es endlich ganz durch dieselben verdeckt und umhüllt wird und fürderhin mehr ein Gegenstand des Glaubens als des Schauens ist.

208

Auf dem Kopfe stehen. — Wenn wir die Wahrheit auf den Kopf stellen, bemerken wir gewöhnlich nicht, daß auch unser Kopf nicht dort steht, wo er stehen sollte.

209

Ursprung und Nutzen der Mode. — Die ersichtliche Selbstzufriedenheit des *einzelnen* mit seiner Form macht die Nachahmung rege und erschafft allmählich die Form der *Vielen*, das heißt die Mode: diese Vielen wollen durch die Mode eben jene so wohltuende Selbstzufriedenheit mit der Form und erlangen sie auch. — Wenn man erwägt, wie viel Gründe zur Ängstlichkeit und schüchternem Sichverstecken jeder Mensch hat und wie Dreiviertel seiner Energie und seines guten Willens durch jene Gründe gelähmt und unfruchtbar werden können, so muß man der Mode vielen Dank zollen, insofern sie jenes Dreiviertel entfesselt und Selbstvertrauen und gegenseitiges heiteres Entgegenkommen denen mitteilt, welche sich untereinander an ihr Gesetz gebunden wissen. Auch törichte Gesetze geben Freiheit und Ruhe des Gemüts, sofern sich nur viele ihnen unterworfen haben.

210

Zungenlöser. — Der Wert mancher Menschen und Bücher beruht allein in der Eigenschaft, jedermann zum Aussprechen des Verborgensten, Innersten zu nötigen: es sind Zungenlöser und Brecheisen für die verbissensten Zähne. Auch manche Ereignisse und Übeltaten, welche scheinbar nur zum Fluche der Menschheit da sind, haben jenen Wert und Nutzen.

211

Freizügige Geister. – Wer von uns würde sich einen freien Geist zu nennen wagen, wenn er nicht auf seine Art jenen Männern, denen man diesen Namen als *Schimpf* anhängt, eine Huldigung darbringen möchte, indem er etwas von jener Last der öffentlichen Mißgunst und Beschimpfung auf seine Schultern ladet? Wohl aber dürften wir uns »freizügige Geister« in allem Ernste (und ohne diesen hoch- oder groß-mütigen Trotz) nennen, weil wir den Zug zur Freiheit als stärksten Trieb unseres Geistes fühlen und im Gegensatz zu den gebundenen und festgewurzelten Intellekten unser Ideal fast in einem geistigen No-madentum sehen – um einen bescheidenen und fast abschätzigen Aus-druck zu gebrauchen.

212

Ja die Gunst der Musen! – Was Homer darüber sagt, greift ins Herz, so wahr, so schrecklich ist es: »herzlich liebt' ihn die Muse und gab ihm Gutes und Böses; denn die Augen entnahm sie und gab ihm süßen Gesang ein.« – Dies ist ein Text ohne Ende für den Denkenden: Gutes *und* Böses gibt sie, das ist *ihre* Art von herzlicher Liebe! Und jeder wird es sich besonders auslegen, warum wir Denker und Dichter unsre *Augen* darangeben *müssen*.

213

Gegen die Pflege der Musik. – Die künstlerische Ausbildung des Auges von Kindheit an, durch Zeichnen und Malen, durch Skizzie-ren von Landschaften, Personen, Vorgängen, bringt nebenbei den für das Leben unschätzbaren Gewinn mit sich, das Auge zum Beob-achten von Menschen und Lagen *scharf, ruhig und ausdauernd* zu machen. Ein ähnlicher Neben-Vorteil erwächst aus der künstlerischen Pflege des Ohrs nicht: weshalb Volksschulen im allgemeinen gut tun werden, der Kunst des Auges vor der des Ohres den Vorzug zu geben.

214

Die Entdecker von Trivialitäten. — Subtile Geister, denen nichts ferner liegt, als eine Trivialität, entdecken oft nach allerlei Umschweifen und Gebirgspfaden eine solche und haben große Freude daran, zur Verwunderung der Nicht-Subtilen.

215

Moral der Gelehrten. — Ein regelmäßiger und schneller Fortschritt der Wissenschaften ist nur möglich, wenn der einzelne *nicht zu mißtrauisch* sein muß, um jede Rechnung und Behauptung anderer nachzuprüfen, auf Gebieten, die ihm ferner liegen: dazu aber ist die Bedingung, daß jeder auf seinem eigenen Felde Mitbewerber hat, die *äußerst mißtrauisch* sind und ihm scharf auf die Finger sehen. Aus diesem Nebeneinander, von »nicht zu mißtrauisch« und »äußerst mißtrauisch« entsteht die Rechtschaffenheit in der Gelehrten-Republik.

216

Grund der Unfruchtbarkeit. — Es gibt höchst begabte Geister, welche nur deshalb immer unfruchtbar sind, weil sie, aus einer Schwäche des Temperamentes, zu ungeduldig sind, ihre Schwangerschaft abzuwarten.

217

Verkehrte Welt der Tränen. — Das vielfache Mißbehagen, welches die Ansprüche der höheren Kultur dem Menschen machen, verkehrt endlich die Natur so weit, daß er für gewöhnlich starr und stoisch sich hält und nur noch für die seltenen Anfälle des Glücks die Tränen übrig hat, ja daß mancher schon bei dem Genusse der Schmerzlosigkeit weinen muß: — nur im Glücke schlägt sein Herz noch.

218

Die Griechen als Dolmetscher. — Wenn wir von den Griechen reden, reden wir unwillkürlich von heute und gestern: ihre allbekannte Geschichte ist ein blanker Spiegel, der immer etwas widerstrahlt, das nicht im Spiegel selbst ist. Wir benützen die Freiheit, von ihnen zu reden, um von anderen schweigen zu dürfen – damit jene nun selber dem sinnenden Leser etwas ins Ohr sagen. So erleichtern die Griechen dem modernen Menschen das Mitteilen von mancherlei schwer Mitteilbarem und Bedenklichem.

219

Vom erworbenen Charakter der Griechen. – Wir lassen uns leicht durch die berühmte griechische Helle, Durchsichtigkeit, Einfachheit und Ordnung, durch das Kristallhaft-Natürliche und zugleich Kristallhaft-Künstliche griechischer Werke verführen zu glauben, das sei alles den Griechen geschenkt: sie hätten zum Beispiel gar nichts anders gekonnt als gut schreiben, wie dies Lichtenberg einmal ausspricht. Aber nichts ist voreiliger und unhaltbarer. Die Geschichte der Prosa von Gorgias bis Demosthenes zeigt ein Arbeiten und Ringen aus dem Dunklen, Überladnen, Geschmacklosen heraus zum Lichte hin, daß man an die Mühsal der Heroen erinnert wird, welche die ersten Wege durch Wald und Sümpfe zu bahnen hatten. Der Dialog der Tragödie ist die eigentliche *Tat* der Dramatiker, wegen seiner ungemeinen Helle und Bestimmtheit, bei einer Volksanlage, welche im Symbolischen und Andeutenden schwelgte und durch die große chorische Lyrik dazu noch eigens erzogen war: wie es die Tat Homers ist, die Griechen von dem asiatischen Pomp und dem dumpfen Wesen befreit und die Helle der Architektur, im großen und einzelnen, errungen zu haben. Es galt auch keineswegs für leicht, etwas recht rein und leuchtend zu sagen; woher sonst die hohe Bewunderung für das Epigramm des Simonides, das ja so schlicht sich gibt, ohne vergoldete Spitzen, ohne Arabesken des Witzes – aber es sagt, was es zu sagen hat, deutlich, mit der Ruhe der Sonne, nicht mit der Effekthascherei eines Blitzes. Weil das Zustreben zum Lichte aus einer gleichsam eingeborenen Dämmerung griechisch ist, so geht ein Frohlocken durch das Volk beim Hören einer lakonischen Sentenz, bei der Sprache der Elegie, den Sprüchen der sieben Weisen. Deshalb wurde das Vorschriftengeben in Versen, das uns anstößig ist, so geliebt, als eigentliche apollinische Aufgabe für den hellenischen Geist, um über die Gefahren des Metrums, über die Dunkelheit, welche der Poesie sonst eigen ist, Sieger zu werden. Die Schlichtheit, die Geschmeidigkeit, die Nüchternheit sind der Volksanlage *angerungen*, nicht mitgegeben – die Gefahr eines Rückfalls ins Asiatische schwebte immer über den Griechen, und wirklich kam es von Zeit zu Zeit über sie wie ein dunkler überschwemmender Strom mystischer Regungen, elementarer Wildheit und Finsternis. Wir sehen sie untertauchen, wir sehen Europa gleichsam weggespült, überflutet – denn Europa war damals sehr klein –, aber immer kommen sie auch wieder ans Licht, gute Schwimmer und Taucher wie sie sind, das Volk des Odysseus.

220

Das eigentlich Heidnische. – Vielleicht gibt es nichts Befremdenderes für den, welcher sich die griechische Welt ansieht, als zu entdecken, daß die Griechen allen ihren Leidenschaften und bösen Naturhängen von Zeit zu Zeit gleichsam Feste gaben und sogar eine Art Festordnung ihres Allzumenschlichen von Staats wegen einrichteten: es ist dies das eigentlich Heidnische ihrer Welt, vom Christentume aus nie begriffen, nie zu begreifen und stets auf das Härteste bekämpft und verachtet. – Sie nahmen jenes Allzumenschliche als unvermeidlich und zogen vor, statt es zu beschimpfen, ihm eine Art Recht zweiten Ranges durch Einordnung in die Bräuche der Gesellschaft und des Kultus zu geben: ja alles, was im Menschen *Macht* hat, nannten sie göttlich und schrieben es an die Wände ihres Himmels. Sie leugnen den Naturtrieb, der in den schlimmen Eigenschaften sich ausdrückt, nicht ab, sondern ordnen ihn ein und beschränken ihn auf bestimmte Kulte und Tage, nachdem sie genug Vorsichtsmaßregeln erfunden haben, um jenen wilden Gewässern einen möglichst unschädlichen Abfluß geben zu können. Dies ist die Wurzel aller moralistischen Freisinnigkeit des Altertums. Man gönnte dem Bösen und Bedenklichen, dem Tierisch-Rückständigen ebenso wie dem Barbaren, Vor-Griechen und Asiaten, welcher im Grunde des griechischen Wesens noch lebte, eine mäßige Entladung und strebte nicht nach seiner völligen Vernichtung. Das ganze System solcher Ordnungen umfaßte der Staat, der nicht auf einzelne Individuen oder Kasten, sondern auf die gewöhnlichen menschlichen Eigenschaften hin konstruiert war. In seinem Bau zeigen die Griechen jenen wunderbaren Sinn für das Typisch-Tatsächliche, der sie später befähigte, Naturforscher, Historiker, Geographen und Philosophen zu werden. Es war nicht ein beschränktes priesterliches oder kastenmäßiges Sittengesetz, welches bei der Verfassung des Staates und Staats-Kultus zu entscheiden hatte: sondern die umfänglichste Rücksicht auf die *Wirklichkeit alles Menschlichen*. – Woher haben die Griechen diese Freiheit, diesen Sinn für das Wirkliche? Vielleicht von Homer und den Dichtern vor ihm; denn gerade die Dichter, deren Natur nicht die gerechteste und weiseste zu sein pflegt, besitzen dafür jene Lust am Wirklichen, Wirkenden *jeder Art* und wollen selbst das Böse nicht völlig verneinen: es genügt ihnen, daß es sich mäßige und nicht alles totschlage oder innerlich giftig mache – das heißt, sie denken ähnlich wie die griechischen Staatenbildner und sind deren Lehrmeister und Wegebahner gewesen.

221

Ausnahme-Griechen. – In Griechenland waren die tiefen, gründlichen, ernsten Geister die Ausnahme: der Instinkt des Volkes ging vielmehr dahin, das Ernste und Gründliche als eine Art von Verzerrung zu empfinden. Die Formen aus der Fremde entlehnen, nicht schaffen, aber zum schönsten Schein umbilden – das ist griechisch: nachahmen, nicht zum Gebrauch, sondern zur künstlerischen Täuschung, über den aufgezwungenen Ernst immer wieder Herr werden, ordnen, verschönern, verflachen – so geht es fort von Homer bis zu den Sophisten des dritten und vierten Jahrhunderts der neuen Zeitrechnung, welche ganz Außenseite, pomphaftes Wort, begeisterte Gebärde sind und sich an lauter ausgehöhlte schein-, klang- und effekt-lüsterne Seelen wenden. – Und nun würdige man die Größe jener Ausnahme-Griechen, welche die *Wissenschaft* schufen! Wer von ihnen erzählt, erzählt die heldenhafteste Geschichte des menschlichen Geistes!

222

Das Einfache nicht das erste, noch das letzte der Zeit nach. – In die Geschichte der religiösen Vorstellungen wird viel falsche Entwicklung und Allmählichkeit hineingedichtet, bei Dingen, die in Wahrheit nicht aus- und hintereinander, sondern nebeneinander und getrennt aufgewachsen sind; namentlich ist das Einfache viel zu sehr noch im Rufe, das Älteste und Anfänglichste zu sein. Nicht wenig Menschliches entsteht durch Subtraktion und Division und gerade nicht durch Verdopplung, Zusatz, Zusammenbildung. – Man glaubt zum Beispiel immer noch an eine allmähliche Entwicklung der *Götterdarstellung* von jenen ungefügen Holzklötzen und Steinen aus bis zur vollen Vermenschlichung hinauf: und doch steht es gerade so, daß, *so lange* die Gottheit in Bäume, Holzstücke, Steine, Tiere hineinverlegt und empfunden wurde, man sich vor einer Anmenschlichung ihrer Gestalt wie vor einer Gottlosigkeit scheute. Erst die Dichter haben, abseits vom Kultus und dem Banne der religiösen *Scham*, die innere Phantasie der Menschen daran gewöhnen, dafür willig machen müssen: überwogen aber wieder frömmere Stimmungen und Augenblicke, so trat dieser befreiende Einfluß der Dichter wieder zurück und die Heiligkeit verblieb nach wie vor auf seiten des Ungetümlichen, Unheimlichen, ganz eigentlich Unmenschlichen. Selbst aber vieles von dem, was die innere Phantasie sich zu bilden wagt, würde doch noch, in äußere leibhafte Darstellung übersetzt, peinlich wirken: das innere Auge ist um vieles kühner und weniger schamhaft als das äußere (woraus sich die bekannte Schwierigkeit und teilweise Unmöglichkeit ergibt, epische Stoffe in dramatische umzuwandeln). Die religiöse Phantasie *will* lange Zeit durchaus nicht an die Identität des Gottes mit einem Bilde glauben: das Bild soll das *numen* der Gottheit in irgendeiner geheimnisvollen, nicht völlig auszudenkenden Weise hier als tätig, als örtlich gebannt erscheinen lassen. Das älteste Götterbild soll den Gott *bergen und zugleich verbergen* – ihn andeuten, aber nicht zur Schau stellen. Kein Grieche hat je innerlich seinen Apollo als Holz-Spitzsäule, seinen Eros als Steinklumpen *angeschaut*; es waren Symbole, welche gerade Angst *vor* der Veranschaulichung machen sollten. Ebenso steht es noch mit jenen Hölzern, denen mit dürftigster Schnitzerei einzelne Glieder, mitunter in der Überzahl, angebildet waren: wie ein lakonischer Apollo vier Hände und vier Ohren hatte. In dem Unvollständigen, Andeutenden oder Übervollständigen liegt eine grausenhafte Heiligkeit, welche *abwehren* soll, an Menschliches, Menschenartiges zu denken. Es ist nicht eine embryonische Stufe der Kunst, in der man so etwas bildet:

als ob man in der Zeit, wo man solche Bilder verehrte, nicht hätte deutlicher reden, sinnfälliger darstellen *können*. Vielmehr scheut man gerade eines: das direkte Heraussagen. Wie die Cella das Allerheiligste, das eigentliche *numen* der Gottheit birgt und in geheimnisvolles Halbdunkel versteckt, *doch nicht ganz*; wie wiederum der peripterische Tempel die Cella birgt, gleichsam mit einem Schirm und Schleier vor dem ungescheuten Auge schützt, *aber nicht ganz*: so ist das Bild die Gottheit und zugleich Versteck der Gottheit. – Erst als außerhalb des Kultus, in der profanen Welt des Wettkampfes, die Freude an dem Sieger im Kampfe so hoch gestiegen war, daß die hier erregten Wellen in den See der religiösen Empfindung hinüberschlugen, erst als das Standbild des Siegers in den Tempelhöfen aufgestellt wurde und der fromme Besucher des Tempels freiwillig oder unfreiwillig sein Auge wie seine Seele an diesen unumgänglichen Anblick *menschlicher* Schönheit und Überkraft gewöhnen mußte, so daß, bei der räumlichen und seelischen Nachbarschaft, Mensch- und Gottverehrung ineinander überklangen: da erst verliert sich auch die Scheu vor der eigentlichen Vermenschlichung des Götterbildes, und der große Tummelplatz für die große Plastik wird aufgetan: auch jetzt noch mit der Beschränkung, daß überall, wo *angebetet* werden soll, die uralte Form und Häßlichkeit bewahrt und vorsichtig nachgebildet wird. Aber der *weihende und schenkende* Hellene darf seiner Lust, Gott Mensch werden zu lassen, jetzt in aller Seligkeit nachhängen.

223

Wohin man reisen muß. – Die unmittelbare Selbstbeobachtung reicht lange nicht aus, um sich kennen zu lernen: wir brauchen Geschichte, denn die Vergangenheit strömt in hundert Wellen in uns fort; wir selber sind ja nichts als das, was wir in jedem Augenblick von diesem Fortströmen empfinden. Auch hier sogar, wenn wir in den Fluß unseres anscheinend eigensten und persönlichsten Wesens hinabsteigen wollen, gilt Heraklits Satz: man steigt nicht zweimal in denselben Fluß. – Das ist eine Weisheit, die allmählich zwar altbacken geworden, aber trotzdem ebenso kräftig und wahrhaft geblieben ist, wie sie es je war: ebenso wie jene, daß, um Geschichte zu verstehen, man die lebendigen Überreste geschichtlicher Epochen aufsuchen müsse –

daß man *reisen* müsse, wie Altvater Herodot reiste, zu Nationen – diese sind ja nur festgewordene ältere *Kulturstufen*, auf die man sich *stellen* kann –, zu sogenannten wilden und halbwilden Völkerschaften, namentlich dorthin, wo der Mensch das Kleid Europas ausgezogen oder noch nicht angezogen hat. Nun gibt es aber noch eine *feinere* Kunst und Absicht des Reisens, welche es nicht immer nötig macht, von Ort zu Ort und über Tausende von Meilen hin den Fuß zu setzen. Es leben sehr wahrscheinlich die letzten drei Jahrhunderte in allen ihren Kulturfärbungen und -strahlenbrechungen auch in *unsrer Nähe* noch fort: sie wollen nur *entdeckt* werden. In manchen Familien, ja in einzelnen Menschen liegen die Schichten schön und übersichtlich noch übereinander: anderswo gibt es schwieriger zu verstehende Verwerfungen des Gesteins. Gewiß hat sich in abgelegenen Gegenden, in weniger bekannten Gebirgstälern, umschlossenern Gemeinwesen ein ehrwürdiges Musterstück sehr viel älterer Empfindung leichter erhalten können und muß hier aufgespürt werden: während es zum Beispiel unwahrscheinlich ist, in Berlin, wo der Mensch ausgelaugt und abgebrüht zur Welt kommt, solche Entdeckungen zu machen. Wer, nach langer Übung in dieser Kunst des Reisens, zum hundertäugigen Argos geworden ist, der wird seine Jo – ich meine sein *ego* – endlich überall hinbegleiten und in Ägypten und Griechenland, Byzanz und Rom, Frankreich und Deutschland, in der Zeit der wandernden oder der festsitzenden Völker, in Renaissance und Reformation, in Heimat und Fremde, ja in Meer, Wald, Pflanze und Gebirge die Reise-Abenteuer dieses werdenden und verwandelten *ego* wieder entdecken. – So wird Selbst-Erkenntnis zur All-Erkenntnis in Hinsicht auf alles Vergangene: wie, nach einer anderen, hier nur anzudeutenden Betrachtungskette, Selbstbestimmung und Selbsterziehung in den freiesten und weitest blickenden Geistern einmal zur All-Bestimmung, in Hinsicht auf alles zukünftige Menschentum, werden könnte.

224

Balsam und Gift. – Man kann es nicht gründlich genug erwägen: das Christentum ist die Religion des altgewordenen Altertums, seine Voraussetzung sind entartete alte Kulturvölker; auf diese vermochte und vermag es wie ein Balsam zu wirken. In Zeitaltern, wo die Ohren und

Augen »voller Schlamm« sind, so daß sie die Stimme der Vernunft und Philosophie nicht mehr zu vernehmen, die leibhaft wandelnde Weisheit, trage sie nun den Namen Epiktet oder Epikur, nicht mehr zu sehen vermögen: da mag vielleicht noch das aufgerichtete Marterkreuz und die »Posaune des jüngsten Gerichts« wirken, um solche Völker noch zu einem *anständigen* Ausleben zu bewegen. Man denke an das Rom Juvenals, an diese Giftkröte mit den Augen der Venus: – da lernt man, was es heißt, ein Kreuz vor der »Welt« schlagen, da verehrt man die stille christliche Gemeinde und ist dankbar für ihr Überwuchern des griechisch-römischen Erdreichs. Wenn die meisten Menschen damals gleich mit der Verknechtung der Seele, mit der Sinnlichkeit von Greisen geboren wurden: welche Wohltat, jenen Wesen zu begegnen, die mehr Seelen als Leiber waren und welche die griechische Vorstellung von den Hadesschatten zu verwirklichen schienen: scheue, dahinhuschende, zirpende, wohlwollende Gestalten, mit einer Anwartschaft auf das »bessere Leben« und dadurch so anspruchslos, so still-verachtend, so stolz-geduldig geworden! – Dies Christentum als Abendläuten des *guten* Altertums, mit zersprungener, müder und doch wohltönender Glocke, ist selbst noch für den, welcher jetzt jene Jahrhunderte nur historisch durchwandert, ein Ohrenbalsam: was muß es für jene Menschen selber gewesen sein! – Dagegen ist das Christentum für junge, frische Barbarenvölker *Gift*; in die Helden-, Kinder- und Tierseele des alten Deutschen zum Beispiel die Lehre von der Sündhaftigkeit und Verdammnis hineinpflanzen, heißt nichts anderes als sie vergiften; eine ganz ungeheuerliche chemische Gärung und Zersetzung, ein Durcheinander von Gefühlen und Urteilen, ein Wuchern und Bilden des Abenteuerlichsten mußte die Folge sein und also, im weiteren Verlaufe, eine gründliche Schwächung solcher Barbarenvölker. – Freilich: was hätten wir, ohne diese Schwächung, noch von der griechischen Kultur! was von der ganzen Kultur-Vergangenheit des Menschengeschlechts! – denn die vom Christentume *unangetasteten* Barbaren verstanden gründlich mit alten Kulturen aufzuräumen: wie es zum Beispiel die heidnischen Eroberer des romanisierten Britannien mit furchtbarer Deutlichkeit bewiesen haben. Das Christentum hat wider seinen Willen helfen müssen, die antike »Welt« unsterblich zu machen. – Nun bleibt auch hier wieder eine Gegenfrage und die Möglichkeit einer Gegenrechnung übrig: wäre vielleicht, ohne jene Schwächung durch das erwähnte Gift, eine oder die andere jener frischen Völkerschaften, etwa die deutsche, imstande gewesen, allmählich von selber eine höhere Kultur zu finden, eine eigene, neue? – von welcher somit der Menschheit selbst der entfernteste Begriff verlorengegangen wäre? – So steht es auch hier wie überall: man weiß nicht, christlich zu reden, ob Gott dem Teufel oder der Teufel Gott mehr Dank dafür schuldig ist, daß alles so gekommen ist, wie es ist.

225

Glaube macht selig und verdammt. – Ein Christ, der auf unerlaubte Gedankengänge gerät, könnte sich wohl einmal fragen: ist es eigentlich *nötig*, daß es einen Gott, nebst einem stellvertretenden Sündenlamme, wirklich *gibt*, wenn schon der *Glaube* an das *Dasein* dieser Wesen ausreicht, um die gleichen Wirkungen hervorzubringen? Sind es nicht *überflüssige* Wesen, falls sie doch existieren sollten? Denn alles Wohltuende, Tröstliche, Versittlichende, ebenso wie alles Verdüsternde und Zermalmende, welches die christliche Religion der menschlichen Seele gibt, geht von jenem Glauben aus und nicht von den Gegenständen jenes Glaubens. Es steht hier nicht anders als bei dem bekannten Falle: zwar hat es keine Hexen gegeben, aber die furchtbaren Wirkungen des Hexenglaubens sind dieselben gewesen, wie wenn es wirklich Hexen gegeben hätte. Für alle jene Gelegenheiten, wo der Christ das unmittelbare Eingreifen eines Gottes erwartet, aber umsonst erwartet – weil es keinen Gott gibt, ist seine Religion erfinderisch genug in Ausflüchten und Gründen zur Beruhigung: hierin ist es sicherlich eine geistreiche Religion. – Zwar hat der Glaube bisher noch keine wirklichen Berge versetzen können, obschon dies ich weiß nicht wer behauptet hat; aber er vermag Berge dorthin zu setzen, wo keine sind.

226

Tragikomödie von Regensburg. – Hier und da kann man mit einer erschreckenden Deutlichkeit das Possenspiel der Fortuna sehen, wie sie an wenig Tage, an einen Ort, an die Zustände und Meinungen eines Kopfes das Seil der nächsten Jahrhunderte anknüpft, an dem sie diese tanzen lassen will. So liegt das Verhängnis der neueren deutschen Geschichte in den Tagen jener Disputation von Regensburg: der friedliche Ausgang der kirchlichen und sittlichen Dinge, ohne Religionskriege, Gegenreformation, schien gewährleistet, ebenso die Einheit der deutschen Nation; der tiefe milde Sinn des Contarini schwebte einen Augenblick über dem theologischen Gezänk, siegreich, als Vertreter der reiferen italienischen Frömmigkeit, welche die Morgenröte der geistigen Freiheit auf ihren Schwingen widerstrahlte. Aber der knöcherne Kopf Luthers, voller Verdächtigungen und unheimlicher Ängste, sträubte sich: weil die Rechtfertigung durch die Gnade ihm als *sein* größter Fund und Wahlspruch erschien, glaubte er diesem Satze nicht *im* Munde von Italienern: während diese ihn, wie es bekannt ist, schon viel früher gefunden und durch ganz Italien in tiefer Stille verbreitet hatten. Luther sah in dieser scheinbaren Übereinstimmung die Tücken des Teufels und verhinderte das Friedenswerk, so gut er konnte: wodurch er die Absichten der Feinde des Reiches ein gutes Stück vorwärts brachte. – Und nun nehme man, um den Eindruck des schauerlich Possenhaften noch mehr zu haben, hinzu, daß keiner der Sätze, über welche man sich damals in Regensburg stritt, weder der von der Erbsünde, noch der von der Erlösung durch Stellvertretung, noch der von der Rechtfertigung im Glauben, irgendwie wahr ist, oder auch nur mit der Wahrheit zu tun hat, daß sie alle jetzt als undiskutierbar erkannt sind: – und doch wurde darüber die Welt in Flammen gesetzt, also über Meinungen, denen gar keine Dinge und Realitäten entsprechen; während in betreff von rein philologischen Fragen, zum Beispiel nach der Erklärung der Einsetzungs-Worte des Abendmahls, doch wenigstens ein Streit erlaubt ist, weil hier die Wahrheit gesagt werden kann. Aber wo nichts ist, da hat auch die Wahrheit ihr Recht verloren. – Zuletzt bleibt nichts übrig zu sagen, als daß damals allerdings *Kraftquellen* entsprungen sind, so mächtig, daß ohne sie alle Mühlen der modernen Welt nicht mit gleicher Stärke getrieben würden. Und erst kommt es auf Kraft an, dann erst auf Wahrheit, oder auch dann noch lange nicht – nicht wahr, meine lieben Zeitgemäßen?

227

Goethes Irrungen. – Goethe ist darin die große Ausnahme unter den großen Künstlern, daß er nicht in der *Borniertheit seines wirklichen Ver-*

mögens lebte, als ob dasselbe an ihm selber und für alle Welt das Wesentliche und Auszeichnende, das Unbedingte und Letzte sein müsse. Er meinte zweimal etwas Höheres zu besitzen, als er wirklich besaß – und irrte sich, in der *zweiten* Hälfte seines Lebens, wo er ganz durchdrungen von der Überzeugung erscheint, einer der größten *wissenschaftlichen* Entdecker und Lichtbringer zu sein. Und ebenso schon in der *ersten* Hälfte seines Lebens: er *wollte* von sich etwas Höheres, als die Dichtkunst ihm schien – und irrte sich schon darin. Die Natur habe aus ihm einen *bildenden* Künstler machen wollen – das war sein innerlich glühendes und versengendes Geheimnis, das ihn endlich nach Italien trieb, damit er sich in diesem Wahne noch recht austobe und ihm jedes Opfer bringe. Endlich entdeckte er, der Besonnene, allem Wahnschaffnen an sich ehrlich Abholde, wie ein trügerischer Kobold von Begierde ihn zum Glauben an diesen Beruf gereizt habe, wie er von der größten Leidenschaft seines Wollens sich losbinden und *Abschied* nehmen müsse. Die schmerzlich schneidende und wühlende Überzeugung, es sei nötig, *Abschied zu nehmen*, ist völlig in der Stimmung des Tasso ausgeklungen: über ihm, dem »gesteigerten Werther«, liegt das Vorgefühl von Schlimmerem als der Tod ist, wie wenn sich einer sagt: »nun ist es aus – nach diesem Abschiede; wie soll man weiterleben, ohne wahnsinnig zu werden!« – Diese beiden Grundirrtümer seines Lebens gaben Goethe angesichts einer rein literarischen Stellung zur Poesie, wie damals die Welt allein sie kannte, eine so unbefangene und fast willkürlich erscheinende Haltung. Abgesehen von der Zeit, wo Schiller – der arme Schiller, der keine Zeit hatte und keine Zeit ließ – ihn aus der enthaltsamen Scheu vor der Poesie, aus der Furcht vor allem literarischen Wesen und Handwerk heraustrieb, erscheint Goethe wie ein Grieche, der hier und da eine Geliebte besucht, mit dem Zweifel, ob es nicht eine Göttin sei, der er keinen rechten Namen zu geben wisse. Allem seinem Dichten merkt man die anhauchende Nähe der Plastik und der Natur an: die Züge dieser ihm vorschwebenden Gestalten – und er meinte vielleicht immer nur den Verwandlungen einer Göttin auf der Spur zu sein – wurden ohne Willen und Wissen die Züge sämtlicher Kinder seiner Kunst. Ohne die *Umschweife des Irrtums* wäre er nicht Goethe geworden: das heißt, der einzige deutsche Künstler der Schrift, der jetzt noch nicht veraltet ist – weil er ebensowenig Schriftsteller als Deutscher von Beruf sein wollte.

228

Reisende und ihre Grade. – Unter den Reisenden unterscheide man nach fünf Graden: die des ersten niedrigsten Grades sind solche, welche reisen und dabei gesehen *werden* – sie werden eigentlich gereist und sind gleichsam blind; die nächsten sehen wirklich selber in die Welt; die dritten erleben etwas infolge des Sehens; die vierten leben das Erlebte in sich hinein und tragen es mit sich fort; endlich gibt es einige Menschen der höchsten Kraft, welche alles Gesehene, nachdem es erlebt und eingelebt worden ist, endlich auch notwendig wieder aus sich herausleben müssen, in Handlungen und Werken, sobald sie nach Hause zurückgekehrt sind. – Diesen fünf Gattungen von Reisenden gleich gehen überhaupt alle Menschen durch die ganze Wanderschaft des Lebens, die niedrigsten als reine Passiva, die höchsten als die Handelnden und Auslebenden ohne allen Rest zurückbleibender innerer Vorgänge.

229

Im Höher-Steigen. – Sobald man höher steigt als die, welche einen bisher bewunderten, so erscheint man eben denen als gesunken und herabgefallen: denn sie vermeinten unter allen Umständen, bisher *mit* uns (sei es auch durch uns) *auf der Höhe* zu sein.

230

Maß und Mitte. – Von zwei ganz hohen Dingen: Maß und Mitte, redet man am besten nie. Einige wenige kennen ihre Kräfte und Anzeichen, aus den Mysterien-Pfaden innerer Erlebnisse und Umkehrungen: sie verehren in ihnen etwas Göttliches und scheuen das laute Wort. Alle übrigen hören kaum zu, wenn davon gesprochen wird, und wähnen, es handele sich um Langeweile und Mittelmäßigkeit: jene etwa noch ausgenommen, welche einen anmahnenden Klang aus jenem Reiche einmal vernommen, aber gegen ihn sich die Ohren verstopft haben. Die Erinnerung daran macht sie nun böse und aufgebracht.

231

Humanität der Freund- und Meisterschaft. – »Gehe du gen Morgen: so werde ich gen Abend ziehen« – so zu empfinden ist das hohe Merkmal von Humanität im engeren Verkehre: ohne diese Empfindung wird jede Freundschaft, jede Jünger- und Schülerschaft irgendwann einmal zur Heuchelei.

232

Die Tiefen. – Tiefdenkende Menschen kommen sich im Verkehr mit anderen als Komödianten vor, weil sie sich da, um verstanden zu werden, immer erst eine Oberfläche anheucheln müssen.

233

Für die Verächter der »Herden-Menschheit«. – Wer die Menschen als Herde betrachtet und vor ihnen so schnell er kann flieht, den werden sie gewiß einholen und mit ihren Hörnern stoßen.

234

Hauptvergehen gegen den Eitlen. – Wer einem anderen in der Gesellschaft Gelegenheiten macht, sein Wissen, Fühlen, Erfahren glücklich darzulegen, stellt sich über ihn und begeht also, falls er nicht als Höherstehender von jenem ohne Einschränkung empfunden wird, ein Attentat auf dessen Eitelkeit – während er gerade derselben Befriedigung zu geben glaubte.

235

Enttäuschung. – Wenn ein langes Leben und Tun samt Reden und Schriften von einer Person öffentlich Zeugnis ablegt, so pflegt der Umgang mit ihr zu enttäuschen, aus doppeltem Grunde: einmal weil man zu viel von einer kurzen Zeitspanne Verkehrs erwartet – nämlich alles das, was erst die tausend Gelegenheiten des Lebens sichtbar werden ließen –, und sodann weil jeder Anerkannte sich keine Mühe gibt, im einzelnen noch um Anerkennung zu buhlen. Er ist zu nachlässig – und wir sind zu gespannt.

236

Zwei Quellen der Güte. – Alle Menschen mit gleichmäßigem Wohlwollen behandeln und ohne Unterschied der Person gütig sein, kann ebensosehr der Ausfluß tiefer Menschenverachtung als gründlicher Menschenliebe sein.

237

Der Wanderer im Gebirge zu sich selber. – Es gibt sichere Anzeichen dafür, daß du vorwärts und höher hinauf gekommen bist: es ist jetzt freier und aussichtsreicher um dich als vordem, die Luft weht dich kühler, aber auch milder an – du hast ja die Torheit verlernt, Milde und Wärme zu verwechseln –, dein Gang ist lebhafter und fester geworden, Mut und Besonnenheit sind zusammen gewachsen: – aus allen diesen Gründen wird dein Weg jetzt einsamer sein dürfen und jedenfalls gefährlicher sein als dein früherer, wenn auch gewiß nicht in dem Maße, als die glauben, welche dich Wanderer vom dunstigen Tale aus auf dem Gebirge schreiten sehen.

238

Ausgenommen der Nächste. – Offenbar steht mein Kopf nur auf meinem eigenen Halse nicht recht; denn jeder andere weiß bekanntlich besser, was ich zu tun und zu lassen habe: nur mir selber weiß ich armer Schelm nicht zu helfen. Sind wir nicht *alle* wie Bildsäulen, denen falsche Köpfe aufgesetzt wurden? Nicht wahr, mein geliebter Nachbar? – Doch nein, du gerade bist die Ausnahme.

239

Vorsicht. – Mit Personen, denen die Scheu vor dem Persönlichen fehlt, muß man nicht umgehen oder unerbittlich ihnen vorher die Handschellen der Konvenienz anlegen.

240

Eitel erscheinen wollen. – Im Gespräche mit Unbekannten oder Halbbekannten nur ausgewählte Gedanken äußern, von seinen berühmten Bekanntschaften, bedeutenden Erlebnissen und Reisen reden, ist ein Anzeichen davon, daß man nicht stolz ist, mindestens daß man nicht so scheinen möchte. Die Eitelkeit ist die Höflichkeits-Maske des Stolzen.

241

Die gute Freundschaft. – Die gute Freundschaft entsteht, wenn man den anderen sehr achtet, und zwar mehr als sich selbst, wenn man ebenfalls ihn liebt, jedoch nicht so sehr als sich, und wenn man endlich, zur Erleichterung des Verkehrs, den zarten *Anstrich* und Flaum der Intimität hinzuzutun versteht, zugleich aber sich der wirklichen und eigentlichen Intimität und der Verwechslung von Ich und Du weislich enthält.

242

Die Freunde als Gespenster. – Wenn wir uns stark verwandeln, dann werden unsere Freunde, die nicht verwandelten, zu Gespenstern unserer eignen Vergangenheit: ihre Stimme tönt schattenhaft-schauerlich zu uns heran – als ob wir uns selber hörten, aber jünger, härter, ungereifter.

243

Ein Auge und zwei Blicke. – Dieselben Personen, welche das Naturspiel des gunst- und gönnersuchenden Blicks haben, haben gewöhnlich auch, infolge ihrer häufigen Demütigungen und Rachegefühle, den unverschämten Blick.

244

Die blaue Ferne. – Zeitlebens ein Kind – das klingt sehr rührend, ist aber nur das Urteil aus der Ferne; in der Nähe gesehen und erlebt, heißt es immer: zeitlebens knabenhaft.

245

Vorteil und Nachteil im gleichen Mißverständnis. – Die verstummende Verlegenheit des feinen Kopfes wird gewöhnlich von seiten der Unfeinen als schweigende Überlegenheit gedeutet und sehr gefürchtet: während die Wahrnehmung von Verlegenheit Wohlwollen erzeugen würde.

246

Der Weise sich als Narren gebend. — Die Menschenfreundlichkeit des Weisen bestimmt ihn mitunter, sich erregt, erzürnt, erfreut zu *stellen*, um seiner Umgebung durch die Kälte und Besonnenheit seines *wahren* Wesens nicht weh zu tun.

247

Sich zur Aufmerksamkeit zwingen. — Sobald wir merken, daß jemand im Umgange und Gespräche mit uns sich zur Aufmerksamkeit *zwingen* muß, haben wir einen vollgültigen Beweis dafür, daß er uns nicht oder nicht mehr liebt.

248

Weg zu einer christlichen Tugend. — Von seinen Feinden zu lernen ist der beste Weg dazu, sie zu lieben: denn es stimmt uns dankbar gegen sie.

249

Kriegslist des Zudringlichen. — Der Zudringliche gibt auf unsre Konventionsmünze in Goldmünze heraus und will uns dadurch nachträglich nötigen, unsre Konvention als Versehen und ihn als Ausnahme zu behandeln.

250

Grund der Abneigung. — Wir werden manchem Künstler oder Schriftsteller feindlich, nicht weil wir endlich merken, daß er uns hintergangen hat, sondern weil er nicht feinere Mittel für nötig befand, um uns zu fangen.

251

Im Scheiden. — Nicht darin, wie eine Seele sich der andern nähert, sondern wie sie sich von ihr entfernt, erkenne ich ihre Verwandtschaft und Zusammengehörigkeit mit der andern.

252

Silentium. – Man darf über seine Freunde nicht reden: sonst verredet man sich das Gefühl der Freundschaft.

253

Unhöflichkeit. – Unhöflichkeit ist häufig das Merkmal einer ungeschickten Bescheidenheit, welche bei einer Überraschung den Kopf verliert und durch Grobheit dies verbergen möchte.

254

Verrechnung in der Ehrlichkeit. – Das bisher von uns Verschwiegene erfahren mitunter gerade unsere neuesten Bekannten zuerst: wir meinen dabei törichterweise, es sei unser Vertrauens-Beweis die stärkste Fessel, mit welcher wir sie festhalten könnten, – aber sie wissen nicht genug von uns, um das Opfer unseres Aussprechens so stark zu empfinden, und verraten unsere Geheimnisse an andere, ohne an Verrat zu denken: so daß wir vielleicht darüber unsere alten Bekannten verlieren.

255

Im Vorzimmer der Gunst. – Alle Menschen, die man lange im Vorzimmer seiner Gunst stehen läßt, geraten in Gärung und werden sauer.

256

Warnung an die Verachteten. – Wenn man unverkennbar in der Achtung der Menschen gesunken ist, so halte man mit den Zähnen an der Scham im Verkehre fest: sonst verrät man den andern, daß man auch in seiner eigenen Achtung gesunken ist. Der Zynismus im Verkehre ist ein Anzeichen, daß der Mensch in der Einsamkeit sich selber als Hund behandelt.

257

Manche Unkenntnis adelt. – In Hinsicht auf die Achtung der Achtung-Gebenden ist es vorteilhafter, gewisse Dinge ersichtlich *nicht* zu verstehen. Auch die Unwissenheit gibt Vorrechte.

258

Der Widersacher der Grazie. – Der Unduldsame und Hochmütige mag die Grazie nicht und empfindet sie wie einen leibhaft sichtbaren Vorwurf gegen sich; denn sie ist Toleranz des Herzens in Bewegung und Gebärde.

259

Beim Wiedersehen. – Wenn alte Freunde nach langer Trennung einander wiedersehen, ereignet es sich oft, daß sie sich bei Erwähnung von Dingen teilnahmsvoll stellen, die für sie ganz gleichgültig geworden sind: und mitunter merken es beide, wagen aber nicht den Schleier zu heben – aus einem traurigen Zweifel. So entstehen Gespräche wie im Totenreiche.

260

Nur Arbeitsame sich zu Freunden machen. – Der Müßige ist seinen Freunden gefährlich: denn weil er nicht genug zu tun hat, redet er davon, was seine Freunde tun und nicht tun, mischt sich endlich hinein und macht sich beschwerlich: weshalb man klugerweise nur mit Arbeitsamen Freundschaft schließen soll.

261

Eine Waffe doppelt soviel als zwei. – Es ist ein ungleicher Kampf, wenn der eine mit Kopf *und* Herz, der andre nur mit dem Kopfe für seine Sache spricht: der erstere hat gleichsam Sonne und Wind gegen sich und seine beiden Waffen stören sich gegenseitig: er verliert den Preis – in den Augen der *Wahrheit.* Dafür ist freilich der Sieg des zweiten mit seiner einen Waffe selten ein Sieg nach dem Herzen aller *andern* Zuschauer und macht bei ihnen unbeliebt.

262

Tiefe und Trübe. – Das Publikum verwechselt leicht den, welcher im Trüben fischt, mit dem, welcher aus der Tiefe schöpft.

263

An Freund und Feind seine Eitelkeit demonstrieren. – Mancher mißhandelt aus Eitelkeit selbst seine Freunde, wenn Zeugen zugegen sind, denen er sein Übergewicht deutlich machen will: und andere übertreiben den Wert ihrer Feinde, um mit Stolz darauf hinzuweisen, daß sie solcher Feinde wert sind.

264

Abkühlung. – Die Erhitzung des Herzens ist gewöhnlich mit der Krankheit von Kopf und Urteil verbunden. Wem für einige Zeit an der Gesundheit des letzteren gelegen ist, der muß also wissen, was er abzukühlen hat: unbesorgt für die Zukunft seines Herzens! Denn ist man überhaupt der Erwärmung fähig, so wird man auch wieder warm werden und seinen Sommer haben müssen.

265

Zur Mischung der Gefühle. – Gegen die Wissenschaft empfinden Frauen und selbstsüchtige Künstler etwas, das aus Neid und Sentimentalität zusammengesetzt ist.

266

Wenn die Gefahr am größten ist. – Man bricht das Bein selten, so lange man im Leben mühsam aufwärts steigt – aber wenn man anfängt, es sich leicht zu machen und die bequemen Wege zu wählen.

267

Nicht zu zeitig. – Man muß sich in acht nehmen, nicht zu zeitig scharf zu werden, – weil man zugleich damit zu zeitig dünn wird.

268

Freude am Widerspenstigen. – Der gute Erzieher kennt Fälle, wo er stolz darauf ist, daß sein Zögling *wider ihn* sich selber treu bleibt: da nämlich, wo der Jüngling den Mann nicht verstehen darf oder zu seinem Schaden verstehen würde.

269

Versuch der Ehrlichkeit. – Jünglinge, die ehrlicher werden wollen als sie waren, suchen sich einen anerkannt Ehrlichen zum Opfer, das sie zuerst anfallen, indem sie sich zu seiner Höhe hinaufzuschimpfen suchen – mit dem Hintergedanken, daß dieser erste Versuch jedenfalls ungefährlich sei; denn gerade jener dürfe die Unverschämtheit des Ehrlichen nicht züchtigen.

270

Das ewige Kind. – Wir meinen, das Märchen und das Spiel gehöre zur Kindheit: wir Kurzsichtigen! Als ob wir in irgendeinem Lebensalter ohne Märchen und Spiel leben möchten! Wir nennen's und empfinden's freilich anders, aber gerade dies spricht dafür, daß es dasselbe ist – denn auch das Kind empfindet das Spiel als seine Arbeit und das Märchen als seine Wahrheit. Die Kürze des Lebens sollte uns vor dem pedantischen Scheiden der Lebensalter bewahren – als ob jedes etwas Neues brächte –, und ein Dichter einmal den Menschen von zweihundert Jahren, den, der wirklich ohne Märchen und Spiel lebt, vorführen.

271

Jede Philosophie ist Philosophie eines Lebensalters. – Das Lebensalter, in dem ein Philosoph seine Lehre fand, klingt aus ihr heraus, er kann es nicht verhüten, so erhaben er sich auch über Zeit und Stunde fühlen mag. So bleibt Schopenhauers Philosophie das Spiegelbild der hitzigen und schwermütigen *Jugend* – es ist keine Denkweise für ältere Menschen; so erinnert Platos Philosophie an die mittlern dreißiger Jahre, wo ein kalter und ein heißer Strom aufeinander zuzubrausen pflegen, so daß Staub und zarte Wölkchen und, unter günstigen Umständen und Sonnenblicken, ein bezauberndes Regenbogenbild entsteht.

272

Vom Geiste der Frauen. – Die geistige Kraft einer Frau wird am besten dadurch bewiesen, daß sie aus Liebe zu einem Manne und dessen

Geiste ihren eigenen zum Opfer bringt und daß trotzdem ihr auf dem neuen, ihrer Natur ursprünglich fremden Gebiete, wohin die Sinnesart des Mannes sie drängt, *sofort ein zweiter Geist* nachwächst.

273

Erhöhung und Erniedrigung im Geschlechtlichen. — Der Sturm der Begierde reißt den Mann mitunter in eine Höhe hinauf, wo alle Begierde schweigt: dort wo er wirklich *liebt* und noch mehr in einem besseren Sein als besserem Wollen lebt. Und wiederum steigt ein gutes Weib häufig aus wahrer Liebe bis hinab zur Begierde und *erniedrigt* sich dabei vor sich selber. Namentlich das letztere gehört zu dem Herzbewegendsten, was die Vorstellung einer guten Ehe mit sich zu bringen vermag.

274

Das Weib erfüllt, der Mann verheißt. — Durch das Weib zeigt die Natur, womit sie bis jetzt bei ihrer Arbeit am Menschenbilde fertig wurde; durch den Mann zeigt sie, was sie dabei zu überwinden hatte, aber auch, was sie noch alles mit dem Menschen *vorhat*. — Das vollkommene Weib jeder Zeit ist der Müßiggang des Schöpfers an jedem siebenten Tage der Kultur, das Ausruhen des Künstlers in seinem Werke.

275

Umpflanzung. — Hat man seinen Geist verwendet, um über die Maßlosigkeit der Affekte Herr zu werden, so geschieht es vielleicht mit dem leidigen Erfolge, daß man die Maßlosigkeit auf den Geist überträgt und fürderhin im Denken und Erkennen-wollen ausschweift.

276

Das Lachen als Verräterei. — Wie und wann eine Frau lacht, das ist ein Merkmal ihrer Bildung: aber im Klange des Lachens enthüllt sich ihre Natur, bei sehr gebildeten Frauen vielleicht sogar der letzte unlösbare Rest ihrer Natur. — Deshalb wird der Menschenprüfer sagen wie Horaz, aber aus verschiedenem Grunde: *ridete puellae*.

277

Aus der Seele der Jünglinge. – Jünglinge wechseln in bezug auf dieselbe Person mit Hingebung und Unverschämtheit ab: weil sie im Grunde nur sich in dem andern verehren und verachten, und zwischen beiden Empfindungen in bezug auf sich selber hin und her taumeln müssen, so lange sie noch nicht in der Erfahrung das Maß ihres Wollens und Könnens gefunden haben.

278

Zur Verbesserung der Welt. – Wenn man den Unzufriedenen, Schwarzgalligen und Murrköpfen die Fortpflanzung verwehrte, so könnte man schon die Erde in einen Garten des Glücks verzaubern. – Dieser Satz gehört in eine praktische Philosophie für das weibliche Geschlecht.

279

Seinem Gefühle nicht mißtrauen. – Die frauenhafte Wendung, man solle seinem Gefühle nicht mißtrauen, bedeutet nicht viel mehr als: man solle essen, was einem gut schmeckt. Dies mag auch, namentlich für maßvolle Naturen, eine gute Alltagsregel sein. Andere Naturen müssen aber nach einem anderen Satze leben: »du mußt nicht nur mit dem Munde, sondern auch mit dem Kopfe essen, damit dich nicht die Naschhaftigkeit des Mundes zugrunde richte.«

280

Grausamer Einfall der Liebe. – Jede große Liebe bringt den grausamen Gedanken mit sich, den Gegenstand der Liebe zu töten, damit er ein für allemal dem frevelhaften Spiele des Wechsels entrückt sei: denn vor dem Wechsel graut der Liebe mehr als vor der Vernichtung.

281

Türen. – Das Kind sieht ebenso wie der Mann in allem, was erlebt, erlernt wird, Türen: aber jenem sind es *Zugänge*, diesem immer nur *Durchgänge*.

282

Mitleidige Frauen. — Das Mitleiden der Frauen, welches geschwätzig ist, trägt das Bett des Kranken auf offenen Markt.

283

Frühzeitiges Verdienst. — Wer jung schon sich ein Verdienst erwirbt, verlernt gewöhnlich dabei die Scheu vor dem Alter und dem Älteren, und schließt sich damit, zu seinem größten Nachteile, von der Gesellschaft der Reifen, Reife Gebenden aus: so daß er trotz frühzeitigerem Verdienste länger als andre grün, zudringlich und knabenhaft bleibt.

284

Bausch- und Bogen-Seelen. — Die Frauen und die Künstler meinen, daß wo man ihnen nicht widerspreche, man nicht widersprechen könne; Verehrung in zehn Punkten und stillschweigende Nichtbilligung in anderen zehn scheint ihnen nebeneinander unmöglich, weil sie Bausch- und Bogen-Seelen haben.

285

Junge Talente. — In Hinsicht auf junge Talente muß man streng nach der Goetheschen Maxime verfahren, daß man oft dem Irrtume nicht schaden dürfe, um der Wahrheit nicht zu schaden. Ihr Zustand ist gleich den Krankheiten der Schwangerschaft und bringt seltsame Gelüste mit sich: welche man ihnen, so gut es gehen will, befriedigen und nachsehen sollte, um der Frucht willen, die man von ihnen hofft. Freilich muß man, als Krankenwärter dieser wunderlichen Kranken, die schwere Kunst der freiwilligen Selbst-Demütigung verstehen.

286

Ekel an der Wahrheit. — Die Frauen sind so geartet, daß alle Wahrheit, in bezug auf Mann, Liebe, Kind, Gesellschaft, Lebensziel, ihnen Ekel macht — und daß sie sich an jedem zu rächen suchen, welcher ihnen das Auge öffnet.

287

Die Quelle der großen Liebe. – Woher die plötzlichen Leidenschaften eines Mannes für ein Weib entstehen, die tiefen, innerlichen? Aus Sinnlichkeit allein am wenigsten: aber wenn der Mann Schwäche, Hilfsbedürftigkeit und zugleich Übermut in einem Wesen zusammen findet, so geht etwas in ihm vor, wie wenn seine Seele überwallen wollte: er ist im selben Augenblick gerührt und beleidigt. Auf diesem Punkte entspringt die Quelle der großen Liebe.

288

Reinlichkeit. – Man soll den Sinn für Reinlichkeit im Kinde bis zur Leidenschaft entfachen: später erhebt er sich, in immer neuen Verwandlungen, fast zu jeder Tugend hinauf und erscheint zuletzt, als Kompensation alles Talents, wie eine Lichthülle von Reinheit, Mäßigkeit, Milde, Charakter – Glück in sich tragend, Glück um sich verbreitend.

289

Von eitlen alten Männern. – Der Tiefsinn gehört der Jugend, der Klarsinn dem Alter zu: wenn trotzdem alte Männer mitunter in der Art der Tiefsinnigen reden und schreiben, so tun sie es aus Eitelkeit, in dem Glauben, daß sie damit den Reiz des Jugendlichen, Schwärmerischen, Werdenden, Ahnungs- und Hoffnungsvollen annehmen.

290

Benutzung des Neuen. – Männer benutzen Neu-Erlerntes oder -Erlebtes fürderhin als Pflugschar, vielleicht auch als Waffe: aber Weiber machen sofort daraus einen Putz für sich zurecht.

291

Recht haben bei den zwei Geschlechtern. – Gibt man einem Weibe zu, daß es recht habe, so kann es sich nicht versagen, erst noch die Ferse triumphierend auf den Nacken des Unterworfenen zu setzen, – es muß den Sieg auskosten; während Mann gegen Mann sich in solchem Falle gewöhnlich des Rechthabens schämt. Dafür ist der Mann an das Siegen gewöhnt, das Weib erlebt damit eine Ausnahme.

292

Entsagung im Willen zur Schönheit. – Um schön zu werden, darf ein Weib nicht für hübsch gelten wollen: das heißt, es muß in neunundneunzig Fällen, wo es gefallen könnte, es verschmähen und hintertreiben zu gefallen, um einmal das Entzücken dessen einzuernten, dessen Seelenpforte groß genug ist, um Großes aufzunehmen.

293

Unbegreiflich, unausstehlich. – Ein Jüngling kann nicht begreifen, daß ein Älterer seine Entzückungen, Gefühls-Morgenröten, Gedanken-Wendungen und -Aufschwünge auch einmal durchlebt habe: es beleidigt ihn schon zu denken, daß sie zweimal existiert hätten, – aber ganz feindselig stimmt es ihn zu hören, daß um *fruchtbar* zu werden, er jene Blüten verlieren, ihren Duft entbehren müsse.

294

Partei mit der Miene der Dulderin. – Jede Partei, die sich die Miene der Dulderin zu geben weiß, zieht die Herzen der Gutmütigen zu sich hinüber und gewinnt dadurch selber die Miene der Gutmütigkeit – zu ihrem größten Vorteil.

295

Behaupten sicherer als beweisen. – Eine Behauptung wirkt stärker als ein Argument, wenigstens bei der Mehrzahl der Menschen: denn das Argument weckt Mißtrauen. Deshalb suchen die Volksredner die Argumente ihrer Partei durch Behauptungen zu sichern.

296

Die besten Hehler. – Alle regelmäßig Erfolgreichen besitzen eine tiefe Verschlagenheit darin, ihre Fehler und Schwächen immer nur als anscheinende Stärken zum Vorschein zu bringen; weshalb sie dieselben ungewöhnlich gut und deutlich kennen müssen.

297

Von Zeit zu Zeit. – Er setzte sich in das Stadttor und sagte zu einem, der hindurchging, dies eben sei das Stadttor. Jener entgegnete, es sei das eine Wahrheit, aber man dürfe nicht zuviel recht haben, wenn man Dank dafür haben wolle. Oh, antwortete er, ich will auch keinen Dank; aber von Zeit zu Zeit ist es doch sehr angenehm, nicht nur recht zu haben, sondern auch recht zu behalten.

298

Die Tugend ist nicht von den Deutschen erfunden. – Goethes Vornehmheit und Neidlosigkeit, Beethovens edle einsiedlerische Resignation, Mozarts Anmut und Grazie des Herzens, Händels unbeugsame Männlichkeit und Freiheit unter dem Gesetz, Bachs getrostes und verklärtes Innenleben, welches nicht einmal nötig hat, auf Glanz und Erfolg zu verzichten, – sind denn dies *deutsche* Eigenschaften? – Wenn aber nicht, so zeigt es wenigstens, wonach Deutsche streben sollen und was sie erreichen können.

299

Pia fraus oder etwas anderes. – Möchte ich mich irren: aber mich dünkt, im gegenwärtigen Deutschland werde eine doppelte Art von Heuchelei für jedermann zur Pflicht des Augenblicks gemacht: man fordert ein Deutschtum aus reichspolitischer Besorgnis und ein Christentum aus sozialer Angst, beides aber nur in Worten und Gebärden und namentlich im Schweigen-können. Der *Anstrich* ist es, der jetzt so viel kostet, so hoch bezahlt wird: die *Zuschauer* sind es, derentwegen die Nation ihr Gesicht in deutsch- und christentümelnde Falten legt.

300

Inwiefern auch im Guten das Halbe mehr sein kann als das Ganze. – Bei allen Dingen, die auf Bestand eingerichtet werden und immer den Dienst vieler Personen erfordern, muß manches *weniger Gute zur Regel* gemacht werden, obschon der Organisator das Bessere und Schwerere sehr gut kennt: aber er wird darauf rechnen, daß es nie an Personen fehle, welche der Regel entsprechen *können*, — und er weiß, daß das Mittelgut der Kräfte die Regel ist. — Dies sieht ein Jüngling selten ein und glaubt dann, als Neuerer, wunder wie sehr er im Rechte, und wie seltsam die Blindheit der anderen sei.

301

Der Parteimann. — Der echte Parteimann lernt nicht mehr, er erfährt und richtet nur noch: während Solon, der nie Parteimann war, sondern neben und über den Parteien oder gegen sie sein Ziel verfolgte, bezeichnenderweise der Vater jenes schlichten Wortes ist, in welchem die Gesundheit und Unausschöpflichkeit Athens beschlossen liegt: »alt werd' ich und immer lern' ich fort.«

302

Was, nach Goethe, deutsch ist. — Es sind die wahrhaft Unerträglichen, von denen man selbst das Gute nicht annehmen mag, welche *Freiheit der Gesinnung* haben, aber nicht merken, daß es ihnen an *Geschmacks-* und *Geistes-Freiheit* fehlt. Gerade dies ist aber, nach Goethes wohlerwogenem Urteil, *deutsch*. — Seine Stimme und sein Beispiel weisen darauf hin, daß der Deutsche *mehr sein* müsse als ein Deutscher, wenn er den andern Nationen nützlich, ja nur erträglich werden wolle — und *in welcher Richtung* er bestrebt sein solle, über sich und außer sich hinauszugehen.

303

Wann es not tut, stehenzubleiben. — Wenn die Massen zu wüten beginnen und die Vernunft sich verdunkelt, tut man gut, sofern man der Gesundheit seiner Seele nicht ganz sicher ist, unter einen Torweg unterzutreten und nach dem Wetter auszuschauen.

304

Umsturzgeister und Besitzgeister. — Das einzige Mittel gegen den Sozialismus, das noch in eurer Macht steht, ist: ihn nicht herauszufordern, das heißt selber mäßig und genügsam leben, die Schaustellung jeder Üppigkeit nach Kräften verhindern und dem Staate zu Hilfe kommen, wenn er alles Überflüssige und Luxus-Ähnliche empfindlich mit Steuern belegt. Ihr wollt dies Mittel nicht? Dann, ihr reichen Bürgerlichen, die ihr euch »liberal« nennt, gesteht es euch nur zu, eure eigne Herzensgesinnung ist es, welche ihr in den Sozialisten so furchtbar und bedrohlich findet, in euch selber aber als unvermeidlich gelten laßt, wie als ob sie dort etwas anderes wäre. Hättet ihr, so wie ihr seid, euer *Vermögen* und die Sorge um dessen Erhaltung nicht, diese eure Gesinnung würde euch zu Sozialisten machen: nur der Besitz unterscheidet zwischen euch und ihnen. Euch müßt ihr zuerst besiegen, wenn ihr irgendwie über die Gegner eures Wohlstandes siegen wollt. – Und wäre jener Wohlstand nur wirklich Wohlbefinden! Er wäre nicht so äußerlich und neidherausfordernd, er wäre mitteilender, wohlwollender, ausgleichender, nachhelfender. Aber das Unechte und Schauspielerische eurer Lebensfreuden, welche mehr im Gefühl des Gegensatzes (daß andere sie nicht haben und euch beneiden) als im Gefühle der Kraft-Erfüllung und Kraft-Erhöhung liegen – eure Wohnungen, Kleider, Wagen, Schauläden, Gaumen- und Tafel-Erfordernisse, eure lärmende Opern- und Musikbegeisterung, endlich eure Frauen, geformt und gebildet, aber aus unedlem Metall, vergoldet, aber ohne Goldklang, als Schaustücke von euch gewählt, als Schaustücke sich selber gebend: – das sind die giftträgerischen Verbreiter jener Volkskrankheit, welche als sozialistische Herzenskrätze sich jetzt immer schneller der Masse mitteilt, aber *in euch* ihren ersten Sitz und Brüteherd hat. Und wer hielte diese Pest jetzt noch auf? –

305

Taktik der Parteien. – Wenn eine Partei merkt, daß ein bisher Zugehöriger aus einem unbedingten Anhänger ein bedingter geworden ist, so erträgt sie dies so wenig, daß sie durch allerlei Aufreizungen und Kränkungen versucht, jenen zum entschiedenen Abfall zu bringen und zum Gegner zu machen: denn sie hat den Argwohn, daß die Absicht, in ihrem Glauben etwas *Relativ*-Wertvolles zu sehen, das ein Für und Wider, ein Abwägen und Ausscheiden zuläßt, ihr gefährlicher sei als ein Gegnertum in Bausch und Bogen.

306

Zur Stärkung von Parteien. – Wer eine Partei innerlich stärken will, biete ihr Gelegenheit, um ersichtlich *ungerecht* behandelt werden zu müssen; dadurch sammelt sie ein Kapital guten Gewissens, das ihr vielleicht bis dahin fehlte.

307

Für seine Vergangenheit sorgen. – Weil die Menschen eigentlich nur alles Alt-Begründete, Langsam-Gewordene achten, so muß der, welcher nach seinem Tode fortleben will, nicht nur für Nachkommenschaft, sondern noch mehr für eine *Vergangenheit* sorgen: weshalb Tyrannen jeder Art (auch tyrannenhafte Künstler und Politiker) der Geschichte gern Gewalt antun, damit diese als Vorbereitung und Stufenleiter zu ihnen hin erscheine.

308

Partei-Schriftsteller. – Der Paukenschlag, mit welchem sich junge Schriftsteller im Dienste einer Partei so wohlgefallen, klingt dem, welcher nicht zur Partei gehört, wie Kettengerassel und erweckt eher Mitleiden als Bewunderung.

309

Gegen sich Partei ergreifen. – Unsere Anhänger vergeben es uns nie, wenn wir gegen uns selbst Partei ergreifen: denn dies heißt, in ihren Augen, nicht nur ihre Liebe zurückweisen, sondern auch ihren Verstand bloßstellen.

310

Gefahr im Reichtum. – Nur wer *Geist* hat, sollte *Besitz* haben: sonst ist der Besitz *gemeingefährlich*. Der Besitzende nämlich, der von der freien Zeit, welche der Besitz ihm gewähren könnte, keinen Gebrauch zu machen versteht, wird immer *fortfahren*, nach Besitz zu streben: dieses Streben wird seine Unterhaltung, seine Kriegslist im Kampf mit der Langeweile sein. So entsteht zuletzt, aus mäßigem Besitz, welcher dem Geistigen genügen würde, der eigentliche Reichtum: und zwar als das gleißende Ergebnis geistiger Unselbständigkeit und Armut. Nur *erscheint* er eben ganz anders, als seine armselige Abkunft erwarten läßt, weil er sich mit Bildung und Kunst maskieren kann: er kann eben die Maske *kaufen*. Dadurch erweckt er Neid bei den Ärmeren und Ungebildeten – welche im Grunde immer die Bildung beneiden und in der Maske nicht die Maske sehen – und bereitet allmählich eine soziale Umwälzung vor: denn vergoldete Roheit und schauspielerisches Sich-Blähen im angeblichen »Genusse der Kultur« gibt jenen den Gedanken ein »es liegt nur am Gelde«, – während allerdings *etwas* am Gelde liegt, aber *viel mehr am Geiste*.

311

Freude im Gebieten und Gehorchen. – Das Gebieten macht Freude wie das Gehorchen, ersteres wenn es noch nicht zur Gewohnheit geworden ist, letzteres aber wenn es zur Gewohnheit geworden ist. Alte Diener unter neuen Gebietenden fördern sich gegenseitig im Freude-machen.

312

Ehrgeiz des verlornen Postens. – Es gibt einen Ehrgeiz des verlornen Postens, welcher eine Partei dahin drängt, sich in eine äußerste Gefahr zu begeben.

313

Wann Esel not tun. – Man wird die Menge nicht eher zum Hosiannarufen bringen, bis man auf einem Esel in die Stadt einreitet.

314

Partei-Sitte. – Eine jede Partei versucht, das Bedeutende, das außer ihr gewachsen ist, als unbedeutend darzustellen; gelingt es ihr aber nicht, so feindet sie es um so bitterer an, je vortrefflicher es ist.

315

Leer-werden. – Von dem, der sich den Ereignissen hingibt, bleibt immer weniger übrig. Große Politiker können deshalb ganz leere Menschen werden und doch einmal voll und reich gewesen sein.

316

Erwünschte Feinde. – Die sozialistischen Regungen sind den dynastischen Regierungen jetzt immer noch eher angenehm als furchteinflößend, weil sie durch dieselben *Recht und Schwert* zu Ausnahme-Maßregeln in die Hände bekommen, mit denen sie ihre eigentlichen Schreckgestalten, die Demokraten und Anti-Dynasten, treffen können. – Zu allem, was solche Regierungen öffentlich hassen, haben sie jetzt eine heimliche Zuneigung und Innigkeit: sie müssen ihre Seele verschleiern.

317

Der Besitz besitzt. – Nur bis zu einem gewissen Grade macht der Besitz den Menschen unabhängiger, freier; eine Stufe weiter – und der Besitz wird zum Herrn, der Besitzer zum Sklaven: als welcher ihm seine Zeit, sein Nachdenken zum Opfer bringen muß und sich fürderhin zu einem Verkehr verpflichtet, an einen Ort angenagelt, einem Staate einverleibt fühlt – alles vielleicht wider sein innerlichstes und wesentlichstes Bedürfnis.

318

Von der Herrschaft der Wissenden. – Es ist leicht, zum Spotten leicht, das Muster zur Wahl einer gesetzgebenden Körperschaft aufzustellen. Zuerst hätten die Redlichen und Vertrauenswürdigen eines Landes, welche zugleich irgendworin Meister und Sachkenner sind, sich auszuscheiden, durch gegenseitige Auswitterung und Anerkennung: aus ihnen wiederum müßten sich, in engerer Wahl, die in jeder Einzelart Sachverständigen und Wissenden ersten Ranges auswählen, gleichfalls durch gegenseitige Anerkennung und Gewährleistung. Bestünde aus ihnen die gesetzgebende Körperschaft, so müßten endlich, für jeden einzelnen Fall, nur die Stimmen und Urteile der speziellsten Sachverständigen entscheiden und die Ehrenhaftigkeit *aller* übrigen groß genug und einfach zur Sache des Anstandes geworden sein, die Abstimmung dabei auch nur jenen zu überlassen: so daß im strengsten Sinne das Gesetz aus dem Verstande der Verständigsten hervorginge. – Jetzt stimmen Parteien ab: und bei jeder Abstimmung muß es hunderte von beschämten Gewissen geben – die der Schlecht-Unterrichteten, Urteils-Unfähigen, die der Nachsprechenden, Nachgezogenen, Fortgerissenen. Nichts erniedrigt die Würde jedes neuen Gesetzes so, als dieses anklebende Schamrot der Unredlichkeit, zu der jede Partei-Abstimmung zwingt. Aber, wie gesagt, es ist leicht, zum Spotten leicht, so etwas aufzustellen: keine Macht der Welt ist jetzt stark genug, das Bessere zu verwirklichen, – es sei denn, daß der Glaube an die höchste *Nützlichkeit der Wissenschaft und der Wissenden* endlich auch dem Böswilligsten einleuchte und dem jetzt herrschenden Glauben an die Zahl vorgezogen werde. Im Sinne dieser Zukunft sei unsere Losung: »Mehr Ehrfurcht vor dem Wissenden! Und nieder mit allen Parteien!«

319

Vom »Volke der Denker« (oder des schlechten Denkens). – Das Undeutliche, Schwebende, Ahnungsvolle, Elementarische, Intuitive – um für unklare Dinge auch unklare Namen zu wählen –, was man dem deutschen Wesen nachsagt, wäre, wenn es tatsächlich noch bestünde, ein Beweis, daß seine Kultur um viele Schritte zurückgeblieben und noch immer von Bann und Luft des Mittelalters umschlossen wäre. – Freilich liegen in einer solchen Zurückgebliebenheit auch einige Vorteile: die Deutschen wären mit diesen Eigenschaften – wenn sie dieselben, nochmals gesagt, jetzt noch besitzen sollten – zu einigen Dingen, und namentlich zum Verständnis einiger Dinge befähigt, zu welchen andere Nationen alle Kraft verloren haben. Und sicherlich geht viel verloren, wenn der *Mangel an Vernunft* – das heißt eben das Gemeinsame in jenen Eigenschaften – verloren geht: aber hier gibt es auch keine Einbuße ohne den höchsten Gegengewinn, so daß jeder Grund zum Jammern fehlt, vorausgesetzt, daß man nicht wie Kinder und Leckerhafte die Früchte aller Jahreszeiten zugleich genießen will.

320

Eulen nach Athen. – Die Regierungen der großen Staaten haben zwei Mittel in den Händen, das Volk von sich abhängig zu erhalten, in Furcht und Gehorsam: ein gröberes, das Heer, ein feineres, die Schule.

Mit Hilfe des ersteren bringen sie den *Ehrgeiz* der höheren und die *Kraft* der niederen Schichten, soweit beide tätigen und rüstigen Männern mittlerer und minderer Begabung zu eigen zu sein pflegen, auf ihre Seite; mit Hilfe des andern Mittels gewinnen sie die *begabte* Armut, namentlich die geistig-anspruchsvolle Halbarmut der mittleren Stände für sich. Sie machen vor allem aus den Lehrern allen Grades einen unwillkürlich nach »oben« hin blickenden geistigen Hofstaat: indem sie der Privatschule und gar der ganz und gar mißliebigen Einzelerziehung Stein über Stein in den Weg legen, sichern sie sich die Verfügung über eine sehr bedeutende Anzahl von Lehrstellen, auf welche sich nun fortwährend eine gewiß fünfmal größere Anzahl von hungrig und unterwürfig blickenden Augen richten, als je Befriedigung finden können. Diese Stellungen dürfen ihren Mann aber nur *kärglich* nähren: so unterhält sich in ihm der Fieberdurst nach *Beförderung* und schließt ihn noch enger an die Absichten der Regierung an. Denn eine mäßige Unzufriedenheit zu pflegen ist immer vorteilhafter als Zufriedenheit, die Mutter des Mutes, die Großmutter des Freisinns und des Übermutes. Vermittelst dieses leiblich und geistig im Zaume gehaltenen Lehrertums wird nun, so gut es gehen will, alle Jugend des Landes auf eine gewisse, dem Staate nützliche und zweckmäßig abgestufte Bildungshöhe gehoben: vor allem aber wird jene Gesinnung fast unvermerkt auf die unreifen und ehrsüchtigen Geister aller Stände übertragen, daß nur eine vom Staate anerkannte und abgestempelte Lebensrichtung sofort *gesellschaftliche* Auszeichnung mit sich führt. Die Wirkung dieses Glaubens an Staats-Prüfungen und -Titel geht so weit, daß selbst unabhängig gebliebenen, durch Handel oder Handwerk emporgestiegenen Männern so lange ein Stachel der Unbefriedigung in der Brust bleibt, bis auch ihre Stellung durch eine begnadigende Verleihung von Rang und Orden von oben her bemerkt und anerkannt ist, – bis man »sich sehen lassen kann«. Endlich verknüpft der Staat alle jene hundert und aberhundert ihm zugehörigen Beamtungen und Erwerbsposten mit der *Verpflichtung,* durch die Staatsschulen sich bilden und abzeichnen zu lassen, wenn man je in diese Pforten eingehen wolle: Ehre bei der Gesellschaft, Brot für sich, Ermöglichung einer Familie, Schutz von oben her, Gemeingefühl der gemeinsam Gebildeten – dies alles bildet ein Netz von Hoffnungen, in welches jeder junge Mann hineinläuft: woher sollte ihm denn das Mißtrauen angeweht sein! Ist zu guter Letzt gar noch bei jedermann die Verpflichtung, einige Jahre *Soldat* zu sein, nach Ablauf weniger Generationen, zu einer gedankenlosen Gewohnheit und Voraussetzung geworden, auf welche hin man frühzeitig den Plan seines Lebens zurechtschneidet: so kann der Staat auch noch den Meistergriff wagen, Schule *und* Heer, Begabung, Ehrgeiz und Kraft durch Vorteile *ineinander* zu flechten, das heißt den *höher Begabten* und *Gebildeten* durch günstigere Bedingungen zum Heere zu locken und mit dem Soldatengeiste des freudigen Gehorsams zu erfüllen: so daß er vielleicht dauernd zur Fahne schwört und durch seine Begabung ihr einen neuen, immer glänzenderen Ruf verschafft. – Dann fehlt nichts weiter als Gelegenheit zu großen Kriegen: und dafür sorgen, von Berufs wegen, also in aller *Unschuld*, die Diplomaten, samt Zeitungen und Börsen: denn das »Volk«, als Soldatenvolk, hat bei Kriegen immer ein gutes Gewissen, man braucht es ihm nicht erst zu machen.

321

Die Presse. – Erwägt man, wie auch jetzt noch alle großen politischen Vorgänge sich heimlich und verhüllt auf das Theater schleichen, wie sie von unbedeutenden Ereignissen verdeckt werden und in ihrer Nähe klein erscheinen, wie sie erst lange nach ihrem Geschehen ihre tiefen Einwirkungen zeigen und den Boden nachzittern lassen, – welche Bedeutung kann man da der Presse zugestehn, wie sie jetzt ist, mit ihrem täglichen Aufwand von Lunge, um zu schreien, zu übertäuben, zu erregen, zu erschrecken, – ist sie mehr als der *permanente blinde Lärm*, der die Ohren und Sinne nach einer falschen Richtung ablenkt?

322

Nach einem großen Ereignis. – Ein Volk und Mensch, dessen Seele bei einem großen Ereignis zutage gekommen ist, fühlt gewöhnlich darauf das Bedürfnis nach einer *Kinderei* oder *Roheit*, ebenso aus Scham als um sich zu erholen.

323

Gut deutsch sein heißt sich entdeutschen. – Das, worin man die nationalen Unterschiede findet, ist viel mehr, als man bis jetzt eingesehen hat, nur der Unterschied verschiedener *Kulturstufen* und zum geringsten Teile etwas Bleibendes (und auch dies nicht in einem strengen Sinne). Deshalb ist alles Argumentieren aus dem National-Charakter so wenig verpflichtend für den, welcher an der *Umschaffung* der Überzeugungen, das heißt an der Kultur arbeitet. Erwägt man zum Beispiel, was alles schon deutsch *gewesen ist*, so wird man die theoretische Frage: was *ist* deutsch? sofort durch die Gegenfrage verbessern: »was ist *jetzt* deutsch?« – und jeder *gute* Deutsche wird sie praktisch, gerade durch Überwindung seiner deutschen Eigenschaften, lösen. Wenn nämlich ein Volk vorwärts geht und wächst, so sprengt es jedesmal den Gürtel, der ihm bis dahin sein *nationales* Ansehen gab; bleibt es stehen, verkümmert es, so schließt sich ein neuer Gürtel um seine Seele; die immer härter werdende Kruste baut gleichsam ein Gefängnis herum, dessen Mauern immer wachsen. Hat ein Volk also sehr viel Festes, so ist dies ein Beweis, daß es versteinern will und ganz und gar *Monument* werden möchte: wie es von einem bestimmten Zeitpunkte an das Ägyptertum war. Der also, welcher den Deutschen wohlwill, mag für seinen Teil zusehen, wie er immer mehr aus dem, was deutsch ist, hinauswachse. *Die Wendung zum Undeutschen* ist deshalb immer das Kennzeichen der Tüchtigen unseres Volkes gewesen.

324

Ausländereien. – Ein Ausländer, der in Deutschland reiste, mißfiel und gefiel durch einige Behauptungen, je nach den Gegenden, in denen er sich aufhielt. Alle Schwaben, die Geist haben, – pflegte er zu sagen – sind kokett. – Die anderen Schwaben aber meinten noch immer, Uhland sei ein Dichter und Goethe unmoralisch gewesen. – Das Beste an den deutschen Romanen, welche jetzt berühmt würden, sei, daß man sie nicht zu lesen brauche: man kenne sie schon. – Der Berliner erscheine gutmütiger als der Süddeutsche, denn er sei allzusehr spottlustig und vertrage deshalb Spott: was Süddeutschen nicht begegne. – Der Geist der Deutschen werde durch ihr Bier und ihre Zeitungen niedergehalten: er empfehle ihnen Tee und Pamphlete, zur Kur natürlich. – Man sehe sich, so riet er, doch die verschiedenen Völker des altgewordenen Europa daraufhin an, wie ein jedes eine bestimmte Eigenschaft des Alters besonders gut zur Schau trägt, zum Vergnügen für die, welche vor dieser großen Bühne sitzen: wie die Franzosen das Kluge und Liebenswürdige des Alters, die Engländer das Erfahrene und Zurückhaltende, die Italiener das Unschuldige und Unbefangene mit Glück vertreten. Sollten denn die anderen Masken des Alters fehlen? Wo ist der hochmütige Alte? Wo der herrschsüchtige Alte? Wo der habsüchtige Alte? – Die gefährlichste Gegend in Deutschland sei Sachsen und Thüringen: nirgends gäbe es mehr geistige Rührigkeit und Menschenkenntnis, nebst Freigeisterei, und alles sei so bescheiden durch die häßliche Sprache und die eifrige Dienstbeflissenheit dieser Bevölkerung versteckt, daß man kaum merke, hier mit den geistigen Feldwebeln Deutschlands und seinen Lehrmeistern in Gutem und Schlimmem zu tun zu haben. – Der Hochmut der Norddeutschen werde durch ihren Hang, zu gehorchen, der der Süddeutschen durch ihren Hang, sichs bequem zu machen, in Schranken gehalten. – Es schiene ihm, daß die deutschen Männer in ihren Frauen ungeschickte, aber sehr von sich überzeugte Hausfrauen hätten: sie redeten so beharrlich gut von sich, daß sie fast die Welt und jedenfalls ihre Männer von der eigens deutschen Hausfrauen-Tugend überzeugt hätten. – Wenn sich dann das Gespräch auf Deutschlands Politik nach außen und innen wendete, so pflegte er zu erzählen – er nannte es: verraten –, daß Deutschlands größter Staatsmann nicht an große Staatsmänner glaube. – Die Zukunft der Deutschen fand er bedroht und bedrohlich: denn sie hätten verlernt, sich zu *freuen* (was die Italiener so gut verstünden), aber sich durch das große Hazardspiel von Kriegen und dynastischen Revolutionen an die *Emotion gewöhnt*, folglich würden sie eines Tages die Emeute haben. Denn dies sei die stärkste Emotion, welche ein Volk sich verschaffen könne. – Der deutsche Sozialist sei eben deshalb am gefährlichsten, weil ihn keine *bestimmte* Not treibe; sein Leiden sei, nicht zu wissen, was er wolle; so werde er, wenn er auch viel erreiche, doch noch im Genusse vor Begierde verschmachten, ganz wie Faust, aber vermutlich wie ein sehr pöbelhafter Faust. »Den *Faust-Teufel* nämlich,« rief er zuletzt, »von dem die gebildeten Deutschen so geplagt wurden, hat Bismarck ihnen ausgetrieben: nun ist der Teufel aber in die Säue gefahren und schlimmer als je vorher!«

325

Meinungen. — Die meisten Menschen sind nichts und gelten nichts, bis sie sich in allgemeine Überzeugungen und öffentliche Meinungen eingekleidet haben — nach der Schneider-Philosophie: Kleider machen Leute. Von den Ausnahme-Menschen aber muß es heißen: *erst der Träger macht die Tracht*; hier hören die Meinungen auf, öffentlich zu sein, und werden etwas anderes als Masken, Putz und Verkleidung.

326

Zwei Arten der Nüchternheit. — Um Nüchternheit aus Erschöpfung des Geistes nicht mit Nüchternheit aus Mäßigung zu verwechseln, muß man darauf acht haben, daß die erstere übellaunig, die andere frohmütig ist.

327

Verfälschung der Freude. — Keinen Tag länger eine Sache gut heißen, als sie uns gut scheint, und vor allem: *keinen Tag früher* — das ist das einzige Mittel, sich die *Freude* echt zu erhalten: die sonst allzuleicht fade und faul im Geschmacke wird und jetzt für ganze Schichten des Volkes zu den verfälschten Lebensmitteln gehört.

328

Der Tugend-Bock. — Beim Allerbesten, was einer tut, suchen die, welche ihm wohlwollen, aber seiner Tat nicht gewachsen sind, schleunigst einen Bock, um ihn zu schlachten, wähnend, es sei der Sündenbock — aber es ist der Tugend-Bock.

329

Souveränität. — Auch das Schlechte ehren und sich zu ihm bekennen, wenn es einem *gefällt*, und keinen Begriff davon haben, wie man sich seines Gefallens schämen könne, ist das Merkmal der Souveränität, im großen und kleinen.

330

Der Wirkende ein Phantom, keine Wirklichkeit. — Der bedeutende Mensch lernt allmählich, daß er, *sofern er wirkt*, ein *Phantom* in den Köpfen anderer ist, und gerät vielleicht in die feine Seelenqual, sich zu fragen, ob er das Phantom von sich zum *Besten* seiner Mitmenschen nicht aufrechterhalten müsse.

331

Nehmen und geben. — Wenn man einem das Geringste weg (oder vorweg) genommen hat, so ist er blind dafür, daß man ihm viel Größeres, ja das Größte gegeben hat.

332

Der gute Acker. — Alles Abweisen und Negieren zeigt einen Mangel an Fruchtbarkeit an: im Grunde, wenn wir nur gutes Ackerland wären, dürften wir nichts unbenutzt umkommen lassen und in jedem Dinge, Ereignisse und Menschen willkommenen Dünger, Regen oder Sonnenschein sehen.

333

Verkehr als Genuß. — Hält sich einer, mit entsagendem Sinne, absichtlich in der Einsamkeit, so kann er sich dadurch den Verkehr mit Menschen, selten genossen, zum Leckerbissen machen.

334

Öffentlich zu leiden verstehen. — Man muß sein Unglück affichieren und von Zeit zu Zeit hörbar seufzen, sichtbar ungeduldig sein: denn ließe man die andern merken, wie sicher und glücklich in sich man trotz Schmerz und Entbehrung ist, wie neidisch und böswillig würde man sie machen! — Aber wir müssen Sorge dafür tragen, daß wir unsre Mitmenschen nicht verschlechtern; überdies würden sie uns in jenem Falle harte Steuern auferlegen, und unser *öffentliches Leiden* ist jedenfalls auch unser *privater Vorteil*.

335

Wärme in den Höhen. — Auf den Höhen ist es wärmer, als man in den Tälern meint, namentlich im Winter. Der Denker weiß, was alles dies Gleichnis besagt.

336

Das Gute wollen, das Schöne können. — Es genügt nicht, das *Gute* zu üben, man muß es gewollt haben und, nach dem Wort des Dichters, die Gottheit in seinen *Willen* aufnehmen. Aber das *Schöne* darf man nicht wollen, man muß es *können*, in Unschuld und Blindheit, ohne alle Neubegier der Psyche. Wer seine Laterne anzündet, um vollkommene Menschen zu finden, der achte auf dies Merkmal: es sind die, welche immer um des Guten willen handeln und immer dabei das Schöne erreichen, ohne daran zu denken. Viele der Besseren und Edleren bleiben nämlich, aus Unvermögen und Mangel der schönen Seele, mit allem ihrem guten Willen und ihren guten Werken, unerquicklich und häßlich anzusehen; sie stoßen zurück und schaden selbst der Tugend durch das widrige Gewand, welches ihr schlechter Geschmack derselben anlegt.

337

Gefahr der Entsagenden. — Man muß sich hüten, sein Leben auf einen zu schmalen Grund von Begehrlichkeit zu gründen: denn wenn man den Freuden entsagt, welche Stellungen, Ehren, Genossenschaften, Wollüste, Bequemlichkeiten, Künste mit sich bringen, so kann ein Tag kommen, wo man merkt, statt der *Weisheit*, durch diese Verzichtleistung den *Lebens-Überdruß* zum Nachbarn erlangt zu haben.

338

Letzte Meinung über Meinungen. — Entweder verstecke man seine Meinungen oder man verstecke sich hinter seine Meinungen. Wer es anders macht, der kennt den Lauf der Welt nicht oder gehört zum Orden der heiligen Tollkühnheit.

339

»*Gaudeamus igitur.*« – Die Freude muß auch für die sittliche Natur des Menschen auferbauende und ausheilende Kräfte enthalten: wie käme es sonst, daß unsere Seele, sobald sie im Sonnenschein der Freude ruht, sich unwillkürlich gelobt »gut sein!« »vollkommen werden!« und daß dabei ein Vorgefühl der Vollkommenheit, gleich einem seligen Schauer, sie erfaßt?

340

An einen Gelobten. – So lange man dich lobt, glaube nur immer, daß du noch nicht auf deiner eignen Bahn, sondern auf der eines andern bist.

341

Den Meister lieben. – Anders liebt der Gesell, anders der Meister den Meister.

342

Allzuschönes und Menschliches. – »Die Natur ist zu schön für dich armen Sterblichen« – so empfindet man nicht selten: aber ein paarmal, bei einem innigen Anschauen alles Menschlichen, seiner Fülle, Kraft, Zartheit, Verflochtenheit, war es mir zumute, als ob ich sagen müßte, in aller Demut: »auch der *Mensch* ist zu schön für den betrachtenden Menschen!« – und zwar nicht etwa nur der moralische Mensch, sondern jeder.

343

Bewegliche Habe und Grundbesitz. – Wenn einen das Leben einmal recht räuberhaft behandelt hat, und an Ehren, Freuden, Anhang, Gesundheit, Besitz aller Art nahm, was es nehmen konnte, so entdeckt man vielleicht hinterdrein, nach dem ersten Schrecken, daß man *reicher* ist als zuvor. Denn jetzt erst weiß man, was einem zu eigen ist, daß keine Räuberhand daran zu rühren vermag; so geht man vielleicht aus aller Plünderung und Verwirrung mit der Vornehmheit eines großen Grundbesitzers hervor.

344

Unfreiwillige Idealfiguren. – Das peinlichste Gefühl, das es gibt, ist, zu entdecken, daß man immer für etwas Höheres genommen wird, als man ist. Denn man muß sich dabei eingestehen: irgend etwas an dir ist Lug und Trug, dein Wort, dein Ausdruck, dein Auge, deine Handlung – und dieses trügerische etwas ist so notwendig wie deine sonstige Ehrlichkeit, hebt aber deren Wirkung und Wert fortwährend auf.

345

Idealist und Lügner. – Man soll sich von dem schönsten Vermögen – dem, die Dinge ins Ideal zu heben – nicht tyrannisieren lassen: sonst trennt sich eines Tages die Wahrheit von uns mit dem bösen Wort »du Lügner von Grund aus, was habe ich mit dir zu schaffen?«

346

Mißverstanden werden. – Wenn man als Ganzes mißverstanden wird, so ist es unmöglich, ein einzelnes Mißverstandenwerden von Grund aus zu heben. Dies muß man einsehen, um nicht überflüssige Kraft in seiner Verteidigung zu verschwenden.

347

Der Wassertrinker spricht. – Trinke deinen Wein nur weiter, der dich dein Leben lang gelabt hat, – was geht es dich an, daß ich ein Wassertrinker sein muß? Sind Wein und Wasser nicht friedfertige, brüderliche Elemente, die ohne Vorwurf beieinander wohnen?

348

Aus dem Lande der Menschenfresser. – In der Einsamkeit frißt sich der Einsame selbst auf, in der Vielsamkeit fressen ihn die vielen. Nun wähle.

349

Im Gefrierpunkt des Willens. – »Endlich einmal kommt sie doch, jene Stunde, die dich in die goldene Wolke der Schmerzlosigkeit einhüllen wird: wo die Seele ihre eigene Müdigkeit genießt und glücklich im geduldigen Spiele mit ihrer Geduld den Wellen eines Sees gleicht, die an einem ruhigen Sommertage, im Widerglanze eines buntgefärbten Abendhimmels, am Ufer schlürfen, schlürfen und wieder stille sind – ohne Ende, ohne Zweck, ohne Sättigung, ohne Bedürfnis, – ganz Ruhe, die sich am Wechsel freut, ganz Zurückebben und Einfluten in den Pulsschlag der Natur.« Dies ist Empfindung und Rede aller Kranken: erreichen sie aber jene Stunden, so kommt, nach kurzem Genusse, die Langeweile. Diese aber ist der Tauwind für den eingefrornen Willen: er erwacht, bewegt sich und zeugt wieder Wunsch auf Wunsch. – Wünschen ist ein Anzeichen von Genesung oder Besserung.

350

Das verleugnete Ideal. – Ausnahmsweise kommt es vor, daß einer das Höchste erst dann erreicht, wenn er sein Ideal verleugnet: denn dies Ideal trieb ihn bisher zu heftig an, so daß er in der Mitte der jedesmaligen Bahn außer Atem kam und stehenbleiben mußte.

351

Verräterische Neigung. – Man beachte es als Merkmal eines neidischen, aber höher strebenden Menschen, wenn er sich von dem Gedanken angezogen fühlt, daß es dem Vortrefflichen gegenüber nur eine Rettung gibt: Liebe.

352

Treppen-Glück. – Wie der Witz mancher Menschen nicht mit der Gelegenheit gleichen Schritt hält, so daß die Gelegenheit schon durch die Türe hindurch ist, während der Witz noch auf der Treppe steht: so gibt es bei anderen eine Art von Treppen-Glück, welches zu langsam läuft, um der schnellfüßigen Zeit immer zur Seite zu sein: das Beste, was sie von einem Erlebnis, einer ganzen Lebensstrecke zu genießen bekommen, fällt ihnen erst lange Zeit hinterher zu, oft nur als ein schwacher, gewürzter Duft, welcher Sehnsucht erweckt und Trauer, — als ob es möglich gewesen wäre, irgendwann in diesem Element sich recht satt zu trinken: nun aber ist es zu spät.

353

Würmer. — Es spricht nicht gegen die Reife eines Geistes, daß er einige Würmer hat.

354

Der siegreiche Sitz. — Eine gute Haltung zu Pferd stiehlt dem Gegner den Mut, dem Zuschauer das Herz, — wozu willst du erst noch angreifen? Sitze wie einer, der gesiegt hat!

355

Gefahr in der Bewunderung. — Man kann aus allzugroßer Bewunderung für fremde Tugenden den Sinn für seine eigenen und, durch Mangel an Übung, zuletzt diese selbst verlieren, ohne die fremden dafür zum Ersatz zu erhalten.

356

Nutzen der Kränklichkeit. — Wer oft krank ist, hat nicht nur einen viel größeren Genuß am Gesundsein, wegen seines häufigen Gesundwerdens: sondern auch einen höchst geschärften Sinn für Gesundes und Krankhaftes in Werken und Handlungen, eigenen und fremden: so daß zum Beispiel gerade die kränklichen Schriftsteller — und darunter sind leider fast alle großen — in ihren Schriften einen viel sichereren und gleichmäßigeren Ton der Gesundheit zu haben pflegen, weil sie besser als die körperlich Robusten sich auf die Philosophie der seelischen Gesundheit und Genesung und ihre Lehrmeister: Vormittag, Sonnenschein, Wald und Wasserquelle, verstehen.

357

Untreue, Bedingung der Meisterschaft. — Es hilft nichts: jeder Meister hat nur einen Schüler — und der wird ihm untreu — denn er ist zur Meisterschaft auch bestimmt.

358

Nie umsonst. – Im Gebirge der Wahrheit kletterst du nie umsonst: entweder du kommst schon heute weiter hinauf oder du übst deine Kräfte, um morgen höher steigen zu können.

359

Vor grauen Fensterscheiben. – Ist denn das, was ihr durch dies Fenster von der Welt seht, so schön, daß ihr durchaus durch kein anderes Fenster mehr blicken wollt – ja selbst andere davon abzuhalten den Versuch macht?

360

Anzeichen starker Wandlungen. – Es ist ein Zeichen, wenn man von lange Vergessenen oder Toten träumt, daß man eine starke Wandlung in sich durchlebt hat und daß der Boden, auf dem man lebt, völlig umgegraben worden ist: da stehen die Toten auf und unser Altertum wird Neutum.

361

Arznei der Seele. – Still-liegen und Wenig-denken ist das wohlfeilste Arzneimittel für alle Krankheiten der Seele und wird, bei gutem Willen, von Stunde zu Stunde seines Gebrauchs angenehmer.

362

Zur Rangordnung der Geister. – Es ordnet dich tief unter jenen, daß du die Ausnahmen festzustellen suchst, jener aber die Regel.

363

Der Fatalist. – Du *mußt* an das Fatum glauben, – dazu kann die Wissenschaft dich zwingen. Was dann aus diesem Glauben bei dir herauswächst – Feigheit, Ergebung oder Großartigkeit und Freimut – das legt Zeugnis von dem Erdreich ab, in welches jenes Samenkorn gestreut wurde, nicht aber vom Samenkorn selbst — denn aus ihm kann alles und jedes werden.

364

Grund vieler Verdrießlichkeit. — Wer im Leben das Schöne dem Nützlichen vorzieht, wird sich gewiß zuletzt, wie das Kind, welches Zuckerwerk dem Brote vorzieht, den Magen verderben und sehr verdrießlich in die Welt sehen.

365

Übermaß als Heilmittel. — Man kann sich seine eigene Begabung dadurch wieder schmackhaft machen, daß man längere Zeit die entgegengesetzte übermäßig verehrt und genießt. — Das Übermaß als Heilmittel zu gebrauchen ist einer der feineren Griffe in der Lebenskunst.

366

»*Wolle ein Selbst.*« — Die tätigen, erfolgreichen Naturen handeln nicht nach dem Spruche »kenne dich selbst«, sondern wie als ob ihnen der Befehl vorschwebte: *wolle* ein Selbst, so *wirst* du ein Selbst. — Das Schicksal scheint ihnen immer noch die Wahl gelassen zu haben; während die Untätigen und Beschaulichen darüber nachsinnen, wie sie jenes *eine* Mal, beim Eintritt ins Leben, gewählt *haben*.

367

Womöglich ohne Anhang leben. — Wie wenig Anhänger zu bedeuten haben, begreift man erst, wenn man aufgehört hat, der Anhänger seiner Anhänger zu sein.

368

Sich verdunkeln. — Man muß sich zu verdunkeln verstehen, um die Mückenschwärme allzulästiger Bewunderer loszuwerden.

369

Langeweile. — Es gibt eine Langeweile der feinsten und gebildetsten Köpfe, denen das Beste, was die Erde bietet, schal geworden ist: gewöhnt daran, ausgesuchte und immer ausgesuchtere Kost zu essen und vor der gröberen sich zu ekeln, sind sie in Gefahr Hungers zu sterben – denn des Allerbesten ist nur wenig da, und mitunter ist es unzugänglich oder steinhart geworden, so daß es auch gute Zähne nicht mehr beißen können.

370

Die Gefahr in der Bewunderung. – Die Bewunderung einer Eigenschaft oder Kunst kann so stark sein, daß sie uns abhält, nach ihrem Besitz zu streben.

371

Was man von der Kunst will. – Der eine will vermittelst der Kunst sich seines Wesens freuen, der andere will mit ihrer Hilfe zeitweilig über sein Wesen hinaus, von ihm weg. Nach beiden Bedürfnissen gibt es eine doppelte Art von Kunst und Künstlern.

372

Abfall. – Wer von uns abfällt, beleidigt damit vielleicht nicht uns, aber sicherlich unsere Anhänger.

373

Nach dem Tode. – Wir finden es gewöhnlich erst lange nach dem Tode eines Menschen unbegreiflich, daß er fehlt: bei ganz großen Menschen oft erst nach Jahrzehnten. Wer ehrlich ist, meint bei einem Todesfalle gewöhnlich, daß eigentlich nicht viel fehle und daß der feierliche Leichenredner ein Heuchler sei. Erst die Not lehrt das Nötigsein eines einzelnen, und das rechte Epitaph ist ein später Seufzer.

374

Im Hades lassen. – Viele Dinge muß man im Hades halbbewußten Fühlens lassen und nicht aus ihrem Schatten-Dasein erlösen wollen, sonst werden sie, als Gedanke und Wort, unsere dämonischen Herren und verlangen grausam nach unserem Blut.

375

Nähe des Bettlertums. — Auch der reichste Geist hat gelegentlich den Schlüssel zu der Kammer verloren, in der seine aufgespeicherten Schätze ruhen, und ist dann dem Ärmsten gleich, der betteln muß, um nur zu leben.

376

Ketten-Denker. — Einem, der viel gedacht hat, erscheint jeder neue Gedanke, den er hört oder liest, sofort in Gestalt einer Kette.

377

Mitleid. — In der vergoldeten Scheide des Mitleids steckt mitunter der Dolch des Neides.

378

Was ist Genie? — Ein hohes Ziel *und* die Mittel dazu wollen.

379

Eitelkeit der Kämpfer. — Wer keine Hoffnung hat, in einem Kampfe zu siegen, oder ersichtlich unterlegen ist, will um so mehr, daß die Art seines Kämpfens bewundert werde.

380

Das philosophische Leben wird mißgedeutet. — In dem Augenblicke, wo jemand anfängt mit der Philosophie Ernst zu machen, glaubt alle Welt das Gegenteil davon.

381

Nachahmung. — Das Schlechte gewinnt durch die Nachahmung an Ansehen, das Gute verliert dabei — namentlich in der Kunst.

382

Letzte Lehre der Historie. — »Ach daß ich damals gelebt hätte!« — das ist die Rede törichter und spielerischer Menschen. Vielmehr wird man, bei jedem Stück Geschichte, das man *ernstlich* betrachtet hat, und sei es das gelobteste Land der Vergangenheit, zuletzt ausrufen: »nur nicht dahin wieder zurück! Der Geist jener Zeit würde mit der Last von hundert Atmosphären auf dich drücken, des Guten und Schönen an ihr würdest du dich nicht erfreuen, ihr Schlimmes nicht verdauen können.« – Zuverlässig wird die Nachwelt ebenso über unsere Zeit urteilen: sie sei unausstehlich, das Leben in ihr unlebbar gewesen. – Und doch hält es jeder in seiner Zeit aus? – Ja, und zwar deshalb, weil der Geist seiner Zeit nicht nur *auf* ihm liegt, sondern auch *in* ihm ist. Der Geist der Zeit leistet sich selber Widerstand, trägt sich selber.

383

Großheit als Maske. – Mit Großheit des Benehmens erbittert man seine Feinde, mit Neid, den man merken läßt, versöhnt man sie sich beinahe: denn der Neid vergleicht, setzt gleich, er ist eine unfreiwillige und stöhnende Art von Bescheidenheit. – Ob wohl hier und da, des erwähnten Vorteils halber, der Neid als Maske vorgenommen worden ist, von solchen, welche nicht neidisch waren? Vielleicht; sicherlich aber wird Großheit des Benehmens oft als Maske des Neides gebraucht, von Ehrgeizigen, welche lieber Nachteile erleiden und ihre Feinde erbittern wollen als merken lassen, daß sie sich innerlich ihnen gleichsetzen.

384

Unverzeihlich. – Du hast ihm eine Gelegenheit gegeben, Größe des Charakters zu zeigen, und er hat sie nicht benutzt. Das wird er dir nie verzeihen.

385

Gegen-Sätze. – Das Greisenhafteste, was je über den Menschen gedacht worden ist, steckt in dem berühmten Satze »das Ich ist immer hassenswert«; das Kindlichste in dem noch berühmteren »liebe deinen Nächsten, wie dich selbst«. – Bei dem einen hat die Menschenkenntnis aufgehört, bei dem andern noch gar nicht angefangen.

386

Das fehlende Ohr. – »Man gehört noch zum Pöbel, so lange man immer auf andere die Schuld schiebt; man ist auf der Bahn der Weisheit, wenn man immer nur sich selber verantwortlich macht; aber der Weise findet niemanden schuldig, weder sich noch andere.« – Wer sagt dies? – Epiktet, vor achtzehnhundert Jahren. – Man hat es gehört, aber vergessen. – Nein, man hat es nicht gehört und nicht vergessen: nicht jedes Ding vergißt sich. Aber man hatte das Ohr nicht dafür, das Ohr Epiktets. – So hat er es also sich selber ins Ohr gesagt? – So ist es: Weisheit ist das Gezischel des Einsamen mit sich auf vollem Markte.

387

Fehler des Standpunktes, nicht des Auges. – Man steht sich selber immer einige Schritte zu nah; und dem Nächsten immer einige Schritte zu fern. So kommt es, daß man ihn zu sehr in Bausch und Bogen beurteilt und sich selber zu sehr nach einzelnen gelegentlichen unbeträchtlichen Zügen und Vorkommnissen.

388

Die Ignoranz in Waffen. – Wie leicht nehmen wir es, ob ein anderer von einer Sache weiß oder nicht weiß, – während er vielleicht schon bei der Vorstellung Blut schwitzt, daß man ihn hierin für unwissend halte. Ja, es gibt ausgesuchte Narren, welche immer mit einem vollen Köcher von Bannflüchen und Machtsprüchen einhergehen, bereit, jeden niederzuschießen, der merken läßt, es gebe Dinge, worin ihr Urteil nicht in Betracht komme.

389

Am Trinktisch der Erfahrung. – Personen, welche aus angeborener Mäßigkeit jedes Glas halbausgetrunken stehen lassen, wollen nicht zugeben, daß jedes Ding in der Welt seine Neige und Hefe habe.

390

Singvögel. – Die Anhänger eines großen Mannes pflegen sich zu blenden, um sein Lob besser singen zu können.

391

Nicht gewachsen. – Das Gute mißfällt uns, wenn wir ihm nicht gewachsen sind.

392

Die Regel als Mutter oder als Kind. – Ein anderer Zustand ist der, welcher die Regel gebiert, ein andrer der, welchen die Regel gebiert.

393

Komödie. – Wir ernten mitunter Liebe und Ehre für Taten oder Werke, welche wir längst wie eine Haut von uns abgestreift haben: da werden wir leicht verführt, die Komödianten unserer eigenen Vergangenheit zu machen und das alte Fell noch einmal über die Schultern zu werfen – und nicht nur aus Eitelkeit, sondern auch aus Wohlwollen gegen unsere Bewunderer.

394

Fehler der Biographen. – Die kleine Kraft, welche not tut, einen Kahn in den Strom hineinzustoßen, soll nicht mit der Kraft dieses Stromes, der ihn fürderhin trägt, verwechselt werden: aber es geschieht fast in allen Biographien.

395

Nicht zu teuer kaufen. – Was man zu teuer kauft, verwendet man gewöhnlich auch noch schlecht, weil ohne Liebe und mit peinlicher Erinnerung – und so hat man einen doppelten Nachteil davon.

396

Welche Philosophie immer der Gesellschaft not tut. – Der Pfeiler der gesellschaftlichen Ordnung ruht auf dem Grunde, daß ein jeder auf das, was er ist, tut und erstrebt, auf seine Gesundheit oder Krankheit, seine Armut oder Wohlstand, seine Ehre oder Unansehnlichkeit, mit Heiterkeit hinblickt und dabei empfindet *»ich tausche doch mit keinem«.* – Wer an der Ordnung der Gesellschaft bauen will, möge nur immer diese Philosophie der heiteren Tauschablehnung und Neidlosigkeit in die Herzen einpflanzen.

397

Anzeichen der vornehmen Seele. – Eine vornehme Seele ist die nicht, welche der höchsten Aufschwünge fähig ist, sondern jene, welche sich wenig erhebt und wenig fällt, aber *immer* in einer freieren durchleuchteten Luft und Höhe wohnt.

398

Das Große und sein Betrachter. – Die beste Wirkung des Großen ist, daß es dem Betrachter ein vergrößerndes und abrundendes Auge einsetzt.

399

Sich genügen lassen. – Die erlangte Reife des Verstandes bekundet sich darin, daß man dorthin, wo seltene Blumen unter den spitzigsten Dornenhecken der Erkenntnis stehen, nicht mehr geht und sich an Garten, Wald, Wiese und Ackerfeld genügen läßt, in Anbetracht, wie das Leben für das Seltene und Außergewöhnliche zu kurz ist.

400

Vorteil in der Entbehrung. – Wer immerdar in der Wärme und Fülle des Herzens und gleichsam in der Sommerluft der Seele lebt, kann sich jenes schauerliche Entzücken nicht vorstellen, welches winterlichere Naturen ergreift, die ausnahmsweise von den Strahlen der Liebe und dem lauen Anhauche eines sonnigen Februartages berührt werden.

401

Rezept für den Dulder. – Dir wird die Last des Lebens zu schwer? – So mußt du die Last deines Lebens vermehren. Wenn der Dulder endlich nach dem Flusse Lethe dürstet und sucht, – so muß er zum *Helden* werden, um ihn gewiß zu finden.

402

Der Richter. – Wer jemandes Ideal geschaut hat, ist dessen unerbittlicher Richter und gleichsam sein böses Gewissen.

403

Nutzen der großen Entsagung. – Das Nützlichste an der großen Entsagung ist, daß sie uns jenen Tugendstolz mitteilt, vermöge dessen wir von da an leicht viele kleine Entsagungen von uns erlangen.

404

Wie die Pflicht Glanz bekommt. – Das Mittel, um deine eherne Pflicht im Auge von jedermann in Gold zu verwandeln, heißt: halte immer etwas mehr als du versprichst.

405

Gebet zu Menschen. – »Vergib uns unsere Tugenden« – so soll man zu Menschen beten.

406

Schaffende und Genießende. – Jeder Genießende meint, dem Baume habe es an der Frucht gelegen; aber ihm lag am Samen. – Hierin besteht der Unterschied zwischen allen Schaffenden und Genießenden.

407

Der Ruhm aller Großen. – Was ist am Genie gelegen, wenn es nicht seinem Betrachter und Verehrer solche Freiheit und Höhe des Gefühls mitteilt, daß er des Genies nicht mehr bedarf! – *Sich überflüssig machen* – das ist der Ruhm aller Großen.

408

Die Hadesfahrt. – Auch ich bin in der Unterwelt gewesen, wie Odysseus, und werde es noch öfter sein; und nicht nur Hammel habe ich geopfert, um mit einigen Toten reden zu können, sondern des eignen Blutes nicht geschont. Vier Paare waren es, welche sich mir, dem

Opfernden nicht versagten: Epikur und Montaigne, Goethe und Spinoza, Plato und Rousseau, Pascal und Schopenhauer. Mit diesen muß ich mich auseinandersetzen, wenn ich lange allein gewandert bin, von ihnen will ich mir Recht und Unrecht geben lassen, ihnen will ich zuhören, wenn sie sich dabei selber untereinander Recht und Unrecht geben. Was ich auch nur sage, beschließe, für mich und andere ausdenke: auf jene acht hefte ich die Augen und sehe die ihrigen auf mich geheftet. – Mögen die Lebenden es mir verzeihen, wenn *sie* mir mitunter wie die Schatten vorkommen, so verblichen und verdrießlich, so unruhig und ach! so lüstern nach Leben: während jene mir dann so lebendig scheinen, als ob sie nun, *nach* dem Tode, nimmermehr lebensmüde werden könnten. Auf *die ewige Lebendigkeit* aber kommt es an: was ist am »ewigen Leben« und überhaupt am Leben gelegen!

Zweite Abteilung:

DER WANDERER UND SEIN SCHATTEN

Der Schatten: Da ich dich so lange nicht reden hörte, so möchte ich dir eine Gelegenheit geben.

Der Wanderer: Es redet: – wo? und wer? Fast ist es mir, als hörte ich mich selber reden, nur mit noch schwächerer Stimme als die meine ist.

Der Schatten (nach einer Weile): Freut es dich nicht, Gelegenheit zum Reden zu haben?

Der Wanderer: Bei Gott und allen Dingen, an die ich nicht glaube, mein Schatten redet; ich höre es, aber glaube es nicht.

Der Schatten: Nehmen wir es hin und denken wir nicht weiter darüber nach, in einer Stunde ist alles vorbei.

Der Wanderer: Ganz so dachte ich, als ich in einem Walde bei Pisa erst zwei und dann fünf Kamele sah.

Der Schatten: Es ist gut, daß wir beide auf gleiche Weise nachsichtig gegen uns sind, wenn einmal unsere Vernunft stille steht: so werden wir uns auch im Gespräche nicht ärgerlich werden und nicht gleich dem andern Daumenschrauben anlegen, falls sein Wort uns einmal unverständlich klingt. Weiß man gerade nicht zu antworten, so genügt es schon, etwas zu sagen: das ist die billige Bedingung, unter der ich mich mit jemandem unterrede. Bei einem längeren Gespräche wird auch der Weiseste einmal zum Narren und dreimal zum Tropf.

Der Wanderer: Deine Genügsamkeit ist nicht schmeichelhaft für den, welchem du sie eingestehst.

Der Schatten: Soll ich denn schmeicheln?

Der Wanderer: Ich dachte, der menschliche Schatten sei seine Eitelkeit; diese würde aber nie fragen: »soll ich denn schmeicheln?«

Der Schatten: Die menschliche Eitelkeit, soweit ich sie kenne, fragt auch nicht an, wie ich schon zweimal tat, *ob* sie reden dürfe; sie redet immer.

Der Wanderer: Ich merke erst, wie unartig ich gegen dich bin, mein geliebter Schatten: ich habe noch mit keinem Worte gesagt, wie sehr ich mich *freue*, dich zu hören und nicht bloß zu sehen. Du wirst es wissen, ich liebe den Schatten, wie ich das Licht liebe. Damit es

Schönheit des Gesichts, Deutlichkeit der Rede, Güte und Festigkeit des Charakters gebe, ist der Schatten so nötig wie das Licht. Es sind nicht Gegner: sie halten sich vielmehr liebevoll an den Händen, und wenn das Licht verschwindet, schlüpft ihm der Schatten nach.

Der Schatten: Und ich hasse dasselbe, was du hassest, die Nacht; ich liebe die Menschen, weil sie Lichtjünger sind und freue mich des Leuchtens, das in ihrem Auge ist, wenn sie erkennen und entdecken, die unermüdlichen Erkenner und Entdecker. Jener Schatten, welchen alle Dinge zeigen, wenn der Sonnenschein der Erkenntnis auf sie fällt, – jener Schatten bin ich auch.

Der Wanderer: Ich glaube dich zu verstehen, ob du dich gleich etwas schattenhaft ausgedrückt hast. Aber du hattest recht: gute Freunde geben einander hier und da ein dunkles Wort als Zeichen des Einverständnisses, welches für jeden dritten ein Rätsel sein soll. Und wir sind gute Freunde. Deshalb genug des Vorredens! Ein paar hundert Fragen drücken auf meine Seele, und die Zeit, da du auf sie antworten kannst, ist vielleicht nur kurz. Sehen wir zu, worüber wir in aller Eile und Friedfertigkeit miteinander zusammenkommen.

Der Schatten: Aber die Schatten sind schüchterner als die Menschen: du wirst niemandem mitteilen, wie wir zusammen gesprochen haben!

Der Wanderer: *Wie* wir zusammen gesprochen haben? Der Himmel behüte mich vor langgesponnenen schriftlichen Gesprächen! Wenn Plato weniger Lust am Spinnen gehabt hätte, würden seine Leser mehr Lust an Plato haben. Ein Gespräch, das in der Wirklichkeit ergötzt, ist, in Schrift verwandelt und gelesen, ein Gemälde mit lauter falschen Perspektiven: Alles ist zu lang oder zu kurz. – Doch werde ich vielleicht mitteilen dürfen, *worüber* wir übereingekommen sind?

Der Schatten: Damit bin ich zufrieden; denn alle werden darin nur deine Ansichten wiedererkennen: des Schattens wird niemand gedenken.

Der Wanderer: Vielleicht irrst du, Freund! Bis jetzt hat man in meinen Ansichten mehr den Schatten wahrgenommen als mich.

Der Schatten: Mehr den Schatten als das Licht? Ist es möglich?

Der Wanderer: Sei ernsthaft, lieber Narr! Gleich meine erste Frage verlangt Ernst. –

1

Vom Baume der Erkenntnis. – Wahrscheinlichkeit, aber keine Wahrheit: Freischeinlichkeit, aber keine Freiheit, – diese beiden Früchte sind es, derentwegen der Baum der Erkenntnis nicht mit dem Baum des Lebens verwechselt werden kann.

2

Die Vernunft der Welt. – Daß die Welt *nicht* der Inbegriff einer ewigen Vernünftigkeit ist, läßt sich endgültig dadurch beweisen, daß jenes *Stück Welt*, welches wir kennen – ich meine unsre menschliche Vernunft –, nicht allzu vernünftig ist. Und wenn *sie* nicht allezeit und vollständig weise und rationell ist, so wird es die übrige Welt auch nicht sein; hier gilt der Schluß *a minori ad majus, a parte ad totum*, und zwar mit entscheidender Kraft.

3

»Am Anfang war«. – Die Entstehung verherrlichen – das ist der metaphysische Nachtrieb, welcher bei der Betrachtung der Historie wieder ausschlägt und durchaus meinen macht, am Anfang aller Dinge stehe das Wertvollste und Wesentlichste.

4

Maß für den Wert der Wahrheit. – Für die Höhe der Berge ist die Mühsal ihrer Besteigung durchaus kein Maßstab. Und in der Wissenschaft soll es anders sein! – sagen uns einige, die für eingeweiht gelten wollen –, die Mühsal um die Wahrheit soll gerade über den Wert der Wahrheit entscheiden! Diese tolle Moral geht von dem Gedanken aus, daß die »Wahrheiten« eigentlich nichts weiter seien, als Turngerätschaften, an denen wir uns wacker müde zu arbeiten hätten, – eine Moral für Athleten und Festturner des Geistes.

5

Sprachgebrauch und Wirklichkeit. – Es gibt eine erheuchelte Mißachtung aller Dinge, welche tatsächlich die Menschen am wichtigsten nehmen, *aller nächsten Dinge*. Man sagt zum Beispiel »man ißt nur, um zu leben«, – eine verfluchte *Lüge*, wie jene, welche von der Kindererzeugung als der eigentlichen Absicht aller Wollust redet. Umgekehrt ist die Hochschätzung der »wichtigsten Dinge« fast niemals ganz echt: die Priester und Metaphysiker haben uns zwar auf diesen Gebieten durchaus an einen heuchlerisch übertreibenden *Sprachgebrauch* gewöhnt, aber das Gefühl doch nicht umgestimmt, welches diese wichtigsten Dinge nicht so wichtig nimmt wie jene verachteten nächsten Dinge. – Eine leidige Folge dieser doppelten Heuchelei aber ist immerhin, daß man die nächsten Dinge, zum Beispiel Essen, Wohnen, Sich-Kleiden, Verkehren, nicht zum Objekt des stetigen unbefangenen und *allgemeinen* Nachdenkens und Umbildens macht, sondern, weil dies für herabwürdigend gilt, seinen intellektuellen und künstlerischen Ernst davon abwendet; so daß hier die Gewohnheit und die Frivolität über die Unbedachtsamen, namentlich über die unerfahrene Jugend, leichten Sieg haben: während andererseits unsere fortwährenden Verstöße gegen die einfachsten Gesetze des Körpers und Geistes uns alle, Jüngere und Ältere, in eine beschämende Abhängigkeit und Unfreiheit bringen, – ich meine in jene im Grunde überflüssige Abhängigkeit von Ärzten, Lehrern und Seelsorgern, deren Druck jetzt immer noch auf der ganzen Gesellschaft liegt.

6

Die irdische Gebrechlichkeit und ihre Hauptursache. – Man trifft, wenn man sich umsieht, immer auf Menschen, welche ihr Leben lang Eier gegessen haben, ohne zu bemerken, daß die länglichen die wohlschmeckendsten sind, welche nicht wissen, daß ein Gewitter dem Unterleib förderlich ist, daß Wohlgerüche in kalter klarer Luft am stärksten riechen, daß unser Geschmackssinn an verschiedenen Stellen des Mundes ungleich ist, daß jede Mahlzeit, bei der man gut spricht oder gut hört, dem Magen Nachteil bringt. Man mag mit diesen Beispielen für den Mangel an Beobachtungssinn nicht zufrieden sein, um so mehr möge man zugestehen, daß die *allernächsten Dinge* von den meisten sehr schlecht gesehen, sehr selten beachtet werden. Und ist dies gleichgültig? – Man erwäge doch, daß aus diesem Mangel sich *fast alle leiblichen und seelischen Gebrechen* der einzelnen ableiten: nicht zu wissen, was uns förderlich, was uns schädlich ist, in der Einrichtung der Lebensweise, Verteilung des Tages, Zeit und Auswahl des Verkehres, in Beruf und Muße, Befehlen und Gehorchen, Natur- und Kunstempfinden, Essen, Schlafen und Nachdenken; *im Kleinsten und Alltäglichsten unwissend* zu sein und keine scharfen Augen zu haben – das ist es, was die Erde für so viele zu einer »Wiese des Unheils« macht. Man sage nicht, es liege hier wie überall an der menschlichen *Unvernunft*: vielmehr – Vernunft genug und übergenug ist da, aber sie wird *falsch gerichtet* und *künstlich* von jenen kleinen und allernächsten Dingen *abgelenkt*. Priester und Lehrer, und die sublime Herrschsucht der Idealisten jeder Art, der gröberen und feineren, reden schon dem Kinde ein, es komme auf etwas ganz anderes an: auf das Heil der Seele, den Staatsdienst, die Förderung der Wissenschaft, oder auf Ansehen und Besitz, als die Mittel, der ganzen Menschheit Dienste zu erweisen, während das Bedürfnis des einzelnen, seine große und kleine Not innerhalb der vierundzwanzig Tagesstunden etwas Verächtliches oder Gleichgültiges sei. – Sokrates schon wehrte sich mit allen Kräften gegen diese hochmütige Vernachlässigung des Menschlichen zugunsten des Menschen und liebte es, mit einem Worte Homers, an den wirklichen Umkreis und Inbegriff alles Sorgens und Nachdenkens zu mahnen: Das ist es und nur das, sagte er, »was mir zu Hause an Gutem und Schlimmem begegnet«.

7

Zwei Trostmittel. – Epikur, der Seelen-Beschwichtiger des späteren Altertums, hatte jene wundervolle Einsicht, die heutzutage immer noch so selten zu finden ist, daß zur Beruhigung des Gemüts die Lösung der letzten und äußersten theoretischen Fragen gar nicht nötig sei. So genügte es ihm, solchen, welche »die Götterangst« quälte, zu sagen: »wenn es Götter gibt, so bekümmern sie sich nicht um uns«, – anstatt über die letzte Frage, ob es Götter überhaupt gebe, unfruchtbar und aus der Ferne zu disputieren. Jene Position ist viel günstiger und mächtiger: man gibt dem andern einige Schritte vor und macht ihn so zum Hören und Beherzigen gutwilliger. Sobald er sich aber anschickt, das Gegenteil zu beweisen – daß die Götter sich um uns bekümmern –, in welche Irrsale und Dorngebüsche muß der Arme geraten, ganz von selber, ohne die List des Unterredners, der nur genug Humanität und Feinheit haben muß, um sein Mitleiden an diesem Schauspiele zu verbergen. Zuletzt kommt jener andere zum Ekel, dem stärksten Argument gegen jeden Satz, zum Ekel an seiner eigenen Behauptung; er wird kalt und geht fort mit derselben Stimmung, wie sie auch der reine Atheist hat: »was gehen mich eigentlich die Götter an! Hole sie der Teufel!« – In anderen Fällen, namentlich wenn eine halb physische, halb moralische Hypothese das Gemüt verdüstert hatte, widerlegte er nicht diese Hypothese, sondern gestand ein, daß es wohl so sein könne: aber es gebe *noch eine zweite* Hypothese, um dieselbe Erscheinung zu erklären; vielleicht könne es sich auch noch anders verhalten. *Die Mehrheit* der Hypothesen genügt auch in unserer Zeit noch, zum Beispiel über die Herkunft der Gewissensbisse, um jenen Schatten von der Seele zu nehmen, der aus dem Nachgrübeln über eine einzige, allein sichtbare und dadurch hundertfach überschätzte Hypothese so leicht entsteht. – Wer also Trost zu spenden wünscht, an Unglückliche, Übeltäter, Hypochonder, Sterbende, möge sich der beiden beruhigenden Wendungen Epikurs erinnern, welche auf sehr viele Fragen sich anwenden lassen. In der einfachsten Form würden sie etwa lauten: erstens, gesetzt es verhält sich so, so geht es uns nichts an; zweitens: es kann so sein, es kann aber auch anders sein.

8

In der Nacht. – Sobald die Nacht hereinbricht, verändert sich unsere Empfindung über die nächsten Dinge. Da ist der Wind, der wie auf verbotenen Wegen umgeht, flüsternd, wie etwas suchend, verdrossen, weil ers nicht findet. Da ist das Lampenlicht, mit trübem, rötlichem Scheine, ermüdet blickend, der Nacht ungern widerstrebend, ein ungeduldiger Sklave des wachen Menschen. Da sind die Atemzüge des Schlafenden, ihr schauerlicher Takt, zu der eine immer wiederkehrende Sorge die Melodie zu blasen scheint, – wir hören sie nicht, aber wenn die Brust des Schlafenden sich hebt, so fühlen wir uns geschnürten Herzens, und wenn der Atem sinkt und fast ins Totenstille erstirbt, sagen wir uns »ruhe ein wenig, du armer gequälter Geist!« – wir wünschen allem Lebenden, weil es so gedrückt lebt, eine ewige Ruhe; die Nacht überredet zum Tode. – Wenn die Menschen der Sonne entbehrten und mit Mondlicht und Öl den Kampf gegen die Nacht führten, welche Philosophie würde um sie ihren Schleier hüllen! Man merkt es ja dem geistigen und seelischen Wesen des Menschen schon zu sehr an, wie es durch die Hälfte Dunkelheit und Sonnen-Entbehrung, von der das Leben umflort wird, im ganzen verdüstert ist.

9

Wo die Lehre von der Freiheit des Willens entstanden ist. – Über dem einen steht die *Notwendigkeit* in der Gestalt seiner Leidenschaften, über dem andern als Gewohnheit zu hören und zu gehorchen, über dem dritten als logisches Gewissen, über dem vierten als Laune und mutwilliges Behagen an Seitensprüngen. Von diesen vieren wird aber gerade da die *Freiheit* ihres Willens gesucht, wo jeder von ihnen am festesten gebunden ist: es ist, als ob der Seidenwurm die Freiheit seines Willens gerade im Spinnen suchte. Woher kommt dies? Ersichtlich daher, daß jeder sich dort am meisten für frei hält, wo sein *Lebensgefühl* am größten ist, also, wie gesagt, bald in der Leidenschaft, bald in der Pflicht, bald in der Erkenntnis, bald im Mutwillen. Das, wodurch der einzelne Mensch stark ist, worin er sich belebt fühlt, meint er unwillkürlich, müsse auch immer das Element seiner Freiheit sein: er rechnet Abhängigkeit und Stumpfsinn, Unabhängigkeit und Lebensgefühl als notwendige Paare zusammen. – Hier wird eine Erfahrung, die der Mensch im gesellschaftlich-politischen Gebiete gemacht hat, fälschlich auf das allerletzte metaphysische Gebiet übertragen: dort ist der starke Mann auch der freie Mann, dort ist lebendiges Gefühl von Freud und Leid, Höhe des Hoffens, Kühnheit des Begehrens, Mächtigkeit des Hassens das Zubehör der Herrschenden und Unabhängigen, während der Unterworfene, der Sklave, gedrückt und stumpf lebt. – Die Lehre von der Freiheit des Willens ist eine Erfindung *herrschender* Stände.

10

Keine neuen Ketten fühlen. – Solange wir nicht *fühlen*, daß wir irgendwovon abhängen, halten wir uns für unabhängig: ein Fehlschluß, welcher zeigt, wie stolz und herrschsüchtig der Mensch ist. Denn er nimmt hier an, daß er unter allen Umständen die Abhängigkeit, sobald er sie erleide, merken und erkennen müsse, unter der Voraussetzung, daß er in der Unabhängigkeit *für gewöhnlich* lebe und sofort, wenn er sie ausnahmsweise verliere, einen Gegensatz der Empfindung spüren werde. – Wie aber, wenn das Umgekehrte wahr wäre: daß er *immer* in vielfacher Abhängigkeit lebt, sich aber *für frei* hält, wo er den Druck der Kette aus langer Gewohnheit *nicht mehr spürt?* Nur an den *neuen* Ketten leidet er noch: – »Freiheit des Willens« heißt eigentlich nichts weiter, als keine neuen Ketten fühlen.

11

Die Freiheit des Willens und die Isolation der Fakta. – Unsere gewohnte ungenaue Beobachtung nimmt eine Gruppe von Erscheinungen als eins und nennt sie ein Faktum: zwischen ihm und einem andern Faktum denkt sie sich einen leeren Raum hinzu, sie *isoliert* jedes Faktum. In Wahrheit aber ist all unser Handeln und Erkennen keine Folge von Fakten und leeren Zwischenräumen, sondern ein beständiger Fluß. Nun ist der Glaube an die Freiheit des Willens gerade mit der Vorstellung eines beständigen, einartigen, ungeteilten, unteilbaren Fließens unverträglich: er setzt voraus, daß *jede einzelne Handlung isoliert und unteilbar* ist; er ist eine *Atomistik* im Bereiche des Wollens und Erkennens. – Gerade so wie wir Charaktere ungenau verstehen, so machen wir es mit den Fakten: wir sprechen von gleichen Charakteren, gleichen Fakten: *beide gibt es nicht.* Nun loben und tadeln wir aber nur unter dieser falschen Voraussetzung, daß es *gleiche* Fakta gebe, daß eine abgestufte Ordnung von *Gattungen* der Fakten vorhanden sei, welcher eine abgestufte Wertordnung entspreche: also wir *isolieren* nicht nur das einzelne Faktum, sondern auch wiederum die Gruppen von angeblich gleichen Fakten (gute, böse, mitleidige, neidische Handlungen usw.) – beide Male irrtümlich. – Das Wort und der Begriff sind der sichtbarste Grund, weshalb wir an diese Isolation von Handlungs-Gruppen glauben: mit ihnen *bezeichnen* wir nicht nur die Dinge, wir meinen ursprünglich durch sie das *Wahre* derselben zu erfassen. Durch Worte und Begriffe werden wir jetzt noch fortwährend verführt, die

Dinge uns einfacher zu denken, als sie sind, getrennt voneinander, unteilbar, jedes an und für sich seiend. Es liegt eine philosophische Mythologie in der *Sprache* versteckt, welche alle Augenblicke wieder herausbricht, so vorsichtig man sonst auch sein mag. Der Glaube an die Freiheit des Willens, das heißt der *gleichen* Fakten und der *isolierten* Fakten, – hat in der Sprache seinen beständigen Evangelisten und Anwalt.

12

Die Grundirrtümer. – Damit der Mensch irgendeine seelische Lust oder Unlust empfinde, muß er von einer dieser beiden Illusionen beherrscht sein: *entweder* glaubt er an die *Gleichheit* gewisser Fakta, gewisser Empfindungen: dann hat er durch die Vergleichung jetziger Zustände mit früheren und durch Gleich- oder Ungleichsetzung derselben (wie sie bei aller Erinnerung stattfindet) eine seelische Lust oder Unlust; *oder* er glaubt an die *Willens-Freiheit*, etwa wenn er denkt »dies hätte ich nicht tun müssen«, »dies hätte anders auslaufen können«, und gewinnt daraus ebenfalls Lust oder Unlust. Ohne die Irrtümer, welche bei jeder seelischen Lust und Unlust tätig sind, würde niemals ein Menschentum entstanden sein – dessen Grundempfindung ist und bleibt, daß der Mensch der Freie in der Welt der Unfreiheit sei, der ewige *Wundertäter*, sei es, daß er gut oder böse handelt, die erstaunliche Ausnahme, das Übertier, der Fast-Gott, der Sinn der Schöpfung, der Nichthinwegzudenkende, das Lösungswort des kosmischen Rätsels, der große Herrscher über die Natur und Verächter derselben, das Wesen, das *seine* Geschichte *Weltgeschichte* nennt! – *Vanitas vanitatum homo.*

13

Zweimal sagen. – Es ist gut, eine Sache sofort doppelt auszudrücken und ihr einen rechten und einen linken Fuß zu geben. Auf einem Bein kann die Wahrheit zwar stehen; mit zweien aber wird sie gehen und herumkommen.

14

Der Mensch, der Komödiant der Welt. – Es müßte geistigere Geschöpfe geben, als die Menschen sind, bloß um den Humor ganz auszukosten, der darin liegt, daß der Mensch sich für den Zweck des ganzen Weltendaseins ansieht, und die Menschheit sich ernstlich nur mit Aussicht auf eine Welt-Mission zufrieden gibt. Hat ein Gott die Welt geschaffen, so schuf er den Menschen zum *Affen Gottes*, als fortwährenden Anlaß zur Erheiterung in seinen allzulangen Ewigkeiten. Die Sphärenmusik um die Erde herum wäre dann wohl das Spottgelächter aller übrigen Geschöpfe um den Menschen herum. Mit dem *Schmerz* kitzelt jener gelangweilte Unsterbliche sein Lieblingstier, um an den tragischstolzen Gebärden und Auslegungen seiner Leiden, überhaupt an der geistigen Erfindsamkeit des eitelsten Geschöpfes seine Freude zu haben – als Erfinder dieses Erfinders. Denn wer den Menschen zum Spaße ersann, hatte mehr Geist als dieser, und auch mehr Freude am Geist. – Selbst hier noch, wo sich unser Menschentum einmal freiwillig demütigen will, spielt uns die Eitelkeit einen Streich, indem wir Menschen wenigstens in *dieser* Eitelkeit etwas ganz Unvergleichliches und Wunderhaftes sein möchten. Unsere Einzigkeit in der Welt! ach, es ist eine gar zu unwahrscheinliche Sache! Die Astronomen, denen mitunter wirklich ein erdentrückter Gesichtskreis zuteil wird, geben zu verstehen, daß der Tropfen *Leben* in der Welt für den gesamten Charakter des ungeheuren Ozeans von Werden und Vergehen ohne Bedeutung ist: daß ungezählte Gestirne ähnliche Bedingungen zur Erzeugung des Lebens haben wie die Erde, sehr viele also, – freilich kaum eine Handvoll im Vergleich zu den unendlich vielen, welche den lebenden Ausschlag nie gehabt haben oder von ihm längst genesen sind; daß das Leben auf jedem dieser Gestirne, gemessen an der Zeitdauer seiner Existenz, ein Augenblick, ein Aufflackern gewesen ist, mit langen, langen Zeiträumen hinterdrein, – also keineswegs das Ziel und die letzte Absicht ihrer Existenz. Vielleicht bildet sich die Ameise im Walde ebenso stark ein, daß sie Ziel und Absicht der Existenz des Waldes ist, wie wir dies tun, wenn wir an den Untergang der Menschheit in unserer Phantasie fast unwillkürlich den Erduntergang anknüpfen: ja wir sind noch bescheiden, wenn wir dabei stehnbleiben und zur Leichenfeier des letzten Menschen nicht eine allgemeine Welt- und Götterdämmerung veranstalten. Der unbefangenste Astronom selber kann die Erde ohne Leben kaum anders empfinden als wie den leuchtenden und schwebenden Grabhügel der Menschheit.

15

Bescheidenheit des Menschen. – Wie wenig Lust genügt den meisten, um das Leben gut zu finden, wie bescheiden ist der Mensch!

16

Worin Gleichgültigkeit not tut. – Nichts wäre verkehrter, als abwarten wollen, was die Wissenschaft über die ersten und letzten Dinge einmal endgültig feststellen wird, und bis dahin auf die *herkömmliche* Weise denken (und namentlich glauben!) – wie dies so oft angeraten wird. Der Trieb, auf diesem Gebiete durchaus *nur Sicherheiten* haben zu wollen, ist ein *religiöser Nachtrieb*, nichts Besseres, – eine versteckte und nur scheinbar skeptische Art des »metaphysischen Bedürfnisses«, mit dem Hintergedanken verkuppelt, daß noch lange Zeit keine Aussicht auf diese letzten Sicherheiten vorhanden und bis dahin der »Gläubige« im Recht ist, sich um das ganze Gebiet nicht zu kümmern. Wir haben diese Sicherheiten um die alleräußersten Horizonte gar nicht *nötig*, um ein volles und tüchtiges Menschentum zu leben: ebensowenig als die Ameise sie nötig hat, um eine gute Ameise zu sein. Vielmehr müssen wir uns darüber ins klare bringen, woher eigentlich jene fatale Wichtigkeit kommt, die wir jenen Dingen so lange beigelegt haben, und dazu brauchen wir die *Historie* der ethischen und religiösen Empfindungen. Denn nur unter dem Einfluß dieser Empfindungen sind uns jene allerspitzesten Fragen der Erkenntnis so erheblich und furchtbar geworden: man hat in die äußersten Bereiche, *wohin* noch das geistige Auge dringt, ohne *in sie* einzudringen, solche Begriffe wie Schuld und Strafe (und zwar ewige Strafe!) hineinverschleppt: und dies um so unvorsichtiger, je dunkler diese Bereiche waren. Man hat seit alters mit Verwegenheit dort phantasiert, wo man nichts feststellen konnte, und seine Nachkommen überredet, diese Phantasien für Ernst und Wahrheit zu nehmen, zuletzt mit dem abscheulichen Trumpfe: daß Glaube mehr wert sei, als Wissen. Jetzt nun tut in Hinsicht auf jene letzten Dinge nicht Wissen gegen Glauben not, sondern *Gleichgültigkeit gegen Glauben und angebliches Wissen* auf jenen Gebieten! – *Alles* andere muß uns näherstehen als das, was man uns bisher als das Wichtigste vorgepredigt hat — ich meine jene Fragen: wozu der Mensch? Welches Los hat er nach dem Tode? Wie versöhnt er sich mit Gott? und wie diese Kuriosa lauten mögen. Ebensowenig wie diese Fragen der Religiösen gehen uns die Fragen der philosophischen Dogmatiker an, mögen sie nun Idealisten oder Materialisten oder Realisten sein. Sie allesamt sind darauf aus, uns zu einer Entscheidung auf Gebieten zu drängen, wo weder Glauben noch Wissen not tut; selbst für die größten Liebhaber der Erkenntnis ist es nützlicher, wenn um alles Erforschbare und der Vernunft Zugängliche ein umnebelter trügerischer Sumpfgürtel sich legt, ein Streifen des Undurchdringlichen, Ewig-Flüssigen und Unbestimmbaren. Gerade durch die Vergleichung mit dem Reich des Dunkels am Rande der Wissens-Erde steigt die helle und nahe, nächste Welt des Wissens stets im Werte. — Wir müssen wieder *gute Nachbarn der nächsten Dinge* werden und nicht so verächtlich wie bisher über sie hinweg nach Wolken und Nachtunholden hinblicken. In Wäldern und Höhlen, in sumpfigen Strichen und unter bedeckten Himmeln — da hat der Mensch als auf den Kulturstufen ganzer Jahrtausende allzulange gelebt, und dürftig gelebt. Dort hat er die Gegenwart und die Nachbarschaft und das Leben und sich selbst *verachten gelernt* — und wir, wir Bewohner der *lichteren* Gefilde der Natur und des Geistes, bekommen jetzt noch, durch Erbschaft, etwas von diesem Gift der Verachtung gegen das Nächste in unser Blut mit.

17

Tiefe Erklärungen. — Wer die Stelle eines Autors »tiefer erklärt«, als sie gemeint war, hat den Autor nicht erklärt, sondern *verdunkelt*. So stehen unsre Metaphysiker zum Texte der Natur; ja noch schlimmer. Denn um ihre tiefen Erklärungen anzubringen, richten sie sich häufig den Text erst daraufhin zu: das heißt, sie *verderben* ihn. Um ein kurioses Beispiel für Textverderbnis und Verdunkelung des Autors zu geben, so mögen hier Schopenhauers Gedanken über die Schwangerschaft der Weiber stehen. Das Anzeichen des steten Daseins des Willens zum Leben in der Zeit, sagt er, ist der Koitus; das Anzeichen des diesem Willen aufs neue zugesellten, die Möglichkeit der Erlösung offenhaltenden Lichtes der Erkenntnis, und zwar im höchsten Grade der Klarheit, ist die erneuerte Menschwerdung des Willens zum Leben. Das Zeichen dieser ist die Schwangerschaft, welche daher frank und frei, ja stolz einhergeht, während der Koitus sich verkriecht wie ein Verbrecher. Er behauptet, daß *jedes Weib*, wenn beim Generationsakt überrascht, vor Scham vergehn möchte, aber »*ihre Schwangerschaft, ohne eine Spur von Scham, ja mit einer Art Stolz, zur Schau trägt*«. Vor allem läßt sich dieser Zustand nicht so leicht *mehr* zur Schau tragen, als er sich selber zur Schau trägt; indem Schopenhauer aber gerade *nur* die Absichtlichkeit des Zur-Schau-Tragens hervorhebt, bereitet er sich den Text vor, damit dieser zu der bereitgehaltenen »Erklärung« passe. Sodann ist das, was er über die Allgemeinheit des zu erklärenden Phänomens sagt, nicht wahr: er spricht von »jedem Weibe«: viele, namentlich die jüngeren Frauen, zeigen aber in diesem Zustande, selbst vor den nächsten Anverwandten, oft eine peinliche Verschämtheit; und wenn Weiber reiferen und reifsten Alters, zumal solche aus dem niederen Volke, in der Tat sich auf jenen Zustand etwas zugute tun sollten, so geben sie wohl damit zu verstehen, daß sie *noch* von ihren Männern begehrt werden. Daß bei ihrem Anblick der Nachbar und die Nachbarin oder ein vorübergehender Fremder sagt oder denkt: »sollte es möglich sein –«, dieses Almosen wird von der weiblichen Eitelkeit bei geistigem Tiefstande immer noch gern angenommen. Umgekehrt würden, wie aus Schopenhauers Sätzen zu folgern wäre, gerade die klügsten und geistigsten Weiber am meisten über ihren Zustand öffentlich frohlocken: sie haben ja die meiste Aussicht, ein Wunderkind des Intellekts zu gebären, in welchem »der Wille« sich zum allgemeinen Besten wieder einmal »verneinen« kann; die dummen Weiber hätten dagegen allen Grund, ihre Schwangerschaft noch schamhafter zu verbergen als alles, was sie verbergen. – Man kann nicht sagen, daß diese Dinge aus der Wirklichkeit genommen sind. Gesetzt aber, Schopenhauer hätte ganz im allgemeinen darin recht, daß die Weiber im Zustande der Schwangerschaft eine Selbstgefälligkeit mehr zeigen, als sie sonst zeigen, so läge doch eine Erklärung näher zur Hand als die seinige. Man könnte sich ein Gackern der Henne auch *vor* dem Legen des Eies denken, des Inhaltes: Seht! Seht! Ich werde ein Ei legen! Ich werde ein Ei legen!

18

Der moderne Diogenes. — Bevor man den Menschen sucht, muß man die Laterne gefunden haben. — Wird es die Laterne des Zynikers sein müssen?

19

Immoralisten. — Die Moralisten müssen es sich jetzt gefallen lassen, Immoralisten gescholten zu werden, weil sie die Moral sezieren. Wer aber sezieren will, muß töten: jedoch nur, damit besser gewußt, besser geurteilt, besser gelebt werde; nicht, damit alle Welt seziere. Leider aber meinen die Menschen immer noch, daß jeder Moralist auch durch sein gesamtes Handeln ein Musterbild sein müsse, welches die anderen nachzuahmen hätten: sie verwechseln ihn mit dem Prediger der Moral. Die älteren Moralisten sezierten nicht genug und predigten allzuhäufig: daher rührt jene Verwechselung und jene unangenehme Folge für die jetzigen Moralisten.

20

Nicht zu verwechseln. — Die Moralisten, welche die großartige, mächtige, aufopfernde Denkweise, etwa bei den Helden Plutarchs, oder den reinen, erleuchteten, wärmeleitenden Seelenzustand der eigentlich guten Männer und Frauen als schwere Probleme der Erkenntnis behandeln und der Herkunft derselben nachspüren, indem sie das Komplizierte in der anscheinenden Einfachheit aufzeigen und das Auge auf die Verflechtung der Motive, auf die eingewobenen zarten Begriffs-Täuschungen und die von alters her vererbten, langsam gesteigerten Einzel- und Gruppen-Empfindungen richten, — diese Moralisten sind am meisten gerade von denen *verschieden*, mit denen sie doch am meisten *verwechselt* werden: von den kleinlichen Geistern, die an jene Denkweisen und Seelenzustände überhaupt nicht glauben und ihre eigne Armseligkeit hinter dem Glanze von Größe und Reinheit versteckt wähnen. Die Moralisten sagen: »hier sind Probleme«, und die Erbärmlichen sagen: »hier sind Betrüger und Betrügereien«; sie *leugnen* also die *Existenz* gerade dessen, was jene zu *erklären* beflissen sind.

21

Der Mensch als der Messende. – Vielleicht hat alle Moralität der Menschheit in der ungeheuren inneren Aufregung ihren Ursprung, welche die Urmenschen ergriff, als sie das Maß und das Messen, die Wage und das Wägen entdeckten (das Wort »Mensch« bedeutet ja den Messenden, er hat sich nach seiner größten Entdeckung *benennen* wollen!). Mit diesen Vorstellungen stiegen sie in Bereiche hinauf, die ganz unmeßbar und unwägbar sind, aber es ursprünglich nicht zu sein schienen.

22

Prinzip des Gleichgewichts. – Der Räuber und der Mächtige, welcher einer Gemeinde verspricht, sie gegen den Räuber zu schützen, sind wahrscheinlich im Grunde ganz ähnliche Wesen, nur daß der zweite seinen Vorteil anders als der erste erreicht: nämlich durch regelmäßige Abgaben, welche die Gemeinde an ihn entrichtet, und nicht mehr durch Brandschatzungen. (Es ist das nämliche Verhältnis wie zwischen Handelsmann und Seeräuber, welche lange Zeit ein und dieselbe Person sind: wo ihr die eine Funktion nicht rätlich scheint, da übt sie die andere aus. Eigentlich ist ja selbst jetzt noch alle Kaufmanns-Moral nur die *Verklügerung* der Seeräuber-Moral: so wohlfeil wie möglich kaufen – womöglich für nichts als die Unternehmungskosten –, so teuer wie möglich verkaufen.) Das Wesentliche ist: jener Mächtige verspricht, gegen den Räuber *Gleichgewicht* zu halten; darin sehen die Schwachen eine Möglichkeit zu leben. Denn entweder müssen sie sich selber zu einer *gleichwiegenden* Macht zusammentun oder sich einem Gleichwiegenden unterwerfen (ihm für seine Leistungen Dienste leisten). Dem letzteren Verfahren wird gern der Vorzug gegeben, weil es im Grunde *zwei* gefährliche Wesen in Schach hält: das erste durch das zweite und das zweite durch den Gesichtspunkt des Vorteils; letzteres hat nämlich seinen Gewinn davon, die Unterworfenen gnädig oder leidlich zu behandeln, damit sie nicht nur sich, sondern auch ihren Beherrscher ernähren können. Tatsächlich kann es dabei immer noch hart und grausam genug zugehen, aber verglichen mit der früher immer möglichen völligen *Vernichtung* atmen die Menschen schon in diesem Zustande auf. — Die Gemeinde ist im Anfang die Organisation der Schwachen zum *Gleichgewicht* mit gefahrdrohenden Mächten. Eine Organisation zum Übergewicht wäre rätlicher, wenn man dabei so stark würde, um die Gegenmacht auf einmal zu *vernichten*: und handelt es sich um einen einzelnen mächtigen Schadentuer, so wird dies gewiß *versucht*. Ist aber der eine ein Stammhaupt oder hat er großen Anhang, so ist die schnelle entscheidende Vernichtung unwahrscheinlich und die dauernde lange *Fehde* zu gewärtigen: diese aber bringt der Gemeinde den am wenigsten wünschbaren Zustand mit sich, weil sie durch ihn die Zeit verliert, für ihren Lebensunterhalt mit der nötigen Regelmäßigkeit zu sorgen, und den Ertrag aller Arbeit jeden Augenblick bedroht sieht. Deshalb zieht die Gemeinde vor, ihre Macht zu Verteidigung und Angriff genau auf die Höhe zu bringen, auf der die Macht des gefährlichen Nachbars ist, und ihm zu verstehen zu geben, daß in ihrer Wagschale jetzt gleichviel Erz liege: warum wolle man nicht gut Freund miteinander sein? — *Gleichgewicht* ist also ein sehr wichtiger Begriff für die älteste Rechts- und Morallehre; Gleichgewicht ist die Basis der Gerechtigkeit. Wenn diese in roheren Zeiten sagt: »Auge um Auge, Zahn um Zahn«, so setzt sie das erreichte Gleichgewicht voraus und will es vermöge dieser Vergeltung *erhalten*: so daß, wenn jetzt der eine sich gegen den andern vergeht, der andere keine Rache der blinden Erbitterung mehr nimmt. Sondern vermöge des *jus talionis* wird das Gleichgewicht der gestörten Machtverhältnisse *wiederhergestellt*: denn ein Auge, ein Arm *mehr* ist in solchen Urzuständen ein Stück Macht, ein Gewicht mehr. — Innerhalb einer Gemeinde, in der alle sich als gleichgewichtig betrachten, ist gegen Vergehungen, das heißt gegen Durchbrechungen des Prinzips des Gleichgewichts, *Schande* und *Strafe* da: Schande, ein Gewicht, eingesetzt gegen den übergreifenden einzelnen, der durch den Übergriff sich Vorteile verschafft hat, durch die Schande nun wieder Nachteile erfährt, die den früheren Vorteil aufheben und *überwiegen*. Ebenso steht es mit der Strafe: sie stellt gegen das Übergewicht, das sich jeder Verbrecher zuspricht, ein viel größeres Gegengewicht auf, gegen Gewalttat den Kerkerzwang, gegen Diebstahl den Wiederersatz und die Strafsumme. So wird der Frevler *erinnert*, daß er mit seiner Handlung *aus* der Gemeinde und deren Moral-*Vorteilen* ausschied: sie behandelt ihn wie einen Ungleichen, Schwachen, außer ihr Stehenden; deshalb ist Strafe nicht nur Wiedervergeltung, sondern hat ein *Mehr*, ein Etwas von der *Härte des Naturzustandes*; an *diesen* will sie eben *erinnern*.

23

Ob die Anhänger der Lehre vom freien Willen strafen dürfen? – Die Menschen, welche von Berufswegen richten und strafen, suchen in jedem Falle festzustellen, ob ein Übeltäter überhaupt für seine Tat verantwortlich ist, ob er seine Vernunft anwenden *konnte*, ob er aus *Gründen* handelte und nicht unbewußt oder im Zwange. Straft man ihn, so straft man, daß er die schlechteren Gründe den besseren vorzog: welche er also *gekannt* haben muß. Wo diese Kenntnis fehlt, ist der Mensch nach der herrschenden Ansicht unfrei und nicht verantwortlich: es sei denn, daß seine Unkenntnis, zum Beispiel seine *ignorantia legis*, die Folge einer absichtlichen Vernachlässigung des Erlernens ist; dann hat er also schon damals, als er nicht lernen wollte was er sollte, die schlechteren Gründe den besseren vorgezogen und muß jetzt die Folge seiner schlechten Wahl büßen. Wenn er dagegen die besseren Gründe nicht gesehen hat, etwa aus Stumpf- und Blödsinn, so pflegt man nicht zu strafen: es hat ihm, wie man sagt, die Wahl gefehlt, er handelte als Tier. Die absichtliche Verleugnung der besseren Vernunft ist jetzt die Voraussetzung, die man beim strafwürdigen Verbrechen macht. Wie kann aber jemand absichtlich unvernünftiger sein, als er sein muß? Woher die Entscheidung, wenn die Wagschalen mit guten und schlechten Motiven belastet sind? Also nicht vom Irrtum, von der Blindheit her, nicht von einem äußeren, auch von keinem inneren Zwange her? (Man erwäge übrigens, daß jeder sogenannte »äußere Zwang« nichts weiter ist, als der innere Zwang der Furcht und des Schmerzes.) Woher? fragt man immer wieder. Die *Vernunft* soll also nicht die Ursache sein, weil sie sich nicht gegen die besseren Gründe entscheiden könnte? Hier nun ruft man den »freien Willen« zu Hilfe: es soll das *vollendete Belieben* entscheiden, ein Moment eintreten, wo kein Motiv wirkt, wo die Tat als Wunder geschieht, aus dem Nichts heraus. Man straft diese angebliche *Beliebigkeit*, in einem Falle, wo kein Belieben herrschen sollte: die Vernunft, welche das Gesetz, das Verbot und Gebot kennt, hätte gar keine Wahl lassen dürfen, meint man, und als Zwang und höhere Macht wirken sollen. Der Verbrecher wird also bestraft, weil er vom »freien Willen« Gebrauch macht, das heißt weil er ohne Grund gehandelt hat, wo er nach Gründen hätte handeln sollen. Aber *warum* tat er dies? Dies eben darf nicht einmal mehr *gefragt* werden: es war eine Tat ohne »darum«, ohne Motiv, ohne Herkunft, etwas Zweckloses und Vernunftloses. – *Eine solche Tat dürfte man aber*, nach der ersten oben vorangeschickten Bedingung aller Strafbarkeit, *auch nicht strafen*! Auch jene Art der Strafbarkeit darf nicht geltend gemacht werden, als wenn hier etwas *nicht* getan, etwas unterlassen, von der Vernunft *nicht* Gebrauch gemacht sei: denn unter allen Umständen geschah die Unterlassung *ohne Absicht*! und nur die absichtliche Unterlassung des Gebotenen gilt als strafbar. Der Verbrecher hat zwar die schlechteren Gründe den besseren vorgezogen, aber *ohne* Grund und Absicht: er hat zwar seine Vernunft nicht angewendet, aber nicht, *um* sie nicht anzuwenden. Jene Voraussetzung, die man beim strafwürdigen Verbrechen macht, daß er seine Vernunft absichtlich verleugnet habe, – gerade sie ist bei der Annahme des »freien Willens« aufgehoben. Ihr *dürft* nicht strafen, ihr Anhänger der Lehre vom »freien Willen«, nach euern eigenen Grundsätzen nicht! – Diese sind aber im Grunde nichts, als eine sehr wunderliche Begriffs-Mythologie; und das Huhn, welches sie ausgebrütet hat, hat abseits von aller Wirklichkeit auf seinen Eiern gesessen.

24

Zur Beurteilung des Verbrechers und seines Richters. – Der Verbrecher, der den ganzen Fluß der Umstände kennt, findet seine Tat nicht so außer der Ordnung und Begreiflichkeit, wie seine Richter und Tadler; seine Strafe aber wird ihm gerade nach dem Grad von *Erstaunen* zugemessen, welches jene beim Anblick der Tat als einer Unbegreiflichkeit befällt. – Wenn die Kenntnis, welche der Verteidiger eines Verbrechers von dem Fall und seiner Vorgeschichte hat, weit genug reicht, so *müssen* die sogenannten Milderungsgründe, welche er der Reihe nach vorbringt, endlich die ganze Schuld hinwegmildern. Oder, noch deutlicher: der Verteidiger wird schrittweise jenes verurteilende und Strafe zumessende *Erstaunen mildern* und zuletzt ganz aufheben, indem er jeden ehrlichen Zuhörer zu dem inneren Geständnis nötigt: »er mußte so handeln, wie er gehandelt hat; wir würden, wenn wir straften, die ewige Notwendigkeit bestrafen.« – Den Grad der Strafe abmessen nach dem *Grad der Kenntnis*, welchen man von der Historie eines Verbrechens hat *oder überhaupt gewinnen kann*, – streitet dies nicht wider alle Billigkeit?

25

Der Tausch und die Billigkeit. – Bei einem Tausche würde es nur dann ehrlich und rechtlich zugehen, wenn jeder der beiden Tauschenden so viel verlangte, als ihm seine Sache wert scheint, die Mühe des Erlangens, die Seltenheit, die aufgewendete Zeit usw. in Anschlag gebracht, nebst dem Affektionswerte. Sobald er den Preis *in Hinsicht auf das Bedürfnis des andern* macht, ist er ein feinerer Räuber und Erpresser. – Ist Geld das eine Tauschobjekt, so ist zu erwägen, daß ein Frankentaler in der Hand eines reichen Erben, eines Tagelöhners, eines Kaufmannes, eines Studenten ganz verschiedene Dinge sind: jeder wird, je nachdem er fast nichts oder viel tat, ihn zu erwerben, wenig oder viel dafür empfangen dürfen – so wäre es billig: in Wahrheit steht es bekanntlich umgekehrt. In der großen Geldwelt ist der Taler des faulsten Reichen gewinnbringender als der des Armen und Arbeitsamen.

26

Rechtszustände als Mittel. – Recht, auf Verträgen zwischen *Gleichen* beruhend, besteht, solange die Macht derer, die sich vertragen haben, eben gleich oder ähnlich ist; die Klugheit hat das Recht geschaffen, um der Fehde und der *nutzlosen* Vergeudung zwischen ähnlichen Gewalten ein Ende zu machen. Dieser aber ist *ebenso endgültig* ein Ende gemacht, wenn der eine Teil entschieden *schwächer* als der andere *geworden* ist: dann tritt Unterwerfung ein, und das Recht *hört auf*, aber der Erfolg ist derselbe wie der, welcher bisher durch das Recht erreicht wurde. Denn jetzt ist es die *Klugheit* des Überwiegenden, welche die Kraft des Unterworfenen zu *schonen* und nicht nutzlos zu vergeuden anrät: und oft ist die Lage des Unterworfenen günstiger, als die des Gleichgestellten war. – Rechtszustände sind also zeitweilige *Mittel*, welche die Klugheit anrät, keine Ziele.

27

Erklärung der Schadenfreude. — Die Schadenfreude entsteht daher, daß ein jeder in mancher ihm wohl bewußten Hinsicht sich schlecht befindet, Sorge oder Neid oder Schmerz hat: der Schaden, der den andern betrifft, stellt diesen ihm *gleich*, er versöhnt seinen Neid. — Befindet er gerade sich selber gut, so sammelt er doch das Unglück des Nächsten als ein Kapital in seinem Bewußtsein auf, um es bei einbrechendem eigenen Unglück gegen dasselbe einzusetzen: auch so hat er »Schadenfreude«. Die auf Gleichheit gerichtete Gesinnung wirft also ihren Maßstab aus auf das Gebiet des Glücks und des Zufalls: Schadenfreude ist der gemeinste Ausdruck über den Sieg und die Wiederherstellung der Gleichheit, auch innerhalb der höheren Weltordnung. Erst seitdem der Mensch gelernt hat, in anderen Menschen seinesgleichen zu sehen, also erst seit Begründung der Gesellschaft gibt es Schadenfreude.

28

Das Willkürliche im Zumessen der Strafen. — Die meisten Verbrecher kommen zu ihren Strafen wie die Weiber zu ihren Kindern. Sie haben zehn- und hundertmal dasselbe getan, ohne üble Folgen zu spüren: plötzlich kommt eine Entdeckung und hinter ihr die Strafe. Die Gewohnheit sollte doch die Schuld der Tat, derentwegen der Verbrecher gestraft wird, entschuldbarer erscheinen lassen: es ist ja ein Hang entstanden, dem schwerer zu widerstehen ist. Anstatt dessen wird er, wenn der Verdacht des gewohnheitsmäßigen Verbrechens vorliegt, härter gestraft; die Gewohnheit wird als Grund gegen alle Milderung geltend gemacht. Eine vorherige musterhafte Lebensweise, gegen welche das Verbrechen um so fürchterlicher absticht, sollte die Schuldbarkeit verschärft erscheinen lassen! Aber sie pflegt die Strafe zu mildern. So wird alles nicht nach dem Verbrecher bemessen, sondern nach der Gesellschaft und deren Schaden und Gefahr: frühere Nützlichkeit eines Menschen wird gegen seine einmalige Schädlichkeit eingerechnet, frühere Schädlichkeit zur gegenwärtig entdeckten addiert, und demnach die Strafe am höchsten zugemessen. Wenn man aber dergestalt die Vergangenheit eines Menschen mit straft oder mit belohnt (dies im ersten Fall, wo das Weniger-Strafen ein Belohnen ist), so sollte man noch weiter zurückgehn und die Ursache einer solchen oder solchen Vergangenheit strafen und belohnen, ich meine Eltern, Erzieher, die Gesellschaft usw.: in vielen Fällen wird man dann die *Richter* irgendwie bei der Schuld beteiligt finden. Es ist willkürlich, beim Verbrecher stehenzubleiben, wenn man die Vergangenheit straft: man sollte, falls man die absolute Entschuldbarkeit jeder Schuld nicht zugeben will, bei jedem einzelnen Fall stehnbleiben und nicht weiter zurückblicken: also die Schuld *isolieren* und sie gar nicht mit der Vergangenheit in Verknüpfung bringen, – sonst wird man zum Sünder gegen die Logik. Zieht vielmehr, ihr Willens-Freien, den notwendigen Schluß aus eurer Lehre von der »Freiheit des Willens« und dekretiert kühnlich: »*keine Tat hat eine Vergangenheit.*«

29

Der Neid und sein edlerer Bruder. – Wo die Gleichheit wirklich durchgedrungen und dauernd begründet ist, entsteht jener, im ganzen als unmoralisch geltende Hang, der im Naturzustande kaum begreiflich wäre: der *Neid*. Der Neidische fühlt jedes Hervorragen des anderen über das gemeinsame Maß und will ihn bis dahin herabdrücken – oder sich bis dorthin erheben: woraus sich zwei verschiedene Handlungsweisen ergeben, welche Hesiod als die böse und die gute Eris bezeichnet hat. Ebenso entsteht im Zustande der Gleichheit die Indignation darüber, daß es einem anderen *unter* seiner Würde und Gleichheit schlecht ergeht, einem zweiten *über* seiner Gleichheit gut: es sind dies Affekte *edlerer* Naturen. Sie vermissen in den Dingen, welche von der Willkür des Menschen unabhängig sind, Gerechtigkeit und Billigkeit, das heißt: sie verlangen, daß jene Gleichheit, die der Mensch anerkennt, nun auch von der Natur und dem Zufall anerkannt werde; sie zürnen darüber, daß es den Gleichen nicht gleich ergeht.

30

Neid der Götter. – Der »Neid der Götter« entsteht, wenn der niedriger Geachtete sich irgendworin dem Höheren gleichsetzt (wie Ajax) oder durch Gunst des Schicksals ihm gleichgesetzt *wird* (wie Niobe als überreich gesegnete Mutter). Innerhalb der *gesellschaftlichen* Rangordnung stellt dieser Neid die Forderung auf, daß ein jeder kein Verdienst *über* seinem Stande habe, auch daß sein Glück diesem gemäß sei und namentlich, daß sein Selbstbewußtsein jenen Schranken nicht entwachse. Oft erfährt der siegreiche General den »Neid der Götter«, ebenso der Schüler, der ein meisterliches Werk schuf.

31

Eitelkeit als Nachtrieb des ungesellschaftlichen Zustandes. – Da die Menschen ihrer Sicherheit wegen sich selber als *gleich* gesetzt haben, zur Gründung der Gemeinde, diese Auffassung aber im Grunde wider die Natur des einzelnen geht und etwas Erzwungenes ist, so machen sich, je mehr die allgemeine Sicherheit gewährleistet ist, neue Schößlinge des alten Triebes nach Übergewicht geltend: in der Abgrenzung der Stände, in dem Anspruch auf Berufs-Würden und Vorrechte, überhaupt in der Eitelkeit (Manieren, Tracht, Sprache usw.). Sobald einmal die Gefahr des Gemeinwesens wieder fühlbar wird, drücken die Zahlreicheren, welche ihr Übergewicht nicht im Zustande der allgemeinen Ruhe durchsetzen konnten, wieder den Zustand der Gleichheit hervor: die absurden Sonderrechte und Eitelkeiten verschwinden auf einige Zeit. Stürzt aber das Gemeinwesen ganz zusammen, gerät alles in Anarchie, so bricht sofort der Naturzustand, die unbekümmerte, rücksichtslose Ungleichheit hervor, wie dies auf Korkyra geschah, nach dem Berichte des Thukydides. Es gibt weder ein Naturrecht, noch ein Naturunrecht.

32

Billigkeit. – Eine Fortbildung der Gerechtigkeit ist die Billigkeit, entstehend unter solchen, welche nicht gegen die Gemeinde-Gleichheit verstoßen: es wird auf Fälle, wo das Gesetz nichts vorschreibt, jene feinere Rücksicht des Gleichgewichts übertragen, welche vor- und rückwärts blickt und deren Maxime ist »wie du mir, so ich dir«. Ae/ quum heißt eben »es ist *gemäß unserer Gleichheit*; diese mildert auch unsere kleinen Verschiedenheiten zu einem Anschein von Gleichheit herab und will, daß wir manches uns nachsehen, was wir nicht *müßten*«.

33

Elemente der Rache. – Das Wort »Rache« ist so schnell gesprochen: fast scheint es, als ob es gar nicht mehr enthalten könne, als eine Begriffs- und Empfindungs-Wurzel. Und so bemüht man sich immer noch, dieselbe zu finden: wie unsere Nationalökonomen noch nicht müde geworden sind, im Worte »Wert« eine solche Einheit zu wittern und nach dem ursprünglichen Wurzel-Begriff des Wertes zu suchen. Als ob nicht alle Worte Taschen wären, in welche bald dies, bald jenes, bald mehreres auf einmal gesteckt worden ist! So ist auch »Rache« bald dies, bald jenes, bald etwas mehr Zusammengesetztes. Man unterscheide einmal jenen abwehrenden Zurückschlag, den man fast unwillkürlich auch gegen leblose Gegenstände, die uns beschädigt haben, (wie gegen bewegte Maschinen) ausführt: der Sinn unserer Gegenbewegung ist, dem Beschädigen Einhalt zu tun, dadurch, daß wir die Maschine zum Stillstand bringen. Die Stärke des Gegenschlags muß mitunter, um dies zu erreichen, so stark sein, daß er die Maschine zertrümmert; wenn dieselbe aber zu stark ist, um vom einzelnen sofort zerstört werden zu können, wird dieser doch immer noch den heftigsten Schlag ausführen, dessen er fähig ist, – gleichsam als einen letzten Versuch. So benimmt man sich auch gegen schädigende Personen bei der unmittelbaren Empfindung des Schadens selber; will man diesen Akt einen Rache-Akt nennen, so mag es sein; nur erwäge man, daß hier allein die *Selbst-Erhaltung* ihr Vernunft-Räderwerk in Bewegung gesetzt hat, und daß man im Grunde nicht an den Schädiger, sondern nur an sich dabei denkt: wir handeln so, *ohne* wieder schaden zu wollen, sondern nur um noch mit Leib und Leben *davonzukommen.* – Man braucht *Zeit*, wenn man von sich mit seinen Gedanken zum Gegner übergeht und sich fragt, auf welche Weise er am empfindlichsten zu treffen ist. Dies geschieht bei der zweiten Art von Rache: ein Nachdenken über die Verwundbarkeit und Leidensfähigkeit des andern ist ihre Voraussetzung: man will wehetun. Dagegen sich selber gegen weiteren Schaden sichern liegt hier so wenig im Gesichtskreis des Rache-Nehmenden, daß er fast regelmäßig den weiteren eigenen Schaden zuwege bringt und ihm sehr oft kaltblütig vorher entgegensieht. War es bei der ersten Art von Rache die Angst vor dem zweiten

Schlage, welche den Gegenschlag so stark wie möglich machte: so ist hier fast völlige Gleichgültigkeit gegen das, was der Gegner tun *wird*; die Stärke des Gegenschlags wird nur durch das, was er uns getan *hat*, bestimmt. Was hat er denn getan? Und was nützt es uns, wenn er nun leidet, nachdem wir durch ihn gelitten haben? Es handelt sich um eine *Wiederherstellung*: während der Rache-Akt erster Art nur der *Selbst-Erhaltung* dient. Vielleicht verloren wir durch den Gegner Besitz, Rang, Freunde, Kinder – diese Verluste werden durch die Rache nicht zurückgekauft, die Wiederherstellung bezieht sich allein auf einen *Nebenverlust* bei allen den erwähnten Verlusten. Die Rache der Wiederherstellung bewahrt nicht vor weiterem Schaden, sie macht den erlittenen Schaden nicht wieder gut, – außer in einem Falle. Wenn unsere *Ehre* durch den Gegner gelitten hat, so vermag die Rache sie *wiederherzustellen*. Sie hat aber in jedem Falle einen Schaden erlitten, wenn man uns absichtlich ein Leid zufügte: denn der Gegner bewies damit, daß er uns nicht *fürchtete*. Durch die Rache beweisen wir, daß wir auch ihn nicht fürchten: darin liegt die Ausgleichung, die Wiederherstellung. (Die Absicht, den völligen Mangel an *Furcht* zu zeigen, geht bei einigen Personen so weit, daß ihnen die Gefährlichkeit der Rache für sie selbst – Einbuße der Gesundheit oder des Lebens oder sonstige Verluste – als eine unerläßliche Bedingung jeder Rache gilt. Deshalb gehen sie den Weg des Duells, obschon die Gerichte ihnen den Arm bieten, um auch so Genugtuung für die Beleidigung zu erhalten: sie nehmen aber die gefahrlose Wiederherstellung ihrer Ehre nicht als genügend an, weil sie ihren Mangel an Furcht nicht beweisen kann.) – Bei der ersterwähnten Art der Rache ist es gerade die Furcht, die den Gegenschlag ausführt: hier dagegen ist es die Abwesenheit der Furcht, welche wie gesagt durch den Gegenschlag sich *beweisen will*. – Nichts scheint also verschiedener als die innere Motivierung der beiden Handlungsweisen, die mit einem Wort »Rache« benannt werden: und trotzdem kommt es sehr häufig vor, daß der Rache-Übende in Unklarheit ist, was ihn eigentlich zur Tat bestimmt hat; vielleicht, daß er aus Furcht und um sich zu erhalten den Gegenschlag führte, hinterher aber, als er Zeit hatte, über den Gesichtspunkt der verletzten Ehre nachzudenken, selber sich einredet, seiner Ehre halber sich gerächt zu haben: – dieses Motiv ist ja jedenfalls *vornehmer* als das andere. Dabei ist noch wesentlich, ob er seine Ehre in den Augen der anderen (der Welt) beschädigt sieht oder nur in den Augen des Beleidigers: im letzteren Falle wird er die geheime Rache vorziehen, im ersteren aber die öffentliche. Je nachdem er sich stark oder schwach in die Seele des Täters und der Zuschauer hineindenkt, wird seine Rache erbitterter oder zahmer sein; fehlt ihm diese Art Phantasie ganz, so wird er gar nicht an Rache denken, denn das Gefühl der »Ehre« ist dann bei ihm nicht vorhanden, also auch nicht zu verletzen. Ebenso wird er nicht an Rache denken, wenn er den Täter und die Zuschauer der Tat *verachtet*: weil sie ihm keine Ehre geben können, als Verachtete, und demnach auch keine Ehre nehmen können. Endlich wird er auf Rache in dem nicht ungewöhnlichen Falle verzichten, daß er den Täter liebt: freilich büßt er so in dessen Augen an Ehre ein und wird vielleicht der Gegenliebe dadurch weniger würdig. Aber auch auf alle Gegenliebe Verzicht leisten ist ein Opfer, welches die Liebe zu bringen bereit ist, wenn sie dem geliebten Wesen nur nicht *wehetun muß*: dies hieße sich selber mehr wehetun, als jenes Opfer wehetut. – Also: jedermann wird sich rächen, er sei denn ehrlos oder voll Verachtung oder voll Liebe gegen den Schädiger und Beleidiger. Auch wenn er sich an die Gerichte wendet, so will er die Rache als private Person: *nebenbei* aber noch, als weiterdenkender, vorsorglicher Mensch der Gesellschaft, die Rache der Gesellschaft an einem, der sie nicht *ehrt*. So wird durch die gerichtliche Strafe sowohl die Privatehre als auch die Gesellschaftsehre *wiederhergestellt*: das heißt – Strafe ist Rache. – Es gibt in ihr unzweifelhaft auch noch jenes andere zuerst beschriebene Element der Rache, insofern durch sie die Gesellschaft ihrer *Selbst-Erhaltung* dient und der *Notwehr* halber einen Gegenschlag führt. Die Strafe will das *weitere* Schädigen verhüten, sie will *abschrecken*. Auf die Weise sind wirklich in der Strafe beide so verschiedenen Elemente der Rache *verknüpft*, und dies mag vielleicht am meisten dahin wirken, jene erwähnte Begriffsverwirrung zu unterhalten, vermöge deren der einzelne, der sich rächt, gewöhnlich nicht weiß, was er eigentlich will.

34

Die Tugenden der Einbuße. – Als Mitglieder von Gesellschaften glauben wir gewisse Tugenden nicht ausüben zu dürfen, die uns als Privaten die größte Ehre und einiges Vergnügen machen, zum Beispiel Gnade und Nachsicht gegen Verfehlende aller Art – überhaupt jede Handlungsweise, bei welcher der Vorteil der Gesellschaft durch unsere Tugend leiden würde. Kein Richter-Kollegium darf sich vor seinem Gewissen erlauben, gnädig zu sein: dem König *als einem einzelnen* hat man dies Vorrecht aufbehalten; man freut sich, wenn er Gebrauch davon macht, zum Beweise, daß man gern gnädig sein möchte, aber durchaus nicht als Gesellschaft. Diese erkennt somit nur die ihr vorteilhaften oder mindestens unschädlichen Tugenden an (die ohne Einbuße oder gar mit Zinsen geübt werden, zum Beispiel Gerechtigkeit). Jene Tugenden der Einbuße können demnach *in der Gesellschaft* nicht entstanden sein, da noch jetzt, innerhalb jeder kleinsten sich bildende Gesellschaft der Widerspruch gegen sie sich erhebt. Es sind also Tugenden unter Nicht-Gleichgestellten, erfunden von dem Überlegenen, einzelnen, es sind *Herrscher*-Tugenden, mit dem Hintergedanken: »ich bin mächtig genug, um mir eine ersichtliche Einbuße gefallen zu lassen, dies ist ein Beweis meiner Macht« – also mit *Stolz* verwandte Tugenden.

35

Kasuistik des Vorteils. – Es gäbe keine Kasuistik der Moral, wenn es keine Kasuistik des Vorteils gäbe. Der freieste und feinste Verstand reicht oft nicht aus, zwischen zwei Dingen so zu wählen, daß der größere Vorteil notwendig bei seiner Wahl ist. In solchen Fällen wählt man, weil man wählen muß, und hat hinterdrein eine Art Seekrankheit der Empfindung.

36

Zum Heuchler werden. – Jeder Bettler wird zum Heuchler; wie jeder, der aus einem Mangel, aus einem Notstand (sei dies ein persönlicher oder ein öffentlicher) seinen Beruf macht. – Der Bettler empfindet den Mangel lange nicht so, als er ihn empfinden *machen* muß, wenn er vom Betteln leben will.

37

Eine Art Kultus der Leidenschaften. – Ihr Düsterlinge und philosophischen Blindschleichen redet, um den Charakter des ganzen Weltwesens anzuklagen, von dem *furchtbaren Charakter* der menschlichen

Leidenschaften. Als ob überall, wo es Leidenschaft gegeben hat, es auch Furchtbarkeit gegeben hätte! Als ob es immerfort in der Welt diese Art von Furchtbarkeit geben müßte! – Durch eine Vernachlässigung im *kleinen*, durch Mangel an Selbst-Beobachtung und Beobachtung derer, welche erzogen werden sollen, habt ihr selber erst die Leidenschaften zu solchen Untieren anwachsen lassen, daß euch jetzt schon beim Worte »Leidenschaft« Furcht befällt! Es stand bei euch und steht bei uns, den Leidenschaften ihren furchtbaren Charakter zu *nehmen* und dermaßen vorzubeugen, daß sie nicht zu verheerenden Wildwassern werden. – Man soll seine Versehen nicht zu ewigen Fatalitäten aufblasen; vielmehr wollen wir redlich mit an der Aufgabe arbeiten, die Leidenschaften der Menschheit allesamt in Freudenschaften umzuwandeln.

38

Gewissensbiß. – Der Gewissensbiß ist, wie der Biß des Hundes gegen einen Stein, eine Dummheit.

39

Ursprung der Rechte. – Die Rechte gehen zunächst auf *Herkommen* zurück, das Herkommen auf ein einmaliges *Abkommen*. Man war irgendwann einmal beiderseitig mit den Folgen des getroffenen Abkommens zufrieden und wiederum zu träge, um es förmlich zu erneuern; so lebte man fort, wie wenn es immer erneuert worden wäre, und allmählich, als die Vergessenheit ihre Nebel über den Ursprung breitete, glaubte man einen heiligen, unverrückbaren Zustand zu haben, auf dem jedes Geschlecht weiterbauen *müsse*. Das Herkommen war jetzt *Zwang*, auch wenn es den Nutzen nicht mehr brachte, dessentwegen man ursprünglich das Abkommen gemacht hatte. – Die *Schwachen* haben hier ihre feste Burg zu allen Zeiten gefunden: sie neigen dahin, das einmalige Abkommen, die Gnadenerweisung zu *verewigen*.

40

Die Bedeutung des Vergessens in der moralischen Empfindung. – Dieselben Handlungen, welche innerhalb der ursprünglichen Gesellschaft zuerst die Absicht auf gemeinsamen *Nutzen* eingab, sind später von anderen Generationen auf andere Motive hin getan worden: auf Furcht oder Ehrfurcht vor denen, die sie forderten und anempfahlen, oder aus Gewohnheit, weil man sie von Kindheit an um sich hatte tun sehen, oder aus Wohlwollen, weil ihre Ausübung überall Freude und zustimmende Gesichter schuf, oder aus Eitelkeit, weil sie gelobt wurden. Solche Handlungen, an denen das Grundmotiv, das der Nützlichkeit, *vergessen* worden ist, heißen dann *moralische*: nicht etwa weil sie aus jenen *anderen* Motiven, sondern weil sie *nicht* aus bewußter Nützlichkeit getan werden. – Woher dieser *Haß* gegen den Nutzen, der *hier* sichtbar wird, wo sich alles lobenswerte Handeln gegen das Handeln um des Nutzens willen förmlich abschließt? – Offenbar hat die Gesellschaft, der Herd aller Moral und aller Lobsprüche des moralischen Handelns, allzu lange und allzu hart mit dem Eigen-Nutzen und Eigen-Sinne des einzelnen zu kämpfen gehabt, um nicht zuletzt *jedes andere* Motiv sittlich höher zu taxieren als den Nutzen. So entsteht der Anschein, als ob die Moral *nicht* aus dem Nutzen herausgewachsen sei; während sie ursprünglich der Gesellschafts-Nutzen ist, der große Mühe hatte, sich gegen alle die Privat-Nützlichkeiten durchzusetzen und in höheres Ansehen zu bringen.

41

Die Erbreichen der Moralität. – Es gibt auch im Moralischen einen Erb-Reichtum: ihn besitzen die Sanften, Gutmütigen, Mitleidigen, Mildtätigen, welche alle die gute *Handlungsweise*, aber nicht die Vernunft (die Quelle derselben) von ihren Vorfahren her mitbekommen haben. Das Angenehme an diesem Reichtum ist, daß man von ihm fortwährend darreichen und mitteilen muß, wenn er überhaupt empfunden werden soll, und daß er so unwillkürlich daran arbeitet, die Abstände zwischen moralisch-reich und -arm geringer zu machen: und zwar, was das Merkwürdigste und Beste ist, *nicht* zugunsten eines dereinstigen Mittelmaßes zwischen arm und reich, sondern zugunsten eines *allgemeinen* Reich- und Überreich-werdens. – So wie hier geschehen ist, läßt sich etwa die herrschende Ansicht über den moralischen Erbreichtum zusammenfassen: aber es scheint mir, daß dieselbe mehr *in majorem gloriam* der Moralität, als zu Ehren der Wahrheit aufrechterhalten wird. Die Erfahrung mindestens stellt einen Satz auf, welcher, wenn nicht als Widerlegung, jedenfalls als bedeutende Einschränkung jener Allgemeinheit zu gelten hat. Ohne den erlesensten Verstand, so sagt die Erfahrung, ohne die Fähigkeit der feinsten Wahl und einen *starken Hang zum Maßhalten* werden die Moralisch-Erbreichen zu Verschwendern der Moralität: indem sie haltlos sich ihren mitleidigen, mildtätigen, versöhnenden, beschwichtigenden Trieben überlassen, machen sie alle Welt um sich nachlässiger, begehrlicher und sentimentaler. Die Kinder solcher höchst moralischen Verschwender sind daher leicht – und, wie leider zu sagen ist, bestenfalls – angenehme schwächliche Taugenichtse.

42

Der Richter und die Milderungsgründe. – »Man soll auch gegen den Teufel honett sein und seine Schulden bezahlen«, sagte ein alter Soldat, als man ihm die Geschichte Faustens etwas genauer erzählt hatte, »Faust gehört in die Hölle!« – »Oh ihr schrecklichen Männer!« rief seine Gattin aus, »wie ist das nur möglich! Er hat ja nichts getan als keine Tinte im Tintenfaß gehabt! Mit Blut schreiben ist freilich eine Sünde, aber deshalb soll ein so schöner Mann doch nicht brennen?«

43

Problem der Pflicht zur Wahrheit. – Pflicht ist ein zwingendes, zur Tat drängendes Gefühl, das wir gut nennen und für indiskutierbar halten (– über Ursprung, Grenze und Berechtigung desselben wollen wir nicht reden und nicht geredet haben). Der Denker hält aber alles für geworden und alles Gewordene für diskutierbar, ist also der Mann ohne Pflicht, – solange er eben nur Denker ist. Als solcher würde er also auch die Pflicht, die Wahrheit zu sehen und zu sagen, nicht anerkennen und dies Gefühl nicht fühlen; er fragt: woher kommt sie? wohin will sie? aber dies Fragen selber wird von ihm als fragwürdig angesehen. Hätte dies aber nicht zur Folge, daß die Maschine des Denkers nicht mehr recht arbeitet, wenn er sich beim Akte des Erkennens wirklich *unverpflichtet fühlen* könnte? Insofern scheint hier zur *Heizung* dasselbe Element nötig zu sein, das vermittelst der Maschine untersucht werden soll. — Die Formel würde vielleicht sein: *angenommen*, es gäbe eine Pflicht, die Wahrheit zu erkennen, wie lautet die Wahrheit dann in bezug auf jede andere Art von Pflicht? — Aber ist ein hypothetisches Pflichtgefühl nicht ein Widersinn? —

44

Stufen der Moral. — Moral ist zunächst ein Mittel, die Gemeinde überhaupt zu erhalten und den Untergang von ihr abzuwehren; sodann ist sie ein Mittel, die Gemeinde auf einer gewissen Höhe und in einer gewissen Güte zu erhalten. Ihre Motive sind *Furcht* und *Hoffnung*: und zwar um so derbere, mächtigere, gröbere, als der Hang zum Verkehrten, Einseitigen, Persönlichen noch sehr stark ist. Die entsetzlichsten Angstmittel müssen hier Dienste tun, solange noch keine milderen wirken wollen und jene doppelte Art der Erhaltung sich nicht anders erreichen läßt (zu ihren allerstärksten gehört die Erfindung eines Jenseits mit einer ewigen Hölle). Weitere Stufen der Moral und also Mittel zum bezeichneten Zwecke sind die Befehle eines Gottes (wie das mosaische Gesetz); noch weitere und höhere die Befehle eines absoluten Pflichtbegriffs mit dem »du sollst«, — alles noch ziemlich grob zugehauene, aber *breite* Stufen, weil die Menschen auf die feineren, schmäleren ihren Fuß noch nicht zu setzen wissen. Dann kommt eine Moral der *Neigung*, des *Geschmacks*, endlich die der *Einsicht* — welche über alle illusionären Motive der Moral hinaus ist, aber sich klargemacht hat, wie die Menschheit lange Zeiten hindurch keine anderen haben durfte.

45

Moral des Mitleidens im Munde der Unmäßigen. — Alle die, welche sich selber nicht genug in der Gewalt haben und die Moralität nicht als fortwährende im großen und kleinsten geübte Selbstbeherrschung und Selbstüberwindung kennen, werden unwillkürlich zu Verherrlichern der guten, mitleidigen, wohlwollenden Regungen, jener instinktiven Moralität, welche keinen Kopf hat, sondern nur aus Herz und hilfreichen Händen zu bestehen scheint. Ja es ist in ihrem Interesse, eine Moralität der Vernunft zu verdächtigen und jene andere zur alleinigen zu machen.

46

Kloaken der Seele. – Auch die Seele muß ihre bestimmten Kloaken haben, wohin sie ihren Unrat abfließen läßt: dazu dienen Personen, Verhältnisse, Stände oder das Vaterland oder die Welt oder endlich – für die ganz Hoffärtigen (ich meine unsere lieben modernen »Pessimisten«) – der liebe Gott.

47

Eine Art von Ruhe und Beschaulichkeit. – Hüte dich, daß deine Ruhe und Beschaulichkeit nicht der des Hundes vor einem Fleischerladen gleicht, den die Furcht nicht vorwärts und die Begierde nicht rückwärts gehen läßt: und der die Augen aufsperrt, als ob sie Münder wären.

48

Das Verbot ohne Gründe. – Ein Verbot, dessen Grund wir nicht verstehen oder zugeben, ist nicht nur für den Trotzkopf, sondern auch für den Erkenntnisdurstigen fast ein Geheiß: man läßt es auf den Versuch ankommen, um so zu erfahren, *weshalb* das Verbot gegeben ist. Moralische Verbote, wie die des Dekalogs, passen nur für Zeitalter der unterworfenen Vernunft: jetzt würde ein Verbot »du sollst nicht töten«, »du sollst nicht ehebrechen«, ohne Gründe hingestellt, eher eine schädliche als eine nützliche Wirkung haben.

49

Charakterbild. – Was ist das für ein Mensch, der von sich sagen kann: »ich verachte sehr leicht, aber hasse nie. An jedem Menschen finde ich sofort etwas heraus, das zu ehren ist und dessentwegen ich ihn ehre: die sogenannten liebenswürdigen Eigenschaften ziehen mich wenig an«.

50

Mitleiden und Verachtung. – Mitleiden äußern wird als ein Zeichen der Verachtung empfunden, weil man ersichtlich aufgehört hat, ein Gegenstand der *Furcht* zu sein, sobald einem Mitleiden erwiesen wird. Man ist unter das Niveau des Gleichgewichts hinabgesunken, während schon jenes der menschlichen Eitelkeit nicht genugtut, sondern erst das Hervorragen und Furchteinflößen der Seele das erwünschteste aller Gefühle gibt. Deshalb ist es ein Problem, wie die *Schätzung* des Mitleids aufgekommen ist, ebenso wie erklärt werden muß, warum jetzt der Uneigennützige gelobt wird: ursprünglich wird er *verachtet* oder als tückisch *gefürchtet*.

51

Klein sein können. – Man muß den Blumen, Gräsern und Schmetterlingen auch noch so nah sein wie ein Kind, das nicht viel über sie hinwegreicht. Wir Älteren dagegen sind über sie hinausgewachsen und müssen uns zu ihnen herablassen; ich meine, die Gräser *hassen* uns, wenn wir unsere Liebe für sie bekennen. – Wer an *allem* Guten teilhaben will, muß auch zu Stunden klein zu sein verstehen.

52

Inhalt des Gewissens. – Der Inhalt unseres Gewissens ist alles, was in den Jahren der Kindheit von uns ohne Grund regelmäßig *gefordert* wurde, durch Personen, die wir verehrten oder fürchteten. Vom Gewissen aus wird also jenes Gefühl des Müssens erregt (»dieses muß ich tun, dieses lassen«), welches nicht fragt: *warum* muß ich? – In allen Fällen, wo eine Sache mit »weil« und »warum« getan wird, handelt der Mensch *ohne* Gewissen; deshalb aber noch nicht wider dasselbe. – Der Glaube an Autoritäten ist die Quelle des Gewissens: es ist also nicht die Stimme Gottes in der Brust des Menschen, sondern die Stimme einiger Menschen im Menschen.

53

Überwindung der Leidenschaften. – Der Mensch, der seine Leidenschaften überwunden hat, ist in den Besitz des fruchtbarsten Erdreiches getreten; wie der Kolonist, der über die Wälder und Sümpfe Herr geworden ist. Auf dem Boden der bezwungenen Leidenschaften den Samen der guten geistigen Werke *säen*, ist dann die dringende nächste Aufgabe. Die Überwindung selber ist nur ein *Mittel*, kein Ziel; wenn sie nicht so angesehen wird, so wächst schnell allerlei Unkraut und Teufelszeug auf dem leergewordenen fetten Boden auf, und bald geht es auf ihm voller und toller zu als je vorher.

54

Geschick zum Dienen. – Alle sogenannten praktischen Menschen haben ein Geschick zum Dienen: das eben macht sie praktisch, sei es für andere oder für sich selber. Robinson besaß noch einen besseren Diener, als Freitag war: das war Crusoe.

55

Gefahr der Sprache für die geistige Freiheit. – Jedes Wort ist ein Vorurteil.

56

Geist und Langeweile. – Das Sprichwort: »Der Magyar ist viel zu faul, um sich zu langweilen« gibt zu denken. Die feinsten und tätigsten Tiere erst sind der Langeweile fähig. – Ein Vorwurf für einen großen Dichter wäre die *Langeweile Gottes* am siebenten Tage der Schöpfung.

57

Im Verkehr mit den Tieren. – Man kann das Entstehen der Moral in unserem Verhalten gegen die Tiere noch beobachten. Wo Nutzen und Schaden *nicht* in Betracht kommen, haben wir ein Gefühl der völligen Unverantwortlichkeit; wir töten und verwunden zum Beispiel Insekten oder lassen sie leben und denken für gewöhnlich gar nichts dabei. Wir sind so plump, daß schon unsere Artigkeiten gegen Blumen und kleine Tiere fast immer mörderisch sind: was unser Vergnügen an ihnen gar nicht beeinträchtigt. – Es ist heute das Fest der kleinen Tiere, der schwülste Tag des Jahres: es wimmelt und krabbelt um uns, und wir zerdrücken, ohne es zu wollen, *aber auch* ohne achtzugeben, bald hier bald dort ein Würmchen und gefiedertes Käferchen. – Bringen die Tiere uns Schaden, so erstreben wir auf jede Weise ihre *Vernichtung*, die Mittel sind oft grausam genug, ohne daß wir dies eigentlich wollen: es ist die Grausamkeit der Gedankenlosigkeit. Nützen sie, so *beuten* wir sie *aus*: bis eine feinere Klugheit uns lehrt, daß gewisse Tiere für eine andere Behandlung, nämlich für die der Pflege und Zucht, reichlich lohnen. Da erst entsteht Verantwortlichkeit. Gegen das Haustier wird die Quälerei gemieden; der eine Mensch empört sich, wenn ein anderer unbarmherzig gegen seine Kuh ist, ganz in Gemäßheit der primitiven Gemeinde-Moral, welche den *gemeinsamen* Nutzen in Gefahr sieht, so oft ein einzelner sich vergeht. Wer in der Gemeinde ein Vergehen wahrnimmt, fürchtet den indirekten Schaden für sich: und wir fürchten für die Güte des Fleisches, des Landbaues und der Verkehrsmittel, wenn wir die Haustiere nicht gut behandelt sehen. Zudem erweckt der, welcher roh gegen Tiere ist, den Argwohn, auch roh gegen schwache, ungleiche, der Rache unfähige Menschen zu sein; er gilt als unedel, des feineren Stolzes ermangelnd. So entsteht ein Ansatz von moralischem Urteilen und Empfinden: das Beste tut nun der Aberglaube hinzu. Manche Tiere reizen durch Blicke, Töne und Gebärden den Menschen an, sich in sie *hineinzudichten*, und manche Religionen lehren im Tiere unter Umständen den Wohnsitz von Menschen- und Götterseelen sehen: weshalb sie überhaupt edlere Vorsicht, ja ehrfürchtige Scheu im Umgange mit den Tieren anempfehlen. Auch nach dem Verschwinden dieses Aberglaubens wirken die von ihm erweckten Empfindungen fort und reifen und blühen aus. – Das Christentum hat sich bekanntlich in diesem Punkte als arme und zurückbildende Religion bewährt.

58

Neue Schauspieler. – Es gibt unter den Menschen keine größere Banalität als den Tod; zu zweit im Range steht die Geburt, weil nicht alle geboren werden, welche doch sterben; dann folgt die Heirat. Aber diese kleinen abgespielten Tragikomödien werden bei jeder ihrer ungezählten und unzählbaren Aufführungen immer wieder von neuen Schauspielern dargestellt und hören deshalb nicht auf, interessierte Zuschauer zu haben: während man glauben sollte, daß die gesamte Zuschauerschaft des Erdentheaters sich längst aus Überdruß daran an allen Bäumen aufgehängt hätte. So viel liegt an neuen Schauspielern, so wenig am Stück.

59

Was ist »obstinat«? – Der kürzeste Weg ist nicht der möglichst gerade, sondern der, bei welchem die günstigsten Winde unsere Segel schwellen: so sagt die Lehre der Schiffahrer. Ihr nicht zu folgen heißt *obstinat* sein: die Festigkeit des Charakters ist da durch Dummheit verunreinigt.

60

Das Wort »Eitelkeit«. – Es ist lästig, daß einzelne Worte, deren wir Moralisten schlechterdings nicht entraten können, schon eine Art Sittenzensur in sich tragen, aus jenen Zeiten her, in denen die nächsten und natürlichsten Regungen des Menschen verketzert wurden. So wird jene Grundüberzeugung, daß wir auf den Wellen der Gesellschaft viel mehr durch das, was wir *gelten*, als durch das, was wir *sind*, gutes Fahrwasser haben oder Schiffbruch leiden – eine Überzeugung, die für alles Handeln in bezug auf die Gesellschaft das Steuerruder sein muß – mit dem allgemeinsten Wort »Eitelkeit«, »*vanitas*« gebrandmarkt, eines der vollsten und inhaltreichsten Dinge mit einem Ausdruck, welcher dasselbe als das eigentlich Leere und Nichtige bezeichnet, etwas Großes mit einem Diminutivum, ja mit den Federstrichen der Karikatur. Es hilft nichts, wir müssen solche Worte gebrauchen, aber dabei unser Ohr den Einflüsterungen alter Gewohnheit verschließen.

61

Türkenfatalismus. – Der Türkenfatalismus hat den Grundfehler, daß er den Menschen und das Fatum als zwei geschiedene Dinge einander gegenüberstellt: der Mensch, sagt er, könne dem Fatum widerstreben, es zu vereiteln suchen, aber schließlich behalte es immer den Sieg; weshalb das Vernünftigste sei, zu resignieren oder nach Belieben zu leben. In Wahrheit ist jeder Mensch selber ein Stück Fatum; wenn er in der angegebenen Weise dem Fatum zu widerstreben meint, so vollzieht sich eben darin auch das Fatum; der Kampf ist eine Einbildung, aber ebenso jene Resignation in das Fatum; alle diese Einbildungen sind im Fatum eingeschlossen. – Die Angst, welche die meisten vor der

Lehre der Unfreiheit des Willens haben, ist die Angst vor dem Türken-fatalismus: sie meinen, der Mensch werde schwächlich, resigniert und mit gefalteten Händen vor der Zukunft stehen, weil er an ihr nichts zu ändern vermöge: oder aber, er werde seiner vollen Launenhaftigkeit die Zügel schießen lassen, weil auch durch diese das einmal Bestimmte nicht schlimmer werden könne. Die Torheiten des Menschen sind ebenso ein Stück Fatum wie seine Klugheiten: auch jene Angst vor dem Glauben an das Fatum ist Fatum. Du selber, armer Ängstlicher, bist die unbezwingliche Moira, welche noch über den Göttern thront, für alles, was da kommt; du bist der Segen oder Fluch und jedenfalls die Fessel, in welcher der Stärkste gebunden liegt; in dir ist alle Zukunft der Menschen-Welt vorherbestimmt, es hilft dir nichts, wenn dir vor dir selber graut.

62

Advokat des Teufels. – »Nur durch eigenen Schaden wird man *klug*, nur durch fremden Schaden wird man *gut*« – so lautet jene seltsame Philosophie, welche alle Moralität aus dem Mitleiden und alle Intellektualität aus der Isolation des Menschen ableitet: damit ist sie unbewußt die Sachwalterin aller irdischen Schadhaftigkeit. Denn das Mitleiden hat das Leiden nötig, und die Isolation die Verachtung der anderen.

63

Die moralischen Charaktermasken. – In den Zeiten, da die Charaktermasken der Stände für endgültig fest, gleich den Ständen selber gelten, werden die Moralisten verführt sein, auch die *moralischen* Charaktermasken für absolut zu halten und sie so zu zeichnen. So ist Molière als Zeitgenosse der Gesellschaft Ludwigs XIV. verständlich; in unserer Gesellschaft der Übergänge und Mittelstufen würde er als ein genialer Pedant erscheinen.

64

Die vornehmste Tugend. – In der ersten Ära des höheren Menschentums gilt die Tapferkeit als die vornehmste der Tugenden, in der zweiten die Gerechtigkeit, in der dritten die Mäßigung, in der vierten die Weisheit. In welcher Ära leben wir? In welcher lebst du?

65

Was vorher nötig ist. – Ein Mensch, der über seinen Jähzorn, seine Gall- und Rachsucht, seine Wollust nicht Meister werden will und es versucht, irgendworin sonst Meister zu werden, ist so dumm wie der Ackermann, der neben einem Wildbach seine Äcker anlegt, ohne sich gegen ihn zu schützen.

66

Was ist Wahrheit? – *Schwarzert* (Melanchthon): »Man predigt oft seinen Glauben, wenn man ihn gerade verloren hat und auf allen Gassen sucht, – und man predigt ihn dann nicht am schlechtesten!« – *Luther:* Du redest heut' wahr wie ein Engel, Bruder! – *Schwarzert:* »Aber es ist der Gedanke deiner Feinde, und sie machen auf dich die Nutzanwendung.« – *Luther:* So war's eine Lüge aus des Teufels Hintern.

67

Gewohnheit der Gegensätze. – Die allgemeine ungenaue Beobachtung sieht in der Natur überall Gegensätze (wie z. B. »warm und kalt«), wo keine Gegensätze, sondern nur Gradverschiedenheiten sind. Diese schlechte Gewohnheit hat uns verleitet, nun auch noch die innere Natur, die geistig-sittliche Welt, nach solchen Gegensätzen verstehen und zerlegen zu wollen. Unsäglich viel Schmerzhaftigkeit, Anmaßung, Härte, Entfremdung, Erkältung ist so in die menschliche Empfindung hineingekommen, dadurch, daß man Gegensätze an Stelle der Übergänge zu sehen meinte.

68

Ob man vergeben könne? – Wie *kann* man ihnen überhaupt vergeben, wenn sie nicht wissen, was sie tun! Man *hat* gar nichts zu vergeben. – Aber *weiß* ein Mensch jemals *völlig*, was er tut? Und wenn dies immer mindestens *fraglich* bleibt, so haben also die Menschen einander nie etwas zu vergeben, und Gnade-üben ist für den Vernünftigsten ein unmögliches Ding. Zu allerletzt: *wenn* die Übeltäter wirklich gewußt hätten, was sie taten – so würden wir doch nur dann ein Recht zur *Vergebung* haben, wenn wir ein Recht zur Beschuldigung und Strafe hätten. Dies aber haben wir nicht.

69

Habituelle Scham. – Warum empfinden wir Scham, wenn uns etwas Gutes und Auszeichnendes erwiesen wird, das wir, wie man sagt, »nicht verdient haben«? Es scheint uns dabei, daß wir uns in ein Gebiet eingedrängt haben, wo wir nicht hingehören, wo wir ausgeschlossen sein sollten, gleichsam in ein Heiliges oder Allerheiligstes, welches für unsern Fuß unbetretbar ist. Durch den Irrtum anderer sind wir doch hineingelangt: und nun überwältigt uns teils Furcht, teils Ehrfurcht, teils Überraschung, wir wissen nicht, ob wir fliehen, ob wir des gesegneten Augenblickes und seiner Gnaden-Vorteile genießen sollen. Bei aller Scham ist ein Mysterium, welches durch uns entweiht oder in der Gefahr der Entweihung zu sein scheint; alle *Gnade* erzeugt Scham. – Erwägt man aber, daß wir überhaupt niemals etwas »verdient haben«, so wird, im Fall man dieser Ansicht innerhalb einer christlichen Gesamt-Betrachtung der Dinge sich hingibt, das Gefühl der *Scham habituell*: weil einem solchen Gott *fortwährend* zu segnen und Gnade zu üben scheint. Abgesehen von dieser christlichen Auslegung wäre aber auch für den völlig gottlosen Weisen, der an der gründlichen Unverantwortlichkeit und Unverdienstlichkeit alles Wirkens und Wesens festhält, jener Zustand der *habituellen Scham* möglich: wenn man ihn behandelt, *als ob* er dies und jenes verdient habe, so scheint er sich in eine höhere Ordnung von Wesen eingedrängt zu haben, welche überhaupt etwas *verdienen*, welche frei sind und ihres eigenen Wollens und Könnens Verantwortung wirklich zu tragen vermögen. Wer zu ihm sagt »du hast es verdient«, scheint ihm zuzurufen »du bist kein Mensch, sondern ein Gott«.

70

Der ungeschickteste Erzieher. – Bei diesem sind auf dem Boden seines Widerspruchsgeistes alle seine wirklichen Tugenden angepflanzt, bei jenem auf seiner Unfähigkeit, nein zu sagen, also auf seinem Zustimmungsgeiste; ein dritter hat alle seine Moralität aus seinem einsamen Stolze, ein vierter die seine aus seinem starken Geselligkeitstriebe aufwachsen lassen. Gesetzt nun, durch ungeschickte Erzieher und Zufälle wären bei diesen vieren die Samenkörner der Tugenden nicht auf den Boden ihrer Natur ausgesät worden, welcher bei ihnen die meiste und fetteste Erdkrume hat: so wären sie ohne Moralität und schwache unerfreuliche Menschen. Und wer würde gerade der ungeschickteste aller Erzieher und das böse Verhängnis dieser vier Menschen gewesen sein? Der moralische Fanatiker, welcher meint, daß das Gute nur aus dem Guten, auf dem Guten wachsen könne.

71

Schreibart der Vorsicht. – A.: Aber, wenn *alle* dies wüßten, so würde es den *meisten* schädlich sein. Du selber nennst diese Meinungen gefährlich für die Gefährdeten, und doch teilst du sie öffentlich mit? B.: Ich schreibe so, daß weder der Pöbel, noch die *populi*, noch die Parteien aller Art mich lesen mögen. Folglich werden diese Meinungen nie öffentliche sein. A.: Aber wie schreibst du denn? B.: Weder nützlich noch angenehm – für die genannten drei.

72

Göttliche Missionäre. – Auch Sokrates fühlt sich als göttlicher Missionär: aber ich weiß nicht, was für ein Anflug von attischer Ironie und Lust am Spaßen auch selbst hierbei noch zu spüren ist, wodurch jener fatale und anmaßende Begriff gemildert wird. Er redet ohne Salbung davon: seine Bilder, von der Bremse und dem Pferd, sind schlicht und unpriesterlich, und die eigentlich religiöse Aufgabe, wie er sie sich gestellt fühlt, den Gott auf hunderterlei Weise *auf die Probe zu stellen*, ob er die Wahrheit geredet habe, läßt auf eine kühne und freimütige Gebärde schließen, mit der hier der Missionär seinem Gotte an die Seite tritt. Jenes Auf-die-Probe-Stellen des Gottes ist einer der feinsten Kompromisse zwischen Frömmigkeit und Freiheit des Geistes, welche je erdacht worden sind. – Jetzt haben wir auch diesen Kompromiß nicht mehr nötig.

73

Ehrliches Malertum. — Raffael, dem viel an der Kirche (sofern sie zahlungsfähig war), aber wenig, gleich den Besten seiner Zeit, an den Gegenständen des kirchlichen Glaubens gelegen war, ist der anspruchsvollen ekstatischen Frömmigkeit mancher seiner Besteller nicht einen Schritt weit nachgegangen: er hat seine Ehrlichkeit bewahrt, selbst in jenem Ausnahme-Bild, das ursprünglich für eine Prozessions-Fahne bestimmt war, in der Sixtinischen Madonna. Hier wollte er einmal eine Vision malen: aber eine solche, wie sie edle junge Männer ohne »Glauben« *auch* haben dürfen und haben werden, die Vision der zukünftigen Gattin, eines klugen, seelisch-vornehmen, schweigsamen und sehr schönen Weibes, das ihren Erstgeborenen im Arme trägt. Mögen die Alten, die an das Beten und Anbeten gewöhnt sind, hier, gleich dem ehrwürdigen Greise zur Linken, etwas Übermenschliches verehren: wir Jüngeren wollen es, so scheint Raffael uns zuzurufen, mit dem schönen Mädchen zur Rechten halten, welches mit ihrem auffordernden, durchaus nicht devoten Blicke den Betrachtern des Bildes sagt: »Nicht wahr? Diese Mutter und ihr Kind – das ist ein angenehmer einladender Anblick?« Dies Gesicht und dieser Blick strahlt von der Freude in den Gesichtern der Betrachter wider; der Künstler, der dies alles erfand, genießt sich auf diese Weise selber und gibt seine eigene Freude zur Freude der Kunst-Empfangenden hinzu. – In betreff des »heilandhaften« Ausdrucks im Kopfe eines Kindes hat Raffael, der Ehrliche, der keinen Seelenzustand malen wollte, an dessen Existenz er nicht glaubte, seine *gläubigen* Betrachter auf eine artige Weise überlistet; er malte jenes Naturspiel, das nicht selten vorkommt, das Männerauge im Kindskopfe, und zwar das Auge des wackeren, hilfereichen Mannes, der einen Notstand sieht. Zu diesem Auge gehört ein Bart; daß dieser fehlt und daß zwei verschiedene Lebensalter hier aus einem Gesichte sprechen, dies ist die angenehme Paradoxie, welche die Gläubigen sich im Sinne ihres Wunderglaubens gedeutet haben: so wie es der Künstler von ihrer Kunst des Deutens und Hineinlegens auch erwarten durfte.

74

Das Gebet. — Nur unter zwei Voraussetzungen hatte alles Beten – jene noch nicht völlig erloschene Sitte älterer Zeiten – einen Sinn: es müßte möglich sein, die Gottheit zu bestimmen oder umzustimmen, und der Betende müßte selber am besten wissen, was ihm not tue, was für ihn wahrhaft wünschenswert sei. Beide Voraussetzungen, in allen anderen Religionen angenommen und hergebracht, wurden aber gerade vom Christentum geleugnet; wenn es trotzdem das Gebet beibehielt, bei seinem Glauben an eine allweise und allvorsorgliche Vernunft in Gott, durch welche eben dies Gebet im Grunde sinnlos, ja gotteslästerlich wird, – so zeigte es auch darin wieder seine bewunderungswürdige Schlangen-Klugheit; denn ein klares Gebot »du sollst nicht beten« hätte die Christen durch die *Langeweile* zum Unchristentum geführt. Im christlichen *ora et labora* vertritt nämlich das *ora* die Stelle des *Vergnügens*: und was hätten ohne das *ora* jene Unglücklichen beginnen sollen, die sich das *labora* versagten, die Heiligen! – aber mit Gott sich unterhalten, ihm allerlei angenehme Dinge abverlangen, sich selber ein wenig darüber lustig machen, wie man so töricht sein könne, noch Wünsche zu haben, trotz einem so vortrefflichen Vater, – das war für Heilige eine sehr gute Erfindung.

75

Eine heilige Lüge. – Die Lüge, mit der auf den Lippen Arria starb (*Paete, non dolet*), verdunkelt alle Wahrheiten, die je von Sterbenden gesprochen wurden. Es ist die einzige heilige *Lüge*, die berühmt geworden ist; während der Geruch der Heiligkeit sonst nur an *Irrtümern* haften blieb.

76

Der nötigste Apostel. – Unter zwölf Aposteln muß immer einer hart wie Stein sein, damit auf ihm die neue Kirche gebaut werden könne.

77

Was ist das Vergänglichere, der Geist oder der Körper? – In den rechtlichen, moralischen und religiösen Dingen hat das Äußerlichste, das Anschauliche, als der Brauch, die Gebärde, die Zeremonie, am meisten *Dauer*: sie ist der *Leib*, zu dem immer eine *neue Seele* hinzukommt. Der

Kultus wird wie ein fester Wort-Text immer neu ausgedeutet; die Begriffe und Empfindungen sind das Flüssige, die Sitten das Harte.

78

Der Glaube an die Krankheit, als Krankheit. – Erst das Christentum hat den Teufel an die Wand der Welt gemalt; erst das Christentum hat die Sünde in die Welt gebracht. Der Glaube an die Heilmittel, welche es dagegen anbot, ist nun allmählich bis in die tiefsten Wurzeln hinein erschüttert: aber immer noch besteht der *Glaube an die Krankheit*, welchen es gelehrt und verbreitet hat.

79

Rede und Schrift der Religiösen. – Wenn der Stil und Gesamtausdruck des Priesters, des redenden und schreibenden, nicht schon den *religiösen* Menschen ankündigt, so braucht man seine Meinungen über Religion und zugunsten derselben nicht mehr ernst zu nehmen. Sie sind für ihren Besitzer selber *kraftlos* gewesen, wenn er, wie sein Stil verrät, Ironie, Anmaßung, Bosheit, Haß und alle Wirbel und Wechsel der Stimmungen besitzt, ganz wie der unreligiöseste Mensch; – um wieviel kraftloser werden sie erst für seine Hörer und Leser sein! Kurz, er wird dienen, dieselben unreligiöser zu machen.

80

Gefahr in der Person. – Je mehr Gott als Person für sich galt, um so weniger ist man ihm treu gewesen. Die Menschen sind ihren Gedankenbildern viel anhänglicher, als ihren geliebtesten Geliebten: deshalb opfern sie sich für den Staat, die Kirche und auch für Gott – sofern er eben *ihr* Erzeugnis, *ihr Gedanke* bleibt und nicht gar zu persönlich genommen wird. Im letzteren Falle hadern sie fast immer mit ihm: selbst dem Frömmsten entfuhr ja die bittere Rede »mein Gott, warum hast du mich verlassen!«

81

Die weltliche Gerechtigkeit. – Es ist möglich, die weltliche Gerechtigkeit aus den Angeln zu heben – mit der Lehre von der völligen Unverantwortlichkeit und Unschuld jedermannes: und es ist schon ein Versuch in gleicher Richtung gemacht worden, gerade auf Grund der entgegengesetzten Lehre von der völligen Verantwortlichkeit und Verschuldung jedermannes. Der Stifter des Christentums war es, der die weltliche Gerechtigkeit aufheben und das Richten und Strafen aus der Welt schaffen wollte. Denn er verstand alle Schuld als »Sünde«, das heißt als Frevel an *Gott* und *nicht* als Frevel an der Welt; andererseits hielt er jedermann im größten Maßstabe und fast in jeder Hinsicht für einen Sünder. Die Schuldigen sollen aber nicht die Richter ihresgleichen sein: so urteilte seine Billigkeit. *Alle* Richter der weltlichen Gerechtigkeit waren also in seinen Augen so schuldig wie die von ihnen Verurteilten, und ihre Miene der Schuldlosigkeit schien ihm so heuchlerisch und pharisäerhaft. Überdies sah er auf die Motive der Handlungen und nicht auf den Erfolg, und hielt für die Beurteilung der Motive nur einen einzigen für scharfsichtig genug: sich selber (oder wie er sich ausdrückte: Gott).

82

Eine Affektation beim Abschiede. – Wer sich von einer Partei oder Religion trennen will, meint, es sei nun für ihn nötig, sie zu widerlegen. Aber dies ist sehr hochmütig gedacht. Nötig ist nur, daß er klar einsieht, welche Klammern ihn bisher an diese Partei oder Religion anhielten und daß sie es nicht mehr tun, was für Absichten ihn dahin getrieben haben und daß sie jetzt anderswohin treiben. Wir sind *nicht* aus *strengen Erkenntnisgründen* auf die Seite jener Partei oder Religion getreten: wir sollen dies, wenn wir von ihr scheiden, auch nicht *affektieren*.

83

Heiland und Arzt. – Der Stifter des Christentums war, wie es sich von selber versteht, als Kenner der menschlichen Seele nicht ohne die größten Mängel und Voreingenommenheiten und als Arzt der Seele dem so anrüchigen und laienhaften Glauben an eine Universalmedizin ergeben. Er gleicht in seiner Methode mitunter jenem Zahnarzte, der jeden Schmerz durch Ausreißen des Zahnes heilen will; so zum Beispiel indem er gegen die Sinnlichkeit mit dem Ratschlage ankämpft: »Wenn dich dein Auge ärgert, so reiße es aus.« — Aber es bleibt doch noch der Unterschied, daß jener Zahnarzt wenigstens sein Ziel erreicht, die Schmerzlosigkeit des Patienten; freilich auf so plumpe Art, daß er lächerlich wird: während der Christ, der jenem Ratschlage folgt und seine Sinnlichkeit ertötet zu haben glaubt, sich täuscht: sie lebt auf eine unheimliche, vampyrische Art fort und quält ihn in widerlichen Vermummungen.

84

Die Gefangenen. — Eines Morgens traten die Gefangenen in den Arbeitshof: der Wärter fehlte. Die einen von ihnen gingen, wie es ihre Art war, sofort an die Arbeit, andere standen müßig und blickten trotzig umher. Da trat einer vor und sagte laut: »Arbeitet, so viel ihr wollt oder tut nichts: es ist alles gleich. Eure geheimen Anschläge sind ans Licht gekommen, der Gefängniswärter hat euch neulich belauscht und will in den nächsten Tagen ein fürchterliches Gericht über euch ergehen lassen. Ihr kennt ihn, er ist hart und nachträgerischen Sinnes. Nun aber merkt auf: ihr habt mich bisher verkannt: ich bin nicht, was ich scheine, sondern viel mehr: ich bin der Sohn des Gefängniswärters und gelte alles bei ihm. Ich kann euch retten, ich will euch retten; aber, wohlgemerkt, nur diejenigen von euch, welche mir *glauben*, daß ich der Sohn des Gefängniswärters bin; die übrigen mögen die Früchte ihres Unglaubens ernten.« — »Nun«, sagte nach einigem Schweigen ein älterer Gefangener, »was kann dir daran gelegen sein, ob wir es dir glauben oder nicht glauben? Bist du wirklich der Sohn und vermagst du das, was du sagst, so lege ein gutes Wort für uns alle ein: es wäre wirklich recht gutmütig von dir. Das Gerede von Glauben und Unglauben aber laß beiseite!« — »Und«, rief ein jüngerer Mann dazwischen, »ich glaub' es ihm auch nicht: er hat sich nur etwas in den Kopf gesetzt. Ich wette, in acht Tagen befinden wir uns gerade noch so hier wie heute, und der Gefängniswärter weiß *nichts*.« — »Und wenn er etwas gewußt hat, so weiß er's nicht mehr«, sagte der letzte der Gefangenen, der jetzt erst in den Hof hinabkam, »der Gefängniswärter ist eben plötzlich gestorben.« — »Holla«, schrien mehrere durcheinander, »holla! Herr Sohn, Herr Sohn, wie steht es mit der Erbschaft? Sind wir vielleicht jetzt *deine* Gefangenen?« – »Ich habe es euch gesagt«, entgegnete der Angeredete mild, »ich werde jeden freilassen, der an mich glaubt, so gewiß als mein Vater noch lebt.« – Die Gefangenen lachten nicht, zuckten aber mit den Achseln und ließen ihn stehen.

85

Der Verfolger Gottes. – Paulus hat den Gedanken ausgedacht, Calvin ihn nachgedacht, daß Unzähligen seit Ewigkeiten die Verdammnis zuerkannt ist und daß dieser schöne Weltenplan so eingerichtet wurde, damit die Herrlichkeit Gottes sich daran offenbare; Himmel und Hölle und Menschheit sollen also da sein, – um die Eitelkeit Gottes zu befriedigen! Welch grausame und unersättliche Eitelkeit muß in der Seele dessen geflackert haben, der so etwas sich zuerst oder zu zweit ausdachte! – Paulus ist also doch Saulus geblieben – *der Verfolger Gottes*.

86

Sokrates. – Wenn alles gut geht, wird die Zeit kommen, da man, um sich sittlich-vernünftig zu fördern, lieber die Memorabilien des Sokrates in die Hand nimmt als die Bibel, und wo Montaigne und Horaz als Vorläufer und Wegweiser zum Verständnis des einfachsten und unvergänglichsten Mittler-Weisen, des Sokrates, benutzt werden. Zu ihm führen die Straßen der verschiedensten philosophischen Lebensweisen zurück, welche im Grunde die Lebensweisen der verschiedenen Temperamente sind, festgestellt durch Vernunft und Gewohnheit und allesamt mit ihrer Spitze hin nach der Freude am Leben und am eignen Selbst gerichtet; woraus man schließen möchte, daß das Eigentümlichste an Sokrates ein Anteilhaben an allen Temperamenten gewesen ist. – Vor dem Stifter des Christentums hat Sokrates die fröhliche Art des Ernstes und jene *Weisheit voller Schelmenstreiche* voraus, welche den besten Seelenzustand des Menschen ausmacht. Überdies hatte er den größeren Verstand.

87

Gut schreiben lernen. – Die Zeit des Gut-redens ist vorbei, weil die Zeit der Stadt-Kulturen vorbei ist. Die letzte Grenze, welche Aristoteles der großen Stadt erlaubte – es müsse der Herold noch imstande sein, sich der ganzen versammelten Gemeinde vernehmbar zu machen –, diese Grenze kümmert uns so wenig, als uns überhaupt noch Stadtgemeinden kümmern, uns, die wir selbst über die Völker hinweg verstanden werden wollen. Deshalb muß jetzt ein jeder, der gut europäisch gesinnt ist, *gut und immer besser schreiben* lernen: es hilft nichts, und wenn er selbst in Deutschland geboren ist, wo man das Schlechtschreiben als nationales Vorrecht behandelt. Besser schreiben aber heißt zugleich auch besser denken; immer Mitteilenswerteres erfinden und es wirklich mitteilen können; übersetzbar werden für die Sprachen der Nachbarn; zugänglich sich dem Verständnisse jener Ausländer machen, welche unsere Sprache lernen; dahin wirken, daß alles Gute Gemeingut werde und den Freien alles frei stehe; endlich, jenen jetzt noch so fernen Zustand der Dinge *vorbereiten*, wo den guten Europäern ihre große Aufgabe in die Hände fällt: die Leitung und Überwachung der gesamten Erdkultur. – Wer das Gegenteil predigt, sich nicht um das Gut-schreiben und Gut-lesen zu kümmern – beide Tugenden wachsen miteinander und nehmen miteinander ab –, der zeigt in der Tat den Völkern einen Weg, wie sie immer noch mehr *national* werden können: er vermehrt die Krankheit dieses Jahrhunderts und ist ein Feind der guten Europäer, ein Feind der freien Geister.

88

Die Lehre vom besten Stile. – Die Lehre vom Stil kann einmal die Lehre sein, den Ausdruck zu finden, vermöge dessen man jede Stimmung auf den Leser und Hörer überträgt; sodann die Lehre, den Ausdruck für die wünschenswerteste Stimmung eines Menschen zu finden, deren Mitteilung und Übertragung also auch am meisten zu wünschen ist: für die Stimmung des von Herzensgrund bewegten, geistig freudigen, hellen und aufrichtigen Menschen, der die Leidenschaften überwunden hat. Dies wird die Lehre vom besten Stile sein: er entspricht dem guten Menschen.

89

Auf den Gang achtgeben. – Der Gang der Sätze zeigt, ob der Autor ermüdet ist; der einzelne Ausdruck kann dessenungeachtet immer noch stark und gut sein, weil er für sich und früher gefunden wurde: damals als der Gedanke dem Autor zuerst aufleuchtete. So ist es häufig bei Goethe, der zu oft diktierte, wenn er müde war.

90

Schon und noch. – A: Die deutsche Prosa ist noch sehr jung: Goethe meint, daß Wieland ihr Vater sei. B: So jung und schon so häßlich! C.: Aber – soviel mir bekannt, schrieb schon der Bischof Ulfilas deutsche Prosa; sie ist also gegen 1500 Jahre alt. B.: So alt und noch so häßlich!

91

Original-Deutsch. – Die deutsche Prosa, welche in der Tat nicht nach einem Muster gebildet ist und wohl als originales Erzeugnis des deutschen Geschmacks zu gelten hat, dürfte den eifrigen Anwälten einer zukünftigen, originalen, deutschen Kultur einen Fingerzeig geben, wie etwa, ohne Nachahmung von Mustern, eine wirklich deutsche Tracht, eine deutsche Geselligkeit, eine deutsche Zimmereinrichtung, ein deutsches Mittagsessen aussehen werde. – Jemand, der längere Zeit über diese Aussichten nachgedacht hatte, rief endlich in vollem Schrecken aus: »Aber, um des Himmels willen, vielleicht *haben* wir schon diese originale Kultur – man spricht nur nicht gerne davon!«

92

Verbotene Bücher. – Nie etwas lesen, was jene arroganten Vielwisser und Wirrköpfe schreiben, welche die abscheulichste Unart, die der logischen Paradoxie haben: sie wenden die *logischen* Formen gerade dort an, wo alles im Grunde frech improvisiert und in die Luft gebaut ist. (»Also« soll bei ihnen heißen »du Esel von Leser, für dich gibt es dies ‚also' nicht – wohl aber für mich« – worauf die Antwort lautet: »du Esel von Schreiber, wozu schreibst du denn?«)

93

Geist zeigen. – Jeder, der seinen Geist zeigen will, läßt merken, daß er auch reichlich vom Gegenteil hat. Jene Unart geistreicher Franzosen, ihren besten Einfällen einen Zug von *dédain* beizugeben, hat ihren Ursprung in der Absicht, für reicher zu gelten, als sie sind: sie wollen lässig schenken, gleichsam ermüdet vom beständigen Spenden aus übervollen Schatzhäusern.

94

Deutsche und französische Literatur. – Das Unglück der deutschen und französischen Literatur der letzten hundert Jahre liegt darin, daß die Deutschen zu zeitig *aus* der Schule der Franzosen gelaufen sind – und die Franzosen, späterhin, zu zeitig *in* die Schule der Deutschen.

95

Unsere Prosa. – Keines der jetzigen Kulturvölker hat eine so schlechte Prosa wie das deutsche; und wenn geistreiche und verwöhnte Franzosen sagen: es *gibt* keine deutsche Prosa – so dürfte man eigentlich nicht böse werden, da es artiger gemeint ist, als wir's verdienen. Sucht man nach den Gründen, so kommt man zuletzt zu dem seltsamen Ergebnis, daß *der Deutsche nur die improvisierte Prosa kennt* und von einer anderen gar keinen Begriff hat. Es klingt ihm schier unbegreiflich, wenn ein Italiener sagt, daß Prosa gerade um so viel schwerer sei als Poesie, um wie viel die Darstellung der nackten Schönheit für den Bildhauer schwerer sei als die der bekleideten Schönheit. Um Vers, Bild, Rhythmus und Reim hat man sich redlich zu bemühen – das begreift auch der Deutsche und ist nicht geneigt, der Stegreif-Dichtung einen besonders hohen Wert zuzumessen. Aber an einer Seite Prosa wie an einer Bildsäule arbeiten? – es ist ihm, als ob man ihm etwas aus dem Fabellande vorerzählte.

96

Der große Stil. – Der große Stil entsteht, wenn das Schöne den Sieg über das Ungeheure davonträgt.

97

Ausweichen. – Man weiß nicht eher, worin bei ausgezeichneten Geistern das Feine ihres Ausdrucks, ihrer Wendung liegt, wenn man nicht sagen kann, auf welches Wort jeder mittelmäßige Schriftsteller beim

Ausdrücken derselben Sache unvermeidlich geraten sein würde. Alle großen Artisten zeigen sich beim Lenken ihres Fuhrwerks zum Ausweichen, zum Entgleisen geneigt – doch nicht zum Umfallen.

98

Etwas wie Brot. – Brot neutralisiert den Geschmack anderer Speisen, wischt ihn weg; deshalb gehört es zu jeder längeren Mahlzeit. In allen Kunstwerken muß es etwas wie Brot geben, damit es verschiedene Wirkungen in ihnen geben könne: welche, unmittelbar und ohne ein solches zeitweiliges Ausruhen und Pausieren aufeinanderfolgend, schnell erschöpfen und Widerwillen machen würden, so daß eine *längere* Mahlzeit der Kunst unmöglich wäre.

99

Jean Paul. – Jean Paul wußte sehr viel, aber hatte keine Wissenschaft, verstand sich auf allerlei Kunstgriffe in den Künsten, aber hatte keine Kunst, fand beinahe nichts ungenießbar, aber hatte keinen Geschmack, besaß Gefühl und Ernst, goß aber, wenn er davon zu kosten gab, eine widerliche Tränenbrühe darüber, ja er hatte Witz, – aber leider für seinen Heißhunger danach viel zu wenig: weshalb er den Leser gerade durch seine Witzlosigkeit zur Verzweiflung treibt. Im ganzen war er das bunte, starkriechende Unkraut, welches über Nacht auf den zarten Fruchtfeldern Schillers und Goethes aufschoß; er war ein bequemer, guter Mensch, und doch ein Verhängnis, – ein Verhängnis im Schlafrock.

100

Auch den Gegensatz zu schmecken wissen. – Um ein Werk der Vergangenheit so zu genießen, wie es seine Zeitgenossen empfanden, muß man den damals herrschenden Geschmack, gegen den es sich *abhob*, auf der Zunge haben.

101

Weingeist-Autoren. – Manche Schriftsteller sind weder Geist noch Wein, aber Weingeist: sie können in Flammen geraten und geben dann Wärme.

102

Der Mittler-Sinn. – Der Sinn des Geschmacks, als der wahre Mittler-Sinn, hat die anderen Sinne oft zu seinen Ansichten der Dinge überredet und ihnen seine Gesetze und Gewohnheiten eingegeben. Man kann bei Tische über die feinsten Geheimnisse der Künste Aufschlüsse erhalten: man beachte, was schmeckt, wann es schmeckt, wonach und wie lange es schmeckt.

103

Lessing. – Lessing hat eine echt französische Tugend und ist überhaupt als Schriftsteller bei den Franzosen am fleißigsten in die Schule gegangen: er versteht seine Dinge im Schauladen gut zu ordnen und aufzustellen. Ohne diese wirkliche *Kunst* würden seine Gedanken, so wie deren Gegenstände, ziemlich im Dunkel geblieben sein, und ohne daß die allgemeine Einbuße groß wäre. An seiner *Kunst* haben aber viele gelernt (namentlich die letzten Generationen deutscher Gelehrten) und Unzählige sich erfreut. Freilich hätten jene Lernenden nicht nötig gehabt, wie so oft geschehen ist, ihm auch seine unangenehme Ton-Manier, in ihrer Mischung von Zankteufelei und Biederkeit, abzulernen. – Über den »Lyriker« Lessing ist man jetzt einmütig: über den »Dramatiker« wird man es werden.

104

Unerwünschte Leser. – Wie quälen den Autor jene braven Leser mit den dicklichten, ungeschickten Seelen, welche immer, wenn sie woran anstoßen, auch umfallen und sich jedesmal dabei wehe tun!

105

Dichter-Gedanken. – Die wirklichen Gedanken gehen bei wirklichen Dichtern alle verschleiert einher, wie die Ägypterinnen: nur das tiefe *Auge* des Gedankens blickt frei über den Schleier hinweg. – Dichter-Gedanken sind im Durchschnitt nicht so viel wert, als sie gelten: man bezahlt eben für den Schleier und die eigene Neugierde mit.

106

Schreibt einfach und nützlich. – Übergänge, Ausführungen, Farbenspiele des Affekts, – alles das schenken wir dem Autor, weil wir dies mitbringen und seinem Buche zugute kommen lassen, falls er selber uns etwas zugute tut.

107

Wieland. – Wieland hat besser als irgend jemand deutsch geschrieben und dabei sein rechtes meisterliches Genügen und Ungenügen gehabt (seine Übersetzungen der Briefe Ciceros und des Lucian sind die besten deutschen Übersetzungen); aber seine Gedanken geben uns nichts mehr zu denken. Wir vertragen seine heiteren Moralitäten ebensowenig wie seine heiteren Immoralitäten: beide gehören so gut zueinander. Die Menschen, die an ihnen ihre Freude hatten, waren doch wohl im Grunde bessere Menschen als wir, – aber auch um ein gut Teil schwerfälligere, denen ein solcher Schriftsteller eben *nottat*. – *Goethe* tat den Deutschen nicht not, daher sie auch von ihm keinen Gebrauch zu machen wissen. Man sehe sich die Besten unserer Staatsmänner und Künstler daraufhin an: sie alle haben Goethe nicht zum Erzieher gehabt – nicht haben können.

108

Seltene Feste. – Körnige Gedrängtheit, Ruhe und Reife – wo du diese Eigenschaften bei einem Autor findest, da mache Halt und feiere ein langes Fest mitten in der Wüste: es wird dir lange nicht wieder so wohl werden.

109

Der Schatz der deutschen Prosa. – Wenn man von Goethes Schriften absieht und namentlich von Goethes Unterhaltungen mit Eckermann, dem besten deutschen Buche, das es gibt: was bleibt eigentlich von der deutschen Prosa-Literatur übrig, das es verdiente, wieder und wieder gelesen zu werden? Lichtenbergs Aphorismen, das erste Buch von Jung-Stillings Lebensgeschichte, Adalbert Stifters Nachsommer und

Gottfried Kellers Leute von Seldwyla, – und damit wird es einstweilen am Ende sein.

110

Schreibstil und Sprechstil. – Die Kunst zu schreiben verlangt vor allem *Ersatzmittel* für die Ausdrucksarten, welche nur der Redende hat: also für Gebärden, Akzente, Töne, Blicke. Deshalb ist der Schreibstil ein ganz anderer, als der Sprechstil, und etwas viel Schwierigeres: – er will mit wenigerem sich ebenso verständlich machen wie jener. Demosthenes hielt seine Reden anders als wir sie lesen: er hat sie zum Gelesenwerden erst überarbeitet. – Ciceros Reden sollten, zum gleichen Zwecke, erst demosthenisiert werden: jetzt ist viel mehr römisches Forum in ihnen, als der Leser vertragen kann.

111

Vorsicht im Zitieren. – Die jungen Autoren wissen nicht, daß der gute Ausdruck, der gute Gedanke sich nur unter seinesgleichen gut ausnimmt, daß ein vorzügliches Zitat ganze Seiten, ja das ganze Buch vernichten kann, indem es den Leser warnt und ihm zuzurufen scheint: »Gib acht, ich bin der Edelstein und rings um mich ist Blei, bleiches, schmähliches Blei!« Jedes Wort, jeder Gedanke will nur *in seiner Gesellschaft* leben: das ist die Moral des gewählten Stils.

112

Wie soll man Irrtümer sagen? – – Man kann streiten, ob es schädlicher sei, wenn Irrtümer schlecht gesagt werden oder so gut wie die besten Wahrheiten. Gewiß ist, daß sie im erstern Fall auf doppelte Weise dem Kopfe schaden und schwerer aus ihm zu entfernen sind; aber freilich wirken sie nicht so sicher wie im zweiten Falle: sie sind weniger ansteckend.

113

Beschränken und vergrößern. – Homer hat den Umfang des Stoffes beschränkt, verkleinert, aber die einzelnen Szenen aus sich wachsen lassen und vergrößert – und so machen es später die Tragiker immer von neuem: jeder nimmt den Stoff in noch *kleineren* Stücken als sein Vorgänger, jeder aber erzielt eine *reichere* Blütenfülle innerhalb dieser abgegrenzten, umfriedeten Gartenhecken.

114

Literatur und Moralität sich erklärend. – Man kann an der griechischen Literatur zeigen, durch welche Kräfte der griechische Geist sich entfaltete, wie er in verschiedene Bahnen geriet und woran er schwach wurde. Alles das gibt ein Bild davon ab, wie es im Grunde auch mit der griechischen *Moralität* zugegangen ist und wie es mit jeder Moralität zugehen wird: wie sie erst Zwang war, erst Härte zeigte, dann allmählich milder wurde, wie endlich Lust an gewissen Handlungen, an gewissen Konventionen und Formen entstand, und daraus wieder ein Hang zur alleinigen Ausübung, zum Alleinbesitz derselben: wie die Bahn sich mit Wettbewerbenden füllt und überfüllt, wie Übersättigung eintritt, neue Gegenstände des Kampfes und Ehrgeizes aufgesucht, veraltete ins Leben erweckt werden, wie das Schauspiel sich wiederholt und die Zuschauer des Zuschauens überhaupt müde werden, weil nun der ganze Kreis durchlaufen scheint – – und dann kommt ein Stillestehen, ein Ausatmen: die Bäche verlieren sich im Sande. Es ist das Ende da, wenigstens *ein* Ende.

115

Welche Gegenden dauernd erfreuen. – Diese Gegend hat bedeutende Züge zu einem Gemälde, aber ich kann die Formel für sie nicht finden, als Ganzes bleibt sie mir unfaßbar. Ich bemerke, daß alle Landschaften, die mir dauernd zusagen, unter aller Mannigfaltigkeit ein einfaches geometrisches Linien-Schema haben. Ohne ein solches mathematisches Substrat wird keine Gegend etwas künstlerisch-Erfreuendes. Und vielleicht gestattet diese Regel eine gleichnishafte Anwendung auf den Menschen.

116

Vorlesen. – Vorlesen können setzt voraus, daß man *vortragen* könne: man hat überall blasse Farben anzuwenden, aber die Grade der Blässe in genauen Proportionen zu dem immer vorschwebenden und dirigierenden, voll und tief gefärbten Grundgemälde, das heißt nach dem *Vortrage* derselben Partie zu bestimmen. Also muß man dieses letzteren mächtig sein.

117

Der dramatische Sinn. – Wer die feineren vier Sinne der Kunst nicht hat, sucht alles mit dem gröbsten, dem fünften zu verstehen: dies ist der dramatische Sinn.

118

Herder. – Herder ist alles das nicht, was er von sich wähnen machte (und selber zu wähnen wünschte): kein großer Denker und Erfinder, kein neuer treibender Fruchtboden mit einer urwaldfrischen unausgenutzten Kraft. Aber er besaß in höchstem Maße den Sinn der Witterung, er sah und pflückte die Erstlinge der Jahreszeit früher als alle anderen, welche dann glauben konnten, er habe sie wachsen lassen: sein Geist war zwischen Hellem und Dunklem, Altem und Jungem und überall dort wie ein Jäger auf der Lauer, wo es Übergänge, Senkungen, Erschütterungen, die Anzeichen inneren Quellens und Werdens gab: die Unruhe des Frühlings trieb ihn umher, aber er selber war der Frühling nicht! – Das ahnte er wohl zuzeiten, und wollte es doch sicher selber nicht glauben, er, der ehrgeizige Priester, der so gern der Geister-Papst seiner Zeit gewesen wäre! Dies ist sein Leiden: er scheint lange als Prätendent mehrerer Königtümer, ja eines Universalreiches gelebt zu haben und hatte seinen Anhang, welcher an ihn glaubte: der junge Goethe war unter ihm. Aber überall, wo zuletzt Kronen wirklich vergeben wurden, ging er leer aus: Kant, Goethe, sodann die wirklichen ersten deutschen Historiker und Philologen nahmen ihm weg, was er sich vorbehalten wähnte, – oft aber auch im stillsten und geheimsten *nicht* wähnte. Gerade wenn er an sich zweifelte, warf er sich gern die Würde und die Begeisterung um: dies waren bei ihm allzuoft Gewänder, die viel verbergen, ihn selber täuschen und trösten mußten. Er hatte wirklich Begeisterung und Feuer, aber sein Ehrgeiz war viel größer! Dieser blies ungeduldig in das Feuer, daß es flackerte, knisterte und rauchte – sein *Stil* flackert, knistert und raucht

– aber er wünschte die *große* Flamme, und diese brach nie hervor! Er saß nicht an der Tafel der eigentlich Schaffenden: und sein Ehrgeiz ließ nicht zu, daß er sich bescheiden unter die eigentlich Genießenden setzte. So war er ein unruhiger Gast, der Vorkoster aller geistigen Gerichte, die sich die Deutschen in einem halben Jahrhundert aus allen Welt- und Zeitreichen zusammenholten. Nie wirklich satt und froh, war Herder überdies allzu häufig krank: da setzte sich bisweilen der Neid an sein Bett, auch die Heuchelei machte ihren Besuch. Etwas Wundes und Unfreies blieb an ihm haften: und mehr als irgendeinem unserer sogenannten »Klassiker« geht ihm die einfältige wackere Mannhaftigkeit ab.

119

Geruch der Worte. – Jedes Wort hat seinen Geruch: es gibt eine Harmonie und Disharmonie der Gerüche und also der Worte.

120

Der gesuchte Stil. – Der gefundene Stil ist eine Beleidigung für den Freund des gesuchten Stils.

121

Gelöbnis. – Ich will keinen Autor mehr lesen, dem man anmerkt, er wollte ein Buch machen: sondern nur jene, deren Gedanken unversehens ein Buch wurden.

122

Die künstlerische Konvention. – Dreiviertel Homer ist Konvention; und ähnlich steht es bei allen griechischen Künstlern, die zu der modernen Originalitätswut keinen Grund hatten. Es fehlte ihnen alle Angst vor der Konvention; durch diese hingen sie ja mit ihrem Publikum zusammen. Konventionen sind nämlich die für das Verständnis der Zuhörer *eroberten* Kunstmittel, die mühvoll erlernte gemeinsame Sprache, mit welcher der Künstler sich wirklich *mitteilen* kann. Zumal wenn er, wie der griechische Dichter und Musiker, mit jedem seiner Kunstwerke *sofort* siegen will – da er öffentlich mit einem oder zweien Nebenbuhlern zu ringen gewöhnt ist –, so ist die erste Bedingung, daß er *sofort* auch *verstanden* werde: was aber nur durch die Konvention möglich ist. Das, was der Künstler über die Konvention hinaus erfindet, das gibt er aus freien Stücken darauf und wagt dabei sich selber daran, im besten Fall mit dem Erfolge, daß er eine neue Konvention *schafft*. Für gewöhnlich wird das Originale angestaunt, mitunter sogar angebetet, aber selten verstanden; der Konvention hartnäckig ausweichen heißt: nicht verstanden werden wollen. Worauf weist also die moderne Originalitätswut hin?

123

Affektation der Wissenschaftlichkeit bei Künstlern. – Schiller glaubte, gleich anderen deutschen Künstlern, wenn man Geist habe, dürfe man über allerlei schwierige Gegenstände auch wohl *mit der Feder improvisieren*. Und nun stehen seine Prosa-Aufsätze da – in jeder Beziehung ein Muster, wie man wissenschaftliche Fragen der Ästhetik und Moral *nicht* angreifen dürfe – und eine Gefahr für junge Leser, welche, in ihrer Bewunderung des Dichters Schiller, nicht den Mut haben, vom Denker und Schriftsteller Schiller gering zu denken. – Die Versuchung, welche den Künstler so leicht und so begreiflicherweise befällt, auch einmal über die gerade *ihm* verbotene Wiese zu gehen und in der *Wissenschaft* ein Wort mitzusprechen – der Tüchtigste nämlich findet zeitweilig sein Handwerk und seine Werkstätte unausstehlich –, diese Versuchung bringt den Künstler so weit, aller Welt zu zeigen, was sie gar nicht zu sehen braucht, nämlich daß es in seinem Denkzimmerchen eng und unordentlich aussieht – warum auch nicht? er wohnt ja nicht darin! –, daß die Vorratsspeicher seines Wissens teils leer, teils mit Krimskrams gefüllt sind – warum auch nicht? es steht dies sogar im Grunde dem Künstler-Kinde nicht übel an –, namentlich aber, daß selbst für die leichtesten Handgriffe der wissenschaftlichen Methode, die selbst Anfängern geläufig sind, seine Gelenke zu ungeübt und schwerfällig sind – und auch dessen braucht er sich wahrlich nicht zu schämen! – Dagegen entfaltet er oftmals keine geringe Kunst darin, alle die Fehler, Unarten und schlechten Gelehrtenhaftigkeiten, wie sie in der wissenschaftlichen Zunft vorkommen, *nachzuahmen*, im Glauben, dies eben gehöre, wenn nicht zur Sache, so doch zum Schein der Sache; und dies gerade ist das Lustige an solchen Künstler-Schriften, daß hier der Künstler, ohne es zu wollen, doch tut, was seines Amtes ist: die wissenschaftlichen und unkünstlerischen Naturen zu *parodieren*. Eine andere Stellung zur Wissenschaft als die parodische sollte er nämlich nicht haben, soweit er eben der Künstler und nur der Künstler ist.

124

Die Faust-Idee. – Eine kleine Näherin wird verführt und unglücklich gemacht; ein großer Gelehrter aller vier Fakultäten ist der Übeltäter. Das kann doch nicht mit rechten Dingen zugegangen sein? Nein, gewiß nicht! Ohne die Beihilfe des leibhaftigen Teufels hätte es der große Gelehrte nicht zustande gebracht. – Sollte dies wirklich der größte deutsche »tragische Gedanke« sein, wie man unter Deutschen sagen hört? – Für Goethe war aber auch dieser Gedanke noch zu fürchterlich; sein mildes Herz konnte nicht umhin, die kleine Näherin, »die gute Seele, die nur einmal sich vergessen«, nach ihrem unfreiwilligen Tode in die Nähe der Heiligen zu versetzen; ja selbst den großen Gelehrten brachte er, durch einen Possen, der dem Teufel im entscheidenden Augenblick gespielt wird, noch zur rechten Zeit in den Himmel, ihn, »den guten Menschen« mit dem »dunklen Drange«: – dort im Himmel finden sich die Liebenden wieder. – Goethe sagt einmal, für das eigentlich Tragische sei seine Natur zu konziliant gewesen.

125

Gibt es »deutsche Klassiker«? – Sainte-Beuve bemerkt einmal, daß zu der Art einiger Literaturen das Wort »Klassiker« durchaus nicht klingen wolle: wer werde zum Beispiel so leicht von »deutschen Klassikern« reden! – Was sagen unsre deutschen Buchhändler dazu, welche auf dem Wege sind, die fünfzig deutschen Klassiker, an die wir schon glauben sollen, noch um weitere fünfzig zu vermehren? Scheint es doch fast, als ob man eben nur 30 Jahre lang tot zu sein und als erlaubte Beute öffentlich dazuliegen brauche, um unversehens plötzlich als Klassiker die Trompete der Auferstehung zu hören! Und dies in einer Zeit und unter einem Volke, wo selbst von den sechs großen Stammvätern der Literatur fünf unzweideutig veralten oder veraltet sind, – *ohne* daß diese Zeit und dieses Volk sich gerade *dessen* zu schämen hätten! Denn jene sind vor den *Stärken* dieser Zeit zurückgewichen – man überlege es sich nur mit aller Billigkeit! – Von Goethe, wie angedeutet, sehe ich ab, er gehört in eine höhere Gattung von Literaturen, als »National-Literaturen« sind: deshalb steht er auch zu seiner *Nation* weder im Verhältnis des Lebens, noch des Neuseins, noch des Veraltens. Nur für wenige hat er gelebt und lebt er noch: für die meisten ist er nichts als eine Fanfare der Eitelkeit, welche man von Zeit zu Zeit über die deutsche Grenze hinüberbläst. Goethe, nicht nur ein guter und großer Mensch, sondern eine *Kultur*, Goethe ist in der Geschichte der Deutschen ein Zwischenfall ohne Folgen: wer wäre imstande, in der deutschen Politik der letzten 70 Jahre zum Beispiel ein Stück Goethe aufzuzeigen! (während jedenfalls darin ein Stück Schiller, und vielleicht sogar ein Stückchen Lessing tätig gewesen ist). Aber jene andern fünf! Klopstock veraltete schon bei Lebzeiten auf eine sehr ehrwürdige Weise: und so gründlich, daß das nachdenkliche Buch seiner späteren Jahre, die Gelehrten-Republik, wohl bis heutigen Tag von niemandem ernst genommen worden ist. Herder hatte das Unglück, daß seine Schriften immer entweder neu oder veraltet waren; für die feineren und stärkeren Köpfe (wie für Lichtenberg) war zum Beispiel selbst Herders Hauptwerk, seine Ideen zur Geschichte der Menschheit, sofort beim Erscheinen etwas Veraltetes. Wieland, der reichlich gelebt und zu leben gegeben hat, kam als ein kluger Mann dem Schwinden seines Einflusses durch den Tod zuvor. Lessing lebt vielleicht heute noch, – aber unter jungen und immer jüngeren Gelehrten! Und Schiller ist jetzt aus den Händen der Jünglinge in die der Knaben, aller deutschen Knaben geraten! Es ist ja eine bekannte Art des Veraltens, daß ein Buch zu immer unreiferen Lebensaltern hinabsteigt. – Und was hat diese fünf zurückgedrängt, so daß gut unterrichtete und arbeitsame Männer sie nicht mehr lesen? Der bessere Geschmack, das bessere Wissen, die bessere Achtung vor dem Wahren und Wirklichen: also lauter Tugenden, welche gerade durch jene fünf (und durch zehn und zwanzig andere weniger lauten Namens) erst wieder in Deutschland *angepflanzt* worden sind, und welche jetzt als hoher Wald über ihren Gräbern neben dem Schatten der Ehrfurcht auch etwas vom

Schatten der Vergessenheit breiten. – Aber *Klassiker* sind nicht *Anpflanzer* von intellektuellen und literarischen Tugenden, sondern *Vollender* und höchste Lichtspitzen derselben, welche über den Völkern stehen bleiben, wenn diese selber zugrunde gehen: denn sie sind leichter, freier, reiner als sie. Es ist ein hoher Zustand der Menschheit möglich, wo das Europa der Völker eine dunkle Vergessenheit ist, wo Europa aber noch in dreißig sehr alten, nie veralteten Büchern *lebt*: in den Klassikern.

126

Interessant, aber nicht schön. – Diese Gegend verbirgt ihren Sinn, aber sie hat einen, den man erraten möchte: wohin ich sehe, lese ich Worte und Winke zu Worten, aber ich weiß nicht, wo der Satz beginnt, der das Rätsel aller dieser Winke löst, und werde zum Wendehals darüber, zu untersuchen, ob von hier oder von dort aus zu lesen ist.

127

Gegen die Sprach-Neuerer. – In der Sprache neuern oder altertümeln, das Seltene und Fremdartige vorziehen, auf Reichtum des Wortschatzes statt auf Beschränkung trachten, ist immer ein Zeichen des ungereiften oder verderbten Geschmacks. Eine edele Armut, aber innerhalb des unscheinbaren Besitzes eine meisterliche Freiheit zeichnet die griechischen Künstler der Rede aus: sie wollen *weniger* haben, als das Volk hat – denn dieses ist am reichsten in Altem und Neuem – aber sie wollen dies Wenige *besser* haben. Man ist schnell mit dem Aufzählen ihrer Archaismen und Fremdartigkeiten fertig, aber kommt nicht zu Ende im Bewundern, wenn man für die leichte und zarte Art ihres Verkehrs mit dem Alltäglichen und scheinbar längst Verbrauchten in Worten und Wendungen ein gutes Auge hat.

128

Die traurigen und die ernsten Autoren. – Wer zu Papier bringt, was er *leidet*, wird ein *trauriger* Autor: aber ein *ernster*, wenn er uns sagt, was er *litt* und weshalb er jetzt in der Freude ausruht.

129

Gesundheit des Geschmacks. — Wie kommt es, daß die Gesundheiten nicht so ansteckend sind wie die Krankheiten — überhaupt, und namentlich im Geschmack? Oder gibt es Epidemien der Gesundheit? —

130

Vorsatz. — Kein Buch mehr lesen, das zu gleicher Zeit geboren und (mit Tinte) getauft wurde.

131

Den Gedanken verbessern. — Den Stil verbessern — das heißt den Gedanken verbessern, und gar nichts weiter! — Wer dies nicht sofort zugibt, ist auch nie davon zu überzeugen.

132

Klassische Bücher. — Die schwächste Seite jedes klassischen Buches ist die, daß es zu sehr in der Muttersprache seines Autors geschrieben ist.

133

Schlechte Bücher. — Das Buch soll nach Feder, Tinte und Schreibtisch verlangen: aber gewöhnlich verlangen Feder, Tinte und Schreibtisch nach dem Buche. Deshalb ist es jetzt so wenig mit Büchern.

134

Sinnesgegenwart. — Das Publikum wird, wenn es über Gemälde nachdenkt, dabei zum Dichter, und wenn es über Gedichte nachdenkt, zum Forscher. Im Augenblick, da der Künstler es anruft, fehlt es ihm immer am *rechten* Sinn, nicht also an der Geistes-, sondern an der Sinnesgegenwart.

135

Gewählte Gedanken. — Der gewählte Stil einer bedeutenden Zeit wählt nicht nur die Worte, sondern auch die Gedanken aus, — und zwar

beide aus dem *Üblichen* und *Herrschenden*: die gewagten und allzu frisch
riechenden Gedanken sind dem reiferen Geschmack nicht minder zuwider als die neuen tollkühnen Bilder und Ausdrücke. Später riecht
beides – der gewählte Gedanke und das gewählte Wort – leicht nach
Mittelmäßigkeit, weil der Geruch des Gewählten sich schnell verflüchtigt und dann nur noch das Übliche und Alltägliche daran ge-
schmeckt wird.

136

Hauptgrund der Verderbnis des Stils. – Mehr Empfindung für eine Sache
zeigen wollen, als man wirklich *hat*, verdirbt den Stil, in der Sprache
und in allen Künsten. Vielmehr hat alle große Kunst die umgekehrte
Neigung: sie liebt es, gleich jedem sittlich bedeutenden Menschen, das
Gefühl auf seinem Wege anzuhalten und nicht *ganz* ans Ende laufen
zu lassen. Diese Scham der halben Gefühls-Sichtbarkeit ist zum Beispiel bei Sophokles auf das Schönste zu beobachten; und es scheint die
Züge der Empfindung zu verklären, wenn diese sich selber nüchterner
gibt, als sie ist.

137

Zur Entschuldigung der schwerfälligen Stilisten. – Das Leicht-Gesagte
fällt selten so schwer ins Gehör, als die Sache wirklich wiegt – das liegt
aber an den schlecht geschulten Ohren, welche aus der Erziehung
durch das, was man bisher Musik nannte, in die Schule der höheren
Tonkunst, das heißt der *Rede*, übergehen müssen.

138

Vogelperspektive. – Hier stürzen Wildwasser von mehreren Seiten
einem Schlunde zu: ihre Bewegung ist so stürmisch und reißt das
Auge so mit sich fort, daß die kahlen und bewaldeten Gebirgshänge
ringsum nicht abzusinken, sondern wie *hinabzufliehen* scheinen. Man
wird beim Anblick angstvoll gespannt, als ob etwas Feindseliges hinter alledem verborgen liege, vor dem alles flüchten müsse, und gegen
das uns der Abgrund Schutz verliehe. Diese Gegend ist gar nicht zu
malen, es sei denn, daß man wie ein Vogel in der freien Luft über ihr

schwebe. Hier ist einmal die sogenannte Vogelperspektive nicht eine künstlerische Willkür, sondern die einzige Möglichkeit.

139

Gewagte Vergleichungen. — Wenn die gewagten Vergleichungen nicht Beweise vom Mutwillen des Schriftstellers sind, so sind sie Beweise seiner ermüdeten Phantasie. In jedem Falle aber sind sie Beweise seines sehr schlechten Geschmackes.

140

In Ketten tanzen. — Bei jedem griechischen Künstler, Dichter und Schriftsteller ist zu fragen: welches ist der *neue Zwang*, den er sich auferlegt und den er seinen Zeitgenossen reizvoll macht (so daß er Nachahmer findet)? Denn was man »Erfindung« (im Metrischen zum Beispiel) nennt, ist immer eine solche selbstgelegte Fessel. »In Ketten tanzen«, es sich schwer machen und dann die Täuschung der Leichtigkeit darüberbreiten, — das ist das Kunststück, welches sie uns zeigen wollen. Schon bei Homer ist eine Fülle von vererbten Formeln und epischen Erzählungsgesetzen wahrzunehmen, *innerhalb* deren er tanzen mußte: und er selber schuf neue Konventionen für die Kommenden hinzu. Dies war die Erziehungs-Schule der griechischen Dichter: zuerst also einen vielfältigen Zwang sich auferlegen lassen, durch die früheren Dichter; sodann einen neuen Zwang hinzuerfinden, ihn sich auferlegen und ihn anmutig besiegen: so daß Zwang und Sieg bemerkt und bewundert werden.

141

Fülle der Autoren. — Das Letzte, was ein guter Autor bekommt, ist Fülle; wer sie mitbringt, wird nie ein guter Autor werden. Die edelsten Rennpferde sind mager, bis sie von ihren Siegen *ausruhen* dürfen.

142

Keuchende Helden. — Dichter und Künstler, die an Engbrüstigkeit des Gefühls leiden, lassen ihre Helden am meisten keuchen: sie verstehen sich auf das leichte Atmen nicht.

143

Der Halb-Blinde. Der Halb-Blinde ist der Todfeind aller Autoren, welche sich gehen lassen. Diese sollten seinen Ingrimm kennen, mit dem er ein Buch zuschlägt, aus welchem er merkt, daß sein Verfasser fünfzig Seiten braucht, um fünf Gedanken mitzuteilen: jenen Ingrimm darüber, den Rest seiner Augen fast ohne Entgelt in Gefahr gebracht zu haben. – Ein Halb-Blinder sagte: *alle* Autoren haben sich gehen lassen. – »Auch der heilige Geist?« – Auch der heilige Geist. Aber der durfte es; er schrieb für die Ganz-Blinden.

144

Der Stil der Unsterblichkeit. – Thukydides sowohl wie Tacitus – beide haben beim Ausarbeiten ihrer Werke an eine unsterbliche Dauer derselben gedacht: dies würde, wenn man es sonst nicht wüßte, schon aus ihrem Stile zu erraten sein. Der eine glaubte seinen Gedanken durch Einsalzen, der andre durch Einkochen Dauerhaftigkeit zu geben; und beide, scheint es, haben sich nicht verrechnet.

145

Gegen Bilder und Gleichnisse. – Mit Bildern und Gleichnissen überzeugt man, aber beweist nicht. Deshalb hat man innerhalb der Wissenschaft eine solche Scheu vor Bildern und Gleichnissen; man will hier gerade das Überzeugende, das *Glaublich*-Machende *nicht* und fordert vielmehr das kälteste Mißtrauen auch schon durch die Ausdrucksweise und die kahlen Wände heraus: weil das Mißtrauen der Prüfstein für das Gold der Gewißheit ist.

146

Vorsicht. – Wem es an gründlichem Wissen gebricht, der mag sich in Deutschland ja hüten, zu schreiben. Denn der gute Deutsche sagt da nicht: »er ist unwissend«, sondern: »er ist von zweifelhaftem Charakter«. – Dieser übereilte Schluß macht übrigens den Deutschen alle Ehre.

147

Bemalte Gerippe. — Bemalte Gerippe: das sind jene Autoren, welche das, was ihnen an Fleisch abgeht, durch künstliche Farben ersetzen möchten.

148

Der großartige Stil und das Höhere. — Man lernt es schneller großartig schreiben, als leicht und schlicht schreiben. Die Gründe davon verlieren sich ins Moralische.

149

Sebastian Bach. — Sofern man Bachs Musik *nicht* als vollkommener und gewitzigter Kenner des Kontrapunktes und aller Arten des fugierten Stiles hört, und demgemäß des eigentlichen artistischen Genusses entraten muß, wird es uns als Hörern seiner Musik zumute sein (um uns grandios mit Goethe auszudrücken), als ob wir dabei wären, *wie Gott die Welt schuf*. Das heißt: wir fühlen, daß hier etwas Großes im Werden ist, aber noch nicht *ist*: unsere *große* moderne Musik. Sie hat schon die Welt überwunden, dadurch, daß sie die Kirche, die Nationalitäten und den Kontrapunkt überwand. In Bach ist noch zu viel krude Christlichkeit, krudes Deutschtum, krude Scholastik; er steht an der Schwelle der europäischen (modernen) Musik, aber schaut sich von hier nach dem Mittelalter um.

150

Händel. — Händel, im Erfinden seiner Musik kühn, neuerungssüchtig, wahrhaft, gewaltig, dem Heroischen zugewandt und verwandt, dessen ein *Volk* fähig ist, — wurde bei der Ausarbeitung oft befangen und kalt, ja an sich selber müde; da wendete er einige erprobte Methoden der Durchführung an, schrieb schnell und viel und war froh, wenn er fertig war, — aber nicht in der Art froh, wie es Gott und andere Schöpfer am Abende ihres Werktages gewesen sind.

151

Haydn. — Soweit sich Genialität mit einem schlechthin *guten* Menschen verbinden kann, hat Haydn sie gehabt. Er geht gerade bis an die

Grenze, welche die Moralität dem Intellekt zieht; er macht lauter Musik, die »keine Vergangenheit« hat.

152

Beethoven und Mozart. – Beethovens Musik erscheint häufig wie eine tiefbewegte *Betrachtung* beim unerwarteten Wiederhören eines längst verloren geglaubten Stückes »Unschuld in Tönen«: es ist Musik *über* Musik. Im Liede der Bettler und Kinder auf der Gasse, bei den eintönigen Weisen wandernder Italiener, beim Tanze in der Dorfschenke oder in den Nächten des Karnevals, – da entdeckt er seine »Melodien«: er trägt sie wie eine Biene zusammen, indem er bald hier bald dort einen Laut, eine kurze Folge erhascht. Es sind ihm verklärte *Erinnerungen* aus der »besseren Welt«: ähnlich wie Plato es sich von den Ideen dachte. – Mozart steht ganz anders zu seinen Melodien: er findet seine Inspirationen nicht beim Hören von Musik, sondern im Schauen des Lebens, des bewegtesten *südländischen* Lebens: er träumte immer von Italien, wenn er nicht dort war.

153

Rezitativ. – Ehemals war das Rezitativ trocken; jetzt leben wir in der Zeit des *nassen Rezitativs:* es ist ins Wasser gefallen, und die Wellen reißen es, wohin sie wollen.

154

»Heitere« Musik. – Hat man lange die Musik entbehrt, so geht sie nachher wie ein schwerer Südwein allzuschnell ins Blut und hinterläßt eine narkotisch betäubte, halbwache, schlaf-sehnsüchtige Seele; namentlich tut dies gerade die *heitere* Musik, welche zusammen Bitterkeit und Verwundung, Überdruß und Heimweh gibt und alles wie in einem verzuckerten Giftgetränk wieder und wieder zu schlürfen nötigt. Dabei scheint der Saal der heiter rauschenden Freude sich zu verengern, das Licht an Helle zu verlieren und bräuner zu werden: zuletzt ist es einem zumute, als ob die Musik wie in ein Gefängnis hineinklinge, wo ein armer Mensch vor Heimweh nicht schlafen kann.

155

Franz Schubert. – Franz Schubert, ein geringerer Artist als die andern großen Musiker, hatte doch von allen den größten *Erbreichtum* an Musik. Er verschwendete ihn mit voller Hand und aus gütigem Herzen: so daß die Musiker noch ein paar Jahrhunderte an seinen Gedanken und Einfällen zu *zehren* haben werden. In seinen Werken haben wir einen Schatz von *unverbrauchten* Erfindungen; andere werden ihre Größe im Verbrauchen haben. – Dürfte man Beethoven den idealen Zuhörer eines Spielmannes nennen, so hätte Schubert darauf ein Anrecht, selber der ideale Spielmann zu heißen.

156

Modernster Vortrag der Musik. – Der große tragisch-dramatische Vortrag in der Musik bekommt seinen Charakter durch Nachahmung der Gebärden des *großen Sünders*, wie ihn das Christentum sich denkt und wünscht: des langsam Schreitenden, leidenschaftlich Grübelnden, des von Gewissensqual Hin- und Hergeworfenen, des entsetzt Fliehenden, des entzückt Haschenden, des verzweifelt Stillestehenden – und was sonst alles die Merkmale des großen Sündertums sind. Nur unter der Voraussetzung des Christen, daß alle Menschen große Sünder sind und gar nichts tun, als sündigen, ließe es sich rechtfertigen, jenen Stil des Vortrags auf *alle* Musik anzuwenden: insofern die Musik das Abbild alles menschlichen Tun und Treibens wäre, und als solches die Gebärdensprache des großen Sünders fortwährend zu sprechen hätte. Ein Zuhörer, der nicht genug Christ wäre, um diese Logik zu verstehen, dürfte freilich bei einem solchen Vortrage erschreckt ausrufen: »Um des Himmels willen, wie ist denn die Sünde in die Musik gekommen!«

157

Felix Mendelssohn. – Felix Mendelssohns Musik ist die Musik des guten Geschmacks an allem Guten, was dagewesen ist: sie weist immer hinter sich. Wie könnte sie viel »Vor-sich«, viel Zukunft haben! – Aber hat er sie denn haben *wollen*? Er besaß eine Tugend, die unter

Künstlern selten ist, die der Dankbarkeit ohne Nebengedanken: auch diese Tugend weist immer hinter sich.

158

Eine Mutter der Künste. – In unserem skeptischen Zeitalter gehört zur eigentlichen *Devotion* fast ein brutaler Heroismus des *Ehrgeizes*; das fanatische Augenschließen und Kniebeugen genügt nicht mehr. Wäre es nicht möglich, daß der Ehrgeiz, in der Devotion der letzte für alle Zeiten zu sein, der Vater einer letzten katholischen Kirchenmusik würde, wie er schon der Vater des letzten kirchlichen Baustils gewesen ist? (Man nennt ihn Jesuitenstil.)

159

Freiheit in Fesseln – eine fürstliche Freiheit. – Der letzte der neueren Musiker, der die Schönheit geschaut und angebetet hat, gleich Leopardi, der Pole Chopin, der Unnachahmliche – alle vor und nach ihm Gekommenen haben auf dies Beiwort kein Anrecht – Chopin hatte dieselbe fürstliche Vornehmheit der Konvention, welche Raffael im Gebrauche der herkömmlichsten einfachsten Farben zeigt, – aber nicht in bezug auf Farben, sondern auf die melodischen und rhythmischen Herkömmlichkeiten. Diese ließ er gelten, als *geboren in der Etikette*, aber wie der freieste und anmutigste Geist in diesen Fesseln spielend und tanzend – und zwar *ohne* sie zu verhöhnen.

160

Chopins Barcarole. – Fast alle Zustände und Lebensweisen haben einen *seligen* Moment. *Den* wissen die guten Künstler herauszufischen. So hat einen solchen selbst das Leben am Strande, das so langweilige, schmutzige, ungesunde, in der Nähe des lärmendsten und habgierigsten Gesindels sich abspinnende; – diesen seligen Moment hat Chopin, in der Barcarole, so zum Ertönen gebracht, daß selbst Götter dabei gelüsten könnte, lange Sommerabende in einem Kahne zu liegen.

161

Robert Schumann. – Der »Jüngling«, wie ihn die romantischen Liederdichter Deutschlands und Frankreichs um das erste Drittel dieses

Jahrhunderts träumten, — dieser Jüngling ist vollständig in Sang und Ton übersetzt worden — durch Robert Schumann, den ewigen Jüngling, so lange er sich in voller eigner Kraft fühlte: es gibt freilich Momente, in denen seine Musik an die ewige »alte Jungfer« erinnert.

162

Die dramatischen Sänger. — »Warum singt dieser Bettler?« — Er versteht wahrscheinlich nicht zu jammern. — »Dann tut er recht: aber unsere dramatischen Sänger, welche jammern, weil sie nicht zu singen verstehen — tun sie auch das Rechte?«

163

Dramatische Musik. — Für den, welcher nicht sieht, was auf der Bühne vorgeht, ist die dramatische Musik ein Unding; so gut der fortlaufende Kommentar zu einem verlorengegangenen Texte ein Unding ist. Sie verlangt ganz eigentlich, daß man auch die Ohren dort habe, wo die Augen stehen; damit ist aber an Euterpe Gewalt geübt: diese arme Muse will, daß man ihre Augen und Ohren dort stehen lasse, wo alle anderen Musen sie auch haben.

164

Sieg und Vernünftigkeit. — Leider entscheidet auch bei den ästhetischen Kriegen, welche Künstler mit ihren Werken und deren Schutzreden erregen, zuletzt die Kraft und nicht die Vernunft. Jetzt nimmt alle Welt als historische Tatsache an, daß Gluck im Kampfe mit Piccini *recht* gehabt habe: jedenfalls hat er *gesiegt*; die Kraft stand auf seiner Seite.

165

Vom Prinzipe des Vortrags in der Musik. — Glauben denn wirklich die jetzigen Künstler des musikalischen Vortrags, das höchste Gebot ihrer Kunst sei, jedem Stück so viel *Hochrelief* zu geben, als nur möglich ist, und es um jeden Preis eine *dramatische* Sprache reden zu lassen? Ist

dies, zum Beispiel auf Mozart angewendet, nicht ganz eigentlich eine
Sünde wider den Geist, den heiteren, sonnigen, zärtlichen, leichtsinni-
gen Geist Mozarts, dessen Ernst ein gütiger und nicht ein furchtbarer
Ernst ist, dessen Bilder nicht aus der Wand herausspringen wollen, um
die Anschauenden in Entsetzen und Flucht zu jagen. Oder meint ihr,
Mozartsche Musik sei gleichbedeutend mit »Musik des steinernen
Gastes«? Und nicht nur Mozartsche, sondern alle Musik? – Aber ihr
entgegnet, die größere *Wirkung* spreche zugunsten eures Prinzips – und
ihr hättet recht, wofern nicht die Gegenfrage übrig bliebe, *auf wen* da
gewirkt worden sei, und auf wen ein vornehmer Künstler überhaupt
nur wirken *wollen dürfe*! Niemals auf das Volk! Niemals auf die Unreifen! Niemals auf die Empfindsamen! Niemals auf die Krankhaften!
Vor allem aber: niemals auf die Abgestumpften!

166

Musik von heute. – Diese modernste Musik, mit ihren starken Lungen
und schwachen Nerven, erschrickt immer zuerst vor sich selber.

167

Wo die Musik heimisch ist. – Die Musik erlangt ihre große Macht nur
unter Menschen, welche nicht diskutieren können oder dürfen. Ihre
Förderer ersten Ranges sind deshalb Fürsten, welche wollen, daß in
ihrer Nähe nicht viel kritisiert, ja nicht einmal viel gedacht werde; sodann Gesellschaften, welche, unter irgendeinem Drucke (einem fürstlichen oder religiösen) sich an das Schweigen gewöhnen müssen, aber
um so stärkere Zaubermittel gegen die Langeweile des Gefühls suchen
(gewöhnlich die ewige Verliebtheit und die ewige Musik); drittens
ganze Völker, in denen es keine »Gesellschaft« gibt, aber um so mehr
einzelne mit einem Hang zur Einsamkeit, zu halbdunklen Gedanken
und zur Verehrung alles Unaussprechlichen: es sind die eigentlichen
Musikseelen. – Die Griechen, als ein red- und streitlustiges Volk,
haben deshalb die Musik nur als *Zukost* zu Künsten vertragen, über
welche sich wirklich streiten und reden läßt: während über die Musik
sich kaum reinlich *denken* läßt. Die Pythagoreer, jene Ausnahme-

Griechen in vielen Stücken, waren, wie verlautet, auch große Musiker: dieselben, welche das fünfjährige Schweigen, aber *nicht* die Dialektik erfunden haben.

168

Sentimentalität in der Musik. – Man sei der ernsten und reichen Musik noch so gewogen, um so mehr vielleicht wird man in einzelnen Stunden von dem Gegenstück derselben überwunden, bezaubert und fast hinweggeschmolzen; ich meine: von jenen allereinfachsten italienischen Opern-Melismen, welche, trotz aller rhythmischen Einförmigkeit und harmonischen Kinderei, uns mitunter wie die Seele der Musik selber anzusingen scheinen. Gebt es zu oder nicht, ihr Pharisäer des guten Geschmacks: es *ist* so, und mir liegt jetzt daran, dieses Rätsel, daß es so ist, zum Raten aufzugeben und selber ein wenig daran herumzuraten. – Als wir noch Kinder waren, haben wir den Honigseim vieler Dinge zum erstenmal gekostet, niemals wieder war der Honig so gut wie damals, er verführte zum Leben, zum längsten Leben, in der Gestalt des ersten Frühlings, der ersten Blumen, der ersten Schmetterlinge, der ersten Freundschaft. Damals – es war vielleicht um das neunte Jahr unseres Lebens – hörten wir die erste Musik, und das war die, welche wir zuerst *verstanden*, die einfachste und kindlichste also, welche nicht viel mehr als ein Weiterspinnen des Ammenliedes und der Spielmannsweise war. (Man muß nämlich auch für die geringsten »Offenbarungen« der Kunst erst *vorbereitet* und *eingelernt* werden: es gibt durchaus keine »unmittelbare« Wirkung der Kunst, so schön auch die Philosophen davon gefabelt haben.) An jene ersten musikalischen Entzückungen – die stärksten unseres Lebens – knüpft unsere Empfindung an, wenn wir jene italienischen Melismen hören: die Kindes-Seligkeit und der Verlust der Kindheit, das Gefühl des Unwiederbringlichsten als des köstlichsten Besitzes – das rührt dabei die Saiten unserer Seele an, so stark wie es die reichste und ernsteste Gegenwart der Kunst allein nicht vermag. – Diese Mischung ästhetischer Freude mit einem moralischen Kummer, welche man gemeinhin jetzt »Sentimentalität« zu nennen pflegt, etwas gar zu hoffärtig, wie mir scheint – es ist die Stimmung Faustens am Schlusse der ersten Szene – diese »Sentimentalität« der Hörenden kommt der italienischen Musik zugute, welche sonst die erfahrenen Feinschmecker der Kunst, die reinen »Ästhetiker«, zu ignorieren lieben. – Übrigens wirkt fast jede Musik erst von da an *zauberhaft*, wo wir aus ihr die Sprache der eigenen *Vergangenheit* reden hören: und insofern scheint dem Laien alle *alte* Musik immer besser zu werden, und alle eben geborene nur wenig wert zu sein: denn sie erregt noch keine »Sentimentalität«, welche, wie gesagt, das wesentlichste Glücks-Element der Musik für jeden ist, der nicht rein als Artist sich an dieser Kunst zu freuen vermag.

169

Als Freunde der Musik. – Zuletzt sind und bleiben wir der Musik gut, wie wir dem Mondlicht gut bleiben. Beide wollen ja nicht die Sonne verdrängen, – sie wollen nur, so gut sie können, unsere *Nächte* erhellen. Aber nicht wahr? scherzen und lachen dürfen wir trotzdem über sie? Ein wenig wenigstens? Und von Zeit zu Zeit? Über den Mann im Monde! Über das Weib in der Musik!

170

Die Kunst in der Zeit der Arbeit. – Wir haben das Gewissen eines *arbeitsamen* Zeitalters: dies erlaubt uns nicht, die besten Stunden und Vormittage der Kunst zu geben, und wenn diese Kunst selber die größte und würdigste wäre. Sie gilt uns als Sache der Muße, der Erholung: wir weihen ihr die *Reste* unserer Zeit, unserer Kräfte. – Dies ist die allgemeinste Tatsache, durch welche die Stellung der Kunst zum Leben verändert ist: sie hat, wenn sie ihre *großen* Zeit- und Kraft-Ansprüche an die Kunst-Empfangenden macht, das Gewissen der Arbeitsamen und Tüchtigen *gegen* sich, sie ist auf die Gewissenlosen und Lässigen angewiesen, welche aber, ihrer Natur nach, gerade der *großen* Kunst nicht zugetan sind und ihre Ansprüche als Anmaßungen empfinden. Es dürfte deshalb mit ihr zu Ende sein, weil ihr die Luft und der freie Atem fehlt: oder – die große Kunst versucht, in einer Art Vergröberung und Verkleidung, in jener anderen Luft heimisch zu werden (mindestens es in ihr auszuhalten), die eigentlich nur für die *kleine* Kunst, für die Kunst der Erholung, der ergötzlichen Zerstreuung das natürliche Element ist. Dies geschieht jetzt allerwärts; auch die Künstler der groben Kunst versprechen Erholung und Zerstreuung, auch sie wenden sich an den Ermüdeten, auch sie bitten ihn um die Abendstunden seines Arbeitstages, – ganz wie die unterhaltenden Künstler, welche zufrieden sind, gegen den schweren Ernst der Stirnen, das Versunkene der Augen einen Sieg errungen zu haben. Welches ist nun der Kunstgriff ihrer größeren Genossen? Diese haben in ihren Büchsen die gewaltsamsten Erregungsmittel, bei denen selbst der Halbtote noch zusammenschrecken muß; sie haben Betäubungen, Berauschungen, Erschütterungen, Tränenkrämpfe: mit diesen überwältigen sie den Ermüdeten und bringen ihn in eine übernächtige Überlebendigkeit, in ein Außer-sich-sein des Entzückens und des Schreckens. Dürfte man, wegen der Gefährlichkeit ihrer Mittel, der großen Kunst, wie sie jetzt, als Oper, Tragödie und Musik, lebt, – dürfte man ihr als einer arglistigen Sünderin zürnen? Gewiß nicht: sie lebte ja selber hundertmal lieber in dem reinen Element der morgendlichen Stille und wendete sich an die erwartenden, unverbrauchten, kraftgefüllten Morgen-Seelen der Zuschauer und Zuhörer. Danken wir ihr, daß sie es vorzieht, so zu leben, als davonzufliehen: aber gestehen wir uns auch ein, daß für ein Zeitalter, welches einmal wieder freie, volle Fest- und Freudentage in das Leben einführt, *unsere* große Kunst unbrauchbar sein wird.

171

Die Angestellten der Wissenschaft und die anderen. – Die eigentlich tüchtigen und erfolgreichen Gelehrten könnte man insgesamt als »Angestellte« bezeichnen. Wenn, in jungen Jahren, ihr Scharfsinn hinreichend geübt, ihr Gedächtnis gefüllt ist, wenn Hand und Auge Sicherheit gewonnen haben, so werden sie von einem älteren Gelehrten auf eine Stelle der Wissenschaft angewiesen, wo ihre Eigenschaften Nutzen bringen können; späterhin, nachdem sie selber den Blick für die lückenhaften und schadhaften Stellen ihrer Wissenschaft erlangt haben, stellen sie sich von selber dorthin, wo sie not tun. Diese Naturen allesamt sind um der Wissenschaft willen da: aber es gibt seltnere, selten gelingende und völlig ausreifende Naturen, »um derentwillen die Wissenschaft da ist« – wenigstens scheint es ihnen selber so –: oft unangenehme, oft eingebildete, oft querköpfige, fast immer aber bis zu einem Grade zauberhafte Menschen. Sie sind nicht Angestellte, und auch nicht Ansteller, sie bedienen sich dessen, was von jenen erarbeitet und sichergestellt worden ist, in einer gewissen fürstenhaften Gelassenheit und mit geringem und seltenem Lobe: gleichsam als ob jene einer niedrigern Gattung von Wesen angehörten. Und doch haben sie eben nur die gleichen Eigenschaften, wodurch diese anderen sich auszeichnen, und diese mitunter sogar ungenügender entwickelt: obendrein ist ihnen eine *Beschränktheit* eigentümlich, die jenen fehlt, um derentwegen es unmöglich ist, sie an einen Posten zu stellen und in ihnen nützliche Werkzeuge zu sehen, – sie können nur *in ihrer eigenen Luft*, auf eigenem Boden leben. Diese Beschränktheit gibt ihnen ein, was alles von einer Wissenschaft »zu ihnen gehöre«, das heißt, was sie in ihre Luft und Wohnung heimtragen können; sie wähnen immer ihr zerstreutes »Eigentum« zu sammeln. Verhindert man sie, an ihrem eigenen Neste zu bauen, so gehen sie wie obdachlose Vögel zugrunde; Unfreiheit ist für sie Schwindsucht. Pflegen sie einzelne Gegenden der Wissenschaft in der Art jener anderen, so sind es doch immer nur solche, wo gerade die ihnen nötigen Früchte und Samen gedeihen; was geht es sie an, ob die Wissenschaft, im ganzen gesehen, unangebaute oder schlecht gepflegte Gegenden hat? Es fehlt ihnen jede *unpersönliche* Teilnahme an einem Problem der Erkenntnis; wie sie selber durch und durch Person sind, so wachsen auch alle ihre Einsichten und Kenntnisse wieder zu einer Person zusammen, zu einem lebendigen Vielfachen, dessen einzelne Teile voneinander abhängen, ineinander greifen, gemeinsam ernährt werden, das als Ganzes eine eigne Luft und einen eignen Geruch hat. – Solche Naturen bringen, mit diesen ihren *personenhaften* Erkenntnis-Gebilden, jene *Täuschung* hervor, daß eine Wissenschaft (oder gar die ganze Philosophie) fertig sei und am Ziele stehe; das *Leben* in ihrem Gebilde übt diesen Zauber aus: als welcher zuzeiten sehr verhängnisvoll für die Wissenschaft und irreführend für jene vorhin beschriebenen, eigentlich tüchtigen Arbeiter des Geistes gewesen ist, zu andern Zeiten wiederum, als die Dürre und die Ermattung herrschten, wie ein Labsal und gleich dem Anhauche einer kühlen, erquicklichen Raststätte gewirkt hat. – Gewöhnlich nennt man solche Menschen *Philosophen*.

172

Anerkennung des Talents. — Als ich durch das Dorf S. ging, fing ein Knabe aus Leibeskräften an, mit der Peitsche zu knallen, — er hatte es schon weit in dieser Kunst gebracht und wußte es. Ich warf ihm einen Blick der Anerkennung zu, — im Grunde tat mirs *bitter wehe*. — So machen wir es bei der Anerkennung vieler Talente. Wir tun ihnen wohl, wenn sie uns wehe tun.

173

Lachen und Lächeln. — Je freudiger und sicherer der Geist wird, um so mehr verlernt der Mensch das laute Gelächter; dagegen quillt ihm ein geistiges Lächeln fortwährend auf, ein Zeichen seines Verwunderns über die zahllosen versteckten Annehmlichkeiten des guten Daseins.

174

Unterhaltung der Kranken. — Wie man bei seelischem Kummer sich die Haare rauft, sich vor die Stirn schlägt, die Wange zerfleischt oder gar wie Ödipus die Augen ausbohrt: so ruft man gegen heftige körperliche Schmerzen mitunter eine heftige bittere Empfindung zu Hilfe, durch Erinnerung an Verleumder und Verdächtiger, durch Verdüsterung unserer Zukunft, durch Bosheiten und Dolchstiche, welche man im Geiste gegen Abwesende schleudert. Und es ist bisweilen dabei wahr: daß ein Teufel den andern austreibt, — aber man *hat* dann den andern. — Darum sei den Kranken jene andere Unterhaltung anempfohlen, bei der sich die Schmerzen zu mildern scheinen: über Wohltaten und Artigkeiten nachzudenken, welche man Freund und Feind erweisen kann.

175

Mediokrität als Maske. — Die Mediokrität ist die glücklichste Maske, die der überlegene Geist tragen kann, weil sie die große Menge, das heißt die Mediokren, nicht an Maskierung denken läßt —: und doch nimmt er sie gerade ihretwegen vor, — um *sie* nicht zu reizen, ja nicht selten aus Mitleid und Güte.

176

Die Geduldigen. – Die Pinie scheint zu horchen, die Tanne zu warten: und beide ohne Ungeduld: – sie denken nicht an den kleinen Menschen unter sich, den seine Ungeduld und seine Neugierde auffressen.

177

Die besten Scherze. – Der Scherz ist mir am willkommensten, der an Stelle eines schweren, nicht unbedenklichen Gedankens steht, zugleich als Wink mit dem Finger und Blinzeln des Auges.

178

Zubehör aller Verehrung. – Überall, wo die Vergangenheit verehrt wird, soll man die Säuberlichen und Säubernden nicht einlassen. Der Pietät wird ohne ein wenig Staub, Unrat und Unflat nicht wohl.

179

Die große Gefahr der Gelehrten. – Gerade die tüchtigsten und gründlichsten Gelehrten sind in der Gefahr, ihr Lebensziel immer niedriger gesteckt zu sehen und, im Gefühle davon, in der zweiten Hälfte ihres Lebens immer mißmutiger und unverträglicher zu werden. Zuerst schwimmen sie mit breiten Hoffnungen in ihre Wissenschaft hinein und messen sich kühnere Aufgaben zu, deren Ziele mitunter durch ihre Phantasie schon vorweggenommen werden: dann gibt es Augenblicke wie im Leben der großen entdeckenden Schiffahrer, – Wissen, Ahnung und Kraft heben einander immer höher, bis eine ferne neue Küste zum ersten Male dem Auge aufdämmert. Nun erkennt aber der strenge Mensch von Jahr zu Jahr mehr, wie viel daran gelegen ist, daß die Einzelaufgabe des Forschers so beschränkt wie möglich genommen werde, damit sie *ohne* Rest gelöst werden könne und jene unerträgliche Vergeudung von Kraft vermieden werde, an welcher frühere Perioden der Wissenschaft litten: alle Arbeiten wurden zehnmal gemacht, und dann hatte immer noch der elfte das letzte und beste Wort zu sagen. Je mehr aber der Gelehrte dieses Rätsel-Lösen ohne Rest kennen lernt und übt, um so größer wird auch seine Lust daran: aber ebenso wächst auch die Strenge seiner Ansprüche in bezug auf das, was hier »ohne Rest« genannt ist. Er legt alles beiseite, was in diesem Sinne unvollständig bleiben muß, er gewinnt einen Widerwillen und eine Witterung gegen das Halb-Lösbare, – gegen alles, was nur im Ganzen und Unbestimmteren eine Art Sicherheit ergeben kann. Seine Jugendpläne zerfallen vor seinem Blicke: kaum bleiben einige Knoten und Knötchen daraus übrig, an deren Entknüpfung jetzt der Meister seine Lust hat, seine Kraft zeigt. Und nun, mitten in dieser so nützlichen, so rastlosen Tätigkeit überfällt ihn, den Ältergewordenen, plötzlich und dann öfter wieder ein tiefer Mißmut, eine Art Gewissens-Qual: er sieht auf sich hin, wie auf einen Verwandelten, als ob er verkleinert, erniedrigt, zum kunstfertigen *Zwergen* umgeschaffen wäre, er beunruhigt sich darüber, ob nicht das meisterliche Walten im kleinen eine Bequemlichkeit sei, eine Ausflucht vor der Mahnung zur Größe des Lebens und Gestaltens. Aber er kann nicht mehr *hinüber*, – die Zeit ist um.

180

Die Lehrer im Zeitalter der Bücher. – Dadurch, daß die Selbst-Erziehung und Verbrüderungs-Erziehung allgemeiner wird, muß der Lehrer in seiner jetzt gewöhnlichen Form fast entbehrlich werden. Lernbegierige Freunde, die sich zusammen ein Wissen aneignen wollen, finden in unserer Zeit der Bücher einen kürzeren und natürlicheren Weg, als »Schule« und »Lehrer« sind.

181

Die Eitelkeit als die große Nützlichkeit. – Ursprünglich behandelt der starke einzelne nicht nur die Natur, sondern auch die Gesellschaft und die schwächeren einzelnen als Gegenstand des Raub-Baues: er nützt sie aus, so viel er kann, und geht dann weiter. Weil er sehr unsicher lebt, wechselnd zwischen Hunger und Überfluß, so tötet er mehr Tiere, als er verzehren kann, und plündert und mißhandelt die Menschen mehr, als nötig wäre. Seine Machtäußerung ist eine Racheäußerung zugleich gegen seinen pein- und angstvollen Zustand: sodann will er für mächtiger gelten, als er ist, und mißbraucht deshalb die Gelegenheiten: der Furchtzuwachs, den er erzeugt, ist sein Machtzuwachs. Er merkt zeitig, daß nicht das, was er *ist*, sondern das, was er *gilt*, ihn trägt oder niederwirft: hier ist der Ursprung der *Eitelkeit*. Der Mächtige sucht mit allen Mitteln Vermehrung des *Glaubens* an seine Macht. – Die Unterworfenen, die vor ihm zittern und ihm dienen, wissen wiederum, daß sie genau so viel wert sind, als sie ihm *gelten*: weshalb sie auf diese Geltung hinarbeiten und nicht auf ihre eigene Befriedigung an sich. Wir kennen die Eitelkeit nur in den abgeschwächtesten Formen, in ihren Sublimierungen und kleinen Dosen, weil wir in einem späten und sehr gemilderten Zustande der Gesellschaft leben: ursprünglich ist sie *die große Nützlichkeit*, das stärkste Mittel der Erhaltung. Und zwar wird die Eitelkeit um so größer sein, je klüger der einzelne ist: weil die Vermehrung des Glaubens an Macht leichter ist, als die Vermehrung der Macht selber, aber nur für den, der Geist hat – oder, wie es für Urzustände heißen muß, der *listig* und *hinterhaltig* ist.

182

Wetterzeichen der Kultur. – Es gibt so wenig entscheidende Wetterzeichen der Kultur, daß man froh sein muß, für seinen Haus- und Gartengebrauch wenigstens *ein* untrügliches in den Händen zu haben. Um zu prüfen, ob jemand zu uns gehört oder nicht – ich meine zu den freien Geistern –, so prüfe man seine Empfindung für das Christentum. Steht er irgendwie anders zu ihm als *kritisch*, so kehren wir ihm den Rücken: er bringt uns unreine Luft und schlechtes Wetter. – *Unsere* Aufgabe ist es nicht mehr, solche Menschen zu lehren, was ein Schirokko-Wind ist; sie haben Mosen und die Propheten des Wetters und der Aufklärung: wollen sie diese nicht hören, so –

183

Zürnen und strafen hat seine Zeit. – Zürnen und strafen ist unser Angebinde von der Tierheit her. Der Mensch wird erst mündig, wenn er dies Wiegengeschenk den Tieren zurückgibt. – Hier liegt einer der größten Gedanken vergraben, welche Menschen haben können, der Gedanke an einen Fortschritt aller Fortschritte. — Gehen wir einige Jahrtausende miteinander vorwärts, meine Freunde! Es ist *sehr viel* Freude noch den Menschen vorbehalten, wovon den Gegenwärtigen noch kein Geruch zugeweht ist! Und zwar dürfen wir uns diese Freude versprechen, ja als etwas Notwendiges verheißen und beschwören, im Fall nur die Entwickelung der menschlichen Vernunft *nicht stille steht*! Einstmals wird man die *logische* Sünde, welche im Zürnen und Strafen einzeln oder gesellschaftsweise geübt, verborgen liegt, *nicht mehr übers Herz* bringen: einstmals, wenn Herz und Kopf so nah beieinander zu wohnen gelernt haben, wie sie jetzt noch einander ferne stehen. Daß sie sich *nicht mehr so ferne* stehen wie ursprünglich, ist beim Blick auf den ganzen Gang der Menschheit ziemlich ersichtlich; und der einzelne, der ein Leben innerer Arbeit zu überschauen hat, wird mit stolzer Freude sich der überwundenen Entfernung, der erreichten Annäherung bewußt werden, um daraufhin noch größere Hoffnungen wagen zu dürfen.

184

Abkunft der »Pessimisten«. — Ein Bissen guter Nahrung entscheidet oft, ob wir mit hohlem Auge oder hoffnungsreich in die Zukunft schauen: dies reicht ins Höchste und Geistigste hinauf. Die Unzufriedenheit und Welt-Schwärzerei ist dem gegenwärtigen Geschlechte von den ehemaligen Hungerleidern her *vererbt*. Auch unsern Künstlern und Dichtern merkt man häufig an, wenn sie selber auch noch so üppig leben, daß sie von keiner guten Herkunft sind, daß sie von unterdrückt lebenden und schlecht genährten Vorfahren mancherlei ins Blut und Gehirn mitbekommen haben, was als Gegenstand und gewählte Farbe in ihrem Werke wieder sichtbar wird. Die Kultur der Griechen ist die der Vermögenden, und zwar der Altvermögenden: sie lebten ein paar Jahrhunderte hindurch *besser* als wir (in jedem Sinne besser, namentlich viel einfacher in Speise und Trank): da wurden endlich die Gehirne so voll und fein zugleich, da floß das Blut so rasch hindurch, einem freudigen, hellen Weine gleich, daß das Gute und Beste bei ihnen nicht mehr düster, verzückt und gewaltsam, sondern schön und sonnenhaft heraustrat.

185

Vom vernünftigen Tode. – Was ist vernünftiger, die Maschine stillzustellen, wenn das Werk, das man von ihr verlangte, ausgeführt ist, – oder sie laufen zu lassen, bis sie von selber stille steht, das heißt bis sie verdorben ist? Ist letzteres nicht eine Vergeudung der Unterhaltungskosten, ein Mißbrauch mit der Kraft und Aufmerksamkeit der Bedienenden? Wird hier nicht weggeworfen, was anderswo sehr not täte? Wird nicht selbst eine Art Mißachtung gegen die Maschinen überhaupt verbreitet, dadurch, daß viele von ihnen so nutzlos unterhalten und bedient werden? – Ich spreche vom unfreiwilligen (natürlichen) und vom freiwilligen (vernünftigen) Tode. Der natürliche Tod ist der von aller Vernunft unabhängige, der eigentlich *unvernünftige* Tod, bei dem die erbärmliche Substanz der Schale darüber bestimmt, wie lange der Kern bestehen soll oder nicht: bei dem also der verkümmernde, oft kranke und stumpfsinnige Gefängniswärter der Herr ist, der den Punkt bezeichnet, wo sein vornehmer Gefangener sterben soll. Der natürliche Tod ist der Selbstmord der Natur, das heißt die Vernichtung des vernünftigen Wesens durch das unvernünftige, welches an das erstere gebunden ist. Nur unter der religiösen Beleuchtung kann es umgekehrt erscheinen: weil dann, wie billig, die höhere Vernunft (Gottes) ihren Befehl gibt, dem die niedere Vernunft sich zu fügen hat. Außerhalb der religiösen Denkungsart ist der natürliche Tod keiner Verherrlichung wert. – Die weisheitsvolle Anordnung und Verfügung des Todes gehört in jene jetzt ganz unfaßbar und unmoralisch klingende Moral der Zukunft, in deren Morgenröte zu blicken ein unbeschreibliches Glück sein muß.

186

Zurückbildend. – Alle Verbrecher zwingen die Gesellschaft auf frühere Stufen der Kultur zurück, als die ist, auf welcher sie gerade steht; sie wirken zurückbildend. Man denke an die Werkzeuge, welche die Gesellschaft der Notwehr halber sich schaffen und unterhalten muß: an den verschmitzten Polizisten, den Gefängniswärter, den Henker; man vergesse den öffentlichen Ankläger und den Advokaten nicht; endlich frage man sich, ob nicht der Richter selber und die Strafe und das ganze Gerichtsverfahren in ihrer Wirkung auf die Nicht-Verbrecher viel eher niederdrückende, als erhebende Erscheinungen sind: es wird eben nie gelingen, der Notwehr und der Rache das Gewand der Unschuld umzulegen; und sooft man den Menschen als ein Mittel zum Zwecke der Gesellschaft benutzt und opfert, trauert alle höhere Menschlichkeit darüber.

187

Krieg als Heilmittel. – Matt und erbärmlich werdenden Völkern mag der Krieg als Heilmittel anzuraten sein, falls sie nämlich durchaus noch fortleben wollen: denn es gibt für die Völker-Schwindsucht auch eine Brutalitäts-Kur. Das ewige Leben-wollen und Nicht-sterben-Können ist aber selber schon ein Zeichen von Greisenhaftigkeit der Empfindung: je voller und tüchtiger man lebt, um so schneller ist man bereit, das Leben für eine einzige gute Empfindung dahinzugeben. Ein Volk, das so lebt und empfindet, hat die Kriege nicht nötig.

188

Geistige und leibliche Verpflanzung als Heilmittel. – Die verschiedenen *Kulturen* sind verschiedene geistige Klimata, von denen ein jedes diesem oder jenem Organismus vornehmlich schädlich oder heilsam ist. Die *Historie* im ganzen, als das Wissen um die verschiedenen Kulturen, ist die *Heilmittellehre*, nicht aber die Wissenschaft der Heilkunst selber. Der *Arzt* ist erst recht noch nötig, der sich dieser Heilmittellehre bedient, um jeden in sein ihm gerade ersprießliches Klima zu senden – zeitweilig oder auf immer. In der Gegenwart leben, innerhalb einer einzigen Kultur, genügt nicht als allgemeines Rezept, dabei würden zu viele höchst nützliche Arten von Menschen aussterben, die in ihr nicht gesund atmen können. Mit der Historie muß man ihnen *Luft* machen und sie zu erhalten suchen; auch die Menschen zurückgebliebener Kulturen haben ihren Wert. – Dieser Kur der Geister steht zur Seite, daß die Menschheit in leiblicher Beziehung darnach streben muß, durch eine medizinische Geographie dahinterzukommen, zu welchen Entartungen und Krankheiten jede Gegend der Erde Anlaß gibt, und umgekehrt welche Heilfaktoren sie bietet: und dann müssen allmählich Völker, Familien und einzelne so lange und so anhaltend verpflanzt werden, bis man über die angeerbten physischen Gebrechen Herr geworden ist. Die ganze Erde wird endlich eine Summe von Gesundheits-Stationen sein.

189

Der Baum der Menschheit und die Vernunft. – Das, was ihr als Übervölkerung der Erde in greisenhafter Kurzsichtigkeit fürchtet, gibt dem Hoffnungsvolleren eben die große Aufgabe in die Hand: die Menschheit soll einmal ein Baum werden, der die ganze Erde überschattet, mit vielen Milliarden von Blüten, die alle nebeneinander Früchte werden sollen, und die Erde selbst soll zur Ernährung dieses Baumes vorbereitet werden. Daß der jetzige *noch kleine* Ansatz dazu an Saft und Kraft zunehme, daß in unzähligen Kanälen der Saft zur Ernährung des Ganzen und des Einzelnen umströme – aus diesen und ähnlichen Aufgaben ist der *Maßstab* zu entnehmen, ob ein jetziger Mensch nützlich oder unnütz ist. Die Aufgabe ist unsäglich groß und kühn: wir alle wollen dazu tun, daß der Baum nicht vor der Zeit verfaule! Dem historischen Kopfe gelingt es wohl, das menschliche Wesen und Treiben sich im ganzen der Zeit so vor die Augen zu stellen, wie uns allen das Ameisen-Wesen mit seinen kunstvoll getürmten Haufen vor Augen steht. Oberflächlich beurteilt, würde auch das gesamte Menschentum gleich dem Ameisentum von »Instinkt« reden lassen. Bei strengerer Prüfung nehmen wir wahr, wie ganze Völker, ganze Jahrhunderte sich abmühen, neue Mittel ausfindig zu machen und *auszuprobieren*, womit man einem großen menschlichen Ganzen und zuletzt dem großen Gesamt-Fruchtbaume der Menschheit wohltun könne; und was auch immer bei diesem Ausprobieren die einzelnen, die Völker und die Zeiten für Schaden leiden, durch diesen Schaden sind jedesmal einzelne *klug* geworden, und von ihnen aus strömt die Klugheit langsam auf die Maßregeln ganzer Völker, ganzer Zeiten über. Auch die Ameisen irren und vergreifen sich; die Menschheit kann recht wohl durch Torheit der Mittel verderben und verdorren, vor der Zeit, es gibt weder für jene, noch für diese einen sicher führenden Instinkt. Wir müssen vielmehr der großen Aufgabe ins *Gesicht sehen*, die Erde für ein Gewächs der größten und freudigsten Fruchtbarkeit *vorzubereiten*, – einer Aufgabe der Vernunft für die Vernunft!

190

Das Lob des Uneigennützigen und sein Ursprung. — Zwischen zwei nach, barlichen Häuptlingen war seit Jahren Hader: man verwüstete einander die Saaten, führte Herden weg, brannte Häuser nieder, mit einem unentschiedenen Erfolge im ganzen, weil ihre Macht ziemlich gleich war. Ein Dritter, der durch die abgeschlossene Lage seines Besitztums von diesen Fehden sich fernhalten konnte, aber doch Grund hatte, den Tag zu fürchten, an dem einer dieser händelsüchtigen Nachbarn entscheidend zum Übergewicht kommen würde, trat endlich zwischen die Streitenden, mit Wohlwollen und Feierlichkeit: und im Geheimen legte er auf seinen Friedensvorschlag ein schweres Gewicht, indem er jedem einzeln zu verstehen gab, fürderhin gegen den, welcher sich wider den Frieden sträube, mit dem andern gemeinsame Sache zu machen. Man kam vor ihm zusammen, man legte zögernd in seine Hand die Hände, welche bisher die Werkzeuge und allzuoft die Ursache des Hasses gewesen waren, — und wirklich, man versuchte es ernstlich mit dem Frieden. Jeder sah mit Erstaunen, wie plötzlich sein Wohlstand, sein Behagen wuchs, wie man jetzt am Nachbar einen kaufs, und verkaufsbereiten Händler, anstatt eines tückischen oder offen höhnenden Übeltäters, hatte, wie selbst, in unvorhergesehenen Notfällen, man sich gegenseitig aus der Not ziehen konnte, anstatt, wie es bisher geschehen, diese Not des Nachbars auszunutzen und aufs höchste zu steigern; ja es schien, als ob der Menschenschlag in beiden Gegenden sich seitdem verschönert hätte: denn die Augen hatten sich erhellt, die Stirnen sich entrunzelt, allen war das Vertrauen zur Zukunft zu eigen geworden, — und nichts ist den Seelen und Leibern der Menschen förderlicher, als dies Vertrauen. Man sah einander alle Jahre am Tage des Bündnisses wieder, die Häuptlinge sowohl wie deren Anhang: und zwar vor dem Angesicht des Mittlers, dessen Handlungsweise man, je größer der Nutzen war, den man ihr verdankte, immer mehr anstaunte und verehrte. Man nannte sie *uneigennützig* — man hatte den Blick viel zu fest auf den eigenen, seither eingeernteten Nutzen gerichtet, um von der Handlungsweise des Nachbars mehr zu sehen, als daß sein Zustand infolge derselben sich nicht so verändert habe wie der eigene: er war vielmehr derselbe geblieben, und so schien es, daß jener den Nutzen nicht im Auge gehabt habe. Zum ersten Male sagte man sich, daß die Uneigennützigkeit eine Tugend sei: gewiß mochten im kleinen und privaten sich oftmals bei ihnen ähnliche Dinge ereignet haben, aber man hatte das Augenmerk für diese Tugend erst, als sie zum ersten Male in ganz großer Schrift, lesbar für die ganze Gemeinde, an die Wand gemalt wurde. Erkannt als Tugenden, zu Namen gekommen, in Schätzung gebracht, zur Aneignung anempfohlen sind die moralischen Eigenschaften erst von dem Augenblicke an, da sie *sichtbar* über Glück und Verhängnis ganzer Gesellschaften entschieden haben: dann ist nämlich die Höhe der Empfindung und die Erregung der inneren schöpferischen Kräfte bei *vielen* so groß, daß man dieser Eigenschaft Geschenke bringt, vom Besten, was jeder hat: der Ernste legt ihr seinen Ernst zu Füßen, der Würdige seine Würde, die Frauen ihre Milde, die Jünglinge alles Hoffnungs- und Zukunftsreiche ihres Wesens; der Dichter leiht ihr Worte und Namen, reiht sie in den Reigentanz ähnlicher Wesen ein, gibt ihr einen Stammbaum und betet zuletzt, wie es Künstler tun, das Gebilde seiner Phantasie als neue Gottheit an – er *lehrt* sie anbeten. So wird eine Tugend, weil die Liebe und die Dankbarkeit aller an ihr arbeitet, wie an einer Bildsäule, zuletzt eine *Ansammlung* des Guten und Verehrungswürdigen, eine Art Tempel und göttlicher Person zugleich. Sie steht fürderhin als einzelne Tugend da, als ein Wesen für sich, was sie bis dahin nicht war, und übt die Rechte und die Macht einer geheiligten Übermenschlichkeit aus. – Im späteren Griechenland standen die Städte voll von solchen vergottmenschlichten Abstractis (man verzeihe das absonderliche Wort um des absonderlichen Begriffs willen); das Volk hatte sich auf seine Art einen platonischen »Ideenhimmel« inmitten seiner Erde hergerichtet, und ich glaube nicht, daß dessen Inwohner weniger lebendig empfunden wurden, als irgendeine althomerische Gottheit.

191

Dunkel-Zeiten. – »Dunkel-Zeiten« nennt man solche in Norwegen, da die Sonne den ganzen Tag unter dem Horizonte bleibt: die Temperatur fällt dabei fortwährend langsam. – Ein schönes Gleichnis für alle Denker, welchen die Sonne der Menschheits-Zukunft zeitweilig verschwunden ist.

192

Der Philosoph der Üppigkeit. – Ein Gärtchen, Feigen, kleine Käse und dazu drei oder vier gute Freunde, – das war die Üppigkeit Epikurs.

193

Die Epochen des Lebens. – Die eigentlichen Epochen im Leben sind jene kurzen Zeiten des Stillstandes, mitten inne zwischen dem Aufsteigen und Absteigen eines regierenden Gedankens oder Gefühls. Hier ist wieder einmal *Sattheit* da: alles andere ist Durst und Hunger – oder Überdruß.

194

Der Traum. – Unsere Träume sind, wenn sie einmal ausnahmsweise gelingen und vollkommen werden – für gewöhnlich ist der Traum eine Pfuscher-Arbeit –, symbolische Szenen- und Bilder-Ketten an Stelle einer erzählenden Dichter-Sprache; sie umschreiben unsere Erlebnisse oder Erwartungen oder Verhältnisse mit dichterischer Kühnheit und Bestimmtheit, daß wir dann morgens immer über uns erstaunt sind, wenn wir uns unserer Träume erinnern. Wir verbrauchen im Traume zu viel Künstlerisches – und sind deshalb am Tage oft zu arm daran.

195

Natur und Wissenschaft. – Ganz wie in der Natur werden auch in der Wissenschaft die schlechteren unfruchtbareren Gegenden zuerst gut angebaut – weil hierfür eben die Mittel der *angehenden* Wissenschaft ungefähr ausreichen. Die Bearbeitung der fruchtbarsten Gegenden setzt eine sorgsam entwickelte, ungeheure Kraft von Methoden, gewonnene Einzel-Resultate und eine organisierte Schar von Arbeitern, gut geschulten Arbeitern, voraus; – dies alles findet sich erst spät zusammen. – Die Ungeduld und der Ehrgeiz greifen oft zu früh nach diesen fruchtbarsten Gegenden; aber die Ergebnisse sind dann gleich Null.

In der Natur würden sich solche Verluste dadurch rächen, daß die Ansiedler verhungerten.

196

Einfach leben. – Eine einfache Lebensweise ist jetzt schwer: dazu tut viel mehr Nachdenken und Erfindungsgabe not, als selbst sehr gescheite Leute haben. Der Ehrlichste von ihnen wird vielleicht noch sagen: »Ich habe nicht die Zeit, darüber so lange nachzudenken. Die einfache Lebensweise ist für mich ein zu vornehmes Ziel, ich will warten, bis Weisere, als ich bin, sie gefunden haben.«

197

Spitzen und Spitzchen. – Die geringe Fruchtbarkeit, die häufige Ehelosigkeit und überhaupt die geschlechtliche Kühle der höchsten und kultiviertesten Geister, sowie der zu ihnen gehörenden Klassen, ist wesentlich in der Ökonomie der Menschheit: die Vernunft erkennt und macht Gebrauch davon, daß bei einem äußersten Punkte der geistigen Entwickelung die Gefahr einer *nervösen* Nachkommenschaft sehr groß ist: solche Menschen sind *Spitzen* der Menschheit – sie dürfen nicht weiter in Spitzchen auslaufen.

198

Keine Natur macht Sprünge. – Wenn der Mensch sich noch so stark fortentwickelt und aus einem Gegensatz in den andern überzuspringen scheint: bei genaueren Beobachtungen wird man doch die *Verzahnungen* auffinden, wo das neue Gebäude aus dem älteren herauswächst. Dies ist die Aufgabe des Biographen: er muß nach dem Grundsatze über das Leben denken, daß keine Natur Sprünge macht.

199

Zwar reinlich. – Wer sich mit reingewaschenen Lumpen kleidet, kleidet sich zwar reinlich, aber doch lumpenhaft.

200

Der Einsame spricht. – Man erntet als Lohn für vielen Überdruß, Mißmut, Langeweile – wie dies alles eine Einsamkeit ohne Freunde, Bücher, Pflichten, Leidenschaften mit sich bringen muß – jene Viertelstunden tiefster Einkehr in sich und die Natur. Wer sich völlig gegen die Langeweile verschanzt, verschanzt sich auch gegen sich selber: den kräftigsten Labetrunk aus dem eigenen innersten Born wird er nie zu trinken bekommen.

201

Falsche Berühmtheit. – Ich hasse jene angeblichen Naturschönheiten, welche im Grunde nur durch das Wissen, namentlich das geographische, etwas bedeuten, an sich aber dem schönheitsdurstigen Sinne dürftig bleiben: zum Beispiel die Ansicht des Montblanc von Genf aus – etwas Unbedeutendes ohne die zu Hilfe eilende Gehirnfreude des Wissens; die näheren Berge dort sind alle schöner und ausdrucksvoller – aber »lange nicht so hoch«, wie jenes absurde Wissen, zur Abschwächung, hinzugefügt. Das Auge widerspricht dabei dem Wissen: wie soll es sich im Widersprechen wahrhaft freuen können!

202

Vergnügungs-Reisende. – Sie steigen wie Tiere den Berg hinauf, dumm und schwitzend; man hatte ihnen zu sagen vergessen, daß es unterwegs schöne Aussichten gebe.

203

Zu viel und zu wenig. – Die Menschen durchleben jetzt alle zu viel und durchdenken zu wenig: sie haben Heißhunger und Kolik zugleich und werden deshalb immer magerer, so viel sie auch essen. – Wer jetzt sagt: »ich habe nichts erlebt« – ist ein Dummkopf.

204

Ende und Ziel. – Nicht jedes Ende ist das Ziel. Das Ende der Melodie ist nicht deren Ziel; aber trotzdem: hat die Melodie ihr Ende nicht erreicht, so hat sie auch ihr Ziel nicht erreicht. Ein Gleichnis.

205

Neutralität der großen Natur. – Die Neutralität der großen Natur (in Berg, Meer, Wald und Wüste) gefällt, aber nur eine kurze Zeit; nachher werden wir ungeduldig. »Wollen denn diese Dinge gar nichts *zu uns* sagen? Sind *wir* für sie nicht da?« Es entsteht das Gefühl eines *crimen laesae majestatis humanae.*

206

Die Absichten vergessen. – Man vergißt über der Reise gemeinhin deren Ziel. Fast jeder Beruf wird als Mittel zu einem Zwecke gewählt und begonnen, aber als letzter Zweck fortgeführt. Das Vergessen der Absichten ist die häufigste Dummheit, die gemacht wird.

207

Sonnenbahn der Idee. – Wenn eine Idee am Horizonte eben aufgeht, ist gewöhnlich die Temperatur der Seele dabei sehr kalt. Erst allmählich entwickelt die Idee ihre Wärme, und am heißesten ist diese (das heißt sie tut ihre größten Wirkungen), wenn der Glaube an die Idee schon wieder im Sinken ist.

208

Wodurch man alle wider sich hätte. – Wenn jetzt jemand zu sagen wagte: »wer nicht für mich ist, der ist wider mich«, so hätte er sofort alle wider sich. – Diese Empfindung macht unserem Zeitalter Ehre.

209

Sich des Reichtums schämen. – Unsere Zeit verträgt nur eine einzige Gattung von Reichen, solche, welche sich ihres Reichtums *schämen*. Hört man von jemandem, »er ist sehr reich« so hat man dabei sofort eine ähnliche Empfindung wie beim Anblick einer widerlich anschwellenden Krankheit, einer Fett- oder Wassersucht: man muß sich gewaltsam seiner Humanität erinnern, um mit einem solchen Reichen so verkehren zu können, daß er von unserm Ekelgefühle nichts merkt. Sobald er aber gar sich etwas auf seinen Reichtum zugute tut, so mischt sich zu unserm Gefühle die fast mitleidige Verwunderung über einen so hohen Grad der menschlichen Unvernunft: so daß man die Hände gen Himmel erheben und rufen möchte »armer Entstellter, Überbürdeter, hundertfach Gefesselter, dem jede Stunde etwas Unangenehmes bringt *oder bringen kann*, in dessen Gliedern *jedes* Ereignis von zwanzig Völkern nachzuckt, wie magst du uns glauben machen, daß du dich in deinem Zustande wohlfühlst! Wenn du irgendwo öffentlich erscheinst, so wissen wir, daß es eine Art Spießrutenlaufens ist, unter lauter Blicken, welche für dich nur kalten Haß oder Zudringlichkeit oder schweigsamen Spott haben. Dein Erwerben mag leichter sein als das der anderen: aber es ist ein überflüssiges Erwerben, welches wenig Freude macht, und dein *Bewahren* alles Erworbenen ist jedenfalls *jetzt* ein mühseligeres Ding als irgendein mühseliges Erwerben. Du leidest *fortwährend*, denn du verlierst fortwährend. Was nützt es dir, daß man dir immer neues künstliches Blut zuführt: deshalb tun doch die Schröpfköpfe nicht weniger weh, die auf deinem Nacken sitzen, beständig sitzen! – Aber, um nicht unbillig zu werden, es ist schwer, vielleicht unmöglich für dich, *nicht* reich zu sein: du *mußt* bewahren, *mußt* neu erwerben, der vererbte Hang deiner Natur ist das *Joch* über dir – aber deshalb täusche uns nicht und *schäme* dich ehrlich und sichtlich des Joches, das du trägst: da du ja im Grunde deiner Seele müde und unwillig bist, es zu tragen. Diese Scham schändet nicht.«

210

Ausschweifung in der Anmaßung. – Es gibt so anmaßende Menschen, daß sie eine Größe, welche sie öffentlich bewundern, nicht anders zu loben wissen, als indem sie dieselbe als Vorstufe und Brücke, die zu *ihnen* führt, darstellen.

211

Auf dem Boden der Schmach. – Wer den Menschen eine Vorstellung nehmen will, tut sich gewöhnlich nicht genug damit, sie zu widerlegen und den unlogischen Wurm, der in ihr sitzt, herauszuziehen: vielmehr wirft er, nachdem der Wurm getötet ist, die ganze Frucht auch noch in den *Kot*, um sie den Menschen unansehnlich zu machen und Ekel vor ihr einzuflößen. So glaubt er das Mittel gefunden zu haben, die bei widerlegten Vorstellungen so gewöhnliche »Wiederauferstehung am dritten Tage« unmöglich zu machen. – Er irrt sich, denn gerade auf dem *Boden der Schmach*, inmitten des Unflates, treibt der Fruchtkern der Vorstellung schnell neue Keime. – Also: ja nicht verhöhnen, beschmutzen, was man endgültig beseitigen will, sondern es achtungsvoll *auf Eis legen*, immer und immer wieder, in Anbetracht daß Vorstellungen ein sehr zähes Leben haben. Hier muß man nach der Maxime handeln: »Eine Widerlegung ist keine Widerlegung.«

212

Los der Moralität. – Da die Gebundenheit der Geister abnimmt, ist sicherlich die Moralität (die vererbte, überlieferte, instinkthafte Handlungsweise *nach moralischen Gefühlen*) ebenfalls in Abnahme: nicht aber die einzelnen Tugenden, Mäßigkeit, Gerechtigkeit, Seelenruhe, – denn die größte Freiheit des bewußten Geistes führt einmal schon unwillkürlich zu ihnen hin und rät sie sodann auch als *nützlich* an.

213

Der Fanatiker des Mißtrauens und seine Bürgschaft. – *Der Alte:* Du willst das Ungeheure wagen und die Menschen im großen belehren? Wo ist deine Bürgschaft? – *Pyrrhon:* Hier ist sie: ich will die Menschen vor mir selber warnen, ich will alle Fehler meiner Natur öffentlich bekennen und meine Übereilungen, Widersprüche und Dummheit vor aller Augen bloßstellen. Hört nicht auf mich, will ich ihnen sagen, bis ich nicht eurem Geringsten gleich geworden bin, und noch geringer bin, als er; sträubt euch gegen die Wahrheit, so lange ihr nur könnt, aus Ekel vor dem, der ihr Fürsprecher ist. Ich werde euer Verführer und Betrüger sein, wenn ihr noch den mindesten Glanz von Achtbarkeit und Würde an mir wahrnehmt. – *Der Alte:* Du versprichst zu viel, du kannst diese Last nicht tragen. – *Pyrrhon:* So will ich auch dies den Menschen sagen, daß ich zu schwach bin und nicht halten kann, was ich verspreche. Je größer meine Unwürdigkeit, um so mehr werden sie der Wahrheit mißtrauen, wenn sie durch meinen Mund geht.

– *Der Alte:* Willst du denn der Lehrer des Mißtrauens gegen die Wahrheit sein? – *Pyrrhon:* Des Mißtrauens, wie es noch nie in der Welt war, des Mißtrauens gegen alles und jedes. Es ist der einzige Weg zur Wahrheit. Das rechte Auge darf dem linken nicht trauen, und Licht wird eine Zeitlang Finsternis heißen müssen: dies ist der Weg, den ihr gehen müßt. Glaubt nicht, daß er euch zu Fruchtbäumen und schönen Weiden führe. Kleine harte Körner werdet ihr auf ihm finden, – das sind die Wahrheiten: Jahrzehnte lang werdet ihr die Lügen händevoll verschlingen müssen, um nicht Hungers zu sterben, ob ihr schon wisset, daß es Lügen sind. Jene Körner aber werden gesäet und eingegraben, und vielleicht, vielleicht gibt es einmal einen Tag der Ernte: Niemand darf ihn *versprechen*, er sei denn ein Fanatiker. – *Der Alte:* Freund! Freund! Auch deine Worte sind die des Fanatikers! – *Pyrrhon:* Du hast recht! ich will gegen alle Worte mißtrauisch sein. – *Der Alte:* Dann wirst du schweigen müssen. – *Pyrrhon:* Ich werde den Menschen sagen, daß ich schweigen muß und daß sie meinem Schweigen mißtrauen sollen. – *Der Alte:* Du trittst also von deinem Unternehmen zurück? – *Pyrrhon:* Vielmehr – du hast mir eben das Tor gezeigt, durch welches ich gehen muß. – *Der Alte:* Ich weiß nicht –: verstehen wir uns jetzt noch völlig? – *Pyrrhon:* Wahrscheinlich nicht. – *Der Alte:* Wenn du dich nur selber völlig verstehst! – *Pyrrhon* dreht sich um und lacht. – *Der Alte:* Ach Freund! Schweigen und Lachen – ist das jetzt deine ganze Philosophie? – *Pyrrhon:* Es wäre nicht die schlechteste. –

214

Europäische Bücher. – Man ist beim Lesen von Montaigne, Larochefoucauld, La Bruyère, Fontenelle (namentlich der *dialogues des morts*), Vauvenargues, Chamfort dem Altertum näher als bei irgendwelcher Gruppe von sechs Autoren anderer Völker. Durch jene sechs ist der *Geist der letzten Jahrhunderte* der *alten* Zeitrechnung wieder erstanden – sie zusammen bilden ein wichtiges Glied in der großen noch fortlaufenden Kette der Renaissance. Ihre Bücher erheben sich über den Wechsel des nationalen Geschmacks und der philosophischen Färbungen, in denen für gewöhnlich jetzt jedes Buch schillert und schillern muß, um berühmt zu werden: sie enthalten mehr *wirkliche Gedan-*

ken als alle Bücher deutscher Philosophen zusammengenommen: Gedanken von der Art, welche Gedanken macht, und die – ich bin in Verlegenheit zu Ende zu definieren; genug, daß es mir Autoren zu sein scheinen, welche weder für Kinder noch für Schwärmer geschrieben haben, weder für Jungfrauen noch für Christen, weder für Deutsche noch für – ich bin wieder in Verlegenheit, meine Liste zu schließen. – Um aber ein deutliches Lob zu sagen: sie wären, griechisch geschrieben, auch von Griechen verstanden worden. Wie viel hätte dagegen selbst Plato von den Schriften unserer besten deutschen Denker, zum Beispiel Goethes und Schopenhauers, überhaupt verstehen *können*, von dem Widerwillen zu schweigen, welchen ihre Schreibart ihm erregt haben würde, nämlich das Dunkle, Übertriebene und gelegentlich wieder Klapperdürre, – Fehler, an denen die Genannten noch am wenigsten von den deutschen Denkern und doch noch allzuviel leiden (Goethe, als Denker, hat die Wolke lieber umarmt, als billig ist, und Schopenhauer wandelt nicht ungestraft fast fortwährend unter Gleichnissen der Dinge, statt unter den Dingen selber). – Dagegen, welche Helligkeit und zierliche Bestimmtheit bei jenen Franzosen! Diese Kunst hätten auch die feinohrigsten Griechen gutheißen müssen, und eines würden sie sogar bewundert und angebetet haben, den französischen *Witz* des Ausdrucks: so etwas *liebten* sie sehr, ohne gerade darin besonders stark zu sein.

215

Mode und modern. – Überall, wo noch die Unwissenheit, die Unreinlichkeit, der Aberglaube im Schwange sind, wo der Verkehr lahm, die Landwirtschaft armselig, die Priesterschaft mächtig ist, da finden sich auch noch die *Nationaltrachten*. Dagegen herrscht die *Mode*, wo die Anzeichen des Entgegengesetzten sich finden. Die Mode ist also neben den *Tugenden* des jetzigen Europa zu finden: sollte sie wirklich deren Schattenseite sein? – Zunächst sagt die *männliche* Bekleidung, welche modisch und nicht mehr national ist, von dem, der sie trägt, aus, daß der Europäer nicht als *einzelner* noch als *Standes- und Volksgenosse auffallen* will, daß er sich eine absichtliche Dämpfung dieser Arten von Eitelkeit zum Gesetz gemacht hat: dann daß er arbeitsam ist und nicht viel Zeit zum Ankleiden und Sich-putzen hat, auch alles Kostbare und Üppige in Stoff und Faltenwurf im Widerspruch mit seiner Arbeit findet; endlich daß er durch seine Tracht auf die gelehrteren und geistigeren Berufe als die hinweist, welchen er als europäischer Mensch am nächsten steht oder stehen möchte: während durch die noch vorhandenen Nationaltrachten der Räuber, der Hirt oder der Soldat als die wünschbarsten und tonangebenden Lebensstellungen hindurchschimmern. Innerhalb dieses Gesamt-Charakters der männ, lichen Mode gibt es dann jene kleinen Schwankungen, welche die Eitelkeit der jungen Männer, der Stutzer und Nichtstuer der großen Städte hervorbringt, also *derer, welche als europäische Menschen noch nicht reif geworden sind.* – Die europäischen Frauen sind dies *noch viel weniger*, weshalb die Schwankungen bei ihnen viel größer sind: sie wollen auch das Nationale nicht und hassen es, als Deutsche, Franzosen, Russen an der Kleidung erkannt zu werden, aber als einzelne wollen sie sehr gern auffallen; ebenso soll niemand schon durch ihre Bekleidung im Zweifel gelassen werden, daß sie zu einer angeseheneren Klasse der Gesellschaft (zur »guten« und »hohen« oder »großen« Welt) gehören, und zwar wünschen sie nach dieser Seite hin gerade um so mehr vor, einzunehmen, als sie nicht oder kaum zu jener Klasse gehören. Vor allem aber will die junge Frau nichts tragen, was die etwas ältere trägt, weil sie durch den Verdacht eines höheren Lebensalters im Preise zu fallen glaubt: die ältere wiederum möchte durch jugendlichere Tracht so lange täuschen, als es irgend angeht, – aus welchem Wettbewerb sich zeitweilig immer Moden ergeben müssen, bei denen das eigentlich Jugendliche ganz unzweideutig und unnachahmlich sichtbar wird. Hat der Erfindungsgeist der jungen Künstlerinnen in solchen Bloß, stellungen der Jugend eine Zeitlang geschwelgt, oder um die ganze Wahrheit zu sagen – hat man wieder einmal den Erfindungsgeist älte, rer höfischer Kulturen, sowie den der noch bestehenden Nationen, und überhaupt den ganzen kostümierten Erdkreis zu Rate gezogen und etwa die Spanier, die Türken und Altgriechen zur Inszenierung des schönen Fleisches zusammengekoppelt: so entdeckt man endlich im, mer wieder, daß man sich doch nicht zum besten auf seinen Vorteil verstanden habe; daß, um auf die Männer Wirkung zu machen, das Versteckspielen mit dem schönen Leibe glücklicher sei, als die nackte und halbnackte Ehrlichkeit; und nun dreht sich das Rad des Ge, schmackes und der Eitelkeit einmal wieder in entgegengesetzter Richtung: die etwas älteren jungen Frauen finden, daß ihr Reich gekommen sei, und der Wettkampf der lieblichsten und absurdesten Geschöpfe tobt wieder von neuem. *Je mehr* aber die Frauen innerlich zunehmen und nicht mehr unter sich, wie bisher, den unreifen Altersklassen den Vorrang zugestehen, um so geringer werden diese Schwankungen ihrer Tracht, um so einfacher ihr Putz: über welchen man billigerweise nicht nach antiken Mustern das Urteil sprechen darf, also *nicht* nach dem Maßstabe der Gewandung südländischer See-Anwohnerinnen, sondern in Berücksichtigung der klimatischen Bedingungen der mittleren und nördlichen Gegenden Europas, derer nämlich, in welchen jetzt der geist- und formerfindende Genius Europas seine liebste Heimat hat. – Im ganzen wird also gerade *nicht das Wechselnde* das charakteristische Zeichen der *Mode* und des *Modernen* sein, denn gerade der Wechsel ist etwas Rückständiges und bezeichnet die noch *ungereiften* männlichen und weiblichen Europäer: sondern die *Ablehnung der nationalen, ständischen und individuellen Eitelkeit*. Dementsprechend ist es zu loben, weil es kraft- und zeitersparend ist, wenn einzelne Städte und Gegenden Europas für alle übrigen in Sachen der Kleidung denken und erfinden, in Anbetracht dessen, daß der Formensinn nicht jedermann geschenkt zu sein pflegt; auch ist es wirklich kein allzu hochfliegender Ehrgeiz, wenn zum Beispiel Paris, so lange jene Schwankungen noch bestehen, es in Anspruch nimmt, der alleinige Erfinder und Neuerer in diesem Reiche zu sein. Will ein Deutscher, aus Haß gegen diese Ansprüche einer französischen Stadt, sich anders kleiden, zum Beispiel so wie Albrecht Dürer sich trug, so möge er erwägen, daß er dann ein Kostüm hat, welches ehemalige Deutsche trugen, welches aber die Deutschen ebensowenig erfunden haben, – es hat *nie* eine Tracht gegeben, welche den Deutschen als Deutschen bezeichnete; übrigens mag er zusehen, wie er aus dieser Tracht *heraus*schaut und ob etwa der ganz moderne Kopf nicht mit all seiner Linien- und Fältchenschrift, welche das neunzehnte Jahrhundert hineingrub, gegen eine Dürerische Bekleidung Einsprache tut. – Hier, wo die Begriffe »modern« und »europäisch« fast gleichgesetzt sind, wird unter Europa viel mehr an Länderstrecken verstanden, als das geographische Europa, die kleine Halbinsel Asiens, umfaßt: namentlich gehört Amerika hinzu, soweit es eben das Tochterland unserer Kultur ist. Andererseits fällt nicht einmal ganz Europa unter den Kultur-Begriff »Europa«; sondern nur alle jene Völker und Völkerteile, welche im Griechen-, Römer-, Juden- und Christentum ihre gemeinsame Vergangenheit haben.

216

Die »deutsche Tugend«. – Es ist nicht zu leugnen, daß vom Ausgange des vorigen Jahrhunderts an ein Strom moralischer Erweckung durch Europa floß. Damals erst wurde die Tugend wieder beredt; sie lernte es, die ungezwungenen Gebärden der Erhebung, der Rührung finden, sie schämte sich ihrer selber nicht mehr und ersann Philosophien und Gedichte zur eigenen Verherrlichung. Sucht man nach den Quellen dieses Stromes: so findet man einmal Rousseau, aber den mythischen Rousseau, den man sich nach dem Eindrucke seiner Schriften – fast könnte man wieder sagen: seiner mythisch ausgelegten Schriften – und nach den Fingerzeigen, die er selber gab, erdichtet hatte (– er und sein Publikum arbeiteten beständig an dieser Idealfigur). Der andere Ursprung liegt in jener Wiederauferstehung des stoisch-großen Römertums, durch welche die Franzosen die Aufgabe der Renaissance auf das Würdigste weitergeführt haben. Sie gingen von der Nachschöpfung antiker Formen mit herrlichstem Gelingen zur Nachschöpfung antiker Charaktere über: so daß sie ein Anrecht auf die allerhöchsten Ehren immerdar behalten werden, als das Volk, welches der neueren Menschheit bisher die besten Bücher und die besten Menschen gegeben hat. Wie diese doppelte Vorbildlichkeit, die des mythischen Rousseau und die jenes wiedererweckten Römergeistes, auf die schwächeren Nachbarn wirkte, sieht man namentlich an Deutschland: welches infolge seines neuen und ganz ungewohnten Aufschwunges zu Ernst und Größe des Wollens und Sich-Beherrschens zuletzt vor seiner eigenen neuen Tugend in Staunen geriet und den Begriff »deutsche Tugend« in die Welt warf, wie als ob es nichts Ursprünglicheres, Erbeigneres geben könnte als diese. Die ersten großen Männer, welche jene französische Anregung zur Größe und Bewußtheit des sittlichen Wollens auf sich überleiteten, waren ehrlicher und vergaßen die Dankbarkeit nicht. Der Moralismus Kants – woher kommt er? Er gibt es wieder und wieder zu verstehen: von Rousseau und dem wiedererweckten stoischen Rom. Der Moralismus Schillers: gleiche Quelle, gleiche Verherrlichung der Quelle. Der Moralismus Beethovens in Tönen: er ist das ewige Loblied Rousseaus, der antiken Franzosen und Schillers. Erst »der deutsche Jüngling« vergaß die Dankbarkeit, inzwischen hatte man ja das Ohr nach den Predigern des Franzosenhasses hingewendet: jener deutsche Jüngling, der eine Zeitlang mit mehr Bewußtheit, als man bei andern Jünglingen für erlaubt hält, in den Vordergrund trat. Wenn er nach seiner Vaterschaft spürte, so mochte er mit Recht an die Nähe Schillers, Fichtes und Schleiermachers denken: aber seine Großväter hätte er in Paris, in Genf suchen müssen, und es war sehr kurzsichtig zu glauben, was er glaubte: daß die Tugend nicht älter als dreißig Jahre sei. Damals gewöhnte man sich daran, zu verlangen, daß beim Worte »deutsch« auch noch so nebenbei die Tugend mitverstanden werde: und bis auf den heutigen Tag hat man es noch nicht völlig verlernt. – Nebenbei bemerkt, jene genannte moralische Erweckung hat für die *Erkenntnis* der moralischen Erscheinungen, wie sich fast erraten läßt, nur Nachteile und rückschreitende Bewegungen zur Folge gehabt. Was ist die ganze deutsche Moralphilosophie, von Kant an gerechnet, mit allen ihren französischen, englischen und italienischen Ausläufern und Nebenzüglern? Ein halbtheologisches Attentat gegen Helvetius, ein Abweisen der lange und mühsam erkämpften Freiblicke oder Fingerzeige des rechten Weges, welche er zuletzt gut ausgesprochen und zusammengebracht hat. Bis auf den heutigen Tag ist Helvetius in Deutschland der bestbeschimpfte aller guten Moralisten und guten Menschen.

217

Klassisch und romantisch. – Sowohl die klassisch als die romantisch gesinnten Geister – wie es diese beiden Gattungen immer gibt – tragen sich mit einer Vision der Zukunft: aber die ersteren aus einer *Stärke* ihrer Zeit heraus, die letzteren aus deren *Schwäche*.

218

Die Maschine als Lehrerin. – Die Maschine lehrt durch sich selber das Ineinandergreifen von Menschenhaufen, bei Aktionen, wo jeder nur eins zu tun hat: sie gibt das Muster der Partei-Organisation und der Kriegsführung. Sie lehrt dagegen nicht die individuelle Selbstherrlichkeit: sie macht aus vielen *eine* Maschine, und aus jedem einzelnen ein Werkzeug zu *einem* Zwecke. Ihre allgemeinste Wirkung ist: den Nutzen der Zentralisation zu lehren.

219

Nicht seßhaft. – Man wohnt gerne in der kleinen Stadt; aber von Zeit zu Zeit treibt gerade sie uns in die einsamste unenthüllteste Natur: dann nämlich, wenn jene uns einmal wieder zu durchsichtig geworden ist. Endlich gehen wir, um uns wieder von dieser Natur zu *erholen*, in die große Stadt. Einige Züge aus derselben – und wir erraten den Bodensatz ihres Bechers, – der Kreislauf, mit der kleinen Stadt am Anfange, beginnt von neuem. – So leben die Modernen: welche in allem etwas zu *gründlich* sind, um *seßhaft* zu sein wie die Menschen anderer Zeiten.

220

Reaktion gegen die Maschinen-Kultur. – Die Maschine, selber ein Erzeugnis der höchsten Denkkräfte, setzt bei den Personen, welche sie bedienen, fast nur die niederen, gedankenlosen Kräfte in Bewegung. Sie entfesselt dabei eine Unmasse Kraft überhaupt, die sonst schlafen läge, das ist wahr; aber sie gibt nicht den Antrieb zum Höhersteigen, zum Bessermachen, zum Künstlerwerden. Sie macht *tätig* und *einförmig* – das erzeugt aber auf die Dauer eine Gegenwirkung, eine verzweifelte Langeweile der Seele, welche durch sie nach wechselvollem Müßiggange dürsten lernt.

221

Die Gefährlichkeit der Aufklärung. – Alles das Halbverrückte, Schauspielerische, Tierisch-Grausame, Wollüstige, namentlich Sentimentale und Sich-selbst-Berauschende, was zusammen die eigentlich *revolutionäre Substanz* ausmacht und in Rousseau, vor der Revolution, Fleisch und Geist geworden war, – dieses ganze Wesen setzte sich mit perfider Begeisterung noch *die Aufklärung* auf das fanatische Haupt, welches durch diese selber wie in einer verklärenden Glorie zu leuchten begann: die Aufklärung, die im Grunde jenem Wesen so fremd ist und, für sich waltend, still wie ein Lichtglanz durch Wolken gegangen sein würde, lange Zeit zufrieden damit, nur die einzelnen umzubilden: so daß sie nur sehr langsam auch die Sitten und Einrichtungen der Völker umgebildet hätte. Jetzt aber, an ein gewaltsames und plötzliches Wesen gebunden, wurde die Aufklärung selber gewaltsam und plötzlich. Ihre Gefährlichkeit ist dadurch fast größer geworden als die befreiende und erhellende Nützlichkeit, welche durch sie in die große Revolutions-Bewegung kam. Wer dies begreift, wird auch wissen, aus welcher Vermischung man sie herauszuziehen, von welcher Verunreinigung man sie zu läutern hat: um dann, *an sich selber*, das Werk der Aufklärung *fortzusetzen* und die Revolution nachträglich in der Geburt zu ersticken, ungeschehen zu machen.

222

Die Leidenschaft im Mittelalter. – Das Mittelalter ist die Zeit der größten Leidenschaften. Weder das Altertum noch unsere Zeit hat diese Ausweitung der Seele: ihre *Räumlichkeit* war nie größer, und nie ist mit längeren Maßstäben gemessen worden. Die physische Urwald-Leiblichkeit von Barbarenvölkern und die überseelenhaften, überwachen, allzu glänzenden Augen von christlichen Mysterien-Jüngern, das Kindlichste, Jüngste und ebenso das Überreifste, Altersmüdeste, die Roheit des Raubtiers und die Verzärtelung und Ausspitzung des spätantiken Geistes – alles dies kam damals an einer Person nicht selten zusammen: da mußte, wenn einer in Leidenschaft geriet, die Stromschnelle des Gemütes gewaltiger, der Strudel verwirrter, der Sturz tiefer sein als je. – Wir neueren Menschen dürfen mit der Einbuße zufrieden sein, welche hier gemacht worden ist.

223

Rauben und sparen. – Alle geistigen Bewegungen gehen vorwärts, infolge deren die Großen zu *rauben*, die Kleinen zu *sparen* hoffen können. Deshalb ging zum Beispiel die deutsche Reformation vorwärts.

224

Fröhliche Seelen. – Wenn auf Trunk, Trunkenheit und eine übel-riechende Art von Unflätigerei auch nur von ferne hingewinkt wurde, dann wurden die Seelen der älteren Deutschen fröhlich, – sonst waren sie verdrossen; aber dort hatten sie ihre Art von Verständnis-Innigkeit.

225

Das ausschweifende Athen. – Selbst als der Fischmarkt Athens seine Denker und Dichter bekommen hatte, besaß die griechische Ausschweifung immer noch ein idyllischeres und feineres Aussehen, als es je die römische oder die deutsche Ausschweifung hatte. Die Stimme Juvenals hätte dort wie eine hohle Trompete geklungen: ein artiges und fast kindliches Gelächter hätte ihm geantwortet.

226

Klugheit der Griechen. – Da das Siegen- und Hervorragen-wollen ein unüberwindlicher Zug der Natur ist, älter und ursprünglicher als alle Achtung und Freude der Gleichstellung, so hatte der griechische Staat den gymnastischen und musischen Wettkampf innerhalb der Gleichen sanktioniert, also einen Tummelplatz abgegrenzt, wo jener Trieb sich entladen konnte, ohne die politische Ordnung in Gefahr zu bringen. Mit dem endlichen Verfalle des gymnastischen und musischen Wettkampfes geriet der griechische Staat in innere Unruhe und Auflösung.

227

»*Der ewige Epikur.*« – Epikur hat zu allen Zeiten gelebt und lebt noch, unbekannt denen, welche sich Epikureer nannten und nennen, und ohne Ruf bei den Philosophen. Auch hat er selber den eigenen Namen vergessen: es war das schwerste Gepäck, welches er je abgeworfen hat.

228

Stil der Überlegenheit. – Studentendeutsch, die Sprechweise des deutschen Studenten, hat ihren Ursprung unter den nicht-studierenden

Studenten, welche eine Art von Übergewicht über ihre ernsteren Genossen dadurch zu erlangen wissen, daß sie an Bildung, Sittsamkeit, Gelehrtheit, Ordnung, Mäßigung alles Maskeradenhafte aufdecken und die Worte aus jenen Bereichen zwar fortwährend ebenso im Munde führen, wie die Besseren, Gelehrteren, aber mit einer Bosheit im Blicke und einer begleitenden Grimasse. In dieser Sprache der Überlegenheit – der einzigen, die in Deutschland original ist – reden nun unwillkürlich auch die Staatsmänner und die Zeitungs-Kritiker: es ist ein beständiges ironisches Zitieren, ein unruhiges, unfriedfertiges Schielen des Auges nach rechts und links, ein Gänsefüßchen- und Grimassen-Deutsch.

229

Die Vergrabenen. – Wir ziehen uns ins Verborgene zurück: aber nicht aus irgendeinem persönlichen Mißmute, als ob uns die politischen und sozialen Verhältnisse der Gegenwart nicht genugtäten, sondern weil wir durch unsere Zurückziehung Kräfte sparen und sammeln wollen, welche *später* einmal der Kultur ganz not tun werden, je mehr diese Gegenwart *diese* Gegenwart ist und als solche *ihre* Aufgabe erfüllt. Wir bilden ein Kapital und suchen es sicherzustellen: aber, wie in ganz gefährlichen Zeiten, dadurch, daß wir es *vergraben*.

230

Tyrannen des Geistes. – In unserer Zeit würde man jeden, der so streng der Ausdruck eines moralischen Zuges wäre, wie die Personen Theophrasts und Molières es sind, für krank halten, und von »fixer Idee« bei ihm reden. Das Athen des dritten Jahrhunderts würde uns, wenn wir dort einen Besuch machen dürften, wie von Narren bevölkert erscheinen. Jetzt herrscht die Demokratie der *Begriffe* in jedem Kopfe, – *viele zusammen* sind der Herr: ein einzelner Begriff, der Herr sein *wollte*, heißt jetzt, wie gesagt, »fixe Idee«. Dies ist *unsere* Art, die Tyrannen zu morden, – wir winken nach dem Irrenhause hin.

231

Gefährlichste Auswanderung. – In Rußland gibt es eine Auswanderung der Intelligenz: man geht über die Grenze, um gute Bücher zu lesen und zu schreiben. So wirkt man aber dahin, das vom Geiste verlassene Vaterland immer mehr zum vorgestreckten Rachen Asiens zu machen, der das kleine Europa verschlingen möchte.

232

Die Staats-Narren. – Die fast religiöse Liebe zum Könige ging bei den Griechen auf die Polis über, als es mit dem Königtum zu Ende war. Und weil ein Begriff mehr Liebe erträgt, als eine Person, und namentlich dem Liebenden nicht sooft vor den Kopf stößt, wie geliebte Menschen es tun (– denn je mehr sie sich geliebt wissen, desto rücksichtsloser werden sie meistens, bis sie endlich der Liebe nicht mehr würdig sind, und wirklich ein Riß entsteht), so war die Polis- und Staats-Verehrung größer, als irgend je vorher die Fürsten-Verehrung. Die Griechen sind die *Staats-Narren* der alten Geschichte – in der neueren sind es andere Völker.

233

Gegen die Vernachlässigung der Augen. – Ob man nicht bei den gebildeten Klassen Englands, welche die *Times* lesen, alle zehn Jahre eine Abnahme der Sehkraft nachweisen könnte?

235

Große Werke und großer Glaube. – Jener hatte die großen Werke, sein Genosse aber hatte den großen Glauben an diese Werke. Sie waren unzertrennlich: aber ersichtlich hing der erstere völlig vom zweiten ab.

235

Der Gesellige. – »Ich bekomme mir nicht gut« sagte jemand, um seinen Hang zur Gesellschaft zu erklären. »Der Magen der Gesellschaft ist stärker als der meinige, er verträgt mich.«

236

Augen-Schließen des Geistes. – Ist man geübt und gewohnt, über das Handeln nachzudenken, so muß man doch beim Handeln selber (sei dieses selbst nur Briefschreiben oder Essen und Trinken) das innere Auge schließen. Ja, im Gespräch mit Durchschnittsmenschen muß man es verstehen, mit geschlossenen Denker-Augen zu *denken*, – um nämlich das Durchschnitts-Denken zu erreichen und zu begreifen. Dieses Augen-Schließen ist ein fühlbarer, mit Willen vollziehbarer Akt.

237

Die furchtbarste Rache. – Wenn man sich an einem Gegner durchaus rächen will, so soll man so lange warten, bis man die ganze Hand voll Wahrheiten und Gerechtigkeiten hat und sie gegen ihn ausspielen kann, mit Gelassenheit: so daß Rache üben mit Gerechtigkeit üben zusammenfällt. Es ist die furchtbarste Art der Rache: denn sie hat keine Instanz über sich, an die noch appelliert werden könnte. So rächte sich Voltaire an Piron, mit fünf Zeilen, die über dessen ganzes Leben, Schaffen und Wollen richten: soviel Worte, soviel Wahrheiten; so rächte sich derselbe an Friedrich dem Großen (in einem Briefe an ihn, von Ferney aus).

238

Luxus-Steuer. – Man kauft in den Läden das Nötige und Nächste und muß es teuer bezahlen, weil man mitbezahlt, was dort auch feil steht, aber nur selten seine Abnehmer hat: das Luxushafte und Gelüstartige. So legt der Luxus dem Einfachen, der seiner enträt, doch eine fortwährende Steuer auf.

239

Warum die Bettler noch leben. – Wenn alle Almosen nur aus Mitleiden gegeben würden, so wären die Bettler allesamt verhungert.

240

Warum die Bettler noch leben. – Die größte Almosenspenderin ist die Feigheit.

241

Wie der Denker ein Gespräch benutzt. – Ohne Horcher zu sein, kann man viel hören, wenn man versteht, gut zu sehen, doch sich selber für

Zeiten aus den Augen verlieren. Aber die Menschen wissen ein Gespräch nicht zu benutzen; sie verwenden bei weitem zu viel Aufmerksamkeit auf das, was sie sagen und entgegnen wollen, während der wirkliche *Hörer* sich oft begnügt, vorläufig zu antworten und etwas als Abschlagszahlung der Höflichkeit überhaupt zu *sagen*, dagegen mit seinem hinterhaltigen Gedächtnisse alles davon trägt, was der andere geäußert hat, nebst der Art in Ton und Gebärde, *wie* er es äußerte. – Im gewöhnlichen Gespräche meint jeder der Führende zu sein, wie wenn zwei Schiffe, die nebeneinander fahren und sich hier und da einen kleinen Stoß geben, beiderseits im guten Glauben sind, ihr Nachbarschiff folge oder werde sogar geschleppt.

242

Die Kunst, sich zu entschuldigen. – Wenn sich jemand vor uns entschuldigt, so muß er es sehr gut machen: sonst kommen wir uns selber leicht als die Schuldigen vor und haben eine unangenehme Empfindung.

243

Unmöglicher Umgang. – Das Schiff deiner Gedanken geht zu tief, als daß du mit ihm auf den Gewässern dieser freundlichen, anständigen, entgegenkommenden Personen fahren könntest. Es sind da der Untiefen und Sandbänke zu viele: du würdest dich drehen und wenden müssen und in fortwährender Verlegenheit sein, und jene würden alsbald auch in Verlegenheit geraten – über deine Verlegenheit, deren Ursache sie nicht erraten können.

244

Fuchs der Füchse. – Ein rechter Fuchs nennt nicht nur die Trauben sauer, welche er nicht erreichen kann, sondern auch die, welche er erreicht und anderen vorweggenommen hat.

245

Im nächsten Verkehre. – Wenn Menschen auch noch so eng zusammengehören: es gibt innerhalb ihres gemeinsamen Horizontes doch noch alle vier Himmelsrichtungen, und in manchen Stunden merken sie es.

246

Das Schweigen des Ekels. – Da macht jemand als Denker und Mensch eine tiefe, schmerzhafte Umwandlung durch und legt dann öffentlich Zeugnis davon ab. Und die Hörer merken nichts! glauben ihn noch ganz als den alten! – Diese gewöhnliche Erfahrung hat manchen Schriftstellern schon Ekel gemacht: sie hatten die Intellektualität der Menschen zu hoch geachtet und gelobten sich, als sie ihren Irrtum wahrnahmen, das Schweigen an.

247

Geschäfts-Ernst. – Die Geschäfte manches Reichen und Vornehmen sind seine Art *Ausruhens* von allzulangem gewohnheitsmäßigem *Müßiggang*: er nimmt sie deshalb so ernst und passioniert, wie andere Leute ihre seltenen Muße-Erholungen und -Liebhabereien.

248

Doppelsinn des Auges. – Wie das Gewässer zu deinen Füßen eine plötzliche schuppenhafte Erzitterung überläuft, so gibt es auch im menschlichen Auge solche plötzliche Unsicherheiten und Zweideutigkeiten, bei denen man sich fragt: ist's ein Schaudern? ist's ein Lächeln? ist's beides?

249

Positiv und negativ. – Dieser Denker braucht niemanden, der ihn widerlegt: er genügt sich dazu selber.

250

Die Rache der leeren Netze. – Man nehme sich vor allen Personen in acht, welche das bittere Gefühl des Fischers haben, der nach mühevollem Tagewerk am Abend mit leeren Netzen heimfährt.

251

Sein Recht nicht geltend machen. — Macht ausüben kostet Mühe und erfordert Mut. Deshalb machen so viele ihr gutes, allerbestes Recht nicht geltend, weil dies Recht eine Art *Macht* ist, sie aber zu faul oder zu feige sind, es auszuüben. *Nachsicht* und *Geduld* heißen die Deckmantel-Tugenden dieser Fehler.

252

Lichtträger. — In der Gesellschaft wäre kein Sonnenschein, wenn ihn nicht die geborenen Schmeichelkatzen mit hineinbrächten, ich meine die sogenannten Liebenswürdigen.

253

Am mildtätigsten. — Wenn der Mensch eben sehr geehrt worden ist und ein wenig gegessen hat, so ist er am mildtätigsten.

254

Zum Lichte. — Die Menschen drängen sich zum Lichte, nicht um besser zu sehen, sondern um besser zu glänzen. — Vor wem man glänzt, den läßt man gerne als Licht gelten.

255

Die Hypochonder. — Der Hypochonder ist ein Mensch, der gerade genug Geist und Lust am Geiste besitzt, um seine Leiden, seinen Verlust, seine Fehler gründlich zu nehmen: aber sein Gebiet, auf dem er sich nährt, ist zu klein; er weidet es so ab, daß er endlich die einzelnen Hälmchen suchen muß. Dabei wird er endlich zum Neider und Geizhals — und dann erst ist er unausstehlich.

256

Zurückerstatten. — Hesiod rät an, dem Nachbar, der uns ausgeholfen hat, mit gutem Maße und womöglich reichlicher zurückzugeben, sobald wir es vermögen. Dabei hat nämlich der Nachbar seine Freude, denn seine einstmalige Gutmütigkeit trägt ihm Zinsen ein; aber auch der, welcher zurückgibt, hat seine Freude, insofern er die kleine einstmalige Demütigung, sich aushelfen lassen zu müssen, durch ein kleines Übergewicht, als Schenkender, zurückkauft.

257

Feiner als nötig. – Unser Beobachtungssinn dafür, ob andere unsere Schwächen wahrnehmen, ist viel feiner, als unser Beobachtungssinn für die Schwächen anderer: woraus sich also ergibt, daß er feiner ist, als nötig wäre.

258

Eine lichte Art von Schatten. – Dicht neben den ganz nächtigen Menschen befindet sich fast regelmäßig, wie an sie angebunden, eine Lichtseele. Sie ist gleichsam der negative Schatten, den jene werfen.

259

Sich nicht rächen? – Es gibt so viele feine Arten der Rache, daß einer, der Anlaß hätte sich zu rächen, im Grunde tun oder lassen kann, was er will: alle Welt wird doch nach einiger Zeit übereingekommen sein, daß er sich gerächt *habe*. Sich nicht zu rächen steht also kaum im Belieben eines Menschen: daß er es nicht *wolle*, darf er nicht einmal aussprechen, weil die Verachtung der Rache als eine sublime, sehr empfindliche Rache gedeutet und *empfunden* wird. – Woraus sich ergibt, daß man nichts *Überflüssiges* tun soll – –

260

Irrtum der Ehrenden. – Jeder glaubt einem Denker etwas Ehrendes und Angenehmes zu sagen, wenn er ihm zeigt, wie er von selber genau auf denselben Gedanken und selbst auf den gleichen Ausdruck geraten sei; und doch wird bei solchen Mitteilungen der Denker nur selten ergötzt, aber häufig gegen seinen Gedanken und dessen Ausdruck mißtrauisch: er beschließt im stillen, beide einmal zu revidieren. – Man muß, wenn man jemanden ehren will, sich vor dem Ausdruck der

Übereinstimmung hüten: sie stellt auf ein gleiches Niveau. — In vielen Fällen ist es die Sache der gesellschaftlichen Schicklichkeit, eine Meinung so anzuhören, als sei sie nicht die unsrige, ja als ginge sie über unsern Horizont hinaus: zum Beispiel wenn der Alte, Alterfahrene einmal ausnahmsweise den Schrein seiner Erkenntnisse aufschließt.

261

Brief. — Der Brief ist ein unangemeldeter Besuch, der Briefbote der Vermittler unhöflicher Überfälle. Man sollte alle acht Tage eine Stunde zum Briefempfangen haben und darnach ein Bad nehmen.

262

Der Voreingenommene. — Jemand sagte: ich bin gegen mich *voreingenommen* von Kindesbeinen an: deshalb finde ich in jedem Tadel etwas Wahrheit und in jedem Lobe etwas Dummheit. Das Lob wird von mir gewöhnlich zu gering und der Tadel zu hoch geschätzt.

263

Weg zur Gleichheit. — Einige Stunden Bergsteigens machen aus einem Schuft und einem Heiligen zwei ziemlich gleiche Geschöpfe. Die Ermüdung ist der kürzeste Weg zur *Gleichheit* und *Brüderlichkeit* — und die *Freiheit* wird endlich durch den Schlaf hinzugegeben.

264

Verleumdung. — Kommt man einer eigentlich infamen Verdächtigung auf die Spur, so suche man ihren Ursprung nie bei seinen ehrlichen und einfachen *Feinden*; denn diese würden, wenn sie so etwas über uns erfänden, als Feinde keinen Glauben finden. Aber jene, denen wir eine Zeitlang am meisten genützt haben, welche aber, aus irgendeinem Grunde im geheimen sicher darüber sein dürfen, nichts mehr von uns zu erlangen, — solche sind imstande, die Infamie ins Rollen zu bringen: sie finden Glauben, einmal weil man annimmt, daß sie nichts erfinden würden, was ihnen selber Schaden bringen könnte; sodann weil sie uns näher kennengelernt haben. – Zum Troste mag sich der so schlimm Verleumdete sagen: Verleumdungen sind Krankheiten anderer, die an deinem Leibe ausbrechen; sie beweisen, daß die Gesellschaft ein (moralischer) Körper ist, so daß du an *dir* die Kur vornehmen kannst, die den anderen nützen soll.

265

Das Kinder-Himmelreich. – Das Glück des Kindes ist ebensosehr ein Mythus wie das Glück der Hyperboreer, von dem die Griechen erzählten. *Wenn* das Glück überhaupt auf Erden wohnt, meinten diese, dann gewiß möglichst weit von uns, etwa dort am Rande der Erde. Ebenso denken die älteren Menschen: *wenn* der Mensch überhaupt glücklich sein kann, dann gewiß möglichst fern von *unserem* Alter, an den Grenzen und Anfängen des Lebens. Für manchen Menschen ist der Anblick der Kinder, *durch* den Schleier dieses Mythus hindurch, das größte Glück, dessen er teilhaftig werden kann; er geht selber bis in den Vorhof des Himmelreichs, wenn er sagt »lasset die Kindlein zu mir kommen, denn ihrer ist das Himmelreich«. – Der Mythus vom Kinder-Himmelreich ist überall irgendwie tätig, wo es in der modernen Welt etwas von Sentimentalität gibt.

266

Die Ungeduldigen. – Gerade der Werdende will das Werdende nicht: er ist zu ungeduldig dafür. Der Jüngling will nicht warten, bis, nach langen Studien, Leiden und Entbehrungen, sein Gemälde von Menschen und Dingen voll werde: so nimmt er ein anderes, das fertig dasteht und ihm angeboten wird, auf Treu und Glauben an, als müsse es ihm die Linien und Farben *seines* Gemäldes vorweg geben, er wirft sich einem Philosophen, einem Dichter ans Herz und muß nun eine lange Zeit Frohndienste tun und sich selber verleugnen. Vieles lernt er dabei: aber häufig vergißt ein Jüngling das Lernens- und Erkennenswerteste darüber: sich selber; er bleibt zeitlebens ein Parteigänger. Ach, es ist viel Langeweile zu überwinden, viel Schweiß nötig, bis man seine Farben, seinen Pinsel, seine Leinwand gefunden hat! - Und dann ist man noch lange nicht Meister seiner Lebenskunst - aber wenigstens Herr in der eigenen Werkstatt.

267

Es gibt keine Erzieher. - Nur von Selbst-Erziehung sollte man als Denker reden. Die Jugend-Erziehung durch andere ist entweder ein Experiment, an einem noch Unerkannten, Unerkennbaren vollzogen, oder eine grundsätzliche Nivellierung, um das neue Wesen, welches es auch sei, den Gewohnheiten und Sitten, welche herrschen, gemäß zu *machen:* in beiden Fällen also etwas, das des Denkers unwürdig ist, das Werk der Eltern und Lehrer, welche einer der verwegenen Ehrlichen *nos ennemis naturels* genannt hat. - Eines Tages, wenn man längst, nach der Meinung der Welt, erzogen ist, *entdeckt* man sich *selber:* da beginnt die Aufgabe des Denkers; jetzt ist es Zeit, ihn zu Hilfe zu rufen - nicht als einen Erzieher, sondern als einen Selbst-Erzogenen, der Erfahrung hat.

268

Mitleiden mit der Jugend. - Es jammert uns, wenn wir hören, daß einem Jünglinge schon die Zähne ausbrechen, einem andern die Augen erblinden. Wüßten wir alles Unwiderrufliche und Hoffnungslose, das in seinem ganzen Wesen steckt, wie groß würde erst der Jammer sein! - Weshalb *leiden* wir hierbei eigentlich? Weil die Jugend fortführen soll, was *wir* unternommen haben, und jeder Ab- und Anbruch ihrer Kraft *unserem* Werke, das in ihre Hände fällt, zum Schaden gereichen will. Es ist der Jammer über die schlechte Garantie unserer Unsterblichkeit: oder, wenn wir uns nur als Vollstrecker der Menschheits-Mission fühlen, der Jammer darüber, daß diese Mission in schwächere Hände, als die unsrigen sind, übergehen muß.

269

Die Lebensalter. - Die Vergleichung der vier Jahreszeiten mit den vier Lebensaltern ist eine ehrwürdige Albernheit. Weder die ersten 20, noch die letzten 20 Jahre des Lebens entsprechen einer Jahreszeit:

vorausgesetzt, daß man sich bei der Vergleichung nicht mit dem Weiß des Haares und Schnees und mit ähnlichen Farbenspielen begnügt. Jene ersten zwanzig Jahre sind eine Vorbereitung auf das Leben überhaupt, auf das ganze Lebensjahr, als eine Art langen Neujahrstages; und die letzten zwanzig überschauen, verinnerlichen, bringen in Fug und Zusammenklang, was nur alles vorher erlebt wurde: so wie man es, in kleinem Maße, an jedem Silvestertage mit dem ganzen verflossenen Jahre tut. Zwischeninne liegt aber in der Tat ein Zeitraum, welcher die Vergleichung mit den Jahreszeiten nahelegt: der Zeitraum vom zwanzigsten bis zum fünfzigsten Jahre (um hier einmal in Bausch und Bogen nach Jahrzehnten zu rechnen, während es sich von selber versteht, daß jeder nach seiner Erfahrung diese groben Ansätze für sich verfeinern muß). Jene dreimal zehn Jahre entsprechen dreien Jahreszeiten: dem Sommer, dem Frühling und dem Herbste, – einen Winter hat das menschliche Leben nicht, es sei denn, daß man die leider nicht selten eingeflochtenen harten, kalten, einsamen, hoffnungsarmen, unfruchtbaren *Krankheitszeiten* die Winterzeiten des Menschen nennen will. Die zwanziger Jahre: heiß, lästig, gewitterhaft, üppig treibend, müde machend, Jahre, in denen man den Tag am Abend, wenn er zu Ende ist, preist und sich dabei die Stirn abwischt: Jahre, in denen die Arbeit uns hart, aber notwendig dünkt, – diese zwanziger Jahre sind der *Sommer* des Lebens. Die dreißiger dagegen sind sein *Frühling*: die Luft bald zu warm, bald zu kalt, immer unruhig und anreizend: quellender Saft, Blätterfülle, Blütenduft überall: viele bezaubernde Morgen und Nächte, die Arbeit, zu der der Vogelgesang uns weckt, eine rechte Herzensarbeit, eine Art Genuß der eigenen Rüstigkeit, verstärkt durch vorgenießende Hoffnungen. Endlich die vierziger Jahre: geheimnisvoll, wie alles Stillestehende; einer hohen weiten Berg-Ebene gleichend, an der ein frischer Wind hinläuft; mit einem klaren, wolkenlosen Himmel darüber, welcher den Tag über und in die Nächte hinein immer mit der gleichen Sanftmut blickt: die Zeit der Ernte und der herzlichsten Heiterkeit – es ist der *Herbst* des Lebens.

270

Der Geist der Frauen in der jetzigen Gesellschaft. – Wie die Frauen jetzt über den Geist der Männer denken, errät man daraus, daß sie bei ihrer

Kunst des Schmückens an alles eher denken, als den Geist ihrer Züge oder die geistreichen Einzelheiten ihres Gesichts noch besonders zu unterstreichen: sie verbergen derartiges vielmehr und wissen sich dagegen, zum Beispiel durch eine Anordnung des Haars über der Stirn, den Ausdruck einer lebendig begehrenden Sinnlichkeit und Ungeistigkeit zu geben, gerade wenn sie diese Eigenschaften nur wenig besitzen. Ihre Überzeugung, daß der Geist bei Weibern die Männer erschrecke, geht so weit, daß sie selbst die Schärfe des geistigsten Sinnes gern verleugnen und den Ruf der *Kurzsichtigkeit* absichtlich auf sich laden; dadurch glauben sie wohl die Männer zutraulicher zu machen: es ist, als ob sich eine einladende sanfte Dämmerung um sie verbreite.

271

Groß und vergänglich. – Was den Betrachtenden zu Tränen rührt, das ist der schwärmerische Glückes-Blick, mit dem eine schöne junge Frau ihren Gatten ansieht. Man empfindet alle Herbst-Wehmut dabei, über die Größe sowohl, als über die Vergänglichkeit des menschlichen Glückes.

272

Opfer-Sinn. – Manche Frau hat den *intelletto del sacrifizio* und wird ihres Lebens nicht mehr froh, wenn der Gatte sie nicht opfern will: sie weiß dann mit ihrem Verstande nicht mehr wohin? und wird unversehens aus dem Opfertier der Opferpriester selber.

273

Das Unweibliche. – »Dumm wie ein Mann« sagen die Frauen: »feige wie ein Weib« sagen die Männer. Die Dummheit ist am Weibe das *Unweibliche*.

274

Männliches und weibliches Temperament und die Sterblichkeit. – Daß das männliche Geschlecht ein schlechteres Temperament hat als das weibliche, ergibt sich auch daraus, daß die männlichen Kinder der Sterblichkeit mehr ausgesetzt sind, als die weiblichen, offenbar weil sie leichter »aus der Haut fahren«: ihre Wildheit und Unverträglichkeit verschlimmert alle Übel leicht bis ins Tödliche.

275

Die Zeit der Zyklopenbauten. – Die Demokratisierung Europas ist unaufhaltsam: wer sich dagegen stemmt, gebraucht doch eben die Mittel dazu, welche erst der demokratische Gedanke jedermann in die Hand gab, und macht diese Mittel selber handlicher und wirksamer: und die grundsätzlichsten Gegner der Demokratie (ich meine die Umsturzgeister) scheinen nur deshalb da zu sein, um durch die Angst, welche sie erregen, die verschiedenen Parteien immer schneller auf der demokratischen Bahn vorwärts zu treiben. Nun kann es einem angesichts derer, welche jetzt bewußt und ehrlich für diese Zukunft arbeiten, in der Tat bange werden: es liegt etwas Ödes und Einförmiges in ihren Gesichtern, und der graue Staub scheint auch bis in ihre Gehirne hineingeweht zu sein. Trotzdem: es ist möglich, daß die Nachwelt über dieses unser Bangen einmal lacht und an die demokratische Arbeit einer Reihe von Geschlechtern etwa so denkt, wie wir an den Bau von Steindämmen und Schutzmauern – als an eine Tätigkeit, die notwendig viel Staub auf Kleider und Gesichter breitet und unvermeidlich wohl auch die Arbeiter ein wenig blödsinnig macht; aber wer würde deswegen solches Tun ungetan wünschen! Es scheint, daß die Demokratisierung Europas ein Glied in der Kette jener ungeheuren *prophylaktischen Maßregeln* ist, welche der Gedanke der neuen Zeit sind und mit denen wir uns gegen das Mittelalter abheben. Jetzt erst ist das Zeitalter der Zyklopenbauten! Endliche Sicherheit der Fundamente, damit alle Zukunft auf ihnen ohne Gefahr bauen kann! Unmöglichkeit fürderhin, daß die Fruchtfelder der Kultur wieder über Nacht von wilden und sinnlosen Bergwässern zerstört werden! Steindämme und Schutzmauern gegen Barbaren, gegen Seuchen, gegen *leibliche und geistige Verknechtung!* Und dies alles zunächst wörtlich und gröblich, aber allmählich immer höher und geistiger verstanden, so daß alle hier angedeuteten Maßregeln die geistreiche Gesamtvorbereitung des höchsten Künstlers der Gartenkunst zu sein scheinen, der sich dann erst zu seiner eigentlichen Aufgabe wenden kann, wenn jene vollkommen ausgeführt ist! – Freilich: bei den weiten Zeitstrecken, welche hier zwischen Mittel und Zweck liegen, bei der großen, übergroßen, Kraft und Geist von Jahrhunderten anspannenden Mühsal, die schon not tut, um nur jedes einzelne Mittel zu schaffen oder herbeizuschaffen, darf man es den Arbeitern an der Gegenwart nicht zu hart anrechnen, wenn sie laut dekretieren, die Mauer und das Spalier *sei* schon der Zweck und das letzte Ziel; da ja noch niemand den Gärtner und die Fruchtpflanzen sieht, *um derentwillen* das Spalier da ist.

276

Das Recht des allgemeinen Stimmrechtes. – Das Volk hat sich das allgemeine Stimmrecht nicht gegeben, es hat dasselbe, überall, wo es jetzt in Geltung ist, empfangen und vorläufig angenommen: jedenfalls hat es aber das Recht, es wieder zurückzugeben, wenn es seinen Hoffnungen nicht genugtut. Dies scheint jetzt allerorten der Fall zu sein: denn wenn bei irgendeiner Gelegenheit, wo es gebraucht wird, kaum Zweidrittel, ja vielleicht nicht einmal die Majorität aller Stimmberechtigten an die Stimm-Urne kommt, so ist dies ein Votum *gegen* das ganze Stimmsystem überhaupt. – Man muß hier sogar noch viel strenger urteilen. Ein Gesetz, welches bestimmt, daß die Majorität über das Wohl aller die letzte Entscheidung habe, kann nicht auf derselben Grundlage, welche durch dasselbe erst gegeben wird, aufgebaut werden; es bedarf notwendig einer noch breiteren, und dies ist die *Einstimmigkeit aller*. Das allgemeine Stimmrecht darf nicht nur der Ausdruck eines Majoritäten-Willens sein: das ganze Land muß es wollen. Deshalb genügt schon der Widerspruch einer sehr kleinen Minorität, dasselbe als untunlich wieder beiseite zu stellen: und die *Nichtbeteiligung* an einer Abstimmung ist eben ein solcher Widerspruch, der das ganze Stimmsystem zum Falle bringt. Das »absolute Veto« des einzelnen oder, um nicht ins Kleinliche zu verfallen, das Veto weniger Tausende hängt über diesem System, als die Konsequenz der Gerechtigkeit: bei jedem Gebrauche, den man von ihm macht, muß es, laut der Art von Beteiligung, erst beweisen, daß es noch *zu Recht besteht*.

277

Das schlechte Schließen. – Wie schlecht schließt man, auf Gebieten, wo man nicht zu Hause ist, selbst wenn man als Mann der Wissenschaft noch so sehr an das gute Schließen gewöhnt ist! Es ist beschämend! Und nun ist klar, daß im großen Welttreiben, in Sachen der Politik, bei allem Plötzlichen und Drängenden, wie es fast jeder Tag heraufführt, eben dieses *schlechte Schließen* entscheidet: denn niemand ist völlig in dem zu Hause, was über Nacht neu gewachsen ist; alles Politisieren, auch bei den größten Staatsmännern, ist Improvisieren auf gut Glück.

278

Prämissen des Maschinen-Zeitalters. – Die Presse, die Maschine, die Eisenbahn, der Telegraph sind Prämissen, deren tausendjährige Konklusion noch niemand zu ziehen gewagt hat.

279

Ein Hemmschuh der Kultur. – Wenn wir hören: dort haben die Männer nicht Zeit zu den produktiven Geschäften; Waffenübungen und Umzüge nehmen ihnen den Tag weg, und die übrige Bevölkerung muß sie ernähren und kleiden, ihre Tracht aber ist auffallend, oftmals bunt und voll Narrheiten; dort sind nur wenige unterscheidende Eigenschaften anerkannt, die einzelnen gleichen einander mehr als anderwärts oder werden doch als gleiche behandelt; doch verlangt und gibt man Gehorsam ohne Verständnis: man befiehlt, aber man hütet sich zu überzeugen; dort sind die Strafen wenige, diese wenigen aber sind hart und gehen schnell zum Letzten, Fürchterlichsten; dort gilt der Verrat als das größte Verbrechen, schon die Kritik der Übelstände wird nur von den Mutigsten gewagt; dort ist ein Menschenleben wohlfeil, und der Ehrgeiz nimmt häufig die Form an, daß er das Leben in Gefahr bringt; – wer dies alles hört, wird sofort sagen: »es ist das Bild einer *barbarischen, in Gefahr schwebenden Gesellschaft*.« Vielleicht daß der eine hinzufügt: »es ist die Schilderung Spartas«; ein anderer wird aber nachdenklich werden und vermeinen, es sei *unser modernes Militär-*

wesen beschrieben, wie es inmitten unsrer andersartigen Kultur und Sozietät dasteht, als ein lebendiger Anachronismus, als das Bild, wie gesagt, einer barbarischen, in Gefahr schwebenden Gesellschaft, als ein posthumes Werk der Vergangenheit, welches für die Räder der Gegenwart nur den Wert eines Hemmschuhs haben kann. – Mitunter tut aber auch ein Hemmschuh der Kultur auf das Höchste not: wenn es nämlich zu schnell bergab oder, wie in diesem Falle vielleicht, *bergauf* geht.

280

Mehr Achtung vor den Wissenden! – Bei der Konkurrenz der Arbeit und der Verkäufer ist das *Publikum* zum Richter über das Handwerk gemacht: das hat aber keine strenge Sachkenntnis und urteilt nach dem *Scheine* der Güte. Folglich wird die Kunst des Scheines (und vielleicht der Geschmack) unter der Herrschaft der Konkurrenz steigen, dagegen die Qualität aller Erzeugnisse sich verschlechtern müssen. Folglich wird, wofern nur die Vernunft nicht im Werte fällt, irgendwann jener Konkurrenz ein Ende gemacht werden und ein neues Prinzip den Sieg über sie davontragen. Nur der Handwerksmeister sollte über das Handwerk urteilen, und das Publikum abhängig sein vom Glauben an die Person des Urteilenden und an seine Ehrlichkeit. Demnach keine anonyme Arbeit! Mindestens müßte ein Sachkenner als Bürge derselben dasein und *seinen* Namen als Pfand einsetzen, wenn der Name des Urhebers fehlt oder klanglos ist. Die *Wohlfeilheit* eines Werkes ist für den Laien eine andere Art Schein und Trug, da erst die *Dauerhaftigkeit* entscheidet, daß und inwiefern eine Sache wohlfeil ist; jene aber ist schwer und von dem Laien gar nicht zu beurteilen. – Also: was Effekt auf das Auge macht und wenig kostet, das bekommt jetzt das Übergewicht, – und das wird natürlich die Maschinenarbeit sein. Hinwiederum begünstigt die Maschine, das heißt die Ursache der größten Schnelligkeit und Leichtigkeit der Herstellung, auch ihrerseits die *verkäuflichste* Sorte: sonst ist kein erheblicher Gewinn mit ihr zu machen; sie würde zu wenig gebraucht und zu oft stille stehen. Was aber am verkäuflichsten ist, darüber entscheidet das Publikum, wie gesagt: es muß das Täuschendste sein, das heißt das, was einmal gut *scheint* und sodann auch wohlfeil *scheint*. Also auch auf dem Gebiete der Arbeit muß unser Losungswort sein: »Mehr Achtung vor den Wissenden!«

281

Die Gefahr der Könige. – Die Demokratie hat es in der Hand, ohne alle Gewaltmittel, nur durch einen stetig geübten gesetzmäßigen Druck, das König- und Kaisertum *hohl* zu machen: bis eine Null übrig bleibt, vielleicht, wenn man *will*, mit der Bedeutung jeder Null, daß sie, an sich nichts, doch an die rechte Seite gestellt, die *Wirkung* einer Zahl verzehnfacht. Das Kaiser- und Königtum bliebe ein prachtvoller Zierrat an der schlichten und zweckmäßigen Gewandung der Demokratie, das schöne Überflüssige, welches sie sich gönnt, der Rest alles historisch ehrwürdigen Urväterzierrates, ja das Symbol der Historie selber – und in dieser Einzigkeit etwas höchst Wirksames, wenn es, wie gesagt, nicht für sich allein steht, sondern richtig *gestellt* wird. – Um der Gefahr jener Aushöhlung vorzubeugen, halten die Könige jetzt mit den Zähnen an ihrer Würde als *Kriegsfürsten* fest: dazu brauchen sie Kriege, das heißt Ausnahmezustände, in denen jener langsame, gesetzmäßige Druck der demokratischen Gewalten pausiert.

282

Der Lehrer ein notwendiges Übel. – So wenig wie möglich Personen zwischen den produktiven Geistern und den hungernden und empfangenden Geistern! Denn die *Mittlerwesen* fälschen fast unwillkürlich die Nahrung, die sie vermitteln: sodann wollen sie zur Belohnung für ihr Vermitteln zu viel *für sich*, was also den originalen, produktiven Geistern entzogen wird: nämlich Interesse, Bewunderung, Zeit, Geld und anderes. – Also: man sehe immerhin den *Lehrer* als ein notwendiges Übel an, ganz wie den Handelsmann: als ein Übel, das man so *klein* wie möglich machen muß! – Wenn vielleicht die Not der deutschen Zustände jetzt ihren Hauptgrund darin hat, daß viel zu viele vom Handel leben und gut leben wollen (also dem Erzeugenden die Preise möglichst zu verringern und dem Verzehrenden die Preise möglichst zu erhöhen suchen, um am möglichst großen Schaden beider den Vorteil zu haben): so kann man gewiß einen Hauptgrund der geistigen Notstände in der Überfülle von Lehrern sehen: ihretwegen wird so wenig und so schlecht gelernt.

283

Die Achtungssteuer. – Den uns Bekannten, von uns Geehrten, sei es ein Arzt, Künstler, Handwerker, der etwas für uns tut und arbeitet, bezahlen wir gern so hoch als wir können, oft sogar über unser Vermögen: dagegen bezahlt man den Unbekannten so niedrig es nur angehen will; hier ist ein Kampf, in welchem jeder um den Fußbreit Landes kämpft und mit sich kämpfen macht. Bei der Arbeit des Bekannten *für uns* ist etwas *Unbezahlbares*, die in seine Arbeit *unsertwegen* hineingelegte Empfindung und Erfindung: wir glauben das Gefühl hiervon nicht anders als durch eine Art *Aufopferung* unsererseits ausdrücken zu können. – Die stärkste Steuer ist die *Achtungssteuer*. Je mehr die Konkurrenz herrscht und man von Unbekannten kauft, für Unbekannte arbeitet, desto niedriger wird diese Steuer, während sie gerade der Maßstab für die Höhe des menschlichen Seelen-Verkehres ist.

284

Das Mittel zum wirklichen Frieden. – Keine Regierung gibt jetzt zu, daß sie das Heer unterhalte, um gelegentliche Eroberungsgelüste zu befriedigen; sondern der Verteidigung soll es dienen. Jene Moral, welche die Notwehr billigt, wird als ihre Fürsprecherin angerufen. Das heißt aber: sich die Moralität und dem Nachbar die Immoralität vorbehalten, weil er angriffs- und eroberungslustig gedacht werden muß, wenn unser Staat notwendig an die Mittel der Notwehr denken soll; überdies erklärt man ihn, der genau ebenso wie unser Staat die Angriffslust leugnet und auch seinerseits das Heer vorgeblich nur aus Notwehrgründen unterhält, durch unsere Erklärung, weshalb wir ein Heer brauchen, für einen Heuchler und listigen Verbrecher, welcher gar zu gern ein harmloses und ungeschicktes Opfer ohne allen Kampf *überfallen* möchte. So stehen nun alle Staaten jetzt gegeneinander: sie setzen die schlechte Gesinnung des Nachbars und die gute Gesinnung bei sich voraus. Diese Voraussetzung ist aber eine *Inhumanität*, so schlimm und schlimmer als der Krieg: ja, im Grunde ist sie schon die Aufforderung und Ursache zu Kriegen, weil sie, wie gesagt, dem Nachbar die Immoralität unterschiebt und dadurch die feindselige Gesinnung und Tat zu provozieren scheint. Der Lehre von dem Heer als einem Mittel der Notwehr muß man ebenso gründlich abschwören als den Eroberungsgelüsten. Und es kommt vielleicht ein großer Tag, an welchem ein Volk, durch Kriege und Siege, durch die höchste Ausbildung der militärischen Ordnung und Intelligenz ausgezeichnet und gewöhnt, diesen Dingen die schwersten Opfer zu bringen, freiwillig ausruft: »*wir zerbrechen das Schwert*« – und sein gesamtes Heerwesen bis in seine letzten Fundamente zertrümmert. *Sich wehrlos machen, während man der Wehrhafteste war,* aus einer *Höhe* der Empfindung heraus, – das ist das Mittel zum *wirklichen* Frieden, welcher immer auf einem Frieden der Gesinnung ruhen muß: während der sogenannte bewaffnete Friede, wie er jetzt in allen Ländern einhergeht, der Unfriede der Gesinnung ist, der sich und dem Nachbar nicht traut und halb aus Haß, halb aus Furcht die Waffen nicht ablegt. Lieber zugrunde gehn als hassen und fürchten, und *zweimal lieber zugrunde gehn als sich hassen und fürchten machen,* – dies muß einmal auch die oberste Maxime jeder einzelnen staatlichen Gesellschaft werden! – Unsern liberalen Volksvertretern fehlt es, wie bekannt, an Zeit zum Nachdenken über die Natur des Menschen: sonst würden sie wissen, daß sie umsonst arbeiten, wenn sie für eine »allmähliche Herabminderung der Militärlast« arbeiten. Vielmehr: erst wenn diese Art Not am größten ist, wird auch die Art Gott am nächsten sein, die hier allein helfen kann. Der Kriegsglorien-Baum kann nur mit einem Male, durch einen Blitzschlag zerstört werden: der Blitz aber kommt, ihr wißt es ja, aus der Wolke und aus der Höhe. –

285

Ob der Besitz mit der Gerechtigkeit ausgeglichen werden kann. – Wird die Ungerechtigkeit des Besitzes stark empfunden – der Zeiger der großen Uhr ist einmal wieder an dieser Stelle –, so nennt man zwei Mittel, derselben abzuhelfen: einmal eine gleiche Verteilung und sodann die Aufhebung des Eigentums und den Zurückfall des Besitzes an die Gemeinschaft. Letzteres Mittel ist namentlich nach dem Herzen unserer Sozialisten, welche jenem altertümlichen Juden darüber gram sind, daß er sagte: du sollst nicht stehlen. Nach ihnen soll das siebente Gebot vielmehr lauten: du sollst nicht besitzen. – Die Versuche nach dem ersten Rezepte sind im Altertum oft gemacht worden, zwar immer nur in kleinem Maßstabe, aber doch mit einem Mißerfolg, der auch uns noch Lehrer sein kann. »Gleiche Ackerlose« ist leicht gesagt; aber wieviel Bitterkeit erzeugt sich durch die dabei nötig werdende Trennung und Scheidung, durch den Verlust von altverehrtem Besitz, wie viel Pietät wird verletzt und geopfert! Man gräbt die Moralität um, wenn man die Grenzsteine umgräbt. Und wieder, wieviel neue Bitterkeit unter den neuen Besitzern, wie viel Eifersucht und Scheelsehen, da es zwei wirklich gleiche Ackerlose nie gegeben hat, und wenn es solche gäbe, der menschliche Neid auf den Nachbar nicht an deren Gleichheit glauben würde. Und wie lange dauerte diese schon in der Wurzel vergiftete und ungesunde Gleichheit! In wenigen Geschlechtern war durch Erbschaft hier das eine Los auf fünf Köpfe, dort waren fünf Lose auf einen Kopf gekommen: und im Falle man durch harte Erbschafts-Gesetze solchen Mißständen vorbeugte, gab es zwar noch die gleichen Ackerlose, aber dazwischen Dürftige und Unzufriedene, welche nichts besaßen, außer der Mißgunst auf die Anverwandten und Nachbarn und dem Verlangen nach dem Umsturz aller Dinge. – Will man aber nach dem *zweiten* Rezepte das Eigentum der *Gemeinde* zurückgeben und den einzelnen nur zum zeitweiligen Pächter machen, so zerstört man das Ackerland. Denn der Mensch ist gegen alles, was er nur vorübergehend besitzt, ohne Vorsorge und Aufopferung, er verfährt damit ausbeuterisch, als Räuber oder als liederlicher Verschwender. Wenn Plato meint, die Selbstsucht werde mit der Aufhebung des Besitzes aufgehoben, so ist ihm zu antworten, daß, nach Abzug der Selbstsucht, vom Menschen jedenfalls nicht die vier Kardinaltugenden übrigbleiben werden, – wie man sagen muß: die ärgste Pest könnte der Menschheit nicht so schaden, als wenn eines Tages die Eitelkeit aus ihr entschwände. Ohne Eitelkeit und Selbstsucht – was sind denn die menschlichen Tugenden? Womit nicht von ferne gesagt sein soll, daß es nur Namen und Masken von jenen seien. Platos utopistische Grundmelodie, die jetzt noch von den Sozialisten fortgesungen wird, beruht auf einer mangelhaften Kenntnis des Menschen: ihm fehlte die Historie der moralischen Empfindungen, die Einsicht in den Ursprung der guten nützlichen Eigenschaften der menschlichen Seele. Er glaubte, wie das ganze Altertum, an Gut und Böse wie an Weiß und Schwarz: also an eine radikale Verschiedenheit der guten und der bösen Menschen, der guten und der schlechten Eigenschaften. – Damit der Besitz fürderhin mehr Vertrauen einflöße und moralischer werde, halte man alle Arbeitswege zum *kleinen* Vermögen offen, aber verhindere die mühelose, die plötzliche Bereicherung; man ziehe alle Zweige des Transports und Handels, welche der Anhäufung *großer* Vermögen günstig sind, also namentlich den Geldhandel, aus den Händen der Privaten und Privatgesellschaften – und betrachte ebenso die Zuviel- wie die Nichts-Besitzer als gemeingefährliche Wesen.

286

Der Wert der Arbeit. – Wollte man den Wert der Arbeit darnach bestimmen, wie viel Zeit, Fleiß, guter oder schlechter Wille, Zwang, Erfindsamkeit oder Faulheit, Ehrlichkeit oder Schein darauf verwendet ist, so kann der Wert niemals *gerecht* sein; denn die ganze Person müßte auf die Waagschale gesetzt werden können, was unmöglich ist. Hier heißt es »richtet nicht!« Aber der Ruf nach Gerechtigkeit ist es ja, den wir jetzt von denen hören, welche mit der Abschätzung der Arbeit unzufrieden sind. Denkt man weiter, so findet man jede Persönlichkeit unverantwortlich für ihr Produkt, die Arbeit: ein *Verdienst* ist also niemals daraus abzuleiten, jede Arbeit ist so gut oder schlecht, wie sie bei der und der notwendigen Konstellation von Kräften und Schwächen, Kenntnissen und Begehrungen sein muß. Es steht nicht im Belieben des Arbeiters, *ob* er arbeitet; auch nicht, *wie* er arbeitet. Nur die Gesichtspunkte des *Nutzens*, engere und weitere, haben Wertschätzung der Arbeit geschaffen. Das, was wir jetzt Gerechtigkeit nennen, ist auf diesem Felde sehr wohl am Platz als eine höchst verfeinerte Nützlichkeit, welche nicht auf den Moment nur Rücksicht nimmt und die Gelegenheit ausbeutet, sondern auf Dauerhaftigkeit aller Zustände sinnt und deshalb auch das Wohl des Arbeiters, seine leibliche und seelische Zufriedenheit ins Auge faßt, – *damit* er und seine Nachkommen gut auch für unsere Nachkommen arbeiten und noch auf längere

Zeiträume, als das menschliche Einzelleben ist, hinaus zuverlässig werde. Die *Ausbeutung* des Arbeiters war, wie man jetzt begreift, eine Dummheit, ein Raub-Bau auf Kosten der Zukunft, eine Gefährdung der Gesellschaft. Jetzt hat man fast schon den Krieg: und jedenfalls werden die Kosten, um den Frieden zu erhalten, um Verträge zu schließen und Vertrauen zu erlangen, nunmehr sehr groß sein, weil die Torheit der Ausbeutenden sehr groß und langdauernd war.

287

Vom Studium des Gesellschafts-Körpers. – Das Übelste für den, welcher jetzt in Europa, namentlich in Deutschland, Ökonomik und Politik studieren will, liegt darin, daß die tatsächlichen Zustände, anstatt die *Regeln* zu exemplifizieren, die *Ausnahme* oder die *Übergangs-* und *Ausgangsstadien* exemplifizieren. Man muß deshalb über das tatsächlich Bestehende erst hinwegsehen lernen und zum Beispiel den Blick fernhin auf Nordamerika richten, – wo man die anfänglichen und normalen Bewegungen des gesellschaftlichen Körpers noch mit Augen *sehen* und aufsuchen kann, wenn man nur *will*, – während in Deutschland dazu schwierige historische Studien oder, wie gesagt, ein Fernglas nötig sind.

288

Inwiefern die Maschine demütigt. – Die Maschine ist unpersönlich, sie entzieht dem Stück Arbeit seinen Stolz, sein individuell *Gutes* und *Fehlerhaftes*, was an jeder Nicht-Maschinenarbeit klebt, – also sein bißchen Humanität. Früher war alles Kaufen von Handwerkern ein *Auszeichnen von Personen*, mit deren Abzeichen man sich umgab: der Hausrat und die Kleidung wurde dergestalt zur Symbolik gegenseitiger Wertschätzung und persönlicher Zusammengehörigkeit, während wir jetzt nur inmitten anonymen und unpersönlichen Sklaventums zu leben scheinen. – Man muß die Erleichterung der Arbeit nicht zu teuer kaufen.

289

Hundertjährige Quarantäne. – Die demokratischen Einrichtungen sind Quarantäne-Anstalten gegen die alte Pest tyrannenhafter Gelüste: als solche sehr nützlich und sehr langweilig.

290

Der gefährlichste Anhänger. – Der gefährlichste Anhänger ist der, dessen Abfall die ganze Partei vernichten würde: also der beste Anhänger.

291

Das Schicksal und der Magen. – Ein Butterbrot mehr oder weniger im Leibe des Jockeys entscheidet gelegentlich über Wettrennen und Wetten, also über Glück und Unglück von Tausenden. – So lange das Schicksal der Völker noch von den Diplomaten abhängt, werden die Mägen der Diplomaten immer der Gegenstand patriotischer Beklemmung sein. *Quousque tandem* –

292

Sieg der Demokratie. – Es versuchen jetzt alle politischen Mächte, die Angst vor dem Sozialismus auszubeuten, um sich zu stärken. Aber auf die Dauer hat doch allein die Demokratie den Vorteil davon: denn *alle* Parteien sind jetzt genötigt, dem »Volke« zu schmeicheln und ihm Erleichterungen und Freiheiten aller Art zu geben, wodurch es endlich omnipotent wird. Das Volk ist vom Sozialismus, als einer Lehre von der Veränderung des Eigentumerwerbes, am entferntesten: und wenn es erst einmal die Steuerschraube in den Händen hat, durch die großen Majoritäten seiner Parlamente, dann wird es mit der Progressivsteuer dem Kapitalisten-, Kaufmanns- und Börsenfürstentum an den Leib gehen und in der Tat langsam einen Mittelstand schaffen, der den Sozialismus wie eine überstandene Krankheit *vergessen* darf. – Das praktische Ergebnis dieser um sich greifenden Demokratisierung wird zunächst ein europäischer Völkerbund sein, in welchem jedes einzelne Volk, nach geographischen Zweckmäßigkeiten abgegrenzt, die Stellung eines Kantons und dessen Sonderrechte innehat: mit den historischen Erinnerungen der bisherigen Völker wird dabei wenig noch gerechnet werden, weil der pietätvolle Sinn für dieselben unter der neuerungssüchtigen und versuchslüsternen Herrschaft des demokratischen Prinzips allmählich von Grund aus entwurzelt wird. Die Korrekturen der Grenzen, welche dabei sich nötig zeigen, werden so ausgeführt, daß sie dem *Nutzen* der großen Kantone und zugleich dem des Gesamtverbandes dienen, nicht aber dem Gedächtnisse irgendwelcher vergrauten Vergangenheit. Die Gesichtspunkte für diese Korrekturen zu finden wird die Aufgabe der zukünftigen *Diplomaten* sein, die zugleich Kulturforscher, Landwirte, Verkehrskenner sein müssen und keine Heere, sondern Gründe und Nützlichkeiten hinter sich haben. Dann erst ist die *äußere* Politik mit der *inneren* unzertrennbar verknüpft: während jetzt immer noch die letztere ihrer stolzen Gebieterin nachläuft und im erbärmlichen Körbchen die Stoppelähren sammelt, die bei der Ernte der ersteren übrigbleiben.

293

Ziel und Mittel der Demokratie. – Die Demokratie will möglichst vielen *Unabhängigkeit* schaffen und verbürgen, Unabhängigkeit der Meinungen, der Lebensart und des Erwerbs. Dazu hat sie nötig, sowohl den Besitzlosen als den eigentlich Reichen das politische Stimmrecht abzusprechen: als den zwei unerlaubten Menschenklassen, an deren Beseitigung sie stetig arbeiten muß, weil diese ihre Aufgabe immer wieder in Frage stellen. Ebenso muß sie alles verhindern, was auf die Organisation von Parteien abzuzielen scheint. Denn die drei großen Feinde der Unabhängigkeit in jenem dreifachen Sinne sind die Habenichtse, die Reichen und die Parteien. – Ich rede von der Demokratie als von etwas Kommendem. Das, was schon jetzt so heißt, unterscheidet sich von den älteren Regierungsformen allein dadurch, daß es mit *neuen Pferden* fährt: die Straßen sind noch die alten, und die Räder sind auch noch die alten. – Ist die Gefahr bei *diesen* Fuhrwerken des Völkerwohls wirklich geringer geworden?

294

Die Besonnenheit und der Erfolg. – Jene große Eigenschaft der Besonnenheit, welche im Grunde die Tugend der Tugenden, ihre Urgroßmutter und Königin ist, hat im gewöhnlichen Leben keineswegs immer den Erfolg auf ihrer Seite: und der Freier würde sich getäuscht finden, der nur des Erfolgs wegen sich um jene Tugend beworben hätte. Sie gilt nämlich unter den *praktischen* Leuten für verdächtig und wird mit der Hinterhaltigkeit und heuchlerischen Schlauheit verwechselt: wem dagegen ersichtlich die Besonnenheit abgeht, – der Mann, der rasch zugreift und auch einmal danebengreift, hat das Vorurteil für sich, ein biederer, zuverlässiger Geselle zu sein. Die praktischen Leute mögen also den Besonnenen nicht, er ist für sie, wie sie meinen, eine Gefahr. Andererseits nimmt man den Besonnenen leicht als ängstlich, befangen, pedantisch – die unpraktischen und genießenden Leute gerade finden ihn unbequem, *weil* er nicht leichthin lebt wie sie, ohne an das Handeln und die Pflichten zu denken: er erscheint unter ihnen wie ihr leibhaftes Gewissen, und der helle Tag wird bei seinem Anblick ihrem Auge bleich. Wenn ihm also der Erfolg und die Beliebtheit fehlen, so mag er sich immer zum Troste sagen: »so hoch sind eben die *Steuern*, welche du für den Besitz des köstlichen Gutes unter Menschen zahlen mußt, – er ist es wert!«

295

Et in Arcadia ego. – Ich sah hinunter, über Hügel-Wellen, gegen einen milchgrünen See hin, durch Tannen und altersernste Fichten hindurch: Felsbrocken aller Art um mich, der Boden bunt von Blumen und Gräsern. Eine Herde bewegte, streckte und dehnte sich vor mir; einzelne Kühe und Gruppen ferner, im schärfsten Abendlichte, neben dem Nadelgehölz; andere näher, dunkler; alles in Ruhe und Abendsättigung. Die Uhr zeigte gegen halb sechs. Der Stier der Herde war in den weißen, schäumenden Bach getreten und ging langsam widerstrebend und nachgebend seinem stürzenden Laufe nach: so hatte er wohl seine Art von grimmigem Behagen. Zwei dunkelbraune Geschöpfe, bergamasker Herkunft, waren die Hirten: das Mädchen fast als Knabe gekleidet. Links Felsenhänge und Schneefelder über breiten Waldgürteln, rechts zwei ungeheure beeiste Zacken, hoch über mir, im Schleier des Sonnenduftes schwimmend – alles groß, still und hell. Die gesamte Schönheit wirkte zum Schaudern und zur stummen Anbetung des Augenblicks ihrer Offenbarung; unwillkürlich, wie als ob es nichts Natürlicheres gäbe, stellte man sich in diese reine scharfe Lichtwelt (die gar nichts Sehnendes, Erwartendes, Vor- und

Zurückblickendes hatte) griechische Heroen hinein; man mußte wie Poussin und sein Schüler empfinden: heroisch zugleich und idyllisch. — Und so haben einzelne Menschen auch *gelebt*, so sich dauernd in der Welt und die Welt in sich *gefühlt*, und unter ihnen einer der größten Menschen, der Erfinder einer heroisch-idyllischen Art zu philosophieren: Epikur.

296

Rechnen und messen. — Viele Dinge sehen, miteinander erwägen, gegeneinander abrechnen und aus ihnen einen schnellen Schluß, eine ziemlich sichere Summe bilden, — das macht den großen Politiker, Feldherrn, Kaufmann: — also die Geschwindigkeit in einer Art von Kopfrechnen. *Eine* Sache sehen, in ihr das einzige Motiv zum Handeln, die Richterin alles übrigen Handelns finden, macht den Helden, auch den Fanatiker — also eine Fertigkeit im Messen mit einem Maßstabe.

297

Nicht unzeitig sehen wollen. — So lange man etwas erlebt, muß man dem Erlebnis sich hingeben und die Augen schließen, also nicht *darin* schon den Beobachter machen. Das nämlich würde die gute Verdauung des Erlebnisses stören: anstatt einer Weisheit trüge man eine Indigestion davon.

298

Aus der Praxis des Weisen. — Um weise zu werden, muß man gewisse Erlebnisse erleben *wollen*, also ihnen in den Rachen laufen. Sehr gefährlich ist dies freilich; mancher »Weise« wurde dabei aufgefressen.

299

Die Ermüdung des Geistes. — Unsere gelegentliche Gleichgültigkeit und Kälte gegen Menschen, welche uns als Härte und Charaktermangel ausgelegt wird, ist häufig nur eine Ermüdung des Geistes: bei dieser sind uns die anderen, wie wir uns selber, gleichgültig oder lästig.

300

»*Eins ist not.*« – Wenn man klug ist, ist einem allein darum zu tun, daß man Freude im Herzen habe. – Ach, setzte jemand hinzu, wenn man klug ist, tut man am besten, weise zu sein.

301

Ein Zeugnis der Liebe. – Jemand sagte: »Über zwei Personen habe ich nie gründlich nachgedacht: es ist das Zeugnis meiner Liebe zu ihnen.«

302

Wie man schlechte Argumente zu verbessern sucht. – Mancher wirft seinen schlechten Argumenten noch ein Stück seiner Persönlichkeit hinten nach, wie als ob jene dadurch richtiger ihre Bahn laufen würden und sich in gerade und gute Argumente verwandeln ließen; ganz wie die Kegelschieber auch nach dem Wurfe noch mit Gebärden und Schwenkungen der Kugel die Richtung zu geben suchen.

303

Die Rechtlichkeit. – Es ist noch wenig, wenn man in bezug auf Rechte und Eigentum ein Muster-Mensch ist; wenn man zum Beispiel als Knabe nie Obst in fremden Gärten nimmt, als Mann nicht über ungemähte Wiesen läuft, – um kleine Dinge zu nennen, welche wie bekannt, den Beweis für diese Art von Musterhaftigkeit besser geben als große. Es ist noch wenig: man ist dann immer erst eine »juristische Person«, mit jenem Grad von Moralität, deren sogar eine »Gesellschaft«, ein Menschen-Klumpen fähig ist.

304

Mensch! – Was ist die Eitelkeit des eitelsten Menschen gegen die Eitelkeit, welche der Bescheidenste besitzt, in Hinsicht darauf, daß er sich in der Natur und Welt als »Mensch« fühlt!

305

Nötigste Gymnastik. — Durch den Mangel an kleiner Selbstbeherrschung bröckelt die Fähigkeit zur großen an. Jeder Tag ist schlecht benutzt und eine Gefahr für den nächsten, an dem man nicht wenigstens einmal sich etwas im kleinen versagt hat: diese Gymnastik ist unentbehrlich, wenn man sich die Freude, sein eigener Herr zu sein, erhalten will.

306

Sich selber verlieren. — Wenn man erst sich selber gefunden hat, muß man verstehen, sich von Zeit zu Zeit zu *verlieren* — und dann wieder zu finden: vorausgesetzt, daß man ein Denker ist. Diesem ist es nämlich nachteilig, immerdar an eine Person gebunden zu sein.

307

Wann Abschiednehmen not tut. — Von dem, was du erkennen und messen willst, mußt du Abschied nehmen, wenigstens auf eine Zeit. Erst wenn du die Stadt verlassen hast, siehst du, wie hoch sich ihre Türme über die Häuser erheben.

308

Am Mittag. — Wem ein tätiger und stürmereicher Morgen des Lebens beschieden war, dessen Seele überfällt um den Mittag des Lebens eine seltsame Ruhesucht, die monden- und jahrelang dauern kann. Es wird still um ihn, die Stimmen klingen fern und ferner; die Sonne scheint steil auf ihn herab. Auf einer verborgenen Waldwiese sieht er den großen Pan schlafend; alle Dinge der Natur sind mit ihm eingeschlafen, einen Ausdruck von Ewigkeit im Gesichte — so dünkt es ihm. Er will nichts, er sorgt sich um nichts, sein Herz steht still, nur sein Auge lebt, — es ist ein Tod mit wachen Augen. Vieles sieht da der Mensch, was er nie sah, und soweit er sieht, ist alles in ein Lichtnetz eingesponnen und gleichsam darin begraben. Er fühlt sich glücklich dabei, aber es ist ein schweres, schweres Glück. — Da endlich erhebt sich der Wind in den Bäumen, Mittag ist vorbei, das *Leben* reißt ihn wieder an sich, das Leben mit blinden Augen, hinter dem sein Gefolge herstürmt: Wunsch, Trug, Vergessen, Genießen, Vernichten, Vergänglichkeit. Und so kommt der Abend herauf, stürmereicher und tatenvoller, als selbst der Morgen war. – Den eigentlich tätigen Menschen erscheinen die länger währenden Zustände des Erkennens fast unheimlich und krankhaft, aber nicht unangenehm.

309

Sich vor seinem Maler hüten. – Ein großer Maler, der in einem Porträt den vollsten Ausdruck und Augenblick, dessen ein Mensch fähig ist, enthüllt und niedergelegt hat, wird von diesem Menschen, wenn er ihn später im wirklichen Leben wiedersieht, fast immer nur eine Karikatur zu sehen glauben.

310

Die zwei Grundsätze des neuen Lebens. – *Erster Grundsatz:* man soll das Leben auf das Sicherste, Beweisbarste hin einrichten: nicht wie bisher auf das Entfernteste, Unbestimmteste, Horizont-Wolkenhafteste hin. *Zweiter Grundsatz:* man soll sich die *Reihenfolge* des Nächsten und Nahen, des Sicheren und weniger Sicheren feststellen, bevor man sein Leben einrichtet und in eine endgültige Richtung bringt.

311

Gefährliche Reizbarkeit. – Begabte Menschen, die aber träge sind, werden immer etwas gereizt erscheinen, wenn einer ihrer Freunde mit einer tüchtigen Arbeit fertig geworden ist. Ihre Eifersucht ist rege, sie schämen sich ihrer Faulheit – oder vielmehr, sie befürchten, der Tätige verachte sie gegenwärtig noch *mehr*, als sonst. In dieser Stimmung kritisieren sie das neue Werk – und ihre Kritik wird zur Rache, zum höchsten Befremden des Urhebers.

312

Zerstören der Illusionen. – Die Illusionen sind gewiß kostspielige Vergnügungen: aber das Zerstören der Illusionen ist noch kostspieliger – als Vergnügen betrachtet, was es unleugbar für manchen Menschen ist.

313

Das Eintönige des Weisen. — Die Kühe haben mitunter den Ausdruck der Verwunderung, die auf dem Wege zur *Frage* stehen bleibt. Dagegen liegt im Auge der höheren Intelligenz das *nil admirari* ausgebreitet wie die Eintönigkeit des wolkenlosen Himmels.

314

Nicht zu lange krank sein. — Man hüte sich, zu lange krank zu sein: denn bald werden die Zuschauer durch die übliche Verpflichtung, Mitleiden zu bezeigen, ungeduldig, weil es ihnen zu viel Mühe macht, diesen Zustand lange bei sich aufrecht zu erhalten — und dann gehen sie unmittelbar zur Verdächtigung eures Charakters über, mit dem Schlusse: »ihr *verdient* es krank zu sein, und wir brauchen uns nicht mehr mit Mitleiden anzustrengen.«

315

Wink für Enthusiasten. — Wer gern hingerissen werden will und sich leicht nach oben tragen lassen möchte, soll zusehen, daß er nicht zu *schwer* werde, das heißt zum Beispiel, daß er nicht viel lerne und namentlich von der Wissenschaft sich nicht *erfüllen* lasse. Diese macht schwerfällig! — nehmt euch in acht, ihr Enthusiasten!

316

Sich zu überraschen wissen. — Wer sich selber sehen will, so wie er ist, muß es verstehen, sich selber zu *überraschen*, mit der Fackel in der Hand. Denn es steht mit dem Geistigen so, wie es mit dem Körperlichen steht: wer gewohnt ist, sich im Spiegel zu schauen, vergißt immer seine Häßlichkeit: erst durch den Maler bekommt er den Eindruck derselben wieder. Aber er gewöhnt sich auch an das Gemälde und vergißt seine Häßlichkeit zum zweiten Male. — Dies nach dem allgemeinen Gesetze, daß der Mensch das Unveränderlich-Häßliche *nicht erträgt*: es sei denn auf einen Augenblick; er vergißt es oder leugnet es in allen Fällen. —

Die Moralisten müssen auf jenen Augenblick rechnen, um ihre
Wahrheiten vorbringen zu dürfen.

317

Meinungen und Fische. – Man ist Besitzer seiner Meinungen, wie man
Besitzer von Fischen ist, – insofern man nämlich Besitzer eines Fisch-
teiches ist. Man muß fischen gehen und Glück haben, – dann hat man
seine Fische, *seine* Meinungen. Ich rede hier von lebendigen Meinungen, von lebendigen Fischen. Andere sind zufrieden, wenn sie ein
Fossilien-Kabinett besitzen – und, in ihrem Kopfe, »Überzeugungen«. –

318

Anzeichen von Freiheit und Unfreiheit. – Seine notwendigen Bedürfnisse so viel wie möglich selber befriedigen, wenn auch unvollkommen,
das ist die Richtung auf *Freiheit von Geist und Person*. Viele, auch überflüssige Bedürfnisse sich befriedigen lassen, und so vollkommen als
möglich, – erzieht zur *Unfreiheit*. Der Sophist Hippias, der alles was er
trug, innen und außen, selbst erworben, selber gemacht hatte, entspricht eben damit der Richtung auf höchste Freiheit des Geistes und
der Person. Nicht darauf kommt es an, daß alles gleich gut und vollkommen gearbeitet ist; der Stolz flickt schon die schadhaften Stellen
aus.

319

Sich selber glauben. – In unserer Zeit mißtraut man jedem, der an sich
selber glaubt; ehemals genügte es, um an sich glauben zu machen. Das
Rezept, um *jetzt* Glauben zu finden, heißt: »Schone dich selber nicht!
Willst du deine Meinung in ein glaubwürdiges Licht setzen, so zünde
zuerst die eigene Hütte an!«

320

Reicher und ärmer zugleich. – Ich kenne einen Menschen, der als Kind
schon sich gewöhnt hatte, gut von der Intellektualität der Menschen zu

denken, also von ihrer wahren Hingebung in bezug auf geistige Dinge, ihrer uneigennützigen Bevorzugung des als wahr Erkannten und dergleichen, dagegen von seinem eigenen Kopfe (Urteil, Gedächtnis, Geistesgegenwart, Phantasie) bescheidene, ja niedrige Begriffe zu haben. Er machte sich nichts aus sich, wenn er sich mit anderen verglich. Nun wurde er im Laufe der Jahre erst einmal und dann hundertfach gezwungen, in diesem Punkte umzulernen, – man sollte denken zu seiner großen Freude und Genugtuung. Es gab auch in der Tat etwas davon; aber »doch ist« wie er einmal sagte, »eine Bitterkeit der bittersten Art beigemischt, welche ich im früheren Leben nicht kannte: denn seit ich die Menschen und mich selber gerechter schätze, scheint mir mein Geist weniger nütze; ich glaube damit kaum noch etwas Gutes erweisen zu können, weil der Geist der anderen es nicht anzunehmen versteht: ich sehe jetzt die schreckliche Kluft zwischen dem Hilfreichen und dem Hilfebedürftigen immer vor mir. Und so quält mich die Not, meinen Geist für mich haben und allein genießen zu müssen, so weit er genießbar ist. Aber *geben* ist seliger als *haben*: und was ist der Reichste in der Einsamkeit einer *Wüste*!«

321

Wie man angreifen soll. – Die Gründe, um derentwillen man an etwas glaubt oder nicht glaubt, sind bei den allerseltensten Menschen überhaupt so stark, *als sie sein können*. Für gewöhnlich hat man, um den Glauben an etwas zu erschüttern, durchaus nicht nötig, ohne weiteres das schwerste Geschütz des Angriffs vorzufahren; bei vielen führt es schon zum Ziele, wenn man den Angriff mit etwas Lärm macht: so daß oft Knallerbsen genügen. Gegen sehr eitle Personen reicht die *Miene* des allerschwersten Angriffs aus: sie sehen sich sehr ernst genommen – und geben gern nach.

322

Tod. – Durch die sichere Aussicht auf den Tod könnte jedem Leben ein köstlicher, wohlriechender Tropfen von Leichtsinn beigemischt sein – und nun habt ihr wunderlichen Apotheker-Seelen aus ihm einen übelschmeckenden Gift-Tropfen gemacht, durch den das ganze Leben widerlich wird!

323

Reue. – Niemals der Reue Raum geben, sondern sich sofort sagen: dies hieße ja der ersten Dummheit eine zweite zugesellen. – Hat man Schaden gestiftet, so sinne man darauf, Gutes zu stiften. – Wird man wegen seiner Handlungen gestraft, dann ertrage man die Strafe mit der Empfindung, damit schon etwas Gutes zu stiften: man schreckt die anderen ab, in die gleiche Torheit zu verfallen. Jeder gestrafte Übeltäter darf sich als Wohltäter der Menschheit fühlen.

324

Zum Denker werden. – Wie kann jemand zum Denker werden, wenn er nicht mindestens den dritten Teil des Tages ohne Leidenschaften, Menschen und Bücher verbringt?

325

Das beste Heilmittel. – Etwas Gesundheit ab und zu ist das beste Heilmittel des Kranken.

326

Nicht anrühren! – Es gibt schreckliche Menschen, welche ein Problem, anstatt es zu lösen, für alle, welche sich mit ihm abgeben wollen, verfitzen und schwerer lösbar machen. Wer es nicht versteht, den Nagel auf den Kopf zu treffen, soll ja gebeten sein, ihn gar nicht zu treffen.

327

Die vergessene Natur. – Wir sprechen von Natur und vergessen uns dabei: wir selber sind Natur, *quand même* –. Folglich ist Natur etwas ganz anderes als das, was wir beim Nennen ihres Namens empfinden.

328

Tiefe und Langweiligkeit. – Bei tiefen Menschen wie bei tiefen Brunnen dauert es lange, bis etwas, das in sie fällt, ihren Grund erreicht. Die

Zuschauer, welche gewöhnlich nicht lange genug warten, halten solche Menschen leicht für unbeweglich und hart – oder auch für langweilig.

329

Wann es Zeit ist, sich Treue zu geloben. – Man verläuft sich mitunter in eine geistige Richtung, welcher unsre Begabung widerspricht; eine Zeitlang kämpft man heroisch wider die Flut und den Wind an, im Grunde gegen sich selbst: man wird müde, keucht; was man vollbringt, macht einem keine rechte Freude, man meint zu viel bei diesen Erfolgen eingebüßt zu haben. Ja, man *verzweifelt* an seiner Fruchtbarkeit, an seiner Zukunft, mitten im Siege vielleicht. Endlich, endlich *kehrt* man *um* – und jetzt weht der Wind *in* unser Segel und treibt uns in *unser* Fahrwasser. Welches Glück! Wie *siegesgewiß* fühlen wir uns! Jetzt erst wissen wir, was wir sind und was wir wollen, jetzt geloben wir uns Treue und *dürfen* es – als Wissende.

330

Wetterpropheten. – Wie die Wolken uns verraten, wohin hoch über uns die Winde laufen, so sind die leichtesten und freiesten Geister in ihren Richtungen vorausverkündend für das Wetter, das kommen wird. Der Wind im Tale und die Meinungen des Marktes von heute bedeuten nichts für das, was kommt, sondern nur für das, was war.

331

Stetige Beschleunigung. – Jene Personen, welche langsam beginnen und schwer in einer Sache heimisch werden, haben nachher mitunter die Eigenschaft der stetigen Beschleunigung, – so daß zuletzt niemand weiß, wohin der Strom sie noch reißen kann.

332

Die guten Drei. – Größe, Ruhe, Sonnenlicht – diese drei umfassen alles, was ein Denker wünscht und auch von sich fordert: seine Hoffnungen und Pflichten, seine Ansprüche im Intellektuellen und Moralischen, sogar in der täglichen Lebensweise und selbst im Landschaftlichen seines Wohnsitzes. Ihnen entsprechen einmal *erhebende* Gedanken, sodann *beruhigende*, drittens *aufhellende* – viertens aber Gedanken, welche an allen drei Eigenschaften Anteil haben, in denen alles Irdische zur Verklärung kommt: es ist das Reich, wo die große *Dreifaltigkeit der Freude* herrscht.

333

Für die »Wahrheit« sterben. – Wir würden uns für unsere Meinungen nicht verbrennen lassen: wir sind ihrer nicht so sicher. Aber vielleicht dafür, daß wir unsere Meinungen haben dürfen und ändern dürfen.

334

Seine Taxe haben. – Wenn man gerade so viel *gelten* will, als man *ist*, muß man etwas sein, das *seine Taxe* hat. Aber nur das Gewöhnliche hat seine Taxe. Somit ist jenes Verlangen entweder die Folge einsichtiger Bescheidenheit – oder dummer Unbescheidenheit.

335

Moral für Häuserbauer. – Man muß die Gerüste wegnehmen, wenn das Haus gebaut ist.

336

Sophokleismus. – Wer hat mehr Wasser in den Wein gegossen als die Griechen! Nüchternheit und Grazie verbunden – das war das Adels-Vorrecht des Atheners zur Zeit des Sophokles und nach ihm. Mache es nach, wer da kann! Im Leben und Schaffen!

337

Das Heroische. – Das Heroische besteht darin, daß man Großes tut (oder etwas in großer Weise *nicht* tut), ohne sich im Wettkampf *mit* anderen *vor* anderen zu fühlen. Der Heros trägt die Einöde und den heiligen unbetretbaren Grenzbezirk immer mit sich, wohin er auch gehe.

338

Doppelgängerei der Natur. — In mancher Natur-Gegend entdecken wir uns selber wieder, mit angenehmem Grausen; es ist die schönste Doppelgängerei. — Wie glücklich muß der sein können, welcher jene Empfindung gerade hier hat, in dieser beständigen sonnigen Oktoberluft, in diesem schalkhaft glücklichen Spielen des Windzuges von früh bis abend, in dieser reinsten Helle und mäßigsten Kühle, in dem gesamten anmutig ernsten Hügel-, Seen- und Wald-Charakter dieser Hochebene, welche sich ohne Furcht neben die Schrecknisse des ewigen Schnees hingelagert hat, hier, wo Italien und Finnland zum Bunde zusammengekommen sind und die Heimat aller silbernen Farbentöne der Natur zu sein scheint: — wie glücklich der, welcher sagen kann: »es gibt gewiß viel Größeres und Schöneres in der Natur *dies* aber ist mir innig und vertraut, blutsverwandt, ja noch mehr.«

339

Leutseligkeit des Weisen. — Der Weise wird unwillkürlich mit den andern Menschen leutselig umgehen wie ein Fürst und sie, trotz aller Verschiedenheit der Begabung, des Standes und der Gesittung, leicht als gleichartig behandeln: was man, sobald es bemerkt wird, ihm sehr übel nimmt.

340

Gold. — Alles, was Gold ist, glänzt nicht. Die sanfte Strahlung ist dem edelsten Metalle zu eigen.

341

Rad und Hemmschuh. — Das Rad und der Hemmschuh haben verschiedene Pflichten, aber auch eine gleiche: einander wehe zu tun.

342

Störungen des Denkers. — Auf alles, was den Denker in seinen Gedanken unterbricht (stört, wie man sagt), muß er friedfertig hinschauen, wie auf ein neues Modell, das zur Tür hereintritt, um sich dem Künstler anzubieten. Die Unterbrechungen sind die Raben, welche dem Einsamen Speise bringen.

343

Viel Geist haben. – Viel Geist haben erhält *jung*: aber man muß es ertragen, damit gerade für *älter* zu gelten, als man ist. Denn die Menschen lesen die Schriftzüge des Geistes ab als Spuren der *Lebenserfahrung*, das heißt des Viel- und Schlimm-gelebt-habens, des Leidens, Irrens, Bereuens. Also: man gilt ihnen für älter sowohl als für *schlechter*, als man ist, wenn man viel Geist hat und zeigt.

344

Wie man siegen muß. – Man soll nicht siegen wollen, wenn man nur die Aussicht hat, um eines *Haares Breite* seinen Gegner zu überholen. Der gute Sieg muß den Besiegten freudig stimmen, er muß etwas Göttliches haben, welches die *Beschämung* erspart.

345

Wahn der überlegenen Geister. – Die überlegenen Geister haben Mühe, sich von einem Wahne frei zu machen: sie bilden sich nämlich ein, daß sie bei den Mittelmäßigen Neid erregen und als Ausnahme empfunden werden. Tatsächlich aber werden sie als das empfunden, was überflüssig ist und was man, wenn es fehlte, nicht entbehren würde.

346

Forderung der Reinlichkeit. – Daß man seine Meinungen wechselt, ist für die einen Naturen ebenso eine Forderung der Reinlichkeit, wie die, daß man seine Kleider wechselt: für andere Naturen aber nur eine Forderung ihrer Eitelkeit.

347

Auch eines Heros würdig. – Hier ist ein Heros, der nichts getan hat als den Baum geschüttelt, sobald die Früchte reif waren. Dünkt euch dies zu wenig? So seht euch den Baum erst an, den er schüttelte.

348

Woran die Weisheit zu messen ist. – Der Zuwachs an Weisheit läßt sich genau nach der Abnahme an Galle bemessen.

349

Den Irrtum unangenehm sagen. — Es ist nicht nach jedermanns Geschmack, daß die Wahrheit angenehm gesagt werde. Möge aber wenigstens niemand glauben, daß der Irrtum zur Wahrheit werde, wenn man ihn *unangenehm* sage.

350

Die goldene Losung. — Dem Menschen sind viele Ketten angelegt worden, damit er es verlerne, sich wie ein Tier zu gebärden: und wirklich, er ist milder, geistiger, freudiger, besonnener geworden, als alle Tiere sind. Nun aber leidet er noch daran, daß er so lange seine Ketten trug, daß es ihm so lange an reiner Luft und freier Bewegung fehlte: — diese Ketten aber sind, ich wiederhole es immer und immer wieder, jene schweren und sinnvollen Irrtümer der moralischen, der religiösen, der metaphysischen Vorstellungen. Erst wenn auch die *Ketten-Krankheit* überwunden ist, ist das erste große Ziel ganz erreicht: die Abtrennung des Menschen von den Tieren. — Nun stehen wir mitten in unserer Arbeit, die Ketten abzunehmen, und haben dabei die höchste Vorsicht nötig. Nur dem *veredelten Menschen* darf die Freiheit des Geistes gegeben werden; ihm allein naht *die Erleichterung des Lebens* und salbt seine Wunden aus; er zuerst darf sagen, daß er um der *Freudigkeit* willen lebe und um keines weiteren Zieles willen; und in jedem anderen Munde wäre sein Wahlspruch gefährlich: *Frieden um mich und ein Wohlgefallen an allen nächsten Dingen.* — Bei diesem Wahlspruch für einzelne gedenkt er eines alten großen und rührenden Wortes, welches *allen* galt, und das über der gesamten Menschheit stehengeblieben ist, als ein Wahlspruch und Wahrzeichen, an dem jeder zugrunde gehen soll, der damit zu zeitig sein Banner schmückt, — an dem das Christentum zugrunde ging. Noch immer, so scheint es, *ist es nicht Zeit*, daß es *allen* Menschen jenen Hirten gleich ergehen dürfe, die den Himmel über sich erhellt sahen und jenes Wort hörten: »Friede auf Erden und den Menschen ein Wohlgefallen aneinander.« — Immer noch ist es *die Zeit der einzelnen.*

Der Schatten: Von allem, was du vorgebracht hast, hat mir nichts *mehr* gefallen als eine Verheißung: ihr wollt wieder gute Nachbarn der nächsten Dinge werden. Dies wird auch uns armen Schatten zugute kommen. Denn, gesteht es nur ein, ihr habt bisher uns allzugern verleumdet.

Der Wanderer: Verleumdet? Aber warum habt ihr euch nie verteidigt? Ihr hattet ja unsere Ohren in der Nähe.

Der Schatten: Es schien uns, als ob wir euch eben zu nahe wären, um von uns selber reden zu dürfen.

Der Wanderer: Delikat! Sehr delikat! Ach, ihr Schatten seid »bessere Menschen« als wir, das merke ich.

Der Schatten: Und doch nanntet ihr uns »zudringlich« – uns, die wir mindestens eines gut verstehen: zu schweigen und zu warten – kein Engländer versteht es besser. Es ist wahr, man findet uns sehr, sehr oft in dem Gefolge des Menschen, aber doch nicht in seiner Knechtschaft. Wenn der Mensch das Licht scheut, scheuen wir den Menschen: so weit geht doch unsere Freiheit.

Der Wanderer: Ach, das Licht scheut noch viel öfter den Menschen, und dann verlaßt ihr ihn auch.

Der Schatten: Ich habe dich oft mit Schmerz verlassen: es ist mir, der ich wißbegierig bin, an dem Menschen vieles dunkel geblieben, weil ich nicht immer um ihn sein kann. Um den Preis der vollen Menschen-Erkenntnis möchte ich auch wohl dein Sklave sein.

Der Wanderer: Weißt du denn, weiß ich denn, ob du damit nicht unversehens aus dem Sklaven zum Herrn würdest? Oder zwar Sklave bliebest, aber als Verächter deines Herrn ein Leben der Erniedrigung, des Ekels führtest? Seien wir beide mit der Freiheit zufrieden, so wie sie dir geblieben ist – dir *und* mir! Denn der Anblick eines Unfreien würde mir meine größten Freuden vergällen; das Beste wäre mir zuwider, wenn es jemand mit mir teilen *müßte*, – ich will keine Sklaven um mich wissen. Deshalb mag ich auch den Hund nicht, den faulen, schweifwedelnden Schmarotzer, der erst als Knecht des Menschen »hündisch« geworden ist und von dem sie gar noch zu rühmen pflegen, daß er dem Herrn treu sei und ihm folge wie sein –

Der Schatten: Wie sein Schatten, so sagen sie. Vielleicht folgte ich dir heute auch schon zu lange? Es war der längste Tag, aber wir sind an seinem Ende, habe eine kleine Weile noch Geduld! Der Rasen ist feucht, mich fröstelt.

Der Wanderer: Oh, ist es schon Zeit zu scheiden? Und ich mußte dir zuletzt noch wehe tun; ich sah es, du wurdest dunkler dabei.

Der Schatten: Ich errötete, in der Farbe, in welcher ich es vermag. Mir fiel ein, daß ich dir oft zu Füßen gelegen habe wie ein Hund, und daß du dann –

Der Wanderer: Und könnte ich dir nicht in aller Geschwindigkeit noch etwas zu Liebe tun? Hast du keinen Wunsch?

Der Schatten: Keinen, außer etwa den Wunsch, welchen der philosophische »Hund« vor dem großen Alexander hatte: gehe mir ein wenig aus der Sonne, es ist mir zu kalt.

Der Wanderer: Was soll ich tun?

Der Schatten: Tritt unter diese Fichten und schaue dich nach den Bergen um; die Sonne sinkt.

Der Wanderer: – Wo bist du? Wo bist du?

MORGENRÖTE

Gedanken
über
die moralischen Vorurteile

> »Es gibt so viele Morgenröten, die noch nicht geleuchtet haben.«
> Rigveda

VORREDE

1

In diesem Buche findet man einen »Unterirdischen« an der Arbeit, einen Bohrenden, Grabenden, Untergrabenden. Man sieht ihn, vorausgesetzt, daß man Augen für solche Arbeit der Tiefe hat –, wie er langsam, besonnen, mit sanfter Unerbittlichkeit vorwärts kommt, ohne daß die Not sich allzusehr verriete, welche jede lange Entbehrung von Licht und Luft mit sich bringt; man könnte ihn selbst bei seiner dunklen Arbeit zufrieden nennen. Scheint es nicht, daß irgendein Glaube ihn führt, ein Trost entschädigt? Daß er vielleicht seine eigne lange Finsternis haben will, sein Unverständliches, Verborgenes, Rätselhaftes, weil er weiß, was er auch haben wird: seinen eignen Morgen, seine eigne Erlösung, seine eigne *Morgenröte*?... Gewiß, er wird zurückkehren: fragt ihn nicht, was er da unten will, er wird es euch selbst schon sagen, dieser scheinbare Trophonios und Unterirdische, wenn er erst wieder »Mensch geworden« ist. Man verlernt gründlich das Schweigen, wenn man so lange, wie er, Maulwurf war, allein war – –

2

In der Tat, meine geduldigen Freunde, ich will es euch sagen, was ich da unten wollte, hier in dieser späten Vorrede, welche leicht hätte ein Nachruf, eine Leichenrede werden können: denn ich bin zurückgekommen und – ich bin davongekommen. Glaubt ja nicht, daß ich euch zu dem gleichen Wagnisse auffordern werde! Oder auch nur zur gleichen Einsamkeit! Denn wer auf solchen eignen Wegen geht, begegnet niemandem: das bringen die »eignen Wege« mit sich. Niemand kommt, ihm dabei zu helfen; mit allem, was ihm von Gefahr, Zufall, Bosheit und schlechtem Wetter zustößt, muß er allein fertig werden. Er hat eben seinen Weg *für sich* – und, wie billig, seine Bitterkeit, seinen gelegentlichen Verdruß an diesem »für sich«: wozu es zum Beispiel gehört, zu wissen, daß selbst seine Freunde nicht erraten können, wo er ist, wohin er geht, daß sie sich bisweilen fragen werden »wie? geht er überhaupt? hat er noch – einen Weg?« – Damals unternahm ich etwas, das nicht jedermanns Sache sein dürfte: ich stieg in die Tiefe, ich bohrte in den Grund, ich begann ein altes *Vertrauen* zu untersuchen und anzugraben, auf dem wir Philosophen seit ein paar Jahrtausenden wie auf dem sichersten Grunde zu bauen pflegten, – immer wieder, obwohl jedes Gebäude bisher einstürzte: ich begann unser *Vertrauen zur Moral* zu untergraben. Aber ihr versteht mich nicht?

3

Es ist bisher am schlechtesten über Gut und Böse nachgedacht worden: es war dies immer eine zu gefährliche Sache. Das Gewissen, der gute Ruf, die Hölle, unter Umständen selbst die Polizei erlaubten und erlauben keine Unbefangenheit; in Gegenwart der Moral *soll* eben, wie angesichts jeder Autorität, nicht gedacht, noch weniger geredet werden: hier wird – *gehorcht!* So lang die Welt steht, war noch keine Autorität willens, sich zum Gegenstand der Kritik nehmen zu lassen; und gar die Moral kritisieren, die Moral als Problem, als problematisch nehmen: wie? war das nicht – *ist* das nicht – unmoralisch? – Aber die Moral gebietet nicht nur über jede Art von Schreckmitteln, um sich kritische Hände und Folterwerkzeuge vom Leibe zu halten: ihre Sicherheit liegt noch mehr in einer gewissen Kunst der Bezauberung, auf die sie sich versteht, – sie weiß zu »begeistern«. Es gelingt ihr, oft mit einem einzigen Blicke, den kritischen Willen zu lähmen, sogar zu sich hinüberzulocken, ja es gibt Fälle, wo sie ihn gegen sich selbst zu kehren weiß: so daß er sich dann, gleich dem Skorpione, den Stachel in den eignen Leib sticht. Die Moral versteht sich eben von alters her auf jede Teufelei von Überredungskunst: es gibt keinen Redner, auch heute noch, der sie nicht um ihre Hilfe anginge (man höre zum Beispiel selbst unsere Anarchisten reden: wie moralisch reden sie, um zu überreden! Zuletzt heißen sie sich selbst noch gar »die Guten und Gerechten«.) Die Moral hat sich eben von jeher, so lange auf Erden geredet und überredet worden ist, als die größte Meisterin der Verführung bewiesen – und, was uns Philosophen angeht, als die eigentliche *Circe der Philosophen*. Woran liegt es doch, daß von Plato ab alle philosophischen Baumeister in Europa umsonst gebaut haben? Daß alles einzufallen droht oder schon in Schutt liegt, was sie selber ehrlich und ernsthaft für *aere perennius* hielten? Oh wie falsch ist die Antwort, welche man jetzt noch auf diese Frage bereit hält, »weil von ihnen allen die Voraussetzung versäumt war, die Prüfung des Fundamentes, eine Kritik der gesamten Vernunft« – jene verhängnisvolle Antwort Kants, der damit uns moderne Philosophen wahrhaftig nicht auf einen festeren und weniger trüglichen Boden gelockt hat! (– und nachträglich gefragt, war es nicht etwas sonderbar, zu verlangen, daß ein Werkzeug seine eigne Trefflichkeit und Tauglichkeit kritisieren solle? daß der Intellekt selbst seinen Wert, seine Kraft, seine Grenzen »erkennen« solle? war es nicht sogar ein wenig widersinnig? –) Die richtige Antwort wäre vielmehr gewesen, daß alle Philosophen unter der Verführung der Moral gebaut haben, auch Kant –, daß ihre Absicht scheinbar auf Gewißheit, auf »Wahrheit«, eigentlich aber auf »*majestätische sittliche Gebäude*« ausging: um uns noch einmal der unschuldigen Sprache Kants zu bedienen, der es als seine eigne »nicht so glänzende, aber doch auch nicht verdienstlose« Aufgabe und Arbeit bezeichnet, »den Boden zu jenen majestätischen sittlichen Gebäuden eben und baufest zu machen« (Kritik der reinen Vernunft II, S. 257). Ach, es ist ihm damit nicht gelungen, im Gegenteil! – wie man heute sagen muß. Kant war mit einer solchen schwärmerischen Absicht eben der rechte Sohn seines Jahrhunderts, das mehr als jedes andre das Jahrhundert der Schwärmerei genannt werden darf: wie er es, glücklicherweise, auch in bezug auf dessen wertvollere Seiten geblieben ist (zum Beispiel mit jenem guten Stück Sensualismus, den er in seine Erkenntnistheorie hinübernahm). Auch ihn hatte die Moral-Tarantel Rousseau gebissen, auch ihm lag der Gedanke des moralischen Fanatismus auf dem Grunde der Seele, als dessen Vollstrecker sich ein andrer Jünger Rousseaus fühlte und bekannte, nämlich Robespierre, »*de fonder sur la terre l'empire de la sagesse, de la justice et de la vertu*« (Rede vom 7. Juni 1794). Andrerseits konnte man es, mit einem solchen Franzosen-Fanatismus im Herzen, nicht unfranzösischer, nicht tiefer, gründlicher, deutscher treiben – wenn das Wort »deutsch« in diesem Sinne heute noch erlaubt ist –, als es Kant getrieben hat: um Raum für *sein* »moralisches Reich« zu schaffen, sah er sich genötigt, eine unbeweisbare Welt anzusetzen, ein logisches »Jenseits«, – dazu eben hatte er seine Kritik der reinen Vernunft nötig! Anders ausgedrückt: *er hätte sie nicht nötig gehabt,* wenn ihm nicht eins wichtiger als alles gewesen wäre, das »moralische Reich« unangreifbar, lieber noch ungreifbar für die Vernunft zu machen, – er empfand eben die Angreifbarkeit einer moralischen Ordnung der Dinge von seiten der Vernunft zu stark! Denn angesichts von Natur und Geschichte, angesichts der gründlichen *Unmoralität* von Natur und Geschichte war Kant, wie jeder gute Deutsche von alters her, Pessimist; er glaubte an die Moral, nicht weil sie durch Natur und Geschichte bewiesen wird, sondern trotzdem daß ihr durch Natur und Geschichte beständig widersprochen wird. Man darf sich vielleicht, um dies »trotzdem daß« zu verstehen, an etwas Verwandtes bei Luther erinnern, bei jenem andern großen Pessimisten, der es einmal mit der ganzen lutherischen Verwegenheit seinen Freunden zu Gemüte führte: »wenn man durch Vernunft es fassen könnte, wie der Gott gnädig und gerecht sein könne, der so viel Zorn und Bosheit zeigt, wozu brauchte man dann den *Glauben*?« Nichts nämlich hat von jeher einen tieferen Eindruck auf die deutsche Seele gemacht, nichts hat sie mehr »versucht«, als diese gefährlichste aller Schlußfolgerungen, welche jedem rechten Romanen eine Sünde wider den Geist ist: *credo quia absurdum est*: – mit ihr tritt die deutsche Logik zuerst in der Geschichte des christlichen Dogmas auf: aber auch heute noch, ein Jahrtausend später, wittern wir Deutschen von heute, späte Deutsche in jedem Betrachte – etwas von Wahrheit, von *Möglichkeit* der Wahrheit hinter dem berühmten realdialektischen Grund-Satze, mit welchem Hegel seiner Zeit dem deutschen Geiste zum Sieg über Europa verhalf – »Der Widerspruch bewegt die Welt, alle Dinge sind sich selbst widersprechend«–: wir sind eben, sogar bis in die Logik hinein, Pessimisten.

4

Aber nicht die *logischen* Werturteile sind die untersten und gründlichsten, zu denen die Tapferkeit unsres Argwohns hinunterkann: das Vertrauen auf die Vernunft, mit dem die Gültigkeit dieser Urteile steht und fällt, ist, als Vertrauen, ein *moralisches* Phänomen... Vielleicht hat der deutsche Pessimismus seinen letzten Schritt noch zu tun?

Vielleicht muß er noch einmal auf eine furchtbare Weise sein *credo* und sein *absurdum* nebeneinanderstellen? Und wenn *dies* Buch bis in die Moral hinein, bis über das Vertrauen zur Moral hinweg pessimistisch ist, – sollte es nicht gerade damit ein deutsches Buch sein? Denn es stellt in der Tat einen Widerspruch dar und fürchtet sich nicht davor: in ihm wird der Moral das Vertrauen gekündigt – warum doch? *Aus Moralität!* Oder wie sollen wirs heißen, was sich in ihm – in *uns* – begibt? denn wir würden unsrem Geschmacke nach bescheidenere Worte vorziehn. Aber es ist kein Zweifel, auch zu uns noch redet ein »du sollst«, auch wir noch gehorchen einem strengen Gesetze über uns, – und dies ist die letzte Moral, die sich auch uns noch hörbar macht, die auch wir noch zu *leben* wissen, hier, wenn irgendworin, sind auch wir noch *Menschen des Gewissens*: daß wir nämlich nicht wieder zurückwollen in das, was uns als überlebt und morsch gilt, in irgend etwas »Unglaubwürdiges«, heiße es nun Gott, Tugend, Wahrheit, Gerechtigkeit, Nächstenliebe; daß wir uns keine Lügenbrücken zu alten Idealen gestatten; daß wir von Grund aus allem feind sind, was in uns vermitteln und mischen möchte; feind jeder jetzigen Art Glauben und Christlichkeit; feind dem Halb- und Halben aller Romantik und Vaterländerei; feind auch der Artisten-Genüßlichkeit, Artisten-Gewissenlosigkeit, welche uns überreden möchte, da anzubeten, wo wir nicht mehr glauben – denn wir sind Artisten –; feind, kurzum, dem ganzen europäischen *Feminismus* (oder Idealismus, wenn man's lieber hört), der ewig »hinan zieht« und ewig gerade damit »herunter bringt«: – allein als Menschen *dieses* Gewissens fühlen wir uns noch verwandt mit der deutschen Rechtschaffenheit und Frömmigkeit von Jahrtausenden, wenn auch als deren fragwürdigste und letzte Abkömmlinge, wir Immoralisten, wir Gottlosen von heute, ja sogar, in gewissem Verstande, als deren Erben, als Vollstrecker ihres innersten Willens, eines pessimistischen Willens, wie gesagt, der sich davor nicht fürchtet, sich selbst zu verneinen, weil er mit *Lust* verneint! In uns vollzieht sich, gesetzt daß ihr eine Formel wollt, – die *Selbstaufhebung der Moral*. – –

5

– Zuletzt aber: wozu müßten wir das, was wir sind, was wir wollen und nicht wollen, so laut und mit solchem Eifer sagen? Sehen wir es kälter, ferner, klüger, höher an, sagen wir es, wie es unter uns gesagt werden darf, so heimlich, daß alle Welt es überhört, daß alle Welt *uns* überhört! Vor allem sagen wir es *langsam*... Diese Vorrede kommt spät, aber nicht zu spät, was liegt im Grunde an fünf, sechs Jahren? Ein solches Buch, ein solches Problem hat keine Eile; überdies sind wir beide Freunde des *lento*, ich ebensowohl als mein Buch. Man ist nicht umsonst Philologe gewesen, man ist es vielleicht noch, das will sagen, ein Lehrer des langsamen Lesens: – endlich schreibt man auch langsam. Jetzt gehört es nicht nur zu meinen Gewohnheiten, sondern auch zu meinem Geschmacke – einem boshaften Geschmacke vielleicht? –, nichts mehr zu schreiben, womit nicht jede Art Mensch, die »Eile hat«, zur Verzweiflung gebracht wird. Philologie nämlich ist jene ehrwürdige Kunst, welche von ihrem Verehrer vor allem eins heischt, beiseite gehn, sich Zeit lassen, still werden, langsam werden –, als eine Goldschmiedekunst und -kennerschaft des *Wortes*, die lauter feine vorsichtige Arbeit abzutun hat und nichts erreicht, wenn sie es nicht *lento* erreicht. Gerade damit aber ist sie heute nötiger als je, gerade dadurch zieht sie und bezaubert sie uns am stärksten, mitten in einem Zeitalter der »Arbeit«, will sagen: der Hast, der unanständigen und schwitzenden Eilfertigkeit, das mit allem gleich »fertig werden« will, auch mit jedem alten und neuen Buche: – sie selbst wird nicht so leicht irgend womit fertig, sie lehrt *gut* lesen, das heißt langsam, tief, rück- und vorsichtig, mit Hintergedanken mit offengelassenen Türen, mit zarten Fingern und Augen lesen... Meine geduldigen Freunde, dies Buch wünscht sich nur vollkommne Leser und Philologen: *lernt* mich gut lesen! –

Ruta bei Genua, im Herbst des Jahres 1886

ERSTES BUCH

1

Nachträgliche Vernünftigkeit. – Alle Dinge, die lange leben, werden allmählich so mit Vernunft durchtränkt, daß ihre Abkunft aus der Unvernunft dadurch unwahrscheinlich wird. Klingt nicht fast jede genaue Geschichte einer Entstehung für das Gefühl paradox und frevelhaft? *Widerspricht* der gute Historiker im Grunde nicht fortwährend?

2

Vorurteil der Gelehrten. – Es ist ein richtiges Urteil der Gelehrten, daß die Menschen aller Zeiten zu *wissen* glaubten, was gut und böse, lobens- und tadelnswert sei. Aber es ist ein Vorurteil der Gelehrten, daß *wir es jetzt besser wüßten* als irgendeine Zeit.

3

Alles hat seine Zeit. – Als der Mensch allen Dingen ein Geschlecht gab, meinte er nicht zu spielen, sondern eine tiefe Einsicht gewonnen zu haben: – den ungeheuren Umfang dieses Irrtums hat er sich sehr spät und jetzt vielleicht noch nicht ganz eingestanden. – Ebenso hat der Mensch allem, was da ist, eine Beziehung zur Moral beigelegt und der Welt eine *ethische Bedeutung* über die Schulter gehängt. Das wird einmal ebensoviel und nicht mehr Wert haben, als es heute schon der Glaube an die Männlichkeit oder Weiblichkeit der Sonne hat.

4

Gegen die erträumte Disharmonie der Sphären. – Wir müssen die viele *falsche* Großartigkeit wieder aus der Welt schaffen, weil sie gegen die Gerechtigkeit ist, auf die alle Dinge vor uns Anspruch haben! Und dazu tut not, die Welt nicht disharmonischer sehen zu wollen, als sie ist!

5

Seid dankbar! – Das große Ergebnis der bisherigen Menschen ist, daß wir nicht mehr beständige Furcht vor wilden Tieren, vor Barbaren, vor Göttern und vor unseren Träumen zu haben brauchen.

6

Der Taschenspieler und sein Widerspiel. – Das Erstaunliche in der Wissenschaft ist dem Erstaunlichen in der Kunst des Taschenspielers entgegengesetzt. Denn dieser will uns dafür gewinnen, eine sehr einfache Kausalität dort zu sehen, wo in Wahrheit eine sehr komplizierte Kausalität in Tätigkeit ist. Die Wissenschaft dagegen nötigt uns, den Glauben an einfache Kausalitäten gerade dort aufzugeben, wo alles so leicht begreiflich scheint und wir die Narren des Augenscheins sind. Die »einfachsten« Dinge sind *sehr kompliziert*, – man kann sich nicht genug darüber verwundern!

7

Umlernen des Raumgefühls. – Haben die wirklichen Dinge oder die eingebildeten Dinge mehr zum menschlichen Glück beigetragen? Gewiß ist, daß die *Weite des Raumes* zwischen höchstem Glück und tiefstem Unglück erst mit Hilfe der eingebildeten Dinge hergestellt worden ist. *Diese* Art von Raumgefühl wird folglich, unter der Einwirkung der Wissenschaft, immer verkleinert: so wie wir von ihr gelernt haben und noch lernen, die Erde als klein, ja das Sonnensystem als Punkt zu empfinden.

8

Transfiguration. – Die ratlos Leidenden, die verworren Träumenden, die überirdisch Entzückten, – dies sind die *drei Grade*, in welche Raffael die Menschen einteilt. So blicken wir nicht mehr in die Welt – und auch Raffael *dürfte* es jetzt nicht mehr: er würde eine neue Transfiguration mit Augen sehen.

9

Begriff der Sittlichkeit der Sitte. – Im Verhältnis zu der Lebensweise ganzer Jahrtausende der Menschheit leben wir jetzigen Menschen in einer sehr unsittlichen Zeit: die Macht der Sitte ist erstaunlich abgeschwächt und das Gefühl der Sittlichkeit so verfeinert und so in die Höhe getragen, daß es ebensogut als verflüchtigt bezeichnet werden kann. Deshalb werden uns, den Spätgeborenen, die Grundeinsichten in die Entstehung der Moral schwer, sie bleiben uns, wenn wir sie trotzdem gefunden haben, an der Zunge kleben und wollen nicht heraus: weil sie grob klingen! Oder weil sie die Sittlichkeit zu verleumden scheinen! So zum Beispiel gleich der *Hauptsatz*: Sittlichkeit ist nichts anderes (also namentlich *nicht mehr!*), als Gehorsam gegen Sitten, welcher Art diese auch sein mögen; Sitten aber sind die *herkömmliche* Art zu handeln und abzuschätzen. In Dingen, wo kein Herkommen befiehlt, gibt es keine Sittlichkeit; und je weniger das Leben durch Herkommen bestimmt ist, um so kleiner wird der Kreis der Sittlichkeit. Der freie Mensch ist unsittlich, weil er in allem von sich und nicht von einem Herkommen abhängen *will*: in allen ursprünglichen Zuständen der Menschheit bedeutet »böse« so viel wie »individuell«, »frei«, »willkürlich«, »ungewohnt«, »unvorhergesehen«, »unberechenbar«. Immer nach dem Maßstab solcher Zustände gemessen: wird eine Handlung getan *nicht* weil das Herkommen sie befiehlt, sondern aus anderen Motiven (zum Beispiel des individuellen Nutzens wegen), ja selbst aus eben den Motiven, welche das Herkommen ehemals begründet haben, so heißt sie unsittlich und wird so selbst von ihrem Täter empfunden: denn sie ist nicht aus Gehorsam gegen das Herkommen getan worden. Was ist das Herkommen? Eine höhere Autorität, welcher man gehorcht, nicht weil sie das uns *Nützliche* befiehlt, sondern weil sie *befiehlt*. – Wodurch unterscheidet sich dies Gefühl vor dem Herkommen von dem Gefühl der Furcht überhaupt? Es ist die Furcht vor einem höheren Intellekt, der da befiehlt, vor einer unbegreiflichen, unbestimmten Macht, vor etwas mehr als Persönlichem, – es ist *Aberglaube* in dieser Furcht. – Ursprünglich gehörte die ganze Erziehung und Pflege der Gesundheit, die Ehe, die Heilkunst, der Feldbau, der Krieg, das Reden und Schweigen, der Verkehr untereinander und mit den

Göttern in den Bereich der Sittlichkeit: sie verlangte, daß man Vorschriften beobachtete, *ohne an sich* als Individuum zu denken. Ursprünglich also war alles Sitte, und wer sich über sie erheben wollte, mußte Gesetzgeber und Medizinmann und eine Art Halbgott werden: das heißt, er mußte *Sitten machen*, – ein furchtbares, lebensgefährliches Ding! – Wer ist der Sittlichste? *Einmal* der, welcher das Gesetz am häufigsten erfüllt: also, gleich dem Brahmanen, das Bewußtsein desselben überallhin und in jeden kleinen Zeitteil trägt, so daß er fortwährend erfinderisch ist in Gelegenheiten, das Gesetz zu erfüllen. *Sodann* der, der es auch in den schwersten Fällen erfüllt. Der Sittlichste ist der, welcher am meisten der Sitte *opfert*: welches aber sind die größten Opfer? Nach der Beantwortung dieser Frage entfalten sich mehrere unterschiedliche Moralen; aber der wichtigste Unterschied bleibt doch jener, welcher die Moralität der *häufigsten Erfüllung* von der der *schwersten* Erfüllung trennt. Man täusche sich über das Motiv jener Moral nicht, welche die schwerste Erfüllung der Sitte als Zeichen der Sittlichkeit fordert! Die Selbstüberwindung wird *nicht* ihrer nützlichen Folgen halber, die sie für das Individuum hat, gefordert, sondern damit die Sitte, das Herkommen herrschend erscheine, trotz allem individuellen Gegengelüst und Vorteil: der einzelne soll sich opfern, – so heischt es die Sittlichkeit der Sitte. – Jene Moralisten dagegen, welche wie die Nachfolger der *sokratischen* Fußtapfen die Moral der Selbstbeherrschung und Enthaltsamkeit dem *Individuum* als seinen eigensten *Vorteil*, als seinen persönlichsten Schlüssel zum Glück ans Herz legen, *machen die Ausnahme* – und wenn es uns anders erscheint, so ist es, weil wir unter ihrer Nachwirkung erzogen sind: sie alle gehen eine neue Straße unter höchlichster Mißbilligung aller Vertreter der Sittlichkeit der Sitte, – sie lösen sich aus der Gemeinde aus, als Unsittliche, und sind, im tiefsten Verstande, böse. Ebenso erschien einem tugendhaften Römer alten Schrotes jeder *Christ*, welcher »am ersten nach seiner *eigenen* Seligkeit trachtete«, – als böse. – Überall, wo es eine Gemeinde und folglich eine Sittlichkeit der Sitte gibt, herrscht auch der Gedanke, daß die Strafe für die Verletzung der Sitte vor allem auf die Gemeinde fällt: jene übernatürliche Strafe, deren Äußerung und Grenze so schwer zu begreifen ist und mit so abergläubischer Angst ergründet wird. Die Gemeinde kann den einzelnen anhalten, daß er den nächsten Schaden,

den seine Tat im Gefolge hatte, am einzelnen oder an der Gemeinde wieder gut mache, sie kann auch eine Art Rache am einzelnen dafür nehmen, daß durch ihn, als angebliche Nachwirkung seiner Tat, sich die göttlichen Wolken und Zorneswetter über der Gemeinde gesammelt haben, – aber sie empfindet die Schuld des einzelnen doch vor allem als *ihre* Schuld und trägt dessen Strafe als *ihre* Strafe –: »die Sitten sind locker geworden, so klagt es in der Seele eines jeden, wenn solche Taten möglich sind.« Jede individuelle Handlung, jede individuelle Denkweise erregt Schauder; es ist gar nicht auszurechnen, was gerade die seltneren, ausgesuchteren, ursprünglicheren Geister im ganzen Verlauf der Geschichte dadurch gelitten haben müssen, daß sie immer als die bösen und gefährlichen empfunden wurden, ja daß *sie sich selber so empfanden*. Unter der Herrschaft der Sittlichkeit der Sitte hat die Originalität jeder Art ein böses Gewissen bekommen; bis diesen Augenblick ist der Himmel der Besten noch dadurch verdüsterter, als er sein müßte.

10

Gegenbewegung zwischen Sinn der Sittlichkeit und Sinn der Kausalität. – In dem Maße, in welchem der Sinn der Kausalität zunimmt, nimmt der Umfang des Reiches der Sittlichkeit ab: denn jedesmal, wenn man die notwendigen Wirkungen begriffen hat und gesondert von allen Zufällen, allem gelegentlichen Nachher (*post hoc*) zu denken versteht, hat man eine Unzahl *phantastischer Kausalitäten*, an welche als Grundlagen von Sitten bisher geglaubt wurde, zerstört – die wirkliche Welt ist viel kleiner als die phantastische – und jedesmal ist ein Stück Ängstlichkeit und Zwang aus der Welt verschwunden, jedesmal auch ein Stück Achtung vor der Autorität der Sitte: die Sittlichkeit im großen hat eingebüßt. Wer sie dagegen vermehren will, muß zu verhüten wissen, daß die Erfolge *kontrollierbar* werden.

11

Volksmoral und Volksmedizin. – An der Moral, welche in einer Gemeinde herrscht, wird fortwährend und von jedermann gearbeitet: die meisten bringen Beispiele über Beispiele für das behauptete *Verhältnis von Ursache und Folge*, Schuld und Strafe hinzu, bestätigen es als wohlbegründet und mehren seinen Glauben: einige machen neue Beobachtungen über Handlungen und Folgen und ziehen Schlüsse und Gesetze daraus: die wenigsten nehmen hie und da Anstoß und lassen den Glauben an diesen Punkten schwach werden. – Alle aber sind einander gleich in der gänzlich rohen, *unwissenschaftlichen* Art ihrer Tätigkeit; ob es sich um Beispiele, Beobachtungen oder Anstöße handelt, ob um den Beweis, die Bekräftigung, den Ausdruck, die Widerlegung eines Gesetzes, – es ist wertloses Material und wertlose Form, wie Material und Form aller Volksmedizin. Volksmedizin und Volksmoral gehören zusammen und sollten nicht mehr so verschieden abgeschätzt werden, wie es immer noch geschieht: beides sind die *gefährlichsten* Scheinwissenschaften.

12

Die Folge als Zutat. – Ehemals glaubte man, der Erfolg einer Tat sei nicht eine Folge, sondern eine freie Zutat – nämlich Gottes. Ist eine größere Verwirrung denkbar? Man mußte sich um die Tat und um den Erfolg besonders bemühen, mit ganz verschiedenen Mitteln und Praktiken!

13

Zur neuen Erziehung des Menschengeschlechts. – Helft, ihr Hilfreichen und Wohlgesinnten, doch an dem einen Werke mit, den Begriff der Strafe, der die ganze Welt überwuchert hat, aus ihr zu entfernen! Es gibt kein böseres Unkraut! Nicht nur in die Folgen unserer Handlungsweisen hat man ihn gelegt – und wie schrecklich und vernunftwidrig ist schon dies, Ursache und Wirkung als Ursache und Strafe zu verstehen! – aber man hat mehr getan und die ganze reine Zufälligkeit des Geschehens um ihre Unschuld gebracht, mit dieser verruchten Interpretationskunst des Straf-Begriffs. Ja, man hat die Tollheit so weit getrieben, die Existenz selber als Strafe empfinden zu heißen, – es ist, als ob die Phantasterei von Kerkermeistern und Henkern bisher die Erziehung des Menschengeschlechts geleitet hätte!

14

Bedeutung des Wahnsinns in der Geschichte der Moralität. – Wenn trotz jenem furchtbaren Druck der »Sittlichkeit der Sitte«, unter dem alle

Gemeinwesen der Menschheit lebten, viele Jahrtausende lang vor unserer Zeitrechnung und in derselben im ganzen und großen fort bis auf den heutigen Tag (wir selber wohnen in der kleinen Welt der Ausnahmen und gleichsam in der bösen Zone): – wenn, sage ich, trotzdem neue und abweichende Gedanken, Wertschätzungen, Triebe immer wieder herausbrachen, so geschah dies unter einer schauderhaften Geleitschaft: fast überall ist es der Wahnsinn, welcher dem neuen Gedanken den Weg bahnt, welcher den Bann eines verehrten Brauches und Aberglaubens bricht. Begreift ihr es, weshalb es der Wahnsinn sein mußte? Etwas in Stimme und Gebärde so Grausenhaftes und Unberechenbares wie die dämonischen Launen des Wetters und des Meeres und deshalb einer ähnlichen Scheu und Beobachtung Würdiges? Etwas, das so sichtbar das Zeichen völliger Unfreiwilligkeit trug, wie die Zuckungen und der Schaum des Epileptischen, das den Wahnsinnigen dergestalt als Maske und Schallrohr einer Gottheit zu kennzeichnen schien? Etwas, das dem Träger eines neuen Gedankens selber Ehrfurcht und Schauder vor sich und nicht mehr Gewissensbisse gab und ihn dazu trieb, der Prophet und Märtyrer desselben zu werden? – Während es uns heute noch immer wieder nahegelegt wird, daß dem Genie, anstatt eines Kornes Salz, ein Korn Wahnwurz beigegeben ist, lag allen früheren Menschen der Gedanke viel näher, daß überall, wo es Wahnsinn gibt, es auch ein Korn Genie und Weisheit gäbe, – etwas »Göttliches«, wie man sich zuflüsterte. Oder vielmehr: man drückte sich kräftig genug aus. »Durch den Wahnsinn sind die größten Güter über Griechenland gekommen«, sagte Plato mit der ganzen alten Menschheit. Gehen wir noch einen Schritt weiter: allen jenen überlegenen Menschen, welche es unwiderstehlich dahin zog, das Joch irgendeiner Sittlichkeit zu brechen und neue Gesetze zu geben, blieb, *wenn sie nicht wirklich wahnsinnig waren*, nichts übrig, als sich wahnsinnig zu machen oder zu stellen – und zwar gilt dies für die Neuerer auf allen Gebieten, nicht nur auf dem der priesterlichen und politischen Satzung: – selbst der Neuerer des poetischen Metrums mußte durch den Wahnsinn sich beglaubigen. (Bis in viel mildere Zeiten hinein verblieb daraus den Dichtern eine gewisse Konvention des Wahnsinns: auf welche zum Beispiel Solon zurückgriff, als er die Athener zur Wiedereroberung von Salamis aufstachelte.) – »Wie macht man sich wahnsinnig, wenn man es nicht ist und nicht wagt, es zu scheinen?« diesem entsetzlichen Gedankengange haben fast alle bedeutenden Menschen der älteren Zivilisation nachgehangen; eine geheime Lehre von Kunstgriffen und diätetischen Winken pflanzte sich darüber fort, nebst dem Gefühle der Unschuld, ja Heiligkeit eines solchen Nachsinnens und Vorhabens. Die Rezepte, um bei den Indianern ein Medizinmann, bei den Christen des Mittelalters ein Heiliger, bei den Grönländern ein Angekok, bei den Brasilianern ein Paje zu werden, sind im wesentlichen dieselben: unsinniges Fasten, fortgesetzte geschlechtliche Enthaltung, in die Wüste gehen oder auf einen Berg oder eine Säule steigen, oder »sich auf eine bejahrte Weide setzen, die in einen See hinaussieht« und schlechterdings an nichts denken als das, was eine Verzückung und geistige Unordnung mit sich bringen kann. Wer wagt es, einen Blick in die Wildnis bitterster und überflüssigster Seelennöte zu tun, in welchen wahrscheinlich gerade die fruchtbarsten Menschen aller Zeiten geschmachtet haben! Jene Seufzer der Einsamen und Verstörten zu hören: »Ach, so gebt doch Wahnsinn, ihr Himmlischen! Wahnsinn, daß ich endlich an mich selber glaube! Gebt Delirien und Zuckungen, plötzliche Lichter und Finsternisse, schreckt mich mit Frost und Glut, wie sie kein Sterblicher noch empfand, mit Getöse und umgehenden Gestalten, laßt mich heulen und winseln und wie ein Tier kriechen: nur daß ich bei mir selber Glauben finde! Der Zweifel frißt mich auf, ich habe das Gesetz getötet, das Gesetz ängstigt mich wie ein Leichnam einen Lebendigen: wenn ich nicht *mehr* bin als das Gesetz, so bin ich der Verworfenste von allen. Der neue Geist, der in mir ist, woher ist er, wenn er nicht von euch ist? Beweist es mir doch, daß ich euer bin; der Wahnsinn allein beweist es mir.« Und nur zu oft erreichte diese Inbrunst ihr Ziel zu gut: in jener Zeit, in welcher das Christentum am reichsten seine Fruchtbarkeit an Heiligen und Wüsten-Einsiedlern bewies und sich dadurch selber zu beweisen vermeinte, gab es in Jerusalem große Irrenhäuser für verunglückte Heilige, für jene, welche ihr letztes Korn Salz darangegeben hatten.

15

Die ältesten Trostmittel. — Erste Stufe: der Mensch sieht in jedem Übelbefinden und Mißgeschick etwas, wofür er irgend jemand anderes leiden lassen muß, — dabei wird er sich seiner noch vorhandenen Macht bewußt, und dies tröstet ihn. Zweite Stufe: der Mensch sieht in jedem Übelbefinden und Mißgeschick eine Strafe, das heißt die Sühnung der Schuld und das Mittel, sich vom bösartigen Zauber eines wirklichen oder vermeintlichen Unrechtes *loszumachen.* Wenn er dieses *Vorteils* ansichtig wird, welchen das Unglück mit sich bringt, so glaubt er einen anderen nicht mehr dafür leiden lassen zu müssen, — er sagt sich von dieser Art Befriedigung los, weil er nun eine andere hat.

16

Erster Satz der Zivilisation. — Bei rohen Völkern gibt es eine Gattung von Sitten, deren Absicht die Sitte überhaupt zu sein scheint: peinliche und im Grunde überflüssige Bestimmungen (wie zum Beispiel die unter den Kamtschadalen, niemals den Schnee von den Schuhen mit dem Messer abzuschaben, niemals eine Kohle mit dem Messer zu spießen, niemals ein Eisen ins Feuer zu legen — und der Tod trifft den, welcher in solchen Stücken zuwiderhandelt!), die aber die fortwährende Nähe der Sitte, den unausgesetzten Zwang, Sitten zu üben, fortwährend im Bewußtsein erhalten: zur Bekräftigung des großen Satzes, mit dem die Zivilisation beginnt: jede Sitte ist besser als keine Sitte.

17

Die gute und die böse Natur. — Erst haben die Menschen sich in die Natur hineingedichtet: sie sahen überall sich und ihresgleichen, nämlich ihre böse und launenhafte Gesinnung, gleichsam versteckt unter Wolken, Gewittern, Raubtieren, Bäumen und Kräutern: damals erfanden sie die »böse Natur«. Dann kam einmal eine Zeit, da sie sich wieder aus der Natur herausdichteten, die Zeit Rousseaus: man war einander so satt, daß man durchaus einen Weltwinkel haben wollte, wo der Mensch nicht hinkommt mit seiner Qual: man erfand die »gute Natur«.

18

Die Moral des freiwilligen Leidens. – Welcher Genuß ist für Menschen im Kriegszustande jener kleinen, stets gefährdeten Gemeinde, wo die strengste Sittlichkeit waltet, der höchste? Also für kraftvolle, rachsüchtige, feindselige, tückische, argwöhnische, zum Furchtbarsten bereite und durch Entbehrung und Sittlichkeit gehärtete Seelen? Der Genuß der *Grausamkeit*: so wie es auch zur *Tugend* einer solchen Seele in diesen Zuständen gerechnet wird, in der Grausamkeit erfinderisch und unersättlich zu sein. An dem Tun des Grausamen erquickt sich die Gemeinde und wirft einmal die Düsterkeit der beständigen Angst und Vorsicht von sich. Die Grausamkeit gehört zur ältesten Festfreude der Menschheit. Folglich denkt man sich auch die *Götter* erquickt und festlich gestimmt, wenn man ihnen den Anblick der Grausamkeit anbietet, – und so schleicht sich die Vorstellung in die Welt, daß das *freiwillige Leiden*, die selbstgewählte Marter einen guten Sinn und Wert habe. Allmählich formt die Sitte in der Gemeinde eine Praxis gemäß dieser Vorstellung: man wird bei allem ausschweifenden Wohlbefinden von nun an mißtrauischer und bei allen schweren schmerzhaften Zuständen zuversichtlicher; man sagt sich: es mögen wohl die Götter ungnädig wegen des Glücks und gnädig wegen unseres Leidens auf uns sehen, – nicht etwa mitleidig! Denn das Mitleiden gilt als verächtlich und einer starken, furchtbaren Seele unwürdig; – aber gnädig, weil sie dadurch ergötzt und guter Dinge werden: denn der Grausame genießt den höchsten Kitzel des Machtgefühls. So kommt in den Begriff des »sittlichsten Menschen« der Gemeinde die Tugend des häufigen Leidens, der Entbehrung, der harten Lebensweise, der grausamen Kasteiung, – *nicht*, um es wieder und wieder zu sagen, als Mittel der Zucht, der Selbstbeherrschung, des Verlangens nach individuellem Glück, – sondern als eine Tugend, welche der Gemeinde bei den bösen Göttern einen guten Geruch macht und wie ein beständiges Versöhnungsopfer auf dem Altare zu ihnen empordampft. Alle jene geistigen Führer der Völker, welche in dem trägen fruchtbaren Schlamm ihrer Sitten etwas zu bewegen vermochten, haben außer dem Wahnsinn auch die freiwillige Marter nötig gehabt, um Glauben zu finden – und zumeist und zuerst, wie immer, den Glauben an sich selber! Je mehr gerade ihr Geist auf neuen Bahnen ging und folglich von Gewissensbissen und Ängsten gequält wurde, um so grausamer wüteten sie gegen das eigene Fleisch, das eigene Gelüste und die eigene Gesundheit, – wie um der Gottheit einen Ersatz an Lust zu bieten, wenn sie vielleicht um der vernachlässigten und bekämpften Gebräuche und der neuen Ziele willen erbittert sein sollte. Glaube man nicht zu schnell, daß wir jetzt von einer solchen Logik des Gefühls uns völlig befreit hätten! Die heldenhaftesten Seelen mögen sich darüber mit sich befragen. Jeder kleinste Schritt auf dem Felde des freien Denkens, des persönlich gestalteten Lebens ist von jeher mit geistigen und körperlichen Martern erstritten worden: nicht nur das Vorwärts-Schreiten, nein! vor allem das Schreiten, die Bewegung, die Veränderung hat ihre unzähligen Märtyrer nötig gehabt, durch die langen pfadsuchenden und grundlegenden Jahrtausende hindurch, an welche man freilich nicht denkt, wenn man, wie gewohnt, von »Weltgeschichte«, von diesem lächerlich kleinen Ausschnitt des menschlichen Daseins redet; und selbst in dieser sogenannten Weltgeschichte, welche im Grunde ein Lärm um die letzten Neuigkeiten ist, gibt es kein eigentlich wichtigeres Thema, als die uralte Tragödie von den Märtyrern, *die den Sumpf bewegen wollten*. Nichts ist teurer erkauft als das Wenige von menschlicher Vernunft und vom Gefühle der Freiheit, welches jetzt unsern Stolz ausmacht. Dieser Stolz aber ist es, dessentwegen es uns jetzt fast unmöglich wird, mit jenen ungeheuren Zeitstrecken der »Sittlichkeit der Sitte« zu empfinden, welche der »Weltgeschichte« vorausliegen, als die *wirkliche und entscheidende Hauptgeschichte, welche den Charakter der Menschheit festgestellt* hat: wo das Leiden als Tugend, die Grausamkeit als Tugend, die Verstellung als Tugend, die Rache als Tugend, die Verleugnung der Vernunft als Tugend, dagegen das Wohlbefinden als Gefahr, die Wißbegier als Gefahr, der Friede als Gefahr, das Mitleiden als Gefahr, das Bemitleidetwerden als Schimpf, die Arbeit als Schimpf, der Wahnsinn als Göttlichkeit, die Veränderung als das Unsittliche und Verderbenschwangere in Geltung war! – Ihr meint, es habe sich alles dies geändert, und die Menschheit müsse somit ihren Charakter vertauscht haben? Oh, ihr Menschenkenner, lernt euch besser kennen!

19

Sittlichkeit und Verdummung. – Die Sitte repräsentiert die Erfahrungen früherer Menschen über das vermeintlich Nützliche und Schädliche, – aber *das Gefühl für die Sitte* (Sittlichkeit) bezieht sich nicht auf jene Erfahrungen als solche, sondern auf das Alter, die Heiligkeit, die Indiskutabilität der Sitte. Und damit wirkt dies Gefühl dem entgegen, daß man neue Erfahrungen macht und die Sitten korrigiert: das heißt, die Sittlichkeit wirkt der Entstehung neuer und besserer Sitten entgegen: sie verdummt.

20

Freitäter und Freidenker. – Die Freitäter sind im Nachteil gegen die Freidenker, weil die Menschen sichtbarer an den Folgen von Taten als von Gedanken leiden. Bedenkt man aber, daß diese wie jene ihre Befriedigung suchen, und daß den Freidenkern schon ein Ausdenken und Aussprechen von verbotenen Dingen diese Befriedigung gibt, so ist in Ansehung der Motive alles eins: und in Ansehung der Folgen wird der Ausschlag sogar gegen den Freidenker sein, vorausgesetzt, daß man nicht nach der nächsten und gröbsten Sichtbarkeit – das heißt: nicht wie alle Welt urteilt. Man hat viel von der Verunglimpfung wieder zurückzunehmen, mit der die Menschen alle jene bedacht haben, welche durch die *Tat* den Bann einer Sitte durchbrachen, – im allgemeinen heißen sie Verbrecher. Jeder, der das bestehende Sittengesetz umwarf, hat bisher zuerst immer als *schlechter Mensch* gegolten: aber wenn man, wie es vorkam, hinterher es nicht wieder aufzurichten vermochte und sich damit zufrieden gab, so veränderte sich das Prädikat allmählich; – die Geschichte handelt fast nur von diesen *schlechten Menschen*, welche später *gutgesprochen* worden sind!

21

»*Erfüllung des Gesetzes.*« – Im Falle, daß die Befolgung einer moralischen Vorschrift doch ein anderes Resultat ergibt, als versprochen und erwartet wird, und den Sittlichen nicht das verheißene Glück, sondern wider Erwarten Unglück und Elend trifft, so bleibt immer die Ausflucht des Gewissenhaften und Ängstlichen übrig: »es ist etwas in der *Ausführung* versehen worden.« Im allerschlimmsten Falle wird eine tief leidende und zerdrückte Menschheit sogar dekretieren: »es ist unmöglich, die Vorschrift gut auszuführen, wir sind durch und durch schwach und sündhaft und der Moralität im innersten Grunde nicht fähig, folglich haben wir auch keinen Anspruch auf Glück und Gelingen. Die moralischen Vorschriften und Verheißungen sind für bessere Wesen, als wir sind, gegeben.«

22

Werke und Glaube. – Immer noch wird durch die protestantischen Lehrer jener Grundirrtum fortgepflanzt: daß es nur auf den Glauben ankomme, und daß aus dem Glauben die Werke notwendig folgen müssen. Dies ist schlechterdings nicht wahr, aber klingt so verführerisch, daß es schon andere Intelligenzen als die Luthers (nämlich die des Sokrates und Plato) betört hat: obwohl der Augenschein aller Erfahrungen aller Tage dagegen spricht. Das zuversichtlichste Wissen oder Glauben kann nicht die Kraft zur Tat, noch die Gewandtheit zur Tat geben, es kann nicht die Übung jenes feinen, vielteiligen Mechanismus ersetzen, welche vorhergegangen sein muß, damit irgend etwas aus einer Vorstellung sich in Aktion verwandeln könne. Vor allem und zuerst die Werke! Das heißt Übung, Übung, Übung! Der dazugehörige »Glaube« wird sich schon einstellen, – dessen seid versichert!

23

Worin wir am feinsten sind. – Dadurch, daß man sich viele tausend Jahre lang die *Sachen* (Natur, Werkzeuge, Eigentum jeder Art) ebenfalls belebt und beseelt dachte, mit der Kraft zu schaden und sich den menschlichen Absichten zu entziehen, ist das Gefühl der Ohnmacht unter den Menschen viel größer und viel häufiger gewesen, als es hätte sein müssen: man hatte ja nötig, sich der Sachen ebenso zu versichern, wie der Menschen und Tiere, durch Gewalt, Zwang, Schmeichelei,

Verträge, Opfer, — und hier ist der Ursprung der meisten abergläubischen Gebräuche, das heißt eines erheblichen, *vielleicht überwiegenden und trotzdem vergeudeten und unnützen Bestandteils aller von Menschen bisher geübten Tätigkeit!* — Aber weil das Gefühl der Ohnmacht und der Furcht so stark und so lange fast fortwährend in Reizung war, hat sich das *Gefühl der Macht* in solcher *Feinheit* entwickelt, daß es jetzt hierin der Mensch mit der delikatesten Goldwaage aufnehmen kann. Es ist sein stärkster Hang geworden; die Mittel, welche man entdeckte, sich dieses Gefühl zu schaffen, sind beinahe die Geschichte der Kultur.

24

Der Beweis einer Vorschrift. — Im allgemeinen wird die Güte oder Schlechtigkeit einer Vorschrift, zum Beispiel der, Brot zu backen, so bewiesen, daß das in ihr besprochene Resultat sich ergibt oder nicht ergibt, vorausgesetzt, daß sie genau ausgeführt wird. Anders steht es jetzt mit den moralischen Vorschriften: denn hier sind gerade die Resultate nicht zu übersehen, oder deutbar und unbestimmt. Diese Vorschriften ruhen auf Hypothesen von dem allergeringsten wissenschaftlichen Werte, deren Beweis und deren Widerlegung aus den Resultaten im Grunde gleich unmöglich ist: — aber einstmals, bei der ursprünglichen Roheit aller Wissenschaft und den geringen Ansprüchen, die man machte, um ein Ding für *erwiesen* zu nehmen, — einstmals wurde die Güte oder Schlechtigkeit einer Vorschrift der Sitte ebenso festgestellt wie jetzt die jeder anderen Vorschrift: durch Hinweisung auf den Erfolg. Wenn bei den Eingeborenen in Russisch-Amerika die Vorschrift gilt: du sollst keinen Tierknochen ins Feuer werfen oder den Hunden geben, — so wird sie so bewiesen: »tue es und du wirst kein Glück auf der Jagd haben.« Nun aber hat man in irgendeinem Sinne fast immer »kein Glück auf der Jagd«; es ist nicht leicht möglich, die Güte der Vorschrift auf diesem Wege zu *widerlegen*, namentlich wenn eine Gemeinde und nicht ein einzelner als Träger der Strafe gilt; vielmehr wird immer ein Umstand eintreten, welcher die Vorschrift zu beweisen scheint.

25

Sitte und Schönheit. – Zugunsten der Sitte sei nicht verschwiegen, daß bei jedem, der sich ihr völlig und von ganzem Herzen und von Anbeginn an unterwirft, die Angriffs- und Verteidigungsorgane – die körperlichen und geistigen – verkümmern: das heißt, er wird zunehmend schöner! Denn die Übung jener Organe und der ihnen entsprechenden Gesinnung ist es, welche häßlich erhält und häßlicher macht. Der alte Pavian ist darum häßlicher als der junge, und der weibliche junge Pavian ist dem Menschen am ähnlichsten: also am schönsten. – Hiernach mache man einen Schluß auf den Ursprung der Schönheit der Weiber!

26

Die Tiere und die Moral. – Die Praktiken, welche in der verfeinerten Gesellschaft gefordert werden: das sorgfältige Vermeiden des Lächerlichen, des Auffälligen, des Anmaßenden, das Zurückstellen seiner Tugenden sowohl wie seiner heftigeren Begehrungen, das Sich-gleich-geben, Sich-einordnen, Sich-verringern, – dies alles als die gesellschaftliche Moral ist im groben überall bis in die tiefste Tierwelt hinab zu finden, – und erst in dieser Tiefe sehen wir die Hinterabsicht aller dieser liebenswürdigen Vorkehrungen: man will seinen Verfolgern entgehen und im Aufsuchen seiner Beute begünstigt sein. Deshalb lernen die Tiere sich beherrschen und sich in der Weise verstellen, daß manche zum Beispiel ihre Farben der Farbe der Umgebung anpassen (vermöge der sogenannten »chromatischen Funktion«), daß sie sich tot stellen oder die Formen und Farben eines anderen Tieres oder von Sand, Blättern, Flechten, Schwämmen annehmen (das, was die englischen Forscher mit *mimicry* bezeichnen). So verbirgt sich der einzelne unter der Allgemeinschaft des Begriffes »Mensch« oder unter der Gesellschaft, oder paßt sich an Fürsten, Stände, Parteien, Meinungen der Zeit oder der Umgebung an: und zu allen den feinen Arten, uns glücklich, dankbar, mächtig, verliebt zu stellen, wird man leicht das tierische Gleichnis finden. Auch jenen Sinn für Wahrheit, der im Grunde der Sinn für Sicherheit ist, hat der Mensch mit dem Tiere gemeinsam: man will sich nicht täuschen lassen, sich nicht durch sich selber irreführen lassen, man hört dem Zureden der eigenen Leidenschaften mißtrauisch zu, man bezwingt sich, und bleibt gegen sich auf der Lauer; dies alles versteht das Tier gleich dem Menschen, auch bei ihm wächst die Selbstbeherrschung aus dem Sinn für das Wirkliche (aus der Klugheit) heraus. Ebenfalls beobachtet es die Wirkungen, die es auf die Vorstellung anderer Tiere ausübt, es lernt von dort aus auf sich zurückblicken, sich »objektiv« nehmen, es hat seinen Grad von Selbsterkenntnis. Das Tier beurteilt die Bewegungen seiner Gegner und Freunde, es lernt ihre Eigentümlichkeiten auswendig, es richtet sich auf diese ein: gegen einzelne einer bestimmten Gattung gibt es ein für allemal den Kampf auf und ebenso errät es in der Annäherung mancher Arten von Tieren die Absicht des Friedens und des Vertrags. Die Anfänge der Gerechtigkeit, wie die der Klugheit, Mäßigung, Tapferkeit, – kurz alles, was wir mit dem Namen der *sokratischen Tugenden* bezeichnen, ist *tierhaft*: eine Folge jener Triebe, welche lehren, nach Nahrung zu suchen und den Feinden zu entgehen. Erwägen wir nun, daß auch der höchste Mensch sich eben nur in der Art seiner Nahrung und in dem Begriff dessen, was ihm alles feindlich ist, erhoben und verfeinert hat, so wird es nicht unerlaubt sein, das ganze moralische Phänomen als tierhaft zu bezeichnen.

27

Der Wert im Glauben an übermenschliche Leidenschaften. – Die Institution der Ehe hält hartnäckig den Glauben aufrecht, daß die Liebe, obschon eine Leidenschaft, doch als solche der Dauer fähig sei, ja daß die dauerhafte lebenslängliche Liebe als Regel aufgestellt werden könne. Durch diese Zähigkeit eines edlen Glaubens, trotzdem daß derselbe sehr oft und fast in der Regel widerlegt wird und somit eine *pia fraus* ist, hat sie der Liebe einen höheren Adel gegeben. Alle Institutionen, welche einer Leidenschaft *Glauben an ihre Dauer* und Verantwortlichkeit der Dauer zugestehen, wider das Wesen der Leidenschaft, haben ihr einen neuen Rang gegeben: und der, welcher von einer solchen Leidenschaft nunmehr befallen wird, glaubt sich nicht, wie früher, dadurch erniedrigt oder gefährdet, sondern vor sich und seinesgleichen gehoben. Man denke an Institutionen und Sitten, welche aus der feurigen Hingebung des Augenblicks die ewige Treue geschaffen haben, aus dem Gelüst des Zornes die ewige Rache, aus Verzweiflung die ewige Trauer, aus dem plötzlichen und einmaligen Worte die ewige Verbindlichkeit. Jedesmal ist sehr viel Heuchelei und Lüge durch eine solche Umschaffung in die Welt gekommen: jedesmal auch, und um diesen Preis, ein neuer *übermenschlicher*, den Menschen hebender Begriff.

28

Die Stimmung als Argument. – Was ist die Ursache freudiger Entschlossenheit zur Tat? – diese Frage hat die Menschen viel beschäftigt. Die älteste und immer noch geläufige Antwort ist: Gott ist die Ursache. er gibt uns dadurch zu verstehen, daß er unserem Willen zustimmt, Wenn man ehemals die Orakel über ein Vorhaben befragte, wollte man von ihnen jene freudige Entschlossenheit heimbringen; und jeder beantwortete einen Zweifel, wenn ihm mehrere mögliche Handlungen vor der Seele standen, so: »ich werde das tun, wobei jenes Gefühl sich einstellt.« Man entschied sich also nicht für das Vernünftigste, sondern für ein Vorhaben, bei dessen Bilde die Seele mutig und hoffnungsvoll wurde. Die gute Stimmung wurde als Argument in die Wagschale gelegt und überwog die Vernünftigkeit: deshalb, weil die Stimmung abergläubisch ausgelegt wurde, als Wirkung eines Gottes, der Gelingen verheißt und durch sie seine Vernunft als die höchste Vernünftigkeit reden läßt. Nun erwäge man die Folgen eines solchen Vorurteils, wenn kluge und machtdurstige Männer sich seiner bedienten – und bedienen! »Stimmung machen!« – damit kann man alle Gründe ersetzen und alle Gegengründe besiegen!

29

Die Schauspieler der Tugend und der Sünde. – Unter den Männern des Altertums, welche durch ihre Tugend berühmt wurden, gab es, wie es scheint, eine Un- und Überzahl von solchen, *die vor sich selber schauspielerten*: namentlich werden die Griechen, als eingefleischte Schauspieler, dies eben ganz unwillkürlich getan und für gut befunden haben. Dazu war jeder mit seiner Tugend im *Wettstreit* mit der Tugend eines andern oder aller anderen: wie sollte man nicht alle Künste aufgewendet haben, um seine Tugend zur Schau zu bringen, vor allem vor sich selber, schon um der Übung willen! Was nützte eine Tugend, die man nicht zeigen konnte, oder die sich nicht zu zeigen verstand! – Diesen Schauspielern der Tugend tat das Christentum Einhalt: dafür erfand es das widerliche Prunken und Paradieren mit der Sünde, es brachte die *erlogene* Sündhaftigkeit in die Welt (bis zum heutigen Tage gilt sie als »guter Ton« unter guten Christen).

30

Die verfeinerte Grausamkeit als Tugend. – Hier ist eine Moralität, die ganz auf dem *Triebe nach Auszeichnung* beruht, – denkt nicht zu gut von ihr! Was ist denn das eigentlich für ein Trieb und welches ist sein Hintergedanke? Man will machen, daß unser Anblick dem anderen *wehe tue* und seinen Neid, das Gefühl der Ohnmacht und seines Herabsinkens wecke; man will ihm die Bitterkeit seines Fatums zu kosten geben, indem man auf seine Zunge einen Tropfen *unseres* Honigs träufelt und ihm scharf und schadenfroh bei dieser vermeintlichen Wohltat ins Auge sieht. Dieser ist demütig geworden und vollkommen jetzt in seiner Demut, – suchet nach denen, welchen er damit seit langer Zeit eine Tortur hat machen wollen! ihr werdet sie schon finden! Jener zeigt Erbarmen gegen die Tiere und wird deshalb bewundert, – aber es gibt gewisse Menschen, an welchen er eben damit seine Grausamkeit hat auslassen wollen. Dort steht ein großer Künstler: die vorempfundene Wollust am Neide bezwungener Nebenbuhler hat seine Kraft nicht schlafen lassen, bis er groß geworden ist, – wie viele bittere Augenblicke anderer Seelen hat er sich für das Großwerden zahlen lassen! Die Keuschheit der Nonne: mit welchen strafenden Augen sieht sie in das Gesicht anderslebender Frauen! wie viel Lust der Rache ist in diesen Augen! – Das Thema ist kurz, die Variationen darauf könnten zahllos sein, aber nicht leicht langweilig, – denn es ist immer noch eine gar zu paradoxe und fast wehe tuende Neuigkeit, daß die Moralität der Auszeichnung im letzten Grunde die Lust an verfeinerter Grausamkeit ist. Im letzten Grunde – das soll hier heißen: jedesmal in der ersten Generation. Denn wenn die Gewohnheit irgendeines auszeichnenden Tuns sich *vererbt*, wird doch der Hintergedanke nicht mit vererbt (nur Gefühle, aber keine Gedanken erben sich fort): und vorausgesetzt, daß er nicht durch die Erziehung wieder dahintergeschoben wird, gibt es in der zweiten Generation schon keine Lust der Grausamkeit mehr dabei: sondern Lust allein an der Gewohnheit als solcher. *Diese* Lust aber ist die erste Stufe des »Guten«.

31

Der Stolz auf den Geist. – Der *Stolz* des Menschen, der sich gegen die Lehre der Abstammung von Tieren sträubt und zwischen Natur und Mensch die große Kluft legt, – dieser Stolz hat seinen Grund in einem *Vorurteil* über das, was Geist ist: und dieses Vorurteil ist verhältnismäßig *jung*. In der großen Vorgeschichte der Menschheit setzte man Geist überall voraus und dachte nicht daran, ihn als Vorrecht des Menschen zu ehren. Weil man im Gegenteil das Geistige (nebst allen Trieben, Bosheiten, Neigungen) zum Gemeingut und folglich gemein gemacht hatte, so schämte man sich nicht, von Tieren oder Bäumen abzustammen (die *vornehmen* Geschlechter glaubten sich durch solche Fabeln geehrt) und sah in dem Geiste das, was uns mit der Natur verbindet, nicht was uns von ihr abscheidet. So erzog man sich in der *Bescheidenheit*, – und ebenfalls infolge eines *Vorurteils*.

32

Der Hemmschuh. – Moralisch zu leiden und dann zu hören, dieser Art Leiden liege ein *Irrtum* zugrunde: dies empört. Es gibt ja einen so einzigen Trost, durch sein Leiden eine »tiefere Welt der Wahrheit« zu bejahen, als alle sonstige Welt ist, und man will viel *lieber* leiden und sich dabei über die Wirklichkeit *erhaben* fühlen (durch das Bewußtsein, jener »tieferen Welt der Wahrheit« damit nahe zu kommen), als ohne Leid und dann ohne dies Gefühl des Erhabenen sein. Somit ist es der Stolz und die gewohnte Art, ihn zu befriedigen, welche sich dem neuen *Verständnis* der Moral entgegenstemmen. Welche Kraft wird man also anzuwenden haben, um diesen Hemmschuh zu beseitigen? Mehr Stolz? Einen neuen Stolz?

33

Die Verachtung der Ursachen, der Folgen und der Wirklichkeit. — Jene bösen Zufälle, welche eine Gemeinde treffen, plötzliche Wetter oder Unfruchtbarkeiten oder Seuchen, leiten alle Mitglieder auf den Argwohn, daß Verstöße gegen die Sitte begangen sind oder daß neue Gebräuche erfunden werden müssen, um eine neue dämonische Gewalt und Laune zu beschwichtigen. Diese Art Argwohn und Nachdenken geht somit gerade der Ergründung der wahren natürlichen Ursachen aus dem Wege, sie nimmt die dämonische Ursache als die Voraussetzung. Hier ist die eine Quelle der erblichen Verkehrtheit des menschlichen Intellekts: und die andere Quelle entspringt daneben, indem man ebenso grundsätzlich den wahren natürlichen *Folgen* einer Handlung ein viel geringeres Augenmerk schenkte, als den übernatürlichen (den sogenannten Strafen und Gnaden der Gottheit). Es sind zum Beispiel bestimmte Bäder für bestimmte Zeiten vorgeschrieben: man badet, nicht um rein zu werden, sondern weil es vorgeschrieben ist. Man lernt nicht die wirklichen Folgen der Unreinlichkeit fliehen, sondern das vermeintliche Mißfallen der Götter an der Versäumnis eines Bades. Unter dem Drucke abergläubischer Angst argwöhnt man, es müsse sehr viel mehr mit diesem Abwaschen der Unreinlichkeit auf sich haben, man legt zweite und dritte Bedeutungen hinein, man verdirbt sich den Sinn und die Lust am Wirklichen und hält dies zuletzt, nur *insofern es Symbol sein kann*, noch für wertvoll. So verachtet der Mensch im Banne der Sittlichkeit der Sitte erstens die Ursachen, zweitens die Folgen, drittens die Wirklichkeit, und spinnt alle seine höheren Empfindungen (der Ehrfurcht, der Erhabenheit, des Stolzes, der Dankbarkeit, der Liebe) *an eine eingebildete Welt an*: die sogenannte höhere Welt. Und noch jetzt sehen wir die Folge: wo das Gefühl eines Menschen sich *erhebt*, da ist irgendwie jene eingebildete Welt im Spiel. Es ist traurig: aber einstweilen müssen dem wissenschaftlichen Menschen *alle höheren Gefühle* verdächtig sein, so sehr sind sie mit Wahn und Unsinn verquickt. Nicht daß sie es an sich oder für immer sein müßten: aber gewiß wird von allen allmählichen *Reinigungen*, welche der Menschheit bevorstehen, die Reinigung der höheren Gefühle eine der allmählichsten sein.

34

Moralische Gefühle und moralische Begriffe. – Ersichtlich werden moralische Gefühle so übertragen, daß die Kinder bei den Erwachsenen starke Neigungen und Abneigungen gegen bestimmte Handlungen wahrnehmen und daß sie als geborene Affen diese Neigungen und Abneigungen *nachmachen*; im späteren Leben, wo sie sich voll von diesen angelernten und wohlgeübten Affekten finden, halten sie ein nachträgliches Warum, eine Art Begründung, daß jene Neigungen und Abneigungen berechtigt sind, für eine Sache des Anstandes. Diese »Begründungen« aber haben weder mit der Herkunft, noch dem Grade des Gefühls bei ihnen etwas zu tun: man findet sich eben nur mit der Regel ab, daß man als vernünftiges Wesen Gründe für sein Für und Wider haben müsse, und zwar angebbare und annehmbare Gründe. Insofern ist die Geschichte der moralischen Gefühle eine ganz andere als die Geschichte der moralischen Begriffe. Erstere sind mächtig *vor* der Handlung, letztere namentlich *nach* der Handlung, angesichts der Nötigung, sich über sie auszusprechen.

35

Gefühle und deren Abkunft von Urteilen. – »Vertraue deinem Gefühle!« – Aber Gefühle sind nichts Letztes, Ursprüngliches, hinter den Gefühlen stehen Urteile und Wertschätzungen, welche in der Form von Gefühlen (Neigungen, Abneigungen) uns vererbt sind. Die Inspiration, die aus dem Gefühle stammt, ist das Enkelkind eines Urteils – und oft eines falschen! – und jedenfalls nicht deines eigenen! Seinem Gefühle vertrauen – das heißt seinem Großvater und seiner Großmutter und deren Großeltern mehr gehorchen als den Göttern, die in *uns* sind: unserer Vernunft und unserer Erfahrung.

36

Eine Narrheit der Pietät mit Hintergedanken. – Wie! die Erfinder der uralten Kulturen, die ältesten Verfertiger der Werkzeuge und Meßschnüre, der Wagen und Schiffe und Häuser, die ersten Beobachter der himmlischen Gesetzmäßigkeit und der Regeln des Einmaleins, - sie seien etwas unvergleichlich anderes und Höheres als die Erfinder und Beobachter unserer Zeiten? Die ersten Schritte hätten einen Wert, dem alle unsere Reisen und Weltumsegelungen im Reiche der Entdeckungen nicht gleichkämen? So klingt das Vorurteil, so argumentiert man für die Geringschätzung des gegenwärtigen Geistes. Und doch liegt auf der Hand, daß der Zufall ehemals der größte aller Entdecker und Beobachter und der wohlwollende Einbläser jener erfinderischen Alten war, und daß bei der unbedeutendsten Erfindung, die jetzt gemacht wird, mehr Geist, Zucht und wissenschaftliche Phantasie verbraucht wird, als früher in ganzen Zeitläuften überhaupt vorhanden war.

37

Falsche Schlüsse aus der Nützlichkeit. - Wenn man die höchste Nützlichkeit einer Sache bewiesen hat, so ist damit auch noch kein Schritt zur Erklärung ihres Ursprungs getan: das heißt, man kann mit der Nützlichkeit niemals die Notwendigkeit der Existenz verständlich machen. Aber gerade das umgekehrte Urteil hat bisher geherrscht - und bis in die Gebiete der strengsten Wissenschaft hinein. Hat man nicht selbst in der Astronomie die (angebliche) Nützlichkeit in der Anordnung der Satelliten (das durch die größere Entfernung von der Sonne abgeschwächte Licht anderweitig zu ersetzen, damit es den Bewohnern der Gestirne nicht an Licht mangele) für den Endzweck ihrer Anordnung und für die Erklärung ihrer Entstehung ausgegeben? Wobei man sich der Schlüsse des Kolumbus erinnern wird: die Erde ist für den Menschen gemacht, also, wenn es Länder gibt, müssen sie bewohnt sein. »Ist es wahrscheinlich, daß die Sonne auf nichts scheine, und daß die nächtlichen Wachen der Sterne an pfadlose Meere und menschenleere Länder verschwendet werden?«

38

Die Triebe durch die moralischen Urteile umgestaltet. - Derselbe Trieb entwickelt sich zum peinlichen Gefühl der *Feigheit*, unter dem Eindruck des Tadels, den die Sitte auf diesen Trieb gelegt hat: oder zum angenehmen Gefühl der *Demut*, falls eine Sitte, wie die christliche, ihn sich ans Herz gelegt und *gut* geheißen hat. Das heißt: es hängt sich ihm entweder ein gutes oder ein böses Gewissen an! An sich hat er, *wie jeder Trieb*, weder dies noch überhaupt einen moralischen Charakter und Namen, noch selbst eine bestimmte begleitende Empfindung der Lust oder Unlust: er erwirbt dies alles erst, als seine zweite Natur, wenn er in Relation zu schon auf Gut und Böse getauften Trieben tritt, oder als Eigenschaft von Wesen bemerkt wird, welche vom Volke schon moralisch festgestellt und abgeschätzt sind. – So haben die älteren Griechen anders über den *Neid* empfunden als wir; Hesiod zählt ihn unter den Wirkungen der *guten*, wohltätigen Eris auf, und es hatte nichts Anstößiges, den Göttern etwas Neidisches zuzuerkennen: begreiflich bei einem Zustande der Dinge, dessen Seele der Wettstreit war; der Wettstreit aber war als gut festgestellt und abgeschätzt. Ebenfalls waren die Griechen von uns verschieden in der Abschätzung der *Hoffnung*: man empfand sie als blind und tückisch; Hesiod hat das Stärkste über sie in einer Fabel angedeutet, und zwar etwas so Befremdendes, daß kein neuerer Erklärer es verstanden hat, – denn es geht wider den modernen Geist, welcher vom Christentum her an die Hoffnung als eine Tugend zu glauben gelernt hat. Bei den Griechen dagegen, welchen der Zugang zum Wissen der Zukunft nicht gänzlich verschlossen schien, und denen in zahllosen Fällen eine Anfrage um die Zukunft zur religiösen Pflicht gemacht wurde, wo wir uns mit der Hoffnung begnügen, mußte wohl, dank allen Orakeln und Wahrsagern, die Hoffnung etwas degradiert werden und ins Böse und Gefährliche hinabsinken. – Die Juden haben den *Zorn* anders empfunden als wir und ihn heilig gesprochen: dafür haben sie die düstere Majestät des Menschen, mit welcher verbunden er sich zeigte, unter sich in einer Höhe gesehen, die sich ein Europäer nicht vorzustellen vermag; sie haben ihren zornigen heiligen Jehova nach ihren zornigen heiligen Propheten gebildet. An ihnen gemessen, sind die großen Zürner unter den Europäern gleichsam Geschöpfe aus zweiter Hand.

39

Das Vorurteil vom »reinen Geiste«. – Überall, wo die Lehre von der *reinen Geistigkeit* geherrscht hat, hat sie mit ihren Ausschweifungen die

Nervenkraft zerstört: sie lehrte den Körper geringschätzen, vernachlässigen oder quälen, und um aller seiner Triebe willen den Menschen selber quälen und geringschätzen; sie gab verdüsterte, gespannte, gedrückte Seelen, – welche noch überdies glaubten, die Ursache ihres Elend-Gefühls zu kennen und sie vielleicht heben zu können! »Im Körper muß sie liegen! er *blüht* immer noch zu sehr!« – so schlossen sie, während tatsächlich derselbe gegen seine fortwährende Verhöhnung durch seine Schmerzen Einsprache über Einsprache erhob. Eine allgemeine, chronisch gewordene Übernervosität war endlich das Los jener tugendhaften Reingeistigen: die *Lust* lernten sie nur noch in der Form der Ekstase und anderer Vorläufer des Wahnsinns kennen – und ihr System kam auf seine Spitze, als es die Ekstase als das Höheziel des Lebens und als den *verurteilenden* Maßstab für alles Irdische nahm.

40

Das Grübeln über Gebräuche. – Zahllose Vorschriften der Sitte, einem einmaligen seltsamen Vorkommnis flüchtig abgelesen, wurden sehr schnell unverständlich; es ließ sich ihre Absicht ebensowenig mit Sicherheit ausrechnen wie die Strafe, welche der Übertretung folgen werde; selbst über die Folge der Zeremonien blieb Zweifel; – aber indem man darüber hin und her riet, wuchs das Objekt eines solchen Grübelns an Wert, und gerade das Absurdeste eines Gebrauches ging zuletzt in die heiligste Heiligkeit über. Man denke nicht gering von der hier in Jahrtausenden aufgewendeten Kraft der Menschheit und am wenigsten von der Wirkung dieses *Grübelns über Gebräuche*! Wir sind hier auf der ungeheuren Übungsstätte des Intellektes angelangt, – nicht nur daß hier die Religionen ausgesponnen und fortgesponnen werden: hier ist die würdige, obschon schauerliche Vorwelt der Wissenschaft, hier wuchs der Dichter, der Denker, der Arzt, der Gesetzgeber! Die Angst vor dem Unverständlichen, welches in zweideutiger Weise von uns Zeremonien forderte, ging allmählich in den Reiz des Schwerverständlichen über, und wo man nicht zu ergründen wußte, lernte man schaffen.

41

Zur Wertbestimmung der vita contemplativa. — Vergessen wir als Menschen der *vita contemplativa* nicht, welche Art von Übel und Unsegen durch die verschiedenen Nachwirkungen der Beschaulichkeit auf die Menschen der *vita activa* gekommen ist, – kurz, welche Gegenrechnung die *vita activa* uns zu machen hat, wenn wir allzu stolz mit unseren Wohltaten uns vor ihr brüsten. *Erstens*: die sogenannten *religiösen* Naturen, welche der Zahl nach unter den Kontemplativen überwiegen und folglich ihre gemeinste Spezies abgeben, haben zu allen Zeiten dahin gewirkt, den praktischen Menschen das Leben schwer zu machen und es ihnen womöglich zu verleiden: den Himmel verdüstern, die Sonne auslöschen, die Freude verdächtigen, die Hoffnungen entwerten, die tätige Hand lähmen, – das haben sie verstanden, ebenso wie sie für elende Zeiten und Empfindungen ihre Tröstungen, Almosen, Handreichungen und Segenssprüche gehabt haben. *Zweitens*: die Künstler, etwas seltener als die Religiösen, aber doch immer noch eine häufige Art von Menschen der *vita contemplativa*, sind als Personen zumeist unleidlich, launisch, neidisch, gewaltsam, unfriedlich gewesen: diese Wirkung ist von den erheiternden und erhebenden Wirkungen ihrer Werke in Abzug zu bringen. *Drittens*: die Philosophen, eine Gattung, in der sich religiöse und künstlerische Kräfte beisammen vorfinden, doch so, daß etwas Drittes, das Dialektische, die Lust am Demonstrieren, noch daneben Platz hat, sind die Urheber von Übeln nach der Weise der Religiösen und der Künstler gewesen und haben noch dazu durch ihren dialektischen Hang vielen Menschen Langeweile gemacht; doch war ihre Zahl immer sehr klein. *Viertens*: die Denker und die wissenschaftlichen Arbeiter; sie waren selten auf Wirkungen aus, sondern gruben sich still ihre Maulwurfslöcher. So haben sie wenig Verdruß und Unbehagen gemacht und oft als Gegenstand des Spottes und Gelächters sogar, ohne es zu wollen, den Menschen der *vita activa* das Leben erleichtert. Zuletzt ist die Wissenschaft doch etwas sehr Nützliches für alle geworden: wenn *dieses Nutzens halber* jetzt sehr viele zur *vita activa* Vorherbestimmte sich einen Weg zur Wissenschaft bahnen, im Schweiße ihres Angesichts und nicht ohne Kopfzerbrechen und Verwünschungen, so trägt doch an solchem Ungemach die Schar der Denker und wissenschaftlichen Arbeiter keine Schuld; es ist »selbstgeschaffene Pein«.

42

Herkunft der vita contemplativa. – In rohen Zeiten, wo die pessimistischen Urteile über Mensch und Welt herrschen, ist der einzelne im Gefühle seiner vollen Kraft immer darauf aus, jenen Urteilen gemäß zu handeln, also die Vorstellung in Aktion zu übersetzen, durch Jagd, Raub, Überfall, Mißhandlung und Mord, eingerechnet die blässeren Abbilder jener Handlungen, wie sie innerhalb der Gemeinde allein geduldet werden. Läßt seine Kraft aber nach, fühlt er sich müde oder krank oder schwermütig oder übersättigt und infolge davon zeitweilig wunsch- und begierdenlos, so ist er da ein verhältnismäßig besserer, das heißt weniger schädlicher Mensch, und seine pessimistischen Vorstellungen entladen sich dann nur noch in Worten und Gedanken, zum Beispiel über den Wert seiner Genossen oder seines Weibes oder seines Lebens oder seiner Götter, – seine Urteile werden *böse* Urteile sein. In diesem Zustande wird er zum Denker und Vorausverkünder, oder er dichtet an seinem Aberglauben weiter und sinnt neue Gebräuche aus, oder er spottet seiner Feinde –: was er aber auch erdenkt, alle Erzeugnisse müssen seinen Zustand widerspiegeln, also die Zunahme der Furcht und der Ermüdung, die Abnahme seiner Schätzung des Handelns und Genießens; der Gehalt dieser Erzeugnisse muß dem Gehalte dieser dichterischen, denkerischen, priesterlichen Stimmungen entsprechen; das böse Urteil muß darin regieren. Später nannte man alle die, welche andauernd taten, was früher der einzelne in jenem Zustande tat, welche also böse urteilten, melancholisch und tatenarm lebten, Dichter oder Denker oder Priester oder Medizinmänner –: man würde solche Menschen, weil sie nicht genug handelten, gerne geringgeschätzt und aus der Gemeinde gestoßen haben; aber es gab eine Gefahr dabei, – sie waren dem Aberglauben und der Spur göttlicher Kräfte nachgegangen, man zweifelte nicht daran, daß sie über unbekannte Mittel der Macht geböten. Dies ist die Schätzung, in der *das älteste Geschlecht kontemplativer Naturen* lebte, – genau so weit verachtet, als sie nicht gefürchtet wurden! In solcher vermummten Gestalt, in solchem zweideutigen Ansehen, mit einem bösen Herzen und oft mit einem geängstigten Kopfe, ist die Kontemplation zuerst auf der Erde erschienen, zugleich schwach und furchtbar, im geheimen verachtet und öffentlich mit abergläubischer Ehrerbietung überschüttet! Hier, wie immer, muß es heißen:. *pudenda origo*!

43

Wie viele Kräfte jetzt im Denker zusammenkommen müssen. – Sich dem sinnlichen Anschauen zu entfremden, sich zum Abstrakten zu erheben, – das ist wirklich einmal als *Erhebung* gefühlt worden: wir können es nicht ganz mehr nachempfinden. Das Schwelgen in den blassesten Wort- und Dingbildern, das Spiel mit solchen unschaubaren, unhörbaren, unfühlbaren Wesen wurde wie ein Leben in einer andern *höheren* Welt empfunden, aus der tiefen Verachtung der sinnlich tastbaren, verführerischen und bösen Welt heraus.»Diese *abstracta* verführen nicht mehr, aber sie können uns führen!« – dabei schwang man sich wie aufwärts. Nicht der Inhalt dieser Spiele der Geistigkeit, sie selber sind »das Höhere« in den Vorzeiten der Wissenschaft gewesen. Daher Platos Bewunderung der Dialektik und sein begeisterter Glaube an ihre notwendige Beziehung zu dem guten entsinnlichten Menschen. Nicht nur die Erkenntnisse sind einzeln und allmählich entdeckt worden, sondern auch die Mittel der Erkenntnis überhaupt, die Zustände und Operationen, die im Menschen dem Erkennen vorausgehen. Und jedesmal schien es, als ob die neu entdeckte Operation oder der neu empfundene Zustand nicht ein Mittel zu allem Erkennen, sondern schon Inhalt, Ziel und Summe alles Erkennenswerten sei. Der Denker hat die Phantasie, den Aufschwung, die Abstraktion, die Entsinnlichung, die Erfindung, die Ahnung, die Induktion, die Dialektik, die Deduktion, die Kritik, die Materialsammlung, die unpersönliche Denkweise, die Beschaulichkeit und die Zusammenschauung und nicht am wenigsten Gerechtigkeit und Liebe gegen alles, was da ist, nötig, – aber alle diese Mittel haben *einzeln* in der Geschichte der *vita contemplativa* einmal als Zwecke und letzte Zwecke gegolten und jene Seligkeit ihren Erfindern gegeben, welche beim Aufleuchten eines *letzten* Zweckes in die menschliche Seele kommt.

44

Ursprung und Bedeutung. — Warum kommt mir dieser Gedanke immer wieder und leuchtet mir in immer bunteren Farben? — daß *ehemals* die Forscher, wenn sie auf dem Wege zum Ursprung der Dinge waren, immer etwas von dem zu finden meinten, was von unschätzbarer Bedeutung für alles Handeln und Urteilen sei, ja, daß man stets *voraussetzte*, von der *Einsicht in den Ursprung der Dinge* müsse des Menschen *Heil* abhängen: daß wir jetzt hingegen, je weiter wir dem Ursprunge nachgehen, um so weniger mit unseren Interessen beteiligt sind; ja, daß alle unsere Wertschätzungen und »Interessiertheiten«, die wir in die Dinge gelegt haben, anfangen ihren Sinn zu verlieren, je mehr wir mit unserer Erkenntnis zurück und an die Dinge selbst heran gelangen. *Mit der Einsicht in den Ursprung nimmt die Bedeutungslosigkeit des Ursprungs zu*: während *das Nächste*, das Um-uns und In-uns allmählich Farben und Schönheiten und Rätsel und Reichtümer von Bedeutung aufzuzeigen beginnt, von denen sich die ältere Menschheit nichts träumen ließ. Ehemals gingen die Denker gleich eingefangenen Tieren ingrimmig herum, immer nach den Stäben ihres Käfigs spähend und gegen diese anspringend, um sie zu zerbrechen: und *selig* schien der, welcher durch eine Lücke etwas von dem Draußen, von dem Jenseits und der Ferne zu sehen glaubte.

45

Ein Tragödien-Ausgang der Erkenntnis. — Von allen Mitteln der Erhebung sind es die Menschenopfer gewesen, welche zu allen Zeiten den Menschen am meisten erhoben und gehoben haben. Und vielleicht könnte mit *einem* ungeheuren Gedanken immer noch jede andere Bestrebung niedergerungen werden, so daß ihm der Sieg über den Siegreichsten gelänge, — mit dem Gedanken der *sich opfernden Menschheit*. Wem aber sollte sie sich opfern? Man kann bereits darauf schwören, daß, wenn jemals das Sternbild dieses Gedankens am Horizonte erscheint, die Erkenntnis der Wahrheit als das einzige ungeheure Ziel übriggeblieben sein wird, dem ein solches Opfer angemessen wäre, weil ihm kein Opfer zu groß ist. Inzwischen ist das Problem noch nie aufgestellt worden, inwiefern der Menschheit, als einem Ganzen,

Schritte möglich sind, die Erkenntnis zu fördern; geschweige denn, welcher Erkenntnistrieb die Menschheit so weit treiben könnte, sich selber darzubringen, um mit dem Leuchten einer vorwegnehmenden Weisheit im Auge zu sterben. Vielleicht, wenn einmal eine Verbrüderung mit Bewohnern anderer Sterne zum Zweck der Erkenntnis hergestellt ist, und man einige Jahrtausende lang sich sein Wissen von Stern zu Stern mitgeteilt hat: vielleicht, daß dann die Begeisterung der Erkenntnis auf eine solche Flut-Höhe kommt!

46

Zweifel am Zweifel. – »Welch gutes Kopfkissen ist der Zweifel für einen wohlgebauten Kopf!« – dies Wort Montaignes hat Pascal immer erbittert, denn es verlangte niemanden gerade so stark nach einem guten Kopfkissen als ihn. Woran fehlte es doch? –

47

Die Worte liegen uns im Wege! – Überall, wo die Uralten ein Wort hinstellten, da glaubten sie eine Entdeckung gemacht zu haben. Wie anders stand es in Wahrheit! – sie hatten an ein Problem gerührt, und indem sie wähnten, es *gelöst* zu haben, hatten sie ein Hemmnis der Lösung geschaffen. – Jetzt muß man bei jeder Erkenntnis über steinharte verewigte Worte stolpern, und wird dabei eher ein Bein brechen als ein Wort.

48

»Erkenne dich selbst« ist die ganze Wissenschaft. – Erst am Ende der Erkenntnis aller Dinge wird der Mensch sich selber erkannt haben. Denn die Dinge sind nur die Grenzen des Menschen.

49

Das neue Grundgefühl: unsere endgültige Vergänglichkeit. – Ehemals suchte man zum Gefühl der Herrlichkeit des Menschen zu kommen, indem man auf seine göttliche *Abkunft* hinzeigte: dies ist jetzt ein verbotener Weg geworden, denn an seiner Tür steht der Affe, nebst anderem greulichen Getier, und fletscht verständnisvoll die Zähne, wie um zu sagen: nicht weiter in dieser Richtung! So versucht man es jetzt in der entgegengesetzten Richtung: der Weg, *wohin* die Menschheit geht, soll zum Beweise ihrer Herrlichkeit und Gottverwandtschaft dienen. Ach, auch damit ist es nichts! Am Ende dieses Weges steht die Graburne des *letzten* Menschen und Totengräbers (mit der Aufschrift »*nihil humani a me alienum puto*«). Wie hoch die Menschheit sich entwickelt haben möge – und vielleicht wird sie am Ende gar tiefer als am Anfang stehen! – es gibt für sie keinen Übergang in eine höhere Ordnung, so wenig die Ameise und der Ohrwurm am Ende ihrer »Erdenbahn« zur Gottverwandtschaft und Ewigkeit emporsteigen. Das Werden schleppt das Gewesensein hinter sich her: warum sollte es von diesem ewigen Schauspiele eine Ausnahme für irgendein Sternchen und wiederum für ein Gattungchen auf ihm geben! Fort mit solchen Sentimentalitäten!

50

Der Glaube an den Rausch. – Die Menschen der erhabenen und verzückten Augenblicke, denen es für gewöhnlich, um des Gegensatzes willen und wegen der verschwenderischen Abnützung ihrer Nervenkräfte, elend und trostlos zumute ist, betrachten jene Augenblicke als das eigentliche Selbst, als »sich«, das Elend und die Trostlosigkeit als die *Wirkung* des »*Außer-sich*«; und deshalb denken sie an ihre Umgebung, ihre Zeit, ihre ganze Welt mit rachsüchtigen Gefühlen. Der Rausch gilt ihnen als das wahre Leben, als das eigentliche Ich: in allem anderen sehen sie die Gegner und Verhinderer des Rausches, sei dieser nun geistiger, sittlicher, religiöser oder künstlerischer Natur. Diesen schwärmerischen Trunkenbolden verdankt die Menschheit viel Übles: denn sie sind die unersättlichen Unkraut-Aussäer der Unzufriedenheit mit sich und den Nächsten, der Zeit- und Weltverachtung und namentlich der Welt-Müdigkeit. Vielleicht könnte eine ganze Hölle von *Verbrechern* nicht diese drückende, land- und luft-verderbende, unheimliche Nachwirkung in die fernste Ferne hin haben, wie jene kleine edle Gemeinde von Unbändigen, Phantasten, Halbverrückten, von

Genies, die sich nicht beherrschen können und allen möglichen Genuß an sich erst dann haben, wenn sie sich völlig verlieren: während der Verbrecher sehr oft noch einen Beweis von ausgezeichneter Selbstbeherrschung, Aufopferung und Klugheit gibt und diese Eigenschaften bei denen, welche ihn fürchten, wach erhält. Durch ihn wird der Himmel über dem Leben vielleicht gefährlich und düster, aber die Luft bleibt kräftig und streng. – Zu alledem pflanzen jene Schwärmer mit allen ihren Kräften den Glauben an den Rausch als an das Leben im Leben: einen furchtbaren Glauben! Wie die Wilden jetzt schnell durch das »Feuerwasser« verdorben werden und zugrunde gehen, so ist die Menschheit im ganzen und großen langsam und gründlich durch die *geistigen* Feuerwässer trunken machender Gefühle und durch die, welche die Begierde danach lebendig erhielten, verdorben worden: vielleicht geht sie noch daran zugrunde.

51

So wie wir noch sind! – »Seien wir nachsichtig gegen die großen Einäugigen!« – hat Stuart Mill gesagt: als ob Nachsicht zu erbitten nötig wäre, wo man gewöhnt ist, ihnen Glauben und beinahe Anbetung zu zollen! Ich sage: seien wir nachsichtig gegen die Zweiäugigen, große und kleine, – denn höher als bis zur Nachsicht werden wir, *so wie wir sind*, es doch nicht bringen!

52

Wo sind die neuen Ärzte der Seele? – Die Mittel des Trostes sind es gewesen, durch welche das Leben erst jenen leidvollen Grundcharakter, an den man jetzt glaubt, bekommen hat; die größte Krankheit der Menschen ist aus der Bekämpfung ihrer Krankheiten entstanden, und die anscheinenden Heilmittel haben auf die Dauer Schlimmeres erzeugt, als das war, was mit ihnen beseitigt werden sollte. Aus Unkenntnis hielt man die augenblicklich wirkenden, betäubenden und berauschenden Mittel, die sogenannten Tröstungen, für die eigentlichen Heilkräfte, ja man merkte es nicht einmal, daß man diese sofortigen Erleichterungen oft mit der allgemeinen und tiefen Verschlechterung des Leidens bezahlte, daß die Kranken an der Nachwirkung des Rausches, später an der Entbehrung des Rausches und noch später an einem drückenden Gesamtgefühl von Unruhe, Nervenzittern und Ungesundheit zu leiden hatten. Wenn man bis zu einem gewissen Grade erkrankt war, genas man nicht mehr, - dafür sorgten die Ärzte der Seele, die allgemein beglaubigten und angebeteten. - Man sagt Schopenhauer nach, und mit Recht, daß er die Leiden der Menschheit endlich einmal wieder ernst genommen habe: wo ist der, welcher endlich auch einmal die Gegenmittel gegen diese Leiden ernst nimmt und die unerhörte Quacksalberei an den Pranger stellt, mit der, unter den herrlichsten Namen, bis jetzt die Menschheit ihre Seelenkrankheiten zu behandeln gewöhnt ist?

53

Mißbrauch der Gewissenhaften. - Die Gewissenhaften und *nicht* die Gewissenlosen waren es, die so furchtbar unter dem Druck von Bußpredigten und Höllenängsten zu leiden hatten, zumal wenn sie zugleich Menschen der Phantasie waren. Also ist gerade denen das Leben am meisten verdüstert worden, welche Heiterkeit und anmutige Bilder nötig hatten - nicht nur zu ihrer Erholung und Genesung von sich selber, sondern damit die Menschheit sich ihrer erfreuen könne und von ihrer Schönheit einen Strahl in sich hinübernehme. Oh, wie viel überflüssige Grausamkeit und Tierquälerei ist von jenen Religionen ausgegangen, welche die Sünde erfunden haben! Und von den Menschen, welche durch sie den höchsten Genuß ihrer Macht haben wollten!

54

Die Gedanken über die Krankheit! - Die Phantasie des Kranken beruhigen, daß er wenigstens nicht, wie bisher, *mehr* von seinen Gedanken über seine Krankheit zu leiden hat als von der Krankheit selber, - ich denke, das ist etwas! Und es ist nicht wenig! Versteht ihr nun unsere Aufgabe?

55

Die »Wege«. – Die angeblichen »kürzeren Wege« haben die Menschheit immer in große Gefahr gebracht; sie verläßt immer bei der frohen Botschaft, daß ein solcher kürzerer Weg gefunden sei, ihren Weg – und *verliert den Weg.*

56

Der Apostat des freien Geistes. – Wer hat denn gegen fromme glaubensstarke Menschen eine Abneigung? Umgekehrt, sehen wir sie nicht mit stiller Hochachtung an und freuen uns ihrer, mit einem gründlichen Bedauern, daß diese trefflichen Menschen nicht mit uns zusammenempfinden? Aber woher stammt jener tiefe plötzliche Widerwille ohne Gründe gegen den, der einmal alle Freiheit des Geistes *hatte* und am Ende »gläubig« *wurde*? Denken wir daran, so ist es uns, als hätten wir einen ekelhaften Anblick gehabt, den wir schnell von der Seele wegwischen müßten! Würden wir nicht dem verehrtesten Menschen den Rücken drehen, wenn er in dieser Beziehung uns verdächtig würde? Und zwar nicht aus einer moralischen Verurteilung, sondern aus einem plötzlichen Ekel und Grausen! Woher diese Schärfe der Empfindung! Vielleicht wird uns dieser oder jener zu verstehen geben, daß wir im Grunde unser selber nicht ganz sicher seien? Daß wir beizeiten Dornenhecken der spitzesten Verachtung um uns pflanzten, damit wir im entscheidenden Augenblicke, wo das Alter uns schwach und vergeßlich mache, über unsere eigene Verachtung nicht hinwegkönnten? – Aufrichtig: diese Vermutung greift fehl, und wer sie macht, weiß nichts von dem, was den freien Geist bewegt und bestimmt: wie wenig erscheint ihm das *Verändern* seiner Meinungen an sich als verächtlich! Wie verehrt er umgekehrt in der *Fähigkeit*, seine Meinungen zu wechseln, eine seltene und hohe Auszeichnung, namentlich wenn sie bis ins Alter hineinreicht! Und selbst zu den verbotenen Früchten des *spernere se sperni* und des *spernere se ipsum* greift sein Ehrgeiz hinauf (und *nicht* sein Kleinmut): geschweige daß er die Angst des Eitlen und Bequemen davor hätte! Zu alledem gilt ihm die Lehre von der *Unschuld aller Meinungen* so sicher wie die Lehre von der Unschuld aller Handlungen: wie könnte er vor dem Apostaten der geistigen Freiheit zum Richter und Henker werden! Vielmehr berührt ihn sein Anblick, wie der Anblick eines widerlich Erkrankten den Arzt berührt: der physische Ekel vor dem Schwammigen, Erweichten, Überwuchernden, Eiternden siegt einen Augenblick über die Vernunft und den Willen, zu helfen. So wird unser guter Wille von der Vorstellung der ungeheuren *Unredlichkeit* überwältigt, welche im Apostaten des freien Geistes gewaltet haben muß: von der Vorstellung einer allgemeinen und bis ins Knochengerüst des Charakters greifenden Entartung. –

57

Andere Furcht, andere Sicherheit. – Das Christentum hatte dem Leben eine ganz neue und unbegrenzte *Gefährlichkeit* beigelegt, und damit ebenfalls ganz neue Sicherheiten, Genüsse, Erholungen und Abschätzungen aller Dinge geschaffen. Diese Gefährlichkeit leugnet unser Jahrhundert, und mit gutem Gewissen: und doch schleppt es die alten Gewohnheiten der christlichen Sicherheit, des christlichen Genießens, Sich-Erholens, Abschätzens noch mit sich fort! Und bis in seine edelsten Künste und Philosophien hinein! Wie matt und verbraucht, wie halb und linkisch, wie willkürlich-fanatisch und vor allem: wie unsicher muß das alles sich ausnehmen, jetzt, da jener furchtbare Gegensatz dazu, die allgegenwärtige *Furcht* des Christen für sein *ewiges* Heil, verlorengegangen ist!

58

Das Christentum und die Affekte. – Aus dem Christentum ist auch ein großer volkstümlicher Protest gegen die Philosophie herauszuhören: die Vernunft der alten Weisen hatte den Menschen die Affekte widerraten, das Christentum will dieselben ihnen *wiedergeben*. Zu diesem Zwecke spricht es der Tugend, so wie sie von den Philosophen gefaßt war, – als Sieg der Vernunft über den Affekt – allen moralischen Wert ab, verurteilt überhaupt die Vernünftigkeit und fordert die Affekte heraus, sich in ihrer äußersten Stärke und Pracht zu offenbaren: als *Liebe* zu Gott, *Furcht* vor Gott, als fanatischen *Glauben* an Gott, als blindestes *Hoffen* auf Gott.

59

Irrtum als Labsal. – Man mag sagen, was man will: das Christentum hat die Menschen von der Last der moralischen Anforderungen befreien wollen, dadurch, daß es einen *kürzeren Weg zur Vollkommenheit* zu zeigen meinte: ganz so, wie einige Philosophen sich der mühseligen und langwierigen Dialektik und der Sammlung streng geprüfter Tatsachen entschlagen zu können wähnten und auf einen »königlichen Weg zur Wahrheit« verwiesen. Es war beide Male ein Irrtum, – aber doch ein großes Labsal für Übermüde und Verzweifelnde in der Wüste.

60

Aller Geist wird endlich leiblich sichtbar. – Das Christentum hat den gesamten Geist zahlloser Unterwerfungslustiger, aller jener feinen und groben Enthusiasten der Demütigung und Anbetung in sich geschlungen, es ist damit aus einer ländlichen Plumpheit – an welche man zum Beispiel bei dem ältesten Bilde des Apostels Petrus stark erinnert wird – eine sehr *geistreiche* Religion geworden, mit Tausenden von Falten, Hintergedanken und Ausflüchten im Gesichte; es hat die Menschheit Europas gewitzigt und nicht nur theologisch verschlagen gemacht. In diesem Geiste und im Bunde mit der Macht und sehr oft mit der tiefsten Überzeugung und Ehrlichkeit der Hingebung hat es vielleicht die feinsten Gestalten der menschlichen Gesellschaft *ausgemeißelt*, die es bisher gegeben hat: die Gestalten der höheren und höchsten katholischen Geistlichkeit, namentlich wenn diese einem vornehmen Geschlechte entsprossen waren und von vornherein angeborene Anmut der Gebärden, herrschende Augen und schöne Hände und Füße hinzubrachten. Hier erreicht das menschliche Antlitz jene Durchgeistigung, die durch die beständige Ebbe und Flut der zwei Arten des Glückes (des Gefühls der Macht und des Gefühls der Ergebung) hervorgebracht wird, nachdem eine ausgedachte Lebensweise das Tier im Menschen gebändigt hat; hier hält eine Tätigkeit, die im Segnen, Sündenvergeben und Repräsentieren der Gottheit besteht, fortwährend das Gefühl einer übermenschlichen Mission in der Seele, *ja auch im Leibe* wach; hier herrscht jene vornehme Verachtung gegen die Gebrechlichkeit von Körper und Wohlfahrt des Glückes, wie sie geborenen Soldaten zu eigen ist; man hat im Gehorchen seinen *Stolz*, was das Auszeichnende aller Aristokraten ausmacht; man hat in der ungeheuren Unmöglichkeit seiner Aufgabe seine Entschuldigung und seine Idealität. Die mächtige Schönheit und Feinheit der Kirchenfürsten hat immerdar für das Volk die *Wahrheit* der Kirche bewiesen; eine zeitweilige Brutalisierung der Geistlichkeit (wie zu Zeiten Luthers) führte immer den Glauben an das Gegenteil mit sich. — Und *dies* Ergebnis menschlicher Schönheit und Feinheit in der Harmonie von Gestalt, Geist und Aufgabe wäre, mit dem Ende der Religionen, auch zu Grabe getragen? Und Höheres ließe sich nicht erreichen, nicht einmal ersinnen?

61

Das Opfer, das not tut. — Diese ernsten, tüchtigen, rechtlichen, tief empfindenden Menschen, welche jetzt noch von Herzen Christen sind: sie sind es sich schuldig, einmal auf längere Zeit versuchsweise ohne Christentum zu leben, sie sind es *ihrem Glauben* schuldig, einmal auf diese Art einen Aufenthalt »in der Wüste« zu nehmen, — nur damit sie sich das Recht erwerben, in der Frage, ob das Christentum nötig sei, mitzureden. Einstweilen kleben sie an ihrer Scholle und lästern von da aus die Welt jenseits der Scholle: ja, sie sind böse und erbittert, wenn jemand zu verstehen gibt, daß jenseits der Scholle eben noch die ganze, ganze Welt liegt! daß das Christentum, alles in allem, eben nur ein Winkel ist! Nein, euer Zeugnis wiegt nicht eher etwas, als bis ihr jahrelang ohne Christentum gelebt habt, mit einer ehrlichen Inbrunst danach, es im Gegenteile des Christentums auszuhalten: bis ihr weit, weit von ihm fortgewandert seid. Nicht wenn das Heimweh euch zurücktreibt, sondern das *Urteil* auf Grund einer strengen *Vergleichung*, so hat euer Heimkehren etwas zu bedeuten! — Die zukünftigen Menschen werden es einmal so mit allen Wertschätzungen der Vergangenheit machen; man muß sie freiwillig noch einmal *durchleben*, und ebenso ihr Gegenteil, — um schließlich das *Recht* zu haben, sie durch das Sieb fallen zu lassen.

62

Vom Ursprung der Religionen. – Wie kann einer seine eigene Meinung über die Dinge als eine Offenbarung empfinden? Dies ist das Problem von der Entstehung der Religionen: jedesmal hat es einen Menschen dabei gegeben, in welchem jener Vorgang möglich war. Die Voraussetzung ist, daß er vorher schon an Offenbarungen glaubte. Nun gewinnt er eines Tages plötzlich *seinen* neuen Gedanken, und das Beseligende einer eigenen großen, Welt und Dasein umspannenden Hypothese tritt so gewaltig in sein Bewußtsein, daß er sich nicht als Schöpfer einer solchen Seligkeit zu fühlen wagt und die Ursache davon und wieder die Ursache der Ursache jenes neuen Gedankens seinem Gotte zuschreibt: als dessen Offenbarung. Wie sollte ein Mensch der Urheber eines so großen Glückes sein können! – lautet sein pessimistischer Zweifel. Dazu wirken nun im Verborgenen andere Hebel: zum Beispiele man *bekräftigt* eine Meinung vor sich dadurch, daß man sie als Offenbarung empfindet, man streicht damit das Hypothetische weg, man entzieht sie der Kritik, ja dem Zweifel, man macht sie heilig. So erniedrigt man sich zwar selber zum Organon, aber unser Gedanke siegt zuletzt als Gottesgedanke, – dieses Gefühl, damit am Ende Sieger zu bleiben, erringt die Oberhand über jenes Gefühl der Erniedrigung. Auch ein anderes Gefühl spielt im Hintergrunde: wenn man sein *Erzeugnis* über sich selber erhebt und scheinbar vom eigenen Werte absieht, so gibt es doch dabei ein Frohlocken von Vaterliebe und Vaterstolz, das alles ausgleicht und mehr als ausgleicht.

63

Nächsten-Haß. – Gesetzt, wir empfänden den anderen so, wie er sich selber empfindet – das, was Schopenhauer Mitleid nennt und was richtiger Ein-Leid, Einleidigkeit hieße –, so würden wir ihn hassen müssen, wenn er sich selber, gleich Pascal, hassenswert findet. Und so empfand wohl auch Pascal im ganzen gegen die Menschen, und ebenso das alte Christentum, das man, unter Nero, des *odium generis humani* »überführte«, wie Tacitus meldet.

64

Die Verzweifelnden. — Das Christentum hat den Instinkt des Jägers für alle die, welche irgendwodurch überhaupt zur Verzweiflung zu bringen sind, — nur eine Auswahl der Menschheit ist deren fähig. Hinter ihnen ist es immer her, ihnen lauert es auf. Pascal machte den Versuch, ob nicht mit Hilfe der schneidendsten Erkenntnis jedermann zur Verzweiflung gebracht werden könnte; — der Versuch mißlang, zu seiner zweiten Verzweiflung.

65

Brahmanen- und Christentum. — Es gibt Rezepte zum Gefühle der Macht, einmal für solche, welche sich selber beherrschen können und welche bereits dadurch in einem Gefühle der Macht zu Hause sind; sodann für solche, welchen gerade dies fehlt. Für Menschen der ersten Gattung hat das Brahmanentum Sorge getragen, für Menschen der zweiten Gattung das Christentum.

66

Fähigkeit der Vision. — Durch das ganze Mittelalter hindurch galt als das eigentliche und entscheidende Merkmal des höchsten Menschentums: daß man der Vision — das heißt einer tiefen geistigen Störung! — fähig sei. Und im Grunde gehen die mittelalterlichen Lebensvorschriften aller höheren Naturen (der *religiosi*) darauf hinaus, den Menschen der Vision *fähig* zu machen! Was Wunder, wenn noch in unsere Zeit hinein eine Überschätzung halbgestörter, phantastischer, fanatischer, sogenannter genialer Personen überströmte; »sie haben Dinge gesehen, die andere nicht sehen«, — gewiß! und dies sollte uns vorsichtig gegen sie stimmen, aber nicht gläubig!

67

Preis der Gläubigen. — Wer solchen Wert darauf legt, daß an ihn geglaubt werde, daß er den Himmel für diesen Glauben gewährleistet, und jedermann, sei es selbst ein Schächer am Kreuze, – der muß an einem furchtbaren Zweifel gelitten und jede Art von Kreuzigung kennen gelernt haben: er würde sonst seine Gläubigen nicht so teuer kaufen.

68

Der erste Christ. – Alle Welt glaubt noch immer an die Schriftstellerei des »heiligen Geistes« oder steht unter der Nachwirkung dieses Glaubens: wenn man die Bibel aufmacht, so geschieht es, um sich zu »erbauen«, um in seiner eigenen, persönlichen großen oder kleinen Not einen Fingerzeig des Trostes zu finden, – kurz, man liest sich hinein und sich heraus. Daß in ihr auch die Geschichte einer der ehrgeizigsten und aufdringlichsten Seelen und eines ebenso abergläubischen als verschlagenen Kopfes beschrieben steht, die Geschichte des Apostels Paulus, – wer weiß das, einige Gelehrte abgerechnet? Ohne diese merkwürdige Geschichte aber, ohne die Verwirrungen und Stürme eines solchen Kopfes, einer solchen Seele, gäbe es keine Christenheit; kaum würden wir von einer kleinen jüdischen Sekte erfahren haben, deren Meister am Kreuze starb. Freilich: hätte man eben diese Geschichte zur rechten Zeit begriffen, hätte man die Schriften des Paulus nicht als die Offenbarungen des »heiligen Geistes«, sondern mit einem redlichen und freien eigenen Geiste, und ohne an alle unsere persönliche Not dabei zu denken, gelesen, *wirklich gelesen* – es gab anderthalb Jahrtausend keinen solchen Leser –, so würde es auch mit dem Christentum längst vorbei sein: so sehr legen diese Blätter des jüdischen Pascal den Ursprung des Christentums bloß, wie die Blätter des französischen Pascal sein Schicksal und das, woran es zugrunde gehen wird, bloßlegen. Daß das Schiff des Christentums einen guten Teil des jüdischen Ballastes über Bord warf, daß es unter die Heiden ging und gehen konnte, – das hängt an der Geschichte dieses einen Menschen, eines sehr gequälten, sehr bemitleidenswerten, sehr unangenehmen und sich selber unangenehmen Menschen. Er litt an einer fixen Idee, oder deutlicher: an einer *fixen*, stets gegenwärtigen, nie zur Ruhe kommenden *Frage*: welche Bewandtnis es mit dem jüdischen *Gesetze* habe? und zwar mit der *Erfüllung dieses Gesetzes*? In seiner Jugend hatte er ihm selber genugtun wollen, heißhungrig nach dieser höchsten Auszeichnung, welche die

Juden zu denken vermochten, – dieses Volk, welches die Phantasie der sittlichen Erhabenheit höher als irgendein anderes Volk getrieben hat und welchem allein die Schöpfung eines heiligen Gottes, nebst dem Gedanken der Sünde als eines Vergehens an dieser Heiligkeit, gelungen ist. Paulus war zugleich der fanatische Verteidiger und Ehrenwächter dieses Gottes und seines Gesetzes geworden und fortwährend im Kampfe und auf der Lauer gegen die Übertreter und Anzweifler desselben, hart und böse gegen sie und zum äußersten der Strafen geneigt. Und nun erfuhr er an sich, daß er – hitzig, sinnlich, melancholisch, bösartig im Haß, wie er war – das Gesetz selber nicht erfüllen *konnte*, ja, was ihm das Seltsamste schien: daß seine ausschweifende Herrschsucht fortwährend gereizt wurde, es zu übertreten, und daß er diesem Stachel nachgeben *mußte*. Ist es wirklich die »Fleischlichkeit«, welche ihn immer wieder zum Übertreter macht? Und nicht vielmehr, wie er später argwöhnte, hinter ihr das Gesetz selber, welches sich fortwährend als unerfüllbar beweisen *muß* und mit unwiderstehlichem Zauber zur Übertretung lockt? Aber damals hatte er diesen Ausweg noch nicht. Vielerlei lag ihm auf dem Gewissen – er deutet hin auf Feindschaft, Mord, Zauberei, Bilderdienst, Unzucht, Trunkenheit und Lust an ausschweifenden Gelagen – und wie sehr er auch diesem Gewissen, und noch mehr seiner Herrschsucht, durch den äußersten Fanatismus der Gesetzes-Verehrung und -Verteidigung wieder Luft zu machen suchte: es kamen Augenblicke, wo er sich sagte: »Es ist alles umsonst! die Marter des unerfüllten Gesetzes ist nicht zu überwinden.« Ähnlich mag Luther empfunden haben, als er der vollkommene Mensch des geistlichen Ideals in seinem Kloster werden wollte: und ähnlich wie Luther, der eines Tages das geistliche Ideal und den Papst und die Heiligen und die ganze Klerisei zu hassen begann, mit einem wahren tödlichen Haß, je weniger er ihn sich eingestehen durfte, – ähnlich erging es Paulus. Das Gesetz war das Kreuz, an welches er sich geschlagen fühlte: wie haßte er es! wie trug er es ihm nach! wie suchte er herum, um ein Mittel zu finden, es zu *vernichten*, – nicht mehr es für seine Person zu erfüllen! Und endlich leuchtete ihm der rettende Gedanke auf, zugleich mit einer Vision, wie es bei diesem Epileptiker nicht anders zugehen konnte: ihm, dem wütenden Eiferer des Gesetzes, der innerlich dessen totmüde war, erschien auf einsamer Straße jener

Christus, den Lichtglanz Gottes auf seinem Gesichte, und Paulus hörte die Worte: »warum verfolgst du *mich*?« Das Wesentliche, was da geschah, ist aber dies: sein *Kopf* war auf einmal hell geworden; »es ist *unvernünftig*,« hatte er sich gesagt, »gerade diesen Christus zu verfolgen! Hier ist ja der Ausweg, hier ist ja die vollkommene Rache, hier und nirgends sonst habe und halte ich ja den *Vernichter des Gesetzes*!« Der Kranke des gequältesten Hochmutes fühlt sich mit einem Schlage wieder hergestellt, die moralische Verzweiflung ist wie fortgeblasen, denn die Moral ist fortgeblasen, vernichtet, – nämlich *erfüllt*, dort am Kreuze! Bisher hatte ihm jener schmähliche *Tod* als Hauptargument gegen die »Messianität«, von der die Anhänger der neuen Lehre sprachen, gegolten: wie aber, wenn er *nötig* war, um das Gesetz *abzutun*! – Die ungeheuren Folgen dieses Einfalls, dieser Rätsellösung wirbeln vor seinem Blicke, er wird mit einem Male der glücklichste Mensch, – das Schicksal der Juden, nein, aller Menschen scheint ihm an diesen Einfall, an diese Sekunde seines plötzlichen Aufleuchtens gebunden, er hat den Gedanken der Gedanken, den Schlüssel der Schlüssel, das Licht der Lichter; um ihn selber dreht sich fürderhin die Geschichte! Denn er ist von jetzt ab der Lehrer der *Vernichtung des Gesetzes*! Dem Bösen absterben – das heißt, auch dem Gesetz absterben; im Fleische sein – das heißt, auch im Gesetze sein! Mit Christus eins geworden – das heißt, auch mit ihm der Vernichter des Gesetzes geworden; mit ihm gestorben – das heißt, auch dem Gesetze abgestorben! Selbst wenn es noch möglich wäre, zu sündigen, so doch nicht mehr gegen das Gesetz, »ich bin außerhalb desselben.« »Wenn ich jetzt das Gesetz wieder aufnehmen und mich ihm unterwerfen wollte, so würde ich Christus zum Mithelfer der Sünde machen«; denn das Gesetz war dazu da, daß gesündigt werde, es trieb die Sünde immer hervor, wie ein scharfer Saft die Krankheit; Gott hätte den Tod Christi nie beschließen können, wenn überhaupt ohne diesen Tod eine Erfüllung des Gesetzes möglich gewesen wäre; jetzt ist nicht nur alle Schuld abgetragen, sondern die Schuld an sich vernichtet; jetzt ist das Gesetz tot, jetzt ist die Fleischlichkeit, in der es wohnt, tot – oder wenigstens in fortwährendem Absterben, gleichsam verwesend. Noch kurze Zeit inmitten dieser Verwesung! – das ist das Los des Christen, bevor er, eins geworden mit Christus, aufersteht mit Christus, an der göttlichen Herrlichkeit teilnimmt mit Christus und »Sohn Gottes« wird, gleich Christus. – Damit ist der Rausch des Paulus auf seinem Gipfel, und ebenfalls die Zudringlichkeit seiner Seele, – mit dem Gedanken des Einswerdens ist jede Scham, jede Unterordnung, jede Schranke von ihr genommen, und der unbändige Wille der Herrschsucht offenbart sich als ein vorwegnehmendes Schwelgen in *göttlichen* Herrlichkeiten. – Dies ist der *erste Christ*, der Erfinder der Christlichkeit! Bis dahin gab es nur einige jüdische Sektierer. –

69

Unnachahmlich. – Es gibt eine ungeheure Spannung und Spannweite *zwischen* Neid und Freundschaft, zwischen Selbstverachtung und Stolz: in der ersten lebte der Grieche, in der zweiten der Christ.

70

Wozu ein grober Intellekt nütze ist. – Die christliche Kirche ist eine Enzyklopädie von vorzeitlichen Kulten und Anschauungen der verschiedensten Abkunft und deshalb so missionsfähig: sie mochte ehemals, sie mag jetzt kommen, wohin sie will, sie fand und findet etwas Ähnliches vor, dem sie sich anpassen und dem sie allmählich ihren Sinn unterschieben kann. Nicht das Christliche an ihr, sondern das Universal-Heidnische ihrer *Gebräuche* ist der Grund für die Ausbreitung dieser Weltreligion; ihre Gedanken, die zugleich im Jüdischen und im Hellenischen wurzeln, haben von Anbeginn an über die nationalen und rassemäßigen Absonderungen und Feinheiten, gleich als über Vorurteile, sich zu erheben gewußt. Man mag diese *Kraft*, das Verschiedenste ineinander wachsen zu lassen, immerhin bewundern: nur vergesse man auch die verächtliche Eigenschaft dieser Kraft nicht, – die erstaunliche Grobheit und Genügsamkeit ihres Intellekts in der Zeit der Kirchenbildung, um dergestalt mit *jeder Kost* fürlieb zu nehmen und Gegensätze wie Kieselsteine zu verdauen.

71

Die christliche Rache an Rom. – Nichts ermüdet vielleicht so sehr als der Anblick eines beständigen Siegers, – man hatte Rom zweihundert Jahre lang ein Volk nach dem andern sich unterwerfen sehen, der Kreis war umspannt, alle Zukunft schien am Ende, alle Dinge wurden auf einen ewigen Zustand eingerichtet – ja, wenn das Reich *baute*, so baute man mit dem Hintergedanken des »*aere perennius*«; – wir, die wir nur die »Melancholie der Ruinen« kennen, können kaum jene ganz andersartige *Melancholie der ewigen Bauten* verstehen, gegen welche man sich zu retten suchen mußte, wie es gehen wollte, – zum Beispiel mit dem Leichtsinne Horazens. Andere suchten andere Trostmittel gegen die an Verzweiflung grenzende Müdigkeit, gegen das tötende Bewußtsein, daß alle Gedanken- und Herzensgänge nunmehr ohne Hoffnung seien, daß überall die große Spinne sitze, daß sie unerbittlich alles Blut trinken werde, wo es auch noch quelle. – Dieser jahrhundertalte wortlose Haß der ermüdeten Zuschauer gegen Rom, so weit nur Rom herrschte, entlud sich endlich im *Christentum*, indem es Rom, die »Welt« und die »Sünde« in *eine* Empfindung zusammenfaßte: man rächte sich an ihm, indem man den plötzlichen Untergang der Welt sich in der Nähe dachte; man rächte sich an ihm, indem man wieder eine Zukunft vor sich stellte – Rom hatte alles zu *seiner* Vorgeschichte und Gegenwart zu machen gewußt – und eine Zukunft, in Vergleich zu welcher Rom nicht mehr als das Wichtigste erschien; man rächte sich an ihm, indem man vom letzten *Gericht* träumte, – und der gekreuzigte Jude als Symbol des Heils war der tiefste Spott auf die prachtvollen römischen Prätoren in der Provinz, denn nun erschienen sie als die Symbole des Unheils und der zum Untergange reifen »Welt«. –

72

Das »Nach-dem-Tode«. – Das Christentum fand die Vorstellung von Höllenstrafen im ganzen römischen Reiche vor: über ihr haben die zahlreichen geheimen Kulte mit besonderem Wohlgefallen gebrütet, als über dem fruchtbarsten Ei ihrer Macht. Epikur hatte für seinesgleichen nichts Größeres zu tun geglaubt, als die Wurzeln *dieses* Glaubens auszureißen: sein Triumph, der am schönsten im Munde des düsteren und doch hell gewordenen Jüngers seiner Lehre, des Römers Lukretius, ausklingt, kam zu früh, – das Christentum nahm den bereits verwelkenden Glauben an die unterirdischen Schrecknisse in seinen besonderen Schutz, und tat klug daran! Wie hätte es ohne diesen kühnen Griff ins volle Heidentum den Sieg über die Popularität der Mithras- und Isiskulte davontragen können! So brachte es die Furchtsamen auf seine Seite, – die stärksten Anhänger eines neuen Glaubens! Die Juden, als ein Volk, welches am Leben hing und hängt, gleich den Griechen und mehr als die Griechen, hatten jene Vorstellungen wenig angebaut: der endgültige Tod als die Strafe des Sünders, und niemals wieder auferstehen als äußerste Drohung, – das wirkte schon stark genug auf diese sonderbaren Menschen, welche ihren Leib nicht loswerden wollten, sondern ihn, mit ihrem verfeinerten Ägyptizismus, in alle Ewigkeit zu retten hofften. (Ein jüdischer Märtyrer, von dem im zweiten Buche der Makkabäer zu lesen ist, denkt nicht daran, auf seine herausgerissenen Eingeweide Verzicht zu leisten: bei der Auferstehung will er sie *haben*, – so ist es jüdisch!) Den ersten Christen lag der Gedanke an ewige Qualen ganz fern, sie dachten »vom Tode« *erlöst* zu sein und erwarteten von Tag zu Tag eine Verwandlung, und nicht mehr ein Sterben. (Wie seltsam muß der erste Todesfall unter diesen Wartenden gewirkt haben! Wie mischten sich da Verwunderung, Frohlocken, Zweifel, Scham, Inbrunst! – wahrlich ein Vorwurf für große Künstler!) Paulus wußte nichts Besseres seinem Erlöser nachzusagen, als daß er den Zugang zur Unsterblichkeit für jedermann *eröffnet* habe, – er glaubt noch nicht an die Auferstehung der Unerlösten, ja infolge seiner Lehre vom unerfüllbaren Gesetze und vom Tode als Folge der Sünde argwöhnt er, im Grunde sei bisher niemand (oder sehr wenige, und dann aus Gnade und ohne Verdienst) unsterblich geworden; jetzt erst *beginne* die Unsterblichkeit ihre Tore aufzutun, – und zuletzt seien auch für sie sehr wenige auserwählt: wie der Hochmut des Auserwählten nicht unterlassen kann hinzuzufügen. – Anderwärts, wo der Trieb nach Leben nicht gleich groß war, wie unter Juden und Judenchristen, und die Aussicht auf Unsterblichkeit nicht ohne weiteres wertvoller erschien als die Aussicht auf einen endgültigen Tod, wurde jener heidnische und doch auch nicht ganz unjüdische Zusatz von der Hölle ein erwünschtes Werkzeug in der Hand der Missionäre: es erhob sich die neue Lehre, daß auch der Sünder und Unerlöste unsterblich sei, die Lehre vom Ewig-Verdammten, und sie war mächtiger als der nunmehr ganz verbleichende Gedanke vom *endgültigen Tode*. Erst die *Wissenschaft* hat ihn sich wieder zurückerobern müssen, und zwar indem sie zugleich jede andere Vorstellung vom Tode und jedes jenseitige Leben ablehnte. Wir sind um *ein* Interesse ärmer geworden: das »Nach-dem-Tode« geht uns nichts mehr an! – eine unsägliche Wohltat, welche nur noch zu jung ist, um als solche weit- und breithin empfunden zu werden. – Und von neuem triumphiert Epikur!

73

Für die »*Wahrheit*«*!* – »Für die Wahrheit des Christentums sprach der tugendhafte Wandel der Christen, ihre Standhaftigkeit im Leiden, der feste Glaube und vor allem die Verbreitung und das Wachstum trotz aller Trübsal«, – so redet ihr auch heute noch! Es ist zum Erbarmen! So lernt doch, daß dies alles nicht für und nicht gegen die Wahrheit spricht, daß die Wahrheit anders bewiesen wird als die Wahrhaftigkeit, und daß letztere durchaus kein Argument für die erstere ist!

74

Christlicher Hintergedanke. – Sollte dies nicht der gewöhnlichste Hintergedanke des Christen des ersten Jahrhunderts gewesen sein: »es ist besser, sich seine Schuld *einzureden* als seine Unschuld, denn man weiß nicht genau, wie ein so *mächtiger* Richter gesinnt ist, – *fürchten* aber muß man, daß er lauter Schuldbewußte zu finden hofft! Bei seiner großen Macht wird er leichter einen Schuldigen begnadigen als zugestehen, daß einer vor ihm im Rechte sei.« – So empfanden die armen Leute in der Provinz vor dem römischen Prätor: »er ist zu stolz, als daß wir unschuldig sein dürften« – wie sollte sich nicht gerade diese Empfindung bei der christlichen Vergegenwärtigung des höchsten Richters wieder eingestellt haben!

75

Nicht europäisch und nicht vornehm. – Es ist etwas Orientalisches und etwas Weibliches im Christentum: das verrät sich in dem Gedanken »wen Gott lieb hat, den züchtigt er«; denn die Frauen im Orient betrachten Züchtigungen und strenge Abschließung ihrer Person gegen die Welt als ein Zeichen der Liebe ihres Mannes und beschweren sich, wenn diese Zeichen ausbleiben.

76

Böse denken heißt böse machen. – Die Leidenschaften werden böse und tückisch, wenn sie böse und tückisch betrachtet werden. So ist es dem Christentum gelungen, aus Eros und Aphrodite – großen idealfähigen Mächten – höllische Kobolde und Truggeister zu schaffen, durch die Martern, welche es in dem Gewissen der Gläubigen bei allen geschlechtlichen Erregungen entstehen ließ. Ist es nicht schrecklich, notwendige und regelmäßige Empfindungen zu einer Quelle des inneren Elends zu machen und dergestalt das innere Elend *bei jedem Menschen* notwendig und regelmäßig machen zu wollen! Noch dazu bleibt es ein geheimgehaltenes und dadurch tiefer wurzelndes Elend: denn nicht alle haben den Mut Shakespeares, ihre christliche Verdüsterung in diesem Punkte so zu bekennen, wie er es in seinen Sonetten getan hat. – Muß denn etwas, gegen das man zu kämpfen, das man in Schranken zu halten oder sich unter Umständen ganz aus dem Sinne zu schlagen hat, immer *böse* heißen! Ist es nicht *gemeiner* Seelen Art, sich einen *Feind* immer *böse* zu denken! Und darf man Eros einen Feind nennen! An sich ist den geschlechtlichen wie den mitleidenden und anbetenden Empfindungen gemeinsam, daß hier der eine Mensch durch sein Vergnügen einem anderen Menschen wohltut, – man trifft derartige wohlwollende Veranstaltungen nicht zu häufig in der Natur! Und gerade eine solche verlästern und sie durch das böse Gewissen verderben! Die Zeugung des Menschen mit dem bösen Gewissen verschwistern! – Zuletzt hat diese Verteufelung des Eros einen Komödien-Ausgang bekommen: der »Teufel« Eros ist allmählich den Menschen interessanter als alle Engel und Heiligen geworden, dank der Munkelei und Geheimtuerei der Kirche in allen erotischen Dingen: sie hat bewirkt, bis in unsere Zeiten hinein, daß die *Liebesgeschichte* das einzige wirkliche Interesse wurde, das *allen* Kreisen gemein ist, – in einer dem Altertum unbegreiflichen Übertreibung, der später einmal auch noch das Gelächter nachfolgen wird. Unsere ganze Dichterei und Denkerei, vom Größten bis zum Niedrigsten, ist durch die ausschweifende Wichtigkeit, mit der die Liebesgeschichte darin als Hauptgeschichte auftritt, gezeichnet und mehr als gezeichnet: vielleicht daß ihrethalben die Nachwelt urteilt, auf der ganzen Hinterlassenschaft der christlichen Kultur liege etwas Kleinliches und Verrücktes.

77

Von den Seelen-Martern. – Bei irgendwelchen Martern, die einer einem fremden Leibe zufügt, schreit jetzt jedermann laut auf; die Empörung gegen einen Menschen, der dessen fähig ist, bricht sofort los; ja, wir zittern schon bei der Vorstellung einer Marter, welche einem Menschen oder Tiere zugefügt werden könnte, und leiden ganz unerträglich, von einer fest bewiesenen Tatsache dieser Art zu vernehmen. Aber man ist noch weit entfernt, in betreff der Seelen-Martern und der Entsetzlichkeit ihrer Zufügung ebenso allgemein und bestimmt zu empfinden. Das Christentum hat sie in einem unerhörten Maße zur Anwendung gebracht und predigt diese Art Folter noch fortwährend, ja, es klagt ganz unschuldig über Abfall und Lauwerden, wenn es einen Zustand ohne solche Martern antrifft, – alles mit dem Ergebnis, daß die Menschheit sich gegen den geistigen Feuertod, die geistigen Foltern und Folterwerkzeuge heute noch mit der gleichen ängstlichen Geduld und Unentschlossenheit benimmt, wie ehemals gegen die Grausamkeit am Leibe von Mensch und Tier. Die Hölle ist wahrlich kein bloßes Wort geblieben: und den neu geschaffenen wirklichen Höllenängsten hat auch eine neue Gattung des Mitleidens entsprochen, ein gräßliches zentnerschweres, früheren Zeiten unbekanntes Erbarmen mit solchen »unwiderruflich zur Hölle Verdammten«, wie es zum Beispiel der steinerne Gast gegen Don Juan zu erkennen gibt und welches in den christlichen Jahrhunderten wohl zum öfteren schon Steine zum Wehklagen gebracht hat. Plutarch gibt ein düsteres Bild vom Zustand eines Abergläubischen innerhalb des Heidentums: dies Bild wird harmlos, wenn man den Christen des Mittelalters dagegenhält, welcher *mutmaßt*, er möchte der »ewigen Qual« nicht mehr entrinnen können. Ihm zeigen sich entsetzliche Ankündiger: vielleicht ein Storch, der eine Schlange im Schnabel hält und noch *zögert*, sie zu verschlucken. Oder die Natur wird plötzlich bleich, oder es fliegen glühende Farben über den Boden hin. Oder die Gestalten von verstorbenen Anverwandten nahen, mit Gesichtern, welche Spuren furchtbarer Leiden tragen. Oder die dunklen Wände im Zimmer des Schlafenden erhellen sich und auf ihnen zeigen sich in gelbem Qualme Marterwerkzeuge und ein Gewirr von Schlangen und Teufeln. Ja, welche entsetzliche Stätte hat das Christentum schon dadurch aus der Erde zu machen gewußt, daß es überall das Kruzifix aufrichtete und dergestalt die Erde als den Ort bezeichnete, »wo der Gerechte zu Tode *gemartert* wird«! Und wenn die Gewalt großer Bußprediger einmal all das heimliche Leiden der einzelnen, die Marter des »Kämmerleins« in die Öffentlichkeit trieb, wenn zum Beispiel ein Whitefield predigte »wie ein Sterbender zu Sterbenden«, bald heftig weinend, bald laut stampfend und leidenschaftlich, mit den einschneidendsten und plötzlichsten Tönen, und ohne Scheu davor, die ganze Wucht eines Angriffs auf eine einzelne anwesende Person zu richten und sie auf eine furchtbare Weise aus der Gemeinde auszusondern, – wie schien sich da jedesmal die Erde wirklich in die »Wiese des Unheils« umwandeln zu wollen! Man sah dann ganze zusammengeströmte Massen wie unter dem Anfall eines Wahnsinns; viele in Krämpfen der Angst; andre lagen da, ohne Bewußtsein, bewegungslos: einige zitterten heftig oder durchschnitten die Luft mit durchdringendem, stundenlang anhaltendem Geschrei. Überall ein lautes Atmen, wie von Leuten, die halberwürgt nach Lebensluft schnappten. »Und wirklich«, sagt ein Augenzeuge einer solchen Predigt, »waren fast alle zu Gehör kommenden Laute diejenigen von Menschen, *die in bitterer Qual sterben.*« – Vergessen wir nie, wie erst das Christentum es war, das aus dem *Sterbebett* ein Marterbett gemacht hat, und daß mit den Szenen, welche auf ihm seither gesehen wurden, mit den entsetzlichen Tönen, welche hier zum ersten Male möglich erschienen, die Sinne und das Blut zahlloser Zeugen für ihr Leben und das ihrer Nachkommen vergiftet worden sind! Man denke sich einen harmlosen Menschen, der es nicht verwinden kann, einmal solche Worte gehört zu haben: »O Ewigkeit! Oh, daß ich keine Seele hätte! Oh, daß ich nie geboren wäre! Ich bin verdammt, verdammt, auf immer verloren. Vor sechs Tagen hättet ihr mir helfen können. Aber es ist vorbei. Ich gehöre jetzt dem Teufel, ich will mit ihm zur Hölle gehen. Brechet, brechet, arme steinerne Herzen! Wollt ihr nicht brechen? Was kann noch mehr geschehen für steinerne Herzen? Ich bin verdammt, damit ihr gerettet werdet! Da ist er! Ja, da ist er! Komm, guter Teufel! Komm!« –

78

Die strafende Gerechtigkeit. – Unglück und Schuld, – diese beiden Dinge sind durch das Christentum auf eine Waage gesetzt worden: so daß, wenn das Unglück groß ist, das auf eine Schuld folgt, jetzt immer noch unwillkürlich die Größe der Schuld selber danach zurückbemessen wird. Dies aber ist nicht *antik*, und deshalb gehört die griechische Tragödie, in der so reichlich und doch in so anderem Sinne von Unglück und Schuld die Rede ist, zu den großen Befreierinnen des Gemüts, in einem Maße, wie es die Alten selber nicht empfinden konnten. Sie waren so harmlos geblieben, zwischen Schuld und Unglück keine »adäquate Relation« anzusetzen. Die Schuld ihrer tragischen Heroen ist wohl der kleine Stein, über welchen diese stolpern und deswegen sie wohl den Arm brechen oder sich ein Auge ausschlagen: die antike Empfindung sagte dazu: »Ja, er hätte etwas bedachtsamer und weniger übermütig seinen Weg machen sollen!« Aber erst dem Christentum war es vorbehalten, zu sagen: »Hier ist ein schweres Unglück und hinter ihm *muß* eine schwere, *gleichschwere Schuld* verborgen liegen, ob wir sie schon nicht deutlich sehen! Empfindest du Unglücklicher nicht so, so bist du *verstockt,* – du wirst noch Schlimmeres zu erleben haben!« – Sodann gab es im Altertum wirklich noch Unglück, reines, unschuldiges Unglück; erst im Christentum wird alles Strafe, wohlverdiente Strafe: es macht die Phantasie des Leidenden auch noch leidend, so daß er bei allem Übel-ergehen sich moralisch verwerflich und verworfen fühlt. Arme Menschheit! – Die Griechen haben ein eigenes Wort für die Empörung über das Unglück des andern: dieser Affekt war unter christlichen Völkern unstatthaft und hat sich wenig entwickelt, und so fehlt ihnen auch der Name für diesen *männlicheren* Bruder des Mitleidens.

79

Ein Vorschlag. — Wenn unser Ich, nach Pascal und dem Christentume, immer *hassenswert* ist, wie dürften wir es auch nur gestatten und annehmen, daß andere es liebten — sei es Gott oder Mensch! Es wäre wider allen guten Anstand, sich lieben zu lassen und dabei recht wohl zu wissen, daß man nur Haß *verdiene*, — um von anderen, abwehrenden Empfindungen zu schweigen. — »Aber dies ist eben das Reich der Gnade.« — So ist euch eure Nächstenliebe eine Gnade? Euer Mitleid eine Gnade? Nun, wenn euch dies möglich ist, so tut noch einen Schritt weiter: liebt euch selber aus Gnade, — dann habt ihr euren Gott gar nicht mehr nötig, und das ganze Drama von Sündenfall und Erlösung spielt sich in euch selber zu Ende!

80

Der mitleidige Christ. — Die Kehrseite des christlichen Mitleidens am Leiden des Nächsten ist die tiefe Beargwöhnung aller Freude des Nächsten, seiner Freude an allem, was er will und kann.

81

Humanität des Heiligen. — Ein Heiliger war unter die Gläubigen geraten und konnte ihren beständigen Haß auf die Sünde nicht mehr aushalten. Zuletzt sagte er: »Gott hat alle Dinge geschaffen, nur die Sünde nicht: was Wunder, daß er ihr nicht gewogen ist? — Aber der Mensch hat die Sünde geschaffen — und er sollte dies sein einziges Kind verstoßen, bloß weil es Gott, dem Großvater der Sünde, mißfällt! Ist das human? Alle Ehre dem, dem Ehre gebührt! — aber Herz und Pflicht sollten doch zuerst für das Kind sprechen — und zu zweit erst für die Ehre des Großvaters!«

82

Der geistliche Überfall. – »Das mußt du mit dir selber ausmachen, denn es gilt dein Leben,« mit diesem Zuruf springt Luther heran und meint, wir fühlten uns das Messer an den Hals gelegt. Wir aber wehren ihn mit den Worten eines Höheren und Bedachtsameren von uns ab: »Es steht bei uns, über dies und das keine Meinung zu bilden und so unsrer Seele die Unruhe zu ersparen. Denn die Dinge selbst können ihrer Natur nach uns keine Urteile *abnötigen*.«

83

Arme Menschheit! – Ein Tropfen Blut zu viel oder zu wenig im Gehirn kann unser Leben unsäglich elend und hart machen, daß wir mehr an diesem Tropfen zu leiden haben, als Prometheus an seinem Geier. Aber zum Schrecklichsten kommt es erst, wenn man nicht einmal *weiß*, daß jener Tropfen die Ursache ist. Sondern »der Teufel«! Oder »die Sünde«! –

84

Die Philologie des Christentums. – Wie wenig das Christentum den Sinn für Redlichkeit und Gerechtigkeit erzieht, kann man ziemlich gut nach dem Charakter der Schriften seiner Gelehrten abschätzen: sie bringen ihre Mutmaßungen so dreist vor wie Dogmen und sind über der Auslegung einer Bibelstelle selten in einer redlichen Verlegenheit. Immer wieder heißt es »ich habe Recht, denn es steht geschrieben – « und nun folgt eine unverschämte Willkürlichkeit der Auslegung, daß ein Philologe, der es hört, mitten zwischen Ingrimm und Lachen stehen bleibt und sich immer wieder fragt: ist es möglich! Ist dies ehrlich? Ist es auch nur anständig? – Was in dieser Hinsicht immer noch auf protestantischen Kanzeln an Unredlichkeit verübt wird, wie plump der Prediger den Vorteil ausbeutet, daß ihm hier niemand ins Wort fällt, wie hier die Bibel gezwickt und gezwackt und die *Kunst des Schlecht-Lesens* dem Volke in aller Form beigebracht wird: das unterschätzt nur der, welcher nie oder immer in die Kirche geht. Zuletzt aber: was soll man von den Nachwirkungen einer Religion erwarten, welche in den Jahrhunderten ihrer Begründung jenes unerhörte philologische Possenspiel um das Alte Testament aufgeführt hat: ich meine den Versuch, das Alte Testament den Juden unter dem Leibe wegzuziehen, mit der Behauptung, es enthalte nichts als christliche Lehren und *gehöre* den Christen als dem *wahren* Volke Israel: während die Juden es sich nur angemaßt hätten. Und nun ergab man sich einer Wut der Ausdeutung und Unterschiebung, welche unmöglich mit dem guten Gewissen verbunden gewesen sein kann: wie sehr auch die jüdischen Gelehrten protestierten, überall sollte im Alten Testament von Christus und nur von Christus die Rede sein, überall namentlich von seinem Kreuze, und wo nur ein Holz, eine Rute, eine Leiter, ein Zweig, ein Baum, eine Weide, ein Stab genannt wird, da bedeute dies eine Prophezeiung auf das Kreuzesholz; selbst die Aufrichtung des Einhorns und der ehernen Schlange, selbst Moses, wenn er die Arme zum Gebet ausbreitet, ja selbst die Spieße, an denen das Passahlamm gebraten wird, – alles Anspielungen und gleichsam Vorspiele des Kreuzes! Hat dies jemals jemand *geglaubt*, der es behauptete? Man erwäge, daß die Kirche nicht davor erschrak, den Text der Septuaginta zu bereichern (z. B. bei Psalm 96, V. 10), um die eingeschmuggelte Stelle nachher im Sinne der christlichen Prophezeiung auszunützen. Man war eben im *Kampfe* und dachte an die Gegner, und nicht an die Redlichkeit.

85

Feinheit im Mangel. – Spottet nur nicht über die Mythologie der Griechen, weil sie so wenig eurer tiefsinnigen Metaphysik gleicht! Ihr solltet ein Volk bewundern, das seinem scharfen Verstande hier gerade Halt gebot und lange Zeit Takt genug hatte, der Gefahr der Scholastik und des spitzfindigen Aberglaubens auszuweichen!

86

Die christlichen Interpreten des Leibes. – Was nur immer von dem Magen, den Eingeweiden, dem Herzschlage, den Nerven, der Galle, dem Samen herkomme – alle jene Verstimmungen, Entkräftungen, Überreizungen, die ganze Zufälligkeit der uns so unbekannten Maschine! – alles das muß so ein Christ wie Pascal als ein moralisches und religiöses Phänomen nehmen, mit der Frage, ob Gott oder Teufel, ob Gut oder Böse, ob Heil oder Verdammnis darin ruhen! O über den unglücklichen Interpreten! Wie er sein System winden und quälen muß! Wie er sich selber winden und quälen muß, um recht zu behalten!

87

Das sittliche Wunder. – Das Christentum kennt im Sittlichen nur das Wunder: die plötzliche Veränderung aller Werturteile, das plötzliche Aufgeben aller Gewohnheiten, die plötzliche unwiderstehliche Neigung zu neuen Gegenständen und Personen. Es faßt dieses Phänomen als die Wirkung Gottes und nennt es den Akt der Wiedergeburt, es gibt ihm einen einzigen unvergleichlichen Wert, – alles, was sonst Sittlichkeit heißt und ohne Bezug zu jenem Wunder ist, wird dem Christen damit gleichgültig, ja vielleicht sogar, als Wohlgefühl, Stolzgefühl, ein Gegenstand der Furcht. Im Neuen Testament ist der Kanon der Tugend, des erfüllten Gesetzes aufgestellt: aber so, daß es der Kanon der *unmöglichen Tugend* ist: die sittlich noch *strebenden* Menschen sollen sich im Angesichte eines solchen Kanons ihrem Ziele immer *ferner* fühlen lernen, sie sollen an der Tugend *verzweifeln* und sich endlich dem Erbarmenden *ans Herz werfen*, – nur mit diesem Abschlusse konnte das sittliche Bemühen bei einem Christen noch als wertvoll gelten, vorausgesetzt also, daß es immer ein erfolgloses, unlustiges, melancholisches *Bemühen* bleibe; so konnte es noch dazu *dienen*, jene ekstatische Minute herbeizuführen, wo der Mensch den »Durchbruch der Gnade« und das sittliche Wunder erlebt: – aber *notwendig* ist dieses Ringen nach Sittlichkeit nicht, denn jenes Wunder überfällt nicht selten gerade den Sünder, wenn er gleichsam vom Aussatze der Sünde blüht; ja, es scheint selber der Sprung aus der tiefsten und gründlichsten Sündhaftigkeit in ihr Gegenteil etwas Leichteres und, als sinnfälliger *Beweis* des Wunders, auch etwas *Wünschbareres* zu sein. – *Was* übrigens ein solcher plötzlicher vernunftloser und unwiderstehlicher *Umschlag*, ein solcher Wechsel von tiefstem Elend und tiefstem Wohlgefühl physiologisch zu bedeuten habe (ob vielleicht eine maskierte Epilepsie?) – das mögen die Irrenärzte erwägen, welche ja dergleichen

»Wunder« (zum Beispiel als Mordmanie, Manie des Selbstmordes) reichlich zu beobachten haben. Der verhältnismäßig *»angenehmere Erfolg«* im Falle des Christen macht keinen wesentlichen Unterschied. –

88

Luther der große Wohltäter. – Das Bedeutendste, was Luther gewirkt hat, liegt in dem Mißtrauen, welches er gegen die Heiligen und die ganze christliche *vita contemplativa* geweckt hat: seitdem erst ist der Weg zu einer unchristlichen *vita contemplativa* in Europa wieder zugänglich geworden und der Verachtung der weltlichen Tätigkeit und der Laien ein Ziel gesetzt. Luther, der ein wackerer Bergmannssohn blieb, als man ihn ins Kloster gesperrt hatte, und hier, in Ermangelung anderer Tiefen und »Teufen«, in sich einstieg und schreckliche dunkle Gänge bohrte, – er merkte endlich, daß ein beschauliches heiliges Leben ihm unmöglich sei und daß seine angeborene »Aktivität« in Seele und Leib ihn zugrunde richten werde. Allzulange versuchte er mit Kasteiungen den Weg zum Heiligen zu finden, – endlich faßte er seinen Entschluß und sagte bei sich: »es *gibt* gar keine wirkliche *vita contemplativa*! Wir haben uns betrügen lassen! Die Heiligen sind nicht mehr wert gewesen als wir alle.« – Das war freilich eine bäurische Art, recht zu behalten, – aber für Deutsche jener Zeit die rechte und einzige: wie erbaute es sie, nun in ihrem Lutherischen Katechismus zu lesen: »außer den zehn Geboten gibt es *kein* Werk, das Gott *gefallen* könnte, – die *gerühmten* geistlichen Werke der Heiligen sind selbsterdachte.«

89

Zweifel als Sünde. – Das Christentum hat das Äußerste getan, um den Zirkel zu schließen, und schon den Zweifel für Sünde erklärt. Man soll ohne Vernunft, durch ein Wunder, in den Glauben hineingeworfen werden und nun in ihm wie im hellsten und unzweideutigsten Elemente schwimmen: schon der Blick nach einem Festlande, schon der Gedanke, man sei vielleicht nicht zum Schwimmen allein da, schon die leise Regung unserer amphibischen Natur – ist Sünde! Man merke doch, daß damit die Begründung des Glaubens und alles

Nachdenken über seine Herkunft ebenfalls schon als sündhaft ausgeschlossen sind. Man will Blindheit und Taumel und einen ewigen Gesang über den Wellen, in denen die Vernunft ertrunken ist!

90

Egoismus gegen Egoismus. – Wie viele schließen immer noch: »es wäre das Leben nicht auszuhalten, wenn es keinen Gott gäbe!« (oder, wie es in den Kreisen der Idealisten heißt: »es wäre das Leben nicht auszuhalten, wenn ihm die ethische Bedeutsamkeit seines Grundes fehlte!«) – folglich *müsse* es einen Gott (oder eine ethische Bedeutsamkeit des Daseins) geben! In Wahrheit steht es nur so, daß, wer sich an diese Vorstellungen gewöhnt hat, ein Leben ohne sie nicht wünscht: daß es also für ihn und seine Erhaltung notwendige Vorstellungen sein mögen, – aber welche Anmaßung, zu dekretieren, daß alles, was für meine Erhaltung notwendig ist, auch wirklich *da sein* müsse! Als ob meine Erhaltung etwas Notwendiges sei! Wie, wenn andere umgekehrt empfänden! wenn sie gerade unter den Bedingungen jener beiden Glaubensartikel nicht leben möchten und das Leben dann nicht mehr lebenswert fänden! – Und so steht es jetzt!

91

Die Redlichkeit Gottes. – Ein Gott, der allwissend und allmächtig ist und der nicht einmal dafür sorgt, daß seine Absicht von seinen Geschöpfen verstanden wird, – sollte das ein Gott der Güte sein? Der die zahllosen Zweifel und Bedenken fortbestehn läßt, jahrtausendelang, als ob sie für das Heil der Menschheit unbedenklich wären, und der doch wieder die entsetzlichsten Folgen bei einem Sich-vergreifen an der Wahrheit in Aussicht stellt? Würde es nicht ein grausamer Gott sein, wenn er die Wahrheit hätte und es ansehen könnte, wie die Menschheit sich jämmerlich um sie quält? – Aber vielleicht ist es doch ein Gott der Güte, – und er *konnte* sich nur nicht deutlicher ausdrücken! So fehlte es ihm vielleicht an Geist dazu? Oder an Beredsamkeit? Um so schlimmer! Dann irrte er sich vielleicht auch in dem, was er seine »Wahrheit« nennt, und er ist selber dem »armen betrogenen Teufel«

nicht so fern! Muß er dann nicht beinahe Höllenqualen ausstehn, seine Geschöpfe um seiner Erkenntnis willen so, und in alle Ewigkeit fort noch schlimmer, leiden zu sehen und *nicht* raten und helfen zu können, außer wie ein Taubstummer, der allerhand vieldeutige Zeichen macht, wenn seinem Kinde oder Hunde die schrecklichste Gefahr auf dem Nacken sitzt? — Einem derartig schließenden und bedrängten Gläubigen wäre wahrlich zu verzeihen, wenn ihm das Mitleiden mit dem leidenden Gott näher läge als das Mitleiden mit den »Nächsten«, — denn es sind nicht mehr seine Nächsten, wenn jener Einsamste, Uranfänglichste auch der Leidendste, Trostbedürftigste von allen ist. — Alle Religionen zeigen ein Merkmal davon, daß sie einer frühen unreifen Intellektualität der Menschheit ihre Herkunft verdanken, — sie alle nehmen es erstaunlich *leicht* mit der Verpflichtung, die Wahrheit zu sagen: sie wissen noch nichts von einer *Pflicht Gottes*, gegen die Menschheit wahrhaftig und deutlich in der Mitteilung zu sein. — Über den »verborgenen Gott« und über die Gründe, sich so verborgen zu halten und immer nur halb mit der Sprache ans Licht zu kommen, ist niemand beredter gewesen als Pascal, zum Zeichen, daß er sich nie darüber hat beruhigen können: aber seine Stimme klingt so zuversichtlich, als ob er einmal mit hinter dem Vorhang gesessen hätte. Er hatte die Witterung einer Unmoralität in dem »*deus absconditus*« und die größte Scham und Scheu davor, sich dies einzugestehen: und so redete er, wie einer, der sich fürchtet, so laut als er konnte.

92

Am Sterbebette des Christentums. — Die wirklich aktiven Menschen sind jetzt innerlich ohne Christentum, und die mäßigeren und betrachtsameren Menschen des geistigen Mittelstandes besitzen nur noch ein zurechtgemachtes, nämlich ein wunderlich *vereinfachtes* Christentum. Ein Gott, der in seiner Liebe alles so fügt wie es uns schließlich am besten sein wird, ein Gott, der uns unsere Tugend wie unser Glück gibt und nimmt, so daß es im ganzen immer recht und gut zugeht und kein Grund bleibt, das Leben schwer zu nehmen oder gar zu verklagen, kurz, die Resignation und Bescheidenheit zur Gottheit erhoben, — das ist das Beste und Lebendigste, was vom Christentum noch übriggeblieben ist. Aber man sollte doch merken, daß damit das Christentum in einen sanften *Moralismus* übergetreten ist: nicht sowohl »Gott, Freiheit und Unsterblichkeit« sind übrig geblieben, als Wohlwollen und anständige Gesinnung und der Glaube, daß auch im ganzen All Wohlwollen und anständige Gesinnung herrschen werden: es ist die *Euthanasie* des Christentums.

93

Was ist Wahrheit? – Wer wird sich den *Schluß* der Gläubigen nicht gefallen lassen, welchen sie gern machen: »die Wissenschaft kann nicht wahr sein, denn sie leugnet Gott. Folglich ist sie nicht aus Gott; folglich ist sie nicht wahr – denn Gott ist die Wahrheit.« Nicht der Schluß, sondern die Voraussetzung enthält den Fehler: wie, wenn Gott eben *nicht* die Wahrheit wäre, und eben dies bewiesen würde? wenn er die Eitelkeit, das Machtgelüst, die Ungeduld, der Schrecken, der entzückte und entsetzte Wahn der Menschen wäre?

94

Heilmittel der Verstimmten. – Schon Paulus meinte, ein Opfer sei nötig, damit die tiefe Verstimmung Gottes über die Sünde aufgehoben werde: und seitdem haben die Christen nicht aufgehört, ihr Mißbehagen über sich selber an einem *Opfer* auszulassen, – sei dies nun die »Welt« oder die »Geschichte« oder die »Vernunft« oder die Freude oder die friedliche Ruhe anderer Menschen – irgend etwas *Gutes* muß für *ihre* Sünde sterben (wenn auch nur *in effigie*)!

95

Die historische Widerlegung als die endgültige. – Ehemals suchte man zu beweisen, daß es keinen Gott gebe, – heute zeigt man, wie der Glaube, daß es einen Gott gebe, *entstehen* konnte und wodurch dieser Glaube seine Schwere und Wichtigkeit erhalten hat: dadurch wird ein Gegenbeweis, daß es keinen Gott gebe, überflüssig. – Wenn man ehemals die vorgebrachten »Beweise vom Dasein Gottes« widerlegt hatte, blieb immer noch der Zweifel, ob nicht noch bessere Beweise aufzufinden seien als die eben widerlegten: damals verstanden die Atheisten sich nicht darauf, reinen Tisch zu machen.

96

»*In hoc signo vinces.*« – So vorgeschritten Europa auch sonst sein mag: in religiösen Dingen hat es noch nicht die freisinnige Naivität der alten Brahmanen erreicht, zum Zeichen, daß in Indien vor vier Jahrtausenden mehr gedacht wurde und mehr Lust am Denken vererbt zu werden pflegte, als jetzt unter uns. Jene Brahmanen nämlich glaubten erstens, daß die Priester mächtiger seien als die Götter, und zweitens, daß die Bräuche es seien, worin die Macht der Priester begriffen liege: weshalb ihre Dichter nicht müde wurden, die Bräuche (Gebete, Zeremonien, Opfer, Lieder, Metren) als die eigentlichen Geber alles Guten zu preisen. Wie viel Dichterei und Aberglaube hier auch immer dazwischengelaufen sein mag: die Sätze sind *wahr*! Einen Schritt weiter: und man warf die Götter beiseite, – was Europa auch einmal tun muß! Noch einen Schritt weiter: und man hatte auch die Priester und Vermittler nicht mehr nötig, und der Lehrer der *Religion der Selbsterlösung*, Buddha, trat auf: – wie ferne ist Europa noch von dieser Stufe der Kultur! Wenn endlich auch alle Bräuche und Sitten vernichtet sind, auf welche die Macht der Götter, der Priester und Erlöser sich stützt, wenn also die Moral im alten Sinne gestorben sein wird: dann kommt – ja was kommt dann? Doch raten wir nicht herum, sondern sehen wir zunächst zu, daß Europa nachholt, was in Indien, unter dem Volke der Denker, schon vor einigen Jahrtausenden als Gebot des Denkens getan wurde! Es gibt jetzt vielleicht zehn bis zwanzig Millionen Menschen unter den verschiedenen Völkern Europas, welche nicht mehr »an Gott glauben«, – ist es zu viel gefordert, daß sie einander *ein Zeichen geben*? Sobald sie sich derartig *erkennen*, werden sie sich auch zu erkennen geben, – sie werden sofort eine *Macht* in Europa sein und, glücklicherweise, eine Macht *zwischen* den Völkern! Zwischen den Ständen! Zwischen Arm und Reich! Zwischen Befehlenden und Unterworfenen! Zwischen den unruhigsten und den ruhigsten, beruhigendsten Menschen!

ZWEITES BUCH

97

Man wird moralisch – nicht weil man moralisch ist! – Die Unterwerfung unter die Moral kann sklavenhaft oder eitel oder eigennützig oder resigniert oder dumpf-schwärmerisch oder gedankenlos oder ein Akt der Verzweiflung sein, wie die Unterwerfung unter einen Fürsten: an sich ist sie nichts Moralisches.

98

Wandel der Moral. – Es gibt ein fortwährendes Umwandeln und Arbeiten an der Moral, – das bewirken die *Verbrechen mit glücklichem Ausgange* (wozu zum Beispiel alle Neuerungen des moralischen Denkens gehören).

99

Worin wir alle unvernünftig sind. – Wir ziehen immer noch die Folgerungen von Urteilen, die wir für falsch halten, von Lehren, an die wir nicht mehr glauben, – durch unsere Gefühle.

100

Vom Traume erwachen. – Edle und weise Menschen haben einmal an die Musik der Sphären geglaubt: edle und weise Menschen glauben noch immer an die »sittliche Bedeutung des Daseins«. Aber eines Tages wird auch diese Sphärenmusik ihrem Ohre nicht mehr vernehmbar sein! Sie erwachen und merken, daß ihr Ohr geträumt hatte.

101

Bedenklich. – Einen Glauben annehmen, bloß weil er Sitte ist, – das heißt doch: unredlich sein, feige sein, faul sein! – Und so wären Unredlichkeit, Feigheit und Faulheit die Voraussetzungen der Sittlichkeit?

102

Die ältesten moralischen Urteile. — Wie machen wir es doch bei der Handlung eines Menschen in unsrer Nähe? — Zunächst sehen wir darauf hin, was aus ihr *für uns* herauskommt, — wir sehen sie nur unter diesem Gesichtspunkt. *Diese* Wirkung nehmen wir als die *Absicht* der Handlung — und endlich legen wir ihm das Haben solcher Absichten als *dauernde* Eigenschaft bei und nennen ihn zum Beispiel von nun an »einen schädlichen Menschen«. Dreifache Irrung! Dreifacher uralter Fehlgriff! Vielleicht unsre Erbschaft von den Tieren und ihrer Urteilskraft her! Ist nicht der *Ursprung aller Moral* in den abscheulichen kleinen Schlüssen zu suchen: »was *mir* schadet, das ist etwas *Böses* (an sich Schädigendes); was *mir* nützt, das ist etwas *Gutes* (an sich Wohltuendes und Nutzenbringendes); was mir *einmal oder einige Male* schadet, das ist das Feindliche an sich und in sich; was mir *einmal oder einige Male* nützt, das ist das Freundliche an sich und in sich.« *O pudenda origo!* Heißt das nicht: die erbärmliche, gelegentliche, oft zufällige *Relation* eines anderen zu uns als sein *Wesen* und Wesentlichstes auszudichten und zu behaupten, er sei gegen alle Welt und gegen sich selber eben nur solcher Relationen fähig, dergleichen wir ein- oder einigemal erlebt haben? Und sitzt hinter dieser wahren Narrheit nicht noch der unbescheidenste aller Hintergedanken, daß wir selber das Prinzip des Guten sein müssen, weil sich Gutes und Böses nach uns bemißt? —

103

Es gibt zwei Arten von Leugnern der Sittlichkeit. — »Die Sittlichkeit leugnen« — das kann *einmal* heißen: leugnen, daß die sittlichen Motive, welche die Menschen *angeben*, wirklich sie zu ihren Handlungen getrieben haben, — es ist also die Behauptung, daß die Sittlichkeit in Worten bestehe und zur groben und feinen Betrügerei (namentlich Selbstbetrügerei) der Menschen gehöre, und vielleicht gerade bei den durch Tugend Berühmtesten am meisten. *Sodann* kann es heißen: leugnen, daß die sittlichen Urteile auf Wahrheiten beruhen. Hier wird zugegeben, daß sie Motive des Handelns wirklich sind, daß aber auf diese Weise *Irrtümer*, als Grund alles sittlichen Urteilens, die Menschen zu ihren moralischen Handlungen treiben. Dies ist *mein* Gesichtspunkt: doch möchte ich am wenigsten verkennen, daß *in sehr vielen Fällen* ein feines Mißtrauen nach Art des ersten Gesichtspunktes, also im Geiste des Larochefoucauld, auch im Rechte und jedenfalls vom höchsten allgemeinen Nutzen ist. – Ich leugne also die Sittlichkeit wie ich die Alchimie leugne, das heißt ich leugne ihre Voraussetzungen: *nicht* aber, daß es Alchimisten gegeben hat, welche an diese Voraussetzungen glaubten und auf sie hin handelten. – Ich leugne auch die Unsittlichkeit: *nicht*, daß zahllose Menschen sich unsittlich *fühlen*, sondern daß es einen Grund in der *Wahrheit* gibt, sich so zu fühlen. Ich leugne nicht, wie sich von selber versteht – vorausgesetzt, daß ich kein Narr bin –, daß viele Handlungen, welche unsittlich heißen, zu vermeiden und zu bekämpfen sind; ebenfalls, daß viele, die sittlich heißen, zu tun und zu fördern sind – aber ich meine: das eine wie das andere *aus anderen Gründen als bisher*. Wir haben *umzulernen*, – um endlich, vielleicht sehr spät, noch mehr zu erreichen: *umzufühlen*.

104

Unsere Wertschätzungen. – Alle Handlungen gehen auf Wertschätzungen zurück, alle Wertschätzungen sind entweder *eigene* oder *angenommene*, – letztere bei weitem die meisten. Warum nehmen wir sie an? Aus Furcht, – das heißt: wir halten es für ratsamer, uns so zu stellen, als ob sie auch die unsrigen wären – und gewöhnen uns an diese Verstellung, so daß sie zuletzt unsere Natur ist. Eigene Wertschätzung: das will besagen, eine Sache in bezug darauf messen, wie weit sie gerade uns und niemandem anderen Lust oder Unlust macht, – etwas äußerst Seltenes! – Aber wenigstens muß doch unsre Wertschätzung des anderen, in der das Motiv dafür liegt, daß wir uns in den meisten Fällen *seiner* Wertschätzung bedienen, von *uns* ausgehen, unsere *eigene* Bestimmung sein? Ja, aber als *Kinder* machen wir sie und lernen selten wieder um; wir sind meist zeitlebens die Narren kindlicher angewöhnter Urteile in der Art, wir wir über unsre Nächsten (deren Geist, Rang, Moralität, Vorbildlichkeit, Verwerflichkeit) urteilen und es nötig finden, vor ihren Wertschätzungen zu huldigen.

105

Der Schein-Egoismus. – Die allermeisten, was sie auch immer von ihrem »Egoismus« denken und sagen mögen, tun trotzdem ihr Leben lang nichts für ihr *ego*, sondern nur für das Phantom von *ego*, welches sich in den Köpfen ihrer Umgebung über sie gebildet und sich ihnen mitgeteilt hat; – infolgedessen leben sie alle zusammen in einem Nebel von unpersönlichen, halbpersönlichen Meinungen und willkürlichen, gleichsam dichterischen Wertschätzungen, einer immer im Kopfe des andern, und dieser Kopf wieder in anderen Köpfen: eine wunderliche Welt der Phantasmen, welche sich dabei einen so nüchternen Anschein zu geben weiß! Dieser Nebel von Meinungen und Gewöhnungen wächst und lebt fast unabhängig von den Menschen, die er einhüllt; in ihm liegt die ungeheure Wirkung allgemeiner Urteile über »den Menschen«, – alle diese sich selber unbekannten Menschen glauben an das blutlose Abstraktum »Mensch«, das heißt an eine Fiktion; und jede Veränderung, die mit diesem Abstraktum vorgenommen wird, durch die Urteile einzelner Mächtiger (wie Fürsten und Philosophen), wirkt außerordentlich und in unvernünftigem Maße auf die große Mehrzahl, – alles aus dem Grunde, daß jeder einzelne in dieser Mehrzahl kein wirkliches, ihm zugängliches und von ihm ergründetes *ego* der allgemeinen blassen Fiktion entgegenzustellen und sie damit zu vernichten vermag.

106

Gegen die Definitionen der moralischen Ziele. – Man hört allerwärts jetzt das Ziel der Moral ungefähr so bestimmt: es sei die Erhaltung und Förderung der Menschheit; aber das heißt eine Formel haben wollen, und weiter nichts. Erhaltung, *worin*? muß man sofort dagegen fragen, Förderung, *wohin*? Ist nicht gerade das Wesentliche, die Antwort auf dieses Worin? und Wohin? in der Formel ausgelassen? Was läßt sich also mit ihr für die Pflichtenlehre festsetzen, was nicht schon, stillschweigend und gedankenlos, jetzt als festgesetzt gilt! Kann man aus ihr genügend absehen, ob man eine möglichst lange Existenz der Menschheit ins Auge zu fassen habe? Oder die möglichste Enttierung der Menschheit? Wie verschieden würden in beiden Fällen die Mittel, das heißt die praktische Moral, sein müssen! Gesetzt, man wollte der Menschheit die höchste ihr mögliche Vernünftigkeit geben: dies hieße gewiß nicht ihr die höchste ihr mögliche Dauer verbürgen! Oder gesetzt, man dächte an ihr »höchstes Glück« als das Wohin und Worin: meint man dann den höchsten Grad, den allmählich einzelne Menschen erreichen könnten? Oder eine, übrigens gar nicht zu berechnende, letztens erreichbare Durchschnitts-Glückseligkeit aller? Und warum wäre die Moralität gerade der Weg dahin? Ist nicht durch sie, im großen gesehen, eine solche Fülle von Unlust-Quellen aufgetan worden, daß man eher urteilen könnte, mit jeder Verfeinerung der Sittlichkeit sei der Mensch bisher mit sich, mit seinem Nächsten und mit seinem Lose des Daseins *unzufriedener* geworden? Ist nicht der bisher moralischste Mensch des Glaubens gewesen, der einzig berechtigte Zustand des Menschen im Angesichte der Moral sei die *tiefste Unseligkeit*?

107

Unser Anrecht auf unsere Torheit. – Wie soll man handeln? Wozu soll man handeln? – Bei den nächsten und gröbsten Bedürfnissen des einzelnen beantworten sich diese Fragen leicht genug, aber in je feinere, umfänglichere und wichtigere Gebiete des Handelns man aufsteigt, um so unsicherer, folglich um so willkürlicher wird die Beantwortung sein. Nun aber soll hier gerade die Willkürlichkeit der Entscheidungen ausgeschlossen sein! – so heischt es die Autorität der Moral: eine unklare Angst und Ehrfurcht soll den Menschen unverzüglich gerade bei jenen Handlungen leiten, deren Zwecke und Mittel ihm am wenigsten *sofort* deutlich sind! Diese Autorität der Moral unterbindet das Denken, bei Dingen, wo es gefährlich sein könnte, *falsch* zu denken –: dergestalt pflegt sie sich vor ihren Anklägern zu rechtfertigen. Falsch: das heißt hier »gefährlich«, – aber gefährlich für wen? Gewöhnlich ist es eigentlich nicht die Gefahr des Handelnden, welche die Inhaber der autoritativen Moral im Auge haben, sondern *ihre* Gefahr, ihre mögliche Einbuße an Macht und Geltung, sobald das Recht, willkürlich und töricht, nach eigener, kleiner oder großer Vernunft zu handeln, allen zugestanden wird: für sich selber nämlich machen sie unbedenklich Gebrauch von dem Rechte der Willkürlichkeit und Torheit, – sie *befehlen*, auch wo die Fragen »wie soll ich handeln? wozu soll ich handeln?« kaum oder schwierig genug zu beantworten sind. — Und wenn die *Vernunft* der Menschheit so außerordentlich langsam wächst, daß man dieses Wachstum für den ganzen Gang der Menschheit oft geleugnet hat: was trägt mehr die Schuld daran als diese feierliche Anwesenheit, ja Allgegenwart moralischer Befehle, welche der *individuellen* Frage nach dem Wozu? und dem Wie? gar nicht gestattet, laut zu werden? Sind wir nicht daraufhin erzogen, gerade dann *pathetisch zu fühlen* und uns ins Dunkle zu flüchten, wenn der Verstand so klar und kalt wie möglich blicken sollte! Nämlich bei allen höheren und wichtigeren Angelegenheiten.

108

Einige Thesen. — Dem Individuum, *sofern* es sein Glück will, soll man keine Vorschriften über den Weg zum Glück geben: denn das individuelle Glück quillt aus eigenen, jedermann unbekannten Gesetzen, es kann mit Vorschriften von außen her nur verhindert, gehemmt werden. — Die Vorschriften, welche man »moralisch« nennt, sind in Wahrheit gegen die Individuen gerichtet und wollen durchaus nicht deren Glück. Ebensowenig beziehn sich diese Vorschriften auf das »Glück und die Wohlfahrt der Menschheit«, — mit welchen Worten strenge Begriffe zu verbinden überhaupt nicht möglich ist, geschweige daß man sie als Leitsterne auf dem dunklen Ozean moralischer Bestrebungen gebrauchen könnte. — Es ist nicht wahr, daß die Moralität, wie das Vorurteil will, der Entwicklung der Vernunft günstiger sei als die Unmoralität. — Es ist nicht wahr, daß das *unbewußte Ziel* in der Entwicklung jedes bewußten Wesens (Tier, Mensch, Menschheit usw.) sein »höchstes Glück« sei: vielmehr gibt es auf allen Stufen der Entwicklung ein besonderes und unvergleichbares, weder höheres noch niederes, sondern eben eigentümliches Glück zu erlangen. Entwicklung will nicht Glück, sondern Entwicklung und weiter nichts. — Nur wenn die Menschheit ein allgemein anerkanntes *Ziel* hätte, könnte man vorschlagen »so und so *soll* gehandelt werden«: einstweilen gibt es kein solches Ziel. Also soll man die Forderungen der Moral nicht in Beziehung zur Menschheit setzen, es ist dies Unvernunft und Spielerei. — Der Menschheit ein Ziel *anempfehlen* ist etwas ganz anderes: dann ist das Ziel als etwas gedacht, das *in unserem Belieben ist*; gesetzt, es beliebte der Menschheit so wie vorgeschlagen wird, so könnte sie sich daraufhin auch ein Moralgesetz *geben*, ebenfalls aus ihrem Belieben heraus. Aber bisher sollte das Moralgesetz *über* dem Belieben stehen: man wollte dies Gesetz sich nicht eigentlich *geben*, sondern es irgendwoher *nehmen* oder irgendwo es *auffinden* oder irgendwoher es *sich befehlen lassen*.

109

Selbst-Beherrschung und Mäßigung und ihr letztes Motiv. – Ich finde nicht mehr als sechs wesentlich verschiedene Methoden, um die Heftigkeit eines Triebes zu bekämpfen. Einmal kann man den Anlässen zur Befriedigung des Triebes ausweichen und durch lange und immer längere Zeitstrecken der Nichtbefriedigung ihn schwächen und abdorren machen. Sodann kann man eine strenge regelmäßige Ordnung in seiner Befriedigung sich zum Gesetz machen; indem man in ihn selber auf diese Weise eine Regel bringt und seine Flut und Ebbe in feste Zeitgrenzen einschließt, hat man Zwischenzeiten gewonnen, wo er nicht mehr stört, – und von da aus kann man vielleicht zur ersten Methode übergehen. Drittens kann man sich absichtlich einer wilden und unbändigen Befriedigung eines Triebes überlassen, um den Ekel davon einzuernten und mit dem Ekel eine Macht über den Trieb zu erlangen: vorausgesetzt, daß man es nicht dem Reiter gleichtut, der sein Pferd zu Tode hetzt und selber dabei den Hals bricht, – was leider die Regel bei diesem Versuche ist. Viertens gibt es einen intellektuellen Kunstgriff, nämlich mit der Befriedigung überhaupt irgendeinen sehr peinlichen Gedanken so fest zu verbinden, daß, nach einiger Übung, der Gedanke der Befriedigung immer sogleich selber als sehr peinlich empfunden wird (zum Beispiel wenn der Christ sich gewöhnt, an die Nähe und den Hohn des Teufels beim Geschlechtsgenusse, oder an ewige Höllenstrafen für einen Mord aus Rache, oder auch nur an die Verächtlichkeit zu denken, welche zum Beispiel einem Geld-Diebstahl im Auge der von ihm verehrtesten Menschen folgt, oder wenn mancher schon zu hundert Malen einem heftigen Verlangen nach dem Selbstmord die Vorstellung des Jammers und der Selbstvorwürfe von Verwandten und Freunden entgegenstellt und damit sich auf der

Schwebe des Lebens erhalten hat: – jetzt folgen diese Vorstellungen in ihm aufeinander wie Ursache und Wirkung). Hierhin gehört es auch, wenn der Stolz des Menschen, wie zum Beispiel bei Lord Byron und Napoleon, sich aufbäumt und das Übergewicht eines einzelnen Affektes über die gesamte Haltung und die Ordnung der Vernunft als Beleidigung empfindet: woraus dann die Gewohnheit und die Lust entsteht, den Trieb zu tyrannisieren und ihn gleichsam knirschen zu machen. (»Ich will nicht der Sklave irgendeines Appetites sein« – schrieb Byron in sein Tagebuch.) Fünftens: man nimmt eine Dislokation seiner Kraftmengen vor, indem man sich irgendeine besonders schwere und anstrengende Arbeit auferlegt oder sich absichtlich einem neuen Reize und Vergnügen unterwirft und dergestalt Gedanken und physisches Kräftespiel in andere Bahnen lenkt. Eben darauf läuft es auch hinaus, wenn man einen anderen Trieb zeitweilig begünstigt, ihm reiche Gelegenheit der Befriedigung gibt und ihn so zum Verschwender jener Kraft macht, über welche sonst der durch seine Heftigkeit lästig gewordene Trieb gebieten würde. Dieser oder jener versteht es wohl auch, den einzelnen Trieb, der den Gewaltherrn spielen möchte, dadurch im Zaume zu halten, daß er allen seinen ihm bekannten anderen Trieben eine zeitweilige Aufmunterung und Festzeit gibt und sie das Futter aufzehren heißt, welches der Tyrann für sich allein haben will. Endlich sechstens: wer es aushält und vernünftig findet, seine *gesamte* leibliche und seelische Organisation zu schwächen und niederzudrücken, der erreicht natürlich das Ziel der Schwächung eines einzelnen heftigen Triebes ebenfalls damit: wie zum Beispiel der tut, welcher seine Sinnlichkeit aushungert und dabei freilich auch seine Rüstigkeit und nicht selten seinen Verstand mit aushungert und zuschanden macht, gleich dem Asketen. – Also: den Anlässen ausweichen, Regel in den Trieb hineinpflanzen, Übersättigung und Ekel an ihm erzeugen und die Assoziation eines quälenden Gedankens (wie den der Schande, der bösen Folgen oder des beleidigten Stolzes) zustande bringen, sodann die Dislokation der Kräfte und endlich die allgemeine Schwächung und Erschöpfung, – das sind die sechs Methoden: *daß* man aber überhaupt die Heftigkeit eines Triebes bekämpfen *will*, steht nicht in unserer Macht, ebensowenig, auf welche Methode man verfällt, ebensowenig, ob man mit dieser Methode Erfolg hat. Vielmehr ist unser Intellekt bei diesem ganzen Vorgange ersichtlich nur das blinde Werkzeug eines *anderen Triebes*, welcher ein *Rival* dessen ist, der uns durch seine Heftigkeit quält: sei es der Trieb nach Ruhe oder die Furcht vor Schande und anderen bösen Folgen oder die Liebe. Während »wir« uns also über die Heftigkeit eines Triebes zu beklagen meinen, ist es im Grunde ein Trieb, *welcher über einen anderen klagt*; das heißt: die Wahrnehmung des Leidens an einer solchen *Heftigkeit* setzt voraus, daß es einen ebenso heftigen oder noch heftigeren anderen Trieb gibt, und daß ein *Kampf* bevorsteht, in welchem unser Intellekt Partei nehmen muß.

110

Das, was sich widersetzt. – Man kann folgenden Vorgang an sich beobachten, und ich wollte, er würde oft beobachtet und bestätigt. Es entsteht in uns die Witterung einer Art von *Lust*, die wir noch nicht kannten, und folglich entsteht ein neues *Verlangen*. Nun kommt es darauf an, *was diesem Verlangen sich widersetzt*: sind es Dinge und Rücksichten gemeinerer Art, auch Menschen, welche wenig in unserer Achtung gelten, – so umkleidet sich das Ziel des neuen Verlangens mit der Empfindung »edel, gut, lobenswert, opferwürdig«, die ganze vererbte moralische Anlage nimmt es nunmehr in sich auf, legt es zu ihren als moralisch empfundenen Zielen – und jetzt meinen wir nicht mehr nach einer Lust, sondern nach einer Moralität zu streben: was die Zuversichtlichkeit unseres Strebens sehr vermehrt.

111

An die Bewunderer der Objektivität. – Wer als Kind mannigfaltige und starke Gefühle, aber wenig feines Urteil und Lust an der intellektualen Gerechtigkeit bei den Verwandten und Bekannten, unter denen er aufwuchs, wahrgenommen und folglich im Nachbilden von Gefühlen seine beste Kraft und Zeit verbraucht hat: bemerkt als Erwachsener an sich, daß jedes neue Ding, jeder neue Mensch sofort Zuneigung oder Abneigung oder Neid oder Verachtung in ihm rege macht; unter dem Drucke dieser Erfahrung, gegen den er sich ohnmächtig fühlt, bewundert er die *Neutralität der Empfindung*, oder die »Objektivität«, wie ein

Wunderding, als Sache des Genies oder der seltensten Moralität, und will nicht daran glauben, daß auch sie nur *das Kind der Zucht und Gewohnheit ist.*

112

Zur Naturgeschichte von Pflicht und Recht. — Unsere Pflichten — das sind die Rechte anderer auf uns. Wodurch haben sie diese erworben? Dadurch, daß sie uns für vertrags- und vergeltungsfähig nahmen, für gleich und ähnlich mit sich ansetzten, daß sie uns daraufhin etwas anvertrauten, uns erzogen, zurechtwiesen, unterstützten. Wir erfüllen unsre Pflicht — das heißt: wir rechtfertigen jene Vorstellung von unserer Macht, auf welche hin uns alles erwiesen wurde, wir geben zurück, in dem Maße, als man uns gab. So ist es unser Stolz, der die Pflicht zu tun gebeut, — wir wollen unsre Selbstherrlichkeit wiederherstellen, wenn wir dem, was andre für uns taten, etwas entgegenstellen, das wir für sie tun, — denn jene haben damit in die Sphäre unserer Macht eingegriffen und würden dauernd ihre Hand in ihr haben, wenn wir nicht mit der »Pflicht« eine Wiedervergeltung übten, das heißt in ihre Macht eingriffen. Nur auf das, was in unserer Macht steht, können sich die Rechte anderer beziehn; es wäre unvernünftig, wenn sie etwas von uns wollten, das uns selber nicht gehört. Genauer muß man sagen: nur auf das, was sie meinen, daß es in unserer Macht steht, voraussetzend, daß es dasselbe ist, von dem wir meinen, es stehe in unserer Macht. Es könnte leicht auf beiden Seiten der gleiche Irrtum sein: das Gefühl der Pflicht hängt daran, daß wir in bezug auf den Umkreis unserer Macht denselben *Glauben* haben, wie die andern: nämlich daß wir bestimmte Dinge versprechen, uns zu ihnen verpflichten *können* (»Freiheit des Willens«). — Meine Rechte: das ist jener Teil meiner Macht, den mir die anderen nicht nur zugestanden haben, sondern in welchem sie mich erhalten wollen. Wie kommen diese anderen dazu? Einmal: durch ihre Klugheit und Furcht und Vorsicht: sei es, daß sie etwas Ähnliches von uns zurückerwarten (Schutz ihrer Rechte), daß sie einen Kampf mit uns für gefährlich oder unzweckmäßig halten, daß sie in jeder Verringerung unserer Kraft einen Nachteil für sich erblicken, weil wir dann zum Bündnis mit ihnen im Gegensatz zu einer feindseligen dritten Macht ungeeignet werden. Sodann: durch Schenkung und Abtretung. In diesem Falle haben die anderen Macht genug und übergenug, um davon abgeben zu können und das abgegebene Stück dem, welchem sie es schenkten, zu verbürgen: wobei ein geringes Machtgefühl bei dem, der sich beschenken läßt, vorausgesetzt wird. So entstehen Rechte: anerkannte und gewährleistete Machtgrade. Verschieben sich die Machtverhältnisse wesentlich, so vergehen Rechte und es bilden sich neue – dies zeigt das Völkerrecht in seinem fortwährenden Vergehen und Entstehen. Nimmt unsere Macht wesentlich ab, so verändert sich das Gefühl derer, welche bisher unser Recht gewährleisteten: sie ermessen, ob sie uns wieder in den alten Vollbesitz bringen können, – fühlen sie sich hierzu außerstande, so leugnen sie von da an unsere »Rechte«. Ebenso, wenn unsere Macht erheblich zunimmt, verändert sich das Gefühl derer, welche sie bisher anerkannten und deren Anerkennung wir nun nicht mehr brauchen: sie versuchen wohl, dieselbe auf das frühere Maß herabzudrücken, sie werden eingreifen wollen und sich auf ihre »Pflicht« dabei berufen – aber dies ist nur ein unnützes Wortemachen. Wo Recht *herrscht*, da wird ein Zustand und Grad von Macht aufrecht erhalten, eine Verminderung und Vermehrung abgewehrt. Das Recht anderer ist die Konzession unseres Gefühls von Macht an das Gefühl von Macht bei diesen anderen. Wenn sich unsere Macht tief erschüttert und gebrochen zeigt, so hören unsere Rechte auf: dagegen hören, wenn wir sehr viel mächtiger geworden sind, die Rechte anderer für uns auf, wie wir sie bis jetzt ihnen zugestanden. – Der »billige Mensch« bedarf fortwährend des feinen Taktes einer Waage: für die Macht- und Rechtsgrade, welche, bei der vergänglichen Art der menschlichen Dinge, immer nur eine kurze Zeit im Gleichgewichte schweben werden, zumeist aber sinken oder steigen: – billig sein ist folglich schwer und erfordert viel Übung, guten Willen und sehr viel sehr guten *Geist*. –

113

Das Streben nach Auszeichnung. – Das Streben nach Auszeichnung hat fortwährend ein Augenmerk auf den Nächsten und will wissen, wie es ihm zumute ist: aber die Mitempfindung und das Mitwissen, welche dieser Trieb zu seiner Befriedigung nötig hat, sind weit davon entfernt, harmlos oder mitleidig oder gütig zu sein. Man will vielmehr wahrnehmen oder erraten, wie der Nächste an uns äußerlich oder innerlich *leidet*, wie er die Gewalt über sich verliert und dem Eindrucke nachgibt, den unsere Hand oder auch nur unser Anblick auf ihn machen; und selbst wenn der nach Auszeichnung Strebende einen freudigen, erhebenden oder erheiternden Eindruck macht und machen wollte, so genießt er diesen Erfolg doch nicht, insofern er dabei den Nächsten erfreute, erhob, erheiterte, sondern insofern er sich der fremden Seele *eindrückte*, deren Formen veränderte und nach seinem Willen über ihr waltete. Das Streben nach Auszeichnung ist das Streben nach Überwältigung des Nächsten, sei es auch eine sehr mittelbare und nur gefühlte oder gar erträumte. Es gibt eine lange Reihe von Graden dieser heimlich begehrten Überwältigung, und ein vollständiges Verzeichnis derselben käme beinahe einer Geschichte der Kultur gleich, von der ersten noch fratzenhaften Barbarei an bis zur Fratze der Überfeinerung und der krankhaften Idealität hinauf. Das Streben nach Auszeichnung bringt *für den Nächsten* mit sich – um nur einige Stufen dieser langen Leiter mit Namen zu nennen –: Martern, dann Schläge, dann Entsetzen, dann angstvolles Erstaunen, dann Verwunderung, dann Neid, dann Bewunderung, dann Erhebung, dann Freude, dann Heiterkeit, dann Lachen, dann Verlachen, dann Verspotten, dann Verhöhnen, dann Schläge-austeilen, dann Martern-antun: – hier am Ende der Leiter steht der *Asket* und Märtyrer, er empfindet den höchsten Genuß dabei, eben das als Folge seines Triebes nach Auszeichnung selber davon zu tragen, was sein Gegenbild auf der ersten Sprosse der Leiter, der *Barbar*, dem anderen zu leiden gibt, an dem und vor dem er sich auszeichnen will. Der Triumph des Asketen über sich selber, sein dabei nach Innen gewendetes Auge, welches den Menschen zu einem Leidenden und zu einem Zuschauenden zerspaltet sieht und fürderhin in die Außenwelt nur hineinblickt, um aus ihr gleichsam Holz zum eigenen Scheiterhaufen zu sammeln, diese letzte Tragödie des Triebes nach Auszeichnung, bei der es nur noch eine Person gibt, welche in sich selber verkohlt, – das ist der würdige Abschluß, der zu dem Anfange gehört: beidemal ein unsägliches Glück beim *Anblick von Martern!* In der Tat, das Glück, als das lebendigste Gefühl der Macht gedacht, ist vielleicht auf der Erde nirgendwo größer gewesen als in den Seelen abergläubischer Asketen. Dies drücken die Brahmanen in der Geschichte vom König Vicvamitra aus, der aus tausendjährigen *Bußübungen* eine solche Kraft schöpfte, daß er es unternahm, einen neuen *Himmel* zu erbauen. Ich glaube in dieser ganzen Gattung innerer Erlebnisse sind wir jetzt grobe Neulinge und tastende Rätselrater: vier Jahrtausende früher wußte man mehr von diesen verruchten Verfeinerungen des Selbstgenusses. Die Schöpfung der Welt: vielleicht, daß sie damals von einem indischen Träumer als eine asketische Prozedur gedacht worden ist, welche ein Gott mit sich vornimmt! Vielleicht, daß der Gott sich in die bewegte Natur wie in ein Marterwerkzeug bannen wollte, um dabei seine Seligkeit und Macht verdoppelt zu fühlen! Und gesetzt, es wäre gar ein Gott der Liebe: welcher Genuß für einen solchen, *leidende* Menschen zu schaffen, an der ungestillten Marter im Anblick derselben recht göttlich und übermenschlich zu leiden und sich dergestalt selber zu tyrannisieren! Und gar gesetzt, es wäre nicht nur ein Gott der Liebe, sondern auch ein Gott der Heiligkeit und Sündlosigkeit: welche Delirien des göttlichen Asketen sind zu ahnen, wenn er Sünde und Sünder und ewige Verdammnisse und unter seinem Himmel und Throne eine ungeheure Stätte der ewigen Qual und des ewigen Stöhnens und Seufzens schafft! – Es ist nicht ganz unmöglich, daß auch die Seelen des Paulus, des Dante, des Calvin und ihresgleichen einmal in die schauerlichen Geheimnisse solcher Wollüste der Macht eingedrungen sind; – und angesichts solcher Seelen kann man fragen: ja, ist denn wirklich der Kreislauf im Streben nach Auszeichnung mit dem Asketen am letzten Ende angelangt und in sich abgerollt? Könnte dieser Kreis nicht noch einmal von Anfang an durchlaufen werden, mit der festgehaltenen Grundstimmung des Asketen und zugleich des mitleidenden Gottes? Also anderen wehe tun, um *sich* dadurch wehe zu tun, um damit wiederum über sich und sein Mitleiden zu triumphieren und in der äußersten Macht zu schwelgen! – Verzeihung für die Ausschweifung im Nachdenken über alles, was in der seelischen Ausschweifung des Machtgelüstes auf Erden schon möglich gewesen sein kann!

114

Von der Erkenntnis des Leidenden. — Der Zustand kranker Menschen, die lange und furchtbar von ihren Leiden gemartert werden und deren Verstand trotzdem dabei sich nicht trübt, ist nicht ohne Wert für die Erkenntnis, — noch ganz abgesehn von den intellektuellen Wohltaten, welche jede tiefe Einsamkeit, jede plötzliche und erlaubte Freiheit von allen Pflichten und Gewohnheiten mit sich bringen. Der Schwerleidende sieht aus seinem Zustande mit einer entsetzlichen Kälte *hinaus* auf die Dinge: alle jene kleinen lügnerischen Zaubereien, in denen für gewöhnlich die Dinge schwimmen, wenn das Auge des Gesunden auf sie blickt, sind ihm verschwunden: ja er selber liegt vor sich da ohne Flaum und Farbe. Gesetzt, daß er bisher in irgendeiner gefährlichen Phantasterei lebte: diese höchste Ernüchterung durch Schmerzen ist das Mittel ihn herauszureißen: und vielleicht das einzige Mittel. (Es ist möglich, daß dies dem Stifter des Christentums am Kreuze begegnete: denn die bittersten aller Worte »mein Gott, warum hast du mich verlassen!« enthalten, in aller Tiefe verstanden, wie sie verstanden werden dürfen, das Zeugnis einer allgemeinen Enttäuschung und Aufklärung über den Wahn seines Lebens; er wurde in dem Augenblick der höchsten Qual hellsichtig über sich selber, so wie der Dichter es von dem armen sterbenden Don Quixote erzählt.) Die ungeheure Spannung des Intellektes, welcher dem Schmerz Widerpart halten will, macht, daß alles, worauf er nun blickt, in einem neuen Lichte leuchtet: und der unsägliche Reiz, den alle neuen Beleuchtungen geben, ist oft mächtig genug, um allen Anlockungen zum Selbstmorde Trotz zu bieten und das Fortleben dem Leidenden als höchst begehrenswert erscheinen zu lassen. Mit Verachtung gedenkt er der gemütlichen warmen Nebelwelt, in der der Gesunde ohne Bedenken wandelt; mit Verachtung gedenkt er der edelsten und geliebtesten Illusionen, in denen er früher mit sich selber spielte; er hat einen Genuß daran, diese Verachtung wie aus der tiefsten Hölle heraufzubeschwören und der Seele so das bitterste Leid zu machen: durch dieses Gegengewicht hält er eben dem physischen Schmerze stand, — er fühlt es, daß gerade dies Gegengewicht jetzt nottut! In einer schauerlichen Hellsichtigkeit über sein Wesen ruft er sich zu: »sei einmal dein eigener Ankläger und

Henker, nimm einmal dein Leiden als die von dir über dich verhängte Strafe! Genieße deine Überlegenheit als Richter; mehr noch: genieße dein Belieben, deine tyrannische Willkür! Erhebe dich über dein Leben wie über dein Leiden, sieh hinab in die Gründe und die Grundlosigkeit!« Unser Stolz bäumt sich auf, wie noch nie: es hat für ihn einen Reiz ohnegleichen, gegen einen solchen Tyrannen wie der Schmerz ist, und gegen alle die Einflüsterungen, die er uns macht, damit wir gegen das Leben Zeugnis ablegen, – gerade das *Leben* gegen den Tyrannen zu *vertreten*. In diesem Zustande wehrt man sich mit Erbitterung gegen jeden Pessimismus, damit er nicht als *Folge* unsres Zustandes erscheine und uns als Besiegte demütige. Nie ist ebenfalls der Reiz, Gerechtigkeit des Urteils zu üben, größer als jetzt, denn jetzt ist es ein Triumph über uns und den reizbarsten aller Zustände, der jede Ungerechtigkeit des Urteils entschuldbar machen würde; – aber wir wollen nicht entschuldigt sein, gerade jetzt wollen wir zeigen, daß wir »ohne Schuld« sein können. Wir befinden uns in förmlichen Krämpfen des Hochmuts. – Und nun kommt der erste Dämmerschein der Milderung, der Genesung – und fast die erste Wirkung ist, daß wir uns gegen die Übermacht unseres Hochmutes wehren: wir nennen uns darin albern und eitel, – als ob wir etwas erlebt hätten, das einzig wäre! Wir demütigen ohne Dankbarkeit den allmächtigen Stolz, durch den wir eben den Schmerz ertrugen, und verlangen heftig nach einem Gegengift des Stolzes: wir wollen uns entfremdet und entpersönlicht werden, nachdem der Schmerz uns zu gewaltsam und zu lange *persönlich* gemacht hatte. »Weg, weg mit diesem Stolze!« rufen wir, »er war eine Krankheit und ein Krampf mehr!« Wir sehen wieder hin auf Menschen und Natur – mit einem verlangenderen Auge: wir erinnern uns wehmütig lächelnd, daß wir einiges in bezug auf sie jetzt neu und anders wissen als vorher, daß ein Schleier gefallen ist, – aber es *erquickt* uns so, wieder die *gedämpften Lichter des Lebens* zu sehen und aus der furchtbaren nüchternen Helle herauszutreten, in welcher wir als Leidende die Dinge und durch die Dinge hindurch sahen. Wir zürnen nicht, wenn die Zaubereien der Gesundheit wieder zu spielen beginnen, – wir sehen wie umgewandelt zu, milde und immer noch müde. In diesem Zustande kann man nicht Musik hören, ohne zu weinen. –

115

Das sogenannte »Ich«. – Die Sprache und die Vorurteile, auf denen die Sprache aufgebaut ist, sind uns vielfach in der Ergründung innerer Vorgänge und Triebe hinderlich: zum Beispiel dadurch, daß eigentlich Worte allein für *superlativische* Grade dieser Vorgänge und Triebe da sind –; nun aber sind wir gewohnt, dort, wo uns Worte fehlen, nicht mehr genau zu beobachten, weil es peinlich ist, dort noch genau zu denken; ja ehedem schloß man unwillkürlich, wo das Reich der Worte aufhöre, höre auch das Reich des Daseins auf. Zorn, Haß, Liebe, Mitleid, Begehren, Erkennen, Freude, Schmerz, – das sind alles Namen für *extreme* Zustände: die milderen mittleren und gar die immerwährend spielenden niederen Grade entgehen uns, und doch weben sie gerade das Gespinst unseres Charakters und Schicksals. Jene extremen Ausbrüche – und selbst das mäßigste *uns bewußte* Wohlgefallen oder Mißfallen beim Essen einer Speise, beim Hören eines Tones ist vielleicht immer noch, richtig abgeschätzt, ein extremer Ausbruch – zerreißen sehr oft das Gespinst und sind dann gewalttätige Ausnahmen, zumeist wohl infolge von Aufstauungen: – und wie vermögen sie als solche den Beobachter irrezuführen! Nicht weniger, als sie den handelnden Menschen in die Irre führen. *Wir sind alle nicht das*, als was wir nach den Zuständen erscheinen, für die wir allein Bewußtsein und Worte – und folglich Lob und Tadel – haben; wir *verkennen* uns nach diesen gröberen Ausbrüchen, die uns allein bekanntwerden, wir machen einen Schluß aus einem Material, in welchem die Ausnahmen die Regel überwiegen, wir verlesen uns in dieser scheinbar deutlichsten Buchstabenschrift unseres Selbst. *Unsere Meinung über uns* aber, die wir auf diesem falschen Wege gefunden haben, das sogenannte »Ich«, arbeitet fürderhin mit an unserem Charakter und Schicksal. –

116

Die unbekannte Welt des »Subjekts«. – Das, was den Menschen so schwer zu begreifen fällt, ist ihre Unwissenheit über sich selber, von den ältesten Zeiten bis jetzt! Nicht nur in bezug auf Gut und Böse, sondern in bezug auf viel Wesentlicheres! Noch immer lebt der uralte

Wahn, daß man wisse, ganz genau wisse, *wie das menschliche Handeln zustande komme*, in jedem Falle. Nicht nur »Gott, der ins Herz sieht«, nicht nur der Täter, der seine Tat überlegt, – nein, auch jeder andere zweifelt nicht, das Wesentliche im Vorgange der Handlung jedes andern zu verstehen. »Ich weiß, was ich will, was ich getan habe, ich bin frei und verantwortlich dafür, ich mache den andern verantwortlich, ich kann alle sittlichen Möglichkeiten und alle inneren Bewegungen, die es vor einer Handlung gibt, beim Namen nennen; ihr mögt handeln, wie ihr wollt, – ich verstehe darin mich und euch alle!« – so dachte ehemals jeder, so denkt fast noch jeder. Sokrates und Plato, in diesem Stücke große Zweifler und bewunderungswürdige Neuerer, waren doch harmlos gläubig in betreff jenes verhängnisvollsten Vorurteils, jenes tiefsten Irrtums, daß »der richtigen Erkenntnis die richtige Handlung *folgen müsse*«, – sie waren in diesem Grundsatze immer noch die Erben des allgemeinen Wahnsinns und Dünkels: daß es ein Wissen um das Wesen einer Handlung gebe. »Es wäre ja *schrecklich*, wenn der Einsicht in das Wesen der rechten Tat nicht die rechte Tat folgte«, – dies ist die einzige Art, wie jene Großen diesen Gedanken zu beweisen für nötig hielten, das Gegenteil schien ihnen undenkbar und toll – und doch ist dies Gegenteil gerade die nackte, seit Ewigkeiten täglich und stündlich bewiesene Wirklichkeit! Ist es nicht gerade die »schreckliche« Wahrheit: daß, was man von einer Tat überhaupt wissen kann, *niemals* ausreicht, sie zu tun, daß die Brücke von der Erkenntnis zur Tat in keinem einzigen Falle bisher geschlagen worden ist? Die Handlungen sind *niemals* das, als was sie uns erscheinen! Wir haben so viel Mühe gehabt, zu lernen, daß die äußeren Dinge nicht so sind, wie sie uns erscheinen, – nun wohlan! mit der inneren Welt steht es ebenso! Die moralischen Handlungen sind in Wahrheit »etwas anderes« – mehr können wir nicht sagen: und alle Handlungen sind wesentlich unbekannt. Das Gegenteil war und ist der allgemeine Glaube: wir haben den ältesten Realismus gegen uns; bis jetzt dachte die Menschheit: »eine Handlung ist das, als was sie uns erscheint.« (Beim Wiederlesen dieser Worte kommt mir eine sehr ausdrückliche Stelle Schopenhauers ins Gedächtnis, welche ich anführen will, zum Beweise, daß auch er noch, und zwar ohne jeden Skrupel in diesem moralischen Realismus hängt und hängen geblieben ist: »wirklich ist jeder von uns ein kompetenter und vollkommen moralischer Richter, Gutes und Böses genau kennend, heilig, indem er das Gute liebt und das Böse verabscheut, – dies alles ist jeder, insofern nicht seine eigenen, sondern fremde Handlungen untersucht werden und er bloß zu billigen und zu mißbilligen hat, die Last der Ausführung aber von fremden Schultern getragen wird. Jeder kann demnach als Beichtiger ganz und gar die Stelle Gottes vertreten.«)

117

Im Gefängnis. – Mein Auge, wie stark oder schwach es nun ist, sieht nur ein Stück weit, und in diesem Stück webe und lebe ich, diese Horizont-Linie ist mein nächstes großes und kleines Verhängnis, dem ich nicht entlaufen kann. Um jedes Wesen legt sich derart ein konzentrischer Kreis, der einen Mittelpunkt hat und der ihm eigentümlich ist. Ähnlich schließt uns das Ohr in einen kleinen Raum ein, ähnlich das Getast. Nach diesen Horizonten, in welche, wie in Gefängnismauern, jeden von uns unsere Sinne einschließen, *messen* wir nun die Welt, wir nennen dieses nah und jenes fern, dieses groß und jenes klein, dieses hart und jenes weich: dieses Messen nennen wir Empfinden – es sind alles, alles Irrtümer an sich! Nach der Menge von Erlebnissen und Erregungen, die uns durchschnittlich in einem Zeitpunkte möglich sind, mißt man sein Leben, als kurz oder lang, arm oder reich, voll oder leer: und nach dem durchschnittlichen menschlichen Leben mißt man das aller andern Geschöpfe – es sind alles, alles Irrtümer an sich! Hätten wir hundertfach schärfere Augen für die Nähe, so würde uns der Mensch ungeheuer lang erscheinen; ja es sind Organe denkbar, vermöge deren er als unermeßlich empfunden würde. Andererseits könnten Organe so beschaffen sein, daß ganze Sonnensysteme verengt und zusammengeschnürt gleich einer einzigen Zelle empfunden werden: und vor Wesen entgegengesetzter Ordnung könnte eine Zelle des menschlichen Leibes sich als ein Sonnensystem in Bewegung, Bau und Harmonie darstellen. Die Gewohnheiten unserer Sinne haben uns in Lug und Trug der Empfindung eingesponnen: diese wieder sind die Grundlagen aller unserer Urteile und »Erkenntnisse« – es gibt durchaus kein Entrinnen, keine Schlupf- und Schleichwege in die *wirkliche Welt!* Wir sind in unserem Netze, wir Spinnen, und was wir auch darin fangen, wir können gar nichts fangen, als was sich eben in *unserem* Netze fangen läßt.

118

Was ist denn der Nächste! — Was begreifen wir denn von unserm Nächsten als seine Grenzen, ich meine das, womit er sich auf und an uns gleichsam einzeichnet und eindrückt? Wir begreifen nichts von ihm als die *Veränderungen an uns*, deren Ursache er ist, — unser Wissen von ihm gleicht einem hohlen *geformten* Raume. Wir legen ihm die Empfindungen bei, die seine Handlungen in uns hervorrufen, und geben ihm so eine falsche, umgekehrte Positivität. Wir bilden ihn nach unsrer Kenntnis von uns, zu einem Satelliten unsres eigenen Systems: und wenn er uns leuchtet oder sich verfinstert, und wir von beidem die letzte Ursache sind, — so glauben wir doch das Gegenteil! Welt der Phantome, in der wir leben! Verkehrte, umgestülpte, leere, und doch *voll* und *gerade* geträumte Welt!

119

Erleben und Erdichten. — Wie weit einer seine Selbstkenntnis auch treiben mag, nichts kann doch unvollständiger sein als das Bild der gesamten *Triebe*, die sein Wesen konstituieren. Kaum daß er die gröberen beim Namen nennen kann: ihre Zahl und Stärke, ihre Ebbe und Flut, ihr Spiel und Widerspiel untereinander und vor allem die Gesetze ihrer *Ernährung* bleiben ihm ganz unbekannt. Diese Ernährung wird also ein Werk des Zufalls: unsre täglichen Erlebnisse werfen bald diesem, bald jenem Triebe eine Beute zu, die er gierig erfaßt, aber das ganze Kommen und Gehen dieser Ereignisse steht außer allem vernünftigen Zusammenhang mit den Nahrungsbedürfnissen der gesamten Triebe: so daß immer zweierlei eintreten wird, das Verhungern und Verkümmern der einen und die Überfütterung der andern. Jeder Moment unsres Lebens läßt einige Polypenarme unsres Wesens wachsen und einige andre verdorren, je nach der Nahrung, die der Moment in sich oder nicht in sich trägt. Unsere Erfahrungen, wie gesagt, sind alle in diesem Sinne Nahrungsmittel, aber ausgestreut mit blinder Hand, ohne Wissen um den, der hungert, und den, der schon Überfluß hat. Und infolge dieser zufälligen Ernährung der Teile wird der ganze ausgewachsene Polyp etwas ebenso Zufälliges sein, wie es sein Werden ist. Deutlicher gesprochen: gesetzt, ein Trieb befindet sich in dem Punkte, wo er Befriedigung begehrt – oder Übung seiner Kraft, oder Entladung derselben, oder Sättigung einer Leere – es ist alles Bilderrede –: so sieht er jedes Vorkommnis des Tages darauf an, wie er es zu seinem Zwecke brauchen kann; ob der Mensch nun läuft oder ruht oder zürnt oder liest oder spricht oder kämpft oder jubelt, der Trieb in seinem Durste betastet gleichsam jeden Zustand, in den der Mensch gerät, und durchschnittlich findet er nichts für sich daran, er muß warten und weiter dürsten: eine Weile noch, und dann wird er matt, und noch ein paar Tage oder Monate der Nicht-Befriedigung, dann dorrt er ab, wie eine Pflanze ohne Regen. Vielleicht würde diese Grausamkeit des Zufalls noch greller in die Augen fallen, wenn alle Triebe es so gründlich nehmen wollten wie der *Hunger*: der sich nicht mit *geträumter Speise* zufrieden gibt; aber die meisten Triebe, namentlich die sogenannten moralischen, *tun gerade dies*, – wenn meine Vermutung erlaubt ist, daß unsere *Träume* eben den Wert und Sinn haben, bis zu einem gewissen Grade jenes zufällige Ausbleiben der »Nahrung« während des Tages zu *kompensieren*. Warum war der Traum von gestern voller Zärtlichkeit und Tränen, der von vorgestern scherzhaft und übermütig, ein früherer abenteuerlich und in einem beständigen düsteren Suchen? Weshalb genieße ich in diesem unbeschreibliche Schönheiten der Musik, weshalb schwebe und fliege ich in einem andern mit der Wonne eines Adlers hinauf nach fernen Bergspitzen? Diese Erdichtungen, welche unseren Trieben der Zärtlichkeit oder des Scherzes oder der Abenteuerlichkeit oder unserm Verlangen nach Musik und Gebirge Spielraum und Entladung geben – und jeder wird seine schlagenderen Beispiele zur Hand haben –, sind Interpretationen unserer Nervenreize während des Schlafens, *sehr freie*, sehr willkürliche Interpretationen von Bewegungen des Blutes und der Eingeweide, vom Druck des Armes und der Decken, von den Tönen der Turmglocken, der Wetterhähne, der Nachtschwärmer und anderer Dinge der Art. Daß dieser Text, der im allgemeinen doch für eine Nacht wie für die andre sehr ähnlich bleibt, so verschieden kommentiert wird, daß die dichtende Vernunft heute und gestern so verschiedene *Ursachen* für dieselben Nervenreize *sich vorstellt*: das hat darin seinen Grund, daß der Souffleur dieser Vernunft heute ein anderer war, als er gestern war, – ein anderer *Trieb* wollte sich befriedigen, betätigen, üben, erquicken, entladen, – gerade er war in seiner hohen Flut, und gestern war ein andrer darin. – Das wache Leben hat nicht diese *Freiheit* der Interpretation wie das träumende, es ist weniger dichterisch und zügellos, – muß ich aber ausführen, daß unsere Triebe im Wachen ebenfalls nichts anderes tun als die Nervenreize interpretieren und nach ihrem Bedürfnisse deren »Ursachen« ansetzen? daß es zwischen Wachen und Träumen keinen *wesentlichen* Unterschied gibt? daß selbst bei einer Vergleichung sehr verschiedener Kulturstufen die Freiheit der wachen Interpretation in der einen der Freiheit der andern im Träumen nichts nachgibt? daß auch unsere moralischen Urteile und Wertschätzungen nur Bilder und Phantasien über einen uns unbekannten physiologischen Vorgang sind, eine Art angewöhnter Sprache, gewisse Nervenreize zu bezeichnen? daß all unser sogenanntes Bewußtsein ein mehr oder weniger phantastischer Kommentar über einen ungewußten, vielleicht unwißbaren, aber gefühlten Text ist? – Man nehme ein kleines Erlebnis. Gesetzt, wir bemerken eines Tages, daß jemand auf dem Markte über uns lacht, da wir vorübergehen: je nachdem dieser oder jener Trieb in uns gerade auf seiner Höhe ist, wird dies Ereignis für uns dies oder das bedeuten, – und je nach der Art Mensch, die wir sind, ist es ein ganz verschiedenes Ereignis. Der eine nimmt es hin wie einen Regentropfen, der andre schüttelt es von sich wie ein Insekt, einer sucht daraus Händel zu machen, einer prüft seine Kleidung, ob sie Anlaß zum Lachen gebe, einer denkt über das Lächerliche an sich infolge davon nach, einem tut es wohl, zur Heiterkeit und zum Sonnenschein der Welt, ohne zu wollen, einen Strahl gegeben zu haben, – und in jedem Falle hat ein Trieb seine Befriedigung daran, sei es der des Ärgers oder der Kampflust oder des Nachdenkens oder des Wohlwollens. Dieser Trieb ergriff das Vorkommnis wie seine Beute: warum er gerade? Weil er durstig und hungernd auf der Lauer lag. – Neulich vormittags um elf Uhr fiel unmittelbar und senkrecht vor mir ein Mann plötzlich zusammen, wie vom Blitz getroffen, alle

Weiber der Umgebung schrieen laut auf; ich selber stellte ihn auf seine Füße und wartete ihn ab, bis die Sprache sich wieder einstellte, — währenddem regte sich bei mir kein Muskel des Gesichts und kein Gefühl, weder das des Schreckens, noch das des Mitleidens, sondern ich tat das Nächste und Vernünftigste und ging kalt fort. Gesetzt, man hätte mir tags vorher angekündigt, daß morgen um elf Uhr jemand neben mir in dieser Weise niederstürzen werde, — ich hätte Qualen aller Art vorher gelitten, die Nacht nicht geschlafen und wäre vielleicht im entscheidenden Augenblick dem Manne gleich geworden, anstatt ihm zu helfen. Inzwischen hätten nämlich alle möglichen Triebe *Zeit gehabt*, das Erlebnis sich vorzustellen und zu kommentieren. — Was sind denn unsere Erlebnisse? Viel *mehr* das, was wir hineinlegen, als das, was darin liegt! Oder muß es gar heißen: an sich liegt nichts darin? Erleben ist ein Erdichten? —

120

Zur Beruhigung des Skeptikers. — »Ich weiß durchaus nicht, was ich *tue*! Ich weiß durchaus nicht, was ich *tun soll*!« — du hast recht, aber zweifle nicht daran: *du wirst getan!* in jedem Augenblicke! Die Menschheit hat zu allen Zeiten das Aktivum und das Passivum verwechselt. es ist ihr ewiger grammatikalischer Schnitzer.

121

»*Ursache und Wirkung!*« — Auf diesem Spiegel — und unser Intellekt ist ein Spiegel — geht etwas vor, das Regelmäßigkeit zeigt, ein bestimmtes Ding folgt jedesmal wieder auf ein anderes bestimmtes Ding — das *nennen* wir, wenn wir es wahrnehmen und nennen wollen, Ursache und Wirkung, wir Toren! Als ob wir da irgend etwas begriffen hätten und begreifen könnten! Wir haben ja nichts gesehen als die *Bilder* von »Ursachen und Wirkungen«! Und eben diese *Bildlichkeit* macht ja die Einsicht in eine wesentlichere Verbindung, als die der Aufeinanderfolge ist, unmöglich!

122

Die Zwecke in der Natur. – Wer, als unbefangener Forscher, der Geschichte des Auges und seiner Formen bei den niedrigsten Geschöpfen nachgeht und das ganze schrittweise Werden des Auges zeigt, muß zu dem großen Ergebnis kommen: daß das Sehen *nicht* die Absicht bei der Entstehung des Auges gewesen ist, vielmehr sich eingestellt hat, als *der Zufall* den Apparat zusammengebracht hatte. Ein einziges solches Beispiel: und die »Zwecke« fallen uns wie Schuppen von den Augen!

123

Vernunft. – Wie die Vernunft in die Welt gekommen ist? Wie billig auf eine unvernünftige Weise, durch einen Zufall. Man wird ihn erraten müssen wie ein Rätsel.

124

Was ist Wollen! – Wir lachen über den, welcher aus seiner Kammer tritt, in der Minute, da die Sonne aus der ihren tritt, und sagt: »*ich will,* daß die Sonne aufgehe«; und über den, welcher ein Rad nicht aufhalten kann und sagt: »*ich will,* daß es rolle«; und über den, welcher im Ringkampf niedergeworfen wird und sagt: »hier liege ich, aber *ich will* hier liegen!« Aber, trotz allem Gelächter! Machen wir es denn jemals anders als einer von diesen dreien, wenn wir das Wort gebrauchen: »*ich will*«?

125

Vom »Reiche der Freiheit«. – Wir können viel, viel mehr Dinge denken, als tun und erleben, – das heißt unser Denken ist oberflächlich und zufrieden mit der Oberfläche, ja es merkt sie nicht. Wäre unser Intellekt streng nach dem Maße unserer Kraft und unserer Übung der Kraft *entwickelt,* so würden wir den Grundsatz zu oberst in unserem Denken haben, daß wir nur begreifen können, was wir *tun* können, – *wenn* es überhaupt ein Begreifen gibt. Der Durstige entbehrt des Wassers, aber seine Gedankenbilder führen ihm unaufhörlich das Wasser vor die Augen, wie als ob nichts leichter zu beschaffen wäre, – die oberflächliche und leicht zufriedengestellte Art des Intellektes kann das eigentliche notleidende Bedürfnis nicht fassen und fühlt sich dabei überlegen: er ist stolz darauf, mehr zu können, schneller zu laufen, im Augenblick fast am Ziele zu sein, — und so erscheint das Reich der Gedanken im Vergleich mit dem Reiche des Tuns, Wollens und Erlebens als ein *Reich der Freiheit*: während es, wie gesagt, nur ein Reich der Oberfläche und der Genügsamkeit ist.

126

Vergessen. — Daß es ein Vergessen gibt, ist noch nicht bewiesen; was wir wissen, ist allein, daß die Wiedererinnerung nicht in unserer Macht steht. Vorläufig haben wir in diese Lücke unserer Macht jenes Wort »Vergessen« gesetzt: gleich als ob es ein Vermögen mehr im Register sei. Aber was steht zuletzt in unserer Macht! — Wenn jenes Wort in einer Lücke unserer Macht steht, sollten nicht die anderen Worte in einer Lücke unseres *Wissens um unsere Macht* stehen?

127

Nach Zwecken. — Von allen Handlungen werden wohl am wenigsten die nach Zwecken verstanden, weil sie immer als die verständlichsten gegolten haben und für unser Bewußtsein das Alltäglichste sind. Die großen Probleme liegen auf der Gasse.

128

Der Traum und die Verantwortlichkeit. — In allem wollt ihr verantwortlich sein! Nur nicht für eure Träume! Welche elende Schwächlichkeit, welcher Mangel an folgerichtigem Mute! Nichts ist *mehr* euer Eigen als eure Träume! Nichts mehr *euer* Werk! Stoff, Form, Dauer, Schauspieler, Zuschauer — in diesen Komödien seid ihr alles ihr selber! Und hier gerade scheut und schämt ihr euch vor euch, und schon Ödipus, der weise Ödipus, wußte sich Trost aus dem Gedanken zu schöpfen, daß wir nichts für das können, was wir träumen! Ich schließe daraus: daß die große Mehrzahl der Menschen sich abscheulicher Träume bewußt sein muß. Wäre es anders: wie sehr würde man seine nächtliche Dichterei für den Hochmut des Menschen ausgebeutet haben! – Muß ich hinzufügen, daß der weise Ödipus recht hatte, daß wir wirklich nicht für unsere Träume – aber ebensowenig für unser Wachen verantwortlich sind, und daß die Lehre von der Freiheit des Willens im Stolz und Machtgefühl des Menschen ihren Vater und ihre Mutter hat? Ich sage dies vielleicht zu oft: aber wenigstens wird es dadurch noch nicht zum Irrtum.

129

Der angebliche Kampf der Motive. – Man redet vom »Kampf der Motive«, aber bezeichnet damit einen Kampf, der *nicht* der Kampf der Motive ist. Nämlich: in unserm überlegenden Bewußtsein treten vor einer Tat der Reihe nach die *Folgen* verschiedener Taten hervor, welche alle wir meinen tun zu können, und wir vergleichen diese Folgen. Wir meinen, zu einer Tat entschieden zu sein, wenn wir festgestellt haben, daß ihre Folgen die überwiegend günstigeren sein werden; ehe es zu diesem Abschluß unserer Erwägung kommt, quälen wir uns oft redlich, wegen der großen Schwierigkeit, die Folgen zu erraten, sie in ihrer ganzen Stärke zu sehen und zwar alle, ohne Fehler der Auslassung zu machen: wobei die Rechnung überdies noch mit dem Zufalle dividiert werden muß. Ja, um das Schwierigste zu nennen: alle die Folgen, die einzeln so schwer festzustellen sind, müssen nun miteinander auf *einer* Wage gegeneinander abgewogen werden; und so häufig fehlt uns für diese Kasuistik des Vorteils die Wage nebst den Gewichten, wegen der Verschiedenheit in der *Qualität* aller dieser möglichen Folgen. Gesetzt aber, auch damit kämen wir ins Reine, und der Zufall hätte uns gegenseitig abwägbare Folgen auf die Wage gelegt: so haben wir jetzt in der Tat im *Bilde der Folgen* einer bestimmten Handlung ein *Motiv*, gerade diese Handlung zu tun, – ja! *ein* Motiv! Aber im Augenblicke, da wir schließlich handeln, werden wir häufig genug von einer andern Gattung Motiven bestimmt, als es die hier besprochene Gattung, die des »Bildes der Folgen«, ist. Da wirkt die Gewohnheit unseres Kräftespiels, oder ein kleiner Anstoß von einer Person, die wir fürchten oder ehren oder lieben, oder die Bequemlichkeit, welche vorzieht, was vor der Hand liegt zu tun, oder die Erregung der Phantasie, durch das nächste beste kleinste Ereignis im entscheidenden Augenblick herbeigeführt, es wirkt Körperliches, das ganz unberechenbar auftritt, es wirkt die Laune, es wirkt der Sprung irgendeines Affektes, der gerade zufällig bereit ist, zu springen: kurz, es wirken Motive, die wir zum Teil gar nicht, zum Teil sehr schlecht kennen und die wir *nie vorher* gegeneinander in Rechnung setzen können. *Wahrscheinlich*, daß auch unter ihnen ein Kampf stattfindet, ein Hin- und Wegtreiben, ein Aufwiegen und Niederdrücken von Gewichtteilen – und dies wäre der eigentliche »Kampf der Motive«: – etwas für uns völlig Unsichtbares und Unbewußtes. Ich habe die Folgen und Erfolge berechnet und damit *ein* sehr wesentliches Motiv in die Schlachtreihe der Motive eingestellt – aber diese Schlachtreihe selber stelle ich ebensowenig auf, als ich sie sehe: der Kampf selber ist mir verborgen, und der Sieg als Sieg ebenfalls; denn wohl erfahre ich, was ich schließlich *tue*, – aber welches Motiv damit eigentlich gesiegt hat, erfahre ich nicht. *Wohl aber sind wir gewohnt*, alle diese unbewußten Vorgänge *nicht* in Anschlag zu bringen und uns die Vorbereitung einer Tat nur so weit zu denken, als sie bewußt ist: und so verwechseln wir den Kampf der Motive mit der Vergleichung der möglichen Folgen verschiedener Handlungen – eine der folgenreichsten und für die Entwicklung der Moral verhängnisvollsten Verwechselungen!

130

Zwecke? Willen? – Wir haben uns gewöhnt an zwei Reiche zu glauben, an das Reich der *Zwecke* und des *Willens* und an das Reich der *Zufälle*; in letzterem geht es sinnlos zu, es geht, steht und fällt darin, ohne daß jemand sagen könnte, weshalb? wozu? – Wir fürchten uns vor diesem mächtigen Reiche der großen kosmischen Dummheit, denn wir lernen es meistens so kennen, daß es in die andre Welt, in die der Zwecke und Absichten, hineinfällt wie ein Ziegelstein vom Dache und uns irgendeinen schönen Zweck totschlägt. Dieser Glaube an die zwei Reiche ist eine uralte Romantik und Fabel: wir klugen Zwerge, mit unserem Willen und unseren Zwecken, werden durch die dummen, erzdummen Riesen, die Zufälle, belästigt, über den Haufen gerannt, oft tot getreten – aber trotz alledem möchten wir nicht ohne die schauerliche Poesie dieser Nachbarschaft sein, denn jene Untiere kommen oft, wenn uns das Leben im *Spinnennetze* der Zwecke zu langweilig oder zu ängstlich geworden ist, und geben eine erhabene Diversion, dadurch, daß ihre Hand einmal das ganze Netz *zerreißt* – nicht daß sie es gewollt hätten, diese Unvernünftigen! Nicht daß sie es nur merkten! Aber ihre groben Knochenhände greifen durch unser Netz hindurch, wie als ob es Luft wäre. – Die Griechen nannten dies Reich des Unberechenbaren und der erhabenen ewigen Borniertheit Moira und stellten es als den Horizont um ihre Götter, über den sie weder hinauswirken, noch ,sehen können: mit jenem heimlichen Trotz gegen die Götter, welcher bei mehreren Völkern sich vorfindet, in der Gestalt, daß man sie zwar anbetet, aber einen letzten Trumpf gegen sie in der Hand behält, zum Beispiel wenn man als Inder oder Perser sie sich abhängig vom *Opfer* der Sterblichen denkt, so daß die Sterblichen schlimmstenfalls die Götter hungern und verhungern lassen können; oder wenn man wie der harte, melancholische Skandinavier mit der Vorstellung einer einstmaligen Götter,Dämmerung sich den Genuß der stillen Rache schafft, zum Entgelt für die beständige Furcht, welche seine bösen Götter ihm machen. Anders das Christentum mit seinem weder indischen noch persischen noch griechischen noch skandinavischen Grundgefühle, welches den *Geist der Macht* im Staube anbeten und den Staub noch küssen hieß: dies gab zu verstehen, daß jenes allmächtige »Reich der Dummheit« nicht so dumm sei, wie es aussehe, daß *wir* vielmehr die Dummen seien, die nicht merkten, daß hinter ihm – der liebe Gott stehe, er, der zwar die dunklen, krummen und wunderbaren Wege liebe, aber zuletzt doch alles »herrlich hinausführe«. Diese neue Fabel vom lieben Gott, der bisher als Riesengeschlecht oder Moira verkannt worden sei und der Zwecke und Netze selber spinne, feiner noch als die unseres Verstandes – so daß sie demselben unverständlich, ja unverständig erscheinen *müßten* –, diese Fabel war eine so kühne Umkehrung und ein so gewagtes Paradoxum, daß die zu fein gewordene alte Welt nicht zu widerstehen vermochte, so toll und *widerspruchsvoll* die Sache auch klang; denn, im Vertrauen gesagt, es war ein Widerspruch darin: wenn unser Verstand den Verstand und die Zwecke Gottes nicht erraten kann, woher erriet er diese Beschaffenheit seines Verstandes? und diese Beschaffenheit von Gottes Verstande? - In der neueren Zeit ist in der Tat das Mißtrauen groß geworden, ob der Ziegelstein, der vom Dache fällt, wirklich von der »göttlichen Liebe« herabgeworfen werde, - und die Menschen fangen wieder an, in die alte Spur der Riesen- und Zwergen-Romantik zurückzugeraten. *Lernen* wir also, weil es hohe Zeit dazu ist: in unserm vermeintlichen Sonderreiche der Zwecke und der Vernunft regieren ebenfalls die Riesen! Und unsre Zwecke und unsre Vernunft sind keine Zwerge, sondern Riesen! Und unsre eignen Netze werden *durch uns selber* ebenso oft und ebenso plump zerrissen wie von dem Ziegelsteine! Und es ist nicht alles Zweck, was so genannt wird, und noch weniger alles Wille, was Wille heißt! Und, wenn ihr schließen wolltet: »es gibt also nur ein Reich, das der Zufälle und der Dummheit?« - so ist hinzuzufügen: ja, vielleicht gibt es nur ein Reich, vielleicht gibt es weder Willen noch Zwecke, und wir haben sie uns eingebildet. Jene eisernen Hände der Notwendigkeit, welche den Würfelbecher des Zufalls schütteln, spielen ihr Spiel unendliche Zeit: da *müssen* Würfe vorkommen, die der Zweckmäßigkeit und Vernünftigkeit jedes Grades vollkommen ähnlich sehen. *Vielleicht* sind unsre Willensakte, unsre Zwecke nichts anderes als eben solche Würfe - und wir sind nur zu beschränkt und zu eitel dazu, unsre äußerste Beschränktheit zu begreifen: die nämlich, daß wir selber mit eisernen Händen den Würfelbecher schütteln, daß wir selber in unsern absichtlichsten Handlungen nichts mehr tun als das Spiel der Notwendigkeit zu spielen. Vielleicht! - Um über dies *Vielleicht* hinauszukommen, müßte man schon in der Unterwelt und jenseits aller Oberflächen zu Gaste gewesen sein und am Tische der Persephone mit ihr selber gewürfelt und gewettet haben.

131

Die moralischen Moden. - Wie sich die moralischen Gesamt-Urteile verschoben haben! Diese größten Wunder der antiken Sittlichkeit, zum Beispiel Epiktet, wußten nichts von der jetzt üblichen Verherrlichung des Denkens an andere, des Lebens für andere; man würde sie nach unserer moralischen Mode geradezu unmoralisch nennen müssen, denn sie haben sich mit allen Kräften *für* ihr *ego* und *gegen* die Mitempfindung mit den anderen (namentlich mit deren Leiden und sittlichen Gebrechen) gewehrt. Vielleicht daß sie uns antworten würden: »habt ihr an euch selber einen so langweiligen oder häßlichen Gegenstand, so denkt doch ja an andere mehr als an euch! Ihr tut gut daran!«

132

Die ausklingende Christlichkeit in der Moral. – »On n'est bon que par la pitié: il faut donc qu'il y ait quelque pitié dans tous nos sentiments« – so klingt jetzt die Moral! Und woher kommt das? – Daß der Mensch der sympathischen, uninteressierten, gemeinnützigen, gesellschaftlichen Handlungen jetzt als der *moralische* empfunden wird – das ist vielleicht die allgemeinste Wirkung und Umstimmung, welche das Christentum in Europa hervorgebracht hat: obwohl sie weder seine Absicht noch seine Lehre gewesen ist. Aber es war das *residuum* christlicher Stimmungen, als der sehr entgegengesetzte, streng egoistische Grundglaube an das »eins ist not«, an die absolute Wichtigkeit des ewigen *persönlichen* Heils, mit den Dogmen, auf denen er ruhte, allmählich zurücktrat, und der Nebenglaube an die »Liebe«, an die »Nächstenliebe«, zusammenstimmend mit der ungeheuren Praxis der kirchlichen Barmherzigkeit, dadurch in den Vordergrund gedrängt wurde. Je mehr man sich von den Dogmen loslöste, um so mehr suchte man gleichsam die *Rechtfertigung* dieser Loslösung in einem Kultus der Menschenliebe: hierin hinter dem christlichen Ideale nicht zurückbleiben, sondern es womöglich zu *überbieten*, war ein geheimer Sporn bei allen französischen Freidenkern, von Voltaire bis auf Auguste Comte: und letzterer hat mit seiner berühmten Moralformel *vivre pour autrui* in der Tat das Christentum überchristlicht. Auf deutschem Boden hat Schopenhauer, auf englischem John Stuart Mill der Lehre von den sympathischen Affektionen und vom Mitleiden oder vom Nutzen anderer als dem Prinzip des Handelns die meiste Berühmtheit gegeben: aber sie selber waren nur ein Echo – jene Lehren sind mit einer gewaltigen Triebkraft überall und in den gröbsten und feinsten Gestalten zugleich aufgeschossen, ungefähr von der Zeit der französischen Revolution an, und alle sozialistischen Systeme haben sich wie unwillkürlich auf den gemeinsamen Boden dieser Lehren gestellt. Es gibt vielleicht jetzt kein besser geglaubtes Vorurteil als dies: daß man *wisse*, was eigentlich das Moralische ausmache. Es scheint jetzt jedermann *wohlzutun*, wenn er hört, daß die Gesellschaft auf dem Wege sei, den einzelnen den allgemeinen Bedürfnissen *anzupassen*, und daß *das Glück und zugleich das Opfer des einzelnen* darin liege, sich als ein nützliches Glied und Werkzeug des Ganzen zu fühlen: nur daß man gegenwärtig noch sehr schwankt, worin dieses Ganze zu suchen sei, ob in einem bestehenden oder zu begründenden Staate, oder in der Nation oder in einer Völker-Verbrüderung oder in kleinen neuen wirtschaftlichen Gemeinsamkeiten. Hierüber gibt es jetzt viel Nachdenken, Zweifeln, Kämpfen, viel Aufregung und Leidenschaft; aber wundersam und wohltönend ist die Eintracht in der Forderung, daß das *ego* sich zu verleugnen habe, bis es, in der Form der Anpassung an das Ganze, auch wieder seinen festen Kreis von Rechten und Pflichten bekomme, – bis es etwas ganz Neues und Anderes geworden sei. Man will nichts Geringeres – ob man es sich nun eingesteht oder nicht –, als eine gründliche Umbildung, ja Schwächung und Aufhebung des *Individuums*: man wird nicht müde, alles das Böse und Feindselige, das Verschwenderische, das Kostspielige, das Luxushafte in der bisherigen Form des individuellen Daseins aufzuzählen und anzuklagen, man hofft wohlfeiler, ungefährlicher, gleichmäßiger, einheitlicher zu wirtschaften, wenn es nur noch *große Körper und deren Glieder* gibt. Als *gut* wird alles empfunden, was irgendwie diesem körper- und gliederbildenden Triebe und seinen Hilfstrieben entspricht, dies ist der *moralische Grundstrom* in unserm Zeitalter; Mitempfindung und soziale Empfindung spielen dabei ineinander über. (Kant steht noch außerhalb dieser Bewegung: er lehrt ausdrücklich, daß wir gegen fremde Leiden unempfindlich sein müssen, wenn unser Wohltun moralischen Wert haben soll, – was Schopenhauer, sehr ergrimmt, wie man begreifen wird, *die Kantische Abgeschmacktheit* nennt.)

133

»*Nicht mehr an sich denken.*« – Man überlege es sich doch recht gründlich: warum springt man einem, der vor uns ins Wasser fällt, nach, obschon man ihm gar nicht geneigt ist? Aus Mitleid: man denkt da nur noch an den andern, - sagt die Gedankenlosigkeit. Warum empfindet man Schmerz und Unbehagen mit einem, der Blut speit, während man ihm sogar böse und feindlich gesinnt ist? Aus Mitleid: man denkt dabei eben nicht mehr an sich, - sagt dieselbe Gedankenlosigkeit. Die Wahrheit ist: im Mitleid - ich meine in dem, was irreführenderweise gewöhnlich Mitleid genannt zu werden pflegt, - denken wir zwar nicht mehr bewußt an uns, aber *sehr stark unbewußt*, wie wenn wir beim Ausgleiten eines Fußes, für uns jetzt unbewußt, die zweckmäßigsten Gegenbewegungen machen und dabei ersichtlich allen unseren Verstand gebrauchen. Der Unfall des andern beleidigt uns, er würde uns unserer Ohnmacht, vielleicht unserer Feigheit überführen, wenn wir ihm nicht Abhilfe brächten. Oder er bringt schon an sich eine Verringerung unserer Ehre vor anderen oder vor uns selber mit sich. Oder es liegt im Unfalle und Leiden eines anderen ein Fingerzeig der Gefahr für uns; und schon als Merkmale der menschlichen Gefährdetheit und Gebrechlichkeit überhaupt können sie auf uns peinlich wirken. Diese Art Pein und Beleidigung weisen wir zurück und vergelten sie durch eine Handlung des Mitleidens, in ihr kann eine feine Notwehr oder auch Rache sein. Daß wir im Grunde stark an uns denken, läßt sich aus der Entscheidung erraten, welche wir in allen den Fällen treffen, wo wir dem Anblicke des Leidenden, Darbenden, Jammernden aus dem Wege gehen *können*: wir entschließen uns, es *nicht* zu tun, wenn wir als die Mächtigeren, Helfenden hinzukommen können, des Beifalls sicher sind, unsern Glücks-Gegensatz empfinden wollen oder auch uns durch den Anblick aus der Langenweile herauszureißen hoffen. Es ist irreführend, das Leid, welches uns bei einem solchen Anblick angetan wird und das sehr verschiedener Art sein kann, Mit-Leid zu benennen, denn unter allen Umständen ist es ein Leid, von dem der vor uns Leidende *frei* ist: es ist uns zu eigen, wie ihm sein Leiden zu eigen ist. *Nur dieses eigene Leid* aber ist es, welches wir von uns abtun, wenn wir Handlungen des Mitleidens verüben. Doch tun wir etwas der Art nie aus *einem* Motive; so gewiß wir uns dabei von einem Leiden befreien wollen, so gewiß geben wir bei der gleichen Handlung einem *Antriebe der Lust* nach, - Lust entsteht beim Anblick eines Gegensatzes unsrer Lage, bei der Vorstellung, helfen zu können, wenn wir nur wollten, bei dem Gedanken an Lob und Erkenntlichkeit, im Falle wir hälfen, bei der Tätigkeit der Hilfe selber, insofern der Akt gelingt und als etwas schrittweise Gelingendes dem Ausführenden an sich Ergötzen macht, namentlich aber in der Empfindung, daß unsere Handlung einer empörenden Ungerechtigkeit ein Ziel setzt (schon das Auslassen seiner Empörung erquickt). Dies alles, alles, und noch viel Feineres hinzugerechnet, ist »Mitleid«: – wie plump fällt die Sprache mit ihrem einen Worte über so ein polyphones Wesen her! – Daß dagegen das Mitleiden *einartig* mit dem Leiden sei, bei dessen Anblick es entsteht, oder daß es ein besonders feines, durchdringendes Verstehen für dasselbe habe, dies beides widerspricht der *Erfahrung*, und wer es gerade in diesen beiden Hinsichten verherrlicht hat, dem *fehlte* eben auf diesem Bereiche des Moralischen die ausreichende Erfahrung. Das ist mein Zweifel bei all den unglaublichen Dingen, welche Schopenhauer vom Mitleide zu berichten weiß: er, der uns damit zum Glauben an seine große Neuigkeit bringen möchte, das Mitleiden – eben das von ihm so mangelhaft beobachtete, so schlecht beschriebene Mitleiden – sei die Quelle aller und jeder ehemaligen und zukünftigen moralischen Handlung – und gerade um der Fähigkeiten willen, die er ihm erst *angedichtet* hat. – Was unterscheidet schließlich die Menschen ohne Mitleid von den mitleidigen? Vor allem – um auch hier nur im Groben zu zeichnen – haben sie nicht die reizbare Phantasie der Furcht, das feine Vermögen der Witterung für Gefahr; auch ist ihre Eitelkeit nicht so schnell beleidigt, wenn etwas geschieht, das sie verhindern könnten (ihre Vorsicht des Stolzes gebietet ihnen, sich nicht unnütz in fremde Dinge zu mischen, ja sie lieben es von sich selbst aus, daß jeder sich selber helfe und seine eigenen Karten spiele). Zudem sind sie an das Ertragen von Schmerzen meistens gewöhnter als die Mitleidigen; auch will es ihnen nicht so unbillig dünken, daß andere leiden, da sie selber gelitten haben. Zuletzt ist ihnen der Zustand der Weichherzigkeit peinlich, wie den Mitleidigen der Zustand des stoischen Gleichmutes; sie belegen ihn mit herabsetzenden Worten und meinen, daß ihre Männlichkeit und kalte Tapferkeit dabei in Gefahr sei, – sie verheimlichen die Träne vor andern und wischen sie ab, unwillig über sich selber. Es ist eine *andre* Art von Egoisten als die Mitleidigen; – sie aber im ausgezeichneten Sinne *böse*, und die Mitleidigen *gut* zu nennen, ist nichts als eine moralische Mode, welche ihre Zeit hat: wie auch die umgekehrte Mode ihre Zeit gehabt hat, und eine lange Zeit!

134

Inwiefern man sich vor dem Mitleiden zu hüten hat. – Das Mitleiden, sofern es wirklich Leiden schafft – und dies sei hier unser einziger Gesichtspunkt –, ist eine Schwäche wie jedes Sich-verlieren an einen *schädigenden* Affekt. Es *vermehrt* das Leiden in der Welt: mag mittelbar auch hie und da infolge des Mitleidens ein Leiden verringert oder gehoben werden, so darf man diese gelegentlichen und im ganzen unbedeutenden Folgen nicht benutzen, um sein Wesen zu rechtfertigen, welches, wie gesagt, schädigend ist. Gesetzt, es herrschte auch nur einen Tag: so ginge die Menschheit an ihm sofort zugrunde. An sich hat es so wenig einen guten Charakter wie irgendein Trieb: erst dort, wo es gefordert und gelobt wird – und dies geschieht dort, wo man das Schädigende an ihm nicht begreift, aber eine *Quelle der Lust* darin entdeckt –, hängt sich ihm das gute Gewissen an, erst dann gibt man sich ihm gern hin und scheut nicht seine Kundgebung. Unter anderen Verhältnissen, wo begriffen wird, daß es schädigend ist, gilt es als Schwäche: oder, wie bei den Griechen, als ein krankhafter, periodischer Affekt, dem man durch zeitweilige willkürliche Entladungen seine Gefährlichkeit nehmen könne. – Wer einmal, versuchsweise, den Anlässen zum Mitleiden im praktischen Leben eine Zeitlang absichtlich nachgeht und sich alles Elend, dessen er in seiner Umgebung habhaft werden kann, immer vor die Seele stellt, wird unvermeidlich krank und melancholisch. Wer aber gar als Arzt *in irgendeinem Sinne* der Menschheit dienen will, wird gegen jene Empfindung sehr vorsichtig werden müssen, – sie lähmt ihn in allen entscheidenden Augenblicken und unterbindet sein Wissen und seine hilfreiche feine Hand.

135

Das Bemitleidetwerden. – Unter Wilden denkt man mit moralischem Schauder ans Bemitleidetwerden: da ist man aller Tugend bar. Mitleidgewähren heißt so viel wie Verachten: ein verächtliches Wesen will man nicht leiden sehen, es gewährt dies keinen Genuß. Dagegen einen Feind leiden zu sehen, den man als ebenbürtig-stolz anerkennt und der unter Martern seinen Stolz nicht preisgibt, und überhaupt jedes Wesen, welches sich nicht zum Mitleid-Anrufen, das heißt zur schmählichsten und tiefsten Demütigung verstehen will, – das ist ein Genuß der Genüsse, dabei erhebt sich die Seele des Wilden zur *Bewunderung*: er tötet zuletzt einen solchen Tapferen, wenn er es in der Hand hat, und gibt ihm, dem *Ungebrochenen*, seine letzte *Ehre*: hätte er gejammert, den Ausdruck des kalten Hohnes aus dem Gesichte verloren, hätte er sich verächtlich gezeigt – nun, so hätte er leben bleiben dürfen, wie ein Hund – er hätte den Stolz des Zuschauenden nicht mehr gereizt, und an Stelle der Bewunderung wäre Mitleiden getreten.

136

Das Glück im Mitleiden. – Wenn man, wie die Inder, als *Ziel* der ganzen intellektuellen Tätigkeit die Erkenntnis des menschlichen *Elends* aufstellt und durch viele Geschlechter des Geistes hindurch einem solchen entsetzlichen Vorsatze treu bleibt: so bekommt endlich, im Auge solcher Menschen des *erblichen* Pessimismus, das *Mitleiden* einen neuen Wert, als *lebenerhaltende* Macht, um das Dasein doch auszuhalten, ob es gleich wert erscheint, vor Ekel und Grausen weggeworfen zu werden. Mitleiden wird das Gegenmittel gegen den Selbstmord, als eine Empfindung, welche Lust enthält und Überlegenheit in kleinen Dosen zu kosten gibt: es zieht von uns ab, macht das Herz voll, verscheucht die Furcht und die Erstarrung, regt zu Worten, Klagen und Handlungen an – es ist *verhältnismäßig ein Glück*, gemessen am Elende der Erkenntnis, welche das Individuum von allen Seiten in die Enge und Dunkelheit treibt und ihm den Atem nimmt. Glück aber, welches es auch sei, gibt Luft, Licht und freie Bewegung.

137

Warum das »Ich« verdoppeln! – Unsere eigenen Erlebnisse mit dem Auge ansehen, mit dem wir sie anzusehen pflegen, wenn es die Erlebnisse anderer sind, – dies beruhigt sehr und ist eine ratsame Medizin.

Dagegen die Erlebnisse anderer so ansehen und aufnehmen, *wie als ob sie die unseren wären* – die Forderung einer Philosophie des Mitleidens –, dies würde uns zugrunde richten, und in sehr kurzer Zeit: man mache doch nur den Versuch damit und phantasiere nicht länger! Gewiß ist außerdem jene erste Maxime der Vernunft und dem guten Willen zur Vernünftigkeit *gemäßer*, denn wir urteilen über den Wert und Sinn eines Ereignisses objektiver, wenn es an anderen hervortritt und nicht an uns: zum Beispiel über den Wert eines Sterbefalls, eines Geldverlustes, einer Verleumdung. Mitleiden als Prinzip des Handelns mit der Forderung: leide *so* an dem Übel des andern, wie er selber leidet, brächte dagegen mit sich, daß der Ich-Gesichtspunkt, mit seiner Übertreibung und Ausschweifung, auch noch der Gesichtspunkt des andern, des Mitleidenden, werden müßte: so daß wir an unserem Ich und am Ich des andern zugleich zu leiden hätten und uns derart freiwillig mit einer doppelten Unvernunft beschwerten, anstatt die Last der eigenen so gering wie möglich zu machen.

138

Das Zärtlicherwerden. – Wenn wir jemanden lieben, ehren, bewundern und nun, hinterher, finden, daß er *leidet*, – immer mit großem Erstaunen, weil wir nicht anders denken, als daß unser von ihm herströmendes Glück aus einem überreichen Borne *eigenen* Glückes komme –, so ändert sich unser Gefühl der Liebe, Verehrung und Bewunderung in *etwas Wesentlichem*: es wird *zärtlicher*, das heißt: die Kluft zwischen ihm und uns scheint sich zu überbrücken, eine Annäherung an Gleichheit scheint stattzufinden. Jetzt erst gilt es uns als möglich, ihm *zurückgeben* zu können, während er früher über unsere Dankbarkeit erhaben in unserer Vorstellung lebte. Es macht uns dieses Zurückgebenkönnen eine große Freude und Erhebung. Wir suchen zu erraten, was seinen Schmerz lindert, und geben ihm dies; will er tröstliche Worte, Blicke, Aufmerksamkeiten, Dienste, Geschenke – wir geben es; vor allem aber: will er uns *leidend* über sein Leid, so geben wir uns als leidend, haben aber bei alledem *den Genuß der tätigen Dankbarkeit*: als welche, kurz gesagt, *die gute Rache ist*. Will und nimmt er gar nichts von uns an, so gehen wir erkältet und traurig, fast gekränkt fort: es ist, als ob unsere Dankbarkeit zurückgewiesen würde, - und in diesem Ehrenpunkte ist der Gütigste noch kitzlich. - Aus dem allen folgt, daß, selbst für den günstigsten Fall, im Leiden etwas Erniedrigendes und im Mitleiden etwas Erhöhendes und Überlegenheit-Gebendes liegt; was beide Empfindungen auf ewig voneinander trennt.

139

Angeblich höher! - Ihr sagt, die Moral des Mitleidens ist eine höhere Moral als die des Stoizismus? Beweist es! aber bemerkt, daß über »höher« und »niedriger« in der Moral nicht wiederum nach moralischen Ellen abzumessen ist: denn es gibt keine absolute Moral. Nehmt also die Maßstäbe anderswo her und - nun seht euch vor!

140

Loben und Tadeln. - Läuft ein Krieg unglücklich aus, so fragt man nach dem, der »schuld« am Kriege sei; geht er siegreich zu Ende, so preist man seinen Urheber. Die Schuld wird überall gesucht, wo ein Mißerfolg ist; denn dieser bringt eine Verstimmung mit sich, gegen welche das einzige Heilmittel unwillkürlich angewendet wird: eine neue Erregung des *Machtgefühls* - und diese findet sich in der *Verurteilung* des »Schuldigen«. Dieser Schuldige ist nicht etwa der Sündenbock der Schuld anderer: er ist das Opfer der Schwachen, Gedemütigten, Herabgestimmten, welche irgendworan sich beweisen wollen, daß sie noch Stärke haben. Auch sich selber verurteilen kann ein Mittel sein, nach einer Niederlage sich zum Gefühl der Stärke zu verhelfen. - Dagegen ist die Verherrlichung des *Urhebers* oftmals das ebenso blinde Ergebnis eines andern Triebes, der sein Opfer haben will, - und diesmal riecht das Opfer dem Opfertier selber süß und einladend -: wenn nämlich das Gefühl der Macht in einem Volke, in einer Gesellschaft durch einen großen und bezaubernden Erfolg überfüllt ist und eine *Ermüdung am Siege* eintritt, so gibt man von seinem Stolze ab; es erhebt sich das Gefühl der *Hingebung* und sucht sich sein Objekt. - Ob wir *getadelt* oder *gelobt* werden, wir sind gewöhnlich dabei die Gelegenheiten, und allzuoft die willkürlich am Schopf gefaßten und herbeigeschleppten Gelegenheiten für unsre Nächsten, den in ihnen angeschwollenen Trieb des Tadelns oder Lobens ausströmen zu lassen: wir erzeigen ihnen in beiden Fällen eine Wohltat, an der wir kein Verdienst und für die sie keinen Dank haben.

141

Schöner, aber weniger wert. — Malerische Moralität: das ist die Moralität der steil aufschießenden Affekte, der schroffen Übergänge, der pathetischen, eindringlichen, furchtbaren, feierlichen Gebärden und Töne. Es ist die *halbwilde* Stufe der Moralität: man lasse sich durch ihren ästhetischen Reiz nicht verlocken, ihr einen höheren Rang anzuweisen.

142

Mitempfindung. — Um den andern zu verstehen, das heißt um *sein Gefühl in uns nachzubilden*, gehen wir zwar häufig auf den *Grund* seines so und so bestimmten Gefühls zurück und fragen zum Beispiel: *warum ist er betrübt?* — um dann aus demselben Grunde selber betrübt zu werden; aber viel gewöhnlicher ist es, dies zu unterlassen und das Gefühl nach den *Wirkungen*, die es am andern übt und zeigt, in uns zu erzeugen, indem wir den Ausdruck seiner Augen, seiner Stimme, seines Ganges, seiner Haltung (oder gar deren Abbild in Wort, Gemälde, Musik) an unserem Leibe nachbilden (mindestens bis zu einer leisen Ähnlichkeit des Muskelspiels und der Innervation). Dann entsteht in uns ein ähnliches Gefühl, infolge einer alten Assoziation von Bewegung und Empfindung, welche darauf eingedrillt ist, rückwärts oder vorwärts zu laufen. In dieser Geschicklichkeit, die Gefühle des andern zu verstehen, haben wir es sehr weit gebracht, und fast unwillkürlich sind wir in Gegenwart eines Menschen immer in der Übung dieser Geschicklichkeit: man sehe sich namentlich das Linienspiel in den weiblichen Gesichtern an, wie es ganz vom unaufhörlichen Nachbilden und Widerspiegeln dessen, was um sie herum empfunden wird, erzittert und glänzt. Am deutlichsten aber zeigt uns die Musik, welche Meister wir im schnellen und feinen Erraten von Gefühlen und in der Mitempfindung sind: wenn nämlich Musik ein Nachbild vom Nachbild von Gefühlen ist und doch, trotz dieser Entfernung und Unbestimmtheit, uns noch oft genug derselben teilhaftig macht, so daß wir traurig werden, ohne den geringsten Anlaß zur Trauer, wie vollkommene Narren, bloß weil wir Töne und Rhythmen hören, welche irgendwie an den Stimmklang und die Bewegung von Trauernden, oder gar von deren Gebräuchen erinnern. Man erzählt von einem dänischen König, daß er von der Musik eines Sängers so in kriegerische Begeisterung hineingerissen wurde, daß er aufsprang und fünf Personen seines versammelten Hofstaates tötete: es gab keinen Krieg, keinen Feind, vielmehr von allem das Gegenteil, aber die *vom Gefühle zur Ursache zurückschließende* Kraft war stark genug, um den Augenschein und die Vernunft zu überwältigen. Allein, dies ist eben fast immer die Wirkung der Musik (gesetzt daß sie eben *wirkt* –), und man braucht so paradoxer Fälle nicht, um dies einzusehen: der Zustand des Gefühls, in den uns die Musik bringt, ist fast jedesmal im Widerspruch mit dem Augenschein unsrer wirklichen Lage und der Vernunft, welche diese wirkliche Lage und ihre Ursachen erkennt. – Fragen wir, wodurch die Nachbildung der Gefühle anderer uns so geläufig geworden ist, so bleibt kein Zweifel über die Antwort: der Mensch, als das furchtsamste aller Geschöpfe, vermöge seiner feinen und zerbrechlichen Natur, hat in seiner *Furchtsamkeit* die Lehrmeisterin jener Mitempfindung, jenes schnellen Verständnisses für das Gefühl des andern (auch des Tieres) gehabt. In langen Jahrtausenden sah er in allem Fremden und Belebten eine Gefahr: er bildete sofort bei einem solchen Anblick den Ausdruck der Züge und der Haltung nach und machte seinen Schluß über die Art der bösen Absicht hinter diesen Zügen und dieser Haltung. Dieses Ausdeuten aller Bewegungen und Linien *auf Absichten* hat der Mensch sogar auf die Natur der unbeseelten Dinge angewendet – im Wahne, daß es nichts Unbeseeltes gebe: ich glaube, alles, was wir *Naturgefühl* nennen, beim Anblick von Himmel, Flur, Fels, Wald, Gewitter, Sternen, Meer, Landschaft, Frühling, hat hier seine Herkunft, – ohne die uralte Übung der Furcht, dies alles auf einen zweiten dahinterliegenden Sinn hin zu sehen, hätten wir jetzt keine Freude an der Natur, wie wir keine Freude an Mensch und Tier haben würden ohne jene Lehrmeisterin des Verstehens, die Furcht. Die Freude und das angenehme Erstaunen, endlich das Gefühl des Lächerlichen, sind nämlich die später geborenen Kinder der Mitempfindung und die viel jüngeren Geschwister der Furcht. – Die Fähigkeit des raschen Verstehens – welche somit auf der Fähigkeit beruht, *sich rasch zu verstellen* – nimmt bei stolzen, selbstherrlichen Menschen und Völkern ab, weil sie weniger Furcht haben: dagegen sind alle Arten des Verstehens und Sich-Verstellens unter den ängstlichen Völkern zu Hause; hier ist auch die rechte Heimat der nachahmenden Künste und der höheren Intelligenz. – Wenn ich von einer solchen Theorie der Mitempfindung aus, wie ich sie hier vorschlage, an die jetzt gerade beliebte und heiliggesprochene Theorie eines mystischen Prozesses denke, vermöge dessen das *Mitleid* aus zwei Wesen eines macht und dergestalt dem einen das unmittelbare Verstehen des andern ermöglicht: wenn ich mich erinnere, daß ein so heller Kopf wie der Schopenhauers an solchem schwärmerischen und nichtswürdigen Krimskrams seine Freude hatte und diese Freude wieder auf helle und halbhelle Köpfe übergepflanzt hat: so weiß ich der Verwunderung und des Erbarmens kein Ende. Wie groß muß unsere Lust am unbegreiflichen Unsinn sein! Wie nahe dem Verrückten steht immer noch der ganze Mensch, wenn er auf seine *geheimen* intellektuellen Wünsche hinhört! – (*Wofür* eigentlich fühlte sich Schopenhauer gegen Kant so dankbar gestimmt, so tief verpflichtet? Es verrät sich einmal ganz unzweideutig: jemand hatte davon gesprochen, wie dem kategorischen Imperative Kants die *qualitas occulta* genommen und er *begreiflich* gemacht werden könne. Darüber bricht Schopenhauer in diese Worte aus: »Begreiflichkeit des kategorischen Imperativs! Grundverkehrter Gedanke! Ägyptische Finsternis! Das verhüte der Himmel, daß der nicht noch begreiflich werde! Eben daß es ein Unbegreifliches gibt, daß *dieser Jammer des Verstandes* und seine Begriffe begrenzt, bedingt, endlich, trüglich ist; diese Gewißheit ist Kants großes Geschenk.« – Man erwäge, ob jemand einen guten Willen zur Erkenntnis der moralischen Dinge hat, der von vornherein durch den Glauben an die *Unbegreiflichkeit* dieser Dinge sich beseligt fühlt! Einer, der noch ehrlich an Erleuchtungen von oben, an Magie und Geistererscheinungen und die metaphysische Häßlichkeit der Kröte glaubt!)

143

Wehe, wenn dieser Trieb erst wütet! — Gesetzt, der Trieb der Anhänglichkeit und Fürsorge für andere (die »sympathische Affektion«) wäre doppelt so stark, als er ist, so wäre es gar nicht auf der Erde *auszuhalten*. Man bedenke doch nur, was jeder aus Anhänglichkeit und Fürsorge *für sich selber* an Torheiten begeht, täglich und stündlich, und wie unausstehlich er dabei anzusehn ist: wie wäre es, wenn *wir für andere* das Objekt dieser Torheiten und Zudringlichkeiten würden, mit denen sie sich bisher nur selber heimgesucht haben! Würde man dann nicht blindlings flüchten, sobald ein »Nächster« uns nahe käme? Und die sympathische Affektion mit ebenso bösen Worten belegen, mit denen wir jetzt den Egoismus belegen?

144

Die Ohren vor dem Jammer zuhalten. — Wenn wir uns durch den Jammer und das Leiden der andern Sterblichen verdüstern lassen und unsern eigenen Himmel mit Wolken bedecken, wer hat dann die Folgen dieser Verdüsterung zu tragen? Eben doch die anderen Sterblichen, und zu allen ihren Lasten noch hinzu! Wir können weder *hilfreich* noch *erquicklich* für sie sein, wenn wir das Echo ihres Jammers sein wollen, ja auch wenn wir immer nur nach ihm hin unser Ohr richten, — es sei denn, daß wir die Kunst der Olympier erlernten und uns fürderhin am Unglück der Menschen *erbauten*, anstatt daran unglücklich zu werden. Das ist aber etwas zu olympierhaft für uns: obwohl wir, mit dem Genuß der Tragödie, schon einen Schritt nach diesem idealischen Götter-Kannibalentum getan haben.

145

»*Unegoistisch!*« — Jener ist hohl und will voll werden, dieser ist überfüllt und will sich ausleeren, — beide treibt es, sich ein Individuum zu suchen, das ihnen dazu dient. Und diesen Vorgang, im höchsten Sinne verstanden, nennt man beidemal mit einem Worte: Liebe, — wie? die Liebe sollte etwas Unegoistisches sein?

146

Auch über den Nächsten hinweg. — Wie? Das Wesen des wahrhaft Moralischen liege darin, daß wir die nächsten und unmittelbarsten Folgen unserer Handlungen für den andern ins Auge fassen und uns darnach entscheiden? Dies ist nur eine enge und kleinbürgerliche Moral, wenn es auch Moral sein mag: aber höher und freier scheint es mir gedacht, auch über diese nächsten Folgen für den andern *hinwegzusehen* und entferntere Zwecke unter Umständen *auch durch das Leid des anderen* zu fördern, — zum Beispiel die Erkenntnis zu fördern, auch trotz der Einsicht, daß unsere Freigeisterei zunächst und unmittelbar die andern in Zweifel, Kummer und Schlimmeres werfen wird. Dürfen wir unsern Nächsten nicht wenigstens so behandeln, wie wir uns behandeln? Und wenn wir bei uns nicht so eng und kleinbürgerlich an die unmittelbaren Folgen und Leiden denken: warum *müßten* wir es bei ihm tun? Gesetzt, wir hätten den Sinn der Aufopferung für uns: was würde uns verbieten, den Nächsten mit aufzuopfern? — so wie es bisher der Staat und der Fürst taten, die den einen Bürger den anderen zum Opfer brachten, »der allgemeinen Interessen wegen«, wie man sagte. Aber auch wir haben allgemeine und vielleicht allgemeinere Interessen: warum sollten den kommenden Geschlechtern nicht einige Individuen der gegenwärtigen Geschlechter zum Opfer gebracht werden dürfen? so daß ihr Gram, ihre Unruhe, ihre Verzweiflung, ihre Fehlgriffe und Angstschritte für nötig befunden würden, weil eine neue Pflugschar den Boden brechen und fruchtbar für alle machen solle? — Endlich: wir teilen zugleich die Gesinnung an den Nächsten mit, in der er *sich als Opfer fühlen* kann, wir überreden ihn zu der Aufgabe, für die wir ihn benützen. Sind wir denn ohne Mitleid? Aber wenn wir auch *über unser Mitleid hinweg* gegen uns selber den Sieg erringen wollen, ist dies nicht eine höhere und freiere Haltung und Stimmung als jene, bei der man sich sicher fühlt, wenn man herausgebracht hat, ob eine Handlung dem Nächsten *wohl oder wehe tut?* Wir dagegen würden doch durch das Opfer — in welchem wir *und die Nächsten* einbegriffen sind — das allgemeine Gefühl der menschlichen *Macht* stärken und höher heben, gesetzt auch, daß wir nicht mehr erreichten. Aber schon dies wäre eine positive Vermehrung des *Glücks*. —

Zuletzt, wenn dies sogar – – doch hier kein Wort mehr! Ein Blick genügt, ihr habt mich verstanden.

147

Ursache des »Altruismus«. – Von der Liebe haben die Menschen im ganzen deshalb so emphatisch und vergöttlichend gesprochen, *weil sie wenig davon gehabt haben* und sich niemals an dieser Kost satt essen durften: so wurde sie ihnen »Götterkost«. Möge ein Dichter einmal im Bilde einer Utopie die *allgemeine Menschenliebe* als vorhanden zeigen: gewiß, er wird einen qualvollen und lächerlichen Zustand zu beschreiben haben, dessengleichen die Erde noch nicht sah, – jedermann nicht von *einem* Liebenden umschwärmt, belästigt und ersehnt, wie es jetzt vorkommt, sondern von Tausenden, ja von jedermann, vermöge eines unbezwingbaren Triebes, den man dann ebenso beschimpfen und verfluchen wird, wie es die ältere Menschheit mit der Selbstsucht getan hat; und die Dichter jenes Zustandes, wenn man ihnen zum Dichten die Ruhe läßt, von nichts träumend als von der seligen, liebelosen Vergangenheit, der göttlichen Selbstsucht, der einstmals auf Erden noch möglichen Einsamkeit, Ungestörtheit, Unbeliebtheit, Gehaßtheit, Verachtetheit und wie immer die ganze Niedertracht unserer lieben Tierwelt heißt, in der *wir* leben.

148

Ausblick in die Ferne. – Sind nur die Handlungen moralisch, wie man wohl definiert hat, welche um des anderen willen und nur um seinetwillen getan werden, so gibt es keine moralischen Handlungen! Sind nur die Handlungen moralisch – wie eine andere Definition lautet –, welche in Freiheit des Willens getan werden, so gibt es ebenfalls keine moralischen Handlungen! – Und was ist also das, was man so *nennt* und das doch jedenfalls existiert und erklärt sein will? Es sind die Wirkungen einiger intellektuellen Fehlgriffe. – Und gesetzt, man machte sich von diesen Irrtümern frei, was würde aus den »moralischen Handlungen«? – Vermöge dieser Irrtümer teilten wir bisher einigen Handlungen einen höheren Wert zu, als sie haben: wir trennten sie von den »egoistischen« und den »unfreien« Handlungen ab. Wenn wir sie jetzt diesen wieder zuordnen, wie wir tun müssen, so *verringern* wir gewiß ihren Wert (ihr Wertgefühl), und zwar unter das billige Maß hinab, weil die »egoistischen« und »unfreien« Handlungen bisher zu niedrig geschätzt wurden, auf Grund jener angeblichen tiefsten und innerlichsten Verschiedenheit. – So werden gerade sie von jetzt ab weniger oft getan werden, weil sie von nun an weniger geschätzt werden? – Unvermeidlich! Wenigstens für eine gute Zeit, solange die Waage des Wertgefühls unter der Reaktion früherer Fehler steht! Aber unsere Gegenrechnung ist die, daß wir den Menschen den guten Mut zu den als egoistisch verschrienen Handlungen zurückgeben und den *Wert* derselben wiederherstellen, – *wir rauben diesen das böse Gewissen!* Und da diese bisher weit die häufigsten waren und in alle Zukunft es sein werden, so nehmen wir dem ganzen Bilde der Handlungen und des Lebens seinen *bösen Anschein!* Dies ist ein sehr hohes Ergebnis! Wenn der Mensch sich nicht mehr für böse hält, hört er auf, es zu sein!

DRITTES BUCH

149

Kleine abweichende Handlungen tun not! – In den Angelegenheiten der *Sitte* auch einmal *wider* seine bessere Einsicht handeln; hier in der Praxis nachgeben und sich die geistige Freiheit vorbehalten; es so machen wie alle und damit allen eine Artigkeit und Wohltat erweisen, zur Entschädigung gleichsam für das Abweichende unserer Meinungen: – das gilt bei vielen leidlich freigesinnten Menschen nicht nur als unbedenklich, sondern als »honett«, »human«, »tolerant«, »nicht pedantisch«, und wie die schönen Worte lauten mögen, mit denen das intellektuelle Gewissen in Schlaf gesungen wird: und so bringt dieser sein Kind zur christlichen Taufe herzu und ist dabei Atheist, und jener tut Kriegsdienste wie alle Welt, so sehr er auch den Völkerhaß verdammt, und ein dritter läuft mit einem Weibchen in die Kirche, weil es eine fromme Verwandtschaft hat, und macht Gelübde vor einem Priester, ohne sich zu schämen. »Es ist nicht *wesentlich*, wenn unsereiner auch tut, was alle immerdar tun und getan haben« – so klingt das grobe *Vorurteil!* Der *grobe* Irrtum! Denn es gibt nichts *Wesentlicheres*, als wenn das bereits Mächtige, Altherkömmliche und vernunftlos Anerkannte durch die Handlung eines anerkannt Vernünftigen noch einmal bestätigt wird: damit erhält es in den Augen aller, die davon hören, die Sanktion der Vernunft selber! Alle Achtung vor euren Meinungen! Aber *kleine abweichende Handlungen* sind mehr wert!

150

Der Zufall der Ehen. – Wäre ich ein Gott, und ein wohlwollender Gott, so würden mich die *Ehen* der Menschen mehr als alles andere ungeduldig machen. Weit, weit kann ein einzelner vorwärts kommen, in seinen siebenzig, ja in seinen dreißig Jahren – es ist zum Erstaunen, selbst für Götter! Aber sieht man dann, wie er das Erbe und Vermächtnis dieses Ringens und Siegens, den Lorbeer seiner Menschlichkeit, an den ersten besten Ort aufhängt, wo ihn ein Weiblein zerpflückt: sieht man, wie gut er zu erringen, wie schlecht zu bewahren versteht, ja wie er gar nicht daran denkt, daß er vermittelst der Zeugung ein noch sieg‑ reicheres Leben vorbereiten könne: so wird man, wie gesagt, ungedul‑ dig und sagt sich »es kann aus der Menschheit auf die Dauer nichts werden, die einzelnen werden verschwendet, der Zufall der Ehen macht alle Vernunft eines großen Ganges der Menschheit unmöglich – hören wir auf, die eifrigen Zuschauer und Narren dieses Schauspiels ohne Ziel zu sein!« – In dieser Stimmung zogen sich einstmals die Götter Epikurs in ihre göttliche Stille und Seligkeit zurück: sie waren der Menschen und ihrer Liebeshändel müde.

151

Hier sind neue Ideale zu erfinden. – Es sollte nicht erlaubt sein, im Zu‑ stande der Verliebtheit einen Entschluß über sein Leben zu fassen und einer heftigen Grille wegen den Charakter seiner Gesellschaft ein für allemal festzusetzen: man sollte die Schwüre der Liebenden öffentlich für ungültig erklären und ihnen die Ehe verweigern: – und zwar, weil man die Ehe unsäglich wichtiger nehmen sollte! so daß sie in solchen Fällen, wo sie bisher zustande kam, für gewöhnlich gerade nicht zu‑ stande käme! Sind nicht die meisten Ehen der Art, daß man keinen dritten als Zeugen wünscht? Und gerade dieser dritte fehlt fast nie – das Kind – und ist mehr als ein Zeuge, nämlich der Sündenbock!

152

Eidformel. – »Wenn ich jetzt lüge, so bin ich kein anständiger Mensch mehr, und jeder soll es mir ins Gesicht sagen dürfen.« – Diese Formel empfehle ich an Stelle des gerichtlichen Eides und der üblichen Anrufung Gottes dabei: sie ist *stärker.* Auch der Fromme hat keinen Grund, sich ihr zu widersetzen: sobald nämlich der bisherige Eid nicht mehr hinreichend *nützt,* muß der Fromme auf seinen Katechis‑ mus hören, welcher vorschreibt »du sollst den Namen Gottes deines Herrn nicht *unnützlich* führen!«

153

Ein Unzufriedener. – Das ist einer jener alten Tapferen: er ärgert sich über die Zivilisation, weil er meint, dieselbe ziele darauf, alle guten Dinge, Ehren, Schätze, schöne Weiber – auch den Feigen zugänglich zu machen.

154

Trost der Gefährdeten. – Die Griechen, in einem Leben, welches großen Gefahren und Umstürzen sehr nahe stand, suchten im Nachdenken und Erkennen eine Art Sicherheit des Gefühls und letztes *refugium*. Wir, in einem unvergleichlich sichreren Zustande, haben die Gefährlichkeit ins Nachdenken und Erkennen getragen und erholen und beruhigen uns von ihr *am Leben*.

155

Erloschene Skepsis. – Kühne Wagnisse sind in der neuen Zeit seltener als in der alten und mittelalterlichen – wahrscheinlich deshalb, weil die neue Zeit nicht mehr den Glauben an Vorzeichen, Orakel, Gestirne und Wahrsager hat. Das heißt: wir sind dazu unfähig geworden, an eine *uns* bestimmte *Zukunft zu glauben*, so wie die Alten glaubten, welche – anders als wir – in Beziehung auf das, was *kommt*, viel weniger Skeptiker waren als in Beziehung auf das, was *da ist*.

156

Aus Übermut böse. – »Daß wir uns nur nicht zu wohl fühlen!« – das war die heimliche Herzensangst der Griechen in der guten Zeit. *Deshalb* predigten sie sich das Maß. Und wir!

157

Kultus der »Naturlaute«. – Wohin weist es, daß unsre Kultur gegen die Äußerungen des Schmerzes, gegen Tränen, Klagen, Vorwürfe, Gebärden der Wut oder der Demütigung, nicht nur geduldig ist, daß sie dieselben gut heißt und unter die edleren Unvermeidlichkeiten rechnet? — während der Geist der antiken Philosophie mit Verachtung auf sie sah und ihnen durchaus keine Notwendigkeit zuerkannte. Man erinnere sich doch, wie Plato — das heißt: keiner von den unmenschlichsten Philosophen — von dem Philoktet der tragischen Bühne redet. Sollte unsrer modernen Kultur vielleicht »die Philosophie« fehlen? Sollten wir, nach der Abschätzung jener alten Philosophen, vielleicht samt und sonders zum »Pöbel« gehören?

158

Klima des Schmeichlers. — Die hündischen Schmeichler muß man jetzt nicht mehr in der Nähe der Fürsten suchen — diese haben alle den militärischen Geschmack, und der Schmeichler geht wider diesen. Aber in der Nähe der Bankiers und Künstler wächst jene Blume auch jetzt noch.

159

Die Totenerwecker. — Eitle Menschen schätzen ein Stück Vergangenheit von dem Augenblick an höher, von dem an sie es nachzuempfinden vermögen (zumal wenn dies schwierig ist), ja sie wollen es womöglich jetzt wieder von den Toten erwecken. Da der Eitelen aber immer eine Unzahl da ist, so ist die Gefahr der historischen Studien, sobald eine ganze Zeit ihnen obliegt, in der Tat nicht gering: es wird zu viel Kraft an alle möglichen Toten-Erweckungen weggeworfen. Vielleicht versteht man die ganze Bewegung der Romantik am besten aus diesem Gesichtspunkte.

160

Eitel, begehrlich und wenig weise. — Eure Begierden sind größer als euer Verstand, und eure Eitelkeit ist noch größer als eure Begierden — solchen Menschen, wie ihr seid, ist von Grund aus *recht viel* christliche Praxis und dazu ein wenig Schopenhauersche Theorie anzuraten!

161

Schönheit gemäß dem Zeitalter. — Wenn unsere Bildhauer, Maler und Musiker den Sinn der Zeit treffen wollen, so müssen sie die Schönheit gedunsen, riesenhaft und nervös bilden: so wie die Griechen, im Banne ihrer Moral des Maßes, die Schönheit als Apollo vom Belvedere sahen und bildeten. Wir sollten ihn eigentlich *häßlich* nennen! Aber die albernen »Klassizisten« haben uns um alle Ehrlichkeit gebracht!

162

Die Ironie der Gegenwärtigen. — Augenblicklich ist es Europäer-Art, alle großen Interessen mit Ironie zu behandeln, weil man vor Geschäftigkeit in ihrem Dienste keine Zeit hat, sie ernst zu nehmen.

163

Gegen Rousseau. — Wenn es wahr ist, daß unsre Zivilisation etwas Erbärmliches an sich hat: so habt ihr die Wahl, mit Rousseau weiterzuschließen »diese erbärmliche Zivilisation ist Schuld an unsrer *schlechten* Moralität«, oder gegen Rousseau zurückzuschließen »unsere *gute* Moralität ist Schuld an dieser Erbärmlichkeit der Zivilisation. Unsere schwachen, unmännlichen, gesellschaftlichen Begriffe von Gut und Böse und die ungeheure Überherrschaft derselben über Leib und Seele haben alle Leiber und alle Seelen endlich schwach gemacht und die selbständigen, unabhängigen, unbefangenen Menschen, die Pfeiler einer *starken* Zivilisation, zerbrochen: wo man der *schlechten* Moralität jetzt noch begegnet, da sieht man die letzten Trümmer dieser Pfeiler.« So stehe denn Paradoxon gegen Paradoxon! Unmöglich kann hier die Wahrheit auf beiden Seiten sein: und ist sie überhaupt auf einer von beiden? Man prüfe.

164

Vielleicht verfrüht. — Gegenwärtig scheint es so, daß unter allerhand falschen, irreführenden Namen und zumeist in großer Unklarheit, von seiten derer, welche sich nicht an die bestehenden Sitten und Gesetze gebunden halten, die ersten Versuche gemacht werden, sich zu organisieren und damit sich ein *Recht* zu schaffen: während sie bisher, als Verbrecher, Freidenker, Unsittliche, Bösewichte verschrien, unter dem Banne der Vogelfreiheit und des schlechten Gewissens, verderbt und verderbend lebten. Dies sollte man im ganzen und großen *billig und gut* finden, wenn es auch das kommende Jahrhundert zu einem gefährlichen macht und jedem das Gewehr um die Schulter hängt: schon damit eine Gegenmacht da ist, die immer daran erinnert, daß es keine allein-moralisch-machende Moral gibt und daß jede ausschließlich sich selber bejahende Sittlichkeit zu viel gute Kraft tötet und der Menschheit zu teuer zu stehen kommt. Die Abweichenden, welche so häufig die Erfinderischen und Fruchtbaren sind, sollen nicht mehr geopfert werden; es soll nicht einmal mehr für schändlich gelten, von der Moral abzuweichen, in Taten und Gedanken; es sollen zahlreiche neue Versuche des Lebens und der Gemeinschaft gemacht werden; es soll eine ungeheure Last von schlechtem Gewissen aus der Welt geschafft werden – diese allgemeinsten Ziele sollten von allen Redlichen und Wahrheitsuchenden anerkannt und gefördert werden!

165

Welche Moral nicht langweilt. – Die sittlichen Hauptgebote, die ein Volk sich immer wieder lehren und vorpredigen läßt, stehen in Beziehung zu seinen Hauptfehlern, und deshalb werden sie ihm nicht langweilig. Die Griechen, denen die Mäßigung, der kalte Mut, der gerechte Sinn und überhaupt die Verständigkeit allzuoft abhanden kamen, hatten ein Ohr für die vier sokratischen Tugenden – denn man hatte sie so nötig und *doch* gerade für sie so wenig Talent!

166

Am Scheidewege. – Pfui! Ihr wollt in ein System hinein, wo man entweder Rad sein muß, voll und ganz, oder unter die Räder gerät! Wo es sich von selber versteht, daß jeder das *ist*, wozu er von oben her *gemacht* wird! Wo das Suchen nach »Konnexion« zu den natürlichen Pflichten gehört! Wo keiner sich beleidigt fühlt, wenn er auf einen

Mann mit dem Winke aufmerksam gemacht wird »er kann Ihnen einmal nützen«! Wo man sich nicht schämt, Besuche zu machen, um die Fürsprache einer Person zu erbitten! Wo man nicht einmal ahnt, wie man sich durch eine geflissentliche Einordnung in solche Sitten ein für allemal als geringe Töpferware der Natur bezeichnet hat, welche andre verbrauchen und zerbrechen dürfen, ohne sich sehr dafür verantwortlich zu fühlen; gleich als ob man sagte: »an solcher Art, wie ich bin, wird es nie Mangel geben: nehmt mich hin! Ohne Umstände!«

167

Die unbedingten Huldigungen. – Wenn ich an den gelesensten deutschen Philosophen, an den gehörtesten deutschen Musiker und an den angesehensten deutschen Staatsmann denke: so muß ich mir eingestehen: es wird den Deutschen, diesem Volke der *unbedingten* Gefühle, jetzt recht sauer gemacht, und zwar von ihren eigenen großen Männern. Es gibt da dreimal ein prachtvolles Schauspiel zu sehen: jedesmal einen Strom, in seinem eignen, selbstgegrabenen Strombette, und so mächtig bewegt, daß es öfter scheinen könnte, als wollte er den Berg hinaufströmen. Und dennoch, wie weit man seine Verehrung auch treiben möge: wer möchte nicht gern *andrer* Meinung sein als Schopenhauer, im ganzen und großen! – Und wer könnte jetzt einer Meinung mit Richard Wagner sein, im ganzen und im kleinen? so wahr es auch sein mag, was jemand gesagt hat, daß überall, wo er Anstoß nimmt und wo er Anstoß gibt, ein Problem *vergraben* liegt, – genug, er selber bringt es nicht an das Licht. – Und endlich, wie viele möchten von ganzem Herzen mit Bismarck einer Meinung sein, wenn er selber nur mit sich einer Meinung wäre oder auch nur Miene machte, es fürderhin zu sein! Zwar: *ohne Grundsätze, aber mit Grundtrieben*, ein beweglicher Geist im Dienste starker Grundtriebe, und eben deshalb ohne Grundsätze – das sollte an einem Staatsmanne nichts Auffälliges haben, vielmehr als das Rechte und Naturgemäße gelten; aber leider war es bisher *so* durchaus nicht deutsch! ebenso wenig als Lärm um Musik und Mißklang und Mißmut um den Musiker, ebenso wenig als die neue und außerordentliche Stellung, welche Schopenhauer wählte: nämlich weder *über* den Dingen, noch auf den Knien vor den Dingen

– beides hätte noch deutsch heißen können –, sondern *gegen* die Dinge! Unglaublich! Und unangenehm! Sich in eine Reihe mit den Dingen stellen und doch als ihr Gegner, zu guter Letzt gar als der Gegner seiner selber! – was kann der unbedingte Verehrer mit einem solchen Vorbilde anfangen! Und was überhaupt mit drei solchen Vorbildern, die untereinander selber nicht Frieden halten wollen! Da ist Schopenhauer ein Gegner der Musik Wagners, und Wagner ein Gegner der Politik Bismarcks, und Bismarck ein Gegner aller Wagnerei und Schopenhauerei! Was bleibt da zu tun! Wohin sich mit seinem Durste nach der »Huldigung in Bausch und Bogen« flüchten! Könnte man sich vielleicht aus der Musik des Musikers einige hundert Takte guter Musik auslesen, die sich einem ans Herz legen und denen man sich gern ans Herz legt, weil sie ein Herz haben, – könnte man mit diesem kleinen Raub beiseite gehen und den ganzen Rest – vergessen! Und ein eben solches Abkommen in Hinsicht des Philosophen und des Staatsmannes ausfindig machen – auslesen, sich ans Herz legen und namentlich *den Rest vergessen!* Ja, wenn nur das Vergessen nicht so schwer wäre! Da gab es einen sehr stolzen Menschen, der durchaus nur von sich selber etwas annehmen wollte, Gutes und Schlimmes: als er aber das *Vergessen* nötig hatte, konnte er es sich selber nicht geben, sondern mußte dreimal die Geister beschwören; sie kamen, sie hörten sein Verlangen, und zuletzt sagten sie: »nur dies gerade steht nicht in unserer Macht!« Sollten die Deutschen sich die Erfahrung *Manfreds* nicht zunutze machen? Warum erst noch die Geister beschwören! Es ist unnütz, man vergißt nicht, wenn man vergessen will. Und wie groß wäre »der Rest«, den man hier, von diesen drei Größen der Zeit, vergessen müßte, um fürderhin ihr Verehrer in Bausch und Bogen sein zu können! Da ist es doch rätlicher, die gute Gelegenheit zu benutzen und etwas Neues zu versuchen: nämlich in der *Redlichkeit gegen sich selber* zuzunehmen und aus einem Volke des gläubigen Nachsprechens und der bitterbösen, blinden Feindseligkeit ein Volk der bedingten Zustimmung und der wohlwollenden Gegnerschaft zu werden; zunächst aber zu lernen, daß unbedingte Huldigungen vor Personen etwas Lächerliches sind, daß hierin umlernen auch für Deutsche nicht unrühmlich ist, und daß es einen tiefen, beherzigenswerten Spruch gibt: »*Ce qui importe, ce ne sont point les personnes: mais les choses.*«

Dieser Spruch ist wie der, welcher ihn sprach, groß, brav, einfach und schweigsam – ganz wie Carnot, der Soldat und der Republikaner. – Aber darf man jetzt so von einem Franzosen zu Deutschen sprechen, noch dazu von einem Republikaner? Vielleicht nicht; ja vielleicht darf man nicht einmal daran erinnern, was Niebuhr seinerzeit den Deutschen sagen durfte: niemand habe ihm so sehr den Eindruck der *wahren Größe* gegeben als Carnot.

168

Ein Vorbild. – Was liebe ich an Thukydides, was macht, daß ich ihn höher ehre als Plato? Er hat die umfänglichste und unbefangenste Freude an allem Typischen des Menschen und der Ereignisse und findet, daß zu jedem Typus ein Quantum *guter Vernunft* gehört: *diese* sucht er zu entdecken. Er hat eine größere praktische Gerechtigkeit als Plato; er ist kein Verlästerer und Verkleinerer der Menschen, die ihm nicht gefallen oder die ihm im Leben wehe getan haben. Im Gegenteil: er sieht etwas Großes in alle Dinge und Personen hinein und zu ihnen hinzu, indem er nur Typen sieht; was hätte auch die ganze Nachwelt, der er sein Werk weiht, mit dem zu schaffen, was *nicht* typisch wäre! So kommt in ihm, dem Menschen-Denker, jene *Kultur der unbefangensten Weltkenntnis* zu einem letzten herrlichen Ausblühen, welche in Sophokles ihren Dichter, in Perikles ihren Staatsmann, in Hippokrates ihren Arzt, in Demokrit ihren Naturforscher hatte: jene Kultur, welche auf den Namen ihrer Lehrer, der *Sophisten*, getauft zu werden verdient und leider von diesem Augenblicke der Taufe an uns auf einmal blaß und unfaßbar zu werden beginnt, – denn nun argwöhnen wir, es müsse eine sehr unsittliche Kultur gewesen sein, gegen welche ein Plato mit allen sokratischen Schulen kämpfte! Die Wahrheit ist hier so verzwickt und verhäkelt, daß es Widerwillen macht, sie aufzudröseln: so laufe der alte Irrtum (*error veritate simplicior*) seinen alten Weg! –

169

Das Griechische uns sehr fremd. – Orientalisch oder Modern, Asiatisch oder Europäisch: im Verhältnis zum Griechischen ist diesem allen die

Massenhaftigkeit und der Genuß an der großen Quantität als der Sprache des Erhabenen zu eigen, während man in Pästum, Pompeji und Athen und vor der ganzen griechischen Architektur so erstaunt darüber wird, *mit wie kleinen Massen* die Griechen etwas Erhabenes auszusprechen wissen und auszusprechen *lieben*. — Ebenfalls: wie einfach waren in Griechenland die Menschen sich selber *in ihrer Vorstellung*! Wie weit übertreffen wir sie in der Menschenkenntnis! Wie labyrinthisch aber auch nehmen sich unsere Seelen und unsre Vorstellungen von den Seelen gegen die ihrigen aus! Wollten und wagten wir eine Architektur nach *unserer* Seelen-Art (wir sind zu feige dazu!) — so müßte das Labyrinth unser Vorbild sein! Die uns eigene und uns wirklich aussprechende Musik läßt es schon erraten! (In der Musik nämlich lassen sich die Menschen gehen, weil sie wähnen, es sei niemand da, der sie selber *unter* ihrer Musik zu sehen vermöge.)

170

Andere Perspektive des Gefühls. — Was ist unser Geschwätz von den Griechen! Was verstehen wir denn von ihrer Kunst, deren Seele — die Leidenschaft für die *männliche* nackte Schönheit ist! Erst *von da aus* empfanden sie die weibliche Schönheit. So hatten sie also für sie eine völlig andere Perspektive als wir. Und ähnlich stand es mit ihrer Liebe zum Weibe: sie verehrten anders, sie verachteten anders.

171

Die Ernährung des modernen Menschen. — Er versteht vieles, ja fast alles zu verdauen — es ist seine Art Ehrgeiz: aber er würde höherer Ordnung sein, wenn er dies gerade *nicht* verstünde; *homo pamphagus* ist nicht die feinste Spezies. Wir leben zwischen einer Vergangenheit, die einen verrückteren und eigensinnigeren Geschmack hatte als wir, und einer Zukunft, die vielleicht einen gewählteren haben wird, — wir leben zu sehr in der Mitte.

172

Tragödie und Musik. – Männer in einer kriegerischen Grundverfassung des Gemüts, wie zum Beispiel die Griechen in der Zeit des Äschylus, sind *schwer zu rühren*, und wenn das Mitleiden einmal über ihre Härte siegt, so ergreift es sie wie ein Taumel und gleich einer »dämonischen Gewalt«, – sie fühlen sich dann unfrei und von einem religiösen Schauder erregt. Hinterher haben sie ihre Bedenken gegen diesen Zustand; solange sie in ihm sind, genießen sie das Entzücken des Außer-sich-seins und des Wunderbaren, gemischt mit dem bittersten Wermut des Leidens: es ist das so recht ein Getränk für Krieger, etwas Seltenes, Gefährliches und Bittersüßes, das einem nicht leicht zuteil wird. – An Seelen, die so das Mitleiden empfinden, wendet sich die Tragödie, an harte und kriegerische Seelen, welche man schwer besiegt, sei es durch Furcht, sei es durch Mitleid, welchen es aber nütze ist, von Zeit zu Zeit *erweicht* zu werden: aber was soll die Tragödie denen, welche den »sympathischen Affektionen« offenstehen wie die Segel den Winden! Als die Athener weicher und empfindsamer geworden waren, zur Zeit Platos – ach, wie ferne waren sie noch von der Rührseligkeit unserer Groß- und Kleinstädter! – aber doch klagten schon die Philosophen über die *Schädlichkeit* der Tragödie. Ein Zeitalter voller Gefahren wie das eben beginnende, in welchem die Tapferkeit und Männlichkeit im Preise steigen, wird vielleicht allmählich die Seelen wieder so hart machen, daß tragische Dichter ihnen not tun: einstweilen aber waren diese ein wenig *überflüssig*, – um das mildeste Wort zu gebrauchen. – So kommt vielleicht auch für die Musik noch einmal das bessere Zeitalter (gewiß wird es das *bösere* sein!) dann, wenn die Künstler sich mit ihr an streng persönliche, in sich harte, vom dunklen Ernste eigener Leidenschaft beherrschte Menschen zu wenden haben: aber was soll die Musik diesen heutigen allzubeweglichen, unausgewachsenen, halbpersönlichen, neugierigen und nach allem lüsternen Seelchen des verschwindenden Zeitalters!

173

Die Lobredner der Arbeit. – Bei der Verherrlichung der »Arbeit«, bei dem unermüdlichen Reden vom »Segen der Arbeit« sehe ich denselben Hintergedanken, wie bei dem Lobe der gemeinnützigen unpersönlichen Handlungen: den der Furcht vor allem Individuellen. Im Grunde fühlt man jetzt, beim Anblick der Arbeit – man meint immer dabei jene harte Arbeitsamkeit von früh bis spät – daß eine solche Arbeit die beste Polizei ist, daß sie jeden im Zaume hält und die Entwicklung der Vernunft, der Begehrlichkeit, des Unabhängigkeitsgelüstes kräftig zu hindern versteht. Denn sie verbraucht außerordentlich viel Nervenkraft und entzieht dieselbe dem Nachdenken, Grübeln, Träumen, Sorgen, Lieben, Hassen, sie stellt ein kleines Ziel immer ins Auge und gewährt leichte und regelmäßige Befriedigungen. So wird eine Gesellschaft, in welcher fortwährend hart gearbeitet wird, mehr Sicherheit haben: und die Sicherheit betet man jetzt als die oberste Gottheit an. – Und nun! Entsetzen! Gerade der »Arbeiter« ist *gefährlich* geworden! Es wimmelt von »gefährlichen Individuen«! Und hinter ihnen die Gefahr der Gefahren – *das* Individuum!

174

Moralische Mode einer handeltreibenden Gesellschaft. – Hinter dem Grundsatze der jetzigen moralischen Mode: »moralische Handlungen sind die Handlungen der Sympathie für andere« sehe ich einen sozialen Trieb der Furchtsamkeit walten, welcher sich in dieser Weise intellektuell vermummt: dieser Trieb will, als Oberstes, Wichtigstes, Nächstes, daß dem Leben *alle Gefährlichkeit* genommen werde, welche es früher hatte, und daß daran *jeder* und mit allen Kräften helfen solle: deshalb dürfen nur Handlungen, welche auf die gemeinsame Sicherheit und das Sicherheitsgefühl der Gesellschaft abzielen, das Prädikat »gut« bekommen! – Wie wenig Freude müssen doch jetzt die Menschen an sich haben, wenn eine solche Tyrannei der Furchtsamkeit ihnen das oberste Sittengesetz vorschreibt, wenn sie es sich so widerspruchslos anbefehlen lassen, über sich, neben sich wegzusehen, aber für jeden Notstand, für jedes Leiden anderwärts Luchsaugen zu haben! Sind wir denn bei einer solchen ungeheuren Absichtlichkeit, dem Leben alle Schärfen und Kanten abzureiben, nicht auf dem besten Wege, die Menschheit zu *Sand* zu machen? Sand! Kleiner, weicher, runder, unendlicher Sand! Ist das euer Ideal, ihr Herolde der sympathischen

Affektionen? – Inzwischen bleibt selbst die Frage unbeantwortet, ob man dem andern *mehr nützt*, indem man ihm unmittelbar fortwährend beispringt und *hilft* – was doch nur sehr oberflächlich geschehen kann, wo es nicht zu einem tyrannischen Übergreifen und Umbilden wird – oder indem man aus sich selber etwas *formt*, was der andre mit Genuß sieht, etwa einen schönen, ruhigen, in sich abgeschlossenen Garten, welcher hohe Mauern gegen die Stürme und den Staub der Landstraßen, aber auch eine gastfreundliche Pforte hat.

175

Grundgedanke einer Kultur der Handeltreibenden. – Man sieht jetzt mehrfach die Kultur einer Gesellschaft im Entstehen, für welche das *Handeltreiben* ebensosehr die Seele ist, als der persönliche Wettkampf es für die ältern Griechen und als Krieg, Sieg und Recht es für die Römer waren. Der Handeltreibende versteht alles zu taxieren, ohne es zu machen, und zwar zu taxieren *nach dem Bedürfnisse der Konsumenten*, nicht nach seinem eigenen persönlichsten Bedürfnisse; »wer und wie viele konsumieren dies?« ist seine Frage der Fragen. Diesen Typus der Taxation wendet er nun instinktiv und immerwährend an: auf alles, und so auch auf die Hervorbringungen der Künste und Wissenschaften, der Denker, Gelehrten, Künstler, Staatsmänner, der Völker und Parteien, der ganzen Zeitalter: er fragt bei allem, was geschaffen wird, nach Angebot und Nachfrage, *um für sich den Wert einer Sache festzusetzen.* Dies zum Charakter einer ganzen Kultur gemacht, bis ins Unbegrenzte und Feinste durchgedacht und allem Wollen und Können aufgeformt: das ist es, worauf ihr Menschen des nächsten Jahrhunderts stolz sein werdet: wenn die Propheten der handeltreibenden Klasse Recht haben, dieses in euren Besitz zu geben! Aber ich habe wenig Glauben an diese Propheten. *Credat Judaeus Apella* – mit Horaz zu reden.

176

Die Kritik über die Väter. – Warum verträgt man jetzt die Wahrheit schon über die jüngste Vergangenheit? Weil immer schon eine neue Generation da ist, die sich *im Gegensatz* zu dieser Vergangenheit fühlt und die Erstlinge des Gefühls der Macht in dieser Kritik genießt. Ehemals wollte umgekehrt die neue Generation sich auf die ältere *gründen*, und sie begann sich zu *fühlen*, indem sie die Ansichten der Väter nicht nur annahm, sondern womöglich *strenger* nahm. Die Kritik über die Väter war damals lasterhaft: jetzt *beginnen* die jüngeren Idealisten damit.

177

Einsamkeit lernen. — O ihr armen Schelme in den großen Städten der Weltpolitik, ihr jungen begabten, vom Ehrgeiz gemarterten Männer, welche es für ihre Pflicht halten, zu allen Begebenheiten — es begibt sich immer etwas — ihr Wort zu sagen! Welche, wenn sie auf diese Art Staub und Lärm machen, glauben, der Wagen der Geschichte zu sein! Welche, weil sie immer horchen, immer auf den Augenblick passen, wo sie ihr Wort hineinwerfen können, jede echte Produktivität verlieren! Mögen sie auch noch so begehrlich nach großen Werken sein: die tiefe Schweigsamkeit der Schwangerschaft kommt nie zu ihnen! Das Ereignis des Tages jagt sie wie Spreu vor sich her, während sie meinen, das Ereignis zu jagen — die armen Schelme! — Wenn man einen Helden auf der Bühne abgeben will, darf man nicht daran denken, Chorus zu machen, ja man darf nicht einmal wissen, wie man Chorus macht.

178

Die Täglich-Abgenützten. — Diesen jungen Männern fehlt es weder an Charakter, noch an Begabung, noch an Fleiß: aber man hat ihnen nie Zeit gelassen, sich selber eine Richtung zu geben, vielmehr sie von Kindesbeinen an gewöhnt, eine Richtung zu empfangen. Damals als sie reif genug waren, um »in die Wüste geschickt zu werden«, tat man etwas anderes — man benutzte sie, man entwendete sie sich selber, man erzog sie zu dem *täglichen Abgenutztwerden*, man machte ihnen eine Pflichtenlehre daraus — und jetzt können sie es nicht mehr entbehren und wollen es nicht anders. Nur darf man diesen armen Zugtieren ihre »Ferien« nicht versagen — wie man es nennt, dies Muße-Ideal eines überarbeiteten Jahrhunderts: wo man einmal nach Herzenslust faulenzen und blödsinnig und kindisch sein darf.

179

So wenig als möglich Staat! – Alle politischen und wirtschaftlichen Verhältnisse sind es nicht wert, daß gerade die begabtesten Geister sich mit ihnen befassen dürften und müßten: ein solcher Verbrauch des Geistes ist im Grunde schlimmer als ein Notstand. Es sind und bleiben Gebiete der Arbeit für die geringeren Köpfe, und andere als die geringen Köpfe sollten dieser Werkstätte nicht zu Diensten stehen: möge lieber die Maschine wieder einmal in Stücke gehen! So wie es aber jetzt steht, wo nicht nur alle täglich darum glauben *wissen* zu müssen, sondern auch jedermann alle Augenblicke dafür tätig sein will und seine eigene Arbeit darüber im Stiche läßt, ist es ein großer und lächerlicher Wahnsinn. Man bezahlt die »allgemeine Sicherheit« viel zu teuer um diesen Preis: und, was das Tollste ist, man bringt überdies das Gegenteil der allgemeinen Sicherheit damit hervor, wie unser liebes Jahrhundert zu beweisen unternimmt: als ob es noch nie bewiesen wäre! Die Gesellschaft diebssicher und feuerfest und unendlich bequem für jeden Handel und Wandel zu machen und den Staat zur Vorsehung im guten und schlimmen Sinne umzuwandeln – dies sind niedere, mäßige und nicht durchaus unentbehrliche Ziele, welche man nicht mit den höchsten Mitteln und Werkzeugen erstreben sollte, *die es überhaupt gibt*, – den Mitteln, die man eben für die höchsten und seltensten Zwecke sich *aufzusparen* hätte! Unser Zeitalter, soviel es von Ökonomie redet, ist ein Verschwender: es verschwendet das Kostbarste, den Geist.

180

Die Kriege. – Die großen Kriege der Gegenwart sind die Wirkungen des historischen Studiums.

181

Regieren. – Die einen regieren, aus Lust am Regieren; die andern, um nicht regiert zu werden: – diesen ist es nur das geringere von zwei Übeln.

182

Die grobe Konsequenz. – Man sagt mit großer Auszeichnung: »das ist ein Charakter!« – ja! wenn er grobe Konsequenz zeigt, wenn die Konsequenz auch dem stumpfen Auge einleuchtet! Aber sobald ein feinerer und tieferer Geist waltet und auf seine höhere Weise folgerichtig ist, leugnen die Zuschauer das Vorhandensein des Charakters. Deshalb spielen verschlagene Staatsmänner ihre Komödie gewöhnlich hinter einem Deckmantel der groben Konsequenz.

183

Die Alten und die Jungen. – »Es ist etwas Unmoralisches an den Parlamenten – so denkt der und jener immer noch –, denn man darf da auch Ansichten *gegen* die Regierung haben!« – »Man muß immer die Ansicht von der Sache haben, welche der gnädige Herr befiehlt«, – das ist das elfte Gebot in manchem braven alten Kopfe, namentlich im nördlichen Deutschland. Man lacht darüber wie über eine veraltete Mode: aber ehemals war es die Moral! Vielleicht daß man auch wieder einmal über das lacht, was jetzt, unter dem parlamentarisch erzogenen jüngeren Geschlecht als moralisch gilt: nämlich die Politik der Partei über die eigne Weisheit zu stellen und jede Frage des öffentlichen Wohles so zu beantworten, wie es gerade guten Wind für die Segel der Partei macht. »Man muß die Ansicht von der Sache haben, welche die Situation der Partei erheischt«, – so würde der Kanon lauten. Im Dienste einer solchen Moral gibt es jetzt jede Art von Opfer, Selbstüberwindung und Martyrium.

184

Der Staat als Erzeugnis der Anarchisten. – In den Ländern der gebändigten Menschen gibt es immer noch genug von den rückständigen und ungebändigten: augenblicklich sammeln sie sich in den sozialistischen Lagern mehr als irgendwo anders. Sollte es dazu kommen, daß diese einmal *Gesetze* geben, so kann man darauf rechnen, daß sie sich an eine eiserne Kette legen und furchtbare Disziplin üben werden: –

sie kennen sich! Und sie werden diese Gesetze aushalten, im Bewußtsein, daß sie selber dieselben gegeben haben, – das Gefühl der Macht, und *dieser* Macht, ist zu jung und entzückend für sie, als daß sie nicht alles um seinetwillen litten.

185

Bettler. – Man soll die Bettler abschaffen: denn man ärgert sich, ihnen zu geben, und ärgert sich, ihnen nicht zu geben.

186

Geschäftsleute. – Euer Geschäft – das ist euer größtes Vorurteil, es bindet euch an euren Ort, an eure Gesellschaft, an eure Neigungen. Im Geschäft fleißig – aber im Geiste faul, mit eurer Dürftigkeit zufrieden und die Schürze der Pflicht über diese Zufriedenheit gehängt: so lebt ihr, so wollt ihre eure Kinder!

187

Aus einer möglichen Zukunft. – Ist ein Zustand undenkbar, wo der Übeltäter sich selber zur Anzeige bringt, sich selber seine Strafe öffentlich diktiert, im stolzen Gefühle, daß er so das Gesetz ehrt, das er selber gemacht hat, daß er seine Macht ausübt, indem er sich straft, die Macht des Gesetzgebers; er kann sich einmal vergehen, aber er erhebt sich durch die freiwillige Strafe über sein Vergehen, er wischt das Vergehen durch Freimütigkeit, Größe und Ruhe nicht nur aus: er tut eine öffentliche Wohltat hinzu. – Dies wäre der Verbrecher einer möglichen Zukunft, welcher freilich auch eine Gesetzgebung der Zukunft voraussetzt, des Grundgedankens: »ich beuge mich nur dem Gesetze, welches ich selber gegeben habe, im kleinen und großen.« Es müssen so viele Versuche noch gemacht werden! Es muß so manche Zukunft noch ans Licht kommen!

188

Rausch und Ernährung. – Die Völker werden so sehr betrogen, weil sie immer einen Betrüger *suchen:* nämlich einen aufregenden Wein für ihre Sinne. Wenn sie nur *den* haben können, dann nehmen sie wohl mit schlechtem Brote fürlieb. Der Rausch gilt ihnen mehr als die Nahrung — hier ist der Köder, an dem sie immer anbeißen werden! Was sind ihnen Männer, aus ihrer Mitte gewählt — und seien es die sachkundigsten Praktiker — gegen glänzende Eroberer, oder alte prunkhafte Fürstenhäuser! Mindestens muß der Volksmann ihnen Eroberungen und Prunk in Aussicht stellen: so findet er vielleicht Glauben. Sie gehorchen immer und tun noch mehr als gehorchen, vorausgesetzt, daß sie sich dabei berauschen können! Man darf ihnen selbst die Ruhe und das Vergnügen nicht anbieten, ohne den Lorbeerkranz und seine verrückt machende Kraft darin. Dieser pöbelhafte Geschmack, welcher *den Rausch wichtiger nimmt als die Ernährung*, ist aber keineswegs in der Tiefe des Pöbels entstanden: er ist vielmehr dorthin getragen, dorthin verpflanzt und dort nur noch am meisten rückständig und üppig aufschießend, während er von den höchsten Intelligenzen her seinen Ursprung nimmt und Jahrtausende lang in ihnen geblüht hat. Das Volk ist der letzte *wilde Boden*, auf dem dieses glänzende Unkraut noch gedeihen kann. — Wie! Und ihm gerade sollte man die Politik anvertrauen? Damit es sich aus ihr seinen täglichen Rausch mache?

189

Von der großen Politik. — Soviel auch der Nutzen und die Eitelkeit, von einzelnen wie von Völkern, in der *großen Politik* mitwirken mögen: das gewaltigste Wasser, das sie vorwärts treibt, ist das *Bedürfnis des Machtgefühls*, welches nicht nur in den Seelen der Fürsten und Mächtigen, sondern nicht zum geringsten Teil gerade in den niederen Schichten des Volkes aus unversieglichen Quellen von Zeit zu Zeit hervorstößt. Es kommt immer wieder die Stunde, wo die Masse ihr Leben, ihr Vermögen, ihr Gewissen, ihre Tugend daranzusetzen *bereit ist*, um jenen ihren höchsten Genuß sich zu schaffen und als siegreiche, tyrannisch willkürliche Nation über andre Nationen zu schalten (oder sich schaltend zu denken). Da quellen die verschwenderischen, aufopfernden, hoffenden, vertrauenden, überverwegenen, phantastischen Gefühle so reichlich herauf, daß der ehrgeizige oder klug vorsorgende Fürst einen Krieg vom Zaune brechen und das gute Gewissen des

Volkes seinem Unrecht unterschieben kann. Die großen Eroberer haben immer die pathetische Sprache der Tugend im Munde geführt: sie hatten immer Massen um sich, welche sich im Zustande der Erhebung befanden und nur die erhobenste Sprache hören wollten. Wunderliche Tollheit der moralischen Urteile! Wenn der Mensch im Gefühle der Macht ist, so fühlt und nennt er sich *gut:* und gerade dann fühlen und nennen ihn die anderen, an denen er seine Macht *auslassen muß, böse!* – Hesiod hat in der Fabel von den Menschenaltern dasselbe Zeitalter, das der homerischen Helden, zweimal hintereinander gemalt und *zwei aus einem* gemacht: von denen aus gesehen, welche unter dem ehernen, entsetzlichen Druck dieser abenteuernden Gewaltmenschen standen oder durch ihre Vorfahren davon wußten, erschien es *böse*; aber die Nachkommen dieser ritterlichen Geschlechter verehrten in ihm eine *gute* alte, selig-halbselige Zeit. Da wußte sich der Dichter nicht anders zu helfen, als er getan hat, – er hatte wohl Zuhörer beider Gattungen um sich!

190

Die ehemalige deutsche Bildung. – Als die Deutschen den andern Völkern Europas anfingen interessant zu werden – es ist nicht zu lange her –, geschah es vermöge einer Bildung, die sie jetzt nicht mehr besitzen, ja die sie mit einem blinden Eifer abgeschüttelt haben, wie als ob sie eine Krankheit gewesen sei: und doch wußten sie nichts Besseres dagegen einzutauschen als den politischen und nationalen Wahnsinn. Freilich haben sie mit ihm erreicht, daß sie den andern Völkern noch weit interessanter geworden sind, als sie es damals durch ihre Bildung waren: und so mögen sie ihre Zufriedenheit haben! Inzwischen ist nicht zu leugnen, daß jene deutsche Bildung die Europäer genarrt hat und daß sie eines solchen Interesses, ja einer solchen Nachahmung und wetteifernden Aneignung nicht wert war. Man sehe sich heute einmal nach Schiller, Wilhelm von Humboldt, Schleiermacher, Hegel, Schelling um, man lese ihre Briefwechsel und führe sich in den großen Kreis ihrer Anhänger ein: was ist ihnen gemeinsam, was an ihnen wirkt auf uns, wie wir jetzt sind, bald so unausstehlich, bald so rührend und bemitleidenswert? Einmal die Sucht, um jeden Preis moralisch *erregt* zu erscheinen; sodann das Verlangen nach glänzenden, knochenlosen Allgemeinheiten, nebst der Absicht auf ein Schöner-sehen-wollen in bezug auf alles (Charaktere, Leidenschaften, Zeiten, Sitten), – leider »schön« nach einem schlechten, verschwommenen Geschmack, der sich nichtsdestoweniger griechischer Abkunft rühmte. Es ist ein weicher, gutartiger, silbern glitzernder Idealismus, welcher vor allem edel verstellte Gebärden und edel verstellte Stimmen haben will, ein Ding, ebenso anmaßlich als harmlos, beseelt vom herzlichsten Widerwillen gegen die »kalte« oder »trockene« Wirklichkeit, gegen die Anatomie, gegen die vollständigen Leidenschaften, gegen jede Art philosophischer Enthaltsamkeit und Skepsis, zumal aber gegen die Naturerkenntnis, sofern sie sich nicht zu einer religiösen Symbolik gebrauchen ließ. Diesem Treiben der deutschen Bildung sah Goethe zu, in seiner Art: danebenstehend, mild widerstrebend, schweigsam, sich auf seinem eignen besseren Wege immer mehr bestärkend. Dem sah etwas später auch Schopenhauer zu – ihm war viel wirkliche Welt und Teufelei der Welt wieder sichtbar geworden, und er sprach davon ebenso grob als begeistert: denn diese Teufelei hat ihre *Schönheit*! – Und was verführte im Grunde die Ausländer, daß sie dem nicht so zusahen wie Goethe und Schopenhauer, oder einfach davon absahen? Es war jener matte Glanz, jenes rätselhafte Milchstraßen-Licht, welches um diese Bildung leuchtete: dabei sagte sich der Ausländer »das ist uns sehr, sehr ferne, da hört für uns Sehen, Hören, Verstehen, Genießen, Abschätzen auf; trotzdem könnten es Sterne sein! Sollten die Deutschen in aller Stille eine Ecke des Himmels entdeckt und sich dort niedergelassen haben? Man muß suchen, den Deutschen näherzukommen.« Und man kam ihnen näher: während kaum viel später dieselben Deutschen sich zu bemühen anfingen, den Milchstraßen-Glanz von sich abzustreifen; sie wußten zu gut, daß sie nicht im Himmel gewesen waren, – sondern in einer Wolke!

191

Bessere Menschen! – Man sagt mir, unsere Kunst wende sich an die gierigen, unersättlichen, ungebändigten, verekelten, zerquälten Menschen der Gegenwart und zeige ihnen ein Bild von Seligkeit, Höhe und Entweltlichung neben dem Bilde ihrer Wüstheit: so daß sie einmal vergessen und aufatmen können, ja vielleicht den Antrieb zur Flucht und Umkehr mit aus jenem Vergessen zurückbringen. Arme Künstler, mit einem solchen Publikum! Mit solchen halb priesterlichen, halb irrenärztlichen Hintergedanken! Um wieviel glücklicher war Corneille – »unser großer Corneille«, wie Frau von Sévigné, mit einem Akzent des Weibes vor einem ganzen *Manne*, ausruft – um wieviel höher *seine* Zuhörerschaft, welcher er mit den Bildern ritterlicher Tugenden, strenger Pflicht, großmütiger Aufopferung, heldenhafter Bändigung seiner selber wohltun konnte! Wie anders liebten er und sie das Dasein, nicht aus einem blinden, wüsten »Willen« heraus, den man verflucht, weil man ihn nicht zu töten vermag, sondern als einen Ort, auf dem Größe und Humanität mitsammen *möglich* sind und wo selbst der strengste Zwang der Formen, die Unterwerfung unter eine fürstliche und geistliche Willkür weder den Stolz, noch die Ritterlichkeit, noch die Anmut, noch den Geist aller einzelnen unterdrücken können, vielmehr als ein *Reiz und Sporn des Gegensatzes* zur angeborenen Selbstherrlichkeit und Vornehmheit, zur ererbten Macht des Wollens und der Leidenschaft empfunden werden!

192

Sich vollkommene Gegner wünschen. – Man kann es den Franzosen nicht streitig machen, daß sie das *christlichste* Volk der Erde gewesen sind: nicht in Hinsicht darauf, daß die Gläubigkeit der Masse bei ihnen größer gewesen sei als anderwärts, sondern deshalb, weil bei ihnen die schwierigsten christlichen Ideale sich in Menschen verwandelt haben und nicht nur Vorstellung, Ansatz, Halbheit geblieben sind. Da steht Pascal, in der Vereinigung von Glut, Geist und Redlichkeit der erste aller Christen, – und man erwäge, was sich hier zu vereinigen hatte! Da steht Fénelon, der vollkommene und bezaubernde Ausdruck der *kirchlichen Kultur* in allen ihren Kräften: eine goldene Mitte, die man als Historiker geneigt sein könnte, als etwas Unmögliches zu beweisen, während sie nur etwas unsäglich Schwieriges und Unwahrscheinliches gewesen ist. Da steht Frau von Guyon unter ihresgleichen, den französischen Quietisten: und alles, was die Beredsamkeit und die Brunst des Apostels Paulus vom Zustande der erhabensten, liebendsten, stillsten, verzücktesten Halbgöttlichkeit des Christen zu erraten gesucht hat, ist da Wahrheit geworden und hat dabei jene jüdische Zudringlichkeit, welche Paulus gegen Gott hat, abgestreift, dank einer echten, frauenhaften, feinen, vornehmen, altfranzösischen Naivität in Wort und Gebärde. Da steht der Gründer der Trappistenklöster, er, der mit dem asketischen Ideale des Christentums den letzten Ernst gemacht hat, nicht als eine Ausnahme unter Franzosen, sondern recht als Franzose: denn bis zu diesem Augenblick vermochte seine düstere Schöpfung nur unter Franzosen heimisch und kräftig zu bleiben, sie folgte ihnen in den Elsaß und nach Algerien. Vergessen wir die Hugenotten nicht: schöner ist die Vereinigung des kriegerischen und arbeitsamen Sinnes, der feineren Sitte und der christlichen Strenge bisher nicht dagewesen. Und in Port Royal kam zum letzten Male das große christliche Gelehrtentum zum Blühen: und das Blühen verstehen große Menschen in Frankreich besser als anderwärts. Ferne davon, oberflächlich zu sein, hat ein großer Franzose immer doch seine Oberfläche, eine natürliche Haut für seinen Inhalt und seine Tiefe, – während die Tiefe eines großen Deutschen zumeist wie in einer krausförmigen Kapsel verschlossen gehalten wird, als ein Elixier, das vor Licht und leichtfertigen Händen durch seine harte und wunderliche Hülle sich zu schützen sucht. – Und nun errate man, warum dieses Volk der vollendeten Typen der Christlichkeit auch die vollendeten Gegentypen des unchristlichen Freigeistes erzeugen mußte! Der französische Freigeist kämpfte in sich immer mit großen Menschen und nicht nur mit Dogmen und erhabenen Mißgeburten, wie die Freigeister anderer Völker.

193

Esprit und Moral. – Der Deutsche, welcher sich auf das Geheimnis versteht, mit Geist, Wissen und Gemüt langweilig zu sein, und sich gewöhnt hat, die Langeweile als moralisch zu empfinden, – hat vor dem französischen *esprit* die Angst, er möchte der Moral die Augen ausstechen – und doch eine Angst und Lust, wie das Vöglein vor der Klapperschlange. Von den berühmten Deutschen hat vielleicht niemand mehr *esprit* gehabt als *Hegel* – aber er hatte dafür auch eine so große deutsche Angst vor ihm, daß sie seinen eigentümlichen schlechten Stil geschaffen hat. Dessen Wesen ist nämlich, daß ein Kern umwickelt und nochmals und wiederum umwickelt wird, bis er kaum noch hindurchblickt, verschämt und neugierig – wie »junge Frauen durch ihre Schleier blicken«, um mit dem alten Weiberhasser Äschylus zu reden – jener Kern ist aber ein witziger, oft vorlauter Einfall über die geistigsten Dinge, eine feine, gewagte Wortverbindung, wie so etwas in die *Gesellschaft von Denkern* gehört, als Zukost der Wissenschaft, – aber in jenen Umwicklungen präsentiert es sich als abstruse Wissenschaft selber und durchaus als höchst moralische Langeweile! Da hatten die Deutschen eine ihnen *erlaubte* Form des *esprit* und sie genossen sie mit solchem ausgelassenen Entzücken, daß Schopenhauers guter, sehr guter Verstand davor stille stand, – er hat zeitlebens gegen das Schauspiel, welches ihm die Deutschen boten, gepoltert, aber es nie sich zu erklären vermocht.

194

Eitelkeit der Morallehrer. – Der im ganzen geringe Erfolg der Morallehrer hat darin seine Erklärung, daß sie zu viel auf einmal wollten, das heißt, daß sie zu ehrgeizig waren: sie wollten allzugern Vorschriften *für alle* geben. Dies aber heißt im Unbestimmten schweifen und Reden an die Tiere halten, um sie zu Menschen zu machen: was Wunder, daß die Tiere dies langweilig finden! Man sollte begrenzte Kreise sich aussuchen und für sie die Moral suchen und fördern, also zum Beispiel Reden vor den Wölfen halten, um sie zu Hunden zu machen. Vor allem aber bleibt der große Erfolg immer dem, welcher weder alle, noch begrenzte Kreise, sondern einen erziehen will und gar nicht nach rechts und links ausspäht. Das vorige Jahrhundert ist dem unsern eben dadurch überlegen, daß es in ihm so viele einzeln erzogene Menschen gab, nebst ebenso vielen Erziehern, welche hier die *Aufgabe* ihres Lebens gefunden hatten – und mit der Aufgabe auch *Würde*, vor sich und aller anderen »guten Gesellschaft«.

195

Die sogenannte klassische Erziehung. — Zu entdecken, daß unser Leben der Erkenntnis *geweiht* ist; daß wir es wegwerfen würden, nein! daß wir es weggeworfen hätten, wenn nicht diese Weihe es vor uns selber schützte; jenen Vers sich oft und mit Erschütterung vorsprechen:

> »Schicksal, ich *folge* dir! Und wollt ich nicht,
> ich *müßt'* es doch und unter Seufzen tun!«

— Und nun, bei einem Rückblick auf den Weg des Lebens, ebenfalls entdecken, daß etwas nicht wieder gut zu machen ist: die Vergeudung unserer Jugend, als unsre Erzieher jene wißbegierigen, heißen und durstigen Jahre nicht dazu verwandten, uns der *Erkenntnis* der Dinge entgegenzuführen, sondern der sogenannten »klassischen Bildung«! Die Vergeudung unserer Jugend, als man uns ein dürftiges Wissen um Griechen und Römer und deren Sprachen ebenso ungeschickt als quälerisch beibrachte, und zuwider dem obersten Satze aller Bildung: daß man nur dem, *der Hunger darnach hat*, eine Speise gebe! Als man uns Mathematik und Physik auf eine gewaltsame Weise aufzwang, *anstatt* uns erst in die Verzweiflung der Unwissenheit zu führen und unser kleines tägliches Leben, unsre Hantierungen und alles, was sich zwischen Morgen und Abend im Hause, in der Werkstatt, am Himmel, in der Landschaft begibt, in Tausende von Problemen aufzulösen, von peinigenden, beschämenden, aufreizenden Problemen — um unsrer Begierde dann zu zeigen, daß wir ein mathematisches und mechanisches Wissen zu allernächst *nötig* haben, und uns dann das erste wissenschaftliche *Entzücken*, an der absoluten Folgerichtigkeit dieses Wissens zu lehren! Hätte man uns auch nur die *Ehrfurcht* vor diesen Wissenschaften gelehrt, hätte man uns mit dem Ringen und Unterliegen und Wieder-Weiterkämpfen der Großen, von dem Martyrium, welches die Geschichte der *strengen* Wissenschaft ist, auch nur *einmal* die Seele erzittern machen! Vielmehr blies uns der Hauch einer gewissen Geringschätzung der eigentlichen Wissenschaften an, zugunsten der Historie, der »formalen Bildung« und der »Klassizität«! Und wir ließen uns so leicht betrügen! Formale Bildung! Hätten wir nicht auf die besten Lehrer unsrer Gymnasien zeigen können, lachend und fragend: »wo ist denn da die formale Bildung? Und wenn sie fehlt, wie sollen sie dieselbe lehren?« Und Klassizität! Lernten wir etwas von dem, worin gerade die Alten ihre Jugend erzogen? Lernten wir sprechen wie sie, schreiben wie sie? Übten wir uns unablässig in der Fechtkunst des Gesprächs, in der Dialektik? Lernten wir uns schön und stolz bewegen wie sie, ringen, werfen, faustkämpfen wie sie? Lernten wir etwas von der praktischen Asketik aller griechischen Philosophen? Wurden wir in einer einzigen antiken Tugend geübt, und in der Weise, wie die Alten sie übten. Fehlte nicht überhaupt das ganze Nachdenken über Moral in unsrer Erziehung, um wieviel mehr gar die einzig mögliche Kritik desselben, jene strengen und mutigen Versuche, in dieser oder jener Moral zu *leben*? Erregte man in uns irgendein Gefühl, das den Alten höher galt als den Neueren? Zeigte man uns die Einteilung des Tages und des Lebens und die Ziele über dem Leben in einem antiken Geiste? Lernten wir auch nur die alten Sprachen so, wie wir die lebender Völker lernen, – nämlich zum Sprechen und zum Bequem- und Gut-Sprechen? Nirgends ein wirkliches Können, ein neues Vermögen als Ergebnis mühseliger Jahre! Sondern ein Wissen darum, was ehemals Menschen gekonnt und vermocht haben! Und was für ein Wissen! Nichts wird mir von Jahr zu Jahr deutlicher, als daß alles griechische und antike Wesen, so schlicht und weltbekannt es vor uns zu liegen scheint, sehr schwer verständlich, ja kaum zugänglich ist, und daß die übliche Leichtigkeit, mit der von den Alten geredet wird, entweder eine Leichtfertigkeit oder ein alter erblicher Dünkel der Gedankenlosigkeit ist. Die ähnlichen Worte und Begriffe täuschen uns: aber hinter ihnen liegt immer eine Empfindung versteckt, welche dem modernen Empfinden fremd, unverständlich oder peinlich *sein müßte*. Das sind mir Gebiete, auf denen sich Knaben tummeln dürften! Genug, wir haben es getan, als wir Knaben waren, und uns beinahe für immer dabei einen Widerwillen gegen das Altertum heimgeholt, den Widerwillen einer scheinbar allzu großen Vertraulichkeit! Denn so weit geht die stolze Einbildung unserer klassischen Erzieher, gleichsam *im Besitz der Alten* zu sein, daß sie diesen Dünkel noch auf die Erzogenen überfließen lassen, nebst dem Verdachte, daß ein solcher Besitz nicht wohl selig machen könne, sondern daß er gut genug für rechtschaffne, arme, närrische alte Bücher-Drachen sei: »mögen diese auf ihrem Horte brüten! er wird wohl ihrer würdig sein!« – mit diesem stillen Hintergedanken vollendete sich unsere klassische Erziehung. – Dies ist nicht wieder gutzumachen – an uns! Aber denken wir nicht nur an uns!

196

Die persönlichsten Fragen der Wahrheit. – »Was ist das eigentlich, was ich *tue*? Und was will gerade *ich* damit?« – das ist die Frage der Wahrheit, welche bei unserer jetzigen Art Bildung nicht gelehrt und folglich nicht gefragt wird, für sie gibt es keine Zeit. Dagegen mit Kindern von Possen zu reden und nicht von der Wahrheit, mit Frauen, die später Mütter werden sollen, Artigkeiten zu reden und nicht von der Wahrheit, mit Jünglingen von ihrer Zukunft und ihrem Vergnügen zu reden und nicht von der Wahrheit – dafür ist immer Zeit und Lust da! – Aber was sind auch siebenzig Jahre! – das läuft hin und ist bald zu Ende; es liegt so wenig daran, daß die Welle wisse, wie und wohin sie laufe! Ja es könnte Klugheit sein, es *nicht zu wissen*. – »Zugegeben: aber stolz ist es nicht, auch nicht einmal darnach zu *fragen*; unsere Bildung macht die Menschen nicht stolz.« – Um so besser! – »Wirklich?«

197

Die Feindschaft der Deutschen gegen die Aufklärung. – Man überschlage den Beitrag, den die Deutschen der ersten Hälfte dieses Jahrhunderts mit ihrer geistigen Arbeit der allgemeinen Kultur gebracht haben, und nehme erstens die deutschen Philosophen: sie sind auf die erste und älteste Stufe der Spekulation zurückgegangen, denn sie fanden in Begriffen ihr Genüge, anstatt in Erklärungen, gleich den Denkern träumerischer Zeitalter, – eine vorwissenschaftliche Art der Philosophie wurde durch sie wieder lebendig gemacht. Zweitens die deutschen Historiker und Romantiker: ihre allgemeine Bemühung ging dahin, ältere, primitive Empfindungen und namentlich das Christentum, die Volksseele, Volkssage, Volkssprache, die Mittelalterlichkeit, die orientalische Asketik, das Indertum zu Ehren zu bringen. Drittens die Naturforscher: sie kämpften gegen Newtons und Voltaires Geist und suchten, gleich Goethe und Schopenhauer, den Gedanken einer vergöttlichten oder verteufelten Natur und ihrer durchgängigen ethischen und symbolischen Bedeutsamkeit wieder aufrecht zu stellen. Der ganze große Hang der Deutschen ging gegen die Aufklärung und gegen die Revolution der Gesellschaft, welche mit grobem Mißverständnis als deren Folge galt: die Pietät gegen alles noch Bestehende suchte sich in Pietät gegen alles, was bestanden hat, umzusetzen, nur damit Herz und Geist wieder einmal *voll* würden und keinen Raum mehr für zukünftige und neuernde Ziele hätten. Der Kultus des Gefühls wurde aufgerichtet an Stelle des Kultus der Vernunft, und die deutschen Musiker, als die Künstler des Unsichtbaren, Schwärmerischen, Märchenhaften, Sehnsüchtigen, bauten an dem neuen Tempel erfolgreicher als alle Künstler des Wortes und der Gedanken. Bringen wir in Anrechnung, daß unzähliges Gute im einzelnen gesagt und erforscht worden ist und manches seitdem billiger beurteilt wird als jemals: so bleibt doch übrig, vom Ganzen zu sagen, daß es *keine geringe allgemeine Gefahr* war, unter dem Anscheine der voll- und endgültigsten Erkenntnis des Vergangenen die Erkenntnis überhaupt unter das Gefühl hinabzudrücken und – um mit Kant zu reden, der so seine eigene Aufgabe bestimmte – »dem Glauben wieder Bahn zu machen, indem man dem Wissen seine Grenzen wies«. Atmen wir wieder freie Luft: die Stunde dieser Gefahr ist vorübergegangen! Und seltsam: gerade die Geister, welche von den Deutschen so beredt beschworen wurden, sind auf die Dauer den Absichten ihrer Beschwörer am schädlichsten geworden, – die Historie, das Verständnis des Ursprungs und der Entwicklung, die Mitempfindung für das Vergangne, die neu erregte Leidenschaft des Gefühls und der Erkenntnis, nachdem sie alle eine Zeitlang hilfreiche Gesellen des verdunkelnden, schwärmenden, zurückbildenden Geistes schienen, haben eines Tages eine andere Natur angenommen und fliegen nun mit den breitesten Flügeln an ihren alten Beschwörern vorüber und hinauf, als neue und stärkere Genien *eben jener Aufklärung,* wider welche sie beschworen waren. Diese Aufklärung haben wir jetzt weiterzuführen – unbekümmert darum, daß es eine »große Revolution« und wiederum eine »große Reaktion« gegen dieselbe gegeben hat, ja daß es beides noch gibt: es sind doch nur Wellenspiele, im Vergleiche mit der wahrhaft großen Flut, in welcher *wir* treiben und treiben wollen!

198

Seinem Volke den Rang geben. — Viele große innere Erfahrungen haben und auf und über ihnen mit einem geistigen Auge ruhen — das macht die Menschen der Kultur, welche ihrem Volke den *Rang* geben. In Frankreich und Italien tat dies der Adel, in Deutschland, wo der Adel bisher im ganzen zu den Armen im Geiste gehörte (vielleicht nicht mehr auf lange), taten es Priester, Lehrer und deren Nachkommen.

199

Wir sind vornehmer. — Treue, Großmut, die Scham des guten Rufs: diese drei in einer Gesinnung verbunden — das nennen wir *adelig, vornehm, edel*, und damit übertreffen wir die Griechen. Wir wollen es ja nicht preisgeben, aus dem Gefühle, daß die alten Gegenstände dieser Tugenden in der Achtung gesunken sind (und mit Recht), sondern behutsam diesem unserm köstlichen Erbtriebe neue Gegenstände unterschieben. — Um zu begreifen, daß die Gesinnung der vornehmsten Griechen inmitten unsrer immer noch ritterlichen und feudalistischen Vornehmheit als gering und kaum anständig empfunden werden müßte, erinnere man sich jenes Trostspruchs, den Odysseus in schmählichen Lagen im Munde führt: »Ertrag es nur, mein liebes Herz! du hast schon Hundemäßigeres ertragen!« Und dazu nehme man als Nutzanwendung des mythischen Vorbildes die Geschichte von jenem athenischen Offizier, der, vor dem ganzen Generalstabe, von einem andern Offizier mit dem Stocke bedroht, diese Schmach mit dem Worte von sich abschüttelte: »Schlag mich nur! Nun aber höre mich auch!« (Dies tat Themistokles, jener vielgewandte Odysseus des klassischen Zeitalters, der recht der Mann dazu war, in diesem schmählichen Augenblick jenen Trost- und Not-Vers an sein »liebes Herz« hinunterzuschicken). Es lag den Griechen ferne, Leben und Tod einer Beschimpfung halber so leicht zu nehmen, wie wir es tun unter dem Eindruck vererbter ritterlicher Abenteuerlichkeit und Opferlust; oder Gelegenheiten aufzusuchen, wo man beides auf ein ehrenvolles Spiel setzen könne, wie wir bei Duellen; oder die Erhaltung des guten Namens (Ehre) höher zu achten als die Eroberung des bösen Namens, wenn letzteres mit Ruhm und Machtgefühl verträglich ist; oder den ständischen Vorurteilen und Glaubensartikeln Treue zu halten, wenn sie verhindern könnten, ein Tyrann zu werden. Denn dies ist das unedle Geheimnis jedes guten griechischen Aristokraten: er hält aus tiefster Eifersucht jeden seiner Standesgenossen auf gleichem Fuße mit sich, ist aber jeden Augenblick wie ein Tiger bereit, auf seine Beute, die Gewaltherrschaft, loszustürzen: was ist ihm dabei Lüge, Mord, Verrat, Verkauf der Vaterstadt! Die Gerechtigkeit wurde dieser Art Menschen außerordentlich schwer, sie galt beinahe für etwas Unglaubliches; »der Gerechte« – das klang unter Griechen wie »der Heilige« unter Christen. Wenn aber gar Sokrates sagte: »der Tugendhafte ist der Glücklichste«, so traute man seinen Ohren nicht, man glaubte etwas Verrücktes gehört zu haben. Denn bei dem Bilde des Glücklichsten dachte jeder Mann vornehmer Abkunft an die vollendete Rücksichtslosigkeit und Teufelei des Tyrannen, der seinem Übermute und seiner Lust alles und alle opfert. Unter Menschen, welche im Geheimen über ein solches Glück wild phantasieren, konnte freilich die Verehrung des Staates nicht tief genug gepflanzt werden, – aber ich meine: Menschen, deren Machtgelüst nicht mehr so blind wütet, wie das jener vornehmen Griechen, haben auch jene Abgötterei des Staats-Begriffes nicht mehr nötig, mit welcher damals jenes Gelüst im Zaume gehalten wurde.

200

Armut ertragen. – Der große Vorzug adliger Abkunft ist, daß sie die Armut besser ertragen läßt.

201

Zukunft des Adels. – Die Gebärden der vornehmen Welt drücken aus, daß in ihren Gliedern fortwährend das Bewußtsein der Macht sein reizvolles Spiel spielt. So läßt sich der Mensch von adliger Sitte, Mann oder Weib, nicht gern wie ganz erschöpft in den Sessel fallen, er vermeidet es, wo alle Welt es sich bequem macht, zum Beispiel auf der Eisenbahn, den Rücken anzulehnen, er scheint nicht müde zu werden, wenn er stundenlang bei Hofe auf seinen Füßen steht, er richtet sein Haus nicht auf das Behagliche, sondern großräumig und würdevoll wie zu einem Aufenthalt größerer (auch längerer) Wesen ein, er beantwortet eine herausfordernde Rede mit Haltung und geistiger Helle, nicht wie entsetzt, zermalmt, beschämt, außer Atem, nach Art des Plebejers. So wie er den Anschein einer beständig gegenwärtigen hohen physischen Kraft zu wahren weiß, wünscht er auch durch beständige Heiterkeit und Verbindlichkeit, selbst in peinlichen Lagen, den Eindruck aufrechtzuerhalten, daß seine Seele und sein Geist den Gefahren und den Überraschungen gewachsen ist. Eine vornehme Kultur kann in Absicht der Leidenschaften entweder dem Reiter gleichen, der Wonne empfindet, ein leidenschaftliches stolzes Tier im spanischen Tritt gehen zu lassen – man stelle sich das Zeitalter Ludwigs des Vierzehnten vor Augen –, oder dem Reiter, der sein Pferd wie eine Naturgewalt unter sich hinschießen fühlt, hart an der Grenze, wo Pferd und Reiter den Kopf verlieren, aber im Genuß der Wonne, gerade jetzt noch den Kopf oben zu behalten: in beiden Fällen atmet die vornehme *Kultur* Macht, und wenn sie sehr oft in ihren Sitten auch nur den Schein des Machtgefühls fordert, so wächst doch durch den Eindruck, welchen dieses Spiel auf die Nicht-Vornehmen macht, und durch das Schauspiel dieses Eindrucks das wirkliche Gefühl der Überlegenheit fortwährend. – Dies unbestreitbare Glück der vornehmen Kultur, welches auf dem Gefühl der Überlegenheit sich aufbaut, beginnt jetzt auf eine noch höhere Stufe zu steigen, da es nunmehr, dank allen freien Geistern, dem adlig Geborenen und Erzogenen erlaubt und nicht mehr schimpflich ist, in den Orden der Erkenntnis zu treten und dort geistigere Weihen zu holen, höhere Ritterdienste zu lernen als bisher, und zu jenem Ideal der *siegreichen Weisheit* aufzuschauen, welches noch keine Zeit mit so gutem Gewissen vor sich aufstellen durfte wie die Zeit, welche gerade jetzt kommen will. Zu guter Letzt: womit soll sich denn fürderhin der Adel beschäftigen, wenn es von Tag zu Tage mehr den Anschein hat, daß es *unanständig* wird, sich mit Politik zu befassen? – –

202

Zur Pflege der Gesundheit. – Man hat kaum angefangen, über die Physiologie der Verbrecher nachzudenken, und doch steht man schon vor der unabweislichen Einsicht, daß zwischen Verbrechern und Geisteskranken kein wesentlicher Unterschied besteht: vorausgesetzt daß man *glaubt,* die *übliche* moralische Denkweise sei die Denkweise der *geistigen* Gesundheit. Kein Glaube aber wird jetzt so gut noch geglaubt wie dieser, und so scheue man sich nicht, seine Konsequenz zu ziehen und den Verbrecher wie einen Geisteskranken zu behandeln: vor allem nicht mit hochmütiger Barmherzigkeit, sondern mit ärztlicher Klugheit, ärztlichem guten Willen. Es tut ihm Luftwechsel, andere Gesellschaft, zeitweiliges Verschwinden, vielleicht Alleinsein und eine neue Beschäftigung not – gut! Vielleicht findet er es selber in seinem Vorteil, eine Zeit hindurch in einem Gewahrsam zu leben, um so Schutz gegen sich selber und einen lästigen *tyrannischen Trieb* zu finden, – gut! Man soll ihm die Möglichkeit und die Mittel des Geheiltwerdens (der Ausrottung, Umbildung, Sublimierung jenes Triebes) ganz klar vorlegen, auch, im schlimmen Falle, die Unwahrscheinlichkeit desselben; man soll dem unheilbaren Verbrecher, der sich selber zum Greuel geworden ist, die Gelegenheit zum Selbstmord anbieten. Dies als äußerstes Mittel der Erleichterung vorbehalten, soll man nichts verabsäumen, um vor allem dem Verbrecher den guten Mut und die Freiheit des Gemütes wiederzugeben; man soll Gewissensbisse wie eine Sache der Unreinlichkeit ihm von der Seele wischen und ihm Fingerzeige geben, wie er den Schaden, welchen er vielleicht an dem einen geübt, durch eine Wohltat am andern, ja vielleicht an der Gesamtheit ausgleichen und überbieten könne. Alles in äußerster Schonung! Und namentlich in Anonymität oder unter neuen Namen und mit häufigerem Ortswechsel, damit die Unbescholtenheit des Rufes und sein künftiges Leben so wenig wie möglich dabei Gefahr laufe. Jetzt zwar will immer noch der, welchem ein Schaden zugefügt ist, ganz abgesehen davon, wie dieser Schaden etwa gut zu machen ist, seine *Rache* haben und wendet sich ihrethalben an die Gerichte – und dies hält einstweilen unsere abscheulichen Strafordnungen noch aufrecht, samt ihrer Krämerwaage und dem *Aufwiegenwollen der Schuld durch die Strafe*: aber dürften wir nicht hierüber hinaus kommen können? Wie erleichtert wäre das allgemeine Gefühl des Lebens, wenn man mit dem Glauben an die Schuld auch vom alten Instinkt der Rache sich losmachte und es selbst als eine feine Klugheit der Glücklichen betrachtete, mit dem Christentum den Segen über seine Feinde zu sprechen und denen *wohlzutun*, die uns beleidigt haben! Schaffen wir den Begriff der *Sünde* aus der Welt – und schicken wir ihm den Begriff der *Strafe* bald hinterdrein! Mögen diese verbannten Unholde irgendwo anders fürderhin, als unter Menschen, leben, wenn sie durchaus leben wollen und nicht am eigenen Ekel zugrunde gehen! – Inzwischen erwäge man, daß die Einbuße, welche die Gesellschaft und die Einzelnen durch die Verbrecher erleiden, der Einbuße ganz gleichartig ist, welche sie von den Kranken erleiden: die Kranken verbreiten Sorge, Mißmut, produzieren nicht, zehren den Ertrag anderer auf, brauchen Wärter, Ärzte, Unterhaltung und leben von der Zeit und den Kräften der Gesunden. Trotzdem würde man jetzt den als unmenschlich bezeichnen, welcher dafür an den Kranken *Rache* nehmen wollte. Ehedem freilich tat man dies; in rohen Zuständen der Kultur, und jetzt noch bei manchen wilden Völkern, wird der Kranke in der Tat als Verbrecher behandelt, als die Gefahr der Gemeinde und als Wohnsitz irgendeines dämonischen Wesens, welches sich ihm infolge einer Schuld einverleibt hat, – da heißt es: jeder Kranke ist ein Schuldiger! Und wir – sollten wir noch nicht reif für die entgegengesetzte Anschauung sein? sollten wir noch nicht sagen dürfen: jeder »Schuldige« ist ein Kranker? – Nein, die Stunde dafür ist noch nicht gekommen. Noch fehlen vor allem die Ärzte, für welche das, was wir bisher praktische Moral nannten, sich in ein Stück ihrer Heilkunst und Heilwissenschaft umgewandelt haben muß; noch fehlt allgemein jenes hungrige Interesse an diesen Dingen, das vielleicht einmal dem Sturm und Drang jener alten religiösen Erregungen nicht unähnlich erscheinen wird; noch sind die Kirchen nicht im Besitz der Pfleger der Gesundheit; noch gehört die Lehre von dem Leibe und von der Diät nicht zu den Verpflichtungen aller niederen und höheren Schulen; noch gibt es keine stillen Vereine solcher, welche sich untereinander verpflichtet haben, auf die Hilfe der Gerichte und auf Strafe und Rache an ihren Übeltätern zu verzichten; noch hat kein Denker den

Mut gehabt, die Gesundheit einer Gesellschaft und der Einzelnen darnach zu bemessen, wie viel Parasiten sie ertragen kann, und noch fand sich kein Staatengründer, welcher die Pflugschar im Geiste jener freigebigen und mildherzigen Rede führte: »willst du das Land bauen, so baue mit dem Pfluge: da geneußt dein der Vogel und der Wolf, der hinter deinem Pfluge geht, – *es geneußt dein alle Kreatur.*«

203

Gegen die schlechte Diät. – Pfui über die Mahlzeiten, welche jetzt die Menschen machen, in den Gasthäusern sowohl als überall, wo die wohlbestellte Klasse der Gesellschaft lebt! Selbst wenn hochansehnliche Gelehrte zusammenkommen, ist es dieselbe Sitte, welche ihren Tisch wie den des Bankiers füllt: nach dem Gesetz des »Vielzuviel« und des »Vielerlei«, – woraus folgt, daß die Speisen auf den Effekt und nicht auf die Wirkung hin zubereitet werden, und aufregende Getränke helfen müssen, die Schwere im Magen und Gehirn zu vertreiben. Pfui, welche Wüstheit und Überempfindsamkeit muß die allgemeine Folge sein! Pfui, welche Träume müssen ihnen kommen! Pfui, welche Künste und Bücher werden der Nachtisch solcher Mahlzeiten sein! Und mögen sie tun, was sie wollen: in ihrem Tun wird der Pfeffer und der Widerspruch oder die Weltmüdigkeit regieren! (Die reiche Klasse in England hat ihr Christentum nötig, um ihre Verdauungsbeschwerden und ihre Kopfschmerzen ertragen zu können.) Zuletzt, um das Lustige an der Sache und nicht nur deren Ekelhaftes zu sagen, sind diese Menschen keineswegs Schlemmer; unser Jahrhundert und seine Art Geschäftigkeit ist mächtiger über ihre Glieder als ihr Bauch: was wollen also diese Mahlzeiten? – *Sie repräsentieren!* Was, in aller Heiligen Namen? Den Stand? – Nein, das *Geld*: man hat keinen Stand mehr! Man ist »Individuum«! Aber Geld ist Macht, Ruhm, Würde, Vorrang, Einfluß; Geld macht jetzt das große oder kleine moralische Vorurteil für einen Menschen, je nachdem er davon hat! Niemand will es unter den Scheffel, niemand möchte es auf den Tisch stellen; folglich muß das Geld einen Repräsentanten haben, den man auf den Tisch stellen kann: siehe unsere Mahlzeiten! –

204

Danae und Gott im Golde. – Woher diese unmäßige Ungeduld, welche jetzt den Menschen zum Verbrecher macht, in Zuständen, welche den entgegengesetzten Hang besser erklären würden? Denn wenn dieser falsches Gewicht gebraucht, jener sein Haus anbrennt, nachdem er es hoch versichert hat, ein dritter am Prägen falschen Geldes Anteil nimmt, wenn drei Viertel der höheren Gesellschaft dem erlaubten Betruge nachhängt und am schlechten Gewissen der Börse und der Spekulation zu tragen hat: was treibt sie? Nicht die eigentliche Not, es geht ihnen nicht so ganz schlecht, vielleicht sogar essen und trinken sie ohne Sorge – aber eine furchtbare Ungeduld darüber, daß das Geld sich zu langsam häuft, und eine ebenso furchtbare Lust und Liebe zu gehäuftem Gelde drängt sie bei Tage und bei der Nacht. In dieser Ungeduld und dieser Liebe aber kommt jener Fanatismus des *Machtgelüstes* wieder zum Vorschein, welcher ehemals durch den Glauben, im Besitz der Wahrheit zu sein, entzündet wurde und der so schöne Namen trug, daß man es daraufhin wagen konnte, *mit gutem Gewissen* unmenschlich zu sein (Juden, Ketzer und gute Bücher zu verbrennen und ganze höhere Kulturen, wie die von Peru und Mexiko auszurotten). Die Mittel des Machtgelüstes haben sich verändert, aber derselbe Vulkan glüht noch immer, die Ungeduld und die unmäßige Liebe wollen ihre Opfer: und was man ehedem »um Gottes willen« tat, tut man jetzt um des Geldes willen, das heißt um dessen willen, was *jetzt* am höchsten Machtgefühl und gutes Gewissen gibt.

205

Vom Volke Israel. – Zu den Schauspielen, auf welche uns das nächste Jahrhundert einladet, gehört die Entscheidung im Schicksale der europäischen Juden. Daß sie ihren Würfel geworfen, ihren Rubikon überschritten haben, greift man jetzt mit beiden Händen: es bleibt ihnen nur noch übrig, entweder die Herren Europas zu werden oder Europa zu verlieren, so wie sie einst vor langen Zeiten Ägypten verloren, wo sie sich vor ein ähnliches Entweder-Oder gestellt hatten. In Europa aber haben sie eine Schule von achtzehn Jahrhunderten durchgemacht, wie sie hier kein andres Volk aufweisen kann, und zwar so, daß nicht eben der Gemeinschaft, aber um so mehr den einzelnen die Erfahrungen dieser entsetzlichen Übungszeit zugute gekommen sind. Infolge davon sind die seelischen und geistigen Hilfsquellen bei den jetzigen Juden außerordentlich; sie greifen in der Not am seltensten von allen, die Europa bewohnen, zum Becher oder zum Selbstmord, um einer tiefen Verlegenheit zu entgehen, – was dem geringer Begabten so nahe liegt. Jeder Jude hat in der Geschichte seiner Väter und Großväter eine Fundgrube von Beispielen kältester Besonnenheit und Beharrlichkeit in furchtbaren Lagen, von feinster Überlistung und Ausnützung des Unglücks und des Zufalls; ihre Tapferkeit unter dem Deckmantel erbärmlicher Unterwerfung, ihr Heroismus im *spernere se sperni* übertrifft die Tugenden aller Heiligen. Man hat sie verächtlich machen wollen, dadurch, daß man sie zwei Jahrtausende lang verächtlich behandelte und ihnen den Zugang zu allen Ehren, zu allem Ehrbaren verwehrte, dafür sie um so tiefer in die schmutzigeren Gewerbe hineinstieß, – und wahrhaftig, sie sind unter dieser Prozedur nicht reinlicher geworden. Aber verächtlich? Sie haben selber nie aufgehört, sich zu den höchsten Dingen berufen zu glauben, und ebenso haben die Tugenden aller Leidenden nie aufgehört, sie zu schmücken. Die Art, wie sie ihre Väter und ihre Kinder ehren, die Vernunft ihrer Ehen und Ehesitten zeichnet sie unter allen Europäern aus. Zu alledem verstanden sie es, ein Gefühl der Macht und der ewigen Rache sich aus eben den Gewerben zu schaffen, welche man ihnen überließ (oder denen man sie überließ); man muß es zur Entschuldigung selbst ihres Wuchers sagen, daß sie ohne diese gelegentliche angenehme und nützliche Folterung ihrer Verächter es schwerlich ausgehalten hätten, sich so lange selbst zu achten. Denn unsere Achtung vor uns selber ist daran gebunden, daß wir Wiedervergeltung im Guten und Schlimmen üben können. Dabei reißt sie ihre Rache nicht leicht zu weit: denn sie haben alle die Freisinnigkeit, auch die der Seele, zu welcher der häufige Wechsel des Ortes, des Klimas, der Sitten von Nachbarn und Unterdrückern den Menschen erzieht, sie besitzen die bei weitem größte Erfahrung in allem menschlichen Verkehre und üben selbst in der Leidenschaft noch die Vorsicht dieser Erfahrung. Ihrer geistigen Geschmeidigkeit und Gewitztheit sind sie so sicher, daß sie nie, selbst in der bittersten Lage nicht, nötig haben, mit der physischen Kraft, als grobe Arbeiter, Lastträger, Ackerbausklaven ihr Brot zu erwerben. Ihren Manieren merkt man noch an, daß man ihnen niemals ritterlich vornehme Empfindungen in die Seele und schöne Waffen um den Leib gegeben hat: etwas Zudringliches wechselt mit einer oft zärtlichen, fast stets peinlichen Unterwürfigkeit. Aber jetzt, da sie unvermeidlich von Jahr zu Jahr mehr sich mit dem besten Adel Europas verschwägern, werden sie bald eine gute Erbschaft von Manieren des Geistes und Leibes gemacht haben: so daß sie in hundert Jahren schon vornehm genug dreinschauen werden, um als Herren bei den ihnen Unterworfenen nicht *Scham* zu erregen. Und darauf kommt es an! Deshalb ist ein Austrag ihrer Sache für jetzt noch verfrüht! Sie wissen selber am besten, daß an eine Eroberung Europas und an irgendwelche Gewaltsamkeit für sie nicht zu denken ist: wohl aber, daß Europa irgendwann einmal wie eine völlig reife Frucht ihnen in die Hand fallen dürfte, welche sich ihr nur leicht entgegenstreckt. Inzwischen haben sie dazu nötig, auf allen Gebieten der europäischen Auszeichnung sich auszuzeichnen und unter den Ersten zu stehen: bis sie es so weit bringen, das, was auszeichnen soll, selber zu bestimmen. Dann werden sie die Erfinder und Wegzeiger der Europäer heißen und nicht mehr deren Scham beleidigen. Und wohin soll auch diese Fülle angesammelter großer Eindrücke, welche die jüdische Geschichte für jede jüdische Familie ausmacht, diese Fülle von Leidenschaften, Tugenden, Entschlüssen, Entsagungen, Kämpfen, Siegen aller Art, – wohin soll sie sich ausströmen, wenn nicht zuletzt in große geistige Menschen und Werke! Dann, wenn die Juden auf solche Edelsteine und goldene Gefäße als ihr Werk hinzuweisen haben, wie sie die europäischen Völker kürzerer und weniger tiefer Erfahrung nicht hervorzubringen vermögen und vermochten, wenn Israel seine ewige Rache in eine ewige Segnung Europas verwandelt haben wird: dann wird jener siebente Tag wieder einmal da sein, an dem der alte Judengott sich seiner selber, seiner Schöpfung und seines auserwählten Volkes *freuen* darf, – und wir alle, alle wollen uns mit ihm freun!

206

Der unmögliche Stand. — Arm, fröhlich und unabhängig! — das ist beisammen möglich; arm, fröhlich und Sklave! — das ist auch möglich, — und ich wüßte den Arbeitern der Fabrik-Sklaverei nichts Besseres zu sagen: gesetzt, sie empfinden es nicht überhaupt als *Schande*, dergestalt, wie es geschieht, als Schrauben einer Maschine und gleichsam als Lückenbüßer der menschlichen Erfindungskunst *verbraucht* zu werden! Pfui! zu glauben, daß durch höhere Zahlung das *Wesentliche* ihres Elends, ich meine ihre unpersönliche Verknechtung, gehoben werden könne! Pfui! sich aufreden zu lassen, durch eine Steigerung dieser Unpersönlichkeit, innerhalb des maschinenhaften Getriebes einer neuen Gesellschaft, könne die Schande der Sklaverei zur Tugend gemacht werden! Pfui! einen Preis zu haben, für den man nicht mehr Person bleibt, sondern Schraube wird! Seid ihr die Mitverschworenen in der jetzigen Narrheit der Nationen, welche vor allem möglichst viel produzieren und möglichst reich sein wollen? Eure Sache wäre es, ihnen die Gegenrechnung vorzuhalten: wie große Summen *inneren* Wertes für ein solches äußerliches Ziel weggeworfen werden! Wo ist aber euer innerer Wert, wenn ihr nicht mehr wißt, was frei atmen heißt? euch selber nicht einmal notdürftig in der Gewalt habt? eurer wie eines abgestandenen Getränkes allzu oft überdrüssig werdet? nach der Zeitung hinhorcht und den reichen Nachbar anschielt, lüstern gemacht durch das schnelle Steigen und Fallen von Macht, Geld und Meinungen? wenn ihr keinen Glauben mehr an die Philosophie, die Lumpen trägt, an die Freimütigkeit des Bedürfnislosen habt? wenn euch die freiwillige idyllische Armut, Berufs- und Ehelosigkeit, wie sie recht wohl den Geistigeren unter euch anstehen sollte, zum Gelächter geworden ist? Dagegen die Pfeife der sozialistischen Rattenfänger immer im Ohre tönt, die euch mit tollen Hoffnungen brünstig machen wollen? welche euch heißen, *bereit* zu sein und nichts weiter, bereit von heute auf morgen, so daß ihr auf etwas von außen her wartet und wartet und in allem sonst lebt, wie ihr sonst gelebt habt, — bis dieses Warten zum Hunger und zum Durst und zum Fieber und zum Wahnsinn wird, und endlich der Tag der *bestia triumphans* in aller Herrlichkeit aufgeht? — Dagegen sollte doch jeder bei sich denken:

»lieber auswandern, in wilden und frischen Gegenden der Welt *Herr* zu werden suchen und vor allem Herr über mich selber; den Ort so lange wechseln, als noch irgendein Zeichen von Sklaverei mir winkt; dem Abenteuer und dem Kriege nicht aus dem Wege gehen und für die schlimmsten Zufälle den Tod in Bereitschaft halten: nur nicht länger diese unanständige Knechtschaft, nur nicht länger dies Sauer- und Giftig- und Verschwörerischwerden!« Dies wäre die rechte Gesinnung: die Arbeiter in Europa sollten sich *als Stand* fürderhin für eine Menschen-Unmöglichkeit, und nicht nur, wie meistens geschieht, als etwas hart und unzweckmäßig Eingerichtetes, erklären; sie sollten ein Zeitalter des großen Ausschwärmens im europäischen Bienenstocke heraufführen, wie dergleichen bisher noch nicht erlebt wurde, und, durch diese Tat der Freizügigkeit im großen Stil, gegen die Maschine, das Kapital und die jetzt ihnen drohende Wahl protestieren, entweder Sklave des Staates oder Sklave einer Umsturz-Partei werden zu *müssen*. Möge sich Europa des vierten Teiles seiner Bewohner erleichtern! Ihm und ihnen wird es leichter ums Herz werden! In der Ferne erst, bei den Unternehmungen schwärmender Kolonisten-Züge wird man recht erkennen, wie viel gute Vernunft und Billigkeit, wie viel gesundes Mißtrauen die Mutter Europa ihren Söhnen einverleibt hat – diesen Söhnen, welche es neben ihr, dem verdumpften alten Weibe, nicht mehr aushalten konnten und Gefahr liefen, griesgrämig, reizbar und genußsüchtig, wie sie selber, zu werden. Außerhalb Europas werden die Tugenden Europas mit diesen Arbeitern auf der Wanderschaft sein; und das, was zu gefährlichem Mißmut und verbrecherischem Hange innerhalb der Heimat zu entarten begann, wird draußen eine wilde, schöne Natürlichkeit gewinnen und Heroismus heißen. – So käme doch endlich auch wieder reinere Luft in das alte, jetzt übervölkerte und in sich brütende Europa! Mag es immerhin dann an »Arbeitskräften« etwas fehlen! Vielleicht wird man sich dabei besinnen, daß man an viele Bedürfnisse sich erst seitdem gewöhnt hat, als es so *leicht* wurde, sie zu befriedigen, – man wird einige Bedürfnisse wieder verlernen! Vielleicht auch wird man dann *Chinesen* hereinholen: und diese würden die Denk- und Lebensweise mitbringen, welche sich für arbeitsame Ameisen schickt. Ja, sie könnten im ganzen dazu helfen, dem unruhigen und sich aufreibenden Europa etwas asiatische

Ruhe und Betrachtsamkeit und – was am meisten wohl not tut – asiatische *Dauerhaftigkeit* ins Geblüt zu geben.

207

Verhalten der Deutschen zur Moral. – Ein Deutscher ist großer Dinge fähig, aber es ist unwahrscheinlich, daß er sie tut: denn er gehorcht, *wo er kann*, wie dies einem an sich trägen Geiste wohltut. Wird er in die Not gebracht, allein zu stehen und seine Trägheit abzuwerfen, ist es ihm nicht mehr möglich, als Ziffer in einer Summe unterzuducken (in dieser Eigenschaft ist er bei weitem nicht so viel wert wie ein Franzose oder Engländer), – so entdeckt er seine Kräfte: dann wird er gefährlich, böse, tief, verwegen und bringt den Schatz von schlafender Energie ans Licht, den er in sich trägt und an den sonst niemand (und er selber nicht) glaubte. Wenn ein Deutscher sich in solchem Falle selbst gehorcht – es ist die große Ausnahme –, so geschieht es mit der gleichen Schwerfälligkeit, Unerbittlichkeit und Dauer, mit der er sonst seinem Fürsten, seinen amtlichen Obliegenheiten gehorcht: so daß er, wie gesagt, dann *großen* Dingen gewachsen ist, die zu dem »schwachen Charakter«, den er bei sich voraussetzt, in gar keinem Verhältnis stehen. Für gewöhnlich aber fürchtet er sich, *von sich allein* abzuhängen, zu *improvisieren:* deshalb verbraucht Deutschland so viel Beamte, so viel Tinte. – Der Leichtsinn ist ihm fremd, für ihn ist er zu ängstlich; aber in ganz neuen Lagen, die ihn aus der Schläfrigkeit herausziehn, ist er *beinahe* leichtsinnig; er genießt dann die Seltenheit der neuen Lage wie einen Rausch, und er versteht sich auf den Rausch! So ist der Deutsche jetzt in der Politik beinahe leichtsinnig: hat er das Vorurteil der Gründlichkeit und des Ernstes auch hier für sich und benutzt er es im Verkehr mit den anderen politischen Mächten reichlich, so ist er doch insgeheim voller Übermut, einmal schwärmen und launenhaft und neuerungssüchtig sein zu dürfen und mit Personen, Parteien, Hoffnungen wie mit Masken zu wechseln. – Die deutschen Gelehrten, welche bisher das Ansehen hatten, die Deutschesten unter den Deutschen zu sein, waren und sind vielleicht noch so gut wie die deutschen Soldaten, wegen ihres tiefen, fast kindlichen Hanges zum Gehorchen in allen äußeren Dingen und der Nötigung, in der Wissenschaft viel allein zu stehen und viel zu verantworten; wenn sie ihre stolze, schlichte und geduldige Art und ihre Freiheit von politischer Narrheit sich zu sichern wissen, in Zeiten, wo der Wind anders bläst, so steht noch Großes von ihnen zu erwarten: so wie sie sind (oder waren), sind sie der embryonische Zustand von etwas *Höherem*. – Der Vorteil und der Nachteil der Deutschen, und selbst ihrer Gelehrten, war bisher, daß sie dem Aberglauben und der Lust, zu glauben, näher standen als andere Völker; ihre Laster sind, nach wie vor, der Trunk und der Hang zum Selbstmord (dieser ein Zeichen von Schwerfälligkeit des Geistes, der schnell dazu gebracht werden kann, die Zügel wegzuwerfen); ihre Gefahr liegt in allem, was die Verstandeskräfte bindet und die Affekte entfesselt (wie zum Beispiel der übermäßige Gebrauch der Musik und der geistigen Getränke): denn der deutsche Affekt ist gegen den eignen Nutzen gerichtet und selbstzerstörerisch wie der des Trunkenbolds. Die Begeisterung selber ist in Deutschland weniger wert als anderwärts, denn sie ist unfruchtbar. Wenn je ein Deutscher etwas Großes tat, so geschah es in der Not, im Zustande der Tapferkeit, der zusammengebissenen Zähne, der gespanntesten Besonnenheit und oft der Großmut. – Der Umgang mit ihnen wäre wohl anzuraten – denn fast jeder Deutsche hat etwas zu *geben*, wenn man versteht, ihn dahin zu bringen, daß er es *findet, wiederfindet* (er ist unordentlich in sich). – – Wenn nun ein Volk dieser Art sich mit Moral abgibt: welche Moral wird es sein, die gerade ihm genugtut? Sicherlich wird es zuerst wollen, daß sein herzlicher Hang zum Gehorsam in ihr idealisiert erscheine. »Der Mensch muß etwas haben, dem er *unbedingt gehorchen* kann« – das ist eine deutsche Empfindung, eine deutsche Folgerichtigkeit: man begegnet ihr auf dem Grunde aller deutschen Morallehren. Wie anders ist der Eindruck, wenn man sich vor die gesamte antike Moral stellt! Alle diese griechischen Denker, so vielartig ihr Bild uns entgegenkommt, scheinen als Moralisten dem Turnmeister zu gleichen, der einem Jünglinge zuspricht »Komm! Folge mir! Ergib dich meiner Zucht! So wirst du es vielleicht so hoch bringen, vor allen Hellenen einen Preis davonzutragen.« Persönliche Auszeichnung – das ist die antike Tugend. Sich unterwerfen, folgen, öffentlich oder in der Verborgenheit, – das ist deutsche Tugend. – Lange vor Kant und seinem kategorischen Imperativ hatte Luther aus derselben Empfindung gesagt: es müsse ein Wesen geben, dem der Mensch unbedingt vertrauen könne, – es war sein *Gottesbeweis*, er wollte, gröber und volkstümlicher als Kant, daß man nicht einem Begriff, sondern einer Person unbedingt gehorche; und schließlich hat auch Kant seinen Umweg um die Moral nur deshalb genommen, um zum *Gehorsam gegen die Person* zu gelangen: das ist eben der Kultus des Deutschen, je weniger ihm gerade vom Kultus in der Religion übriggeblieben ist. Griechen und Römer empfanden anders und würden über ein solches »*es muß* ein Wesen geben« – gespottet haben: es gehörte zu ihrer südländischen Freiheit des Gefühls, sich des »unbedingten Vertrauens« zu erwehren und im letzten Verschluß des Herzens eine kleine Skepsis gegen alles und jedes, sei es Gott oder Mensch oder Begriff, zurückzubehalten. Gar der antike Philosoph! *Nil admirari* – in diesem Satze sieht er die Philosophie. Und ein Deutscher, nämlich Schopenhauer, geht so weit im Gegenteil, zu sagen: *admirari id est philosophari*. – Wie aber nun, wenn der Deutsche einmal, wie es vorkommt, in den Zustand gerät, wo er *großer Dinge* fähig ist? Wenn die Stunde der *Ausnahme*, die Stunde des Ungehorsams kommt? – Ich glaube nicht, daß Schopenhauer mit Recht sagt, es sei der einzige Vorzug der Deutschen vor andern Völkern, daß es unter ihnen mehr Atheisten gebe als anderwärts, – aber das weiß ich: wenn der Deutsche in den Zustand gerät, wo er großer Dinge fähig ist, *so erhebt er sich allemal über die Moral*! Und wie sollte er nicht? Jetzt muß er etwas Neues tun, nämlich befehlen – sich oder anderen! Das Befehlen hat ihn aber seine deutsche Moral nicht gelehrt! Das Befehlen ist in ihr vergessen!

VIERTES BUCH

208

Gewissensfrage. — »Und in *summa*: was wollt ihr eigentlich neues?« — Wir wollen nicht mehr die Ursachen zu Sündern und die Folgen zu Henkern machen.

209

Die Nützlichkeit der strengsten Theorien. — Man sieht einem Menschen viele Schwächen der Moralität nach und handhabt dabei ein grobes Sieb, *vorausgesetzt*, daß er sich immer zur strengsten *Theorie der Moral* bekennt! Dagegen hat man das Leben der freigeistischen Moralisten immer unter das Mikroskop gestellt: mit dem Hintergedanken, daß ein Fehltritt des Lebens das sicherste Argument gegen eine unwillkommene Erkenntnis sei.

210

Das »an sich«. — Ehemals fragte man: was ist das Lächerliche? wie als ob es außer uns Dinge gebe, welchen das Lächerliche als Eigenschaft anhafte, und man erschöpfte sich in Einfällen (ein Theologe meinte sogar, daß es »die Naivität der Sünde« sei). Jetzt fragt man: was ist das Lachen? Wie entsteht das Lachen? Man hat sich besonnen und endlich festgestellt, daß es nichts Gutes, nichts Schönes, nichts Erhabenes, nichts Böses an sich gibt, wohl aber Seelenzustände, in denen wir die Dinge außer und in uns mit solchen Worten belegen. Wir haben die Prädikate der Dinge wieder *zurückgenommen*, oder wenigstens uns daran erinnert, daß wir sie ihnen *geliehen* haben: — sehen wir zu, daß wir bei dieser Einsicht die *Fähigkeit* zum Verleihen nicht verlieren, und daß wir nicht zugleich *reicher* und *geiziger* geworden sind.

211

An die Träumer der Unsterblichkeit. — Diesem schönen Bewußtsein eurer selbst wünscht ihr also *ewige Dauer*? Ist das nicht schamlos? Denkt ihr denn nicht an alle andern Dinge, die *euch* dann in alle Ewigkeit zu *ertragen* hätten, wie sie euch bisher ertragen haben mit einer mehr als christlichen Geduld? Oder meint ihr, ihnen ein ewiges Wohlgefühl an euch geben zu können? Ein einziger unsterblicher Mensch auf der Erde wäre ja schon genug, um alles andere, das noch da wäre, durch *Überdruß an ihm* in eine allgemeine Sterbe- und Aufhängewut zu versetzen! Und ihr Erdenbewohner mit euren Begriffelchen von ein paar Tausend Zeitminütchen wollt dem ewigen allgemeinen Dasein ewig lästig fallen! Gibt es etwas Zudringlicheres! – Zuletzt: seien wir milde gegen ein Wesen von siebenzig Jahren! – es hat seine Phantasie im Ausmalen der *eignen* »ewigen Langenweile« nicht üben können, es fehlte ihm an der Zeit!

212

Worin man sich kennt. — Sobald ein Tier ein anderes sieht, so mißt es sich im Geiste mit ihm und ebenso machen es die Menschen wilder Zeitalter. Daraus ergibt sich, daß sich da jeder Mensch fast nur in Hinsicht auf seine Wehr- und Angriffskräfte kennenlernt.

213

Die Menschen des verfehlten Lebens. — Die einen sind aus solchem *Stoffe*, daß es der Gesellschaft erlaubt ist, dies oder jenes aus ihnen zu *machen*: unter allen Umständen werden sie sich gut dabei befinden und nicht über ein verfehltes Leben zu klagen haben. Andere sind von zu besonderem Stoffe – es braucht deshalb noch kein besonders edler, sondern eben nur ein seltnerer zu sein –, als daß sie nicht sich schlecht befinden müßten, den einzigen Fall ausgenommen, daß sie ihrem einzigen Zwecke gemäß leben können: – in allen anderen Fällen hat die Gesellschaft den Schaden davon. Denn alles, was dem einzelnen als verfehltes, mißratenes Leben erscheint, seine ganze Bürde von Mißmut, Lähmung, Erkrankung, Reizbarkeit, Begehrlichkeit, wirft er auf die

Gesellschaft zurück – und so bildet sich um sie eine schlechte dumpfe Luft und, im günstigsten Falle, eine Gewitterwolke.

214

Was Nachsicht! – Ihr leidet, und verlangt, daß wir nachsichtig gegen euch sind, wenn ihr im Leiden den Dingen und Menschen Unrecht tut! Aber was liegt an unserer Nachsicht! Ihr aber solltet *vorsichtiger* um euer selbst willen sein! Das ist eine schöne Art, sich für sein Leiden so zu entschädigen, daß man noch dazu *sein Urteil schädigt!* Auf euch selber fällt eure eigne Rache zurück, wenn ihr etwas verunglimpft; ihr trübt damit *euer* Auge, nicht das der andern: ihr gewöhnt euch an das *Falsch- und Schief-Sehen!*

215

Moral der Opfertiere. – »Sich begeistert hingeben«, »sich selber zum Opfer bringen« – das sind die Stichworte eurer Moral, und ich glaube es gerne, daß ihr, wie ihr sagt, »es damit ehrlich meint«: nur kenne ich euch besser, als ihr euch kennt, wenn eure »Ehrlichkeit« mit einer solchen Moral Arm in Arm zu gehen vermag. Ihr seht von der Höhe derselben herab auf jene andere nüchterne Moral, welche Selbstbeherrschung, Strenge, Gehorsam fordert, ihr nennt sie wohl gar egoistisch, und gewiß! – ihr *seid* ehrlich gegen euch, wenn sie euch mißfällt, – sie *muß* euch mißfallen! Denn indem ihr euch begeistert hingebt und aus euch ein Opfer macht, genießt ihr jenen Rausch des Gedankens, nunmehr eins zu sein mit dem Mächtigen, sei es ein Gott oder ein Mensch, dem ihr euch weiht: ihr schwelgt in dem Gefühle seiner Macht, die eben wieder durch ein Opfer bezeugt ist. In Wahrheit *scheint* ihr euch nur zu opfern, ihr wandelt euch vielmehr in Gedanken zu Göttern um und genießt euch als solche. Von diesem Genusse aus gerechnet – wie schwach und arm dünkt euch jene »egoistische« Moral des Gehorsams, der Pflicht, der Vernünftigkeit: sie mißfällt euch, weil hier wirklich geopfert und hingegeben werden muß, *ohne* daß der Opferer sich in einen Gott verwandelt wähnt, wie ihr wähnt. Kurz, *ihr* wollt den Rausch und das Übermaß, und jene von euch verachtete Moral hebt den Finger auf *gegen* Rausch und Übermaß — ich glaube euch wohl, daß sie euch Mißbehagen macht!

216

Die Bösen und die Musik. — Sollte die volle Seligkeit der Liebe, welche im *unbedingten Vertrauen* liegt, jemals andern Personen zuteil geworden sein, als tiefmißtrauischen, bösen und galligen? Diese nämlich genießen in ihr die ungeheure, nie geglaubte und glaubliche *Ausnahme* ihrer Seele! Eines Tages kommt jene grenzenlose, traumhafte Empfindung über sie, gegen die sich ihr ganzes übriges heimliches und sichtbares Leben abhebt: wie ein köstliches Rätsel und Wunder, voll goldenen Glanzes und über alle Worte und Bilder hinaus. Das unbedingte Vertrauen macht stumm; ja, selbst ein Leiden und eine Schwere ist in diesem seligen Stummwerden, weshalb auch solche vom Glück gedrückte Seelen der *Musik* dankbarer zu sein pflegen als alle anderen und besseren: denn durch die Musik hindurch sehen und hören sie, wie durch einen farbigen Rauch, ihre Liebe gleichsam *ferner*, rührender und weniger schwer geworden; Musik ist ihnen das einzige Mittel, ihrem außerordentlichen Zustande *zuzuschauen* und mit einer Art von Entfremdung und Erleichterung erst seines Anblicks teilhaft zu werden. Jeder Liebende denkt bei der Musik: »sie redet von mir, sie redet an meiner Statt, *sie weiß alles!*«

217

Der Künstler. — Die Deutschen wollen durch den Künstler in eine Art erträumter Passion kommen; die Italiener wollen durch ihn von ihren wirklichen Passionen ausruhen; die Franzosen wollen von ihm Gelegenheit, ihr Urteil zu beweisen, und Anlässe zum Reden haben. Also: seien wir billig!

218

Mit seinen Schwächen als Künstler schalten. — Wenn wir durchaus Schwächen haben sollen und sie als Gesetze über uns endlich auch anerkennen müssen, so wünsche ich jedem wenigstens so viel künstlerische Kraft, daß er aus seinen Schwächen die Folie seiner Tugenden und durch seine Schwächen uns begehrlich nach seinen Tugenden zu machen verstehe: das, was in so ausgezeichnetem Maße die großen Musiker verstanden haben. Wie häufig ist in Beethovens Musik ein grober, rechthaberischer, ungeduldiger Ton, bei Mozart eine Jovialität biederer Gesellen, bei der Herz und Geist ein wenig fürlieb nehmen müssen, bei Richard Wagner eine abspringende und zudringende Unruhe, bei der dem Geduldigsten die gute Laune *eben* abhanden kommen will: *da* aber kehrt er zu seiner Kraft zurück, und ebenso jene; sie alle haben uns mit ihren Schwächen einen Heißhunger nach ihren Tugenden und eine zehnmal empfindlichere Zunge für jeden Tropfen tönenden Geistes, tönender Schönheit, tönender Güte gemacht.

219

Der Betrug bei der Demütigung. – Du hast deinem Nächsten mit deiner Unvernunft ein tiefes Leid zugefügt und ein unwiederbringliches Glück zerstört – und nun gewinnst du es über deine Eitelkeit, zu ihm zu gehen, du demütigst dich vor ihm, gibst deine Unvernunft vor ihm der Verachtung preis und meinst, nach dieser harten, für dich äußerst beschwerlichen Szene sei im Grunde alles wieder in Ordnung gebracht – deine freiwillige Einbuße an Ehre gleiche die unfreiwillige Einbuße des andern an Glück aus: mit diesem Gefühle gehst du erhoben und in deiner Tugend wiederhergestellt davon. Aber der andere hat sein tiefes Leid wie vorher, es liegt ihm gar nichts Tröstliches darin, daß du unvernünftig bist und es gesagt hast, er erinnert sich sogar des peinlichen Anblicks, den du ihm gegeben hast, als du dich vor ihm selbst verachtetest, wie einer neuen Wunde, welche er dir verdankt, – aber er denkt nicht an Rache und begreift nicht, wie zwischen dir und ihm etwas *ausgeglichen* werden könnte. Im Grunde hast du jene Szene vor dir selber aufgeführt und für dich selber: du hattest einen Zeugen dazu eingeladen, deinetwegen wiederum und nicht seinetwegen, – betrüge dich nicht!

220

Würde und Furchtsamkeit. – Die Zeremonien, die Amts- und Standestrachten, die ernsten Mienen, das feierliche Dreinschauen, die langsame Gangart, die gewundene Rede und alles überhaupt, was Würde heißt: das ist die Verstellungsform derer, welche im Grunde furchtsam sind, – sie wollen damit fürchten machen (sich oder das, was sie repräsentieren). Die Furchtlosen, das heißt ursprünglich: die jederzeit und unzweifelhaft Fürchterlichen haben Würde und Zeremonien nicht nötig; sie bringen die Ehrlichkeit, das Geradezu in Worten und Gebärden in Ruf und noch mehr in Verruf, als Anzeichen der selbstbewußten Fürchterlichkeit.

221

Moralität des Opfers. – Die Moralität, welche sich nach der Aufopferung bemißt, ist die der halbwilden Stufe. Die Vernunft hat da nur einen schwierigen und blutigen Sieg innerhalb der Seele, es sind gewaltige Gegentriebe niederzuwerfen; ohne eine Art Grausamkeit, wie bei den Opfern, welche kannibalische Götter verlangen, geht es dabei nicht ab.

222

Wo Fanatismus zu wünschen ist. – Phlegmatische Naturen sind nur so zu begeistern, daß man sie fanatisiert.

223

Das gefürchtete Auge. – Nichts wird von Künstlern, Dichtern und Schriftstellern mehr gefürchtet als jenes Auge, welches ihren *kleinen Betrug* sieht, welches nachträglich wahrnimmt, wie oft sie an dem Grenzwege gestanden haben, wo es entweder zur unschuldigen Lust an sich selber oder zum Effekt-machen abführte; welches ihnen nachrechnet, wenn sie wenig für viel verkaufen wollten, wenn sie zu erheben und zu schmücken suchten, ohne selber erhoben zu sein; welches den Gedanken durch allen Trug ihrer Kunst hindurch so sieht, wie er zuerst vor ihnen stand, vielleicht wie eine entzückende Lichtgestalt, viel-

leicht aber auch als ein Diebstahl an aller Welt, als ein Alltags-
Gedanke, den sie dehnen, kürzen, färben, einwickeln, würzen mußten, um etwas aus ihm zu machen, anstatt daß der Gedanke etwas aus
ihnen machte, – oh dieses Auge, welches alle eure Unruhe, euer Spähen und Gieren, euer Nachmachen und Überbieten (dies ist nur ein
neidisches Nachmachen) eurem Werke anmerkt, welches eure Scham-
röte so gut kennt wie eure Kunst, diese Röte zu verbergen und vor euch
selber umzudeuten!

224

Das »Erhebende« am Unglück des Nächsten. – Er ist im Unglück, und
nun kommen die »Mitleidigen« und malen ihm sein Unglück aus –
endlich gehen sie befriedigt und erhoben fort: sie haben sich an dem
Entsetzen des Unglücklichen wie an dem eignen Entsetzen geweidet
und sich einen guten Nachmittag gemacht.

225

Mittel, um schnell verachtet zu werden. – Ein Mensch, der schnell und
viel spricht, sinkt außerordentlich tief in unserer Achtung, nach dem
kürzesten Verkehre, und selbst wenn er verständig spricht, – nicht nur
in dem Maße als er lästig fällt sondern weit tiefer. Denn wir erraten,
wie vielen Menschen er schon lästig gefallen ist, und rechnen zu dem
Mißbehagen, das er macht, noch die Mißachtung hinzu, welche wir für
ihn voraussetzen.

226

Vom Verkehr mit Zelebritäten. – A: Aber warum weichst du diesem
großen Manne aus? – B: Ich möchte ihn nicht verkennen lernen!
Unsre Fehler vertragen sich nicht beieinander: ich bin kurzsichtig und
mißtrauisch, und er trägt seine falschen Diamanten so gern wie seine
echten.

227

Kettenträger. – Vorsicht vor allen Geistern, die an Ketten liegen! Zum
Beispiel vor den klugen Frauen, welche ihr Schicksal in eine kleine,

dumpfe Umgebung gebannt hat, und die darin alt werden. Zwar liegen sie scheinbar träge und halb blind in der Sonne da: aber bei jedem fremden Tritt, bei allem Unvermuteten fahren sie auf, um zu beißen, sie nehmen an allem Rache, was ihrer Hundehütte entkommen ist.

228

Rache im Lobe. — Hier ist eine geschriebene Seite voller Lob, und ihr nennt sie flach: aber wenn ihr erratet, daß Rache in diesem Lobe verborgen liegt, so werdet ihr sie fast überfein finden und an dem Reichtum kleiner kühner Striche und Figuren euch sehr ergötzen. Nicht der Mensch, sondern seine Rache ist so fein, reich und erfinderisch, er selber merkt kaum etwas davon.

229

Stolz. — Ach, ihr kennt alle das Gefühl nicht, welches der Gefolterte nach der Folterung hat, wenn er in die Zelle zurückgebracht wird und sein Geheimnis mit ihm! — er hält es immer noch mit den Zähnen fest. Was wißt ihr vom Jubel des menschlichen Stolzes!

230

»*Utilitarisch.*« — Jetzt gehen die Empfindungen in moralischen Dingen so kreuz und quer, daß man für diesen Menschen eine Moral durch ihre Nützlichkeit beweist, für jenen gerade durch die Nützlichkeit widerlegt.

231

Von der deutschen Tugend. — Wie entartet in seinem Geschmack, wie sklavisch vor Würden, Ständen, Trachten, Pomp und Prunk muß ein Volk gewesen sein, als es das *Schlichte* als das *Schlechte*, den schlichten Mann als den schlechten Mann abschätzte! Man soll dem moralischen Hochmute der Deutschen immer dies Wörtlein »schlecht« und nichts weiter entgegenhalten!

232

Aus einer Disputation. – A: Freund, Sie haben sich heiser gesprochen! – B: So bin ich widerlegt. Reden wir nicht weiter davon!

233

Die »Gewissenhaften«. – Habt ihr acht gegeben, was für Menschen am meisten Wert auf strengste Gewissenhaftigkeit legen? Die, welche sich vieler erbärmlicher Empfindungen bewußt sind, ängstlich von sich und an sich denken und Angst vor anderen haben, die ihr Inneres so sehr wie möglich verbergen wollen, – sie suchen *sich selber zu imponieren*, durch jene Strenge der Gewissenhaftigkeit und Härte der Pflicht, vermöge des strengen und harten Eindrucks, den andre von ihnen dadurch bekommen müssen (namentlich Untergebene).

234

Scheu vor dem Ruhme. – A: Daß einer seinem Ruhme ausweicht, daß einer seinen Lobredner absichtlich beleidigt, daß einer sich scheut, Urteile über sich zu hören, aus Scheu vor dem Lobe, – *das findet man, das gibt es* – glaubt oder glaubt es nicht! – B: Das findet sich, das gibt sich! Nur etwas Geduld, Junker Hochmut!

235

Dank abweisen. – Man darf wohl eine Bitte abweisen, aber nimmermehr darf man einen Dank abweisen (oder, was dasselbe ist, ihn kalt und konventionell annehmen). Dies beleidigt tief – und warum?

236

Strafe. – Ein seltsames Ding, unsre Strafe! Sie reinigt nicht den Verbrecher, sie ist kein *Ab*büßen: im Gegenteil, sie beschmutzt mehr als das Verbrechen selber.

237

Eine Parteinot. — Es gibt eine lächerliche, aber nicht ungefährliche Betrübnis fast in jeder Partei: an ihr leiden alle die, welche die jahrelangen, treuen und ehrenwerten Verfechter der Parteimeinung waren und plötzlich, eines Tages, merken, daß ein viel Mächtigerer die Trompete in die Hand genommen hat. Wie wollen sie es ertragen, stumm gemacht zu sein! Und so werden sie laut und mitunter in neuen Tönen.

238

Das Streben nach Anmut. — Wenn eine starke Natur nicht den Hang der Grausamkeit hat und nicht immer von sich selber okkupiert ist, so strebt sie unwillkürlich nach *Anmut*, — dies ist ihr Abzeichen. Die schwachen Charaktere dagegen lieben die herben Urteile — sie gesellen sich zu den Helden der Menschenverachtung, zu den religiösen oder philosophischen Anschwärzern des Daseins oder ziehen sich hinter strenge Sitten und peinliche »Lebensberufe« zurück: so suchen sie sich einen Charakter und eine Art Stärke zu schaffen. Und dies tun sie ebenfalls unwillkürlich.

239

Wink für Moralisten. — Unsere Musiker haben eine große Entdeckung gemacht: die *interessante Häßlichkeit* ist auch in ihrer Kunst möglich! Und so werfen sie sich in diesen eröffneten Ozean des Häßlichen, wie trunken, und noch niemals war es so leicht, Musik zu machen. Jetzt hat man erst den allgemeinen dunkelfarbigen Hintergrund gewonnen, auf dem ein noch so kleiner Lichtstreifen schöner Musik den Glanz von Gold und Smaragd erhält; jetzt wagt man erst den Zuhörer in Sturm, Empörung und außer Atem zu bringen, *um* ihm nachher durch einen Augenblick des Hinsinkens in Ruhe ein Gefühl der Seligkeit zu geben, welches der Schätzung der Musik überhaupt zugute kommt. Man hat den Kontrast entdeckt: jetzt erst sind die stärksten Effekte möglich — und *wohlfeil*: niemand fragt mehr nach guter Musik. Aber ihr müßt euch beeilen! Es ist für jede Kunst nur eine kurze Spanne Zeit noch, wenn sie erst zu dieser Entdeckung gelangt ist. – Oh, wenn unsere Denker Ohren hätten, um in die Seelen unsrer Musiker, vermittelst ihrer Musik, hineinzuhören! Wie lange muß man warten, ehe solch eine Gelegenheit sich wiederfindet, den innerlichen Menschen auf der bösen Tat und in der Unschuld dieser Tat zu ertappen! Denn unsre Musiker haben nicht den leisesten Geruch davon, daß sie ihre eigene Geschichte, die Geschichte der Verhäßlichung der Seele, in Musik setzen. Ehemals mußte der gute Musiker beinahe um seiner Kunst willen ein guter Mensch werden –. Und jetzt!

240

Von der Moralität der Schaubühne. – Wer da meint, Shakespeares Theater wirke moralisch und der Anblick des Macbeth ziehe unwiderstehlich vom Bösen des Ehrgeizes ab, der irrt sich: und er irrt sich noch einmal, wenn er glaubt, Shakespeare selber habe so empfunden wie er. Wer wirklich vom rasenden Ehrgeiz besessen ist, sieht dies sein Bild mit *Lust*; und wenn der Held an seiner Leidenschaft zugrunde geht, so ist dies gerade die schärfste Würze in dem heißen Getränke dieser Lust. Empfand es der Dichter denn anders? Wie königlich und durchaus nicht schurkenhaft läuft sein Ehrgeiziger vom Augenblick des großen Verbrechens an seine Bahn! Erst von da ab zieht er »dämonisch« an und reizt ähnliche Naturen zur Nachahmung auf – dämonisch heißt hier: zum Trotz *gegen* Vorteil und Leben, zugunsten eines Gedankens und Triebes. Glaubt ihr denn, Tristan und Isolde gäben dadurch eine Lehre *gegen* den Ehebruch, daß sie beide an ihm zugrunde gehen? Dies hieße die Dichter auf den Kopf stellen: welche, wie namentlich Shakespeare, verliebt in die Leidenschaften an sich sind und nicht am geringsten in ihre *todbereiten* Stimmungen – jene, wo das Herz nicht fester mehr am Leben hängt als ein Tropfen am Glase. Nicht die Schuld und deren schlimmer Ausgang liegt ihnen am Herzen, dem Shakespeare sowenig wie dem Sophokles (im Ajax, Philoktet, Ödipus): so leicht es gewesen wäre, in den genannten Fällen die Schuld zum Hebel des Dramas zu machen, so bestimmt ist dies gerade vermieden. Ebensowenig will der Tragödiendichter mit seinen Bildern des Lebens *gegen* das Leben einnehmen! Er ruft vielmehr: »es ist der Reiz allen Reizes, dieses aufregende, wechselnde, gefährliche, düstere und oft sonnendurchglühte Dasein! Es ist ein *Abenteuer*, zu leben, – nehmt diese oder jene Partei darin, immer wird es diesen Charakter behalten!« – So spricht er aus einer unruhigen und kraftvollen Zeit heraus, die von ihrer Überfülle an Blut und Energie halbtrunken und betäubt ist, – aus einer böseren Zeit heraus, als die unsere ist: weshalb wir nötig haben, uns den Zweck eines Shakespearischen Dramas erst *zurecht* und *gerecht* zu machen, das heißt, es nicht zu verstehen.

241

Furcht und Intelligenz. – Wenn es wahr ist, was man jetzt des Bestimmtesten behauptet, daß die Ursache des schwarzen Hautpigments *nicht* im Lichte zu suchen sei: könnte es vielleicht die letzte Wirkung häufiger und durch Jahrtausende gehäufter Wutanfälle sein (und Blutunterströmungen der Haut)? Während bei anderen *intelligenteren* Stämmen das ebensohäufige Erschrecken und Bleichwerden endlich die weiße Hautfarbe ergeben hätte? – Denn der Grad der Furchtsamkeit ist ein Gradmesser der Intelligenz: und sich oft der blinden Wut überlassen das Zeichen davon, daß die Tierheit noch ganz nahe ist und sich wieder durchsetzen möchte. – Braun-grau wäre also wohl die Urfarbe des Menschen – etwas Affen- und Bärenhaftes, wie billig.

242

Unabhängigkeit. – Unabhängigkeit (in ihrer schwächsten Dosis »Gedankenfreiheit« benannt) ist die Form der Entsagung, welche der Herrschsüchtige endlich annimmt, – er, der lange das gesucht hat, was er beherrschen könnte, und nichts gefunden hat, als sich selber.

243

Die zwei Richtungen. – Versuchen wir den Spiegel an sich zu betrachten, so entdecken wir endlich nichts als Dinge auf ihm. Wollen wir die Dinge fassen, so kommen wir zuletzt wieder auf nichts als auf den Spiegel. – Dies ist die allgemeinste Geschichte der Erkenntnis.

244

Freude am Wirklichen. — Unser jetziger Hang zu Freude am Wirklichen – wir haben ihn fast alle – ist nur daraus zu verstehen, daß wir so lange und bis zum Überdruß Freude am Unwirklichen gehabt haben. An sich ist es ein nicht unbedenklicher Hang, so wie er jetzt auftritt, ohne Wahl und Feinheit: – seine mindeste Gefahr ist die Geschmacklosigkeit.

245

Feinheit des Machtgefühls. — Napoleon ärgerte sich, schlecht zu sprechen, und belog sich hierüber nicht: aber seine Herrschsucht, die keine Gelegenheit verschmähte und feiner war als sein feiner Geist, brachte ihn dahin, noch schlechter zu sprechen, *als er konnte.* So rächte er sich an seinem eignen Ärger (er war eifersüchtig auf alle seine Affekte, weil sie *Macht* hatten) und genoß sein autokratisches *Belieben.* Sodann, in Hinsicht auf Ohren und Urteil der Hörenden, genoß er dies Belieben noch einmal: wie als ob so zu ihnen zu reden, immer noch gut genug sei. Ja, er frohlockte im Geheimen bei dem Gedanken, durch Blitz und Donner der höchsten Autorität – welche im Bunde von Macht und Genialität liegt – das Urteil zu betäuben und den Geschmack irrezuführen; während beides in ihm kalt und stolz an der Wahrheit festhielt, daß er *schlecht* spreche. – Napoleon, als ein vollkommen zu Ende gedachter und ausgearbeiteter Typus eines Triebes, gehört zu der antiken Menschheit: deren Merkmale – der einfache Aufbau und das erfinderische Ausbilden und Ausdichten eines Motivs oder weniger Motive – leicht genug zu erkennen sind.

246

Aristoteles und die Ehe. — Bei den Kindern der großen Genies bricht der Wahnsinn heraus, bei den Kindern der großen Tugendhaften der Stumpfsinn – bemerkt Aristoteles. Wollte er damit die Ausnahme-Menschen zur Ehe einladen?

247

Herkunft des schlechten Temperaments. – Das Ungerechte und Sprunghafte im Gemüt mancher Menschen, ihre Unordnung und Maßlosigkeit sind die letzten Folgen unzähliger logischer Ungenauigkeiten, Ungründlichkeiten und übereilter Schlüsse, welcher sich ihre Vorfahren schuldig gemacht haben. Die Menschen mit gutem Temperament dagegen stammen aus überlegsamen und gründlichen Geschlechtern, welche die Vernunft hochgestellt haben, – ob zu löblichen oder bösen Zwecken, das kommt nicht so sehr in Betracht.

248

Verstellung als Pflicht. – Am meisten ist die Güte durch die lange Verstellung, welche Güte zu scheinen suchte, entwickelt worden: überall, wo große Macht bestand, wurde die Notwendigkeit gerade dieser Art von Verstellung eingesehen – sie flößt Sicherheit und Vertrauen ein und verhundertfacht die wirkliche Summe der physischen Macht. Die Lüge ist, wenn nicht die Mutter, so doch die Amme der Güte. Die Ehrlichkeit ist ebenfalls am meisten durch die Anforderung eines Anscheins der Ehrlichkeit und Biederkeit großgezogen worden: in den erblichen Aristokratien. Aus der dauernden Übung einer Verstellung entsteht zuletzt *Natur*: die Verstellung hebt sich am Ende selber auf, und Organe und Instinkte sind die kaum erwarteten Früchte im Garten der Heuchelei.

249

Wer ist denn je allein! – Der Furchtsame weiß nicht, was Alleinsein ist: hinter seinem Stuhle steht immer ein Feind. – Oh, wer die Geschichte jenes feinen Gefühls, welches Einsamkeit heißt, uns erzählen könnte!

250

Nacht und Musik. – Das Ohr, das Organ der Furcht, hat sich nur in der Nacht und in der Halbnacht dunkler Wälder und Höhlen so reich entwickeln können, wie es sich entwickelt hat, gemäß der Lebensweise des furchtsamen, das heißt des allerlängsten menschlichen Zeitalters, welches es gegeben hat: im Hellen ist das Ohr weniger nötig. Daher der Charakter der Musik als einer Kunst der Nacht und Halbnacht.

251

Stoisch. -- Es gibt eine Heiterkeit des Stoikers, wenn er sich von dem Zeremoniell beengt fühlt, das er selber seinem Wandel vorgeschrieben hat; er genießt sich dabei als Herrschenden.

252

Man erwäge! – Der gestraft wird, ist nicht mehr der, welcher die Tat getan hat. Er ist immer der Sündenbock.

253

Augenschein. – Schlimm! Schlimm! Was man am besten, am hartnäckigsten beweisen muß, das ist der Augenschein. Denn allzuvielen fehlen die Augen, ihn zu sehen. Aber es ist so langweilig!

254

Die Vorwegnehmenden. – Das Auszeichnende, aber auch Gefährliche in den dichterischen Naturen ist ihre *erschöpfende* Phantasie: die, welche das, was wird und werden könnte, vorwegnimmt, vorweg genießt, vorweg erleidet und im endlichen Augenblick des Geschehens und der Tat bereits *müde* ist. Lord Byron, der dies alles zu gut kannte, schrieb in sein Tagebuch: »Wenn ich einen Sohn habe, so soll er etwas ganz Prosaisches werden – Jurist oder Seeräuber.«

255

Gespräch über Musik. – A: Was sagen Sie zu dieser Musik? – B: Sie hat mich überwältigt, ich habe gar nichts zu sagen. Horch! Da beginnt sie von neuem! – A: Um so besser! Sehen wir zu, daß *wir* sie diesmal überwältigen. Darf ich einige Worte zu dieser Musik machen? Und Ihnen auch ein Drama zeigen, welches Sie vielleicht beim ersten Hören nicht sehen wollten? — B: Wohlan! ich habe zwei Ohren und mehr, wenn es nötig ist. Rücken Sie dicht an mich heran! — A: Dies ist es noch nicht, was *er* uns sagen will, er verspricht bisher nur, daß er etwas sagen werde, etwas Unerhörtes, wie er mit diesen Gebärden zu verstehen gibt. Denn Gebärden sind es. Wie er winkt! sich hoch aufrichtet! die Arme wirft! Und jetzt scheint ihm der höchste Augenblick der Spannung gekommen: noch zwei Fanfaren, und er führt sein Thema vor, prächtig und geputzt, wie klirrend von edlen Steinen. Ist es eine schöne Frau? Oder ein schönes Pferd? Genug, er sieht entzückt um sich, denn er hat Blicke des Entzückens zu sammeln, — jetzt erst gefällt ihm sein Thema ganz, jetzt wird er erfindsam, wagt neue und kühne Züge. Wie er sein Thema heraustreibt! Ah! Geben Sie acht — er versteht nicht nur es zu schmücken, sondern auch zu *schminken*! Ja, er weiß, was Farbe der Gesundheit ist, er versteht sich darauf, sie erscheinen zu lassen, — er ist feiner in seiner Selbsterkenntnis, als ich dachte. Und jetzt ist er überzeugt, daß er seine Hörer überzeugt hat, er gibt seine Einfälle, als seien es die wichtigsten Dinge unter der Sonne, er hat unverschämte Fingerzeige auf sein Thema, als sei es zu gut für diese Welt. — Ha, wie mißtrauisch er ist! Daß wir nur nicht müde werden! So verschüttet er seine Melodien unter Süßigkeiten — jetzt ruft er sogar unsre gröberen Sinne an, um uns aufzuregen und so wieder unter seine Gewalt zu bringen. Hören Sie, wie er das Elementarische stürmischer und donnernder Rhythmen beschwört! Und jetzt, da er merkt, daß diese uns fassen, würgen und beinahe zerdrücken, wagt er es, sein Thema wieder ins Spiel der Elemente zu mischen und uns Halbbetäubte und Erschütterte zu *überreden*, unsre Betäubung und Erschütterung sei die Wirkung seines Wunder-Themas. Und fürderhin glauben es ihm die Zuhörer: sobald es erklingt, entsteht in ihnen eine Erinnerung an jene erschütternde Elementarwirkung — diese Erinnerung kommt jetzt dem Thema zugute, es ist nun »dämonisch« geworden! Was für ein Kenner der Seele er ist! Er gebietet mit den Künsten eines Volksredners über uns. — Aber die Musik verstummt! — B: Und gut, daß sie es tut! Denn ich kann es nicht mehr ertragen, *Sie* zu hören! Zehnmal lieber will ich doch mich *täuschen lassen*, als *einmal* in Ihrer Art die Wahrheit zu wissen! — A: Dies ist es, was ich von Ihnen hören wollte. So wie Sie sind die Besten jetzt: ihr seid zufrieden damit, euch täuschen zu lassen! Ihr kommt mit groben und lüsternen Ohren, ihr bringt das Gewissen der Kunst zum Hören nicht mit, ihr habt euere *feinste Redlichkeit* unterwegs weggeworfen! Und damit verderbt ihr die Kunst und die Künstler! Immer, wenn ihr klatscht und jubelt, habt ihr das Gewissen der Künstler in den Händen – und wehe, wenn sie merken, daß ihr zwischen unschuldiger und schuldiger Musik nicht unterscheiden könnt! Ich meine wahrlich nicht »gute« und »schlechte« Musik – von dieser und jener gibt es in beiden Arten! Aber ich nenne eine *unschuldige Musik* jene, welche ganz und gar nur an sich denkt, an sich glaubt und über sich die Welt vergessen hat, – das Von-selber-Ertönen der tiefsten Einsamkeit, die über sich mit sich redet und nicht mehr weiß, daß es Hörer und Lauscher und Wirkungen und Mißverständnisse und Mißerfolge da draußen gibt. – Zuletzt: die Musik, welche wir eben hörten, *ist* gerade von dieser edlen und seltnen Art, und alles, was ich von ihr sagte, war erlogen, – verzeihen Sie meine Bosheit, wenn Sie Lust haben! – B: Oh, Sie lieben also *diese* Musik auch? Dann sind Ihnen viele Sünden vergeben!

256

Glück der Bösen. – Diese stillen, düsteren, bösen Menschen haben etwas, das ihr ihnen nicht streitig machen könnt, einen seltenen und seltsamen Genuß im *dolce far niente*, eine Abend- und Sonnenuntergangs-Ruhe, wie sie nur ein Herz kennt, das allzu oft durch Affekte verzehrt, zerrissen, vergiftet worden ist.

257

Worte in uns gegenwärtig. – Wir drücken unsere Gedanken immer mit den Worten aus, die uns zur Hand sind. Oder um meinen ganzen Verdacht auszudrücken: wir haben in jedem Momente eben nur den Gedanken, für welchen uns die Worte zur Hand sind, die ihn ungefähr auszudrücken vermögen.

258

Dem Hunde schmeicheln. — Man muß diesem Hunde nur einmal das Fell streichen: sofort knistert er und sprüht Funken, wie jeder andre Schmeichler — und ist geistreich auf seine Art. Warum sollten wir ihn nicht so ertragen!

259

Der ehemalige Lobredner. — »Er ist stumm über mich geworden, obwohl er die Wahrheit jetzt weiß und sie sagen könnte. Aber sie würde wie Rache klingen — und er achtet die Wahrheit so hoch, der Achtungswürdige!«

260

Amulett der Abhängigen. — Wer unvermeidlich von einem Gebieter abhängig ist, soll etwas haben, wodurch er Furcht einflößt und den Gebieter im Zaume hält, zum Beispiel Rechtschaffenheit oder Aufrichtigkeit oder eine böse Zunge.

261

Warum so erhaben! — Oh, ich kenne dies Getier! Freilich gefällt es sich selber besser, wenn es auf zwei Beinen »wie ein Gott« daherschreitet, — aber wenn es wieder auf seine vier Füße zurückgefallen ist, gefällt es *mir* besser: dies steht ihm so unvergleichlich natürlicher!

262

Der Dämon der Macht. — Nicht die Notdurft, nicht die Begierde — nein, die Liebe zur Macht ist der Dämon der Menschen. Man gebe ihnen alles, Gesundheit, Nahrung, Wohnung, Unterhaltung — sie sind und bleiben unglücklich und grillig: denn der Dämon wartet und wartet und will befriedigt sein. Man nehme ihnen alles und befriedige diesen: so sind sie beinahe glücklich — so glücklich, als eben Menschen und Dämonen sein können. Aber warum sage ich dies noch? Luther hat es schon gesagt, und besser als ich, in den Versen: »Nehmen sie uns den Leib, Gut, Ehr, Kind und Weib: laß fahren dahin – das Reich muß uns doch bleiben!« Ja! Ja! Das »Reich«!

263

Der Widerspruch leibhaft und beseelt. – Im sogenannten Genie ist ein physiologischer Widerspruch: es besitzt einmal viele wilde, unordentliche, unwillkürliche Bewegung und sodann wiederum viele höchste Zwecktätigkeit der Bewegung, – dabei ist ihm ein Spiegel zu eigen, der beide Bewegungen nebeneinander und ineinander, aber auch oft genug widereinander zeigt. Infolge dieses Anblicks ist es oft unglücklich, und wenn es ihm am wohlsten wird, im Schaffen, so ist es, weil es vergißt, daß es gerade jetzt mit höchster Zwecktätigkeit etwas Phantastisches und Unvernünftiges tut (das ist alle Kunst) – tun muß.

264

Sich irren wollen. – Neidische Menschen mit feinerer Witterung suchen ihren Rivalen nicht genauer kennen zu lernen, um sich ihm überlegen fühlen zu können.

265

Das Theater hat seine Zeit. – Wenn die Phantasie eines Volkes nachläßt, entsteht der Hang in ihm, seine Sagen sich auf der Bühne vorführen zu lassen, jetzt *erträgt* es die groben Ersatzstücke der Phantasie – aber für jenes Zeitalter, dem der epische Rhapsode zugehört, ist das Theater und der als Held verkleidete Schauspieler ein Hemmschuh anstatt ein Flügel der Phantasie: zu nah, zu bestimmt, zu schwer, zu wenig Traum und Vogelflug.

266

Ohne Anmut. – Er hat einen Mangel an Anmut und weiß es: oh, wie er es versteht, dies zu maskieren! Durch strenge Tugend, durch Düsterkeit des Blicks, durch angenommenes Mißtrauen gegen die Menschen und das Dasein, durch derbe Possen, durch Verachtung der feineren

Lebensart, durch Pathos und Ansprüche, durch zynische Philosophie
– ja er ist zum Charakter geworden, im steten Bewußtsein seines Mangels.

267

Warum so stolz! – Ein edler Charakter unterscheidet sich von einem gemeinen dadurch, daß er eine Anzahl Gewohnheiten und Gesichtspunkte *nicht zur Hand hat*, wie jener: sie sind ihm zufällig nicht vererbt und nicht anerzogen.

268

Scylla und Charybdis des Redners. – Wie schwer war es in Athen, so zu sprechen, daß man die Zuhörer *für* die Sache gewann, ohne sie *durch die Form* abzustoßen oder *von* der Sache mit ihr abzuziehen! Wie schwer ist es noch in Frankreich, so zu schreiben!

269

Die Kranken und die Kunst. – Gegen jede Art von Trübsal und Seelenelend soll man zunächst versuchen: Veränderung der Diät und körperliche derbe Arbeit. Aber die Menschen sind gewohnt, in diesem Falle nach Mitteln der Berauschung zu greifen: zum Beispiel nach der Kunst – zu ihrem und der Kunst Unheil! Merkt ihr nicht, daß, wenn ihr als Kranke nach der Kunst verlangt, ihr die Künstler krank macht?

270

Anscheinende Toleranz. – Es sind dies gute, wohlwollende, verständige Worte über und für die Wissenschaft, aber! aber! ich sehe *hinter* diese eure Toleranz gegen die Wissenschaft! Im Winkel eures Herzens meint ihr trotz alledem, *sie sei euch nicht nötig*, es sei großmütig von euch, sie gelten zu lassen, ja, ihre Fürsprecher zu sein, zumal die Wissenschaft gegen eure Meinungen nicht diese Großmut übe! Wißt ihr, daß ihr gar kein Recht zu dieser Toleranz-Übung habt? daß diese huldreiche Gebärde eine gröbere Verunglimpfung der Wissenschaft ist als ein offener Hohn, welchen sich irgendein übermütiger Priester oder Künstler gegen sie erlaubt? Es fehlt euch jenes strenge Gewissen für das, was wahr und wirklich ist, es quält und martert euch nicht, die Wissenschaft im Widerspruch mit euren Empfindungen zu finden, ihr kennt die gierige Sehnsucht der Erkenntnis nicht als ein Gesetz über euch waltend, ihr fühlt keine Pflicht in dem Verlangen, mit dem Auge überall gegenwärtig zu sein, *wo* erkannt wird, nichts sich entschlüpfen zu lassen, *was* erkannt ist. Ihr *kennt das nicht*, was ihr so tolerant behandelt! Und nur *weil* ihr es nicht kennt, gelingt es euch, so gnädige Mienen anzunehmen! Ihr, gerade ihr würdet erbittert und fanatisch blicken, wenn die Wissenschaft euch einmal ins Gesicht leuchten wollte, mit *ihren* Augen! – Was kümmert es uns also, daß ihr Toleranz übt – gegen ein *Phantom*! und nicht einmal gegen uns! Und was liegt an uns!

271

Die Feststimmung. – Gerade für jene Menschen, welche am hitzigsten nach Macht streben, ist es unbeschreiblich angenehm, sich *überwältigt* zu fühlen! Plötzlich und tief in ein Gefühl wie in einen Strudel hinabzusinken! Sich die Zügel aus der Hand reißen zu lassen und einer Bewegung wer weiß wohin? zuzusehen! Wer es ist, was es ist, das uns diesen Dienst leistet, – es ist ein großer Dienst: wir sind so glücklich und atemlos und fühlen eine Ausnahme-Stille um uns wie im mittelsten Grunde der Erde. Einmal ganz ohne Macht! Ein Spielball von Urkräften! Es ist eine Ausspannung in diesem Glück, ein Abwerfen der großen Last, ein Abwärtsrollen ohne Mühen wie in blinder Schwerkraft. Es ist der Traum des Bergsteigers, der sein *Ziel* zwar oben hat, aber unterwegs aus tiefer Müdigkeit einmal einschläft und *vom Glück des Gegensatzes* – eben vom mühelosesten Abwärtsrollen – träumt. – Ich beschreibe das Glück, wie ich es mir bei unserer jetzigen gehetzten, machtdürstigen Gesellschaft Europas und Amerikas denke. Hier und da wollen sie einmal in die *Ohnmacht* zurücktaumeln – diesen Genuß bieten ihnen Kriege, Künste, Religionen, Genies. Wenn man sich einem alles verschlingenden und zerdrückenden Eindruck einmal zeitweilig überlassen hat – es ist die moderne *Feststimmung*! – dann ist man wieder freier, erholter, kälter, strenger und strebt unermüdlich nach dem Gegenteile weiter: nach *Macht*. –

272

Die Reinigung der Rasse. — Es gibt wahrscheinlich keine reinen, sondern nur reingewordene Rassen, und diese in großer Seltenheit. Das Gewöhnliche sind die gekreuzten Rassen, bei denen sich immer, neben der Disharmonie von Körperformen (zum Beispiel wenn Auge und Mund nicht zueinander stimmen), auch Disharmonien der Gewohnheiten und Wertbegriffe finden müssen. (Livingstone hörte jemand sagen: »Gott schuf weiße und schwarze Menschen, der Teufel aber schuf die Halbrassen.«) Gekreuzte Rassen sind stets zugleich auch gekreuzte Kulturen, gekreuzte Moralitäten: sie sind meistens böser, grausamer, unruhiger. Die Reinheit ist das letzte Resultat von zahllosen Anpassungen, Einsaugungen und Ausscheidungen, und der Fortschritt zur Reinheit zeigt sich darin, daß die in einer Rasse vorhandene Kraft sich immer mehr auf einzelne ausgewählte Funktionen *beschränkt*, während sie vordem zu viel und oft Widersprechendes zu besorgen hatte: eine solche Beschränkung wird sich immer zugleich auch wie eine *Verarmung* ausnehmen und will vorsichtig und zart beurteilt sein. Endlich aber, wenn der Prozeß der Reinigung gelungen ist, steht alle jene Kraft, die früher bei dem Kampfe der disharmonischen Eigenschaften daraufging, dem gesamten Organismus zu Gebote: weshalb reingewordene Rassen immer auch *stärker* und *schöner* geworden sind. — Die Griechen geben uns das Muster einer reingewordenen Rasse und Kultur: und hoffentlich gelingt einmal auch eine reine europäische Rasse und Kultur.

273

Das Loben. — Hier ist einer, dem du anmerkst, daß er dich *loben* will: du beißt die Lippen zusammen, das Herz wird geschnürt: ach, daß *der* Kelch vorüberginge! Aber er geht nicht, er kommt! Trinken wir also die süße Unverschämtheit des Lobredners, überwinden wir den Ekel und die tiefe Verachtung für den Kern seines Lobes, ziehen wir die Falten der dankbaren Freude übers Gesicht! — er hat uns ja wohltun wollen! Und jetzt, nachdem es geschehen, wissen wir, daß er sich sehr erhaben fühlt, er hat einen Sieg über uns errungen — ja! und auch über sich selber, der Hund! — denn es wurde ihm nicht leicht, sich dies Lob abzuringen.

274

Menschenrecht und -vorrecht. – Wir Menschen sind die einzigen Geschöpfe, welche, wenn sie mißraten, sich selber durchstreichen können wie einen mißratenen Satz, – sei es, daß wir dies zur Ehre der Menschheit oder aus Mitleiden mit ihr oder aus Widerwillen gegen uns tun.

275

Der Verwandelte. – Jetzt wird er tugendhaft, nur um andern wehe damit zu tun. Seht nicht so viel nach ihm hin!

276

Wie oft! Wie unverhofft! – Wie viele verheiratete Männer haben den Morgen erlebt, wo es ihnen tagte, daß ihre junge Gattin langweilig ist und das Gegenteil glaubt! Gar nicht zu reden von jenen Weibern, deren Fleisch willig und deren Geist schwach ist!

277

Warme und kalte Tugenden. – Den Mut als kalte Herzhaftigkeit und Unerschütterlichkeit und den Mut als hitzige, halbblinde Bravour – beides nennt man mit einem Namen! Wie verschieden sind doch die *kalten Tugenden* von den *warmen*! Und ein Narr wäre der, welcher meinte, das »Gutsein« werde nur durch die Wärme hinzugetan: und kein geringerer Narr der, welcher es nur der Kälte zuschreiben wollte! Die Wahrheit ist, daß die Menschheit den warmen und den kalten Mut sehr nützlich gefunden hat, und überdies nicht häufig genug, um ihn nicht in beiden Farben unter die Edelsteine zu rechnen.

278

Das verbindliche Gedächtnis. – Wer einen hohen Rang hat, tut gut, sich ein verbindliches Gedächtnis anzuschaffen, das heißt, sich von den Personen alles mögliche Gute zu merken und dahinter einen Strich zu machen: damit hält man sie in einer angenehmen Abhängigkeit. So kann der Mensch auch mit sich selber verfahren: ob er ein verbindliches Gedächtnis hat oder nicht, das entscheidet zuletzt über seine eigene Haltung zu sich selber, über die Vornehmheit, Güte oder das Mißtrauen bei der Beobachtung seiner Neigungen und Absichten und zuletzt wieder über die Art der Neigungen und Absichten selber.

279

Worin wir Künstler werden. – Wer jemanden zu seinem Abgott macht, versucht, sich vor sich selber zu rechtfertigen, indem er ihn ins Ideal erhebt; er wird zum Künstler daran, um ein gutes Gewissen zu haben. Wenn er leidet, so leidet er nicht am *Nichtwissen*, sondern am Sichbelügen, als ob er nicht wüßte. – Die innere Not und Lust eines solchen Menschen – und alle leidenschaftlich Liebenden gehören dazu – ist mit gewöhnlichen Eimern nicht auszuschöpfen.

280

Kindlich. – Wer lebt wie die Kinder – also nicht um sein Brot kämpft und nicht glaubt, daß seinen Handlungen eine endgültige Bedeutung zukomme – bleibt kindlich.

281

Das Ich will alles haben. – Es scheint, daß der Mensch überhaupt nur handelt, *um* zu besitzen: wenigstens legen die Sprachen diesen Gedanken nahe, welche alles vergangene Handeln so betrachten, als ob wir damit etwas besäßen (»ich *habe* gesprochen, gekämpft, gesiegt«: das ist, ich bin nun im Besitze meines Spruches, Kampfes, Sieges). Wie habsüchtig nimmt sich hierbei der Mensch aus! Selbst die Vergangenheit sich nicht entwinden lassen, gerade auch sie noch *haben* wollen!

282

Gefahr in der Schönheit. – Diese Frau ist schön und klug: ach, wie viel klüger aber würde sie geworden sein, wenn sie nicht schön wäre!

283

Hausfrieden und Seelenfrieden. – Unsere gewöhnliche Stimmung hängt von der Stimmung ab, in der wir unsere Umgebung zu erhalten wissen.

284

Das Neue als alt vorbringen. – Viele erscheinen gereizt, wenn man ihnen eine Neuigkeit erzählt, sie empfinden das Übergewicht, welches die Neuigkeit dem gibt, der sie früher weiß.

285

Wo hört das Ich auf? – Die meisten nehmen eine Sache, die sie *wissen*, unter ihre Protektion, wie als ob das Wissen sie schon zu ihrem Eigentum mache. Die Aneignungslust des Ichgefühls hat keine Grenzen: die großen Männer reden so, als ob die ganze Zeit hinter ihnen stünde und sie der Kopf dieses langen Leibes seien, und die guten Frauen rechnen sich die Schönheit ihrer Kinder, ihrer Kleider, ihres Hundes, ihres Arztes, ihrer Stadt zum Verdienste und wagen es nur nicht, zu sagen »das alles bin ich«. *Chi non ha, non è* – sagt man in Italien.

286

Haus- und Schoßtiere und Verwandtes. – Gibt es etwas Ekelhafteres als die Sentimentalität gegen Pflanzen und Tiere von seiten eines Geschöpfes, das wie der wütendste Feind von Anbeginn unter ihnen gehaust hat und zuletzt bei seinen geschwächten und verstümmelten Opfern gar noch auf zärtliche Gefühle Anspruch erhebt! Vor dieser Art »Natur« geziemt dem Menschen vor allem *Ernst*, wenn anders er ein denkender Mensch ist.

287

Zwei Freunde. – Es waren Freunde, aber sie haben aufgehört, es zu sein, und sie knüpften von beiden Seiten zugleich ihre Freundschaft los, der eine, weil er sich zu sehr verkannt glaubte, der andere, weil er sich zu sehr erkannt glaubte, - und beide haben sich dabei getäuscht! - denn jeder von ihnen kannte sich selber nicht genug.

288

Komödie der Edlen. - Die, welchen die edle herzliche Vertraulichkeit nicht gelingt, versuchen es, ihre edle Natur durch Zurückhaltung und Strenge und eine gewisse Geringschätzung der Vertraulichkeit erraten zu lassen: wie als ob das starke Gefühl ihres Vertrauens Scham hätte, sich zu zeigen.

289

Wo man nichts gegen eine Tugend sagen darf. - Unter den Feiglingen ist es von schlechtem Tone, etwas gegen die Tapferkeit zu sagen, und erregt Verachtung; und rücksichtslose Menschen zeigen sich erbittert, wenn etwas gegen das Mitleiden gesagt wird.

290

Eine Vergeudung. - Bei erregbaren und plötzlichen Naturen sind die ersten Worte und Handlungen meisthin *unbezeichnend* für ihren eigentlichen Charakter (sie werden durch die Umstände eingegeben und sind gleichsam Nachahmungen vom Geiste der Umstände), aber weil sie einmal gesprochen und getan sind, so müssen die später nachkommenden eigentlichen Charakterworte und Charakterhandlungen häufig im Ausgleichen oder im Wieder-gut- oder -vergessen-Machen *daraufgehen*.

291

Anmaßung. - Anmaßung ist ein gespielter und erheuchelter Stolz; dem Stolze aber ist gerade eigentümlich, daß er kein Spiel, keine Verstellung und Heuchelei kann und mag, - insofern ist die Anmaßung die Heuchelei der Unfähigkeit zur Heuchelei, etwas sehr Schweres und meist Mißlingendes. Gesetzt aber, daß er sich, wie gewöhnlich geschieht, dabei verrät, so erwartet den Anmaßenden eine dreifache Unannehmlichkeit: man zürnt ihm, weil er uns betrügen will, und zürnt ihm, weil er sich über uns hat erhaben zeigen wollen, – und zuletzt lacht man noch über ihn, weil ihm beides mißraten ist. Wie sehr ist also von der Anmaßung abzuraten!

292

Eine Art Verkennung. – Wenn wir jemanden sprechen hören, so genügt oft der Klang eines einzigen Konsonanten (zum Beispiel eines r), um uns einen Zweifel über die Ehrlichkeit seiner Empfindung einzuflößen: *wir* sind diesen Klang nicht gewöhnt und würden ihn *machen* müssen, mit Willkür, – er klingt uns »gemacht«. Hier ist ein Gebiet der gröbsten Verkennung: und dasselbe gilt vom Stile eines Schriftstellers, der Gewohnheiten hat, welche nicht aller Welt Gewohnheiten sind. Seine »Natürlichkeit« wird nur von ihm als solche empfunden, und gerade mit dem, was er selber als »gemacht« fühlt, weil er damit einmal der Mode und dem sogenannten »guten Geschmacke« nachgegeben hat, gefällt er vielleicht und erregt Zutrauen.

293

Dankbar. – Ein Gran dankbaren Sinnes und Pietät zu viel: – und man leidet daran wie an einem Laster und gerät mit seiner ganzen Selbständigkeit und Redlichkeit unter das böse Gewissen.

294

Heilige. – Die *sinnlichsten* Männer sind es, welche vor den Frauen fliehn und den Leib martern *müssen*.

295

Feinheit des Dienens. – Innerhalb der großen Kunst des Dienens gehört es zu den feinsten Aufgaben, einem unbändig Ehrgeizigen zu dienen, der zwar der stärkste Egoist in allem ist, aber durchaus nicht dafür gelten will (es ist dies gerade ein Stück seines Ehrgeizes), dem alles nach

Willen und Laune geschehen muß und doch immer so, daß es den Anschein hat, als ob er sich aufopfere und selten für sich selber etwas wolle.

296

Das Duell. — Ich erachte es als einen Vorteil, sagte jemand, ein Duell haben zu können, wenn ich durchaus eines nötig habe; denn es gibt allezeit brave Kameraden um mich. Das Duell ist der letzte übrig gebliebene, völlig ehrenvolle Weg zum Selbstmord, leider ein Umschweif, und nicht einmal ein ganz sicherer.

297

Verderblich. — Man verdirbt einen Jüngling am sichersten, wenn man ihn anleitet, den Gleichdenkenden höher zu achten als den Andersdenkenden.

298

Der Heroen-Kultus und seine Fanatiker. — Der Fanatiker eines Ideals, welches Fleisch und Blut hat, ist gewöhnlich so lange im Rechte, als er *verneint*, und er ist furchtbar darin: er kennt das Verneinte so gut wie sich selber, aus dem einfachsten Grunde, daß er von dorther kommt, dort zu Hause ist und sich im Geheimen immer fürchtet, dorthin noch zurückzumüssen, — er will sich die Rückkehr unmöglich machen, durch die Art, wie er verneint. Sobald er aber bejaht, macht er die Augen halb zu und fängt an zu idealisieren (häufig auch nur, um den zu Hause Gebliebenen damit wehe zu tun —); man nennt dies wohl etwas Künstlerisches — gut, aber es ist auch etwas Unredliches daran. Der Idealist einer Person stellt sich diese Person so in die Ferne, daß er sie nicht mehr scharf sehen kann, — und nun deutet er, was er noch sieht, ins »Schöne« um, das will sagen: ins Symmetrische, Weichlinienhafte, Unbestimmte. Da er sein in der Ferne und Höhe schwebendes Ideal nunmehr auch anbeten will, so hat er, zum Schutze vor dem *profanum vulgus*, nötig, einen Tempel für seine Anbetung zu bauen. Hierhin bringt er alle ehrwürdigen und geweihten Gegenstände, die er sonst noch besitzt, damit deren Zauber auch noch dem Ideal zugute komme und es in dieser *Nahrung* wachse und immer göttlicher werde. Zuletzt hat er wirklich seinen Gott fertig gemacht – aber wehe! es gibt einen, der darum weiß, wie das zugegangen ist, sein intellektuelles Gewissen, – und es gibt auch einen, der dagegen, ganz unbewußt, protestiert, nämlich der Vergöttlichte selber, der nunmehr, infolge von Kultus, Lobgesang und Weihrauch, unausstehlich wird und augenscheinlich in abscheulicher Weise sich als Nicht-Gott und Allzu-sehr-Mensch verrät. Hier bleibt nun einem solchen Fanatiker nur noch ein Ausweg: er läßt sich und seinesgleichen geduldig mißhandeln und interpretiert das ganze Elend auch noch *in majorem dei gloriam*, durch eine neue Gattung von Selbstbetrug und edler Lüge: er nimmt gegen sich Partei und empfindet, als Gemißhandelter und als Interpret, dabei etwas wie ein Martyrium – so steigt er auf den Gipfel seines Dünkels. – Menschen dieser Art lebten zum Beispiel um *Napoleon*: ja vielleicht ist gerade er es, der die romantische, dem Geiste der Aufklärung fremde Prostration vor dem »Genie« und dem »Heros« unserem Jahrhundert in die Seele gegeben hat, er, vor dem ein Byron sich nicht zu sagen schämte, er sei ein »Wurm gegen solch ein Wesen«. (Die Formeln einer solchen Prostration sind von jenem alten anmaßlichen Wirr- und Murrkopfe, Thomas Carlyle, gefunden worden, der ein langes Leben darauf verwendet hat, die Vernunft seiner Engländer romantisch zu machen: umsonst!)

299

Anschein des Heroismus. – Sich mitten unter die Feinde werfen kann das Merkmal der Feigheit sein.

300

Gnädig gegen den Schmeichler. – Die letzte Klugheit der unersättlich Ehrgeizigen ist, ihre Menschenverachtung nicht merken zu lassen, welche der Anblick der Schmeichler ihnen einflößt: sondern gnädig auch gegen sie zu erscheinen, wie ein Gott, der nicht anders als gnädig sein kann.

301

»*Charaktervoll*«. – »Was ich einmal gesagt habe, das tue ich«, – diese Denkweise gilt als charaktervoll. Wie viele Handlungen werden getan, nicht weil sie als die vernünftigsten ausgewählt worden sind, sondern weil sie, als sie uns einfielen, auf irgendwelche Art unsere Ehrsucht und Eitelkeit gereizt haben, so daß wir dabei verbleiben und sie blindlings durchsetzen! So mehren sie bei uns selber den Glauben an unseren Charakter und unser gutes Gewissen, also, im ganzen, unsere *Kraft*: während das Auswählen des möglichst Vernünftigen die Skepsis gegen uns und dermaßen ein Gefühl der Schwäche in uns unterhält.

302

Einmal, zweimal und dreimal wahr! – Die Menschen lügen unsäglich oft, aber sie denken hinterher nicht daran und glauben im ganzen nicht daran.

303

Kurzweil des Menschenkenners. – Er glaubt mich zu kennen und fühlt sich fein und wichtig, wenn er so und so mit mir verkehrt: ich hüte mich, ihn zu enttäuschen. Denn ich würde es zu entgelten haben, während er mir jetzt *wohlwill*, da ich ihm ein Gefühl der wissenden Überlegenheit verschaffe. – Da ist ein andrer: der fürchtet sich, daß ich mir einbilde, ihn zu kennen, und sieht sich dabei erniedrigt. So beträgt er sich schauerlich und unbestimmt und sucht mich über sich in die Irre zu führen, – um sich über mich wieder zu erheben.

304

Die Welt-Vernichter. – Diesem gelingt etwas nicht; schließlich ruft er empört aus: »So möge doch die ganze Welt zugrunde gehen!« Dieses abscheuliche Gefühl ist der Gipfel des Neides, welcher folgert: weil ich *etwas* nicht haben kann, soll alle Welt *nichts* haben! soll alle Welt nichts *sein*!

305

Geiz. – Unser Geiz beim Kaufen nimmt mit der Wohlfeilheit der Gegenstände zu – warum? Ist es, daß die kleinen Preis-Unterschiede eben erst das kleine Auge des Geizes *machen*?

306

Griechisches Ideal. – Was bewunderten die Griechen an Odysseus? Vor allem die Fähigkeit zur Lüge und zur listigen und furchtbaren Wiedervergeltung; den Umständen gewachsen sein; wenn es gilt, edler erscheinen als der Edelste; sein können, *was man will*; heldenhafte Beharrlichkeit; sich alle Mittel zu Gebote stellen; Geist haben – sein Geist ist die Bewunderung der Götter, sie lächeln, wenn sie daran denken –: dies alles ist griechisches *Ideal*! Das Merkwürdigste daran ist, daß hier der Gegensatz von Scheinen und Sein gar nicht gefühlt und also auch nicht sittlich angerechnet wird. Gab es je so gründliche Schauspieler!

307

Facta! Ja Facta ficta! – Ein Geschichtsschreiber hat es nicht mit dem, was wirklich geschehen ist, sondern nur mit den vermeintlichen Ereignissen zu tun: denn nur diese haben *gewirkt*. Ebenso nur mit den vermeintlichen Helden. Sein Thema, die sogenannte Weltgeschichte, sind Meinungen über vermeintliche Handlungen und deren vermeintliche Motive, welche wieder Anlaß zu Meinungen und Handlungen geben, deren Realität aber sofort wieder verdampft und nur als Dampf *wirkt*, – ein fortwährendes Zeugen und Schwangerwerden von Phantomen über den tiefen Nebeln der unergründlichen Wirklichkeit. Alle Historiker erzählen von Dingen, die nie existiert haben, außer in der Vorstellung.

308

Sich nicht auf den Handel verstehen, ist vornehm. – Seine Tugend nur zum höchsten Preise verkaufen oder gar mit ihr Wucher treiben, als Lehrer, Beamter, Künstler, – macht aus Genie und Begabung eine Krämer-

Angelegenheit. Mit seiner *Weisheit* soll man nun einmal nicht *klug* sein wollen!

309

Furcht und Liebe. — Die Furcht hat die allgemeine Einsicht über den Menschen mehr gefördert als die Liebe, denn die Furcht will erraten, wer der andre ist, was er kann, was er will: sich hierin zu täuschen wäre Gefahr und Nachteil. Umgekehrt hat die Liebe einen geheimen Impuls, in dem andern so viel Schönes als möglich zu sehen oder ihn sich so hoch als möglich zu heben: sich dabei zu täuschen, wäre für sie eine Lust und ein Vorteil — und so tut sie es.

310

Die Gutmütigen. — Die Gutmütigen haben ihr Wesen durch die beständige Furcht erlangt, welche ihre Voreltern vor fremden Übergriffen gehabt haben, — sie milderten, beschwichtigten, baten ab, beugten vor, zerstreuten, schmeichelten, duckten sich, verbargen den Schmerz, den Verdruß, glätteten sofort wieder ihre Züge — und zuletzt vererbten sie diesen ganzen zarten und wohlgespielten Mechanismus auf ihre Kinder und Enkel. Diesen gab ein günstigeres Geschick keinen Anlaß zu jener beständigen Furcht: nichtsdestoweniger spielen sie beständig auf ihrem Instrumente.

311

Die sogenannte Seele. — Die Summe innerer Bewegungen, welche dem Menschen *leicht fallen* und die er infolgedessen gerne und mit Anmut tut, nennt man seine Seele; — er gilt als seelenlos, wenn er Mühe und Härte bei inneren Bewegungen merken läßt.

312

Die Vergeßlichen. — In den Ausbrüchen der Leidenschaft und im Phantasieren des Traumes und des Irrsinns entdeckt der Mensch seine und der Menschheit Vorgeschichte wieder: die *Tierheit* mit ihren wilden Grimassen; sein Gedächtnis greift einmal weit genug rückwärts, während sein zivilisierter Zustand sich aus dem Vergessen dieser Urerfahrungen, also aus dem Nachlassen jenes Gedächtnisses entwickelt. Wer als ein Vergeßlicher höchster Gattung allem diesen immerdar sehr fern geblieben ist, *versteht die Menschen nicht*, – aber es ist ein Vorteil für alle, wenn es hier und da solche einzelne gibt, welche »sie nicht verstehen«, und die gleichsam aus göttlichem Samen gezeugt und von der Vernunft geboren sind.

313

Der nicht mehr erwünschte Freund. – Den Freund, dessen Hoffnungen man nicht befriedigen kann, wünscht man sich lieber zum Feinde.

314

Aus der Gesellschaft der Denker. – Inmitten des Ozeans des Werdens wachen wir auf einem Inselchen, das nicht größer als ein Nachen ist, auf, wir Abenteurer und Wandervögel, und sehen uns hier eine kleine Weile um: so eilig und so neugierig wie möglich, denn wie schnell kann uns ein Wind verwehen oder eine Welle über das Inselchen hinwegspülen, so daß nichts mehr von uns da ist! Aber hier, auf diesem kleinen Raume, finden wir andere Wandervögel und hören von früheren – und so leben wir eine köstliche Minute der Erkenntnis und des Erratens, unter fröhlichem Flügelschlagen und Gezwitscher miteinander, und abenteuern im Geiste hinaus auf den Ozean, nicht weniger stolz als er selber.

315

Sich entäußern. – Etwas von seinem Eigentume fahren lassen, sein Recht aufgeben – macht Freude, wenn es großen Reichtum anzeigt. Dahin gehört die Großmut.

316

Schwache Sekten. – Die Sekten, welche fühlen, daß sie schwach bleiben werden, machen Jagd auf einzelne intelligente Anhänger und wollen durch Qualität ersetzen, was ihnen an Quantität abgeht. Hierin liegt keine geringe Gefahr für die Intelligenten.

317

Das Urteil des Abends. — Wer über sein Tages- und Lebenswerk nachdenkt, wenn er am Ende und müde ist, kommt gewöhnlich zu einer melancholischen Betrachtung: das liegt aber nicht am Tage und am Leben, sondern an der Müdigkeit. — Mitten im Schaffen nehmen wir uns gewöhnlich keine Zeit zu urteilen über das Leben und das Dasein, und mitten im Genießen auch nicht: kommt es aber einmal doch dazu, so geben wir dem nicht mehr recht, welcher auf den siebenten Tag und die Ruhe wartete, um alles, was da ist, sehr schön zu finden, — er hatte den *besseren* Augenblick verpaßt.

318

Vorsicht vor den Systematikern! — Es gibt eine Schauspielerei der Systematiker: indem sie ein System ausfüllen wollen und den Horizont darum rund machen, müssen sie versuchen, ihre schwächeren Eigenschaften im Stile ihrer stärkeren auftreten zu lassen, — sie wollen vollständige und einartig starke Naturen darstellen.

319

Gastfreundschaft. — Der Sinn in den Gebräuchen der Gastfreundschaft ist: das Feindliche im Fremden zu lähmen. Wo man im Fremden nicht mehr zunächst den Feind empfindet, nimmt die Gastfreundschaft ab; sie blüht, so lange ihre böse Voraussetzung blüht.

320

Vom Wetter. — Ein sehr ungewöhnliches und unberechenbares Wetter macht die Menschen auch gegeneinander mißtrauisch; sie werden dabei neuerungssüchtig, denn sie müssen von ihren Gewohnheiten abgehen. Deshalb lieben die Despoten alle Länderstriche, wo das Wetter moralisch ist.

321

Gefahr in der Unschuld. – Die unschuldigen Menschen werden in allen Stücken die Opfer, weil ihre Unwissenheit sie hindert, zwischen Maß und Übermaß zu unterscheiden und beizeiten vorsichtig gegen sich selber zu sein. So gewöhnen sich unschuldige, das heißt unwissende junge Frauen an den häufigen Genuß der Aphrodisien und entbehren ihn später sehr, wenn ihre Männer krank oder frühzeitg welk werden; gerade die harmlose und gläubige Auffassung, als ob diese häufige Art, mit ihnen zu verkehren, das Recht und die Regel sei, bringt sie zu einem Bedürfnis, welches sie später den heftigsten Anfechtungen und Schlimmerem aussetzt. Aber ganz allgemein und hoch genommen: wer einen Menschen und ein Ding liebt, ohne ihn und es zu kennen, wird die Beute von etwas, das er nicht lieben würde, wenn er es sehen könnte. Überall, wo Erfahrenheit, Vorsicht und abgewogene Schritte not tun, wird gerade der Unschuldige am gründlichsten verdorben werden, denn er muß mit blinden Augen die Hefe und das unterste Gift jeder Sache austrinken. Man erwäge die Praxis aller Fürsten, Kirchen, Sekten, Parteien, Körperschaften: wird nicht immer der Unschuldige als der süßeste Köder zu den ganz gefährlichen und verruchten Fällen verwendet? – so wie Odysseus den unschuldigen Neoptolemos verwendet, um dem alten kranken Einsiedler und Unhold von Lemnos den Bogen und die Pfeile abzulisten. – Das Christentum, mit seiner Verachtung der Welt, hat aus der Unwissenheit eine *Tugend* gemacht, die christliche Unschuld, vielleicht weil das häufigste Resultat dieser Unschuld eben, wie angedeutet, die Schuld, das Schuldgefühl und die Verzweiflung ist, somit eine Tugend, welche auf dem Umweg der Hölle zum Himmel führt: denn nun erst können sich die düsteren Propyläen des christlichen Heils auftun, nun erst wirkt die Verheißung einer nachgebornen *zweiten Unschuld* – sie ist eine der schönsten Erfindungen des Christentums!

322

Womöglich ohne Arzt leben. – Es will mir scheinen, als ob ein Kranker leichtsinniger sei, wenn er einen Arzt hat, als wenn er selber seine Gesundheit besorgt. Im ersten Falle genügt es ihm, streng in bezug auf alles Vorgeschriebene zu sein; im andern Falle fassen wir das, worauf jene Vorschriften abzielen, unsere Gesundheit, mit mehr Gewissen ins Auge und bemerken viel mehr, gebieten und verbieten uns viel mehr, als auf Veranlassung des Arztes geschehen würde. – Alle Regeln haben diese Wirkung: vom Zwecke hinter der Regel abzuziehen und leichtsinniger zu machen. – Und wie würde der Leichtsinn der Menschheit ins Unbändige und Zerstörerische gestiegen sein, wenn sie jemals vollkommen ehrlich der Gottheit als ihrem Arzte alles überlassen hätte, nach dem Worte »wie Gott will«! –

323

Verdunkelung des Himmels. – Kennt ihr die Rache der schüchternen Menschen, welche sich in der Gesellschaft benehmen, als hätten sie ihre Gliedmaßen gestohlen? Die Rache der demütigen christenmäßigen Seelen, welche sich auf Erden überall nur durchschleichen? Die Rache derer, die immer sogleich urteilen und immer sogleich Unrecht bekommen? Die Rache der Trunkenbolde aller Gattungen, denen der Morgen das Unheimlichste am Tage ist? Desgleichen der Krankenbolde aller Gattungen, der Kränkelnden und Gedrückten, welche nicht mehr den Mut haben, gesund zu werden? Die Zahl dieser kleinen Rachsüchtigen und gar die ihrer kleinen Rache-Akte ist ungeheuer; die ganze Luft schwirrt fortwährend von den abgeschossenen Pfeilen und Pfeilchen ihrer Bosheit, so daß die Sonne und der Himmel des Lebens dadurch verdunkelt werden – nicht nur ihnen, sondern noch mehr uns, den anderen, übrigen: was schlimmer ist, als daß sie uns allzu oft Haut und Herz ritzen. *Leugnen* wir nicht mitunter Sonne und Himmel, bloß weil wir sie so lange nicht gesehen haben? – Also: Einsamkeit! Auch darum Einsamkeit!

324

Psychologie der Schauspieler. – Es ist der beglückende Wahn der großen Schauspieler, daß es den historischen Personen, welche sie darstellen, wirklich so zumute gewesen sei wie ihnen bei ihrer Darstellung, – aber sie irren sich stark darin: ihre nachahmende und erratende Kraft, die sie gerne für ein hellseherisches Vermögen ausgeben möchten, dringt nur gerade tief genug ein, um Gebärden, Töne und Blicke und überhaupt das Äußerliche zu erklären; das heißt der Schatten von der Seele eines großen Helden, Staatsmannes, Kriegers, Ehrgeizigen, Eifersüchtigen, Verzweifelnden wird von ihnen erhascht, sie dringen bis nahe an die Seele, aber nicht bis in den Geist ihrer Objekte. Das wäre freilich eine schöne Entdeckung, daß es nur des hellseherischen Schauspielers bedürfe, statt aller Denker, Kenner, Fachmänner, um ins *Wesen* irgendeines Zustandes hinabzuleuchten! Vergessen wir doch nie, sobald derartige Anmaßungen laut werden, daß der Schauspieler eben ein idealer Affe ist und so sehr Affe, daß er an das »Wesen« und das »Wesentliche« gar nicht zu glauben vermag: Alles wird ihm Spiel, Ton, Gebärde, Bühne, Kulisse und Publikum.

325

Abseits leben und glauben. – Das Mittel, um der Prophet und Wundermann seiner Zeit zu werden, gilt heute noch wie vor alters: man lebe abseits, mit wenig Kenntnissen, einigen Gedanken und sehr viel Dünkel – endlich stellt sich der Glaube bei uns ein, daß die Menschheit ohne uns nicht fortkommen könne, *weil wir nämlich ganz ersichtlich ohne sie fortkommen.* Sobald dieser Glaube da ist, findet man auch Glauben. Zuletzt ein Rat für den, der ihn brauchen mag (er wurde Wesley von seinem geistlichen Lehrer Böhler gegeben): »Predige den Glauben, bis du ihn hast, und dann wirst du ihn predigen, weil du ihn hast!« –

326

Seine Umstände kennen. – Unsre Kräfte können wir abschätzen, aber nicht unsre *Kraft*. Die Umstände verbergen und zeigen uns dieselbe nicht nur – nein! sie vergrößern und verkleinern sie. Man soll sich für eine variable Größe halten, deren Leistungsfähigkeit unter Umständen der Begünstigung vielleicht der allerhöchsten gleichkommen kann: man soll also über die Umstände nachdenken und keinen Fleiß in deren Beobachtung scheuen.

327

Eine Fabel. — Der Don Juan der Erkenntnis: er ist noch von keinem Philosophen und Dichter entdeckt worden. Ihm fehlt die Liebe zu den Dingen, welche er erkennt, aber er hat Geist, Kitzel und Genuß an Jagd und Intrigen der Erkenntnis — bis an die höchsten und fernsten Sterne der Erkenntnis hinauf! — bis ihm zuletzt nichts mehr zu erjagen übrig bleibt als das absolut *Wehetuende* der Erkenntnis, gleich dem Trinker, der am Ende Absinth und Scheidewasser trinkt. So gelüstet es ihn am Ende nach der Hölle — es ist die letzte Erkenntnis, die ihn *verführt*. Vielleicht daß auch sie ihn enttäuscht, wie alles Erkannte! Und dann müßte er in alle Ewigkeit stehen bleiben, an die Enttäuschung festgenagelt und selber zum steinernen Gast geworden, mit einem Verlangen nach einer Abendmahlzeit der Erkenntnis, die ihm nie mehr zuteil wird! — denn die ganze Welt der Dinge hat diesem Hungrigen keinen Bissen mehr zu reichen.

328

Worauf idealistische Theorien raten lassen. — Man trifft die idealistischen Theorien am sichersten bei den unbedenklichen Praktikern; denn sie brauchen deren Lichtglanz für ihren Ruf. Sie greifen darnach mit ihren Instinkten und haben gar kein Gefühl von Heuchelei dabei: so wenig ein Engländer mit seiner Christlichkeit und Sonntagsheiligung sich als Heuchler fühlt. Umgekehrt: den beschaulichen Naturen, welche sich gegen alles Phantasieren in Zucht zu halten haben und auch den Ruf der Schwärmerei scheuen, genügen allein die harten realistischen Theorien: nach ihnen greifen sie mit der gleichen instinktiven Nötigung, und ohne ihre Ehrlichkeit dabei zu verlieren.

329

Die Verleumder der Heiterkeit. — Tief vom Leben verwundete Menschen haben alle Heiterkeit verdächtigt, als ob sie immer kindlich und kindisch sei und eine Unvernunft verrate, bei deren Anblick man nur Erbarmen und Rührung empfinden könne, wie wenn ein dem Tode nahes Kind auf seinem Bette noch seine Spielsachen liebkost. Solche Menschen sehen unter allen Rosen verborgene und verhehlte Gräber; Lustbarkeiten, Getümmel, fröhliche Musik erscheint ihnen wie die entschlossene Selbsttäuschung des Schwerkranken, der noch einmal eine Minute den Rausch des Lebens schlürfen will. Aber dieses Urteil über die Heiterkeit ist nichts anderes als deren Strahlenbrechung auf dem düsteren Grunde der Ermüdung und Krankheit: es ist selber etwas Rührendes, Unvernünftiges, zum Mitleiden Drängendes, ja sogar etwas Kindliches und Kindisches, aber aus jener *zweiten Kindheit* her, welche dem Alter folgt und dem Tode vorantläuft.

330

Noch nicht genug! – Es ist noch nicht genug, eine Sache zu beweisen, man muß die Menschen zu ihr auch noch verführen oder zu ihr erheben. Deshalb soll der Wissende lernen, seine Weisheit zu *sagen*: und oft so, daß sie wie Torheit *klingt*!

331

Recht und Grenze. – Der Asketismus ist für solche die rechte Denkweise, welche ihre sinnlichen Triebe ausrotten müssen, weil dieselben wütende Raubtiere sind. Aber auch nur für solche!

332

Der aufgeblasene Stil. – Ein Künstler, der sein hochgeschwollnes Gefühl nicht im Werke entladen und sich so erleichtern, sondern vielmehr gerade das Gefühl der Schwellung mitteilen will, ist schwülstig, und sein Stil ist der aufgeblasene Stil.

333

»Menschlichkeit«. – Wir halten die Tiere nicht für moralische Wesen. Aber meint ihr denn, daß die Tiere uns für moralische Wesen halten? – Ein Tier, welches reden konnte, sagte: »Menschlichkeit ist ein Vorurteil, an dem wenigstens wir Tiere nicht leiden.«

334

Der Wohltätige. – Der Wohltätige befriedigt ein Bedürfnis seines Gemüts, wenn er wohltut. Je stärker dieses Bedürfnis ist, um so weniger denkt er sich in den andern hinein, der ihm dient, sein Bedürfnis zu stillen, er wird unzart und beleidigt unter Umständen. (Dies sagt man der jüdischen Wohltätigkeit und Barmherzigkeit nach: welche bekanntlich etwas hitziger ist als die andrer Völker.)

335

Damit Liebe als Liebe gespürt werde. – Wir haben nötig, gegen uns redlich zu sein und uns sehr gut zu kennen, um gegen andre jene menschenfreundliche Verstellung üben zu können, welche Liebe und Güte genannt wird.

336

Wessen sind wir fähig? – Einer war durch seinen ungeratenen und boshaften Sohn den ganzen Tag so gequält worden, daß er ihn abends erschlug und aufatmend zur übrigen Familie sagte: »So! nun können wir ruhig schlafen!« – Was wissen wir, wozu uns Umstände treiben *könnten!*

337

»*Natürlich*«. – In seinen Fehlern wenigstens *natürlich* zu sein – ist vielleicht das letzte Lob eines künstlichen und überall sonst schauspielerischen und halbechten Künstlers. Ein solches Wesen wird deshalb gerade seine Fehler keck herauslassen.

338

Ersatz-Gewissen. – Der eine Mensch ist für den andern sein Gewissen: und dies ist namentlich wichtig, wenn der andre sonst keines hat.

339

Verwandlung der Pflichten. – Wenn die Pflicht aufhört, schwer zu fallen, wenn sie sich nach langer Übung zur lustvollen Neigung und zum Bedürfnis umwandelt, dann werden die Rechte anderer, auf welche sich unsere Pflichten, jetzt unsere Neigungen beziehn, etwas anderes: nämlich Anlässe zu angenehmen Empfindungen für uns. Der andre wird vermöge seiner Rechte von da an liebenswürdig (anstatt ehrwürdig und furchtbar wie vordem). Wir suchen unsere *Lust*, wenn wir jetzt den Bereich seiner Macht anerkennen und unterhalten. Als die Quietisten keine Last mehr an ihrem Christentume hatten und in Gott nur ihre Lust fanden, nahmen sie ihren Wahlspruch »Alles zur Ehre Gottes!« an: was sie auch immer in diesem Sinne taten, es war kein Opfer mehr; es hieß so viel als »alles zu userm Vergnügen!« Zu verlangen, daß die Pflicht *immer* etwas lästig falle, – wie es Kant tut – heißt verlangen, daß sie niemals Gewohnheit und Sitte werde: in diesem Verlangen steckt ein kleiner Rest von asketischer Grausamkeit.

340

Der Augenschein ist gegen den Historiker. – Es ist eine gut bewiesene Sache, daß die Menschen aus dem Mutterleibe hervorgehen: trotzdem lassen erwachsene Kinder, die neben ihrer Mutter stehen, die Hypothese als sehr ungereimt erscheinen; sie hat den Augenschein gegen sich.

341

Vorteil im Verkennen. – Jemand sagte, er habe in der Kindheit eine solche Verachtung gegen die gefallsüchtigen Grillen des melancholischen Temperaments gehabt, daß es ihm bis zur Mitte seines Lebens verborgen geblieben sei, welches Temperament er habe: nämlich eben das melancholische. Er erklärte dies für die beste aller möglichen Unwissenheiten.

342

Nicht zu verwechseln! – Ja! Er betrachtet die Sache von allen Seiten, und ihr meint, das sei ein rechter Mann der Erkenntnis. Aber er will nur den Preis herabsetzen – er will sie kaufen!

343

Angeblich moralisch. – Ihr wollt nie mit euch unzufrieden werden, nie an euch leiden – und nennt dies euren moralischen Hang! Nun gut, ein andrer mag es eure Feigheit nennen. Aber eins ist gewiß: ihr werdet niemals die Reise um die Welt (die ihr selber seid!) machen und in euch selber ein Zufall und eine Scholle auf der Scholle bleiben! Glaubt ihr denn, daß wir Andersgesinnten der reinen Narrheit halber uns der Reise durch die eigenen Öden, Sümpfe und Eisgebirge aussetzen und Schmerzen und Überdruß an uns freiwillig erwählen, wie die Säulenheiligen?

344

Feinheit im Fehlgreifen. – Wenn Homer, wie man sagt, bisweilen geschlafen hat, so war er klüger als alle die Künstler des schlaflosen Ehrgeizes. Man muß die Bewunderer zu Atem kommen lassen, dadurch, daß man sie von Zeit zu Zeit in Tadler verwandelt; denn niemand hält eine ununterbrochen glänzende und wache Güte aus; und statt wohlzutun, wird ein Meister derart zum Zuchtmeister, den man haßt, während er vor uns hergeht.

345

Unser Glück ist kein Argument für und wider. – Viele Menschen sind nur eines geringen Glücks fähig: es ist ebensowenig ein Einwand gegen ihre Weisheit, daß diese ihnen nicht mehr Glück geben könne, als es ein Einwand gegen die Heilkunst ist, daß manche Menschen nicht zu kurieren und andere immer kränklich sind. Möge jeder mit gutem Glück gerade die Lebensauffassung finden, bei der er *sein* höchstes Maß von Glück verwirklichen kann: dabei kann sein Leben immer noch erbärmlich und wenig neidenswert sein.

346

Weiberfeinde. – »Das Weib ist unser Feind« – wer so als Mann zu Männern spricht, aus dem redet der ungebändigte Trieb, der nicht nur sich selber, sondern auch seine Mittel haßt.

347

Eine Schule des Redners. – Wenn man ein Jahr lang schweigt, so verlernt man das Schwätzen und lernt das Reden. Die Pythagoreer waren die besten Staatsmänner ihrer Zeit.

348

Gefühl der Macht. – Man unterscheide wohl: wer das Gefühl der Macht erst gewinnen will, greift nach allen Mitteln und verschmäht keine Nahrung desselben. Wer es aber hat, der ist sehr wählerisch und vornehm in seinem Geschmack geworden; selten, daß ihm etwas noch genugtut.

349

Nicht gar so wichtig. – Bei einem Sterbefalle, dem man zusieht, steigt ein Gedanke regelmäßig auf, den man sofort, aus einem falschen Gefühl der Anständigkeit, in sich unterdrückt: daß der Akt des Sterbens nicht so bedeutend sei, wie die allgemeine Ehrfurcht behauptet, und daß der Sterbende im Leben wahrscheinlich wichtigere Dinge verloren habe, als er hier zu verlieren im Begriffe steht. Das Ende ist hier gewiß nicht das Ziel. –

350

Wie man am besten verspricht. – Wenn ein Versprechen gemacht wird, so ist es nicht das Wort, welches verspricht, sondern das Unausgesprochene hinter dem Worte. Ja, die Worte machen ein Versprechen unkräftiger, indem sie eine Kraft entladen und verbrauchen, welche ein Teil jener Kraft ist, die verspricht. Laßt euch also die Hand reichen und legt dabei den Finger auf den Mund – so macht ihr die sichersten Gelöbnisse.

351

Gewöhnlich mißverstanden. – Im Gespräche bemerkt man den einen bemüht, eine Falle zu legen, in welche der andere fällt, nicht aus Bosheit, wie man denken sollte, sondern aus Vergnügen an der eigenen

Pfiffigkeit: dann wieder andere, welche den Witz vorbereiten, damit der andere ihn mache, und welche die Schleife knüpfen, damit jener den Knoten daraus ziehe: nicht aus Wohlwollen, wie man denken sollte, sondern aus Bosheit und Verachtung der groben Intellekte.

352

Zentrum. – Jenes Gefühl: »ich bin der Mittelpunkt der Welt!« tritt sehr stark auf, wenn man plötzlich von der Schande überfallen wird; man steht dann da wie betäubt inmitten einer Brandung und fühlt sich geblendet wie von einem großen Auge, das von allen Seiten auf uns und durch uns blickt.

353

Redefreiheit. – »Die Wahrheit muß gesagt werden, und wenn die Welt in Stücke gehen sollte!« – so ruft, mit großem Munde, der große Fichte! – Ja! Ja! Aber man müßte sie auch haben! – Aber er meint, jeder solle seine Meinung sagen, und wenn alles drunter und drüber ginge. Darüber ließe sich mit ihm noch rechten.

354

Mut zum Leiden. – So wie wir jetzt sind, können wir eine ziemliche Menge von Unlust ertragen, und unser Magen ist auf diese schwere Kost eingerichtet. Vielleicht fänden wir ohne sie die Mahlzeit des Lebens fade: und ohne den guten Willen zum Schmerze würden wir allzu viele Freuden fahren lassen müssen!

355

Verehrer. – Wer so verehrt, daß er den Nicht-Verehrenden kreuzigt, gehört zu den Henkern seiner Partei – man hütet sich, ihm die Hand zu geben, selbst wenn man auch von der Partei ist.

356

Wirkung des Glückes. – Die erste Wirkung des Glückes ist das *Gefühl der Macht*: diese will *sich äußern*, sei es gegen uns selber oder gegen andere Menschen oder gegen Vorstellungen oder gegen eingebildete Wesen. Die gewöhnlichsten Arten, sich zu äußern, sind: Beschenken, Verspotten, Vernichten – alle drei mit einem gemeinsamen Grundtriebe.

357

Moralische Stechfliegen. – Jene Moralisten, denen die Liebe zur Erkenntnis abgeht und welche nur den Genuß des Wehetuns kennen – haben den Geist und die Langeweile von Kleinstädtern; ihr ebenso grausames als jämmerliches Vergnügen ist, dem Nachbar auf die Finger zu sehen und unvermerkt eine Nadel so zu stecken, daß er sich daran sticht. In ihnen ist die Unart kleiner Knaben rückständig, welche nicht munter sein können ohne etwas Jagd und Mißhandlung von Lebendigem und Totem.

358

Gründe und ihre Grundlosigkeit. – Du hast eine Abneigung gegen ihn und bringst auch reiche Gründe für diese Abneigung vor – ich glaube aber nur deiner Abneigung, und nicht deinen Gründen! Es ist eine Schöntuerei vor dir selber, das, was instinktiv geschieht, dir und mir wie einen Vernunftschluß vorzuführen.

359

Etwas gut heißen. – Man heißt die Ehe gut, erstens weil man sie noch nicht kennt, zweitens weil man sich an sie gewöhnt hat, drittens weil man sie geschlossen hat, – das heißt fast in allen Fällen. Und doch ist damit nichts für die Güte der Ehe überhaupt bewiesen.

360

Keine Utilitarier. – »Die Macht, der viel Böses angetan und angedacht wird, ist mehr wert als die Ohnmacht, der nur Gutes widerfährt«, – so empfanden die Griechen. Das heißt: das Gefühl der Macht wurde von ihnen höher geschätzt als irgendein Nutzen oder guter Ruf.

361

Häßlich scheinen. — Die Mäßigkeit sieht sich selber als schön; sie ist unschuldig daran, daß sie im Auge des Unmäßigen rauh und nüchtern, folglich als häßlich erscheint.

362

Verschieden im Hasse. — Manche hassen erst, wenn sie sich schwach und müde fühlen: sonst sind sie billig und übersehend. Andre hassen erst, wenn sie die Möglichkeit der Rache sehen: sonst hüten sie sich vor allem heimlichen und lauten Zorn und denken, wenn es Anlässe dazu gibt, daran vorbei.

363

Menschen des Zufalls. — Das Wesentliche an jeder Erfindung tut der Zufall, aber den meisten Menschen begegnet dieser Zufall nicht.

364

Wahl der Umgebung. — Man hüte sich, in einer Umgebung zu leben, vor der man weder würdig schweigen, noch sein Höheres mitzuteilen vermag, so daß unsere Klagen und Bedürfnisse und die ganze Geschichte unserer Notstände zur Mitteilung übrig bleiben. Dabei wird man mit sich unzufrieden und unzufrieden mit dieser Umgebung, ja nimmt den Verdruß, sich immer als Klagenden zu empfinden, noch zu dem Notstande hinzu, der uns klagen macht. Sondern dort soll man leben, wo man *sich schämt*, von sich zu reden, und es nicht nötig hat. — Aber wer denkt an solche Dinge, an eine *Wahl* in solchen Dingen! Man redet von seinem »Verhängnis«, stellt sich mit breitem Rücken hin und seufzt: »ich unglückseliger Atlas!«

365

Eitelkeit. — Die Eitelkeit ist die Furcht, original zu erscheinen, also ein Mangel an Stolz, aber nicht notwendig ein Mangel an Originalität.

366

Verbrecher-Kummer. – Man leidet als entdeckter Verbrecher nicht am Verbrechen, sondern an der Schande oder am Verdruß über eine gemachte Dummheit oder an der Entbehrung des gewohnten Elementes, und es bedarf einer Feinheit, die selten ist, hierin zu unterscheiden. Jeder, der viel in Gefängnissen und Zuchthäusern verkehrt hat, ist erstaunt, wie selten daselbst ein unzweideutiger »Gewissensbiß« anzutreffen ist: um so mehr aber das Heimweh nach dem alten bösen geliebten Verbrechen.

367

Immer glücklich scheinen. – Als die Philosophie Sache des öffentlichen Wetteifers war, im Griechenland des dritten Jahrhunderts, gab es nicht wenige Philosophen, welche glücklich durch den Hintergedanken wurden, daß andere, die nach andern Prinzipien lebten und sich dabei quälten, an ihrem Glücke Ärger haben müßten: sie glaubten, mit ihrem Glücke jene am besten zu widerlegen, und dazu genügte es ihnen, immer glücklich zu scheinen: aber dabei mußten sie auf die Dauer glücklich *werden!* Dies war zum Beispiel das Los der Zyniker.

368

Grund vieler Verkennung. – Die Moralität der zunehmenden Nervenkraft ist freudig und unruhig; die Moralität der abnehmenden Nervenkraft, am Abende oder bei Kranken und alten Leuten, ist leidend, beruhigend, abwartend, wehmütig, ja nicht selten düster. Je nachdem man von dieser oder jener hat, versteht man die uns fehlende nicht, und dem andern legt man sie oft als Unsittlichkeit und Schwäche aus.

369

Sich über seine Erbärmlichkeit zu heben. – Das sind mir stolze Gesellen, die, um das Gefühl ihrer Würde und Wichtigkeit herzustellen, immer erst andere brauchen, die sie anherrschen und vergewaltigen können: solche nämlich, deren Ohnmacht und Feigheit es erlaubt, daß einer vor ihnen ungestraft erhabene und zornige Gebärden machen kann! — so daß sie die Erbärmlichkeit ihrer Umgebung nötig haben, um sich auf einen Augenblick über die eigene Erbärmlichkeit zu heben! — Dazu hat mancher einen Hund, ein andrer einen Freund, ein dritter eine Frau, ein vierter eine Partei und ein sehr seltner ein ganzes Zeitalter nötig.

370

Inwiefern der Denker seinen Feind liebt. — Nie etwas zurückhalten oder dir verschweigen, was gegen deinen Gedanken gedacht werden kann! Gelobe es dir! Es gehört zur ersten Redlichkeit des Denkens. Du mußt jeden Tag auch deinen Feldzug gegen dich selber führen. Ein Sieg und eine eroberte Schanze sind nicht mehr deine Angelegenheit, sondern die der Wahrheit, — aber auch deine Niederlage ist nicht mehr deine Angelegenheit!

371

Das Böse der Stärke. — Die Gewalttätigkeit als Folge der Leidenschaft, zum Beispiel des Zornes, ist physiologisch als ein Versuch zu verstehen, einem drohenden Erstickungsanfall vorzubeugen. Zahllose Handlungen des Übermuts, der sich an andern Personen ausläßt, sind Ableitungen eines plötzlichen Blutandranges durch eine starke Muskel-Aktion gewesen: und vielleicht gehört das ganze »Böse der Stärke« unter diesen Gesichtspunkt. (Das Böse der Stärke tut dem andern wehe, ohne daran zu denken, — es *muß* sich auslassen; das Böse der Schwäche *will* wehetun und die Zeichen des Leidens sehen.)

372

Zur Ehre der Kenner. — Sobald einer, ohne Kenner zu sein, doch den Urteiler spielt, soll man sofort protestieren: ob es nun Männlein oder Weiblein sei. Schwärmerei und Entzücken für ein Ding oder einen Menschen sind keine Argumente: Widerwille und Haß gegen sie auch nicht.

373

Verräterischer Tadel. – »Er kennt die Menschen nicht« – das heißt im Munde des einen: »er kennt die Gemeinheit nicht«, im Munde des andern: »er kennt die Ungewöhnlichkeit nicht und die Gemeinheit zu gut«.

374

Wert des Opfers. – Je mehr man den Staaten und Fürsten das Recht aberkennt, die einzelnen zu opfern (wie bei der Rechtspflege, der Heeresfolge usw.), um so höher wird der Wert der Selbst-Opferung steigen.

375

Zu deutlich reden. – Man kann aus verschiedenen Gründen zu deutlich artikuliert sprechen: einmal aus Mißtrauen gegen sich, in einer neuen, ungeübten Sprache, sodann aber auch aus Mißtrauen gegen die andern, wegen ihrer Dummheit oder Langsamkeit des Verständnisses. Und so auch im Geistigsten: unsere Mitteilung ist mitunter zu deutlich, zu peinlich, weil die, welchen wir uns mitteilen, uns sonst nicht verstehen. Folglich ist der vollkommene und leichte Stil nur vor einer vollkommnen Zuhörerschaft *erlaubt*.

376

Viel schlafen. – Was tun, um sich anzuregen, wenn man müde und seiner selbst satt ist? Der eine empfiehlt die Spielbank, der andre das Christentum, der dritte die Elektrizität. Das Beste aber, mein lieber Melancholiker, ist und bleibt: *viel schlafen*, eigentlich und uneigentlich! So wird man auch seinen Morgen wieder haben! Das Kunststück der Lebensweisheit ist, den Schlaf jeder Art zur rechten Zeit einzuschieben wissen.

377

Worauf phantastische Ideale raten lassen. – Dort, wo unsere Mängel liegen, ergeht sich unsere Schwärmerei. Den schwärmerischen Satz

»liebet eure Feinde!« haben Juden erfinden müssen, die besten Hasser, die es gegeben hat, und die schönste Verherrlichung der Keuschheit ist von solchen gedichtet worden, die in ihrer Jugend wüst und abscheulich gelebt haben.

378

Reine Hand und reine Wand. – Man soll weder Gott noch den Teufel an die Wand malen. Man verdirbt damit seine Wand und seine Nachbarschaft.

379

Wahrscheinlich und unwahrscheinlich. – Eine Frau liebte heimlich einen Mann, hob ihn hoch über sich und sagte sich im Geheimsten hundert Male: »wenn mich ein solcher Mann liebte, so wäre dies wie eine Gnade, vor der ich im Staube liegen müßte!« – Und dem Manne ging es ganz ebenso, und gerade in bezug auf diese Frau, und er sagte sich im Geheimsten auch gerade diesen Gedanken. Als endlich einmal beiden die Zunge sich gelöst hatte und sie alles das Verschwiegene und Verschwiegenste des Herzens einander sagten, entstand schließlich ein Stillschweigen und einige Besinnung. Darauf hob die Frau an, mit erkälteter Stimme: »aber es ist ja ganz klar! wir sind beide nicht das, was wir geliebt haben! Wenn du das bist, was du sagst und nicht mehr, so habe ich mich umsonst erniedrigt und dich geliebt; der Dämon verführte mich, so wie dich.« – Diese sehr wahrscheinliche Geschichte kommt nie vor – weshalb?

380

Erprobter Rat. – Von allen Trostmitteln tut Trostbedürftigen nichts so wohl als die Behauptung, für ihren Fall gäbe es keinen Trost. Darin liegt eine solche Auszeichnung, daß sie wieder den Kopf erheben.

381

Seine »Einzelheit« kennen. – Wir vergessen zu leicht, daß wir im Auge fremder Menschen, die uns zum ersten Male sehen, etwas ganz anderes sind als das, wofür wir uns selber halten: meistens nichts mehr als eine in die Augen springende Einzelheit, welche den Eindruck bestimmt. So kann der sanftmütigste und billigste Mensch, wenn er nur einen großen Schnurrbart hat, gleichsam im Schatten desselben sitzen, und ruhig sitzen – die gewöhnlichen Augen sehen in ihm den *Zubehör* zu einem großen Schnurrbart, will sagen: einen militärischen, leicht aufbrausenden, unter Umständen gewaltsamen Charakter – und benehmen sich darnach vor ihm.

382

Gärtner und Garten. – Aus feuchten trüben Tagen, Einsamkeit, lieblosen Worten an uns wachsen *Schlüsse* auf wie Pilze: sie sind eines Morgens da, wir wissen nicht woher, und sehen sich grau und griesgrämig nach uns um. Wehe dem Denker, der nicht der Gärtner, sondern nur der Boden seiner Gewächse ist!

383

Die Komödie des Mitleidens. – Wir mögen noch so sehr an einem Unglücklichen Anteil nehmen: in seiner Gegenwart spielen wir immer etwas Komödie, wir sagen vieles nicht, was wir denken und wie wir es denken, mit jener Behutsamkeit des Arztes am Bette von Schwerkranken.

384

Wunderliche Heilige. – Es gibt Kleinmütige, welche von ihrem besten Werke und Wirken nichts halten und es schlecht zur Mitteilung oder zum Vortrage bringen: aber aus einer Art Rache halten sie auch nichts von der Sympathie anderer oder glauben gar nicht an Sympathie; sie schämen sich, von sich selber hingerissen zu erscheinen und fühlen ein trotziges Wohlbehagen darin, lächerlich zu werden. – Dies sind Zustände aus der Seele melancholischer Künstler.

385

Die Eitlen. – Wir sind wie Schauläden, in denen wir selber unsere angeblichen Eigenschaften, welche andere uns zusprechen, fortwährend anordnen, verdecken oder ins Licht stellen, – um *uns* zu betrügen.

386

Die Pathetischen und die Naiven. — Es kann eine sehr unedle Gewohnheit sein, keine Gelegenheit vorbeizulassen, wo man sich pathetisch zeigen kann: um jenes Genusses willen, sich den Zuschauer dabei zu denken, der sich an die Brust schlägt und sich selber jämmerlich und klein fühlt. Es kann folglich auch ein Zeichen des Edelsinns sein, mit pathetischen Lagen Spott zu treiben und in ihnen sich unwürdig zu benehmen. Der alte kriegerische Adel Frankreichs hatte diese Art Vornehmheit und Feinheit.

387

Probe einer Überlegung vor der Ehe. — Gesetzt, sie liebte mich, wie lästig würde sie mir auf die Dauer werden! Und gesetzt, sie liebte mich nicht, wie lästig würde sie erst da mir auf die Dauer werden! — Es handelt sich nur um zwei verschiedene Arten des Lästigen — heiraten wir also!

388

Die Schurkerei mit gutem Gewissen. — Im kleinen Handel übervorteilt zu werden — das ist in manchen Gegenden, zum Beispiel in Tirol, so unangenehm, weil man das böse Gesicht und die grobe Begierde darin, nebst dem schlechten Gewissen und der plumpen Feindseligkeit, welche im betrügerischen Verkäufer gegen uns entsteht, noch obendrein in den schlechten Kauf bekommt. In Venedig dagegen ist der Prellende von Herzen über das gelungene Schelmenstück vergnügt und gar nicht feindselig gegen den Geprellten gestimmt, ja geneigt, ihm eine Artigkeit zu erweisen und namentlich mit ihm zu lachen, falls er dazu Lust haben sollte. — Kurz, man muß zur Schurkerei auch den Geist und das gute Gewissen haben: das versöhnt den Betrognen beinahe mit dem Betruge.

389

Etwas zu schwer. — Sehr brave Leute, die aber etwas zu schwer sind, um höflich und liebenswürdig zu sein, suchen eine Artigkeit sofort mit einer ernsthaften Dienstleistung oder mit einem Beitrag aus ihrer

Kraft zu beantworten. Es ist rührend anzusehen, wie sie ihre Goldstücke schüchtern heranbringen, wenn ein andrer ihnen seine vergoldeten Pfennige geboten hat.

390

Geist verbergen. – Wenn wir jemanden dabei ertappen, daß er seinen Geist vor uns verbirgt, so nennen wir ihn böse: und zwar um so mehr, wenn wir argwöhnen, daß Artigkeit und Menschenfreundlichkeit ihn dazu getrieben haben.

391

Der böse Augenblick. – Lebhafte Naturen lügen nur einen Augenblick: nachher haben sie sich selber belogen und sind überzeugt und rechtschaffen.

392

Bedingung der Höflichkeit. – Die Höflichkeit ist eine sehr gute Sache und wirklich eine der vier Haupttugenden (wenn auch die letzte): aber damit wir uns einander nicht mit ihr lästig werden, muß der, mit dem ich gerade zu tun habe, um einen Grad weniger oder mehr höflich sein, als ich es bin – sonst kommen wir nicht von der Stelle, und die Salbe salbt nicht nur, sondern klebt uns fest.

393

Gefährliche Tugenden. – »Er vergißt nichts, aber er vergibt alles.« – Dann wird er doppelt gehaßt, denn er beschämt doppelt, mit seinem Gedächtnis und mit seiner Großmut.

394

Ohne Eitelkeit. – Leidenschaftliche Menschen denken wenig an das, was die andern denken, ihr Zustand erhebt sie über die Eitelkeit.

395

Die Kontemplation. – Bei dem einen Denker folgt der dem Denker eigene beschauliche Zustand immer auf den Zustand der Furcht, bei einem andern immer auf den Zustand der Begierde. Dem ersten scheint demnach die Beschaulichkeit mit dem Gefühl der *Sicherheit* verbunden, dem andern mit dem Gefühl der *Sättigung* – das heißt: jener ist dabei mutig, dieser überdrüssig und neutral gestimmt.

396

Auf der Jagd. – Jener ist auf der Jagd, angenehme Wahrheiten zu haschen, dieser – unangenehme. Aber auch der erstere hat mehr Vergnügen an der Jagd als an der Beute.

397

Erziehung. – Die Erziehung ist eine Fortsetzung der Zeugung und oft eine Art nachträglicher Beschönigung derselben.

398

Woran der Hitzigere zu erkennen ist. – Von zwei Personen, die miteinander kämpfen, oder sich lieben oder sich bewundern, übernimmt die, welche die hitzigere ist, immer die unbequemere Stellung. Dasselbe gilt auch von zwei Völkern.

399

Sich verteidigen. – Manche Menschen haben das beste Recht, so und so zu handeln; aber wenn sie sich darob verteidigen, glaubt man's nicht mehr – und irrt sich.

400

Moralische Verzärtelung. – Es gibt zart moralische Naturen, welche bei jedem Erfolge Beschämung und bei jedem Mißerfolge Gewissensbisse haben.

401

Gefährlichstes Verlernen. – Man fängt damit an, zu verlernen andre zu lieben, und hört damit auf, an sich nichts Liebenswertes mehr zu finden.

402

Auch eine Toleranz. – »Eine Minute zu lange auf glühenden Kohlen gelegen haben und ein wenig dabei *anzubrennen* – das schadet noch nichts, bei Menschen und Kastanien! Diese kleine Bitterkeit und Härte läßt erst recht schmecken, wie süß und milde der Kern ist.« – Ja! So urteilt ihr Genießenden! Ihr sublimen Menschenfresser!

403

Verschiedener Stolz. – Die Frauen sind es, welche bei der Vorstellung erbleichen, ihr Geliebter möchte ihrer nicht wert sein; die Männer sind es, welche bei der Vorstellung erbleichen, sie möchten ihrer Geliebten nicht wert sein. Es ist hier von ganzen Frauen, ganzen Männern die Rede. Solche Männer, als die Menschen der Zuversichtlichkeit und des Machtgefühls *für gewöhnlich*, haben im Zustande der Passion ihre Verschämtheit, ihren Zweifel an sich; solche Frauen aber fühlen sich sonst immer als die Schwachen, zur Hingebung Bereiten, aber in der hohen *Ausnahme* der Passion haben sie ihren Stolz und ihr Machtgefühl – als welches frägt: wer ist *meiner* würdig?

404

Wem man selten gerecht wird. – Mancher kann sich nicht für etwas Gutes und Großes erwärmen, ohne schweres Unrecht nach irgendeiner Seite hin zu tun: dies ist *seine* Art Moralität.

405

Luxus. – Der Hang zum Luxus geht in die Tiefe eines Menschen: er verrät, daß das Überflüssige und Unmäßige das Wasser ist, in dem seine Seele am liebsten schwimmt.

406

Unsterblich machen. – Wer seinen Gegner töten will, mag erwägen, ob er ihn nicht gerade dadurch bei sich verewigt.

407

Wider unsern Charakter. — Geht die Wahrheit, die wir zu sagen haben, wider unsern Charakter — wie es oft vorkommt —, so benehmen wir uns dabei, als ob wir schlecht lögen, und erregen Mißtrauen.

408

Wo viel Milde not tut. — Manche Naturen haben nur die Wahl, entweder öffentliche Übeltäter oder geheime Leidträger zu sein.

409

Krankheit. — Unter Krankheit ist zu verstehen: eine unzeitige Annäherung des Alters, der Häßlichkeit und der pessimistischen Urteile: welche Dinge zueinander gehören.

410

Die Ängstlichen. — Gerade die ungeschickten ängstlichen Wesen werden leicht zu Totschlägern: sie verstehen die kleine zweckentsprechende Verteidigung oder Rache nicht, ihr Haß weiß aus Mangel an Geist und Geistesgegenwart keinen andern Ausweg als die Vernichtung.

411

Ohne Haß. — Du willst von deiner Leidenschaft Abschied nehmen? Tue es, aber *ohne Haß* gegen sie! Sonst hast du eine zweite Leidenschaft. — Die Seele des Christen, die sich von der Sünde freigemacht hat, wird gewöhnlich hinterher durch den Haß gegen die Sünde ruiniert. Sieh die Gesichter der großen Christen an! Es sind die Gesichter von großen Hassern.

412

Geistreich und beschränkt. — Er versteht nichts zu schätzen, außer sich; und wenn er andere schätzen will, so muß er sie immer erst in sich verwandeln. Darin aber ist er geistreich.

413

Die privaten und öffentlichen Ankläger. – Sieh dir jeden genau an, der anklagt und inquiriert, – er enthüllt dabei seinen Charakter: und zwar nicht selten einen schlechteren Charakter als das Opfer hat, hinter dessen Verbrechen er her ist. Der Anklagende meint in aller Unschuld, der Gegner eines Frevels und eines Frevlers müsse schon an sich von gutem Charakter sein oder als gut gelten, – und so läßt er sich gehen, das heißt: er läßt sich *heraus*.

414

Die freiwillig Blinden. – Es gibt eine Art schwärmerischer, bis zum Äußersten gehender Hingebung an eine Person oder Partei, die verrät, daß wir im Geheimen uns ihr überlegen fühlen und darüber mit uns grollen. Wir blenden uns gleichsam freiwillig zur Strafe dafür, daß unser Auge zu viel gesehen hat.

415

Remedium amoris. – Immer noch hilft gegen die Liebe in den meisten Fällen jenes alte Radikalmittel: die Gegenliebe.

416

Wo ist der schlimmste Feind? – Wer seine Sache gut führen kann und sich dessen bewußt ist, ist gegen seinen Widersacher meist versöhnlich gestimmt. Aber zu glauben, daß man die gute Sache für sich habe, und zu wissen, daß man *nicht* geschickt ist, sie zu verteidigen, – das macht einen ingrimmigen und unversöhnlichen Haß auf den Gegner der eignen Sache. – Möge jeder darnach berechnen, wo seine schlimmsten Feinde zu suchen sind!

417

Grenze aller Demut. – Zu der Demut, welche spricht: *credo quia absurdum est,* und ihre Vernunft zum Opfer anbietet, brachte es wohl schon mancher: aber keiner, so viel ich weiß, bis zu jener Demut, die doch nur einen Schritt davon entfernt ist und welche spricht: *credo quia absurdus sum*.

418

Wahrspielerei. — Mancher ist wahrhaftig — nicht weil er es verabscheut, Empfindungen zu heucheln, sondern weil es ihm schlecht gelingen würde, seiner Heuchelei Glauben zu verschaffen. Kurz, er traut seinem Talent als Schauspieler nicht und zieht die Redlichkeit vor, die »Wahrspielerei«.

419

Mut in der Partei. — Die armen Schafe sagen zu ihrem Zugführer: »gehe nur immer voran, so wird es uns nie an Mut fehlen, dir zu folgen«. Der arme Zugführer aber denkt bei sich: »folgt mir nur immer nach, so wird es mir nie an Mut fehlen, euch zu führen«.

420

Verschlagenheit des Opfertiers. — Es ist eine traurige Verschlagenheit, wenn man sich über jemanden täuschen will, dem man sich geopfert hat, und ihm Gelegenheit bietet, wo er uns so erscheinen muß, wie wir wünschen, daß er wäre.

421

Durch andre hindurch. — Es gibt Menschen, die gar nicht anders gesehen werden wollen, als durch andre hindurchschimmernd. Und daran ist viel Klugheit.

422

Andern Freude machen. — Warum geht Freudemachen über alle Freuden? — Weil man damit seinen fünfzig eignen Trieben auf einmal eine Freude macht. Es mögen das einzeln sehr kleine Freuden sein: aber tut man sie alle in eine Hand, so hat man die Hand voller als jemals sonst — und das Herz auch! —

FÜNFTES BUCH

423

Im großen Schweigen. – Hier ist das Meer, hier können wir der Stadt vergessen. Zwar lärmen eben jetzt noch ihre Glocken das Ave Maria – es ist jener düstere und törichte, aber süße Lärm am Kreuzwege von Tag und Nacht –, aber nur noch einen Augenblick! Jetzt schweigt alles! Das Meer liegt bleich und glänzend da, es kann nicht reden. Der Himmel spielt sein ewiges stummes Abendspiel mit roten, gelben, grünen Farben, er kann nicht reden. Die kleinen Klippen und Felsenbänder, welche ins Meer hineinlaufen, wie um den Ort zu finden, wo es am einsamsten ist, sie können alle nicht reden. Diese ungeheure Stummheit, die uns plötzlich überfällt, ist schön und grausenhaft, das Herz schwillt dabei. – O der Gleißnerei dieser stummen Schönheit! Wie gut könnte sie reden, und wie böse auch, wenn sie wollte! Ihre gebundene Zunge und ihr leidendes Glück im Antlitz ist eine Tücke, um über dein Mitgefühl zu spotten! – Sei es drum! Ich schäme mich dessen nicht, der Spott solcher Mächte zu sein. Aber ich bemitleide dich, Natur, weil du schweigen mußt, auch wenn es nur deine Bosheit ist, die dir die Zunge bindet: ja, ich bemitleide dich um deiner Bosheit willen! – Ach, es wird noch stiller, und noch einmal schwillt mir das Herz: es erschrickt vor einer neuen Wahrheit, *es kann auch nicht reden,* es spottet selber mit, wenn der Mund etwas in diese Schönheit hinausruft, es genießt selber seine süße Bosheit des Schweigens. Das Sprechen, ja das Denken wird mir verhaßt: höre ich denn nicht hinter jedem Worte den Irrtum, die Einbildung, den Wahngeist lachen? Muß ich nicht meines Mitleidens spotten? Meines Spottes spotten? – O Meer! O Abend! Ihr seid schlimme Lehrmeister! Ihr lehrt den Menschen *aufhören,* Mensch zu sein! Soll er sich euch hingeben? Soll er werden, wie ihr es jetzt seid, bleich, glänzend, stumm, ungeheuer, über sich selber ruhend? Über sich selber erhaben?

424

Für wen die Wahrheit da ist. — Bis jetzt sind die Irrtümer die *trostreichen* Mächte gewesen: nun erwartet man von den erkannten Wahrheiten dieselbe Wirkung und wartet ein wenig lange schon. Wie, wenn die Wahrheiten gerade dies — zu trösten — nicht zu leisten vermöchten? — Wäre dies denn ein Einwand gegen die Wahrheiten? Was haben diese mit den Zuständen leidender, verkümmerter, kranker Menschen gemeinsam, daß sie gerade ihnen nützlich sein müßten? Es ist doch kein Beweis gegen die *Wahrheit* einer Pflanze, wenn festgestellt wird, daß sie zur Genesung kranker Menschen nichts beiträgt. Aber ehemals war man bis zu dem Grade vom Menschen als dem Zwecke der Natur überzeugt, daß man ohne weiteres annahm, es könne auch durch die Erkenntnis nichts aufgedeckt werden, was nicht dem Menschen heilsam und nützlich sei, ja, es *könne*, es *dürfe* gar keine anderen Dinge *geben*. — Vielleicht folgt aus alledem der Satz, daß die Wahrheit *als Ganzes* und Zusammenhängendes nur für die zugleich mächtigen und harmlosen, freud- und friedenvollen Seelen (wie es die des Aristoteles war) da ist, ebenso wie diese wohl auch nur imstande sein werden, *sie zu suchen*: denn die anderen suchen *Heilmittel* für sich, mögen sie noch so stolz über ihren Intellekt und dessen Freiheit denken, — sie suchen *nicht* die Wahrheit. Daher kommt es, daß diese anderen so wenig echte Freude an der Wissenschaft haben und ihr Kälte, Trockenheit und Unmenschlichkeit zum Vorwurf machen: es ist dies das Urteil der Kranken über die Spiele der Gesunden. — Auch die griechischen Götter verstanden nicht zu trösten; als endlich auch die griechischen Menschen allesamt krank wurden, war dies ein Grund zum Untergang solcher Götter.

425

Wir Götter in der Verbannung! — Durch *Irrtümer* über ihre Herkunft, ihre Einzigkeit, ihre Bestimmung, und durch *Anforderungen*, die auf Grund dieser Irrtümer gestellt wurden, hat sich die Menschheit hoch gehoben und sich immer wieder »selber übertroffen«: aber durch dieselben Irrtümer ist unsäglich viel Leiden, gegenseitige Verfolgung,

Verdächtigung, Verkennung, und noch mehr Elend des einzelnen in sich und an sich in die Welt gekommen. Die Menschen sind *leidende* Geschöpfe geworden, infolge ihrer Moralen: was sie damit eingekauft haben, das ist, alles in allem, ein Gefühl, als ob sie im Grunde zu gut und zu bedeutend für die Erde wären und nur vorübergehend sich auf ihr aufhielten. »Der leidende Hochmütige« ist einstweilen immer noch der höchste Typus des Menschen.

426

Farbenblindheit der Denker. – Wie anders sahen die Griechen in ihre Natur, wenn ihnen, wie man sich eingestehen muß, das Auge für Blau und Grün blind war, und sie statt des ersteren ein tieferes Braun, statt des zweiten ein Gelb sahen (wenn sie also mit gleichem Worte zum Beispiel die Farbe des dunklen Haares, die der Kornblume und die des südländischen Meeres bezeichneten, und wiederum mit gleichem Worte die Farbe der grünsten Gewächse und der menschlichen Haut, des Honigs und der gelben Harze: so daß ihre größten Maler bezeugtermaßen ihre Welt nur mit Schwarz, Weiß, Rot und Gelb wiedergegeben haben), – wie anders und wie viel näher an den Menschen gerückt mußte ihnen die Natur erscheinen, weil in ihrem Auge die Farben des Menschen auch in der Natur überwogen, und diese gleichsam in dem Farbenäther der Menschheit schwamm! (Blau und Grün entmenschlichen die Natur mehr, als alles andere.) Auf diesem *Mangel* ist die spielende Leichtigkeit, welche die Griechen auszeichnet, Naturvorgänge als Götter und Halbgötter, das heißt als menschartige Gestalten zu sehen, großgewachsen. – Dies sei aber nur das Gleichnis für eine weitere Vermutung. Jeder Denker malt seine Welt und jedes Ding mit weniger Farben, *als es gibt,* und ist gegen einzelne Farben blind. Dies ist nicht nur ein Mangel. Er sieht vermöge dieser Annäherung und Vereinfachung Harmonien der Farben *in die Dinge hinein,* welche einen großen Reiz haben und eine Bereicherung der Natur ausmachen können. Vielleicht ist dies sogar der Weg gewesen, auf dem die Menschheit *den Genuß* im Anblick des Daseins erst gelernt hat: dadurch, daß ihr dieses Dasein zunächst in einem oder zwei Farbtönen und dadurch harmonisiert vorgeführt wurde: sie übte sich gleichsam auf diese wenigen Töne ein, bevor sie zu mehreren übergehen konnte. Und noch jetzt arbeitet sich mancher einzelne aus einer teilweisen Farbenblindheit in ein reicheres Sehen und Unterscheiden hinaus: wobei er aber nicht nur neue Genüsse findet, sondern immer auch einige der früheren *aufgeben und verlieren muß*.

427

Die Verschönerung der Wissenschaft. – Wie die Rokoko-Gartenkunst entstand, aus dem Gefühl »die Natur ist häßlich, wild, langweilig – auf! wir wollen sie verschönern!« (*embellir la nature*), – so entsteht aus dem Gefühl »die Wissenschaft ist häßlich, trocken, trostlos, schwierig, langwierig – auf! laßt uns sie verschönern!« immer wieder etwas, das sich *die Philosophie* nennt. Sie will, was alle Künste und Dichtungen wollen, – vor allem *unterhalten*: sie will dies aber, gemäß ihrem ererbten Stolze, in einer erhabeneren und höheren Art, vor einer Auswahl von Geistern. Für diese eine Gartenkunst zu schaffen, deren Hauptreiz wie bei jener »gemeineren« die *Täuschung der Augen ist* (durch Tempel, Fernblicke, Grotten, Irrpfade, Wasserfälle, um im Gleichnisse zu reden), die Wissenschaft in einem Auszuge und mit allerlei wunderbaren und plötzlichen Beleuchtungen vorzuführen und so viel Unbestimmtheit, Unvernunft und Träumerei in sie einzumischen, daß man in ihr »wie in der wilden Natur« und doch ohne Mühsal und Langeweile wandeln könne, – das ist kein geringer Ehrgeiz: wer ihn hat, träumt sogar davon, auf diese Art die Religion entbehrlich zu machen, welche bei den früheren Menschen die höchste Gattung von Unterhaltungskunst abgegeben hat. – Dies geht nun seinen Gang und erreicht eines Tages seine hohe Flut: jetzt schon beginnen die Gegenstimmen gegen die Philosophie laut zu werden, welche rufen »Rückkehr zur Wissenschaft! Zur Natur und Natürlichkeit der Wissenschaft!« – womit vielleicht ein Zeitalter *anhebt*, das die mächtigste Schönheit gerade in den »wilden, häßlichen« Teilen der Wissenschaft entdeckt, wie man seit Rousseau erst den Sinn für die Schönheit des Hochgebirges und der Wüste entdeckt hat.

428

Zwei Arten Moralisten. – Ein Gesetz der Natur zum ersten Male sehen und ganz sehen, also es *nachweisen* (zum Beispiel das der Fallkraft, der Licht- und Schallreflexion) ist etwas anderes und die Sache anderer Geister, als ein solches Gesetz *erklären*. So unterscheiden sich auch jene Moralisten, welche die menschlichen Gesetze und Gewohnheiten sehen und aufzeigen – die feinohrigen, feinnasigen, feinäugigen Moralisten –, durchaus von denen, welche das Beobachtete erklären. Die letzteren müssen vor allem *erfinderisch* sein und eine durch Scharfsinn und Wissen *entzügelte* Phantasie haben.

429

Die neue Leidenschaft. – Warum fürchten und hassen wir eine mögliche Rückkehr zur Barbarei? Weil sie die Menschen unglücklicher machen würde, als sie es sind? Ach nein! Die Barbaren aller Zeiten hatten *mehr* Glück: täuschen wir uns nicht! – Sondern unser *Trieb zur Erkenntnis* ist zu stark, als daß wir noch das Glück ohne Erkenntnis oder das Glück eines starken festen Wahnes zu schätzen vermöchten; es macht Pein, uns solche Zustände auch nur vorzustellen! Die Unruhe des Entdeckens und Erratens ist uns so reizvoll und unentbehrlich geworden, wie die unglückliche Liebe dem Liebenden wird: welche er um keinen Preis gegen den Zustand der Gleichgültigkeit hergeben würde; – ja vielleicht sind wir auch *unglücklich* Liebende! Die Erkenntnis hat sich in uns zur Leidenschaft verwandelt, die vor keinem Opfer erschrickt und im Grunde nichts fürchtet, als ihr eignes Erlöschen; wir glauben aufrichtig, daß die gesamte Menschheit unter dem Drange und Leiden *dieser* Leidenschaft sich erhabener und getrösteter glauben müßte als bisher, wo sie den Neid auf das gröbere Behagen, das im Gefolge der Barbarei kommt, noch nicht überwunden hat. Vielleicht selbst, daß die Menschheit an dieser Leidenschaft der Erkenntnis zugrunde geht! – auch dieser Gedanke vermag nichts über uns! Hat sich denn das Christentum je vor einem ähnlichen Gedanken gescheut? Sind die Liebe und der Tod nicht Geschwister? Ja, wir hassen die Barbarei – wir wollen alle lieber den Untergang der

Menschheit als den Rückgang der Erkenntnis! Und zuletzt: wenn die Menschheit nicht an einer *Leidenschaft* zugrunde geht, so wird sie an einer *Schwäche* zugrunde gehen: was will man lieber? Dies ist die Hauptfrage. Wollen wir für sie ein Ende im Feuer und Licht oder im Sande? –

430

Auch heldenhaft. – Dinge vom übelsten Geruche tun, von denen man kaum zu reden wagt, die aber nützlich und nötig sind, – ist auch heldenhaft. Die Griechen haben sich nicht geschämt, unter die großen Arbeiten des Herakles auch die Ausmistung eines Stalles zu setzen.

431

Die Meinungen der Gegner. – Um zu messen, wie fein oder wie schwachsinnig von Natur auch die gescheitesten Köpfe sind, gebe man darauf acht, wie sie die Meinungen ihrer Gegner auffassen und wiedergeben: dabei verrät sich das natürliche Maß jedes Intellektes. – Der vollkommene Weise erhebt, ohne es zu wollen, seinen Gegner ins Ideal und macht dessen Widerspruch frei von allen Flecken und Zufälligkeiten: erst wenn dadurch aus seinem Gegner ein Gott mit leuchtenden Waffen geworden ist, kämpft er gegen ihn.

432

Forscher und Versucher. – Es gibt keine alleinwissendmachende Methode der Wissenschaft! Wir müssen versuchsweise mit den Dingen verfahren, bald böse, bald gut gegen sie sein und Gerechtigkeit, Leidenschaft und Kälte nacheinander für sie haben. Dieser redet mit den Dingen als Polizist, jener als Beichtvater, ein dritter als Wanderer und Neugieriger. Bald mit Sympathie, bald mit Vergewaltigung wird man ihnen etwas abdringen; einen führt Ehrfurcht vor ihren Geheimnissen vorwärts und zur Einsicht, einen wiederum Indiskretion und Schelmerei in der Erklärung von Geheimnissen. Wir Forscher sind wie alle Eroberer, Entdecker, Schiffahrer, Abenteurer von einer verwegenen Moralität und müssen es uns gefallen lassen, im ganzen für böse zu gelten.

433

Mit neuen Augen sehen. – Gesetzt daß unter Schönheit in der Kunst immer die *Nachbildung des Glücklichen* zu verstehen ist – und so halte ich es für die Wahrheit –, je nachdem eine Zeit, ein Volk, ein großes in sich selber gesetzgeberisches Individuum sich den Glücklichen vorstellt: was gibt dann der sogenannte *Realismus* der jetzigen Künstler über das Glück unserer Zeit zu verstehen? Es ist unzweifelhaft *seine* Art von Schönheit, welche wir jetzt am leichtesten zu erfassen und zu genießen wissen. Folglich muß man wohl glauben, das jetzige *uns* eigene Glück liege im Realistischen, in möglichst scharfen Sinnen und treuer Auffassung des Wirklichen, nicht also in der Realität, sondern im *Wissen um die Realität*? So sehr hat die Wirkung der Wissenschaft schon Tiefe und Breite gewonnen, daß die Künstler des Jahrhunderts, ohne es zu wollen, bereits zu Verherrlichern der wissenschaftlichen »Seligkeiten« an sich geworden sind!

434

Fürsprache einlegen. – Für die großen Landschaftsmaler sind die anspruchslosen Gegenden da, die merkwürdigen und seltenen Gegenden aber für die kleinen. Nämlich: die großen Dinge der Natur und Menschheit müssen für alle die Kleinen, Mittelmäßigen und Ehrgeizigen unter ihren Verehrern Fürsprache einlegen, – aber der *Große* legt Fürsprache für die *schlichten* Dinge ein.

435

Nicht unvermerkt zugrunde gehen. – Nicht *einmal*, sondern fortwährend bröckelt es an unserer Tüchtigkeit und Größe; die kleine Vegetation, welche zwischen allem hineinwächst und sich überall anzuklammern versteht, diese ruiniert das, was groß an uns ist, – die alltägliche, stündliche übersehene Erbärmlichkeit unsrer Umgebung, die tausend Würzelchen dieser oder jener kleinen und kleinmütigen Empfindung, welche aus unserer Nachbarschaft, aus unserem Amte, unsrer Geselligkeit, unsrer Tageseinteilung herauswächst. Lassen wir dies kleine Unkraut unbemerkt, so gehn wir an ihm unbemerkt zugrunde! – Und wollt ihr durchaus zugrunde gehn, so tut es lieber *auf einmal* und plötzlich: dann bleiben vielleicht von euch *erhabene Trümmer* übrig! Und nicht, wie jetzt zu befürchten steht, Maulwurfshügel! Und Gras und Unkraut auf ihnen, die kleinen Siegreichen, bescheiden wie vordem und zu erbärmlich selbst zum Triumphieren!

436

Kasuistisch. – Es gibt eine bitterböse Alternative, der nicht jedermanns Tapferkeit und Charakter gewachsen ist: als Passagier eines Schiffes zu entdecken, daß Kapitän und Steuermann gefährliche Fehler machen und daß man ihnen in nautischem Wissen überlegen sei, – und nun sich zu fragen: Wie! wenn du gegen sie eine Meuterei erregtest und sie beide gefangen nehmen ließest? Verpflichtet dich deine Überlegenheit nicht dazu? Und sind sie nicht wiederum im Rechte, dich einzusperren, weil du den Gehorsam untergräbst? – Dies ist ein Gleichnis für höhere und bösere Lagen: wobei zuletzt immer noch die Frage bleibt, was uns unsere Überlegenheit, unseren Glauben an uns selber in solchen Fällen gewährleistet. Der Erfolg? Aber da muß man eben schon das Ding *tun*, welches alle Gefahren in sich trägt – und nicht nur Gefahren für uns, sondern für das Schiff.

437

Vorrechte. – Wer sich selber wirklich besitzt, das heißt, wer sich endgültig *erobert hat*, betrachtet es fürderhin als sein eigenes Vorrecht, sich zu strafen, sich zu begnadigen, sich zu bemitleiden: er braucht dies niemandem zuzugestehen, er kann es aber auch einem andern mit Freiheit in die Hand geben, einem Freunde zum Beispiel, – aber er weiß, daß er damit ein *Recht* verleiht und daß man nur aus dem Besitze der *Macht* heraus Rechte verleihen kann.

438

Mensch und Dinge. – Warum sieht der Mensch die Dinge nicht? Er steht selber im Wege: er verdeckt die Dinge.

439

Merkmale des Glücks. – Das Gemeinsame aller Glücksempfindungen ist zweierlei: *Fülle* des Gefühls und *Übermut* darin, so daß man wie ein Fisch sein Element um sich fühlt und in ihm springt. Gute Christen werden verstehen, was christliche Ausgelassenheit ist.

440

Nicht entsagen! – Auf die Welt verzichten, ohne sie zu kennen, gleich einer *Nonne*, – das gibt eine unfruchtbare, vielleicht schwermütige Einsamkeit. Dies hat nichts gemein mit der Einsamkeit der *vita contemplativa* des Denkers: wenn er *sie* wählt, will er keineswegs entsagen; vielmehr wäre es ihm Entsagung, Schwermut, Untergang seiner selbst, in der *vita practica* ausharren zu müssen: auf diese verzichtet er, weil er sie kennt, weil er sich kennt. So springt er in *sein* Wasser, so gewinnt er *seine* Heiterkeit.

441

Warum das Nächste uns immer ferner wird. – Je mehr wir an alles, was war und sein wird, denken, um so bleicher wird uns das, was gerade jetzt ist. Wenn wir mit Gestorbenen leben und in ihrem Sterben mitsterben, was sind uns dann noch die »Nächsten«? Wir werden einsamer – und zwar *weil* die ganze Flut der Menschheit um uns rauscht. Die Glut in uns, die *allem* Menschlichen gilt, nimmt immer zu – und *darum* blicken wir auf das, was uns umgibt, wie als ob es gleichgültiger und schattenhafter geworden wäre. – Aber unser kalter Blick *beleidigt!*

442

Die Regel. – »Die Regel ist mir immer interessanter als die Ausnahme« – wer so empfindet, der ist in der Erkenntnis weit voraus und gehört zu den Eingeweihten.

443

Zur Erziehung. – Allmählich ist mir das Licht über den allgemeinsten Mangel unserer Art Bildung und Erziehung aufgegangen: niemand lernt, niemand strebt darnach, niemand lehrt – *die Einsamkeit ertragen.*

444

Verwunderung über Widerstand. – Weil etwas für uns durchsichtig geworden ist, meinen wir, es könne uns nunmehr keinen Widerstand leisten, – und sind dann erstaunt, daß wir hindurchsehen und doch nicht hindurchkönnen! Es ist dies dieselbe Torheit und dasselbe Erstaunen, in welches die Fliege vor jedem Glasfenster gerät.

445

Worin sich die Edelsten verrechnen. – Man gibt jemandem endlich sein Bestes, sein Kleinod – nun hat die Liebe nichts mehr zu geben: aber der, welcher es annimmt, hat daran gewiß nicht *sein* Bestes, und folglich fehlt ihm jene volle und letzte Erkenntlichkeit, auf welche der Gebende rechnet.

446

Rangordnung. – Es gibt erstens oberflächliche Denker, zweitens tiefe Denker – solche, welche in die Tiefe einer Sache gehen –, drittens gründliche Denker, die einer Sache auf den Grund gehen – was sehr viel mehr wert ist als nur in ihre Tiefe hinabsteigen! –, endlich solche, welche den Kopf in den Morast stecken: was doch weder ein Zeichen von Tiefe noch von Gründlichkeit sein sollte! Es sind die lieben Untergründlichen.

447

Meister und Schüler. – Zur Humanität eines Meisters gehört, seine Schüler vor sich zu warnen.

448

Die Wirklichkeit ehren. – Wie kann man dieser jubelnden Volksmenge ohne Tränen und ohne Zustimmung zusehen! Wir dachten vorher gering von dem Gegenstand ihres Jubels und würden noch immer so denken, *wenn* wir ihn nicht erlebt hätten! Wozu können uns also die Erlebnisse fortreißen! Was sind unsere Meinungen! Man muß, um sich nicht zu verlieren, um seine *Vernunft* nicht zu verlieren, vor den Erlebnissen flüchten! So floh Plato vor der Wirklichkeit und wollte die Dinge nur in den blassen Gedankenbildern anschauen; er war voller Empfindung und wußte, wie leicht die Wellen der Empfindung über seiner Vernunft zusammenschlugen. – So hätte sich demnach der Weise zu sagen: »ich will die *Wirklichkeit* ehren, aber ihr den Rücken dabei zuwenden, *weil* ich sie kenne und fürchte«? – er müßte es machen wie afrikanische Völkerschaften vor ihren Fürsten: welche ihnen nur rückwärts nahen und ihre Verehrung zugleich mit ihrer Angst zu zeigen wissen?

449

Wo sind die Bedürftigen des Geistes? – Ah! Wie es mich anwidert, einem andern die eigenen Gedanken *aufzudrängen*! Wie ich mich jeder Stimmung und heimlichen Umkehr in mir freue, bei der die Gedanken *anderer* gegen die eigenen zu Rechte kommen! Ab und zu gibt es aber ein noch höheres Fest, dann wenn es einmal *erlaubt* ist, sein geistiges Haus und Habe *wegzuschenken*, dem Beichtvater gleich, der im Winkel sitzt, begierig, daß ein *Bedürftiger* komme und von der Not seiner Gedanken erzähle, damit er ihm wieder einmal Hand und Herz voll und die beunruhigte Seele *leicht mache*! Nicht nur, daß er keinen Ruhm davon haben will: er möchte auch der Dankbarkeit aus dem Wege laufen, denn sie ist zudringlich und ohne Scheu vor Einsamkeit und Stillschweigen. Aber namenlos und leicht verspottet leben, zu niedrig, um Neid oder Feindschaft zu erwecken, mit einem Kopf ohne Fieber, einer Handvoll Wissen und einem Beutel voll Erfahrungen ausgerüstet, gleichsam ein Armenarzt des Geistes sein und dem und jenem, dessen Kopf *durch Meinungen verstört ist*, helfen, ohne daß er recht merkt, wer ihm geholfen hat! Nicht vor ihm Recht haben und einen Sieg feiern wollen, sondern so zu ihm sprechen, daß er das Rechte nach einem kleinen unvermerkten Fingerzeig oder Widerspruch sich selber sagt und stolz darüber fortgeht! Wie eine geringe Herberge sein, die niemanden zurückstößt, der bedürftig ist, die aber hinterher vergessen oder verlacht wird! Nichts voraus haben, weder die bessere

Nahrung, noch die reinere Luft, noch den freudigeren Geist – sondern abgeben, zurückgeben, mitteilen, ärmer werden! Niedrig sein können, um vielen zugänglich und für niemanden demütigend zu sein! Viel Unrecht auf sich liegen haben und durch die Wurmgänge aller Art Irrtümer gekrochen sein, um zu vielen verborgenen Seelen auf ihren geheimen Wegen gelangen zu können! Immer in einer Art Liebe und immer in einer Art Selbstsucht und Selbstgenießens! Im Besitz einer Herrschaft und zugleich verborgen und entsagend sein! Beständig in der Sonne und Milde der Anmut liegen und doch die Aufstiege zum Erhabnen in der Nähe wissen! – Das wäre ein Leben! Das wäre ein Grund, lange zu leben!

450

Die Lockung der Erkenntnis. – Auf leidenschaftliche Geister wirkt der Blick durch das Tor der Wissenschaft wie der Zauber aller Zauber; und vermutlich werden sie dabei zu Phantasten und im günstigen Falle zu Dichtern: so heftig ist ihre Begierde nach dem Glück der Erkennenden. Geht es euch nicht durch alle Sinne – dieser Ton der süßen Lockung, mit dem die Wissenschaft ihre frohe Botschaft verkündet hat, in hundert Worten und im hundertersten und schönsten: »Laß den Wahn schwinden! Dann ist auch das ‚Wehe mir!‘ verschwunden; und mit dem ‚Wehe mir!‘ ist auch das Wehe dahin.« (Mark Aurel.)

451

Wem ein Hofnarr nötig ist. – Die sehr Schönen, die sehr Guten, die sehr Mächtigen erfahren fast nie über irgend etwas die volle und gemeine Wahrheit – denn in ihrer Gegenwart lügt man unwillkürlich ein wenig, weil man ihre Wirkungen empfindet und diesen Wirkungen gemäß das, was man an Wahrheit mitteilen könnte, in der Form einer *Anpassung* vorbringt (also Farben und Grade des Tatsächlichen fälscht, Einzelheiten wegläßt oder hinzutut und das, was sich gar nicht anpassen lassen will, hinter seinen Lippen zurückbehält). Wollen Menschen der Art trotz alledem und durchaus die Wahrheit hören, so müssen sie sich ihren *Hofnarren* halten – ein Wesen mit dem Vorrechte des Verrückten, sich nicht anpassen zu können.

452

Ungeduld. – Es gibt einen Grad von Ungeduld bei Menschen der Tat und des Gedankens, welcher sie bei einem Mißerfolge, sofort in das entgegengesetzte Reich übertreten, sich dort passionieren und in Unternehmungen einlassen heißt, – bis auch von hier wieder ein Zögern des Erfolges sie vertreibt: so irren sie, abenteuernd und heftig, durch die Praxis vieler Reiche und Naturen und können zuletzt, durch die Allkenntnis von Menschen und Dingen, welche ihre ungeheuere Wanderung und Übung in ihnen zurückläßt, und bei einiger Milderung ihres Triebes – zu mächtigen Praktikern werden. So wird ein Fehler des Charakters zur Schule des Genies.

453

Moralisches Interregnum. – Wer wäre jetzt schon imstande, das zu beschreiben, was einmal die moralischen Gefühle und Urteile *ablösen* wird! – so sicher man auch einzusehen vermag, daß diese in allen Fundamenten irrtümlich angelegt sind und ihr Gebäude der Reparatur unfähig ist: ihre Verbindlichkeit muß von Tag zu Tage immer abnehmen, sofern nur die Verbindlichkeit der Vernunft nicht abnimmt! Die Gesetze des Lebens und Handelns neu aufbauen – zu dieser Aufgabe sind unsere Wissenschaften der Physiologie, Medizin, Gesellschafts- und Einsamkeitslehre ihrer selbst noch nicht sicher genug: und nur aus ihnen kann man die Grundsteine für neue Ideale (wenn auch nicht die neuen Ideale selber) entnehmen. So leben wir denn ein *vorläufiges* Dasein oder ein *nachläufiges* Dasein, je nach Geschmack und Begabung, und tun am besten, in diesem Interregnum, so sehr als nur möglich, unsre eigenen *reges* zu sein und kleine *Versuchsstaaten* zu gründen. Wir sind Experimente: wollen wir es auch sein!

454

Zwischenrede. – Ein Buch wie dieses ist nicht zum Durchlesen und Vorlesen sondern zum Aufschlagen, namentlich im Spazierengehen und auf Reisen; man muß den Kopf hinein- und immer wieder hinausstecken können und nichts Gewohntes um sich finden.

455

Die erste Natur. — So wie man uns jetzt erzieht, bekommen wir zuerst eine *zweite Natur*: und wir haben sie, wenn die Welt uns reif, mündig, brauchbar nennt. Einige wenige sind Schlangen genug, um diese Haut eines Tages abzustoßen: dann, wenn unter ihrer Hülle ihre *erste Natur* reif geworden ist. Bei den meisten vertrocknet der Keim davon.

456

Eine werdende Tugend. — Solche Behauptungen und Verheißungen, wie die der antiken Philosophen von der Einheit der Tugend und der Glückseligkeit, oder wie die des Christentums »Trachtet am ersten nach dem Reiche Gottes, so wird euch solches alles zufallen!« — sind nie mit voller Redlichkeit und doch immer ohne schlechtes Gewissen gemacht worden: man stellte solche Sätze, deren Wahrheit man sehr wünschte, keck als die Wahrheit gegen den Augenschein auf, und empfand dabei nicht einen religiösen oder moralischen Gewissensbiß — denn man war *in honorem majorem* der Tugend oder Gottes über die Wirklichkeit hinausgegangen und ohne alle eigennützigen Absichten! Auf dieser *Stufe der Wahrhaftigkeit* stehen noch viele brave Menschen: wenn sie sich selbstlos *fühlen*, scheint es ihnen erlaubt, es mit der Wahrheit *leichter zu nehmen*. Man beachte doch, daß weder unter den sokratischen noch unter den christlichen Tugenden die *Redlichkeit* vorkommt: diese ist eine der jüngsten Tugenden, noch wenig gereift, noch oft verwechselt und verkannt, ihrer selber noch kaum bewußt, — etwas Werdendes, das wir fördern oder hemmen können, je nachdem unser Sinn steht.

457

Letzte Schweigsamkeit. — Einzelnen geht es so wie Schatzgräbern: sie entdecken zufällig die verborgen gehaltenen Dinge einer fremden Seele und haben daran ein Wissen, welches oft schwer zu tragen ist! Man kann unter Umständen Lebende und Tote bis zu einem Grade gut kennen und innerlich ausfindig machen, daß es einem peinlich wird, von ihnen gegen andere zu reden: man fürchtet mit jedem Worte indiskret zu sein. – Ich könnte mir ein plötzliches Stummwerden des weisesten Historikers denken.

458

Das große Los. – Das ist etwas sehr Seltenes, aber ein Ding zum Entzücken: der Mensch nämlich mit schön gestaltetem Intellekte, welcher den Charakter, die Neigungen und *auch die Erlebnisse* hat, die zu einem solchen Intellekt gehören.

459

Die Großmütigkeit des Denkers. – Rousseau und Schopenhauer – beide waren stolz genug, ihrem Dasein den Wahlspruch aufzuschreiben: *vitam impendere vero.* Und beide wiederum – was mögen sie in ihrem Stolze gelitten haben, daß es ihnen nicht gelingen wollte *verum impendere vitae*! – *verum*, wie es jeder von ihnen verstand –, daß ihr Leben neben ihrer Erkenntnis nebenherlief wie ein launischer Baß, der zur Melodie nicht stimmen will! – Aber es stünde schlimm um die Erkenntnis, wenn sie jedem Denker nur in dem Maße zugemessen würde, als sie ihm gerade auf den Leib paßt! Und es stünde schlimm um die Denker, wenn ihre Eitelkeit so groß wäre, daß sie dies allein ertrügen! Gerade darin glänzt die schönste Tugend des großen Denkers: die Großmütigkeit, daß er als Erkennender sich selber und sein Leben unverzagt, oftmals beschämt, oftmals mit erhabenem Spotte und lächelnd – zum Opfer bringt.

460

Seine gefährlichen Stunden ausnützen. – Man lernt einen Menschen und einen Zustand ganz anders kennen, wenn Gefahr um Hab und Gut, Ehre, Leben und Tod, für uns und unsere Liebsten, in jeder ihrer Bewegungen liegt: wie zum Beispiel Tiberius tiefer über das Innre des Kaisers Augustus und seines Regimentes nachgedacht und mehr davon gewußt haben muß, als dem weisesten Historiker es auch nur möglich wäre. Nun leben wir alle vergleichungsweise in einer viel zu großen Sicherheit, als daß wir gute Menschenkenner werden könnten: der eine erkennt aus Liebhaberei, der andere aus Langerweile, der dritte aus Gewohnheit; niemals heißt es: »erkenne, oder geh zugrunde!« Solange sich uns die Wahrheiten nicht mit Messern ins Fleisch schneiden, haben wir in uns einen geheimen Vorbehalt der Geringschätzung gegen sie: sie scheinen uns immer noch den »gefiederten Träumen« zu ähnlich, wie als ob wir sie haben und auch nicht haben könnten – als ob etwas an ihnen in unserm Belieben stünde, als ob wir auch von diesen unsern Wahrheiten *erwachen* könnten!

461

Hic Rhodus, hic salta. – Unsere Musik, die sich in alles verwandeln kann und verwandeln muß, weil sie, wie der Dämon des Meeres, an sich keinen Charakter hat: diese Musik ist ehemals dem *christlichen Gelehrten* nachgegangen und hat dessen Ideal in Klänge zu übersetzen vermocht; warum sollte sie nicht endlich auch jenen helleren, freudigeren und allgemeinen Klang finden, der dem *idealen Denker* entspricht? – eine Musik, die erst in den weiten schwebenden Wölbungen *seiner Seele* sich *heimisch* auf und nieder zu wiegen vermöchte? – Unsere Musik war bisher so groß, so gut: bei ihr war kein Ding unmöglich! So zeige sie denn, daß es möglich ist, diese drei: Erhabenheit, tiefes und warmes Licht und die Wonne der höchsten Folgerichtigkeit auf einmal zu empfinden!

462

Langsame Kuren. – Die chronischen Krankheiten der Seele entstehen wie die des Leibes, sehr selten nur durch einmalige grobe Vergehungen gegen die Vernunft von Leib und Seele, sondern gewöhnlich durch zahllose unbemerkte kleine Nachlässigkeiten. – Wer zum Beispiel Tag für Tag um einen noch so unbedeutenden Grad zu schwach atmet und zu wenig Luft in die Lunge nimmt, so daß sie als Ganzes nicht hinreichend angestrengt und geübt wird, trägt endlich ein chronisches Lungenleiden davon: in einem solchen Falle kann die Heilung auf keinem anderen Wege erfolgen, als daß wiederum zahllose kleine Übungen des Gegenteils vorgenommen und unvermerkt andere Gewohnheiten gepflegt werden, zum Beispiel wenn man sich zur Regel macht, alle Viertelstunden des Tages einmal stark und tief aufzuatmen (womöglich platt am Boden liegend; eine Uhr, welche die Viertelstunden schlägt, muß dabei zur Lebensgefährtin gewählt werden). *Langsam* und kleinlich sind alle diese Kuren; auch wer seine Seele heilen will, soll über die Veränderung der kleinsten Gewohnheiten nachdenken. Mancher sagt zehnmal des Tages ein böses kaltes Wort an seine Umgebung und denkt sich wenig dabei, namentlich nicht, daß nach einigen Jahren er ein *Gesetz* der Gewohnheit über sich geschaffen hat, welches ihn nunmehr *nötigt*, zehnmal jedes Tages seine Umgebung zu verstimmen. Aber er kann sich auch daran gewöhnen ihr zehnmal wohlzutun!

463

Am siebenten Tage. – »Ihr preist jenes als mein *Schaffen*? Ich habe nur von mir hinweggetan, was mir lästig war! Meine Seele ist über der Eitelkeit der Schaffenden erhaben. – Ihr preist dies als meine *Resignation*? Ich habe nur von mir hinweggetan, was mir lästig war? Meine Seele ist über der Eitelkeit der Resignierten erhaben.«

464

Scham der Schenkenden. – Es ist so ungroßmütig, immer den Gebenden und Schenkenden zu machen und dabei sein Gesicht zu zeigen! Aber geben und schenken und seinen Namen und seine Gunst verhehlen! Oder keinen Namen haben, wie die Natur, in der uns eben dies mehr als alles erquickt, hier endlich einmal nicht mehr einem Schenkenden und Gebenden, nicht mehr einem »gnädigen Gesichte« zu begegnen! – Freilich, ihr verscherzt euch auch diese Erquickung, denn ihr habt einen Gott in diese Natur gesteckt – und nun ist wieder alles unfrei und beklommen! Wie? Niemals mit sich allein sein dürfen? Nie mehr unbewacht, unbehütet, ungegängelt, unbeschenkt? Wenn immer ein andrer um uns ist, so ist das Beste von Mut und Güte in der Welt unmöglich gemacht. Möchte man nicht gegen diese Zudringlichkeit des Himmels, gegen diesen unvermeidlichen übernatürlichen Nachbar ganz des Teufels werden! – Aber es ist nicht nötig, es war ja nur ein Traum! Wachen wir auf!

465

Bei einer Begegnung. – A: Wohin blickst du? Du stehst so lange schon still hier. – B: Immer das Alte und das Neue! Die Hilfsbedürftigkeit einer Sache reißt mich so weit und so tief in sie hinein, daß ich endlich ihr dabei auf den Grund komme und einsehe, daß sie nicht gar so viel wert ist. Am Ende aller solcher Erfahrungen steht eine Art Trauer und Starrheit. Dies erlebe ich alle Tage im kleinen zu dreien Malen.

466

Verlust im Ruhme. – Welcher Vorzug, als ein Unbekannter zu den Menschen reden zu dürfen! »Die Hälfte unserer Tugend« nehmen uns die Götter, wenn sie uns das Inkognito nehmen und uns berühmt machen.

467

Zweimal Geduld. – »Damit machst du vielen Menschen Schmerz.« – Ich weiß es; und weiß auch dies, daß ich doppelt dafür leiden muß, einmal durch Mitleid an ihrem Leide und dann durch die Rache, die sie an mir nehmen werden. Aber trotzdem ist es nicht weniger nötig, so zu tun, wie ich tue.

468

Das Reich der Schönheit ist größer. – Wie wir in der Natur herumgehen, listig und froh, um die allem eigene Schönheit zu entdecken und gleichsam auf der Tat zu ertappen, wie wir bald bei Sonnenschein, bald bei gewitterhaftem Himmel, bald in der bleichsten Dämmerung einen Versuch machen, jenes Stück Küste mit Felsen, Meerbuchten, Ölbäumen und Pinien so zu sehen, wie es zu seiner Vollkommenheit und Meisterschaft kommt: so sollten wir auch unter den Menschen umhergehen, als ihre Entdecker und Ausspäher, Gutes und Böses ihnen erweisend, damit die ihnen eigene Schönheit sich offenbare, welche bei diesem sonnenhaft, bei jenem gewitterhaft und bei einem dritten erst in der halben Nacht und bei Regenhimmel sich entfaltet. Ist es denn verboten, den *bösen* Menschen als eine wilde Landschaft zu *genießen*, die ihre eigenen kühnen Linien und Lichtwirkungen hat, wenn derselbe Mensch, so lange er sich gut und gesetzlich stellt, unserm Auge wie eine Verzeichnung und Karikatur erscheint und als ein Flecken in der Natur uns Pein macht? – Ja, es ist verboten: bisher war es nur erlaubt, im *Moralisch-Guten* nach Schönheit zu suchen, – Grund genug, daß man so wenig gefunden und sich so viel nach imaginären Schönheiten ohne Knochen hat umtun müssen! – So gewiß es hundert Arten von Glück bei den Bösen gibt, von denen die Tugendhaften nichts ahnen, so gibt es an ihnen auch hundert Arten von Schönheit: und viele sind noch nicht entdeckt.

469

Die Unmenschlichkeit des Weisen. – Bei dem schweren, alles zermalmenden Gange des Weisen, welcher, nach dem buddhistischen Liede, »einsam wandelt wie das Rhinozeros«, – bedarf es von Zeit zu Zeit der Zeichen einer versöhnlichen und gemilderten Menschlichkeit: und zwar nicht nur jener schnelleren Schritte, jener artigen und geselligen Wendungen des Geistes, nicht nur des Witzes und einer gewissen Selbstverspottung, sondern selbst der Widersprüche, der gelegentlichen Rückfälle in die herrschende Ungereimtheit. Damit er nicht der Walze gleiche, welche wie das Verhängnis daherrollt, muß der Weise, der lehren will, seine *Fehler* zu seiner Beschönigung gebrauchen, und indem er sagt »verachtet mich!« – bittet er um die Gunst, der Fürsprecher einer anmaßlichen Wahrheit zu sein. Er will euch ins Gebirge führen, er wird euer Leben vielleicht in Gefahr bringen: dafür überläßt er es euch willig, vorher und nachher, an einem solchen Führer Rache zu nehmen – es ist der Preis, um den er sich selber den Genuß macht, *voranzugehen*. – Gedenkt ihr dessen, was euch durch den Sinn ging, als er euch einmal durch eine finstere Höhle auf schlüpfrigen Wegen geleitete? Wie euer Herz, klopfend und mißmutig, sich sagte: »dieser Führer da könnte Besseres tun als hier herumzukriechen! Er gehört zu einer neugierigen Art von Müßiggängern: – ist es nicht schon zu viel Ehre für ihn, daß wir ihm überhaupt einen Wert zuzuerkennen scheinen, indem wir ihm *folgen*?«

470

Am Gastmahle vieler. — Wie glücklich ist man, wenn man so genährt wird, wie die Vögel, aus der Hand eines, der den Vögeln ausstreut, ohne sie genauer anzusehn und auf ihre Würdigkeit zu prüfen! Zu leben als ein Vogel, der kommt und fortfliegt und keinen Namen im Schnabel trägt! So am Gastmahle vieler mich zu sättigen ist meine Freude.

471

Eine andere Nächstenliebe. — Das aufgeregte, lärmende, ungleiche, nervöse Wesen macht den Gegensatz zur *großen Leidenschaft*: diese, wie eine stille düstere Glut im Innern wohnend und dort alles Heiße und Hitzige sammelnd, läßt den Menschen nach außen hin kalt und gleichgültig blicken und drückt den Zügen eine gewisse Impassibilität auf. Solche Menschen sind gelegentlich wohl der *Nächstenliebe* fähig — aber sie ist anderer Art als die der Geselligen und Gefallsüchtigen: es ist eine milde, betrachtsame, gelassene Freundlichkeit; sie blicken gleichsam aus den Fenstern ihrer Burg hinaus, die ihre Festung und eben dadurch ihr Gefängnis ist, — der Blick ins Fremde, Freie, in *das andere* tut ihnen so wohl!

472

Sich nicht rechtfertigen. — A: Aber warum willst du dich nicht rechtfertigen? — B: Ich könnte es, hierin und in hundert Dingen, aber ich verachte das Vergnügen, das in der Rechtfertigung liegt: denn diese Dinge sind für mich nicht groß genug, und lieber will ich Flecken an mir tragen, als jenen Kleinlichen zu ihrer hämischen Freude zu verhelfen, daß sie sagen könnten: »er nimmt diese Dinge doch sehr wichtig!« Dies ist eben nicht wahr! Vielleicht müßte mir noch mehr an mir selber gelegen sein, um eine Pflicht zu haben, fehlerhafte Vorstellungen über mich zu berichtigen, — ich bin zu gleichgültig und träge gegen mich und so auch gegen das, was durch mich gewirkt wird.

473

Wo man sein Haus bauen soll. – Wenn du in der Einsamkeit dich groß und fruchtbar fühlst, so wird dich die Geselligkeit verkleinern und veröden: und umgekehrt. Machtvolle Milde, wie die eines Vaters: – wo diese Stimmung dich ergreift, da gründe dein Haus, sei es nun im Gewühl oder in der Stille. *Ubi pater sum, ibi patria.*

474

Die einzigen Wege. – »Dialektik ist der einzige Weg, um zu dem göttlichen Wesen und hinter den Schleier der Erscheinung zu gelangen«, – dies behauptet Plato ebenso feierlich und leidenschaftlich, als es Schopenhauer von dem Gegensatze der Dialektik behauptet, – und beide haben Unrecht. Denn es *gibt* das gar nicht, zu dem hin sie einen Weg uns zeigen wollen. – Und waren nicht alle großen Leidenschaften der Menschheit bisher solche Leidenschaften für ein Nichts? Und alle ihre Feierlichkeiten – Feierlichkeiten um ein Nichts?

475

Schwer werden. – Ihr kennt ihn nicht: er kann viel Gewichte an sich hängen, er nimmt sie doch alle mit in die Höhe. Und ihr schließt, nach eurem kleinen Flügelschlage, er wolle *unten* bleiben, weil er diese Gewichte an sich hänge!

476

Am Erntefeste des Geistes. – Das häuft sich von Tag zu Tage und quillt auf, Erfahrungen, Erlebnisse, Gedanken über sie und Träume über diese Gedanken – ein unermeßlicher, entzückender Reichtum! Sein Anblick macht schwindeln; ich begreife nicht mehr, wie man die Geistig-Armen *selig* preisen kann! – Aber ich beneide sie mitunter, dann, wenn ich müde bin: denn die *Verwaltung* eines solchen Reichtums ist eine schwere Sache, und ihre Schwere erdrückt nicht selten alles Glück. – Ja, wenn es genügte, ihn nur anzublicken! Wenn man nur der Geizhals seiner Erkenntnisse wäre!

477

Von der Skepsis erlöst. — A: Andre kommen mißlaunig und schwach, zernagt, wurmstichig, ja halb zerfressen aus einer allgemeinen moralischen Skepsis heraus — ich aber mutiger und gesünder als je, mit wiedererworbenen Instinkten. Wo scharfer Wind weht, die See hoch geht und keine kleine Gefahr zu bestehen ist, da wird mir wohl. Zum Wurm bin ich nicht geworden, ob ich gleich oftmals wie ein Wurm habe arbeiten und graben müssen. — B: Du hast eben *aufgehört*, Skeptiker zu sein! Denn du *verneinst*! — A: Und damit habe ich wieder *Ja-sagen* gelernt.

478

Gehen wir vorüber! — Schont ihn! Laßt ihn in seiner Einsamkeit! Wollt ihr ihn ganz zerbrechen? Er hat einen Sprung bekommen, wie ein Glas, in das sich plötzlich etwas zu Heißes ergoß, — und er war ein so kostbares Glas!

479

Liebe und Wahrhaftigkeit. — Wir sind aus Liebe arge Verbrecher an der Wahrheit und gewohnte Hehler und Stehler, welche mehr wahr sein lassen, als uns wahr scheint, — deshalb muß der Denker immer wieder von Zeit zu Zeit die Personen, welche er liebt (es werden nicht gerade die sein, welche ihn lieben), in die Flucht jagen, damit sie ihren Stachel und ihre Bosheit zeigen und aufhören, ihn zu *verführen.* Demnach wird die Güte des Denkers ihren ab- und zunehmenden Mond haben.

480

Unvermeidlich. — Erlebt, was ihr wollt: wer euch nicht wohl will, sieht in eurem Erlebnis einen Anlaß, euch zu verkleinern! Erfahrt die tiefsten Umwälzungen des Gemüts und der Erkenntnis und gelangt endlich wie ein Genesender mit schmerzlichem Lächeln hinaus in Freiheit und lichte Stille — es wird doch einer sagen: »der da hält seine Krankheit für ein Argument, seine Ohnmacht für den Beweis der Ohnmacht aller; er ist eitel genug, um krank zu werden, damit er das

Übergewicht des Leidenden fühle.« – Und gesetzt, daß jemand seine eignen Fesseln sprengt und sich dabei tief verwundet: so wird ein andrer mit Spott darauf hinzeigen. »Wie groß ist doch seine Ungeschicklichkeit!« wird er sagen; »so muß es einem Menschen ergehen, der an seine Fesseln gewöhnt ist und Narr genug ist, sie zu zerreißen!«

481

Zwei Deutsche. – Vergleicht man Kant und Schopenhauer mit Plato, Spinoza, Pascal, Rousseau, Goethe in Absehung auf ihre Seele und nicht auf ihren Geist: so sind die erstgenannten Denker im Nachteil: ihre Gedanken machen nicht eine leidenschaftliche Seelen-Geschichte aus, es gibt da keinen Roman, keine Krisen, Katastrophen und Todesstunden zu erraten, ihr Denken ist nicht zugleich eine unwillkürliche Biographie einer Seele, sondern, im Falle Kants, eines *Kopfes*, im Falle Schopenhauers, die Beschreibung und Spiegelung eines *Charakters* (»des unveränderlichen«) und die Freude am »Spiegel« selber, das heißt an einem vorzüglichen Intellekte. Kant erscheint, wenn er durch seine Gedanken hindurchschimmert, als wacker und ehrenwert im besten Sinne, aber als unbedeutend: es fehlt ihm an Breite und Macht; er hat nicht zu viel erlebt, und seine Art zu arbeiten nimmt ihm die *Zeit*, etwas zu erleben, – ich denke, wie billig, nicht an grobe »Ereignisse« von außen, sondern an die Schicksale und Zuckungen, denen das einsamste und das stillste Leben verfällt, welches Muße hat und in der Leidenschaft des Denkens verbrennt. Schopenhauer hat einen Vorsprung vor ihm: er besitzt wenigstens eine gewisse *heftige Häßlichkeit* der Natur, in Haß, Begierde, Eitelkeit, Mißtrauen, er ist etwas wilder angelegt und hatte Zeit und Muße für diese Wildheit. Aber ihm fehlte die »Entwicklung«: wie sie in seinem Gedankenumkreise fehlte; er hatte keine »Geschichte«.

482

Seinen Umgang suchen. – Suchen wir denn zu viel, wenn wir den Umgang von Männern suchen, welche mild, wohlschmeckend und nahrhaft geworden sind wie Kastanien, die man zur rechten Zeit ins

Feuer gelegt und aus dem Feuer genommen hat? Welche weniges vom Leben erwarten und dieses lieber als geschenkt und nicht als verdient annehmen, wie als ob die Vögel und die Bienen es ihnen gebracht hätten? Welche zu stolz sind, um sich je belohnt fühlen zu können? Und zu ernst in ihrer Leidenschaft der Erkenntnis und der Redlichkeit, als daß sie noch Zeit und Gefälligkeit für den Ruhm hätten? – Solche Männer würden wir Philosophen nennen; und sie selber werden immer noch einen bescheidenern Namen finden.

483

Überdruß am Menschen. – A: Erkenne! Ja! Aber immer als Mensch! Wie? Immer vor der gleichen Komödie sitzen, in der gleichen Komödie spielen? Niemals aus andern als aus *diesen* Augen in die Dinge sehen können? Und welche unzählbaren Arten von Wesen mag es geben, deren Organe besser zur Erkenntnis taugen! Was wird am Ende aller ihrer Erkenntnis die Menschheit erkannt haben? – ihre Organe! Und das heißt vielleicht: die Unmöglichkeit der Erkenntnis! Jammer und Ekel! – B: Das ist ein böser Anfall – *die Vernunft* fällt dich an! Aber morgen wirst du wieder mitten im Erkennen sein und damit auch mitten in der Unvernunft, will sagen: in der *Lust* am Menschlichen. Gehen wir ans Meer! –

484

Der eigene Weg. – Wenn wir den entscheidenden Schritt tun und den Weg antreten, welchen man den »eigenen Weg« nennt: so enthüllt sich uns plötzlich ein Geheimnis: wer auch alles mit uns freund und vertraut war – alle haben sich bisher eine Überlegenheit über uns eingebildet und sind beleidigt. Die Besten von ihnen sind nachsichtig und warten geduldig, daß wir den »rechten Weg« – sie wissen ihn ja! – schon wieder finden werden. Die andern spotten und tun, als sei man vorübergehend närrisch geworden, oder bezeichnen hämisch einen Verführer. Die Böseren erklären uns für eitle Narren und suchen unsere Motive zu schwärzen, und der Schlimmste sieht in uns seinen schlimmsten Feind, einen, den nach Rache für eine lange Abhängigkeit dürstet, – und fürchtet sich vor uns. – Was also tun? Ich rate: seine Souveränität damit anfangen, daß man für ein Jahr voraus allen uns Bekannten für Sünden jeder Art Amnestie zusichert.

485

Ferne Perspektiven. – A: Aber warum diese Einsamkeit? – B: Ich zürne niemandem. Aber allein scheine ich meine Freunde deutlicher und schöner zu sehen als zusammen mit ihnen; und als ich die Musik am meisten liebte und empfand, lebte ich ferne von ihr. Es scheint, ich brauche die fernen Perspektiven, um gut von den Dingen zu denken.

486

Gold und Hunger. – Hier und da gibt es einen Menschen, der alles, was er berührt, in Gold verwandelt. Eines guten bösen Tages wird er entdecken, daß er selber dabei verhungern muß. Er hat alles glänzend, herrlich, idealisch-unnahbar um sich, und nun sehnt er sich nach Dingen, welche in Gold zu verwandeln *ihm durchaus unmöglich* ist – und *wie* sehnt er sich! Wie ein Verhungernder nach Speise! – Wonach wird er greifen?

487

Scham. – Da steht das schöne Roß und scharrt den Boden, es schnaubt, es verlangt nach einem Ritte und liebt den, der es sonst reitet, – aber o Scham! dieser kann sich heute nicht hinaufschwingen, er ist müde. – Dies ist die Scham des ermüdeten Denkers vor seiner eigenen Philosophie.

488

Gegen die Verschwendung der Liebe. – Erröten wir nicht, wenn wir uns auf einer heftigen Abneigung ertappen? Aber wir sollten es auch bei heftigen Zuneigungen tun, der Ungerechtigkeit wegen, die auch in ihnen liegt! Ja noch mehr: es gibt Menschen, die sich wie eingeengt und geschnürten Herzens fühlen, wenn jemand ihnen seine Zuneigung nur *so* zugute kommen läßt, daß er damit andern etwas von Zuneigung *entzieht*. Wenn wir es der Stimme anhören, daß *wir* ausgewählt, vorgezogen werden! Ach, ich bin nicht dankbar für dieses Auswählen, ich merke, daß ich es dem nachtrage, der mich so auszeichnen will: er soll mich nicht auf *Unkosten* der andern lieben! Will ich doch schon zusehen, mit mir mich selber zu ertragen! Und oft habe ich noch das Herz voll und Grund zu Übermut — einem solchen, der solches hat, soll man Nichts bringen, was *andere* nötig, bitter nötig haben!

489

Freunde in der Not. — Mitunter merken wir, daß einer unsrer Freunde mehr zu einem andern als zu uns gehört, daß sein Zartsinn sich bei dieser Entscheidung quält, und seine Selbstsucht dieser Entscheidung nicht gewachsen ist: da müssen wir es ihm erleichtern und ihn von uns *fortbeleidigen*. — Dies ist ebenfalls da nötig, wo wir in eine Art zu denken übergehen, welche ihm verderblich sein würde: unsere Liebe zu ihm muß uns treiben, durch ein Unrecht, das wir auf uns nehmen, ihm ein gutes Gewissen zu seiner Lossagung von uns zu schaffen.

490

Diese kleinen Wahrheiten! — »Ihr kennt dies alles, aber ihr habt es nie erlebt — ich nehme euer Zeugnis nicht an. Diese ‚kleinen Wahrheiten'! — sie dünken euch klein, weil ihr sie nicht mit eurem Blute bezahlt habt!« — Aber sind sie denn groß, deshalb weil man *zuviel* dafür bezahlt hat? Und Blut ist immer ein Zuviel! — »Glaubt ihr? Was ihr geizig mit Blute seid!«

491

Auch deshalb Einsamkeit! — A: So willst du wieder in deine Wüste zurück? — B: Ich bin nicht schnell, ich muß auf mich warten — es wird spät, bis jedesmal das Wasser aus dem Brunnen meines Selbst ans Licht kommt, und oft muß ich länger Durst leiden, als ich Geduld habe. Deshalb gehe ich in die Einsamkeit — um nicht aus den Zisternen für jedermann zu trinken. Unter vielen lebe ich wie viele und denke nicht wie ich; nach einiger Zeit ist es mir dann immer, als wolle man mich aus mir verbannen und mir die Seele rauben – und ich werde böse auf jedermann und fürchte jedermann. Die Wüste tut mir dann not, um wieder gut zu werden.

492

Unter den Südwinden. – A: Ich verstehe mich nicht mehr! Gestern noch war es in mir so stürmisch und dabei so warm, so sonnig – und hell bis zum äußersten. Und heute! Alles ist nun ruhig, weit, schwermütig, dunkel, wie die Lagune von Venedig: – ich will nichts und atme tief auf dabei, und doch bin ich bei mir insgeheim unwillig über dies Nichts-Wollen. So plätschern die Wellen hin und her, im See meiner Melancholie. – B: Du beschreibst da eine kleine, angenehme Krankheit. Der nächste Nordostwind wird sie von dir nehmen! – A: Warum doch!

493

Auf dem eigenen Baume. – A: Ich habe bei den Gedanken keines Denkers so viel Vergnügen wie bei den eignen: das sagt freilich nichts über ihren Wert, aber ich müßte ein Narr sein, um die für mich schmackhaftesten Früchte zurückzusetzen, weil sie zufällig auf *meinem* Baume wachsen! – Und ich war einmal dieser Narr. – B: Andern geht es umgekehrt: und auch dies sagt nichts über den Wert ihrer Gedanken, namentlich noch nichts gegen ihren Wert.

494

Letztes Argument des Tapferen. – »In diesem Gebüsche sind Schlangen.« – Gut, ich werde in das Gebüsch gehn und sie töten. – »Aber vielleicht wirst du dabei das Opfer, und sie werden nicht einmal das deine!« – Was liegt an mir!

495

Unsere Lehrer. – In der Jugend nimmt man seine Lehrer und Wegweiser aus der Gegenwart und aus den Kreisen, auf welche wir gerade stoßen: wir haben die gedankenlose Zuversicht, daß die Gegenwart Lehrer haben müsse, die für uns mehr als für jeden anderen taugen, und daß wir sie finden müssen, ohne viel zu suchen. Für diese Kinderei muß man später hartes Lösegeld zahlen: *man muß seine Lehrer an sich abbüßen*. Dann geht man wohl nach den rechten Wegweisern suchen in der ganzen Welt herum, die Vorwelt eingerechnet, – aber es ist vielleicht zu spät. Und schlimmstenfalls entdecken wir, daß sie lebten, als wir jung waren, – und daß wir uns damals vergriffen haben.

496

Das böse Prinzip. – Plato hat es prachtvoll beschrieben, wie der philosophische Denker inmitten jeder bestehenden Gesellschaft als der Ausbund aller Ruchlosigkeit gelten muß: denn als Kritiker aller Sitten ist er der Gegensatz des sittlichen Menschen, und wenn er es nicht so weit bringt, der Gesetzgeber neuer Sitten zu werden, so bleibt er in der Erinnerung der Menschen zurück als »das böse Prinzip«. Wir dürfen hieraus erraten, wie die ziemlich freisinnige und neuerungssüchtige Stadt Athen dem Rufe Platos bei seinen Lebzeiten mitgespielt hat: was Wunders, daß er – der, wie er selber sagt, den »politischen Trieb« im Leibe hatte – dreimal einen Versuch in Sizilien gemacht hat, wo sich damals gerade ein gesamtgriechischer Mittelmeer-Staat vorzubereiten schien? In ihm und mit seiner Hilfe gedachte Plato für alle Griechen das zu tun, was Mohammed später für seine Araber tat: die großen und kleinen Bräuche und namentlich die tägliche Lebensweise von jedermann festzusetzen. *Möglich* waren seine Gedanken so gewiß die des Mohammed möglich waren: sind doch viel unglaublichere, die des Christentums, als möglich bewiesen worden! Ein paar Zufälle weniger und ein paar andere Zufälle mehr – und die Welt hätte die Platonisierung des europäischen Südens erlebt; und gesetzt, dieser Zustand dauerte jetzt noch fort, so würde mutmaßlich in Plato das »gute Prinzip« von uns verehrt werden. Aber der Erfolg fehlte ihm: und so blieb ihm der Ruf eines Phantasten und Utopisten – die härteren Namen sind mit dem alten Athen zugrunde gegangen.

497

Das reinmachende Auge. – Von »Genius« wäre am ehesten bei solchen Menschen zu reden, wo der Geist, wie bei Plato, Spinoza und Goethe, an den Charakter und das Temperament nur *lose angeknüpft* erscheint, als ein beflügeltes Wesen, das sich von jenen leicht trennen und sich dann weit über sie erheben kann. Dagegen haben gerade solche am lebhaftesten von ihrem »Genius« gesprochen, welche von ihrem Temperament *nie loskamen* und ihm den geistigsten, größten, allgemeinsten, ja unter Umständen kosmischen Ausdruck zu geben wußten (wie zum Beispiel Schopenhauer). Diese Genies konnten nicht über sich hinausfliegen, aber sie glaubten *sich* vorzufinden, wiederzufinden, wohin sie auch nur flogen, – das *ist ihre* »Größe«, und *kann* Größe sein! – Die anderen, welchen der Name eigentlicher zukommt, haben das *reine, reinmachende Auge*, das nicht aus ihrem Temperament und Charakter gewachsen scheint, sondern frei von ihnen und meist in einem milden Widerspruch gegen sie auf die Welt wie auf einen Gott blickt und diesen Gott liebt. Auch ihnen ist aber dieses Auge nicht mit einem Male geschenkt: es gibt eine Übung und Vorschule des Sehens, und wer rechtes Glück hat, findet zur rechten Zeit auch einen Lehrer des reinen Sehens.

498

Nicht fordern! – Ihr kennt ihn nicht! Ja, er *unterwirft* sich leicht und frei den Menschen und den Dingen und ist gütig gegen beide; seine einzige Bitte ist, in Ruhe gelassen zu werden, – aber nur *solange* Menschen und Dinge nicht Unterwerfung *fordern*. Alles Fordern macht ihn stolz, scheu und kriegerisch.

499

Der Böse. – »Nur der Einsame ist böse!« rief Diderot: und sogleich fühlte sich Rousseau tötlich verletzt. Folglich gestand er sich zu, daß Diderot recht habe. In der Tat hat jeder böse Hang inmitten der Gesellschaft und Geselligkeit so viel Zwang sich anzutun, so viel Larven vorzunehmen, so oft sich selbst in das Prokrustes-Bett der Tugend zu legen, daß man recht wohl von einem Märtyrertum des Bösen reden könnte. In der Einsamkeit fällt dies alles dahin. Wer böse ist, ist es am meisten in der Einsamkeit: auch am besten – und folglich für das Auge dessen, der überall nur ein Schauspiel sieht, auch am schönsten.

500

Wider den Strich. – Ein Denker kann sich Jahre lang zwingen, wider den Strich zu denken: ich meine, nicht den Gedanken zu folgen, die sich ihm von innen her anbieten, sondern denen, zu welchen ein Amt, eine vorgeschriebene Zeiteinteilung, eine willkürliche Art von Fleiß ihn zu verpflichten scheinen. Endlich aber wird er krank: denn diese anscheinend moralische Überwindung verdirbt seine Nervenkraft ebenso gründlich, wie es nur eine zur Regel gemachte Ausschweifung tun könnte.

501

Sterbliche Seelen! – In betreff der Erkenntnis ist vielleicht die nützlichste Errungenschaft: daß der Glaube an die unsterbliche Seele aufgegeben ist. Jetzt darf die Menschheit warten, jetzt hat sie nicht mehr nötig, sich zu überstürzen und halbgeprüfte Gedanken hinunterzuwürgen, wie sie ehedem mußte. Denn damals hing das Heil der armen »ewigen Seele« von ihren Erkenntnissen während des kurzen Lebens ab, sie mußte sich von heut zu morgen *entscheiden* – die »Erkenntnis« hatte eine entsetzliche Wichtigkeit! Wir haben den guten Mut zum Irren, Versuchen, Vorläufig-nehmen wieder erobert – es ist alles nicht so wichtig! – und gerade deshalb können Individuen und Geschlechter jetzt Aufgaben von einer Großartigkeit ins Auge fassen, welche früheren Zeiten als Wahnsinn und Spiel mit Himmel und Hölle erschienen sein würden. Wir dürfen mit uns selber experimentieren! Ja die Menschheit darf es mit sich! Die größten Opfer sind der Erkenntnis noch nicht gebracht worden – ja, es wäre früher Gotteslästerung und Preisgeben des ewigen Heils gewesen, solche Gedanken auch nur zu *ahnen*, wie sie unserm Tun jetzt voranlaufen.

502

Ein Wort für drei verschiedene Zustände. – In der Leidenschaft bricht bei diesem das wilde, scheußliche, unausstehliche Tier hervor; jener erhebt sich durch sie in eine Höhe und Größe und Pracht der Gebärde, gegen die sein sonstiges Sein dürftig erscheint. Ein dritter, durch und durch veredelt, hat auch den edelsten Sturm und Drang, er ist in diesem Zustande die *wildschöne Natur* und nur um einen Grad *tiefer* als die große ruhig-schöne Natur, welche er für gewöhnlich darstellt: aber von den Menschen wird er in der Leidenschaft mehr begriffen und gerade dieser Momente wegen mehr verehrt – er ist ihnen da einen Schritt näher und verwandter. Sie empfinden Entzücken und Entsetzen bei einem solchen Anblick und nennen ihn *gerade da*: göttlich.

503

Freundschaft. – Jener Einwand gegen das philosophische Leben, daß man mit ihm seinen Freunden *unnützlich* werde, wäre nie einem Modernen gekommen: er ist antik. Das Altertum hat die Freundschaft tief und stark ausgelebt, ausgedacht und fast mit sich ins Grab gelegt. Dies ist sein Vorsprung vor uns: dagegen haben wir die idealisierte Geschlechtsliebe aufzuweisen. Alle großen Tüchtigkeiten der antiken Menschen hatten darin ihren Halt, daß *Mann neben Mann* stand, und daß nicht ein Weib den Anspruch erheben durfte, das Nächste, Höchste, ja Einzige seiner Liebe zu sein, – wie die Passion zu empfinden lehrt. Vielleicht wachsen unsere Bäume nicht so hoch, wegen des Efeus und der Weinreben daran.

504

Versöhnen! – Sollte es denn die Aufgabe der Philosophie sein, zwischen dem, was das *Kind* gelernt und der *Mann* erkannt hat, zu *versöhnen*? Sollte die Philosophie gerade die Aufgabe der Jünglinge sein, weil diese in der Mitte zwischen Kind und Mann stehen und das mittlere Bedürfnis haben? Fast will es so scheinen, wenn man erwägt, in welchen Lebensaltern die Philosophen jetzt ihre Konzeption zu machen pflegen: dann, wenn es zum Glauben zu spät und zum Wissen noch zu früh ist.

505

Die Praktischen. – Wir Denker haben den *Wohlgeschmack* aller Dinge erst festzustellen und nötigenfalls ihn zu dekretieren. Die praktischen

Leute nehmen ihn endlich von uns an, ihre Abhängigkeit von uns ist unglaublich groß und das lächerlichste Schauspiel der Welt, so wenig sie um dieselbe wissen und so stolz sie über uns Unpraktische hinwegzureden lieben: ja sie würden ihr praktisches Leben gering´ schätzen, wenn wir es geringschätzen wollten: – wozu uns hier und da ein kleines Rachegelüst reizen könnte.

506

Die nötige Austrocknung alles Guten. – Wie! Man müsse ein Werk gerade so auffassen wie die Zeit, die es hervorbrachte? Aber man hat mehr Freude, mehr Erstaunen und auch mehr zu lernen daran, wenn man es gerade nicht so auffaßt! Habt ihr nicht gemerkt, daß jedes neue gute Werk, so lange es in der feuchten Luft seiner Zeit liegt, seinen mindesten Wert besitzt, – gerade weil es so sehr noch den Geruch des Marktes und der Gegnerschaft und der neuesten Meinungen und alles Vergänglichen zwischen heut und morgen an sich trägt? Später trock´ net es aus, seine »Zeitlichkeit« stirbt ab – und dann erst bekommt es seinen tiefen Glanz und Wohlgeruch, ja, wenn es darnach ist, sein stilles Auge der Ewigkeit.

507

Gegen die Tyrannei des Wahren. – Selbst wenn wir so toll wären, alle unsere Meinungen für wahr zu halten, so würden wir doch nicht wollen, daß sie allein existierten –: ich wüßte nicht, warum die Allein´ herrschaft und Allmacht der Wahrheit zu wünschen wäre; mir ge´ nügte schon, daß sie eine *große Macht* habe. Aber sie muß *kämpfen* können und eine Gegnerschaft haben, und man muß sich von ihr im Unwahren ab und zu *erholen* können – sonst wird sie uns langweilig, kraft´ und geschmacklos werden und uns eben dazu auch machen.

508

Nicht pathetisch nehmen. – Das, was wir tun, um uns zu *nützen* soll uns keinen moralischen Lobspruch eintragen, weder von andern, noch von uns selber; ebensowenig das, was wir tun, um uns an uns zu *freuen.* In solchen Fällen das Pathetisch-nehmen abweisen und sich selber alles Pathetischen enthalten ist *der gute Ton* bei allen höheren Menschen: und wer sich an ihn gewöhnt hat, dem ist die *Naivität* wiedergeschenkt.

509

Das dritte Auge. – Wie! du bedarfst noch des Theaters! Bist du noch so jung? Werde klug und suche die Tragödie und Komödie dort, wo sie besser gespielt wird! Wo es interessanter und interessierter zugeht! Ja, es ist nicht ganz leicht, dabei eben nur Zuschauer zu bleiben, – aber lerne es! Und fast in allen Lagen, die dir schwer und peinlich fallen, hast du dann ein Pförtchen zur Freude und eine Zuflucht, selbst noch, wenn deine eignen Leidenschaften über dich herfallen. Mache dein Theater-Auge auf, das große dritte Auge, welches durch die zwei anderen in die Welt schaut!

510

Seinen Tugenden entlaufen. – Was liegt an einem Denker, wenn er nicht gelegentlich seinen eignen Tugenden zu entlaufen weiß! Er soll ja »nicht nur ein moralisches Wesen« sein!

511

Die Versucherin. – Die Ehrlichkeit ist die große Versucherin aller Fanatiker. Was sich Luthern in Gestalt des Teufels oder eines schönen Weibes zu nahen schien und was er auf jene ungeschlachte Manier von sich abwehrte, war wohl die Ehrlichkeit und vielleicht, in seltneren Fällen, sogar die Wahrheit.

512

Gegen die Sachen mutig. – Wer seiner Natur nach gegen Personen rücksichtsvoll oder ängstlich ist, aber seinen Mut gegen die Sachen hat, scheut sich vor neuen und näheren Bekanntschaften und beschränkt seine alten: damit sein Inkognito und seine Rücksichtslosigkeit in der Wahrheit zusammenwachsen.

513

Schranke und Schönheit. – Suchst du Menschen mit *schöner* Kultur? Aber dann mußt du dir, wie wenn du schöne Gegenden suchst, auch *beschränkte* Aussichten und Ansichten gefallen lassen. – Gewiß gibt es auch panoramatische Menschen, gewiß sind sie, wie die panoramatischen Gegenden, lehrreich und erstaunlich: aber nicht schön.

514

An die Stärkeren. – Ihr stärkeren und hochmütigen Geister, nur um eins seid gebeten: legt uns anderen keine neue Last auf, sondern nehmt etwas von unserer Last auf euch, da ihr ja die Stärkeren seid! Aber ihr macht es so gerne umgekehrt: denn *ihr* wollt fliegen, und deshalb sollen wir auch noch eure Last zu unsrer tragen: das heißt *wir* sollen kriechen!

515

Zunahme der Schönheit. – Warum nimmt die Schönheit mit der Zivilisation zu? Weil bei dem zivilisierten Menschen die drei Gelegenheiten zur Häßlichkeit selten und immer seltener kommen: erstens die Affekte in ihren wildesten Ausbrüchen, zweitens die leiblichen Anstrengungen des äußersten Grades, drittens die Nötigung, durch den Anblick Furcht einzuflößen, welche auf niederen und gefährdeten Kulturstufen so groß und häufig ist, daß sie selbst Gebärden und Zeremoniell festsetzt und die Häßlichkeit zur *Pflicht* macht.

516

Seinen Dämon nicht in die Nächsten fahren lassen! – Bleiben wir immerhin für unsere Zeit dabei, daß Wohlwollen und Wohltun den guten Menschen ausmache; nur laßt uns hinzufügen: »vorausgesetzt, daß er zuerst *gegen sich selber* wohlwollend und wohltuend gesinnt sei!« Denn *ohne dieses* – wenn er vor sich flieht, sich haßt, sich Schaden zufügt – ist er gewiß kein guter Mensch. Dann rettet er sich nur *in die anderen*, vor sich selber: mögen diese anderen zusehen, daß sie nicht schlimm dabei fahren, so wohl er ihnen anscheinend auch will! – Aber gerade dies: das *ego* fliehen und hassen und im anderen, für den anderen leben – hat man bisher, ebenso gedankenlos als zuversichtlich, *»unegoistisch« und folglich »gut«* geheißen.

517

Zur Liebe verführen. – Wer sich selber haßt, den haben wir zu fürchten, denn wir werden die Opfer seines Grolls und seiner Rache sein. Sehen wir also zu, wie wir ihn zur Liebe zu sich selber verführen!

518

Resignation. – Was ist Ergebung? Es ist die bequemste Lage eines Kranken, der sich lange unter Martern herumgeworfen hat, um sie zu *finden*, der dadurch *müde ward* – und sie nun auch fand!

519

Betrogen werden. – Sobald ihr handeln wollt, müßt ihr die Tür zum Zweifel verschließen, – sagte ein Handelnder. – Und du fürchtest dich nicht, auf diese Weise der *Betrogene* zu werden? – antwortete ein Beschaulicher.

520

Die ewige Totenfeier. – Es könnte jemand über die Geschichte weg eine fortgesetzte Grabrede zu hören glauben: man begrub und begräbt immer sein Liebstes, Gedanken und Hoffnungen, und erhielt und erhält Stolz dafür, *gloria mundi*, das heißt den Pomp der Leichenrede. Damit soll alles gut gemacht werden! Und der Leichenredner ist immer noch der größte öffentliche Wohltäter!

521

Ausnahme-Eitelkeit. – Jener hat eine hohe Eigenschaft, zu seinem Troste: über den Rest seines Wesens – es ist fast alles Rest! – gleitet sein

Blick verächtlich hin. Aber er erholt sich von sich selber, wenn er wie zu seinem Heiligtum geht; schon der Weg dahin dünkt ihm wie ein Aufsteigen auf breiten sanften Stufen: — und ihr Grausamen nennt ihn deshalb eitel!

522

Die Weisheit ohne Ohren. — Täglich zu hören, was über uns gesprochen wird, oder gar zu ergrübeln, was über uns gedacht wird, — das vernichtet den stärksten Mann. Darum lassen uns ja die andern leben, um täglich über uns recht zu behalten! Sie würden uns ja nicht aushalten, wenn wir gegen sie recht hätten oder gar *haben wollten*! Kurz, bringen wir der allgemeinen Verträglichkeit das Opfer, horchen wir nicht hin, wenn über uns geredet, gelobt, getadelt, gewünscht, gehofft wird, denken wir auch nicht einmal daran!

523

Hinterfragen. — Bei allem, was ein Mensch sichtbar werden läßt, kann man fragen: was soll es verbergen? Wovon soll es den Blick ablenken? Welches Vorurteil soll es erregen? Und dann noch: bis wie weit geht die Feinheit dieser Verstellung? Und worin vergreift er sich dabei?

524

Eifersucht der Einsamen. — Zwischen geselligen und einsamen Naturen ist dieser Unterschied (vorausgesetzt daß beide Geist haben!): die erstern werden zufrieden oder beinahe zufrieden mit einer Sache, welche sie auch sei, von dem Augenblicke an, da sie eine mitteilbare glückliche Wendung über dieselbe in ihrem Geiste gefunden haben, — das versöhnt sie mit dem Teufel selber! Die Einsamen aber haben ihr stilles Entzücken, ihre stille Qual an einer Sache, sie hassen die geistreiche glänzende Ausstellung ihrer innersten Probleme, wie sie die allzu gewählte Tracht an ihrer Geliebten hassen: sie sehen dann melancholisch auf sie hin, wie als ob der Verdacht ihnen aufstiege, daß sie andern gefallen wolle! Dies ist die Eifersucht aller einsamen Denker und leidenschaftlichen Träumer auf den *esprit*.

525

Wirkung des Lobes. – Die einen werden durch großes Lob schamhaft, die andern frech.

526

Nicht Symbol sein wollen. – Ich beklage die Fürsten: es ist ihnen nicht erlaubt, sich zeitweilig im Verkehre zu annullieren, und so lernen sie die Menschen nur aus einer unbequemen Lage und Verstellung kennen; der fortwährende Zwang, etwas zu bedeuten, macht sie zuletzt tatsächlich zu feierlichen Nullen. – Und so geht es allen, welche ihre Pflicht darin sehen, Symbole zu sein.

527

Die Versteckten. – Habt ihr jene Menschen noch nicht gefunden, welche auch ihr entzücktes Herz festhalten und pressen, und welche lieber stumm werden, als daß sie die Scham des Maßes verlören? – Und jene Unbequemen und oft so Gutartigen fandet ihr auch noch nicht, welche nicht erkannt werden wollen, und die ihre Fußtapfen im Sande immer wieder verwischen, ja die Betrüger sind, vor anderen und vor sich, um verborgen zu bleiben?

528

Seltnere Enthaltsamkeit. – Es ist oft kein geringes Zeichen von Humanität, einen andern nicht beurteilen zu wollen und sich zu weigern, über ihn zu denken.

529

Wodurch Menschen und Völker Glanz bekommen. – Wie viele echte *individuelle* Handlungen werden deshalb *unterlassen*, weil man, bevor man sie tut, einsieht oder argwöhnt, daß sie mißverstanden werden! – also gerade jene Handlungen, welche überhaupt *Wert haben*, im Guten und Schlimmen. Je höher also eine Zeit, ein Volk die Individuen achtet, und je mehr man ihnen das Recht und Übergewicht zugesteht, um so mehr Handlungen jener Art werden sich ans Licht wagen – und so breitet sich zuletzt ein Schimmer von Ehrlichkeit, von Echtheit im Guten und Schlimmen über ganzen Zeiten und Völkern aus, daß sie, wie zum Beispiel die Griechen, nach ihrem Untergange noch Jahrtausende lang gleich manchen Sternen fortleuchten.

530

Umschweife des Denkers. – Bei manchen ist der Gang ihres gesamten Denkens streng und unerbittlich kühn, ja, mitunter grausam gegen sich, aber im einzelnen sind sie milde und beugsam; sie drehen sich zehnmal um eine Sache, mit wohlwollendem Zögern, aber endlich gehen sie ihren strengen Weg weiter. Es sind Ströme mit vielen Krümmungen und abgeschiednen Einsiedeleien; es gibt Stellen in ihrem Laufe, wo der Strom mit sich selber Versteckens spielt und sich eine kurze Idylle macht, mit Inseln, Bäumen, Grotten und Wasserfällen: und dann zieht er wieder weiter, an Felsen vorüber und sich durch das härteste Gestein zwingend.

531

Die Kunst anders empfinden. – Von der Zeit an, wo man einsiedlerisch-gesellig, verzehrend und verzehrt, mit tiefen fruchtbaren Gedanken, und nur noch mit ihnen, lebt, will man von der Kunst entweder überhaupt nichts mehr oder man will etwas ganz anderes als früher – das heißt man ändert seinen Geschmack. Denn früher wollte man durch die Tür der Kunst gerade in das Element auf einen Augenblick hineintauchen, in welchem man nun dauernd lebt; damals träumte man sich damit in das Entzücken eines Besitzes, und nun besitzt man. Ja, vorübergehend wegwerfen, was man jetzt hat, und sich arm, als Kind, Bettler und Narr träumen – kann uns nunmehr gelegentlich entzücken.

532

»*Die Liebe macht gleich.*« – Die Liebe will dem andern, dem sie sich weiht, jedes Gefühl von *Fremdsein* ersparen, sie ist folglich voller Verstellung und Anähnlichung, sie betrügt fortwährend und schauspielert eine Gleichheit, die es in Wahrheit nicht gibt. Und dies geschieht so instinktiv, daß liebende Frauen diese Verstellung und beständige zarteste Betrügerei ableugnen und kühn behaupten, die Liebe *mache gleich* (das heißt sie tue ein Wunder!). – Dieser Vorgang ist einfach, wenn die eine Person *sich lieben läßt* und es nicht nötig findet, sich zu verstellen, vielmehr dies der andern, liebenden überläßt: aber nichts Verwickelteres und Undurchdringbareres von Schauspielerei gibt es, als wenn beide in der vollen Leidenschaft füreinander sind, und folglich jeder sich aufgibt und sich dem andern gleichstellen und ihm allein gleichmachen will: und keiner zuletzt mehr weiß, was er nachahmen, wozu er sich verstellen, als was er sich geben soll. Die schöne Tollheit dieses Schauspiels ist zu gut für diese Welt und zu fein für menschliche Augen.

533

Wir Anfänger! – Was errät und sieht ein Schauspieler alles, wenn er einen andern spielen sieht! Er weiß es, wenn ein Muskel an einer Gebärde den Dienst versagt, er sondert jene kleinen, gemachten Dinge ab, welche einzeln und kaltblütig vor dem Spiegel eingeübt sind und nicht ins Ganze hineinwachsen wollen, er fühlt es, wenn der Spieler von seiner eignen Erfindung auf der Szene überrascht wird und wenn er sie in der Überraschung *verdirbt*. – Wie anders wieder sieht ein Maler auf einen vor ihm sich bewegenden Menschen! Er sieht namentlich sofort Vieles *hinzu*, um das Gegenwärtige zu vervollständigen und zur ganzen Wirkung zu bringen; er probiert im Geiste mehrere Beleuchtungen desselben Gegenstandes, er dividiert das Ganze der Wirkung durch einen Gegensatz, den er hinzustellt. – Hätten wir doch erst das Auge dieses Schauspielers und dieses Malers für das Reich der menschlichen Seelen!

534

Die kleinen Dosen. – Soll eine Veränderung möglichst in die Tiefe gehen, so gebe man das Mittel in den kleinsten Dosen, aber unablässig auf weite Zeitstrecken hin! Was ist Großes auf *einmal* zu schaffen? So wollen wir uns hüten, den Zustand der Moral, an den wir gewöhnt sind, mit einer neuen Wertschätzung der Dinge Hals über Kopf und unter Gewaltsamkeiten zu vertauschen, — nein, wir wollen in ihm noch lange, lange fortleben — bis wir, sehr spät vermutlich, inne werden, daß *die neue Wertschätzung* in uns zur überwiegenden Gewalt geworden ist und daß die kleinen Dosen derselben, *an die wir uns von jetzt ab gewöhnen müssen*, eine neue Natur in uns gelegt haben. — Man fängt ja an, auch dies einzusehen, daß der letzte Versuch einer großen Veränderung der Wertschätzungen, und zwar in bezug auf die politischen Dinge — die »große Revolution« —, nicht *mehr* war als eine pathetische und blutige *Quacksalberei*, welche durch plötzliche Krisen dem gläubigen Europa die Hoffnung auf *plötzliche* Genesung beizubringen wußte — und damit alle politischen Kranken bis auf diesen Augenblick *ungeduldig und gefährlich* gemacht hat.

535

Die Wahrheit hat die Macht nötig. — An sich ist die Wahrheit durchaus keine Macht — was auch immer des Gegenteils der schöntuerische Aufklärer zu sagen gewohnt sein mag! — Sie muß vielmehr die Macht auf ihre Seite ziehen oder sich auf die Seite der Macht schlagen, sonst wird sie immer wieder zugrunde gehen! Dies ist nun genug und übergenug bewiesen!

536

Die Daumenschraube. — Es empört endlich, immer und immer wieder zu sehen, wie grausam jeder seine paar Privat-Tugenden den anderen, die sie zufällig nicht haben, aufrechnet, wie er sie damit zwickt und plagt. Und so wollen wir es auch mit dem »Sinn für Redlichkeit« menschlich treiben, so gewiß man an ihm eine Daumenschraube besitzt, um allen diesen großartigen Selbstlingen, die auch jetzt noch ihren Glauben der ganzen Welt aufdrängen wollen, bis aufs Blut wehe zu tun: — wir haben sie an uns selber erprobt!

537

Meisterschaft. — Die Meisterschaft ist dann erreicht, wenn man sich in der Ausführung weder vergreift, *noch zögert*.

538

Moralischer Irrsinn des Genies. — Bei einer gewissen Gattung großer Geister gibt es ein peinliches, zum Teil fürchterliches Schauspiel zu beobachten: ihre fruchtbarsten Augenblicke, ihre Flüge aufwärts und in die Ferne scheinen ihrer gesamten Konstitution nicht gemäß zu sein und irgendwie über deren Kraft hinauszugehen, so daß jedesmal ein Fehler und auf die Dauer die *Fehlerhaftigkeit der Maschine* zurückbleibt, als welche sich aber wiederum, bei so hoch geistigen Naturen, wie den hier gemeinten, in allerlei moralischen und intellektuellen Symptomen viel regelmäßiger als in körperlichen Notzuständen zu erkennen gibt. So könnte das unbegreiflich Ängstliche, Eitle, Gehässige, Neidische, Eingeschnürte und Einschnürende, welches plötzlich aus ihnen hervorspringt, jenes ganze Allzupersönliche und Unfreie in Naturen, wie denen Rousseaus und Schopenhauers, recht wohl die Folge eines periodischen Herzleidens sein: dies aber ist die Folge eines Nervenleidens, und dieses endlich die Folge — —. So lange der Genius in uns wohnt, sind wir beherzt, ja wie toll, und achten nicht des Lebens, der Gesundheit und der Ehre; wir durchfliegen den Tag freier als ein Adler und sind sicherer im Dunkel als die Eule. Aber auf einmal verläßt er uns, und ebenso plötzlich fällt tiefe Furchtsamkeit auf uns: wir verstehen uns selber nicht mehr, wir leiden an allem Erlebten, an allem Nichterlebten, wir sind wie unter nackten Felsen, vor einem Sturme, und zugleich wie erbärmliche Kindsseelen, die sich vor einem Geraschel und einem Schatten fürchten. — Drei Viertel alles Bösen, das in der Welt getan wird, geschieht aus Furchtsamkeit: und diese ist vor allem ein physiologischer Vorgang!

539

Wißt ihr auch, was ihr wollt? — Hat euch nie die Angst geplagt, ihr möchtet gar nicht dazu taugen, das, was wahr ist, zu erkennen? Die Angst, daß euer Sinn zu stumpf und selbst euer Feingefühl des Sehens noch viel zu grob sei? Wenn ihr einmal merktet, was für ein Wille hinter eurem Sehen waltete? Zum Beispiel wie ihr gestern *mehr* sehen wolltet als ein anderer, heute es *anders* sehen wollt als der andere, oder wie ihr von vornherein euch sehnt, eine Übereinstimmung oder das Gegenteil von dem zu finden, was man bisher zu finden vermeinte! O der schämenswerten Gelüste! Wie ihr oft nach dem Starkwirkenden, oft nach dem Beruhigenden ausspäht – weil ihr gerade müde seid! Immer voller geheimer Vorherbestimmungen, *wie die Wahrheit beschaffen sein müsse, daß ihr, gerade ihr sie annehmen könntet!* Oder meint ihr, heute, da ihr gefroren und trocken wie ein heller Morgen im Winter seid und euch nichts am Herzen liegt, ihr hättet bessere Augen? Gehört nicht Wärme und Schwärmerei dazu, einem Gedankendinge *Gerechtigkeit* zu schaffen? – *und das eben heißt Sehen!* Als ob ihr überhaupt mit Gedankendingen anders verkehren *könntet* als mit Menschen! Es ist in diesem Verkehre die gleiche Moralität, die gleiche Ehrenhaftigkeit, der gleiche Hintergedanke, die gleiche Schlaffheit, die gleiche Furchtsamkeit – euer ganzes liebens- und hassenswürdiges Ich! Eure körperlichen Ermattungen werden den Dingen matte Farben geben, eure Fieber werden Ungeheuer aus ihnen machen! Leuchtet euer Morgen nicht anders auf die Dinge als euer Abend? Fürchtet ihr nicht in der Höhle jeder Erkenntnis euer eignes Gespenst wiederzufinden, als das Gespinst, in welches die Wahrheit sich vor euch verkleidet hat? Ist es nicht eine schauerliche Komödie, in welcher ihr so unbedachtsam mitspielen wollt? –

540

Lernen. – Michelangelo sah in Raffael das Studium, in sich die Natur: dort das *Lernen*, hier die *Begabung*. Indessen ist dies eine Pedanterie, mit aller Ehrfurcht vor dem großen Pedanten gesagt. Was ist denn Begabung anderes, als ein Name für ein *älteres* Stück Lernens, Erfahrens, Einübens, Aneignens, Einverleibens, sei es auf der Stufe unserer Väter oder noch früher! Und wiederum: der, welcher lernt, *begabt sich selber* – nur ist es nicht so leicht, zu *lernen*, und nicht nur die Sache des guten Willens; man muß lernen *können*. Bei einem Künstler stellt sich dem oft der Neid entgegen, oder jener Stolz, welcher beim Gefühl des Fremdartigen sofort seine Stacheln hervorkehrt und sich unwillkürlich in einen Verteidigungszustand, statt in den des Lernenden, versetzt. An beiden fehlte es Raffael, gleich Goethe, und deshalb waren sie *große Lerner* und nicht nur die Ausbeuter jener Erzgänge, welche sich aus dem Geschiebe und der Geschichte ihrer Vorfahren ausgelaugt hatten. Raffael verschwindet vor uns als Lernender, mitten in der Aneignung dessen, was sein großer Nebenbuhler als *seine* »Natur« bezeichnete: er trug täglich ein Stück davon hinweg, dieser edelste Dieb; aber ehe er den ganzen Michelangelo in sich hinübergetragen hatte, starb er – und die letzte Reihe seiner Werke, als der *Anfang* eines neuen Studienplanes, ist weniger vollkommen und schlechthin gut, eben weil der große Lerner vom Tode in seinem schwierigsten Pensum gestört worden ist und das rechtfertigende letzte Ziel, nach welchem er ausschaute, mit sich genommen hat.

541

Wie man versteinern soll. – Langsam, langsam hart werden wie ein Edelstein – und zuletzt still und zur Freude der Ewigkeit liegen bleiben.

542

Der Philosoph und das Alter. – Man tut nicht klug, den Abend über den Tag urteilen zu lassen: denn allzu oft wird da die Ermüdung zur Richterin über Kraft, Erfolg und guten Willen. Und ebenso sollte die höchste Vorsicht in Absehung auf das *Alter* und seine Beurteilung des Lebens geboten sein, zumal das Alter, wie der Abend, sich in eine neue und reizende Moralität zu verkleiden liebt und durch Abendröte, Dämmerung, friedliche oder sehnsüchtige Stille den Tag zu beschämen weiß. Die Pietät, welche wir dem alten Manne entgegenbringen, zumal wenn es ein alter Denker und Weiser ist, macht uns leicht blind gegen die *Alterung seines Geistes*, und es tut immer not, die *Merkmale* solcher Alterung und Ermüdung aus ihrem Versteck, das heißt: das *physiologische* Phänomen hinter dem moralischen Für- und Vorurteile hervorzuziehen, um nicht die Narren der Pietät und die Schädiger der Erkenntnis zu werden. Nicht selten nämlich tritt der alte Mann in den Wahn einer großen moralischen Erneuerung und Wiedergeburt und gibt von dieser Empfindung aus Urteile über das Werk und den Gang seines Lebens ab, wie als ob er jetzt erst hellsichtig geworden sei: und doch steht hinter diesem Wohlgefühle und diesem zuversichtlichen Urteilen als Einbläserin nicht die Weisheit, sondern die *Müdigkeit*. Als deren gefährlichstes Kennzeichen mag wohl der *Genieglaube* bezeichnet werden, welcher erst um diese Lebensgrenze große und halbgroße Männer des Geistes zu überfallen pflegt: der Glaube an eine Ausnahmestellung und an Ausnahmerechte. Der von ihm heimgesuchte Denker hält es nunmehr für erlaubt, *sich es leichter zu machen* und als Genie mehr zu dekretieren als zu beweisen: wahrscheinlich ist aber eben der Trieb, welchen die Müdigkeit des Geistes nach *Erleichterung* empfindet, die stärkste Quelle jenes Glaubens, er geht ihm der Zeit nach zuvor, wie es anders auch erscheinen möge. Sodann: um diese Zeit will man gemäß der Genußsucht aller Müden und Alten die Resultate seines Denkens *genießen*, anstatt sie wieder zu prüfen und auszusäen, und hat dazu nötig, sie sich mundgerecht und genießbar zu machen und ihre Trockenheit, Kälte und Würzlosigkeit zu beseitigen; und so geschieht es, daß der alte Denker sich scheinbar über das Werk seines Lebens erhebt, in Wahrheit aber dasselbe durch eingemischte Schwärmereien, Süßigkeiten, Würzen, dichterische Nebel und mystische Lichter verdirbt. So erging es zuletzt Plato, so erging es zuletzt jenem großen rechtschaffenen Franzosen, dem die Deutschen und die Engländer dieses Jahrhunderts, als einem Umschlinger und Bändiger der strengen Wissenschaften, keinen an die Seite zu stellen vermögen, Auguste Comte. Ein drittes Merkmal der Ermüdung: jener Ehrgeiz, welcher in der Brust des großen Denkers stürmte, als er jung war, und der damals in nichts sein Genügen fand, ist nun auch alt geworden, er greift, wie einer, der keine Zeit mehr zu verlieren hat, nach den gröberen und breiteren Mitteln der Befriedigung, das heißt nach denen der tätigen, herrschenden, gewaltsamen, erobernden Naturen: von jetzt ab will er Institutionen gründen, die seinen Namen tragen, und nicht mehr Gedanken-Bauten; was sind ihm jetzt noch die ätherhaften Siege und Ehren im Reiche der Beweise und Widerlegungen! was ist ihm eine Verewigung in Büchern, ein zitterndes Frohlocken in der Seele eines Lesers! Die Institution dagegen ist ein Tempel – das weiß er wohl, und ein Tempel von Stein und Dauer erhält seinen Gott sicherer am Leben als die Opfergaben zarter und seltener Seelen. Vielleicht findet er um diese Zeit auch zum erstenmal jene Liebe, welche mehr einem Gotte gilt als einem Menschen, und sein ganzes Wesen mildert und versüßt sich unter den Strahlen einer solchen Sonne gleich einer Frucht im Herbste. Ja, er wird göttlicher und schöner, der große Alte – und trotzdem ist es das Alter und die Müdigkeit, welche ihm *erlauben*, derartig auszureifen, stille zu werden und in der leuchtenden Abgötterei einer Frau auszuruhen. Nun ist es vorbei mit seinem früheren trotzigen, dem eignen Selbst überlegenen Verlangen nach echten Schülern, nämlich echten Fortdenkern, das heißt echten Gegnern: jenes Verlangen kam aus der ungeschwächten Kraft, aus dem bewußten Stolze, jederzeit noch selber der Gegner und Todfeind seiner eigenen Lehre werden zu können – jetzt will er entschlossene Parteigänger, unbedenkliche Kameraden, Hilfstruppen, Herolde, ein pomphaftes Gefolge. Jetzt hält er überhaupt die furchtbare Isolation nicht mehr aus, in der jeder vorwärts- und vorausfliegende Geist lebt, er umstellt sich nunmehr mit Gegenständen der Verehrung, der Gemeinschaft, der Rührung und Liebe, er will es endlich auch einmal so gut haben wie alle Religiösen, und in der *Gemeinde* feiern, was er hochschätzt, ja, er wird dazu eine Religion erfinden, um nur die Gemeinde zu haben. So lebt der weise Alte und gerät dabei unvermerkt in eine solche klägliche Nähe zu priesterhaften, dichterischen Ausschweifungen, daß man sich kaum dabei seiner weisen und strengen Jugend, seiner damaligen straffen Moralität des Kopfes, seiner wahrhaft männlichen Scheu vor Einfällen und Schwärmereien erinnern darf. Wenn er sich früher mit anderen, älteren Denkern verglich, so geschah es, um seine Schwäche ernst mit ihrer Kraft zu messen und gegen sich selber kälter und freier zu werden: jetzt tut er es nur, um sich bei der Vergleichung am eigenen Wahne zu berauschen. Früher dachte er mit Zuversicht an die kommenden Denker, ja mit Wonne sah er sich einstmals in ihrem volleren Lichte untergehen: jetzt quält es ihn, nicht der letzte sein zu können, er sinnt über Mittel nach, mit seiner Erbschaft, die er den Menschen schenkt, auch eine Beschränkung des souveränen Denkens ihnen aufzuerlegen, er fürchtet und verunglimpft den Stolz und den Freiheitsdurst der individuellen Geister –: nach ihm soll keiner mehr seinen Intellekt völlig frei walten lassen, er selber will als das Bollwerk für immer stehen bleiben, an welches die Brandung des Denkens überhaupt schlagen dürfe, – das sind seine geheimen, vielleicht nicht einmal immer geheimen Wünsche! Die harte Tatsache hinter solchen Wünschen ist aber, daß er selber vor seiner Lehre *Halt gemacht hat* und in ihr seinen Grenzstein, sein »Bis hierher und nicht weiter« aufgerichtet hat. Indem er sich selber *kanonisiert*, hat er auch das Zeugnis des Todes über sich ausgestellt: von jetzt ab *darf* sein Geist sich nicht weiter entwickeln, die Zeit für ihn ist um, der Zeiger fällt. Wenn ein großer Denker aus sich eine bindende Institution für die zukünftige Menschheit machen will, darf man sicherlich annehmen, daß er über den Gipfel seiner Kraft gegangen und sehr müde, sehr nahe seinem Sonnenuntergange ist.

543

Nicht die Leidenschaft zum Argument der Wahrheit machen! – O ihr gutartigen und sogar edlen Schwärmer, ich kenne euch! Ihr wollt recht behalten, vor uns, aber auch vor euch, und vor allem vor euch! – und ein reizbares und feines böses Gewissen stachelt und treibt euch so oft gerade *gegen* eure Schwärmerei! Wie geistreich werdet ihr dann, in der Überlistung und Betäubung dieses Gewissens! Wie haßt ihr die Ehrlichen, Einfachen, Reinlichen, wie meidet ihr ihre unschuldigen Augen! Jenes *bessere Wissen*, dessen Vertreter *sie* sind und dessen Stimme ihr in euch selber zu laut hört, wie es an eurem Glauben zweifelt, – wie sucht ihr es zu verdächtigen, als schlechte Gewohnheit, als Krankheit der Zeit, als Vernachlässigung und Ansteckung eurer eigenen geistigen Gesundheit! Bis zum Haß gegen die Kritik, die Wissenschaft, die Vernunft treibt ihr es! Ihr müßt die Geschichte fälschen, damit sie für euch zeugt, ihr müßt Tugenden leugnen, damit sie die eurer Abgötter und Ideale nicht in Schatten stellen! Farbige Bilder, wo Vernunftgründe not täten! Glut und Macht der Ausdrücke! Silberne Nebel! Ambrosische Nächte! Ihr versteht euch darauf, zu beleuchten und zu verdunkeln, und *mit Licht* zu verdunkeln! Und wirklich, wenn eure Leidenschaft ins Toben gerät, so kommt ein Augenblick, da ihr euch sagt: jetzt habe ich mir das gute Gewissen *erobert*, jetzt bin ich hochherzig, mutig, selbstverleugnend, großartig, jetzt bin ich ehrlich! Wie dürstet ihr nach diesen Augenblicken, wo eure Leidenschaft euch vor euch selber volles, unbedingtes Recht und gleichsam die Unschuld gibt, wo ihr in Kampf, Rausch, Mut, Hoffnung außer euch und über alle Zweifel hinweg seid, wo ihr dekretiert: »wer nicht außer sich ist wie wir, der kann gar nicht wissen, was und wo die Wahrheit ist!« Wie dürstet ihr danach, Menschen eures Glaubens in diesem Zustande – es ist der der *Lasterhaftigkeit des Intellekts* – zu finden und an ihrem Brande eure Flammen zu entzünden! O über euer Martyrium! Über euren Sieg der heilig gesprochnen Lüge! Müßt ihr euch so *viel* Leides selber antun? – *Müßt* ihr?

544

Wie man jetzt Philosophie treibt. – Ich merke wohl: unsere philosophierenden Jünglinge, Frauen und Künstler verlangen jetzt gerade *das Gegenteil* dessen von der Philosophie, was die Griechen von ihr empfingen! Wer das fortwährende Jauchzen nicht hört, welches durch jede Rede und Gegenrede eines platonischen Dialogs geht, das Jauchzen über die neue Erfindung des *vernünftigen* Denkens, was versteht der von Plato, was von der alten Philosophie? Damals füllten sich die Seelen mit Trunkenheit, wenn das strenge und nüchterne Spiel des Begriffs, der Verallgemeinerung, Widerlegung, Engführung getrieben wurde, – mit jener Trunkenheit, welche vielleicht auch die alten großen strengen und nüchternen Kontrapunktiker der Musik gekannt haben. Damals hatte man in Griechenland den anderen älteren und ehedem allmächtigeren Geschmack noch auf der Zunge: und gegen ihn hob sich das Neue so zauberhaft ab, daß man von der Dialektik, der »göttlichen Kunst«, wie im Liebeswahnsinn sang und stammelte. Jenes Alte aber war das Denken im Banne der Sittlichkeit, für das es lauter festgestellte Urteile, festgestellte Ursachen, keine andern Gründe als die der Autorität gab: so daß Denken ein *Nachreden* war und aller Genuß der Rede und des Gesprächs in der *Form* liegen mußte. (Überall, wo der Gehalt als ewig und allgültig gedacht wird, gibt es nur *einen* großen Zauber: den der wechselnden Form, das heißt der Mode. Der Grieche genoß auch an den Dichtern, von den Zeiten Homers her, und später an den Plastikern, nicht die Originalität, sondern deren Widerspiel.) Sokrates war es, der den entgegengesetzten Zauber, den der Ursache und Wirkung, des Grundes und der Folge entdeckte: und wir modernen Menschen sind so sehr an die Notdurft der Logik gewöhnt und zu ihr erzogen, daß sie uns als der normale Geschmack auf der Zunge liegt und als solcher den Lüsternen und Dünkelhaften zuwider sein muß. Was sich gegen ihn abhebt, entzückt diese: ihr feinerer Ehrgeiz möchte gar zu gerne sich glauben machen, daß ihre Seelen Ausnahmen seien, nicht dialektische und vernünftige Wesen, sondern – nun zum Beispiel »intuitive Wesen«, begabt mit dem »inneren Sinn« oder mit der »intellektualen Anschauung«. Vor allem aber wollen sie »künstlerische Naturen« sein, mit einem Genius im Kopfe und einem Dämon im Leibe und folglich auch mit Sonderrechten für diese und jene Welt, namentlich mit dem Götter-Vorrecht, unbegreiflich zu sein. – *Das* treibt nun auch Philosophie! Ich fürchte, sie merken eines Tages, daß sie sich vergriffen haben, – das, was sie wollen, ist Religion!

545

Aber wir glauben euch nicht! – Ihr möchtet euch gerne als Menschenkenner geben, aber wir werden euch nicht durchschlüpfen lassen! Sollen wir es nicht merken, daß ihr euch erfahrner, tiefer, erregter, vollständiger darstellt, als ihr seid? So gut wir an jenem Maler es fühlen, wie schon in der Führung seines Pinsels eine Anmaßung liegt: so gut wir es jenem Musiker anhören, daß er durch die Art, wie er sein Thema einführt, es als höher ausgeben möchte, als es ist. Habt ihr *Geschichte* in euch erlebt, Erschütterungen, Erdbeben, weite lange Traurigkeiten, blitzartige Beglückungen? Seid ihr närrisch gewesen mit großen und kleinen Narren? Habt ihr den Wahn und das Wehe der guten Menschen wirklich getragen? Und das Wehe und die Art Glück der schlechtesten hinzu? Dann redet mit von Moral, sonst nicht!

546

Sklave und Idealist. – Der Epiktetische Mensch wäre wahrlich nicht nach dem Geschmacke derer, welche jetzt nach dem Ideal streben. Die stete Spannung seines Wesens, der nach innen gewendete unermüdliche Blick, das Verschlossene, Vorsichtige, Unmitteilsame seines Auges, falls es sich einmal der Außenwelt zukehrt; und gar das

Schweigen oder Kurzreden: alles Merkmale der strengsten Tapferkeit
– was wäre das für unsere Idealisten, die vor allem nach der *Expansion*
lüstern sind! Zu alledem ist er nicht fanatisch, er haßt die Schaustellung und die Ruhmredigkeit unserer Idealisten: sein Hochmut, so
groß er ist, will doch nicht die andern stören, er gesteht eine gewisse
milde Annäherung zu und möchte niemandem die gute Laune verderben – ja er kann lächeln! Es ist sehr viel antike Humanität in diesem
Ideale! Das Schönste aber ist, daß ihm die Angst vor Gott völlig abgeht, daß er streng an die Vernunft glaubt, daß er kein Bußredner ist.
Epiktet war ein Sklave: sein idealer Mensch ist ohne Stand und in allen
Ständen möglich, vor allem aber wird er in der tiefen, niedrigen Masse
zu suchen sein, als der Stille, Sich-Selbst-Genügende innerhalb einer
allgemeinen Verknechtung, der sich nach außen hin für sich selber
wehrt und fortwährend im Zustande der höchsten Tapferkeit lebt.
Von dem *Christen* unterscheidet er sich vor allem hierin, daß der Christ
in Hoffnung lebt, in der Vertröstung auf »unaussprechliche Herrlichkeiten«, daß er sich beschenken läßt und das Beste von der göttlichen
Liebe und Gnade, und nicht von sich, erwartet und annimmt: während Epiktet nicht hofft und sein Bestes sich nicht schenken läßt – er
besitzt es, er hält es tapfer in seiner Hand, er macht es der ganzen Welt
streitig, wenn diese es ihm rauben will. Das Christentum war für eine
andere Gattung antiker Sklaven gemacht, für die willens- und ver-
nunftschwachen, also für die große Masse der Sklaven.

547

Die Tyrannen des Geistes. – Der Gang der Wissenschaft wird jetzt
nicht mehr durch die zufällige Tatsache, daß der Mensch ungefähr
siebenzig Jahre alt wird, gekreuzt, wie es allzulange der Fall war. Ehemals wollte einer während dieses Zeitraumes ans Ende der Erkenntnis
kommen, und nach diesem allgemeinen Gelüste schätzte man die Methoden der Erkenntnis ab. Die kleinen einzelnen Fragen und Versuche
galten als verächtlich, man wollte den kürzesten Weg, man glaubte,
weil alles in der Welt *auf den Menschen hin* eingerichtet schien, daß auch
die Erkennbarkeit der Dinge auf ein menschliches Zeitmaß eingerichtet sei. Alles mit einem Schlage, mit einem Worte zu lösen – das war

der geheime Wunsch: unter dem Bilde des gordischen Knotens oder unter dem des Eies des Kolumbus dachte man sich die Aufgabe; man zweifelte nicht, daß es möglich sei, auch in der Erkenntnis nach Art des Alexander oder des Kolumbus zum Ziele zu kommen und alle Fragen mit *einer* Antwort zu erledigen. »Ein *Rätsel* ist zu lösen«: so trat das Lebensziel vor das Auge des Philosophen; zunächst war das Rätsel zu finden und das Problem der Welt in die einfachste Rätselform zusammenzudrängen. Der grenzenlose Ehrgeiz und Jubel, der »Enträtseler der Welt« zu sein, machte die Träume des Denkers aus: nichts schien ihm der Mühe wert, wenn es nicht das Mittel war, alles *für ihn* zu Ende zu bringen! So war Philosophie eine Art höchsten Ringens um die Tyrannenherrschaft des Geistes – daß eine solche irgendeinem Sehr-Glücklichen, Feinen, Erfindsamen, Kühnen, Gewaltigen vorbehalten und aufgespart sei – einem einzigen! – daran zweifelte keiner, und mehrere haben gewähnt, zuletzt noch Schopenhauer, dieser einzige zu sein. – Daraus ergibt sich, daß im großen und ganzen die Wissenschaft bisher durch die *moralische Beschränktheit* ihrer Jünger zurückgeblieben ist und daß sie mit einer höheren und *großmütigeren* Grundempfindung fürderhin getrieben werden muß. »Was liegt an mir!« – steht über der Tür des künftigen Denkers.

548

Der Sieg über die Kraft. – Erwägt man, was bisher alles als »übermenschlicher Geist«, als »Genie« verehrt worden ist, so kommt man zu dem traurigen Schlusse, daß im ganzen die Intellektualität der Menschheit doch etwas sehr Niedriges und Armseliges gewesen sein muß: so wenig Geist gehörte bisher dazu, um sich gleich erheblich über sie hinaus zu fühlen! Ach, um den wohlfeilen Ruhm des »Genies«! Wie schnell ist sein Thron errichtet, seine Anbetung zum Brauch geworden! Immer noch liegt man vor der *Kraft* auf den Knien – nach alter Sklaven-Gewohnheit – und doch ist, wenn der Grad von *Verehrungswürdigkeit* festgestellt werden soll, nur der *Grad der Vernunft in der Kraft* entscheidend: man muß messen, inwieweit gerade die Kraft durch etwas Höheres überwunden worden ist und als ihr Werkzeug und Mittel nunmehr in Diensten steht! Aber für ein solches Messen gibt es noch gar zu wenig Augen, ja zumeist wird noch das Messen des Genies für einen Frevel gehalten. Und so geht vielleicht das Schönste immer noch im Dunkel vor sich und versinkt, kaum geboren, in ewige Nacht – nämlich das Schauspiel jener Kraft, welche ein Genie *nicht auf Werke*, sondern *auf sich als Werk*, verwendet, das heißt auf seine eigene Bändigung, auf Reinigung seiner Phantasie, auf Ordnung und Auswahl im Zuströmen von Aufgaben und Einfällen. Noch immer ist der große Mensch gerade in dem Größten, was Verehrung erheischt, unsichtbar wie ein zu fernes Gestirn: sein *Sieg über die Kraft* bleibt ohne Augen und folglich auch ohne Lied und Sänger. Noch immer ist die Rangordnung der Größe für alle vergangene Menschheit noch nicht festgesetzt.

549

»*Selbstflucht*«. – Jene Menschen der intellektuellen Krämpfe, welche gegen sich selber ungeduldig und verfinstert sind, wie Byron oder Alfred de Musset, und in allem, was sie tun, durchgehenden Pferden gleichen, ja, die aus ihrem eigenen Schaffen nur eine kurze, die Adern fast sprengende Lust und Glut und dann eine um so winterlichere Öde und Vergrämtheit davontragen, wie sollen sie es in *sich* aushalten! Sie dürsten nach einem Aufgehen in einem *Außer-sich*«; ist man mit einem solchen Durste ein Christ, so zielt man nach dem Aufgehen in Gott, nach dem »Ganz-eins-mit-ihm-werden«; ist man Shakespeare, so genügt einem erst das Aufgehen in Bildern des leidenschaftlichsten Lebens; ist man Byron, so dürstet man nach *Taten*, weil diese noch mehr uns von uns abziehen als Gedanken, Gefühle und Werke. Und so wäre vielleicht doch der Tatendrang im Grunde Selbstflucht? – würde Pascal uns fragen. Und in der Tat! Bei den höchsten Exemplaren des Tatendranges möchte der Satz sich beweisen lassen: man erwäge doch, mit dem Wissen und den Erfahrungen eines Irrenarztes, wie billig, – daß vier von den Tatendurstigsten aller Zeiten Epileptiker gewesen sind (nämlich Alexander, Cäsar, Mohammed und Napoleon) so wie auch Byron diesem Leiden unterworfen war.

550

Erkenntnis und Schönheit. – Wenn die Menschen, so wie sie immer noch tun, ihre Verehrung und ihr Glücksgefühl für die Werke der Einbildung und der Verstellung gleichsam aufsparen, so darf es nicht Wunder nehmen, wenn sie sich beim Gegensatz der Einbildung und Verstellung kalt und unlustig finden. Das Entzücken, welches schon beim kleinsten sicheren endgültigen Schritt und Fortschritt der Einsicht entsteht und welches aus der jetzigen Art der Wissenschaft so reichlich und schon für so viele herausströmt, – dieses Entzücken wird einstweilen von allen denen nicht *geglaubt*, welche sich daran gewöhnt haben, immer nur beim Verlassen der Wirklichkeit, beim Sprung in die Tiefen des Scheins entzückt zu werden. Diese meinen, die Wirklichkeit sei häßlich: aber daran denken sie nicht, daß die Erkenntnis auch der häßlichsten Wirklichkeit schön ist, ebenso daß, wer oft und viel erkennt, zuletzt sehr ferne davon ist, das große Ganze der Wirklichkeit, deren Entdeckung ihm immer Glück gab, häßlich zu finden. Gibt es denn etwas »an sich Schönes«? Das Glück der Erkennenden mehrt die Schönheit der Welt und macht alles, was da ist, sonniger; die Erkenntnis legt ihre Schönheit nicht nur um die Dinge, sondern, auf die Dauer, in die Dinge; – möge die zukünftige Menschheit für diesen Satz ihr Zeugnis abgeben! Inzwischen gedenken wir einer alten Erfahrung: zwei so grundverschiedene Menschen wie Plato und Aristoteles kamen in dem überein, was *das höchste Glück* ausmache, nicht nur für sie oder für Menschen, sondern an sich, selbst für Götter der letzten Seligkeiten: sie fanden es *im Erkennen*, in der Tätigkeit eines wohlgeübten findenden und erfindenden *Verstandes* (*nicht* etwa in der »Intuition«, wie die deutschen Halb- und Ganztheologen, *nicht* in der Vision, wie die Mystiker, und ebenfalls *nicht* im Schaffen, wie alle Praktiker). Ähnlich urteilten Descartes und Spinoza: wie müssen sie alle die Erkenntnis *genossen* haben! Und welche Gefahr für ihre Redlichkeit, dadurch zu Lobrednern der Dinge zu werden! –

551

Von zukünftigen Tugenden. — Wie kommt es, daß, je begreiflicher die Welt geworden ist, um so mehr die Feierlichkeit jeder Art abgenommen hat? Ist es, daß die Furcht so sehr das Grundelement jener Ehrfurcht war, welche uns bei allem Unbekannten, Geheimnisvollen überfiel und uns vor dem Unbegreiflichen niedersinken und um Gnade bitten lehrte? Und sollte die Welt dadurch, daß wir weniger furchtsam geworden sind, nicht auch an Reiz für uns verloren haben? Sollte mit unserer Furchtsamkeit nicht auch unsere eigene Würde und Feierlichkeit, *unsere eigene Furchtbarkeit* geringer geworden sein? Vielleicht, daß wir die Welt und uns selber geringer achten, seit wir mutiger über sie und uns denken? Vielleicht, daß es eine Zukunft gibt, wo dieser Mut des Denkens so angewachsen sein wird, daß er als der äußerste Hochmut sich *über* den Menschen und Dingen fühlt, — wo der Weise als der am meisten Mutige sich selber und das Dasein am meisten unter sich sieht? — Diese Gattung des Mutes, welche nicht ferne einer ausschweifenden Großmut ist, *fehlte* bisher der Menschheit. — Oh, wollten doch die Dichter wieder werden, was sie einstmals gewesen sein sollen: — *Seher*, die uns etwas von dem *Möglichen* erzählen! Jetzt, da ihnen das Wirkliche und das Vergangene immer mehr aus den Händen genommen wird und werden muß — denn die Zeit der harmlosen Falschmünzerei ist zu Ende! Wollten sie uns von den *zukünftigen Tugenden* etwas vorausempfinden lassen! Oder von Tugenden, die nie auf Erden sein werden, obschon sie irgendwo in der Welt sein könnten, — von purpurglühenden Sternbildern und ganzen Milchstraßen des Schönen! Wo seid ihr, ihr Astronomen des Ideals?

552

Die idealische Selbstsucht. — Gibt es einen weihevolleren Zustand als den der Schwangerschaft? Alles, was man tut, in dem stillen Glauben tun, es müsse irgendwie dem Werdenden in uns zugute kommen! Es müsse seinen geheimnisvollen Wert, an den wir mit Entzücken denken, *erhöhen!* Da geht man vielem aus dem Wege, ohne hart sich zwingen zu müssen! Da unterdrückt man ein heftiges Wort, man gibt versöhn-

lich die Hand: aus dem Mildesten und Besten soll das Kind hervorwachsen. Es schaudert uns vor unsrer Schärfe und Plötzlichkeit: wie
wenn sie dem geliebtesten Unbekannten einen Tropfen Unheil in den
Becher seines Lebens gösse! Alles ist verschleiert, ahnungsvoll, man
weiß von nichts, wie es zugeht, man wartet ab und sucht *bereit* zu sein.
Dabei waltet ein reines und reinigendes Gefühl tiefer Unverantwortlichkeit in uns, fast wie es ein Zuschauer vor dem geschlossenen Vor-
hange hat – *es* wächst, *es* tritt an den Tag: *wir* haben nichts in der
Hand, zu bestimmen, weder seinen Wert noch seine Stunde. Einzig
auf jeden mittelbaren segnenden und wehrenden Einfluß sind wir angewiesen. »Es ist etwas Größeres, das hier wächst, als wir sind« ist
unsere geheimste Hoffnung: ihm legen wir alles zurecht, daß es gedeih-
lich zur Welt komme: nicht nur alles Nützliche, sondern auch die
Herzlichkeiten und Kränze unserer Seele. – In *dieser Weihe* soll man
leben! Kann man leben! Und sei das Erwartete ein Gedanke, eine Tat
– wir haben zu allem wesentlichen Vollbringen kein anderes Verhältnis als das der Schwangerschaft und sollten das anmaßliche Reden
von »Wollen« und »Schaffen« in den Wind blasen! Dies ist die rechte
idealische Selbstsucht: immer zu sorgen und zu wachen und die Seele
still zu halten, daß unsere Fruchtbarkeit *schön zu Ende gehe*! So, in dieser mittelbaren Art, sorgen und wachen wir für den *Nutzen aller;* und
die Stimmung, in der wir leben, diese stolze und milde Stimmung, ist
ein Öl, welches sich weit um uns her auch auf die unruhigen Seelen
ausbreitet. – Aber *wunderlich* sind die Schwangeren! Seien wir also auch
wunderlich und verargen wir es den anderen nicht, wenn sie es sein
müssen! Und selbst, wo dies ins Schlimme und Gefährliche sich verläuft: bleiben wir in der Ehrfurcht vor dem Werdenden nicht hinter
der weltlichen Gerechtigkeit zurück, welche dem Richter und dem
Henker nicht erlaubt, eine Schwangere zu berühren!

553

Auf Umwegen. – Wohin will diese ganze Philosophie mit allen ihren
Umwegen? Tut sie mehr, als einen steten und starken Trieb gleichsam
in Vernunft zu übersetzen, einen Trieb nach milder Sonne, heller und
bewegter Luft, südlichen Pflanzen, Meeres-Atem, flüchtiger Fleisch-,

Eier- und Früchtenahrung, heißem Wasser zum Getränke, tagelangen stillen Wanderungen, wenigem Sprechen, seltenem und vorsichtigem Lesen, einsamem Wohnen, reinlichen, schlichten und fast soldatischen Gewohnheiten, kurz, nach allen Dingen, die gerade mir am besten schmecken, gerade mir am zuträglichsten sind? Eine Philosophie, welche im Grunde der Instinkt für eine persönliche Diät ist? Ein Instinkt, welcher nach meiner Luft, meiner Höhe, meiner Witterung, meiner Art Gesundheit durch den Umweg meines Kopfes sucht? Es gibt viele andere und gewiß auch viele höhere Erhabenheiten der Philosophie, und nicht nur solche, welche düsterer und anspruchsvoller sind als die meinen, – vielleicht sind auch sie insgesamt nichts anderes als intellektuelle Umwege derartig persönlicher Triebe? – Inzwischen sehe ich mit einem neuen Auge auf das heimliche und einsame Schwärmen eines Schmetterlings, hoch an den Felsenufern des Sees, wo viele gute Pflanzen wachsen: er fliegt umher, unbekümmert darum, daß er nur das Leben *eines* Tages noch lebt, und daß die Nacht zu kalt für seine geflügelte Gebrechlichkeit sein wird. Es würde sich wohl auch für ihn eine Philosophie finden lassen: ob es schon nicht die meine sein mag. –

554

Vorschritt. – Wenn man den *Fortschritt* rühmt, so rühmt man damit nur die Bewegung und die, welche uns nicht auf der Stelle stehenbleiben lassen, – und damit ist gewiß unter Umständen viel getan, insonderheit wenn man unter Ägyptern lebt. Im beweglichen Europa aber, wo sich die Bewegung, wie man sagt, »von selber versteht«, – ach, wenn *wir* nur auch etwas davon verstünden! – lobe ich mir den *Vorschritt* und die Vorschreitenden, das heißt die, welche sich selber immer wieder zurücklassen und die gar nicht daran denken, ob ihnen jemand sonst nachkommt. »Wo ich haltmache, da finde ich mich allein: wozu sollte ich haltmachen! Die Wüste ist noch groß!« – so empfindet ein solcher Vorschreitender.

555

Die geringsten genügen schon. – Man soll den Ereignissen aus dem Wege gehen, wenn man weiß, daß die *geringsten* sich schon stark genug auf uns einzeichnen – und diesen entgeht man doch nicht. – Der Denker muß einen ungefähren Kanon aller der Dinge in sich haben, welche er überhaupt noch *erleben will.*

556

Die guten Vier. – *Redlich* gegen uns und was *sonst* uns Freund ist; *tapfer* gegen den Feind; *großmütig* gegen den Besiegten; *höflich* – immer: so wollen uns die vier Kardinaltugenden.

557

Auf einen Feind los. – Wie gut klingen schlechte Musik und schlechte Gründe, wenn man auf einen Feind losmarschiert!

558

Aber auch nicht seine Tugenden verbergen! – Ich liebe die Menschen, welche durchsichtiges Wasser sind und die, mit Pope zu reden, auch die »Unreinlichkeiten auf dem Grunde ihres Stromes sehen lassen.« Selbst für sie gibt es aber noch eine Eitelkeit, freilich von seltener und sublimierter Art: einige von ihnen wollen, daß man eben nur die Unreinlichkeiten sehe und die Durchsichtigkeit des Wassers, die dies möglich macht, für nichts achte. Kein Geringerer als Gotama Buddha hat die Eitelkeit dieser Wenigen erdacht, in der Formel: »lasset eure Sünden sehen vor den Leuten und verberget eure Tugenden!« Dies heißt aber der Welt kein gutes Schauspiel geben – es ist eine Sünde wider den Geschmack.

559

»*Nichts zu sehr!*« – Wie oft wird dem einzelnen angeraten, sich ein Ziel zu setzen, das er nicht erreichen kann und das über seine Kräfte geht, um so wenigstens das zu erreichen, was seine Kräfte bei der *allerhöchsten Anspannung* leisten können! Ist dies aber wirklich so wünschenswert? Bekommen nicht notwendig die besten Menschen, die nach dieser Lehre leben, und ihre besten Handlungen etwas Übertriebenes und Verzerrtes, eben weil zu viel Spannung in ihnen ist? Und verbreitet sich nicht ein grauer Schimmer von *Erfolglosigkeit* dadurch über die Welt, daß man immer kämpfende Athleten, ungeheure Gebärden und nirgends einen bekränzten und siegesgemuten Sieger sieht?

560

Was uns freisteht. – Man kann wie ein Gärtner mit seinen Trieben schalten und, was wenige wissen, die Keime des Zorns, des Mitleidens, des Nachgrübelns, der Eitelkeit so fruchtbar und nutzbringend ziehn wie ein schönes Obst an Spalieren; man kann es tun mit dem guten und dem schlechten Geschmack eines Gärtners und gleichsam in französischer oder englischer oder holländischer oder chinesischer Manier, man kann auch die Natur walten lassen und nur hier und da für ein wenig Schmuck und Reinigung sorgen, man kann endlich auch ohne alles Wissen und Nachdenken die Pflanzen in ihren natürlichen Begünstigungen und Hindernissen aufwachsen und unter sich ihren Kampf auskämpfen lassen – ja, man kann an einer solchen Wildnis seine Freude haben und gerade diese Freude haben wollen, wenn man auch seine Not damit hat. Dies alles steht uns frei: aber wie viele wissen denn davon, daß uns dies frei steht? *Glauben* nicht die meisten an *sich* wie an vollendete *ausgewachsene Tatsachen*? Haben nicht große Philosophen noch ihr Siegel auf dies Vorurteil gedrückt, mit der Lehre von der Unveränderlichkeit des Charakters?

561

Sein Glück auch leuchten lassen. – Wie die Maler, welche den tiefen leuchtenden Ton des wirklichen Himmels auf keine Weise erreichen können, genötigt sind, alle Farben, die sie zu ihrer Landschaft brauchen, um ein paar Töne niedriger zu nehmen, als die Natur sie zeigt: wie sie durch diesen Kunstgriff wieder eine Ähnlichkeit im Glanze und eine Harmonie der Töne erreichen, welche der in der Natur entspricht: so müssen sich auch Dichter und Philosophen zu helfen wissen, denen der leuchtende Glanz des Glücks unerreichbar ist; indem sie alle Dinge um einige Grade dunkler färben, als sie sind, wirkt ihr Licht, auf welches sie sich verstehen, beinahe sonnenhaft und dem Lichte des vollen Glücks ähnlich. – Der Pessimist, der die schwärzesten und düstersten Farben allen Dingen gibt, verbraucht nur Flammen und Blitze, himmlische Glorien und alles, was grelle Leuchtkraft hat und die Augen unsicher macht; bei ihm ist die Helle nur dazu da, das Entsetzen zu vermehren und mehr Schreckliches in den Dingen ahnen zu lassen, als sie haben.

562

Die Seßhaften und die Freien. – Erst in der Unterwelt zeigt man uns etwas von dem düsteren Hintergrunde aller jener Abenteurer-Seligkeit, welches um Odysseus und seinesgleichen wie ein ewiges Meeresleuchten liegt, – von jenem Hintergrunde, den man damit nicht mehr vergißt: die Mutter des Odysseus starb aus Gram und Verlangen nach ihrem Kinde! Den einen treibt es von Ort zu Ort, und dem andern, dem *Seßhaften* und Zärtlichen, bricht das Herz darüber: so ist es immer! Der Kummer bricht denen das Herz, welche es erleben, daß gerade ihr Geliebtester ihre Meinung, ihren Glauben verläßt, – es gehört dies in die Tragödie, welche die freien Geister *machen*, – um die sie mitunter auch *wissen*! Dann müssen sie auch wohl einmal, wie Odysseus, zu den Toten steigen, um ihren Gram zu heben und ihre Zärtlichkeit zu beschwichtigen.

563

Der Wahn der sittlichen Weltordnung. – Es gibt gar keine ewige Notwendigkeit, welche forderte, daß jede Schuld gebüßt und bezahlt werde – es war ein schrecklicher, zum kleinsten Teile nützlicher Wahn, daß es eine solche gäbe –: ebenso wie es ein Wahn ist, daß alles eine Schuld ist, was *als solche* gefühlt wird. Nicht *die Dinge*, sondern die Meinungen *über Dinge, die es gar nicht gibt*, haben den Menschen so verstört!

564

Gleich neben der Erfahrung! – Auch große Geister haben nur ihre fünf Finger breite *Erfahrung* – gleich daneben hört ihr Nachdenken auf: und es beginnt ihr unendlicher leerer Raum und ihre Dummheit.

565

Würde und Unwissenheit im Bunde. – Wo wir verstehen, da werden wir artig, glücklich, erfinderisch, und überall, wo wir nur genug gelernt und uns Augen und Ohren *gemacht* haben, zeigt unsere Seele mehr Geschmeidigkeit und Anmut. Aber wir begreifen so wenig und sind armselig unterrichtet, und so kommt es selten dazu, daß wir eine Sache umarmen und uns dabei selber liebenswert machen: vielmehr gehen wir steif und unempfindlich durch die Stadt, die Natur, die Geschichte und bilden uns etwas auf diese Haltung und Kälte ein, als ob sie eine Wirkung der Überlegenheit sei. Ja, unsere Unwissenheit und unser geringer Durst nach Wissen verstehen sich trefflich darauf, als Würde, als Charakter einherzustolzieren.

566

Wohlfeil leben. – Die wohlfeilste und harmloseste Art zu leben ist die des Denkers: denn, um gleich das Wichtigste zu sagen, er bedarf gerade der Dinge am meisten, welche die andern geringschätzen und übriglassen –. Sodann: er freut sich leicht und kennt keine kostspieligen Zugänge zum Vergnügen; seine Arbeit ist nicht hart, sondern gleichsam südländisch; sein Tag und seine Nacht werden nicht durch Gewissensbisse verdorben; er bewegt sich, ißt, trinkt und schläft nach dem Maße, daß sein Geist immer ruhiger, kräftiger und heller werde; er freut sich seines Leibes und hat keinen Grund, ihn zu fürchten; er bedarf der Geselligkeit nicht, es sei denn von Zeit zu Zeit, um hinterher seine Einsamkeit um so zärtlicher zu umarmen; er hat an den Toten Ersatz für Lebende, und selbst für Freunde einen Ersatz: nämlich an den Besten, die je gelebt haben. – Man erwäge, ob nicht die umgekehrten Gelüste und Gewohnheiten es sind, welche das Leben der Menschen kostspielig, und folglich mühsam, und oft unausstehlich machen. – In einem andern Sinne freilich ist das Leben des Denkers das kostspieligste – es ist nichts zu gut für ihn; und gerade *des Besten* zu entbehren, wäre hier eine *unerträgliche* Entbehrung.

567

Im Felde. – »Wir müssen die Dinge lustiger nehmen, als sie es verdienen; zumal wir sie lange Zeit ernster genommen haben, als sie es verdienen.« – So sprechen brave Soldaten der Erkenntnis.

568

Dichter und Vogel. – Der Vogel Phönix zeigte dem Dichter eine glühende und verkohlende Rolle. »Erschrick nicht!« sagte er, »es ist dein Werk! Es hat nicht den Geist der Zeit und noch weniger den Geist derer, die gegen die Zeit sind: folglich muß es verbrannt werden. Aber dies ist ein gutes Zeichen. Es gibt manche Arten von Morgenröten.«

569

An die Einsamen. – Wenn wir die Ehre anderer Personen nicht in unseren Selbstgesprächen ebenso schonen wie in der Öffentlichkeit, so sind wir unanständige Menschen.

570

Verluste. – Es gibt Verluste, welche der Seele eine Erhabenheit mitteilen, bei der sie sich des Jammerns enthält und sich wie unter hohen schwarzen Zypressen schweigend ergeht.

571

Feld-Apotheke der Seele. – Welches ist das stärkste Heilmittel? – Der Sieg.

572

Das Leben soll uns beruhigen. – Wenn man, wie der Denker, für gewöhnlich in dem großen Strome des Gedankens und Gefühls lebt, und selbst unsere Träume in der Nacht diesem Strome folgen: so begehrt man vom *Leben* Beruhigung und Stille, – während andre gerade vom Leben ausruhen wollen, wenn sie sich der Meditation übergeben.

573

Sich häuten. – Die Schlange, welche sich nicht häuten kann, geht zugrunde. Ebenso die Geister, welche man verhindert, ihre Meinungen zu wechseln; sie hören auf, Geist zu sein.

574

Nicht zu vergessen! – Je höher wir uns erheben, um so kleiner erscheinen wir denen, welche nicht fliegen können.

575

Wir Luft-Schiffahrer des Geistes! – Alle diese kühnen Vögel, die ins Weite, Weiteste hinausfliegen – gewiß! irgendwo werden sie nicht mehr weiter können und sich auf einen Mast oder eine kärgliche Klippe niederhocken – und noch dazu so dankbar für diese erbärmliche Unterkunft! Aber wer dürfte daraus schließen, daß es vor ihnen *keine* ungeheure freie Bahn mehr gebe, daß sie so weit geflogen sind, als man fliegen *könne!* Alle unsere großen Lehrmeister und Vorläufer sind endlich stehen geblieben, und es ist nicht die edelste und anmutigste Gebärde, mit der die Müdigkeit stehen bleibt: auch mir und dir wird es so ergehen! Was geht das aber mich und dich an! *Andre Vögel werden weiter fliegen!* Diese unsere Einsicht und Gläubigkeit fliegt mit ihnen um die Wette hinaus und hinauf, sie steigt geradewegs über unserm Haupte und über seiner Ohnmacht in die Höhe und sieht von dort aus in die Ferne, sieht die Scharen viel mächtigerer Vögel, als wir sind, voraus, die dahin streben werden, wohin wir strebten, und wo alles noch Meer, Meer, Meer ist! – Und wohin wollen wir denn? Wollen wir denn *über* das Meer? Wohin reißt uns dieses mächtige Gelüste, das uns mehr gilt als irgendeine Lust? Warum doch gerade in dieser Richtung, dorthin, wo bisher alle Sonnen der Menschheit *untergegangen* sind? Wird man vielleicht uns einstmals nachsagen, daß auch wir, *nach Westen steuernd, ein Indien zu erreichen hofften,* – daß aber unser Los war, an der Unendlichkeit zu scheitern? Oder, meine Brüder? Oder? –

INHALTSVERZEICHNIS

Die Geburt der Tragödie oder Griechentum und Pessimismus 7

   Versuch einer Selbstkritik 9
   Die Geburt der Tragödie aus dem Geiste der Musik 19
   Vorwort an Richard Wagner 19
   Die Geburt der Tragödie 21

Unzeitgemäße Betrachtungen 135

   Erstes Stück: David Strauß, der Bekenner und der Schriftsteller 137
   Zweites Stück: Vom Nutzen und Nachteil der Historie für das Leben 209
   Drittes Stück: Schopenhauer als Erzieher 287
   Viertes Stück: Richard Wagner in Bayreuth 367

Menschliches, Allzumenschliches. Ein Buch für freie Geister 435

ERSTER BAND:

   Vorrede 437
   Von den ersten und letzten Dingen 447
   Zur Geschichte der moralischen Empfindungen 475
   Das religiöse Leben................................ 517
   Aus der Seele der Künstler und Schriftsteller 545
   Anzeichen höherer und niederer Kultur 583
   Der Mensch im Verkehr 625

Weib und Kind	647
Ein Blick auf den Staat	665
Der Mensch mit sich allein	693
Unter Freunden. Ein Nachspiel	732

ZWEITER BAND:

Vorrede	737
Erste Abteilung: Vermischte Meinungen und Sprüche	745
Zweite Abteilung: Der Wanderer und sein Schatten	871

Morgenröte, Gedanken über die moralischen Vorurteile 1009

Vorrede	1011
Erstes Buch	1017
Zweites Buch	1075
Drittes Buch	1119
Viertes Buch	1161
Fünftes Buch	1219